李国庆 编著

中州古籍出版社
·郑州·

图书在版编目（CIP）数据

古籍清话 / 李国庆编著. -- 郑州 : 中州古籍出版社，2019.8（2020.3重印）
 ISBN 978-7-5348-8714-7

Ⅰ.①古… Ⅱ.①李… Ⅲ.①古籍研究－中国－文集 Ⅳ.①G256-53

中国版本图书馆CIP数据核字（2019）第128373号

出版社：中州古籍出版社
　　（地址：郑州市郑东新区祥盛街27号6层　邮编：450016）
发行单位：新华书店
承印单位：郑州市毛庄印刷厂
开本：787mm×1092mm　1/16　　印张：54.5
字数：975千字　　　　　　　　　印数：501—1300册
版次：2019年8月第1版　　　　　印次：2020年3月第2次印刷

定价：168.00元

本书如有印装质量问题，由承印厂负责调换。

编例

一、收录范围：历年发表的与古籍有关的文章，以及为出版物撰写的序跋等。

二、书名旨趣：本书内容，全说古籍，因以为名。

三、本书分卷：按其所及内容，析分六卷，涉外者以附录殿后。各卷题名及内容如下：

卷一　古籍的书工及刻工，内容包括为雕版缮写书样的工匠、雕刻印版文字的工匠及叶德辉《书林清话》条目增补等。

卷二　古籍的整理与编目，内容包括原生性古籍保护，诸如版本考订、印刷文献、辨伪、分类及目录编制等部分。

卷三　古籍的编印及出版，内容包括再生性古籍保护，诸如影印出版项目的选题策划，文献价值与出版旨趣等部分。

卷四　古籍的公藏与私藏，内容包括省级公共图书馆藏书综述、藏书提要、文献开发，以及私家个人藏书题识、藏书介绍、叶昌识《藏书纪事诗》补遗等部分。

卷五　古籍的研究一得，内容包括民间流传的地方潮州歌册、蒙学读物杂字和民间宗教文献宝卷的研究所得，以及书评、书序和题跋辩证及张之洞《书目答问》汇补等部分。

卷六　古籍的四库遗韵，内容包括四库学研究成果，诸如四库文献介绍与考释、馆臣别集所载四库文献、卷前提要编制出版、纪晓岚笔削《四库全书总目》等部分。

附录　古籍的域外故实，内容包括中国的雕版刻工在日本、日本所藏的中国古籍、日本翻刻中国古籍的和刻本，以及中土佚亡而日本尚存的佚存书等部分。

自 序

  陋室坐落在子牙河南岸的水竹花园小区。这条子牙河是天津海河水系西南支，由发源于太行山东坡的滏阳河和源于五台山北坡的滹沱河汇成，两河于献县臧家桥汇合后，始名子牙河。流经山西、河北两省和天津市。河流全长706余公里，流域面积7.87万平方公里。子牙河与南运河在天津市三岔口汇流后始称海河，东流贯入渤海。《献县志》载："因其下游流静海县子牙镇，故名子牙河。"陋室的一隅是书房，听蛙鸣室是自己为书房起的一个俗名。站在书房隔窗北眺：子牙河南北两岸由西向东的槐树高耸而茂密。每年惊蛰以后的四月上旬，当夜深人静时，从北岸一片野生芦苇中隐隐约约传出几声青蛙叫声，告示万物复苏，春天开始了。网友调侃：人有三晃：一晃大了，一晃老了，一晃没了。2018年10月2日自己年满六十退休，四十年职业生涯，一晃到站了。

  退耕之余，在听蛙鸣室，收集旧文，按类排比，析分六卷，竟然成书。斯稿收录的长篇短文，是自己在整理古籍时来自实践中的、一点资料的积累和总结，大多属于应景之作，勉强属于整理古籍之书。自己与古籍打交道时凡有所得，就提笔记录，养成了撰写日志的习惯，一年一本，叠而加之，高过数尺。凡有所悟，就信笔写上一段，没有主题，没有观点，随性所致，似不成文，放置案头，久已成习。起初，凡获信息，参加古籍类学术会议，就从中拣选一段，稍加整理润色，寄给会务组，静候参会邀请函。后来又有参评职称之需，赶制几篇急就章，没有目标地投给各类型学术刊物，企盼采纳通知书。再往后，参与高校教学活动，似有所思，略有所悟，撰写了几篇所谓的学术论文。斯稿所聚，虽不成文，实心力所为。斯稿所言，虽似蛙鸣，实心声所至。若晚辈同道，能从中获得些微启发则吾心安矣。

  斯稿编成，实出学生白丽萍之手，她所付心力至多。好友董光和得知斯稿即成，欣然持刀上石，为书增色。著名书法家王刘纯先生欣然题写书名，颇显功力。好友弓胜元先生和李红女士全力支持是书出版。中州古籍出版社张存威社长，不弃拙稿，同意出版。责编赵建新,三校斯稿,把住质量关。杨蘅女士负责本书排版工作,几经改版,不厌其烦。值此《古籍清话》即将出版之际,谨向大家,以及自己从业中的启蒙导师谢忠岳先生,长期为晚生解惑答疑的图书馆古籍界前辈、德高望重的李致忠先生,在治学方面予以自己耳提面命成长机会的已故著名史学家来新夏先生,以及长期在工作和生活等诸多方面伸出援手,予以自己无私帮助和指导的天津图书馆诸多同事、业界同道师友深表感谢!

李国庆

2019 年 6 月 7 日于津门子牙河南岸之听蛙鸣室

目 次

编　例 ·· 1
自　序 ·· 1

卷一　古籍的书工及刻工

南宋浙籍刻工王定刻书考录 ·· 003
宋代刻工说略 ·· 006
宋椠粤本《杜诗》及刻工考略 ·· 017
宋版刻工表 ·· 020
张元济《宋书》版式"五格"说质疑
　　——兼述"眉山《七史》"的版本问题 ··· 043
眉山《七史》明代徽州黄姓补版刻工考略 ·· 048
陕西籍雕版刻工辑略 ··· 053
山东籍雕版刻工辑略 ··· 055
徽州仇姓刻工刻书考录 ·· 057
明代雕版刻工随笔 ·· 063
古代雕版刻工称谓考录
　　——《书林清话》条目增补 ·· 067
明清徽州黄姓刻工及其刻书考录 ··· 071
漫谈古书的刻工 ··· 098
清版刻工知见录 ··· 102
明末江浙地区雕版刻工合作形式及其生计例说 ··· 130

卷二　古籍的整理与编目

于石诗文的两个刻本 ……………………………………………………… 157
毗卢大藏版刻小志 ………………………………………………………… 161
由一篇跋文引发的几点异议 ……………………………………………… 170
从钤印看宋版《寒山子诗集》的递藏源流 ……………………………… 174
关于中国古代"泥版印刷"问题的一篇原始文献 ……………………… 177
王献唐先生与黄氏校跋本《穆天子传》 ………………………………… 181
穆天子传 …………………………………………………………………… 194
谈"顾黄书寮"所藏顾校黄跋书 ………………………………………… 196
辨伪释例
　　——以天津图书馆藏三部伪书为例 ……………………………… 207
《古籍定级标准》访谈录
　　——专访《古籍定级标准》主要起草人之一、天津图书馆历史文献部主任、
　　研究馆员李国庆先生 ……………………………………………… 219
漫话《中国古籍总目》西学书目的分类问题 …………………………… 225
《天津图书馆古籍善本书目》后记 ……………………………………… 238
《天津图书馆古籍普查登记目录》前言 ………………………………… 243
《天津市十九家收藏单位古籍普查登记目录》前言 …………………… 248
《中华古籍总目·天津卷》前言 ………………………………………… 260

卷三　古籍的编印及出版

《天津图书馆藏清史图片集》概述 ……………………………………… 275
天津日本居留民团资料 …………………………………………………… 281
天津图书馆藏明崇祯本《金瓶梅》出版说明 …………………………… 288
《中国活字本图录》编例 ………………………………………………… 292
《中国历代人物像传》编例 ……………………………………………… 294

《中国历代人物像传续编》出版说明 — 303
《天津图书馆藏家谱丛书》编纂说明 — 311
《严修手稿》前言 — 313
《天津图书馆珍藏清人别集善本丛刊》编印说明 — 320
明抄本《万历起居注》影印出版说明 — 321
《消闲四种》出版说明 — 323
《语美画刊》出版说明 — 324
《天津图书馆孤本秘籍丛书》前言 — 326
《清代科举人物家传资料汇编》出版说明 — 335
《天津地区图书馆编印旧版古籍书目汇编》编印说明 — 337
《天津地区馆藏国家珍贵古籍图录》出版说明 — 339
关于编印《中国馆藏珍贵古籍丛书》的建议 — 343
《中国古籍珍本丛刊·天津图书馆卷》前言 — 348
《天津日本图书馆馆史资料汇编》编例 — 354
《天津图书馆藏稀见日本文献》序 — 356

卷四　古籍的公私藏书

谈天津图书馆庋藏的古籍线装书 — 369
天津图书馆收藏的历史文献及其开发 — 373
天津馆藏珍本徽学文献叙录 — 379
天津图书馆所藏梁启超遗墨 — 387
卢靖与直隶省图书馆 — 389
《棠湖诗稿》提要 — 390
《续修四库全书》子部西学提要 — 392
周叔弢藏书题识 — 396
《弢翁藏书题识》续辑 — 401
周叔弢先生与佛教典籍 — 408
周叔弢施财刊经 — 413

周叔弢先生藏书活动系年要录
　　——为纪念弢翁逝世十周年而作·················414
弢翁购藏敦煌遗书散记·················427
弢翁与活字本古书·················430
周叔弢先生与敦煌遗书·················432
弢翁藏书资料捃拾·················439
弢翁标注《钱遵王读书敏求记校证》·················443
藏书家周叔弢先生二三事·················471
我看弢翁批校书·················476
叶昌炽《藏书纪事诗》的第一部续补著作
　　——《清藏书纪事诗补遗》·················483

卷五　古籍的研究一得

潮州歌册版刻二题·················491
新见明末还源教宝卷"六部六册"叙录
　　——附《宝卷泥金手绘图册》·················498
《稀见旧版曲艺曲本丛刊·潮州歌册卷》序·················509
明末还源教宝卷"各经各品妖言"增订·················513
《杂字类函》自序
　　——蒙学读物杂字及其版本知见录·················530
杂字研究·················558
燕山版《型世言》脱文衍文俯拾·················584
《文字音韵训诂知见书目》述评·················586
《北京师范大学图书馆藏古籍珍品鉴赏·定级图录》序·················590
《书目答问汇补》
　　——一部汇录诸家补正成果的目录学力作·················594
《书目答问汇补》后记·················598
《津门书肆记》序·················606

台湾行有感 610

我随来老编大书 617

深切怀念来新夏先生 623

万般风雨从头过　一片痴心守琳琅
　　——抗战前后天津地区藏书浩劫与抢救纪实 627

藏园题跋匡正一例 633

厉鹗题识匡谬一例 634

梁启超题识一则 635

雕版题记一例 636

子弟书一种 637

《中国善本书提要》辩证一则 638

《大清一统史略》题识 639

和刻本《毕注墨子》题识 640

太平天国田凭一件 641

《三字经文献集成》序 642

编纂《京津冀地方文献全编》的可能性探讨 644

典范之作　荆楚首功
　　——评《现存湖北著作总录》 648

说说传世的明版书 655

卷六　古籍的四库遗韵

金梁《四库全书纂修考跋》及相关内容考释 663

馆臣邹炳泰与《永乐大典》 686

《纪晓岚删定四库全书总目》出版说明 695

纪晓岚删定《四库全书总目》寻踪
　　——以天津图书馆珍藏纪晓岚删定《四库全书总目》残存稿本为例证 697

纪晓岚润饰《四库全书总目提要》举例 720

纪晓岚删改贬义文句举例
　　——以天津图书馆藏纪晓岚删定《四库全书总目》残存稿本为例 ……… 727
纪晓岚笔削周亮工题名举例
　　——以天津图书馆藏纪晓岚删定《四库全书总目》残存稿本为例 ……… 738
纪晓岚笔削四库提要佚文 7 篇 ……………………………………………… 744
关于武英殿刊刻《四库全书总目》所依据的底本问题
　　——以天津图书馆藏清乾隆时纪晓岚删定《四库全书总目》残存稿本为例 … 749
与清宫《四库全书》有关的十四种典籍介绍
　　——以天津图书馆藏品为例 ……………………………………………… 757
谈各本《四库全书》卷前提要的出版价值 ………………………………… 768
《四库全书》提要 …………………………………………………………… 777
张学良将军向天津图书馆发来的一份电报 ………………………………… 782
《四库全书》编纂对方志的禁毁 …………………………………………… 784

附录　古籍的域外故实

中国的雕版刻工在日本 ……………………………………………………… 799
日本宫内省图书寮所藏宋版《大藏经》 …………………………………… 811
天津日本儿童图书馆简介 …………………………………………………… 814
跋佚存书《淮海挐音》 ……………………………………………………… 820
天津日本图书馆 ……………………………………………………………… 822
和刻本在我国的收藏情况述略 ……………………………………………… 841
开启域外汉籍文献宝库的钥匙
　　——评《中国馆藏和刻本汉籍书目》 …………………………………… 846
中日书缘三例 ………………………………………………………………… 849
中国图书馆所藏和刻本汉籍及其文献价值 ………………………………… 851
《古逸丛书》刻工系日人木村嘉平 ………………………………………… 857
岛田翰赠中土佚书 …………………………………………………………… 858

古籍清话

卷一 古籍的书工及刻工

南宋浙籍刻工王定刻书考录

我国版刻，肇始于隋唐，奠基于五代，全盛于两宋。而南宋印版之发展，孝宗朝当是一个重要时期。其中标志之一，就是刻工名匠辈出。浙籍良工王定可以称作其中的代表人物之一。

论及孝宗时代镌版良工，必以婺州人蒋辉为最著，因朱子弹劾唐仲友而得名（详见张秀民《宋孝宗时代刻书考略》一文，载《图书馆学季刊》第十卷第三期）。王定又因与蒋辉并刊《荀子》印版而显世。

王定，南宋初、中叶浙江雕版刻工。据传本推知，其从事印版镌刻工作的盛期在孝宗朝，至宁宗时仍在刻书，活动区域主要在杭州和台州一带，也曾到过汀州刊书。杭、台二州，当时属两浙东路辖区，汀州属福建路辖区，可见其主要在浙江本土刊书，除此而外还曾足涉闽域。据此我们可以大致推断其所刊诸书的版刻年代及地区。据笔者考录，王定所刊之书今有传本者凡十一种。兹将这部分传本依次列下，并对每种书的版本情况作简略考辨，以存浙江宋代刻工刻书之资料，以彰王定镌版之功绩。

1.《荀子》二十卷，王文进《文禄堂访书记》卷三，1页著录，题"宋台州刻本"。今有黎氏《古逸丛书》本。

按：此帙每半页八行，行十六字。白口，左右双边。刻工有蒋辉、王定及陈显等十八人。据载（张秀民文，同上），南宋孝宗淳熙四年（1177）蒋辉因伪造官会事发，断配台州牢城，差在都酒务着役，辉雇人代役。每日开书籍供养，唐仲友命其就公使库开《扬子》《荀子》等印版，辉共王定等十八人在局雕开。所云与此帙所题正合。由此可知，此帙当刊于孝宗淳熙四年，刊地在台州。

2.《尚书正义》二十卷，北京图书馆编《中国版刻图录》19页著录，题"宋两浙东路茶盐司刻本"。今有日本松崎明复影刊本。

按：此帙每半页八行，行十九字。白口，左右双边。日本足利学校藏一足帙，上举影刊本，即从此出。三山黄唐跋所云"本司旧刊《易》《书》《周礼》，正义、注疏萃见一书"，即指此本。为《尚书》注、疏合刻之第一本，即世传八行注疏本。

影刊本首载细川利和《例言》云："以宋讳缺笔，刻工名识考之，其刻盖在淳熙前后。"复以王定等刻工题名证之，当是。

惟王文进称此帙为"宋绍熙浙东庾司本"（见《文禄堂访书记》卷一，7页），误也。"绍熙"三年为黄唐刊《礼记正义》之年，此帙即黄跋所云"本司旧刊"的三经之一，当在绍熙黄刊《礼记正义》之前无疑。

3.《古史》六十卷，《文禄堂访书记》卷二，11页著录，题"宋衢州刻本"。又潘宗周《宝礼堂宋本书录》史部，26页，以及张元济《涵芬楼烬余书录》史部，36页著录。

按：此帙每半页十一行，行十八字，有多至二十七字者。白口，左右双边。宋讳缺笔至"慎"字止。衢州当时属两浙东路辖区，潘宗周云：此书"犹是南宋初年椠本"。此帙因避孝宗嫌名，且有王定等刻工题名为证，可推知此帙当刊于南宋孝宗时之浙地。

4.《资治通鉴纲目》五十九卷，《宝礼堂宋本书录》史部，20页著录，题"宋真氏温陵（今福建泉州市）刻本"。又《文禄堂访书记》卷二，10页，以及《涵芬楼烬余书录》史部，23页著录。

按：此帙为温陵刊本别无异议。惟是书卷九版式与他卷异，每叶均加千字文，且所载王定等五十余名刻工题名不见他卷。潘宗周云："是本第九卷刻工姓名多至五十四人，无一与他卷同者。"又此卷刘昭、曹鼎及陈寿等刻工题名与宋椠《说文解字》印版中南宋中叶浙地补版刻工姓名互见，据此可推知此卷当刊于南宋中叶之浙地。此卷盖是好事者后来补入是帙的。

5.《六家文选》六十卷，台湾"故宫博物院"编《宋版书特展目录》79页著录，题"宋孝宗以后广都裴氏刊本"。

按：此帙每半页十一行，行大十八字，小注双行，行二十六字。白口，左右双边。宋讳缺笔至"慎"字止。关于此帙刊刻时间，众说不一。朱彝尊《曝书亭集》以为乃"宋崇宁五年（1106）镂版，至政和元年（1111）毕工"。彭元瑞《知圣道斋读书跋》则云："锲于宋开庆辛酉（1259）季夏，至咸淳甲戌（1274）仲春工毕。"二家各持异说，上下相差一百五十余年。据讳避孝宗嫌名止，定此帙刊于孝宗朝当无大误。关于刊地，此目云："审其行款、字体、刀法，多具蜀刻本色。且刻工中如秦元、袁次一多与光宗朝蜀眉山《苏文定公文集》之刻工互见，宜为蜀刊矣。"然此帙尚有浙籍王定等刻工题名，与上说不合。孰是孰非，有待阅者指教。

6.《五曹算经》五卷，《文禄堂访书记》卷三，10页著录，题"宋汀州刻本"。今有《天禄琳琅丛书第一集》本。

按：此帙每半页九行，行十八字。线黑口。首有嘉定五年（1212）鲍瀚浔。此帙盖刊于宁宗嘉定五年。是年去王定刊《荀子》（1177）之年凡三十五年，此权当王定从事印版镌刻生涯之下限焉。

7.《晦庵先生文集》一百卷，《文禄堂访书记》卷四，37页著录，题"宋浙刻本"，又《涵芬楼烬余书录》集部，54页著录。

按：此帙每半页十行，行十五字。白口，左右双边。宋讳缺笔至"扩"字止。《四库全书总目》（卷一五九）："《晦庵先生文集》一百卷，闽、浙旧皆有刻本。"此帙所载王定、刘昭等皆浙江名工，且避宁宗名讳，据此证之，此帙当刊于南宋宁宗之浙地。

8.《太平寰宇记》，日本长泽规矩也编《宋之刊本刻工名表初稿》著录，题"南宋刊本"。

按：此帙印版中有王定等浙工题名，此或与王定所刊诸书为同时同地所刊。

9.《宋书》一百卷。

10.《南齐书》五十九卷。

11.《魏书》一百一十四卷，以上三书，今俱有《四部丛刊》之《百衲二十四史》影印本，均题"宋蜀刻大字本"。

按：此三帙均每半页九行，行十八字。即世传所谓"眉山《七史》"印本。昔年王重民先生对《七史》印本重新作过考定，以为世传的"眉山《七史》"印本，实为南宋浙工刊成。（详见《中国善本书提要》77页）这与张元济先生早年所下《七史》印版由"眉山所刊"之定论相抵触。（详见百衲本跋文）此三史印版中均有王定题名，细检所载刻工姓名，皆为南宋初、中叶活动在浙江一带的雕版良工，据此可复证王说为是，张说当非。

（载浙江《图书馆研究与工作》1990年第1期）

宋代刻工说略

刻工是人们对历代从事雕刻图书印版文字工作的"工匠"的一种称谓，是古籍版本学中的一个专用名词。历代刊书序跋及官私书目中除习称刻工、手民以外，刻工自己在镌版后题署时往往在姓名之前冠上一些别称，据统计有如下几种：曰雕匠。南宋绍兴三十一年刻本《班左诲蒙》卷中署"南剑州雕匠叶昌"。曰匠。明嘉靖二十五年刻本《苑诗类选》书口下署"匠李荣"。曰刊匠。清康熙四十四年刻本《杨大年先生武夷新集》卷首杨序第一页下口题"刊匠张君选"。曰刊字匠。明嘉靖四十一年刻本《大学衍义节略》卷尾题"刊字匠郭邦宁等五十名"十字。曰刻匠。明崇祯八年刻本《阳明集要》书口下署"刻匠叶泗"等。曰刻字匠。明嘉靖六年刻本《重校唐文粹》书口下署"刻字匠余昭"。曰铁笔匠。明刻本《上乘藏经节要宗镜录》卷十三末题"铁笔匠胥大绍、胥大聪"。曰匠氏。明嘉靖十四年刻本《张氏统宗世谱》于"会修职名"后列衔廿一行题"镌刻祁邑城西匠氏徐广"等。曰剞劂氏。明万历间刻本《程氏墨苑》于程氏"人文爵里序"后署"剞劂氏黄鳞"。曰劂氏。清光绪元年刻本《摭古堂正音》卷尾署"劂氏越州朱龄"。曰刊者。清嘉庆二十三年精刻本《金石蒥》封面题"刊者金陵镏贡"。曰刻者。清咸丰二年刻本《竹里秦汉瓦当文存》目录前题"刻者嘉兴王铁珊"等。曰刊生。元至顺元年江南行省官刻本《四书集义精要》卷首第一页下书口署"刊生谢文炳"。曰刊字生。元刻明修本《玉海》目录后署"刊字生张周士等三十人"十字。曰刊手。明万历间刻本《经绎》卷首自序末题"庐陵刘岱刊手谨书"。曰梓工。明天启六年刻本《司马温公家范》卷十末题"夏县梓工卫守刊刻"。曰刊工。明嘉靖间刻小字本《淮海集》卷六末署"刊工李容"等。曰梓人。清咸丰六年刻本《兵法集鉴》卷尾署"梓人江宁苏德义刊印"。曰刻字匠人。清顺治八年刻本《楞严经》卷末题"刻字匠人韩永禄"等。曰匠人。明天顺间刻本《顺成文集》卷末题"匠人沈诚、沈诠刊"。曰工人。民国十四年刻本《新订四书补注备旨》卷末署"山东东昌府堂邑县城西三奶奶庙刻工人徐凤池"。曰刊刻工人。清光绪十三年刻本《外科心法实验指导》卷尾署"刊刻工人竹轩孙家麟"。曰刻书人。明嘉靖间刻本《医学纲目》目录首页题"刻书人柯仁意"。曰刻字人。清嘉庆五年刻本《平津馆丛书》卷中题"刻字人刘文楷"。曰栔人。民国十四年刻本《文微》卷末署"栔人黄冈陶子麟刊板"。

从以上胪列的刻工称谓用词不难看出，在自宋至民国年间长达千年的时间里，雕版刻工称谓的基本内容未变，大都含有"刀""木""匠"之意，这就是图书雕版业在我国漫长的封建时代赖以发展的三个基本要素。其中尤以"匠"为第一要素，这就是执刀雕木的刻工。

笔者近年来专意从事雕版刻工资料的裒辑工作，对知见的历代雕版印本中所载的刻工资料进行钩稽索引，爬罗抉剔，复经排比统计，得雕版刻工人数如次：宋代6000人，元代800人，明代5000人，清代1200人，其他朝代200人，总数约计13000人。这些雕版刻工不同程度地参与了当时的社会生产活动，为人们留下了丰富的精神产品——古籍图书。因此对历代刻工进行深层次的研讨，是一项颇有意义的工作。为了拓展版本学研究领域，深化古籍版本学研究，宜把雕版刻工列为一个重要课题加以研究。遗憾的是，时至今日尚未出现一部系统论述历代或断代刻工事迹的专著。目前虽陆续问世一些专著或专论，然大都停留在对刻工资料的搜集或对特定版本的鉴别上，对刻工的研究尚有一片处女地需要开垦。有鉴于此，笔者不揣固陋，仅据掌握的资料对宋代雕版刻工进行较为系统的阐述，抛砖引玉，以俟来者，同时就一些拙见向同好方家求教。

书苑环璧——宋版书

文化传播，端赖图籍。隋唐以前，书必手写，事既繁重，功难广远。到了唐代雕版印刷术肇始以后，图书一经镂版，顷刻化身千百，广传后世。我国版刻，虽初兴于李唐，奠基于五代，然唐、五代刻书有限，又去今久远，兵燹水火，屡遭厄难，传本几绝。故言古刻旧栔，世率以宋版为尊。

两宋刻书，臻于极盛，规模空前。以刊地论，西起巴蜀，东达浙闽，各路地方，无不刻书。以董刻者言，举凡官府、家塾、坊肆莫不各竞所能，献其群力。从传本看，当以两浙路所刻书为最，次江南东路、荆湖南路和福建路，而成都府路则再次之。以上诸路，尤以两浙路之临安府、绍兴府和明州，江南东路之建康府，成都府路之成都府和眉山，福建路之福州、建安和建阳为雕版印书中心。从版刻言，所刻之书每多版式弘朗，字体遒劲，楮墨精良，雠校精审。以品质谈，当"以杭州为上，蜀本次之，福建最下"①，已成公允之定评。故公私庋藏宋版者，莫不视为琼宝。

两宋以降，印版遂漫漶亡毁，印本传世已寥若晨星。据有关专家调查统计，中日两国所存宋元印本计：中国2340部，1500版种（含台湾840部，500版种）；日本890部，620版种。②若将居其大部分的元版书除外，那么宋版存世者"总共不过六、七百种"③。至于这个统计数字精确程度如何，这里姑且不论，单这个数字本身就告诉了我们宋版书珍贵的一个原因。幸而，传世的宋版印本今大都入藏公库，并逐部被著录在陆续刊行的《中国善本书总目》中，这使我们对传世宋版书在国内的数量、藏家，以及刻时刻地有了一个全面的了解。尤其是这些传世的宋版书几乎都有了自身的影本——影印本、影刻本及影抄本，这就从一定程度上为开展宋版书的研究工作提供了方便。

宋版刻工题名资料之来源

宋版刻工题名资料可以通过三个方面获得：

1.从宋版书及其影印、影刻、影抄本中直接摘录获得。由于宋版书日趋稀少，藏家倍加珍视，多采取特别的保护措施，所以一般读者实难见到。为了满足学人看宋版书的要求，藏家便采取了先进的影印技术、传统的摹刻技术，甚至聘用缮书家以墨笔临摹对原刻本进行再加工，于是便得到酷似原本的影印、影刻及影抄本。那些附在原刻本不同部位的刻工题名内容也被保存了下来，这样即使我们见不到宋刻原本，但只要得到它的影本，就可以获得是本所载的刻工题名资料。宋版影印本今主要有：上海涵芬楼影印的《四部丛刊》、商务印书馆影印的《续古逸丛书》、中华书局影印的《古逸丛书三编》、故宫博物院影印的《天禄琳琅丛书第一集》，以及宋版影印单行本。影刻本主要有遵义黎氏的《古逸丛书》、吴兴张氏的《择是居丛书初集》，以及乌程蒋氏的《密韵楼丛刻》，另外，尚有一些影刻单行本。影抄本尚无丛书之举，多以单种形式出现。

2.从前人书目题跋中间获得清代以前编印的官私书目题跋与刻工题名资料均略而不录。民国以来版本学研究始注意到刻工题名于版本考订有补，于是就把一书所载的刻工题名资料著录了下来。这类书目主要有：潘宗周的《宝礼堂宋本书录》、王文进的《文禄堂访书记》、傅增湘的《藏园群书经眼录》、张元济的《涵芬楼烬余书录》、袁克文的《寒云手写所藏宋本提要廿九种》、北京图书馆的《中国版刻图录》，以及台湾"故宫博物院"的《宋版书特展目录》等。

3. 从研究成果中获得。主要有日本长泽规矩也、日本阿部隆一、何槐昌、冯惠民、王肇文及李国庆等所编《刻工表》和《刻工索引》，以及利用刻工题名考定版本的单篇论文，如李致忠的《北京图书馆藏宋版书叙录》（《文献》1990年第4期始连载）及沈津的《美国所藏宋元刻佛经经眼录》（载《文献》1989年第1期）等。

笔者曾对上述传本、书目及各家编成的《刻工表》（阿部氏表未见）进行了一次综合统计，去其相互重复部分，共得载有刻工的宋版书537种，获刻工6000余人。

宋版刻工题名用意及款式

在传世的大多数宋版印本中，展卷可见书口下面有刻工姓名。那么这些刻工为什么要把自己的姓名也刻在书上呢？这是一个饶有趣味的问题。笔者以为至少有以下原因：

大凡一书印版，多由众匠合力雕成，临时受雇诸匠，因雕版技艺高低有别，故刊字多寡有异，题署姓名，以作雇主付资，匠户取酬之凭据，此其一。例如"眉山《七史》"本《宋志》卷十七，10页，书口上署"大三百十八"，书口下题"俞信"；《南齐书》卷四十，3页，书口上署"大二百二十三"，书口下题"朱六"。这就是通常所表述的"上记字数，下署刻工姓名"的例证。在书口上面记载本版（页）大字刻了多少，小字刻了多少，一般以"大几小几"形式出现。如果把全书每位刻工所刻的印版统计一下，就可以知道有人刻的多，有人刻的少，再把每人刻字多少统计一下，也就搞清了每位刻工的实际工作量，最后就可以依工发金，按劳取酬了。

雕版技艺日臻纯熟，刻工人数不断增多，书必高手，雕择良匠，各显其功，各署其名，以征信于后世，此其二。例如，平江府陈湖碛砂延圣院雕造的《碛砂藏经》，始刊于南宋绍定四年（1231），告竣于元代至治二年（1322），前后共历九十一年。在此期间雇用的刻工及书工人数达四百多位。刻工中的大部分都是今有其他传本可考的雕版良匠，书工大都是本院及附近诸名刹缮书学僧。

为了竞争，有的同一族姓经营刻书业务，其成员各有分工，题名作标，以示尽责，此其三。例如，宋代刻工高安道、高安富、高安国、高安礼及高安宁是高姓"安"字兄弟辈刻工，曾合刻《吕氏家塾读诗记》，安道、安国与安富，以及安道、安国又曾多次合作刻书。明代徽州黄姓刻工举族合作刻书的例子甚至可以列出几百个。

因竞争所致，刻书业务演成独体经营，署款时每加籍里、店名及称号，以揽生意，此其四。例如，宋本《文选五臣注》卷末刊记"杭州猫儿桥河东岸开笺纸马铺钟家印行"，高丽复刻宋本《寒山子诗》卷末记"杭州钱塘门里车桥南大街郭宅纸铺印行"，以及著名的"陈宅经籍铺""尹氏书籍铺"等。这些书籍铺大概主要依靠铺主或家内劳动力从事雕版工作，自己开店承雕印版，自行发售，复在印版书口下题名已失去意义，故在世传的坊刻本中，一般是见不到题名的，书口下偶有题名，人数也极为有限，如陈宅经籍铺雕印的《岑嘉州集》，刊工只有"子文"一人，《杜审言诗》只有"范仙村"一人。可见坊主无力雇佣大量刻工，这反映出了小商品生产的一般情况。在明清坊刻本中也同样是这样的。

雕版刻工的题名款式，宋代以前印本中虽已有之，但不成规式。最早的刻工题名署款要算五代开运四年（947）归义军节度使检校太傅曹元忠倩工雕造《大慈大悲救苦救难观世音菩萨》于"菩萨像"下面一段文字之后所署"时大晋开运四年丁未岁七月十五日纪，匠人雷延美"这个例子了。④然而这毕竟是个特例。雕版刻工题名形成一种基本款式，并为以后刊本所袭用，且有所发展，当自宋版印本始。宋版刻工题名款式，归而纳之，有如下诸式：

1. 称名式，即以题署姓名为主要特征的款式。题名部位在书口（版心）下方。题名一般规律是先署姓名全称，在以后的印页上便简写一姓或一名。这种款式以宋版书最常见，宋版刻工题名几乎全用此式，例不备举。在明清印本中由众匠合刻一书者多用此式。这是雕版印本刻工题名最常见的一种款式。

2. 称籍式，即以题署籍里为主要特征的款式。释家经卷多见卷末大题下方或卷端大题下方。一般印本题名部位多在书口下面。例如：长沙陈禾、长沙陈升及星城陈庚等，并见宋刻本《集韵》（今有《古逸丛书三编》本）书口下；姚邑茅梦龙、奉川王闳及奉川章临等，并见宋咸淳五年刻本《佛祖统纪》（傅增湘《藏园群书经眼录》卷十著录）书口下。属于这种款式的题名在宋版书中是不常见的，有的往往与称名式杂处书口下。在明清印本中比较常见与称名式杂处书口下，也可见题名于卷末或首序及目录后。

3. 并题式，即以并列题署书工与刻工姓名为主要特征的款式。题名部位多见卷末大题下。由众匠合作刻书时多用此式，但仅限于部帙繁富的佛经中，其他四部印本几乎没有此式。现从宋元间雕造的《碛砂藏经》中择录三例如下：时宗源书·叶元、沈茂敞书·李奇、当院比丘志琛书·建安范仁刊。⑤一般题名规律是书工在前，刻工在后。随着镌版工具的改进、雕版技艺的提高，以及社会对图书需求量的不断增加，明清时刻工雕刻一书印版的速度比宋代大大地加快了，常常见到一个书工与一个刻工合作写刻一书的例子。他们每写刻完一书，便在书后或序跋、目录后空白处把两人的姓名刻上，这或许就是并联题名署款在明清印本中较为常见的一个原因。

4. 称职式，即以题署带有职业意义的字词为主要特征的款式。诸如刊工某某、梓人某某及铁笔匠某某等在前《引言》中胪列者即属此类。这种款式在宋版书中极为罕觏，在明清印本中较为常见。这是随着雕版印刷业的进一步发展，已形成一支人数庞大的专业或兼职刻工队伍而出现的，它是刻工社会地位提高的一个标志。

宋版刻工题名资料之价值

宋版刻工题名资料之价值，持平而论，至少有以下三端。

印刷术为我国四大发明之一。雕版刻工当然是雕版印刷业的参加者，他们曾对我国雕版印刷业做出过不朽贡献，将其题署的姓名资料作为我国古代文化遗产集而录之，借以研讨雕版印刷术在我国的产生与发展，以彰雕版刻工之功绩。此其一。

宋代刻工作为社会的一个弱小阶层，属于当时手工业者的一个部分，其行业组织情况我们从印版题名中尚可窥视一斑，诸如：由众匠合作刊刻者多而一人承雕者少，兄弟、父子、叔侄等同族合作刊刻一书印版，未曾相识的异姓临时组合承雕一书印版，一组良工曾多次合作刊刻一书印版，本邑刻工合作刊刻一书印版，异地刻工合作刊刻一书印版，一名刻工曾涉足各地参加刻书，等等，例不悉举，均从一定程度上反映了当时这种雕版手工业的生产组织情况，仅此已构成"宋代雕版手工业"这一专门史料，可补宋代匠户资料史籍缺载这个空白。此其二。

宋椠传本多残帙断简，考定其版刻年代及地区，鉴别其真伪和异同，刻工乃足证之一。此其三。

据刻工题名资料鉴别宋椠版本

雕版刻工资料的实用价值主要体现在对宋椠版本的鉴别上，在这方面刻工的作用最为显著。在鉴定宋椠版本时，尤其是在原刻本序跋牌记俱佚的情况下，倘若仅以纸墨、字体、刀法、讳字及官私书目等材料为据，而忽视鉴别版本的重要佐证资料——刻工题名，那么对某书版本的鉴定有可能不大精确，甚至会误入歧途，而得出的结论自然也是没有说服力的，或者是错误的。这类实例俯拾即得，兹试举二例。

1. 诸名家在两浙东路茶盐司雕印五经问题上所持谬论例

宋季，两浙东路茶盐司曾先后雕印五部儒家经典。其中在《礼记》书后有一篇主持刻印此书的三山黄唐跋文，述及诸经的校刻缘起和过程，兹抄录如下：

《六经疏义》自京监、蜀本皆省正文及注，又篇章散乱，览者病焉。本司旧刊《易》《书》《周礼》，正经、注、疏萃见一书，便于披绎。它经独缺。绍熙辛亥仲冬，唐备员司庚遂取《毛诗》《礼记》疏义，如前三经编汇，精加雠正，用锓诸木，庶广前人之所未备。乃若《春秋》一经，顾力未暇，姑以遗同志云。壬子秋八月三山黄唐谨识。

这篇跋文在述及雕印五经原委时告诉我们：

（1）本司旧刊《易》《书》《周礼》三经；

（2）官两浙东路茶盐司提举的黄唐在绍熙辛亥仲冬至绍熙壬子秋八月间曾董刊《毛诗》《礼记》二经；

（3）《春秋》一经，本司未刊。

据黄跋载，《易》《书》《周礼》为"本司旧刊"。本司指两浙东路茶盐司，"旧刊"即在黄唐董刊《毛诗》《礼记》二经以前，其确切时间黄跋未交代。

三经原刊本及其所载刻工题名在现存的几家官私书目中均有著录，笔者考辨后知，三经印版中的刻工除原版刻工外，尚有部分补版刻工。原版刻工中大部分人参加过其中二经或一经的刊刻工作，有几位刻工曾参加过三经印版的刊刻，其中以陈锡、梁文、毛昌、徐茂和朱明等为代表。他们当中有的人还曾刻过其他书，而其他书的版刻年代正可以印证这三经的付梓年代。例如，陈锡、徐茂曾刻宋刊本《广韵》，傅增湘云："此书刊工与家藏景祐本《史记》补版及《乐府诗集》多同，或是南、北宋之交浙杭所刊。"⑥陈锡、毛昌、徐茂及朱明并见南宋绍兴刻本《新雕重校战国策》。此书有绍兴十六年郯川姚宏序，避讳至高宗"构"字止。黄丕烈、钱大昕定此帙为"绍兴刊本"。⑦陈锡和朱明等刻工在南宋高宗绍兴年间为两浙东路茶盐司雕刻《唐书》印版。⑧三经刻工所刻他书，今尚有传本。仅据上举例证推知，三经所载原版刻工皆为南宋初叶杭州地区良工，他们从事刻书活动主要在南宋高宗绍兴年间。复检三经讳字，均缺笔至"构"字止。这样我们据三经刻工题名资料和讳字就可以做出断言：三经版刻年代在南宋高宗绍兴年间，刊地在浙杭，董刻者为两浙东路茶盐司。

弄清以上问题，我们再回过头来看一下诸名家在这个问题上的观点。

日本山井鼎撰《七经孟子考文》，后经日本物观增补成《七经孟子考文补遗》二百卷。此书今有清嘉庆二年仪征阮氏小琅环仙馆刻本。是书《左传》条引黄唐跋文，题年作"绍兴辛亥"。"绍兴"当为"绍熙"之误。

日本森立之撰《经籍访古志》六卷，今有清光绪十一年六合徐承祖铅印本。该书卷一"尚书注疏二十卷宋椠本足利学校藏"条引黄唐跋文，题年作"绍兴壬子"。"绍兴"亦为"绍熙"之误。

叶德辉撰《书林清话》十卷，其中卷六"宋刻经注疏分合之别"，以及《郋园读书志》卷一"尚书正义"条均肯定山井鼎和森立之的观点，即"黄跋作于绍兴，而非绍熙"。

傅增湘撰《藏园群书经眼录》，卷一"周易注疏十三卷"条云："宋刊本，半叶八行……此与袁抱存克文藏《礼记》、张香涛之洞藏《书经》、李木斋盛铎藏《周礼》同，皆绍熙黄唐刻本也。"黄唐仅董刊其中的《礼记》，而傅氏将诸经一并视为黄唐所刻，当误。

王文进《文禄堂访书记》卷一著录《易》《书》《周礼》三经，俱著录为"宋绍熙浙东庾司刻本"。"绍熙"当为"绍兴"之误。

冯贞群《伏跗室藏书题跋选辑》（载《文献》1988年第2期）"尚书注疏"条云"宋绍熙间三山黄唐所刻《六经》"，更是无稽之谈，误甚。

王承略《杨守敬与日本访书志》（载《文献》1989年第1期）云："南宋绍熙刊本《尚书注疏》，'绍熙'当为'绍兴'之误。"

2. 厉鹗误定明版为宋版例

明刻本《史记》，残存卷九十二至一百十六，凡二十五卷。于《西南夷列传》有清代学者厉鹗墨笔写的题识二行，兹录如下：

南宋罗纹纸《史记》残本，得于扬州故家中，可宝也，乾隆二年四月望后一日。

樊榭山民厉鹗识。（文后钤"厉鹗私印"白文方印）此残本半叶十行，行十八字，小字双行二十三字，白口，左右双边。佚首尾及序跋刊记，仅于书口下载有刻工题名，计有李潮、陆先、六（陆）宗华、张敖及周永日，尚有单姓或单名划工数人。

从这个残本本身具备的可供借鉴的几个条件看，刻工题名当是鉴别此书版本的最具说服力的一个条件。我们利用这个条件，逐一考出这几个刻工刊刻过的书版及活动年代，也就不难确定这部残本的版本。

刻工李潮在明嘉靖年间曾刻书八种，张敖在嘉靖间刻书五种，陆宗华和周永日在嘉靖间均刻书四种，陆先仅刻此一书。这几个刻工又曾多次合作刻书，如李潮和张敖于嘉靖三年为徐氏合刻《唐文粹》印版⑨；李潮、陆宗华和周永日于嘉靖九年为南京国子监合刻《史记》印版⑩。据此推知，这些刻工主要活动在明代嘉靖年间。

据笔者查检，明嘉靖六年震泽王延喆恩褒四世之堂曾翻刻过一部宋本《史记》，这部王氏刻《史记》与此残本《史记》比较的结果是：二本行款、刻工题名俱同，且字体、版式、栏边高广也合，又王氏本《史记》雕版"工始嘉靖乙酉（四年）腊月，迄工于丁亥（六年）之三月"。其刊年与残本《史记》所载刻工的活动年代正合。那么此残本与震泽王氏本《史记》当为同版印本无疑。

据以上考辨，可知厉鹗见此佚去序跋刊记的残本，并未细辨此书所载诸刻工的刊书活动年代，而仅仅凭着自己的"见识"，遂臆断此明刊残本为"南宋罗纹纸"印本，同时又说明震泽王氏翻刻宋版《史记》之精工，几达乱真程度。

宋版刻工研究之状况

雕版刻工与其他社会下层人民一样，从来不被统治者重视，因此，有关他们的事迹史书不载。在一些笔记类书中，有时虽偶然见到一二例谈及刻工的资料，但都是一些荼余谈资之文，并未论及刻工在雕版技艺上取得的成就。

在雕版印刷术产生、发展与普及的整个过程中，人们只对雕版印刷的产品——图书感兴趣，而对雕版刻工多有不屑一顾的偏见。对刻工进行专题研究始于雕版印刷术完成自己历史使命之后的民国年间。当时治古籍版本、目录学的先哲傅增湘、张元济、潘宗周、王文进、袁克文等都曾在刻工资料的搜集上下过一番功夫，他们对刻工进行研究的成果汇集在自己编的《书目》中。中华人民共和国成立后版本学研究日趋深入，利用刻工鉴别版本逐成风气，并取得一些成绩。最早下功夫对宋版刻工进行系统研究，并有意识地将两宋刻工资料编辑成表供学人查检的，当首推日本人长泽规矩也博士。

半个世纪以前，日本书志学者长泽规矩也根据日本静嘉堂文库、金泽文库、宫内省图书寮、崇兰馆、成篑堂、足利学校、帝国图书馆、安田文库等几家官私文库所藏宋元版书，把书中所载刻工题名资料摘录下来，编成《宋元刊本刻工名表初稿》，连载于《书志学》第二卷第二、四期。1934年邓衍林翻译转载于《图书馆学季刊》第八卷第三期。《初稿》的宋刊部分收书130种（实为125种），共录刻工题名1500个左右，其中题名两字或两字以上的刻工约计1000余人。《初稿》从功用上看也只能算是刻工人名索引，读者只能从中检到某个刻工刻过某书，至于所收宋本各含哪些刻工并无专表谱列，这是一个不足；其次，《初稿》所收宋本均为日本所藏，我国学者使用起来略感不便；另外，收书目录中漏掉了五种书的书名、藏家和版本，致使刻工人名索引中的盛元吉、褚君淑、叶琇、应显等无所附着，这也是个缺憾。不过，《初稿》毕竟为读者提供了方便，其筚路蓝缕之功难能可贵。

后来长泽氏在《初稿》的基础上进行增订，编成《宋刊本刻工名表》。此表增入了日本天理图书馆、武田科学振兴财团杏雨书屋、宫内厅书陵部等处所藏部分宋刊本中的刻工，并根据潘宗周《宝礼堂宋本书录》、袁克文《寒云手写所藏宋本提要廿九种》，以及从《四部丛刊》《古逸丛书》影印影刻宋本中补充了部分刻工资料。由《初稿》时的125种，增至187种。由于长泽氏改易体例，只按每书所含刻工胪列其名，没有编制人名索引，只能知道一书含有哪些刻工，而对刻工的具体人数，以及某刻工曾刻过哪些书，我们难知其详。不过，可以肯定，这个《名表》同《初稿》相比大大前进了一步，成为国内外最早正式出版的名副其实的一部宋版刻工专著。

雕版刻工题名是鉴别古籍版本的重要参考资料，实践证明，利用刻工题名来考定版本既科学，又实用。基于这个认识，半个世纪以来治古籍版本学的学者曾先后编出了几种宋版刻工表，取得了显著成绩。这对于系统整理传世宋版印本，纠正前人在古籍版本鉴定上的错误观点，较准确地考证出那些佚去序跋刊记的宋版书的版刻年代及地区，还旧本之本来面貌提供了几种检索工具。

然而，客观上讲目前问世的这几种专著或专文仅仅是初步性成果，均不够丰满。笔者以为在适当时期应组织人力编成一部体例尽善的、资料丰富的、引文可靠的宋版刻工题名专著。为了拓展古籍版本学研究领域，宜把刻工作为一个重要课题进行深入研究。我们应当充分利用现在宋椠印本几乎尽归公库、宋版书几乎都有影本、全国各大图书馆都有业务联系等诸多有利条件，利用改革开放、各国文化交流异常活跃这个有利条件，在《中国善本书总目》的基础上把全国各大图书馆皮藏的宋版书及其影本，和散落在域外的宋版书及其影本进行一次普查，然后组织人力，分工编写。这部专著的问世，无疑对宋版书的研究，对雕版印刷术的研究，对中国古代书史的研究，以及对宋代文化、经济、政治等领域的研究都有裨益。

继长泽氏之后，相继出现了与长泽表体例相近的作品。兹作《宋版刻工研究成果表解》如下：

……

（编者按：因《表解》内容过多，此处省略。）

注释：

①宋叶梦得：《石林燕语》卷八。
②日本汉学家阿部隆一教授统计，见《朝日新闻》1977年6月28日。
③张秀民：《南宋刻书地域考》，载《图书馆》1961年第3期。
④见王伯敏：《中国版画史》15页及书后附图7，1961年上海人民美术出版社。
⑤三例分见宋嘉熙三年刻《实相般若波罗蜜经》72册"翔"字函，宋淳祐三年刻《楞伽经》147册"身"字函，宋嘉熙二年刻《如来庄严智慧光明入一切佛境界经》156册"养"字函。以上均见1936年上海影印宋版藏经会影印本。
⑥傅增湘：《藏园群书经眼录》卷一，143页。
⑦见黄丕烈：《百宋一廛赋》，潘宗周《宝礼堂宋本书录》史部，28页；北京图书馆编《中国版刻图录》11页；王文进：《文禄堂访书记》卷二19页。今有《士礼居丛书》本。
⑧见《中国版刻图录》20页及《百衲二十四史》影印本。
⑨此刊本今藏北京图书馆。
⑩此刊本今藏天津图书馆。

（载天津《图书馆工作与研究》1990年第2期）

宋椠粤本《杜诗》及刻工考略

两宋是我国雕版印刷术发展的鼎盛时期，举凡官府、家塾、坊肆无不献其群力刊印图籍，论其品质，"以杭州为上，蜀本次之，福建最下"（宋叶梦得语）。南宋一十七路，路路刻书。当时辖境大致相当于今天广东省的广南东路，刊书虽不及浙闽与巴蜀，然官、私、坊诸家也无不尽力刊书。广南东路刊书地区，今可考者，有广州、怀集、肇庆府、连山、潮州、潮阳、博罗、富川等处。不过各地所刊之书，今传本极稀，所传之本最著名者当为宋宝庆元年（1225）广东漕司刊本《新刊校定集注杜诗》三十六卷，唐杜甫撰，宋郭知达集注。

此帙每半页九行，行十六字。小注夹行字同。线黑口，左右双边。双鱼尾。书版框22.9厘米，宽17.8厘米。宋讳玄、弘、舷、郎、泓、殷、匡、恒、贞、桢、徵、树、让、桓、完、构、慎、郭、廓诸字缺笔，惟不严谨，独遇神宗庙讳"旭"字，改以"庙讳"二字代之。正文字体端劲，抚刻精善。宋陈振孙《直斋书录解题》，"福清曾噩子肃刻板五羊漕司，字大可最为善本"，即指此帙。卷二署"宝庆乙酉广东漕司镂板"一行，其末并题"进士陈大信""潮州州学宾辛安中""承议郎前道判韶州军州事刘镕同校勘""朝议大夫广南东路转运判官曾噩"四行衔名。

此帙长洲王世懋旧藏，钤有"敬美甫"一印。后归常熟毛褒，钤"毛褒之印""华伯氏""毛褒字华伯号质奄""宋本""开卷一乐"等印。再复归长洲汪士钟，钤"汪印士钟""阆源父""三十五峰园主人"等印。汪氏艺芸书舍藏书于道光间散出，此书又为常熟瞿绍基所得，钤"虞山瞿绍基藏书之印"，递经其子镛、孙秉渊，传至曾孙启甲，钤"菰里瞿氏""菰里瞿镛""铁琴铜剑楼""怡裕斋镜之秉渊氏珍藏""良士（启甲）眼福"诸印。

抗战初期，瞿氏铁琴铜剑楼藏书递有散出，此本为沪上商人山阴沈仲涛购获，秘藏之研易楼，不轻示人。宋代广东刻本至罕，传本尤鲜，此帙为仅存孤本。自归沈氏，人鲜知其下落，或谓已遭劫灰。1980年仲涛先生以四十年之珍藏，捐赠台湾

"故宫博物院",此书方显于世。是院后将此帙影印,是为易见之本。(《宋版书特展目录》,台湾"故宫博物院"编辑委员会编,下省称《展目》)

此帙印版由37位刻工合作刊成。兹将诸工姓名录下,以彰其功:

陈敞甫、岑友、岑达、邓举、范贵、郭淇、黄甲、黄由、黄仲、洪恩、敞父、刘士震、刘文、刘用、刘迁、刘于、刘元、鲁时、莫衍、宁达、潘珏、上官生、危本、吴文彬、吴元、万中、萧仁、杨定、杨茂、杨宜、杨昌、叶正、余太、余中、章、郑宗、朱荣。

上举刻工皆南宋中期活动于广东等地区的雕版良工,故是书刊刻精工。广东地区因宋椠传本日稀,刻工可考者无几,兹据笔者掌握的材料,复考诸良工所刊他书,以彰一地雕手之功,以集一地刻工之资料,以备参稽,于学人盖有所裨益。

刘元、吴元又并见宋椠本《放翁先生剑南诗稿》六十七卷,《中国版刻图录》(下省称《图录》)33页著录,称此书刻工"皆南宋中叶吉州地区良工,嘉泰二年(1202)放翁次子子龙赴吉州掾,放翁作诗送之,疑此本乃子赴吉州后怂恿其当地官吏所刊刻,时放翁尚健在"。

刘元、余中并见宋淳熙抚州公使库刻本《礼记释文》四卷,王文进《文禄堂访书记》(下省称《王记》)卷一,15页著录。

刘文、余太并见宋赣州州学刊本《文选》六十卷,《展目》103页著录。

刘文、刘用、叶正并见宋淳熙七年(1180)池阳(治今安徽池州市贵池区)郡斋刻本《山海经传》十八卷,有《古逸丛书三编》本;三位刻工又同刊宋淳熙八年(1181)尤延之贵池刊理宗间递修本《文选》六十卷,下省称《展目》39页及《王记》卷五22页著录。

邓举又见宋淳祐十年(1250)福州路提举史季温刊元的递修本《国朝诸臣奏议》一百五十卷,下省称《展目》53页著录。

刘文又见宋临安本《周官讲义》十四卷,《王记》卷一10页著录。又见宋本《韩集举正》十卷,傅增湘云:"此方氏刊于南安(江西)者也。"傅增湘《藏园群书经眼录》(下省称《傅录》)卷十二,1055页著录。

刘用又见宋端平刻本《皇朝文鉴》一百五十卷,有《四部丛刊》本;又见宋嘉泰至开禧间秋浦(治今安徽池州市贵池区)郡斋刻大字本《晋书》一百三十卷,《图录》29页及《王记》卷二4页著录。

刘元又见宋端平元年(1234)刻本《诚斋集》一百三十三卷,《古文旧书考》

卷二著录；又见宋严州刻小字本《通鉴纪事本末》四十二卷，潘宗周《宝礼堂宋本书录》（下省称《潘录》）史部，24 页著录。

吴元又见宋宝庆二年（1226）建宁郡刻本《东汉会要》四十卷，《傅录》卷六，476 页，以及《潘录》史部，59 页著录；又见宋浙本《放翁先生剑南诗稿》六十七卷，《王记》卷四，40 页著录。

杨定又见宋本《新刊经进详注昌黎先生文集》四十卷，《外集》十卷，《遗文》三卷，《附录》三卷，此本刻工尚有"眉史丙"者，盖蜀本，《傅录》卷十二，1057 页著录。

杨茂又见宋景德刻南宋补版印本《仪礼疏》五十卷，有《四部丛刊三编》本。

杨宜又见宋蜀本《太平御览》一千卷，有《四部丛刊三编》本，又《古文旧书考》卷二著录，称此书为"宋庆元刻及光宗时刻本"。

叶正又见宋宁宗时浙江刊元季补修印一本《晦庵先生文集》一百卷，《展目》33 页著录；又见宋本《乐全先生文集》残本，《潘录》集部，28 页著录；又《四库全书总目》定此本为孝宗时所刊。

此帙诸良工，除以上所举出者外，其余刻工仅见本书。从以上刻工又刊他书知，诸良士除曾合作刊此一帙外，别有数人又曾合作在异域刊书。诸刻工的活动年限，多在南宋孝宗淳熙至理宗淳祐年间，刊书地区涉及浙、闽、皖、赣以及鄂、蜀等地，此帙刻工刊书活动年限之长，足涉地域之广，亦为粤域宋季刊书之史语。

（载《广东图书馆学刊》1990年第3期）

宋版刻工表

20世纪30年代，日本学者长泽规矩也将日本七家公私文库庋藏的部分宋元旧椠中所载的刻工姓名逐一摘录下来，编成《宋元刊本刻工名表初稿》（《图书馆学季刊》第八卷第三期，1934年9月），此表共录宋刻本130种，刻工名字约1500个，元刻本73种，刻工名字约750个。这个刻工表的编成，为宋元版本的研究提供了方便，学者研究宋元版本，凡以刻工为据者，大都曾经利用过此表，此表仍是今天考订宋元版本的唯一参考工具。不过，此表编成于半个世纪以前，而且所收也只限于当时日本几家单位的藏书，其内容也只能反映一部分宋元版刻工情况，其编写体例也不尽理想，随着版本研究的不断深入，此表显然已不能满足要求。有鉴于此，近年来笔者在日常工作时注意搜集宋代刻工资料，集腋成裘，今略加考订排比，编成是表，以期对长泽表有所补充，若有获益，当不胜欣慰。

略例

一、编写本文，旨在汇录两宋时期从事印版镌刻工作的刻工姓名，为读者提供一些资料和线索，以便考订版本时得所参稽。

二、收录范围：宋版（包括影印、影刻、影抄本）中所载刻工姓名（元、明补版刻工及书工、印工、装背工等也一并收录），一版中有姓名全称的，其省称一般不录，一字单名及单姓不录。

三、正文包括三部分：

1. 资料部分主要采辑资料及简称。

2. 图书部分共录宋版书400余种。每一版种（即同版印本）列为一条，每条依次包括序号、书名、卷数、撰者、版本及资料出处等项，一般依所采资料原题著录。每条排列，除个别者外，一般以书名的汉语拼音音序为序。每一版种中，有的包括若干部，每部书因存佚程度不同，故所载刻工多寡有异，若某部书所载刻工与他书绝大部分相异，则此书即单列为一条。

3.刻工部分共录刻工姓名 5000 个，编排以刻工姓名的汉语拼音音序为序，每一刻工姓名后列该刻工所刊书之序号。

四、因水平及编写体例所限，本文所录诸书的版本真伪及异同、刻工题名的增减笔画及同异未加一一辨正，所以不免存在讹误之处，利用是表时，尚祈识者自鉴。

一、资料部分

《四部丛刊》	《丛》
《四部丛刊续编》	《丛续》
《四部丛刊三编》	《丛三》
《古逸丛书》	《古》
《续古逸丛书》	《续古》
《古逸丛书三编》	《古三》
《百衲二十四史》	《衲史》
《天禄琳琅丛书第一集》	《琳》
《密韵楼丛刻七种》	《密》
《宝礼堂宋本书录》	《宝》
《文禄堂访书记》	《禄》
《藏园群书经眼录》	《藏》
《中国版刻图录》	《图》
《涵芬楼烬余书录》	《涵》
《寒云手写所藏宋本提要廿九种》	《寒》
《木犀轩藏书题记及书录》	《犀》
《古文旧书考》	《考》
《中国善本书提要》	《中》
《宋版书特展目录》	《展》

（台湾"故宫博物院"编辑委员会编，1986 年版）

《美国所藏宋元刻佛经经眼录》　　　《美》

（沈津，载《文献》杂志1989年第1期）

二、图书部分

1. 白氏文集　唐白居易撰　宋刻本　《图》10页

2. 白氏文集七十一卷　宋绍兴间刻小字本　《禄》卷四16页

3. 白氏六帖事类集三十卷　唐白居易撰　宋刻本　《藏》卷十805页

4. 百川学海四种　宋左圭辑　宋刻本　《宝》子部25页

5. 鲍氏集十卷　宋鲍照撰　明毛晋影抄宋本　《禄》卷四3页

6. 鲍氏国策十卷　宋鲍彪注　宋浙刻本　《禄》卷二19页

7. 北山小集四十卷　宋程俱撰　影宋写本　《丛续》

8. 北山录　宋熙宁元年刻本　《宝》子部54页、《藏》卷十873页及《寒》

9. 北山录注解随函二卷　宋释德珪撰　北宋刊本　《寒》及《宝》子部56页

10. 北齐书五十卷　唐李百药撰　宋蜀刻大字本　《衲史》

11. 效方四十卷　宋李朝正编　宋绍兴二十四年刻本　《藏》卷七590页及《禄》卷三10页

12. 本草集方十卷　宋刻本　《藏》卷七590页

13. 本草衍义二十卷　宋寇宗奭编　宋刊本　《宝》子部14页、《藏》卷七583页及《涵》子部18页

14. 编年通载四卷　宋刊本　《丛三》及《涵》史部21页

15. 不空罥索神变真言经三十卷　唐释菩提流志译　宋靖康元年福州开元寺刊毗卢大藏本　《犀》230页

16. 岑嘉州集四卷　唐岑参撰　宋陈氏书棚刻本　《禄》卷四7页

17. 参寥子诗集十二卷　宋释道潜撰　宋刊本　《丛三》及《涵》集部44页

18. 昌黎先生集四十卷外集十卷　唐韩愈撰　宋廖莹中刻本　民国间上海蟫隐庐书店影印本　《禄》卷四9页及《图》15页

19. 昌黎先生集十卷　北宋刻残本　傅增湘：《藏园东游别录·静嘉堂文库观书记》

20. 昌黎先生集四十卷集外十卷附录一卷　宋淳熙元年锦溪张监税宅刻本　《展》

21. 朱文公校昌黎先生集四十卷　宋朱熹考异　宋刊宋印本　《藏》卷十二1058

页及《涵》集部 17 页

22. 朱文公校昌黎先生集四十卷外集十卷　宋朱熹注刻大字本　《禄》卷四 9 页

23. 朱文公编昌黎先生传一卷　宋刊本　《藏》卷十二 1059 页

24. 新刊经进详注昌黎先生文集四十卷外集十卷遗文三卷附录三卷　宋文谠注、王俦补注　宋刊本　《藏》卷十二 1057 页及《图》46 页

25. 曹子建文集十卷　魏曹植撰　宋本　《续古》《密》及《禄》卷四 1 页

26. 草窗韵语六稿宋周密撰　宋周氏家刻本　《密》及《禄》卷四 43 页

27. 陈书三十六卷　宋姚思廉撰　宋蜀刻大字本　《衲史》

28. 陈书三十六卷　宋绍兴刻大字本　《禄》

29. 诚斋集一百三十三卷　宋杨万里撰　宋端平元年刻本　《考》卷二

30. 程氏遗书二十五卷附录一卷　宋程颐撰　宋淳祐刻本　《禄》卷三 5 页

31. 冲虚至德真经注晋张湛撰　宋刻宋元递修本　《图》14 页及《丛》

32. 佛祖统纪五十五卷宋释志磐撰　宋咸淳五年刻本　《藏》卷十 890 页

33. 崔舍人玉堂类稿二十卷附录一卷西垣类稿二卷　宋崔敦诗撰　宋刻本　《藏》卷十四 1228 及《藏园东游别录·日本帝室图书寮观书记》

34. 春秋经传集解二卷　宋刊缺民字本　《考》卷二

35. 春秋经传集解三十卷　晋杜预撰、唐陆德明释文　宋岳氏荆溪家塾刻本　《藏》卷一 70 页

36. 春秋经传集解三十卷　晋杜预撰　宋嘉定九年兴国军学刻本　《考》卷二及《禄》卷一 19 页

37. 春秋经传集解三十卷　晋杜预撰　宋相台岳氏刻本　《禄》卷一 19 页

38. 春秋经传集解三十卷　晋杜预撰　宋淳熙抚州公使库刻本　《禄》卷一 19 页及《藏》卷一 64 页

39. 春秋经传集解三十卷　晋杜预撰　宋淳熙抚州公使库刊配补乾道江阴军学本暨明覆刻相台岳氏本　《展》85 页

40. 春秋经传集解三十卷　晋杜预撰　宋刊宋印本　《寒》及《禄》卷一 20 页

41. 春秋经传集解三十卷　晋杜预撰　宋刊本　《展》105 页

42. 春秋公羊经传解诂十二卷　汉何休撰　宋淳熙抚州公使库刊本　《古三》及《涵》经部 31 页

43. 春秋公羊释文一卷　唐陆德明撰　宋抚州刊绍熙四年重修本　《藏》卷一

74页

44. 春秋胡氏传三十卷　宋胡安国撰　宋刻本　《丛续》

45. 春秋集注十一卷纲领一卷　宋张洽撰　宋端平二年临江郡庠刻本　《展》87页

46. 春秋经传三十卷　宋刻本　《图》15页

47. 春秋公羊疏　唐徐彦撰　宋刻本　《续古》《丛》及《宝》经部24页

48. 春秋五礼例宗十卷　宋张大亨撰　宋刻本　《宝》经部28页及《藏》卷一79页

49. 春秋传三十卷　宋胡安国撰　宋乾道四年刻庆元五年黄汝嘉修补本　《犀》73页及《禄》卷一22页

50. 春秋传三十卷　宋胡安国撰　宋刊宋印本　《寒》及《宝》经部31页

51. 春秋左传正义唐孔颖达撰　宋庆元六年绍兴府刻宋元递修本　《图》21页及《涵》经部29页

52. 大般若波罗蜜多经　宋绍兴三十二年明州奉化县王公祠堂刻本　《美》

53. 大般若波罗蜜多经　宋碛砂延圣院刻　碛砂大藏本　《美》

54. 大般若波罗蜜多经　宋政和五年福州开元寺刻毗卢大藏本　《美》

55. 大般若波罗蜜多经　宋政和二年福州开元寺刻毗卢大藏本　《美》

56. 大般若波罗蜜多经　宋福州东禅等觉院刻万寿大藏本　《美》

57. 大般涅槃经后分下卷　唐释若那跋陀罗等译　北宋元丰八年福州东禅等觉院刻万寿大藏本　《犀》229页

58. 大方广佛华严经合论第七卷　唐释志宁撰　北宋政和三年刻福州开元寺刻毗卢大藏本　《犀》228页

59. 大方广佛华严经　八十一卷　附普贤行愿品唐释实叉难陀译　宋刊本　《藏》卷十869页

60. 新译大方广佛华严经音义二卷　唐释慧范撰　宋崇宁二年福州东禅等觉院刻万寿大藏本　《美》

61. 大积宝经　一百二十卷　宋粤刻本　《禄》卷三43页

62. 大集譬喻王经二卷　隋天竺三藏阇那崛多等译　宋刊思溪大藏本　《展》115页

63. 大唐六典注三十卷　唐李林甫等撰　宋绍兴四年温州州学刻本　《藏》卷六459页

64. 东观余论二卷　宋黄伯思撰　宋宁宗嘉定三年温陵庄夏刻本　《图》23 页及《古三》

65. 东观余论　宋绍兴十七年黄氏建安漕司刻本　《藏》卷九 734 页

66. 东汉会要四十卷　宋徐天麟撰　宋宝庆二年建宁郡刻本　《藏》卷六 476 页、《宝》史部 59 页及《涵》史部 83 页

67. 东汉会要四十卷　宋徐天麟撰　宋宝庆刻本　《禄》卷二 47 页

68. 东家杂记　宋孔传撰　宋刻递修本　《图》24 页

69. 东莱吕太史别集十六卷　宋吕祖谦撰　宋刻本　《宝》集部 43 页及《藏》卷十四 1233 页

70. 东莱吕太史集十五卷别集十六卷外集五卷附录三卷　宋浙刻本　《禄》卷四 38 页

71. 东莱先生诗集二十卷外集三卷　宋吕本中撰　宋庆元五年黄汝嘉刻江西诗派本　《藏》卷十四 1222 页

72. 东莱先生诗集二十卷　宋吕本中撰　宋刻本　《丛》

73. 东坡集四十卷　宋苏轼撰　宋刻本　《藏》卷十三 1161 页

74. 东坡集四十卷　宋孝宗刻本　《宝》集部 35 页

75. 东坡先生和陶渊明诗四卷　宋苏轼撰　宋庆元间黄州刻本　《展》99 页

76. 东坡先生后集二十卷　宋黄州刻本　《宝》集部 37 页及《藏》卷十三 1164 页

77. 东坡先生外制集三卷　宋庆元刻本　《禄》卷四 25 页

78. 东坡先生外制集三卷　宋蜀刻小字本　《禄》卷四 25 页

79. 东坡文集四十卷　宋淳熙刻本　《禄》卷四 25 页

80. 窦氏联珠集唐褚藏言辑　宋刻本　《续古》《丛三》《密》及《宝》集部 58 页

81. 杜工部集　唐杜甫撰　南宋初年吴中重刻王琪本　《续古》及《图》26 页

82. 杜审言诗　唐杜必简撰　宋陈氏书棚刻本　《禄》卷四 7 页

83. 新刊校定集注杜诗三十六卷　唐杜甫撰、宋郭知达集注　宋宝庆元年广东漕司刻本　《展》97 页

84. 尔雅三卷　晋郭璞注　南宋国子监刻本　《展》7 页及《琳》

85. 尔雅疏十卷　宋邢昺撰　宋刻本　《续古》、《丛续》、《图》13 页及《涵》经部 44 页

86. 尔雅注　晋郭璞注　宋刻本　《丛》及《图》21页

87. 二孟诗集十二卷　唐孟郊、孟浩然撰　宋刻本　1934年武进陶氏涉园影印本

88. 法苑珠林一百卷　唐释道世撰　宋宣和六年福州开元寺刻毗卢大藏本　《美》

89. 范文正公集二十卷别集四卷　宋范仲淹撰　宋乾道鄱阳郡斋刻本　《宝》集部23页

90. 放翁先生剑南诗稿六十七卷　宋陆游撰　宋浙刻本　《禄》卷四40页

91. 佛说一切如来真实摄大乘现证三昧大教王经三十卷　宋施护等译　宋刻本　《美》

92. 佛说优填王经一卷　西晋释法炬译　宋宣和六年福州开元寺刻毗卢大藏本　《犀》229页

93. 甘露军荼利菩萨供养念诵成就仪轨　宋刻本　《美》

94. 根本说一切有部毗奈耶杂事经五十卷　唐释义净撰　宋刻本　《美》

95. 攻愧先生文集一百二十卷　宋楼钥撰宋刻本　《藏》卷十四1236页

96. 公羊穀梁　宋合刻白文小字本　《禄》卷一21页

97. 古灵先生文集二十五卷卷末一卷　宋陈襄撰　宋赣州刻本　《禄》卷四23页、沈津《上海图书馆善本书录六则》（载《文献》1989年第4期）

98. 古三坟书三卷　南宋初年婺州刻本　《宝》子部19页

99. 古史六十卷　宋苏辙撰　南宋初年刻本　《宝》史部26页、《禄》卷二11页及《涵》史部36页

100. 古文苑二十一卷　宋章樵重编　宋淳祐刻本　《禄》卷五28页

101. 观史类编　宋吕祖谦撰　宋刻本　《藏》卷十827页

102. 管子注　唐房玄龄撰　宋刻本　《丛》及《图》11页

103. 广韵五卷　宋陈彭年等撰　宋刻本　《藏》卷一143页及《图》10页

104. 广韵五卷　宋刻本　《丛》《古》及《藏》卷一144页

105. 龟山先生语录四卷后录二卷　宋刻本　《丛读》

106. 新刊国朝二百家名贤文粹三百卷　宋庆元三年书隐斋刻本　《图》44页

107. 国朝诸臣奏议一百五十卷　宋赵汝愚编　宋淳祐十年福州路提举史季温刊元明递修本　《展》53页、《禄》卷二22页及《涵》史部45页

108. 国语解　吴韦昭撰　南宋初叶刊宋元递修本　《图》13页及《涵》史部39页

109. 韩集举正十卷外集并叙录一卷　宋方崧卿撰　宋刻本　《藏》卷十二 1055 页

110. 音注韩文公文集四十卷外集十二卷　唐韩愈撰、宋祝充音注　宋刻本　《藏》卷十二 1058 页及《禄》卷四 9 页

111. 寒山子诗一卷丰干拾得诗一卷　唐释寒山子丰干拾得撰　宋刻本　《藏》卷十二 1012 页及 1924 年建德周氏影刊本

112. 汉官仪二卷　宋刘敞撰　宋临安刻本　《禄》卷二 47 页及《续古》

113. 汉隽十卷　宋林钺撰　宋滁州刻本　《宝》史部 46 页及《禄》卷二 28 页

114. 汉隽十卷　宋刻本　《藏》卷六 522 页

115. 汉隶字源五卷碑目一卷　宋娄机撰　宋刻本　《中》54 页

116. 汉书一百二十卷　汉班固撰　宋白鹭洲书院覆建安蔡琪刻本　《宝》史部 5 页

117. 汉书一百二十卷　北宋景祐刻本　《衲史》

118. 汉书一百二十卷　唐颜师古注　宋绍兴刻大字本　《禄》卷二 3 页、《中》77 页及《展》13 页

119. 汉书注　唐颜师古注　北宋刻递修本　《图》8 页

120. 河东先生集四十五卷外集二卷　唐柳宗元撰　宋廖莹中世彩堂刻本　《宝》集部 16 页、《禄》卷四 10 页、《图》15 页及民国间上海蟫隐庐书店影印本

121. 河南程氏文集　宋程颢程颐撰　宋刻八行本　《展》131 页及《中》468 页

122. 河南程氏遗书附录一卷　宋刻本　《藏》卷七 556 页

123. 重校鹤山先生大全文集一百十卷　宋魏了翁撰　宋蜀刻本　《丛》、《展》集部 44 页及《禄》卷四 41 页

124. 后汉书一百二十卷　宋范晔撰　宋绍兴刻本　《衲史》、《禄》卷二 3 页、《中》79 页、《图》26 页及《涵》史部 5 页

125. 后汉书一百二十卷　宋白鹭书院覆刻嘉定元年蔡琪纯父一经堂本　《宝》史部 8 页

126. 后山诗注六卷　宋陈师道撰　宋蜀刻本　《藏》卷十三 1184 页及《禄》卷四 29 页

127. 花间集　后蜀赵崇祚辑　宋绍兴十八年建康郡斋刻本　《图》26 页

128. 画继十卷　宋邓椿撰　五代名画补遗一卷　宋刘道醇撰　宋刻本　《古三》

129. 淮海集四十卷后集六卷长短句三卷　宋秦观撰　宋乾道九年高邮军学刊元季修补本　《展》101 页、《藏》卷十三 1187 页、《禄》卷四 30 页及《涵》集部 43 页

130. 新刊淮南鸿烈解二十一卷　汉刘安撰　宋茶陵谭氏刻本　《禄》卷三 19 页

131. 皇朝文鉴一百五十卷　宋吕祖谦编　宋端平刻本　《丛》及《禄》卷五 31 页

132. 回溪先生史韵四十二卷　宋钱讽编　宋江西刻本　《禄》卷三 33 页

133. 挥麈录二十卷　宋王明清撰　宋刻本　《宝》子部 49 页

134. 晦庵先生文集一百卷　宋朱熹撰　宋宁宗时浙江刊元季修补印本　《展》33 页及《涵》集部 54 页

135. 晦庵先生文集一百卷　宋浙江刻本　《禄》卷四 37 页

136. 晦庵先生朱文公文集一百卷　宋刻本　《宝》集部 42 页

137. 晦庵先生朱文公语录四十三卷　宋李道传编　宋嘉定九年池州刻本　《展》23 页及《禄》卷三 5 页

138. 说苑二十卷　宋咸淳刊本　《涵》子部 1 页

139. 集古文韵五卷　宋夏竦撰　宋绍兴间刻本　《宝》经部 40 页

140. 集韵十卷　宋丁度等撰　宋刻本　《古三》

141. 嘉泰普灯录三十卷　宋释正受撰　宋刻本　《藏》卷十 887 页及《禄》卷三 45 页

142. 甲申杂记一卷闻见近录一卷　宋王巩撰　南宋刻本　《古三》及《藏》卷九 758 页

143. 建康实录二十卷　唐许嵩撰　宋绍兴十八年荆湖北路安抚使司刊递修本　《古三》

144. 放翁先生剑南诗稿六十七卷　宋陆游撰　宋刊本　《藏》卷十四 1245 页及《图》33 页

145. 新刊剑南诗稿二十卷　宋陆游撰　宋淳熙十四年严州郡斋刻本　《藏》卷十四 1244 页及《图》25 页

146. 金石录　宋赵明诚撰　宋淳熙龙舒郡斋刻本　《图》29 页

147. 尽言集十三卷　宋刘安世撰　明隆庆覆刻宋本　《丛续》

148. 晋书一百三十卷　唐房玄龄撰　宋嘉泰四年至开禧元年秋浦郡斋刻大字本　《禄》卷二 4 页、《图》29 页及《藏》卷三 207 页

149. 晋书一百三十卷　宋刻本　《藏》卷三 207 页

150. 晋书一百三十卷　唐房玄龄撰　宋刊元明修补十行本　《展》109 页

151. 晋书音义三卷　题"唐太宗文皇帝御撰"　宋庆元间闽刻元明间印本　《中》

152. 经典释文三十卷　唐陆德明撰　宋淳熙四年抚州公使库刻本　《藏》卷一103页

153. 经典释文三十卷　宋刻宋元递修本　《图》11页

154. 经典异相五十卷　梁释宝唱撰　宋绍兴十八年福州开元寺刻毗卢大藏本　《美》

155. 重修政和经史证类备用本草三十卷　宋唐慎微撰　宋淳祐九年平阳张存惠晦明轩刻本，1957年人民卫生出版社影印本

156. 景德传灯录三十卷　宋释道原撰　宋刊宋印本　《犀》236页

157. 景德传灯录三十卷　宋刻本　《丛三》

158. 景德传灯录三十卷　宋绍兴台州刻本　《禄》卷三44页、《藏》卷十886页及《中》409页

159. 景文宋公文集十八卷　宋宋祁撰　北宋刻本　《藏》卷十三1128页

160. 旧唐书二百卷　后晋刘昫等撰　宋刻本　《衲史》

161. 九经正文八种　宋刻巾箱本　《宝》经部33页

162. 酒边集一卷　宋向子諲撰　明毛子晋影抄宋本　《禄》卷五40页

163. 居士集五十卷　宋欧阳修撰　宋绍兴间衢州刻本　《藏》卷十三1147页及《图》24页

164. 钜鹿东观集十卷　宋魏野撰　绍定元年严陵郡斋刻本　《古三》及《宝》集部21页

165. 昭德先生郡斋读书志四卷附志一卷后志二卷　宋晁公武撰、赵希弁续附　宋淳祐九年黎安朝袁州刻本　《丛三》《续古》及《藏》卷六503页

166. 孔氏六帖三十卷　宋孔传撰　宋乾道二年韩仲通泉州刻本　《展》59页

167. 愧郯录十五卷　宋岳珂撰　宋刻本　《丛续》及《禄》卷三29页

168. 咸淳临安志一百卷　宋潜说友撰　宋刻本　《宝》史部55页、《藏》卷五400页及《禄》卷二33页

169. 老泉先生文粹　十一卷　宋苏洵撰　宋乾道婺州刻本　《禄》卷五32页

170. 老子道德经古本集注二卷　宋范应元撰　宋刻本　《续古》及《藏》卷十897页

171. 乐全先生文集　宋张方平撰　宋刻本　《宝》集部28页

172. 兰亭续考　宋俞松撰　宋淳祐刻本　《图》18 页

173. 丽泽论说集录十卷　宋吕祖谦撰　宋刻本　《宝》子部 5 页

174. 历代名医蒙求二卷　宋周守忠撰　宋临安府太庙前尹家书籍铺刻本　《展》19 页

175. 刘宾客文集三十卷外集十卷　唐刘禹锡撰、宋宋敏求编、董弅校　宋浙刻本　《展》31 页

176. 李卫公文集二十卷别集十卷外集四卷　唐李德裕撰　明抄宋本　《禄》卷四 15 页

177. 李贺歌诗编四卷集外诗一卷　唐李贺撰　北宋刊南宋印本　《寒》及《密》

178. 梁书五十六卷　唐姚思廉撰　宋蜀刻大字本　《衲史》

179. 柳柳州外集一卷附录一卷　唐柳宗元撰　宋乾道间永州刻本　清光绪十三年宝章阁主人重校影刊本

180. 柳文　唐柳宗元撰　宋刻本　《藏》卷十二 1069 页

181. 列子虞斋口义二卷　宋林希逸撰　宋刻本　《藏》卷十 906 页及《禄》卷三 51 页

182. 临川先生文集一百卷　宋王安石撰　宋绍兴间王珏刻本　《宝》集部 32 页、《禄》卷四 24 页及《涵》集部 40 页

183. 临川先生文集一百卷　宋刻本　《禄》卷四 45 页

184. 礼记注　汉郑玄撰　宋杭州刻递修本　《图》9 页

185. 礼记白文　宋刻本　《犀》70 页

186. 礼记释文四卷　唐陆德明撰　宋淳熙抚州公使库刻本　《禄》卷一 15 页

187. 礼记要义三十三卷　宋刻本　《丛续》及《涵》经部 20 页

188. 附释文互注礼部韵略五卷附韵略条式一卷　宋刻本　《丛续》

189. 附释文互注礼部韵略　宋广州刻本　《图》47 页

190. 礼记郑注　汉郑玄注　北宋刊南宋修补本　《宝》经部 9 页

191. 礼记郑注　宋刻本　《宝》经部 11 页

192. 礼记正义七十卷　唐孔颖达疏　宋绍熙三年两浙东路茶盐司刻本　1927 年番禺潘宗周影刻本　《宝》经部 13 页、《禄》卷一 16 页、《图》19 页及《涵》经部 18 页

193. 龙川略志六卷别志四卷　宋苏辙撰　宋刻宋印本　《藏》卷九 757 页

194. 龙龛手鉴四卷　辽释行均撰　宋孝宗时浙刻本　《丛续》、《续古》、《展》9页、《禄》卷一34页、《图》9页及《涵》经部55页

195. 六度集经八卷　宋元丰八年福州东禅等觉院刻万寿大藏本　《美》

196. 庐山记五卷　宋陈舜俞撰　宋刻本　《藏》卷五441页

197. 吕氏家塾读诗记三十二卷　宋刻本　《丛续》

198. 论衡三十卷　汉王充撰　宋光宗时刻本　《考》卷二、《藏》卷八662页及《涵》子部48页

199. 陆士龙文集十卷　晋陆云撰　宋刻本　《古三》及《宝》集部1页

200. 论语注疏十卷　魏何晏集解、宋邢昺疏　宋刻本　《藏》卷一93页及《考》卷二

201. 论语注疏解经二十卷　魏何晏注、宋邢昺疏　宋绍熙间两浙东路茶盐司刻本　《禄》卷一27页

202. 论语纂疏十卷　宋朱熹集注、赵顺孙纂疏　宋刻本　《藏》卷一97页

203. 妙法莲华经七卷　后秦鸠摩罗什奉诏译　宋刻密行细字本　《中》406页及《藏》卷十868页

204. 妙法莲华经七卷　宋刻本　《禄》卷三42页

205. 碧云集三卷　宋刊书棚本　《丛》

206. 密庵和尚住衢州西乌巨山乾明禅院语录一卷　宋释崇岳、了悟等编　宋刻本　日本五山翻刻本

207. 孟东野诗集十卷　唐孟郊撰　宋蜀刻本　《禄》卷四12页

208. 孟子十四卷　宋刻大字本　《续古》及《丛》

209. 孟子集注十四卷　宋朱熹撰　宋浙刻本　《禄》卷一27页

210. 孟子注疏解经十四卷　汉赵岐注、宋孙奭疏　宋嘉泰间两浙东路茶盐司刊元明递修本　《展》5页、《宝》经部35页、《禄》卷一27页及《藏》卷一94页

211. 南轩先生文集四十四卷　宋张栻撰　宋宁宗时严州刻本　《展》35页及《藏》卷十四1253页

212. 南史八十卷　唐李延寿撰　宋刻本　《藏》卷三178页

213. 南齐书五十九　梁萧子显撰　宋蜀刻大字本　《衲史》、《藏》卷三210页及《禄》卷二5页

214. 南华真经注十卷　晋郭象撰　宋蜀中安仁赵谏议宅刻本　《藏》卷十900

页及《禄》卷三 50 页

215. 南华真经注十卷　晋郭象撰　宋刻本　《古三》及《图》43 页

216. 南华真经十卷　宋刻本　《续古》及《涵》子部 92 页

217. 欧阳六一居士文集五十卷　宋欧阳修撰　宋衢州刻大字本　《禄》卷四 24 页

218. 欧阳文忠公集一百五十三卷　宋欧阳修撰　宋庆元二年周必大吉州刻本　《藏》卷十三 1149 页、《宝》集部 26 页及《考》卷四

219. 庆元府雪窦明觉大师祖英集二卷　宋释重显撰　宋刻本　《禄》卷三 37 页

220. 前汉六帖十二卷　宋陈大麟撰　宋宁宗时刻本　《展》113 页及卷三 33 页

221. 群经音辨七卷　宋贾昌期撰　宋绍兴十二年汀州宁化县刻本　《藏》卷一 126 页，《寒》及《丛续》

222. 青山集三十卷　宋郭祥正撰　宋刻本　《藏》卷十三 1192 页、《禄》卷四 32 页及《密》

223. 清波杂志十二卷　宋周辉撰　宋庆元刻本　《丛续》及《禄》卷三 36 页

224. 碛砂藏经六千三百六十二卷　宋理宗绍定四年至元英宗至治二年平江府陈湖碛砂延圣院刻本　1936 年上海影印宋版藏经会影印本

225. 首楞严经十卷　宋福州刻本　《禄》卷三 43 页

226. 宋书一百卷　梁沈约撰　宋蜀刻元明递修本　《衲史》及《禄》卷二 4 页

227. 圣宋文选全集三十二卷　宋刊巾箱本　《藏》卷十八 1522 页、《宝》集部 60 页及《禄》卷五 30 页

228. 苕溪渔隐丛话后集四十卷　宋胡仔撰　宋刻本　《藏》卷十九 1582 页及《犀》372 页

229. 伤寒要旨二卷　宋李柽撰　宋乾道七年姑孰郡斋刻本　《宝》子部 11 页及《图》29 页

230. 伤寒明理论三卷方论一卷　金成无己撰　宋刻本　《宝》子部 8 页及《藏》卷七 597 页

231. 山海经传十八卷　晋郭璞注　宋孝宗淳熙七年池阳郡斋刻本　《古三》及《图》28 页

232. 三国志六十五卷　晋陈寿撰、刘宋裴松之注　宋绍兴刻本　《百衲》、《图》10 页及《涵》史部 7 页

233. 三国志六十五卷　宋衢州刻元明递修本　《犀》97 页

234. 三国志六十五卷　宋衢州刻本　《禄》卷二 4 页

235. 三国志六十五卷　宋刻元明递修本　《展》15 页

236. 三国志六十五卷　宋蜀刻小字本　《宝》史部 11 页

237. 三苏先生文粹七十卷　宋苏洵、苏轼、苏辙撰　宋乾道婺州吴宅桂堂刻本　《禄》卷五 32 页及《藏》卷十八 1532 页

238. 重刻眉山三苏先生文集八十卷　宋绍兴三十年饶州德兴县银山庄豀董应梦集古堂刻本　《犀》350 页及《禄》卷五 32 页

239. 尚书集传六卷拾遗一卷　宋蔡沈撰　宋刻大字本　《禄》卷一 7 页

240. 尚书注疏二十卷　唐孔颖达撰　宋绍兴年间两浙东路茶盐司刻本　《禄》卷一 7 页

241. 尚书十三卷　汉孔安国撰　宋刻本　《犀》62 页及《禄》卷一 7 页

242. 尚书正义二十卷　唐孔颖达撰　宋刻本　《丛三》、《藏》卷一 26 页及《考》卷二

243. 尚书正义二十卷　宋刻本　日本据足利学校藏本影刻　《图》19 页

244. 十一家注孙子三卷　宋吉天保编　宋乾道刻本　《禄》卷三 6 页

245. 十诵律六十一卷　宋绍圣四年福州东禅等觉院刻万寿大藏本　《美》

246. 侍郎葛公归愚集二十卷　宋葛立方撰　宋刻本　《图》31 页

247. 石林奏议十五卷　宋叶梦得撰　明毛晋影抄宋刻本　《禄》卷二 21 页

248. 事类赋注三十卷　宋吴淑撰　宋绍兴十六年两浙东路茶盐司刻本　《图》20 页、《藏》卷十 807 页、《宝》子部 27 页及权儒学《宋刻本吴淑事类赋》（载《文献》1990 年第 2 期）

249. 诗集传二十卷　宋朱熹撰　宋刻本　《丛三》及《禄》卷一 8 页

250. 诗本义十五卷附郑氏诗谱一卷　宋欧阳修撰　宋宁宗时江西刻本　《丛三》及《展》81 页

251. 释名八卷　汉刘熙撰　宋刻本　《丛》

252. 四明续志十卷　宋梅应发、刘锡同编　宋刊宋印本　《宝》史部 54 页及《藏》卷五 410 页

253. 四明志二十一卷　宋罗濬撰　宋浙刻本　《禄》卷二 32 页

254. 世说新语三卷　刘宋刘义庆撰　宋孝宗后刻本　《考》卷二，《藏》卷九 746 页、747 页，以及 1962 年中华书局影印本

255. 史略　宋高似孙撰　宋刻本　《丛续》

256. 史记一百三十卷　汉司马迁撰　宋绍兴刻元季补刊印本　《禄》卷二 2 页

257. 史记一百三十卷　宋刊元明递修本　《涵》史部 1 页及《禄》卷二 2 页

258. 史记一百三十卷　宋刻本　《藏园东游别录·静嘉堂文库观书记》

259. 史记集解一百三十卷　汉司马迁撰、刘宋裴骃集解　北宋刊递修本　《藏》卷三 159 页

260. 史记集解一百三十卷　宋刊元修本　《宝》史部 1 页及《藏》卷三 161 页

261. 史记集解索隐一百三十卷　汉司马迁撰、刘宋裴骃集解、唐司马贞索隐　宋淳熙三年张杅桐川郡斋刻本　《藏》卷三 169 页

262. 隋书八十五卷　唐魏征等撰　宋刻本　《宝》史部 13 页

263. 舒州龙门佛眼和尚语录二卷　宋释善悟编　宋刊宋印本　《寒》

264. 苏文忠公文集四十卷　宋苏轼撰　宋眉山刻大字本　《禄》卷四 25 页

265. 苏文忠公奏议十五卷　宋苏轼撰　宋眉山刻大字本　《展》73 页

266. 苏文定公文集五十卷　宋苏辙撰　宋孝宗时眉山刻本　《展》77 页及《禄》卷四 27 页

267. 水经注四十卷　北魏郦道元撰　宋刻本　《藏》卷五 443 页、《图》10 页及丁瑜《宋刻孤本三种》（文载《文献》1986 年第 4 期）

268. 说苑二十卷　汉刘向撰　宋刻本　《禄》卷三 3 页

269. 说苑二十卷　宋浙刻本　《禄》卷三 3 页

270. 说苑二十卷　宋咸淳元年镇江府学刊元明递修本　《展》93 页

271. 说文解字系传　南唐徐锴撰　宋杭州本　《丛》及《图》14 页

272. 说文解字三十卷　汉许慎撰　宋杭州刻宋元递修本　《图》12 页及《犀》84 页

273. 说文解字三十卷　宋刻本　《丛》及《续古》

274. 陶渊明诗一卷　晋陶潜撰　宋绍熙刻本　清光绪元年影刻本

275. 陶渊明集　晋陶潜撰　宋刻递修本　《图》21 页及陈杏珍撰《宋刻陶渊明集两种》（载《文献》杂志 1987 年第 4 期）

276. 陶靖节先生诗注四卷　晋陶潜撰、宋汤汉注　宋刻本　《古三》、《禄》卷四 2 页、《图》40 页及陈杏珍撰《宋刻陶渊明集两种》（载《文献》杂志 1987 年第 4 期）

277. 太玄经集注十卷　宋胡次和撰　宋刻本　《藏》卷七 606 页

278. 太平御览一千卷　宋李昉等撰　宋刻本　《丛》

279. 唐百家诗选二十卷　宋王安石辑　宋刻本　《藏》卷十八1509页

280. 新刊唐昌黎先生论语笔解十卷　唐韩愈、李翱合撰　宋蜀中刻本　《展》71页及《藏》卷一96页

281. 分门纂类唐歌诗一百卷　宋赵孟奎编　影抄宋本　1935年上海商务印书馆影印宛委别藏本　《禄》卷五35页

282. 唐僧弘秀集十卷　宋李龏辑　宋陈宅书籍铺刻本　《藏》卷十八1516页及《犀》353页

283. 唐陆宣公集二十二卷　唐陆贽撰　宋刻本　《丛》、《涵》集部15页及《宝》集部12页

284. 唐柳先生外集一卷　唐柳宗元撰　宋乾道元年湖南零陵刻本　《古三》及《藏》卷十二1071页

285. 新刊增广百家详补注　唐柳先生文　唐柳宗元撰，宋童宗说、韩醇等注释　宋眉山刻本　《图》46页

286. 重校添注音辨唐柳先生文集四十五卷　唐柳宗元撰，宋童宗说、韩醇等注释　宋刻本　《藏》卷十二1073页及《禄》卷四10页

287. 唐书二百二十五卷　宋欧阳修宋祁撰　宋绍兴间吴兴刻宋元递修本　《图》18页

288. 唐书二百二十五卷　宋刻本　《宝》史部16页

289. 唐书　后晋刘昫等撰　宋绍兴两浙东路茶盐司刻本　《图》20页

290. 通鉴总类二十卷　宋沈枢编　宋潮阳刻本　《宝》史部47页及《禄》卷二28页

291. 通典二百卷　唐杜佑撰　宋刻本　《藏》卷六471页、472页及《宝》史部57页

292. 通典二百卷　北宋刻本　《藏园东游别录·日本帝室观书记》及《藏》卷六472页

293. 通典二百卷　高丽覆刻宋本　《考》卷四

294. 通鉴纪事本末四十二卷　宋袁枢撰　《宝》史部24页及《禄》卷二11页

295. 通鉴纪事本末四十二卷　宋袁枢撰　宋宝祐五年赵与籯湖州刊元明递修本　《藏》卷三267页、《展》17页、《禄》卷二10页及《丛》

296. 宛陵先生文集六十卷　宋梅尧臣撰　宋绍兴刻嘉定重修印本　《藏》卷十三 1142 页

297. 外台秘要　唐王焘撰　宋绍兴间两浙东路茶盐司刻本　《图》20 页

298. 王文公文集一百卷　宋王安石撰　宋龙舒刻本　1963 年上海中华书局影印本　《藏》卷十三 1155 页及《禄》卷四 24 页

299. 通典　宋刊本　《涵》史部 80 页

300. 王荆公唐百家诗选　宋王安石辑　宋抚州刻木　《图》31 页

301. 佛说孙多耶致经一卷外四种四卷　宋绍圣四年福州东禅等觉院刻万寿大藏本　《美》

302. 五曹算经五卷附数术记遗一卷算学源流一卷　唐李淳风注　宋汀州刻本　《琳》及《禄》卷三 10 页

303. 五朝名臣言行录十卷三朝名臣言行录十四卷　宋朱熹撰　宋高宗时刻本　《宝》史部 33 页、《藏》卷四 338 页及《丛》

304. 武经龟鉴二十卷　宋王彦撰　宋浙江刻本　《宝》子部 6 页、《禄》卷三 6 页、《藏》卷七 568 页及《图》11 页

305. 五代史记七十四卷　宋欧阳修撰　徐无党注　宋刻本　《藏》卷三 182 页及《禄》卷二 6 页

306. 五代史记七十四卷　宋欧阳修撰　徐无党注　宋庆元刻本　《藏》卷三 183 页、《禄》卷二 5 页及《衲史》

307. 文粹一百卷　宋姚铉辑　宋绍兴九年临安府刻本　《图》8 页及《藏》卷十八 1503 页

308. 渭南文集　宋陆游撰　宋嘉定十三年陆子杭州刻本　《图》14 页

309. 温国文公正文集八十卷　宋司马光撰　宋绍兴刻本　《禄》卷四 23 页及《丛》

310. 文章正宗二十四卷　宋真德秀撰　宋江西刻大字本　《禄》卷五 29 页

311. 文苑英华一千卷　宋李昉等编　宋刻本　《藏》卷十七 1479 页

312. 文苑英华一千卷　宋临安官刻本　《禄》卷五 29 页

313. 韦苏州集十卷　唐韦应物撰　宋宁宗间刻本　《宝》集部 10 页、《寒》及《藏》卷十二 1042 页

314. 韦苏州集十卷附录一卷　宋绍兴刻大字本　《禄》卷四 8 页

315. 魏书一百十四卷　北齐魏收撰　宋蜀刻大字本　《衲史》及《禄》卷二 5 页

316. 文选六十卷　梁萧统编，唐李善、张诜、吕延济、李周翰、刘良、吕向注　宋赣州州学刻本　《展》103页

317. 周易十卷　宋抚州刻本　《涵》经部1页

318. 文选六十卷　宋淳熙八年尤延之贵池刊理宗间递修本　《展》39页及《禄》卷五22页

319. 文选六十卷　宋绍兴二十八年明州修补旧刊本　《展》37页、《藏》卷十七1470页、《禄》卷五25页、《藏》卷十七4页、《宝》集部54页及《考》卷二

320. 六臣注文选六十卷　宋赣州刻本　《考》卷二及《宝》集部52页

321. 六臣注文选六十卷　宋刻本　《考》卷二

322. 六家文选六十卷　宋孝宗以后广都裴氏刊配补明袁褧覆刊裴本　《展》79页

323. 荀子二十卷　周荀况撰、唐杨倞注　宋台州刻本　《古》《丛》及《禄》卷三1页

324. 心经一卷政经一卷　宋真德秀撰　宋刻本　清光绪丙申武英殿影刻宋本　《展》95页

325. 谢宣城诗集五卷　南齐谢朓撰　宋嘉定刻本　《藏》卷十二999页及《禄》卷四4页

326. 续资治通鉴节要十三卷　宋乾道刻本　《禄》卷二10页

327. 徐公文集三十卷　宋徐铉撰　宋明州刻本　民国间南陵徐乃昌影印本

328. 重刊许氏说文解字五音谱十三卷　汉许慎撰、宋李焘重编　宋孝宗时刊元明递修大字本　《展》107页

329. 周易十卷　宋相台岳氏印本　《涵》经部2页

330. 孝经一卷　唐玄宗李隆基注　宋刻本　《藏》卷一90页、民国间周暹影刻本及《丛》

331. 西汉会要七十卷　宋徐天麟撰　宋嘉定建宁郡斋刻本　《宝》史部58页、《藏》卷六47页及《禄》卷二47页

332. 新序　汉刘向撰　宋绍兴杭州刻本　《图》11页

333. 新唐书二百二十五卷　宋欧阳修、宋祁同撰　宋嘉祐刻本　《衲史》

334. 营造法式　宋李诫撰　宋平江府刻元修本　《图》27页

335. 容斋随笔十六卷续笔十六卷三笔十六卷四笔十六卷五笔十卷　宋洪迈

撰　宋刊元大德九年修补本　《展》111页、《藏》卷八690页及《丛续》

336. 輶轩使者绝代语释别国方言解十三卷　晋郭璞撰　宋庆元六年寻阳郡斋刻本　《藏》卷一122页及《丛》

337. 友林乙稿一卷　宋史弥宁撰　宋刊宋印本　《宝》集部49页、《寒》、《禄》卷四42页及1917年华阳高氏苍茫斋影印本

338. 一切经音义第二十三卷　宋福州东禅等觉院刻万寿大藏本　《犀》91页

339. 伊川击壤集二十集　宋邵雍撰　宋建刻本　《禄》卷四24页

340. 易传六卷　宋程颐撰　宋江西刻大字本　《禄》卷一5页

341. 艺文类聚一百卷　宋欧阳询辑　宋绍兴间严州地区刻本　《图》24页及1959年中华书局影印本

342. 雇斋考工记解二卷附释音　宋林希逸撰　宋江西刻本　《禄》卷一11页

343. 义丰文集　宋王阮撰　宋淳祐三年王旦刻本　《藏》卷十四1237页及《禄》卷四39页

344. 扬子法言注十三卷　宋杭州刻宋元递修本　《图》13页、《藏》卷七546页、《禄》卷三4页及《丛》

345. 医说十卷　宋张杲撰　宋嘉定刻本　《禄》卷三10页及《藏》卷七584页

346. 仪礼疏五十卷　唐贾公彦等撰　宋景德刻本　清道光十年长洲汪士钟艺云书舍影刻本　《丛三》

347. 仪礼要义五十卷　宋魏了翁撰　宋淳祐十二年魏克愚徽州刊九经要义本　《丛》、《展》83页及《宝》经部7页

348. 禹贡论二卷后论一卷山川地理图二卷　宋程大昌撰　《古三》

349. 韵补五卷　宋吴棫撰　宋乾道四年刻本　《宝》经部42页

350. 云峰悦禅师语录一卷　宋释齐晓编　宋刻本　《禄》卷三47页

351. 于湖居士文集四十卷　宋张孝祥撰　宋豫章刻本　《寒》、《禄》卷四36页、《藏》卷十四1226页及《丛》

352. 舆地广记三十八卷　宋欧阳忞撰　宋刻本　《图》31页

353. 豫章黄先生文集三十卷外集十四卷　宋黄庭坚撰　宋乾道刻本　《禄》卷四27页、《藏》卷十三1176页及《丛》

354. 豫章黄先生文集　宋刻本　《藏》卷十三1176页

355. 元氏长庆集六十卷　唐元稹撰　宋刻本　《藏》卷十二1081页

356. 育德堂奏议六卷　宋蔡幼学撰　宋刻本　《藏》卷四331页、《禄》卷四37页、《图》40页及丁瑜撰《宋刻孤本三种》（载《文献》杂志1986年第4期）

357. 迂斋标注诸家文集五卷　宋楼昉撰　宋刻本　《藏》卷十七1493页及《宝》集部62页

358. 乐府诗集一百卷目录二卷　宋郭茂倩编　宋刻本　《藏》卷十七1484页、《图》10页及《禄》卷五34页

359. 朱文公订正门人蔡九峰书集传六卷　宋蔡沉撰　宋淳祐十年吕愚龙上饶郡庠刻本　《古三》

360. 注心赋四卷附音释　宋释延寿述　宋绍兴刻本　《禄》卷三46页

361. 庄子注疏十卷　宋刻本　《古》

362. 作邑自箴十卷　宋淳熙刻本　《丛续》

363. 曾南丰先生文粹十卷　宋曾巩撰　宋刻本　《宝》集部25页及《藏》卷十三1140页

364. 赵清献公文集存十卷　宋赵抃撰　宋刊元明递修本　《展》123页

365. 张状元孟子传二十九卷　宋张九成撰　宋刻本　《丛三》

366. 张子语录三卷后录二卷　宋建宁府刻本　《丛续》《续古》及《图》40页

367. 新雕重校战国策三十三卷　汉高诱注　宋绍兴刻本　清嘉庆八年黄氏刊士礼居丛书本　《宝》史部28页、《禄》卷二19页、《图》11页

368. 镇州临济慧照禅师语录一卷　《禄》卷三47页

369. 自警编五卷　宋赵善璙撰　宋刻本　《藏》卷九777页

370. 周礼注十二卷　汉郑玄撰　宋陆德明释文宋相台岳氏家塾印本　《藏》卷一44页

371. 致堂读史管见三十卷　宋胡寅撰　采宝祐二年江南宛陵郡斋刊明修补本　《展》91页、《禄》卷二53页及《涵》史部99页

372. 资治通鉴二百九十四卷　宋司马光撰　宋蜀广都费氏进修堂刻大字本　《禄》卷二7页

373. 资治通鉴二百九十四卷　宋建刻本　《禄》卷二7页、《涵》史部16页及《丛》

374. 资治通鉴纲目五十九卷　宋朱熹撰　宋真氏温陵刻本　《宝》史部20页、《禄》卷二10页及《涵》史部23页

375. 资治通鉴纲目五十九卷　宋武夷詹光祖月崖书堂刻本　《展》51页

376. 资治通鉴目录三十卷　宋司马光撰　宋绍兴二年两浙东路茶盐司公使库刻本　《丛》、《涵》史部18页及《藏》卷三237页

377. 资治通鉴释文三十卷　宋史炤撰　宋建刻本　《禄》卷二9页

378. 宗镜录　宋大观二年福州东禅等觉院刻万寿大藏本　《美》

379. 周官讲义十四卷　宋史浩撰　宋临安刻本　《禄》卷一10页

380. 周书五十卷　唐令狐德棻等撰　宋蜀刻大字本　《衲史》

381. 中兴馆阁录十卷续录十卷　清黄氏川学斋传抄宋本　《禄》卷二45页

382. 中庸说三卷　宋张九成撰　宋刻本　《丛三》

383. 中说注十卷　隋王通撰　宋阮逸注　宋刻小字本　《藏》卷七552页

384. 周益文忠公集二百卷　宋周必大撰　宋刻本　《藏》卷十四1230页及《图》32页

385. 周益文忠公书稿十五卷　宋周必大撰　宋庆元刻本　《禄》卷四38页

386. 周礼十二卷　汉郑玄注　唐陆德明释文　宋刻本　1934年文禄堂主人王氏影印本　《犀》68页、《宝》经部5页、《禄》卷一10页

387. 周礼十二卷　汉郑玄注　宋相台岳氏刻本　《禄》卷一9页及《丛》

388. 周礼十二卷　汉郑玄注、唐陆德明音义　宋刻本　《犀》67页

389. 周礼十二卷　汉郑玄注　宋婺州市门巷唐宅刻本　《藏》卷一44页及《图》22页

390. 周礼郑注十二卷　宋刻本两种合为一帙　《宝》经部1页

391. 周礼疏五十卷　汉郑玄注、唐贾公彦等疏　宋两浙东路茶盐司刊宋元明递修本　《展》3页、《图》19页及《禄》卷一10页

392. 周易注疏　魏王弼、晋韩康伯、唐孔颖达撰　宋两浙东路茶盐司刻宋元递修本　《图》18页

393. 周易注疏十三卷　宋绍熙间浙东庾司刻本　《禄》卷一2页

394. 周易要义十卷　宋刻本　《丛续》及《涵》经部4页

395. 周易本义十二卷　宋朱熹集注　宋刻本　1913年贵池刘氏玉海堂影宋丛书本　《禄》卷一4页、《藏》卷一12页

396. 周易本义十二卷　宋咸淳元年吴革刻本　清武英殿影刻本　《图》40页及《藏》卷一12页

397. 诸史提要十五卷　宋刻本　《涵》史部 55 页

398. 周易正义十四卷　唐孔颖达撰　宋监本　1935 年北平人文科学研究所影印本　《藏》卷一 9 页、《禄》卷一 1 页及《图》12 页

399. 黄帝内经素问二十四卷　宋刻本　《丛》

400. 文殊师利根本一字陀罗尼经一卷外三种三卷　宋元丰八年福州东禅等觉院刻万寿大藏本　《美》

401. 吴郡图经续记三卷　宋绍兴四年刻本　《密》

402. 吴子二卷　周吴起撰　影宋抄本　《丛》

403. 杜工部集　唐杜甫撰　宋绍兴三年建康府学刻本　《图》26 页

404. 周易十卷　宋刻本　《丛》

405. 春秋经传集解　宋刻巾箱本　《丛》

406. 丁卯集二卷　影宋抄本　《丛》

407. 资治通鉴考异三十卷　宋刻本　《涵》史部 18 页

408. 王黄州小畜集三十卷　宋王禹偁撰　宋刻本　《丛》

409. 鹖冠子　明翻刻宋本　《丛》

410. 司马法三卷　影宋抄本　《丛》

411. 北峒文集　宋刻本　《涵》集部 66 页

412. 监本附释音春秋穀梁传注疏二十卷　宋刻本　《涵》经部 32 页

413. 忠文王纪事实录　宋景定刻本　傅增湘撰《宋本忠文王纪事实录书后》（载《图书季刊》新第二卷第一期民国二十九年版）及丁瑜撰《宋刻孤本三种》（载《文献》杂志 1986 年第 4 期）

414. 慈溪黄氏日抄　宋刻本　《涵》子部 8 页

415. 埤史方　宋刊元明修配本　《涵》子部 81 页

416. 周髀算经二卷　明汲古阁影宋抄本　《琳》

417. 东莱先生音注唐鉴二十四卷　宋刻本　《涵》史部 97 页

418. 帝王经世图谱　宋刻本　《涵》子部 68 页

419. 反离骚一卷　宋刻本　民国间吴兴张氏影刻本

420. 张丘建算经三卷　明汲古阁影抄宋本　《琳》

421. 皇朝仕学规范四十卷　宋刻本　《涵》子部 57 页

422. 缉古算经一卷　明汲古阁影抄宋本　《琳》

423. 九章算经五卷　明汲古阁影抄宋本　《琳》

424. 诗集传二十卷　宋苏辙撰　宋淳熙七年苏诩筠州公使库刻本　李致忠撰《北京图书馆入藏宋刻苏辙诗集传》（载《文献》杂志1990年第2期）

425. 近思录集解十四卷　宋刻本　《涵》子部7页

426. 六韬六卷　影宋抄本　《丛》

427. 刘梦得文集三十卷　董氏影宋本　《丛》

428. 礼书一百五十卷　宋刊元修本　《涵》经部26页

429. 毛诗正义四十卷　唐孔颖达等撰　宋绍兴九年绍兴府刻本　日本昭和十一年影印东方文化丛书本

430. 盘洲文集八十卷　宋刻本　《涵》集部57页

431. 史记　宋景定刻本　《涵》史部1页

432. 圣宋名贤五百家播芳大全文粹　宋刻本　《涵》集部101页

433. 诗淮四卷诗翼四卷　宋刻本　《涵》集部105页

434. 孙子算经三卷　明汲古阁影抄宋本　《琳》

435. 唐书直笔新例四卷新例须知一卷附校记一卷　影宋写本　民国间吴兴张氏影刻本

436. 吴郡志四十卷　宋刻本　民国间吴兴张氏影刻本

437. 夏侯阳算经三卷　明汲古阁影抄宋本　《琳》

438. 宣和奉使高丽图经四十卷　宋刻本　《琳》

439. 仪礼经传通解仪礼集传集注　宋刻本　《涵》经部27页

440. 颐堂先生文集五卷　宋乾道刻本　1923年上海涵芬楼影印本

441. 乐书正误一卷　宋楼钥撰　宋刻本　民国间吴兴张氏影刻本

442. 资治通鉴　宋刊百衲本　民国间上海商务印书馆附设图书馆影印本

443. 切韵指掌图一卷宋刻本　《古三》、《丛续》、《中》64页及《藏》卷二151页

444. 舆地广记三十八卷　宋欧阳忞撰　宋刻本　《宝》史部48页

三、刻工部分（省略）

（载《四川图书馆学报》1990年第6期）

张元济《宋书》版式"五格"说质疑

——兼述"眉山《七史》"的版本问题

南宋高宗绍兴十四年（1144），井宪孟为四川漕，檄求当日所颁南北朝七史本，收合补缀，命眉山刊行，是为"眉山《七史》"。[①]张元济先生于民国年间编印《百衲二十四史》，其中的南北朝七史一般认为就是这个本子。张氏在《七史》书后均写有题跋，论述甚详，指出《七史》即是世传的蜀刻"眉山《七史》"。进而在《宋书》题记中又具体地写道："右《宋书》为宋眉山刊本……其版心画分五格者，可定为蜀中绍兴原刊。"此言颇存疑点，实有商榷的必要。

世传的所谓"眉山《七史》"，因刊于南宋初年，递经宋、元、明三朝修补，版式不一，版面不整，故有"邋遢本"之讥。展卷可见，仅版心之异就不下十种，其中之一便是张元济先生所说的"五格"。所谓"五格"，是指版心自上而下间画四道横线而成五格，五格内自上而下依次为：本版字数（或空白）、书名略称及卷数、空白、页数、刻工题名。《七史》中版心为"五格"者并不多见，尤以《宋书》为最多。除版心外，若再细辨字体刀法，更是五花八门：既有字体仿欧，端正浑厚者，又有渐趋疏俊，而又不失神韵的；既有字出赵体，益加圆润者，又有横轻直重略带匠气的。如果仅以版式、字体刀法、讳字等来区别原刊与补刻确实不是一件容易的事情。那么有无别的较理想的方法？答案是肯定的，这就是题署于每页下口处的刻工姓名。这些原版或补版的刻工当完成了一块印版文字的镌刻以后，随手将自己的姓名也刻在了印版上面。由于他们不止刻过一种书，这样一个地区同时刊刻的书，其刻工题名往往互见，这就为我们今天定考那些缺佚序跋刊记的古书的版刻年代及地区提供了一个有力的证据。因此讲，用刻工来鉴别古书版本是一种行之有效且科学的方法。

兹以刻工为证，试对《宋书》版式"五格"问题作一考辨，以就质于方雅。

《宋书》版心"五格"所载刻工题名录下：

陈智、陈国才、陈仁五、陈万二、陈寿、陈荣、陈仁、陈文玉、陈日裕、陈宁、蔡秀、曹德新、曹荣、方中久、范坚、葛辛、葛弗一、弓华、古让、黄镇、黄亨、胡庆十四、胡昶、何宗十四、何宗十七、何建、洪来、蒋容、蒋蚕、蒋佛老、蒋七、金文荣、金二、金震、贾祚、李茂、李仲、李嵩、李昌、李宝、李正、李祥、李澄、李允、李公正、刘仁、陆永、娄正、卢世、孟三、茂五、茅文龙、茅化龙、茅化□、毛端、毛文、缪珍、潘用、求裕、任韦、任钦、任昌、阮明五、齐明一、沈昌、沈文、沈章、沈贵、沈珍、沈璋、沈寿、孙春、孙琦、孙斌、孙再一、宋全、石昌、邵亨、盛允、施昌、史忠、单倡、田召、滕式、童遇、王禧、王良、王志、王六、王友、王诚、王廷、王荣八、王高、王谅、王祖、王付、王再十三、王全、王兴、王智、王百九、王文荣、汪惠、汪亮、吴中、吴文、吴文祥、吴祥、吴千七、翁子和、许忠、许茂、熊道琼、谢杞、项仁、徐文、徐浚、徐良、徐泳、徐永、徐荣祖、徐怡祖、徐友山、杨昌、杨采、杨春、余贵、余心、叶永、叶禾、俞荣、俞信、俞卞、俞声、应德、严智、尤大有、郑埜、朱通、朱曾九、周鼎、张亨、张庆三、张三、张升、张明、张珍、章文一、章演孙、章演、章亚明、赵春、占庆。

弄清楚这些刻工所处时代及活动区域则是解决问题的关键。

据传本考证，上举《宋书》"五格"印页中的刻工可分为两部分：第一部分是刻工姓名仅互见于"眉山《七史》"印页中，笔者未知有传本提供参稽者，故其刻书情况俟考，这部分刻工有李昌、陈文玉及卢世等凡六十余人；第二部分是刻工题名既互见于"眉山《七史》"诸史中，同时又有传本可考其刻书情况者。在这两部分刻工中自然是后者的参考价值大于前者。

第二部分刻工按其从事刻书活动的年代可以划分为三个时期。

南宋初年活动在浙江一带的雕版良工为第一期。检《宋书》"五格"中的刻工沈文、沈昌、任昌、孙琦、毛文、毛端、李公正、李嵩、李仲、李茂、张亨、蒋蚕、张升、张明、吴中、吴祥、徐文、徐浚、曹德新及金震等均与南宋高宗间两浙东路茶盐司刊本《尚书正义》互见。此帙二十卷，日本足利学校藏一足帙，今有日本弘化四年影刻本行世。北京图书馆藏一残本，《中国版刻图录》19页著录，称所载的李寔、毛昌、徐亮等几个刻工"皆为南宋初年杭州地区良工"。除此例证外，南宋初年刊本《艺文类聚》、绍兴二年（1132）两浙东路茶盐司刊本《资治通鉴》、绍兴九年（1139）临安府刊本《汉书官仪》、严州刊本《仪礼》、《世说新语》及《刘梦得集》等书中所署刻工姓名多与《宋书》"五格"刻工陈荣、沈章、沈文、孙琦、李仲、蒋蚕、吴中、徐浚及金震等互见，说明他们都是南宋初叶浙江地区的雕版名匠。

南宋中、后期活动在浙江一带的雕版良工为第二期。《宋书》"五格"印页中的刻工有些与世传南宋中、后期刊本刻工题名互见。如王禧、孙再一、孙斌、孙春、金文荣、贾祚、娄正、求裕、蒋佛老、俞荣、俞声、张珍、周鼎、王全、王智、吴文昌、陈万二、曹荣、葛弗一、葛辛、黄亨、洪来、蒋容及盛允等俱与南宋光宗绍熙三年（1192）两浙东路茶盐司刊本《礼记正义》所载刻工互见。此帙七十卷，今有民国十六年（1927）番禺潘宗周影刊本行世。该书书后载三山黄唐刻书跋文，略云：

> 本司旧刊《易》《书》《周礼》正义注疏萃见一书，便于披绎，他经独缺。绍熙辛亥（二年）仲冬，唐备员司庾遂取《毛诗》《礼记》疏义，如前三经编汇，精加雠正，用锓诸木……壬子（三年）秋八月三山黄唐谨识。

跋中所言"本司"即指两浙东路茶盐司，"旧刊"当指三山黄氏董刊《毛诗》《礼记》二书以前，光宗以前为高、孝二朝。跋中提及的《书》当指第一期作为例证的《尚书正义》一帙，以刻工验之，与此正合。今《毛诗》久佚不传，而传本《礼记》则为我们考定《宋书》"五格"印页中的刻工情况提供了一个例证。

《宋书》"五格"刻工除上举属于南宋中期刻工外，尚有部分刻工从事刻书工作的年代在南宋晚期，略如陈宁即是。他曾参加过南宋理宗时平江府陈湖碛砂延圣院承刊的《碛砂藏经》的刊刻工作，如其中一经《佛说濡首菩萨无上清净分卫经》[②]首佛图右下角便有"陈宁刊"三字，该经未有刊记，尾署"淳祐二年（1242）三月日比丘清月谨题"，是为确证。

元代初叶活动在江浙一带的雕版名匠为第三期。据传本考证，见于《宋书》"五格"印页中的刻工于元代初叶在江浙一带刊过书的计有徐泳、刘仁、汪惠、陈仁、郑埜、缪珍、徐良、徐友山、翁子和、任韦、茅文龙、李宝、胡庆十四、胡昶、何建、何宗十四、弓华、陈国才、陈寿、熊道琼及陈日裕等，其中有的刻工也曾参加了上面提及的《碛砂藏经》印版的镌刻工作。该《藏经》雕造的下限至元朝，故载有元代刻工，略如陈日裕又见《弥沙塞部五分律》卷第十四中。[③]该经未有刊记，尾题"大德十年（1306）五月日"是为一证。

以上就《宋书》"五格"刻工从事刻书工作的年代及活动地区进行了考述，由此得出这些刻工处在南宋初、中、末期及元代等不同时期，活动区域均在江浙一带的结论。进而可以断定：上举第一期刻工为《宋书》原版刻工，第二、三期刻工为《宋书》补版良匠。而张跋所谓《宋书》"其版心画分五格者，可定为蜀中绍兴原刊"之论，显而易见是有问题的。

倘若细检世传"眉山《七史》"版心式样，不难见到其版心"五格"者，不仅仅见于《宋书》一帙，他史中有的也有这种版心，所题刻工姓名也多互见，略如元代刻工徐泳，其名除见《宋书》"五格"中外，在《南齐书》《梁书》《陈书》《魏书》的"五格"印页中也见载他的姓名。《宋书》"五格"中的刻工姓名有的在同书其他版式中也可以见到，如何建，又见《宋书传》卷十九，3页的单鱼尾版心中；任钦又见《宋书传》卷二十，13页的单鱼尾版心中；周鼎又见《宋书志》卷二十七，41页的单鱼尾版心中。

笔者以为诸史版心"五格"的出现，当是后人补版所为，而非诸书原式。《七史》印版因岁久漫漶，不断进行补刊更换，据原版翻刻时，事先将木版版心处划分为五部分，上一横线的位置留作折页的准的——鱼尾，以下格内用作刊刻书名略称及卷数、页数、刻工姓名，以便做到新补刻的印版版式与原版整齐划一、前后一致，这不过是理想的做法，那么造成版心"五格"与单鱼尾等式重出的情况，很可能只是有的没有照式翻刻，有的按规定镌刻罢了。与此同时，有的补版刻工将自己的姓名留在了印版之上，而有的仍将原版刻工照样摹刻，上举"五格"刻工与单鱼尾刻工题名重出即是例证。有的甚至还为我们留下了一些明显的痕迹，如《朱书》"五格"刻工汪亮，又见《宋书志》卷九，4页下口，其版心上口是单鱼尾。其下分作四格，若将单尾变成横线，其版心即成"五格"式，若将四格横线削去，其版心即成单鱼尾式了。又如《宋书志》卷六，25页版心为"五格"式，而次页即为单尾式，《宋书列传》卷五十八，5页为"三格"式，而这三式的刻工题名同为刘仁。

在"五格"刻工题名中，有的甚至还标有明显的"翻刻"字迹，如《宋书志》卷十二，41页题"重刊陈宁"四字，至于署"至元十八年杭州刘仁刊"者更是一望便知。然而令人不解的是刘仁的这则标记，张跋不但提及，而且还把它作为《七史》在元时由蜀入浙的一个证据，既然刘仁的姓名已在"五格"印页中，那么为何要下《宋书》"其版心画分五格者，可定为蜀中绍兴原刊"这样的结论呢？张跋还举《宋书》"五格"刻工张亨、蒋容、张升、杨昌、沈文为例，称其名俱与南宋庆元沈中宾在浙左所刊《春秋左传正义》所载刻工题名互见，并以此作为《七史》早在宋时由蜀入浙的一个证据，既然互见，这便肯定了他们都是南宋宁宗间活动在浙江一带的雕版良匠，又怎么能作出《宋书》"其版心画分五格者，可定为蜀中绍兴原刊"这一结论呢？所以说，对世传的所谓"眉山《七史》"之一的《宋书》版刻问题仅依版心的形式贸然下结论，显然立据不足，不免有臆断之嫌。

对于世传的所谓"眉山《七史》"版本问题，一般认为即是南宋蜀中原刊，至民国始渐有学人提出异辞，傅增湘就曾断言："此本以字体雕工论，又是南渡后浙中覆刻。"由于当时鲜有持此论者，傅氏盖恐有悖于时论，故又附言"惟此语只堪与知者言耳"。④除傅氏外，王国维、赵万里和王重民也主此说。⑤这样对传世的所谓"眉山《七史》"的版本问题便存有二说。本文仅从刻工角度对《宋书》版心"五格"问题进行了考辨，以此权当传世所谓"眉山《七史》"非蜀地原刊，是浙城镂版之一证，不过倘若此论不谬，那么也只不过是愚者一得而已。

注释：

①宋晁公武：《郡斋读书志》卷第二上"宋书"条。

②《碛砂藏经》民国间宋版藏经会影印本，第72册，"翔"字函。

③同上，第329册，"上"字函。

④傅增湘：《藏园群书题识》卷末附录一"双鉴楼藏书杂咏·题宋本南齐书六首"条。（上海古籍出版社1023页）

⑤分见《五代两宋监本考》卷下"南宋监本"条、《两宋诸史监本存佚考》（"国立中央研究院"历史语言研究所集刊外编《蔡元培先生六十五岁庆祝论文集》1932年抽印本）及《中国善本书提要》史部·纪传类·77页。另外，叶德辉《书林清话》卷三"宋州府县刻书·眉山本"条称："眉山《七史》，盖北宋时蜀刻也，此言当误。"又云："邵注《四库简明目》云：'九行邋遢本大抵出于江浙者为多，盖亦当时官刻也。'"此言当是。

（载《图书馆研究与工作》1991年第1期）

眉山《七史》明代徽州黄姓补版刻工考略

眉山《七史》是南宋绍兴十四年（1144）四川漕井宪孟在四川眉山地区刊印的《宋书》《南齐书》《梁书》《陈书》《魏书》《北齐书》《周书》这七部南北朝史书。宋以来藏书家称之为蜀大字体。版式俱为九行十八字，元时版印模糊，遂有九行邋遢本之讥。明洪武时《七史》连同天下书版尽归南京国子监，世又称南监本。《七史》版最后在清嘉庆时于江宁藩库付之一炬。此版经世凡七百年，"木板之存于世者，未有久于此者也"（详叶德辉《书林清话》卷六"宋蜀刻七史"条）。此《七史》版因历时过长，且递经宋、元、明三朝修补，故又有三朝本之名。民国年间涵芬楼主事张元济先生将《七史》传本补缀修配，影印行世，是为《百衲二十四史》。（详《七史》书后张氏跋文）

至于《百衲二十四史》本中收录的《七史》传本是否真的为井宪孟原刊？《七史》中明代补版刻工人数有多少？其题名称谓若何？他们分别来自何地？如此问题这里我们暂且不谈。仅就《七史》中的《宋书》《梁书》《北齐书》《周书》（以下简称《四史》）这四部史书中所载的明代徽州黄姓补版刻工进行论述，故曰"考略"。

据笔者细检，在《百衲二十四史》本《七史》中仅此《四史》补版之叶载有黄姓刻工题名。兹将刻本题名及补刊年代依旧式照录如次：

《宋书》一百卷于明代补版叶中有的上书口署"嘉靖八年补刊"，同叶下口题"黄碧"或"缶"。

《梁书》五十六卷于明代补版叶中上书口间署"嘉靖八年补刊""嘉靖九年补刊""嘉靖十年补刊"三个年头，而其下口则间题黄姓刻工名，计有黄珦、黄瑤、黄珪、黄珍、黄琢、黄瑜、琰、瑗、瑢。

《北齐书》五十卷于明代补版叶中上书口署"嘉靖八年补刊"，其下口有瑾、李潮、袁电等名；上书口署"嘉靖九年补刊"，其下口有琥、珪、龙、陆奎、徐敖等名；上书口署"嘉靖十年补刊"，其下口有与。

《周书》五十卷于明代补版之页检有以下刻工：碧、瑾、珛、珦、琰、王廉、玙。

现将以上四书所载的刻工归纳如下：

黄碧（或碧）、黄珦（或珦）、黄珛（或珛、缶）、黄珪（或珪）、黄珍、黄琢、黄瑜、琰、瑷、瑢、瑾、琥、王廉、龙、玙，以及李潮、陆奎、徐敖、袁电等异姓刻工。

那么这些刻工是在什么时候，什么地点，又是以什么方式被雇参加《四史》印版修补工作的？他们的身世、彼此关系如何？又曾合作刻过哪些书？诸如此类都将是本文要探讨的问题。

兹据《黄氏宗谱》将《四史》中所载这些黄姓刻工的姓名、世系、字号、生殁、父子兄弟几项内容条述如次：

黄琢，即黄仕琢，24世，高阳，1505～？为黄永杲之子，其子□。

黄瑜，即黄仕瑜，24世，良瑾、竹原，1515~1591，为黄永暠之子，与仕珦为同胞兄弟。

黄珦，即黄仕珦，24世，良璧、昆山，1509~1587，其子钺、锸、锵、铉、□、鏻。

黄珪，即黄仕珪，24世，良宠，1507～？。

黄珍，即黄仕珍，24世，延聘、东渠、为黄暹之子，其子锭、铣。

黄碧，24世，为黄晨之子，其子铤、镰。

黄珛，即黄瑶，24世，廷守，为黄永鼎之子，1505～？。

瑷，即黄瑷，24世，为黄永曼之子，与熔为同胞兄弟。

瑢，即黄瑢，24世，良芳，1511～？，其子钱、锷。

瑾，即黄瑾，24世，廷阔、钟山、寿官，1499～1572，为黄永暠之子，其子键、镒。

琰，即黄仕琰，24世，良玺，1504～1545，其子钱、万清。

琥，即黄仕琥，24世，良坚，1493～1571，为黄永昇之子，与仕珑为同胞兄弟，其子□、钱。

龙，疑黄仕珑，24世，良结、月池，1491～？其子銮、鉴、锊。玙，疑黄仕玙，24世，廷重、双泉，1517~？为黄勋之子，与仕琏为同胞兄弟，其子锾、锴。

王廉，疑黄仕琏，廷用，1513～？，其子钢。

从历代刊本刻工题名款式上看，刻工题名增减笔画，或使用简体字、俗体字等已成为常见之式。而《四史》中的黄姓刻工题名若黄仕琢，略"仕"而成黄琢；黄瑗略去姓而成瑗等也同属此类。通检《黄氏宗谱》不难发现，同字辈刻工署名也有所不同。如23世"日"字辈刻工，有的为单名，如黄晨、黄勖；而有的则为双名，如黄永旻、黄永晟。其"永"字名或无或有。又如24世"王"字辈刻工，有的为单名，如黄□、黄珐；而有的则为双名，如黄仕琇、黄仕琼，其"仕"字名或无或有。这种情况在《四史》黄姓刻工题名中也已反映出来。

黄姓刻工的故乡在徽州虬村。徽州地处皖南山区，这里人杰地灵。尤其是在明代中叶因出现了一大批以镌刻为业的黄姓刻工，故成为远近闻名的版刻重地。黄姓一族以善刻版画著称，代表徽派版画的最高水准，同时也承雕图书印版。徽州黄姓刻工从事镌版业上起明正统年间，下至清道光年间，凡400余年的历史。所刊之书有传本可考者达300余种，刻工约300余人。如此庞大的镌版队伍在中国版刻史上是空前的。它在我国古代版刻史上占有一定地位。

我们从传本中可以窥视黄姓一族从事版刻业的传承关系。最早的刊本所载刻工题名，均为黄姓第22世"文"字辈刻工，如明天顺、成化间黄文敬等刻《草字千字文》。其后有两辈人同刻一书例，如明弘治十二年（1499）黄文敬、文汉、文通、文迪，以及23世"日"字辈刻工黄永昇、永昊、永暠、永晟、永昊等合刻《新安文献志》。明正德以降，"王"字辈刻工开始活跃在版刻业中，传本如明正德二年（1507）本《篁墩程先生文集》，所载刻工有黄琥等24世刻工及23世"日"字辈刻工。时至嘉靖年间黄姓"王"字辈刻工羽翼丰满，已能独自掌刀，遂成黄姓成熟的一代雕工。他们曾多次结成小组从事印版镌刻工作，这从传本中可以找到答案。如明嘉靖四年（1525）黄珑、黄瑶、黄玘合刻《师山先生文集》；嘉靖五年（1526）黄仕琰、黄琥等合刻《秋崖先生小稿》；嘉靖二十一年（1542）黄琰刻《针灸问答》；嘉靖四十五年（1566）黄瑢、黄瑗、黄琢、黄碧，以及"金"字辈刻工黄铄、黄□、黄镜等合刻《徽州府志》。而参加《四史》印版补刻的刻工，他们之间也曾经多次组合刻书，略如：黄仕珦、黄瑾及黄仕琰合刻《后汉书》，黄仕瑜、黄仕珦、黄仕琰及黄仕琥合刻《张氏统宗世谱》，黄仕琢、黄仕瑜、黄仕珦、黄瑢、黄瑾及黄仕玙合刻《六臣注文选》。这些24世"王"字辈刻工合作补刻《四史》印版可以认为是黄姓同辈刻工合作刻书很具特色的一个实例。

在《四史》印版中，除了上述黄姓刻工外，尚有李潮、陆奎、徐敖及袁电等苏州地区的雕版名匠。据传本考证，他们曾是多年合作的雕版伙伴。对他们的刻书活动做一观察，当有助于我们进一步了解黄姓刻工的刻本情况。例如李潮和陆奎等刻工曾合作为东吴徐氏雅堂刻《昌黎先生集》，于嘉靖三年（1524）为姑苏徐焴刻《唐文粹》，又于嘉靖六年（1527）为东阳张大纶刻《重校唐文粹》。徐敖和袁电等刻工曾合作《春秋左传》《白文九经》《五经白文》等书。而李潮、陆奎、徐敖和袁电这四位刻工曾合作于嘉靖九年（1530）为南京国子监刊刻《史记》印版，此书上口署"嘉靖九年刊"五字。据此我们可以做如下推论。

1. 李潮、陆奎两位刻工早在嘉靖三年就已合作刻书，徐、袁二工也曾几次合作，这足以说明他们在工作上是很默契的合作伙伴。

2. 四位刻工活动年代在嘉靖年间。尤其是在嘉靖九年，四人曾受雇于南京国子监，并合作刊刻了《史记》印版。

3. 四位刻工与黄姓刻工并见"四史"明代补版叶中，说明他们是第一次合作。在此前后再未见这两组刻工合作的例子。

我们所以这样说，其根据有五个方面：

《七史》印版庋藏在南京国子监大库中，版片充栋，搬运汗牛，从经费支出上讲，在本地比在外地刊刻要节省人力物力，此其一。

江苏地区名匠辈出，有的刻工技艺精湛，刻版速度也快。仅以这四位异姓刻工为例，李潮所刊之书今有十种传本，陆奎有十五种，徐敖有十种，袁电有十一种，均在十种以上（含十种）。舍本地良工不雇，而请异地刻工，从道理上讲也说不通，此其二。

明嘉靖八、九、十年，黄姓"王"字辈刻工的年龄均在二十岁上下，风华正茂；从雕版技艺上看经前辈的亲传面授，也都不同程度地掌握了这门技艺。因此这支年轻艺高的同字辈刻工队伍，集体赴外地承雕印版是完全具备条件的。很有可能的是，黄姓长辈有识之士为了锤炼下一代，让他们真正掌握驾驭生活之舟的能力，特意使然。从《四史》印版中所载黄姓刻工清一色为"王"字辈而无一名是长辈刻工来看，足以说明这一点，此其三。

据史书载，明嘉靖初年南京国子监确实有校勘旧藏史书版片之役。考明梅鷟《南雍经籍考》卷下《识梓刻本末》云："嘉靖七年，锦衣卫间，住千户沈麟奏准校勘史书。"据此可以推知，沈氏奏上校勘的史书，《七史》当在其中，此其四。

李潮等四位异姓刻工于嘉靖九年已受雇于南京国子监，并合刻了《史记》印版，是书上口署"嘉靖九年刊"五字，与《四史》上书口所题"嘉靖九年补刊"六字有异曲同工之妙,四位刻工当时既然已受雇于南京国子监,就不应能再赴徽州刻书,此其五。

综上所述,我们即可得出如下结论:眉山《七史》印版于明代嘉靖八、九、十年间,在南京国子监内又曾修版一次,其刻工主要来自江苏地区,另外还慕名聘请了徽州黄姓"王"字辈刻工十五人。

(载安徽《图书馆工作》1992年第1期)

陕西籍雕版刻工辑略

古代陕西地区的雕版印书业，因种种原因发展迟缓，印本传世不多。不过，值得注意的是，在屈指可数的传本中，有极个别的书内载有陕西籍工匠的题名。原来是因为这些工匠完成了一书印版的写刻工作之后，随手把自己的姓名和籍贯一并镌在了印版上面，这样一来他们的姓名和籍贯也就随着印本一起传到了今天。这就为我们考察古时陕西地区的雕版印书情况提供了第一手材料，同时又为陕西一地古时曾经出现过一些从事雕版印刷业的良工这一故实提供了一个有力的证据。

在陕西地区刊印的本子，一般来说是由本地区工匠完成的，只是有的书内未署工匠姓名，有的书内虽署姓名，然未题籍贯，所以对这些工匠的籍贯及人数也只能作一大概的推测，准确性不高。而刻工及书工自署姓名与籍贯才是最为可靠的。本文所说的陕西籍刻工，就是以工匠自署题名为依据的。

在历代传本中，陕西籍工匠自署姓名和籍贯者极为罕见，笔者闻见未广，至今仅得三例，兹依旧式录下，并略作按语，以存本邑古代书史之资料。

1.《梅雪轩诗稿》四卷，明朱敬鑑撰，明万历四十二年（1614）刻本。内载刻工与书工的姓名和籍贯：金陵赵本立刻、范时泰刻，频阳乔复元书。

按：据工匠题名知，此帙印版样书的缮写工作由陕西频阳县籍书工乔复元负责。频阳县，战国秦置，治所在今陕西富平县东北美原镇西南。北魏景明元年（500）废。此帙印版文字的镌刻任务则是由江苏金陵工匠赵某等完成。此本邑书工与异地刻工合作完成一书印版的写刻工作之例。

2.《千金宝要》六卷，清道光四年（1824）刻本。卷尾有"柣祤邹凤皋刻"木记一行。

按：柣祤县，西汉景帝二年（前155）置，治所在今陕西耀州区东。后几次废复。此书印版文字由陕西柣祤县籍刻工一人承雕，说明他的镌版技艺是高超的。

3.《家范》十卷，清光绪六年（1880）解梁书院刻本。卷尾有"临晋李钧朝邑

阎乃林校勘 澄城刘云岗刻"木记一行。

按：澄城县，北魏置，治所即今陕西澄城县。临晋也为陕西属县。此书印版文字由陕西澄城县籍刻工刘云岗一人承雕。一书印版由一位刻工独自承雕，在明清印本中较为常见，而宋椠元版则极为鲜见，未睹同例。这从一个侧面反映出我国雕版印书业不同的发展情况。

（载《陕西图书馆》1991年第2期）

山东籍雕版刻工辑略

古代山东地区的雕版印书业由于种种原因发展较为迟缓，印本传世不多。不过，值得注意的是，在屈指可数的传本中，有极个别的书内载有山东籍雕版工匠的题名。原来当这些雕版工匠完成了一书印版的写刻工作之后，随手把自己的姓名和籍贯一并镌刻在了印版上面，这样一来他们的姓名和籍贯也就随着印本一起传到了今天。这就为我们考察山东地区的雕版印书情况提供了第一手资料，同时又为山东地区古时曾经出现过一些从事雕版印书业的良工这一故实提供了一个确证。

一般来说在山东地区雕印的本子是由本地区的工匠完成的。只是有的书内未留下他们的姓名，而有的书内虽题有工匠的姓名，然未署其籍贯，因此，对这些工匠的籍贯以及从业人数也只能作一大概的推测，准确性不高。刻工自署姓名和籍贯才是最为可靠的。本文所说的山东籍刻工就是专指工匠自己题名这一类。

在历代传本中，山东籍工匠自署姓名和籍贯者极为稀见，笔者闻见未广，仅得五例，兹依旧式录下，并略作按语，以存本邑书史之资料。

1.《渔洋诗话》三卷，清王士禛撰，清乾隆二十三年（1758）竹西书屋精刻本。书后题"益都后学段玉华缮写"。

按：益都县，三国魏置，治所在今山东寿光市南。北齐天保七年（556）移治今益都县。据这则木记知，此帙印版样书的缮写工作是由山东益都县籍人段玉华承担的。此书著者王士禛字贻上，号阮亭，又自号渔洋山人。顺治乙未进士，官至刑部尚书，谥文简。山东新城人。此书由本邑书工缮写样书，唯书中未载刻工题名，盖同为本邑梓工，此由本邑工匠写刻贤人之书例。审此帙字体，为康乾时流行之软体字，写刻俱精。

2.《吉金所见录》十六卷，卷末一卷，清初尚龄辑，清道光五年（1825）刻本。卷尾有渭园题记，云："己卯至庚辰初刻刀布百七种，圆钱八百四十三种，范三，牌一，钞一。今春又续刻刀布二十三种，厌胜钱九十三种，外存目钱七十九种，乙酉夏告成。共计一千二百十种，计字七万零。梓人章邱张可安同子万年、族甥郑明也。三人字始终其事，一切篆、隶、行、草镌摹尚不失其真，故并识之。"

按：章邱，盖即章丘县。隋改高唐县为章丘，取县南章丘山为名。宋置清平军，后军废，复为县。明清皆属山东济南府。此帙始刊于清嘉庆十四年（1809），竣工于清道光五年（1825），前后历时长达十七年之久。所镌印版文字总计七万。据这则题识知，承雕此书的梓人是山东籍张氏父子与族甥郑明三人，且"始终其事"。据此本考，同族刻工合作从事印版镌刻工作在明清年间是比较常见，其中尤以明代万历年间徽州虬村黄姓刻工为显著。所刻之书今见传本也最多，然未知有刻一书费时长达十七年之久者。借此可见张可安等三位良工镌版之精细，故此他们得到了雇主"一切篆、隶、行、草镌摹尚不失其真"的评价。在历代刊本中，刻工题名一般仅见于下书口、目录、序跋及卷末等部位，而见于题识中者极为罕见，此得一实例。

3.《水屋剩稿》二卷，清张道渥撰，清同治十一年（1872）刻本。卷尾有"福山葛金元刻字"一行。

按：福山县，金天会二年（1124）置，治所在今山东烟台市福山区。此书由山东福山籍梓工葛金元一人承雕，据此推知，他已是一位镌版技艺纯熟的专职雕版良工了。

4.《孟子音义》二卷，清光绪十九年（1893）据影宋本重刻。书内有"长清纪瑷刻字"木记一行。

按：长清县，隋开皇十四年（594）置，治所在今山东济南市长清区西南。北宋移治今长清区。据这则木记知，此书印版由山东长清籍梓工纪瑷一人承雕。在清版印本中，由一名刻工独自承担一书印版的镌刻工作是比较常见的，而在宋椠元版中则极为鲜见，明版书中间或有之，这是版刻中的一个特点。

5.《新订四书补注备旨》十卷，清邓林撰，1925年刻本。卷末署"山东东昌府堂邑县城西三奶奶庙刻工人徐凤池"木记。

按：堂邑县，隋开皇六年（586）置，治所在今山东冠县东。五代晋改名河清县，寻复为堂邑县。北宋熙宁初移治今山东聊城市西北堂邑。民国时属东昌府，1956年废入聊城县、冠县。这则木记所载内容是迄今所见山东籍雕版工匠题名最为详细的一例。这种题名方式据传本考察在清版中较为常见，宋椠元版中则未睹同例，明版中间有。这样的题记内容略带有招揽生意之意，即有广告性质。它从一个侧面反映出了山东地区的雕版印书业在不同历史时期的发展情况。

（载《山东图书馆季刊》1992年第1期）

徽州仇姓刻工刻书考录

自宋室南渡以后，徽州便逐渐形成颇具文化特色的名区。明代中叶，该地版刻异军突起，以其独特的风格名噪海内，在我国古代雕版印刷史上留下了光辉一页。由此，对那些有功的刻工及印版镌刻情况做专题探讨，就显得十分必要。

徽州刻工以黄姓最著，对黄姓刻工在版刻方面取得的成就，人们多有述及[①]；而对与黄姓刻工处在同一时期并曾多次与之合作的仇姓刻工及其在印版镌刻方面的情况，人们却很少提到[②]。有鉴于此，笔者素常注意搜集有关仇姓刻工的资料，并已知仇姓刻工刻书计有十六种，故本文即以此为据，就相关问题考录如下。

1.《程氏贻范集》三十卷，明程敏政辑，明成化十八年（1482）刻本，于程氏自序末有牌记，内题：婺源大畈汪道全、休宁西门汪克正缮写，歙仇村黄文敬、文希、文达、文汉、文通、永遥、永昇、王充、仇以兴、以茂、以忠、以森刊。

此帙首载程氏自序，云："文简公序《世录》有《贻范集》之名，更代亡佚，因广搜博采，追成百卷，先掇其要，为五集。"序写于明成化十八年，此当是该书付梓的年代。这是徽州早期刻本之一。据传本及史料载，徽州版刻业兴于两宋，衰于清末，盛于明代中叶。明嘉靖前后，徽歙刻书业发达，"刻铺比比皆是，时人有刻，必求歙工"。万历以降，更为隆兴，明人钱泳说："雕工随处有之，宁国、徽州、苏州最盛，亦最巧。"[③]直至清代"嘉、道而后，此风浸衰矣"[④]。此帙付梓是在徽州版刻初盛时期，当时仇、黄二家从事刻书业大概刚刚起步，从现在传本看，此帙又当是徽州仇姓刻工所刊之书有年代可考的最早印本。

此帙所载的刻工题名牌记为我们了解徽州刻工刻书情况，提供了珍贵的第一手资料，而像这样的牌记在明版书中是不多见的。明清徽州辖县有六，此帙书工、刻工姓名前所冠之婺源、休宁及歙即是其中三县，而大畈、西门及仇村则是县属村落里名。故由此可知，此帙是由徽州婺源、休宁书工汪氏和歙县刻工仇氏、黄氏合作完成的。据史书载，徽州人宗族观念很强，举凡一族做一事，多数代沿袭，传为世业。

当时地处歙县之西靠近潭渡村有个村庄，名"仇村"，有仇姓和黄姓聚族而居。受当时经济、文化的影响，村人"皆以剞劂著，穷工极巧，自明至清世其业"⑤，仇村也因此成为闻名遐迩的雕版世家聚处之地。仇、黄二姓因同村同行，故他们的合作就较为便利。然此始于何时，由于资料不足，一时尚难说清。不过，从传本看，此帙是徽州早期刻本之一，且载有仇、黄二姓刻工姓名，因此可说这是目前已知仇、黄二姓合作刻书的最早例子，故仇、黄二姓合作刻书的年代当不会晚于明成化十八年。据传本及《黄氏宗谱》知，作为黄氏第二十二世孙的黄文敬和黄文希、文汉、文达、文通等"文"字辈刻工，是目前知道的最早的几位黄姓刻工。与黄文敬等黄姓刻工合作刊刻此书印版的仇以兴等四位"以"字辈刻工，亦当是现在知道的最早的仇姓刻工。由此，可将"以"字辈刻工视为仇姓世业印版镌刻的第一代人。

此书传本极少，故时人论述徽州版刻时多未言及此本。我国已故版本学家王重民先生曾在美国国会图书馆见到此帙，并撰写提记，后收入所著《中国善本书提要》中。这是一份研究徽州仇姓及黄姓刻工情况的珍贵文献。

2.《雪峰胡先生文集》十四卷，附录一卷，元胡炳文撰，明弘治二年（1489）蓝章刻本，刻工有仇中、黄文敬、黄文通、黄文汉。此帙由仇、黄二姓刻工合刻。仇中大概是上举仇以忠的略写。

3.《贡文靖公云林诗集》六卷，元贡奎撰，明弘治三年（1490）天台范吉刻本，卷五末有牌记，内题：徽州歙西黄永昇、贵全、道清、道齐，仇寿、以铭、以顺刊。此帙由仇、黄二姓刻工合刻。仇以铭仅见此本。仇以顺和仇寿始见此帙。仇寿大概是仇以寿的略写。

4.《心经附言》四卷，宋真德秀撰，明弘治五年（1492）程敏政刻本，刻工有仇以茂、以忠、以淳、以才、以顺，以及黄文汉、文通、永旻、永昇。此帙由仇、黄二姓刻工合刻。仇以淳和仇以才两位"以"字辈刻工始见此帙。

5.《文公家礼仪节》八卷，明弘治五年（1492）刻本，刻工有仇才、仇民、黄文通、永昇、永嵒、永昇、黄金、齐、青、壬。此帙由仇、黄二姓刻工合刻。仇民仅见此本。仇才大概是仇以才的略写。

6.《新安文献志》一百卷，附先贤事略二卷，明程敏政辑，明弘治十年（1497）刻本，目录后载缮写校对姓氏，又于乐助姓氏后载刻工姓名：仇以寿、以茂、以忠、以顺、以才、以淳、廷永、廷海、仇方、仇裕、仇学、黄文敬、文汉、文通、文迪、永昇、永晟、永昊、永嵒、杲、昱、吴、道清、道齐、士环。此帙由仇、黄二姓刻工合刻。有弘治十年王宗植和程敏政跋文。仇廷永、廷海、仇裕及仇学始见此帙。以上诸书所载仇姓刻工以"以"字辈居多，此帙始出现"廷"字辈，故"廷"字辈刻工则是仇姓第二代刻工。此书部帙较富，故集仇、黄二姓刻工人数也较多，此可看作仇、黄二姓合作刻书的一个高峰。

7.《赤壁赋》一卷，明汪道全书，明弘治十一年（1498）刻本，刻工有仇以才、仇以忠。此帙由仇姓一家承雕。由仇姓刻工独家刊刻的书，这是目前知道的最早一部。

8.《潜室陈先生木钟集》十一卷，宋陈埴撰，明弘治十四年（1501）刻本，卷末有刻工题名二行：新安仇以忠、以才、廷永、廷海、廷芳刊。此帙由仇姓独家雕刻。新安为郡，始于晋太康初年，北宋始改称徽州。此帙刻工姓名前加冠徽州古称"新安"，这是古代刻工题名中一种比较常见的形式。书后有弘治辛酉江阴高宾序，称此书为"太守邓侯守温所刻也"。

9.《徽州府志》十二卷，明弘治十五年（1502）刻本，刻工有仇寿、才、方、海、黄文迪、文汉、通、永喦、旻、吴、晨、勋、昂、进仙、士真、珍、之、良、立、贵、乔、政、共。此帙由仇、黄二姓刻工合刻。仇寿、才、方及海，大概分别是仇以寿、仇以才及仇廷芳、仇廷海的略写。

10.《竹洲文集》二十卷，附录一卷，宋吴儆撰，明弘治年间（1488～1505）刻本，刻工有仇忠、仇茂、海、顺、黄永旻、永昇、永喦、文迪、文通、黄道齐、黄道、黄齐。此帙由仇、黄二姓刻工合刻。仇忠与前帙仇中当是仇以忠的略写，从刻工合作刻书的一般情况看，一组刻工中的有些成员往往多次合作，如黄文敬、文通、文汉除曾与仇以忠合作外，有的还与题名仇忠、仇中的刻工合作，这表明他们之间的关系十分融洽。仇以忠简笔写作仇忠或仇中，就如同本帙刻工黄道齐或略作黄道、或略作黄齐一样，均属于刻工题名的一种常见形式。其他刻工姓名的略写也属此例。此帙刻工仇茂、顺及海当是仇以茂、仇以顺及仇廷海的略写，这再从印版刊年上看也相吻合。

11.《止斋先生文集》五十二卷，宋陈傅良撰，明正德元年（1506）林长繁刻本，刻工有仇永、仇海、仇方、仇士、仇坚、仇向及黄吴、黄旻、黄珑、加、龙、木、水、山、仁。此帙由仇、黄二姓刻工合刻。仇士、仇坚仅见此本。仇向始见此帙。这三名刻工因无传本参证，故不明其字辈。仇永、仇海大概是仇廷永、仇廷海的略写。

12.《篁墩程先生文集》九十四卷，明正德二年（1507）何歆刻本，刻工有仇以寿、以茂、以忠、以顺、以才、以淳、廷永、廷海、仇裕、仇方、仇学及黄□、黄晨、黄勖、黄环、黄琥、黄琼、黄昱、昊、旻、早、永鼂、通、安、士、实、于、任珑、任琼。

此帙由仇、黄、任三姓合刻。此本所载仇姓刻工与《新安文献志》所载仇姓刻工完全相同。黄姓刻工也较多，这可以看作仇、黄二姓合作刻书的又一个高峰。我们据每位仇姓刻工所刻之书，大致可以推断其从事印版镌刻生涯的年数。仇以茂、仇以忠自刻《程氏贻范集》至刻此帙，其从事印版镌刻的可考年数均为26年；仇以寿、仇以顺自刻《贡文靖公云林诗集》，至刻此帙，凡18年；仇廷海、仇廷永、仇学、仇裕自刻《新安文献志》，至刻此帙，凡11年；仇以才、仇以淳自刻《心经附言》，至刻此帙，凡16年。前帙及此帙刻工仇方大概是仇廷芳的略写，如果不错，那么仇廷芳自刻《新安文献志》，至刻此帙，其从事印版镌刻的可考年数是11年。在目前知道的仇姓刻工中，仇以忠刻书最多，计有8种，这在黄姓刻工中也是不多见的。这说明有的仇姓刻工不但镌刻技艺精湛，而且速度也快。

13.《篁墩程先生文集》九十四卷，明嘉靖十二年（1533）宗文堂重刻本，刻工有仇才、淳、顺、寿、仇方、海、中、向、昊、早、旻、鼂、昱、□、是、晨、勖、迪、通、环、黄、汪、木、之、五、乍、仁、实、林、右、玉、士、安、虎、天、青、山、良、龙、曰、学、荷、王。

此帙由仇姓及黄、汪等姓刻工合刻。目录后有牌记，内题"癸巳岁孟秋宗文堂新刊"，卷末牌记内题"书林精舍京本重刊"。癸巳是嘉靖十二年。参加是书原版镌刻的仇姓和黄姓刻工，有的又于27年后参加了此书印版的翻雕工作，至此他们参加工作的年头都在四五十年左右。由于自然和人为的原因，经他们雕刻的书，有的已经不传，所以对他们从事雕版业的实际年数不可能精确推断。倘若以这几种传本推测的结果为基数，再加上他们参加镌版工作前后的一段时间，那么他们的享年都在六七十岁左右，这与一般情况也合，从而应合了仇村村人有终生"以剞劂为业"的记述。

14.《秋崖先生小稿》八十三卷，宋方岳撰，明嘉靖五年（1526）方谦刻本，刻工有仇向、仇钊、仇高、仇源、黄琥、黄士俊、徐广。此帙由仇姓与黄、徐二姓刻工合刻。仇源仅见此本。仇钊、仇高二位刻工始见此本。仇向自刻《止斋先生文集》，至刻此帙止，其从事印版镌刻工作的可考年数是21年。

15.《张氏统宗世谱》十卷，明张宪修，明嘉靖十四年（1535）刻本，于"会修职名"后列此帙刻工和印工题名廿一行。镌刻：祁邑城西匠氏徐广歙邑仇村匠氏黄珀、黄球、黄琰、黄硅、黄瑶、黄珏、仇元、黄珦、黄瑜、黄琇、黄銮、仇钊、仇显。印刷：祁邑城西黄昂乞、祁邑城南黄荣、歙邑岩镇谢恕、祁邑城东谢泗、谢春、胡四。

此帙由仇姓与黄、徐二姓合刻。仇显仅见此帙。仇钊始见此本。此本的刊印工来自徽州歙、祁门二县。此题记表明他们分工明确，受雇于人，当是他们从业的基本方式。

16.《汉魏丛书》三十八种，二百五十卷，附录一卷，明程荣辑，明万历二十年（1592）新安程氏刻本，刻工及书工记为：仇高、仇俊、黄尚澜、黄澜、黄钤、黄锦、黄组镱、黄铱、锋、铝、黄德宠、黄惟濬、黄池、黄也、黄华、黄五中、黄柱、梓、格、黄中元、黄汝贞、汝哲、汝信、子素、王茂、国卿、国岳、秀、玉、守、山、良、间、太、济、光、川、怀、孙、丁、江、朱、魏，钱塘郭志学写，萧山蔡孟龙写，武林郁文瑞书。

此帙由仇姓及黄、魏等姓合刻。卷中有万历二十年东海屠隆纬序。仇俊仅见此帙。仇高自刻《秋崖先生小稿》，至刻此本止，其从事雕版的可考年数为67年。据传本看，他是仇姓刻工从事刻书业年头最长的。据此推知，仇高的享年当在80岁以上。从历代从事雕版的刻工来看，耄耋刻工，仇高尚不属特例。如清代著名刻工穆大展，年至73仍在握刀，其于清乾隆五十六年（1791）刻赵孟頫手书《两汉策要》时，于此书阮逸后序边栏内留有"玩松山人穆大展时年七十有三刻"一条刊记，即是确证。据史书载，"明之中叶，邑中有力好古之家竞尚刻书"⑥，新安程荣与吴勉学、吴琯及汪士贤等都是本地名气很大的出版家，他们不惜私财，倩工刻过不少书，见于此本的仇、黄等良工，被程荣雇佣，是为一例。

总之，徽州地区从事雕版业的刻工除黄姓外，仇姓也是不应被忽视的。自从《黄氏宗谱》被发现以后，黄姓刻工的刻书情况已基本清楚：自明正统至清道光年间（1436～1850）有四百余年的刻书历史，刻工可考者有三四百人，所刻之书约二百余部⑦。徽州歙县仇姓刻工情况，由于不像黄姓刻工那样有一部《宗谱》和几百部传本可供参考，所以知道的不多。正因为如此，上举十六种传本就成为我们今天赖以考察仇姓刻工刻书情况的可据资料。据传本推知，仇姓刻工自明成化十八年至万历二十年（1482～1592），有一百余年的刻书历史，刻工可考者有25名。在这期间，仇姓刻工与黄姓刻工曾多次合作刻书，至万历二十年以后再未见有此例，可见仇姓刻工已经衰退，代之以起的则是黄姓刻工。

不过，徽州歙县仇姓刻工与黄姓刻工皆技艺高超，所刻之书素以精善著称，因而赢得世人的赞誉。明胡应麟说：近"歙刻骤精，遂与苏、常争价"[8]，谢肇淛更以为新安"剞劂之精者，不下宋版"[9]。虽然，仇姓刻工在雕版业绩、刻工人数及刻书数量上尚不能与黄姓刻工匹敌，但值得注意的一个事实是：仇姓刻工从事印版镌刻业的盛期是在明代中叶，此正值徽州版刻发展的初期阶段，故当有开创之功；而后其与黄姓刻工携手合作，为促进徽州雕版印刷业的发展亦做出了一定贡献。所以说，仇姓刻工以其高超技艺，既在徽州刻版史上立有创业之功，也在我国古代雕版印刷史上占有重要一页，其功不灭，当垂后世。

注释：

[1]对黄姓刻工进行专题探讨的论著主要有：周芜《徽派版画史论集·黄氏家谱与黄氏刻书考证》（以下简称"周文"），1984年安徽人民出版社出版。蒋元卿《徽州黄姓刻工考略》，载《江淮论坛》1980年第4期。

[2]王伯敏《中国版画史》（1961年上海人民美术出版社出版）谈及徽州地区诸姓刻工时列举了黄、刘、汤等十五个姓氏，但未提仇姓刻工；王立中《歙县剞劂工人姓氏征略》（载《学风》第7卷第3期）仅录《新安文献志》及《风俗通》二书，而《风俗通》反载刻工题名一个"俊"字。"周文"共录仇姓与黄姓合刻书八种，唯录仇姓刻工题名时极简略，有的甚至不录，如《程氏贻范集》所载的仇以兴等四名刻工，"周文"未录一名。

[3]明钱泳：《履园丛话》卷十二。

[4][6]《（民国）歙县志》卷十六《杂记·拾遗》。

[5]同上卷十《人物志·方技》。

[7]详见《周文》。

[8]明胡应麟：《少室山房笔丛》甲部《经籍会通》。

[9]谢肇淛：《五杂俎》卷十三《事部一》。

（载《江淮论坛》1992年第5期）

明代雕版刻工随笔

利用雕版刻工姓名来鉴别古书版本，已被实践证明是行之有效而且是比较科学的方法。有关专论，已见诸简端。通此道者，以为解渴；门外观者，似觉乏味。对古代雕版刻工问题进行探讨，限于题目较偏，又缺少现成的资料，所以讨论起来颇感困难，写成的东西也不免枯燥。若写成像样子的论文，并有一定的可读性，非专此道者不能为之。笔者对此所知甚少，在与"故纸堆"打交道时，每每对雕刻这些古籍印版文字的工匠肃然起敬。正是这些终日辛勤工作的匠人，他们用刻刀把中华民族创造的精神财富一字字地镌刻在印版上面，复经刷印装订，流布于世，才使得祖国的文化遗产世代相传，成为人类文明史的一个宝藏。然而，我们对他们的事迹知道的甚少，对此心里时常产生一种不可言状的感受。有关刻工方面的问题，笔者颇感兴趣，一有所得，辄随笔记之。惟限于水平，不能作系统阐述，现录上几条，聊作随笔，以彰刻工从业之功。

雕版印刷业是在雕版印刷术发明以后产生的。自那以后究竟有多少刻工从事斯业？谁也说不清楚。如果说在雕版印刷术空前发展的两宋时代雕版刻工是以"精良"名世的话，那么明代刻工则以"善雕"称最。雕版之术历经数百年的发展，镌刻技艺不断提高，剞劂（刻刀）逐步改良，刻工队伍日益壮大。有明一代从事雕版刻书业的刻工人数，据传本考知多达5300余人，几乎与宋代刻工人数持平。如果把传世的明版书作一系统考察，那么得到的刻工人数要远远超过这个数字。对历代刻工人数作一系统的统计，是古籍版本学尚待解决的一个课题。

明代雕版刻工成分很杂，除少部分是以雕版为业的所谓专职匠户外，大部分刻工当是兼职人员。如果把一位刻工从事刻书工作的年限定为30年的话，那么可以说没有一位刻工每年都在刻书，我们从传本中可以窥视到这一点，在传本中，找不到版刻年代连续长达30年而同载一位刻工姓名的例子。即使数年的例子也极为罕见。大多数的传本是相隔数年载有同一位刻工的姓名，当然也许存在印本佚亡情况，但一般情况如上所言。我们据印本上的刻工题名还可以区分出哪些是专职刻工,哪些是兼职刻工。如刻字匠余昭（嘉靖六年刻《唐文粹》）、锦衣卫人陈继先（万历二十二年刻《大宝积经》）。显而易见,前者是专职的,后者是兼职的。

明代雕版刻工以镌版速度快著称,这是有别于宋代刻工的一个方面。宋代多由众匠合作刊刻一书印版,明代则多由少数或一位刻工承雕一书印版。甚至一位刻工敢于承雕大部头的书,如陆先一人承雕70卷的《三苏先生文粹》。有的刻工以刊刻印版速度快而得意,自诩为"快手",如"刻字匠快手李月新"（万历间刻《合州志》）。但也有极个别的"慢例"。如李潮承雕14卷的《选诗补注》,就用了9年时间。东白斋氏在刊记中写道:"是编刻于嘉靖甲辰（二十三年）,讫工今岁壬子（三十一年）。"难怪接着发出了"呜呼,难哉"的感叹。

雕版刻工属于手工业阶层,从业方式灵活,多带随意性,跨区域活动情况较普遍。异地刻工合作是他们从业的组织形式之一,这类例子俯拾即得,如万历年间参加《纪录汇编》印版刊刻的刻工有广信的桂德化、福建的罗全及南昌的邹邦化等数十位。他们多是自由组合,凭技术吃饭,刻多多得,刻少少得。雕刻卷数较少的书籍一般是平均分配,如《善慧大士传录》四卷,万历三十五年刻版,由4位刻工分担:阿邦立刻卷一,郑崇儒刻卷二,黄文诏刻卷三,高应秋刻卷四。每人一份,所得报酬相当。有的刻工善于携刀远游,到外地刻书。这种现象早在宋季就比较普遍,可能与自然灾害或大范围移民迁徙有一定关系。在利用刻工籍贯鉴定版刻地点时切勿忽视了这一点。明代雕版刻书中心之一的浙江,是良工云集的地方,四方工匠多来此地谋职。浙江《黄岩县志》修成后,除召集本地良工外,尚有福建刻工陈奎、丁洪和余守3人参加刻版工作。至于本地刻工合作刻书,同族刻工合作刻书的例子更是不胜枚举。

有的刻工在刻完一块印版之后,有时还随手把自己的姓名一并刻在了印版上面,我们称之为"印版刻工题名"。这是我们现在获取刻工资料的直接来源。刻工题名款式有称名式,题署姓名;称里式,姓名前加籍贯;并题式,刻工和书工在一个部位并题姓名。除此以外,尚有一些特例需要注意,有的省略偏旁,如段辉,将"辉"字略去"军"写成"段光"（见嘉靖十三年本《南畿志》）;有的用笔画少但音近、音同的字替代笔画多的字,如陆宗华,也写作六宗华（见嘉靖本《何氏语林》）,刘观生,也写作刘官生（见嘉靖十一年本《朱文公集》）;有的略去名字中的一个字,如梁应尧,略去"应",写作梁尧（见万历二十年本《孤树裒谈》）;

有的题名用符号，如前页题名作"叶郎"，其后几页作"冫"，此符号表示本页也由前页刻工刊刻（见隆庆六年本《邹东廓先生文选》）。

在从事雕版印刷业的工匠中，除了刻工以外，人数较多的要推缮写版样的书工了。据笔者知见的传本统计，目前有名可考的书工凡400余人。如果把刻工中那些兼职缮写版样者也一并算在内的话，那么书工的可考人数会更多。有的书工是以缮写版样谋生的，即专职书工。这些书工的工作年限一般都较长，如苏州名工吴应龙，从嘉靖十八年（1539）缮写《韵经》版样起，至隆庆三年（1569）写《靖江县志》止，前后共缮写图书版样10部，历时30年。从传本考察，一书载有书工最多的是正统间刻本《前汉书》，共载书工凡81名。书工按其身份来划分当有两类：一是匠户，即以缮写版样为业的老百姓，他们有时还以"书户"来标榜自己，如"书户余彰德"（见万历本《汉书评林》）；二是以缮写版样为娱的仕宦子弟，如"缮写秀才陈立甫"（见弘治十年本《唐鉴》）。这两类书工题名部位也不一样，前者多与刻工一起题名，后者多与编撰者一同列衔。

在从事雕版印刷业的工匠中，除人数较多的刻工和书工以外，尚有持版刷印的印刷工和将印页装订成册的装背工这两部分匠氏。他们从事的是刻工和书工所做工作的继续和延伸。据传本考察，印工和装背工姓名可考者极稀，各不足10人。为什么会是这个样子呢？原因大概有二：一是刻工和书工兼做刷印和装订工作；二是印工和装背工多是在印版刊成后雇来的，终日与印页为伍，并不接触印版，既然印版上无其名，印页自然也不会有其名，这或许就是传本上见不到他们姓名的主要原因。

雕版刻工姓名资料的实用价值主要体现在鉴定古书版本上。利用刻工鉴定古书版本最有效的是采用比较的方法。如马忠所刻之书今有传本者凡4部。其中万历间刻3部，"明刻本"1部。即万历十五年（1587）刻《绍兴府志》、十六年（1588）刻《龙溪王先生全集》、"万历间"刻《圣学宗传》、"明刻本"《自警编》。其中后3部书刻工题名为"山阴马忠"，这就证明了这3部书均是山阴马忠刊刻的。山阴，即浙江绍兴。尽管第一部书马忠未署籍贯，但是他刻的书是《绍兴府志》，这也就证明了他的籍贯——山阴。既然马忠刻的4部书有3部刊年在万历年间，那么题"明刻本"的一部书的版刻年代，我们定它在"万历年间"，是比较接近实情的。利用刻工的生卒年来鉴定版本是很可靠的，不过搞清楚刻工的生卒年不是一件容易的事情。现在知道的历代从事雕版刻书业的刻工中除明代徽州歙邑黄姓刻工外，几乎没有一位刻工的生卒年是清楚的。原因很简单，就是史籍不载他们的事迹。黄氏刻工生卒年之所以搞得清楚，是我们现在掌握了一部《黄氏宗谱》，这是用来鉴别版本的绝好材料。如《黄氏宗谱》载黄氏26世孙黄惟敞，名应臣，生于万历二十四年（1596）。周芜《徽派版画史论集》著录本《齐云山志》的版刻年代题"万历二十七年（1599）"，且此书刻工有黄惟敞。当时惟敞才是个只有3岁的幼童。据此推知，周芜著录本有误，此本刊年当在十数年以后。刻工同姓名问题也是应当注意的，如成化九年（1473）刊刻《曲江集》的余班，与万历三年（1575）刻《春秋质疑》的余班，时间差长达103年，足见是同姓名的两位刻工。

（载《图书馆论丛》1993年试刊号）

古代雕版刻工称谓考录

——《书林清话》条目增补

叶德辉《书林清话》卷一列有"书之称册""板本之名称""刊刻之名义"等条目，专文对版刻术语进行汇录诠释，所举例证可谓详备，古书版刻词汇之丰富也由此可见一隅。然而，此书对版刻用语之一的"刻工"一词却未道及，这不能不说是一个缺憾。

所谓刻工，即指从事图书印版雕刻工作的工人，这是人们称呼雕版工人最常用的一个词。此外，人们间用刊工、刊匠及手民等词。从组词上看，这些词多带随意性，词意从字面上看也不难理解，而个别用语诸如手民等，词义则不甚明了。古时称以手工艺为业者为手民，词意范围小，仅指木工。宋陶谷《清异录·人事·手民》："木匠总号运金之艺，又曰手民、手货。"后词扩大，又指雕版排字工人，明清书籍序跋刊记中多用此词。清光绪五年（1879）精刻本《红楼梦图咏》，首载淮甫居士题识，云："前年冬，予从豫章归里，购得此册，急付手民以传之。"手民一词，是人们称呼刻工的，刻工本人不用。那么在雕版业中，刻工曾使用过哪些词来称呼自己呢？这是一个尚未被人们注意的问题。

古时刻工终日与木板和刻刀为伍，而且社会地位低下，因而他们自署称谓时每多使用梓、刊、工等字词。刻工自署称名，从历代传本看宋椠最罕见，几乎未见实例。元版也十分鲜见，今仅见数例。明清印本相对来说略为增多，然也不常见。刻工题名款式单一，仅在姓名前面冠上称谓。

综观历代刻本中所载刻工称谓用词，归而纳之，计有七种：曰某工，曰某人，曰某匠，曰某氏，曰某者，曰某生，曰某手。兹依传本各举一例，以窥刻工称谓之概貌，聊作对版刻专著《书林清话》的增补。

曰工

曰梓工 明天启六年（1626）刻本《司马温公家范》十卷，卷十尾署"夏县梓工卫守刊刻"八字。按：梓，木名。落叶树。木质轻而易割，古时常用作琴瑟及建筑木料，故《仪礼·大射》称木工为梓人，《墨子·节用》称木工为梓匠。后用于雕版印书材料，泛指雕版工人为梓工。梓又与出版图书有关，梓行指刻版发行，付梓即指刻印书籍。印版多选用梨木和枣木作材料，故又称刻印书籍为"付诸梨枣"。

曰雕工 民国二十三年（1934）刻本《十竹斋笺谱》，印版由"雕工左万川"承刻。

曰刊工 明嘉靖间（1522~1566）刊小字本《淮海集》四十卷，后集六卷，长短句三卷，于后集卷六末列刊写工署名，其中刊工署："刊工宋本源、李容、李鼎、颜信、蒋邦佐。"

曰刻工 清乾隆四十四年（1779）刻、嘉庆十八年（1813）补刻印本《永清县志》二十卷，卷末刻工署名："刻工穆雄如，江南江宁人；刻工姚得符，江南江守人；刻工唐彦儒，顺天宛平人。嘉庆十八年三月永清县知县宋齐连补刊。重刻人翰耀斋邓涌泉，江南江宁人；吴耀宗，江南江宁人。"按：在清版书中这种刻工署款形式是十分稀见的。

曰人

曰梓人 清咸丰六年（1856）刻本《兵法集鉴》六卷，卷尾有"梓人江宁苏德义刊印"木记一行。

曰刊刻梓人 清嘉庆十七年（1812）刻本《汉州志》四十卷，于纂修姓氏后有"刊刻梓人王文元、何应楷"木记一行。

曰匠人 明天顺间（1457~1464）刻本《顺成文集》四卷，卷末有"匠人沈诚、沈诠刊"一行。

曰刻字匠人 清顺治八年（1651）大名府内黄县城西西来庵刻本《楞严经》十卷，卷末有"刻字匠人韩永禄、韩永福、韩永太、周进奇、袁凤越"木记。

曰刻工人 民国十四年（1925）刻本《新订四书补注备旨》十卷，卷末署："山东东昌府堂邑县城西三奶奶庙刻工人徐凤池。"

曰刊刻工人 清光绪十三年（1887）刻本《外科心法实验指导》四卷，卷尾有"刊刻工人竹轩孙家麟"木记。

曰刻书人 明嘉靖间刻本《医学纲目》四十卷，目录首叶题"刻书人柯仁意"一行。

曰刻字人 清嘉庆五年至二十年（1800～1815）刻本《平津馆丛书》，内有"刻字人刘文楷"等署名。

曰椠人 民国二年（1913）年刻本《文微》一卷，卷末有"椠人黄冈陶子麟刊板"木记。

曰匠

曰匠 明嘉靖二十五年（1546）何月梧刻本《苑诗类选》三十卷，书口下署"匠李菜""匠陶贵"，等等。按：此本所载刻工有二十余名，姓名前均冠一"匠"字，这在历代刊本中为仅见之例。

曰刊匠 清康熙四十四年（1705）陈氏刻本《杨大年先生武夷新集》二十卷，于卷首杨氏自序第一叶下书口署"刊匠张君选"五字。

曰刊字匠 明嘉靖四十一年（1562）刻本《大学衍义节略》十卷，书尾有写刻工题名，其中刻工署"刊字匠郭邦宁等五十名"十字。

曰刻匠 明崇祯八年（1635）四明施邦曜刻本《阳明集要》十五卷，书口下有"刻匠叶泗"等刻工题名。

曰刻字匠 明嘉靖六年（1527）东阳张大纶校刻本《重校唐文粹》一百卷，书口下题"刻字匠余昭"。按：此版载刻工共计一百余人，然仅有余昭一人署"刻字匠"。

曰铁笔匠 明刻本《上乘藏经节要宗镜录》一百卷，于卷十三末署"铁笔匠胥大绍、大聪"。按：刻工掌刀镌字，犹如执笔行书，故称刻刀为铁笔。又如清康熙三十六年（1697）刻本《高上玉皇本行集经》三卷，于书后附录《感应》卷尾有"铁笔李乔如、李基桂、蒙绍、李参如、表理、李基楠、姚伟"木记。

曰氏

曰匠氏 明嘉靖十四年（1535）刻本《张氏统宗世谱》十卷，于"会修职名"

后有刻工及印刷工署名，其中刻工部分题："镌刻：祁邑城西匠氏徐广、歙邑仇村匠氏黄珀、黄球、黄琰、黄珪、黄瑶、黄珏、仇元、黄珦、黄瑜、黄銮、仇钊、仇显。"按：明季中期徽州黄姓刻工素以刊书精善著称，其从业人数之众、刊书传本之多甲冠诸家，成为族姓刻书之巨擘。除黄姓外，本邑仇姓刻书也较著名。此徽州黄、仇二姓刻工合作之例。

曰剞劂氏 明万历间（1573～1620）刻本《程氏墨苑》十二卷，于程氏"人文爵里序"后题"剞劂氏黄鳞"五字。按：剞劂，古时刻刀。雕版印刷术产生以后亦泛称雕版为剞劂。

曰劂氏 清光绪六年（1880）刻本《摭古堂正音》一卷，《切音便读》一卷，卷尾有"劂氏越州朱龄"木记一行。

曰者

曰刊者 清嘉庆二十三年（1818）精刻本《金石蓟》不分卷，封面题"刊者金陵镏贡"。

曰刻者 清咸丰二年（1852）刻本《竹里秦汉瓦当文存》不分卷，目录前有"刻者嘉兴王铁珊、海盐沈柳城"木记一行。

曰生

曰刊生 元至顺元年（1330）江南行省官刻本《四书集义精要》三十六卷，于首叶书口下署"刊生谢文炳"五字。

曰刊字生 元刻明修本《玉海》一百五十六卷，目录后有校刻人衔名，其中刻工署"刊字生张周士等三十人"十字。

曰手

曰刊手 明万历间刻本《经绎》十五卷，自序末署"庐陵刘岱刊手谨书"一行。

（载《北京图书馆馆刊》1993年第1期）

明清徽州黄姓刻工及其刻书考录

徽州黄姓源出于汉江夏魏郡太守黄香，传八世为黄积，东晋大兴三年（320）任新安太守，卒于官，遂为徽州黄姓一世祖。十三世黄璋迁于歙西黄潭源，成为潭渡支派的一世祖。璋之玄孙十七世黄文炳迁居仇村，遂为仇村支派一世祖。今有清雍正九年（1731）刻《歙县潭渡孝里黄氏族谱》（以下简称《潭谱》）10卷首末各一卷和清道光十年（1830）刻《虬川黄氏宗谱》（以下简称《虬谱》）不分卷两种。前者记载止于明初二十三世，后者记载终于清道光初三十五世。我们据此可以考知黄姓刻工世系渊源。徽州黄姓刻工主要出自潭渡和虬村，两地相距仅一里之遥。虬村原名仇村，以村中多仇姓而得名，清中叶后，仇姓衰微，黄姓兴盛，遂以村前有虬水，改称为虬村。徽州虬村黄姓刻工，确切可考的起于明初，延至清咸丰间，持续长达500年。其间参加刻书业人数之众，刻书数量之多，刻书区域之广，刻技之精，在我国古代雕版印刷史上是绝无仅有的，据有特别显著的地位，向为人们所注重。从20世纪30年代起，我国书史、印刷史以及版画史等方面的学者郑振铎、王立中、张秀民、刘国钧、王重民、蒋元卿、冀叔英、周芜及张振铎诸先生，在其论著中多有涉及，并取得一定研究成果。其中周芜先生在《徽派版画史研究》一书中设有《黄姓刻工考证》和《黄氏所刻书目》专篇，录自明正统迄清道光间黄姓刻工189人，刻书241种。其用力最勤，成果最著。然文献自来浩如烟海，个人所及，终难窥其全豹，而疏漏之处也在所难免，能在前人研究基础上有所发现也就难能可贵了。

笔者近年留意收集徽州黄姓刻工资料，愚者一得，也陆续发现一些刻工资料。兹就闻见所及，并以《虬谱》为据，试对徽州虬村黄姓刻工及其刊刻之书做一考录。本文收录徽州虬村黄姓刻工自二十二世至三十三世凡211人，待考虬村或潭渡黄姓刻工凡125人，共计336人，刻书290种以上。正文所录刻工大致按《虬谱》所载世系先后进行编排，每位刻工列为一条，每条包括姓名、生卒年、字、号、父辈姓名、刻书署名及现存所刻之书等项。附录所载刻工大致包括事迹可考而未见刻书传本，以及知见刻书传本而事迹不详者两部分。由于见闻未广，水平有限，文中所述不免有欠妥和疏漏之处，敬祈识者指教。

徽州黄姓刻工刻书考录

新安歙邑黄氏　此系集体署名，所刻有明初《麟原王先生文集》。据傅增湘《藏园群书经眼录》著录：元王礼撰，明初刻本，十二行二十字，黑口，四周双边。附录后有"紫阳后裔朱焙书""新安歙邑黄氏刊"二行。该书有己巳云阳李祁序。按：祁字一初，号希蘧，茶陵人，元元统元年（1333）进士，曾官婺源知县，元末隐居永新山中。明初征召不赴，卒年七十余。此"己巳"当为明洪武二十二年（1389），结合本书行款特征，乃明洪武刻本无疑，是明初有黄姓刻工之明证。

二十二世

黄文显（1417~?）　号隐庵。积善长子。明正统间补刻《纂图互注荀子》1卷。

黄文敬（1439~1507）　号拙庵。积善三子。懂医道，工书法。郡守彭公以礼重之。刻书署文敬。明天顺间刻《新安文粹》15卷附1卷、《天原发微》5卷附2卷，天顺、成化间刻《草字千字文》1卷，成化间刻《晦庵先生语录类要》18卷、《程氏贻范集》3卷，弘治间刻《云峰胡先生文集》14卷附1卷、《新安文献志》100卷附2卷。

黄文汉（生卒年不详）　多保三子。刻书署文汉。明成化间刻《程氏贻范集》3卷，弘治间刻《云峰胡先生文集》14卷附1卷、《心经附注》4卷、《丹溪先生心法》5卷、《新安文献志》100卷附2卷、《徽州府志》2卷。

黄文善（1438~1482）　号一愚。佛生长子。刻书署文善。明天顺间刻《新安文粹》15卷附1卷、《天原发微》5卷附2卷。

黄文希（1440~1526）　字隐斋。佛生次子。刻书署文希。明天顺间刻《天原发微》5卷附2卷，成化间刻《程氏贻范集》3卷。

黄文达（1452~1483）　号简斋。佛生三子。刻书署文达。明成化间刻《程氏贻范集》3卷。

二十三世

黄永遥（1440～1495） 文显子。明成化间刻《程氏贻范集》3卷。按：谱载卒成化乙卯，成化无乙卯，当为弘治乙卯之误。

黄永昇（1456～1521） 号一斋。文得长子。刻书署永昇、昇、升。明成化间刻《程氏贻范集》3卷，弘治间刻《贡文靖公云林诗集》6卷、《心经附注》4卷、《文公家礼仪节》8卷、《丹溪先生心法》5卷、《新安文献志》100卷附2卷、《休宁流塘詹氏宗谱》6卷、《竹洲文集》20卷。

黄永晟（1460～1523） 号慎庵。文得仲子。刻书又署晟。明弘治间刻《新安文献志》100卷附2卷、《休宁流塘詹氏宗谱》6卷。

黄永旻（1465～1526） 号文斋。文得三子。刻书署永旻、旻、黄旻。明弘治间刻《心经附注》4卷、《文公家礼仪节》8卷、《丹溪先生心法》5卷、《新安文献志》100卷附2卷、《休宁流塘詹氏宗谱》6卷、《徽州府志》12卷、《竹洲文集》20卷，正德间刻《止斋先生文集》51卷、《篁墩程先生文集》93卷附1卷。又刻《西湖游览志》24卷《志余》26卷、《石山医案》8种32卷，其版刻年代均题嘉靖年间，与永旻行年似不合或所定版本不确。旻生成化年间，成化元年即公元1465年，姑定生年为1465年。

黄永暠（1474～1545） 字古泉。文得四子。刻书署永暠、暠。明弘治间刻《文公家礼仪节》8卷、《丹溪先生心法》5卷、《新安文献志》100卷附2卷、《休宁流塘詹氏宗谱》6卷、《徽州府志》12卷、《竹洲文集》20卷，正德间刻《泗水余氏会通世谱》5卷、《篁墩程先生文集》93卷附1卷，嘉靖间刻《王忠文公文集》24卷。

黄永昊（1471～1523） 字明甫，号东旸。文敬长子。刻书署永昊、昊。明弘治间刻《新安文献志》100卷附2卷、《徽州府志》12卷。

黄永㬢（1487～1541） 字勉之，号东冈。文敬仲子。谱未载"永"字。明弘治间刻《徽州府志》12卷、《梅岩小稿》30卷，正德间刻《泗水余氏会通世谱》5卷、《新安学系录》16卷、《篁墩程先生文集》93卷附1卷，嘉靖间刻《休宁县市吴氏本宗谱》10卷。

黄（永）晨（1479～1536） 文海子。谱未载"永"字。刻书题名又署晨。明弘治间刻《徽州府志》12卷、《梅岩小稿》30卷，正德间刻《旌川西溪里朱氏族谱》5卷附1卷、《楚辞集注》8卷《辨证》2卷《后语》6卷、《篁墩程先生文集》93卷附1卷。

黄（永）冔（1482～1555） 文赞子。谱未载"永"字。刻书署冔、良。明弘治间刻《徽州府志》12卷。

黄永昱（1478～1520） 字仲光。文希仲子。刻书署永昱、昱、立。明弘治间刻《休宁流塘詹氏宗谱》6卷、《徽州府志》12卷、《梅岩小稿》30卷，正德间刻《新安学系录》16卷、《楚辞集注》8卷《辨正》2卷《后语》6卷、《篁墩程先生文集》93卷附1卷。

黄永杲（1482～?） 文希三子。刻书又署黄杲。明正德间刻《篁墩程先生文集》93卷附1卷。

黄永昊（1479～1536） 字仲宏，号松轩、晴峰。文达长子。刻书署永昊、昊。明弘治间刻《丹溪先生心法》5卷、《休宁流塘詹氏宗谱》6卷、《徽州府志》12卷，正德间刻《止斋先生文集》51卷、《篁墩程先生文集》93卷附1卷。又刻《西湖游览志》24卷《志余》26卷，其版刻年代题嘉靖二十六年，与行年似不合或所定版本不确。

黄永早（1482～1560） 字仲云，号竹轩。文达仲子。刻书又署早。明正德间刻《泗水余氏会通世谱》5卷、《新安学系录》16卷、《楚辞集注》8卷《辨证》2卷《后语》6卷、《篁墩程先生文集》93卷附1卷。

二十四世

黄仕珍（1468～1526） 字廷聘，号东渠。永暹长子。刻书又署黄珍、珍。明弘治间刻《徽州府志》12卷。又于嘉靖八年至十年补刻宋版《梁书》56卷，其与行年似不合。

黄仕环（1473～1525） 字廷享，号东谷。永暹仲子。刻书又署黄环。明正德间刻《篁墩程先生文集》93卷附1卷。

黄仕珑（1491～?） 字良洁，号月池。永昇长子。刻书又署黄珑。明正德间刻《止斋先生文集》51卷、《楚辞集注》8卷《辨证》2卷《后语》6卷、《唐氏三先生集》28卷附3卷、《篁墩程先生文集》93卷附1卷，嘉靖间刻《王忠文公文集》24卷、《淳安志》17卷、《师山先生文集》8卷《遗文》5卷《济美录》4卷、《前汉书》20卷，嘉靖八年至十年补刻宋版《北齐书》50卷。

黄仕琥（1493～1571） 字良坚。永昇仲子。刻书又署黄琥。明正德间刻《篁墩程先生文集》93卷附1卷，嘉靖间刻《秋崖先生小稿》83卷、《张氏统宗谱》10卷，嘉靖八年至十年补刻宋版《北齐书》50卷。

黄仕珀（1497～1545） 永昇三子。刻书又署黄珀。明正德间刻《楚辞集注》8卷《辨证》2卷《后语》6卷，嘉靖间刻《张氏统宗谱》10卷、《休宁县志》8卷。

黄仕球（1499～？） 永昇四子。刻书又署黄球。明嘉靖间刻《张氏统宗谱》10卷、《六臣注文选》60卷、《前汉书》120卷。生年谱作弘治乙未，弘治无乙未，当系己未（十二年）之误。

黄仕琰（1504～1545） 字良玺。永昇五子。刻书又署黄琰、炎、黄士倓。明嘉靖间刻《秋崖先生小稿》83卷、《后汉书》120卷、《针灸问对》3卷、《六臣注文选》60卷、《石山医案》8种32卷、《前汉书》120卷，嘉靖间补刻宋版《周书》50卷、《梁书》56卷。

黄仕珪（1507～？） 字良宠。永昇六子。刻书又署黄珪、珪。明嘉靖八年至十年补刻宋版《北齐书》50卷、《梁书》56卷，嘉靖间刻《张氏统宗谱》10卷。

黄仕琼（1491～1557） 字良玉，号月潭。永晟长子。刻书又署黄琼。明弘治间刻《梅岩小稿》30卷，正德间刻《泗水余氏会通世谱》5卷、《怀麓堂诗稿》20卷《诗后稿》10卷《文稿》30卷《文后稿》30卷《南行稿》1卷《北上录》1卷《求退录》3卷、《楚辞集注》8卷《辨证》2卷《后语》6卷、《篁墩程先生文集》93卷附1卷。

黄仕瑶（1499～1539） 字良器，号南峰。永晟三子。刻书又署黄瑶、珧。明正德间刻《楚辞集注》8卷《辨证》2卷《后语》6卷，嘉靖间刻《师山先生文集》8卷《遗文》5卷《济美录》4卷、《张氏统宗谱》20卷、《十万程氏会谱》6卷、《前汉书》120卷，嘉靖间补刻宋版《宋书》100卷、《梁书》56卷、《周书》50卷。谱载仕瑶生弘治乙未，卒嘉靖乙亥。而弘治无乙未，嘉靖无乙亥。其长兄仕琼生弘治四年辛亥，仲兄仕琳生弘治八年乙卯，则可知乙未当为己未之误，乙亥当为己亥之误。

黄仕玘（1511～?）　字良介，号东园。永晟四子。刻书又署黄玘。明嘉靖间刻《师山先生文集》8卷《遗文》5卷《济美录》4卷、《注解伤寒论》10卷、《后圃黄先生存集》4卷、《通鉴橐钥》10卷、《前汉书》120卷。

黄仕瑁（1498～1557）　字良和，号蛟峰。永旻长子。刻书又署黄瑁、瑁。明嘉靖间刻《后汉书》120卷、《前汉书》120卷。

黄仕瑢（1511～?）　字良芳。永旻仲子。刻书又署黄瑢、瑢、容。明嘉靖间刻《针灸问对》3卷、《六臣注文选》60卷、《汪石山医书》7种26卷、《石山医案》8种32卷、《前汉书》120卷，又于嘉靖八年至十年补刻宋版《梁书》56卷。

黄仕瑗（1514～1575）　字良用。永旻三子。刻书又署黄瑗、黄爱、爱。明嘉靖间刻《双溪文集》17卷、《注解伤寒论》10卷、《徽州府志》22卷、《六臣注文选》60卷、《徽郡诗》8卷，又于嘉靖八年至十年补刻宋版《梁书》56卷。

黄仕琇（1517～?）　字良对，号竹坡。永旻四子。刻书又署黄琇、琇、秀。明嘉靖间刻《针灸问对》3卷、《张氏统宗谱》10卷、《注解伤寒论》10卷、《皇明名臣经济录》53卷、《徽州府志》22卷、《六臣注文选》60卷、《汪石山医书》7种26卷、《前汉书》120卷。

黄仕珏（生卒年不详）　永昺长子。谱谓早卒。刻书又署黄珏。明嘉靖间刻《张氏统宗谱》10卷。

黄仕珦（1509～1587）　字良璧，号昆山。永昺仲子。刻书又署黄珦、珦。明嘉靖间刻《后汉书》120卷、《张氏统宗谱》10卷、《六臣注文选》60卷、《前汉书》120卷，又于嘉靖初年补刻宋版《梁书》56卷、《周书》50卷。

黄仕瑜（1515～1591）　字良瑾，号竹原。永昺三子。刻书又署黄瑜、瑜。明嘉靖间刻《双溪文集》17卷、《张氏统宗谱》10卷、《休宁县志》8卷、《筹海图编》13卷、《六臣注文选》60卷、《前汉书》120卷，又于嘉靖八年至十年补刻宋版《梁书》56卷。

黄仕璁（1523～1598）　字良敏，号南坡。永昺四子。刻书又署黄璁、璁。明嘉靖间刻《注解伤寒论》10卷、《程端明公洛水集》26卷首1卷、《筹海图编》13卷、《徽州府志》22卷。

黄仕珊（1472～1568）　永杲长子。刻书又署黄珊。明嘉靖间刻《双溪文集》17卷。

黄仕琢（1505～?）　字高阳。永杲仲子。刻书又署黄琢。明嘉靖间刻《王忠文公文集》24 卷、《双溪文集》17 卷、《六臣注文选》60 卷、《前汉书》120 卷，又于嘉靖间补刻明版《元史》210 卷、《三国志》65 卷，嘉靖间补刻宋版《梁书》56 卷。

黄仕铠（1509～?） 永杲三子。刻书又署黄铠、铠。明嘉靖间刻《双溪文集》17 卷、《注解伤寒论》10 卷、《汪石山医书》7 种 26 卷、《石山医案》8 种 32 卷。

黄仕宪（1516～1565） 永杲四子。刻书又署黄宪、宪。明嘉靖间刻《程氏演繁露》16 卷《续》6 卷、《皇明名臣经济录》53 卷、《六臣注文选》60 卷。

黄仕玗（1510～?） 字廷重，号双泉。永晁长子。刻书又署黄玗、玗、与。明嘉靖间刻《双溪文集》17 卷、《文心雕龙》10 卷、《注解伤寒论》10 卷、《歙县竦圹黄氏宗谱》10 卷、《六臣注文选》60 卷、《前汉书》120 卷。又于嘉靖初年补刻宋版《周书》50 卷、《北齐书》50 卷。

黄仕珽（1513～?） 字廷用。永晁仲子。刻书又署黄珽、珽。明嘉靖间刻《双溪文集》17 卷、《文心雕龙》10 卷、《程氏演繁露》16 卷《续》6 卷、《欣赏编》12 卷、《古源山人二论》8 卷、《六臣注文选》60 卷。

黄仕瑄（1520～1584） 字廷化。永晁三子。刻书又署黄瑄、瑄、宣。明嘉靖间刻《双溪文集》17 卷、《文心雕龙》10 卷、《休宁县志》8 卷、《筹海图编》13 卷、《徽州府志》22 卷、《六臣注文选》60 卷。

黄仕珂（1523～?） 字廷卿，号柳洲。永晁四子。刻书又署黄珂、珂。明嘉靖间刻《皇明名臣经济录》53 卷、《六臣注文选》60 卷。

黄仕瑚（1538～?） 永晁五子。谱谓早卒。刻书又署黄瑚、瑚、胡。明嘉靖间刻《皇明名臣经济录》53 卷、《筹海图编》13 卷、《徽州府志》22 卷，万历间刻《宛陵先生集》60 卷。

黄（仕）碧（生卒年不详） 永晨长子。谱未载"仕"字。刻书又署碧。明嘉靖间刻《休宁县志》8 卷、《徽州府志》22 卷、《前汉书》120 卷，又于嘉靖初年补刻宋版《周书》50 卷、《宋书》100 卷。

黄（仕）玉（生卒年不详） 永晨仲子。谱未载"仕"字。刻书又署玉。明万历间刻"汉魏丛书"38 种 250 卷。

黄（仕）琢（生卒年不详） 永晨三子。谱未载"仕"字。刻书又署象。明嘉靖间刻《徽州府志》22 卷。

黄(仕)珙（1496～1555） 字廷献，号梅溪。永昺长子。刻书又署共。明正德间刻《楚辞集注》8卷《辨证》2卷《后语》6卷，嘉靖间刻《徽州府志》22卷、《新增格古要论》13卷。

黄(仕)瑾（1499～1572） 字廷润，号钟山。永昺仲子。为人忠厚诚直，被推为寿官。谱未载"仕"字。明嘉靖间刻《后汉书》120卷、《前汉书》120卷、《世忠程氏泰塘族谱》5卷、《环谷杏山二先生诗稿》6卷、《六臣注文选》60卷、《汪石山医书》7种26卷。

黄(仕)瑛（1510～1580） 字廷囗，号环溪。永昺三子。谱未载"仕"字。明嘉靖间刻《世忠程氏泰塘族谱》5卷、《皇明名臣经济录》53卷、《环谷杏山二先生诗稿》6卷。

黄(仕)瑞（1514～?） 字廷凤。永昺四子。谱未载"仕"字。既刻书，又写版样。明嘉靖间刻《皇明名臣经济录》53卷、《元包经传》5卷《元包数总义》2卷，明嘉靖间缮写《竹书纪年》2卷版样，又无注年月缮写《稽古录》20卷版样。

二十五世

黄锭（1495～1567） 字时聚，号霁峰。仕珍长子。刻书又署定。明正德间刻《楚辞集注》8卷《辨证》2卷《后语》6卷，嘉靖间刻《西湖游览志》24卷《志余》26卷。

黄铣（1504～?） 字时中。仕珍仲子。迁杭州。明嘉靖间刻《前汉书》120卷、《后汉书》120卷、《汪石山医书》7种26卷。

黄镀（1522～?） 字时容。仕璋长子。刻书又署镀、度。明嘉靖间刻《玉台新咏》10卷、《新刊仁斋直指》26卷附1卷、《徽州府志》22卷、《徽郡诗》8卷，万历间刻《千字文》2卷。

黄铲（1524～?） 仕璋仲子。刻书又署卢、户。明嘉靖间刻《皇明名臣经济录》53卷、《徽州府志》22卷、《六臣注文选》60卷，隆庆间刻《青萝馆诗》6卷，无注年月刻《古今诗册》34卷目录2卷。

黄銮（1517～?） 字应和，号东泉。仕珑长子。明嘉靖间刻《双溪文集》17卷、《张氏统宗谱》10卷、《注解伤寒论》10卷、《筹海图编》13卷、《六臣注文选》60卷。

黄鉴（1521～?） 字子明。仕珑仲子。刻书又署子明、鉴。明嘉靖间刻《皇明名臣经济录》53卷、《东川刘文简公集》13卷、《筹海图编》13卷、《祁门奇峰郑氏本宗谱》4卷，明万历间刻《选辑诸名家评注批点苏文》8卷。

黄镵（1535～1612） 字子冶，号石泉。仕珑三子。刻书又署镵、参。明嘉靖间刻《东川刘文简公集》12卷、《筹海图编》13卷、《徽州府志》22卷，万历间刻《玉玦记》2卷。

黄铼（1526～1584） 字应德，号南桥。仕琥长子。刻书又署铼、柬。明嘉靖间刻《东川刘文简公集》12卷、《程端明公洺水集》26卷首1卷、《筹海图编》13卷、《徽州府志》22卷、《徽郡诗》8卷，隆庆间刻《白雪楼诗集》12卷。

黄钛（1529～?） 仕琥仲子。刻书又署钛。明嘉靖间刻《皇明名臣经济录》53卷、《东川刘文简公集》12卷、《程端明公洺水集》26卷首1卷、《筹海图编》13卷。

黄镨（1541～?） 字子玉，号明川。仕球子。刻书又署镨、曾。明嘉靖间刻《徽州府志》22卷、《徽郡诗》8卷，隆庆间刻《休宁率口程氏续编本宗谱》6卷。

黄钱（1537～?） 仕瑢长子。明嘉靖间刻《筹海图编》13卷、《徽州府志》22卷，隆庆间刻《汪氏统宗正脉》1卷。

黄钟（1519～1607） 字应元，号东野。仕琼长子。明嘉靖间刻《注解伤寒论》10卷、《欣赏编》12卷。谱作生正德乙卯，实无乙卯，当为己卯之误。

黄锡（1521～1600） 字君宠，号南溪。仕琼仲子。刻书又署锡、易。明嘉靖间刻《注解伤寒论》10卷、《休宁县志》8卷、《皇明名臣经济录》53卷、《徽州府志》22卷、《徽郡诗》8卷。

黄镒（1523～1608） 字应时，号东洲。仕琼三子。明嘉靖间刻《注解伤寒论》10卷、《皇明名臣经济录》53卷。

黄锐（1531～?） 仕琼四子。迁祁门。刻书又署祁门黄锐、锐、兑。明嘉靖间刻《筹海图编》13卷、《徽州府志》22卷。

黄铅（1534～1609） 字少潭。仕琼五子。刻书又署铅。明嘉靖间刻《徽州府志》22卷，万历间刻《仲蔚先生集》24卷附1卷、《南华真经副墨》8卷、《书言故事大全》12卷、《道德真经》2卷。

黄录（1522～?） 字应原。仕琳长子。明嘉靖间刻《注解伤寒论》10卷。

黄铉（1545～1622） 字子节。仕琳仲子。明嘉靖间刻《筹海图编》13卷，万历间刻《二酉园文集》14卷。

黄钿（1530～？） 字应武。仕瑶长子。刻书又署钿、田。明嘉靖间刻《注解伤寒论》10卷、《后圃黄先生存集》4卷、《后圃黄先生论集》口卷、《东川刘文简公集》12卷、《徽州府志》22卷。

黄镏（1532～？） 仕玘长子。明嘉靖间刻《注解伤寒论》10卷，万历间刻《周礼述注》6卷。

黄铧（生卒年不详） 仕玘三子。谱载生明嘉靖间而未具年次。明万历间刻《茶录》2卷。

黄锦（1550～？） 号阁斋。仕玘四子。明嘉靖间刻《方山子诗集》2卷，万历间刻《六书总要》5卷《纲领》1卷《正讹》1卷、"汉魏丛书"38种250卷。

黄镐（生卒年不详） 字子周。仕玘五子。谱载生明嘉靖间而未具年次。明万历间刻《古列女传》4卷。

黄锎（生卒年不详） 字养中，号松谷。仕玘六子。刻书又署黄鼎、鼎。明嘉靖间刻《筹海图编》13卷，万历间刻《赤水玄珠》30卷、《医宗绪余》2卷、《医案》5卷、《许文穆公遗文》不分卷、《晋书》130卷、《圣僧庵集》不分卷。

黄铿（1528～1601） 字子声，号联松。仕瑄长子。刻书又署铿、堂。明嘉靖间刻《皇明名臣经济录》53卷、《徽州府志》22卷、《六臣注文选》60卷、《徽郡诗》8卷，隆庆间刻《汪氏统宗正脉》1卷。

黄镜（生卒年不详） 仕瑄仲子。刻书又署镜。明嘉靖间《筹海图编》13卷、《徽州府志》22卷。

黄镳（生卒年不详） 仕瑗长子。明嘉靖间刻《筹海图编》13卷、《徽州府志》22卷。

黄镑（生卒年不详） 仕瑗仲子。迁婺源。刻书又署钫、榜。明嘉靖间刻《筹海图编》13卷、《徽州府志》22卷，万历间刻《徽郡新刻国朝名公尺牍》3卷、《宛陵先生集》60卷、《战国策抄》4卷、《新编目莲救母劝善戏文》3卷。

黄铎（1556～？） 字子宣，号左潭。仕琇长子。明嘉靖间刻《徽州府志》22卷。

黄铭（1562～？） 字子清，号少竹。仕琇三子。既刻书，又写版样。明万历间刻《玉玦记》2卷，崇祯间写《四分僧羯磨》5卷及《佛说最上根本大乐金刚不空三昧大教王经》7卷版样。其名前冠署江宁，当为寄籍。

黄钺（1542～1585） 字子威，号少昆。仕珦长子。刻书又署钺。谱载善书法，精草篆，通六艺、八体。明嘉靖间刻《筹海图编》13 卷、《徽州府志》22 卷，隆庆间刻《吴瑞谷集》16 卷，万历间刻《春秋左传节文》15 卷、《仲蔚先生集》24 卷附 1 卷、《六书总要》5 卷附 2 卷、《丰干社泛舟诗》□卷。

黄锁（1545～1592） 字子震，一字少山。仕珦仲子。刻书又署锁、质。明嘉靖间刻《徽州府志》22 卷，隆庆间刻《吴瑞谷集》16 卷，万历间刻《选辑诸名家评注批点苏文》8 卷。

黄锵（1550～1611） 字子和，一字怀玉。仕珦三子。刻书又署锵、将、黄子和。明嘉靖间刻《徽州府志》22 卷，万历间刻《春秋左传节文》15 卷、《仲蔚先生集》24 卷附 1 卷、《丹铅总录》27 卷、《孔子家语》10 卷、《二酉园文集》14 卷、《黄山诗选》□卷。又刻《新刻绣像小说清夜钟》16 回及《花幔楼批评写图小说生绡剪》19 回，唯版刻年代题明崇祯及清初，与其行年似不合或所定版刻年代不确。

黄铉（1555～1633） 字子宣，号愚野。仕珦四子。明万历间刻《春秋左传节文》15 卷、《仲蔚先生集》24 卷附 1 卷、"汉魏丛书" 38 种 250 卷。

黄錤（1558～1629） 字时卿，号莘野。仕珦五子。明万历间刻《仲蔚先生集》24 卷附 1 卷。

黄鏻（1565～？） 字若愚。仕珦六子。善书法。明万历间刻《仲蔚先生集》24 卷附 1 卷、《程氏墨苑》12 卷《人文爵里表》9 卷、《太史杨复所先生证学编》4 卷附 1 卷、《养正图解》不分卷、《元本出相北西厢记》2 卷。

黄銂（1522～1598） 字近川。仕珊仲子。明嘉靖间刻《徽州府志》22 卷。

黄银（1547～1605） 字世用，号怀野。仕珊五子。刻书又署银。明嘉靖间刻《徽州府志》22 卷。

黄镨（1543～？） 迁祁门，刻书冠署祁门。又署镨、赞。明嘉靖时刻《徽州府志》22 卷。

黄鑅（1554～1623） 字近阳。仕琢子。刻书又署黄近阳。明万历间刻《新镌女贞观重会玉簪记》2 卷。

黄钦（1537～？） 仕珰长子。谱谓早卒。刻书又署钦。明嘉靖间刻《筹海图编》13 卷。

黄锈（1547～？） 仕珰仲子。迁苏州。刻书又署锈、乔。明嘉靖间刻《徽州府志》22 卷。

黄镡（1551～？） 字子川。迁苏州，卒北京。明嘉靖间刻《徽州府志》22 卷。

黄锛（1541～？） 字子泮，号龙川。谱名又作黄钘。仕宪子。明嘉靖间刻《徽州府志》22 卷。

黄锓（1541～？） 字子舒。仕玛长子。卒于青阳。明嘉靖间刻《徽州府志》22 卷、《徽郡诗》8 卷。

黄锴（1554～？） 字子魁，一字心宇。仕玛仲子。刻书又署错、皆。明嘉靖间刻《徽州府志》22 卷，万历间刻《重刻元本题评音释西厢记》2 卷、《坛经》不分卷、《青阳县志》6 卷。

黄钢（1550～？） 字子坚，号仰山。仕珽子。刻书又署钢、冈。明嘉靖间刻《徽州府志》22 卷，万历间刻《坛经》不分卷。

黄镌（1553～1620） 字君佩，号秀野。仕瑄子。刻书又署镌、黄秀野。明嘉靖间刻《徽州府志》22 卷，万历间刻《辞赋释义》18 卷、《新刊汇编秦汉文选》14 卷、《帝鉴图说》6 卷、《首楞严经》12 卷、《程朱阙里志》8 卷、《剪灯新话》4 卷、《秦汉六朝文》10 卷、《寂光境》3 卷、《玉玦记》2 卷。

黄镔（生卒年不详） 刻书又署宾。明嘉靖间刻《筹海图编》13 卷、《徽州府志》22 卷。

黄铤（生卒年不详） （仕）碧长子。谱谓卒于北京，祀于吏冢。明嘉靖间刻《休宁县志》8 卷，万历间刻《周礼述注》6 卷、《新编目莲救母劝善戏文》3 卷、《周礼述注》8 卷。

黄铄（1542～1607） 住杭州。刻书又署铄、乐。明嘉靖间刻《筹海图编》13 卷、《徽州府志》22 卷，万历间刻《周礼述注》6 卷、《休宁珰溪家谱补戚篇》6 卷附 1 卷。

黄锋（1543～1602） 字子光，号龙桥。刻书又署锋、夆。明嘉靖间刻《徽州府志》22 卷，隆庆万历间刻《承庵先生集》8 卷附 1 卷，万历间刻《坛经》不分卷、《休宁珰溪家谱补戚篇》6 卷附 1 卷、"汉魏丛书" 38 种 250 卷、《承庵先生集》8 卷附 1 卷。

黄锬（1545～1594） 明万历间刻《周礼述注》6 卷、《重刻元本题评音释西厢记》2 卷、《坛经》不分卷。

黄铨（1527～1612） 字子衡。仕珙长子。既刻书，又缮写书版。明嘉靖间刻《世忠程氏泰塘族谱》5卷、《十万程氏会谱》6卷、《皇明名臣经济录》53卷、《东川刘文简公集》112卷，缮写《程端明公洺水集》26卷首1卷版样。

黄锓（？~？） 仕珙仲子。明嘉靖间刻《皇明名臣经济录》53卷、《程端明公洺水集》26卷首1卷。

黄键（1530~1591） 字子冈，号见山。仕瑾长子。明嘉靖间刻《程端明公洺水集》26卷首1卷。

黄镒（1532~1573） 字子重，号竹野。仕瑾仲子。明嘉靖间刻《程端明公洺水集》26卷首1卷、《祁门奇峰郑氏本宗谱》4卷。

黄钞（1532~？） 字子帮，号左台。仕瑛长子。刻书又署钞。明嘉靖间刻《皇明名臣经济录》53卷。

黄镆（1551~1597） 字子闻，号松野。仕瑛三子。刻书又署镆、莫。明嘉靖间刻《徽州府志》22卷。

黄锟（？~？） 仕珣子。刻书又署黄昆。兼写书版。明万历间刻《同文千字文》2卷、《刘随州诗集》10卷，缮写《说颐》8卷版样。

黄钪（1537~1615） 字子中，号双溪。明嘉靖间刻《徽州府志》22卷。

二十六世

黄德时（1559~1605） 字汝中。黄銮长子。明万历间刻《坛经》不分卷、《仲蔚先生集》24卷附1卷、《泊如斋重修宣和博古图录》30卷、《杜律七言注解》2卷、《书言故事大全》12卷、《淮南鸿烈解》21卷、《逸史搜奇》22卷、《泊如斋重修考古图》10卷、《孔子家语》10卷、《新镌女贞观重会玉簪记》2卷、《方氏墨谱》6卷。

黄德宠（1566~？） 字玉林。黄銮仲子。迁苏州。刻书又署黄宠、黄玉林。明万历间刻《书言故事大全》12卷、《新镌仙媛纪事》9卷附1卷、《周礼述注》8卷、《图绘宗彝》8卷、"汉魏丛书"38种250卷、《汝水巾谱》1卷、《大戴礼记》13卷，崇祯间刻《仙媛纪事》9卷附1卷。

黄德奇（1568~？） 字惟正。黄镵长子。刻书又署黄奇。明万历间刻《书言故事大全》12卷、《养正图解》不分卷、《齐云山志》5卷、《金栗斋先生文集》11卷。

黄德懋（1571~1641） 字懋官。黄镲仲子。明万历间刻《杜律七言注解》2卷、《书言故事大全》12卷、《淮南鸿烈解》21卷、《南华真经旁注》5卷、《歙志》30卷、《泊如斋重修考古图》10卷、《方氏墨谱》6卷。

黄德新（1574~1658） 字原明。黄镲三子。刻书又署原明。明万历间刻《书言故事大全》12卷、《淮南鸿烈解》21卷、《南华真经旁注》5卷、《秦汉印统》不分卷、《方初庵先生集》16卷、"古杂剧"20种、《奕图历序》口卷。

黄德修（1580~1652） 字吉甫。黄镲四子。刻书又署黄吉甫。明万历间刻《歙志》30卷、《牡丹亭记》2卷、"古杂剧"20种。

黄尚澜（1553~1626） 字近桥，号贤樑。黄铼长子。刻书又署澜、阑、黄近桥。明嘉靖间刻《楚史梼杌》1卷、《徽州府志》22卷，万历间刻《九华山志》6卷图1卷、《仲蔚先生集》24卷附1卷、《杜律七言注解》2卷、《齐云山志》5卷、《黄囊穴体》1卷、《竹里馆诗说》2卷、《大戴礼记》13卷。

黄尚润（1558~？） 字仲桥。黄铼仲子。明嘉靖间刻《徽州府志》22卷，万历间刻《九华山志》6卷图1卷、"汉魏丛书"38种250卷。

黄尚涧（1562~？） 字小桥，一字理卿。黄铼三子。刻书又署黄涧、涧、间。明万历间刻《九华山志》6卷图1卷、《仲蔚先生集》24卷附1卷、"汉魏丛书"38种250卷，天启间刻《论衡》30卷。

黄尚澜（1574~？） 字思桥，一字锦堂。黄铼四子。刻书又署思桥。明万历间刻《周礼述注》8卷，天启间刻《论衡》30卷。

黄守言（生卒年不详） 字少垫。黄钟子。刻书又署守言、言。明万历间刻《坛经》不分卷、《南华真经副墨》8卷、《文昌化书》3卷《别录》1卷、《剪灯新话》4卷、《二酉园文集》14卷、《大戴礼记》13卷。

黄应宾（1577~1634） 字心赐。黄铉仲子。刻书又署黄应彬。明万历间刻《荪堂集》10卷、《歙志》30卷、《金粟斋先生文集》11卷。

黄应椿（生卒年不详） 字大年。黄铉三子。谱载生明万历间而未具年。刻书又署黄大年。明万历间刻《金粟斋先生文集》11卷。

黄应皋（1594~？） 字虞卿。黄铭子。迁婺源。明万历间刻《周易本义启蒙翼传》4卷。

黄应济（1565~1640） 字君楫，号黄谷。黄钺长子。尝修本族宗谱。既刻书，又缮写书版。明万历间刻《程氏墨苑》12卷《人文爵里表》9卷、《女范编》

4 卷，缮写《文章又玄》20 卷版样。

黄应淳（1573 ~ 1641）　字仲还，号旸谷。黄钺仲子。刻书又署黄旸谷。明万历间刻《荪堂集》10 卷、《右编补》10 卷、《重订书经疑问》12 卷、《牡丹亭记》2 卷、《文章又玄》20 卷、《闺范》4 卷，天启间刻《黄山普门和尚行迹》2 卷、《黄山普门和尚究心指》1 卷、《普门和尚不像语》1 卷。

黄应道（1578 ~ 1655）　字行素，号宁纳居士。黄钺三子。刻书又署黄行素。明万历间刻《程氏墨苑》12 卷《人文爵里表》9 卷、《新刊出像点板器真人梦梁境记》1 卷，天启间刻《正韵翼》9 卷、《新制诸器图说》不分卷。

黄应渭（1583 ~ ?）　字兆清。黄钺五子。刻书又署黄兆清。明万历间刻《重订书经疑问》12 卷、《金粟斋先生文集》11 卷、《闺范》4 卷。

黄应宣（1598 ~ 1659）　字忠甫。黄锵子。刻书又署黄忠甫。刻《休宁西门汪氏本宗谱》11 卷附 1 卷。此书刻年署明嘉靖六年，与其行年不合，疑所定版本有误。谱作卒顺治乙亥，实无乙亥，应为己亥之误。

黄应瑞（1578 ~ 1642）　字伯符。黄锜子。刻书又署黄伯符。明万历间刻《女范编》4 卷、《状元图考》4 卷、《四声猿》不分卷、《程朱阙里志》8 卷、《朱枫林集》10 卷、《覆瓿集》8 卷、《太史杨复所先生证学编》4 卷附 1 卷、《晓采居印印》8 卷、《墨海》12 卷、《大雅堂杂剧》不分卷、《闺范》4 卷，天启间刻《性命双修万神圭旨》4 卷、《元曲选》100 卷，崇祯间刻《新编秘传堪舆类纂人天共宝》12 卷。

黄应泰（1582 ~ 1642）　字仲开，号初阳。黄锜子。刻书又署黄仲开、黄应台。既刻书，又缮写版样。明万历间刻《程氏墨苑》12 卷《人文爵里表》9 卷、《女范编》4 卷、《状元图考》4 卷、《右编补》10 卷，缮写《朱枫材集》10 卷版样。

黄应祥（1591 ~ ?）　字叔吉。黄锜子。刻书又署黄叔吉。明万历间刻《覆瓿集》8 卷、《浣纱记》2 卷、《闺范》4 卷。

黄应星（1584 ~ ?）　字德聚。黄锜子。刻书又署黄德聚。明万历间刻《金粟斋先生文集》11 卷。

黄应元（1557 ~ 1617）　字会卿，号东川。黄锜子。刻书又署元。既刻书，又写版样。明万历间刻《九华山志》6 卷图 1 卷、《文章又玄》20 卷、《玉玦记》2 卷，缮写《喻林》20 卷版样。

黄应兆（1564 ~ 1626）　黄锜子。明万历间刻《闺范》4 卷。

黄应熊（1577～1636） 黄锜子。明万历间刻《新镌焦太史汇选中原文献》4集24卷、《玉玦记》2卷。

黄应组（1563～？） 字仰川。黄铤长子。刻书又署黄组。明万历间刻《孔圣家语图集校》11卷、《人镜阳秋》22卷、《环翠堂园景图》1卷、《坐隐先生精订棋谱》2卷、《义烈记》2卷、"汉魏丛书"38种250卷、《徽郡重刊造福秘诀》3卷，崇祯间刻《金瓶梅》100回。

黄应纶（1568～？） 字少川。明崇祯间刻《宁澹斋全集》19卷。

黄应绅（1577～？） 字汝仕。黄铤仲子。明万历间刻《水浒传》100回、《酣酣斋酒牌》1卷。

黄应淮（1590～？） 字清之。黄银三子。迁苏州。刻书又署黄清之。明万历间刻《金栗斋先生文集》11卷。

黄应乾（1576～1626） 字汝健。黄镂长子。明万历间刻《越国世学正脉》7卷。

黄应秋（1587～？） 字桂芳。黄镂三子。迁杭州。刻书又署黄桂芳。明万历间刻《青楼韵语》4卷、"古杂剧"20种。

黄应臣（1596～1671） 字惟敬。黄钢仲子。刻书又署黄惟敬。明万历间刻《齐云山志》5卷，天启间刻《新制诸器图说》不分卷，崇祯间刻《老子道德经》4卷。

黄应忠（1576～1625） 字伯贞。黄铗长子。刻书又署黄应中。明万历间刻《诗经说通》13卷。

黄应孝（1582～1662） 字仲纯。黄铗仲子。明万历间刻《帝鉴图说》6卷、《状元图考》4卷。

黄应节（1586～1669） 字叔达。黄铗三子。刻书又署黄叔达。明万历间刻《程朱阙里志》8卷，崇祯间刻《郡北济阳江氏宗谱》10卷。

黄应义（1593～？） 字季迪。黄铗四子。明万历间刻《袁中郎先生全集》9种、《右编补》10卷，天启间刻《歙县志》36卷。

黄应光（1592～？） 黄铝子。迁杭州。明万历间刻《水浒传》100回、《西厢记》2卷、《北西厢记》、《小瀛洲社会图》□卷、《校注古本西厢记》6卷、《昆仑奴》1卷、《元曲选》100卷、《琵琶记》2卷、《玉合记》2卷、《乐府先春》3卷、《西厢记》5卷附1卷。

黄应澄（1574～1657） 字兆圣，号沧吾。黄铨仲子。工书法，善绘事，尤长于人物，亦能诗。明万历间刻并绘《状元图考》4卷、《闺范》4卷。

黄应缵（1564～1641） 字嗣宗，一字存吾。黄镒长子。刻书兼缮书版。明万历间缮写《状元图考》4卷版样、刻《通鉴辑要》□卷。

黄应岳（1575～1608） 字钟五。黄鏊长子。明万历间刻《元本出相北西厢记》2卷。

黄应巍（1584～？） 字德章，号敬溪。黄鏊三子。明万历间刻《仰山乘》5卷。

黄应封（1586～？） 字汝净。黄鏊四子。明万历间刻《仰山乘》5卷。

二十七世

黄一梓（1555～？） 字紫溪。应卷仲子。刻书又署黄梓。明万历间刻"汉魏丛书"38种250卷。

黄一柱（1561～1613） 字国干，号心斋。应卷三子。刻书又署黄柱、黄心斋。明万历间刻《性命双修万神圭旨》4卷、"汉魏丛书"38种250卷、《大戴礼记》13卷。

黄一格（1564～？） 号立宇。应卷四子。刻书又署黄格。明万历间刻《大戴礼记》13卷。

黄一桂（1570～？） 字子芳，号樵夫。应卷六子。明万历间刻《海岳山房存稿》20卷、《苍霞草》20卷《诗》8卷《余草》14卷《续草》22卷、《纶扉草奏草》30卷《续奏草》14卷《后纶扉尺牍》10卷、《读易述》17卷、《医说》10卷。

黄一楷（1580～1622） 黄烈长子。祖黄铣始迁杭州。明万历间刻《琵琶记》3卷、《北西厢记》2卷、《梵刚经菩萨戒》1卷、《原本牡丹亭记》2卷、"古杂剧"20种、《浣纱记》2卷、《西厢记》5卷附1卷。

黄一彬（1586～？） 黄烈仲子。刻书又署黄君倩、黄端甫。迁杭州。明万历间刻《北西厢记》2卷、《青楼韵语》4卷、《元曲选》100卷、《牡丹亭记》2卷、"古杂剧"20种、《剪灯余话》5卷、《浣纱记》2卷、《乐府先春》3卷、《闺范》4卷，天启间刻《彩笔情辞》12卷、《琵琶记》4卷、《西厢记》5本，崇祯间刻《会真六幻西厢》14卷、《王李合评琵琶记》2卷、《水浒叶子》40图、

《别本明珠记》2卷、《李卓吾先生批评明珠记》2卷、《江州司马青衫泪》1卷、《黄河清》□卷、《闲情女肆》4卷。

黄一凤（1583～?）　字鸣岐。三阳子。迁杭州。刻书又署黄鸣岐。刻书兼绘图。明万历间刻《琵琶记》3卷、《罗颖楼初续稿》3卷、《浣纱记》2卷，崇祯间绘《休宁戴氏族谱》15卷插图，又刻《李太白匹配金钱记》1卷。

黄一贞（生卒年不详）　字德之，应宿子。明万历间刻《歙志》30卷。

黄祥魁（1616～1658）　字兆文。刻书又署黄兆文。明崇祯间刻《地图综要》3卷。

黄一梧（1600～1673）　字凤彩。尚澜长子。明天启间刻《歙县志》36卷，崇祯间刻《篆诀》□卷。

黄积明（生卒年不详）　尚润长子。随父及弟七宝、八宝迁杭州。刻书又署黄一明。明万历间刻《风流绝畅图》□卷，清崇祯间刻《休宁戴氏族谱》15卷。

黄一林（1579～?）　守言长子。明万历间刻《剪灯新话》4卷。

黄一森（1584～?）　守言仲子。明万历间刻《剪灯新话》4卷，又刻《印隽》2卷。

黄一木（1586～1641）　字二水。守言三子。明万历间刻《列仙全传》9卷、《歙志》30卷、《剪灯新话》4卷。

黄一松（1599～?）　字汝光。应弘长子。迁杭州。刻书又署一公、松。明万历间刻《书言故事大全》12卷。

黄一心（1608～1642）　字养正。明天启间刻《黄山普门和尚行迹》2卷，崇祯间刻《外台秘要》40卷。

黄一乾（1614～1672）　字元值。应道长子。曾刻《古文传灯》□卷。

黄一伟（1616～1677）　字子俊。应沐子。刻书又署黄子俊。清初刻《南船记》4卷。是书刊年题清乾隆元年（1736），与行年不合，俟考。

黄一中（1611～?）　字肇初。应瑞子。明天启间刻《歙县志》36卷，又刻"水浒叶子"40图。

黄一遇（1629～1695）　字际之。刻书又署黄际之。明末刻《黄山图》□卷，清康熙间刻《黄山志定本》。

黄一遂（生卒年不详）　字成之。应斗四子。明万历间刻《忠义水浒传》100回，又刻《遗香堂绘像三国志》□卷，清初刻《忠义水浒传》100回。

黄一鹤（1598～？） 字于皋。应绅子。谱载卒清康熙间。刻书又署黄于皋。明崇祯间刻《红术轩印范》1卷。

黄四安（1575～？） 应科仲子。随父兄迁杭州。明万历间刻《诗家全体》2卷《续补》2卷，天启刻《歙县志》36卷。

黄一枝（1587～？） 字伯芳。应河子。迁杭州。明万历间刻《歙志》30卷、《宋诸名家年表》□卷、《闺范》4卷。

二十八世

黄建中（1611～？） 字子立。一楷子。明万历间刻《闺范》4卷，崇祯间刻《楚辞述注》5卷、《金瓶梅》100回、《玄雪谱》□卷，清顺治间刻《博古页子》48图。

黄秀中（1646～1697） 一名会通，字伯文。一维长子。清雍正间刻《芥子园绘像第七才子书》□卷。此书刻年署雍正十三年（1735），似与其行年不合或所定版本不确。

黄方中（1650～1718） 字正如，号直庵。一谔长子。刻书又署黄正如。清顺治间刻《堪舆贯》1卷，康熙间刻《古策史汉约选》8卷、《歙县志》12卷、《休宁县志》8卷，补刻明万历本《闺范》。

黄昇中（1613～1697） 字和卿。一夔子。清康熙间刻《休宁县志》8卷、《查士标书尺牍》，又刻《徽州府志》18卷。

黄茂中（1644～1692） 字松如，号林溪。一道长子。明末刻《黄山图》□卷，清康熙间刻《歙县志》12卷、《黄山志定本》。

黄亮中（1673～？） 字子明。一英子。清康熙间刻《徽州府志》18卷、《余年闲话》4卷，补刻明万历本《闺范》4卷。

黄允中（1625～？） 金麟子。清初刻《寂光境》3卷，补刻明万历本《闺范》4卷。

二十九世

黄师教（1675～1737） 字子修，在中长子。刻书又署黄子修。清初补修明万历间刻《闺范》4卷，康熙间刻《徽州府志》18卷，乾隆初刻《岩镇志草》4卷。

三十世

黄启高（1709～1787） 字云景，一作云锦，号延古。师澳仲子。清乾隆间刻《黄山志》2卷、《歙县志》20卷《首》1卷。

黄启岱（1724～1783） 字宗鲁。师澳五子，出继师漳为嗣。刻书又署黄宗鲁。清乾隆间刻《歙县志》20卷《首》1卷。

黄启模（1724～1786） 字楷如，号锦如。师溶长子。刻书又署黄楷如。清乾隆间刻《黄山志》2卷。

黄启钊（1715～1757） 字子康。师培仲子。清乾隆间刻《存悔斋诗草》4卷。

黄启铃（生卒年不详） 字细成。清乾隆间刻《存悔斋诗草》4卷。

黄启锟（生卒年不详） 一名运生，字振远。师鼎仲子。清乾隆间刻《存悔斋诗草》4卷。

三十一世

黄国运（1741～1793） 字开文。启金子。刻书又署黄开文。清乾隆间刻《歙县志》20卷《首》1卷。

黄国达（1756～1824） 字鉴泉。启岱三子。贫困而好义举，农作之暇从事刊刻。清嘉庆间刻《西陲总统事略》□卷《竹枝词》1卷。

黄国淦（1766～1841） 字容舟。清嘉庆间刻《西陲总统事略》12卷《竹枝词》1卷。

三十二世

黄鼎玫（1772～1832） 字鉴堂。国怡长子。清乾隆间刻《周礼疑义举要》7卷。

黄鼎杭（1787～？） 字新之。国信子。刻书又署黄杭鼎。清嘉庆间刻《西陲总统事略》12卷《竹枝词》1卷，道光间刻《徽州府志》16卷。

黄鼎祐（1787~？） 字德助。国晋三子。清嘉庆间刻《西陲总统事略》12卷《竹枝词》1卷。

黄鼎茂（1787~1814） 国遐长子。清嘉庆间刻《西陲总统事略》12卷《竹枝词》1卷。

黄鼎选（1795~1843） 一名联富。国淦长子，出继国鸿为嗣。清嘉庆间刻《西陲总统事略》12卷《竹枝词》1卷。

黄鼎智（1777~？） 一名连庆，字易堂。国达长子。刻书又署易堂。清嘉庆间刻《西陲总统事略》12卷《竹枝词》1卷，道光间刻《虬川黄氏宗谱》不分卷。

黄廷槐（1779~？） 字荫三，号燕山。清嘉庆间刻《西陲总统事略》12卷《竹枝词》1卷。

三十三世

黄开梧（1812~？） 字凤冈。鼎智长子。刻书又署黄凤冈。清道光间刻《虬川黄氏宗谱》不分卷，咸丰间刻《四养斋诗稿》3卷。

黄开簇（1746~？） 一名冠华，字莘野。鼎瑞长子。清道光间刻《虬川黄氏宗谱》不分卷。

黄开植（1786~？） 字立之。鼎瑞仲子。清道光间刻《虬川黄氏宗谱》不分卷。

黄开昴（1795~1812） 字光明。鼎福长子。清嘉庆间刻《西陲总统事略》12卷《竹枝词》1卷。

黄开杰（1786~？） 字政和，号震渔。鼎乾长子。清嘉庆间刻《西陲总统事略》12卷《竹枝词》1卷。

附：待考黄姓刻工

凡疑为徽州黄姓刻工而事迹不见载于《虬谱》及《潭谱》者，或其事迹见载于谱而所刻之书不详者，均录以待考，然单名之不确者不录。

黄文斌 疑潭渡或虬村22世外迁刻工。明天顺间与虬村黄文敬、文善同刻《新安文粹》。

黄文通 疑潭渡或虬村 22 世外迁刻工。明成化、弘治间与虬村黄文敬、仇以忠等同刻《程氏贻范集》《云峰胡先生文集》等，凡 8 种书。

黄文迪 疑潭渡或虬村 22 世外迁刻工。明弘治间与虬村黄文敬、仇以寿等同刻《新安文献志》《徽州府志》等，凡 5 种书。

黄永昷 疑潭渡或虬村 23 世外迁刻工。明弘治间与虬村黄文汉、仇以寿等同刻《徽州府志》等，凡 2 种书。

黄永富 疑潭渡或虬村 23 世外迁刻工。明嘉靖间与虬村黄文敬等同刻《天原发微》5 卷。

黄（永）炅 明弘治间与虬村 23 世刻工永昺等合刻《徽州府志》12 卷。疑永炅之略署，若然则为虬村 23 世刻工。

黄（仕）璨 疑潭渡或虬村 24 世外迁刻工。明嘉靖初与虬村黄仕球等同刻《前汉书》《后汉书》。

黄（仕）琡 疑潭渡或虬村 24 世外迁刻工。明嘉靖间与虬村黄仕琇等同刻《皇明名臣经济录》。

黄（仕）珽 疑潭渡或虬村 24 世外迁刻工。明嘉靖间与虬村黄仕珀等同刻《休宁县志》。

黄（仕）璜 疑潭渡或虬村 24 世外迁刻工。明嘉靖间与虬村黄仕珀等同刻《张氏统宗谱》。

黄（仕）瑢 疑潭渡或虬村 24 世外迁刻工。明嘉靖初与虬村黄仕瑾等同刻南监本《前汉书》《后汉书》。

黄铁 疑潭渡或虬村 25 世外迁刻工。明嘉靖间与虬村黄锃等同刻《筹海图编》，参加此书刊刻的又有黄邦用、黄夫等，并疑潭渡或虬村外迁刻工。

黄铜 疑潭渡或虬村 25 世外迁刻工。明嘉靖间与虬村黄锋等同刻《徽州府志》。

黄鋘 疑潭渡或虬村 25 世外迁刻工。明嘉靖间与虬村黄锡等同刻《徽郡诗》。

黄釜 疑潭渡或虬村 25 世外迁刻工。明隆庆初与黄明等同刻《文苑英华》，万历间与虬村黄镀等同刻《秦汉文选》。

黄镇 疑潭渡或虬村 25 世外迁刻工。明万历初与虬村黄镀等同刻《同文千字文》。

黄锎、黄镥 疑潭渡或虬村 25 世外迁刻工。明嘉靖末与虬村黄锋等同刻《徽州府志》。

黄尚汶、尚信、尚松 疑潭渡或虬村 26 世外迁刻工。明嘉靖末与虬村黄锋等同刻《徽州府志》。

黄尚清 疑潭渡或虬村 26 世外迁刻工。明嘉靖间独刻《祇役纪略》。

黄德进 疑潭渡或虬村 26 世外迁刻工。明万历间与虬村黄德懋等同刻《书言故事大全》等，凡 3 种书。

黄德卿 疑潭渡或虬村 26 世外迁刻工。明万历间独刻《梅史》《古一授儿经》。

黄应潮 疑潭渡或虬村 26 世外迁刻工。明万历末独刻《朱文公语录类要述》《典籍便览》。

黄守信 疑潭渡或虬村 26 世外迁刻工。明万历间与虬村黄德懋等同刻《方氏墨谱》。署名冠"歙县"。

黄尚中 疑潭渡或虬村 26 世外迁刻工。明万历间独刻《西湖志摘粹补遗奚囊便览》。

黄国卿、黄国岳、黄华 明万历间与虬村黄尚涧、黄尚润等同刻"汉魏丛书"38 种 250 卷。谱载虬村 25 世黄铨长子黄国华，一名应华。据此推知国卿似为应卿，国岳以似为应岳，而黄华似为黄应华之略署。并为虬村 26 世刻工。

黄汝贞、黄汝哲、黄汝信 明万历间与虬村黄尚涧、黄尚润等同刻"汉魏丛书"38 种 250 卷。谱载虬村 26 世黄应河字汝登，应對字汝净，应徽字汝美，应绅字汝仕，应乾字汝健，据此推知此三人亦当虬村黄氏 26 世应字辈外迁刻工。

黄国忠 明万历间与虬村黄铤等同刻《周礼述注》8 卷，与黄锟、黄德时等同刻《孔子家语》10 卷。疑虬村 26 世刻工黄应忠之别署，外迁刻工。

黄翔甫 明万历间与虬村 26 世黄德修等同刻《牡丹亭》等 3 书。周芜先生以为翔甫乃黄姓 27 世一凤之号。

黄一调 疑潭渡或虬村黄氏 27 世外迁刻工。明万历初与黄五、黄六等同刻《见素文集》《方简肃公文集》等 4 种书。

黄一金 疑潭渡或虬村 27 世刻工。明万历间与 26 世黄应封、黄应巍合刻《仰山乘》。

黄诚之 明万历间刻《忠义水浒传》100 回，明末刻《三国志》，清初又刻《水浒传》100 回。周芜先生谓即虬村黄氏 27 世黄一遂（字成之）。一遂生明崇祯五年（1632），《水浒传》为明万历时所刻。此与其行年不合，俟考。

黄利中（1652~1738） 虬村28世刻工。字义先。《虬谱》载：德新孙，一淮三子。力田之暇习镌刻。初刊童蒙书，边刻边售，后无所不刻，并因以致富，好义举。所刻书待考。

黄启梓（1741~1824） 字敬斯。利中孙。师淳四子。虬村30世刻工。谱谓少游浙西，稍长回里，习镌刻，谱传作卒道光四年（1824），谱表作卒道光元年（1821）。

黄国印（1730~1778） 字吏章。

黄国昭（1739~1818） 字光远。

黄国怡（1746~1787） 字悦庭。

黄国传（1749~1813） 字御宣。

黄国敦（1751~1807） 字与周。以上五人均为虬村31世刻工。启高之子。谱谓皆世父业，然未见刻书传本。

黄国熙（1779~?） 字学光。启梓子。虬村31世刻工。谱谓能世父业，然今未见刻书传本。

黄组、锋信 明弘治间同刻《新语》2卷。

黄道济 疑潭渡或虬村外迁刻工。刻书又署黄道、黄齐。明弘治间与虬村23世刻工黄永昇、永昌等同刻《竹洲文集》。

黄柱（1557~?） 字子立，号碧峰。善音律，工梓刻。潭渡黄氏刻工。见《潭谱》卷7《艺事》。惜所刻书今未见。

黄绶 字廷重，号畏庵。潭渡黄氏刻工。早年为竞刀锥逐什利之人，从事刻书业，后弃贾为儒。见《潭谱》卷7《理学》。惜所刻书今未见。

黄仁 疑潭渡或虬村外迁刻工。明正德间与虬村23世刻工黄永早、永晨等同刻《泗水余氏会通世谱》等4书。

黄化、黄爵、黄用、黄廷和、黄时重 疑潭渡或虬村外迁刻工。明嘉靖间与虬村24世刻工黄仕珦等同刻《六臣注文选》60卷等书。

黄魁 疑潭渡或虬村外迁刻工。明嘉靖二十七年（1548）与虬村24世刻工黄仕瑾、仕瑜等同刻《休宁县志》，显然其与虬村25世黄锴（字子魁，生1554年）、26世黄应魁（生1570年）并无关联。

黄沛 疑潭渡或虬村外迁刻工。明嘉靖间与虬村25世刻工黄钿等同刻《东川刘文简公集》等2书。

黄震 疑潭渡或虬村外迁刻工。明嘉靖初与虬村24世刻工黄仕瑾、25世黄铣等同刻《前汉书》。

黄安、黄春、黄贤、黄亨、黄乃、黄文 明隆庆初与黄明、黄釜等同刻《文苑英华》1000卷。

黄子序 疑潭渡或虬村外迁刻工。明隆庆初与虬村25世刻工黄铛、黄钱同刻《汪氏统宗正脉》。

黄友仁 疑潭渡或虬村外迁刻工。明万历间与虬村26世刻工黄应淳等同刻《文章又玄》，与黄干等同刻《何大复先生集》。

黄五 潭渡或虬村外迁刻工。明万历初与虬村27世刻工黄一调同刻《方简肃公文集》。谱载26世黄应科之子有三安、四安者，均迁杭州。

黄六 疑潭渡或虬村外迁刻工。明万历初与虬村27世刻工黄一调同刻《见素文集》。

黄明 疑潭渡或虬村黄氏外迁刻工。明嘉靖、万历间在北京、福建、江苏、浙江等地刻书，合刻者有虬村27世刻工黄一调，以及黄朝、黄干及黄里等，所刻书有《诗经正义》等11书。谱载虬村26世有黄应明者迁北京。

黄干、黄朝、黄里、黄翰、黄述 明万历间合刻南监本《史记》。其情况大体类黄明。谱载虬村24世有黄理者，其与黄里是否一人，俟考。其余刻工情况类此。

黄仲元 疑潭渡或虬村外迁刻工。明嘉靖、万历间曾与虬村25世黄镀、黄锋等同刻《徽郡诗》《坛经》《徽州府志》等。

黄冬寿 明嘉靖间与虬村25世刻工黄镀、黄锋等同刻《徽州府志》。疑潭渡或虬村外迁刻工。

黄仲文 疑潭渡或虬村外迁刻工。明万历初除与虬村25世刻工黄铤、黄铄等在徽州合刻《周礼述注》外，更多的是在浙江、江西刻书。所刻之书今知有6部。

黄池 疑潭渡或虬村外迁刻工。明万历间与虬村25世刻工黄镀、黄铉等同刻《同文千字文》、"汉魏丛书"，独刻《史记拔奇》。

黄万拙 疑潭渡或虬村外迁刻工。明万历初与虬村26世刻工黄尚涧、尚澜等同刻《九华山志》。

黄三老 明万历末年与虬村26世刻工黄德修等同刻《歙志》。周芜先生谓或为虬村26世刻工黄应科之长子黄三安之别署。

黄三茂、黄光、黄勉 潭渡或虬村外迁刻工。明万历间与黄一调及福建刻工合刻《诗家全体》。

黄茂实　疑潭渡或虬村外迁刻工。明万历末年与虬村 26 世刻工黄应彬、应渭等同刻《金栗斋先生文集》。

黄道祥、黄禄　明万历间与黄文以及江西刻工同刻《尔雅注疏》。谱载虬村 26 世有黄天祥者，道祥或其兄弟辈。

黄俊　明万历间与虬村 26 世刻工黄尚澜等同刻《大戴礼记》。疑潭渡或虬村外迁刻工。

黄邦用、黄夫　疑潭渡或虬村外迁刻工。明嘉靖末与虬村 25 世黄铄、黄钺等同刻《筹海图编》。

黄惟泰　清嘉庆间刻《鸿雪斋题画小品》。

黄汝清　明万历间与虬村 25 世黄锴等同刻《西厢记》《金华府志》等凡 6 书。其署名有冠"歙县黄汝清"者。

黄社武　明万历初与虬村 25 世黄锴等同刻《坛经》。

黄光宇　明万历间与虬村 26 世刻工黄应淳等同刻《闺范》，与黄一调等同刻《诗家全体》，天启时又刻《万壑清音》插图。

黄河清　明万历间与虬村 26 世刻工黄应瑞等同刻《女范编》。

黄新之　明万历间与虬村 26 世刻工黄应彬等同刻《荪堂集》。

黄玄立　明万历间刻新安程百二辑"程氏丛刊"本《云林石谱》。

黄礼卿　明万历间与虬村 26 世刻工黄应光等同刻《元曲选》。

黄子光　明万历间刻《頖宫礼乐疏》，名前冠署"歙邑"。

黄庭芳　明万历间与虬村 26 世刻工黄德修、27 世黄一凤等同刻"古杂剧"。

黄子信、黄五中　明万历间与虬村 25 世刻工黄囗、26 世刻工黄德宠等同刻"汉魏丛书"。

黄世忠　明万历间刻《歙西岩镇百忍程氏本宗信谱》。

黄元则、黄伯奇　明万历间与虬村 26 世刻工黄应淳等同刻《闺范》。

黄升士　明天启间刻《休宁县赋役官解条议全书》。

黄长吉　明崇祯间绘并刻《天下名山图记》署名前冠"新安"。

黄真如　明崇祯间刻《盛明杂剧》2 集。署名前冠"古歙"。

黄文五、黄文六、黄文九　明嘉靖间与虬村 24 世刻工黄瑞合刻《稽古录》。

黄士衡　明末与黄诚之合刻《遗香堂绘像三国志》。署名前冠"新安"。

黄瀚如　清乾隆间刻《琴音记续编》。

黄仰文、黄仰朱　清乾隆间合刻《礼笺》。

黄以孚、黄有绪、黄正之　清康熙间合刻《程氏人物志》。

黄君锡、黄先培、黄廷森　清嘉庆间与虬村32世刻工黄鼎熙、黄廷槐等同刻《西陲总统事略》。

黄云谷、黄有章　清道光间与婺源游希大、游际唐等合刻《婺源县志》。云谷各前冠"歙邑"。

黄华之　清道光间独刻《黄山纪游》1卷。

（载《出版史研究》第六辑，1998年2月中国书籍出版社出版）

漫谈古书的刻工

在中国古代，一部书稿杀青付梓而成雕版印本，需要经过多道工序：书工依设计好的版式将文字缮写于纸而成版样；刻工将版样扣于木板，持刀刻字而成印版（阳文反字）；印工将纸覆于印版刷印而成印页；装订工将印页合而订之是为雕版印本。这个雕版印书工艺就是雕版印刷术，世人把这门技术的发明权归属我国古代劳动人民，这是公道合理的。

雕版印刷术因简便易于掌握，自隋唐发明以降，绵亘千载，久盛不衰，为世人留下了浩若烟海的图籍。历代刊印的古籍在公库及私家藏书楼中得以保存、流传和利用。然而这些曾经为雕版印刷业的发展，为传播祖国传统文化做出了重要贡献的工匠们却名不见典册，其踪迹也就难觅了。幸好一些雕版刻工在镌版时随手把自己的姓名也刻在了书中，这就成为我们现在赖以掌握的有关刻工情况的第一手资料。

刻工在印本书中有意或无意留下的姓名我们称之为刻工题名资料。匠户出身的刻工社会地位低下，时人未予注意，其事迹不见载籍，偶有记述，大都是只言片语，未道其详。历代文人墨客对印本中的刻工题名资料更是不屑一顾，视而不见，结果在古书版本鉴别上出了问题。这里列举一个实例。厉鹗这位康乾时期著名文人，家富藏书。曾收得一部《史记》残本，存卷九十二至一百一十六，凡25卷。甚是喜爱，赏鉴玩味，于得书之日，在是书《西南夷列传》五十八末信笔写下题识二行，文曰："南宋罗纹纸《史记》残本，得于扬州故家中，可宝也。乾隆二年四月望后一日，樊榭山民厉鹗识。"下钤"厉鹗私印"白文方印。这部残帙无序跋，更无刊刻牌记，可供鉴别的依据是下书口所载的刻工题名。细检下书口，见题李潮、陆先、六（陆）宗华、张敖和周永日等刻工姓名。经过查检，发现这几位刻工并见明嘉靖六年（1527）震泽王延喆恩褒四世之堂翻刻宋本《史记》。王刻《史记》"工始嘉靖乙酉（四年）腊月，迄工于丁亥（六年）之三月"。经比较，这两个本子的行款、字体、版框高广俱合无异。为了进一步确定这几位刻工的活动年代，经查检得知，刻工李潮和张敖在明嘉靖三年（1524）时曾为徐氏刊刻《唐文粹》（此书今北京图书馆藏），李潮、陆宗华和周永日在明嘉靖九年（1530）时曾为南京国子监刊刻《史记》（此书今藏天津图书馆）。由此可见，这几位刻工生活在明嘉靖年间。厉鹗收藏的这个《史记》残本与明嘉靖六年王氏翻刻宋本《史记》是同版印本。明版书在清初时犹如今天见到清版书一样，举手可得，无足轻重。倘若厉鹗作为一名文人和藏书家有一点点古籍刻工方面的知识，也不至于搞成这个样子。然而，厉鹗视书中所载刻工而无睹，将普通一部明版残本定为南宋本而宝之，铸成大误，可谓智者一失是也。

有鉴于此，民国以来学人开始认识到刻工题名资料的实用价值，并利用刻工对古书版本进行鉴定，纠正了前人在古书版本鉴定方面存在的错误，取得了不小成绩。实践证明，利用刻工题名资料鉴别古书版本是一种行之有效且比较科学的方法，这个观点逐渐被同仁接受，并形成了一股风气。利用刻工鉴别版本，主要采取甲本与乙本互证之法，即把有版刻年代的甲本所载刻工作为依据，取与无版刻年代的乙本所载刻工比较，如果甲乙两本有几位刻工题名相同，那么一般便可判定乙本的版刻年代略等同于甲本的版刻年代。同时对甲乙两本的其他方面，诸如行款、字体、讳字、印纸及所载内容等进行比较。利用刻工鉴别版本时还应当注意刻工同姓同名、流动外迁、印版补修及影刻印本等问题。经过综合考察，搞清一部古书的版本是可以的。这类例子，藏书家大都能列出一二。此不叨述。

利用刻工题名来鉴别版本，最重要的是选择一个能够充当甲本的版本。甲本的版本应当具备两个条件：一是与待定版本的乙本有相同的刻工，二是有明确的版刻年代。如果刻工题名前冠加籍贯，那么还可以作为判定一书版刻地点的参考依据。从现在所知宋元刻工题名资料来看，最有充当甲本价值的是宋元雕造的《大藏经》。一部《大藏经》的雕印，往往集一个地区雕版良工于一帙，人数一般在五六百位，题名时多冠籍贯，而且单经之后附载刊版年代。笔者曾将宋元刊《碛砂藏经》（影印本）所载刻工及书工逐一摘录下来，共得刻工及书工660余位，经稍加排比后，利用起来甚感方便。现存原版宋刊《大藏经》借阅不便，倘若典守者有志于此，分别将所藏《大藏经》（或零本）所载刻工摘录下来，通力合作，编成一个单经刊载刻工，刻工刊刻单经的《刻工表》，无疑将具有极高的实用价值和史料价值。

刻工乃一介匠氏，以雕版刻书业谋生，从业时间一般在二三十年。个别长寿刻工在耄耋之年仍在执刀刻字，清代雕版良工穆大展是一位代表人物。他73岁时刊刻成《两汉策要》一书，题署"玩松山人穆大展时年七十有三刻"及"玩松子穆大展时年七十有三钩刻"，此书刊于清乾隆六十（1795）年。在此以前，曾于乾隆三十二年（1767）刻《昭代词选》，于乾隆四十一年（1776）刊刻《金刚经》，又于嘉庆七年（1802）刻《关圣帝君圣迹图》，笔者见到的这几种刻本俱刊印精工，书中题名"金陵穆大展刻字""玩松子穆大展刻""玩松穆氏局刻"等。近因编写现代著名藏书家周叔弢先生藏书年谱，从原天津古籍书店经理张振铎先生那里得到弢翁早年抄示张先生的一则穆大展传略资料，未见时人提及，今录下："穆近文字大展，一字孔成，金陵人，元和籍，诸生。少游沈德潜归愚之门，工诗古文，精鉴别，多蓄三代秦汉钟鼎彝器，擅篆刻，而碑版尤精。尝获晋右军将军王夫人墓志于吴门，影刊行世，几于乱真。设肆自给，躬任剞劂，所刻书校写精审，名与汲古阁埒。穆氏生于康熙六十年，卒于嘉庆十七年，享年九十一岁。子廷梅，字君度，能世其业。吾友黄公渚藏《摄山玩松图》，是穆大展五十六岁时娄东星山灿为穆氏所绘，题咏者八十一人。"毛氏汲古阁雇刻工刊书，自己并不执刀刻字，而穆氏躬自剞劂，设肆经营，这是两者不同之处。在清代嘉庆以后的刻本中，刻工题名出现了某某"局"刻款式，上举穆氏题名外，诸如刻工汤晋苑于咸丰二年（1852）刻《仪礼正义》时署"苏州汤晋苑局刻"，刻工毛上珍在光绪间刻《风世韵语》时题"吴郡毛上珍局刻印"等。盖"局"与"肆"相类，设肆刻书，自任刊工，此又一类刻工是也。

刻工从事雕版业的组织形式是多样的。宋元时期，书版文字崇尚颜、欧、柳，精雕细镂，费时费工，需众工合作为之，反映在宋元传本中，在下书口处可见一书多载数位刻工。到了明清时，社会对图书的需求量增大，为了适应这个形势，刻刀得以改进，技艺更加纯熟，并出现了一种横轻直重易于刊刻的仿宋体字，这样往往一人就能承担一部书版的刊刻工作。反映在明清印本中，有时在卷一首页下口处，在卷首目录之后，在卷尾跋文之后可以检到一位刻工题名。刻工刻书除异姓合作外，同姓同族合作也是较为常见的一种组织形式。其中尤以徽州歙邑仇村黄姓刻工名气最大，成就最高。黄姓刻工与其他刻工不同之处还在于他们的生卒名号、长辈子嗣及事迹等资料被完整地保存在一部《虬川黄氏重修宗谱》中，这是目前所知记载雕版刻工情况的最为翔实的史籍。笔者于1996年冬在北京图书馆分馆借阅是谱，得睹真容，倍感亲切。此谱共四册，大开本。首载朱文翰序，称"今黄子开簇复承祖父（康熙己卯师浩公又为重编）遗志，增修复梓"云云，得知是谱由黄氏三十三世开簇刊印，时间是清道光十年（1830）。书中钤"仕珣公（二十四世，生正德四年即1509年，卒万历十五年即1587年，享年78岁）支下领谱，地字号"。书品34厘米×22.4厘米，版框25.8厘米×18厘米。谱中所载黄氏男丁始二十一世积善，终三十五世立功，共计1087人。其中二十一至二十七世历明洪武至明末年间，二十八至三十五世历明末清初以至道光八年止。其中参加刻书者，以今见有传本为限，共计212人，占已知黄姓男丁总人数的五分之一。这部《宗谱》传本甚稀，见者不多。有的学者曾据此编写有关论著，但讹误甚夥，不便引用。为了深入研究黄姓刻工，有必要将是谱影印出版，供大家利用。

黄姓刻工从业时活动范围较小，一般不出周围地区。与黄姓刻工相反，一些散户刻工身怀技艺，受雇于人，远走他乡，到外地刻书，甚至更有到国外刻书者。据日人义堂《空华日工集》"应安三年九月二十三日条"记载："唐人刮字工陈孟千、陈伯寿二人来，福州南台桥人也。丁未年（日本贞治六年，1367年，元代至正二十七年）七月到岸。大元失国，今皇帝改国为大明。"文中所称"唐人刮字工"，即指中国雕版刻工。这是最早记载中国刻工赴日本从事刻书工作的史料。据传本考知，当时在陈孟千、陈伯寿来日本之前后，有相当数量的刻工也来到日本刻书，如陈孟荣、陈尧及长有等。其中刻书传本最多、影响最大、成就最著者，当首推俞良甫。这位俞姓刻工家住福建莆田县仁德里，身怀雕版技艺，携带部分藏书，来到日本刻书，与清代穆大展相类，经营雕版业，并躬任剞劂。据传本考知，他刻的最早的一部书是与刻工彦明合刻的《月江和尚语录》，时在应安三年（1370年，明代洪武三年），他刻的最后一部书是在应永二年（1395年，明代洪武二十八年）刊刻的《般若心经疏》。据此推算，良甫抵达日本的时间下限是洪武三年（1370），在日本从事刻书时间不少于26年。其刊刻之书今有传本者凡13部。良甫刻书以精审名世，在日本书志学上被誉为"俞良甫版"。中国雕版刻工于元亡明兴之际，无论出于什么动机，促进交往抑或逃避战乱，东渡扶桑，在日本继续从事刻书业，为中华文化在日本的传播，为日本刻书业的发展做出了贡献。从中国各级图书馆里庋藏的3000种日本翻刻汉籍——和刻本来看，除于正文某些字词施以日文训点外，绝大多数和刻本与中国古籍版式字体、刊书风格并无两样。由此观之，这与中国刻工直接参与日本刻书活动不无关系，中国雕版刻工在古代中日民间交往史上写下了有价值的一页。

（载《藏书家》1999年第一辑，1999年4月齐鲁书社出版）

清版刻工知见录

雕版印刷图书,创始于隋唐时期,递经千年发展,到了清朝初叶,无论镌版工具或工艺,无论刊印数量或质量都达到了空前程度,雕版技艺炉火纯青。康乾写刻体,圆润俊秀,风格独特,代表了清代版刻的最高水准。康乾盛世,国学繁荣,校勘经文,裒辑佚书,纂修《四库》,编印方志,硕果累累;道咸以还,西学东渐,传经布道,成就不凡。在此背景下,图书印刷业得以全面发展。官、私、坊三家各兢所能,刊版印书。官、私两家俱以财力取胜,倩诸良工,精雕细镂,所刻多为精品。凡印版下口题署众工姓名,或目录后、卷终最末一行左下角题署"籍贯、姓名及刊刻方式(刊、刻、镌、锓)"一行文字者,多属官、私两家印本;书坊一家则以快捷取胜,坊主多为镌版高手,悉依横轻直重单一模式剞劂文字,不消多日,印版既成,刊行之书,遍及市井村野。为招揽生意,每于卷首卷末某处题署"某地、某巷、某人、某店刻"一行文字,纸劣字拙,是为坊本。

辑录本文,旨在向同道提供清版刻工资料及查检线索,以供鉴别版本之资并免躬亲之劳,若有可采之处,则不胜欣慰。

每种印本列为一条。每条着录序号、书名卷数、版本及刻工(兼录书工)四项。

清版刻工知见录

序号项:一书一号,始1终600,录书600种。以天津图书馆藏书为主,约占七成;兼采各家著录,约占三成,限于篇幅,均不注出处。诸书顺序依汉语拼音排列。

书名项:每条当中,凡有诗集、文集或初编、二编并列题名者,限于篇幅,只录诗集或初编,略去后者。

版本项:一般依各家原题著录。

刻工项:收录一书所载全部刻工,一般依原题照录,单姓、单名不录。

1.《欸乃书屋诗集》2卷　光绪二十一年天津蝶园刻本　武林任有容齐刻

2.《爱吾庐题跋》1卷　光绪五年刻本　金笔轩刻

3.《安睦集》2卷　嘉庆间刻本　维扬砖街青莲巷柏华升董刊

4.《安阳集》50卷　康熙五十六年昆山徐氏刻乾隆五年补刻印本　君升、元臣、尔玉、育之、端瑞、子林、尔仁、德升、玉臣、永和、元章、永玉、尔熊、臣源、文英、明相、永裕、君兆、成之、延公

5.《白茅堂集》46卷　乾隆二十年刻本　江右羊俊侯镌

6.《白田草堂存稿》24卷　乾隆十七年刻本　山阴后学邱敦美写

7.《白岳凝烟》40幅图　康熙五十三年刻本　刘功臣刻、吴镕绘

8.《白云洞志》5卷　光绪十三年刻本　沙头陈英元承刊

9.《百将图传》2卷　同治八年金陵书局刻本　乌程陆昀绘、金陵陈振海刻

10.《百宋一廛赋注》1卷　嘉庆十年黄氏士礼居刻本　夏天培刊

11.《百一草堂集唐初刻》2卷　乾隆间刻本　山阴弟陆振宗写

12.《百一山房诗集》12卷　嘉庆二十一年刻本　吴郡周健宁镌

13.《般若波罗蜜多心经》4卷　道光二十六年刻本　金陵上元碧山堂刻字馆柏华亮刊

14.《板桥集》6卷　乾隆十四年清晖书屋刻本　郑板桥自书、上元司徒文膏刻

15.《半舫齐编年诗》20卷　乾隆三十六年刻本　维扬汤鸣岐刻

16.《半洲诗集》7卷　咸丰七年刻本　榕城宋泉若、钟鸣同镌

17.《抱冲齐诗集》71卷　道光二十九年刻本　扬州大儒坊碧山堂柏（华亮）刊

18.《抱珠轩诗存》　乾隆间刻本　吴郡李士芳镌

19.《碑版文广例》10卷　道光二十一年刻本　江元文校写

20.《本草纲目》52卷　顺治十二年刻本　武林陆喆写、武林项南洲刊

21.《本草汇言》20卷　顺治二年刻本　萧山庠士汤国华太素绘图、钱塘处士翁立贤恒玉甫勒像

22.《本草述钩元》32卷　道光二十二年刻本　扬州琼花观东顾永泰刊

23.《御制避暑山庄三十六景图诗》　康熙五十一年刻本　梅裕凤

24.《碧琅玕馆诗抄》4卷　同治十三年刻本　武林任有容齐梓

25.《碧杉草堂诗集》19卷　道光五年刻本　汪启贤镂

26.《边华泉集》8卷　康熙四十四年刻嘉庆十年补刻印本　李肇庆摹

27.《兵法集鉴》6卷　咸丰六年刻本　梓人江宁苏德羲刊印

28.《博古叶子》　顺治十五年刻本　陈洪绶绘、黄建中镌

29.《补瓢存稿》6卷　乾隆二十三年南荫书屋刻本　乐圃张玉谷录

30.《蔡中郎集》10卷　咸丰二年杨氏海源阁刻本　金陵柏士达刊

31.《餐花吟馆词抄》4卷　嘉庆二十四年刻本　江宁顾晴崖家仿宋版写刻

32.《岑华居士兰鲸录》8卷　嘉庆十五年刻本　粤工梁西堂刊

33.《禅林宝训》3卷　乾隆十五年刻本　江宁臧廷献刊

34.《昌黎先生集》40卷　同治八年江苏书局刻本　李潮、李清、李泽、李绶、李凤、陆宣、陆奎、陆淮、六华、六先、张敖、章景华

35.《昌黎先生集考异》10卷　康熙四十七年李光地刻本　旌德朱飞涛镌

36.《昌黎先生诗集注》11卷　康熙三十八年顾氏秀野草堂刻本　曾惟圣、缪际生、邓子佩、顾有恒、邓玉宣、邓芃生、张公化、唐元吉

37.《常郡八邑艺文志》12卷　光绪十六年刻本　韩文焕齐镌

38.《长垣县志》16卷　嘉庆十五年刻本　写宋字江宁杨旭、刻字江宁魏行周、邑人李毓鼎

39.《长生殿》2卷　康熙间刻本　鲍闻野摹

40.《称谓录》32卷　光绪元年刻本　杭省下城头巷内贾景文齐刻

41.《诚书》16卷　康熙间刻本　旌邑刘钟甫书镌

42.《瘳樵子》不分卷　光绪间刻本　潮城西府巷王存楼刊

43.《初白巷诗评》3卷　乾隆四十二年涉园观乐堂刻本　族侄玉麟锓字

44.《山带阁注楚辞》6卷　雍正五年蒋氏山带阁刻本　吕殿扬、芮大千、吕殿臣、王亦曾

45.《楚辞述芳》2卷　乾隆六十年刻本　浙湖程邑学前街刘文光齐锓

46.《莼翁类稿》　雍正十年刻本　鲍承勋镌

47.《春秋大事表》50卷　乾隆十三年万卷楼刻本　吴门王堂九成氏书、锡山何允安子氏镌

48.《春晖堂诗存》5卷　同治三年刻本　金陵王森辰锓

49.《岳本春秋经传集解》14卷　乾隆四十八年武英殿仿宋刻本　举人臣金应瑛敬书、举人臣胡钰敬书

50.《春雨楼集》14卷　乾隆间刻本　沈彩写

51.《淳化秘阁法帖考正》12卷　雍正八年诗鼎齐刻本　宛陵刘茂生镌

52.《淳化秘阁法帖考正》10卷　乾隆三十三年冰壶阁刻本　吴兴沈宗骞芥舟书版

53.《御制淳化轩记》　乾隆间刻本　臣穆大展敬镌

54.《虞楼志》8卷　嘉庆十二年刻本　虞山卫峻天刻

55.《词林正韵》3卷　道光元年刻本　阊门外洞泾桥西石屑衖口吴学甫刻

56.《翠螺阁诗稿》4卷　咸丰四年刻本　武林倪延兰香谷董刊并书、武林任有容齐重刊

57.《大悲咒注像》1卷　道光二十六年刻本　金陵碧山堂柏华亮书并雕

58.《大乘起信论裂纲疏》6卷　同治间刻本　金陵书局甘国有镌板

59.《大佛顶首楞严经》10卷　道光十二年刻本　菩萨苾刍祖定书、金陵吴学圃刻

60.《大广益会玉篇》　康熙四十三年刻本　胜之、秦显、秦晖、高昇、徐佐、金滋、方坚、魏奇、朱玩、严智、刘昭、宋琚、曹荣、方至、吴益、吴志、吴椿、张谦、张荣、陈寿、陈晃、何滋、何澄、王玩、李倚、李倍、沈思忠、沈思恭

61.《大鹤山房丛书》　光绪三十年刻本　金陵穆子美刻字

62.《大慧普觉禅师住径山能仁禅院语录》30卷　康熙五年刻本　秣陵张邦丞、邓光炳、朱士登、张国佐刊，仁和陶仁书

63.《大六壬大全》30卷　康熙四十三年刻本　怀庆阳衙

64.《大愚集》27卷　康熙四年刻本　金阊王允明梓

65.《带经堂诗话》30卷　乾隆二十五年刻本　嘉兴戴延章、金陵王安政同录、绍兴李洪德摹镌

66.《待辖集》　光绪三十年刻本　苏省许培之摹刻

67.《澹静斋文抄》6卷　道光六年刻本　榕城李邦栋镌字

68.《澹堪诗》1卷　光绪元年刻本　董寿萱刊、黎玉山刊、刘少刊、祁世昌刊、许月明刊、张恒春刊

69.《澹仙诗抄》4卷　嘉庆二年刻本　金陵杜新甫刻

70.《憺园集》36卷　康熙三十六年刻本　臣甫、德先、邝文、邝顺、邝臣、邝格、邝生、达三、伦采、顾洪、甘典、甘明、公化、汉英、九上、君侯、洪甫、齐卿、钦明、士玉、世明、世维、谦公、纫臣、颖涵、宪生、祥卿、维伯、志行、周

生、子佩、子珍、子重、子英

71.《德国学校论略》2卷　光绪二十三年刻本　黄冈陶舫溪承刊

72.《邓石如篆书》　光绪十一年刻本　宁波蒋瑞堂刊

73.《地藏菩萨本愿经开蒙》3卷　雍正元年刻本　寄北京前门外琉璃厂东门统子胡同坐铺江南弟子王治先沐手刊字

74.《第六才子书》8卷　清初刻本　项仲华刊南洲

75.《第七才子书》6卷　乾隆三十二年刻本　郑炳元刊

76.《蝶庵诗抄》4卷　同治间刻本　金陵洪万盈刊

77.《东皋诗存》48卷　嘉庆八年汪氏文园刻本　江宁顾晴崖、刘文楷锓版

78.《东离中正》1卷　光绪间刻本　邢文毓刻

79.《东里生烬余集》3卷　嘉庆二十五年刻本　武林爱日轩陆贞一仿宋书并董刊

80.《东坡七集》　光绪宣统间刻本　黄冈陶子麟刊

81.《冬花庵烬稿》3卷　嘉庆十年刻本　武林爱日轩陆贞一监锓

82.《冬心先生画竹题记》　乾隆间刻本　金陵汤凰仿宋本字画录写、杜尔儒刻

83.《冬心先生集》4卷　雍正间刻本　吴郡邓弘文仿宋本字画录写

84.《董立方遗书》16卷　同治八年刻本　四川省城内大科甲巷会元堂杨爱亭刊

85.《独断》1卷　乾隆五十五年卢文弨抱经堂刻本　江宁刘文奎、（刘文）楷锓字

86.《读杜心解》6卷　雍正十三年刻本　张俊亭写

87.《读礼通考》120卷　康熙三十五年刻本　齐卿、世维、子重、金玉、子佩、子珍、甘典、钦明、邓茂卿、金佩卿、柏公臣、世明、唐元、伦采

88.《读诗传讹》30卷　嘉庆二十年韩氏木存斋刻本　江宁刘文奎锓

89.《读史提要录》12卷　乾隆三十七年刻本　广陵汤鸣岐锓

90.《杜韩诗句集韵》8卷　康熙四十五年汪氏古香楼刻本　张玉、兆周、一印、允武、志生、张仲、允文、臣甫、李之、玉禾

91.《杜诗阐》33卷　康熙间刘氏听玉堂刻本　马均梁梓

92.《绘图度世金绳》4卷　光绪二十四年刻本　金陵府东街王德源刻字印刷铺

93.《段氏说文注订》8卷　道光四年刻本　吴郡阊门外洞泾桥西首青霞斋吴学圃局刻

94.《敦艮斋遗书》17卷　道光间刻本　福省宋钟鸣锓字

95.《敦拙堂诗集》13卷　乾隆六十年刻本　江宁顾晴崖局刻

96.《蛾术编》82卷　道光二十一年刻本　沈楸 德世楷堂刊

97.《而庵说唐诗》　康熙间刻本　旌德刘永日刊

98.《尔雅》3卷　嘉庆六年鲁□影刻本　秣陵陶士立临字、钱塘姚之麟摹、当涂彭万程刻

99.《尔雅》3卷　嘉庆十一年顾氏思适斋刻本　刘文楷刻、彭万程刻

100.《尔雅义疏》20卷　同治四年刻本　历邑中和堂鲍连元手刊

101.《尔雅正义》20卷　乾隆五十三年刻本　琉璃厂西门内金陵文炳斋刘德义镌刻

102.《二百兰亭斋古印考藏》6卷　同治三年刻本　乌程沈锡堂仿宋、武林李星垣刻字

103.《法华演义》7卷　同治六年刻本　卢文寿斋、张录古

104.《樊南文集补编》12卷　同治五年刻本　金陵柏继伦镌

105.《樊榭山房文集》8卷　嘉庆年间刻本　飓锦斋田翠含

106.《泛槎图》6卷　嘉道年间刻本　羊城尚古斋张太占刻、金陵刘文楷刻

107.《方氏左传评点》2卷　光绪十九年刻本　丹阳洪竹亭缮刊

108.《方望溪先生经说》8卷　乾隆间刻本　吴省南、吴宏仁、王景桓、岐南

109.《方雪斋诗集》6卷　嘉庆十五年刻本　雕藻斋吴德明刊刻

110.《方言》13卷　清末影宋刻本　湖北黄冈陶子麟刊

111.《芳茂山人诗录》10卷　光绪十年吴县朱氏槐卢家塾刻本　江宁刘文模锓

112.《封氏闻见记》10卷　乾隆五十七年刻本　江宁刘文奎锓

113.《风世韵语》　光绪间刻本　吴郡毛上珍局刻

114.《佛说四分戒本》1卷　光绪间刻本　张瑞亭刷印

115.《抚吴草》4卷　道光八年刻本　吴仪刻字

116.《复古编》2卷　光绪八年淮南书局刻本　陈顺、陈生、陈广、陈元、杨永、朱同、万松、严华、孙佩、仲奇、卞武、程和、祁三、蔡淦、任三、任二、程生、程树、焦二、严福、沈占、朱正、魏三、林甫、沈三、朱方、张杏、钱兆、唐文、李云、周太、洪章、丁山、王必、蒋安、陈玉、王术、吴受、朱芳、柏升、景高

117.《复见心斋诗草》6卷　光绪四年刻本　福州吴玉田镌字

118.《复唐诗》4卷　光绪间刻本　三山剞劂氏吴玉田

119.《妇婴至宝》 道光十一年刻本 越城徐谟记刻字店刊

120.《妇婴至宝》 同治五年刻本 杭州小井巷口（任）有容斋刊

121.《高上玉皇本行集经》3卷 康熙三十六年刻本 铁笔李乔如、李基桂、蒙绍、李参如、表理、李基楠、姚伟

122.《高士传》3卷 咸丰八年王氏养和堂刻本 蔡照初

123.《格言联璧》 光绪十六年刻本 黑桥浜高梅庭刊

124.《葛庄分体诗抄》11卷 康熙五十三年刻本 圣玉、刘云、石书、子文、文云、卯良

125.《耕织图诗》不分卷 康熙间武英殿刻本 朱圭、梅裕凤

126.《公余偶谈》4卷 咸丰五年刻本 东瓯郭博古斋刊刻

127.《龚安节公野古集》3卷 康熙三十四年刻本 廷孝、云锦、云藻、九新、九宾、日煜、日新、云戬、武良、武宽、正基

128.《勾古容三事拾遗》3卷 道光八年刻本 金陵王廷安椠

129.《孤鸿编》4卷 同治十年中正堂刻本 吴门毛上珍子酉山刻印

130.《古夫于亭杂录》 康熙间刻本 林佶写

131.《古欢录》8卷 康熙三十九年刻本 有恒、邓钦明、邓玉、曾生、尔仁、际生、吉生

132.《古今韵会举要》30卷 光绪九年淮南书局重刻本 陈广、陈明、陈加、陈心、陈元、陈玉、陈松山、陈裕、蔡淦、崔长、程高、程生、程和、程喜、曹昌、白有、丁山、丁正、丁玉、卞武、卞升、才元、长太、包石、顾恩、裕升、高春、方太、方生、方全、方文、方介、洪昌、金二、焦昌、江安、江可、江林、李云、李竹、李禾、李牛、刘高、刘庆龙、毛元、陆玉、木云、名有、卜正、卜生、卜牛、祁三、青安、钱才、任山、孙佩、孙正、石生、石云、石介、石玉、石有、沈三、沈兴、唐庚、唐文、田文、田三、太高、万松、魏一、魏三、汪安、汪廷、王玉、王生、王方、王元、王永、王正、王必、王祥、严有、于步、于享、于泉、于太、于有、夏贵、严海、严礼、严福、有礼、有海、袁和、尹生、尹正、尹氏、殷三、张杏、仲奇、周太、周文、周元、兆才、朱奎、朱芳、朱子

133.《古诗笺》32卷 乾隆三十一年芷兰堂刻本 金文达刻

134.《古文辞类纂》75卷 清金陵吴氏刻本 金陵刘文奎、（刘文）楷家镌

135.《古文苑》9卷 嘉庆十四年兰陵孙氏刻岱南阁丛书本 江宁刘文楷、（刘

文）模锓

136.《古韵溯源》8卷　道光十九年刻本　吴门王兰坡刻

137.《古籀拾遗》3卷　光绪十六年刻本　永嘉戴钟毓刻字

138.《故唐律述议》30卷　嘉庆十二年影刻元本　江宁刘文奎、弟文楷、文模锓

139.《关圣帝君圣迹图志全集》4卷　嘉庆七年苏郡全晋会馆刻本　吴门穆大展局锓、吴门（穆）君度锓

140.《观妙斋藏金石文考略》16卷　雍正七年刻本　嘉禾钟仁山刻

141.《管子地员篇注》4卷　光绪间刻本　晋介胡琴舫经理刊刻

142.《广舆图》2卷　嘉庆四年南城章学濂刻本　王佃、王登、王良勇、辛秉中、赵锦、刘文禄、纪汝卿、夏子折、陈三策、马增、陈爽、查仲孝

143.《广韵》5卷　康熙六年符山堂刻本　旌德刘子英刊

144.《重修广韵》5卷　康熙四十三年泽存堂刻本　吴梓、颜彦、陆迅、何典、吴澄

145.《归震川先生全稿》　康熙间刻本　刘国英、汤复旦、吕上节、王公尚、程盛甫、赵太征、汤梅先、程文开、刘首华

146.《国朝松陵诗征》20卷　乾隆三十二年袁氏爱吟斋刻本　剞劂氏王景恒

147.《国语》21卷　嘉庆五年吴门黄氏刊士礼居黄氏丛书本　同邑李福书

148.《国语发音》21卷　道光二十六年汪氏振绮堂刻本　武林富元熙刊

149.《海山存稿》20卷　乾隆五十八年刻本　金陵文炳斋刘德文锓

150.《海叟诗集》4卷　康熙六十一年城书室刻本　康熙再壬寅春日旌邑刘文彬开雕

151.《海愚诗抄》12卷　乾隆五十九年刻本　金陵刘文奎锓字

152.《海源阁书目》　光绪十四年江氏师许室刻本　光绪丁亥正月建霞手录上版、陈履卿刻字

153.《韩非子》20卷　嘉庆二十三年全椒吴氏刻本　江宁刘文奎、子觐宸仲高锓

154.《韩柳二先生年谱》8卷　雍正七年马氏小玲珑山馆刻本　吴郡李士芳锓

155.《韩诗外征》4卷　乾隆六十年刻本　江宁刘文奎锓

156.《韩诗外传标注》10卷　乾隆五十六年营道堂刻本　歙西张秀芳刻字

157.《韩文类谱》5卷　雍正七年仿宋刻本　吴郡李士芳锓

158.《韩子文抄》10卷　乾隆二十一年刻本　浙杭钱塘门外直街汤瑞华锓印装订

159.《汉官仪》3卷　道光四年影刻宋本　扬州穆西堂影刊

160.《汉州志》40卷　嘉庆十七年刻本　刊刻梓人王文元、何应楷

161.《汗简》3卷　光绪十一年刻本　宁波蒋瑞堂刊

162.《汉隶分韵》7卷　乾隆三十七年刻本　海昌程虞延镌

163.《汉溪书法通解》8卷　乾隆十五年刻本　平湖县东张松年镌

164.《好深湛思室诗存》22卷　同治十二年刻本　武林任有容斋刻

165.《恒星赤道图》　咸丰四年刻本　金陵邵树荣刊

166.《洪范宗经》3卷　道光十五年刻本　京都琉璃厂文德斋刻字铺陈廷林镌刻

167.《红雪山房诗抄》12卷　嘉庆十九年刻本　元和门人陆介眉谨写

168.《壶园诗抄选》6卷　道光二年刻本　北京琉璃厂精华斋邓云阶镌字

169.《胡文忠公遗集》86卷　同治五年刻本　顾悦庭刻印

170.《花王阁剩稿》1卷　嘉庆九年刻本　福省侯官县前施志宝店刻刷

171.《花坞联吟》3卷　嘉庆六年刻本　苏城铁瓶巷有耀斋王凤仪刻

172.《滑疑集》8卷　同治十三年刻本　东瓯郭博古斋刊

173.《华严经音义》2卷　道光八年刻本　金陵顾晴崖家锓

174.《华扬国志》12卷　嘉庆十九年刻本　金陵刘文奎、弟文楷、文模镌

175.《话山先生诗稿》12卷　康熙四十一年志远堂刻本　旌德汤玉侯书、旌德刘立书

176.《怀嵩堂赠言》　康熙间刻本　鲍承勋

177.《淮南万毕述》2卷　光绪间刊观古堂丛书本　零陵艾新五缮刻

178.《淮阳水利图说》　光绪二年淮南书局重刻本　甘泉穆鏊镌字

179.《还读斋诗稿》20卷　道光七年刻本　姑苏护龙街街顾市巷内汤晋苑局刊

180.《幻花庵词抄》8卷　乾隆间刻本　旌邑刘鸣山镌

181.《重广补注黄帝内经》20卷　光绪十年刻本　金陵宋仁甫刊刻

182.《黄帝五书》6卷　光绪间刻槐庐丛书本　江宁刘文模、刘文楷镌

183.《黄山志定本》7卷　康熙十八年刻本　江宁叶彭龄缮写、周长年绣梓、旌德汤能臣、上元柏青芝镌图

184.《徽州府志》18卷　康熙三十八年刻本　黄和卿镌、黄子明镌

185.《回文类聚》4卷　嘉庆十七年刻本　郑炳元镌

186.《鸡峰普济方》30卷　道光八年汪氏艺芸精舍刻本　姑苏阊门外桐泾桥西

吴青霞齐刻字店

187.《吉金所见录》16卷　道光七年刻本　梓人章邱张可安、同子万年、族甥郑明

188.《急救广生集》10卷　嘉庆八年刻本　刻工秀水王驾六

189.《集验良方拔萃》2卷　道光二十一年刻本　苏城中路陶升甫刻印

190.《揖山集》10卷　康熙间三余堂刻本　旌邑张湛卿刻

191.《稽瑞》1卷　光绪十年鲍氏后知不足斋刻本　顶晓

192.《葭溪集》　康熙间刻本　钟仁山梓

193.《嘉善县志》36卷　光绪十九年刻本　松江城内广明桥西顾文善青莲书刊印

194.《家范》10卷　光绪六年解梁书院刻本　澄城刘云岗刻

195.《迦陵先生填词图题词》　乾隆五十九年刻本　方又新刻字

196.《剑侠传》4卷　咸丰间刻本　蔡照初

197.《江南乡试朱卷》　光绪十六年刻本　万安刘朴如写刻、陈履卿刻印、金陵南门大街黄起东刻字老店、池郡城内王文粹堂梓、金陵状元境口教敷营中街高锦文刻刷、如皋穆文秀斋、扬州运司街南圈门口宁德成刻字刷印老铺、苏城毛上珍刻印、黟邑黄藜照斋写刻、吴郡徐元刻印装订、金陵评事人街沈成元刻字印刷铺、何垛场金家墩程文华斋刻印、苏城胥门内道前街臬辕东首李金心芳斋刻字店刊刷、金陵黑廊大街赵正元刻刷铺、泰邑薛郁斋刊印

198.《江苏海塘新志》8卷　光绪十六年刻本　平江黄步云刊刻

199.《蒋石林遗诗》3卷　光绪二十二年刻本　嘉兴北门外薛锦昌刊刷

200.《绛雪山房诗抄》20卷　道光二十八年刻本　榕城陈仁权刊

201.《解春集文抄》12卷　乾隆五十七年卢氏抱经堂刻本　江宁刘文奎、（刘）文楷镌字

202.《戒士文图说》　道光十五年刻本　嘉定县南翔镇东街漱芳斋范绶章刻字店承办

203.《金盖山志略》　嘉庆十四年刻本　吴兴盛川张竹虚付梓计资二十两、秀水旭云陶愉田刷印装订八百部

204.《金刚般若波罗蜜经》2卷　乾隆四十六年刻本　吴门弟子穆大展薰沐敬刻

205.《金刚经集注》4卷　光绪二十年常州天宁寺刻本　闽省蒋绍荃

206.《金粟影庵存稿》13卷　嘉庆二十二年刻本　汉上梅春莘镌

207.《金梁梦月词》2卷　道光九年刻本　杭州爱日轩陆贞一仿宋写并刊

208.《金陵待征录》10卷　光绪二年刻本　金陵南门大街下江考棚口黄起东刊刻

209.《金陵览古》1卷　康熙五年万玉山房刻本　秣陵范翰伯

210.《金陵杂咏》1卷　嘉庆九年刻本　江宁顾晴崖局刻字

211.《金陵朱氏家集》40卷　嘉庆二十年刻本　金陵刘文楷家镌

212.《金石莂》　嘉庆二十三年刻本　云间冯少眉影摹、刊者金陵镏贡

213.《重定金石契》　乾嘉间刻本　京都琉璃厂东门内近文斋王舜长镌，武林爱日轩陆贞一监镌、陈国栋、昌龙、春泉、高怀、何兰田、贺瑞周、金允高、刘玉山、明德、锦章、声远、学伦、纬文、王景、惟言、翼武、俞锦江、俞天文、翁象天、朱汝林、海盐张纯斋刻

214.《金石图说》2卷　光绪二十二年贵池刘氏刻本　扬州抄关苏唱街聚文斋江都李儒懋、孔仪刻

215.《金石文抄》8卷　嘉庆七年刻本　旌德汤美林镌、旌德李允棉镌、旌德汤尹镌、旌德汤聘三镌、旌德汤槐友镌、旌德李友琴镌

216.《金石屑》　光绪三年刻本　新安吴怡生钩、金陵柏继伦镌

217.《金双岩中丞集》　顺治十七年刻本　白下王汉斯

218.《津门征献诗》8卷　光绪十二年刻本　苏城郡庙西首谢文翰斋刻印

219.《泾川丛书》　道光十二年刻本　旌德汤美林镌

220.《经古轩诗韵》8卷　同治六年刻本　旌德汤湘浦、汤瑞庭镌

221.《经史管窥》6卷　嘉庆二十三年读五千卷斋刻本　吴门卫前汪耀明刊刻

222.《经玩八袠》20卷　雍正间刻本　吴门汤士超镌

223.《经义考》300卷　乾隆二十年德州卢氏刻本　臣胡尔荣恭录敬镌

224.《经义杂记》30卷　嘉庆四年臧氏拜经堂刻本　顺德胡垣表、李珩辉写样，冯裕祥、冯萃祥镌字

225.《净土四经》　同治五年刻本　金陵书局甘国有镌板

226.《净土自警录》1卷　同治十一年刻本　虞西百官镇桃园桥韵香斋王国孝刻字铺镌

227.《九成宫醴泉铭》　同治十一年刻本　宜都李宏让刊

228.《昭德先生郡斋读书志》20卷　嘉庆二十四年汪氏艺芸书舍刻本　苏州阊门外洞泾桥西吴青霞斋刊刻刷印

229.《楷法溯源》14卷　光绪三年刻本　宜都李宏让镌刻

230.《考史拾遗》10卷　嘉庆十二年刻本　江宁吴仕达刻

231.《柯家山馆词》3卷　嘉庆间刻本　徐球缮写

232.《可长久室诗存》6卷　咸丰十年刻本　吴郡唐子仙刻

233.《孔子家语》10卷　光绪二十四年刻本　陶子麟锓

234.《狯园志异》16卷　乾隆三十九年歙邑长塘鲍氏刻本　杭州陈立方刻

235.《旷观楼诗存》8卷　光绪六年刻本　如皋金云程镌

236.《葵青居诗录》1卷　光绪间刻本　苏城郡庙西首谢文翰斋刻印

237.《坤皋铁笔》1卷　乾隆二十四年刻本　旌邑刘文莲镌

238.《困学纪闻》20卷　清汪垕桐华书塾刻本　吴兴潘大有刊

239.《括苍金石志》12卷　同治十三年刻本　东瓯博古斋郭焕春熙堂手镌

240.《赖古堂集》　康熙十四年刻本　金陵范翰伯

241.《乐志簃笔记》4卷　光绪二十七年刻本　茸城稽少泉写镌

242.《类编》45卷　康熙四十五年扬州诗局刻本　曾明、公止、尚贤

243.《类音》8卷　雍正年间遂初堂刻本　中山、坤生、吴志、九如、君直、天祥、仁九、天一、之山、顺甫、亮臣

244.《楞严经》10卷　顺治八年刻本　刻字匠人韩永禄、韩永福、韩永太、周进奇、袁凤越

245.《离六堂集》　康熙间刻本　朱圭

246.《离骚图》8卷　顺治二年刻本　汤复绣梓

247.《李氏音鉴》6卷　嘉庆十五年宝善堂刻本　江宁刘文奎家镌字

248.《李义山七律会意》4卷　雍正间刻本　吴郡王素轩录、金陵王兆周镌

249.《李义山诗集》16卷　乾隆五年读书堂刻本　吴郡王煕谷录、德昭、俊公、正明、昱昭、圣传、玉山、省南、开山、殿一

250.《李义山文集》10卷　康熙四十七年刻本　邓玉、仁心、子玉、冰沾、汇成、子升、晋占、芃生、玉章、伦采、大年、子千、奕曾、公一、奕成、上珍、邝采

251.《李忠武公遗书》4卷　光绪十七年刻本　东瓯郭博古斋刊字

252.《礼记》20卷　嘉庆十一年阳城张氏影刻宋本　刘文奎刻字

253.《礼记集解》61卷　咸丰十年刻本　梅师古斋刻字

254.《礼笺》3卷　乾隆五十九年游文斋刻本　黄仰朱镌

255.《礼书通故》　光绪十九年刻本　丹阳孔景泰、洪竹亭缮刻

256.《礼说》14卷　嘉庆二年兰陔书屋刻本　金陵周启友镌

257.《俪选》4卷　道光六年刻本　太平门景德寺周鸣山店镌

258.《历代纪元部表》2卷　乾隆二十年刻本　徽婺源游希大镌

259.《隶法汇纂》10卷　乾隆四十五年刻本　黄开文镌

260.《隶韵》10卷　嘉庆十五年秦恩复刻本　秣陵陶士立慎斋摹

261.《濂亭遗文》5卷　光绪十二年刻本　武昌陶子麟刊

262.《练川名人名画像》4卷　道光三十年刻本　嘉定高潄芳斋刷印

263.《两汉策要》12卷　乾隆五十六年如皋张氏影刻本　玩松山人穆大展时年七十有三刊、吴门近文斋穆氏局刊、玩松子穆大展刻、玩松穆氏局刻、玩松穆大展刊、玩松子穆大展时年七十有三钩刊

264.《两汉纪》50卷　康熙三十五年襄平蒋氏刻本　邓臣、子重、七玉、子珍、子佩、颖涵、刘三吉、志远、甘明、邓卿、洪甫、齐齐、公佩、玉禾、大生、文武、又文、王元

265.《两湖诗抄》12卷　道光二十三年刻本　武陵张六艺梓

266.《列仙酒牌》1卷　咸丰四年刻本　蔡照初

267.《列子》8卷　嘉庆八年江都秦氏石研斋刻本　甘泉吴涟写

268.《临安志》100卷　道光二十二年汪氏振绮堂刻本　杭州爱日轩陆贞一董刊

269.《玲珑山馆丛刻》6种　道光二十九年虞山顾氏汇印本　虞山刘博文镌

270.《凌烟阁功臣图像》　康熙七年刻本　吴郡朱圭镌

271.《刘文清公遗集》17卷　道光六年刻本　杭州爱日轩陆贞一仿宋镌

272.《六半楼诗抄》4卷　光绪十年重刻本　松江肖隆盛刻刷

273.《六书韵征》16卷　道光十九年刻本　吴门王兰坡刻

274.《六艺纲目》2卷　光绪八年汪氏影刻本　苕溪沈锡堂写刊

275.《龙龛手鉴》4卷　乾隆间刻本　张丹鸣刻

276.《龙坞诗集》55卷　顺治十八年王震亨校刻本　荆溪马服之梓

277.《吕氏春秋》26卷　乾隆五十三年镇洋毕氏灵岩山馆刻本　江宁刘文奎镌

278.《吕子评语》42卷　康熙五十五年车氏晚闻轩刻本　金陵顾麟趾梓

279.《吕祖全书宗正》18卷　乾隆间刻本　江宁顾晴崖刻字

280.《绿意词秋屏词续编》　康熙五十二年扬州诗局刻本　朱云章

281.《绿阴山馆吟稿》2卷 同治十一年刻本 福省吴玉田镌字

282.《绿滋馆稿》9卷 清初刻本 谢应科刊、傅春刊、毛世彬刊

283.《鹿洲全集》存11卷 雍正间刻本 冯土、冯秉、罗文、冯会、麦嵩、裕中、冯齐、冯和、麦兴、程广、云龙

284.《陆陈二先生文抄》12卷 同治九年安道书院刻本 苏城陶升甫刻

285.《陆公遗迹》2卷 同治六年刻本 上海道前徐怡卿镌

286.《陆宣公集》22卷 康熙六十一年刻本 吴下程际生刻

287.《陆宣公集》26卷 光绪间湖南书局刻本 陈玉、程和、程高、蔡淦、蔡匀、保山、丁山、丁心、丁同、高兴、高玉、高云、高春、高成、胡厚、景高、景昌、焦昌、焦克、李云、李永、李正、钱之、沈占、卜生、卜玉、唐文、唐庚、万峰、万松、万善、万云、魏山、吴兴、王山、王汝、王云、王同、王成、王善、王必、王正、王心、王高、王升、王臣、王徒、袁和、杨永、汪安、朱正、朱山、朱玉、正云、正六

288.《论语话解》10卷 光绪间广仁堂刻本 董福泰、傅学海、傅全、韩景文、刘桂圃、庞球、王庆有、朱廉、周日新

289.《罗摩别野诗抄》1卷 道光二十四年刻本 黄凤冈写刻

290.《骆宾王文集》10卷 嘉庆二十一年秦氏石研斋刻本 许翰写、杨肇刻

291.《毛诗稽古编》30卷 嘉庆二十年重刻本 江宁周启友、吴永江、邵德甫、张世杏刻

292.《毛诗异义》4卷 道光四年刻本 程德华刻

293.《茅山志》15卷 康熙八年刻本 徐祝三

294.《茅亭客话》10卷 清末刻本 黄冈陶子麟刊

295.《楸花盦诗》2卷 光绪九年刻滂喜斋丛书本 古吴郡庙西首谢文翰斋刻印

296.《梅谷十钟书》 乾隆间刻本 程应寿

297.《梅花喜神谱》2卷 嘉庆十六年影宋刻本 侨吴七十老人魏塘夏天培镌

298.《梅里志》4卷 道光四年刻本 吴门王敬文刊

299.《孟邻堂文抄》16卷 嘉庆二十四年红梅阁刻本 金陵侯瑞隆刻寄籍嘉兴东塔寺前

300.《孟子音义》2卷 光绪十九年刻本 长清纪瑗刻字

301.《孟子赵氏注》14卷 乾隆四十六年刻本 历城张大峰镌字

302.《黾池豚志》3卷　乾隆十一年刻本　江南江宁钟学才字君叙刊刻、江南溧水县范文程字符伟写刻

303.《明州福泉山法海寺志》12卷　康熙二十六年刻本　李若新刊

304.《名医类案》12卷　乾隆三十五年鲍氏知不足斋刻本　仁和陈立方写刻

305.《墨表》4卷　嘉庆间刻本　吴兴沈良玉刻

306.《墨寿阁诗集》4卷　光绪二十七年刻本　苏城郑子兰刻印

307.《南船记》4卷　乾隆六年刻本　江宁黄子俊、李咸怀、吴省南、张廷献刻字

308.《南宋杂事诗》7卷　康熙间刻本　嘉善刘子端手录、武林芹香斋摹镌

309.《宁河县志》16卷　光绪六年刻本　绘图邑人高尔位、镌刻大兴甘钧泰

310.《农书》2卷　清广仁堂刻本　董福泰、傅全、韩景文、刘桂圃、庞珠、王庆有、朱廉、周日新

311.《女四书》　同治间刻本　金陵郑元美

312.《暖红室汇刻传奇》　光绪间刻本　黄冈陶子麟刊

313.《培远堂偶存稿》10卷　清刻本　吴门穆大展局刻

314.《佩文韵篆》6卷　乾隆二十七年闲存斋刻本　杭城白莲花寺庵内周士奇刻

315.《蓬山诗存》3卷　咸丰元年刻本　金陵顾晴崖家镌

316.《片云行草》1卷　道光二十七年刻本　学院前曹广文堂刻

317.《平津馆丛书》　嘉庆间刻本　江宁刘文奎、刘文楷镌，刻字人刘文楷，金陵刘文奎局锓，金陵刘文奎、弟文楷、文模镌

318.《莆阳诗辑》4卷　光绪二十七年刻本　福州王友士刊

319.《七纬》38卷　嘉庆九年小积石山房刻本　北门吴大振刊

320.《增补重订千家诗注解》2卷　嘉庆间刻本　高见山镌

321.《千金宝要》6卷　道光四年刻本　役裥邹凤皋刻

322.《潜庵先生汤斌年谱》1卷　康熙间刻本　金闻刘藻文刻

323.《枪驳算法》8卷　光绪二年刻本　古吴胥门内谢文翰斋镌

324.《切问斋集》16卷　乾隆五十七年晖吉堂刻本　吴门刘万传刻字

325.《切问斋文抄》30卷　乾隆四十年刻本　吴门刘万传局镌

326.《秦楼月》　康熙间刻本　旌德鲍承勋刻

327.《清芬堂集》16卷　嘉庆二十年刻本　金陵杨彩章刻

328.《清凉山志》10卷　乾隆间刻本　淮阴祁丰元镌、台山显通寺成范师书、台邑东罕村武清臣刊刻刷印

329.《清绮轩词选》13卷　乾隆十六年刻本　云间丁鸣和、吴郡金子亮、旌邑刘其章同镌

330.《清献集》20卷　同治九年刻本　陈崇古斋在温州城守前西首便是

331.《清尊集》16卷　道光十九年汪氏振绮堂刻本　武林爱日轩朱兆能刊

332.《秋锦山房诗集》10卷　康熙间刻本　秀水张云上刻

333.《秋苹印草》2卷　嘉庆二十一年刻本　姑苏王敬文镌

334.《秋声馆吟稿》　乾隆四年刻本　乾隆四年六月雕于报恩禅院工张玉成

335.《求古精舍金石图》4卷　嘉庆二十三年陈氏说剑楼刻本　癸酉春日高法写、四明三益斋王槐照抚刻

336.《求是堂全集》6种　道光间歙县胡氏刻本　泾东溪头都漱芳斋汤左之刊

337.《泉史》16卷　道光十四年刻本　邓文进斋刻于淮安旧城

338.《泉漳治法论》1卷　道光三年刻本　三山剞劂氏吴玉田

339.《鹊泉山馆诗词》8卷　光绪间刻本　吴郡郑子兰刊印

340.《增修笺注妙选群英草堂诗余》2卷　光绪末年刻本　陶子麟刊

341.《荛言》2卷　道光间刻本　阊门外桐泾桥西石屑街口吴学圃刊刻

342.《日本金石年表》1卷　光绪十年滂喜斋刻本　古吴黄文治刻印

343.《容甫先生年谱》1卷　清刻本　江宁顾兰台镌

344.《容甫先生遗诗》5卷　道光间刻本　江宁顾兰台镌

345.《宝花钤》16回　康熙间刻本　黄顺吉

346.《三国演义》120回　清刻本　羊城冯云龙镌

347.《三江水利纪略》4卷　乾隆间刻本　吴门穆大展局刻

348.《三李词》3卷　光绪十六年刻本　东瓯郭博古斋刻字

349.《三水小牍》2卷　乾隆五十七年卢氏刊抱经堂丛书本　金陵刘文奎锓字

350.《山东运河备览》12卷　乾隆四十年切问斋刻本　吴门刘万传镌

351.《善住意天子所问经》3卷　光绪六年刻本　常熟刘淑涵刻

352.《张仲景伤寒论辩证广注》14卷　康熙间刻本　吴郡张冲翰如书、吴郡程际生刻

353.《伤寒论条辨》8卷　康熙五十八年铜川陈氏浩然楼刻本　古歙灵山大方

家梓

354.《伤寒总病论》6卷　道光三年刊士礼居黄氏丛书本　同邑施南金书

355.《尚书约旨》6卷　乾隆十八年刻本　宏仁、万传、可允、云升

356.《歙县志》12卷　康熙二十九年刻本　黄松如、黄止如仝梓

357.《歙县志》20卷　乾隆三十六年刻本　虬村黄启高、黄启模同梓

358.《呻吟语》6卷　乾隆五十九年刻本　江宁顾晴崖家刻版

359.《直隶保定府祁州深泽县志》10卷　康熙十四年刻本　吴门梓人邓国至

360.《生香馆诗词》4卷　嘉庆二十四年吴门刻本　长洲许翰屏仿宋书、周宜和董刊

361.《生绡剪》　清初印本　黄子和、叶耀辉

362.《圣论像解》20卷　咸丰六年广州味经堂重刻本　马岗冯学镌堂刊

363.《诗古微》2卷　道光间刻本　吴郡高毅林局镌

364.《诗经广诂》30卷　道光十年刻本　武林任九思刻字

365.《诗礼堂古文》5卷　乾隆间王氏诗礼堂刻本　古郓新刻

366.《诗律武库》15卷　康熙五十四年郑氏桃源山庄刻本　旌邑李又韩镌

367.《师竹轩诗集》4卷　光绪十三年刻本　浙江官书局贾泳笙刻印装订

368.《十五家年谱丛书》　光绪间扬州陈氏刻本　福州吴玉田镌字

369.《石柏山房诗存》8卷　咸丰七年刻本　刻本铺住湖城岳柏亭街林文在堂

370.《石经考》1卷　乾隆间刻本　常熟刘光德刻

371.《石墨镌华》8卷　乾隆十年鲍氏知不足斋刻本　仁和陈立方刻住兴忠巷

372.《石氏乔梓集》2卷　光绪九年刻滂喜斋丛书本　古吴郡庙西首谢文翰斋刻印

373.《拾雅》20卷　嘉庆二十五年刻本　邑人张宝田锓

374.《时病论》8卷　光绪十年刻本　豫章邓灿堂手梓

375.《史记志疑》36卷　乾隆五十二年刻本　仁和陈立方镌

376.《史鉴节要便读》6卷　同治六年刻本　顾悦庭刻印

377.《史韵补注》4卷　同治元年刻本　江宁史相耀镌板

378.《释名疏证》8卷　乾隆五十四年刻本　江宁刘文奎、刘文楷镌字

379.《释名疏证》8卷　光绪九年刻本　苏城中街路六润斋汪少坡刊

380.《适斋居士集》4卷　道光二十二年刻本　金陵柏在中仿宋本字画录刊

381.《示朴斋骈体文》6卷　同治六年刻本　金陵柏继伦镌

382.《瘦东诗抄》10卷　光绪二十三年刻本　南京姜文卿刻本

383.《寿藤斋诗》35卷　嘉庆十三年刻本　江宁周一浩镌

384.《书带草堂诗抄》1卷　嘉庆六年刻本　蓉城翁茂辉镌

385.《书谱》2卷　康熙间安氏刻本　吴门顾嘉颖庭如氏镌

386.《蜀石经残字》　道光六年刻本　江宁顾晴崖家刻

387.《述古堂印谱》8卷　道光十九年刻本　虞山刘博文斋刻

388.《述学内篇》3卷　道光间汪喜孙刻本　江宁刘文奎、子观宸、仲高镌

389.《述学内篇》3卷　同治八年刻本　陈顺、蔡淦、柏以、程高、丁揆、樊林、景堂、胡均、方太、胡淦、穆鏊、穆镕、穆康、胥华、朱元、王利、王永、王荣、于方、谈林、于芳、于有、于海、宋之斌、徐光、吴加、张其、张雨、张天

390.《双藤书屋诗集》12卷　道光元年刻本　雕藻斋吴耀宗刻

391.《水道提纲》28卷　光绪二十年三味书室校刊本　艾玉礼、本孝、达卿、定贵、国祯、国颂、国隆、功甫、逢柏、富圭、夫元、何绍坤、何绍伦、朝圭、朝友、成信、宏明、见能、见伦、见勋、罗崇伦、利元、蒋德顺、蒋逢琨、蒋逢主、蒋哲卿、蒋能寿、建伦、其明、吉月、吉冬、吉元、□勋、邱桂生、彭宏舜、彭亮国、记武、积山、世圭、世名、山一、克仲、克全、克泉、克伸、克春、申甫、时贵、开正、廷锡、满卿、满乡、宜生、玉生、鑫昌、月之、月季、有亮、正赏、正云、正明、兴安、永生、志富、志传、忠孝、之山、治亭、左子庭

392.《水浒传》100回　康熙间芥子园刻本　白南轩刻、新安到启先刻

393.《水利本末》2卷　光绪九年刻本　武林任有容斋刻

394.《水屋剩稿》2卷　同治十一年刻本　福山葛金元刻字

395.《水心文抄》10卷　乾隆五十四年刻本　青溪沈兆熊刊

396.《水云集》1卷　乾隆三十年鲍氏知不足斋刻本　仁和陈载周刻

397.《说文分韵易知录》10卷　光绪五年刻本　武林任有容斋刻字

398.《说文解字》15卷　乾隆三十八年朱氏椒华吟舫刻本　江宁顾晴崖刻字

399.《说文解字》15卷　嘉庆十二年藤花榭刻本　秣陵陶士立临字

400.《说文解字》15卷　光绪七年淮南书局重刻汲古阁本　陈生、陈顺、陈广、陈元、陈家、陈王、卞俊、卞武、曹昌、蔡淦、程树、程生、程高、丁山、丁揆、得明、顾恩、景高、景昌、蒋安、春高、洪章、焦克、李明、李云、缪春、祁三、

孙佩、任三、沈锡、史悠、唐文、唐根、沈占、沈三、吴庆、吴喜、严振、魏山、王正、王山、王淦、王得、万松、袁和、袁正、仲奇、杨永、周太、吴明、张信、张庆、张杏

401.《说文解字斠诠》14卷　光绪九年淮南书局刻本　陈广、陈玉、陈生、陈元、程生、程喜、蔡洤、蔡振、程和、程高、段山、柏升、卞武、丁三、丁有、顾恩、李壬、刘高、陆祥、陆甫、陆玉、林甫、祁三、钱恒、钱才、任三、孙佩、孙正、孙三、沈兴、沈三、魏三、汪安、魏远、万秀、万昌、万松、王三、王正、王玉、严振、严有、严福、严海、有礼、杨永、夏贵、张杏、张元、张才、朱正、朱芳

402.《说文解字通释》40卷　道光十九年刻本　金陵刘汉洲镌

403.《思古斋双钩汉碑篆额》不分卷　光绪九年思古斋刻本　福州吴玉田镌字

404.《说文系传》40卷　道光十九年重刻本　金陵刘汉洲镌

405.《思适斋集》18卷　道光五年上海徐氏刻本　姑苏张杏林镌刻

406.《思晖堂帖体诗》3卷　嘉道间刻本　金陵柏逢吉仿宋并镌

407.《司马法》3卷　光绪二十年刻本　苏城曹胡徐庵东郑子兰刻印

408.《司马氏书仪》10卷　雍正间汪氏研香书屋刻本　湖城甘棠桥潘大有刊

409.《司马文正公集》82卷　乾隆十年刘组曾百禄堂刻本　旌邑李士达镌

410.《四川省城尊经书院记》1卷　光绪十九年刻本　丁仁长书、刘学谦书、严修书、周锡恩书

411.《新刻批点四书读本》19卷　道光七年刻朱墨套印本　粤东省城艺芳斋彭云亭承刊刷印

412.《四书训解参证》12卷　咸丰二年刻本　琴川翟文翰斋刻

413.《四书章句集注》20卷　嘉庆十六年璜川吴氏真意堂刻本　江宁周启友镌

414.《四书质疑》19卷　光绪九年刻本　梧州蒋三信堂刻刷

415.《四书朱子语类》38卷　康熙四十年南阳讲习堂刻本　旌德汪乘六缮写、刘子礼镌

416.《松雪斋全集》12卷　康熙五十二年刻本　携李李圣符镌

417.《宋六十一家词选》13卷　光绪十三年刻本　旌德汤明休刻

418.《宋王复斋钟鼎款识》1卷　嘉庆七年扬州阮氏积古斋刻本　黄林秋、徐福卿、蒋谟卿、杨正宏、蒋作霖

419.《重刊宋文宪公集》30卷　康熙间仙华书院刻本　李司衡书、王杰生、王

飞青、王天升、吴侍臣同刊

420.《苏庵诗余》5卷　同治十二年刻本　吴玉田

421.《苏东坡诗集注》32卷　康熙三十七年文蔚堂刻本　元吉、甘明、邝玉、际生、甘伯、公化、邝明、九芃、邓玉、钦明、邝世、甘典、子佩、志伯、齐齐、九野、天一、冰沾、张玉、居玉、公升、邝钦、蒋太、中贞、吴门龙乘书

422.《素灵精蕴》4卷　道光十年刻本　京都琉璃厂中间路南文德斋史鸿德镌

423.《随盦徐氏丛书》　光绪十三年刻本　鄂省兰陵街陶子麟锓刊

424.《随山宇山文抄》1卷　光绪八年刻本　绍城宝珠桥朱增耀刻字店每部竹纸钱四十四文

425.《隋唐演义》100回　康熙间刻本　王祥宇、郑子文

426.《琐事闲录》2卷　咸丰元年刻本　河南省城北土街南头路西常生花斋刻字店刻

427.《泰云堂集》35卷　道光十三年刻本　闽省宋钟鸣领刊

428.《太湖备考》16卷　乾隆十五年刻本　吴门李又韩、子永瑞店镌

429.《太平三书》存11卷　顺治间刻本　旌邑汤义刻

430.《太平山水图画》　顺治间济南张氏怀古堂刻本　旌德刘荣刻、旌邑汤尚刊

431.《太上感应篇图说》　康熙间刻本　鲍承勋

432.《太乙舟文集》8卷　道光二十三年孝友堂刻本　湖北武昌省汉阳门内布政司衙门左首王崇文堂书坊刻印

433.《汤子遗书》10卷　康熙四十二年刻本　刘藻□镌

434.《棠阴比事》1卷　道光二十九年刻本　筥溪沈锡堂抚仿、武林王世贵刻镌

435.《唐人三家集》26卷　道光十年秦氏石研斋刻本　毕绍南、毕怀宽、陈士吴、陈文滔、怯佩胜、陶万圣、秉汝、卞根、柏继兴、甘芝彩、甘国其、穆正忠、穆大德、穆允忠、穆人得、潘永玉、杨用九、正中、吴大桧、吴世永、王胜三、许翰写、杨肇刻、士兴、郑祥林

436.《唐宋八家文读本》30卷　乾隆十五年刻本　咸怀、长仁、省南、明如、汉爵、灿行、茂生、维新、峻极、振公、时明、廷献

437.《唐中兴闲气集》2卷　光绪间武进费氏影刻宋本　吴门徐元圃刻

438.《陶渊明集》10卷　光绪二年桐城徐椒岑刻巾箱本　旌邑李文韩刊

439.《陶渊明集》10卷　光绪五年会稽章氏影刻汲古阁本　江右江又新、又可

同刻字

440.《桃花扇传奇后序详注》4卷　嘉庆二十一年刻本　吴门穆大展局刻

441.《天绘阁诗稿》8卷　道光二年刻本　吴郡平江路中张家巷裏张斌荣刻书印刷装订

442.《天童寺志》　康熙间刻本　杨嘉谟刻

443.《铁槎山房见闻录》10卷　道光五年刻本　金陵刘炳章镌字

444.《铁华馆丛书》6种　光绪九年长洲蒋氏刻本　吴门徐元圃刻

445.《钱箫庵文集》4卷　道咸间刻本　姑苏间门内顾市巷汤晋苑局刻

446.《听秋馆词话》20卷　同治间刻本　三山吴玉田雕

447.《听香楼悼亡诗》4卷　康熙六十一年刻本　吉利桥司前街周文斋刊

448.《听云仙馆俪体文集》4卷　咸丰间刻本　四川省城内大科甲巷会元堂杨爱亭刊

449.《通俗文》1卷　嘉庆四年刻本　顺德冯裕祥写样、冯朝珍雕板

450.《通志堂经解》1860卷　康熙十五年通志堂刻本　王相臣、王贞、王枚、王韵、王子荣、王尔吉、王斐明、王云、王伯、王公、王会、王允高、王允文、王文、王言、王成、王安公、王安、王志公、王和、王仪公、王玉文、王玉、王尔荣、王方、王子庚、王启、王顺、王宪、王茂林、王绥吉、王君任、王维周、王纶、邓本立、邓甫卿、邓汉卿、邓卿、邓懋卿、邓芃、邓玉、邓汉、邓士、邓明、邓国、邓起、邓杨、邓宣、邓弘、邓同、邓子珍、邓臣、邓暗、邓德、邓尹、邓圣甫、邓钦明、邓顺、邓尔仁、邓玉宣、邓世维、邓启、邓文、邓廷、邓子佩、邓佩、邓士誉、邓先、潘卿侯、潘平侯、潘玉、潘俊、甘信、甘世、甘典、甘坤、甘君、甘世明、甘银、甘子贞、甘昆玉、甘简德、甘简、甘琪、甘寅、甘公卿、甘慧生、甘玉生、甘玉、甘善长、甘森玉、甘宣、甘分、甘先、甘禄、甘信孚、甘奋彝、卜升、卜奇、卜文、卜什、柏子林、柏臣、柏君丽、柏功臣、柏六吉、柏岳海、柏正、刘太、刘大超、刘全、刘景超、刘顺之、刘良公、刘美城、刘纪、刘和、刘圣、刘荣、刘林甫、刘林、刘廷、刘圣公、陈君侯、陈君生、陈君、陈章、陈心甫、陈子能、陈洁、陈尔工、陈聚甫、陈国甫、陈和先、陈子、陈元、包习先、包生、周圣西、周仲、周惟、周开先、周开、周行生、周行、周子振、周世求、周允圣、周之震、周之正、周一亭、周停、周文启、周用、周丹采、周岱、缪以公、缪以功、缪、天渠、缪用、张玉、张志、张奇、张升、张永、张仲、张文、张达、张进、张锡、张君茂、张茂、张公止、张进

文、陶士、陶冶、陶善、陶开卿、陶永锡、陶永、穆维柏、穆选臣、穆彩、穆君侯、穆君仁、穆君旺、君静、李君立、李立、李公、李左、李金生、曹洪甫、曹尔公、范士玉、范子茂、范玉生、范哲生、范震生、金士玉、金子重、金祥卿、金佩卿、杨尔生、杨立本、杨殿英、杨天爵、邵文、邵敬先、邵先、邵明之、邵名之、邵国、方尔英、方惟猷、徐盛、谈茂生、雍尧之、茆召、茆德卿、茆召卿、毕玉生、史子弘、蒋荣臣、蒋天一、葛君宣、六龙、高宇臣、关召、丁铁山、于亮臣、姚哲、尚达宣、尚云、晋生、焦景霞、季秦生、季生、吴子仁、朱士、郑孔加、宜生

451.《桐华舸诗续抄》8卷　光绪三年刻本　古随詹雨轩镌

452.《新刻补注铜人针灸图经》5卷　光绪三十三年刘氏玉海堂影刻本　黄冈陶子麟刊

453.《屯留县志》4卷　康熙间刻本　上党剞劂王得玺、得行等刊、上党缮写刘惠

454.《托素斋文集》6卷　康熙间刻本　刘次公、刘文莲、刘钦文、刘信明、汤天一、方士林、田正符、吕圣章

455.《外科心法实验指导》4卷　光绪十三年刻本　绘图工人幼山侯福，刊刻工人竹轩孙家麟，印刷工人杨林、王云

456.《晚翠楼诗抄》4卷　光绪二十年刻本　禾郡薛锦昌刊刷

457.《晚闻居士遗集》9卷　道光间刻本　杭州爱日轩陆贞一仿宋写并董刊

458.《万斛泉》12回　康熙间刻本　黄顺吉

459.《万寿盛典》120卷　康熙五十二年刻本　朱圭

460.《王文成公全集》16卷　道光六年刻本　湖南湘潭王文德梓

461.《王右丞集》28卷　乾隆元年赵氏目耕堂刻本　飓锦斋田翠舍刊

462.《望堂金石文字初集》　光绪间刻本　宜都李宏让

463.《魏公谭训》10卷　道光十年刻本　吴门张鲈香刻字

464.《魏鹤山先生渠阳诗》1卷　光绪二十八年刊玉海堂影宋丛书本　黄冈陶子麟镌

465.《文昌大洞仙经图注大全》3卷　嘉庆二十二年刻本　黔省梓人伍子魁镌

466.《文粹》100卷　光绪十六年杭州许氏榆园刻榆园丛刻本　百章、八三、宝山刊、步刚、步江、丙文、臣记、程九、陈松林、春发、楚荣、彩清、池元、长法、斗臣、大吉、大川、丹穴、二酉、甫田、傅仁、复升、复记、法生、光宝、光

才、光照、改首、改托、光圣、光义、古介、庚分、庚兴、广山、槐山、禾田、宏兴、会试、户首、聚钊、巨章、经臣、钰山、交牙、杰三、即善、京山、加才、冀山、几丰、吉亭、介全、介安、介三刊、家典、家章、金臣、金山、金还、金升、宽仁、坤山、可田、可亭、立甫、立三、立用、立川、炼臣、梅村、卯之、名山、卜三刊、卜山、品三、谱庆、秋甫、大川、仁首、汝山、汝臣、汝青、仁希、仁三、人甲、人义、人之、人臣、人田、汝门、宋日、宋德、宋先、宋仁、宋文、宋全、宋基刊、宋玉、三太、三元、三急、石三、石元、顺银、士三、圣林、申之、少先、少三、少川、陶会、陶协臣、陶绵山、陶加顺、天太、五山、渭波、万均、万年、文太、文元、文甫、文山、文臣刊、心亭、心田、心元、心太、心山、心吉、希安、辛甫、熙甫、新楚、星田、筱珊、小玉、小夫、咏山、云山、云升、云记、玉山、雨田、雨山、一山、一青、一成、以忠、友山、友记、友甫、意城、用青、月山刊、月古、昇三、义臣、有堂、又三、又臣、乙三、杨泮、正太、子林、子仁、子山、子元、子红、周廷刊、自天、自山、自元、自臣、首三、首记、作兴、昰畦、宗元、中试、中京、芝田

467.《文房肆考》8卷　乾隆四十年刻本　金陵周品儒镌店开嘉定秦殿撰第西首

468.《文家稽古编》10卷　乾隆二十年刻本　状元境甘彩廷镌

469.《文清公薛先生文集》24卷　雍正十二年刻本　稷山县刊字匠葛振基、葛振臧

470.《文选》60卷　嘉庆十四年鄱阳胡氏校刻本　金陵刘文奎、弟文楷、文模镌

471.《文选笔记》8卷　光绪五年斐如堂刻本　杭州任有容斋刻

472.《文选考异》10卷　嘉庆十四年刻本　刘文奎、文楷、文模镌

473.《文章轨范》7卷　光绪间刻本　金陵陶吴镇、张德佩刻

474.《吴江县志》58卷　乾隆十二年刻本　蒋开文、张廷献、李咸怀、徐景占、李惠曾、俊景瞻、曾加某、吴仲林、刘茂生、甘殿抡、张德荣、黄鸿客、李顺和、吴景西、姜林伯、稽时明、毕甫明、田正甫、杜焕章、杜仁沛、周彩珍、曾豫章、周云佐、许尧三、曾红工、曾红千、吴省南、曾玉章、周厚征、蒋君城、张献策、黄弘客、杜人沛、张明如、蒋君臣、张文奎、王天一

475.《吴郡名贤图赞》20卷　道光八年刻本　孔继尧绘、张锦章镌

476.《吴渊颖先生集》12卷　康熙六十年刻本　锡山张廷俊文英书、许昌祚江成镌

477.《吴越所见书画录》6卷　乾隆四十一年陆氏怀烟阁刻本　汤士超

478.《无声诗史》7卷　康熙五十九年观妙斋重刻本　嘉兴夏舜臣镌

479.《无声戏合集》　康熙间刻本　蔡思璜

480.《毋自欺室文集》10卷　光绪十一年广仁堂刻本　刘桂圃、王庆有、朱廉、赵恩第、董福泰、傅学海、庞珠、傅全、王玉林、周日新、韩景文、田玉、周斌

481.《五代史记》74卷　宣统元年刻本　黄冈陶子麟刻

482.《五经图》12卷　雍正二年刻本　谭韬

483.《五七言今体诗抄》18卷　嘉庆十三年程邦瑞刻本　江宁王景桓董刊

484.《五子近思录发明》14卷　康熙四十四年刻本　旌邑吕子星梓

485.《武庭诗草》6卷　光绪三十二年刻本　李金

486.《杨大年先生武夷新集》20卷　康熙四十四年刻本　刊匠张君选

487.《午亭文编》50卷　康熙间刻本　林佶写、鲍闻野刻

488.《重刊晞发集》10卷　康熙四十一年平湖陆氏校刻本　旌德汤玉侯书、旌德刘圣立书

489.《西泠五布衣遗著》32卷　同光间刻本　武林爱日轩陆贞一监锓

490.《西厢记》8卷　康熙五十九年刻本　郑炳元

491.《栖云山馆词》存1卷　同治六年刻本　维扬砖街张墨林斋镌板

492.《锡山文集》20卷　道光二十年刻本　吴门王兰坡刊

493.《惜抱轩文集》16卷　嘉庆六年刻本　江宁刘文奎家镌

494.《惜抱轩文集》16卷　光绪九年桐城徐氏重刻本　桂林唐九如刻字

495.《洗冤录》4卷　光绪三年刻本　汉阳陈明德二房印刷

496.《仙拈集》4卷　嘉庆十五年姑苏聚文堂刻本　朱文彩讳生耀经营付梓刷印普行

497.《闲味轩诗抄》10卷　光绪二十二年刻本　绍城镜清寺前傅近文刊刻

498.《香消酒醒词》1卷　同治七年西泠王氏刻本　上海道前街徐怡卿镌

499.《香雪斋诗抄》4卷　光绪十九年刻本　苏州毛上珍镌板

500.《乡党图考》10卷　乾隆三十八年刻本　文川吴率功刊、张赤文

501.《相理衡真》10卷　道光间刻本　新邑喻学彬镌

502.《小万卷斋经进稿》4卷　道光六年刻本　江宁顾晴崖家写刻

503.《孝悌图说》2卷　同治十三年刻本　任有容斋刻

504.《新序》10卷　光绪二十一年蒋氏铁华馆影宋刻本　吴门徐元圃刻

505.《心斋十种》　乾隆五十一年刻本　吴郡张若迁刻

506.《省吾堂五种》27卷　乾隆间刻本　常熟刘光德局刻

507.《虚斋名画录》16卷　宣统元年刻本　上海尚友轩武进黄灿甫刊印

508.《徐元叹先生残稿》　光绪九年刻滂喜斋丛书本　古吴郡庙西首谢文翰斋刻印

509.《续复古编》4卷　光绪十二年姚氏迟进斋刻本　穆子美

510.《续古文苑》20卷　嘉庆十七年孙氏冶城山馆刻本　金陵刘文奎、弟楷、模镌

511.《续金瓶梅》12卷　康熙间刻本　黄顺吉

512.《选集汉印分韵》2卷　嘉庆二年刻本　六书斋康二酉刊

513.《选学胶言》20卷　道光十年刻本　金陵刘贡九镌

514.《荀子》20卷　乾隆五十一年嘉善谢氏刻本　江宁刘文奎刻字

515.《逊志斋集》24卷　同治十二年刻本　武林任有容斋梓

516.《盐铁论》10卷　嘉庆十二年张氏重刻本　江宁顾虹川刻字

517.《颜鲁公文集》15卷　嘉庆七年曲阜颜氏刻本　江宁刘文奎锓字

518.《颜氏家训》7卷　乾隆间余姚卢氏刻抱经堂丛书本　江宁刘文奎、文楷镌字

519.《扬子法言学行》13卷　嘉庆十二年李氏稻香吟馆刻本　江宁吴仕达刻

520.《阳明集要三编》15卷　光绪三十一年桂林书局刻本　桂林蒋存远堂刊刷

521.《养鹤堂诗集》2卷　同治五年刻本　苏城陶升甫刻

522.《养默山房诗录》8卷　道光十九年刻本　苏州甘朝士镌

523.《养余斋诗集》14卷　道光二十七年胜溪草堂刻本　金陵楚翘、吴大胜写刻

524.《尧峰文抄》50卷　康熙三十二年刻本　林佶写、吴郡程际生刻

525.《耶溪渔隐词》2卷　嘉庆间刻本　钱塘陆贞一仿宋书并董刊

526.《医学启蒙》6卷　康熙间刻本　毗陵梓人严廷献、赵贞甫刊

527.《一瓢斋诗存》6卷　雍正十二年扫叶村庄刻本　吴郡李士芳镌

528.《礼仪》17卷　嘉庆二十年吴门黄氏刊士礼居黄氏丛书本　同邑孙保安书

529.《仪礼疏》50卷　道光十年汪氏艺云精舍刻本　阊门外桐泾桥西青霞斋吴刻字店

530.《仪礼正义》40卷 同治七年刻本 苏州汤晋苑局刊印

531.《义门读书记》58卷 乾隆三十四年刻本 吴郡铁瓶菴王景桓镌

532.《易说》6卷 嘉庆十五年刻本 江宁周启友镌

533.《易宪》4卷 乾隆间刻本 武林朱景二镌

534.《疫证治例》5卷 光绪十八年刻本 梓人戴升廷率男永年刊

535.《意山园诗抄》4卷 同治八年刻本 安省张鸿茂刊

536.《音学五书》38卷 康熙间张氏符山堂刻本 旌德周希享、希瑾刻

537.《音韵辑要》21卷 乾隆四十六年刻本 昆山程郁文刻

538.《阴阳五要奇书》32卷 乾隆五十五年姑苏顾氏乐真堂刻本 吴郡谭云龙、子一夔刻

539.《纫斋画剩》 光绪二年刻本 刻者叶仁甫、蒋纯斋、陈心葵、王槐照

540.《英云梦传》8卷 清宝华顺刻本 松云弟子才友云氏镌

541.《永清县志》20卷 乾隆四十四年刻嘉庆十八年补刻印本 画工刘永,本县人;刻工穆雄如,江南江宁人;刻工姚得符,江南江宁人;刻工唐彦儒,顺天宛平人;嘉庆十八年三月永清县知县宋连补;重刻人翰耀斋邓涌泉,江南江宁人;吴耀宗,江南江宁人

542.《永兴乡土志》2卷 光绪三十二年刻本 梓人谢景星

543.《游道堂集》4卷 同治五年刻本 金陵柏继纶镌

544.《牺轩语》 光绪间刻本 陈长安、金云山、侯玉堂、廖荣卿、彭芸、王道盈、杨玉林、余万杨、朱光亭、张治隆

545.《渔洋山人精华录》10卷 康熙三十九年刻本 鲍氏闻野刊、林佶写

546.《渔洋诗话》3卷 乾隆二十三年竹西书屋刻本 益都后学段玉华缮写

547.《语石》10卷 宣统元年刻本 苏城徐元圃、子稚圃刻印

548.《玉洤词》1卷 咸丰四年刻本 苏城除元圃局刻

549.《元诗选初集》114卷 康熙三十三年顾氏秀野草堂刻本 邗贞、邗玉、邗户、邗臣、公化、天渠、陈章、际生、印二、印芃、甘典、君甫、高元、顾明、于茂

550.《元诗选》二集 康熙四十一年刻本 邗文、邓中、邓渔公、甘明、甘伯、允中、文中、有恒、王正、刘良公、冰沾、曾惟圣、六吉、子佩、玉宣、玉山、玉正、耀先、圣先、晋占、礼生、上珍、善长

551.《越中百咏》1卷 道光二十九年刻本 苏城汤晋苑刻

552.《月令粹编》24卷　嘉庆十七年江都秦氏琳琅仙馆刻本　江宁王日华刻

553.《悦亲楼诗集》30卷　嘉庆二年刻本　姑苏张遇清局刻

554.《云岭志》6卷　康熙间刻本　方天锡刻

555.《云松巢诗集》5卷　同治十三年刻本　瓯城梅师古斋镌

556.《云台二十八将图》　道光间刻本　金陵张士琚刻

557.《润州事迹类抄》　同治七年刻本　丹阳潘元贵子授、丹阳俞荣锦画堂、金坛耿鳖子明、丹阳潘年高春林

558.《新增详注韵对屑玉》3卷　清广州十八甫石经堂刻本　顺邑马冈乡冯继善承刊

559.《韵征》16卷　道光十七年亲仁堂刻本　吴门王兰坡刻

560.《韵征》16卷　道光十九年亲仁堂刻本　吴门王兰坡刻

561.《韫光楼印谱》2卷　康熙二十八年燕山胡氏半滙堂刻本　如皋许容摹、陶可坊刻

562.《杂剧新编》　康熙间刻本　鲍承勋

563.《曾文正公家书》10卷　光绪五年刻本　长沙杨仲蕃刻字

564.《曾文正公杂着》4卷　同治十三年傅宋书局刻曾文正公全集本　海宁钱渭滨、长沙谭福荫刻字

565.《增集杂毒海》10卷　康熙三十一年刻径山藏本　溧水王琢庵书、陈子鸣、□□□同刻

566.《战国策去毒》2卷　同治九年刻本　虞山笪云台刊

567.《昭代词选》38卷　乾隆三十二年经鉏堂刻本　金陵穆大展刻字

568.《蔗塘未定稿》8卷　乾隆间刻本　陈皋写

569.《贞丰诗草》5卷　同治三年刻本　苏城徐元圃刊

570.《震川大全集》30卷　嘉庆间玉钥堂刻本　常熟刘光德局镌

571.《王太常集》2卷　光绪三年刻本　成都刻工高矩刊

572.《正字略》1卷　道光二十九年刻本　西湖街杨正文堂承刻

573.《证治百问》4卷　康熙六年刻本　周学云

574.《澄治汇补》8卷　康熙三十年刻本　书林刘公生梓

575.《支遁集》2卷　嘉庆十年刻本　夏天培刊

576.《直隶各省舆地全图》1卷　嘉庆十一年刻本　分宜张宗京摹镌

577.《摭古堂正音》1 卷　光绪六年刻本　厥氏越州朱龄

578.《炙砚琐谈》3 卷　乾隆五十七年赵氏亦有生斋刻本　江宁刘文奎、文楷镂字

579.《中晚唐诗叩弹集》12 卷　康熙四十三年采山亭刻本　陈章、显公、张玉、君甫、吕元贞、陈茂园、芮宇涵

580.《钟山札记》4 卷　乾隆五十五年卢氏抱经堂刻本　江宁刘文奎、文楷镂字

581.《钟台先生文集》12 卷　康熙四十六年刻本　书梓江右胥汝猷

582.《周官精义》12 卷　嘉庆二十三年山渊堂刻本　金陵李士果刊

583.《周易》4 卷　光绪二十年淮南书局刻本　穆云、胡厚

584.《周易集解》17 卷　光绪十七年刻本　成都梓人周会文堂镌

585.《周易择言》6 卷　同治三年刻本　梅师古斋刻字

586.《朱子论定文抄》20 卷　康熙四十二年刻本　刘文开、刘惠生、刘如松、刘志熙、刘道生、刘允功、刘干一、刘景伊、刘越千、刘载铭、刘德华、刘子云、刘永令、刘采山、洪思召、汤鸣予、汤光雅、吕时畅、俞学海、洪尔贤、洪直士

587.《朱子文语纂编》14 卷　康熙五十九年车鼎丰金陵刻本　金陵顾子英梓

588.《竹里秦汉瓦当文存》　咸丰二年刻本　刻者嘉兴王铁珊、海盐沈柳坡

589.《竹云题跋》4 卷　乾隆三十二年刻本　吴郡王景桓镌字

590.《篆字汇》12 集　康熙三十年多山堂刻本　顺德罗佟子书、杨文贵镌

591.《庄子南华经》10 卷　光绪十一年传忠书局刻本　段文益承刊

592.《拙斋诗集》16 卷　光绪二十八年刻本　扬州小虹桥晋云斋刊

593.《涿州续志》22 卷　同治十一年刻本　都门翰藻斋王世芳梓

594.《资治通鉴》294 卷　清刻本　长洲金麟书、陈天祯刊

595.《资治通鉴音注》　嘉庆二十一年刻本　金陵刘文奎、弟文楷、文模镌

596.《紫峰陈先生文集》13 卷　乾隆三十三年刻、光绪十七年补刻印本　施志锐刻

597.《子史精华》160 卷　乾隆间重刻本　江苏江宁王景桓刊

598.《自远堂琴谱》12 卷　嘉庆六年刻本　吴中有耀斋王凤仪刻字

599.《最乐编正集》6 卷　同治十三年刻本　张翰文斋刻字铺刷印

600.《左右修竹之居诗抄》　咸丰八年刻本　吴门王兰坡刻印

（载《历史文献》2001年第四、五辑，2001年上海科学技术文献出版社出版）

明末江浙地区雕版刻工合作形式及其生计例说

本文所称的明末，指明朝末年，约在16世纪中叶至17世纪初叶的嘉靖到万历年间。这个时期的江苏和浙江地区，经济、文化特别发达，商品的生产、流通，呈现出资本主义萌芽的一些特征。雕版印刷术自隋唐发明以后，图书的生产和流传，发生了革命性变化，由手抄变成了刷印，由原来的以一部为单位进行传抄，而变成了以成百上千为单位进行刷印，这种由量变到质变的跨越，极大地促进了科学文化的发展。雕版印刷业是有着悠久发展历史的传统手工业。到了明朝末年这个时候，雕版印刷业几乎达到了空前发展的程度，刻工刻书的合作形式已经定型。这些雕版刻工是雕版印刷业的从业者，是一批身怀雕版技艺的技术工人，他们靠做工——雕刻印版文字，来获得收入，用以维持自己的日常生活。经过雕版刻工等工匠刊印加工出来的产品，是一种在市场上进行流通的文化商品。图书通过在市场上的流通，维系着一种供求关系，使得雕版印刷业不断向前发展。

然而，雕版刻工当时在社会上属于下层民众，雕刻印版文字属于雕虫小技，不被社会正统观念认可。所以，有关他们的情况，史籍不载，文献无征。庆幸的是，这些刻工在镌刻印版文字时，为了标记自己所承雕的印版及工作量，随手把自己的名字和刻字数量镌刻在了印版上。刻工和雇主均以此为据，以便进行核实，支取报酬。刻工在印版上随手镌刻的本版字数和姓名，于是就和所刊之书的正文内容一同印在了书中，与所刻之书一并流传了下来。为后人了解历代刻工刻书情况提供了零星且珍贵的第一手文献。

本文拟以笔者知见的明朝末年江浙地区刻工所刻之书为例，将刻印在这些传本中的刻工文献，进行收集、归纳和总结，旨在以实例为据，对明末江浙地区雕版刻工的合作形式及其生计问题进行初步探讨。笔者以为其意义在于我们可以从雕版印刷业——这样一个点窥视当时社会、经济及文化的发展概貌。限于笔者闻见未广，掌握的文献不足，本文得出的结论不免片面，谨供参考并求教于方家。

一、明末江浙地区雕版刻工合作形式例说

明朝末年，江浙地区从事刊刻印版文字工作的刻工，为了提高工作效率，增加收入，他们一般按照自己的从业习惯，与同行进行自由组合，从事雕版印刷业。他们因各自擅长的技艺不同而承担不同工作。分工明确，写勘（或名"书工"）担任缮写书样和校对工作，雕梓（或称"刻工"）担任雕刻文字工作，印工担任持版刷印工作，装潢（或称"装订工"）担任装订工作。这是各个工种的一般情况，而在实际见到的传本中，记载的工种或全或缺，或多或少。

天津图书馆今收藏一部《类笺王右丞集》。是集包括《诗集》十卷、《年谱》一卷、《历朝诸家评王右丞诗画钞》一卷、《文集》四卷、《集外编》一卷、《唐诗家图咏集》一卷、《赠题集》一卷，（唐）王维撰，（宋）刘辰翁评，（明）顾起经注。明嘉靖三十五年（1556）顾氏奇字斋刻本。

此书每半叶九行十八字，细黑口，左右双边。书口上镌"奇字斋"三字。每卷末多有记录雕版处所的牌记。书后有"无锡顾氏奇字斋开局氏里"，详列书工（写勘）、刻工（雕梓）、装订工（装潢）及雕版起讫时间（程限）。刻工及书工名又分见书口下。

其中，书后所署"无锡顾氏奇字斋开局氏里"和"程限"全文如下：

写勘：吴应龙、沈恒俱长洲人，陆廷相无锡人。

雕梓：应锺，金华人；章亨、李焕、袁宸、顾廉俱苏州人；陈节，武进人；陈汶，江阴人；何瑞、何朝忠、王浩、何应元、何应亨、何钿、何钥、张邦本、何鉴、何镒、王惟寀、何钤、何应贞、何大节、陆信、何升、余汝霆俱无锡人。

装潢：刘观，苏州人；赵经、杨金俱无锡人。

程限：自嘉靖三十四年（乙卯1555）十二月望授锓，至三十五年（丙辰1556）六月朔完局。

冠龙山人外史谨记。

每卷后记录雕版处所的刊记内容如下：

嘉靖卅四季涂月白分锡山武陵家墅刻（笔者按：见顾起经《玄纬小引》后）；

岁丙辰中春上旬顾氏奇石清涟山院刊（笔者按：见《目录》后）；

丙辰孟□月得辛日锡山武陵顾伯子图籍之宇刊（笔者按：见《年谱》后）；

丙辰春孟月晦刊（笔者按：见《王集正讹》后）；

岁丙辰中春上旬顾氏奇石清涟山院刊（笔者按：见《目录》后）；

岁丙辰上巳初吉锡山顾氏刻于待冰园（笔者按：见《诗集》卷一末）；

丙辰病月上弦长康外圃刻（笔者按：见《诗集》卷二末）；

丙辰春莫浃辰梓于宛在亭（笔者按：见《诗集》卷三末）；

丙辰三月旬又八日立夏顾氏祗洹馆刻（笔者按：见《诗集》卷四末）；

丙辰余月四之日小满刻于对山开卷之阁（笔者按：见《诗集》卷五末）；

丙辰长嬴望水木清华亭刻（笔者按：见《诗集》卷七末）；

丙辰夏五端三日镂于木瓜亭（笔者按：见《诗集》卷八末）；

丙辰皋月下浣之吉端居静思之堂刊（笔者按：见《诗集》卷十末）；

（笔者按：《诗集》卷六、九末无刊记）

丙辰夏首顾伯子付刻于圜锻亭上（笔者按：见《文集》卷一末）；

丙辰端午□□室刊（笔者按：见《文集》卷三末）；

太岁在丙辰夏孟月尾锡山顾起继与槜李陈荣四覆校于青藜阁中越月刀授之梓（笔者按：《文集》卷三末又署）；

岁丙辰日北至夫湫山人顾起经跋（笔者按：见《文集》卷四末）；

（笔者按：《文集》卷二末无刊记）

丙辰挟日刻（笔者按：见《外编》末）；

丙辰上元雕板（笔者按：见《图咏》末）；

丙辰季初月八日付什（笔者按：见《赠题》末）。

笔者依据这些资料，又亲自翻检原刻本，在刻工题名、诗文题名及刻工所刻页数等方面，将"书后刊记所载"与"下书口实际题名"逐一进行核对，特制表如下：

《类笺王右丞集》书工、刻工所刻所写页数统计表

书工	小引2页	进集表7页	年谱6页	诗画抄27页	凡例5页	诗目17页	诗集36页	文目4页	文集93页	集外编9页	同咏集18页	赠题集5页	合计
吴应龙	2	7	6	27	5	17	136	4	93	9	18	5	329
沈恒							180						180
陆廷相							46						46
书工合计	2	7	6	27	5	17	362	4	93	9	18	5	555

续表

书工	小引2页	进集表7页	年谱6页	诗画抄27页	凡例5页	诗目17页	诗集36页	文目4页	文集93页	集外编9页	同咏集18页	赠题集5页	合计
应锺				1			4		4				9
章亨							12						12
李焕							15						15
袁宸							10		2				12
顾廉													
陈节													
陈汶													
何瑞				2		2		1	7				12
何朝忠				1	1		28		6		1	1	38
王浩				2			28		8				38
何应元		2		2	1		25		5		2		37
何应亨		1		3			16		5	1			26
何钿		1	3	5		3	23		4	2	6	1	48
何钥	2	1		2		5	20	2	13	3	2	1	51
张邦本							13						13
何鉴				2	2		37		6	1		1	49
何镒		1	3	3	1	6	14	1	16	2	5	1	53
王惟寀		1		2			15		2		1		21
何铃				2		1	19		7		1		30
何应贞							22						22
何大节							10		2				12
陆信							12		2				14
何升							21		2				23
余汝霆							14		2				16
夏文德									2				2
夏昱									2				2
刻工合计	2	7	6	27	5	17	362	4	93	9	18	5	555

笔者依据该书提供的这些基本刻书资料，以及刻工书工所刻所书之页数，得出如下结论：

1. 该书情况：《类笺王右丞诗集》十卷，《年谱》一卷，《历朝诸家评王右丞诗画钞》一卷，《文集》四卷，《集外编》一卷，《唐诗家图咏集》一卷，《赠题集》一卷。（唐）王维撰，（宋）刘辰翁评，（明）顾起经注。明嘉靖三十五年（1556）顾氏奇字斋刻本。每半叶九行十八字，细黑口，左右双边。全书共计555页。按照每叶324字计算，全书共计179820字，这是一部篇幅适中的书。

2. 注者及刊印者情况：顾起经，在仕途方面是一位大臣，曾任广东盐课副提举；在文化方面，他是一位藏书家（《藏书纪事诗》有传）和学者（《千顷堂书目》著录其撰六部著作）；在经济方面，他是一位有能力的人士。他是该书的注者，又是该书的刊行者，开设奇字斋，负责该书刊印的一切工作，主要包括枣梨木板的选材购进，刻工、书工及装潢工等工匠的工资饭食。从以上几个方面可以看出，顾起经有能力担当斯役，否则不能为之。

3. 工匠情况：包括三个工种：

其一，写样（俗称书手，这里称为"写勘"）三人：吴应龙、沈恒、陆廷相。他们负责该书木版文字的写样和校对工作，为刻工提供"雕刻木版文字"的纸样。

吴应龙承担的写样数量最多，为329页，占这部书稿555页的59%，亦即写样数量超过一半，达到二分之一强。他参加了全部书稿的写样工作，说明他的能力最强。沈恒只承担《诗集》卷四、五、六、八、九、十的写样工作，数量为180页，占这部书稿555页的32%，亦即达到三分之一弱。他没有参加全部书稿的写样工作，只承担了其中《诗集》六卷写样工作，说明他的能力在吴应龙之下。陆廷相只承担《诗集》卷三的写样工作，数量为46页，占这部书稿555页的8%，亦即不足十分之一。他没有参加全部书稿的写样工作，只承担了其中《诗集》一卷的写样工作，说明他的能力更在吴应龙、沈恒之下。

通过三位书工承担写样工作数量分析，不难看出，确实存在能力强弱、技艺高下之区别。他们得到的报酬自然也有很大的区别。

其二，刻工（也称刊工，这里称为"雕梓"）二十四人：应锤金华人，章亨、李焕、袁宸、顾廉俱苏州人，陈节为武进人，陈汶为江阴人，何瑞、何朝忠、王浩、何应元、何应亨、何钿、何钥、张邦本、何鉴、何镒、王惟寀、何铃、何应贞、何大节、陆信、何升、余汝霆俱无锡人。他们负责该书木版文字的雕刻工作。

按照刻工承担的刻版数量多少，排序如下：

何镒53页、何钥51页、何鉴49页、何钿48，这四位刻工所刻印版数居前四名，合计201页，占本书555页的36%，达到了三分之一强，是刊刻本书印版的绝对主力。笔者认为，承接一部书稿，主力刻工的工作效率和技艺水平如何，决定着这部书稿的用时多少和质量高下问题。

何朝忠 38、王浩 38、何应元 37、何钤 30、何应亨 26、何升 23、何应贞 22、王惟寀 21，这八位刻工所刻印版数居中，合计 235 页，占本书 555 页的 43%，达到了二分之一弱，是刊刻本书印版的中坚力量。笔者认为，承接一部书稿，属于中坚力量的刻工，其工作效率和技艺水平如何，决定着这部书稿的成败问题。

余汝霆 16、李焕 15、陆信 14、张邦本 13、何大节 12、何瑞 12、章亨 12、袁宸 12、应锺 9，这九位刻工所刻印版数均在 20 页以下，合计 115 页，占本书 555 页的 21%，占了五分之一强，是具有一定刊刻水平的参与者。笔者认为，承接一部书稿，属于具有一定刊刻水平的刻工，其工作效率和技艺水平，虽不及强者，但是，正是由于这些刻工的参与，经过不断承接刊书活计，他们的工作效率和技艺水平在不断提高，为雕版刻书业注入了活力。

除以上刻工外，在本书刊记中列名的顾廉、陈节和陈汶三位刻工，实际上没有承雕一块印版。为什么会出现这种情况呢？笔者分析，不外乎属于以下几种情况：一是他们具体负责与木版有关的事情，包括木版的采购、加工、分配、收活和统计等；二是他们充当配角，当二十四位中有些刻工请假时，一块印版中残留少部分文字，由他们继续完成之，或只是承担修版工作。总之，这三位刻工应该是有活计干的，没有平白无故署名的道理。

另外，还有夏文德和夏昱这二位刻工，他俩身份特殊，在本书刊记中并没有被列名，而其姓名却出现在了《诗集》的下书口中，各刊刻 2 页印版。笔者以为，这二位刻工，纯属临时工，当完成两块印版，拿到酬金之后走人。这种情况，当然也是一种正常现象。

我们再从刻工自署籍贯看，应锺是金华人，章亨、李焕、袁宸、顾廉俱为苏州人，陈节是武进人，陈汶是江阴人，何瑞、何朝忠、王浩、何应元、何应亨、何钿、何钥、张邦本、何鉴、何镒、王惟寀、何钤、何应贞、何大节、陆信、何升、余汝霆俱为无锡人。

这二十四位刻工分别来自金华、苏州、江阴和无锡，共四个地区。其中顾氏雇佣无锡本地刻工最多，凡十七人。占全部刻工的 71%，达到三分之二强。其他三个地区的刻工只有 7 人，占全部刻工的 29%，不足三分之一。这说明，顾氏奇字斋立足本地匠户，根据实际需要，再从外地雇佣，以补人用工不足。

其三，装潢匠三人：刘观、赵经、杨金。他们负责该书印版的刷印、装订等工作，具体负责该书的最后一道工序——成活。他们在印版中没有给自己题署姓名，这是工序上的原因所致。正是这个缘故，历代装潢匠的姓名，后人知道得甚少。

4. 刻书期限要求（这里称为"程限"）：自嘉靖三十四年（乙卯1555）十二月望（十五日）授锓，至三十五年（丙辰1556）六月朔（初一）完局，共计169天（约五个半月）。

5. 刻书地点设在多处：

嘉靖卅四季涂月白分在锡山武陵家墅刻《玄纬小引》；

岁丙辰中春上旬在顾氏奇石清涟山院刊《目录》；

丙辰孟□月得辛日在锡山武陵顾伯子图籍之宇刊《年谱》；

丙辰春孟月晦在某处刊《王集正讹》；

岁丙辰中春上旬在顾氏奇石清涟山院刊《目录》；

岁丙辰上巳初吉在锡山顾氏待冰园刻《诗集》卷一；

丙辰病月上弦在长康外圃刻《诗集》卷二；

丙辰春莫浃辰在宛在亭刻《诗集》卷三；

丙辰三月旬又八日立夏在顾氏衹洹馆刻《诗集》卷四；

丙辰余月四之日小满在对山开卷之阁刻《诗集》卷五；

丙辰长嬴望水木清华亭刻《诗集》卷七；

丙辰夏五端三日镂于木瓜亭刻《诗集》卷八；

丙辰皋月下浣之吉在端居静思之堂刊《诗集》卷十；

丙辰夏首顾伯子在圜锻亭上刻《文集》卷一；

丙辰端午在□□室刊《文集》卷三；

太岁在丙辰夏孟月尾锡山顾起绅与槜李陈荣在青藜阁四校是书，一个月后梓《文集》卷三；

岁丙辰日刻《文集》卷四；

丙辰挟日刻《外编》；

丙辰上元雕板《图咏》；

丙辰季初月八日刻《赠题》。

刊刻此书，用了169天，把刻工安排在奇字斋内的多处地点工作，包括武陵家墅、奇石清涟山院、图籍之宇、待冰园、长康外圃、宛在亭、衹洹馆、对山开卷之阁、水木清华亭、木瓜亭、端居静思之堂、圜锻亭及青藜阁等十余个地点。借此可以想见当时刻书之盛况。

奇字斋主人顾起经注释并刊印《类笺王右丞集》，有意将刊刻资料留给后人，我们据以知道了其董理刻书之役的详细经过，以及承雕印版工作的刻工、书工及装潢匠的全部情况。这是一份非常珍贵的古代刻书资料。此例反映了明代末期刻工刻书的大致情况。

为了进一步了解这个时期江浙地区雕版刻工合作刻书情况，笔者网罗了有关刻工刻书资料凡四十五例，逐一列举如次：

1.《史记》一百三十卷，嘉靖九年（1530）南京国子监刻本。十行二十一字。书口下有刻工题名：雇铨、何球、何凤、陆宗华、陆奎、李潮、李清、徐敖、袁电、章浩、张凤、张宪等54人。工作形式：多人合作。特点：多是江浙名工。

2.《韵经》五卷，嘉靖十八年（1539）长水书院刻本。十行十八字。书工及刻工：姑苏吴应龙书、金台张宗宝刻。卷末有"嘉靖己亥（十八年）孟春刊于长水书院"牌记。又有"嘉站十九年春寓金陵白纸付监前赵材店印"题记。工作形式：二人承揽：一书一刻。特点：分工明确，长水书院出钱、赵材店刷印、姑苏吴应龙写样、金台张宗宝雕版。

3.《（嘉靖）江阴县志》二十一卷，嘉靖二十六年（1547）刻本。九行十九字。刻工：陈奎、何应元（何元）、何瑞、何铟、何应亨（何亨）、何钥等34人。书工：无锡陆廷相。工作形式：多人合作。

4.《（嘉靖）武康县志》八卷，嘉靖二十九年（1550）刻本。九行二十字。刻工：余姚王汉、中陵温厚。工作形式：二人合作。

5.《古今合璧事类备要前集》六十九卷，《后集》八十一卷，《续集》五十六卷，《别集》九十四卷，《外集》六十六卷，嘉靖三十一年至三十五年（1552~1556）夏相刻本。八行大字不等，小字双行二十四字。前集目录后有牌记，内题"嘉靖壬子（三十一年）春正月三衢近峰夏相宋版摹刻，至丙辰（三十五年）冬十月竣"。书口下有刻工及书工题名。刻工：无锡曹枯、何应亨。书工：吴应龙。工作形式：三人合作。用5年时间承包雕版任务。特点：书大、人少、时间长。

6.《大学衍义节略》十卷，《补略》二十一卷，嘉靖四十一年（1562）刻本。十二行二十五字。于书后最末五格内镌有刻工等的题名五行：对读书吏姚士周，誊录吏孙思明、宋大宁、刘章、石柱、范禹乡，刊字匠郭邦宁等50名。这条资料为我们提供了参加是书印版刊刻工作的三道工序的吏匠姓名。第一道工序：誊录吏用薄纸将是书文字写出版样。第二道工序：将版样倒置于木板上面进行雕刻，雕毕即成印版。第三道工序：对读吏负责版样和印版文字的校对工作。

7.《诗外传》十卷，嘉靖间吴郡沈辨之野竹斋刻本。九行十七字。刻工：王良智。工作形式：一人独立承雕。

8.《（隆庆）海州志》十卷，隆庆六年（1572）刻本。十行二十字。刻工：方芝善、顾植、胡官、胡廷、余立、章掖、淮安朱漠、淮安朱、朱潮。书工：长洲顾橺。工作形式：多人合作。

9.《国朝名世类苑》四十六卷，万历三年（1575）刻本。十行二十字。刻工：陈子文（子文）、仇朋、顾成、顾植、计万言、钱世英、吴郡沈玄易、夏邦彦（夏邦）、章右之、张敖等16人。书工：吴门高洪、吴郡钱世杰。工作形式：多人合作。

10.《史记评林》一百三十卷，（明）凌稚隆辑评，万历五年（1577）凌氏刻本。十行十九字。眉端镌批语。有万历五年徐中行序。稚隆，乌程人。书口下有刻工及书工题名。刻工：邓钦、顾成、何仲仁、钱世英、同邑（长洲）沈玄易、严春、章右之、章国华等55人。书工：勾吴高洪、长洲顾撰、金应奎、古吴钱世杰、姑苏徐普。

11.《文选锦字录》二十一卷，（明）凌迪知编，凌稚隆校，万历五年（1577）吴兴凌氏桂芝馆刻文林绮绣丛书本。八行十七字，白口，左右双边。目录后镌"万历丁丑（五年）春仲吴兴凌氏桂芝馆梓行"。书口下有刻工及书工题名。刻工：顾植、吴郡王伯才、徐轩等20人。书工：长洲顾橺、吴门高洪。从以上两个例子看，凌稚隆在万历五年至少刊刻两部书，聘用两批刻工。

12.《（万历）通州志》八卷，万历六年（1578）刻本。九行十九字。刻工：沈照、袁宸刊、袁宏、袁才、袁川等17人。书工：长洲吴曜。工作形式：多人合作。

13.《韩子迂评》二十卷，《附录》一卷，万历七年（1579）门无子刻十一年（1583）增刻本。八行十八字。刻工：王云、余唐、俞京、吴兴周玲等13人。书工：吴兴康阜。工作形式：多人合作。

14.《批点明诗七言律》十二卷，万历九年（1581）刘怀恕校刻本。九行二十字。刻工：顾言、顾时中、雇植、钱世英、王伯才、章掖、张相等17人。工作形式：多人合作。

15.《管韩合刻》四十四卷,万历十年(1582)常熟赵氏刻本。九行十九字。《管子》匠氏题名:吴郡顾櫄书,顾时中、章披、顾植、刘廷惠、何承德、章扦、顾贤、何承业、吴丙初、顾文、邑人吕廉同刻。《韩非子》刻工:顾植、顾文、何承业、吕廉、吴丙初、徐文、张珮之、戈、成、扦、刘、中。工作形式:多人合作。

16.《汉书评林》一百卷,万历十一年(1583)凌氏刻本。十行二十字。刻工:钱世英、夏邦彦、杨元、赵应其、张敖等39人。书工:顾櫄、徐普、武林郁文瑞、杭州郁文瑞。校对:钱塘袁君肇对(见卷七首叶下书口)。工作形式:多人合作。特点:刻工、书工、校对三道工序著录完整。

17.《甗甄洞稿》五十四卷,《目录》二卷,万历十二年(1584)刻本。十行二十字。刻工:吉水邓钦、邓汉、进贤傅魁、吉水郭才、吉水刘钦、吉安刘然、夏元、吉安晏述、张云等16人。书工:吴郡徐普(姑苏徐普、长洲徐普)。工作形式:多人合作。特点:刻工、书工多署籍贯。

18.《老子翼》三卷,万历十六年(1588)王元贞校刻本。十行二十字。刻工:金陵徐智。工作形式:一人独立承雕。

19.《龙溪王先生全集》二十卷,万历十六年(1588)萧良干刻本。九行十九字。刻工:山阴马忠。工作形式:一人独立承雕。

20.《汉书钞》九十三卷,万历十七年(1589)刻本。十行二十一字。刻工:吴兴王云、王仁、王升、吴宗、余才等22人。工作形式:多人合作。特点:多人合作。

21.《淮南鸿烈解》二十一卷,《附录》一卷,万历二十二年(1594)吴郡张维城家塾精刻本。九行十九字。刻工:吴郡许世魁、许子元。工作形式:二人合作。

22.《项襄毅公年谱》五卷,《实纪》四卷,《遗稿》一卷,万历二十四年(1596)项皋谟校刻本。九行十九字。刻工:金陵盛文高等11人。工作形式:多人合作。

23.《何氏芝园集》二十五卷,《居卢集》十五卷,万历二十四年(1596)刻居庐集万历二十七年(1599)刻本。九行二十字。刻工:长洲陆本、云间孙讷、张湖。工作形式:多人合作。

24.《春秋传注汇约》二十三卷,万历三十年(1602)刻本。九行十九字。刻工:长洲钱杨(首叶)、长洲郭廷凤(第二叶)。工作形式:二人合作。

25.《秦汉印统》八卷,万历三十四年(1606)吴氏树滋堂刻本。此本四周单边。每叶十六印。刻工：黄德新、吴郡张珮之、长洲龚善长。工作形式：三人合作。

26.《诗隽类函》一百五十卷，万历三十七年（1609）刻本。十行二十字。刻工：晋陵孟纯礼。书工：新安陈晋。工作形式：一人独立完成。

27.《冰川诗式》十卷，万历三十八年（1610）刻本。十行二十字。刻工：刘管、姚起、张溱。书工：长洲吴曜。工作形式：三人合作。

28.《静观室三苏文选》十六卷，万历三十九年（1611）刻本。十行二十字。刻工及书工：越郡谢应魁，武林夏尚宾。工作形式：一人独立承雕，一人独立承写。

29.《吴歈萃雅》四卷，万历四十四年（1616）刻本。九行二十一字。刻工：古吴章镛。工作形式：一人独立承雕。

30.《诗话类编》三十二卷，万历四十四年（1616）刻本。九行二十字。刻工：武林洪文。工作形式：一人独立承雕。

31.《广博物志》五十卷，万历四十五年（1617）高晖堂刻本。九行十八字。刻工：吴兴蒋礼、孟魁。书工：西吴蒋文英（与蒋礼并联题名，同见卷一末大题下）。按：蒋礼字孟魁。刻工名、字并题，在历代刊本中是不常见的。

32.《书帷别记》四卷，万历间王启疆等校刻本。十一行二十二字。刻工：金渊陈千端、陈千培、陈千城、陈千祥（陈祥）、陈伯道、耿采、黄安朝刻、本、兴、张。书工：无锡侯臣。工作形式：多人合作。

33.《圣学宗传》十八卷，万历间刻本。九行二十字。刻工：山阴马忠。工作形式：一人独立承雕。

34.《孔子家语》十卷，《附录》一卷，万历间刻本。九行十六字。书工：长洲顾樾。刻工：章掖、吴门章右之等。工作形式：多人合作。

35.《卓吾先生批评龙溪王先生语录钞》八卷，万历间新安吴氏刻本。九行十八字。秣陵杨应时书、梅仕见刻。工作形式：一人独立承雕。特点：书工及刻工并联题名。

36.《沈氏学弢》十六卷，万历间刻本。十行十九字。刻工：南京盛文高、成、国。工作形式：三人合作。

37.《诸子品节》五十卷，万历间刻本。九行二十字。刻工：吴兴王云、余才、张相等39人。书工：归安方子祥。工作形式：多人合作。

38.《皇明诗选》七卷，万历间刻本。十行二十字。刻工：姑苏计万金、姑苏计万堂等9人。工作形式：多人合作。特点：家族参与。

39.《申椒馆敝帚集》四卷，万历间刻本。八行十七字。刻工：吴郡彭天恩、王伯才、夏。工作形式：三人合作。

40.《石联遗稿》八卷，万历间刻本。九行十七字。刻工：嘉禾周澄。工作形式：一人独立承雕。

41.《冯用韫先生北海集》四十六卷，万历间林景旸刻本。九行二十字。刻工：云间周有光。工作形式：一人独立承雕。

42.《茅鹿门先生文集》三十六卷，万历间刻本。十行十九字。刻工：金陵戴应试、戴应聘、戴应韶、戴谷、黄韶等21人。工作形式：多人合作。特点：家族参与。

43.《梦白先生集》三卷，万历间刻本。九行十八字。刻工：秣陵刘贤。工作形式：一人独立承雕。

44.《郑文洁公佚稿》十卷，万历间刻本。九行十八字。书工及刻工并联题名：萧山徐宇写、朱时刻。工作形式：一人独立承雕，一人独立承写。

45.《世说新语补》二十卷，万历间刻本。九行十八字。刻工：昆山唐周。工作形式：一人独立承雕。

笔者将以上列举的45例刻工合作刻书资料，制表如下：

明末江浙地区刻工合作刻书资料略表

序号	部类	刊印时间（年）	刊印数量（卷）	刻/书工（人）	人均承雕数量（卷）	刻（书）工籍贯
1	史部	嘉靖九年	130	54/0	2.4	
2	子部	嘉靖十八年	5	1/1	5	姑苏、金台
3	史部	嘉靖二十六年	21	34/1	0.62	
4	史部	嘉靖二十九年	8	2/0	4	余姚、中陵
5	子部	嘉靖三十一年至三十五年	366	2/1	183	无锡
6	经部	嘉靖四十一年	31	50/5	0.62	
7	经部	嘉靖间	10	1/0	10	
8	史部	隆庆六年	10	9/1	1.11	淮安、长洲

续表1

序号	部类	刊印时间（年）	刊印数量（卷）	刻/书工（人）	人均承雕数量（卷）	刻（书）工籍贯
9	史部	万历三年	46	16/2	2.88	吴郡、吴门
10	史部	万历五年	130	55/5	2.36	长洲、勾吴、古吴、姑苏
11	集部	万历五年	21	20/2	1.05	长洲、吴门
12	史部	万历六年	8	17/1	0.47	长洲
13	子部	万历七年	21	13/1	1.62	吴兴
14	集部	万历九年	12	17/0	0.71	
15	子部	万历十年	44	23/1	1.91	吴郡
16	史部	万历十一年	100	39/3	2.56	杭州、武林、钱塘
17	集部	万历十二年	54	16/1	3.38	吴郡、姑苏、长洲、进贤、吉水、吉安
18	子部	万历十六年	3	1/0	3	金陵
19	集部	万历十六年	20	1/0	20	山阴
20	史部	万历十七年	93	22/0	4.23	吴兴
21	子部	万历二十二年	21	2/0	10.5	吴郡
22	史部	万历二十四年	10	11/0	0.91	金陵
23	集部	万历二十四年	40	3/0	13.3	长洲、云间
24	经部	万历三十年	23	2/0	11.5	长洲
25	子部	万历三十四年	8	3/0	2.67	吴郡、长洲
26	集部	万历三十七年	150	1/1	150	晋陵、新安
27	集部	万历三十八年	10	3/1	3.33	长洲
28	集部	万历三十九年	16	1/1	16	越郡、武林
29	集部	万历四十四年	4	1/0	4	古吴
30	集部	万历四十四年	32	1/0	32	武林
31	子部	万历四十五年	50	3/1	16.67	吴兴、西吴
32	经部	万历间	4	10/1	0.4	无锡、金渊
33	史部	万历间	18	1/0	18	山阴
34	子部	万历间	11	2/1	5.5	长洲、吴门
35	子部	万历间	8	1/1	8	秣陵

续表2

序号	部类	刊印时间（年）	刊印数量（卷）	刻/书工（人）	人均承雕数量（卷）	刻（书）工籍贯
36	子部	万历间	16	3/0	5.33	南京
37	子部	万历间	50	39/1	1.28	吴兴、归安
38	集部	万历间	7	9/0	0.78	姑苏
39	集部	万历间	4	3/0	1.33	吴郡
40	集部	万历间	8	1/0	8	嘉禾
41	集部	万历间	46	1/0	46	云间
42	集部	万历间	36	21/0	1.71	金陵
43	集部	万历间	3	1/0	3	秣陵
44	集部	万历间	10	1/1	10	萧山
45	子部	万历间	20	1/0	20	昆山

我们依据这个用45例刻工合作刻书资料制成的《略表》和顾氏奇字斋所刻《类笺王右丞集》刊书题记，可以得出明末江浙地区刻工刻书合作形式及其相关问题的一般结论：

结论一，依据《略表》知，按照四部划分，集部最多，子部次之，史部再次之，经部最少。即集部18条、子部13条、史部11条、经部4条。经、史、子、集四部的刊印数量呈递增趋势。顾氏奇字斋所刻《类笺王右丞集》属于集部。这从一个侧面反映了当时各部书的社会需求和图书市场行情。

结论二，依据《略表》知，万历刻书最多，嘉靖次之，隆庆最少。即万历38条、嘉靖7条、隆庆1条。顾氏奇字斋所刻《类笺王右丞集》，为嘉靖刻本，占嘉靖一条。三个年代的数量多少不同，反映出了当时图书流通的实际情况。我们现在见到的嘉靖、隆庆和万历间的传本数量也与这个比例相吻合。

结论三，依据《略表》知，刻工刻书的平均卷数不同，刊刻十卷以上及一、两卷以下者为最多，而居六七卷位者为最少。

结论四，依据《略表》知，刻工一人独立承雕者较多。一人独立承雕，使利益最大化，这盖是刻工追求的工作目标。

结论五，依据《略表》知，江浙地区刻工最多，外地刻工最少。其中属于江苏境内的各县数量最多，其刻工姓名之前题署的籍贯包括无锡、淮安、长洲、姑苏、吴县、吴郡、吴门、勾吴、古吴、金陵、云间、晋陵、秣陵、昆山、江阴、武进；属于浙江境内的各县数量次之，其刻工姓名之前题署的籍贯计有余姚、杭州、武林、钱塘、越郡、吴兴、山阴、新安、归安、嘉禾、萧山、金台；属于江浙境外的各县数量最少，其刻工姓名之前题署的籍贯，包括山西的中陵，江西的吉水、吉安和进贤，四川的金渊。这些属于江浙境外的刻工，其情况盖有二种：或寄籍江浙，久居于此；或原籍若此，游至江浙，参加斯业。

二、明末江浙地区雕版刻工生计例说

有关明末江浙地区刻工的生计问题，史籍不载，无从查证。现在我们只能依据传本中记载的零星的"刻版价银"资料，大致估算刻工的收入，进而推知刻工日常吃饭等生计方面的点滴情况。

天津图书馆收藏《方洲先生文集》二十六卷，《读史录》六卷，明张宁撰，明万历钱世垚刻本。九行十九字，白口，左右双边，单黑鱼尾，版心上镌"方洲集"，下镌刻工名及字数。卷一卷端题"海昌许清编辑，门人朱祚校正，后学钱端唤重校"，卷四等有题"钱世垚重校"者。

该书首有明弘治四年夏时正《序》；无年月谢丕《后序》，又有《方洲集品藻》、《募刻方洲先生文集疏》、助刻姓氏（如"钱秦南助刻三卷"等）。卷末有盐官后学钱世垚《跋》言刻书事。《跋》后镌"上元王自谦又谦父书，张凤督刊"。

张宁字靖之，号方洲，浙江海盐人，明景泰甲戌（五年）进士，擢礼科给事中，成化元年出为汀洲知府，以简静为治。后以疾致仕，家居三十年，累荐不起。工书画，能诗，有《方洲杂言》《奉使录》《方洲集》传世。

钱世垚刻书《跋》云："……因募同志为之编次，前后集共得三十二卷，捐资缮刻，勒成一家言。"《方洲先生文集》卷后一般镌有牌记，内题本卷字数、写刻梨板价银数及刻工姓名。兹照录如下：

《方洲先生文集》

卷一：此卷共字九千五百四十个，该写刻梨板价银四两七钱九分，张一凤刻。

卷二：此卷共字九千五百五十个，潘爱溪，该写刻板价工食银四两七钱九分五厘。

卷三：（笔者按：此卷无牌记）

卷四：此卷共字九千一百个，共该写刻板价银四两零五□□，一凤刻。

卷五：此卷共字一万个，共该写刻板价工食银五两，句容潘以仕刻。

卷六：此卷共字八千六百七十五个，共该写刻板价工食银四两三钱三分八厘，李应章刻。

卷七：此卷共字九千零七十个，共该写刻板价银四两五钱三分五厘，上元李熠刻。

卷八：此卷共字一万零四百八十个，该写刻板价五两二钱四分。

卷九：此卷共字一万零四百个，共该写刻板价银五两二钱，上元陶梦祯刻。

卷十：此卷共字六千七百六十个，共该写刻板价银三两三钱八分，句容潘以仕刻。

卷十一：此卷共字七千七百三十五个，共该写刻板价工食银五两三钱三分五厘。

卷十二、十三：上下两卷共字乙（一）万零六百七十个，该写刻板价工食银五两三钱三分三厘。

卷十四：此卷共字一万零七百五十个，共该写刻板价工食银五两三钱六分，上元张一凤刻。

卷十五：此卷共字乙（一）万零二百一十个，该写刻板价银五两零九分，句容戴应聘刻。

卷十六：此卷共字乙（一）万零乙（一）百一十四个，共该写刻板价白银五两零六分，上元陈瑜刻。

卷十七：此卷共字八千五百五十六个，该写刻板价银四两二钱七分。

卷十八：此卷共字乙（一）万零五百个，共该写刻板价工食银五两二钱五分。

卷十九：此卷共字一万零五十六个，该写刻板价银五两零三分。

卷二十：此卷共字一万零七百卅（三十）个，该写刻板价银五两三钱五分五厘。

卷二十一：此卷共字九千六百四十二个，该写刻板价银四两八钱三分。

卷二十二：此卷共字九千四百五十个，共该写刻板价白银四两七钱二分五厘，上元李应章刻。

卷二十三：此卷共字一万零七百六十五个，共该写刻梨板价银五两三钱八分二厘。

卷二十四：此卷共字乙（一）万一千零四十二个，共该写刻梨板价银五两五钱二分，句容潘以仕刻。

卷二十五：此卷共字一万一千零十个，共该写刻梨板价银五两五钱零五厘，上元张一凤刻。

卷二十六：此卷共字九千八百二十个，共该写刻板食银四两九钱。

《读史录》

卷一：此卷共字五千七百二十个，该写刻板工食银二两八钱六分，上元李应章刻。

卷二：此卷共字七千□□五十，潘爱溪刻。

卷三：此卷共字乙（一）万乙（一）千零十个，该写刻板价工食银五两五钱零五厘，句容潘以仕刻。

卷四：此卷共字八千六百五十，共该写刻板价银四两三钱二分五厘。

卷五：此卷共字七千四百八十个，该写刻板价工食银三两七钱四分，余孟德刻。

卷六：此卷共字六千四百个，该写刻板价三两四钱。

笔者依据以上资料，制表如下：

明版《方洲先生集》牌记所载写刻梨板价银资料略表

卷次	本卷字数	写刻梨板价银	刻工姓名	备注
卷一	9540 字	四两七钱九分	张一凤	
卷二	9550 字	四两七钱九分	潘爱溪	
卷三	4885 字	二两八钱六分	余	卷末无牌记。本卷字数，笔者依原书逐页统计。写刻梨板价银数估用字数近似的读史录卷一充之。下书口题"余"，即刻工余孟德
卷四	9100 字	四两零五□□	一凤	即张一凤
卷五	10000 字	五两	句容潘以仕	
卷六	8675 字	四两三钱三分八厘	李应章	
卷七	9070 字	四两五钱三分五厘	上元李熠	
卷八	10480 字	五两二钱四分		无刻工
卷九	10400 字	五两二钱	上元陶梦祯	
卷十	6760 字	三两三钱八分	句容潘以仕	
卷十一	7735 字	五两三钱三分五厘		无刻工

续表

卷次	本卷字数	写刻梨板价银	刻工姓名	备注
卷十二、卷十三	10670 字	五两三钱三分三厘		无刻工
卷十四	10750 字	五两三钱六分	上元张一凤	
卷十五	10210 字	五两零九分	句容戴应聘	
卷十六	10114 字	五两零六分	上元陈瑜	
卷十七	8556 字	四两二钱七分		无刻工
卷十八	10500 字	五两二钱五分		无刻工
卷十九	10056 字	五两零三分		无刻工
卷二十	10730 字	五两三钱五分五厘		无刻工
卷二十一	9642 字	四两八钱三分		无刻工
卷二十二	9450 字	四两七钱二分五厘	上元李应章	
卷二十三	10765 字	五两三钱八分二厘		无刻工
卷二十四	11042 字	五两五钱二分	句容潘以仕	
卷二十五	11010 字	五两五钱零五厘	上元张一凤	
卷二十六	9820 字	四两九钱		无刻工
读史录卷一	5720 字	二两八钱六分	上元李应章	
读史录卷二	7050 字	三两五钱二分	潘爱溪	
读史录卷三	11010 字	五两五钱零五厘	句容潘以仕	
读史录卷四	8650 字	四两三钱二分五厘		无刻工
读史录卷五	7480 字	三两七钱四分	余孟德	
读史录卷六	6400 字	三两四钱		无刻工
合计	285820 字	144.478 两	共 9 人	

我们依据这个统计表提供的基本资料，推知当时刻工刻书的一些情况：

一、《方洲先生集》共计 32 卷，285820 字。平均每卷约计 8932 字。这是个人的一部书稿，篇幅适中。

二、雕版费用来自募集。我们知道，雕刻印送佛经，多是靠募集善款来进行的。这部书稿，是个人的一部集子，刊印费用的来源也是募集。也就是说，私人别集的刊印，有用募集款来进行的。

三、刊刻这部书稿，每千字需要 0.5054 两。

四、参加雕版的刻工共有 9 名。9 名刻工均来自隶属江苏地区的句容和上元两个县。9 名刻工的合作形式是集体承包一部书稿印版文字的刊刻任务。由于能力有区别，9 名刻工刊版的数量不同，依次为：

1. 张一凤，承雕四卷：即卷一、四、十四、二十五。

2. 潘以仕，承雕四卷：即卷五、十、二十四、《读史录》卷三。

3. 李应章，承雕三卷：即卷六、二十二、《读史录》卷一。

4. 潘爱溪，承雕二卷：即卷二、《读史录》卷二。

5. 余孟德，承雕二卷：即卷三、《读史录》卷五。

6. 陈瑜，承雕一卷：即卷十六。

7. 戴应聘，承雕一卷：即卷十五。

8. 李熠，承雕一卷：即卷七。

9. 陶梦祯，承雕一卷：即卷九。

其中，张一凤和潘以仕均承雕四卷，是最多的。两个人合计承雕 8 卷，占本书 32 卷的 25%，达到了四分之一，是刊刻本书印版的绝对主力。按照每卷 8932 字，每千字 0.5054 两计算，两个人合计得到 36.114 两，平均每个人得到 18.06 两。

其次是李应章、潘爱溪和余孟德，三个人合计承雕 7 卷，占本书 32 卷的 21.9%，达到了五分之一强，是刊刻本书印版的中坚力量。按照每卷 8932 字，每千字 0.5054 两计算，三个人合计得到 31.6 两，平均每个人得到 10.53 两。

最少的是陈瑜、戴应聘、李熠和陶梦祯，每人均承雕一卷，四个人合计承雕 4 卷，占本书 32 卷的 12.5%，达到八分之一，是具有一定刊刻水平的参与者。按照每卷 8932 字，每千字 0.5054 钱计算，四个人合计得到 18.06 两，平均每个人得到 4.514 两。这四个刻工所得与张一凤和潘以仕一个人的所得等同。

下面我们再列举三个例子：

例一，《五灯会元》二十卷，宋氏普济撰，明万历四十年刻径山藏本，各卷末均有牌记，记该卷字数、价银、校对者、写工、刻工等。其中卷一末所镌内容为：

丹阳居士贺懋熙、懋照、懋荧、懋煮仰承先严贺学礼遗愿施资刻此《五灯会元》第一卷，计字三万零二百八十三个，该银一十五两七钱五分，武林释大能对，上元李渊书，上元县李文炜刻，万历庚戌夏六月径山寂照庵识。

我们依据这个资料得知，该书印版文字的刊刻，平均每千字 0.52 两。李渊和李文炜合作刊刻此卷，合计得到 15.75 两，平均每个人得到 7.87 两。

例二，《广博严净不退转法轮经》四卷，刘宋释智严译，明万历三十八年径山寂照庵刻径山藏本。其中，卷一末镌：

浮渡居士吴用先施赀刻广博严净不退转法轮经第一卷，计字八千四百六十个，该银四两二钱三分，武林释大能对，常州徐普书，溧水端师尧刻，万历庚戌岁春三月径山寂照庵识。

卷二末镌：

浮渡居士吴用先施刻此卷，计乙万零三百七十二字，该银五两乙钱九分。

卷三末镌：

计字八千三百五十个，该银四两乙钱八分。常州徐普书，江宁王大纯刻，万历庚戌岁春三月径山寂照庵识。

卷四末镌：

计字九千四百八十二个，该银四两七钱四分，武林释大能对，常州徐普书，江宁罗仕显刻，万历庚戌岁春三月径山寂照庵识。

以上四卷，平均每千字 0.5 两。

例三，《佛般泥洹经》二卷，明崇祯毛晋刻本，卷末镌：

泰和信官杨仁愿捐俸刻佛般泥洹全部，东塔寺释道源，东湖信士毛晋同对，崇祯癸未孟冬之□□□□识。经二卷，共字二万二千七百八十四个，计写银九钱一分二厘，计刻银七两九钱七分四厘，共板二十八块，计工价银一两一钱二分，上元王苴□书，句容潘守诚刻。

此书将写工和刻工的工价分别进行计算，写工的工价为九钱一分二厘，每千字 0.4 两。刻书的工价为七两九钱七分四厘，每千字 0.35 两。印版 28 块，加工（锯成长方形印版）费共计 11.2 两，平均每块加工费 0.4 两。这是明代著名藏书家汲古阁主人毛晋刻书成本情况。

关于明末江浙雕版刻工刻书的工价问题，近代以来，曾引起少数文献学家的注意。

叶德辉《书林清话》卷七"明时刻书工价之廉"云：

明时刻字工价有可考者，《陆志》《丁志》有明嘉靖甲寅，闽沙谢鸾识岭南张泰刻《豫章罗先生文集》，目录后有"刻板捌拾叁片，上下二帙，壹百陆拾壹叶，绣梓工资贰拾肆两"木记。以一版二叶平均计算，每叶合工资壹钱五分有奇，其价廉甚。至崇祯末年，江南刻工尚如此。徐康《前尘梦影录》云："毛氏广招刻工，以《十三经》《十七史》为主。其时银串每两不及七百文，三分银刻一百字。"则每百字仅二十文矣。

这里记载张泰刻《豫章罗先生文集》的工价是每叶合工资壹钱五分有奇。毛氏刻《十三经》《十七史》，其时银串每两不及七百文，三分银刻一百字，每百字仅二十文。

张秀民先生著《中国印刷史》在第三章"历代写工、刻工、印工生活及其事略"中的"明代"部分，记述了明代刻工及刻书工价问题，云：

明时刻书工价见于记载者有：

成化刊《豫章罗先生文集》，刻板83片，161页，绣梓工资二十四两，每页约合一钱五分。

正德五年刊《明文衡》九十八卷，其序云："总为费计二十万有奇。"

邵氏《弘简录》，刻费九百余金，计字三百四十万有奇，每百字为银二分七厘，为钱二十文。

万历二十九年刻《方册藏》，每字一百，计写工银四厘，刻工银三分五厘，每板一块两面刻成满行，通计费银三钱六分。（每板一块两面具二十行，行二十字，共计八百字）

同时北监刊《廿一史》，靡六万金有奇。

崇祯末，毛氏汲古阁广招刻工，其时银串每两不及七百文，三分银刻一百字，则每百字仅二十文矣。

万历时，"每字一百，时价四分"。可见明时刻书工价比较低廉，每百字始终约为银三四分左右。

刻工们辛苦一天，只能刻出一百十多个字，得银四五分。万历三十三年，每僧一日饭食腐菜算银一分。刻工一天工资可以吃到比和尚稍好一点的饭菜，若要养活家小就不免困难了。

我们依据张秀民先生的分析，一个刻工一天可刻字一百十多个，若一个月按30天计算，一个刻工每月刻3300字，可以得到约1.155两银子。这反映出当时刻工工资收入的基本状况。

杨绳信先生在《历代刻工工价初探》一文中，举例进行说明。其中一例是万历四十年刊《径山藏》之《经律异相》。该经每卷后均有题记，其中卷一题记云：

浮渡居士吴用先，施资刻此《经律异相》第一卷，计字八千七百七十个，该银四两三钱八分五厘。自下释在慎对,上元王自谦书,许一科刻。万历壬子夏六月径山化城识。

《经律异相》共五十卷,全是用吴用先施资所刻,每卷卷末都有如上格式的识语。杨绳信先生将各卷字数、工价及写、校、刻工姓名制成表格,颇便检视。笔者对该表略加删改,去掉"校对工"一项,制成《〈经律异相〉雕版情况略表》如下:

卷次	字数(个)	工价(两)	每千字银(两)	书(写)工	刻工	刻版时间
1	8770	4.385	0.5	王自谦	许一科	万历四十年六月
2	3900	1.95	0.5	王自谦	端司尧	万历四十年六月
3	6545	3.273	0.5	王自谦	李再兴	万历四十年六月
4	6800	3.4	0.5	王自谦	徐廷旻	万历四十年六月
5	6775	3.388	0.5	王自谦	李文炜	万历四十年六月
6	11363	5.68	0.5	王自谦	李一能	万历四十年六月
7	10132	5.065	0.5	王自谦	祁	万历四十年六月
8	9710	4.855	0.5	王自谦	端司禹	万历四十年六月
9	5170	2.585	0.5	上王自谦	吴廷海	万历四十年六月
10	8570	4.28	0.4994	王自谦	张应文	万历四十年六月
11	7875	3.93	0.499	徐谱	刘懋德	万历四十年六月
12	3405	1.7	0.4992	徐谱	罗仕贵	万历四十年六月
13	7105	3.52	0.4954	长洲徐谱	句容县潘沔	万历四十年六月
14	9878	4.93	0.499	徐谱	郑大化	万历四十年六月
15	8867	4.43	0.4996	徐谱	周子孝	万历四十年九月
16	7276	3.64	0.5002	徐谱	县王芝	万历四十年七月
17	9108	4.55	0.4995	徐谱	刘帮瀛	万历四十年七月
18	8771	4.38	0.4994	徐谱	上元李熠	万历四十年七月
19	10288	5.14	0.4996	徐谱	汪文旦	无年号
20	3792	1.9	0.501	徐谱		
21	6530	3.265	0.5	徐谱	郭	万历四十年八月
22	5690	2.845	0.5	王自谦	许应明	万历四十年八月
23	10320	5.16	0.5		李应章	万历四十年八月
24	11330	5.665	0.5	王自谦	李文炜	万历四十年八月

续表

卷次	字数（个）	工价（两）	每千字银（两）	书（写）工	刻工	刻版时间
25	5795	2.905	0.5013	王自谦	潘继德	万历四十年八月
26	7114	3.556	0.4999	王自谦	王兰	万历四十年八月
27	6600	3.3	0.5	王自谦	李再兴	万历四十年九月
28	6520	3.26	0.5	王自谦	江宁刘	万历四十年八月
29	6316	3.203	0.5071	王自谦	徐廷旻	万历四十年八月
30	3875	1.937	0.4999	王自谦	陈应武	万历四十年八月
31	11818	5.54	0.4688	徐谱	潘继德	万历四十年八月
32	11530	5.53	0.4796	徐谱	刘懋德	万历四十年八月
33	7471	3.73	0.4993	徐谱	端司尧	万历四十年八月
34	5277	2.64	0.5003	徐谱	潘沔	万历四十年八月
35	6130	3.15	0.5139	徐谱	吴文辉	万历四十年八月
36	8285	4.14	0.4997	徐谱	陶本邦	万历四十年九月
37	6189	3.09	0.4993	徐谱	端司禹	
38	4526	2.26	0.4993	徐谱	张应文	万历四十年九月
39	5924	2.96	0.4997	徐谱	县王芝	万历四十年九月
40	5593	2.79	0.4988	徐谱	潘应□	万历四十年九月
41	6366	3.183	0.5	王自谦	戴伍	万历四十年十月
42	3054	1.527	0.5	王自谦	吴廷海	万历四十年十月
43	8070	4.35	0.5	王自谦	李熠	万历四十年十月
44	9765	4.882	0.4999	王自谦	尚□	万历四十年十月
45	5180	2.587	0.4994	王自谦	周子孝	万历四十年十月
46	7797	3.9	0.5002	王自谦	潘沔	万历四十年十月
47	11900	5.95	0.5	王自谦	刘文元	万历四十年十月
48	6400	3.2	0.5	王自谦	端司禹	万历四十年十月
49	5800	3.2	0.5517	王自谦	刘邦承	万历四十年十月
50	9060	4.53	0.5	王自谦	罗仕贵	万历四十年十月
合计	370505	185.216	0.4999			

杨绳信先生说，依据此表可以看出："该经刻工共有31人，刻经费时五个月（万历四十年六月至十月）。刻经一卷者16人，刻二卷者13人，刻三卷者2人。刻工每天能刻多少字？以刻字最多的端司禹和潘沔为例，每月可刻字4000左右，他俩是技术熟练的工人，每天平均刻字130字，一般工人每天不过刻100字左右。写工由徐普、王自谦专营其事，其待遇当比刻工高。……《经律异相》每千字付费0.5两，折钱350文。每百字35文，每字0.35文。这全是付给刻工的。……一般刻工每天刻字100个，每月工资1.5两，折钱1050文。"

此书刻工和书工分别来自江苏的上元、长洲、金陵、句容、江宁、溧水，以及安徽的泾县、旌德、当涂等县。特别值得注意的是由安徽泾县、旌德、当涂等县来到江苏的刻工和书工，属于外来工匠，说明当时的雕版工匠务工具有流动性。这与目前农民工进城打工颇有相似之处。

通过以上实例分析，对于明末江浙地区刻工生计问题，我们有了一些模糊的认识。

刻工雕刻印版文字的工价标准。每千字工价0.5两；书工缮写版样，每千字工价0.04两；将木料加工成印版（即锯成长方形），每块加工费0.04两。

工匠每个月的工资报酬及支出情况。一位刻工依靠自己一个月的工资是如何生活的？要搞清楚这个问题是不容易的。目前我们只能根据以上例子，进行大致的推测。

我们先看看嘉靖时的刻工情况。我们依据上文征引的叶德辉《书林清话》卷七"明时刻书工价之廉"资料"明时刻字工价有可考者，《陆志》《丁志》有明嘉靖甲寅，闽沙谢鸾识岭南张泰刻《豫章罗先生文集》，目录后有'刻板捌拾叁片，上下二帙，壹百陆拾壹叶，绣梓工资贰拾肆两'木记。以一版二叶平均计算，每叶合工资壹钱五分有奇，其价廉甚"得知，这部闽沙谢鸾识岭南张泰刻的《豫章罗先生文集》，具体刊刻时间在嘉靖三十三年，每半叶十三行，二十三字。（见《稿本中国古籍善本书目》1274页）每版598字，共计83版，印版反正雕字（即一块版两面都刻字）161叶（版），全书共计96278字。绣梓工资贰拾肆两。每千字0.25两。这里不知道参加此书的刻工人数和时间。但它可以为《类笺王右承集》提供旁证。

嘉靖时，参加《类笺王右承集》刊版的刻工中，刻得最快、最多的是何镒，他承雕53页印版，用时169天，以每月30天计算，约5.5月。每天刻一块印版的三分之一强，每块印版的字数是324字，每天刻102字，共刻17172字。按照《豫章罗先生文集》每千字 0.25 两标准进行折算,何镒共得 4.29 两。他用时约 5.5 月,则每个月的工资是 0.78 两。仅及万历时一般刻工每月工资 1.5 两的一半。难怪叶德辉称之为"其价廉甚"。我们依据《昆合县志》所载"嘉靖二年,米石银二两"推知,刻工何镒,用一个月工资所得买不了一石大米,只能勉强养家糊口。

我们再来了解万历时的刻工情况。我们依据上文提到的万历时刊刻《经律异相》为例,"一般刻工每天刻字 100 个,每月工资 1.5 两,折钱 1050 文"。我们依据《溧水县志》所载"神宗万历七年,大有年,米一升钱三文"进行计算,一位刻工,用一个月的工资可以买到 350 升大米,即 420 斤大米。以每家 5 口人,每人每天 1 斤饭量计算,全家人一个月吃掉 150 斤大米,占 36%,即三分之一强;还有 270 斤大米的余粮,占 64%,即三分之二弱。也就是说,刻工的月工资所得,除吃饭养家糊口外,还有三分之二的余钱,可以干其他与生活有关的事情。

总之,明朝末年江浙地区因经济、文化发达,在市场需求的带动下,以雕版为业的刻工,因为身怀一技之长,靠出工赚钱维持生活。生活水平属于较低档次。这些默默无闻的雕版工匠,在我国传统文化建设中起到了十分重要的作用。我们对这样一个群体的了解,还很不够,随着新资料的发现,一定会出现新的研究成果,余将倚门翘首待之。

参考文献:

①叶德辉撰《书林清话》,1957 年中华书局出版。

②张秀民撰《中国印刷史》,1989 年上海人民出版社出版。

③杨绳信撰《历代刻工工价初探》一文,载中国印刷史料选集之三《历代刻书概况》,1991 年印刷工业出版社出版。

④李国庆编《明代刊工姓名索引》,1998 年上海古籍出版社出版。

(载《印刷与市场国际会议论文集》,2012 年 9 月浙江大学出版社出版)

古籍清话

卷二　古籍的整理与编目

于石诗文的两个刻本

于石，字介翁，号紫岩，宋末元初兰溪人。平生自负甚高，年三十宋亡，隐居不出，一意于诗。其诗素以"讽咏世事"著称，"一时言诗者皆莫能及"。（见《（乾隆）浙江通志》）可见其诗在当时的影响。于诗凡七卷，多散失，所传惟其门人吴师道为之编选诗选三卷，稿成于元泰定三年（1326）。吴编诗选，历来题名有二：一曰《紫岩诗选》，一曰《紫岩于先生诗选》。诗选清季以前未见刻本，仅以传抄流布，直至清末才有刊本。我见清刻有二：

一为光绪十五年（1889）栅川于国华（玉田）留耕堂刊本，题名《紫岩诗选》，凡三卷。杭州丁丙所藏此书抄本，道光中曾经徐孟球传抄并校正。光绪中汪朝铨又自丁氏处借得徐氏手抄本，"以其尚有疏漏，复加校？录副以归"，此抄后又被于国华借得。国华系于石十八世孙，他得此抄后，以为"祖宗手泽越五百年尚在人世，若听其淹没，后人之过也"。于是他"急谋剞劂以广其传"。由此可见，此刻当本于丁氏家藏抄本。与丁氏原藏抄本，均被《中国善本书总目》收录，并为所收于石诗选之唯一刻本，每半叶九行二十一字，白口，四周双边，版心上题书名，下镌"栅川于氏留耕堂藏板"，每卷末大题下均题"于氏原抄本"五字，并有徐孟球、汪朝铨和于国华跋文一则。

另一刻为道光二十三年（1843）金华王氏冰壶山馆刻本，题名《紫岩于先生诗选》，凡三卷。道光二十二年金华王家齐从兰溪唐壬森处借得原本传录，翌年雕印行世。每半叶十行二十一字，左右双边，黑口，版心下镌"冰壶山馆丛书丁部"及本叶字数，封面有牌记，云："道光贰十三年太岁在昭阳单于仲月王氏冰壶山馆开雕。"卷首有金履祥序，卷末有王家齐跋二则，诗文首尾俱全。杭州丁氏《善本书室藏书志》载此诗选抄本，并称于石"集久不传，传者仅此册耳"，可见题名《紫岩于先生诗选》之传抄本亦十分稀觏。此刻殆为现存《紫岩于先生诗选》之最早刻本（此刻简称《于诗选》，上一刻简称《诗选》）。

丁丙在比勘所藏二抄后称《紫岩于先生诗选》"篇第与前（指《紫岩诗选》）不同"断定"殆另一抄本也"。以二刻证之，确信此言不诬。

二刻所收诗文及篇第略异，互有增损。《诗选》正文收古今体诗凡九十四首，包括五言古诗五十三首、七言古诗二十八首、五言律诗二十三首、七言律诗六十三首、七言绝句三十七首，其中《孔明》一首为《于诗选》所不载。《于诗选》所收诗除其中的《妾换马赋韦鲍二生事》一首为《诗选》所无外，余均与《诗选》同。也就是说二刻正文收诗数量等同。另外，《诗选》书后还附补遗古今体诗十首，包括据《（嘉庆）山阴县志》补入的《次韵铿中八咏》八首，据《元诗体要》补入的《吊古行》一首和据《吴礼部诗话》补入的《钓台》一首。《于诗选》书后亦据《吴礼部诗话》补入《钓台》一首。这样《诗选》所收，只是附录比《于诗选》多九首。

《诗选》所增补的这几首诗，是研究于石诗文很难得的材料。惜刊刻者没能广搜普集，也可能有些散在清书中的于诗，未能见到，造成漏刻。我偶见《（康熙）金华县志书》（卷十、诗类、二十页）得于石七言绝句《山桥》诗一首，为二刻所无，诗云："北山之北两山驰，一径蜿蜒石作梯。脚力倦时山始好，芙蓉东畔赤松西。"除此之外，在这部方志中，又得《答诸公邻山作》《赤松官》《鹿田》三首，在《（乾隆）浙江通志》中，得《小石塘源》一首及《次韵铿中入手》八首。这十二首诗虽被二刻所收，然其诗所刊早于二刻，且诗文字句又与二刻颇具异同，用于参校二刻，亦是很好的材料。

二刻均分三卷，然其每卷收诗有别，《于诗选》卷三《云竹》一首，收在《诗选》卷一，卷二《紫薇翁歌》及自《赠星命松坡》至《赠姚星士》的十一首诗，亦收在《诗选》卷一；卷三自《山居》二首至《雪中》的四十二首诗均被收在《诗选》卷二，而且二刻诗文在同卷中前后次第也不一样。

由于《诗选》所据之底本较《于诗选》为善，故我用前者与后者粗校一遍，略加比较，发现其诗文字句几乎每首都有不同程度的出入，异文竟逾千字，讹谬之处指不胜屈，试举要者，以见一斑。

《吴子益》一首，《诗选》一句云"扁舟已去岸留痕"，《于诗选》作"扁州已去岸留痕"，"州"系"舟"之讹。

《钓台》一首，《诗选》一句云"先生无处可伸足"，《于诗选》作"先生无处可伸脚"，"脚"系"足"之讹。

《次韵徐深之》一首《诗选》一句云"笔砚无功岂有神",《于诗选》作"笔砚无功钱有神","钱"系"岂"之讹。

《清明次韵周君会》一首,《诗选》一联云"杜鹃声里客中客,蝴蝶梦中身外身",《于诗选》作"杜鹃声忑客中客,蝴蝶梦飞身外身","忑""飞"系"里""中"之讹。

《我从山中游》一首《诗选》一句云"徘徊踏明月",《于诗选》作"徘徊踏月明","月明"系"明月"之误。

《答吴子真》一首,《诗选》云"易可以明吾道之消息,诗可以观吾之盛衰",《于诗选》脱此文。

于刻《诗选》多将异字附于正字之后,并用括号括之,而括号中之字,又恰与《于诗选》正文字句同。如《路傍女》一首,《诗选》一句云"自言妾少(一作小)时",《于诗选》作"自言妾小时"。《晚步》一首,《诗选》一句云"徘徊竟(一作淡)忘归",《于诗选》作"淡"。也有不是这样的,如《游叟言》一首,《诗选》一句云"娇痴还(一作独)恋母",《于诗选》作:"娇痴犹恋母",这虽是特例,然其说明于石诗文异处之多。若用另本再与二刻相校,更能说明这个问题。

我又用志书所载几首诗与二刻对校,异处竟达数十处,仅《小石塘源》一首,志书就有两处脱文:一是,"干戈几抱攘…一年未返业"八句四十字,二是,"儿子自生长,古今任兴亡"一联,二刻俱有而《(乾隆)浙江通志》均脱。然该方志也有校正二刻之误者,仍拿《小石塘源》为例,《诗选》诗序云"源深九十余里……",《于诗选》作"源深几百里……",而该志作"源深远几百里……",二刻均脱"远"字且尚有异文。

《次韵铿中八首》第八首《芳陀室》,《诗选》一联云:视心如莲花,浮明涵十虚,该志作"视心如莲花,净明涵十虚","浮"系"净"之讹。再如"小石塘源",《诗选》二句云:"柴门隐松篁""俗淳气亦古",《于诗选》作"柴门听松篁""俗淳器亦古",而该志同《诗选》,"听""器"系"隐""气"之讹。

从以上数例来看,《于诗选》讹谬之处远胜《诗选》,这不是说《于诗选》一无是处,从《诗选》中也可找出一些讹舛来,可用《于诗选》正之,如《祈雨》一首,《诗选》一句云"草木脆干石欲裂",显而易见,"脆"系"翠"之讹。

总的来说,《诗选》刊本所据底本较《于诗选》为佳,且又参据著书做了增补订正,内容较为充实,再经邓钟玉(子珣)重加校理,自然讹误之处要少于《于诗选》，是一部可读之书。惜民国间永康胡宗楙重刻本所据乃为王氏冰壶山馆本，此刻已收入《续金华丛书》中，其所收诗除《钓台》一首外，余均同王刻本，文字异同具照底本传刻，只字不差，惟版式不同而已，可知胡氏当时未曾见过于刻本。

（载安徽《图书馆工作》1987年第2期）

毗卢大藏版刻小志

两宋，是我国雕版印刷术发展的鼎盛时期。当时除刊印各类图籍外，还大量印行佛经，尤其是多次雕印《大藏经》，这便构成了我国古代文化史上的一大特色。因而，对其中每一部《大藏经》进行探讨，都显得十分必要。

特别值得一书的是，宋季自《开宝藏》印就颁赠国内诸大寺及邻国之后，又曾在福州等地翻雕，每一部《大藏经》成书后，其中有的不久就被日本等国僧侣携持归国。宋椠《大藏经》的印行，不仅为中国佛学研究提供了丰富资料，而且还对以后日本翻印《大藏经》、大量搜集中土佛典产生了直接影响。

笔者仅据掌握材料，试对其中一藏——福州开元寺版《毗卢大藏》的版刻情况作一简要阐述，班门弄斧，以就教于方家。

在雕版印刷术发明以前，佛经主要是以抄本的形式流传。木刻单经的雕印，约在隋唐之际。现存最早的佛教单经印本，是早已流失域外的唐代印本《金刚经》，卷末署"咸通九年（868）四月十五日王玠为二亲敬造普施"十八字。而《大藏经》的雕印则是从宋太祖赵匡胤开宝年间开始的。是藏以始刊年号得名，曰《开宝藏》，或以刊地称之，曰《蜀藏》，这是我国第一部雕版印刷的《大藏经》。

宋季官私雕造的《大藏经》凡有五种版本[1]，除首刊的《开宝藏》外，以刊刻年代先后为序，依次包括：《万寿大藏》（福州东禅等觉院版）、《毗卢大藏》（福州开元禅寺版）、《思溪大藏》（湖州思溪圆觉禅院版）和《碛砂大藏》（平江府陈湖碛砂延圣院版）。宋版《大藏经》传至今日，均无完帙，有的残佚颇甚。刊刻年代最早的《开宝藏》，现存实物最少，不足十卷；《万寿大藏》，目前国内收藏的仅系为数不多的零散本，有一部分今藏日本；《思溪大藏》和《碛砂大藏》，目前国内存帙较富；《毗卢大藏》虽国内仅存零散本，然该藏的大部分今庋藏在日本的宫内省图书寮。《毗卢大藏》是现存最早的一部较完整的宋版《大藏经》，在流入域外的各种宋版《大藏》中，《毗卢大藏》又是现存部帙最富，保存最好的一部。

《毗卢大藏》系福州开元寺雕造。关于开元寺，《（万历）闽都记》卷八"郡城东北隅侯官县"载：

开元寺在芝山之南，其地旧隶怀安，今属闽县。梁太清二年②（548）建寺，曰"灵山"，寻改"大云"。唐初更隆兴③。开元二十三年（735）更今名④，复扁其门曰"芝山"。会昌中汰天下寺，州存其一，即此。北宋天禧中灾……闽王审知建以铜三万斤范弥陀像于灵、芝二山之麓……靡金银万余两⑤为四《藏经》，各五千四十八卷，翁承赞撰铭。又造木塔七层。宋时屡灾。

该寺又于清顺治十四年（1657）重建，康熙三十八年（1699）赐今额。

闽中僧寺，始于晋太康之纪。历代增建，至宋庆历中通计已达一千六百二十五所⑥。宋徐经孙《福州即景诗》云：

潮田种稻重收谷，道路逢人半是僧。

谢泌诗云：

城里三山千簇寺，夜间七塔万枝灯。

闽中寺院，僧尼之多，借此可以想见了。开元一寺，乃闽境内最著名之古刹。

关于《毗卢大藏》的雕造年代问题，限于所获材料，目前尚有不同观点。从诸说来看，关于该藏雕造的始年，大都认为在北宋徽宗政和二年（1112），而对于是藏雕造终年则分歧较大。吕澂先生以为该藏"到绍兴二十一年（1151），经四十年"告竣⑦，童玮先生也持此说⑧；方豪先生认为是藏"完成于南宋高宗绍兴十六年（1146），至孝宗乾道八年（1172）补刻禅宗部，共费时三十四载"⑨；还有一说以为全藏直刻"至乾道八年完成，前后历经六十一年"⑩，近来沈津先生也附此论⑪。

从目前掌握的材料论证，笔者认为《毗卢大藏》始刊于北宋徽宗政和二年（1112）告竣于南宋高宗绍兴二十一年（1151）又于孝宗乾道八年（1172）补刻语录部数经。检图书寮所藏《毗卢大藏细目》⑫，其中题署刊刻年代最早者为"宾"字函《大般涅槃经后分》二卷，署"政和二年"版，最晚者为"多"至"寔"字函二经，即《大慧普觉禅师住径山能仁禅院语录》三十卷及《大慧普觉禅普语》一卷，署"乾道八年"版，其中首经尚有"乾道八年绍玉印行序"一文。复检是藏刊刻末年诸单经，署"绍兴十六年"版者，得19部；同"十八年"版者，得280部；"十九年"版者，得3部；"二十年版者"，得1部；"二十一年"版者，得4部。那么，由此看来该藏自政和二年至绍兴二十一年间并未间断雕刻，而所谓此藏告竣于"绍兴十六年"之说则不攻自破。又绍兴二十一年至乾道八年相隔达21年之久，可见乾道八年所刊当是后补者。所补"多""士""寔"三字函二经,据吕澄《新编汉文大藏经目录》(1980年齐鲁书社版)当入"语录部"。至于吕澂先生所云《毗卢大藏》又于"南宋隆兴初曾补刻两函"⑬,及方豪先生所云"至孝宗乾道八年补刻禅宗部",不知其所指。

关于《毗卢大藏》的卷、函、部数问题,目前说法也不一致。童玮先生以为"全藏595函,千字文编号自天字至颇字,1451部,6132卷"⑭;杨曾文先生以为全藏共1429部,6117卷⑮;又《中国版刻图录》(157页)载云"此藏梵夹装,567函,6117卷",方豪先生也持此论⑯。

笔者细检图书寮藏品,其卷6262,另附字音帖530卷,其字函595,其部1450。其中仅字函数与童说正合。千字文编号天至颇凡595字,该藏以字为函,全藏实有595函当无问题。这里需要说明的是,由于图书寮所藏不是全部完整的原刊《毗卢大藏》,且其中有三字函缺如无经,不详三字函所录单经部数及卷数,又最末经的"颇"字函为所配《万寿大藏》单经,而非本版,故言上列数字也不十分准确,惟近原刊《大藏》实情而已。

《毗卢大藏》的雕造,其组织虽不及《碛砂大藏》设置得那样缜密⑰,然尚有大藏经司之设置,又有都会、证会等职。

有关大藏经司的设置情况,史籍无证,惟从是藏刊刻题识中尚可窥知一二。如"凤"字函《妙法莲华经》绍兴二十一年版即是。据此观之,其职不外是收纳捐资及协调组织刊印工作。大藏经司或又称"开元经局",此名仅见是藏纸背所钤"开元经局染黄纸"大长方印文中。至于二者是否为同一组织机构,尚无据定夺。

雕经都会,今省称雕经会或刻经会。都会成员为都会首。都会首由福州名士及开元寺管句沙门组成。证会一职,由本寺历代住持及诸大师组成。另由众劝缘沙门在福州境内巡回劝募净财,在本寺内雕造《大藏经》。有关其组织设置情况,在是藏刊刻题识中略有反映,如"漆"字函⑱《法苑珠琳》宣和六年版,"贞"字函《不空罥索神变真言经》⑲等。这些刊刻题识为我们考察当时雕造是藏的组织情况提供了十分难得的史料。兹将这部分材料依次排比,即得下列衔名:

福州开元禅寺雕经都会首:陈芳、陈询、陈靖、蔡俊臣、蔡康国、葛龟年、刘渐、刘居中、林昭、林桷、陶谷、谢中、颜征、郑康、曾绍、张嗣……前管句沙门本悟、见管句沙门僧仟……(俱见上举二例)

福州开元禅寺雕经证会:

见住持静慧、大师法超、当山三殿大王大圣泗洲、前住持本明（俱见上举二例）、住持传法赐紫慧通大师了一（见"灵"字函）等。福州开元禅寺劝缘沙门：行崇（见"天"字函）、本悟（见"盈"字函）、智觉㉓……

《毗卢大藏》与其他佛典一样是多起募资雕印的。是藏募资的区域范围以福州本境为限，外埠捐资者多为游客或暂侨居闽地者。施财者除本州诸寺院僧尼外，大部分为本州奉佛男女弟子。他们每施财刊刻一经后，便在该经末端署上自己的姓名称号、籍里，刊经心愿及刊经年月，这些刊记正是我们了解当时募资雕经情况的第一手材料。从中不但可以考见当时劝募的具体地区，捐资者姓名，还可以考察诸寺院僧尼之宗派，以及是藏雕造的一些情况。

兹将开元禅寺雕经劝缘的具体地区及捐资者姓名择其要者作下简表，仅供参稽。

1. 福州境内捐资者籍里、姓名略表

籍里	姓名	出处
福州闽县崇贤里	左朝请	"明"字函
闽县崇贤里	潘师文及室薛氏十一娘	通、广
闽县崇贤里	（女弟子）陈氏真灵悟及其男谢隆升	灵
闽县崇贤里	（副孔目官）张玛画及其室朱十七娘（法名善宝）	画
闽县加崇里	林文修	受
闽县加崇里	龙公译	子
福州	（都孔目官）元聪及其室颜氏四娘	叔、冠
福州子城厢居住	王珪及其母吴三十八娘、妻徐十三娘	
府城居住	陈景及室林八娘	
怀安县长寿里	林贲	真至满
怀安县敦业乡择善里	陈默	当
怀安县赞城里	王誉及室陈氏十一娘	西、二
侯官县荣亲里	姚诚及室林三娘、楼长男姚锡、媳妇王二娘	楼
连江县名闻乡安义里	李彦昭	真至满
连江县安仁里	吴氏七娘	灵至启

2. 福州境内及域外施财沙门法名、所住寺院简表

寺院	法名	出处
住鼓山	禅鉴大师本凉	相
净业寺	尼慈超	怀、兄
净业寺	比丘尼冲舆	母、仪
雪峰山	住持嗣祖	分至隐
泉州开元寺	僧道成	天
净业寺	尼道光、道契	怀、兄
净业寺	比丘尼道生	伯、叔
外汤禅院	比丘德尧	毂
住法林尼院	真行大师德亮	
侯官县住崇	真净大师德性	
福尼院		见比至孔
东京显静寺	比丘定慧	飞、同
景星院	尼童慧深	陪
文殊院	赐紫比丘海圆	分至隐
太平禅寺	传法住持佛慧大师了心	辇
崇德院	比丘尼妙明	俸
万定禅院	尼善正	伯、叔
水陆院	比丘尼守清	疲、守
尊义里宝林尼院	住持守真	恻至神
万定院	赐紫尼晓惠与妹尼晓宗	交至投
法林院	比丘尼祖传	集、坟
前住唐安寺	比丘祖昙	英
报恩院	比丘尼祖院	犹
崇福院	尼智确	母、仪
日本国	僧智光	天
景星院	比丘尼志随	训
前住崇善禅院	比丘尼宗教	背
万寿寺	比丘致圆	疲、守

《大藏经》的雕印是一项规模空前的工程，它绘出了我国古代雕版史上极为壮观的画卷。斯业非重资不能善动，无众匠不能毕工。历时近半个世纪才雕成的《毗卢大藏》，共耗资多少？这个问题虽无史籍记载，无法稽核，然据是藏部分单经刊刻所需费用即可推知大概。如福州府城卓氏十五娘施财一百贯文雕《弘明集》印版一函。此经凡14卷，为"集""坟"二字函，而卓氏所雕为"坟"字函，为该经后半部分，即卷八至十四，也就是用一百贯文雕刻七卷印版。又如福州元氏施财二百贯文雕经《八大菩萨》等七部印版二函，凡十五卷，平均每一百贯文雕7.5卷印版。又如前举鲁国太夫人施财一百贯文雕凤字函《妙法莲华经》等印版十卷。倘若以一百贯文雕8.5卷印版计算，那么，雕刻6262卷的《毗卢大藏》印版，约需74000贯文。事实上大概不会少于这个数字。雕刻斯藏又需雇用多少刻工？我们只要将该藏各经卷页中的刻工题名一一摘录下来，即可得出大致的结论。惜无缘览是藏，只好借助旁证来解释这个问题。刊刻年代后于本藏的《碛砂大藏》，刊刻时总共雇用423名刻工，全藏雕毕历时九十一年，其部帙虽略多于《毗卢大藏》，然刊年却超过本藏数十年，据此推知，参加《毗卢大藏》印版雕刻的刻工总数当不少于400人。

兹将该藏部分刻工，依所刊经版年代先后依次列下，同时考出部分刻工籍里，以彰其功，以供参稽，以明是藏刊刻之一些实情。

丁宥、王英，见宋政和三年（1113）版《大方广佛华严经合论》第七卷。

浚、吕、免、周正，见政和五年（1115）版《大般若波罗蜜多经》第八卷。

陈演、曹音、高元、郭受、李完、林通、林立、吴彬、卓免、张周，见宣和元年（1119）版《法苑珠林》第四十八卷。

陈富、陈立、孙祐，见宣和元年（1119）版《佛说优填王经》一卷。

蔡宁、高选、林立、王纲、王觉、王阴、吴滨、郑才、郑习，见靖康元年（1126）版，《不空羂索神变真言经》第十三卷。按：是经刻工尚有林通、林立二人，俱已见前经。

陈生、崔迪、郭遇、林厚、丘受、王老、吴才，见绍兴十八年（1148）版《经律异相》五十卷。

王询，见绍兴十九年（1149）版《开元释教录略出》。

其中"孙生"一名又见北宋刊递修本《汉书注》补版页中，见《四部丛刊》百衲《二十四史》本，《中国版刻图录》8页著录，称"此书《五行志》后有对勘官知福州长乐县主管劝农会事刘尧衔名一行……因疑此本当是福州官板"。

吴才，又见宋淳祐十年（1250）福州路提举史季温刊元明递修本《国朝诸臣奏议》一百五十卷，《宋版书特展目录》53页著，又《文禄堂访书记》卷二，22页也载此本。

《毗卢大藏》刻工多为福建地区良工，上举孙、吴二人即属其一，兹不悉举。

郑才，又见宋淳熙间抚州公使库本《春秋经传集解》三十卷，《文禄堂访书记》卷一，19页著录，又《春秋公羊传解诂》十二卷，版同上，有《古逸丛书》三编本。抚州属江南西路直辖，其在江西刊书多种，当为江西人无疑。

林通，又见宋乾道江右刊本《豫章黄先生文集》三十卷。《外集》十四卷，《藏园群书经眼录》卷十三，117页著录，江右为江西之别称，林通姑定赣人。

林立，又见宋绍定元年（1228）严陵郡斋刻本《钜鹿东观集》十卷，有《古逸丛书三编》本。严州属两浙路直辖，林立姑定浙人。

据以刻工所刻他书推知，参加《毗卢大藏》印版雕镂的刻工除福建本地外，尚有江西、浙江等地良工。宋季刻书业发达，异地刻工往来也当为史实，此尚得一佐证。

宋椠《大藏经》，由于部帙庞大，又去今久远，故传世者已无完帙。虽像朱家濂先生所称的宋刊《大藏经》，其"印刷的纸本仅存断篇残帙"[22]近乎偏颇，然在一定程度上都道出了宋椠《大藏》印本之稀觏。张德钧先生在列举今存宋椠《大藏》时也仅仅说到《思溪》《碛砂》二藏，却只字未提《毗卢大藏》[23]，这说明《毗卢》一藏在中土已久湮其名了。

《毗卢大藏》宋椠印本在国内久佚。目前国内数家所藏均为部帙极少的零散本（详见《中国善本书总目·释家·大藏》），作为国家图书馆的北京图书馆所藏单经也不足十部。其传本大部分久已流入域外，主要集中在日本的宫内省图书寮，除该寮外，日本京都东寺、知恩院、醍醐寺、南禅寺、尾张真福寺、金泽称名寺等处，也藏有为数不多的零散本，另外，美国诸图书馆里也藏有一些零散本。

图书寮所藏《毗卢大藏》部帙，在国内外诸藏家中，当推为首富，几占原刊《大藏》的四分之三。其他藏家所藏，虽仅为零散本，然除其中部分与是寮藏品复出外，有的尚可补其缺如，譬如《大般涅槃经》四十卷，是寮不存，北图存八卷（见《北京图书馆古籍善本书目》1582页，书目文献出版社版）；《大方广佛华严经会论》一百二十卷，是寮不存，北京大学图书馆藏有李氏木犀轩捐赠本，存卷七[24]；又如《大般若波罗蜜多经》六百卷，是寮不存，而国内外诸家藏有零本，计：美国哈佛大学哈佛燕京图书馆存卷八,为"天"字函,普林斯顿大学总图书馆存卷四百二十九,为"丽"字函⑤;北京图书馆存二卷,即卷一百四十六、一百四十八(同上《书目》1585页)。

《毗卢大藏》宋椠原本目前国内仅存极少的零散本,而大都早已流失域外,想来甚觉痛心。如果可能的话,在中日两国有关部门协调下,来作《毗卢大藏》的补配工作,并效影印宋椠《碛砂大藏》之举,将斯藏影印行世,那将有功于学林,若付诸实施,乃又不幸中之大幸!

注释:

①⑦⑬关于宋椠《大藏经》版本,说法不一,今依吕澄说,见《中国佛学源流略讲》87页,1979年中华书局版。

②一作"三年",见《(道光)福建通志》卷二六四。

③一作"龙兴",见《(道光)福建通志》卷二六四。

④据史籍载:唐玄宗开元二十六年,敕示下各州、郡建一大寺,以纪年为寺号,为国家祈祀会集之所,如长安、泉州、锦州、商丘等处开元寺,均建于此时。福州开元寺建于梁太清年间,历至唐开元二十三年始更此名,更名时间与上有出入,此姑存一说。

⑤一作"斤",见《(道光)福建通志》卷二六四。

⑥见《(道光)福建通志》卷二七三《丛谈》。

⑧⑭童玮:《中国佛教和大藏经》,《中国佛学论文集》196页。

⑨⑯方豪:《宋代佛教对中国印刷及造纸之贡献》,《中国图书版本学论文选辑》259页,1981年台湾学海出版社版。

⑩见《中国版刻图录》34或"开元释教略出"条。

⑪㉕沈津:《美国所藏宋元刻佛经经眼录文献》,1989年第1期。

⑫《宫内省图书寮汉籍善本书目》所录"大藏经细目"昭和六年版。

⑮杨曾文:《佛教经录和大藏经》,《世界宗教研究》,1981年第1期。

⑰㉑叶恭绰:《碛砂延圣院小志》,上海影印宋版藏经会影印《宋碛砂藏经》首,1936年第2期。

⑱沈津文录此经,"惟"字函作"烝"字,当系"漆"字之误。《千字文》有"漆书壁经"之句,又图书寮藏品作"漆"字。

⑲⑳㉔李盛铎：《木犀轩藏书题记及书录》，230及228页。
㉒朱家濂：《伯林寺和龙藏经板》，《人民日报》1961年7月23日。
㉓张德钧：《关于清刻大藏与历代藏经》，《文史》，第3辑17页。

（载《四川图书馆学报》1990年第5期）

由一篇跋文引发的几点异议

古书序跋,是我们据以了解该书编撰宗旨、基本内容及刊刻原委的第一手资料。然而,由于种种原因,本来一篇十分明白的序跋,到了以后人们竟有不同的看法,三山黄唐跋《礼记正义》文,即是一例。

两宋,是我国雕版印刷术空前发展的时期。当时官、私、坊三家竞相刻书。两浙东路茶盐司作为官方一个机构也倩工刻过不少书,最著名的是注疏合刻本《五经》。其中《礼记》书后有一篇主持刻印此书的三山黄唐的跋文,述及诸经的校刻缘起和过程,兹照录如次:

《六经疏义》自京监、蜀本皆省正文及注,又篇章散乱,览者病焉。本司旧刊《易》《书》《周礼》,正经、注、疏萃见一书,便于披绎。它经独阙。

绍熙辛亥仲冬,唐备员司庾,遂取《毛诗》《礼记》疏义,如前三经编汇,精加雠正,用锓诸木,庶广前人之所未备。乃若《春秋》一经,顾力未暇,姑以遗同志云。壬子秋八月三山黄唐谨识。

这篇跋文指出:

第一,自京城国子监到蜀中的刻本,都是把经文、注文省去,只刻疏义(正义)单行,加上篇章散乱,读起来非常不便,阅者实在以此为弊病。

第二,两浙东路茶盐司曾把《易》《书》《周礼》三经的正经、注文及疏义合刻在一起,荟萃为一书。这样就解决了经、注、义疏各自单刻的弊病,便于翻阅。然而过去只是汇刻了这三经,其他三经尚未付梓。这里明确了诸经的经、注及疏合刻始自《易》《书》《周礼》三经。这三经的刻者是"本司",即两浙东路茶盐司,刻年没有写明,仅题"旧刊",即在黄唐绍熙间刻《毛诗》和《礼记》二经以前。

第三,黄唐本人于绍熙辛亥仲冬官两浙东路茶盐司提举,曾取《毛诗》和《礼记》疏义,照前三经例,将经、注及疏编汇在一起,精心加以校勘,雕版印行,以广前人之所未备。这里明确了《毛诗》及《礼记》二经的刻者及刻年。刻者是官两浙东路茶盐司提举的黄唐，刻年始于绍熙辛亥仲冬，至绍熙壬子秋八月告竣。

第四，至于《春秋》一经，因自顾力有不足，只好姑且留给以后有同样志趣的人去做了。

两浙东路茶盐司刊行的这几部经书，清代以后学者多有述及，不过其所论与黄唐跋文殊存异议，下面择录几家：

日本山井鼎撰《七经孟子考文》，后经日本物观增补成《七经孟子考文补遗》二〇〇卷。今有清嘉庆二年仪征阮氏小琅环仙馆刻本。是书"左传"条，引黄唐跋文，题年作"绍兴辛亥"。

日本森立之撰《经籍访古志》六卷。今有清光绪十一年六合徐承祖铅印本。该书卷一"尚书注疏二十卷 宋椠本 足利学藏"条，引黄唐跋文，题年作"绍兴壬子"。

叶德辉撰《书林清话》十卷，其中卷六"宋刻经注疏分合之别"条及《郎园读书志》卷一"尚书正义"条，均肯定山井鼎和森立之上面的观点，即黄唐跋文作于绍兴，而不是绍熙。

阮元在所撰《十三经校勘记》中称诸经注、疏合刻的年代是在南、北宋之间。

傅增湘《藏园群书经眼录》卷一"周易注疏十三卷"条，云："宋刊本，半叶八行……有陈鳣跋……此与袁抱存克文藏《礼记》、张香涛之洞藏《书经》、李木斋盛铎藏《周礼》同，皆绍熙黄唐刻本也。"

王文进《文禄堂访书记》卷一著录《易》《书》《周礼》三经，俱题"宋绍熙浙东庾司刻本"。

冯贞群《伏跗室藏书题跋选辑》（骆兆平辑，载《文献》1988年第2期）"尚书注疏"条，云："宋绍熙间三山黄唐所刻《六经》……"

王承略《杨守敬与日本访书志》一文（载《文献》1989年第1期）云："南宋绍熙刊本《尚书注疏》二十卷，是最早的合疏于注的版本，中土早已亡佚。日本山井鼎在《七经孟子考文》中还提到过这个版本。"

如果将以上诸家所论与黄唐跋文一一验核，显然都是不正确的。黄唐跋文作于南宋光宗绍熙，而山井鼎与森立之俱误题为高宗"绍兴"，叶德辉和王承略也附此说；黄唐仅董刊《毛诗》和《礼记》二经，而傅增湘却把《书经》和《周礼》一并视为"皆绍熙黄唐刻本"，王文进则把"本司旧刊"的《易》《书》《周礼》三经俱题为"绍熙"刻本，冯贞群干脆把黄唐跋文中提及的《六经》全部视为"宋绍熙间三山黄唐所刻"。据考，"本司旧刊"的《易》《书》《周礼》三经的版刻年代在南宋高宗绍兴年间，诸经的经、注及疏合刻当从这三经始，故阮元所谓诸经注、疏合刻在"南、北宋之间"，是不确切的。

那么，为什么会出现这样的问题呢？笔者以为大概包括以下几个原因。

1. 没有研读黄唐跋文。黄跋说的内容很清楚，我们在上面已经作了条析，只是有的个别地方没有明确交代，不妨再作进一步的分析。

先说前三经。据黄跋载，《易》《书》《周礼》为"本司旧刊"。"本司"即两浙东路茶盐司，三经为该司所刻没有问题。"旧刊"，即在黄唐绍熙间刊行《毛诗》和《礼记》二经以前所刊，这一点当无疑问。惟"旧"在什么时候，黄跋未说。幸而三经原刊本几家公私书目有著录，特别是三经印页中所载的镌刻该书印版文字的刻工姓名，为我们考定三经的版刻年代提供了第一手资料。据笔者细检，三经印版中的刻工，除原版刻工外，尚有部分补版刻工。原版刻工中参加了《易》《书》《周礼》三书印版刊刻的，有陈锡、梁文、毛昌、徐茂和朱明等人。大部分原版刻工只参加了其中二经或一经的镌刻工作。这些刻工中，有的人还曾刻过其他书，而他书的刻年反过来可以印证这三经的付梓年代。陈锡、徐茂并见宋刻本《广韵》，傅增湘云："此书刊工与家藏景祐本《史记》补版及《乐府诗集》多同，或是南、北宋之交浙杭所刊。"（见《藏园群书经眼录》卷一，143页）陈锡、毛昌、徐茂及朱明并见南宋绍兴刻本《新雕重校战国策》。此书有绍兴十六年郏川姚宏序。宋讳避至高宗名讳"构"字止。黄丕烈、钱大昕定此帙为绍兴刊本。有《士礼居丛书》本。陈锡和朱明并见绍兴间两浙东路茶盐司刻本《唐书》。三经刻工所刻他书，今多有传本，例证俯拾即得，兹不复举。仅据上举例证推知，三经刻工皆为南宋初叶杭州地区良工，他们从事刊书活动主要在南宋高宗绍兴年间。兹再举书中讳字作进一步验证。此三经北京图书馆编的《中国版刻图录》俱载，其中《易》《书》二经宋讳缺笔至"构"字止，《周礼》虽未标讳字，视三经为同时所刊，当也讳"构"字。宋季避皇帝名讳，尤其是避本朝上讳甚严。这样我们据三经刻工题名及讳字即可做出断言：三经的版刻年代在南宋高宗赵构绍兴年间。

再谈《毛诗》及《礼记》二经。关于这二经的刻年及刊者，黄跋都具体说明。与前三经有别。

最后说《春秋》一经。该经自黄唐绍熙间刻《毛诗》及《礼记》后不久即付梨枣。刻年在南宋宁宗庆元六年。刻者是与两浙东路茶盐司同处一地的绍兴府。此由沈作宾的刻书后序得到了证明。（详见张金吾《爱日精庐藏书志》）今北京图书馆收藏一部原刊本，只是书上的沈序已经佚去。（详见李致忠《北京图书馆藏宋版书叙录》一"春秋左传正义"条，载《文献》1990年第4期）

2. "绍熙"与"绍兴"二词，形似音近，抄稿或付梓时造成张冠李戴。山井鼎和森立之等是。

3. 诸经原刊本因岁久及自然和人为的原因，多已散佚，《毛诗》久佚不传，其余诸经传本极罕，睹者不多，未辨诸本之异同而致误。如傅增湘、王文进及冯贞群等是。

4. 闻见未广，因袭旧说致误。如阮元、叶德辉及王承略等是。本来，对于山井鼎等人在黄唐跋文上存在的错误，早在清代末年就有人提了出来。杨守敬在所撰《日本访书志》卷一"尚书注疏二十卷宋椠本"条指出："黄唐跋是绍熙壬子，《七经考文》于《礼记》后误'熙'为'兴'，阮氏《十三经校勘记》遂谓合疏于注在南、北宋之间，又为山井鼎之所误也。"然对杨氏此说，时人及后人不悟，故复出误论。

总之，由一书序跋引发的问题，三山黄唐跋《礼记正义》文仅属其中一例而已。今后在整理古籍时，宜当审慎对待。

（载《古籍整理出版情况简报》1991年第249期）

从钤印看宋版《寒山子诗集》的递藏源流

在宋版《寒山子诗集》序言卷端，分别钤有四组藏书印章，即：毛晋私印、子晋、汲古主人、宋本、甲，乾隆御览之宝、天禄继鉴，周遑，北京图书馆藏。（在最近由国家图书馆、国家古籍保护中心编纂，由国家出版社出版的《第一批国家珍贵古籍名录图录》一书中，其第1024号即是这个本子。）我们依据书中钤盖的这些印章，可以大致了解这部宋版《寒山子诗集》在世上的递藏情况及与之有关的一些故实。

"毛晋私印""子晋""汲古主人""宋本""甲"，这五方印是明代藏书家毛晋的藏书印章。当时毛晋买书肯出高价，远近是出了名的。他在自家门口，贴出一张告示，上边写道："有以宋椠本至者，门内主人计页酬钱，每页出二百；有以旧抄本至者，每页出四十；有以时下善本至者，别家出一千，主人出一千二。"明末清初，在江苏常熟一带，流传着"三百六十行生意，不如鬻书于毛氏"这样一句民谚。这句话的意思是说，把自己家藏的书卖给毛晋，比做任何生意都赚钱。毛晋为了买书刻书，不惜倾家荡产。他在《重镌十三经十七史缘起》里写道："辛巳壬午（1641～1642）两岁灾祲，资斧告竭，亟弃负郭田三百亩以充之。"一年之内卖掉三百亩良田，用得来的钱买书刻书，可谓豪举。毛晋，原名凤苞，字子九，晚年改名毛晋，改字子晋，号汲古主人。筑汲古阁藏书。对所藏宋版书，选其佳者，钤盖"宋本"和"甲"字印，以示自己的心仪之物。《东湖丛记》："毛氏于宋元刊本之精者，以'宋本''元本'椭圆式印别之，又以'甲'字印钤于首。"王咸画《汲古阁图》，题毛晋藏书"次以甲乙，分以四库"。天津图书馆珍藏的南宋临安陈宅书籍铺刻本《棠湖诗稿》卷端除钤有毛晋汲古阁的各式藏书印外，也钤盖"宋本"椭圆印和"甲"字方印，与《东湖丛记》所载合，可知是书所记不诬。这部宋版《寒山子诗集》后来不知何时，辗转入宫，成为皇家藏品。

"乾隆御览之宝""天禄继鉴"，这两方印是清代乾隆皇帝钤盖的藏书印章。

除此以外，书中还钤有乾隆皇帝"天禄琳琅"一方印。清宫入藏的这部宋版《寒山子诗集》，又是何时流出宫外的，因无明确文献记载，所以也不十分清楚，但知道一些线索。清宣统三年（1911）十二月二十五日，五岁的末代皇帝溥仪在隆裕太后的监护下退位。按照民国政府给予的清室优待条件，继续生活在紫禁城北部的后廷中，并沿用宣统年号，称为小朝廷。逊帝溥仪不甘心失去江山社稷，一心想复兴大清帝国，重登皇帝宝座。他在《我的前半生》一书中这样说："我们行动的第一步是筹备经费，方法是把宫里最值钱的字画和古籍，以我赏赐溥杰为名，运出宫外，存到天津英租界的房子里去……古版书籍方面，乾清宫东昭仁殿的全部宋版、明版书的珍本，都被我们盗运走了。运出的总数，大约有一千多件手卷字画，二百多种挂轴和册页，二百种上下的宋版书。"

"周暹"一印，是周叔弢先生自己钤盖的藏书姓名印。周叔弢先生（名暹，字叔弢，以字行）是我国著名藏书家。民国六年（1917）十一月，时住天津英租界的周叔弢先生在本地以廉价从某人手里购得了这部宋版《寒山子诗集》，同时购得的书还有宋绍兴本《诸史提要》。笔者曾见到周叔弢先生在清宫书目《钦定天禄琳琅书目》（今藏天津图书馆）上题写的这样一段识语："《前编》之书已毁于火，《续编》之书犹在人间。余藏《寒山子诗》《孝经》《汉官仪》《韩昌黎诗》，皆天禄旧物，虽一鳞片甲，亦足自豪也。"依据以上这两条线索，我们可以断定这部宋版《寒山子诗集》就是由末代皇帝溥仪偷偷运出宫去，用来换钱的。

因以善价买到这部《寒山诗》，周叔弢先生大喜过望，特意请唐源邺镌刻一方印，叫"寒在堂"，意思是说这部稀世的宋版《寒山子诗集》现在我家里，得善本书后藏书家的自得乐趣油然而生。还曾请人镌刻了一方印，印文曰"拾寒堂"，意思是说我白捡了一部宋版书，爱书人得好书的喜悦心情跃然于镌文之中。周叔弢先生"因念《寒山子诗》世无善本，遂用西法摄影，付北京文楷斋模刻"。尤其是周先生精心选用不同质地的纸张刷印此书，为后人所乐道。早年，张元济在编印《四部丛刊》时，曾考虑借用周先生这部影刻本，他在致傅增湘函中言及此事，他说："《寒山子诗》，周叔弢翻宋本颇精。原用高丽刊本。"（见《张元济傅增湘论书尺牍》160页）《四部丛刊》在一次影印时用了高丽刊本，而在二次影印时就选用了周叔弢的这部影刻宋本。

影刻宋本《寒山子诗》，版框高19厘米，宽15厘米。封面前半叶题"景宋本寒山子诗"，后半叶题"甲子十二月建德周氏新刊"。刊印时间知是在民国十三年

（1924）十二月。笔者有幸经眼周先生这部影刻宋本《寒山子诗》的六个本子，各不相同：一蓝印，毛装，书品宽大，有周先生朱墨笔校字及题识；二蓝印，线装，书品较小；三墨印，线装，皮纸精印，书品宽大；四墨印，宣纸，书品较小；五墨印，毛装；六墨印，线装，书品适中。如果把这六个本子，展卷比对，各有异趣。除此以外，笔者尚见一部影印本，封面仅前半叶题"景宋本寒山子诗"，后半叶无字。版框为20厘米×14.9厘米。

周叔弢先生影刻和影印宋本《寒山子诗》事，虽早为知书人所乐道，真正知道两个本子关系的却极少。周叔弢先生的哲嗣景良先生在一则题识中讲得甚是明白。他说："丁亥五月，余应李国庆君之邀，赴天津图书馆观先父弢翁藏书。于先父影刻《寒山子诗》书堆中，见此本独异于他者。其纸薄、其色暗、其天地头低。心窃疑焉。先父印书，向来务求精美，凡余所见寒山子诗各本，纸印皆列上乘。何以竟有此本？谛视之，乃知此实为珂罗版印制，非摹刻者也。然犹不明此本之所出。书中先父藏印具在，明其非前人印本。再思之，恍然遂悟。此乃摹刻时上版用之底本也。向读先父题记中有'念《寒山子诗》世无善本，遂用西法摄景，付北京文楷斋摸刻'等语时，颇疑照相纸厚硬、无法作摹刻用。今见此本始悟，印书之际，是先摄影后，再印成珂罗版薄页，再上版摹刻。至于纸质好坏及天地头高低等，则非所计也。仅为摹刻，竟将全书摄影，并又印成珂罗版书页，其费实多。由此亦可见先父印书，但求其美而全不计其费用矣。再者，全书摄影既毕，何以不依印《孝经》之例，摹刻之外，又印珂罗版本？再细玩此本，见有用朱笔补描字画多处，至有补写全字者。乃悟：若以珂罗版印，当不及摹刻精好。所以置而不印。此亦先父求好之意也。八十年来，知先父曾印珂罗版《寒山子诗》者能有几人？余今日所得，实发世人之未知也。先父印《寒山子诗》之后四年余始生。几十年来亦未及请示先父当日印书经过。今日但凭此本揣想，不能知其去真相多少。但记此以应后来之疑者，备参考耳。"

这部稀世的宋版《寒山子诗集》，自南宋刊印后一线单传，秘行于世。到了明代，始入汲古阁，由毛晋收藏。嗣后辗转入藏清宫，成为乾隆皇帝御览之书。清朝亡国后，逊帝溥仪将宫中善本偷偷运出变钱，遂为周叔弢先生的插架之物，中华人民共和国成立以后，周叔弢先生将自己倾力收藏的宋元版等近千种善本古籍，连同这部宋版《寒山子诗集》无偿奉献给中央政府，成为国家图书馆的"镇馆之宝"。

（载《中国文化报》2009年3月22日）

关于中国古代"泥版印刷"问题的一篇原始文献

【论文摘要】清代雍正年间,浙江新昌人吕抚受雕版和活字印刷工艺的启发,独立创制了"泥版印刷工艺",并用来刷印自己撰写的著作《精订廿一史通俗演义》。他在著作中自述的"泥版印刷工艺",是一篇有关我国古代"泥版印刷"的重要文献。

【关键词】吕抚　泥版　印刷

抚少年最喜读史,独惜其词义颇深不能通俗。康熙甲子三月借读《三国志》于旷轩,因恨三国前后无有如《三国志》者,遂欲将古今事迹汇为通俗演义,以便观者。乃购求《开辟演义》《盘古志》《夏禹王治水传》《列国志》《西汉传》《东汉传》《三国志》《两晋传》《南北史》《艳史》《隋唐演义》《唐传》《残唐传》《北宋志》《南宋志》《岳王传》《辽金元外史》《英烈传》《新世弘勋》等书。严加删辑,去其诬讹,补其漏遗,使事必从实。自东周而后,上留二寸许,载孔子《春秋》及朱子《纲目》与《续纲目》,提纲书法之切要者,凡越十寒暑而成。每回之后,附以断语。为书凡二百四十二卷,六百八十五回,洋洋为今古一大观。未刻《四大图》之前,早欲将是书问世,以工价繁重未能也。藏之笥箧者,几三十年。

抚因思一法:以秫米粉和水捻成团,如梅子大,入滚汤内,煮令极熟。去汤,用小木捶练成薄糊,待牵丝不断,以大梳梳弹过新熟棉花和匀,乃和漂过燥泥粉,放厚板上,用斧杵千百下,宁硬无软。用两开方铜管,借他人刻就印版,或照《字汇》,将要字另刊挤印,造成字母,如图书状,阴干待燥。照《字汇》分行分格排定,面写本字,以便寻印;背写行格马子,以便退还。然后以熟桐油练漂过细泥,用斧杵千万下,宁燥毋湿。待极粘腻,屈丝不断,将油泥打成薄薄方片,用飞丹刷格板,以泥片印成细格,乃用木板刷薄油一层,以泥片切齐,铺板上。先做外方线,撮字母,以书样,用尺用线照格逐字印之。其字母有高者,用砖略磨平之,印以平直为主。每印一行，用刻字小刀割清一行。若有歪斜，用字母套移端正，再用平头小竹针于空处筑实，用笔再涂桐油，做圈点，待坚燥讫，用砂纸沙平，刷印。价甚廉而工甚省。因与儿维垣、维城、维基，侄维藩、维封、维荣及亲邻俞说再等，姑试为之，坚于梨枣。

乃计其刷印纸张之费，非二金不能成一部。喟然曰："此富人书也，非通俗也。"垣等咸请分为十部货之。抚曰："如是则又非全璧。"因将旧本毁弃，删多为少，于荒史则略存其十分之二三。其余则但存其二十分之一二。而事则悉本于《二十一史》及《纲鉴》，并为二十二卷，删为四十回。复去其提纲断语，加以年号、格言、事物、风俗，共四十四回，凡二十六卷，而成是书。

附印字物件列后：

漂泥法：择细腻好泥，入水内搅浑，去下沙。将泥水另取澄清，去水，用下泥，晒干。其底下一层沙泥，亦须割去。临用杵细，将绢筛筛过，听用。

煎桐油法：煎油与漆匠煎法同，须略老些。泥须拌油燥练，久之自溶。

两开方铜管总形：

竹针形：此竹针两头平，一头大，一头小，须于铜管内面可行，不大不小方妙。见下图。

铜管形：见下图。

铜管分形：见下图。

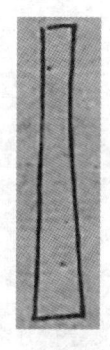 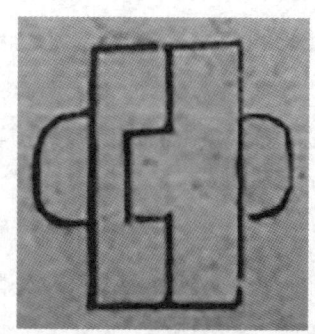 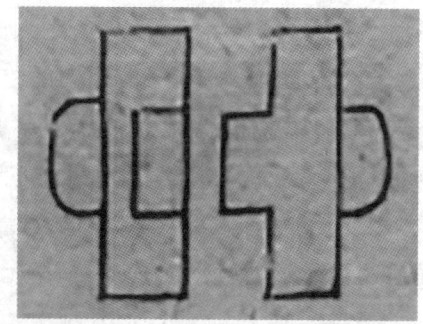

竹针形　　　　　铜管形　　　　　　　铜管分形

外边中间有耳，以便开合。内边中间外面为雌雄笋，犬牙相挽，拿紧方不参差。将铜管擗开，入秫米粉糊所取泥条在内，扣在印版字上，将平头方竹针钦下，即成阴文字一个。待阴干后，晒极燥听用。

放字格子形：长约二尺五六寸，阔约一尺五六寸，高约寸余，与窗格一同造法。长五格，阔三格，下钉薄板，以放字母。其每格旁边，将格内所有字开写于上，以便寻觅。共一十六盘作一担，以便携带；每八盘为一头，上下用夹板，以便捆缚收藏。临时依次序排列听用。见右图。

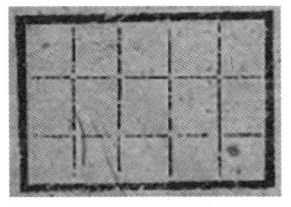

放字格子形

其字择《字汇》中紧要常用者，其奇怪不常用者，不必入也。其体或宋、或时、或苏、王、米、蔡不拘。文章约刊三千余字，古书约刊七千余字。将铜管叩印出，已自足用矣。

其〇，△，𠃊阴文，每个用木刊切就，大小须多造几个听用。

其放字格：一乙为一格，丨丿丿为一格，二亠为一格，人字照画数分为九格，入八一格，儿几一格，冂冖冖一格，其胄冒二字兼入肉部，晟冕二字兼入日部，宀穴共分二格，穴一格，刀二格，力一格，勹凵厶一格，出字兼入山部，匕比毛一格，十卜寸一格，卩邑共为三格，其危卷㔿三字兼入己部，阜二格，长广共分二格，又夂夕一格，歹殳一格，口九格（指小口）、口一格（指大口），土三格，士千工一格，大一格，女四格，子一格，小尢巛亡一格，山三格，尸户一格，巾二格，幺玄支无斗一格，廿弓一格，弋戈一格，彐彡斤一格，彳一格，行止一格，文支一格，心八格，手九格，方一格，日四格，曰白一格，月肉共五格，欠一格，木十格，禾二格，毋氏气父爻一格，氵水共为十二格，火四格，爿片爪瓜一格，牛一格，犬三格，玉三格，瓦缶一格，甘生用疋癶皮一格，田一格，疒二格，皿血一格，矛矢内一格，目二格，自网一格，石二格，示二格，衣三格，立辛一格，竹五格，艸十一格，米一格，糸六格，羊耒一格，羽一格，老而耳一格，臣舌至舛艮色一格，聿臼虍一格，舟一格，虫五格，西角谷一格，见一格，言六格，豕豸一格，贝二格，页二格，豆赤身辰采一格，反走一格，辶四格，足二格，车二格，酉二格，金四格，里青非面一格，门鬥二格，隹一格，鸟三格，雨一格，革一格，食二格，韦音风一格，首香鬯鬲卤麦一格，骨髟一格，马二格，鬼鹿一格，鱼二格，麻黄黍黹鼎鼓鼻一格，黑黾龟一格，鼠齐齿龙一格，杂字一格，常用中花字、及之乎者也耶、有在无夫存、心怀想念天、大小上中下、盖以焉哉矣等字，与数目字重放二格。〇，△，𠃊一格，刀线竹针等项放一格。

格板、托板：格板即刊就格板。全部只用一片，多少随意；托板乃托油泥印字板,每二页共一片,必须此面干燥极,乃可印反面,及印纸。其板须燥过性,杉木为上,白杨、杂木次之,唯松木伸缩不可用。

凡印字,先印格数行。用大漆刷将托字板上刷油令匀。粘泥倒退印完,再将泥片印格数行,放上续印,方不燥皮。字母先在燥泥粉中印过则不粘。

界方:印字者每人一根,须高阔至一寸六七分以上,以便靠手,使不坏字。

小竹界方:亦每人一根,如莨片状,须平直,以便画线。又将字数长短、阔狭画于其上,扣字使无朗密高低。

平头竹针:其平头小竹针,两头削成大小方圆不等,所以剔字旁使清,筑字旁使实。

线:约长尺余,以细为妙。两头垂以泥饼,每印一行,两头牵线,扣字,使无歪斜高低。见右图。

线

清字小刀:如刻字刀形。一头圆扁,小而平,以便筑字空处使坚;一头如马蹄刀形,以披切余泥,并切线。凡印字,指力须匀,乃称妙手,多印则巧生。见右图。

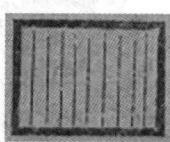

清字小刀

刮铁

刮铁:所以移正行数之字。见左图。

撮字手格:以薄板为之,阔约五寸,长约六寸,柄长三寸。四旁钉以小木条。木条内边上下开孔,界以莨片,以便行走撮字。见左图。

放字板:直短阔长,所以放字于前便印。见右图。

其余做法,悉见前篇。大抵一人撮,二人印,每日可得四页。率昆弟友生为之,不用梓人,虽千篇,数月立就。士人得书之易,无以加于此矣。

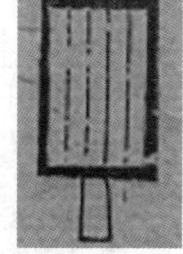

撮字手格

放字板

王献唐先生与黄氏校跋本《穆天子传》

一、王献唐先生购藏黄氏校跋本《穆天子传》之原委

民国十九年（1930）夏，聊城杨氏海源阁藏书散出，流落保定、天津市肆，济南敬古斋亦收购多帙。当时时局动荡，战事频发，王献唐先生交卸离馆，束装旋里，适遇敬古斋出示此书及顾千里校《说文系传》。王献唐先生"深恐书流域外"，承敬古斋主人"慨然见许，挟书归寓"，二书始归王献唐先生收藏。嗣后友人顾实先生，闻王先生藏有此本，拟来济校勘，王先生感其意诚，移写一本为赠。自后远地知交，时求假录，且怂恿印行。民国二十三年（1934）王先生"既不胜其困，又以近人喜习此书，苦乏善本"为感，遂编印《海岳楼秘籍丛刊》，将是书收入其中，并请当时《穆传》研究专家顾实先生题跋，王献唐先生亦作跋文一篇，道其原委，将二跋附书后刊行。后来的某个时候，王献唐先生将此书转让给了天津藏书家周叔弢先生。中华人民共和国成立后，周叔弢先生将自己珍藏的全部宋椠元刊、名抄佳刻举献国家。这部黄氏校跋本《穆天子传》，遂由私密变为公藏，归入天津图书馆。

二、天津图书馆藏黄氏校跋本《穆天子传》

基本著录情况：

《穆天子传》六卷，晋郭璞注，明程荣校，明万历间程荣刻汉魏丛书本，清黄丕烈校并跋。九行二十字，白口，左右双边。版框尺寸20厘米×14.2厘米。书品尺寸31.5厘米×19.2厘米。一册一匣。书品宽大，包角金镶玉装，黄竹纸，浅绿色撒金腊笺纸书衣。天津图书馆藏。馆藏号：Z146。

首载"至正十年岁在庚寅春二月二十七日壬子北岳王渐玄翰序"和"副在三阁序"。

黄氏校跋本《穆天子传》，见载以下两部目录：

1.《中国古籍善本书目》

子部·小说类·笔记·异闻（729页）著录："《穆天子传》六卷，晋郭璞注，明万历程荣刻汉魏丛书本，清黄丕烈校并跋。"

2.《周叔弢先生捐献藏书目录》（天津图书馆编 1973年7月）

集部小说类杂录之属（62页）著录："《穆天子传》六卷，晋郭璞注，明刻本，有黄荛圃朱墨笔批校，一匣一册，93670。"

原本钤印如下：

属于黄丕烈的藏书印有："荛翁更字复翁"白文方印（见卷末副叶）。

属于杨氏海源阁的藏书印有："杨氏海源阁藏"白文长方印（见卷首王渐序末）、"杨东樵读过"朱文椭圆印（见卷一卷端）、"杨印绍和"白文方印（见卷一卷端）、"宋存书室"朱文方印（见卷一卷端）、"东郡杨绍和鉴藏金石书画印"白文方印（见卷末副叶）、"东郡杨绍和彦合珍藏"朱文方印（见卷末副叶）。

属于王献堂先生的藏书印有："献堂审定"朱文长方小印（见卷首副在三阁序末）、"王献堂读书记"朱文方印（见卷一正文末）、"献堂珍秘"朱文方印（见卷末副叶）。

属于周叔弢的藏书印有："弢"朱文小方印（见卷一卷端）。

我们依据以上藏书印，可以推知书递藏源流。先由黄丕烈收藏，经过黄氏批校题跋后，归入清代四大藏书家之一的聊城杨氏海源阁，其书散出后，辗转被王献堂先生获得，嗣后王献堂先生将书转让周叔弢先生，最后入藏天津图书馆。

这部黄氏校跋本《穆天子传》是荛翁校本中的精品。王献唐先生对是书称赞有加，他说："荛翁先后手勘，益以惠、顾两家旧校，合八本为一，尤利学者。其所据之九行二十二字本，为人间孤帙，亦复备具书中，旁行斜上，朱墨焕烂。余见荛翁勘书，殆以此册及刘子《新论》最为缜密矣。"

三、王献唐先生影印黄氏校跋本《穆天子传》

影印本书签题："穆天子传，海岳楼秘籍丛刊之一，海源阁藏，黄荛圃校本，向迪琮署。"版权页："《穆天子传》，海岳楼秘籍丛刊之一，民国二十三年一月山东省立图书馆印行，每部实价国二元。"书后载跋文两篇：顾实《黄荛圃手校穆天子传跋》和王献唐《穆天子传跋》。

　　王献唐先生在影印本跋中说"色墨纸幅，题识印记，悉仍旧贯"。不过，如果我们取影印本与原本进行比较，不难发现两本的版框尺寸大小，存在差异。

　　兹列表如下：

原本与影印本版框尺寸异同表

（单位：厘米）

卷次	原本版框尺寸	影印本版框尺寸	备注
王序首叶	20.2 × 14.3	19.8 × 13.8	差异
卷一卷端	20 × 14.2	19.5 × 14	差异
卷二卷端	20.2 × 14.4	19.2 × 13.7	差异
卷三卷端	20.3 × 14.2	20.3 × 14.2	相同
卷四卷端	20.2 × 14.1	20.1 × 14.1	近同
卷五卷端	20.4 × 13.9	20.2 × 13.8	近同
卷六卷端	20.4 × 14.2	20.2 × 14	近同

　　我们依据这个《异同表》，可以看出两个本子版框尺寸异同的变化情况：卷一、卷二差异较大，卷三完全一样，卷四、五、六接近相同。究其原因，应该属于影印技术问题，而非版本问题。对于原本与影印本这两个本子版框尺寸异同问题，很早以前，就引起了我国古籍版本目录学专家顾廷龙先生的关注。

　　顾廷龙先生在所撰《自庄严堪勘书图跋》（1980年6月）中谈及《穆天子传》原本于影印本稍有不同之情况，他说：周叔弢先生"尝收藏黄荛圃校《穆天子传》一书，为王君献唐故物，曾付景印，或以为景印本与先生所藏原本略有出入，遂传真本尚在山东某氏，秘不示人，称与景印本丝毫不爽。龙请观比勘，景印本与原本确有不同之处，如朱笔之深淡，校文位置之参差，点画略见肥瘦，谛审再三，始恍然当时影印条件较差，摄景、套版、描润三者技术皆不精，遂失真面，滋人疑窦耳。其为黄校亲笔，固毋庸置疑矣。具见明眼精鉴，非后生所能企及万一也"。

　　按：此跋收入《芸香阁丛书》本《顾廷龙文集》（第244页）2002年北京图书馆、上海科技文献出版社出版《顾廷龙年谱》"1980年六月十三日、十四日"条。

四、《穆天子传》所载黄氏题跋

清人黄丕烈对《穆天子传》进行批校题跋，后人整理其题跋，编成《士礼居藏书题跋记》及其《续编》等书中。但是，尚有一些题跋没有被收录进去。究其原因，可能有两点：一是整理者认为一些题跋不重要，二是整理者将一些题跋漏掉了。今依据原本《穆天子传》所载黄氏题跋，分以下三个部分重新进行梳理，以明是非。

1.《士礼居藏书题跋记》六卷，清黄丕烈著，清潘祖荫辑，1989年书目文献出版社出版。该书卷四子类161页载"穆天子传六卷（校本）"条，所载各条题跋如下：

因续见范刻本，用朱笔校之，复以九行二十二字覆勘，悉注九行本，间有用墨围者，亦六行本也。丙寅（十一年·1806）五月三日记。（在卷首）——李按：见卷首王渐序眉端，墨笔。

嘉庆乙丑（十年·1805），余初见九行二十二字本，信为佳本，遂遍借诸家藏本，手校于此。其最旧者，为丛书堂抄本，然注多删节，故此所校以旧抄本为校，余不过备查核也。荛翁。（在卷首）——李按：见卷首王渐序题名下，墨笔。

丙寅（十一年·1806）五月朔，书友以范刻《穆天子传》求售，每半叶九行，行十八字本，每卷次行标"晋郭璞注，明范钦订"，似前所见范本犹翻刻也。字大悦目，印本清爽，惜前人读过，朱墨灿然，于缺文□字，皆有按语存疑，标于上方。窃思此书在荀勖校定时，已病其残缺，郭璞作注，间于注中存疑，后人安能以意补缺耶？通体句读，颇便观览，因悉临之，其异同处亦用朱笔标注焉。（在卷首序后）——李按：见卷首王渐序末，朱笔。

九行二十二字本，校本文与此刻同，疑此即从九行二十二字本出，则彼为明刻之最先本无疑。——李按：见卷六正文末眉端，朱笔。

同时又借陈仲鱼所得明范钦吉、陈德文校刊本校一过，大段与此刻同，而一二处有合旧抄者，并记。——李按：见卷六正文末眉端，墨笔。

同时又借香岩书屋藏旧抄本，钤有丛书堂印本，文与此刻同，与所校抄本不合，且注多节略，似非善本。聊校存其一二异字。荛翁。——李按：见卷六正文末眉端，朱笔。

校毕此卷，已将夕矣。余以病躯得闲校此，虽忧亦乐也。（李按：前句为朱笔，见卷六正文后。后一段为墨笔，在书后衬页。本是两则，此归一处，误矣！）余病前校书，已苦其烦，何况病后！家人禁予勿看书者，几匝月矣。自下楼后，枯坐内书房，日听家人妇子料理岁事，虽非手亲治之，耳闻能毋心动乎？因借此六卷书，消我两日忧，转不觉其烦也。大除夕燃烛。复翁识。——李按：卷末衬页，墨笔。

丙子（二十一年·1816）秋日，借元妙观《道藏》本校，又正数字，皆就前校，影抄《道藏》本所误者。余净校《道藏》，别有本子在。复翁识（李按：无"识"字）。（以上各跋均在卷末后）——李按：见卷末衬页，墨笔。

2.《黄丕烈年谱》，清江标著，王大隆补，1988年中华书局出版。

该书所载各条题跋如下：

《年谱》38、40页"（嘉庆）十年乙丑（1805），四十三岁"条载：见九行二十二字本《穆天子传》，手校之。又借陈仲鱼所得明范钦吉、陈德文校刊本，又借周香岩藏旧抄本，合校之。大除夕毕，并跋。《记》

《年谱》40、42页"（嘉庆）十一年丙寅（1806），四十四岁"条载：五月朔，见范刻《穆天子传》，有朱墨句读，过临于乙丑年校本上。五月三日，跋。《记》

《年谱》71、72页"（嘉庆）二十一年丙子（1816），五十四岁"条载：秋日，借玄妙观《道藏》本《穆天子传》，补校于乙丑年校本上。《记》

《年谱补》120、122页"（嘉庆）十年乙丑（1805），四十三岁"条载：是年，见九行二十二字本《穆天子传》，因借诸家藏本校之。《题识》

《年谱补》122页"（嘉庆）十一年丙寅（1806），四十四岁"条载：五月三日，再跋校本《穆天子传》。《题识》

《年谱补》139、140页"（嘉庆）二十一年丙子（1816），五十四岁"条载：秋，借玄妙观《道藏》本《穆天子传》，再校旧抄本。又跋之。《题识》

3.《士礼居藏书题跋记》和《黄丕烈年谱》漏载题跋。

笔者依据原本《穆天子传》所载黄氏题跋，逐条与以上两书所载题跋进行比较，凡其未载者，姑以漏载论之。其题跋如下：

九行二十二字本无序二篇，板式长，字大，分卷。下次行题"晋著作郎郭璞景纯注"。其书甚古雅，当是明刻之最先者，亦略用朱笔，校其异处。——李按：见卷首王渐序眉端，朱笔。

《道藏》本每半叶五行行十七字。——李按：见卷首王渐序题名右边栏，朱笔。

丕烈按：此则是书最先之本，乃元板也。——李按：见卷首王渐序眉端，朱笔。

此序用元妙观《道藏》本校，复翁。——李按：见卷首王渐序末，墨笔。

此序用丛书堂抄本校。——李按：见卷首王淛序末，朱笔。

《郡斋读书志》传记类："《穆天子传》六卷，右晋太康二年汲县民盗发古冢，所得凡六卷，八千五百一十四字。诏荀勖、和峤等，以隶书写之"云云。郭璞注本谓之周穆王游行记勖之时古文已不能尽识。时有□者又转写益误，殆不可读。《书录解题》起居注类："《穆天子传》六卷"，晋武帝时汲冢所得。其体例与起居注□同，郭璞为之注。——李按：见卷首王淛序末，墨笔。

勖字公曾，颍川人。汉司空爽曾孙也。晋武帝拜中书监加侍中领秘书监。得汲郡冢中竹书，诏荀勖撰次之。——李按：见卷首副在三阁序末，朱笔。

此序亦以道藏本校，字体未尽改也。复翁。——李按：见卷首副在三阁序末，墨笔。

丙寅小除夕，以顾千里影抄《道藏》本校。其与此刻异者，或下方旁行注出，标以"道"字，与此刻同者，不赘注出矣。——李按：见卷一正文末，朱笔。

《穆天子传》卷之二，吃年夜饭毕手校此卷。——李按：见卷二正文末，朱笔。

《穆天子传》卷之三，大除晨起校。——李按：见卷三正文末，朱笔。

《穆天子传》卷之四，午前校。——李按：见卷四正文末，朱笔。

《穆天子传》卷之五，饭毕校。——李按：见卷五正文末，朱笔。

《穆天子传》卷之六，校毕此卷，已将夕矣。予以病躯，得闲校此，虽忧亦乐也。——李按：见卷六正文末，朱笔。

用顾广圻传校旧抄本校正，乙丑初冬。荛翁。——李按：见卷六正文末，朱笔。

顾校有墨笔，仍之。又记。——李按：见卷六正文末，墨笔。

五、黄氏校勘《穆天子传》所用之诸家藏本

黄氏批校是书时，曾"遍借诸家藏本，手校于此"。笔者依据原本进行统计，得知黄丕烈校书时使用的诸家藏本共有八种：

其中，明刻本有五种：九行二十二字本、道藏本、程荣本、范钦本、范钦陈德文本。抄本有一种：丛书堂本。校本有二种：惠本、顾本。

黄丕烈用明程荣刻本（九行行二十字）作为底本，即我们称的"黄氏校跋本"。黄丕烈使用其他本子作为校本。

用九行二十二字本校勘，"嘉庆乙丑余初见九行二十二字本"（语见卷首王淛

序题之下）于所校文字之下标"九行本"字。

道藏本，"道藏本，每半叶五行行十七字"（语见卷首王渐序题右栏），或称元妙观道藏本校勘，"此序用元妙观道藏本校"（语见卷首王渐序末）；于所校文字之下标"道"字。

明范钦刻本，"范刻，每半叶九行行十八字"（语见卷首王渐序末），于所校文字之下标"范"字。

范钦、陈德文本，为陈仲鱼所得之本。（其于所校文字之下是否也标"范"字，不是十分明确。在此存疑俟考）

丛书堂本，指明藏书家吴宽。"其最旧者为丛书堂本抄本"（语见卷首王渐序题之下），黄氏又称"得香岩书屋藏旧抄本，钤有丛书堂印"，应属一个版本系统。于所校文字之下标"吴本"。

惠本，或称"惠云"、或称"惠校"、或称"惠曰"（语见卷一、二、三眉端），在题跋中，黄氏没有交代清楚这个本子的具体情况。

顾本，指"顾千里影抄道藏本"（语见卷一末），"用顾广圻传校旧抄本校正"（语见卷六末），于所校文字之下标"顾校本"，或"顾"，或"校"。

在眉端主要标"范本""吴本"和九行本，在地脚主要标"道"和九行本，在正文间标各本。

通阅全书，不难发现，实际上，黄丕烈主要用四个本子校勘，其余本子只是参校，并没有在校本上面留下校字。四个本子校勘是：

1. 九行二十二字本（在校文中标"九行本"）
2. 元妙观道藏本（即在校文中标"道藏本"或"道"）
3. 范钦刻本（在校文中标"范本"或"范"）
4. 丛书堂本（在校文中标"吴本"）

黄氏校勘《穆天子传》，主要校勘文字异同、点画区别和行款格式之不同。

例如：卷一正文"峯"字，黄氏校勘时标注：范"峰"，吴本"峯"，校"崖"。正文"大"字，黄氏校勘时标注：九行本"女"，道"女"，范"女"，吴本"大"作"女"。

卷二正文"朱"字，黄氏校勘时标注：范"朱"，吴本"朱"作"珠"。正文"兄"字，黄氏校勘时标注：吴本"兄"作"元"，范"元"，九行本"兄"，旧抄"元"，道"元"。

黄校时引诸家校本成果，以说明之：如引范校：卷一"天子北征于犬戎"，在眉端题："犬戎，西戎也。《匈奴传》：'陇以西有犬（又有田字）戎。范校。'"如引惠校：卷四"天子使孔牙受之"，在眉端："惠云：案《尚书》有君牙，疑即孔牙。"

还直接指出哪个本子有误："因"，范误"目"；"英"，范脱"英"字。

凡此等等，据此我们可以总结出黄氏校书的一般方法。

六、其他有关问题

关于王献唐先生向周叔弢先生转让《穆天子传》的时间问题。

这部《穆天子传》是王献唐先生向周叔弢先生转让的。转让的时间不清楚。我们依据有关资料可以大致进行推断。

首先是王献唐先生编辑影印《海岳楼丛书》时，在影印本《穆天子传》上没有周叔弢先生所钤"弢"朱文小方印，说明当时原书还在王献唐先生那里。今检天津图书馆所藏原本《穆天子传》，可以见到书上出现周叔弢先生所钤的"弢"朱文小方印，说明王献唐先生在影印《海岳楼秘籍丛刊》以后的某个时间，将原书转让给了周叔弢先生。

中华人民共和国成立后，周叔弢先生开始大规模向国家捐献藏书。1952年、1954年周叔弢先生（时年62岁、64岁）先后向国家图书馆和天津图书馆分别无偿大规模捐献自己珍藏的善本书。（详李国庆《弢翁藏书年谱》，安徽黄山书社出版）据此判断，周叔弢先生从王献唐先生那里获得《穆天子传》的时间是在民国二十三年（1934）出版《海岳楼秘籍丛刊》以后，1954年周叔弢先生向天津图书馆捐献珍藏的善本书以前的这一段时间。即1934年至1954年。王献唐先生向周叔弢先生转让《穆天子传》的具体详细情况不得而知。

关于顾廷龙先生关注黄氏校跋本《穆天子传》问题。

顾廷龙还亲自到天津图书馆看《穆天子传》。顾廷龙于六月十三日，受《中国古籍善本书目》编辑委员会之委托，专程赴天津，为办敦聘周叔弢为《中国古籍善本书目》编辑委员会顾问事。在周府，二人谈到了海源阁藏书的往事，其中涉及周氏负债购买海源阁散出之《蜕庵集》《闻见后录》二书。也谈到周先生捐献《永乐大典》及从山东王献唐处购黄丕烈跋《穆天子传》一事。

顾廷龙先生又六月十五日，去天津图书馆阅书，看了《李学士新注孙尚书内简尺牍》《穆天子传》《中兴群公吟稿》《异苑》《翁覃溪摘录书画汇考手稿》《石壁精舍音注唐书详节》《唐拓多宝塔》（有李鸿章跋）等。

（李按：文见《顾廷龙年谱》第618页、619页，1980年6月13日、14日、15日条）

七、附录参考资料

1. 顾实撰《黄荛圃手校〈穆天子传〉跋》

右黄荛圃手校《穆天子传》，山东省立图书馆长王献唐先生购得海源阁故物也。先是先生已用余寄范刻《穆天子传》迻录黄氏校语，邮寄余矣，既而来京，又携黄校本亲致余家中。嗟夫！方今求借善本之难，余深苦之，安得尽如献唐先生之古谊，其嘉惠学林，宁有涯耶！吾人试检《庄子·天下篇》必先言旧法世传之史，而后及六艺百家，以六艺百家皆以旧史为原料也。六经皆一尺四寸简，原为周人旧典，自儒家孔子纂之，遂为儒典。《孝经》谦半之尺二寸简，则为孔氏私经，《论语》及诸子书皆八寸简，所谓短书也。秦焚书而旧史亡，晋发汲冢得竹书，乃旧史之守，今犹幸有《穆天子传》存焉。荀勖易序言古文《穆天子传》，其简长二尺四寸，此真硕果之仅存，希世之环宝！两晋六朝、隋唐宋明皆列史部，清纪昀辈好行小慧，始转入小说类中，妄矣。

王隐晋书有言《汲冢竹书》七十余卷，荀勖等不能尽识，今复阙落，又转写益误，《穆天子传》世间偏多，然则竹书中最完整而流行者，莫此书若也。自晁公武《郡斋读书志》误据王隐语以诋《穆传》，《穆传》之阙文作空围者，遂若荀勖不识其字，因而从阙，不悟荀勖等序明言汲郡收书，不谨多毁落残缺，岂因不识其字而阙之？况自两汉讫于魏晋，古文之学大盛，当时竹书出土，又何难校理耶！

荀序又言一简四十字，则字有定数也。窃疑《穆传》原文每阙一字，辄作一空围，既以空围代字，则当然可作字计数。晁公武《郡斋读书志》所云《穆天子传》六卷，八千五百一十四字，当是并其空围计之也。乃元刊本多所刊落，于荀序首列结衔五行，尚且删之，其于传中空围不谕，多寡一律删并，以一空围代之，亦意中事也。洪颐煊曰今本仅六千六百二十二字，说者因谓今本《穆传》已残，而陈逢衡又据唐宋类书所征引，断言今本《穆传》无阙。余谓今本较晁氏所言锐减一千八百九十二字，皆当于元刊本删去之空围中求之，惜宋本《穆传》不出，莫能证吾说之确，不可易耳。

荀勖等序文，首结衔五行，高似孙《史略》所记《穆传》凿凿可据，足征宋人传本。原已如此，吾苏昭文瞿氏铁琴铜剑楼藏明冯已苍舒校杨梦仪抄本《穆天子传》，别据秦汝操柄绣石书堂抄本补录结衔五行，张金吾《爱日精庐藏书志》抄本《穆天子传》亦有结衔五行，为明秦酉岩四麟故物。周季贶星诒诋其诈伪欺人，实为妄言。吾家千里广圻抄校道藏本有结衔五行，黄荛翁校本即从彼转录，而孙仲容诒让亦尝论此结衔五行，其确有来历无可疑也。窃谓宋辑《道藏》，当有善本。明辑《道藏》乃多采劣本，如《穆天子传》亦止收元刊，岂当时宋本已不可得耶？此外明刊《穆传》，大概同出一源，校勘不精，又为明人刊书通病，若欲汇众明本而校一《穆传》，诚为不易。余于明刊本据各书目所载，除范钦陈德文校本、三代遗书本、快阁藏书本、青莲阁单行本四种未见外，余皆见之。然黄荛翁据校之九行二十二字本，似为各家书目不载，余亦未见，尤可珍异也。荛翁题云最旧者，为丛书堂钞本，又云香岩书屋藏旧抄本，钤有丛书堂印，二本当是一书。丛书堂抄本者，明吴匏庵宽所抄荛翁校语屡云吴本者是也。余见东方图书馆藏明抄本，有吴宽印，未知即是此本否？

清代校《穆传》者多家，洪颐煊最著。然只见程荣本、吴管本、清汪明际本、钱唐赵君坦校吴山道藏本。翟云升次之，然又只见檀萃本、汪明际本、郑濂本、周梦龄本。此外，若陈逢衡则见洪校本，未见翟校本。郝懿行又并洪、翟二家校本，亦未之见。其见明本最多，自当首推黄荛翁矣。荛翁所见各本，总计刊本有九行二十二字本、道藏本、程荣本、范钦本、范钦陈德文本，抄本有丛书堂本，校本有惠本顾本。惜荛翁校本久未刊行，吾人渴望而不可得也。

山东为齐鲁旧壤，齐行霸政，今之法治主义也；鲁存王道，今之德治主义也。《管子·小匡篇》曰："昔吾先王周昭王、穆王，世法文武之远迹，以成其名。"则穆王者，《管子》所宗仰而周初之法治者也。故内作吕刑，而外巡四海。余既用殷历、周历、三统历考定《穆传》年月日，又绘地图以明其游踪所至，出入今之欧亚两洲，如此惊人奇迹，岂非吾民族历史无上光荣。窃意山东豪俊，必有流连《管子》之余休，而追慕穆王之法治者。今闻献唐先生将刊行海岳楼秘籍，而黄校《穆传》与焉，诚虑时之需要哉！

中华民国二十年八月三十一日武进顾实惕生谨识于南京之穆天寄庐

（李按：顾跋见影印黄氏校跋本《穆天子传》书后）

2. 王献唐撰《〈穆天子传〉跋》

十九年夏，聊城杨氏海源阁藏书散出，流落保定、天津市肆，济南敬古斋亦收购多帙。时晋军入济，余交卸离馆，将束装旋里，适遇敬古斋出示此书及顾千里校《说文系传》，展玩未久，炮声隐隐动天外，市语苍皇，瞬息万变，戏谓敬古主人解职得一月修俸，备作资斧，世变鞔脆，深恐书流域外，能倾囊相易乎？主人与余交久，慨然见许，挟书归寓，篝灯为《系》《传》校记，宵深人寂，万念怆动，数十里外，方且肉薄血飞也。未几，晋军北去，余回馆供职。主人续续出其所藏，尽为馆中购致之。

友人顾惕生先生，博治《穆传》，闻余储有此本，拟来济借校，感其意诚，移写一本为赠。自后远地知交，时求假录，且怂恿印行。余既不胜其困，又以近人喜习此书，苦乏善本，荛翁先后手勘，益以惠、顾两家旧校，合八本为一，尤利学者。其所据之九行二十二字本，为人间孤帙，亦复备具书中，旁行斜上，朱墨焕烂。余见荛翁勘书，殆以此册及刘子《新论》最为缜密矣。馆中收集金石近已揖为《海岳楼金石丛编》，出书二集，复以余力，编印《海岳楼秘籍丛刊》，即举是书为丛刊之一。色墨纸幅，题识印记，悉仍旧贯。既乞惕生先生为跋，复以《楹书隅录》诸书先后著录抄刻之流别，勘之得失，稍肆《穆传》者皆有真鉴，不复赘及焉。二十三年元月琅琊王献唐记于山东省立图书馆。

（李按：王跋见影印黄氏校跋本《穆天子传》书后）

3. 顾廷龙先生与周叔弢先生谈黄氏校跋本《穆天子传》

六月十三日，先生受编辑委员会之委托，专程赴天津，此行目的为敦聘周叔弢为《中国古籍善本书目》编辑委员会顾问。当天下午即至周府拜访周叔弢。因事先已得知，故周已在客厅等候。二老已有二十年不见。他们相见的场面十分感人，两位老人都前趋数步，紧紧握手，没有任何寒暄，开口就说起了"书"。坐下后，顾老谈起编《总目》是周恩来总理的遗愿，并介绍了工作计划，和聘周先生为顾问之事。周极为兴奋，欣然应诺，并对顾老亲自来津表示感谢。在周府，二人谈到了海源阁藏书的往事，其中涉及周氏负债购买海源阁散出之《蜕庵集》《闻见后录》二书。也谈到周先生捐献《永乐大典》及从山东王献唐处购黄丕烈跋《穆天子传》一事。先生也曾回忆和周先生见面的情景，有云周先生承蒙欣诺，娓娓道论编纂目录之要旨、鉴别版本之精微，并出示将捐献天津图书馆之宋、元刻本若干种，相与评赏。先生谓鉴定版本，非见真凭实据者，不宜轻改前人之说，举以相质，承周先生许为不谬。周谈到研究纸，可用方志，造纸地区和时代最为明确。又说上博印的画很好，谢稚柳文章，论鉴别与风格，鉴定版本亦是这样的。周叔弢先生，九十高龄，手足轻健，望之如七十许人。谈版本问题，颇相契合，亦说明我的想法是合理的。例如要对两朝交替之间的版本鉴定作点研究，冀大姐也感到这一问题了，但我们的工作已到了编目，来不及补课了。有人以张元济言刀法为玄之又玄，谓旁门左道，这适以证明其学未入门，不能有比较深的体会。历来刻图章的名家各有其刀法，刻书板何尝不如此？比如写字，有时代风格，有各家流派、刻书板何独不然？

　　六月十四日，先生上午在天津图书馆，观看了数部馆内珍藏的宋元版善本书。又仔细看了两部全谢山校的《水经注》，回沪时当在胡适信后的副页上补写一段。下午又看了《棠湖诗稿》和康有为的《大同书》。

　　六月十五日，先生又去天津图书馆阅书，看了《李学士新注孙尚书内简尺牍》、《穆天子传》、《中兴群公吟稿》、《异苑》、《翁覃溪摘录书画汇考手稿》、《石壁精舍音注唐书详节》、《唐拓多宝塔》（有李鸿章跋）等。

　　（李按：文引沈津《顾廷龙年谱》第618页、619页，1980年6月13日、14日、15日条）

4. 顾廷龙撰《自庄严堪勘书图跋》

　　五世丈周叔弢先生藏书之富，夙与李氏木犀轩、傅氏双鉴楼鼎峙海内，而凌驾二氏，无愧后劲。龙久慕名德，未由识荆。既与令嗣太初学长同学燕京，又以京、津迢递，未获抠衣晋谒为憾。抗战初，龙应叶揆初丈之招，南归创办合众图书馆于上海，逾年先生来沪，偕喆弟志辅同访揆初丈，并莅"合众"，始得以后学奉教，悉闻绪论。建国后先生视察来沪，时"合众"已献政府，改名历史文献图书馆，并已统一于上海图书馆矣。因出宋、元善本乞予鉴定，馆藏宋椠《西汉会要》原已残缺，先生即诏曰："此怡府旧藏，余家有残帙一册，当为失群之乌。"允以见赠，未几邮至，帙面书签无少差异，遂为延津之合。征见真知笃好，一经寓目，历久不忘，益令人企佩卓识，且拜高谊之赐，永矢铭感焉。旋遭动乱，不通音问者十余年。迨四凶殄夷，为完成周恩来总理遗愿，编辑《中国古籍善本书目》之业，先由全国各地着手进行，今年五月在京集合汇编，龙衔编辑委员会之命，专诚赴津敦聘先生为顾问，荷蒙欣诺，娓娓导论编纂目录之要旨，鉴别版本之精微，并出示将捐献天津图书馆之宋、元本若干种，相与评赏。窃谓鉴定版本，非见真凭实据者，不宜轻改前人之说，举以相质，承许鄙言为不谬。先生尝收藏黄荛圃校《穆天子传》一书，为王君献唐故物，曾付景印，或以为景印本与先生所藏原本略有出入，遂传真本尚在山东某氏，秘不示人，称与景印本丝毫不爽。龙请观比勘，景印本与原本确有不同之处，如朱笔之深淡，校文位置之参差，点画略见肥瘦，谛审再三，始恍然：当时景印条件较差，摄景、套版、描润三者技术皆不精，遂失真面，滋人疑窦耳。其为黄校亲笔，固无庸置疑矣。具见明眼精鉴，非后生所能企及万一也。先生博学强识，爱书若命，每得珍本之纸敝装劣者，必为修复如新。居恒于治事之暇，怡情典籍，丹铅不去手，曾经校读者，往往系以题识，建国之三年，先生以所聚精本悉献诸国家，近复出剩箧续归公库。当谓捐献个人藏书乃求书得其所，使书籍免遭流散损毁之厄，借以发挥应有之作用，由国家收藏，自较私人收藏为胜。此其爱国热情溢于言表，尤令人弥深敬仰之私。昔南雷尝谓"藏书难，藏久尤难"，而先生力谋书之得所，书延其年，人益其寿，斯亦可以解南雷之惑矣。今年恭值先生九十华诞，太初适以《自庄严堪勘书图》命题，因书龙所获承教者，附赘卷末。《诗》不云乎："君子万年，介尔景福。"谨为长者颂之。

一九八〇年六月　后学顾廷龙

（李按：顾跋收入《芸香阁丛书》本《顾廷龙文集》第244页，2002年北京图书馆、上海科技文献出版社出版）

（载《王献唐屈万里路大荒学术研讨会论文集》2009年6月）

穆天子传

藏书家每以自己得到一部善本而沾沾自喜。清嘉庆间,藏书家黄丕烈,曾得到一部明代翻刻的《穆天子传》。他在重病时以校对书中的文字自娱,心情由此好起来,病也痊愈了。这是比较典型的古代藏书家。清洪亮吉曾把藏书家分几个等次:"钱少詹大昕、戴吉士震为考订家,卢学士文弨、翁阁学方纲为校雠家,鄞县范氏天一阁、钱唐吴氏瓶花斋、昆山徐氏传是楼为收藏家,吴门黄主事丕烈、邹镇鲍处士廷博为鉴赏家,吴门书估钱景开、陶五柳、湖南书估施汉英为掠贩家。"(《北江诗话》)虽不十分全面,但也有一定道理。文中把黄丕烈定为鉴赏家,其实他既精鉴赏,又善校雠。

黄丕烈得到的明代翻刻本《穆天子传》,是明万历时程荣校刻的汉魏丛书本。全书共计六卷,8514字。其内容主要记述周穆王西巡狩猎、在畿田畋游及盛姬之事。他批校此书时,曾"遍借诸家藏本,手校于此"。笔者依据原本进行统计,知道他曾借用了各家藏的八种善本校对此书。也就是说经过黄氏批校以后,一书在手,可以知道八个本子的情况。这是一部"顾校黄跋"的代表作品,具有重要学术和文献价值。后来黄丕烈所藏之书散出,归汪士钟艺芸书舍收藏;汪氏书散出,归聊城杨氏海源阁等藏书家收藏。

民国十九年(1930)夏,聊城杨氏海源阁藏书散出,流落保定、天津市肆,济南敬古斋亦收购多帙。当时时局动荡,战事频发,时任山东省图书馆馆长、著名藏书家王献唐先生交卸离馆,束装旋里,适遇敬古斋出示此书及顾千里校《说文系传》。王献唐先生"深恐书流域外",承敬古斋主人"慨然见许,挟书归寓",二书始归王献唐先生收藏。嗣后友人顾实,闻王先生藏有此本,拟来济校勘,王先生感其意诚,移写一本为赠。自后远地知交,时求假录,且怂恿印行。民国二十三年(1934)王先生"既不胜其困,又以近人喜习此书,苦乏善本"为感,遂编印《海岳楼秘籍丛刊》,将这部黄丕烈校跋本《穆天子传》收入其中,并请当时《穆传》

研究专家顾实先生题跋，王献唐先生亦自作跋文一篇，道其原委，将二跋附书后刊行。后来的某个时候，王献唐先生将这部《穆天子传》转让给了天津藏书家周叔弢先生。

1980年，顾廷龙先生为编辑《中国古籍善本书目》之事，专程赴天津周府拜访。在周府，二人谈到海源阁藏书往事，谈到周先生捐献《永乐大典》及从山东藏书家王献唐先生处得到黄丕烈校跋本《穆天子传》一事。

1980年，顾廷龙先生在为周先生撰写《自庄严堪勘书图跋》时也记录了两人讨论《穆天子传》一事，称：周叔弢先生"尝收藏黄荛圃校《穆天子传》一书，为王君献唐故物，曾付景印，或以为景印本与先生所藏原本略有出入，遂传真本尚在山东某氏，秘不示人，称与景印本丝毫不爽。龙请观比勘，景印本与原本确有不同之处，如朱笔之深淡，校文位置之参差，点画略见肥瘦，谛审再三，始恍然：当时景印条件较差，摄景、套版、描润三者技术皆不精，遂失真面，滋人疑窦耳。其为黄校亲笔，固无庸置疑矣。具见明眼精鉴，非后生所能企及万一也"（《顾廷龙文集》第244页）。中华人民共和国成立后，周叔弢先生将自己珍藏的全部宋椠元刊、名抄佳刻举献国家。这部黄氏校跋本《穆天子传》，遂化私为公，入藏天津图书馆。现已入选第二期《国家珍贵古籍名录》。

（载《人民日报》（海外版），2009年6月15日第八版《图书》栏目）

谈"顾黄书寮"所藏顾校黄跋书

"顾黄书寮"是文献学家王献唐先生的藏书处,因购藏顾千里校《说文系传》和黄丕烈跋《穆天子传》二书,故以为名。本文谈的内容就是这两部书。

一、王献唐购藏顾校黄跋书

王献唐在影印本《穆天子传》书后,撰写跋文,言及自己早年购藏顾校黄跋二书事,他说:

十九年夏,聊城杨氏海源阁藏书散出,流落保定、天津市肆,济南敬古斋亦收购多帙。时晋军入济,余交卸离馆,将束装旋里,适遇敬古斋出示此书及顾千里校《说文系传》,展玩未久,炮声隐隐动天外,市语苍皇,瞬息万变,戏谓敬古主人解职得一月修俸,备作资斧,世变鼪鼬,深恐书流域外,能倾囊相易乎?主人与余交久,慨然见许,挟书归寓,篝灯为《系》《传》校记,宵深人寂,万念怆动,数十里外,方且肉薄血飞也。未几,晋军北去,余回馆供职。主人续续出其所藏,尽为馆中购致之。

据云,王献唐无意间购得二部善本古籍,欣喜之余,用"顾黄书寮"作藏书室名,并先后延请董井、马少维为其治"顾黄书寮"朱、白方印各一枚。其所作《日记》,也从是日起改作《顾黄书寮日记》。董井所刻为朱文方印,有边款:"献唐得顾校《说文》、黄校《穆天子传》,嘱作此印。时十九年九月,坚叔作于济南。"马少维所刻为白文方印,事载《顾黄书寮日记》1931 年 12 月 23 日。

张景栻(亦轩)撰《济南书肆记》一文,载《藏书家》第二辑,其中有"敬古斋附霍介秋王献唐"条,云:

主人王仁敬,历城人,绰号王大个子。专营碑帖,肆设省府前街路东,门市房三间。战前时代,聊城杨氏海源阁驻兵,藏书被掠,一军人挟书一柳条箱至肆求售，内皆杨氏所藏善本书，王氏以贱值收得，陆续售出，获利无算。王卒后，其子王升甫能继其业，往来于潍县陈氏（陈介祺家）、新城王氏（王渔洋家），开辟货源。五十年代关店，移居尚书府街，与古玩商霍介秋同院居住。公司合营后，与霍介秋并入山东省文物总店。后病卒，年七十余岁。霍介秋，历城华人，精于鉴别瓷器，退休后归家病卒，年八十余岁。王献唐先生于战乱（中原大战）中在敬古斋购得海源阁旧藏黄荛圃手校《穆天子传》、顾千里手校《说文解字系传》，镌刻印章曰"顾黄书寮"。五十年代初，献唐先生告我"黄校《穆天子传》已出让于周叔弢"。余为之惊叹，坚请其顾校《说文系传》割爱时勿再让与他人。先生旋即举以归我。

至此，我们知道了二书的下落：黄跋《穆天子传》，让予周叔弢；顾校《说文系传》，举归张景栻。前者目前入藏津图，公之于世；后者仍庋张家，秘不示人。

二、顾千里校本《说文系传》

顾千里校本《说文系传》，因秘藏张家，我们不能看到，无法展卷品评。不过，通过翻检与顾校有关的古籍书目，我们可以对此书有个大致的了解。

《说文系传》究竟是一部什么样子的书？检《四库全书总目》，其卷四十一经部小学类二著录：

《说文系传》四十卷，兵部侍郎纪昀家藏本，南唐徐锴撰。锴字楚金，广陵人。官至右内史舍人。宋兵下江南，卒于围城之中。事迹具《南唐书》本传。是书凡八篇。首《通释》三十卷，以许慎《说文解字》十五篇，篇析为二。凡锴所发明及征引经传者，悉加"臣锴曰"及"臣锴案"字以别之。继以《部叙》二卷，《通论》三卷，《祛妄》《类聚》《错综》《疑义》《系述》各一卷。《祛妄》斥李阳冰臆说。《疑义》举《说文》偏旁所有而阙其字及篆体笔画相承小异者。《部叙》拟《易序卦》传，以明《说文》五百四十部先后之次。《类聚》则举字之相比为义者，如一、二、三、四之类。《错综》则旁推六书之旨，通诸人事，以尽其意。终以《系述》，则犹《史记》之《自叙》也。锴尝别作《说文篆韵谱》五卷，宋孝宗时李焘因之作《说文解字五音谱》。焘《自序》有曰："《韵谱》当与《系传》并行。今《韵谱》或刻诸学官，而《系传》迄莫光显。余搜访岁久，仅得其七八阙卷。误字无所是正，每用太息。"则《系传》在宋时已残阙不完矣。今相传仅有抄本，钱曾《读书敏求记》至诧为"惊人秘笈",然脱误特甚。卷末有熙宁中苏颂记云:"旧阙二十五、三十共二卷,俟别求补写。"此本卷三十不阙,或续得之以补入。卷二十五则直录其兄铉所校之本,而去其新附之字。殆后人求其原书不获,因摭铉书以足之。犹之《魏书》佚《天文志》,以张太素书补之也。其余各部阙文,亦多取铉书窜入。

李按:《总目》介绍了《说文系传》作者徐锴爵里及是书内容。我们知道,古代经师最重六书。东汉末年,许慎目睹古意之淹失,俗说之纰缪,作《说文解字》,成为博考通人。自此以后,凡硕儒俊才,通经术、述字例者,多宗是书。徐铉与其弟锴专治其书,世称二徐。二徐虽皆攻是书,然各执己学,优拙互出。铉书后成,其训解多引锴说,其书盛行于世,学者重之,几于家置一部。锴书先成,已残缺不全,罕见流传,后人访求锴书不获,因拾铉书以足之。《总目》又言及钱曾家藏一本,其《读书敏求记》著录,"诧为'惊人秘笈'"。

检钱曾《读书敏求记校正》,其卷一载"徐锴《说文解字系传》"条,称此书"流传绝少,世罕有观之者","此等书,应有神物呵护,留心籍氏者,勿谓述古书库中无惊人秘籍也"。

此目章钰注云:此"系影宋本。此书后归丰顺丁氏,转入吴兴张氏。每页版心有'虞山钱遵王述古堂藏书'十字"。章钰注又云"祁氏重刻时,以顾千里先生为之校雠,未得全本,甚可惜也"。

李按:据钱《记》知,此本"流传绝少,世罕有观之者"。又据章钰注知,这是一个影宋本,每页版心有"虞山钱遵王述古堂藏书"十字。此本从钱氏述古堂散出后,归丰顺丁氏(检丰顺丁日昌《持静斋书目》卷一经部小学类有是书著录),转入吴兴张氏。此本今流入何所?不得而知。钱《记》著录的这个影宋本,与顾校本没有直接关系。章钰注中披露的"祁氏重刻时,以顾千里先生为之校雠,未得全本,甚可惜"情况,我们在后面介绍祁氏重刻本时,还将道及。

徐锴《说文系传》传世本子有几种?我们检清邵懿辰《增订四库简明目录标注》,可以搞清楚。邵氏《标注》作如下著录:

南唐徐锴撰,其音切则朱翱作也。今为考证。汪启淑刻大字本,马刻小字,即龙威秘书本,祁相国刻本附札记,佳。"续录":宋刊残本,半叶七行,行大字十四,小字二十二,存通释第三十至末,凡十一卷。寒山赵宦光故物,曾藏黄丕烈家。汪刻大字本,脱数百字,不佳。马刻出于汪,并多错脱。小学汇函本,据祁寯藻校刊本刊。姚氏重刊本，光绪二年吴氏刊本，苏州局本。旧抄本，附考异二十八卷，附录二卷。虽所存者？《通释》之第三十，《部叙》第三十一、三十二，《通释》之第三十三、三十四、三十五，《祛妄》第三十六，《类聚》第三十七，《错综》第三十八，《疑义》第三十九，《系述》第四十，而宋本面目居然可睹。昔李巽岩时搜访，岁久仅得七八，缺卷今余所获不已多耶。简端结衔一行与《敏求记》所载合，唯《通释》以下皆称"撰"，不称"传释"，为异耳。

李按：《标注》著录《说文系传》传世的版本有多种。其中，与顾千里有关之版本包括：歙县汪启淑刻大字本、石门马刻小字本、祁相国刻本。三个本子相比而言，汪刻大字本，因脱数百字，不佳；马刻小字本因从汪刻出，并多错脱，更是不佳，黄丕烈曾云："今歙人有刊行之者，正文尚脱落数百字，又经不学之徒以大徐本点窜殆遍，真有不如不刻之叹。"其指的正是汪刻大字本；祁相国刻本，因据顾千里藏影宋足本校刊，故佳。

"顾黄书寮"中的顾氏校本，因为是从海源阁散出的，所以，这是一条有稽可查的线索。检清杨绍和《楹书隅录初编》，我们可以搞清顾氏校本的一些情况。

清杨绍和《楹书隅录初编》卷一著录，有四条内容：

校本《说文解字系传》四十卷十册。汲古阁藏抄本，校补十一至二十，凡十卷，在卷首。

此新刻《系传》，校旧抄本十一至二十，凡十卷，多脱误。癸亥七月草草录一过。二十三日涧蘋记。在卷三十后。

合《韵会》，不合大徐。合大徐，不合《韵会》。具不合亦用。当考者。在卷首。

大徐本自汲古阁毛氏镂版后，复经孙渊如、经约斋两先生据宋椠开雕，已可家置一编。而小徐《系传》则元以来传世绝鲜。国朝歙汪氏、石门马氏，虽有刊本，又讹漏殊甚。寿阳相国春圃年丈，督学江苏，时假涧蘋居士以影宋本手自契刊者。其云十一至二十，盖指补脱之卷言之，非所校止此。又间有称残本处，则以黄本参校者也。寿阳所刻，固已精密，然此本为涧蘋手校，且合大徐《韵会》，互相稽考，尤极详审，亦读楚金书者所亟当探讨，已故并储之。

李按：在杨《录》所载四条内容中，前三条是顾广圻题款，最后一条是杨绍和题跋。

我们首先看第一条题款，顾广圻提到了"校本"和"汲古阁藏抄本"两个版本；

再看第二条题款,在"此新刻《系传》,校旧抄本"一句中,顾广圻提到了"新刻本"和"旧抄本"两个版本。(此条题款又见顾广圻《思适斋书跋》卷一)

以上两条题款,虽然分别举出了两个版本,实际上应该指的是相同的两个版本。我们不妨将第一条题款和第二条题款分别列出的两个版本进行对应:第一条的校本对应第二条的新刻本,第一条的汲古阁藏抄本对应第二条的旧钞本。

我们据此可以得出如下结论:顾氏校书时使用的底本是一个新刻本,此本正文有顾氏校字和题款;顾氏校书时使用的校本是"汲古阁藏抄本",此本正文或许也有顾氏校字和题款。也就是说,我们现在谈论的"秘藏张处"的顾校本,实际上是一个新刻本,而不是毛氏汲古阁藏影宋抄本。

那么,这个"新刻本"具体指的是哪个本子?笔者认为应该是歙县汪启淑刻本,因石门马氏刻本出自汪启淑刻本,故不会是这个本子,而祁寯藻刻本则绝对不是。

关于祁寯藻刻本,因杨《录》有"寿阳相国春圃年丈,督学江苏,时假涧蘋居士以影宋本手自契刊者"一句,说明,祁寯藻刊刻此书时,曾借用了顾氏藏本。我们检阅一下祁寯藻刻本卷首所载《重刻序》和卷末李兆洛《刻书跋》,可以搞清祁寯藻校刊是书原委。

祁寯藻《重刊影宋本说文系传叙》云:

小徐《系传》,唯歙汪氏刻有大字本,石门马氏刻有袖珍本,讹脱错乱,厥失维均,阅者苦之。寯藻读段君懋堂《说文注》,知吴中顾千里、黄荛圃两家藏有旧抄本,雠校精详,久悬胸臆。河间苗仙簏夔笃志许学,研究《系传》,亦倾慕此本。岁丁酉(道光十七年)寯藻奉命,视学江苏,约仙簏同行。初以老悼远涉,既念顾黄本或可因是得见,欣然命驾。九月抵署。谒暨阳院长李申耆(兆洛)先生,首访是书。先生于顾旧同学也,即寓书,其(指顾千里)孙瑞清借之。取以校汪、马之本,则正文、注文,顾本往往字数增多,而木部、心部竟增多篆文数十,且有縈部,汪、马本脱去部首字(李按:原文在此处列举了8个部首,文略)等部,汪、马本通部具脱,而顾本全者。先生又为访求汪士钟所藏宋刻本,汪氏仅赍示第四函三十二卷至四十卷,余云无有。以宋刻本校抄本,大略相符,知顾氏本实为影宋足本。寯藻既欣得此书,欲公同好,间与芝楣陈抚军言及,抚军慨任剞劂之费,即请申耆先生董纪其事,依写开雕。至《系传》原缺二十五卷,顾氏抄本系据大徐本补入,寯藻复请先生搜采《韵会》等书所引《系传》,辑补编附,以存崖略。先生又命弟子江阴承培元夏灏、吴江吴汝庚伦校勘记,苗君获见顾本,益加订证,遂以心得,别成一编付梓。其小徐《篆韵谱》,寯藻复从沈莲叔都转访录,附刊书后。于楚金一家之言庶云备矣。虽然此书在宋时,据尤延之、李仁父、王伯厚诸家记载,已多残缺,元明两代竟未刊行,兹仅据顾氏影抄本,而汪氏宋刻本又未获睹其全,恐遗漏舛误,仍所不免。(李按:此处省略一段文字)道光十有九年太岁在己亥九月叙于江阴使署。

《书后李兆洛跋》云:

道光戊戌之岁,淳父先生祁公奉命视学江苏。其驻节在江阴县,而兆洛适为其邑书院主讲,以同馆故,得奉谒先生。先生见即问小徐《说文系传》世行者何本?别有佳本否?兆洛对:"以此时同行者,唯歙汪氏启淑本,讹漏不足凭。现在苏州汪氏有宋椠不全本,顾氏有影宋抄足本,皆佳。"先生立命往借之。至即勾工梓之,命兆洛为之校理,阅一年刻成。汪氏字阆原,候补道。顾氏字涧苹,诸生。已故。其孙瑞清能世其业。

李按:据祁氏序知,祁寯藻于道光十七年奉命视学江苏,当时年老体弱,害怕远足,其下决心前往的动力之一,就是可以顺便借观顾黄二家藏本,爱书之心情,跃然纸上。此行,邀请仙篦陪同。刚一到达,急不可待,便约与顾广圻是同学关系的李兆洛前去看书。到达顾家后,向顾广圻的孙子顾瑞清借书。顾瑞清将其祖顾广圻所藏"影宋足本"借给了祁李。之后,祁李又访求汪士钟,借得其所藏的宋刻本,祁氏于是取以校汪、马之本,发现不少问题。最后,依据顾广圻所藏的这个"影宋足本",取校汪士钟所藏的宋刻不全本,刊刻行世。后人称祁氏校刻本佳,其原因就在这里。

李兆洛在《跋》中有"顾氏字涧蘋,诸生。已故。其孙瑞清能世其业"一句,讲明了顾广圻在祁寯藻刻此书之前,已经去世。所以说,顾广圻先前校勘此书时使用的底本,肯定不是祁寯藻这个刻本。祁寯藻(1793~1866),清山西寿阳人,字叔颖,一字淳甫,号春圃,晚号观斋。嘉庆十九年进士,官至大学士衔礼部尚书。道光十九年奉朝命视学江苏。生平提倡朴学,延纳寒素,士林归之。诗、古文、词卓然成家。卒谥文端。祁氏晚年,经过努力,校刊小徐《系传》,为后人留下了一个善本,值得纪念。

三、黄丕烈校跋本《穆天子传》

黄丕烈校跋本《穆天子传》，今藏天津图书馆。笔者有幸目验此书，字里行间朱批满纸，各卷之后题跋署款，真迹养目，眼福不浅。现将所见是书情况，作一介绍，以飨同好。

1. 黄丕烈校跋本《穆天子传》基本著录情况：《穆天子传》六卷，晋郭璞注，明程荣校。明万历间程荣刻汉魏丛书本。汉魏丛书本之零种。清黄丕烈校并跋。九行二十字，白口，左右双边。版框尺寸20厘米×14.2厘米。书品尺寸31.5厘米×19.2厘米。一册一匣。书品宽大，包角金镶玉装，黄竹纸，浅绿色撒金腊笺纸书衣。天津图书馆藏。馆藏号：Z146。

黄丕烈校跋本《穆天子传》钤印数方，举列如下：

属于黄丕烈的藏书印有"荛翁更字复翁"白文方印（见卷末副叶）；

属于杨氏海源阁的藏书印有"杨氏海源阁藏"白文长方印（见卷首王渐序末）、"杨东樵读过"朱文椭圆印（见卷一卷端）、"杨印绍和"白文方印（见卷一卷端）、"宋存书室"朱文方印（见卷一卷端）、"东郡杨绍和鉴藏金石书画印"白文方印（见卷末副叶）、"东郡杨绍和彦合珍藏"朱文方印（见卷末副叶）；

属于王献堂的藏书印有"献堂审定"朱文长方小印（见卷首副在三阁序末）、"王献堂读书记"朱文方印（见卷一正文末）、"献堂珍秘"朱文方印（见卷末副叶）；

属于周叔弢的藏书印有"弢"朱文小方印（见卷一卷端）。

我们依据以上藏书印，可以推知此书递藏源流。先由黄丕烈收藏，经过黄氏批校题跋后，书归清代四大藏书家之一的聊城杨氏海源阁，其书散出后，辗转被王献堂获得，嗣后王氏将书转让周叔弢，最后入藏天津图书馆。

这部黄氏校跋本《穆天子传》是荛翁校本中的精品。王献唐对是书称赞有加，他说：

荛翁先后手勘，益以惠、顾两家旧校，合八本为一，尤利学者。其所据之九行二十二字本，为人间孤帙，亦复备具书中，旁行斜上，朱墨焕烂。余见荛翁勘书，殆以此册及刘子《新论》最为缜密矣。

2. 黄丕烈对《穆天子传》的批校题跋，经过后人整理，编入了《士礼居藏书题跋记》及其《续编》等书中。笔者经过比对，发现黄丕烈对《穆天子传》的批校题跋尚有一些没有被收录进去。究其原因，可能有两点：一是整理者认为一些题跋不重要，二是整理者将一些题跋漏掉了。今依据原本《穆天子传》所载黄氏题跋，将《士礼居藏书题跋记》及《续编》等书中漏载部分逐条登录如次，以存黄跋资料。每条黄跋之后，笔者添加"李按"，予以说明。

九行二十二字本无序二篇，板式长，字大，分卷。下次行题"晋著作郎郭璞景纯注"。其书甚古雅，当是明刻之最先者，亦略用朱笔，校其异处。——李按：见卷首王渐序眉端，朱笔。

《道藏》本每半叶五行行十七字。——李按：见卷首王渐序题名右边栏，朱笔。

丕烈按：此则是书最先之本，乃元板也。——李按：见卷首王渐序眉端，朱笔。

此序用元妙观《道藏》本校，复翁。——李按：见卷首王渐序末，墨笔。

此序用丛书堂抄本校。——李按：见卷首王渐序末，朱笔。

《郡斋读书志》传记类："《穆天子传》六卷，右晋太康二年汲县民盗发古冢，所得凡六卷，八千五百一十四字。诏荀勖、和峤等，以隶书写之"云云。郭璞注本谓之周穆王游行记勖之时古文已不能尽识。时有□者又转写益误，殆不可读。《书录解题》起居注类："《穆天子传》六卷"，晋武帝时汲冢所得。其体例与起居注□同，郭璞为之注。——李按：见卷首王渐序末，墨笔。

勖字公曾，颖川人。汉司空爽曾孙也。晋武帝拜中书监加侍中俄领秘书监得汲郡冢中竹书，诏荀勖撰次之。——李按：见卷首副在三阁序末，朱笔。

此序亦以《道藏》本校，字体未尽改也。复翁。——李按：见卷首副在三阁序末，墨笔。

丙寅小除夕，以顾千里影抄《道藏》本校。其与此刻异者，或下方旁行注出，标以"道"字，与此刻同者，不赘注出矣。——李按：见卷一正文末，朱笔。

《穆天子传》卷之二，吃年夜饭毕手校此卷。——李按：见卷二正文末，朱笔。

《穆天子传》卷之三，大除晨起校。——李按：见卷三正文末，朱笔。

《穆天子传》卷之四，午前校。——李按：见卷四正文末，朱笔。

《穆天子传》卷之五，饭毕校。——李按：见卷五正文末，朱笔。

《穆天子传》卷之六，校毕此卷，已将夕矣。予以病躯，得闲校此，虽忧亦乐也。——李按：见卷六正文末，朱笔。

用顾广圻传校旧抄本校正，乙丑初冬，荛翁。——李按：见卷六正文末，朱笔。

顾校有墨笔，仍之。又记。——李按：见卷六正文末，墨笔。

3. 黄氏批校是书时所使用的版本。黄氏批校是书时，曾"遍借诸家藏本，手校于此"。笔者依据原本进行统计，得知黄丕烈校书时使用的诸家藏本共有八种。其中，明刻本有五种：九行二十二字本、道藏本、程荣本、范钦本、范钦陈德文本。抄本有一种：丛书堂本。校本有二种：惠本、顾本。兹录下：

明程荣刻本（九行行二十字）。黄丕烈将这个明程荣刻本（九行行二十字）用作底本，即本文称的"黄氏校跋本"。黄丕烈将其他本子充作校本。

用九行二十二字本。"嘉庆乙丑余初见九行二十二字本"（语见卷首王渐序题之下）于所校文字之下标"九行本"字。

《道藏》本。"《道藏》本，每半叶五行行十七字"（语见卷首王渐序题右栏），或称元妙观《道藏》本校勘，"此序用元妙观《道藏》本校"（语见卷首王渐序末）；于所校文字之下标"道"字。

明范钦刻本。"范刻，每半叶九行行十八字"（语见卷首王渐序末），于所校文字之下标"范"字。

范钦、陈德文本。为陈仲鱼所得之本（其于所校文字之下是否也标"范"字，不是十分明确。在此存疑俟考）。

丛书堂本。丛书堂为明藏书家吴宽藏书处。"其最旧者为丛书堂本抄本"（语见卷首王渐序题之下），黄氏又称"得香岩书屋藏旧抄本，钤有丛书堂印"，应属一个版本系统。于所校文字之下标"吴本"。

惠本。或称"惠云"或称"惠校"或称"惠曰"（语见卷一、二、三眉端），在题跋中，黄氏没有交代清楚这个本子的具体情况。

顾本。指"顾千里影抄《道藏》本"（语见卷一末），"用顾广圻传校旧抄本校正"（语见卷六末），于所校文字之下标"顾校本"或"顾"或"校"。

通阅全书，不难发现，黄丕烈在眉端主要标"范本""吴本"和九行本，在地脚主要标"道"和九行本，在正文间标各本。实际上，黄丕烈主要用四个本子校勘，其余本子只是参校，并没有在校本上面留下校字。这四个本子是：

其一，九行二十二字本（在校文中标"九行本"）；

其二，元妙观《道藏》本（即在校文中标"《道藏》本"或"道"）；

其三，范钦刻本（在校文中标"范本"或"范"）；

其四，丛书堂本（在校文中标"吴本"）。

黄氏校勘《穆天子传》，主要校勘文字异同、点画区别和行款格式之不同。

例如：卷一 正文"峯"字，黄氏校勘时标注：范"峰"，吴本"峯"，校"崖"。正文"大"字，黄氏校勘时标注：九行本"女"，道"女"，范"女"，吴本"大"作"女"。

卷二正文"朱"字，黄氏校勘时标注：范"朱"，吴本"朱"作"珠"。正文"兄"字，黄氏校勘时标注：吴本"兄"作"元"，范"元"，九行本"兄"，旧抄"元"，道"元"。

黄校时引诸家校本成果，以说明之：如引范校：卷一"天子北征于犬戎"，在眉端题："犬戎，西戎也。《匈奴传》：'陇以西有犬（又有田字）戎。范校。'"如引惠校：卷四"天子使孔牙受之"，在眉端："惠云：案《尚书》有君牙，疑即孔牙。"

还直接指出哪个本子有误："因"，范误"目"；"英"，范脱"英"字。

凡此等等，据此我们可以看出黄氏校书的一般方法。

4. 王献唐影印黄氏题跋本《穆天子传》。民国二十三年一月王献唐曾将此书进行了影印。今影印本比较常见。影印本书签题："穆天子传/海岳楼秘籍丛刊之一/海源阁藏/黄荛圃校本/向迪琮署。"版权页："《穆天子传》/海岳楼秘籍丛刊之一/民国二十三年一月山东省立图书馆印行/每部实价国二元。"书后载跋文两篇：顾实《黄荛圃手校穆天子传跋》和王献唐《穆天子传跋》。

王献唐先生在影印本跋中说"色墨纸幅，题识印记，悉仍旧贯"。不过，如果我们取影印本与原本进行比较，不难发现两本的版框尺寸大小，存在些许差异。

兹列表如下：

原本与影印本版框尺寸异同表

（单位：厘米）

卷次	原本版框尺寸	影印本版框尺寸	备注
王序首叶	20.2 × 14.3	19.8 × 13.8	差异
卷一卷端	20 × 14.2	19.5 × 14	差异
卷二卷端	20.2 × 14.4	19.2 × 13.7	差异
卷三卷端	20.3 × 14.2	20.3 × 14.2	相同
卷四卷端	20.2 × 14.1	20.1 × 14.1	近同
卷五卷端	20.4 × 13.9	20.2 × 13.8	近同
卷六卷端	20.4 × 14.2	20.2 × 14	近同

我们依据这个《异同表》，可以看出两个本子版框尺寸异同的变化情况：卷一、卷二差异较大，卷三完全一样，卷四、五、六接近相同。究其原因，应该属于影印技术问题，而非版本问题。对于原本与影印本这两个本子版框尺寸异同问题，很早以前，就引起了我国古籍版本目录学专家顾廷龙先生的关注。

顾廷龙先生在所撰《自庄严堪勘书图跋》（1980年6月）中谈及《穆天子传》原本于影印本稍有不同之情况，他说：

尝收藏黄荛圃校《穆天子传》一书，为王君献唐故物，曾付景印，或以为景印本与先生所藏原本略有出入，遂传真本尚在山东某氏，秘不示人，称与景印本丝毫不爽。龙请观比勘，景印本与原本确有不同之处，如朱笔之深淡，校文位置之参差，点画略见肥瘦，谛审再三，始恍然：当时景印条件较差，摄景、套版、描润三者技术皆不精，遂失真面，滋人疑窦耳。其为黄校亲笔，固无庸置疑矣。具见明眼精鉴，非后生所能企及万一也。

（载《顾校黄跋鲍刻论文集》，2011年三秦出版社出版）

辨伪释例

——以天津图书馆藏三部伪书为例

在图书馆古籍书库中，夹杂隐藏了一些伪书。这些伪书或已被编目人员发现，在款目著录时予以了揭示；或尚未被人发现，仍以假身份混迹当中。那么如何把这些伪书辨认出来？笔者认为：一靠学习，了解掌握前人采取过的辨伪方法，逐步试行，将有所斩获；二靠钻研，目验群书，见多识广，提升自己的专业素养，有所发现；三靠总结，旨在汲取前人辨伪成果之精华、探寻前人辨伪之轨迹，采取的方法是追根溯源、解剖分析、归纳总结、得出结论。我们姑且称之为"辨伪学习法、辨伪钻研法、辨伪总结法"，运用三法辨伪，或有收益。本文试用"辨伪总结法"，选取天津图书馆所藏的、本馆前辈同人在早年已经辨明了的三部伪书作为"典型范例"进行分析研究，草成小文，就教于大家。

一、追根溯源

1. 三部伪书的客观描述

对天津图书馆藏三部伪书，为了叙述方便，姑且以"伪书一""伪书二"和"伪书三"名之。

"伪书一"《唐李推官披沙集》的客观描述：

《唐李推官披沙集》六卷，金镶玉线装，一册，索书号P3411。

是书有封面，墨笔题"唐李推官披沙集、嘉靖壬子年影南宋本"，其下钤"书中自有黄金屋"朱文方印。

卷首载宋杨万里撰《唐李推官披沙集序》，题目下端，钤"云轮阁"朱文长方印。

卷一卷端书名下钤"荃孙"朱文方印。

序末有朱笔题识四行，云："右《披沙集》六卷，唐推官李咸用撰。是刻乃嘉靖间依南宋本翻雕者。半页十行行十八字。其间行款缺笔，不失南宋面目，殊为可爱。册首有'云轮阁''荃孙'二印，乃系缪氏旧藏，诚为明刻之善本也。衡窗记。"

其书衣用纸为水纹浅绿色纸。正文用纸为浅黄皮纸。

十行十八字，白口，左右双边。

版框尺寸：高 17 厘米，宽 12.8 厘米。原本用纸尺寸：高 25.7 厘米，宽 17.5 厘米。书品尺寸：高 28.8 厘米，宽 17.5 厘米。

倘若依据"伪书一"客观描述所提供的这些信息，一般情况下可能作如下著录：

《唐李推官披沙集》六卷

（唐）李咸用撰

明嘉靖三十一年（1552）影刻南宋本

一册

"伪书二"《唐十家诗集》的客观描述：

《唐十家诗集》十种十一卷，金镶玉线装，十册，索书号 P11379。

子目如下：

《权德舆集》二卷、《严维集》一卷、《灵一集》一卷、《皎然集》一卷、《戎昱集》一卷、《刘沧集》一卷、《于濆集》一卷、《王周集》一卷、《储嗣宗集》一卷、《章碣集》一卷。

其中，第一种为《权德舆集》，其有封面，墨笔题"唐十家诗集 嘉靖壬午影南宋本"。（说明：为了叙述方便起见，姑以是书代表"伪书二"）

其目录卷端下方，钤"殁斋藏书记"朱文长方印，目录眉端钤"善本鉴定"朱文长方印。

其目录上卷的卷端，钤印数方：在右下角由底向上，依次钤"汪士钟印"白文方印、"阆源真赏"朱文方印、"好读书"朱文长方印，眉端钤"抱经堂藏"朱文大方印。

其书衣用纸为水纹浅绿色纸，正文用纸为浅黄皮纸。

十行十八字，白口，左右双边。

版框尺寸：高 17.5 厘米，宽 13 厘米。原书用纸尺寸：高 23.7 厘米，宽 16.5 厘米。书品尺寸：高 27 厘米，宽 16.5 厘米。

倘若依据"伪书二"客观描述所提供的这些信息，一般情况下可能作如下著录：

《唐十家诗集》十种十一卷

佚名编

明嘉靖元年（1522）影刻南宋本

十册

"伪书三"《唐十二家集》的客观描述：

《唐十二家集》，金镶玉线装，八册，索书号 P12403。

存十二种十三卷。子目如下：

《严维集》一卷、《权德舆集》二卷、《朱庆余集》一卷、《卢仝集》一卷、《崔涂集》一卷、《张玭集》一卷、《刘驾诗集》一卷、《于渍集》一卷、《李丞相集》一卷、《刘兼集》一卷、《会昌集》一卷、《林宽集》一卷。

其中一种为《刘驾诗集》，其有封面，墨笔题"唐十二家集 嘉靖壬子影南宋本"，其后钤"句吴华氏留读草庐藏本"朱文方印。卷端下方，钤"渔□之印"朱白文相间方印。（说明：为了叙述方便起见，姑以是书代表"伪书三"）

其书衣用纸为水纹浅绿色纸。正文用纸为浅黄皮纸。

十行十八字，白口，左右双边。

版框尺寸：高 17.5 厘米，宽 12.9 厘米。原书用纸尺寸：高 27.8 厘米，宽 19 厘米。书品尺寸：高 32 厘米，宽 19 厘米。

倘若依据"伪书三"客观描述所提供的这些信息，一般情况下可能作如下著录：

《唐十二家集》十二种十三卷

佚名编

明嘉靖三十一年（1552）影刻南宋本

八册

2. 本馆对"三部伪书"进行辨伪后的款目著录信息

对"伪书一"进行辨伪后的款目著录信息

本馆前辈认为这是一部伪书，辨明后的款目作如下著录：

《唐李推官披沙集》六卷

（唐）李咸用撰

清光绪二十一年（1895）元和江氏灵鹣阁据南宋陈道人本影刻《唐人五十家小集》本

一册

对"伪书二"进行辨伪后的款目著录信息

本馆前辈认为这是一部伪书,辨明后的款目作如下著录:

《唐人五十家小集》五十种七十二卷

清江标编

清光绪二十一年(1895)元和江氏灵鹣阁据南宋陈道人本湖南使院影刻本

十册

存十种十一卷,子目:

《权德舆集》二卷、《严维集》一卷、《灵一集》一卷、《皎然集》一卷、《戎昱集》一卷、《刘沧集》一卷、《于濆集》一卷、《王周集》一卷、《储嗣宗集》一卷、《章碣集》一卷。

对"伪书三"进行辨伪后的款目著录信息

本馆前辈认为这是一部伪书,辨明后的款目作如下著录:

《唐人五十家小集》五十种七十二卷

清江标编

清光绪二十一年(1895)元和江氏灵鹣阁据南宋陈道人本湖南使院影刻本

八册

存十二种十三卷,子目:

《严维集》一卷、《权德舆集》二卷、《朱庆余集》一卷、《卢仝集》一卷、《崔涂集》一卷、《张祜集》一卷、《刘驾诗集》一卷、《于濆集》一卷、《李丞相集》一卷、《刘兼集》一卷、《会昌集》一卷、《林宽集》一卷。

本馆前辈认为以上三书均是伪书。在辨明后的三书款目著录中,书名均言及《唐人五十家小集》,版本均言及清光绪二十一年(1895)元和江氏灵鹣阁影刻南宋本。这既是辨明后的结果,也是为后人提供的重要线索和依据。

二、解剖分析

版本比对,是古籍版本学的核心内容。我们知道,一书经过多次传写或印刷形成了各种不同本子。这些本子,因内在原因,在其制作过程中已经形成了自己固有的特征,如书写或印刷的形式、内容、字体、年代、行款、纸墨及装订等;这些本子,因外在原因,在其流传过程中被附加了一些不同信息,如藏书印记、题跋观款、句读批校及完残程度等。研究这些本子的固有特征和附加信息，研究各本之间的关联和差异，鉴别其真伪和优劣，这样才能知其然，更知其所以然，才能得出客观、科学的结论。

通过上述第一部分内容的介绍，我们知道了三部伪书的基本情况和本馆辨伪后的款目著录信息。那么，我们只要对其版本按照版本学一般原理进行比对分析，就可以知道其异同之处，从而得出正确答案。

1. 在三部伪书之间进行的版本比对分析

为了叙述清晰，便于分析，我们将三部伪书需要进行比对的项目列表如下：

三部伪书版本项目比对表

比对项目	伪书一	伪书二	伪书三
版本特征	影刻南宋本	同	同
版本时代	明嘉靖三十一年	明嘉靖元年	明嘉靖三十一年
行款格式	10行18字白口	同	同
丛书子目	1种	10种	12种
正文字体	仿宋版欧体	同	同
封面题字（风格）	缮写	同	同
刷印用纸	浅黄色皮纸	同	同
书皮用纸	水纹浅绿色	同	同
装订形式	金镶玉线装	同	同
藏书印记	钤名家印	同	同
题跋观款	有一条题跋	无	无
完残程度	丛书零种	同	同
书品尺寸	《披沙集》：高28.8厘米，宽17.5厘米（简称"中本"）	《权德舆集》：高27厘米，宽16.5厘米（简称"小本"）	《刘驾诗集》：高32厘米，19厘米（大本）（简称"大本"）

通过上表可以看出，三部伪书相同地方占的比例大，而不同之处占的比例小。笔者认为，对此进行分析，可以得出一些结论。

先看其相同地方：

三部伪书在版本特征、行款格式、正文字体、封面题字（风格）、刷印用纸、书皮用纸、装订形式及完残程度等方面完全相同，说明三部伪书的版本在构成要素上是完全一样的，据此可以得出三部伪书是利用相同一个木版印制而成的。

再看其不同之处：

三部伪书在版本时代、丛书子目、题跋观款及书品尺寸等方面完全不同，说明三部伪书在这些方面有不一样的地方。究其原因，不难发现，其有内在关联。

在版本时代方面，"伪书一"和"伪书三"均为"明嘉靖三十一年"，伪书二为"明嘉靖元年"。检阅年表得知，明嘉靖三十一年的干支纪年为"壬子"，明嘉靖元年的干支纪年为"壬午"，很显然，这是作伪者把"壬子"，写成了"壬午"，因字形相似而误。本来明嘉靖三十一年就是作伪者杜撰出来的，他又把这个杜撰出来的干支写错了，真可谓是错上加错，更有甚者连作伪者自己都没有来得及发现并改正，用利令智昏来比喻可能贴切。

在丛书子目方面，"伪书一"只有《披沙集》一种，"伪书二"有《权德舆集》等十种，"伪书三"有《刘驾诗集》等十二种。三部伪书的子目，除了《严维集》《权德舆集》《于濆集》三个子目相互重复外，其余均不相同。也正因为如此，笔者推测这三部书或由一部丛书拆分而成，或由丛书零种拼接而成。

在藏书印记方面，三部伪书钤印均不相同，或出自作伪者之手，或旧已有之。这为我们考察其流布情况，提供了依据。

在题跋观款方面，只有"伪书一"《披沙集》一种载有朱笔题跋，其所题内容，好像是按照作伪者的意图而行文的，而且，如果把"伪书一"载有的这条朱笔题跋放在"伪书二"和"伪书三"书上，只要更换书名、作者和藏书印章，摇身一变就属于"伪书二"或"伪书三"的题跋了。所以，我们从这个角度讲说，"伪书二"和"伪书三"虽然没有朱笔题跋，却与有题跋的"伪书一"的版本价值一个样，况且，作伪者很明白，将三部伪书都撰写题跋，露马脚的可能性就会增大，斟酌再三，题跋只择"伪书一"《披沙集》为之。

在书品尺寸方面，三部伪书的书品尺寸大小不同：分大中小三种，其中，《刘驾诗集》为大本，《披沙集》为中本，《权德舆集》为小本。实际上这又是作伪人所为，将三部书裁切成不同尺寸，人为搞成不同样子，其用意不可谓不深。

2. 在三部伪书与原刻本之间进行的版本比对分析

我们依据本馆对三部伪书进行辨伪后的款目著录信息得知，三部伪书的原刻本应该是清光绪二十一年（1895）元和江氏灵鹣阁据南宋陈道人本湖南使院影刻本《唐人五十家小集》。

笔者取阅这部原刻本《唐人五十家小集》，其款目著录信息如下：

《唐人五十家小集》五十种七十二卷

（清）江标编

清光绪二十一年（1895）元和江氏灵鹣阁据南宋陈道人本湖南使院影刻

子目如下：

《王勃集》二卷、《杨炯集》二卷、《卢照邻集》二卷、《骆宾王集》二卷、《唐司空集》二卷、《李端集》三卷、《耿湋集》一卷、《严维集》一卷、《灵一集》一卷、《皎然集》一卷、《华阳真逸诗》二卷、《戎昱集》一卷、《戴叔伦集》二卷、《权德舆集》二卷、《羊士谔集》一卷、《吕衡州集》一卷、《朱庆余集》一卷、《刘沧集》一卷、《卢仝集》三卷、《喻凫集》一卷、《项斯集》一卷、《唐求集》一卷、《曹邺集》二卷、《崔涂集》一卷、《张玭集》一卷、《刘驾诗集》一卷、《披沙集》一卷、《刘叉集》三卷、《苏拯集》一卷、《章孝标集》一卷、《于濆集》一卷、《李丞相集》二卷、《鱼玄机集》一卷、《贯休集》一卷、《齐己集》一卷、《无可集》二卷、《刘兼集》一卷、《王周集》一卷、《储嗣宗集》一卷、《章碣集》一卷、《李远集》一卷、《会昌集》一卷、《林宽集》一卷、《罗邺集》一卷、《秦韬玉集》一卷、《殷文珪集》一卷、《尚颜集》一卷、《于武陵集》一卷、《无名氏集》一卷、《张司业集》一卷。

此本著录子目与《中国丛书综录》831页著录子目相同。

这部原刻本丛书，其封面a题"宋本唐人小集"，封面b有牌记题"灵鹣阁影刊，章钰署检"。

每一种书前均有封面。封面镌印书名和刊记。例如第一种封面"王勃集，南宋书棚本唐人小集，光绪二十一年乙未影刻于湖南使院元和江标"。

十行十八字白口左右双边。白连纸。

每册卷端下方钤"希郑轩蔡虎臣藏书印"朱文方印，书衣右下角钤"蔡虎臣先生赠崇化学会藏书"朱文长方印。

笔者以原刻本作为依据，从刊刻字体、行款格式、版框尺寸、断版之处及用纸颜色等五个版本要素与三部伪书逐一进行比对，列表如下：

原刻本与三部伪书版本项目比对表

举例	刊刻字体	行款格式	版框尺寸	断版之处	用纸颜色
原版本（第一种：《王勃集》）	仿宋欧体	十行十八字白口左右双边	高17.1厘米，宽13厘米	《披沙集》《权德舆集》《刘驾诗集》	连纸白色
"伪书一"《披沙集》	同	同	高17厘米，宽12.8厘米	卷一第6页右栏处，同原版本	皮纸黄色
"伪书二"《权德舆集》	同	同	高17.5厘米，宽13厘米	卷下第9页右栏处，同原版本	皮纸黄色《
"伪书三"《刘驾诗集》	同	同	高17.5厘米，宽12.9厘米	卷一第1页右栏处，同原版本	皮纸黄色

通过以上列表，我们不难看出，原刻本与"三部书"在五个版本要素中既有相同的地方，又有不同之处。

先看其相同地方：

在刊刻字体、行款格式及断版之处三个方面完全相同。尤其是断版之处，笔者取原刻本的《披沙集》《权德舆集》《刘驾诗集》三种书，与"伪书一"的《披沙集》、"伪书二"的《权德舆集》和"伪书三"的《刘驾诗集》进行同一个断版部位的比对，得出的结果是完全一样的。

再看其不同之处：

版框尺寸不同。因选取参与比对者都是本书的第一种，而不是选取相同的一种书，所以其尺寸有些不同，再有书版刷印存在缩胀等实际情况，木版比对存在些许差异，属于正常情况。

用纸颜色不同。原刻本刷印用白色连纸，三部伪书刷印用黄色皮纸，存在较大差异。据此可知，原刻本用一种纸刷印，三部伪书用相同纸刷印，尽管刷印时使用的纸张不同，但所持的印版是一样的。这就如同给一个人照相，这个人是唯一不变的主要对象，尽管用的相纸不一样，但相片里的这个人的模样特征完全一样。

通过以上分析，足证三部伪书与原刻本是用相同一套雕版印制的，属于同版印本关系。从刷印用纸来看，三部伪书均为黄色皮纸，比原刻本用的白连纸更显古色古香，这或许正是作伪者考虑作伪条件的一个十分重要的因素。

三、归纳总结

笔者将馆藏三部伪书作伪的手法作如下归纳：改封面题字、改目录、钤名家印章及署名家题识等四种。

手法一：改封面题字。

《披沙集》：原刻本封面题字为"唐李推官披沙集，宋十行十八字，临安府棚本"，"伪书一"改封面题字为"唐李推官披沙集，嘉靖壬子影南宋本"。笔者翻检《中国古籍善本书目》和《中国古籍总目》，以及缪荃孙编《艺风藏书记》八卷、《续记》八卷及《再续记》七卷等公私书目，均不见著录明嘉靖三十一年影刻南宋本《唐李推官披沙集》。

《权德舆集》：原刻本封面题字为"权德舆集，影刻南宋本，江氏家藏"，"伪书二"改封面题字为"唐十家诗集，嘉靖壬午影南宋本"。

《刘驾诗集》：原刻本封面题字为"刘驾诗集，江氏刻宋十行本，乙未十月付梓"，"伪书三"改封面题字为"唐十二家集，嘉靖壬子影南宋本"。

手法二：改写目录。

"伪书二"《权德舆集》。其卷首有封面，用墨笔题"唐十家诗集"，其后开列《唐十家诗集》的目录。审视这个目录，很容易看出其字迹是后人用墨笔抄配上去的，而非雕印目录。遍检《中国丛书综录》，根本没有题名"唐十家诗集"这样一部丛书。据此我们足可判定这是作伪者根据自己所藏零种多少，用墨笔题写的。

"伪书三"《刘驾诗集》。其卷首载有封面，墨笔题"唐十二家集"。收了十二种唐人集子。书前没有列出《十二家集》目录，笔者翻检原书，知其子目包括：

《严维集》《权德舆集》《朱庆余集》《卢仝集》《崔涂集》《张玭集》《刘驾诗集》《于濆集》《李丞相集》《刘兼集》《会昌集》《林宽集》。

翻检《中国丛书综录》，也没有著录这部《唐十二家集》。

在《综录》第832页，著录了一部《唐十二家诗》，题："明张逊业辑，嘉靖三十一年（壬子·1552）江都黄埻东壁图书府刻本。"此书9行19字，白口四周双边，版心上镌"东壁图书府"，下镌"江郡新绳"。子目：《王勃集》《杨炯集》《卢照邻集》《骆宾王集》《陈子昂集》《沈佺期集》《杜审言集》《宋之问集》《孟浩然集》《王摩诘集》《高常侍集》《岑嘉州集》。这部丛书的子目，与"伪书三"《唐十二家集》子目逐一比较，可以发现，两者子目完全不同。

尤其值得注意的地方，尚有两点：

其一，《综录》著录的这部《唐十二家诗》，与"伪书三"所题的"唐十二家集"，书名仅"诗"与"集"一字之差。

其二，《综录》著录的这部《唐十二家诗》，其版刻时代是"嘉靖三十一年（壬子·1552）"，这与"伪书一"《披沙集》"和"伪书三"《刘驾诗集》的版刻时代完全吻合。这可以看作是作伪者打算作伪的最初的一个依据，或称是其作伪动机的灵感来源。若进一步追问这三部伪书，其作伪的版本时代为何定在"明嘉靖某年"，答案应该就在这里。

手法三：钤盖名家印章。

《披沙集》钤"书中自有黄金屋"朱文方印、"云轮阁"朱文长方印及"荃孙"朱文方印。

《权德舆集》钤"弢斋藏书记"朱文长方印、"汪士钟印"白文方印、"阆源真赏"朱文方印、"好读书"朱文长方印及"抱经堂藏"朱文大方印。

从印色看，"汪士钟印"和"阆源真赏"二印颇显暗淡。

手法四：署名家题识。

在三部伪书中，只有《披沙集》一种署名家朱笔题识，文曰：

右《披沙集》六卷，唐推官李咸用撰。是刻乃嘉靖间依南宋本翻雕者。半页十行行十八字。其间行款缺笔，不失南宋面目，殊为可爱。册首有"云轮阁""荃孙"二印，乃系缪氏旧藏，诚为明刻之善本也。衡甍记。

这则朱笔题识虽然文字不多，但其所要表达的内容，实与"伪书一"《披沙集》的封面题字、行款字数、版刻风格及所钤印章一一吻合，最后强调"诚为明刻之善本也"。这则题识实际上已经明示了作伪者所要达到的作伪目的：即以清光绪影刻宋本，冒充明嘉靖影刻宋本。

四、得出结论

结论一：

凡不见书目著录的书，一般情况下，要持怀疑态度。

我们在日常整理馆藏古籍时，需要核查已经出版过的相关权威古籍书目以及有关私家藏书目录，包括《中国古籍善本书目》《中国古籍总目》《中国丛书综录》及《艺风藏书记》等。对那些不见书目著录的书，或与书目著录事项不相吻合的书，要持怀疑态度，并想方设法查找证据。待找到足够证据之后，再下定论。否则只能存疑，不可轻率下结论。

结论二：

凡馆藏已经著录的书，一般情况下，要持肯定态度。

开展对馆藏古籍进行整理、著录工作，是伴随着本馆历史的发展而进行的。馆藏诸书，业经几代前辈同仁过目。经过前辈同人的努力，建成了卡片式古籍目录。我们对旧卡片款目中所记载的著录信息，一般情况下，要持肯定态度。在没找到足够证据之前，不可轻易改之，否则容易出错。

结论三：

天津图书馆收藏的三部伪书，肯定是早年业内人士所为。那么，究竟谁是作伪者？笔者认为，从伪书本身所显露出来的蛛丝马迹来判断，以下几位藏书家可以列为被怀疑的对象：

其一，"云轮阁"和"荃孙"的印章主人——缪荃孙；

其二，朱笔题识人"衡恪"——陈衡恪；

其三，"殁斋藏书记"的印章主人——徐乃昌；

其四，"句吴华氏留读草庐藏本"的印章主人——句吴华氏。

除此之外，是否还有隐藏在背后的作伪者？也值得考虑。找出并确认天津图书馆藏三部伪书的作伪者，需要更多的佐证和缜密的分析，笔者学识浅陋，未能深入探讨，尚祈方家赐教，亦寄望于来者。

（载天一阁博物馆编《天一阁文丛》第12辑，2015年1月浙江古籍出版社出版）

2006年8月5日，国家文化部发布了《古籍定级标准》，作为国家针对现存古籍出台的五项文化行业标准之一，此五项标准由国家图书馆负责组织专家学者分头起草，并于2006年10月1日实施。其中《古籍定级标准》旨在指导大家理性认识古籍价值，指导图书馆、博物馆等公藏单位，可以对馆藏古籍进行分级保管和修复，合理进行利用，妥善处理藏与用的关系；对民间个人收藏进行引导，避免买家收藏盲目性；同时参照此标准可以对拍卖市场进行规范，避免卖家定价随意性。在此标准出台一年之际，嘉德拍卖公司特聘请学界和图书馆界古籍专家，以中立方资格依据《标准》为其拍品进行定级，这是对国家政策的响应，也是一种大胆的尝试。当然，任何新事物、新举措的出现都会引来不同的声音，《标准》本身有待实践的检验和进一步完善，但它的出现让古籍的有关单位和个人有一个可供参考的东西，可谓可喜；而嘉德能敢为人先，进行尝试性的实践，其精神可赞。为此我们特采访了《古籍定级标准》的主要起草人之一李国庆先生。

《古籍定级标准》访谈录

——专访《古籍定级标准》主要起草人之一、天津图书馆历史文献部主任、研究馆员李国庆先生

古籍保护和《古籍定级标准》

《藏书报》：您是《古籍定级标准》主要起草人之一，为什么会有这个标准的出台？它的出台意味着什么？

李：由于诸多原因，当前我国古籍保护存在不少突出问题，如现存古籍底数不清，古籍老化、破损严重；古籍修复手段落后，保护和修复人才匮乏，面临技艺失传危险；大量珍贵古籍流失海外。因此，加强古籍保护刻不容缓。最近，国务院办公厅下发了《关于进一步加强古籍保护工作的意见》，为了落实国务院办公厅下发文件的指示精神，推进古籍保护工作的开展，由文化部牵头，发展改革委、财政部、教育部、科技部、国家民委、新闻出版总署、宗教局、文物局等部门组成全国古籍

保护工作部际联席会议,在全国范围内开展古籍保护工作。为了确保工作质量,本着"兵马未动、标准先行"的原则,由国家文化部提出,国家图书馆负责组织专家学者分头起草了包括《古籍定级标准》(以下简称《标准》)在内的五个文化行业标准。国家针对现存古籍出台了五个文化行业标准,这是前所未有的重大举措,开辟了一个新时代,具有里程碑意义。这意味着古籍获得了新生。

《藏书报》:古籍保护工作主要包括哪几个方面?

李:主要包括两个方面:一是原生性保护,二是再生性保护。原生性保护是指对原本古籍进行保护,包括修复残破古籍、改善保护环境等;再生性保护是指对原本古籍进行影印出版,使其"化身千百",保存原本,利用复本。目前由国家文化部牵头进行中的古籍保护工作,实际上就包括这两个方面的工作。比如《中华再造善本》出版项目,是将现存的宋元版善本,包括部分珍贵明清古籍,原本仿真影印出版,叫作"再生性保护";在全国范围内对现存原本古籍进行定级划等,对残破古籍进行修复,对各类古籍分级保护,称为"原生性保护"。

《藏书报》:制定这个标准的意义和作用在哪里?

李:这个《标准》首次提出对世界上最大一宗典籍遗存——汉文古籍进行定级,完成了对汉文古籍的级别等次进行划分的基础理论性工作,依据《标准》开始实施对传世的所有汉文古籍进行定级工作,终结了历代只重"善本"的历史,开启了理性认识古籍价值的新局面。

这个标准的主要功用在于为现存的汉文古籍进行定级,为科学保管、妥善修复、合理利用提供重要依据。另外,在处理传世古籍藏与用的关系、引导古籍收藏、规范古籍拍卖市场等方面将发挥越来越大的作用。有了这个标准,图书馆、博物馆等公藏单位,可以对馆藏古籍进行分级保管和修复,合理进行利用,妥善处理藏与用的关系,避免在藏与用问题上出现的主观性;有了这个标准,可以对民间个人收藏进行引导,避免买家收藏盲目性;有了这个标准,可以对拍卖市场进行规范,避免卖家定价随意性。

关于《古籍定级标准》本身

《藏书报》:制定这个标准的理论依据是什么?

李:传世的汉文古籍数量庞大,类及四部,人们对古籍价值存在高下问题没有异议，只是在表达方法上有所不同而已。明代胡应麟提出古籍的价值存在"等差"的概念（见《少室山房笔丛》甲部《经籍会通》卷四）；明代毛晋对自己汲古阁所藏的宋元版书中的甲选善本钤盖"甲"字印，以示珍重；现代藏书家周叔弢先生谈编印《古逸丛书三编》时明确指出了刻印佳，内容好为甲等，刻印精，内容较差或不完整为乙等；顾廷龙先生主编《中国古籍善本书目》时提出了入善的"九项条件"；李致忠先生对前贤论点进行归纳总结，创造性地提出了确定古籍价值的"三性原则"，即历史文物性、学术资料性和艺术代表性（见《"善本"浅论》）。"三性原则"成为制定本标准的主要理论依据。

《藏书报》：请谈一下起草这个标准的基本情况。

李：《古籍定级标准》（WH/T20-2006，以下简称《标准》）是由国家文化部于2006年8月5日发布，同年10月1日实施的一种文化行业标准。制定这个《标准》我们主要参照了中华人民共和国文化部2001年第十九号令发布的《文物藏品定级标准》和《一级文物定级标准举例》记述善本古籍藏品定级的有关精神，参照编纂《中国古籍善本书目》时提出的"三性九条"，同时考虑全国现存古籍的实际情况。参加起草的单位包括上海、北京、天津、南京、浙江、辽宁、山东和山西等几家省级公共图书馆，主要起草人是我和李致忠先生。起草这个标准经过了初稿、修改稿和定稿三个阶段，历时一年。在此期间，广泛征求学术界、图书馆界古籍方面专家学者的意见和建议。这个标准汇入大家的智慧，是集体成果。

《藏书报》：这个《标准》如何对古籍进行分级划等？各项条款的框架结构是怎样的？能否给我们简单解读一下？

李：这个《标准》将现存古籍划分为一、二、三、四级。其中将善本古籍划分为一、二、三级，将一般普通古籍定为四级。归入了一、二、三级的善本古籍，再进行细化，分出甲等、乙等、丙等三个等次，四级不分等次。

这个《标准》各项条款的框架结构分为纵横两个层面。

1. 纵向层面，用古籍所产生的时代先后进行划分：

将元代及其以前（包括辽、西夏、金、蒙古时期）刻印、抄写的古籍定为一级；

将明洪武元年至隆庆六年刻印、抄写的古籍定为二级；

将明万历元年至乾隆六十年刻印、抄写的古籍定为三级；

将嘉庆元年至宣统三年刻印、抄写的古籍定为四级。

2. 横向层面，用古籍所具有的价值高低进行划分：

将具有特别重要历史、学术和艺术价值的代表性古籍定为一级；

将具有重要历史、学术和艺术价值的古籍定为二级；

将具有比较重要历史、学术和艺术价值的古籍定为三级；

将具有一定历史、学术和艺术价值的古籍定为四级。

由此可见，一、二、三、四级各条款由纵横两个因素相互交叉构成。形成了纵看时代、横观价值、细瞧等次这样一个基本框架。

《藏书报》：这个标准的定级对象是汉文古籍，那是不是还有一些古代文献不包括在内？

李：本《标准》的定级对象是现存的汉文古籍。全国现存的其他特种古代文献如甲骨、简策、帛书、敦煌遗书、金石拓本、舆图、书札、鱼鳞册、契约、文告、少数民族语文图书，以及域外翻刻、抄写的中国古籍，如和刻本、高丽本等，不在本定级范围之内。在制定出相关标准之前，可以参照本《标准》执行。

《藏书报》：这个《标准》具有哪些特点？

李：将一般古籍定为四级。本《标准》将嘉庆元年以后的一般古籍定为四级，这就意味着传世的每一部汉文古籍都具级别。古籍日渐稀少，不可再生，从保护角度看这一条款颇具特点，且具有非常重要的意义。

提出"四原则"概念。为了科学划分古籍的级别等次，本标准在继承了"三性原则"之后，又相继提出了"不惟时限原则""等次上靠原则""等次下调原则"，合为"四原则"。依此可以比较科学、客观、灵活地解决在划分古籍级别等次时出现的各种问题。

《标准》对于民间收藏和拍卖的意义

《藏书报》：经您介绍，我们对《标准》有了一定的了解。那请您谈谈《标准》对民间个人收藏有什么样的指导意义？

李：个人藏书可以怡情养性，属于文人圈中的一种高雅行为。历史更证明，凡有成就的学者，不是家藏万卷，就是遍观师友旧藏，抄录研读。无书不成，是个硬道理。历代传世的古籍，版本繁多，错综复杂。比勘异同，鉴别真赝，确定价值，非数年之功不能为之。正因为如此，藏书之难居诸藏之首。况且目前的藏书与以往的藏书存在明显不同的一点就是，它又是一种投资行为。家有余资，收藏古籍，把玩与增值并举，熊掌与鱼翅兼得，其乐可知。但是，如果是初涉此道，茫然不知深浅，或属略知一二，敢字当头者，面对"高人"手中的"善本"，不免就要上交学费，甚或血本无归了。这是曩时书友乐道的故事。个人收藏，既无师指点，又无参照以行，面对众本，心里无底，若点评其高下，实有盲人评古董，指天画地之感觉。现在，这个《标准》对个人来说，具有一定的指导作用。在古籍收藏异常火爆的今天，个人可以参照《标准》条款，仔细阅读，进行判断，量力而行，从事有益的藏书活动。

《藏书报》：大家可能也会有一个疑问，这样定级后是不是就权威了？是不是就能对一般拍品的价值、善本的价值有一个准确的价值判断？

李：所谓"标准"，是指衡量事物的准则。《古籍定级标准》是衡量古代书籍所具有历史、学术和艺术价值的准则。我们知道，一部书的产生，需要具备三个条件：书稿、纸张、雕版刷印（或抄写）。其中，书稿的内容如何，决定了该书文献价值的高低；纸张的年代远近，决定了该书文物价值的高低；雕版刷印（或抄写）的技艺如何，决定了该书艺术价值的高低。所以说，一部传世古籍价值的高低，主要根据该书所具备的这三个标准来衡量。而"三性价值"又是任何一部古籍都具备的，只是在程度上存在高低之分罢了。由国家颁行的这个《标准》，在古籍定级方面，具有权威性。而在人们心中真正形成权威性，需要有一个实践、认识、再实践、再认识的发展过程。是不是就能对一般拍品的价值、善本的价值有一个准确的价值判断？这是毋庸置疑的。单用历史文物价值衡量，就一般情况而言，清代乾隆及其以前产生的古籍是善本，清代嘉庆及其以后产生的古籍是普本。而古籍的市场价格又属于另一个问题。应该说，古籍具有的价值与市场交易的价格是成正比的。客观讲，用《标准》衡量属于同级同等的古籍的价值也只是相对等同的，不是绝对一样的。同样道理，属于同级同等的古籍的市场价格也只是相对等同的，不是绝对一样的。

《藏书报》：《标准》对古籍拍卖界有什么样的指导意义？据我所知，今年9月，嘉德拍卖公司将在"嘉德四季"古籍拍卖专场，引入本《标准》，聘请学术界和图书馆界古籍专家对拍品进行定级拍卖，您对此有何评论？

李：古籍拍卖与其他拍卖有一个共同地方，就是买卖双方都乐观其成，卖家想出手易钱财，买家具掠心欲得手。如果属于正常交易，买卖双方都有所得，不存在吃亏占便宜问题。问题出在古籍的定价不好把握，受主观因素驱动，不免存在人为操作进行定价的问题。《标准》对古籍拍卖界的指导意义在于可以按照古籍的级别等次确定拍卖价格。我个人认为,应该在同一等次上定价,如果将归入了"同一等次"的古籍再细分上、中、下三个定价档次,那么大体可以做到定价比较合理,从而避免主观随意定价。拍卖时便可以在每一部古籍起拍价的基础上进行竞价。买卖双方做到心中有数,心明眼亮,达到了定价透明度高这个层次。这样作为一个行业,把市场按规范化进行运作,日久便有了诚信,日后发展不成问题。

今年9月,"嘉德四季"搞古籍拍卖专场,拟引入本《标准》,对拍品进行定级拍卖,我个人表示赞赏和祝贺。对嘉德这种敢为人先的企业精神表示赞赏,对首个执行国家《标准》的嘉德人表示祝贺。难能可贵的是,嘉德聘请学界和图书馆界古籍专家,以中立方资格依据《标准》为其拍品进行定级,这充分体现出了公司秉持的公正性一面,提高了可信度。这是学术和市场相结合的很有意义的一次实践活动,于国家、集体和个人都有益处,属于双赢活动,是个善举。我也预祝这次有特色的拍卖活动获得成功。

漫话《中国古籍总目》西学书目的分类问题

一、西学类的设立

1. 西学文献的产生

古代中国即有吸收外来文化、翻译域外书籍的优秀传统。东汉到隋唐大规模的佛经翻译活动,曾对中国古代传统文化产生过很大影响。明清以来,西学东渐,又出现相当规模的西学翻译活动。与此同时,大量西书流入中土,为翻译西书提供了丰富数据。据载仅明季就传入了数千部西书(方豪《明季西书七千部流入中国考》),至清代传入中国的西书数量,已难查考。明清时代经翻译的西书,涉及哲学、数理、史地及文艺等领域,中国学术由此开始与世界科学汇成一体。在向以欧洲为中心的近代西学探寻科学知识,从事西书中译的同时,中国人通过遴选、吸收、消化而获取新知,采取或与西人合作、或以独撰形式,撰写大量属于西学范畴的科学著作。无论西书中译还是科学专著,通过传播,在当时曾发挥特殊作用,对中国传统文化产生很大影响,同时为我们留下了十分丰富的西学文献,并成为中国古籍的重要组成部分。

2. 西学文献的分类

对现存西学文献如何进行分类和编目,是目录学研究中的一个重要课题。中国古代图书分类法自汉代刘向、刘歆父子创立六分法始,至今已有二千多年历史。期间有四分法、五分法、六分法直至是七分法,甚至更多的所谓"详分法"者。各法之所以并行于世,主要原因在于各具特色和长处。从使用时间看,四分、七分两法沿用最久,可以说是中国传统分类法的正宗。

清乾隆朝编修《四库全书》之前,清初官私书目在四部类目设置上各行其是,混乱不一。自《四库总目》成,其对四部分类有继承有创新,遂形成了"四库"分类体系，以后各家编目，大都以"四库"为据。然而，"四库"分类并非一成不变的，随着社会的不断发展，新的学术著作不断出现，"四库"分类显出局限性，需要增加新的部类，以分编新出现的书籍。清乾嘉以后陆续出现了大量学科相互交叉的丛书。对这样内容的丛书，仍沿用四部分类就显得十分困难，甚至无法归入相应类下。于是"丛书部"应运而生。自张之洞《书目答问》设立"丛书部"起，至近年编《中国古籍善本书目》止，"丛书部"被普遍采用，于是传统的四部分类法变成了五部分类法。这说明一个部类的出现不是主观凭空臆造得来，而是根据客观实际需要而产生。

明代嘉靖年以后，西方传教士来中国传教，同时开始了西书中译活动。清代鸦片战争后，海禁大开，外国著作大量传入中土。晚清改良派主张变法革新，倡议学习西洋科学，为我所用。提出"国家欲自强，以多译西书为本；学子欲自立，以多读西书为功"（梁启超语）。在这样的背景下，国人在大量翻译西书的同时，发奋撰写科学著作。这些在中国翻译、编纂和出版的西学书，仍然沿用传统分类法进行分编时，遇到了实际的困难。

当时一些图书馆在分编这类西书时，鉴于我国无成法可依的状况，进行了种种尝试，或略加增订，勉强纳入四部；或在四部之外，另立西学一门，以类编西学书；或干脆打破四部的结构，另创新部类；或直接采用西方十进分类法。具体言之，大体包括：①增订四库法，即沿用四库法，类目另加增订；②新旧并行法，即一法中包括两个组成部分，用四部旧法分编中国传统古籍，用新编法分编西学书；③革新法，突破四部分类法框架，编制新法，用以分编新旧图书；④仿杜威法，即效仿美国杜威十进分类法，经改编而成；⑤西书专用法，为分编西学书而专门编制的分类法。如梁启超《西学书目表》和康有为《日本书目志》等。此法据所见西书编制，值得借鉴，只是在类目设置上尚不成熟。

从以上各法设置的部类来看，早在清光绪三十年，古越藏书楼在编定"革新法"之前，于经史子集之后，增设"时务"一部，专录所藏西学书。后来又改变初衷，去掉"时务部"。最后编定的分类法包括学、政两部，用来分编新旧图书。其后各个图书馆在分编所藏新旧图书时，普遍采用新旧并行法，其旧法按经、史、子、集四部法分编旧籍；其新法专分西学书。因此说，古越藏书楼的"时务部"与各馆采用的"新法"，可以认为是"西学类"的雏形，或者说是处于西学类产生的初期阶段。

3. 西学类设立的意义

《中国古籍总目》设立"西学类"具有十分重要意义。西学文献自明代中期出现，至今已有400年历史。尽管清末以来出现一些用以类分这些书的分类表，但在部类设置上都没有能够彻底解决这个问题。《总目》在五分法基础上，于子部内增设西学一类，发展了中国传统目录学思想，是其分类上的一个显著特点。西学类表的编定为今后各馆分编所藏西学文献提供了分类依据。（《中国古籍总目》将"西学类"定名为"新学类"，故以下统称"西学"为"新学"）

二、新学书目一、二级类目的选定

1. 选定新学书目一、二级类目的主要参考书目

选定新学书目一、二级类目，我们主要参考了清代末年以来出现的有关分编新学书籍的分类目录。

主要包括：

（1）近代以来编定的图书馆藏书目录

A.《古越藏书楼书目》（设类目47个）

卷一至卷十学部

易学　书学　诗学　礼学　春秋学　四书学　孝经学　尔雅学　群经总义学　性理学　生理学　物理学（重学　电学　化学　声学　光学　气学　水学　热学）　地质学　动植物学　天文算学　黄老哲学　释迦哲学　墨翟哲学　中外各派哲学　名学法学　纵横学　考证学　小学　文学

卷十一至卷二十政部

正史　编年史　纪事本末　古史　别史　杂史　载记　传记　诏令奏议　谱录　金石掌故　典礼　乐律　舆地　外史　外交　教育　军政　法律　农业　工业　美术　稗史（东西洋小说）

B.《台湾清华大学图书馆新编中文书目》（设类目8个）

总类　哲学宗教　自然科学　应用科学　社会科学　史地　语文　艺术

C.《北平近代科学图书馆中文图书目录》（设类目9个）

总类　精神科学　历史科学（附地理）　社会科学　语文学　艺术　自然科学　医学　产业（附工业）

D. 上海涵芬楼分类法（设类目14个）

该法旧书分经、史、子、集、丛五部，新书设以下类目：

哲学　教育　文学　历史　地理　法政　理科　实业　医学　兵事　美术　家政　丛书　杂书

E. 江苏省立第二图书馆分类法（设类目3个）

其分类法，旧书分经、史、子、集、丛五部，新书则分为文学、政事、实业三部。

F. 江苏无锡县立图书馆分类法（设类目5个）

该法旧书分经、史、子、集、丛五部；新书则分五部，类目如下：

政部　事部　学部　文部　报章部

G. 浙江公立图书馆分类法（设类目24个）

其分类法分为保存、通常两种。保存分甲、乙二部，成以经、史、子、集四部分别隶属之；通常内又分甲、乙、丙、丁四部，其类目排列如下：

甲部：经　史　子　集　丛

乙部：宗教　哲学　教育　文学　语言　历史　传记　地理　纪行　国家　法律　经济　财政　社会　数学　理学　医学　工学　兵学　美术及诸艺　产业　交通　丛书　字汇书

丙部：依杜威十进分类法

丁部：依杜威十进分类法

H. 浙江藏书楼分类法（设类目16个）

该法分甲、乙两编：甲编用四库法，乙编计分十六类，类目如下：

甲编：经　史　子　集

乙编：法律　政治　宗教　教育　历史　文学　文字　理学　算学　美术　杂志　工业　商业　兵书　生理　农业

I. 河南图书馆分类法（设类目35个）

该法旧书分经、史、子、集、丛五部；新书分时务及通俗两部，类目间有重复。其分类简表如下：

时务部：西政　各国史　公法　法政　财政　教育　陆军　海军　地理　水利　农学　工业　商务　医药　格致　化电力声光　矿务

通俗部：哲学　数理　伦理　神怪　社会　医学　文学　教育　史学　地

理　政法　侦探　兵学　言情　商学　农学　工学　杂书

J. 安徽图书馆分类法（设类目6个）

其分类法，旧书采用《书目答问》例，西书则分为六部，其部类如下：

文科部　哲科部　政科部　理科部　杂部　外国文部

K. 云南图书馆分类法（设类目20个）

其西书分类，设有科学部，类目如下：

法政　财政　军事　警察　教育　伦理学　文学　历史　地理　博物　理化　算学　乐歌　体操　图画　手工　农业　工艺　商业　杂著

L. 广东图书馆分类法（设类目6个）

其新书分为下列各类：

行政　经济　教育　军政　格致　法政

M. 广西图书馆分类法（设类目19个）

该法分初编、上编二部。上编以经、史、子、集类分。初编收西学书，其部类如下：

教育部　政法部　军学部　实业部　哲学部　医学部　修身部　经学部　国文部　外国文部　历史部　地理部　算学部　理科部　体操部　图书部　乐歌部　杂志部　小说部

（2）近代以来编印的新学专题书目

A. 新学书目表（设类目28个）

上卷新学诸书：算学　重学　电学　化学　声学　光学　汽学　天学　地学　全体学　动植物学　医学　图学

中卷西政诸书：史志　官制　学制　法律　农政　矿政　工政　商政　兵政　船政

下卷杂类诸书：游记　报章　格致　总西人议论之书　无可归类之书

B. 《日本书目志》（设类目15个）

生理门　理学门　宗教门　图史门　政治门　法律门　农业门　工业门　商业门　教育门　文学门　文字语言门　美术门　小说门　兵书门

C. 增版东西学书录（设类目31个）

史志　政治　法律　学校　交涉　兵制　农政　矿物　工艺　商物　船政　格致　算学　重学　电学　化学　声学　光学　气学　天学　地学　全体学　动植物

学　医学　图学　理学　幼学　宗教　游记　报章　议论　杂著

D. 东西学书录提要总叙（设类目24个）

卷上：天学　地学　地志学　学制　兵学　农学　工学　商学　法律学　交涉学

卷下：史学　算学　图学　矿学　化学　电学　光学　声学　重学　汽学　医学　全体学　动物学　植物学

E. 科学书目提要初编（设类目8个）

政治科　文学科　武备科　格致科　农业科　工艺科　商业科　医术科

F. 农务要书简明目录（设类目13个）

田园　果园　花园　畜牧　牛马　猪羊　狗　禽鸟　鸽　兔　虫　渔猎　杂事

G. 西学通考（设类目30个）

格致总类　算学类　重学类　电学类　化学类　声学类　光学类　汽学类　天学类　地学类　全体学类　动植物学类　医学类　图学类　西文类　丛书类　史志类　报章类　学制类　政治类　法律类　农政类　矿政类　工政类　商政类　兵政类　船政类　游记类　议论类　教书类

（3）丛书新学目录

A.《中国丛书目录及子目索引》汇编之一《西学大成》（设类目12个）

算学　天学　地学　史学　兵学　化学　矿学　重学　汽学　电学　光学　声学

B.《中国丛书目录及子目索引》汇编之二《西学富强丛书》（设类目10个）

算学　电学　化学　天学　地学　史学　法学　矿学　工学　兵学附船政

C.《中国丛书目录及子目索引》汇编之三《西学自强丛书》（设类目10个）

算学　电学　化学　天学　地学　史学　法学　矿学　艺学　兵学

2. 新学书目一、二级类目的确定原则及其序列

确定新学书目一、二级类目，以"普遍性、实用性和传统性"为原则。普遍性指每个类目一般被普遍采用过；实用性指类目词义简明，易于掌握，具有类分图书的作用；传统性指一、二级类目的设立力求遵从有代表性的新学书目所设类目。

一、二级类目序列及类名浅释

哲学		类名据《中译》定。凡哲学著作,如《哲学要领》《东西洋伦理学史》等入此
	哲学理论	类名据《中图法》定。凡总论哲学之著作入此
	论理学(逻辑学)	类名据《中图法》定
	伦理学(道德哲学)	类名据《中图法》定
	美学	类名据《中图法》定
	心理学	类名据《中图法》定
西学		类名据《梁表》定
	总论	类名自定。凡总论西学之著作,如《西学图说》《自然学科余谈》等入此
	算学	类名据《梁表》定。如《勾股义》《测量异同》等入此
	物理学	类名据《中译》定。凡总论物理学之著作,如《物理学问答》《物理学教科书》等入此
	重学	类名据《梁表》定。如《重学浅说》《重学器》等入此
	电学	类名据《梁表》定。如《电学》《电学须知》等入此
	声学	类名据《梁表》定。如《声学》《声学揭要》等入此
	光学	类名据《梁表》定。如《光学》《光论》等入此
	汽学	类名据《梁表》定。如《气学器》《热学》等入此
	化学	类名据《梁表》定。如《化学问答》《化学启蒙》等入此
	天学	类名据《梁表》定。如《大测》《历法西传》等入此
	地学	类名据《梁表》定。如《地球说略》《地学举要》等入此
	生物博物学	类名据《中译》定。如《博物学教科书》《博物新编》等入此
	动植物学	类名据《梁表》定。凡论动物及植物之著作入此
	全体学	类名据《梁表》定。凡总论"脑气筋之事"(梁启超语)者,如《全体通考》《体骨考略》等入此
	医学	类名据《梁表》定。如《医学总说》《内科理法》等入此
	图学	类名据《梁表》定。凡属测绘及绘画等方面之著作,如《海面测绘》《西画初学》等入此
	语言文字学	类名据《中图法》定。凡属语言及文字之著作,如《华夷译语》《国文典》等入此。
文学		类名据《中图法》定。凡属文学之著作入此文学
	日本文学	类名据《中图法》定。如《雪中梅》等入此
	越南文学	类名据《中图法》定。如《越南亡国史》等入此
	印度文学	类名据《中图法》定。如《香粉狱》等入此

续表 1

		俄国文学	类名据《中图法》定。如《昙花梦》等入此
		匈牙利文学	类名据《中图法》定。如《匈奴奇士录》等入此
		德国文学	类名据《中图法》定。如《醋海波》等入此
		奥地利文学	类名据《中图法》定。如《环瀛志险》等入此
		希腊文学	类名据《中图法》定。如《海国妙喻》等入此
		意大利文学	类名据《中图法》定。如《新蝶梦》等入此
		西班牙文学	类名据《中图法》定。如《谷间莺》等入此
		英国文学	类名据《中图法》定。如《鲁滨孙漂流记》等入此
		法国文学	类名据《中图法》定。如《侠隐记》等入此
		荷兰文学	类名据《中图法》定。如《神女缘》等入此
		美国文学	类名据《中图法》定。如《黑奴吁天录》等入此
		其他中国编译文学	类名自定。凡中国译外国佚名之著作或中国编译之著作，如《双侦探》等入此
西政			类名据《梁表》定
	历史		类名据《中图法》定。凡属历史之著作入此
		世界史	类名据《中图法》定。如《世界近世史》《万国史纲》等入此
		中国史	类名据《中图法》定。如《支那通史》《中国史略》等入此
		亚洲史	类名据《中图法》定。如《东亚史要》《安南传》等入此
		非洲史	类名据《中图法》定。如《埃及近世考》《埃及史》等入此
		欧洲史	类名据《中图法》定。如《欧罗巴通史》《西洋史要》等入此
		美洲史	类名据《中图法》定。如《墨西哥述略》《美国独立史》等入此
		传记	类名据《中图法》定。如《拿破仑本纪》《世界名人传》等入此
		日记	类名据《善目》定。如《西行日记》《东渡日记》等入此
		风俗	类名据《中图法》定。如《朝鲜风土略述》《泰西采风记》等入此
	地理		类名据《中图法》定。凡属地理之著作入此
		总论	类名自定。凡总论地理之著作，如《地理教授法》《地理学讲义》等入此
		世界	类名据《中图法》定。如《海国闻见录》《中外地舆汇抄》等内容涉及多国著作入此
		亚洲	类名据《中图法》定。如《亚强亚洲志》《日本载笔》等入此
		欧洲	类名据《中图法》定。如《西洋番国志》《使德述略》等入此
		美洲	类名据《中图法》定。如《古巴图经》《旧金山记》等入此
		非洲	类名据《中图法》定。如《埃及图记》《特兰斯法尔》等入此

续表 2

	澳洲及其他各地	类名自定。如《澳洲风土记》《南澳气记》等入此	
	游记	类名据《梁表》定。如《奉使英伦记》《使西纪程》等入此	
	海洋	类名据《中译》定。如《小西洋记》《中西兰岛记略》等入此	
	考古	类名据《中译》定。如《埃及碑释》《日本金石年表》等入此	
政治		类名据《中译》定。凡属政治之著作入此	
	政治理论	类名自定。凡属总论政治之著作,如《政治学》《政治原论》等入此	
	各国政治	类名自定。如《各国政治考》《欧西自治大观》等入此	
	外交关系	类名自定。如《外交通议》《东方交涉记》等入此	
法律		类名据《梁表》定。凡属法律之著作入此	
	总论	类名自定。凡总论法律、法学、法制之著作,如《法律顾问》《法学通论》《日本法制史》等入此	
	各国法律	类名据《中图法》定。如《大清帝国新编法典》《日本议院法》等入此	
	国法学、宪法	类名据《中图法》定。如《国法学》《英国宪法论》等入此	
	行政法	类名据《中图法》定。如《行政法》《清国行政法》等入此	
	经济法、财政法	类名据《中图法》定。如《日本盐专卖法规》《各国税则条款》等入此	
	民法	类名据《中图法》定。如《民法》《德国民法》等入此	
	刑法、诉讼法	类名据《中图法》定。如《刑法各论》《刑事诉论法》等入此	
	国际法	类名据《中图法》定。如《中国国际约法》《国际司法》等入此	
	教育	类名据《中图法》定。凡属教育之著作,如《教育学》《日本新学制》等入此	
农政		类名据《梁表》定。凡属农政之著作入此	
	总论	类名自定。凡总论农政之著作,如《农政全书》《农学论》等入此	
	农业基础	类名据《中图法》定。如《农艺化学》《月巴料学》等入此	
	农业工程	类名据《中图法》定。如《泰西水法》《农用器具论》等入此	
	农业种植	类名据《中图法》定。如《栽培各论》《种花生法》等入此	
	林业	类名据《中图法》定。如《森林保护学》《种树法》等入此	
	畜牧蚕虫	类名据《中图法》定。如《养畜学表解》《养蚕论》等入此	
矿政		类名据《梁表》定。如《矿学须知》《炼钢要旨》等入此	
工政		类名据《梁表》定。如《考工记要》等入此	
交通		类名据《中图法》定。如《造铁路书》《美国铁路汇考》等入此	

续表3

	邮政		类名自定。如《邮政考》《大清邮政章程》等入此
	商政		类名据《梁表》定。如《商业实物志》《中国商务志》等入此
	财政		类名自定。如《财政学》《日本货币史》等入此
	家政		类名自定。如《家政学》《家政学表解》等入此
	兵政		类名据《梁表》定。凡属兵政之著作入此
		军事理论	类名据《中图法》定。如《兵学新书》《战术学讲话》等入此
		中国军事	类名据《中图法》定。如《洋防说略》《筹洋刍议》等入此
		各国军事	类名据《中图法》定。如《普法战纪》《日本宪兵制》等入此
		军事技术	类名据《中图法》定。如《水雷图说》《炸弹学》等入此
		船政	类名据《梁表》定。如《西船略论》《造船全法》等入此
	艺术		类名据《中图法》定。凡属艺术之著作入此
综合			类名据《中图法》定。凡属综合类著作入此

注：类目统计

一级类：4个	二级类：38个	三级类：56个

　　以上选定的一级类目包括哲学、西学、西政、综合四个。本书类目设置大体遵梁启超《西学书目表》分类体系，参考相关书目所设类目，经变通而成。《西学书目表》首次将译书分为学、政、杂三大类。从学、政、杂三大类，我们约略看出划分自然科学、社会科学、综合性图书三大部类的雏形。《西学书目表》大体上是以其科学内容作为分类依据的，较之经、史、子、集四部分类法是一大进步，与我们今天强调图书分类要以科学为基础也是一致的。

　　哲学冠各类之首。西学是西学书主要部分，依据梁启超"先西学，后西政"的分类思想，列其为第二位，包括自总论至文学18个类目。西政居西学之后，包括历史至艺术15个类目。综合居末位，相当于梁表"杂类"中"无可归类之书"，其与《中图法》所设"综合性图书"类作用相同。

　　《古越藏书楼书目》设学、政两部，与梁表略同。其中卷八将语言文字类书，卷九、卷十将文学类书一并置入学部，卷十九将艺术类书置入政部，今悉遵其例。

　　关于新学书目三级以上类目的设置问题，我们将遵循"依书设类"的原则，书多细分，书少粗分，不求一律，但求合理与实用。与此同时，在《总目》统编时，将采用暗分明不分的办法,删掉一些类目。

三、新学分类目录的合成

1. 收录范围

清乾隆官修《四库全书》后,即18世纪末叶到清宣统三年(1911)之间,在中国出版的西书中译之著作。宗教类书因《总目》子部设有此类,故本书目不再收录。

2. 合成用工作目录

(1)图书馆藏书目录

北京大学图书馆新编中文旧书简目

台湾清华大学图书馆新编中文书目

江苏省立国学图书馆图书总目及补编

外交部藏书目录及二编

北京人文科学研究所藏书目录及续目

台湾公藏普通本线装书目书名索引

(2)新学专题书目

泰西著述考

西学书目表

东西学书录(有复印件有提要)

译书经眼录(有复印件有提要)

科学书目提要初编

广学会译著新书总目

农务要书简明目录(P21275,有提要)

中国译日本书综合目录

上海制造局译印图书目录

近百年来中译西书目录

冯承钧翻译著述目录

中国近代出版史料初编

中国近代出版史料二编

出版史研究第二辑

出版史研究第三辑

（3）一般综合性书目

中国近代现代丛书目录

中国丛书综录

贩书偶记及续编

中国古籍善本书目

清末民初小说目录

共录4906条

3. 合成新学分类目录步骤

（1）款目选定

将上列合并用工作目录中著录的"新学书"逐一标出，然后将每一种书的书名项、著者项、版本项及类号过录到卡片上，同时注明该书出处，以便核查。

（2）款目著录

A. 每种图书分列一条款目，依次著录书名卷数、原著者及译者、版本说明及引用书目出处四项，各项一般依引用书目原题著录。

B. 图书卷数、著作方式、刊刻及刷印年代等引用书目原缺的小项，本书目悉遵其旧。

C. 引用书目出处项，暂用《合成用工作目录及其简称》编列的简称著录，提供核检线索，待有关成员馆检得馆藏原书，补充藏书单位后，再用馆名取代书目简称。

（3）款目组织

A. 将所有款目按书名的汉语拼音排序，用以合并同种书。同种书再按版刻年代先后排序。

B. 根据上列一、二级类目进行分编，将所有款目归入相应类下。

C. 根据一、二级类收书多少，再设定二级以上类目进行细分。

D. 同类图书按国别组织（国别依据《中图法》附录《世界地区表》顺序进行组织），同国别书再按版刻年代先后组织。

四、核查馆需要做的核查工作

1. 增补新学书
凡核查馆收藏而本书目未收的新学书，予以增补。

2. 增补新学书的版本
凡核查馆收藏而本书目未收的新学书的版本，予以增补。

3. 补充、改正著录事项
本书目著录的新学书，其书名、著者、版本、稽核和分类等各个著录事项，有的缺项，有的错误，请依馆藏同版西学书予以补充、改正。

4. 其他建设性意见

（载《高校图书馆工作》2005年第3期）

《天津图书馆古籍善本书目》后记

1978年为实现周恩来总理"要尽快把《中国古籍善本书目》编出来"的遗愿，在文化部图书馆事业管理局的直接领导下，在全国范围内开始了古籍善本书的普查和编目工作。天津图书馆积极配合这项工作，并以此为契机，开始着手对馆藏古籍善本书进行普查和编目工作。我们从1978年到1989年用了十余年的时间完成了馆藏古籍善本书的基础整理和上报《中国古籍善本书目》选目工作。在此基础上，我们于1993年5月正式启动《天津图书馆古籍善本书目》（以下简称《馆藏善本书目》）的编制工作，又经过了十余年的努力，到2008年一部全新的《馆藏善本书目》终于杀青。时逢天津图书馆建成100周年，我们谨以这部《馆藏善本书目》向百年馆庆献上一份厚礼！

天津图书馆的前身是直隶省图书馆，创办于清光绪三十三年（1907）十一月，告成于三十四年（1908）五月，至今已有百余年发展历史。在漫长的岁月中，馆藏古籍的收藏不断丰富，由此也曾产生过多部综合性或专题性古籍书目。这些书目反映了天津图书馆古籍藏书的情况，也为后来古籍编目工作奠定了基础。在这些书目中最重要的当属建馆初期编纂的第一部古籍书目——《天津直隶图书馆书目》和1961年编印的第一部古籍善本书目——《天津市人民图书馆藏善本书目》两部目录。

《天津直隶图书馆书目》编纂于民国二年（1913），由当时的直隶提学使，我国著名藏书家、校勘家傅增湘先生主持编纂。该书目裒集馆藏全部古籍于一帙，并无善本与普通书之分。全书共分32卷，收书12557种，基本采用四库分类，并参阅古越藏书楼及其他各家书目体例略加变通，经部分4类，史部17类，子部13类，集部5类，类目清晰，条例分明，著录内容大抵为书名、卷数、著者、版本、稽核项等。傅氏对该目极为满意，称："义例翔明，区分有法，虽不能企七阁四库之美备，以例夫新编之江宁图书馆目录，固已南北遥相辉映矣。"这部书目多年来无论在图书馆自身藏书建设工作中，还是在为读者服务工作中，都发挥了很大的作用。

《天津市人民图书馆藏善本书目》是自直隶图书馆成立以后编纂的第一部馆藏古籍善本书目，1961年排版刷印。该目收录了1960年以前本馆入藏的古籍善本2554种，按经、史、子、集、丛五部排列，著录内容虽仍为书名、卷数、著者、版本、册数等项，但明显可以看出，该书目无论在著者或版本的考订上都是极为审慎的。多年以来，该书目得到了社会广泛认同，在引导读者阅读、为专家学者开展学术研究等方面发挥了重要作用。

此外，本馆还根据历年古籍藏书的不断递增而编纂了多部专题书目。如1955年编纂了《天津市人民图书馆藏方志目录》、1980年重新编纂了《天津市人民图书馆方志目录》，收录1911年以前刊印或抄写的地方志书3686部，较之前者增加了近700部。又于1962年编纂了馆藏《明清小说目录》，于1981年编纂了《天津图书馆藏活字本书目》等，这些书目都为后来古籍图书的整理和编目工作提供了重要依据。

从1978年开始的全国范围的古籍普查和《中国古籍善本书目》编目工作，是一项有着重大意义的传统文化建设工程，也是对各馆收藏古籍的一次彻底清理，为摸清馆藏家底提供了一个良机。这项工作得到了当时馆领导班子成员，特别是著名学者黄钰生馆长的大力支持，其抽调人力，重新组建古籍特藏部。在当时吕十朋、常淑芬二位正、副主任直接带领下，老一辈古籍编目工作者王宝琦、杨燕英、杜建荣、常惠生、陈瑞明、陶俊铃，以及白莉蓉、张金环等年轻同志，参加了这一艰苦细致的古籍普查和整理编目工作。至1980年5月前完成了对上报《中国古籍善本书目》的善本古籍的著录和分编工作。这里特别值得我们怀念的是，在这期间，我们多次得到我国著名藏书家、版本目录学家、《中国古籍善本书目》编纂委员会顾问周叔弢先生的亲临指教，他为我们解决了诸多版本鉴定方面的难题。我国著名版本目录学家、《中国古籍善本书目》主编、上海图书馆馆长顾廷龙先生在来津看望周叔弢先生之际，抽暇来馆为我们鉴定版本，对编目工作给予具体指导。还有国家图书馆研究馆员、《中国古籍善本书目》副主编冀淑英、国家图书馆研究馆员丁瑜二位先生冒着严寒来到天津图书馆，对疑难版本进行鉴定。在此期间，《中国古籍善本书目》编委会多次下达问询表，调阅书影，查核问题，答疑解惑。在整理馆藏古籍，编写本书目期间，我们曾得到了我国著名版本目录学家、国家图书馆研究馆员李致忠先生的具体指教。这些均为我们馆藏古籍编目工作打下了坚实基础。

1983年后，谢忠岳、李国庆二位正副主任主持部门工作，继续馆藏古籍的基础性整理工作。历时十个寒暑终于完成了馆藏全部古籍的著录和分编工作，取得了阶段性重要成果。1993年5月在新一届馆领导班子，特别是陆行素馆长和孔方恩副馆长的鼓励和鞭策下，正式启动《天津图书馆藏善本书目》编纂工作。编委会成员分工：由当时目录组组长白莉蓉董理斯事，具体负责总编总校工作，包括起草《收录范围》《著录规则》《类目表》《编例》等；负责各部编定及初校工作的人员包括：经部张金环，史部白莉蓉，子部李国庆，集部谢忠岳、季秋华，丛部万群。刘尚恒负责全稿初校工作。显然，对于这部目录的编制，如果没有国家古籍善本书目项目工作的拉动，如果没有各届馆领导的支持和帮助，如果没有本馆老中青古籍编目工作者所做的艰苦细致的基础整理工作，也就不可能有这部善本书目的问世。因此说，这部全新的馆藏古籍善本书目是新老同仁心血的结晶！是集体成果。

　　《中国古籍善本书目》的编纂，对古籍善本的概念进行了重新界定，制定出新的收录范围、著录条例及分类表，即被世人认可的"三性九条"。这对我们编纂新的馆藏善本书目提供了理论依据。因此，在"遵循国家标准、突出馆藏特色、尽可能多地向读者提供原书信息"的理念下，我们对这部馆藏善本书目的收录范围、著录内容、类目设置等进行了一些调整，从而使这部目录具有如下特点：

　　（一）确定收录范围，突出馆藏特色

　　天津馆共收藏历代古籍线装书54万余册。若以部为单位进行统计共有5万余部，其中善本古籍8千余部。经过几次筛选、精校缜勘，在已编入《中国古籍善本书目》的2367部馆藏善本的基础上，又适当扩大收录范围，将那些接近《中国古籍善本书目》收录标准而下一格的馆级善本纳入其中，如对明代以前刻印或抄写的图书，含丛书零种以及残书存卷在全书三分之一以上者，均予收录；清代乾隆以前的稿本、刻本、抄本，乾隆朝的精刻精抄本，乾隆以后、辛亥革命前具有一定学术资料价值的稿本及流传较少的刻本、抄本或反映特殊印刷工艺的，如多色套印本、泥、铜活字本，木活字本中流传较少者，均予收录。此外，具有特殊意义的地方文献，天津人的著述、书札、墨迹等，辛亥革命前名人批校题跋者亦均属收入之列。因此这部书目共收录馆藏古籍善本书4860种，5358部，较1961年编纂的《天津市人民图书馆藏善本书目》的2554种多出近一倍。

　　本书目不仅收录了天津馆收藏的宋、元、明代的珍贵藏品、孤本秘籍，同时也注重反映馆藏特点，如地方志的收藏是天津馆藏书中的一大特色，共藏有原刻方志

3600余部，其中明版方志53种，清版方志2400余种，且有多部孤本或稀见本。在这些藏品中被收入《中国古籍善本书目》者383种。此次在编制馆藏善本书目中对这部分藏书进行了重新整理，依据《中国地方志联合目录》的著录，对流传相对较少和部分虽刊刻较晚或属续修之书，因初修志或初刻本已流传极少者均收入其中。对于极个别的残本方志，因原刻本几为孤帙，故即使本馆存卷极少，也将其收入。所以，此次方志的补充量相对来说要多一些，共收入700部左右，约占馆藏方志的五分之一弱。

明清人诗文集也是馆藏的一大特色，不仅数量多，在藏品的质量上也占优势，此次收入这部目录的明清人诗文集中，孤本、稀见本等就有百余种之多，对流传较少的清人诗文集也着意收入，因此该目录共收录明清人诗文集932种1007部，占该目录收书总数的近五分之一。

明清宝卷是本馆特色馆藏之一。馆藏善本书目收录明清宝卷65部，包括《巍巍不动太山深根结果宝卷》《叹世无为卷》《苦功悟道卷》《破邪显证钥匙卷》《正信除疑无修证自在宝卷》"五部六册"（明罗清著）在内的重要明清宝卷。其中明版宝卷38部，清版宝卷27部。针对《中国古籍善本书目》有选择地只收录了10部明代宝卷而言，本书目既可补其不足，又可为学人提供更多的查阅明清宝卷书目的线索。

此外注意收录辛亥革命前后有重要史料价值及学术资料价值的稿本、抄本等。如康有为手稿《大同书》《礼运注》《论语注》《孟子微》《康有为诗稿》，梁启超手稿《番禺梁文忠公日记真迹》，天津籍学者王襄手稿《王纶阁先生稿本汇录》等。

（二）个别类目的适当调整

宋代学者郑樵在其所著《通志·校雠略》中，曾阐明他对目录分类的观点，指出"类列既分，学术即明，以起先后本末具在"，意在通过分类来体现学术的先后本末，源流沿袭，使百家九流各有条理。因此古籍图书分类的最终目的是给读者提供一部具有科学分类体系，能够反映学术源流，条分缕析，层次分明的藏书目录，以为读者治学之门径。

因此这部新的《馆藏善本书目》，基本遵循《中国古籍善本书目》所确定的类目，将所收之书按经、史、子、集、丛五部分类体系分类编排。同时参考前人经验对其中个别类目的隶类做了适当调整，如对《中善目》中子部小说类的调整，《中善目》小说类将古代笔记小说与通俗小说合而为一，下设"笔记、短篇、长篇"三类："笔记"之下又分"杂事、异闻、琐语、谐谑"四个小类，短篇之下不设小类，"长篇"之下设"讲史、人情、神怪"三个小类。这种设类自然有它的道理，可以说是兼通古今的一种过渡方法。然我馆的这部善本书目则是在参考《四库全书总目》等其他书目的基础上，仍在子部设小说家类，集部设小说类，以为这样类属更为明了。再是集部别集类，《中善目》将各朝代别集直接列入二位类，如汉魏六朝别集、唐五代别集、宋别集等。而《四库全书总目》的分类则突出"别集类"，使之与"总集类"并行。即在楚辞类后设"别集类"，以下再按各朝别集分之。我们以为这样的类属更为合理，故将"别集类"列为二位类，列各朝别集为三位类。

此外，根据馆藏实际情况，对一些类目的设置略作变通，主要表现在以下两个方面：1. 本着依书设类的原则，无书者不再设类；2. 收书少者采取暗分明不分的排序原则，只反映到二级类目，以避免类目的冗繁。

（三）增加著录内容，扩大信息量

目前所见到的图书馆的古籍藏书目录，从编纂体例来说，大多属于简易的簿录式的目录，只著录书名、卷数、著者、版本、校跋者、册数这些基本内容，这样的简单著录对读者利用，尤其是据以鉴定古籍版本显得信息量不够。有鉴于此，馆藏善本书目在编制时将原书中比较直接的与鉴定版本有关的信息尽可能地揭示出来，以扩大目录的信息量，使读者见目如见书，指导读者按图索骥，择优索取，或为同行之间在古籍版本鉴定方面提供一些参考依据。本书目除对每书的基本内容，如书名、卷数、著者、版本、后人校跋、册数的著录做到力求准确之外，还增加对一书行款、版式、刻书牌记、有无刻工、封面中所涉及的刻书年代、刊刻者室名斋号、藏版地，以及藏书印章的内容和形制的著录。这些虽然只是古籍版本鉴定中的部分内容，但它是最基本的、最直接的依据。

以上是馆藏善本书目的几个特点。限于水平，本书目肯定还有很多疏漏之处，敬请大家不吝赐教！

《天津图书馆古籍善本书目》编委会

2008年7月29日

（载《天津图书馆古籍善本书目》，2008年国家图书馆出版社出版）

《天津图书馆古籍普查登记目录》前言

一、馆藏古籍简介

天津图书馆的前身是建成于清光绪三十四年（1908）的直隶省图书馆。建馆伊始，当时的满汉官吏、私人藏家纷纷捐书，充实馆藏。尤其是南开大学创始人之一、著名近代教育家严修先生曾先后三次捐书，奠定了本馆藏书基础。嗣后，本馆通过四方征集、出资采购及接收藏家捐献等方式和渠道，陆续获得一些历史文献。尤其是先后接收了几位重量级私人藏书家的捐献，极大地丰富了馆藏，这些藏书家的善举令后人敬仰，让我们时刻怀念他们，包括自庄严堪周叔弢先生捐献明清善本古籍、天春园任凤苞先生转让明清地方志、濠园徐世章先生捐献明清内府刻本、蠹斋周绍良先生捐献明清小说。经过百年发展，天津图书馆已经形成了以明清地方志、小说、活字本及民间宗教文献为特色的古籍藏书体系。

天津图书馆现藏历史文献共计74万册，其中历代线装本古籍54万册，民国时期书报刊文献20万册。历史文献部员工30人，分别承担文献保管、阅览、修复、编目及研究等业务工作。

为馆藏古籍编制目录，业已形成本馆的一个传统。早期本馆曾编纂发行了《直隶图书馆书目》《天津市立图书馆图书目录》《河北省立天津图书馆书目》《天津市人民图书馆藏善本书目》《天津市人民图书馆藏方志目录》《天津市人民图书馆藏明清小说目录》《天津市人民图书馆藏活字本书目》《周叔弢先生捐献藏书书目》等。近年，在全国大力推行古籍保护工作背景下，我馆在原有编目成果的基础上，先后编纂出版了《天津图书馆古籍善本书目》《天津图书馆善本古籍图录》《天津图书馆活字本古籍书目》《天津地区馆藏珍本古籍图录》等。

馆藏各种古籍目录的编纂出版，在更大范围内宣传了馆藏，为科学管理、有效利用提供了检索工具，受到了读者普遍欢迎。

二、编纂说明

（一）编纂出版馆藏《古籍普查登记目录》的意义和功用

1. 馆藏《古籍普查登记目录》是"中华古籍保护计划"工作开展以来，取得的阶段性成果。

2. 馆藏《古籍普查登记目录》是古籍普查登记工作取得的直接成果，具有里程碑意义。这类目录的编纂出版，此前没有，堪称"前无古人"；这类目录的编纂出版，可为编纂其他相关目录提供基本书目数据，堪称"后启来者"。

3. 馆藏《古籍普查登记目录》的编纂出版，为《中华古籍总目·天津卷》的编纂工作打下基础。

4. 馆藏《古籍普查登记目录》的编纂出版，摸清了馆藏古籍家底，实际上已经成为馆藏古籍的一份"固定资产账目"。

5. 馆藏《古籍普查登记目录》，若配上书名笔画索引，就可以充当馆藏古籍的一部总目来使用。

（二）编纂馆藏《古籍普查登记目录》的工作步骤及节点成果

第一步是编目人员进入书库，全面进行"书卡"核对工作。其节点成果是形成一份经过编目人员目验的基础性《卡片目录》。

第二步是编目人员录入《卡片目录》各个著录事项中的文字。其节点成果是形成一部纸本的《工作目录》。

第三步是编目人员再次入库，持纸本《工作目录》，与馆藏古籍逐一核校。其节点成果是形成一部纸本的修改稿《工作目录》。

第四步是编目人员对修改稿《工作目录》进行通校通改。其节点成果是形成了这部馆藏《古籍普查登记目录》。

（三）馆藏《古籍普查登记目录》的局限与不足

1. 因为馆藏《古籍普查登记目录》是一种簿录式目录，所以它只能反映馆藏古籍的基本藏书情况，诸如总部数和总册数等，而不能揭示一书的主要内容、文献价值及版本系统情况。

2. 因为馆藏《古籍普查登记目录》是一种排架目录，所以它不能反映馆藏古籍的部类情况，不能反映在著述方面有内在传承关系的一些古籍的情况。

3.因为馆藏《古籍普查登记目录》是一种排架目录，而属于同版印本的复本，由于进馆时间不一，没有排到同一个位置。所以《古籍普查登记目录》不能揭示馆藏古籍的复本情况，不能将馆藏古籍的复本进行逐一比对及著录事项的统一修改。

4.由于馆藏《古籍普查登记目录》出自众手，参编人员对编目规则的理解存在差异，加之编目水平参差不齐，本目录不免存在这样或那样的问题，敬请兄弟馆同仁不吝赐教，以便不断改进，为编纂校订《中华古籍总目天津卷》提供借鉴。

三、编纂体例

（一）收录范围

1.天津图书馆现在收藏的刊印、抄写于1912年以前具有中国古典装帧形式的古籍，一般全收，凡31822部，约310000余册。

2.民国时期的线装本古籍，一般不收。

（二）馆藏古籍的代码、排架号及索书号

1.代码

根据馆藏古籍的历史文物价值、学术资料价值和艺术代表价值的不同，我们将其分为不同的类别，并用不同的代码来表示：

①珍本古籍，用"珍"字的汉语拼音首个字母"Z"作为代码来表示；

②善本古籍，用"善"字的汉语拼音首个字母"S"作为代码来表示；

③普通本古籍，用"普"字的汉语拼音首个字母"P"作为代码来表示；

④方志古籍，用"方"字的汉语拼音首个字母"F"作为代码来表示，"FV"为方志复本；

⑤特藏古籍，用"特"字的汉语拼音首个字母"T"作为代码来表示。

这部分的特藏古籍，按照其自身特点，又细分几个部分，其中：

T 1 表示"小说"；

T 2 表示"宝卷"；

T 4 表示"周叔弢先生捐书"；

T 5 表示"复本"（说明：馆藏古籍的复本，从第4部开始入此。其第1、第

2、第 3 部并入普通本古籍中）；

T 6 表示"残本"（说明：一般馆藏古籍的残本入此）。

其中，T 3 表示"碑帖"，此次暂不入目。

2.排架号

馆藏古籍，一般按照入库或上架的顺序，一部书给一个固定的顺序号，称之为排架号。排架号由阿拉伯数字组成，从 1 开始，至末尾结束。

3.索书号

由代码和排架号相加组成，例如：索书号 S 0001，其中代码是"S"，排架号是"0001"。此索书号的含义是馆藏善本古籍的第 1 部。

馆藏《古籍普查登记目录》的类别、代码、收书数量及纸本目录页码一览表

序号	馆藏古籍类别	代码	数量（部）	纸本目录页码
1	珍本	Z	161	675
2	善本	S	7664	
3	普本 1	P1	4877	393
3	普本 2	P2	4424	362
3	普本 3	P3	4816	390
3	普本 4	P4	3040	243
4	方志	F	3612	312
5	小说	T1	482	37
6	宝卷	T2	263	22
7	周目	T4	280	26
8	复本	T5	829	68
9	残本	T6	1374	128
总计			31822	2656

（三）著录事项

将馆藏的每一部古籍，列为一个条目。每一个条目著录事项包括：普查号、索书号、题名卷数、著者、版本（带补配）、册数及存卷、行款、批校题跋诸项。

（四）目录编制及其编排

本《目录》按照上列《一览表》中列出的馆藏古籍类别及其索书号的自然次序（由小到大）进行编制和编排。依次包括：珍本古籍、善本古籍、普通本古籍、方志古籍及特藏古籍。

（五）索引编制及其编排

为了便于查检，我们为本《目录》编制了书名索引和著者索引。按照书名和著者名字的汉语拼音音序进行组织。

编者

2013年10月

（载《天津图书馆古籍普查登记目录》卷首，2014年国家图书馆出版社出版）

《天津市十九家收藏单位古籍普查登记目录》前言

一、历史上天津地区的古籍流传概述

对一个地区进行古籍普查，首先搞清楚这个地区现藏古籍的授受源流、来龙去脉，这对一般古籍普查工作来讲颇有助益。

我们认为，一个地区现在的古籍遗存，与该地区历史上的藏书状况有着密不可分的因果关系。天津建城很晚，不过六百多年，此前的藏书无从谈起。近代国家发生的重大事件多与天津有关，时有"近代百年看天津"的说法，此言甚是，而藏书亦然。近代天津，门户洞开，西方列强用长枪大炮打入天津，英、法、德、日等九国划出了自己的租界地，天津被迫开放成为商埠，天津的政治、经济、文化及市区范围有了很大发展，由于它"当河海之要冲，为畿辅之门户"，在政治上具有特殊地位。因此，一些有钱有势人士，诸如富商巨贾、政客名流、遗老阔少等纷纷云集津门，而大量古籍也以不同渠道，源源不断流进天津。天津市场书源不断、那些具有过人眼力、囊有余钱的藏家如鱼得水，各显其能，购藏善本，由此造就了一批在全国赫赫有名的藏书大家。

历史上，天津地区的藏书环境甚好，具备三个有利条件：

一是具备书源市场。古书属于纸质文献，不便保留。凡遇兵燹水火，百不一存。传本日少，得者不易。各地书友，尤其是山东、北京、河北等天津周边省份和地区的书友，他们知道天津这个地方可以接收分量重、书价高的善本古籍，故纷纷携箧入津，推销自己手中的孤本秘籍。例如山东聊城杨氏海源阁宋元善本，杨氏后人携书到津求售，很快被瓜分，属于这类例子。

二是具备识书眼力。古书内容浩博，经、史、子、集四部，无所不包。各部精髓，版刻特色，晓者不易。一部古籍，其在历史文物、学术资料和版刻艺术等方面的价值如何，三者咸备，抑或只具其一其二，在持书过眼时，要做出准确判断，这样才能了然于胸，书归斋中无遗憾。反之交出学费后，只能发出不可挽回的感叹。早年，天津古籍书店张振铎经理，在故纸堆里检出惊人秘籍宋版《周昙咏史诗》，属于这类例子。

三是具备购书财力。孤本秘籍罕觏，偶露峥嵘，身价不菲；而大宗古籍，量大体重，非家有余钱者不能接手，失之交臂，取者不易。有些善本古籍，秘传于世，或在藏家之间递传，或深藏书楼，秘不示人。这些书有朝一日面世，书友往往索价奇昂，这时就看谁有财力取书。例如：早年藏书家周叔弢先生就用珍藏的一百部明版书易钱后，购藏了一部宋版书《春秋经传集解》，属于这类例子。

天津过去的藏书家，大多具备上述这三个条件。

天津旧书业前辈雷梦辰先生在其所著的《近代天津私人藏书述略》（载《津门书肆记》，天津古籍出版社，第226页）一文中说："我从事古旧书业40余年，遇有私人藏书之轶文，均嘱笔记其梗概"，该文收录近代以来天津私人藏书家凡51位，计有：马钟秀、王襄、王懿荣、王凤霄、方若、方尔谦、卢靖、卢弼、邢之襄、朱启钤、朱鼎荣、任凤苞、刘明阳、刘星楠、杨敬夫、李放、李光璧、李葆恂、李盛铎、严修、吴式芬、吴重熹、张之洞、张伯英、张重威、张进琛、陈一甫、陈宝泉、陈宝琛、罗振玉、金钺、金梁、周叔弢、周学熙、孟广慧、柯昌泗、胡宗楙、南桂馨、袁克文、徐世昌、徐世章、章钰、梁启超、陶洙、陶湘、巢章甫、傅增湘、靳云鹏、端方、潘复及谢国桢。这些藏书家均曾落记津门，并从事过藏书活动，他们是近代天津私人藏书家的代表，大多为海内赫赫有名的藏书大家。其藏书，各有特色。下面略举数例：

周叔弢先生，是一位名重海内外的藏书大家。他"貌婉而神清，才敏而志定，淡声色，薄滋味，寡气矜，畏荣进，怡然淡然，若与世无竞者"（引藏书家傅增湘语，见《周君叔弢勘书图序》）。弢翁藏书，继承了我国传统藏书的路子，悬格极高，所得珍本秘籍，储于自庄严堪，均具"五好标准"，宋椠元版、稿抄校本，琳琅满架。弢翁后举所藏，无偿捐献国家。数百部宋椠元刊、稿抄校本，捐赠政府，遂成国家图书馆的镇馆之宝；二百余卷敦煌经卷，捐赠天津博物馆；数万册清刻及活字印本古籍，捐赠天津图书馆。这些都极大地充实了馆藏并提升了馆藏文献价值。

任凤苞先生在民国时期收藏明清方志不遗余力，辟大春园书楼珍藏明清方志三千多种，遂为私家藏志之巨擘，其藏志量大质精，与当时"国立图书馆"相伯仲。在天津解放前夕，曾遭日人觊觎，为避免"酉宋之厄"，在周叔弢先生游说下，任先生毅然决定，举献市政府，使之成为天津图书馆的特色藏书之一。

严修是筹建直隶省图书馆（现天津图书馆的前身）时积极捐书人之一，曾先后三次捐献自己的大量藏书。其手稿几乎全部入藏天津图书馆。为早年天津图书馆对社会开放做出了重要贡献。近年我们曾编印《严修遗稿》，为学界深入研究这位近代教育家、书法家、藏书家的事迹提供了第一手珍贵历史文献。今年我们在进行全市古籍普查工作时，在一位藏书家手里，意外发现了严修诗文稿本。这册手稿，端楷缮写，颇为精致。这是民间古籍普查工作的一个重要发现。

学界誉之为"甲骨文发现之父"的王襄先生和王懿荣先生，都在《文存》传略中。王襄先生自己研究甲骨文富有成果，撰有多部甲骨文研究专著，悉数入藏天津图书馆。自己曾与其哲嗣王翁儒、王巨儒先生合作，整理遴选这些珍贵遗稿，编成《王襄著作选集》，为世人深入开展对甲骨文研究提供了珍贵文献。天津图书馆藏有王懿荣先生编撰《福山王氏家藏稿》《王文敏公经进稿》《王懿荣书札》等多部稿本，其中《海岱人文册目》一稿，数年前被山东大学编入了《山东文献集成》，广传于世。

金钺先生藏书之外，兼善刻书。其在北京文楷斋所刻之木版原物，现入藏天津图书馆。金钺刻书的原始档案资料，尽数由李世瑜先生收藏。李世瑜先生是我见过的天津藏书家。学有专长，研究宝卷，成果显著，一部《宝卷综录》，奠定了其在民间宗教研究领域的领先地位。天津图书馆珍藏的一批价值极高的明末清初雕版印制的宝卷，就是先生早年配合市政府从北郊宜兴埠一个庙中收缴上来的，这批早期宝卷遂成天津图书馆特色藏书之一。李世瑜先生生前，曾将自己珍藏的金钺刻书原始档案，转让天津图书馆，为我们了解金钺刻书情况提供了文献依据。

早年天津地区这些私人藏书家的藏书，堪称量大质精。嗣后其书或留在了天津，或转入北京，成为各类型图书馆所藏古籍的组成部分。有些分量厚重的善本古籍，遂成镇馆之宝。这些传世的善本古籍，为此次全国古籍普查工作和编纂《古籍普查登记目录》增色添彩。

二、如何开展天津地区馆藏古籍普查登记工作

1. 召集天津地区收藏古籍的各类型图书馆负责人和古籍业务骨干，一起学习国家文化部组织专家制定的《全国古籍普查工作方案》等文件，充分认识古籍普查工作的重要性及其意义。

《全国古籍普查工作方案》包括四项规定：一、普查范围和内容；二、工作机构与任务分工；三、工作步骤；四、工作要求。《方案》提出："我国古代文献典籍是中华民族创造的重要文明成果，是中华文明绵延数千年、一脉相承的历史见证，也是人类文明的瑰宝。为了解我国现存古籍保存保护的现状，加强对古籍的保护和管理，根据《国务院办公厅关于进一步加强古籍保护工作的意见》（图办发〔2007〕6号）的规定，从2007年开始，在全国范围内组织开展古籍普查登记工作，目的是全面了解和掌握各级图书馆、博物馆等单位及民间所藏古籍情况，对登记的古籍进行详细清点和编目整理，建立中华古籍综合信息数据库，形成中华古籍联合目录，以便国家有重点、有针对性地开展古籍保护工作，加强对古籍的管理。全国古籍普查是古籍保护的基础性工作，是古籍抢救、保护与利用工作的重要环节。这是中华人民共和国成立以来在全国范围内进行的第一次全面深入的调查，各有关部门和单位应给予高度重视，认真组织，积极开展工作。"

　　《方案》对古籍普查工作提出了要求："这次全国古籍普查工作是我国第一次开展此类普查，对全面、准确地掌握我国古籍的数量、价值、分布、保存状况等基本情况，有针对性、有计划地开展古籍保护工作意义重大。各有关部门一定要充分认识全国古籍普查工作的重要性，增强工作责任感。要积极开展普查宣传工作，广泛动员和组织有关方面力量，使广大古籍工作者及民众理解开展古籍普查工作的重要意义，调动各方面的主动性和积极性。各级普查机构应健全机制、配备普查人员和设备，建立数据质量控制岗位责任制和工作细则，对普查工作各个环节实行全过程的质量控制，严格按标准和程序开展普查登记工作，提交普查数据。普查登记工作中，各级普查机构须对下级的普查数据采取随机抽样与重点抽查相结合的方法进行质量检查。人员培训事关普查工作的质量。为保证全国古籍普查工作的顺利开展，国家古籍保护中心和各省级分中心应尽快成立普查队伍，认真筹备、组织培训工作。应结合本地普查任务、人员素质情况、实际工作需要和面临的问题，有针对性地制定培训计划。普查培训应注意对普查人员进行工作责任心和专业知识等的培训、教育。集中各地优秀师资力量、专家力量参与、指导培训工作。各级财政部门要对本地区古籍普查、修复、出版及数字化等工作给予必要的资金支持。鼓励、积极吸纳社会资金参与、支持古籍保护工作。"

　　天津市古籍保护中心发挥职能作用，协调组织各馆，参加这项古籍普查工作。我们认为，现在国家重视古籍，出台并在全国范围内推行"中华古籍保护计划"，这是各类型图书馆千载难逢的发展机遇，应该抓住机遇，按照《方案》规划努力落实，取得业务成果。既不能视而不见，也不能消极抵触，更不能妄自尊大，自以为是，游离于此项工作之外。应该振作起精神，全国一盘棋，与大家一道，完成这个重任。在完成了这个具有国家意义的十分重要的普查登记目录之后，即可着手编纂《中华古籍总目》"分省卷"，继而再开展本馆带点儿研究性相关工作，则显得顺理成章。据此可以编纂馆藏系列书目，诸如《馆藏古籍分类目录》《馆藏善本古籍图录》《馆藏善本古籍题跋》《馆藏善本古籍藏印》等，否则属于本末倒置，于公于私不利。

2. 采取措施全面开展馆藏古籍普查登记工作。

为了有效开展馆藏古籍普查登记工作，我们到辖区各馆进行了实地走访调研。我们发现，各馆在收藏古籍基础条件、收藏古籍数量、从业人员数量、古籍专业水平，以及参与这项工作的态度等方面存在较大差异。我们经过分析研究，并根据实际工作需要，采取了以下具体措施：

其一，按照国家古籍保护中心要求，制定《天津市古籍普查登记工作方案》。《方案》主要条款如下：

①普查整合天津地区各馆古籍书目数据工作；

②市古籍保护中心审校《天津地区馆藏古籍普查登记目录》；

③市古籍保护中心向国家古籍保护中心提交《天津地区馆藏古籍普查登记目录》。

其二，根据各馆不同情况，采取不同策略，开展馆藏古籍普查登记工作。

①能够独立开展馆藏古籍普查登记工作的图书馆，我们对其提出具体时间和任务要求，放手让他们自己去做。我们主要负责日常督促和检查工作。这类图书馆包括南开大学图书馆、师大图书馆、中医药大学图书馆及医学科学技术信息研究所图书馆等，大多是高校及科研系统图书馆，古籍专业人员的业务水平提高，有多年积累的编目实践经验，完成的编目质量也较高。

②基本可以开展馆藏古籍普查登记工作的图书馆，我们除了对其提出具体时间和任务要求外，还加大督促和检查力度,不定期下到这些馆对有疑点的书目数据有针对性地进行复核，同时借机对参加普查工作的人员进行业务辅导。这些馆包括塘沽区、南开区、和平区、河东区及武清区等图书馆，大多是区县图书馆。参加普查工作的人员，大多是兼职人员，用一部分精力参加这项工作。其在编目实践工作中，编目水平也在不断提高，逐步成为本市古籍普查工作的业务骨干。

③无力完成馆藏古籍普查登记工作的图书馆，主要原因一是专业不对口，员工没有系统参加过古籍编目培训和日常古籍编目工作；二是员工人数少，不能在规定期限内完成任务量较大的工作。这类馆包括天津博物馆、社会科学院图书馆。我们根据这种实际情况，从市馆和已经完成普查登记目录的其他馆中，挑选数名古籍业务骨干，直接派到这些馆，从头至尾，将是馆所藏全部古籍进行撒网式普查，对每一部古籍进行整理、编目和数据录入。同时，在参编人员中进行业务研讨，这样做的益处凸显，在保质保量完成任务的同时，也不断提高着自身业务水平。

三、天津地区馆藏古籍普查登记工作完成情况

天津市古籍普查登记工作，在各馆全力支持、参与和配合下，按照计划已经圆满完成。兹将天津地区各馆古籍普查登记工作完成情况列表如下：

天津地区馆藏古籍普查登记书目数据统计表（截止时间2014年8月18日）

	单位名称	代码	报送数据	平台	备注
1	天津图书馆	301	31812条		
2	南开大学图书馆	341	11286条		
3	天津市南开区图书馆	302	218条	√	
4	天津市和平区图书馆	303	242条		
5	天津市河东区图书馆	304	310条		
6	天津市红桥区图书馆	305	25条		
7	天津市武清区图书馆	306	248条		
8	天津市塘沽区图书馆	307	1006条		
9	天津师范大学图书馆	342	5807条		
10	天津市委党校图书馆	343	415条	√	
11	天津市医学科学技术信息研究所图书馆	344	380条	√	
12	天津医学高等专科学校图书馆	345	947条		
13	天津中医药大学图书馆	347	1870条		
14	天津大学图书馆	348	20条	√	
15	天津市社会科学院图书馆	361	2538条		

续表

	单位名称	代码	报送数据	平台	备注
16	天津博物馆	381	2773 条		2435+338 写经
17	天津中医药大学第一附属医院图书馆	391	469 条		
18	元明清天妃宫遗址博物馆	393	58 条	√	
19	刘继辉	399	48 条		
合计			60472 条		

根据上表统计，天津地区古籍普查数量共计60472条。参加单位或个人凡19家。其中，最多一家是天津图书馆31812部，最少一家是天津大学图书馆20部。通过普查，我们深入了解了各馆收藏古籍基本情况，我们还发现，各家藏书多少，与其自身业务发展和历史变迁有着直接关系。

天津图书馆的前身是建成于清光绪三十四年（1908）的直隶省图书馆。建馆伊始，当时的满汉官吏、藏书家纷纷捐书，奠定了本馆藏书基础。嗣后，南开大学创始人之一、著名近代教育家严修先生先后三次捐书，充实馆藏。本馆通过四方征集、出资采购及接收藏家捐献等渠道，陆续获得一些历史文献。尤其是先后接收了几位重量级私人藏书家的捐献，包括自庄严堪周叔弢先生捐献明清四部善本古籍、天春园任凤苞先生捐献明清地方志、豪园徐世章先生捐献明清内府刻本、蠹斋周绍良先生捐献明清小说等，极大地丰富了馆藏，这些藏书家的善举令我们后人敬仰，我们时刻怀念他们。经过百年发展，天津图书馆已经形成了以明清善本、方志、小说及民间宗教文献为特色的古籍藏书体系。馆藏历代古籍54万册，成为全国十大古籍收藏馆之一。馆藏1912年以前的古籍31812部，馆藏1912年以后的民国时期印制的线装书26541部。天津图书馆遂成全市最大一家古籍收藏单位。按照国家古籍保护中心提出的馆藏超过7000部古籍可以自行编辑出版的规定，天津图书馆独自编辑《天津图书馆古籍普查登记目录》，于2013年底由国家图书馆出版社出版，在全国范围内这部目录成为首部出版的普查登记目录。

南开大学建校于1919年10月，图书馆亦随之筹建。建馆之初，社会各界人士捐资予以襄助，馆藏日益丰富。校董严修先生率先垂范，数次捐出珍藏典籍；社会贤达李组绅先生捐献整套《古今图书集成》和珍善本千余册；天津著名藏书家李典臣先生捐赠家藏经、史、子、集、丛书及碑帖达7万余册，内多珍籍；卢木斋先生捐建图书馆，赠予图书，国民政府教育部特授一等奖状。至抗战前夕，馆藏达20万册，古籍多为"延古堂李氏旧藏"，宋元刊本及其他较好版本有数百种之多。然而，"七七事变"，天津沦陷，昔日美丽宁静的南开校园惨遭日本侵略者铁蹄践踏，图书馆藏除少量运出，未及转移书籍悉数遭侵略者焚毁劫掠。抗战胜利后，虽有少部分图书通过外交途径追回，但珍善本古籍仍杳无音讯，不禁令人扼腕叹息！南开大学图书馆现藏线装文献25万余册，是经过几代图书馆人苦心收集积累保存下来的珍贵馆藏。所藏线装文献不仅要籍咸备，且不乏精刻名抄，萃聚了近代大江南北诸多藏家的珍稀藏品，具有较高的收藏价值和学术价值，如宁波天一阁、山东海源阁、丁氏八千卷楼、朱氏结一庐、徐氏积学斋、天津研理楼等大家散出故物，还有清代到民国如朱彝尊、吴翌凤、何绍基、莫友芝、潘友芝、潘祖荫、吴重熹、缪荃孙、端方、罗振玉、丁福保、叶德辉、傅增湘、潘景郑、秦更年等诸家的旧籍。除此之外，近代外交官颜惠庆，学者徐鹤桥、谢国桢、杨石先、郑天挺等先生所赠线装文献，内多经、史书籍；近代著名藏书家周叔弢先生所赠的周氏孝友堂刻本数量最多，其中既有周氏师古堂自刻书籍，亦有明清旧刻，极大地丰富了本馆的线装文献收藏。因此，该馆的线装文献，无论是数量还是质量，在天津地区高等院校中均首屈一指。

天津师范大学图书馆藏古籍线装书1万余种、15万余册。其中明清古籍近6000种、8万余册；善本古籍1200余种、1万余册。数百种古籍被列入《中国古籍善本书目》。这些古籍以文史类为主，侧重明清时期的古籍资源，突出地方性特点，珍本荟萃，常用古籍齐全，涵盖经、史、子、集各类。馆藏古籍来源有三：一是自主购买。自1958年建校以来，校领导和馆领导一直高度重视古籍资源建设，图书馆特藏部专家云集、慧眼识珠，亲自深入新华书店古籍部内部书库和北京琉璃厂古籍书店选购古籍。通过认真的鉴别，专家们购得了大量具有很高文物、文献、艺术价值的古籍珍本，为该馆古籍资源建设奠定了坚实的基础。至1959年底，该馆藏线装书已达4万册，至"文化大革命"前夕已近10万册。除了照顾当时的教学应用，专家们还搜集了很多科研需用的古籍，包括各种工具书、地方志、诗文集、小说和史料等，在版本方面，也适当收集了一些明版书和其他善本书。二是校区资源整合。随着天津师范大学校区整合的开展，天津市教育学院、天津市师范专科学院、天津市杨村师范专科学院的古籍逐步纳入八里台图书馆特藏部统一管理，并编制了详细的目录。近年来，在学校的统筹安排下，各个二级学院的古籍藏品也纷纷收归图书馆特藏部管理，形成了今天天津师范大学古籍的规模。三是各方捐赠。建馆以来，很多私人藏家看重天津师范大学图书馆对古籍的良好管理，因此将古籍藏品捐赠给图书馆。例如，该馆收藏的一份珍贵的毛公鼎拓片，便是毛公鼎曾经的收藏者陈介祺先生的后人陈继揆先生捐献给该馆的。另外，2010年，天津市教委将2万余册线装古籍捐赠给该馆收藏，其中不乏明清时期的珍贵版本。

天津博物馆是一家大型专业博物馆。2004年12月20日，天津博物馆落成开放，该馆由天津市历史博物馆与天津市艺术博物馆合并而成，并于友谊路31号建设了新的馆址。始于1916年的天津博物院筹备处、始于1915年的天津社会教育办事处、始于1930年的天津市市立美术馆，历经90年的漫长岁月，终于走进了一个新的会合点——天津博物馆。该馆收藏历史文献20万册，其中隋唐时期写本多达300余卷，大部分是由藏书家周叔弢先生和张书诚先生捐献的，成为此次普查成果亮点之一。周叔弢、张叔诚捐献的敦煌遗书，不仅保存完好，还多是首尾完整的全卷，而且特别珍贵的是，其中有的是孤本，有的注有年款和出处。馆藏敦煌遗书中，除大量佛经外，还有俗文学、文书、民族文字和道教的一些经卷，其在佛学、对古敦煌的历史和文化，以及对中国书法艺术的研究上具有非常重要的价值。中国国家图书馆藏有包括过去从京师图书馆移交过来的敦煌遗书上万件，可惜大多是残卷。为此，上海古籍出版社于1996年6月，专门影印出版了一部七本的《天津市艺术博物馆藏敦煌文献》。

天津中医药大学图书馆是天津最大的一所医学专业图书馆，收藏医学类古籍1870部。中医药学是一座伟大的宝库，其中的宝藏就蕴含在浩如烟海的中医古籍之中。该馆经过数十年的搜集整理及接受部分已故老中医捐献，图书馆的中医古籍已形成了丰富多彩的藏书特色，在华北地区占有重要地位。尤其是馆领导十分重视中医古籍的整理与编目工作，除了独立完成此次普查工作外，还在市中心协调下，组织全市主要收藏医学古籍的天津市医学科学技术信息研究所图书馆、天津医学高等专科学校图书馆、天津中医药大学第一附属医院图书馆，以及天津图书馆、南开图书馆等图书馆，联合编辑完成《天津中医古籍联合目录》。这部医学古籍专题书目，是此次全市古籍普查工作取得的一个成果。天津医学高等专科学校是于1998年由天津职工医学院和天津市护士学校合并2002年经教育部批准成立的。天津职工医学院前身是天津市中医学校。所藏古籍均为原中医学校所有。在普查工作之前，该馆已经编成《天津医学高等专科学校图书馆藏古籍目录》。

天津社会科学院是天津市政府所属高级人文与哲学社会科学综合研究机构，1979年3月成立。现有科学研究部门13个，图书编辑出版部门4个，教育培训部门3个，行政管理部门6个。全院共有员工400余人，其中各类高级科研、编辑及其他专业人员160余人，拥有一批国内知名的专家学者和学有专长的中青年科研骨干。该院图书馆藏图书60余万册。其中历代古籍线装书7000余部，藏书多为实用性通行本。

天津大学图书馆的古籍收藏整理始于1895年建校之初。20世纪90年代以来，曾先后两次专门编辑整理。2007年中华古籍保护计划启动后，响应《全国古籍普查登记目录》和《天津地区古籍普查登记目录》的要求，将本馆清乾隆以前的印本（刻本、活字本）、辛亥革命以前的历代手稿、有学术价值的抄本和名家题识本进行逐部的复查核对，不应列入善本者剔除，遗漏者补录，著录有误者改正，并将最终目录上报天津市图书馆。通过整理发现，天津大学图书馆馆藏古籍主要来源于其前身北洋大学，少量为改革开放以后校友捐赠。1952年院系调整时，大量古籍图书被调拨其他学校，所遗百无其一。

武清区图书馆收藏的古籍图书主要来自有关单位的拨交和私家捐献。通过普查得知，该馆收藏古籍总计371种、752函、6090册。这些古籍中有善本54种（及本），占古籍总数的14%。尤其珍藏了武清籍学者刘坦先生手稿17种，这些善本古籍颇具价值，成为馆藏中的精品。2003年10月，全国著名书画家刘炳森先生还为该馆捐赠了820册影印的百衲本二十四史。和平区图书馆馆藏古籍主要来源有两方面：一为区内古籍上缴到区图书馆，其中部分为"文革"时期上缴至区图书馆。另一来源为从和平区博物馆调拨。原和平区博物馆撤并后，其馆藏古籍统一送至区图书馆收藏。塘沽区图书馆馆藏古籍主要来自天津图书馆的复本调拨，其中包括不少善本古籍。红桥区图书馆古籍主要来源：20世纪50年代建馆初期从新华书店购置部分古籍藏书。1956年建馆时承接天津广智馆部分古籍藏书。70年代又从天津古籍书店购入了一批古籍藏书。南开、河东等几家区县图书馆的藏书来源大致相同，个别图书馆的藏书主要来自"文化大革命"时期的查抄接受。

其他几家包括天津市委党校图书馆、元明清天妃宫遗址博物馆及千牛山庄等公私单位藏书，各具特色，成为本《目录》的重要组成部分。

四、开展古籍普查登记工作、编纂《古籍普查登记目录》的意义和功用。

全国古籍普查登记工作，是"中华古籍保护计划"的首要任务，通过普查，形成《全国古籍普查登记目录》，将清理我国古籍家底，形成全国古籍的一份"固定资产账目"，为古籍保护、研究和利用提供重要依据。

天津图书馆率先完成馆藏古籍普查登记工作，并编辑出版《天津图书馆古籍普查登记目录》，标志着全国古籍普查登记工作进入了成果提示阶段。继《天津图书馆古籍普查登记目录》之后，天津地区古籍普查登记工作又相继取得两项成果：一是完成了《南开大学图书馆古籍普查登记目录》，二是完成了《天津地区馆藏古籍普查登记目录》。前者是南开大学图书馆一家的古籍普查登记成果，后者是包括了天津师范大学等17家单位和个人的藏书总和。目前，这两个目录已经交付国家图书馆出版社出版。这标志着天津市古籍保护中心按照计划完成了本地区馆藏古籍普查登记工作。

（一）开展古籍普查登记工作、编纂《古籍普查登记目录》的意义

1. 摸清各馆家底。

天津地区有近20家藏书单位和个人，参加了古籍普查登记工作。数量为60472部。按照国家古籍保护中心的规定和著录方式进行，一部书一个身份证号，逐部书核查登记，做到"手检目验"原书。完成了古籍普查登记工作的同时，也就摸清了各馆收藏古籍的家底，结束了馆藏古籍长期以来"谁也说不清"的局面。为妥善保管，防止外流，提供了重要保证。

2. 建成馆藏古籍财产账。

通过普查，完成编目，实际上也就建成了馆藏古籍的财产账。因为古籍具有历史文物价值、学术资料价值和版刻艺术价值，在馆藏全部藏书中，这部分古籍分量最重，价值最高。这份古籍财产账的建成，成为本馆固定资产的重要组成部分，从而结束了馆藏古籍没有财产账的历史。

3. 填补了本馆目录编纂工作方面的一项业务空白。

编纂《馆藏古籍普查登记目录》，是本馆目录编纂方面的一项基础建设工作。此前未曾做过，是首次取得的一项重要业务成果，从这个角度来看，它填补了本馆目录编纂工作方面的一项业务空白。

4. 标志着全国古籍普查登记工作进入了成果提示阶段。

天津地区在全国范围内率先完成本地区馆藏古籍普查工作，并相继编辑出版三种《古籍普查登记目录》，标志着全国古籍普查登记工作进入了成果提示阶段。在

全面实施"中华古籍保护计划"工作中，这个成果具有里程碑意义。

（二）编纂《古籍普查登记目录》的功用

1. 便于本馆开展各项古籍保护工作。

编纂《古籍普查登记目录》，最主要的地方在于目验原书。通过这个目录，便于开展各项古籍保护工作。例如：通过这个目录，便于开展原生性古籍保护工作。知道馆藏古籍的破损程度，可以有计划安排修复工作；通过这个目录，便于开展再生性古籍保护工作。得知馆藏古籍价值之所在，可以挖掘整理出版馆藏善本古籍，使馆藏古籍化身千百，为广大读者充分利用，从而有效地保护了原版古籍；通过这个目录，可以了解馆藏古籍安全情况，因为一书部一个号，在目录上可检其书，在书架上可见其书，准确反映此书的安全状况，从而有效保护原版古籍。这是分类目录等其他目录所不具备的、更是不可替代的一个十分重要的功能。

2. 便于读者利用本馆馆藏古籍文献。

对馆藏古籍进行普查编目，是揭示馆藏的一种手段，但不是最终的目的。其最终的目的是为了科学管理和合理利用。编纂《古籍普查登记目录》，充分揭示了馆藏，一册在手，使读者对馆藏古籍有了一个全面了解和认识，按图索骥，调阅馆藏，节省时间，提高效率，甚便读者。

3. 为编纂《中华古籍总目·天津卷》奠定基础。

由于要求古籍普查需要做到"手检目验"原书，所以，每种古籍的著录项目一般来说应该是准确无误的。在此基础上，利用这个书目数据，编纂《中华古籍总目·天津卷》，数据可靠，编目质量有保障。所以说，天津地区古籍普查登记成果，为编纂《中华古籍总目·天津卷》奠定了物质基础。

4. 书后编制的书名索引，可以充当书名目录使用。

我们编纂这部目录时，为了便于从书名角度进行检索和使用，特意为其编制了书名索引，附在目录之后。读者可将书后编制的这个书名索引充当书名目录来使用，进一步提升了这部目录本身的使用功能。

（载《天津市十九家收藏单位古籍普查登记目录》卷首，
2015年12月国家图书馆出版社出版）

《中华古籍总目·天津卷》前言

2007年国务院办公厅下发《关于进一步加强古籍保护工作的意见》（国办发〔2007〕6号），明确提出"建立中华古籍联合目录"。这个《中华古籍联合目录》，就是我们现在讨论的《中华古籍总目》。国家古籍保护中心计划在2020年之前完成三四部《中华古籍总目》"分省卷"的编纂出版工作。

按照《意见》精神，编纂《中华古籍总目》，是实施中华古籍保护计划中的既定任务和目标之一。我们知道，编纂这样一部《中华古籍总目》，需要具备三个基本条件：一是摸清并掌握世传古籍情况，这是为编纂《总目》提供物质条件；二是组成一支训练有素的古籍编目团队，这是为编纂《总目》提供人才条件；三是要按照需求制定编目规则，这是为编纂《总目》提供规划条件。

对此，国家古籍保护中心广泛征求各方意见，决定编纂《中华古籍总目》，并制定了编纂工作计划。这个编纂工作计划，分三步走：第一步由各省古籍保护中心负责，在全省范围内，以各馆为单位，进行馆藏古籍普查登记工作。凡完成馆藏古籍普查登记工作的图书馆，先行正式出版《馆藏古籍普查登记目录》。以本省全部完成馆藏古籍普查登记工作和正式出版《馆藏古籍普查登记目录》为本阶段目标。第二步由各省古籍保护中心负责，在全省范围内，把辖区内已经全部完成了馆藏普查登记工作并已全部出齐《馆藏古籍普查登记目录》的书目数据进行汇总，在此基础上开始着手编纂《中华古籍总目》"分省卷"。同时向国家古籍保护中心提交"分省卷"书目数据。第三步由国家古籍保护中心负责，在全国范围内，陆续收割各省古籍保护中心提交的"分省卷"书目数据。同时，组成编委会，把各省先后完成的"分省卷"的书目数据，进行汇总统编而形成最终成果——《中华古籍总目》。

《中华古籍总目·天津卷》，是国家古籍保护中心在全国范围内实施的编纂《中华古籍总目》第二步工作所取得的一个最新成果。那么，"天津卷"的编目工作是如何开展的？编纂"天津卷"总结出了哪几条经验？"天津卷"本身具备了哪些特点?编成"天津卷"的意义、功用与价值在哪里?这些方面就是本文将要探讨和交流的具体问题。

一、《中华古籍总目·天津卷》编目工作

1. 制定编目工作计划

首先,明确编目时间:2014~2018年,用五年时间完成编目工作。这是一个既符合"天津卷"实际情况,又达到了国家古籍保护中心"分省卷"进度要求的计划。

其次,分步实施:步骤一:汇总天津地区馆藏古籍普查登记目录出版成果的书目数据,包括《天津图书馆古籍普查登记目录》《南开大学图书馆古籍普查登记目录》《天津市十九家收藏单位古籍普查登记目录》等三部,进行汇总,使之成为一个书目数据整体。这是下一步实施编目工作,提供基础书目数据的物质条件。步骤二:依据国家古籍保护中心编纂的《中华古籍总目·编目手册》,开展编目工作。这个《编目手册》,包括《中华古籍总目·五部分类表》《中华古籍总目·著录规则》《中华古籍总目·分类款目组织规则》三个部分。我们依据《五部分类表》设定的经部、史部、子部、集部和类丛部,对我们掌握的所有书目数据进行分类规范。缺者补之,误者改之,疑者核之。我们依据《著录规则》,对我们掌握的所有书目数据中的书名、卷数、著者、版本及行款等主要事项进行规范。缺者补之,误者改之,疑者核之。我们依据《分类款目组织规则》设定的对各个部类中收录的款目进行前后排序。我们对一条款目做如下规范:先将各馆相同一条款目的书目数据进行合并,选定并保留相比而言基本达标的一条款目,将其他数据删掉。再按照国家古籍保护中心给出的本地区各馆代码前后次序,对该款目的收藏单位进行前后排序。这样便完成了一条书目数据。步骤三:《中华古籍总目·天津卷》的编目工作,完成初稿、二稿和三稿后,分别向国家古籍保护中心递交电子版和纸本目录,征求专家提出的修改意见。

2. 成立专门委员会

《中华古籍总目·天津卷》的编纂工作,是一项专业性、政策性和协调性很强的工作。需要市局区县各级领导和各级图书馆古籍工作者密切合作,用较长时间才能完成。所以,需要成立专门委员会,各司其职,确保编目任务按计划完成。

《中华古籍总目·天津卷》专门委员会,设置如下:

顾问：由本地区业界专家担任。

工作委员会：由负责"天津卷"行政工作的有关领导组成，主要包括：天津市联席会议组成单位、天津市文广局及各级图书馆领导组成。设主任、副主任及委员等衔名。

编纂委员会：由参与"天津卷"编纂工作的主要负责人、各馆业务人员组成，主要包括：天津图书馆、区县图书馆和高校图书馆。设总编、副总编、分部主编及编委等衔名。

3. 实行例会制度

启动《中华古籍总目·天津卷》编纂工作后，为了使这项工作制度化、常态化，有效推动这项工作，我们实行例会制度。

每周一开小会，要求各部主编汇报进度，提出遇到的问题和解决问题所采取的措施和方法。

每个月底开大会，通报各部进度，布置下个月编目工作。

实行例会制度，按时召开工作会议，让大家保持编目热情，集中力量，打歼灭战。按照计划，分门别类，逐一完成任务。

4. 组织业务培训，营造业务研讨与学术研究氛围

我们自己搞编目业务培训。学习和消化国家古籍保护中心组织编印的《中华古籍总目·编目手册》。学懂弄通《编目手册》主要内容，以《编目手册》为主要依据。不能各自为战，更不能自以为是。统一规范、统一认识。

参加由国家古籍保护中心组织的编目培训。从2014年至今，凡由国家古籍保护中心组织的编目培训，我们几乎都派员工参加。经过多次参加编目培训，对提高编目质量提供了专业指导。

鼓励参编人员，及时总结编目经验，提出建设性意见，与大家分享。将遇到的带有学术研究性质的问题，进行深入思考，将成熟的见解撰写成文，在专业刊物上发表。旨在与同道交流，取长补短，共同进步。现举二例：

参加史部编纂工作的年轻人宋文娟，发现天津博物馆收藏一部清代道光时期刊印的《水利营田图说》，认为该书的版刻和装帧形式具有特色，对其很感兴趣，撰写了《论〈水利营田图说〉独特的版刻与装帧形式》一文，被国家古籍保护中心收入《古籍保护研究》第一辑中。

经部主编张磊，把自己主编《中华古籍总目·天津卷》子部的经验心得，用随笔体裁，撰写了《中华古籍总目·天津卷》中的《子部编目札记》一文，被国家古籍保护中心收入《古籍保护研究》第二辑中，为大家参与编目提供了个人经验和智慧。

5. 落实书稿评审工作

2016年我们完成了《中华古籍总目·天津卷》初稿。经国家古籍保护中心组织专家评审，认为"天津卷"的基本框架搭建了起来。基本符合国家古籍保护中心制定的《中华古籍总目·天津卷》的《编目手册》各项要求。存在的主要问题是在分类、著录和款目组织等三大方面有些地方存在明显不足，有些款目存在明显错误。对此，我们有针对性地予以修改和完善。

2017年我们完成了《中华古籍总目·天津卷》二稿。经国家古籍保护中心组织专家评审，认为基本完成编纂工作。下一步工作重点是将区县各馆书目数据中缺少行款项予以补足。对此，我们就增补行款项工作与各个区县馆进行沟通，达成共识：或由区县馆自己补足，或由市馆派员到区县馆予以补足。

2018年8月，我们按照编目计划，完成了《中华古籍总目·天津卷》三稿。正在向国家古籍保护中心提交电子版和纸本目录，等待国家古籍保护中心组织专家进行评审。

二、《中华古籍总目·天津卷》几点编目经验

1. 主编馆负责主体编目任务

天津图书馆作为主编馆，负责"天津卷"主体编目任务。编目任务主要包括"天津卷"书目数据的汇总、核查、校对和成稿，以及协调各参加馆，对上报书目数据著录事项进行增补与改正等。与此同时，主编馆还负责帮助辖区内没有古籍编目人员图书馆的馆藏古籍进行编目工作。几年来，天津图书馆先后派员工帮助天津博物馆、天津社科院及几家区县图书馆，以及几位私人藏书家所藏古籍进行编目，确保在计划范围内完成"天津卷"的编目任务。

2. 参编馆负责本馆藏书范围内的书目数据的增补行款、改正疑误等任务

增补行款。各馆在对馆藏古籍进行普查时，对一部古籍的行款，因取书和查数

非常麻烦和费时,再加上编纂《馆藏古籍普查登记》时,"行款"只作为一个参考选项(各馆自行掌握,可填可不填),大多馆往往省掉这个"行款"。这样在出版了《馆藏古籍普查登记》之后就要编纂"分省卷"。在编纂"分省卷"时,增补行款也就成了一项谁也不能迈过的鸿沟。费时费力,也就不足为奇了。在编纂"天津卷"时,除了天津图书馆之外,因其他20家参编单位都没有行款,仅因增补各馆行款一项,结果至少后延一年时间。故此,我们向兄弟馆提出一条善意的建议:在古籍普查阶段,需要把馆藏古籍的行款,作为一部古籍需要具备的主要著录事项进行普查填写。这是一个硬性规定。

改正疑误。在汇总书目数据时,往往会出现大量似是而非的问题。对出现的这类问题,我们往往先以天津图书馆的标准数据作为依据,进行合并与修改。反之,若天津图书馆无此条数据,我们就将问题数据发回当事馆进行处理,而后等待结果并补入书目中。

3. 编目队伍实行老、中、青三代结合,传帮带,各尽所能,各善其长,完成任务

根据以往经验,我们认为,编纂馆藏古籍目录,需要目验原书。就一部古籍而言,提取馆藏古籍、翻检核查著录信息、送书归架,是完整的编目工作的三个环节。这三个环节,对老、中、青员工来说,均有优劣之处。

对有多年工作经验的中老年员工来说,中间"翻检核查著录信息"环节,不成问题,是他们最擅长的,而且是含金量最高的。相对而言,首尾两个环节,因体力原因,对他们来说则是弱项。

与之相反,首尾两个工作环节,对年轻员工来说,因其精力充沛,让他们来承担,则是其强项。中间环节是他们需要学习和继承的。

针对这个实际情况,我们把员工按照老、中、青三代结合,分成了经、史、子、集、类丛五个编目小组,每个小组二到三个人,负责一个部类的编目工作。实践证明,这个分法,是科学、有效、合理的。编目工作,历时多年,到了退休年龄的老年员工退休后,中年员工担起重任,扛起大梁,既没有影响编目工作,又促进了人才快速成长。

4. 汲取前人古籍编目成果,为我所用,旨在达到事半功倍之成效

前人的古籍编目成果,主要指《中国丛书综录》《中国古籍善本书目》《中国古籍总目》《中国地方志联合目录》《中国中医古籍总目》《汉文大藏经子目分类目录》等，为我们类分馆藏古籍提供了重要线索和依据。

《中国丛书综录》，专门收录历代古籍丛书凡2797种。此书自1959年由中华书局出版以来，受到国内外学术界和图书馆古籍工作者欢迎。这部丛书的分类，包括汇编和类编两大类。其中，汇编丛书收录跨两个部类的所谓综合性丛书。细分杂纂类、辑佚类、郡邑类、氏族类、独撰类，凡五个类目。类编丛书，则收录只属于本部类的丛书。细分经类、史类、子类、集类，凡四个类目。因为这部《中国丛书综录》，所收的丛书数量大，几乎涵盖了各馆收藏的古籍丛书。所以，我们可以参考和利用这部《中国丛书综录》，来编制"分省卷"。具体而言，这部《中国丛书综录》，我们从四个方面加以利用：

其一，《中国丛书综录》在第一册中著录的汇编丛书，收录跨两个部类的所谓综合性丛书。这部分丛书，与《中华古籍总目》类丛部中的丛书部分所收录的丛书完全一样。可据《中国丛书综录》汇编丛书，与《中华古籍总目》"分省卷"中的类丛部中的丛书，在书名、编辑者题名、版本及子目诸项逐一进行核对，为著录事项的定夺提供线索和依据。

其二，《中国丛书综录》在第一册中著录的类编丛书，收录只属于本部类的丛书。细分经类、史类、子类、集类，凡四个大类。这部分的类编丛书，与《中华古籍总目》经、史、子、集各部类所收的属于本部类丛书完全一样。可据《中国丛书综录》类编丛书，与《中华古籍总目》"分省卷"中所收的"类丛部"在书名、编辑者题名、版本及子目诸项逐一进行核对。此为著录事项的定夺提供了线索和依据。

其三，《中国丛书综录》第二册是《中国丛书综录》的子目分类目录。收录《中国丛书综录》全部丛书的子目。将这些子目按照传统的经、史、子、集四部进行细分。这部分的丛书子目，与《中国古籍总目》各部所收的古籍，有相当部分是完全一样的。我们可据《中国丛书综录》对丛书子目的分类，与《中国古籍总目》"分省卷"中的古籍分类，在对相同一部古籍"分入哪个类"进行核对。此为"对一书入类是否合适"的定夺提供了线索和依据。

其四，《中国丛书综录》第三册，包括《子目书名索引》和《子目著者索引》，以供检索第二册《子目分类目录》之用，非常方便。

我们认为，这部《中国丛书综录》在编制"分省卷"中，可以发挥重要作用。

除此之外，《中国古籍善本书目》和《中国古籍总目》在古籍款目组织方面可以参考和借鉴。据此可以节省部分款目的排序时间,准确性较高。《中国地方志联合目录》《中国中医古籍总目》《汉文大藏经子目分类目录》,这三部专题目录,分别在类分馆藏古籍的史部地理类地方志、子部医家类医籍和子部宗教类佛经方面提供线索和依据。在此不一一赘述。

5. 善于思考、不断总结、有所发现、有所突破,为完善《中华古籍总目》"分省卷"的《编目手册》内容,做出我们的贡献

《中华古籍总目》"分省卷"的编目工作,是作为藏书单位图书馆的一项业务性很强的工作。由于历代流传下来的各类典籍内容丰富、门类繁多、卷帙浩繁,由于参与编目人员的年龄不同、阅历不同、知识结构不同、实践经验不同、水平高下不同,由于各种古籍大都具有自己的特点,其中有相当部分的古籍,没有据以考察其版本信息的封面、后跋与牌记等,诸如此类,均可导致对一部古籍的理解不同,结果会直接影响编目质量和编目进度。

有鉴于此,我们在编目伊始,注重这些方面情况,对参编人员进行业务辅导或进行岗位调整。鼓励参编人员,在编目时注意不断积累,用怀疑眼光看待遇到的实际问题。要善于思考、不断总结、有所发现、有所突破,不断完善《中华古籍总目》"分省卷"的《编目手册》内容,做出我们的贡献。例如:

在"天津卷"经、史、子、集各部中,合理设置"类编",收录本部丛书。根据《中国丛书综录》设置"类编"及其收录范围情况,与国家古籍保护中心组织编印的《中华古籍总目·编目手册》中"分类表"的类目设置,一一进行比对,同时结合"天津卷"收书情况,设置这个"类编"。这从根本上解决了类编丛书的归类问题。

对宝卷这种特殊文献进行分化切割,根据内容和题材,分别归入"天津卷"的子部和集部中,合理解决类分这种特殊文献所遇到的困难。收入子部宗教类的宝卷,属于在明末清初产生的、内容属于儒、释、道三教合一的民间宗教文献;收入集部曲类的宝卷,属于在清代中叶以降产生的、题材取自成语典故的文学作品。我们对宝卷这种特殊文献进行的这种分类处理,在明、清以来公私目录中尚属首次。至于是否被业界专家肯定,尚需时日。

对"天津卷"收录的大量佛教内典,我们主要依据《汉文大藏经子目分类目录》设置的类目进行比对,凡"天津卷"收录的佛教内典,与《汉文大藏经子目分类目录》收录的佛教内典完全相同,我们就采取"拿来主义",将《汉文大藏经子目分类目录》的类目，过录到"天津卷"所收的佛教内典之上。反之，凡"天津卷"收录的佛教内典，不见于《汉文大藏经子目分类目录》中者，我们增设"藏外佛经"一类，附于子部宗教类佛教之后。这样处理解决了类分佛教文献所遇到的亟待解决的分类问题。

三、《中华古籍总目·天津卷》的几个特点

1. 收录宏富，展示天津地区藏书规模。各家一级藏品悉数登录，品质上乘

天津地区各级图书馆收藏古籍总数逾百万册。《中华古籍总目·天津卷》收录各家藏品数量不一。其中，以天津图书馆23187种古籍居首席，次为南开大学图书馆，凡8904种，天津师大图书馆以4557种名列第三。从而形成了以天图、南开和师大鼎足而立的藏书格局。其他各级各类型图书馆、公私收藏单位的藏书，通过"天津卷"，予以了充分展示。

《中华古籍总目·天津卷》著录各家藏品一览表

单位简称	单位代码	数据数量（种）	经	史	子	集	丛
天图	301	23187	2436	7276	4780	7930	765
南开区	302	175	56	45	29	33	12
和平区	303	222	44	72	48	53	5
河东区	304	251	43	70	29	97	12
红桥区	305	20	2	5	6	5	2
武清区	306	223	74	60	43	31	15
塘沽	307	799	123	217	158	265	36
南开	341	8904	770	2930	1132	3663	409
师大	342	4557	478	1231	518	2053	277
党校	343	282	31	71	43	114	23
医图	344	345	0	0	345	0	0
医专	345	837	0	0	837	0	0
中医大	347	1674	22	54	1580	7	11
天大	348	14	2	6	1	4	1
社科院	361	2035	138	1020	204	626	47

续表

单位简称	单位代码	数据数量（种）	经	史	子	集	丛
博物馆	381	2241	187	773	674	523	84
中医附	391	455	1	5	449	0	0
天妃	393	49	5	32	6	0	6
文联	396	289	25	44	35	173	12
千牛山庄	C001	41	2	13	12	13	1
馆蠹斋	C002	4	0	3	0	1	0
宝林斋	C003	52	3	1	48	0	0
总计		46656	4442	13928	10977	15591	1718

天津图书馆是一座具有逾百年历史的省级公共图书馆，收藏历史文献74万册。天图以入藏的历代典籍量大质精而名列古籍藏书全国十大图书馆之列，成为文化部命名的第一批全国重点古籍保护单位。馆藏善本入选《中国古籍善本书目》者2000余种。馆藏珍本入选《国家珍贵古籍名录》者237种，占天津地区各馆全部入选《名录》总数的三分之二。

天津博物馆其前身是建成于1918年的天津博物院，至今恰逢百年华诞。2008年被评为国家一级博物馆，收藏图书20万册。入选《国家珍贵古籍名录》的藏品有67种，居天津地区各馆全部入选《名录》数量的第二位。

天津地区各馆入选1~5批《国家珍贵古籍名录》藏品一览表

收藏单位	第一批入选（部）	第二批入选（部）	第三批入选（部）	第四批入选（部）	第五批入选（部）	合计入选（部）	备注
天津图书馆	9	35	156	30	7	237	第一批全国重点古籍保护单位
天津博物馆	5	15	46	1	0	67	
南开大学图书馆	1	9	18	6	0	34	第二批全国重点古籍保护单位
天津中医药大学图书馆	0	2	1	0	0	3	
天津医学科学技术信息研究所	1	0	0	0	0	1	

续表

收藏单位	第一批入选（部）	第二批入选（部）	第三批入选（部）	第四批入选（部）	第五批入选（部）	合计入选（部）	备注
天津医学高等专科学校图书馆	1	0	0	0	0	1	
天津师范大学图书馆	0	0	4	5	1	10	第五批全国重点古籍保护单位
合计	17部（5单位）	61部（4单位）	225部（5单位）	42部（4单位）	8部（2单位）	353（部）	3家

合计：共7个单位，1~5批入名录353部，3个单位重点保护

近代百年看天津，藏书亦然。作为天津图书馆前身的直隶省图书馆，在清末创建伊始，一些满汉官吏和社会名流纷纷捐书。作为参加筹建者之一、天津近代教育家严修先生率先多次捐献蟫香馆所藏四部典籍。所捐自家藏书，化私藏为公有，初步奠定了馆藏古籍基础。

特别是中华人民共和国成立以后，一些重量级古籍藏书家纷纷向天津图书馆无偿捐献自己的藏书。我国著名爱国藏书家周叔弢先生举献自庄严堪所藏的全部明清善本、活字本专藏及自己刻印的善本古籍，除此以外，周叔弢先生还将自己珍爱的宋临安陈宅书籍刻本《棠湖诗稿》、宋黄善夫刻本《后汉书》及清代黄丕烈批校题跋本《穆天子传》等国家一级品捐献给天津图书馆。我国著名小说收藏家周绍良捐献自己蠹斋全部明清小说，其中清雍正年间吕抚活字泥版印本《精订廿一史通俗衍义》在我国古籍印刷史上占有特殊地位。天津方志收藏家任振采先生举献天春园所藏全部2000余种明清地方志书，其中包括任振采先生十分珍爱的三残书屋三部内府藏本。天津著名收藏家徐世章先生捐献濠园所藏的全部清代内府刻本。这些藏书大家的捐献，量大质精，各具特色，由此而逐步形成了天津图书馆自身的藏书特点：宋椠元刊、名家批校、明清小说、明清方志及清代内府刻本。

明清两朝，以及近现代不同时期，有相当数量的著名学者和藏书家收藏的零星善本古籍，辗转入藏天图，成为天图藏品中的重要组成部分和闪光精品。例如：明代的项元汴、毛晋、祁承㸁，清代的王士禛、钱谦益、宋荦、钱曾、卢文弨、郑燮、法式善、吴式芬、顾广圻、焦循、钱坫、徐时栋、陈介祺、王筠、丁丙、劳权、曹寅、方功惠、鲍廷博、汪士钟、徐维则、王懿荣、莫有芝、胡宗楙，民国时期的缪荃孙、刘世珩、董康、袁克文、丁福保、叶德辉、徐乃昌、徐世昌、李盛铎、傅增

湘，中华人民共和国成立后的王利器、刘明阳及黄裳，等等。

天津博物馆珍藏敦煌遗书 350 余卷，除历年征集、购藏所得外，大部分精品为著名藏书家周叔弢先生捐赠。天博藏敦煌遗书包括佛教经卷、道教经卷、社会文书、古籍、俗文学写本等。时代跨度大是其特点，上起北魏，下至宋代，跨越六七个世纪之久，其中纪年经卷中最早的为南朝（梁）普通三年（522）《大般涅槃经卷》第四卷。这批经卷在古代书法研究方面具有特别重要的价值，据此可以考察自南北朝、隋唐、五代、两宋汉字书法的演变过程。馆藏北齐天保九年（558）《羯摩经》、隋开皇九年（589）《大楼炭经》等经卷，其楷书中带有隶书笔意，可能是书法史上隶书向楷书过渡的轨迹；唐天宝十二年（753）《金刚般若波罗蜜经》字体丰腴娟秀，运笔方正稳健，是典型的盛唐楷书范本；唐《法华经义疏》，以草书写经，十分稀见，成为研究草书发展的重要作品。

南开大学图书馆藏品中，以带有名家题跋者为代表，略如：有卢文弨校、秦更年跋的清抄本《法帖刊误》二卷，有阎若璩跋的清康熙年间刻本《汉史亿》二卷，有叶德辉跋的明崇祯毛氏汲古阁刻本《孔子家语》十卷等。

2. 著录事项完备，充分揭示藏书内容

本目对所收诸书，从书名、卷数、作者、版本、行款及分类等事项予以充分揭示，把一部书的基本情况揭示出来，让读者一目了然。凡丛书，无论部帙大小，均列子目。佛教《大藏经》子目繁富，一般书目从略不登。本目依经照录，详列子目，足资参稽。

3. 增补品种，体量多于已经出版的三部《馆藏普查登记目录》

自从 2014 年出版了《天津图书馆古籍普查登记目录》、2015 年先后出版了《南开大学图书馆古籍普查登记目录》和《天津市十九家收藏单位古籍普查登记目录》等三部目录以后，随着馆藏古籍整理工作的不断推进，一些因历史原因而遗留下来的未编书，包括"文化大革命"查抄书、属于黑老虎的金石拓片等，此次借编纂"天津卷"机会，也进行了整理、登录。私人藏书家，也有的后来赶上，愿意拿出自己的特色藏书，参加"天津卷"编纂工作。诸如十分稀见的清代教科书，系统收藏的各类型三字经印本等，增补了品种。

4.增补了《天津市十九家收藏单位古籍普查登记目录》著录项中原缺行款,并修改了其错误数据,编目质量高于这部所收的十九单位藏书全部没有行款的《普查登记目录》

此次"分省卷"按照规定全部补上。自从天津地区三种《馆藏普查登记目录》出版以后,我们在编纂"分省卷"过程中,陆续发现了一些有问题的数据。对此,我们进行了修改,将《普查登记目录》存在的错误数据,一一予以改正。举凡书名、卷数、作者、版本、分类等事项,都发现了一些问题,我们不厌其烦,都予以改正。

四、《中华古籍总目·天津卷》的意义、功用与价值

1.意义

编纂完成《中华古籍总目·天津卷》,具有重要意义。

《中华古籍总目·天津卷》的编纂完成,是落实国务院办公厅下发的《关于进一步加强古籍保护工作的意见》的具体体现,是实施"中华古籍保护计划"取得的又一个重要成果,标志着《中华古籍总目》"分省卷"继《古籍普查登记目录》之后,进入了陆续摘取成果阶段,标志着国家古籍保护中心制定的编纂工作计划得到了有效落实。

《中华古籍总目·天津卷》的编纂完成,可以为兄弟馆编目提供可资借鉴之物。兄弟省馆,可据以提高本省"分省卷"的编纂质量,可据以促进计划中的完成三四部《中华古籍总目》"分省卷"的编纂任务。

《中华古籍总目·天津卷》的编纂完成,标志着在天津地区范围内,建成了古籍联合目录。为读者和科研人员利用古籍资源,提供了准确信息和检索手段,填补了在古籍资源共建共享方面的一项空白。

《中华古籍总目·天津卷》的编纂完成,代表天津地区古籍藏书水平。作为中华传统文化载体的这些历代典籍,既可以反映出近代以来天津这座开放城市在古籍刊行、流布、授受、收藏与保护等方面的深厚文化底蕴,又可以为天津现代化进程提供文献支持。

2. 功用

检索功用。本目属于天津地区馆藏古籍联合目录性质,可全面准确反映出天津地区古籍藏书情况。一般读者和研究人员一目在手,可以通晓本目所收诸书、尽知一书所藏之所,甚便使用。

保护功用。本目收录的各级古籍藏品,其价值有高下之别,其现状有足残之异。这些情况为我们合理利用和有效保护古籍提供了重要依据。尤其是在原生性保护和再生性保护方面,本目所发挥的作用不可替代。

揭示馆藏功用。本目充分揭示了天津地区参与编目的各级图书馆和私家藏书的数量、质量及特色,以及本馆藏书在天津地区各馆藏书中的地位,为科学合理典守和利用馆藏提供了依据。

3. 价值

文献学价值。本目首次全面展示了天津地区各馆所藏的百万册体量的历代古籍藏书,经、史、子、集咸备,这是一座取之不尽、用之不竭的文献宝库。

目录学价值。本目首次采纳了由古籍专家设计的经、史、子、集、类丛、新学六部分类体系,对传统四部分类体系是个突破,这是我国古典目录学发展史上的一个创举,具有里程碑意义。

版本学价值。本目所收历代版本的古籍,举凡唐人写经、宋椠元刊、明抄佳刻、稿抄校本,琳琅满架,颇具代表性。便于比对不同版本,辨析版本系统,考察真伪与异同,开展研究。

校勘学价值。本目收录了各类型批校题跋本,尤其是著名学者和藏书家所作的批校题跋,例如:清代著名学者阎若璩、清代著名藏书家黄丕烈、民国时期著名藏书家叶德辉、现代著名藏书家周叔弢等。颇有可采之处,在校勘学上具有重要价值。

(载《中华古籍总目·天津卷》卷首,待出版)

古籍清话

卷三 古籍的编印及出版

《天津图书馆藏清史图片集》概述

本书收录舆地图、水道图和古迹图等三大类图籍，其中包括《皇舆全图》《皇朝府厅州县全图》等舆地图 2 种，《治河全书》《山东省黄河图说》《山东黄河全图》《山东黄河简明全图》《水道提纲》《保定府属河图》《冀赵深定易五直隶州属河图》《正定府属河图》等水道图 8 种，《大沽炮台图》《圣驾回銮行宫图》《文登威海等地古迹图说》等古迹图 3 种，合计 13 种，其中五彩绘本 12 种，墨笔绘本 1 种，图凡 393 幅。

1.《皇舆全图》不分卷，不著编者姓名。五彩绘本。4 册，经折装，收图 71 幅。本书是全国舆图。除收录《盛京图》《直隶省图》《西藏图》等全国各省舆图外，还收录了一些诸如《伊犁图》《阿拉善土尔户特图》等相关地图。首有分册目录，后有图形符号示意图。本图画有经纬线。其中在《皇舆全图》的上下标"东××度"，东西标"度××"；在《直隶省图》等各省图中，只画有经纬线，未标经纬度。

2.《皇朝府厅州县全图》不分卷，不著编者姓名。墨笔绘本。1 册，经折装，收图 21 幅。本书是全国舆图。首页是圆形世界地图，内题各国国名。四周用十天干、十二地支和八卦中的"乾坤艮巽"标以序列，自圆形上端标"子"开始，顺时针依次为：癸、丑、艮、寅、甲、卯、乙、辰、巽、巳、丙、午、丁、未、坤、申、庚、酉、辛、戌、乾、亥、壬。次页是《皇朝府厅州县全图》，其后是各省分图，包括盛京、直隶、江苏、贵州、云南、广西、广东、四川、甘肃、陕西、山西、山东、河南、湖北、湖南、浙江、江西、安徽、福建。每一图右侧有该图释文，后有属县之县名及其道里记。

3.《治河全书》24卷，清张鹏翮辑。清抄本，线装，首附《运河全图》1册，为五彩绘本。收图94幅。本书是张鹏翮于清康熙四十二年任河道总督时，将皇上巡视河工之上谕、历任河道总督治理京杭运河奏章等纂辑为一书。图文并茂，是研究京杭运河治理历史的重要文献。

4.《山东全省黄河图说》不分卷，不著编者姓名。五彩绘本。1册，经折装，收图20幅。本书刊载的是山东省境内的黄河图。本册的特点是，凡地名、村庄名、城郭名，以及各州县道里远近和起止界限等图示文字均写于红纸条并贴在图中。从所绘图看，方位为上北下南，左西右东。与现代绘图相同。

5.《山东黄河全图》不分卷，不著编者姓名。五彩绘本。1册，经折装，收图25幅。书签题"山东黄河全图，光绪己亥年二月北洋武备学生绘呈"。图末列示意图，包括：石山、防营、干河、界线、沙滩、石闸、石坝、埽坝、废堤、断堤、淤滩、水流次险、水流极险、民堰、大堤、水沟、庙宇、庄村、镇市、城池。本书刊载的是山东省境内的黄河图。从所绘图看，方位为上北下南，左西右东。与现代绘图相同。小楷精写，五彩绘图，图文俱精。

6.《山东黄河简明全图》不分卷，不著编者姓名。五彩绘本。1册，经折装，收图22幅。图前撰写"凡例十条"，说明本图编写情况。从所绘图看，方位为上北下南，左西右东。与现代绘图相同。

7.《水道提纲》不分卷，不著编者姓名。五彩绘本。1册，经折装，收图25幅。书签题"齐大宗伯水道□□"。共有25幅图，有地舆全图和各省地图，其中的《喀尔喀四部落》《青海四部落》《西藏四部落》《西域》《朝鲜国全图》等几幅地图，尤有价值。

8.《保定府属河图》不分卷，不著编者姓名。五彩绘本。1册，经折装，收图17幅。书签题"保定府属河图"。保定府属河流包括：唐河、九龙泉河、金线河、白草沟河、减水月牙河、大册河、漕河、瀑河、鸡爪河、百涧河、易水河、拒马河、马村河、紫泉河、兰沟河、大清河、卢僧河、恒河、放水河、潴龙河、西章河、南拒马河、广利河、蒲河、赵王河、滋河、沙河、小清河、滹沱故河、土尾河、七里河、新河、引河、长流河。河名及说明文字题写并贴在红纸条上。每一幅图均标出方位：上标"南"，下标"北"，左标"东"，右标"西"。与现代绘图坐标方向相反。

9.《冀赵深定易五直隶州属河图》不分卷，1册，五彩绘本。收图22幅。经折装，折装为朱紫二色六角形织锦面料。黄绫书签，书签题"冀赵深定易五直隶州属河图"。保定府属河流共有31条，包括：滏阳、滹沱故河、索泸故河、黄泸故河、沙河、浑水河、洨河、清水河、午河、槐河、旧沟、泜河、沣河、黄泛河、沛河、新沟、小漳河、龙治河、滏滹汇流河、吕汉河、滹沱河、潴龙河、唐河、孟良河、滋河、南易水河、中易水河、北易水河、迎紫河、拒马河、秋阑河。河名及说明文字题写并贴于红纸条上。每一幅图均标出方位：上标"南"，下标"北"，左标"东"，右标"西"。与现代绘图坐标方向相反。

10.《正定府属河图》不分卷，1册，五彩绘本。收图14幅。包括：滏阳河、索泸故河、黄泸故河、龙治河、沙河、浑水河、洨河、清水河、滹沱故河、□河、午河、槐河、新沟、旧沟、泜河、沣河、黄泛河、沛河、小漳河、引河、滏滹汇流河、滹沱河、吕汉河、潴龙河、唐河、小清河、孟良河、滋河、拒马河、迎紫河、南易水河、中易水河、北易水河。每一幅图均标出方位：上标"南"，下标"北"，左标"东"，右标"西"。与现代绘图坐标方向相反。

11.《大沽炮台图》五彩绘本。收二大幅图。分块拍成22幅小图。其中一图为《大沽炮台总图》，绘炮台整体布局，主要包括炮台堡和营堡，此图背面有收藏者吴宜常墨笔题识，称此图为"清廷散遗"；另一图绘大沽海口一带的营堡设置图。在此图正面左下角，题"臣郑介成恭绘"一行题款。二图四周用黄绫装裱。据此观之，此图当为宫中故物。

12.《圣驾回銮行宫图》不分卷，1册，五彩绘本。收图24幅。经折装，黄色织锦折面。共计48开，其中24开图，24开文。一册中前半册为图，后半册为文（略）。前绘圣驾回銮行宫路线之图，后题沿途所经名胜古迹之文，图文并茂。正文是圣驾回銮行宫之图，从东奉天宁远州向西行，至通州境界止。共 12 站，每站落脚一个行宫或大营，由东向西依次包括：文殊庵行宫、深河村大营、天台山行宫、夷齐庙、柳新庄、五里墩大营、兴隆寺、隆福寺、桃花寺、白涧、燕郊行宫、朝阳门。于每站开始首页之右上角，贴一方块黄绫，内题圣驾回銮第几站、至行宫多少里驻跸等字。本册图文没有言及主人公是哪位皇帝。在后半册题文中于第八站"景忠山"写道："康熙十六年圣祖仁皇帝御题'灵山秀色'四字匾额。"又于第九站"汤泉"题"圣祖仁皇帝曾临幸焉"。显然本册记载的是清康熙皇帝以后的事情。

13.《文登威海等地古迹图说》不分卷，1 册，五彩绘本。收图 16 幅。经折装。有图有文。以图说的形式，详细描绘、记载了文登八景和威海八景。举凡名胜古迹，村名道里，一一详明。尤其是以固定形式记载各村保甲情况，诸如某村某甲某牌某户某口等。书中有刘庆长撰写的多条阅图题识，对正文多有补充。本书图精文详，足资参考。

本书收录的清代五彩绘本图籍有以下几个特点：

一是本书专录清代五彩绘本，量大质精，种类较多。包括地理图、水道图和古迹图三大类，共 13 种，凡 346 幅图，是五彩绘本的集成之作。

二是内容丰富，信息量大。收录的地理图、水道图和古迹图，从不同方面揭示书中所载的清史信息，既有全国性的宏观图，如《皇舆全图》《治河全书》《水道提纲》等，又有地区性的微观图，如《保定府属河图》《大沽炮台图》等。

三是价值高，体现在以下几个方面。

本书具有较高的历史文物价值。本书所录 13 种图籍都是传世孤本，且是首次结集出版。其中《大沽炮台图》反映在清代鸦片战争期间我国军民抗击西方列强侵略的布防情况，《圣驾回銮行宫图》记述清乾隆皇帝巡视关内外名胜古迹的真实情况。

本书具有较高的学术资料价值。如《皇舆全图》是全国舆图，除全国各省舆图外，还绘有一些其他地图，如《伊犁图》《阿拉善土尔扈特图》《科布多图》《唐努乌梁海图》《南河图》等，可供参考的内容较多。《治河全书》卷首所载的《运河全图》，是一幅北起北京，南至杭州的京杭大运河全图，运河沿岸城郭、名胜古迹、村寨等均绘入图中。本书收录了《山东黄河简明全图》等几幅有关山东境内的黄河图。各图中标出的文字或有不同，可互为补充。如《山东黄河简明全图》于图前有凡例十条："一山东黄河图说，照进呈咨部，各册卷式均坐南朝北，以海口为首页；一河图方向，上北下南，左西右东，以取拱北之意；一图中仅取曾经漫口合龙之处村庄地名暨各州县交界限处，一一登明；一山东黄河起西南，乞东北，上游河形稍直，中下两游河形稍弯曲，只具大概形势；一上中下三游，道理远近及起止界限，均分别注明图内；一河防总局、上游总局、上游收支分局、中游总局、中游分局、下游上段总局、下游下段总局、均标明驻地；一河防各营驻所均一一标明。凡例所记这些内容，其他几种黄河图未载，正可补其所缺，并据以参征。还有的书，可补本书其他版本之不足，如清齐召南撰《水道提纲》一书，今世传的几个版本均有文无图，而本书所录的五彩绘本，绘有详图，正可互补。有的书，载有题识内容，可据以了解本书更详细情况，如《大沽炮台图》载有收藏者吴宜常撰写的一段购藏此图题识，文曰："大沽炮台庚子联军入寇为平毁。此图盖建筑之初奏呈图样。民国以来，由清廷散遗，余得之于宣内小市。回忆庚子后，此炮台被外人威劫，不能重建，深为国耻，存此可作我国历史一大纪念。己巳秋吴宜常识于燕寓。"

本书具有较高的艺术价值。本书所录13种图籍多为五彩绘本，每幅彩图，都工笔绘制，宛如一幅画卷，赏心悦目，更有一些是进呈本，如《大沽炮台图》《治河全书》《山东黄河全图》等，当出自名家之手。《大沽炮台图》题"臣郑介成恭绘"；《山东黄河全图》书签题"山东黄河全图，光绪己亥年二月北洋武备学生绘呈"；《圣驾回銮行宫图》，经折装，黄色织锦折面，正文贴有黄色织锦签条，图绘极精，当为宫廷故物。

从以上分析可知，本书所录的13种图籍，具有多方面价值，为新编《清史》提供了一组可资采用的、稀见的、高质量的图籍资料。

后记

清光绪末年，国门洞开，受西学东渐的影响，有志之士纷纷倡建具有现代意义的公共图书馆。当时担任直隶省提学使的卢靖先生向光绪皇帝奏请，倡建直隶省图书馆，获准建馆，并于光绪三十四年（1908）建成。建馆伊始，满汉官吏纷纷捐献自己的藏书，由此奠定了本馆藏书基础。以后通过捐献、拨交和采购等多条渠道，经过近百年的发展，馆藏图书总数达到了 300 余万册，以藏书宏富和影响大，跻身全国十大图书馆之列。这个直隶省图书馆便是天津图书馆的前身。

丰富的馆藏文献，为我们参加《清史图录》项目提供了物质条件。我们为《清史图录》项目提供了有关清史图片资料，近 7000 幅，主要包括两大部分：其一为清代写刻原版古籍善本。在这部分文献中，有反映清代出版事业发展情况的名抄佳刻，有反映当时全国以及各省地理情况的舆图，有反映民俗情况的杨柳青年画，有反映太平天国农民运动和一般经济活动情况的公牍档册。其二为旧版外文图书。我们主要利用这部分文献中刊载的由外国人在华拍照的老照片，这些老照片既能反映清代门户开放的一个侧面，又反映出清代社会生活的各个方面。此次结集出版，我们仅从中选录舆图这一类。

在选录过程中，我们得到了图录组各位领导和老师的热情指导和帮助。朱诚如先生提出具体指导意见，刘潞老师、任万平老师、郭玉海老师和于庆祥老师几次到天津图书馆，实地进行研讨，提出图片的遴选范围。尤其是作为具体负责人的任万平老师，为确保本书的质量，不厌其烦地提出各种具体修改意见，投入了很多精力，付出了很多心血。在本书即将出版之际，对大家的热情指导和帮助，我们表示衷心感谢！

由于我们缺乏经验，加上水平所限，所以，在收录范围、图片释文等方面，不免存在错误，敬请方家批评指正。

（载《水道寻往——天津图书馆藏清代舆图选》，2007 年中国人民大学出版社出版）

天津日本居留民团资料

天津日本居留民团（以下简称"民团"）是20世纪初日本人设在中国天津日本租界内的行政机构。成立于清光绪三十三年（日本明治四十年·1907年）九月，其前身是大日本租界局。居留民大会、行政委员会和民团吏员是日本居留民团的三大组成部分：居留民大会具有制定民团法律、法规及决议民团行政事务的权力，大会设议长一名，议员由连续六个月以上交纳税金1法郎60先令（当时的天津通货银）的日支居住者组成；行政委员会为执行机关，设议长、议长代理和会计主任各一名，下设总务、财务、工务、业务、金融、学务、卫生等部门（不同年份有所增撤）；民团吏员为民团在编人员，由民团支付薪金。民团下设办事机构——民团事务所，专事处理民团行政事务，通称"租界局"。

日本昭和十二年（1937）为配合日本对华侵略战争的需要，民团改制，实行民团长负责制，并于早些时候的昭和十年（1935）将行政委员会改称"参事会"，增强了集权性质。民团、日本驻津总领事馆及日本驻屯军一并成为日租界的三大权力机构。民团自成立之始就谋求日本居留民在中国天津的利益及所谓事业的发展，谋求日租界的向外扩张。尤其是1937年以后，其配合日军搜集情报、抢占租界外领土，镇压中国人民的抗日斗争，成为不折不扣的侵略机构。民团在津活动期间，印行了大量的民团相关资料，内容涉及日租界及天津的政治、经济、文化、教育等各个方面。

早在民团成立之前的1905年，居津日本人在日租界大和公园内建成了主要供日本人利用的天津日本图书馆。至1945年，这个图书馆的日文、中文、西文各类图书已达8万余册。日本战败投降后，其藏书由天津政府接收，其中就包括这部分居留民团资料。中华人民共和国成立以后，这部分图书一直封存在天津图书馆书库中，历经五十个寒暑。1995年以来，我馆对6万余册的日文旧版图书进行了彻底整理。经过统计知，馆藏共有120余种近200册的日本居留民团相关资料。其中的《民团事务报告》《共益会事务报告》《居留民会议事速记录》三种连续出版物是记载天津日本居留民团在天津活动最为翔实、完备的资料。由于这部分资料长期封存在书库中，未公之于众，所以读者知之甚少，更未在学术界引起关注。

随着我国改革开放步伐的加快，相关学术研究工作的开展，近年来，天津图书馆致力于馆藏文献的开发工作，先后影印出版了《天津图书馆藏孤本秘籍丛书》《明抄本万历起居注》《全校水经注》《北洋海军史料》等善本古籍。此次将馆藏天津日本居留民团资料影印出版，旨在为中外学者和广大读者了解中国近代历史，尤其是日本侵华历史，提供第一手原始文献。

兹将本书所收资料作一简要介绍。

一、《民团事务报告》（以下简称《报告》）

天津日本居留民团依照日本政府颁布的《居留民团法》及《领事馆法》中的有关条款，于年末向总领事馆做年度报告，每年一种，这就是《民团事务报告》。我馆现藏《报告》30种。始于明治四十一年（1908），终于昭和十九年（1944）。除少数年份缺藏外，其余大部分年份保存完好。《报告》以时为经，以事为纬，所记内容依民团所设部门的业务工作情况依次展开，每一部门工作独立成章，其下罗列子目，以详其事。主要包括：

1. 庶务部（昭和十二年即1937年后称"总务部"）：内容总括民团的各项行政事务，主要有：居留民大会和行政委员会（昭和十年后称"参事会"）事务，诸条例、规则的制定及改正，特别委员嘱托及各种特别委员会、临时委员会事务，各项行政事务的执行。在这部分内容中，大量披露了民团同外界的往来信函，以及照会、申请书、承诺书、契约书、备忘录等原始文件；民团的机构改革及人事变动情况；各类统计表等。

2. 财务部：财务部的内容涉及财务条例和规则的制定及改正，税金征收和纳税人员的统计，民团资金的收支状况，本年度岁入出预算案及上一年度岁入出决算书，各类统计表，各种基金补助及专项捐款的数额统计等。自大正十五年（1926）开始，《报告》后面附录《财产明细书》，而大正十五年之前的民团财产明细，则收在《报告》财务部中。

财务部内容的表现形式多为表格，如"土地税、房屋税、所得税、营业税、杂项税金负担者表"，"XX 年度岁入出总预算表"，"XX 年度岁入出总决算表"，"XX 年末居留民团财产表"，等等。

3. 学务部：学务部主管文教和公共文化事业。民团成立之初只经营日本寻常高等小学校和天津日本图书馆两个单位，随着日本对华侵略的深入，民团事务工作进一步扩大，到了民团后期，《报告》中学务部的内容已增至初等教育、中等教育及厚生课三大部分。中等教育学校有天津日本中学校等六家，初等教育也有天津芙蓉日本寻常高等小学校等五所及一所幼稚园。《报告》对以上学校的设置、设备、教职员和学生的情况、重要的教学举措及学校各项活动的内容记述详细，统计完整。

昭和五年（1930）七月成立了具有私人性质的财团法人天津共益会，至昭和十三年（1938），在这期间，出现了民团与共益会并存的局面。在这时期，学务部的内容转入《共益会事务报告》（以下简称《共益会报告》）中。昭和十三年，凡有关天津日本图书馆的内容均从学务部中分离出来，成为独立的一个部分，而其记载的内容没有变化，馆务、馆况、各类统计仍是报告的重点内容。昭和十六年（1941）民团设立了天津日本教育博物馆，隶属学务部。虽然其历史很短，但《报告》中所载这部分的内容还是相当丰富的。

4. 卫生部及保净部：卫生部在民团近四十年的历史中一直保持着平稳的发展态势，因此，《报告》中这部分内容的主题长时间不变：传染病的预防、流行及治疗情况，保健及防疫工作，民团所属医院、诊所收治病人的统计，出生、死亡及火葬场的概况，有关保净的事项，清洁法规的执行及实施等，由这六大子目构筑了卫生部内容的主体框架。

大正十五年（1926）十一月，行政委员会在民团开设独立的一课，总括各户污物、污水处理；道路扫除及洒水等一般保净作业，作为统一组织的保净机构。从此，《报告》中便增加了保净部的记录。其中，昭和五年（1930）和昭和十四年（1939）后，由于民团机构改革和职制的变更，保净工作隶属于卫生部，其内容亦列于卫生部名下。

5. 土木部、工务部、电力部、码头部、业务部：这五大部专事记载民团和共益会的经营项目内容，主要有土木工事、建筑工事，上、下水道工程，公园的建造和经营，电力工程，供电能力及用电需求统计，天津港入港船舶统计等。

6. 金融部：昭和四年（1929）十二月，民团设置金融部，起因于实业复兴资金的低息贷款事宜。共益会成立之后，其内容被《共益会报告》收录，直至昭和十三年（1938）重新合并回《报告》中。内容反映了民团的金融信贷项目和保险事业的具体经营过程及资金运作、收支、贷出、回收等事项。

7. 其他：由于突发和临时的重大事件需详细记载，《报告》中亦单列一项，以阐其详。如昭和三年（1928）《报告》中的"关于北支动乱民团临时用兵事宜"、昭和十四年（1939）的"水灾记录"和昭和十五年（1940）的"临时经济课"等内容均属此类。基于侵略战争的需要，为了进行一些美化侵略的宣传、加强对居留民思想的统治、协助日军进行物资分配等工作，民团专设了天津兴亚奉公会、河北出张所等机构。相应地，昭和十六年（1941）以后的《报告》中增设翼赞部一项，专事记录天津兴亚奉公会、兴亚翼赞会天津支部的简况及各项运动、宣传情况。昭和十八、十九年的《报告》中收录了河北出张所概况、会议及事务处理事项等内容。

二、《共益会事务报告》

20世纪20年代，中国人民掀起了反对外国列强，废除不平等条约，强烈要求收回外国租界地的爱国运动。在1927年1月召开的北京外交团会议上，英国提出了"天津各国租界共同还附案"，遭到日本公使反对。迫于形势，为避免日本租界地被收回时民团财产的流失，维护日本人在中国天津的既得利益，民团在得到日本政府和外务省的许可之后，于昭和五年（1930）七月成立了具有私人性质的财团法人天津共益会。民团将部分财产以捐赠的形式转给共益会。此后，至昭和十三年（1938）就出现了民团和共益会并存的局面。

昭和十二年（1937）以后，日本侵华战争全面展开，天津的沦陷使共益会失去了其继续经营的意义。昭和十三年（1938）八月，民团和共益会重新合并，共益会由此结束了八年的历史。

与民团相同，共益会在年末也向日本驻津总领事馆做报告。

我馆现存《共益会报告》6种，即昭和五、六、七、八、九、十年报告。《共益会报告》的内容共分六大部分，第一，庶务部；第二，学务部；第三，会计部；第四，电力部；第五，卫生部；第六，金融部。这六大部分收录的具体内容和民团的《报告》基本相同（会计部相当于《报告》中的财务部）。

三、《居留民会议事速记录》

这是居留民大会的会议记录。自明治四十年（1907）民团成立之后，每次居留民大会的议事内容均有记载。居留民大会分通常民会和临时民会两种。通常民会又分本会和特别委员会。《议事速记录》的编制是每年度独立成册，每年中又以时间先后为序。每次会议的会议时间、地点等列于首位，其下分选举和决议两项。民团和议员均有权提出决议议题和提案，提案名下记录议员讨论发言内容。其表决结果有"可决""原案可决""修正可决""承认""否决""撤回"等。

综观以上介绍的资料，盖有以下几个特点：

首先，《报告》自明治四十一年（1908）第一个年度始就采用了依照民团所设各职能部门的工作内容依次汇报的框架形式，《共益会报告》亦沿用了这种形式。因此，两《报告》序列清晰，主题明了，使读者在寻检内容时，感到十分方便、快捷。另外，两《报告》还采用了大量的表格形式，将一年或多年的各种统计数字汇于一表，既达到了内容上的丰富翔实，又体现了形式上的简约明了。

其次，两《报告》的内容具有相当的完整性和统一性。首先体现在不同年度两《报告》的内容相对较为固定，即使民团的职能部门几经新设、分离、合并，同一主题的内容也能在不同年度两《报告》的不同章节找到其相应的位置。其次体现在不同年度的两《报告》对某一事件记述的连续性和同一年度的两《报告》对某一事件记述的连续性。例如："日本政府在津官有土地对民团出售"一事，在明治四十三年（1910）、大正二年（1913）、大正五年（1916）、大正六年（1917）、大正七年（1918）的《报告》中均有记载，使这一长达九年的事件的来龙去脉一目了然，且大正五年至七年的《报告》中，不仅在庶务部对此事件的过程有详细的记载，还在财务部内对收买官有土地所需资金的筹措、特别会计预算及分期付款方案也有详细的记录。多方位、不同视角对同一事件的记述增强了两《报告》内容的完整性。

第三，《议事录》以时间先后为序，检寻较易。提案内容涉及行政、财政、文教卫生、法律条款、工程事务等各个方面，事无巨细，全部载入。

近代百年看天津。天津这座沿海城市，是首都北京的门户，曾于19世纪中叶到20世纪初期，被西方列强强行占领和瓜分，沦为西方九国的租界地区，成为中国半封建、半殖民地社会的一个缩影，成为中国近代史上挥之不去的一个阴影，为我们留下了不堪回首的一段痛史。其中，日本作为列强之一，于1898年在天津划定日租界，从事各项侵华活动。本书所收资料出自日本政府控制下的日租界行政机关，它客观反映了民团自建立到发展壮大，直至因战败而消亡的全过程，详细记载了日本人在中国，特别是在天津日租界内从事的各项活动情况，真实地再现了日本这段侵华历史，是一宗日本侵华的历史证物。本书是研究中国近代史、天津近代史的第一手原始资料。

我馆自1995年开始大规模整理馆藏旧版日文图书。其中包括早年天津日本居留民团经营并遗留下来的原天津日本图书馆所藏的旧版日文图书。自整理工作开始以来，我们得到了不少中、外学者和有关单位同人的指导和帮助。专家、学者对这份天津日本居留民团资料的史料价值给予了积极的评价，同时就资料收藏情况，从各个方面进行调查，结果表明，这份比较完整的天津日本居留民团资料在国内唯我馆藏，在国内和日本个别地方仅散见几种。为了给专家、学者提供研究上的便利，揭开日本侵华历史真相，我们决定将这份天津日本居留民团资料公之于世。值此，我们谨向原杭州大学日本文化研究所王勇、王宝平先生，北京日本学研究中心徐一平、苗华建先生，天津社会科学院周俊旗、张力民先生，南开大学日本学中心武安隆先生，以及曾经给予我们指导和帮助的诸位同道中人表示衷心感谢！

2005年8月15日，是伟大的抗日战争胜利60周年纪念日。这一天，我们编印出版这份日本侵华资料，目的是以史为鉴，不让历史悲剧重演。

天津图书馆
2005年8月15日

编印说明

一、收录范围：本书收录天津日本居留民团编印的《民团事务报告》《共益会事务报告》《居留民会议事速记录》三种稀见资料，其所编印的诸如《天津民团十周年纪念志》《天津共益会规程类集》《居留民团法施行规则参考书》等其他常见资料，一概不收。

二、正文编排：正文按照《民团事务报告》《共益会事务报告》《居留民会议事速记录》顺序进行编排。每一种报告以编印时间为序进行组织。

三、排版形式：原《民团事务报告》《共益会事务报告》《居留民会议事速记录》资料的版面一般都是32开本，今合4为1，即将原32开本的4页合并成现在

16开本的1页,为的是压缩篇幅,降低售价。个别页码例外。

四、待访资料:由于拟收的资料十分稀见,尽管我们四处访求,尚有极少资料没有找到,所以本书只好缺如,有待以后继续查访。

限于水平,本书编印不免存在一些问题,敬请大家批评指正。

天津图书馆
2005年8月15日

(载《天津日本居留团资料》,2006年广西师范大学出版社出版)

天津图书馆藏明崇祯本《金瓶梅》出版说明

《金瓶梅》是我国古代小说史上第一部以现实社会和家庭日常生活为题材的长篇世情小说。明代万历年间刊行,作者署名"兰陵笑笑生",真名不可考。书中以《水浒传》中西门庆、潘金莲的故事为线索,比较全面地揭露了明代中叶封建社会的黑暗和腐败。但书中充满因果报应的宿命论说教,还有大量的淫秽描写,是其糟粕。此书在古代世情小说创作方面,取得了具有里程碑意义的成果。其在中国古典小说发展史上,具有承前启后的划时代意义。其在古代文学研究领域具有特别重要的研究价值。

《金瓶梅》与《三国演义》《水浒传》《西游记》并称为明代小说"四大奇书",《金瓶梅》的知名度自然可知。遗憾的是,《三国演义》《水浒传》《西游记》在世上广为流传,而《金瓶梅》却因它与生俱来的淫秽笔墨,自诞生以来就被视为洪水猛兽,在传世的几百年间,屡遭查封,藏书家秘不示人,学者难觅其踪,遑论一般读者!

"《金瓶梅》,秽书也。袁石公(宏道)亟称之",刊刻在《金瓶梅》卷首的东吴弄珠客序,劈头就提出了截然相反的价值判断——世俗眼中的"秽书"和名士极口称道的名著。在中国小说史,乃至中国古典文学史上,对我们而言,《金瓶梅》是一部既熟悉又陌生的名著,也为后人留下了诸多的研究空间。除版本外,今日所见之有关《金瓶梅》的资料,不仅数量极其有限,而且,存在真伪问题,难以辨明。在《金瓶梅》的作者、版本流传的判定上,研究者们历来都见仁见智,甚至各执一词,意见相反。在史料不足的情况下,要想一蹴而就地解决这些问题,是不可能的。

鲁迅先生早就留意这部《金瓶梅》。在其所著《中国小说史略》中,对《金瓶梅》作了深刻而公允的评价,他说:"当神魔小说盛行时,记人事者亦突起,其取材犹宋市人小说之'银字儿',大率为离合悲欢及发迹变态之事,间杂因果报应,而不甚言灵怪，又缘描摹世态，见其炎凉，故或亦谓之'世情书'也。""作者之于世情，盖诚极洞达，凡所形容，或条畅，或曲折，或刻露而尽相，或幽伏而含讥，或一时并写两面，使之相形，变幻之情，随在显见，同时说部，无以上之。"鲁迅先生认为，在传世的"世情书"中，"《金瓶梅》最有名"。

近几十年来，随着我国文化学术事业的繁荣和发展，古典文学研究者勇敢地冲破了《金瓶梅》研究的禁区。从20世纪50年代中期到60年代初，相继发表了一批有相当学术水平的研究文章。此后，由于众所周知的历史原因，对《金瓶梅》的研究，出现了停滞，没有继续发展下去。直到近几年，明代原版《金瓶梅》的影印出版，极大地推动了对《金瓶梅》的深入研究，古典文学研究界再次公开发表和出版有关《金瓶梅》的研究论著，这才出现了一个真正发展的新气象。

人们对《金瓶梅》的研究，从作者署名、成书年代、版本源流、思想水平、内容范围、艺术技巧、语言特点，到作者生平、历代点评、续书仿作、戏曲改编，以及逸闻记载、翻译评介，等等，其研究课题是十分丰富而广泛的。已经取得了一批研究成果，我们从胡文彬先生梳理《金瓶梅》已经取得的研究成果，即其编著成的《金瓶梅书录》，就可略知大概。

在受学界和世人关注这一点上，《金瓶梅》可与《红楼梦》相媲美。学界一般认为，《金瓶梅》成书于明嘉靖四十年（1561）至万历十一年（1583）之间。初刻本问世于万历四十五年（1617）至四十七年（1619）年间。它比现实主义杰作《红楼梦》的问世，要早一个半世纪之久，是现实主义古典小说的开创者。《金瓶梅》在思想性和艺术性上，都还显得粗糙，存在着不成熟、不充分的特点。尤其是书中的大量性行为的刻意描写，损害了原作的艺术感染力。如果以《金瓶梅》与《红楼梦》相比，二者的美学价值，其差别是显而易见的。但是，学界一般也都知道，《红楼梦》是"深得金瓶壶奥"而创作出来的。这个历史的渊源是客观存在的，不应该以人们的好恶而割断它。毋容讳言，四百多年来，《金瓶梅》的真正价值，以及它在中国文学发展史上所应有的地位，并没有得到充分的认识和恰如其分的评价。从这个意义上说，这不能不说是中华民族学术发展史上的一个小小的遗憾。

《金瓶梅》传世的主要版本不多，大致可以分为三大版本系统：一是明万历刻本《新刻金瓶梅词话》，十卷一百回，正文半叶十一行，行二十四字；二是明崇祯刻本《新刻绣像批评金瓶梅》，二十卷一百回，半叶十一行，行二十八字；三是清康熙刻本《皋鹤堂批评第一奇书金瓶梅》，一百回，半叶十一行，行二十八字。其他后出的一般版本均源于此。

其中，崇祯本《金瓶梅》传世的主要版本有下列6种：

1. 日本东京大学东洋文化研究所藏《新刻绣像批评金瓶梅》（即孙楷第《中国通俗小说书目》中所载之长则规矩也藏本），简称"东洋本"（又称"内阁本"）。

2. 首都图书馆藏《新刻绣像批评金瓶梅》（即孙楷第《中国通俗小说书目》中的北京市图书馆藏本），简称"首图本"。

3. 北京大学图书馆藏《新刻绣像批评金瓶梅》（即孙楷第《中国通俗小说书目》著录本），简称"北大本"。

4. 天津图书馆藏《新刻绣像批评金瓶梅》（孙楷第《中国通俗小说书目》未著录），简称"天津本"。

5. 上海图书馆藏《新刻绣像批评金瓶梅》第一种（孙楷第《中国通俗小说书目》未著录），简称"上甲本"。

6. 上海图书馆藏《新刻绣像批评金瓶梅》第二种（孙楷第《中国通俗小说书目》未著录），简称"上乙本"。

除此6种传世版本外，崇祯本《金瓶梅》尚有一种已经佚失的重要版本，就是通州王孝慈藏本，简称"王氏本"。

现存的崇祯本《金瓶梅》，最早刊刻于崇祯年间，当无问题。但是学者经过研究比对后认为，以上列举的6个版本，均非原刻。其祖本的刊刻年代则要早得多。它从词话本修订而来，大概刊刻于词话本后不久。

崇祯本《金瓶梅》的眉批，最受人重视的一个外在表现，就是其行格。这是用来鉴定和区别不同版本的一个重要依据。诸本之间，大体可分为三大版本系列。大体是以眉端刊印的行格的不同来划分的，即：

1. 王氏本——天津本——上乙本的二字行格版本系列；
2. 内阁本——首图本的三字行格版本系列；
3. 北大本——上甲本的四字行格版本系列。

崇祯本《金瓶梅》在《金瓶梅》的传播史上有着承上启下的作用，长期以来学者对此认识不足。对于天津本《金瓶梅》价值的再认识，我们以为，应该基于以下"五没有"来考虑：

其一，天津本《金瓶梅》，孙楷第《中国通俗小说书目》没有著录。说明这个版本当时秘传于世，没有被孙氏发现。这是一部后出的善本，影印出版后，当大显于世，甚便于学者研究。

其二，天津本《金瓶梅》，有两条特有的眉批，为上举各本所无，其出处无法查明。即第59回中的两条眉批，云："何不将金莲亦如此一摔，岂不更大妙乎？"第二条正文云："明日还问你要命你慌怎的？"此句右侧夹批云："武松杀你，可与谁要命来？真可笑！"这说明它或许是从某一失传的版本而来。失传版本的批校情况，端赖天津本以传。

其三，天津本《金瓶梅》，此前没有出版过。说明这个版本的研究价值极高，其自身情况，影印出版后，将会被世人所认识。

其四，天津本《金瓶梅》，与传世的其他崇祯本《金瓶梅》之间的内在关系，尚没有彻底搞清楚，仍存悬念，影印出版后，将会逐步揭开譬如天津本四十八回有一处文字脱落，而页码连续无缺，个中原因有待与其他版本比对研究。

其五，天津本《金瓶梅》，拟采用四色印刷技术对原本进行高仿，金镶玉线装，36册六函。几与原书无异，可以达到乱真程度。这是此前其他影印本所没有做到的。

基于以上综合考虑，为了进一步推动《金瓶梅》研究的深入发展，我们决定将天津图书馆珍藏的这部崇祯本《金瓶梅》提供给线装书局影印行世。

（载《新刻绣像批评金瓶梅》，2013年北京线装书局出版）

《中国活字本图录》编例

一、编纂宗旨：活字印刷术在清代经过了空前发展、逐渐衰落、消亡三个不同阶段。而民国时期的活字印刷术则是其发展的余韵，实有回光返照意味，它是活字印刷术发展到尽头的真正意义上的结束。本书拟将有清一代及民国时期活字印刷术的发展情况进行一次总结，试以图文形式勾勒出这个时期活字印刷术的发展脉络，为研究我国四大发明之一的印刷术的发生、发展，乃至消亡提供原始文献，为古籍版本学、文献学提供可资参考的第一手资料，同时为古籍收藏爱好者提供活字版本图录，起到按图索骥的作用。

二、收录范围：收录有清一代和民国时期用活字刷印的、具有中国古典装帧形式的本子。本书以我国著名藏书家周叔弢先生旧藏的一批活字本古籍为基础，补充天津图书馆所藏活字本古籍而成。共计收录七百二十余种活字本。

三、本书结构：仿《中国版刻图录》例，全书分前、后两个部分，前部分是文字，后部分是图录。文字部分的下面与图录部分之右侧所标示的"图几"序号完全一样，起到前后呼应的作用。

四、文字著录：每一种活字本列为一个条目，主要著录书名、作者、版本和稽核四项。为了充分揭示该书情况，我们把该书中有关版本的信息详加著录，包括原书版框尺寸、版刻牌记、藏书印章等。

五、图录选用：每一种活字本一般只选用"卷端"一个图版。除此以外，凡刊有牌记或能反映版刻情况的封面也作为图版予以选用。为了版式美观，我们将原书图版尺寸进行处理，或缩小或放大，使图版尺寸整齐划一。

六、编排顺序：文字部分按经、史、子、集、丛五部进行分类编排。每个部类再按一定顺序进行细排。图录部分的编排顺序悉同前例。

七、选取数幅具有代表性的各类型活字本书影，以彩版形式冠于卷首。

八、《武英殿聚珍版程序》是记载清乾隆时武英殿研制木活字全过程的珍贵文献；《精订纲鉴廿一史通俗衍义·附印字物件》是记载清雍正时本书作者吕抚率子侄研制活字泥版全过程的珍贵文献。这两篇文献在我国古代印刷史上均占有重要地位，今以墨版形式附于卷末。

九、张秀民先生早年曾撰《清代的木活字》一文，对清代活字本进行深入研讨，是关于清代活字本的一篇高水平的专论，同时言及民国时期活字本情况。今征得张秀民先生后人同意，冠于本书卷首，是为代序。

（载《中国活字本图录·清代民国卷》，宫晓卫、李国庆编，2010年齐鲁书社出版）

《中国历代人物像传》编例

中国古代向有为圣贤画像立传的传统,仅就画像而言,据有关文献记载和现存实物,就可上溯到春秋战国时期,可谓源远流长。

为圣贤画像,主要通过对古代圣主、明君、名臣、哲人、义士、孝子、烈女的赞颂,表达后人的追慕怀念和崇敬景仰的心情,以起到以古鉴今、激励来者的作用,从而达到弘扬和维护封建社会仁、义、礼、智、信、节等道德标准和社会秩序的目的。

据史载,春秋时期,"孔子观乎明堂,睹四门墉,有尧舜与桀纣之像,而各有善恶之状,兴废之诫焉。又有周公相成王,抱之负斧扆,南面以朝诸侯之图焉。孔子徘徊而望之,谓从者曰:'此周公所以盛也。夫明镜所以察形,往古所以知今。'"(《孔子家语·观周》)而战国时"屈原放逐,彷徨山泽,见楚有先王之庙及公卿祠堂,图画天地山川神灵,琦玮谲诡,及古圣贤怪物行事,因书其壁,呵而问之,以渫愤懑"(王逸《楚辞章句》)等,足见古时圣贤画像的功用之巨大和影响之深远。

古时圣贤画像,多绘于宗庙祠堂墙上,或镌刻于陵寝墓室石壁上,也有摹描于帛上者。迨纸张出现特别是印刷术发明后,圣贤画像就得以像雨后春笋般普及和推广,不仅有彩绘的画本、书轴,有石刻的墨拓本,而且在木刻印刷物中,也涌现了以人物画像为重要表现形式的版画一族。这类人物版画作品,既有附丽于山志、方志、文献之中者,也有插编于族谱家乘之中者,又有为别集增色者,可称众星璀璨;但收罗历代圣贤人物画像最为丰富、史料价值最为集中,在艺术表现上独树一帜的,当非历代人物像传集莫属。这些版画像集是在现代摄影术发明之前的最可宝贵的历史人物肖像画专集,是中国古代文化史上的一份曾有过辉煌并值得自豪的遗产,值得后人去整理,去借鉴,去研究,去利用。

现在存世的明清两代木板古代人物像传集,约有数十种之多(包括有人物版画专题的画谱）。现所见刊刻时间最早的作品是明弘治十一年（1498）刻本《历代古人像赞》，画风虽显古拙，但线条流畅，刻工刀法也刚劲，实属早期人物版画的开山之作。明自万历间开始至崇祯末年，版画艺术进入成熟辉煌时期，人物版画出现了像陈洪绶、萧云从这样的绘画高手，并涌现了像虬村黄氏一批徽州雕版名匠，共同把人物版画创作刻印推向一个新阶段。清初三代的历史人物画像继承了明代晚期陈洪绶等开创的优良画风。如刘源绘制的《凌烟阁功臣图》、金古梁创作的《无双谱》，皆能以线条突显人物个性见长，刻工朱圭等也名盛一时，使这两部人物版画集堪称清初双璧。自此以后，清代人物版画由于板滞化、雷同化而日趋没落。至于清末任熊别具一格的《于越先贤图传赞》《剑侠传》《高士传》等作品，那只能算是回光返照吧！

20世纪初五四新文化运动以来，中国传统文化受到猛烈冲击，旧时代被封建士大夫与热心仕途的知识分子尊奉为经典的"四书""五经"等，统统被横扫一空。而从属于旧文化但过去多被封建文人不屑一顾的版画作品却身价陡增，倍受青睐。郑振铎、王孝慈、傅惜华等先生搜集明清版画作品不遗余力，蔚为大家。他们还把自己收藏的版画精品拿出来，编辑影印问世，更使明清版画包括历代人物肖像版画不再局限于少数人小圈子内欣赏把玩，而是面向社会，使更多的人认识和喜欢这朵中国文化史上的艺术奇葩。这种现象的出现除了时代变迁、读者阅读审美心理的变化外，主要的还应是版画作品本身所具有的艺术价值及其独特的吸引力。以人物肖像版画为例，过去许多人心目中的历代的英雄豪杰的印象，多是从小说、戏曲插图或戏剧舞台上获得的，而多未曾想到世间还存在着如许众多的历代人物肖像版画作品，这是一座值得重新发掘、认识和研究的艺术宝库，不仅是美术工作者艺术创作值得借鉴继承的重要遗产，而且对研究中国古代政治、经济、军事、历史、文学等方面的读者，也是有极形象和重要的史料价值的。

有鉴于此，我们特编辑了这部《中国历代人物像传》，以期能从史料和艺术两方面角度，来审视和总结中国古代人物肖像版画发展历程及取得的骄人成绩。当然，本书所收的人物肖像版画的画工、刻工水平不一，风格也不尽相同，但这些人物版画却充溢着民族特色，也继承和发扬了中国古代人物画的优秀传统，为我们展现了封建时代各种类型人物的精神风貌，展开了多达一千七百余人的所谓圣贤人物的历史画卷。

由于本书篇幅所限，我们精选了明清两代历史人物画传十二种，即《历代古人像赞》《古圣贤像传略》《圣贤像赞》《晚笑堂画传》《云台三十二将图》《凌烟阁功臣图》《吴郡名贤图传赞》《于越先贤像传赞》《剑侠传》《高士传》《百美新咏》《秦淮八艳图咏》，皆为明清历史人物肖像版画的有代表性的作品，基本上反映了中国人物肖像版画的成就。这些作品大体上是按传统史籍传记类编排方式分类排列，而不全按刊刻时间为序。全书共收历代人物一千七百二十人，除极少数为传说中人物外，皆为历史上确有其人的知名的帝后将相、先哲名士、侠客列女，大多绘刻得惟妙惟肖，各具情态。每个人物后面多附有小传赞语，并多言简意赅，对读者了解人物生平事迹乃至个性和性格是有帮助的，这也是符合中国古代图籍"左图右书"传统的，不能以可有可无而等闲视之。

还需要说明的是，尽管本书是迄今编辑出版的收罗最为丰赡、史料艺术价值皆甚高的历代人物像传总集，但也是有不足地方的，如未选收著名的《无双谱》。这是考虑到近五十年来此书递经影印翻版，已屡见不鲜，则有意割爱；而宗教类人物像传专集的阙略，则是无可奈何的事情，因为他们卷帙浩繁，非本书所能容纳，但某些重要人物散见于本书其他人物像传集中，或可略窥一斑。

下面简单介绍本书所选收的十二种人物像传专集的版本等方面情况：

一、《历代古人像赞》一卷，不著绘者姓氏，明天然撰赞，明弘治十一年（1498）明宗室天然重刻本。首载弘治戊午十一年"宗室七十翁天然书"序，云："书以载古人心术，图以载古人形象也。……暇日搜检书轴，偶得旧藏《历代古人图像》一帙，展而视之，有圣焉，有贤焉，有善焉，有恶焉，……遂取前图，各系以小赞四句，虽意浅辞荒，不足示人，亦一时好善恶恶真心也。……夫明镜所以察形，往古所以知今，又孔圣格言也，遂寿诸梓，与好事者共之。"

每人一图一赞，图均为半身像，文均为行楷。每图右上角题姓名，左上角题辞。首起"伏羲"，末止"黄山谷"，收历代著名人物共一百七十五人。此书是传世人物版画作品中刊刻年代较早的一部。每图布局合理，刀法精工，精雕细镂人物神态自然，衣饰各异，充分反映了不同时代的人物特征，是明代版画作品中的精品。今将是书冠于全书卷端。

二、《圣贤像赞》三卷，明吕维祺编，明崇祯刻本。首载明崇祯壬申五年（1632）吕维祺自序，云："像，本也，法也，又尊而主之也；像之而赞之，所以坊天下后世之意，微且苦矣。"

是书收先秦至明朝历代圣贤人物，凡一百二十一人。其中卷一收"四配""十哲"及"启圣祠先贤"等，始"至圣孔子（名丘）"，止"先儒周氏"（名辅成），凡二十四人；卷二收"从祀两庑先贤"及"改祀于乡先贤"，始"澹台子"（名灭明），终"先贤林放"（字子丘），凡六十四人；卷三收"从祀两庑先儒"，始"先儒左子"（名丘明），终"先儒王子"（名守仁），凡三十三人。

每人一幅画像，数则赞文。图画均为全身像，图中于右上角小字题圣贤名称及略传。赞文出自历朝人之手，多则十余篇，少则一二篇。图像雕工精美，文字校刊精审，图文并茂，堪称上乘佳作。

三、《晚笑堂画传》二卷，附《明太祖功臣图》一卷，清上官周绘。清乾隆八年（1743）刻本。封面题"晚笑堂竹庄画传"，上书口题"晚笑堂画传"，首载清乾隆八年上官周自序和杨于位序。

上官自序将是书编绘原委交代得十分清楚，略云："余少时工写人物，常摹仿有明一代开国勋臣，凡四十四人，藏弃箧衍者久之。无何，岁月侵寻，耄期将及……由是息影邱园，杜门却扫，因得浏览史籍，沿自周秦以下，遇一古人，有契于心，辄不禁欣慕之，想象之，心摹而手追之。积日累月，脱稿者，又七十六人，合之得百二十人焉。夫此百二十人者，虽不足以尽古人之数，而古人之实获我心者，亦奚翅百二十人而已，殆不过存十一于千百，以慰我景仰之私耳。……益不啻萃古人于一堂，而亲聆其謦欬也。"上官周字文佐，号竹庄，长汀人。清前期著名画家。

图中人物，自汉高祖至骁骑舍人郭德成，凡一百二十人。包括王侯将相、忠孝节义、诗人文人、书家画家、黄冠缁衣之士及巾帼名媛等。均为全身像，每人一像一赞，为上官周七十九岁时"重游粤峤，访得名手，乃择其优者百辈，锲之于板"者。为自绘自刻之本，实为难得。

是书"人物面貌表情细腻，构图富有变化，衣纹刀刻硬整流利，颇为当时艺苑所推崇。……竹庄晚年用笔稳健有力，图中人物构图能合法度。布局奇拔，与《赏奇轩四种》之一的《无双谱》，都是上追《凌烟阁功臣图》的作品，在绘图和刀法方面，有异曲同工之妙，在刻印技术方面，也超过了殿版，是清代人物画谱的佳范创制"（郭味蕖《中国版画史略》153页）。

四、《云台三十二将图》一卷，清张士保绘，清道光二十六年（1846）白松岩刻本。封面书名由翟云升用篆字题写，卷首有牌记"道光丙午岁夏四月开雕"一行。

首载王仲英序，云："吾乡张君菊如工绘画山水人物，皆睎慕古人而自出机杼。甲辰（二十四年、1844年）冬，偶写《云台二十八将图》，胶东白君松岩见之，欣然为付剞劂，属余董事。值菊如应聘赴都，其自作小传题赞未及脱稿，且拟依范书传论，补写王常、李通、宝融、卓茂四人，附其后，约以自都寄回付梓，迄今未果寄来，而《二十八将图》锓已成矣。"

云台是汉代台名。《后汉书·马武传论》："永平中，显宗追感前世功臣，乃图画二十八将于南宫云台。"清道光本所收二十八将，"始太傅高密侯邓禹"，终"骁骑将军昌成侯刘植"。每人一图，无传赞。图均为全身武装像。其书后所附王常、李通、窦融、卓茂四人图像，系据清同治时翻刻本补入，以存其全。绘图者张士保，山东掖县人。他是一个能画山水、人物、花鸟的多能多产画家。中年流寓北京，曾和汪坊、秦炳文等结画社于松筠庵，晚年又讲学于山东历下尚志堂。"此图是在陈章侯《版画叶子》《凌烟阁功臣图像》《无双谱》等巨制的感召下的创作。在构图的奇伟和刻刀线描的爽朗中，别具机轴，与当时费晓楼、王小某、顾西梅等画家的人物形象，有着显著的不同风趣。"（郭味蕖《中国版画史略》167页）

五、《凌烟阁功臣图》一卷，清刘源绘，清朱圭刻，清康熙七年（1668）苏州柱笏堂刻本。首载康熙七年佟彭年序及刘源自序，同八年萧震序，沈白题辞，袁钫题序，朱圭题记。正文收录长孙无忌、魏征、房玄龄及虞世南等功臣二十四人，附录收"大士三尊"和"关帝三尊"六人，合计三十人，每人一图。每图正面，作者自题功臣人名和传略。图像背面临摹历代大家如蔡邕、颜真卿、黄庭坚、杜甫、文征明等各体书法题句为之赞。

绘图者刘源，河南驻防汉军镶红旗人。自序略云：幼孤食贫，出就乡塾，癖好古人图画，稍长喜以尺幅自娱。日成一图，图必尽意。偶览陈章侯所画《水浒》三十六人，见其古法谨严，姿神奇秀，辄深向往云云。他"无疑是受到了陈章侯的启示，而又自出机杼。描绘人物须眉，如见謦咳"（郭味蕖《中国版画史略》152页）。袁钫序云："凌烟一图，尤为工巧绝伦。"萧震序："予披图，但见所谓二十四公者，不言笑而具须眉，无血肉而有生气。并刘子心目，无一不历历焉，呼之欲出。"

镌图者朱圭，为清初雕版名手。他手刻《凌烟阁功臣图》等四种版画作品"以银钩铁画之能，传神锋刃，是明季以后突出高手"（郭味蕖《中国版画史略》153页）。此为公论。

六、《古圣贤像传略》十六卷，清顾沅辑。清道光十年（1830）刻本，封面题"庚寅十年（1830）夏日开雕"一行。

首载道光七年（1827）钱塘屠倬序，云："古者图史并重，而未有文字之先，则先有图，至殷之求傅说，且审象旁求，而汉之图功臣，乃斌斌称盛焉。……是图之悉抚古本，不仅图其爱慕之志乎！图凡四百余人，自上古讫乎明代，依史乘所载，有图者抚之，其中若舜五臣，殷三仁复乎不可尚已，其他或以功业著，或以文学称，汇为一图，不几与班史人物表分品之意。……顾子既有《圣庙祀典图考》行世，今复有是图，使览者其必思所以效法。"

次道光庚寅十年（1830）元和吴廷琛序，云："是书所列要皆有所依据，若必亲见其人而图之，则子孙可之思此人情之所同也。顾子湘舟先辑《圣庙祀典图》……五百七十人，……陶公为勒石沧浪亭旁祠，以祀之。湘舟又以其图像传赞汇为一书，既又辑仓圣而下及历代名公巨卿像四百二十五人，系以小传，别为一书，其搜罗之博，诚好古之极思也。"

是书收录历代圣贤人物，凡四百二十五人。始"上古三代"的仓颉，终明季的冒襄。均为半身像，次页为文，前图后文，每人一图一赞，与《吴郡》风格同。此书图像，或依史乘所载，或遵古本原图。精雕细镂，运刀自如，人物神态不同，衣饰着装各异，颇有可采之处，是一部卷帙较大的古代人物图谱汇编作品。

七、《吴郡名贤图传赞》二十卷，清顾沅主编，分纂者包括蒋赓埙、陆元文等十二人，采访者包括徐熹、黄丕烈等十七人。清张应麟纂汇传略，孔继尧绘像，张锦章镌刻，道光年间刻本。前有道光七年（1827）梁章巨序及汤金钊序，道光八年（1828）朱珔序，道光九年（1829）韩崶序及陶澍序，后序由石韫玉撰写。（郭味蕖《中国版画史略》171页）

目录题名与正文题名有九处不同，为美中不足之处。

……

十、《高士传》三卷，晋皇甫谧撰，清任熊绘，蔡照初雕版，清咸丰八年（1858）王氏养和堂刻本，是书原载古高隐之士七十二人（见《续博物志》），今本九十六人，盖由后人杂取《太平御览》，又稍摭他书附益而成。卷上目录题名者共有二十八人，始"被衣"，终"原宪"，正文缺"被衣""颜回"二人，实有二十六人。每人一图一传。卷二、卷三只有传文，无图像。

此书为任渭长所绘人物版画作品四种之一。萧山王龄序云："曩传渭长绘剑侠既毕，复绘是传，仅止上卷二十六人，缺'被衣''颜子'两图。而渭长遽瘵死，中下卷遂废不能补，世亦无有能补者，不得已，并付容庄梓之。以故中下卷仅有传无像。"

自序云："谧采古今八代之士，身不屈于王公，名不耗于终始，自尧至魏凡九十余人。"图版中如"巢父、江上丈人、庚桑楚、原宪等人物形象，氛围景物，均极精到"（郭味蕖《中国版画史略》171页）。渭长"所作《高士传》画像的杰出成就，在于二十六个画像，更富有性格化"。其绘刻"精丽与《于越先贤传》相比，自难分别其高下"（并引王伯敏《中国版画史》184页）。

十一、《百美新咏》一卷，清颜鉴塘题诗，清王翙绘图，清嘉庆间颜氏刻本。首载嘉庆九年（1804）法式善序及颜氏《自序》。王翙，字钵池，寿春（今安徽寿县）人，活动于乾嘉时期，名著于时。

法序云："古人左图右史，图之重也久矣。制度之同异，山川疆域之所垂，古圣贤之所发，明胥赖图以征信，故自汉以来学者莫不留意于是也。……今读鉴塘先生《百美图诗》而重有思焉。盖君有守土之责，而为亲民之官，贞淫正变之俗，由激劝而成教，所谓化起于闺门，因其势而利导之者。鉴塘得其旨矣，推而广之，即治天下不难也。何有于一乡一邑哉……余且奉以为读史之先资也。"

颜氏《自序》云："余《百美诗》成，索观者颇众，而未能悉知其原委也。丛余作传，传成，观者感想像昔日之芳姿，感慨当年之轶事，间于他集中见一二图画，莫不三致叹焉。而钵池王君适至，王君名翙，家寿春，雅士也。曾供奉内廷，其于山川、草木、鸟兽、昆虫之类，偶一挥毫，无不酷肖，而于人物为尤著。……余未忍泯其名也，爰为记之。"并赋短章三首，其第三首云：

多般遭际各传神，若为红颜惜此身。

我恐姗姗呼欲起，披图不敢唤真真。

首录《汉书·外戚传》所载"李夫人"，终于《史记》所载"织女"，凡百人。每人一图一诗。图均为全身像。图右上角题名，下书口为五字题辞，如首图"李夫人"题"佳人难再得"，末图"织女"题"何妨七夕期"。绘图者根据主人事迹，抓住主人公特征，充分展现其风采，"各肖其贞淫，而摹写之"（见颜序）。诗据史籍润笔写成。"其诗锦丽逸宕，有温柔敦厚之遗意。"（见法序）此书据史籍所载历代名媛事迹绘图作诗而成，史籍有征，足资参考。

十二、《秦淮八艳图咏》一卷，清叶衍兰绘图，清张景祁题咏，清光绪十八年（1892）羊城越华讲院刻本。卷首刊记题："光绪十有八年岁在壬辰中冬之月刊于羊城越华讲院。"首载清光绪十八年钱塘张景祁序、叶衍兰序。

叶氏《自序》云："余摹名像百八十人，兼及闺秀，思寄梨枣，力尚未能。缅想秦淮，抚题八艳，新蘅馆主见而和之，遂付剞劂，以公同好。"

是书收录秦淮八位名妓，每人一图一传一咏。图或立或坐，造型不一，神态各异。刀工细腻，惟妙惟肖，堪称版画艺术之上品。传文行楷精写，为清末版刻少见之作。囿于编例，今将诗咏删掉。

是书图文并茂，精雕细镂，堪称双绝。其边栏三线，且各边饰以三环，颇具艺术性，尤为稀见。

本书后附有人名音序索引，可方便读者检索使用。

由于我们学识见闻有限，本书的编辑当有许多不足之处，恳请方家不吝指正。

编者　二〇〇二年四月

编例

一、编印主旨：编印是书，旨在汇录中国古代历史人物画像，为广大读者及研究人员提供一个依据原始文献编成的大型参考工具书，在涉及的各个领域中发挥其应有的作用。

二、收录范围：

（一）收录明清两朝用木版雕刻印制的有一定代表性的人物画像集。手绘及影印作品不录。

（二）主要收录史籍刊载的历史人物。佛道等不录。

（三）主要收录半身或全身人物画像。有故事情节的作品除特殊者外，一般不录。

三、编辑加工：

（一）编排：本书收录十二种人物画像集，遵传统史籍传记体之例进行组织。先总传，首冠《历代古人像赞》，其后五种继之；次地方，收《吴郡》《于越》两种；再次武功、隐士，收《剑侠》《高士》两种；殿以名媛，收《百美》《八艳》两种。

（二）取舍：每种书一般只收图和传。序跋等一般不录。本书仅收第一种《历代古人像赞》序，因其具有概述内容，又居卷首，故特保留。

（三）增补：原刻本未及收录，而后出刊本增入者，今仅将后出部分补入原刊本中，以示完备之意。如《二十八将图》增加四种而成《三十二将图》。

（四）遵旧：原本缺漏，悉遵其旧。如《圣贤像赞》最后一位"黄山谷"，有图无文,今仍之。

(载《中国历代人物像传》,郭磬、廖东编,2002年6月齐鲁书社出版)

《中国历代人物像传续编》出版说明

二〇〇二年我们曾编辑出版了《中国历代人物像传》，凡四册，收录十二种画像集，全书共收录历代人物一千七百二十人。每个人物，一图一文。图为人物画像，文为传记赞语。图文并茂，刊印俱精。在出版后的十年间，是书受到了读者的普遍欢迎。在此期间，我们仍留意访求此类作品，积久成帙，相继又得到了十种。

十年光阴，弹指一挥间。然而对我们编辑人来说，用十年编成一部书，又觉得很是漫长。用十年磨一剑来比喻，盖不是虚词。庆幸的是，我们可以向喜好此类作品的读者奉献一部《中国历代人物像传》的续作，前后两部《像传》，堪称姊妹篇。

《续编》正文收录十种中国历代人物像传著作，正文之后另有"附录"两种。现将本编正文和附录所收著作依次予以介绍：

一、《新刻历代圣贤像赞》二卷　明万历二十一年胡氏文会堂刻　格致丛书本

首载明万历癸巳年钱塘胡文焕刻《圣贤像赞序》，云："《圣贤像赞》一书，孙公赞而梓之，序之详矣，奚俟不佞复喋喋哉。不佞敢以重梓之意，聊为述曰：原帙甚大，今也小之，盖取便夫检阅也。分作上下二卷者，以减小而像赞各居一叶故也。像则无论其背向一居于左，而赞则右焉。是赞缘像中生也，仍各列于半板者，免错综之涸，掀揭之劳也。若夫以讹传讹，久而愈失其真，吾恐绘士中，未必无毛君也。又若论以春秋之法，而有去取，此非予所敢，予独憾夫未备也。其间肇自盘古，而迄于胜国，我朝则未之敢载也。述此者钱塘胡文焕，时在万历癸巳春也。"

此书共收历代圣贤人物一百九十四人。其中，卷上收盘古、伏牺、神农，以及昭明太子萧统、文中子王通等，凡九十三人；卷下收唐高祖、长孙无忌、房玄龄，以及赵孟頫、徐谦等，凡一百零一人。均为右图左文。图像右上角题名，均为半身像。赞文四字一句，凡八句。如"盘古赞"："厥初洪荒，混沌一气；爰有圣神，莫究其自；手斡日月，划开乾坤；万汇攸始，拓我化原。"

二、《历代帝王名臣像》

本书收录历代帝王名臣像九十一幅。按照先后顺序，大致分为史前传说人物、历代帝王、历代名臣及史学、文学和艺术等名家巨匠，凡九十一人。上起传说人物，下至赵宋朝。依据书中收录人物范围来推测，此书盖出自宋人之手。每页一人，右文左图。左图人物各具特点，图像雕刻线条清晰，具有较高艺术水平。右文简述人物姓名字号及其事迹，言简意赅，品评公允，褒贬得当。

书中所收九十人，含史前传说人物八人，历代帝王二十八人，历代名臣及其他名人凡五十四人。

同名书另见一本，所收人数及顺序与此本几乎完全一样，唯不同之处有二点：一是一本中第二十五号人物有陈武帝，而此本则无；二是两本的人物画像绘制或线条纤细粗黑。两本之间当有所依，孰先孰后待考。

三、《至圣先师孔子暨四配哲庑诸圣贤遗像》不分卷　清陆振宗绘图　清吴高增赞文　清乾隆吴高增刻嘉庆十五年许煌补刻印本

本书收录孔门十二哲及两庑七十二贤像。所收诸贤画像，以唐代书画家吴道子绘本为依据，由清代画家陆振宗摹绘。清吴高增撰写赞文。卷首卷尾刊载诸人序跋，揭示此书编纂及刊刻原委。

卷首载清乾隆五十年嘉兴吴高增序，云："臣高增家藏道子（编者按：指唐代书画家吴道子）旧本，臣父文炜命勒诸石。初镌于山阴学宫，继刊于保定莲花书院。甲午秋，又刻于嘉兴郡庠。首列两朝赞序，重天章也。其十二哲、两庑诸贤像，臣高增仿唐宋文臣分赞之体，各系以赞，俾学者肃容瞻礼，动其爱敬诚恪，而心向往之，则是帙不为无裨也。"

书后载梁国治《圣贤像赞初刻跋》，云："山阴司训吴高增遵父遗教，出家藏《圣贤遗像》，属辛崖陆宗摹绘勒石，又钦奉仁庙御制像赞，冠诸简端，俾学者诚心仰止，是亦宣教泽之一端也。"

次载清乾隆十六年雷铉《跋》云："余辛未教士，至山阴，见吴司训所锓《圣贤遗像》，肃然起敬，谓遗一举而三善备焉：恭勒圣祖御制，尊天章也；像为其先子所遗，承家学也；系以赞词，志敬仰也；藏之学宫，教化也。"

又嘉庆十五年许煌《圣贤像赞补刻跋》，云：此书原版因年久漫漶缺失，"余细加核检，共缺板三十三页，乃倩张君成皋刻补完全，自后可源源印布，俾庠塾中多有其书"云云。此书封面题词的左下角镌"嘉兴顾成皋刊字"。

本书收录孔门十二哲及两庑七十二贤凡八十四幅像。首图为"至圣先师孔子像",为本书唯一坐像,其余人物均为全身立像,造型不同,神态各异,道貌盎然,高山仰止。先图后文,初刻初印,刊印俱精。此书是传世雕版画像中的精品。

四、《名贤画像传》二卷　民国王念典编　民国三年京师国群铸一社石印本

首载民国三年宁河人王念典自序,介绍自己编纂此书原委,称自己曾读顾沅编《吴郡名贤画赞》、程祖庆编《练川名人画像》,受到启发,认为自己家乡乃燕赵之地,自古多慷慨悲歌之士,又自元明以来,五六百年间其道德问学、功名之著、孝义节烈之事均较他邦为胜,而记载阙如,引以为恨,决意为乡贤编纂一部《画像传》。于是,以世传吴道子所画的"圣贤图像"、顾沅所编的《古圣贤像传略》和《吴郡明贤画赞》作为参考,广采其人诗文集载有遗像者,共得六十六人。

此书所收人物,按照所收人物的时代顺序排列,包括:上古仓颉一人,商代伯夷、叔齐二人,周代子贡、子夏和西门豹等十三人,汉代董仲舒、毛苌和耿纯等六人,三国田畴一人,唐代魏征、孔颖达和李德裕等二十人,宋代窦仪、赵普和张世杰等八人,元代刘秉忠、刘因和伯颜三人,明代王翱、杨继盛和史可法等七人,清代孙奇峰、颜元和朱珪等五人,均为古代燕赵地区的历史名人。

每人一页,右图左文。右图人物均为半身画像,线条描绘,神态逼真。图上用篆文题写人物名称,左文传记,简要介绍其人姓名字号、爵里生平及主要事迹,文后标明所采文献出处,主要包括历代正史和史籍,如《史记》《汉书》《唐书》《元书》《明史》,以及《通鉴辑览》《畿辅通志》《国朝先正事略》等。此编体例佳善,图绘精良,足资参稽。

五、《无双谱》不分卷　清金史绘图　清刻本

首载无名氏序言,称南陵金先生编录此谱,金先生为金史,字古良,别号南陵,浙江山阴人。师从陈洪绶,善画人物。是书收录古代人士凡四十人,原目录称"南陵无双谱",始于汉,迄于宋,右图左诗。其性情品行,各具风格,有别于寻常之人,故以"无双"为名,堪称画中之史。

是谱编例为右图左诗。右图即人物画像,左诗即为人物配写诗句。右图所载人物,造型各异;或单人立像,或单人坐像,或单人跪像,或双人立像。每一幅图像,在其右上方一般题署人物名称,其左上方一般题写人物小传。左诗所题诗句,颇具文采。而所题诗句之处,更有特点:或题于书册上,或题于棋盘上,或题于乐器上,或题于碑石上,或题于花瓶上,或题于钱币上,等等。

此谱刊印俱精,是传世像赞作品之佳者。

六、《练川名人画像》四卷附录二卷　清程祖庆编　清光绪重刻道光本

程祖庆,字忻有,号穉蘅,江苏嘉定人。庭鹭子。监生,议叙盐场大使。画承家学,笔姿幽秀,工篆隶,有《小松圆阁集》。传见李浚之《清画家诗史》庚下和震钧《国朝书人辑略》卷下。

练川为嘉定的别名。作者祖庆承其家学,能文章,工绘画,汇录钩摹本邑历代名人画像为一帙,以彰其功。卷首诸序,道之原委甚详。姚椿序云:"嘉定自宋以前,地为昆山县属。迨宁宗嘉定始分晰,而以纪年为邑名。是时人士犹未甚焯著,及元明以至国朝,则彬彬然盛美矣。"朱右曾序云:"(祖庆)承家学,能文章,工绘事,乃裒邑中名贤,图其遗像,旁及名宦、流寓诸公,或图诸古寺,或索诸后裔,或访诸好古藏书之家,凡历数寒暑而始成,汇为十册。……嘉定建县以来六百余载,而卓跞奇伟之士,流风余韵,足以沾被后人者,不过此百数人耳。"又祖庆自序云:"(练川)名贤硕士代不乏人,唯经兵燹蟫蠹之余,前贤遗型日就淹没。因偕同志广为搜罗,得百数十像,先付剞劂,并采史传志乘及前人传赞志铭,略辑梗概,书之像左。"

此书收录宋元明清四朝嘉定地区的名人画像,凡一百零七人。每人先图后文。图为半身,文为传赞。图像为线描,勾勒出不同人物的形象神情特征,传赞内容主要包括名字官阶,生卒年寿,生平事迹及著书等。所收人物以年齿为序,无考者以科第及交游辈行为序。

本书网罗嘉定地区历代名家画像,诸如钱大昕、陆陇其、沈周、归有光等人物,特征明显,传记内容丰富,是了解研究嘉定地区历代名家形象和事迹的重要文献。

七、《明于越三不朽名贤图赞》　明张岱编　清光绪十四年陈氏重刻本

张岱,字宗子,一字陶庵,山阴诸生。喜交游,富藏书。自四部七略,以至唐宋说家荟萃,琐屑之书靡不赅悉。著有《西湖梦寻》《快园道古》《夒囊十集》等书十余种。其中《石匮书》,记明代三百年时事,尤多见闻。卒年九十三。卒后《石匮书》被清提学浙江谷应泰购得,易名《明纪事本末》,刊行于世。语见旧志《邵念鲁传》。传见《(乾隆)郡志文苑传》。

卷首古剑老人自序云:"余少好纂述国朝典故,见吴越大老之立德立功立言以三不朽垂世者,多有其人。追思仪容,不胜仰慕,遂与野公徐子沿门祈请,恳其遗像,汇成一集,以寿枣梨,供之塾堂,朝夕礼拜。"清乾隆二十年许景仁序云:"有

明之世，三百年来，越故大有人哉。古剑老人起而图之赞之，以不朽分著之，留形模以垂范，表践履以作型，盖其欲不朽其人于后世也。"清光绪十四年陈锦重刻序云：古剑老人绘成此书，"初属明州蔡尔达刻二十余象，而先生逝。越四十年，嗣子式宣以未刻五十图授其甥陈仲谋力完之。又二十年，蔡氏子仲明亦归前刻，合成今书"。

此书先图后文。图均为半身，文为传略和赞语。本书网罗明代于越地区名家画像，诸如王守仁、徐渭、陈洪绶等，人物特征明显，传记内容丰富，是了解研究该地区明代名家形象和事迹的重要文献。

八、《东轩吟社画像》清费丹旭绘　黄士珣记　清光绪二年钱塘汪氏振绮堂刻本

东轩吟社，由钱塘汪远孙倡建于清道光四年，作为一个地方文学团体，吸引同好入社唱游，其盛时多达七十六人。道光十三年钱塘黄士珣作《记》，详细描绘这十三幅人物画像的画意及其人物名称。由于所绘二十七个人物画像并没有刊刻人物名称，所以黄士珣《记》中所言及的人物名称显得尤为重要，可依《记》与正文人物画像一一对应，知其概要。

清光绪元年平湖张炳堃序，云："庚辛之间（指道咸之间）东南沦陷，而钱塘一再蹂躏，被祸尤酷，旧家名迹煨烬殆尽，而此图以先在子用行箧中得存，此则非人之所能也。子用既善保先物于荒残灭没之余，又为二十七人者搜辑遗事，属迟菊各为小传系于后，且将次第补缀诸书，以还旧观。"此刻出自钱塘汪氏振绮堂家，为藏书名家所刻。此图曾经兵燹蹂躏，死而复生，尤显珍贵。人物线条流畅明晰，均为半身坐像，貌相不同，神态各异。文人雅士，汇集酬唱，当时盛况借此可见一斑。

九、《星源集庆》

本书收录有清一代十二位皇帝画像及其子嗣衔名，因囊括了清代全部皇帝及其子嗣，是一部集大成之作，故名《星源集庆》。本书首无目录。正文先图后文。图为皇帝画像，文为其子嗣衔名。始为太祖高皇帝弩尔哈齐（今译努尔哈赤）画像，末为"今上皇帝"溥仪画像。前十一位皇帝的半身坐像均是手绘而成，仅溥仪一人的半身着军服像是照相而成。兹将本书收录的有清一代十二位皇帝画像题名及其子嗣人数等照录如左：

（一）太祖皇帝御容，太祖高皇帝弩尔哈齐十六子；

（二）太宗文皇帝御容，太祖文皇帝皇太极十一子；

（三）世祖章皇帝御容，世祖章皇帝福临八子；

（四）圣祖仁皇帝御容，圣祖仁皇帝玄烨三十五子；

（五）世宗宪皇帝御容，世宗宪皇帝胤禛十子；

（六）高宗纯皇帝御容，高宗纯皇帝弘历十七子；

（七）仁宗睿皇帝御容，仁宗睿皇帝颙琰五子；

（八）宣宗成皇帝御容，宣宗成皇帝旻宁九子；

（九）文宗显皇帝御容，文宗显皇帝奕詝三子；

（十）穆宗毅皇帝御容，穆宗毅皇帝载淳一子；

（十一）德宗景皇帝御容，德宗景皇帝载湉一子；

（十二）今上皇帝御容，今上皇帝溥仪、皇后郭博罗氏、庆贵人他他拉氏。

十、《清代帝后像》四辑　民国二十三年国立北平故宫博物院影印本

首载影印说明，云："本编选自景山寿皇帝殿与宫内所藏帝后画像及行乐图原像，共百余幅。兹去其复出及残破不堪影印者，辑成四册，计一百二十图。其排列之先后以朝代为序。"所录诸图，造型不一，或肖像、或半身像、或全身坐像、或带有背景的行乐像。均为手绘图像。

第一册收录清太祖、清太宗、清世祖顺治、清圣祖康熙及清世宗雍正诸图，凡三十幅。

第二册收录清世宗雍正及清高宗乾隆诸图，凡三十幅。

第三册收录清高宗乾隆、清孝贤纯皇后、清孝仪纯皇后、清仁宗嘉庆、清孝淑睿皇后、清孝和睿皇后诸图，凡三十幅。

第四册收录清宣宗道光、清孝慎成皇后、清孝全成皇后、清文宗咸丰、清孝德显皇后、清孝贞显皇后、清孝钦显皇后、清穆宗同治、清孝哲毅皇后、清德宗光绪、清孝定景皇后诸图，凡三十幅。

附录

（一）《历代名媛图说》二卷　清光绪五年上海点石斋石印本

卷首载清乾隆四十四年罗文弨序，称：女教之重，不后于男也。家之兴废，国之盛衰，率由乎是。汉刘向著《列女传》，取自古以来闺阁之事，可法则可鉴戒者，为书八篇，奏之天子。其书代相沿袭，流传最广。有图有文。世人未有不望其女若妇之贞孝节义者。几乎家置一编，几同于菽粟布帛之不可离，影响至大。

明新安汪某对刘向《列女传》进行增辑，编成此书，凡十六卷。正文所收人物，其纪年至明之神庙而止，其记述近事则歙郡居多。一郡中又汪氏、程氏为最多。精其叙事、确其绘画。又极其功。其为文辞与刘向《列女传》相似。妇节之贞静，宋以后为盛，往代说者认为，新安为朱子之阙里，其贞节之多，不足怪也。剞劂既备，未及印行，二百年后，其印版被某人获得。其向藏书家知不足斋主人鲍廷博求售。因鲍廷博为歙人，而此又是本乡前辈之书，因重价购归。刷版印行，此书始显于世。版本系统清晰，渊源有自。

清光绪五年上海点石斋利用照相石印技术，将汪书进行压缩，成上下二卷。本书共计收录历代名女子三百十一人。其中，卷上收录有虞二妃、启母涂山及弃母姜嫄等一百五十六人；卷下收录樊会仁母、郑义宗妻等一百五十五人。每个人物，先述事迹，次为汪氏按语，点评。例如"有虞二妃"，有虞二妃指帝尧之两个女儿。长女娥皇，次女女英。二妃聪明贞仁，德纯而行笃。汪氏按语评曰："二妃裸侍匹夫，而无傲色。……其天性之贞纯不可诬也。"

此书在汉刘向著《列女传》基础上经增辑而成，图像亦仿原书，按故事情节绘制，与本编收录体例不合，然不忍舍弃，故将之附于本编之后，充作附录。

（二）《津门百美图咏》二卷续咏一卷　清宣统间醒华日报石印本

本书收录清季天津名媛佳丽，先图后文，图文并茂。图像均为半身标准像。文系集录唐人七言律诗。每句唐诗之后，均注明唐诗作者。这是本书的一个特色。

天津图书馆藏《津门百美图咏》分正续编，正编上下卷收录百人，续编不分卷，然首页从五十一码起，共收录五十人，或前有缺失。唐诗均由吾堂集录，清初诗人黄之隽号吾堂，然查黄氏存世著作未见与本书相关之集句之作，因此此吾堂之真实身份待考。书中为每人所配八句唐诗，均采自不同诗家，句句相连，颇能表达文义，堪为集唐高人。

每人图像之上，标列姓名（或为艺名），其下有一部分人物或注明某班某部、某阁某楼，计有桂凤班、四凤班、富春班、天喜班、九顺班、桂云班、全升班、玉升班、同庆部、翠芳部、永顺部、双林阁及得月楼，盖指此人的活动场所。

每幅图像边框，饰以竹节。图像人物造型各异，穿戴打扮，涂脂抹粉，神态模样，跃然纸上，是少见的津门民俗文化史料，对今人了解当时天津社会百态，足资参考，亦将之充作本编之附录。

最后要在这里表达一下编者的诚意：本编之成，得到了齐鲁书社宫晓卫社长的鼎力支持，在繁忙的社务管理工作之余，他能亲任本书责任编辑，从遴选书目、版式安排，到文字校勘和索引编辑，亲力亲为，为高质量出书付出了诸多心血；北京师范大学图书馆古籍部杨健主任为本书的选目提出过建设性的意见，并为之提供了重要的版本文献，为本编增光添彩。在此，谨向两位先生深表敬意和感谢！

由于编者的学识见闻所限，本书的编辑当有许多不足之处，恳请方家不吝指正。

编者

二〇一三年八月

（载《中国历代人物像传续编》，2013年齐鲁书社出版）

《天津图书馆藏家谱丛书》编纂说明

家谱，或曰族谱、宗谱，是由同宗共祖的血亲团体记载本族世系和相关事迹、反映本家族繁衍发展过程的历史图籍。清代著名史学家章学诚指出："家有谱，州县有志，国有史，其义一也。"家谱与方志、正史鼎足而三，遂为中国传统史学的三大支柱。这是中华民族悠久历史文化的重要组成部分，是一笔极为珍贵的历史文化遗产。

家谱学说，发端于商周，盛极于魏晋南北朝，至宋代走入寻常百姓家。清代，修谱成了全民性文化活动，尤其在江浙皖湘，几乎村村修谱，数量多、规模大，为其他文献不能比拟。随着家谱文献的问世，数量的增多，传统古籍书目中大多于"史部"中设传记类，著录家谱文献。又由于社会需要，一些家谱被汇编起来，成为一套丛书，刊印行世，以满足急需。编印本书，旨在挖掘馆藏珍贵家谱文献，使其化身百千，从更广范围内为各界读者提供所需原始文献。

本书收录天津图书馆独家珍藏的历代家谱共计115种。本书的特点和价值简而言之，包括以下几点：

一、收录家谱数量宏富，全面揭示本馆藏谱情况

该书将本馆所藏的一百余种家谱全部影印出版，部帙宏富，广传后世，利于学人。

二、收录家谱的姓氏较多，比较全面地揭示了存世家谱的基本情况

该书所收的一百余种家谱既包括了诸如赵钱孙李、周吴郑王等主要姓氏，也包括了诸如卞汤屈苍、项易曾莫等非主要姓氏，为世人寻根问祖，提供了珍贵的文献依据。

三、所收之书，多为名家之谱，具有比较重要的实用价值

该书收录的一百余种家谱，有不少是名家之谱，如《山东曲阜至圣先师孔世谱》《安徽绩溪胡氏宗谱》及《天津延古堂李氏族谱》，等等。

四、收录家谱的内容丰富，具有比较重要的文献价值

该书收录的一百余种家谱，所载内容丰富，版本类型齐全，在史学、文学、社会学及语言学等各个方面，都具有比较重要的文献价值。这是一宗难得的原始文献和学术研究资料。

（载《天津图书馆藏家谱丛书》，2011年天津古籍出版社出版）

《严修手稿》前言

严修(1860～1929)字范孙,天津人。他最卓越之贡献,就是在我国近代教育史上挣脱了封建教育制度,积极倡导教育改革,创立了新式教育体制,并获得成功。他是我国近代教育的先驱,是卓越的教育家。严修早年虽接受过完整的封建教育,并顺利地经由科举的道路步入仕途,曾由翰林院编修累官至贵州学政、学部侍郎,成为封建统治集团中的一员。然而,戊戌变法的失败对他的思想有很大冲击,他认为,欲强中国,必须改革教育,于是弃官归里,立志创办新教育,造就社会需要的人才,先后于1902年创办天津民立第一小学堂,1904年创办私立南开中学堂,1919年创办私立南开大学。他亲手缔造的包括大学、男女中学、小学在内的完整教育体系,开了中国私立系列教育之先河。严修倡导的开经济特科,改革科举制度,推动了中国教育行政体制的近代化,对中国近代教育的发展做出了卓越的贡献,被国人载入史册。

一、严修先生四次捐献藏书

严修先生在中国近代教育史上被公认为最著名的教育家,学术上论及颇多。但严修先生对文化事业、公益事业做出的贡献却鲜有专题论述。其实,严修先生对传统文化建设付出了很多的心血。严修先生一生爱书、读书、藏书,他的藏书多达十余万卷,更有一生四次无偿捐献古籍藏书的义举。

(一)严修先生第一次捐书是在清光绪中期

清光绪二十年(1894)年,时严修先生督学贵州,当时为了给贵州学子捐书,由京出发时,轻装简从,惟携书十四箱,"九流四部,应有俱备"(见《严范孙先生自定年谱》抄本),他说,贵州偏远,士子得书不易。将自己从京携去之书,放置学舍,供学子便览。将这些图书列出简目,并附注语,供学子参考。例如:《续通鉴》后注曰："读史者除正史外，通鉴为最要。"（见《黔轺信草》稿本）告诫学子，读史者，必首读二十四史，次为"通鉴"，为学子指明读史之捷径。

（二）严修先生第二次捐书当在清光绪末年

当时直隶公艺总局总办周学熙（字缉之，别号止庵），分天津玉皇阁楼台之半，创立天津教育品陈列馆，馆中附设图书室，内容包括大中小学及各类学校之教科书和其他图书，咸分类陈设，供众阅览。此为天津最早的官办公众阅览室。严修先生捐书一千三百四十二种，并编有图书目录，附于所编的教育品分级编目之后。"厥后教育品陈列馆移入河北天津公园，侍郎捐赠之图书亦载与俱至。"（见《天津特别市市立第二图书馆概况》民国间铅印本）这批书后亦归入天津图书馆（民国二年改称天津直隶图书馆、民国十七年称河北省立第一图书馆，民国二十六年又改称天津特别市市立第二图书馆）。严修先生此次捐书目录，我们查阅相关资料均未见，疑已不存。

（三）严修先生第三次捐书当在清光绪三十三年（1907）

当时直隶"提学使卢公木斋（卢靖，字勉之，号木斋）鉴于津埠为南北交通人文荟萃之区，民众约百万余户，急应设立图书馆以飨学者，遂于是年十月委任张公秀儒、储公毓轩筹备，翌年五月即正式成立，附设于学务公所，先由郡绅严修先生将平生所藏书全数捐赠，计一千二百余部"（见《河北省第一图书馆概况》民国十三年铅印本），共五万余卷，在严修先生的带动下，两江总督端方、两广总督张鸣岐、云贵总督锡良、浙江巡抚增韫、山东巡抚袁树勋、吉林巡抚陈昭常等南北名宦各捐书若干，直隶督署调拨其旧藏一万余卷。时傅增湘（字沅叔，号藏园居士）出任直隶提学使，又筹集巨款购书十二万余卷，奠定了直隶图书馆藏书基础。这次捐书，并无细目，但笔者翻阅《严范孙先生丛脞》，发现十九张用黄宣纸抄写的书目，与1913年谭新嘉、韩梯云所编《天津直隶图书馆书目》核对，《丛脞》中之书目当是抄于《直隶书目》，书目中著有"严捐"者，即为严氏所捐，抄本"严目"，无论部类或是同类中之顺序，均同于刻本书目，另从书法角度考订亦出自严修先生之手。《直隶书目》著录"严捐"者远远少于严修先生所捐图书，其原因之一即为，严修先生所藏图书，并非每部都钤有印章，另直隶图书馆的数次搬迁以及社会动荡、乱世兵燹致其散落遗失在所难免。

（四）严修先生第四次捐书是在民国十三年（1924）

是年，严修先生以《二十四史》及"九通"等数十种古籍，捐赠南开大学图书馆。

严修先生作为中国近代的藏书家，他的藏书既不能与同时代讲求版本的李盛铎相比，亦不能与小他三十岁的藏书家周叔弢相比，严修先生的藏书重在实用，所涉类目四部咸备，版本虽非宋元珍本，却是同种书精选的刻本，所藏之书多为自己研读。在严修先生长达50多年的日记及杂记中，我们不难看见随处可见的读书笔记。在京供职期间，他每年要读十余部经典。

严修先生藏书类目广博，呈现百科式特点。从严修先生捐赠天津图书馆的藏书中，经、史、子、集、丛均有收录，再看他自己研读的图书，亦涉猎四部。从他的日记中我们也可以看到，天文、数学、易学、音律学、医学、经济学都有其精辟的论述与诠释，严修先生不愧为中国近代学界的博学大家。

严修先生的藏书体现了教育家藏书的特点。严修先生一生治学之大成者当首推中国的近代教育事业。他以为"义理之学愈深，西学之用愈实，孔孟之道愈明，泰西之法，愈见其可行"，可见他于中国传统的义理之学外，认为西学将对我国近代教育产生重要影响。在他的藏书中除儒家经典外，另有西方人的著述，如《西法算学入门》《微积溯源》及国外教育理论书等西学名著。

二、严修先生遗稿情况

如果说严修先生生前为天津近代图书馆事业做出卓越贡献的话，那么，严修先生逝世后，他的后人将其遗留下来的，包括诗文集、日记、杂记、函札等手稿，无偿捐赠给了天津图书馆，丰富了馆藏，成为天津图书馆珍藏名家手札中颇具特色的一宗十分珍贵的历史文献。

天津图书馆藏有严修先生的手稿15种，另抄稿1种，共计164册，另藏有严修先生诗文集及著述撰文等17种32册。其中尤以《严修日记》最为突出，共计74册，上起清光绪二年（1876），终于民国十八年（1929），凡53年，各册以年份干支题名，中有7年的日记散佚。这是一部时间跨度长，内容涵盖广的大型日记。记事有简有繁，有删有改。全部日记用墨笔小行书记写，惟写于癸丑（1913）七月四日至甲寅（1914）六月十九日的《欧游日记》则全部是工楷，间有一些用英文书写的地名，字体隽秀疏朗，可见严修先生书法风范及英文功底。另日记中尚有不同色笔将不同年代内容记写于一纸上的，其文字内容，记录较详。如：《恒斋日记》

五册，中全部朱墨两色双年代。如：清光绪甲申十年（1884）与光绪丙戌十二年（1886）年八月十八日至十二月三十日就是两年日记同写于一纸，以墨笔和朱笔区分的。使用的纸张亦是严先生专用于日记朱印格纸，分上下四栏有"晨起、午前、午后、灯下、记事、杂识、日知"（时严修先生24岁，在籍，记有读书、会友间及教子。丙戌26岁，入都供职，日记中有读书、习英文、数理，间有杂记及诗文于"日知"栏）。

另日记中更有关于数学、天象、物理的图画。如：光绪丁亥十三年（1887），时严修先生27岁，供职于京，这一年的日记多次出现各种图画，相继绘画出了天文气象中的日食图、日月食图、行星图、四时图、《周易》中的八卦图、几何图、戴氏考工图等。由此不难看出，严修先生立志于改革封建教育制度及后来提出的"奏请开经济特科"，并为此在前期做出了不懈的努力。

《使黔日记》共有九册，从光绪二十年（1894）九月十六日由京启行写起，止光绪二十三年（1897）年十二月十五日任满，自贵阳返津（沿途用时多达两月余），于光绪二十四年（1898）三月初四到津。三年有余的贵州学政生活、教育活动，无一不跃然日记中，确为研究近代教育，特别是西部教育的第一手材料。

严修先生东游日本共三次，第一次于1902年，是年率两子自费游日，目的是为借鉴日本发展教育的经验，历时两月有余，该日记中的《壬寅东游日记》就是游日期间所写。第二次是在光绪三十年（1904），时荣任直隶总督兼北洋大臣的袁世凯提倡新学，力邀严修先生担任直隶学校司督办，严修先生要求赴日考查学政，袁世凯同意，于是年四月初七自天津启行，到七月十二日返津。其间参观了日本的各类学校，了解日本的教育制度及章程，均见此时期日记。第三次是在民国元年（1912）七月二十六日赴日考查，九月十六日归国。时严修先生已辞去官职，专心于私立教育。三次东游日本，为日后筹建各类各级私立学校打下基础。

这部日记内容广泛丰富，除上述主要内容外，多以记录严修先生日常生活起居与社会活动情况为主，兼及当时一些重大事件。举凡严修先生早年的学习生活，功名仕进及公务处理，与中外人士的交往及函电往来，国内外游历见闻，读书札记，兴教办学的思想与实践以及对欧美日本等地的政治、经济、文化、教育、社会等方面的记载。这些资料对研究严氏生平思想、中国近代教育史、清末民初社会重大转型期历史的诸多变化、重要的历史人物均有重要的史料参考价值。

《严修杂著》十二册，内容包括读书札记（《晋书札记》《南史札记》）、批牍上下、纪题上下、黔轺杂著（光绪二十年，严修先生授贵州学政，发出《观风告示》，宣示自己的按试纲领。他拟有策论四题，即辩志、明师、评文、匡时，考课全省生员。在此以后又发出《劝学示谕》阐发为学要旨，均著于杂著中）、奏稿（授贵州学政时奏稿）、黔轺信草（信底草本）、黔轺信草答黔友信草、致津友信草。（在黔时，答复黔友的信函及给天津朋友的函件底稿，另附杂稿，严氏捐于贵州学政的图书目录即于此"杂稿"中。）

《严氏家书》六册，依时间顺序从光绪三十二年四月（1906）至光绪三十四年（1908）七月。时严修先生应袁世凯之邀担任直隶学校司督办，内容多涉及家庭生活、家庭教育、办学以及东游记事等。

《严范孙手札》二夹，册页装，赵元礼题签，首有严修先生照片二幅，二册内容全部是给陈宝泉（1874～1937，字筱庄、小庄、肖庄，中国近代教育家）一人的函件。卷末有陈宝泉民国十九年（1930）跋文一篇，是为严修先生去世后，筱庄为纪念严公，将此函件贴裱成册。跋文云："严先生生平大事既略见泉所辑严先生事略矣。此册手札则皆先生寄泉一人者，先生之品学，博大精深，所交游亦最广，故凡从先生游者，无不有书札往还，泉所存者特沧海之一粟耳。然而道德学问及教育政治之理想，已略见一斑。尤奇者，先生之相识或有谓，先生政惟求旧，不主张天津改县为市者。试观先生驻欧时，寄泉数书，有谓欲社会之进步，非讲求市政不可，市政良则社会良，而国始有富强之望，反复言，天津改市之利益凡数百言，其议实发于十五年前，何与言者相反也？去岁南行晤胡子晋先生于南京，胡君云：'严先生为温和之革命家，断不可认为逸老一流诚哉。'其知言也。泉幼年受先生知遇，老而无成，愧吾师友，每一展此册，恍若见先生雍容谈笑于我前焉，遗训昭然，永矢弗谖矣。筱庄陈宝泉敬跋。"后附民国十八年（1929）三月三十一日陈宝泉于追悼会所作《严先生事略》，此文视为严公一生事迹之总结。

《严氏家信原稿》二册，清光绪辛卯（1891）及丙申（1896）至戊戌（1898）年之家信，信多发予严修先生二叔、大哥等人，辛卯时严修先生供职于京，丙申至戊戌在贵州学政任。

《严修信草》共32册，这是严修先生遗墨中的又一宗较为完整、重要的原始资料。时间涉及30余年，始于清光绪十四年（1888），止于民国初年。字体均为行书。书中多为严修先生给家人的信函、给关系莫逆的重要人物、社会名流的信函，如袁世凯、徐世昌、周恩来等。信草中还包含着严公官贵州学政时的信稿。另还夹杂严修先生好友的通讯录诗文、札记等，此外尚有四页代拟信稿。

《严范孙先生函稿》三册，内容包括寄账房信一册，另一册为官学部时给袁世凯、卢靖、岛田俊雄、棚桥源太郎等日本东京高等学校有人的信函。另附公函数封。第三册为丙午（1906）在京供职时函稿，起本年九月至本年十二月。

《严范孙先生丛脞》二十一册，内容为其后人在严修先生逝世后，将一些随笔记下的小资料集中在一起一并捐给图书馆，中多为严修先生随笔记录的，比如日常用品的价格、日常的一些支出等，其中严修先生自抄的捐书目录就在于此。

《林墨青寿辰征言》，严修等撰，折装三册。林墨青（1862～1933），名兆翰，又字伯嘿，晚年号更生，与严修先生友善。是为林墨青生日送上的书法作品。严修先生在当时有天津四大书法家之称，即华（世奎）、孟（广惠）、严（范孙）、赵（幼梅）。由于他书法名气大，登门求书的人亦是应接不暇。他的书法可从其稿本中略见一斑。

《严范孙先生自定年谱》《年谱补》一册，抄本，是严修先生自撰的年谱，始于咸丰十年（1860），终于民国七年（1918）。另有高凌雯依严修先生日记补辑的后十一年《年谱》及严修先生行状各一篇。以非常精练的语言，将自己一生经历的重要事件记录下来。该书1943年由严修先生后人刊刻行世。

《严氏杂著》四册，内容为官翰林时的读书札记及文摘等。

此外尚藏有严修先生撰辑的稿本《说文类抄》《孔子家语校勘记》《寿诗挽联底稿》《严修自撰联语》《严氏家书》《严氏家信原稿》等。

天津图书馆除藏有严修先生手稿外，还藏有严修先生撰的著作及诗文，多为民国时期的影印本及石印本。如《同甲吟草》《严范孙会试朱卷》《严范孙先生古近体诗存稿》《严范孙先生诗钟》《严范孙先生遗墨》《严几道文抄》《严几道诗抄》《严先生遗著》《严宇香严仁波两先生事略》《先兄侧室金氏殉节事略》《天津河间两级师范学堂一览》《欧游讴》《教女歌》《独山胡氏三世述略题词》等。

严修先生一生著述甚多，但他生前封奏不留稿，告诫家人勿刻集。致使有大量的原始文献以稿本形式藏于天津图书馆，未被学者发现并利用。这是一宗具有十分重要历史文献价值的珍贵资料，是研究教育家严修先生教育思想，以及我国近代教育制度发展情况不可或缺的珍贵资料。有鉴于此，我们开始有计划地对馆藏严修先生这宗教育资料进行整理、编辑。适逢国家倡导弘扬祖国传统，推进文化大发展大繁荣，国泰民安，政通人和，为了缅怀这位对中国教育和图书馆事业做出卓越贡献的教育家，我们与天津古籍出版社联手编印出版《严修遗稿》，使之化身千百，以彰严公业绩，以泽来学。

兹将严修先生四次捐献藏书和敝馆珍藏先生遗稿情况简述如上，弁于卷端，是为序。

编印说明

一、编印本丛书，旨在将严修先生生前撰写的手稿文献编辑出版，为学术界深入研究中国近代著名教育家严修先生的生平事迹以及他在教育、学术、书法艺术及相关领域取得的成就提供第一手原始文献。

二、收录范围：本丛书收录天津图书馆珍藏的严修先生遗稿，其他单位或个人收藏的手稿文献，本丛书缺如不录。

三、编排次序：本丛书按照以下顺序进行编排，即严修日记、严修信草、严氏家书、严氏家信、严范孙函稿、严氏札记、严修手札、严修杂著、范孙自订年谱。各类文献，题名不一：或曰严修，或曰严氏，或曰严范孙，或曰范孙。题名或为原题，或为本馆自拟。今统一曰严修，旁注原题名。

四、正文排版：为便于学者利用，本丛书一律排成单版，即将原始古籍文献的每个筒子页，分别排成两个单页。

五、原书中有的非同一年日记但同写于一纸，原以墨笔和朱笔区分。此次整理出版时以"●"标识墨笔，以"○"标识朱笔，以示区别。

（载《严修手稿》，2012年天津古籍出版社出版）

《天津图书馆珍藏清人别集善本丛刊》编印说明

一、编印宗旨

清代人文极盛，或以学名，或以文著，或以仕宦显，或以艺术彰，各有文集刊行于世，流传至今者，几达四万种之众，诚不可遍搜而尽取。本编所录清集，以百种上下为限，其数仅及世传四百分一。尝鼎一脔，知其风味，是为本书之旨趣。

二、收录范围

本编所录清集，以《清人别集总目》（李灵年、杨忠主编，2000年安徽教育出版社出版）为据，凡其未载者，即以"稀见"目之，予以收录。

三、本书特点及价值

1. 小人物多。本编所收多属小家文集。我们从中可以了解当时社会下层人物生活百态、市井风俗，换一个视角看清朝。史料价值较高。

2. 抄稿本多。本编所录多为抄本和稿本。其中，或只有稿本，未曾付梓；或仅存抄本，底本殆亡。版本价值较高。

3. 孤稀本多。本编所收多为各家书目缺载别集。其所载内容具有唯一性。文献价值较高。

四、编印排序

清代学术极盛，讲求家学及师承关系，以见授受濡渐之迹。本编所录，因以"稀见"为主，各集独立，难窥诸家学业之关系，我们姑且以著者姓氏拼音为序。

（载《天津图书馆珍藏清人别集善本丛刊》，2009年天津古籍出版社出版）

明抄本《万历起居注》影印出版说明

一、《万历起居注》是记明朝万历皇帝（神宗朱翊钧）日常外廷生活及有关言论、文书和其时内阁大学士奏疏的一部史书。内容丰富，涉及领域广泛，凡朝廷过问的事情，无所不包。是研究明朝历史的重要著作。谢国桢先生称此书"乃研究万历时事最真实之资料也"（见《增订晚明史籍考》1964年中华书局版77页）。南炳文教授说："在记述同类资料的文献中，它也是收录最齐全、最准确的一种。"（见本书《代序》）今将天津图书馆珍藏的这部明抄本《万历起居注》影印出版，旨在将其化身千百，为研究人员提供第一手史料。

二、《万历起居注》的价值主要体现在两个方面：其一是明神宗死后，其继任者组织人员为之编写实录时提供原始文献；其二是为后人研究明万历时期历史提供第一手资料。此书可订《明神宗实录》及本朝大臣奏疏之讹误，可补《明史》及相关史籍记述明万历朝史事之不足。

三、天津图书馆藏明抄本《万历起居注》，共计五十册，七函，记事范围自明万历二年至四十三年，旧佚元年、十三年、三十三年、三十九年、四十年和四十二年，实际共记四百零六个月史事。工笔端楷抄录，其文字讹误、遗漏处较少，"这是现存记事最多、错误较少的两种版本的一种"（南炳文教授语，见本书《代序》。另一本指日本国立国会图书馆藏本）。今依原抄本影印，原书尺寸缩小，原本页次未作变动，以存其旧。

四、北京大学藏抄本，是民国年间据天津图书馆藏明抄本抄出的，其记事范围完全同天图本。1988年10月北京大学出版社将北大藏抄本影印行世，虽为学人带来便利，然这个传抄本存在明显不足之处，即"有许多抄误之处"（南炳文教授语，见本书《代序》）。今将天津图书馆藏明抄本影印行世，可补这个不足。

五、天津图书馆藏明抄本，原缺万历元年部分。民国年间天津图书馆据北大藏明抄本元年部分抄出。记事是万历元年的十二个月。今将传抄本元年部分冠于本书之首，补足原本之缺。另外原缺五年部分，此次未能补齐。

六、书后附《万历起居注校勘记》。这个《校勘记》没有注明作者，也没有注明校勘何种版本的《万历起居注》，据南炳文教授考证，"其作者应为妣兼山，校勘对象为天津明抄本，并兼校北大抄天本，凡校漏文、脱文等一七五四处"，可供研究人员参考。

（载明抄本《万历起居注》，2001年11月全国图书馆文献缩微复制中心出版）

《消闲四种》出版说明

　　清左潢撰，清嘉庆间藤花书舫刻本，四种。左潢（1751～?），字巽彀，安徽桐城人。乾隆四十二年（1777）举人，历歙县、丹阳县教谕。是书为作者所撰茶、酒、诗、赋游艺小品之汇集。其《红楼梦茗饮》为饮茶游艺之作。取《红楼梦》中十八人为上、中、下三品，择其雅事，配以二十八景，作筹如数，然后标立题目，分体著作，以定饮数。《会真别趣》为饮酒游艺之作。取《西厢记》中人物，以人、花木、音乐、文玩，分为四部，合计六十锦，制筹凡五十六枚，以筹定饮数。《探花集字谱》为作诗游艺之作。取四季之花最佳者四十种，根据古典，订为景色，以曲牌名印之，刻于牙签，拈取一枚为题，仍用诗牌集字为句。《卧游名山图》为作赋游艺之作。以五岳为主，取天下名山，绘为一图，另标山程里数、游山步数、游山名景，值月值日山，并取前人本山诗句，定为赋题。以园牙片五枚，如围棋子，上书金、木、水、火、土，游戏者各认一子，相掷而乐。

　　此书流传甚稀，《中国丛书综录》未载，《中国古籍善本书目》674页著录，以孤帙传世，天津图书馆独家珍藏，是书版式风格独特，四周边栏饰以菱形花边。绫布书衣，函套线装。今据原大影印出版。

　　原卷既可以阅读品茶、饮酒、咏诗、作赋四种游艺消闲小品，又可以欣赏镌刻、字体、行款、边栏等处独到版刻风格，是一种读可消闲自娱、观可赏心悦目的仿古作品。

　　　　　　　　　　　　（载《消闲四种》，2001年全国图书馆文献缩微复制中心出版）

《语美画刊》出版说明

《语美画刊》是 20 世纪 30 年代中期在天津出版的小型精美画刊，图版清晰，套色彩印，堪称当时国内影印技术尖端。别开生面的大十六开横开版，是历来罕见的。画刊每周一期，八页，1936 年 9 月 9 日创刊，1937 年 7 月 21 日终刊（显然受"七七事变"影响），除 1937 年春节停出一期外，共计出刊四十五期。

此刊为天津图书馆独家收藏（据上海图书馆主编《中国近代期刊联合目录》），所藏为精装合订本。但由散刊凑集的，在天津图书馆的大宗零散期刊收藏中却不见一期，全国亦然。由此可以推定，这是终刊后由画刊社特别制作，作为纪念的。可见其难得。

画刊上乘高雅，属于阳春白雪档次。图文并茂，多为文物收藏、诗、书、画、印，戏剧、曲艺和观光览胜等内容。整体显示为当时天津高层文化圈人士，既有乡贤耆旧、又有新知识界所共创办的"同仁刊物"，作为流连的园地。内容有两个主题：怀念李叔同，赓续西庄以来的津沽文脉。此刊对李叔同研究尤有极为可贵的价值。仅以其中的传记为例，就比《弘一大师永怀录》（1943 年大师辞世后刊行）中的要早出六年。由于此刊极少流传，几十年间的多种李叔同年谱都未提及。

最早宣传李叔同事迹的媒体，当推天津的《语美画刊》，它于李叔同在世时，就较系统地介绍了这位艺术大师和佛教高僧的生平事迹，是今研究李叔同史料的历史依据。

然而由于此刊只是抗战前夕在天津的高雅文化圈内短时间、小范围地流传，所以甚至在李叔同研究界至今也很少为人所知。

《语美画刊》的主题，对水西庄的介绍，内容也与李叔同相关，从 1925 年到 1937 年十多年间天津文士组织的"城南诗社"，每年都有雅集活动，其中 1935（乙亥）、1936（丙子）年重阳节的雅集都是在水西庄遗址举行的，参加者多为以上所列诸士。这是水西庄大型活动的最后两次，除了详细的文字报道外，画刊都刊出了大幅合影，分别摄于水西庄的匾厅前、芥园的"功赞平成"牌坊下。其中留下了李叔同同乡友的形象，甚为难得。

关于"语美"的名称，因没有任何典故依据，有论者还提出设想：是否也和1912年李叔同在上海办过的《文美》杂志名称有衍生关系？这也有待继续求索。

近年在印证新发现的《李叔同印存》等方面，《语美画刊》显示的价值已引起海内外李叔同研究界的日益关注。在弘一大师圆寂六十周年将要到来时，我们特将画刊影印出版。这对弘一法师李叔同、乾隆时著名园林水西庄及天津文化史的研究将有重要意义。

（载《语美画刊》，2001年全国图书馆缩微文献复制中心出版）

《天津图书馆孤本秘籍丛书》前言

《天津图书馆孤本秘籍丛书》是一部收录天津图书馆所藏部分具有较高学术价值和资料价值的善本古籍丛书。收书共一百种。以内容的四部分类计：经部五种、史部三十八种、子部六种、集部五十一种。以书籍之版本计：明代稿本三种、明代刻本三十八种、清代稿本十九种、清代刻本十三种、清代抄本二十七种。古人说，集腋成裘。这套《丛书》的底本正是来自长达九十余年之久的天津图书馆藏书积累的菁华，是世纪的结晶，了解它还得从源头说起。

天津图书馆的前身是由直隶提学使卢靖（字木斋，湖北沔阳人）于清光绪三十三年（1907）提议创办的天津直隶图书馆，该馆于次年五月正式开馆。而追溯它的藏书起源，还可上推至稍前的周学熙（字缉之，安徽东至人）任天津河间兵备道兼直隶工艺总局总办时，所创办的天津教育品陈列馆图书室，时学部侍郎严修（字范孙，天津人）首出图书一千三百四十二种，捐为津邑公有，供人阅览。逮至直隶图书馆成立，严氏再度捐书一千二百余种、五万余卷，两次捐书合为一处。此外，当时两江总督端方、两广总督张鸣岐、云贵总督锡良、浙江巡抚增韫、山东提学使袁树勋、吉林巡抚陈昭常等南北名宦大臣，又各捐书若干。直隶督署调拨其旧藏一万余卷。宣统元年（1909）傅增湘（字沅叔，四川江安人，著名藏书家、版本目录学家）出任直隶提学使，他以博学的藏书家眼光，谓天津乃京师之门户、北洋之要冲，应当有相当规模的图书馆设置，他说："津地近滨渤海，自有元为东南贡赋孔道，由是建置事迹始有可征。洎夫自清中叶开埠互市，旋以重臣移镇其地，形势益系天下之重轻。迨经庚子之乱，当局大吏有鉴于内政不修，致召外侮，举凡厚民生利用者，靡不据旧鉴新、宏规大起。用是经政修明，赫然为各行首表率。兴学为立国根本之图，普通专门既具设矣，益不得不为保存国粹之举，则图书馆尚焉。"于是着意扩充社会教育机构图书馆，筹集巨款，广为搜罗新旧典籍，其数多达十二万余卷。特别是其间有购自江浙著名藏书家的大量遗书，如杭州沈氏（复灿）鸣野山房，李氏

（宏信）小李山房、丁氏（丙）八千卷楼、嘉兴（虞卿）、刘氏（承干）嘉业堂的散佚，同时接受了浙江书局、江西书局、两江督署以及傅增湘、缪荃孙、李根源、章邦直、洪荫之、平湖葛嗣浵、朱曾善、嘉兴曹淮城等公私捐赠，不消三年工夫，经、史、子、集四部之书猛增至二十万卷有奇，这还不包括东、西文书籍。从宣统元年起，傅增湘特邀由日本归国的嘉兴学者谭新嘉主持编目工作，历经两年有余，谭因家乡学务繁忙而辞职南归，韩梯云继任其事。谭、韩二人皆博通流略，淹贯群籍，擅长版本目录之学，宣统三年这部依照四库分类法而作变通和创新的三十二卷本《天津直隶图书馆书目》告成，民国二年（1913）铅印行世，傅增湘为之作序。这部书目收书一万二千七百五十五种，义例翔明，区分有法，不仅是当时为数极少的我国早期的公共图书馆书目之一，而且与《江南图书馆书目》（该书目收书一万零七百种）南北遥相辉映，天津直隶图书馆成为当时仅次于京师、江南两处，号称大江南北第三大馆。这批藏书奠定了今日天津图书馆古籍线装书和善本书的基础。

今日之天津图书馆还有两个前身：一是民国二十年（1931）建立的天津市立图书馆，一是民国三十七年（1948）建立的原天津图书馆。前者开办三年后，积累藏书三万六千多册，编有《天津市立图书馆目录》第一、二辑，其中有大量的明版书和清代武英殿版书较为瞩目；后者则主要接收创于清光绪三十一年（1905）的天津日本居留民团所辖"天津日本图书馆"藏书八万余册，其中七万多册为日文书籍，极富日本近代文献价值，另一万余册则几乎全是中文古籍线装书（包括地方志书六百八十余种和百余种"和刻本"）。旧时代由于政治腐败、社会动乱、民不聊生，加上不断的兵灾、水患，在长达四十余年的时间内，其发展速度是缓慢的，到1952年将三馆合并，改称天津市人民图书馆时，总藏书量约四十余万册，而古籍线装书约占其一半强。

中华人民共和国成立以后，由于党和政府的重视和关怀，加上社会各界人士的热情支持，图书馆工作者勤奋努力，图书馆事业，有了长足的发展。除了国家逐年增加购书经费，陆续购置外，最主要的是得力于20世纪50年代周叔弢、徐世昌、徐世章、任凤苞诸先生的慷慨捐赠，以及市政府有关部门拨交的如康有为弟子徐良、崇化学会等藏书。60年代又得著名小说史家周绍良先生转让的明清小说八百余种、六千一百余册，政府拨交的民间宗教的大量宝卷，明版《大藏经》，其中周叔弢和任振采两先生的捐赠最为突出，不仅数量多而且质量高。

周先生（1891～1984），名暹，字叔弢，清末重臣周馥之孙，著名医学家周学海之子，是民国时代北方著名的古籍善本书收藏家和实业家，他一生竭力搜集宋元善本及名校名抄，收藏之富之精，享有"南陈北周"之称（"南陈"指祁阳陈清华）。中华人民共和国成立后他化私为公，将宋元珍本全部无偿捐献北京图书馆（今国家图书馆），其余绝大部分藏书分二批捐献天津图书馆。第一次为1955年捐赠珍贵的清代刻本和抄本古籍三千一百多种、二万二千六百余册，第二次为1973年捐赠明清铜、泥、木活字本，清代刻本，影印本以及周氏自刻本等一千八百二十七种、九千一百九十六册。

任先生（1876～1953），名凤苞，字振采，江苏宜兴人，出身于官宦兼金融世家，他本人也是著名的天津银行家，身任中南银行董事、金城银行终身董事、盐业银行董事长。他一生酷嗜典籍，尤以专事搜集我国历代地方志著称，他的天春园收藏全国地方志二千五百三十六种，其数量之多、质量之高，不仅为我国私家藏志之首，而且可与京沪公藏相媲美。著名方志学者张国淦先生曾评述任氏之天春园藏志："于北，则北平图书馆差足伯仲；于南，涵芬楼犹或不逮。至私家庋藏，若吴兴刘氏（承干）、杭县王氏（体仁）抑非其伦也。即予笃好地志，致力之专且长，亦未当后人，然视'天春'，则绝尘莫蹑矣"。（张国淦《天春园方志目序》）这个享誉全国的专藏，于1953年悉数捐赠天津图书馆，由此奠定和形成天津馆重要藏书特色。此外津门其他学者、藏书家如王襄、赵元礼、金大本、章瑞廷、金钺等，或本人或家属子女，将其生平著述手稿及收藏典籍捐献给天津馆。截至1982年改名为天津图书馆时，全馆总藏书量达三百余万册，其中古籍线装书五十二万册，内含古籍善本书八千三百余部，著录于《中国古籍善本书目》者二千二百七十七种。内容上囊括经、史、子、集、丛；版本上包括唐人写经、宋椠元刊、明清精刻、活字套印、学人稿本、名家抄校本，以及日本、朝鲜刊刻的汉籍，等等。琳琅满目，林林总总，形成了津图特色藏书：地方志富而精；明清诗文集多孤本秘籍；宝卷量多类全，且多稀世秘籍；明清稿本、抄本多罕见之作；明清小说颇具特色；历代活字印本量多类齐；宋刻元刊不乏佳本；近代北洋文献极为丰富。

为了将馆藏这些具有某一方面特色的善本古籍公之于世，达到宣传馆藏、扩大流通、实现资源共享，以满足学术界需要的目的，我们特编了这套丛书。兹介绍其中几种古籍，以期大家对这套丛书有个初步的了解。

一、稿本《钱罄室杂录》，经折装，十册，明钱谷辑。谷字叔宝，号罄室，吴县（今江苏苏州）人，生于明正德三年（1508），《明史》卷二百八十七文征明传中两处提及他却不过寥寥数字，只说他是文氏弟子、善画而已。该书末附文征明之孙文从简跋文一则，于钱谷记录较详，兹全录如下：

"钱磬室先生谷字叔宝，世为吴人，先生少孤，能自励读书，家贫无所得书，游先太史（文徵明）门，日取架上编袠读之且遍，复以其余能习绘事，心通神能，超人逸品，于是声日益起，户屦时时满。顾先生愈不为家，家愈贫，先太史过而题其室曰：'悬磬。'先生笑曰：'吾志哉！'而其嗜读书日益甚，手录古文金石书几数千卷，校雠至丙夜不休。所纂集书有数十种，惜其家贫而世尟好事者，莫为梓行，亦未有副在名山也。尝裒集吴先贤而像之。一室琳琅，照座下及几榻之微，亦必摹勒宋元名人手迹，摩娑把玩以自愉快。性复劲直，不能容人，即游于名士大夫间，皆能蔑之以气，语无私者客，或稍不当意，披衣径出不顾，竟以是贫且老。有子允浩能继其风，后皆以寿终。"下钤"从""简"白文子母印等。

此跋不仅是已知的钱谷传略的最早最详记载，而且对了解本书可谓指示门径者。钱谷家贫好学，以善画闻名，他一生纂集抄录的著述不少，唯无力付梓而大都不存。他编的《吴都文粹续编》四库馆臣据扬州马氏小玲珑山馆藏抄本录入《四库全书》集部总集类（此书另有丁氏八千卷楼抄本），原书五十六卷补遗一卷，四库本已缺卷五十三、五十四两卷。除本书外所知者尚有嘉靖十四年（1535）手抄《唐朝名画录》（见《过云楼书画记》书四）、二十三年抄南唐冯延己《阳春集》（见铁琴铜剑楼书目）、三十六年辑《历代隐逸传》（见《涵芬楼烬余书目》）、四十年从同里彭年借抄元陶宗仪《游志续编》（见该书跋文）、四十三年抄宋陆游《南唐书》（见《北京图书馆善本书目》）、隆庆二年（1568）抄宋人编《续会稽掇英集》（见《善本书室藏书志》），至于他的《三国志类抄》《南北史撼言》《吴中人物志》《长洲志》以及《钱磬室诗集》，皆既不见存，也不见诸家书目著录了。他以高寿终，但卒年不知，只知道万历六年（1578）他七十一岁客居金陵王氏修竹馆时，尝为之作《兰竹卷》（见《宋元明清书画家年表》）。

是书是钱谷手书行书，仿类书体例，以类系事，杂录经、史、子、集，计分天文、时令、地理、圣贤、忠孝、德、让、智、命、友、公平、品藻、鉴诫、礼乐、杂纪、官职、敏识、愚昧、著述、书写镂板、藏书读书、史事著述、字义、拆卜、诏令露布杂事、箴铭诗什、族氏、名字、称号、名讳、祖父、母、儿、宗族、兄弟、任子、不肖、奖掖、劝勉、孤寒、膏粱、外家、姑、姐妹妻子、美女、丑女、婚姻、妓妾婢、奚奴僮役、相貌、睡眠、梦、笑、啸、贫、愁、泣、侠、报、女德、老、言、谣、吟、头、目、耳、口舌、发、髑髅、物释（按，此类目序列次第，当非原作之貌，一是恐原稿有散佚不全之可能，二是收藏者得原稿之先后而装潢时所致），凡七十一类，个别类下且分有子目，如天文类下包括日、月、星、风、雪、雾、雷、虹，言类下包括大言、小言，物释类下包括禽、兽、果。各类目下分别记述，少则一二条，多则十余条以上，或释义、或记事、或录相关诗文（如诏令露布杂事类下录有唐于公异《破朱泚露布》，箴铭诗什类下录有唐皇甫湜《著作郎顾君（况）集序》，啸类下录有晋成公绥《啸赋》，美女类下录有梁元帝、李白等人诗作）。综观全书，采集子部杂著类著作为多，且多宋元以前人著述，正经正史为少，个别处也有钱氏读书札记。本书充分反映钱氏读书之广，手录之勤，其中不乏今之难以经见甚或散佚著述，唯每项不标注出处，难以探溯其源。

该书钤有"文彦可"朱文、"沿州私印"白文、"谢林邨珍藏书画"白文、"洽卿私印"白文、"吴云平斋"白文、"二百兰亭斋藏书之印"白文、"听钟山房"朱文、"方塘之印"白文、"一名问渠"朱文、"颜怀之印"白文、"平泉居士"朱文、"刘世珩经眼"白文、"世珩审定"朱文、"刘世珩读"白文等。大体可知原稿藏于文从简，经谢沿州、方塘、吴云、刘世珩等先后递藏，其来源有自，递传有绪。书前有罗振玉署端："钱磬室先生墨迹，丁巳夏六月永丰乡人罗振玉书于海昌寓居"，并钤有"罗振玉印""罗叔蕴"二白文篆印，唯"磬"当为"罄"之误。末尚有方塘题词："先生最妮古，手录百子强。抄自县罄室，珍比名山藏。先后有同癖（原注：此五帙前人已经装潢，白斋兄乃市得之），楮豪发妙香。再三题竟读，从缀自成章。"并有钤记二方。又，是书原未题书名，此书名乃收藏者（编目者）据其内容，参以诸家题署而定。

二，稿本《天池杂稿》，明徐渭撰，蓝格，行草书写，字数不等，圈点涂抹笔迹犹存，是为初稿底本。渭字文长，号天池，浙江山阴（今绍兴）人，屡试不中，一生潦倒，以诗文、书画、戏曲遣忧排愤，佯狂于世。是稿对照其万历、天启间刊行的《徐文长文集》《徐文长秘集》《徐文长逸稿》，内容颇有出入，如《读文信公（天祥）仙岩祠焚吊》诗二首，《文集》卷七虽有载，然已失去"诗序"："公从北使亡，至临海，一宿张和孙家，已举义，将赴公而公被执矣。临海仙岩百花洞，公往之，而投宿于张地也，今盛祠公于此。按公传：公生则某龙神庙不灵，死则复灵；公举义，江水随公义旗所指涨而流。公败于梅领，吞口子二两，不死，饥八日不死。"凡九十五字；《答张君当大雪晨惠羔羊半臂华裘及菽酒》书，《逸稿》卷二十一亦有载，然文题作《答张太史》，题注作"当大雪晨惠羔羊半臂华裘及菽酒"，且缺文尾"后赘"以下凡四十六字。尤为可贵珍的是稿本中尚有部分诗文，如《答朱太卿》《答沈四书》《达摩》《送沈玉吾再北》等，为《文集》《秘集》《逸稿》失载。

三、稿本《赖古堂未刻诗》，经折装，清周亮工撰。亮工字元亮，一字减斋，号栎园，时称栎下先生，河南祥符（今开封）人，明崇祯十三年（1640）进士，一生饱经宦海沉浮，两度下狱，然才气高逸，记闻淹博，生平著述甚富，遭毁禁亦多。是稿为清顺治十五年（1658）手写七言律诗十一首、七言绝二首，末有亮工自跋云：

"亮工诗一刻为《友声》、二刻为《白浪河上集》、三刻为《竹西吟》、四刻为《榕厄》、五刻为《觚剩》、六刻为《闲绿亭集》、七刻为《尤难为怀集》、八刻为《秋棱》、九刻为《蕉堂集》、十刻为《嘉树堂诗》、十一刻为《闽雪》。诸刻唯《白浪河上集》《竹西吟》多忌讳语，六焚其稿，所存者九集耳。未刻者仅此数首，外流传皆伪作或不足存者。亮工此行将死奸人手，生平为诗虽不足传，然往往能自见其性情，半生精力所在，惧子弟不能为之收拾，因书以付之逸庵先生。先生与亮工为性命交，又最嗜亮工诗，他日为亮工裒集诸稿，依体分类，合为一集以传，此逸庵之责也。鬼惟爱茂林深竹耳，他何知哉！顺治戊戌太白学人周亮工识于天月堂，时缇骑之至十日矣"。下钤"周印亮工"白文篆印。

由此可知，亮工在顺治十五年以前已有十一种诗集付梓问世，今唯《友声》《觚剩》《闽雪》（见周在浚《赖古堂集凡例》），以及《蕉堂集》（见《赖集》卷二十三《题蕉堂索句图》）见于著录外，其余均不见于其传记、诗文及书目记载，这是其一。其二，周亮工在康熙九年之前已有自焚著述之举，待康熙九年他五十九岁时在江宁慨然叹曰："一生为虚名误，老期闻道，何尚留此耶！"尽取所著书板并藏书百种焚之，至少那是第二次。其三，此稿手录于即将被逮下狱之前（此第一次下狱，所康熙八年再下狱），自感命途多舛，遂选取"能自见其性情"的诗作交给王逸庵保存，嘱托他日合集以传，可见此册实为研究其生平思想的珍贵资料。又，此所谓"未刻"系指顺治十五年以前未付梓，他卒后三年即康熙十四年其长子周在浚于金陵为之集辑刻《赖古堂集》二十四卷（今有《清人别集丛刊》影印本），上述诸诗均囊括其中，然与稿本相较，仍有标题、诗句相异者，如《赖集》所录《与有介》诗，稿本题作《寿介寿，匆匆与介交十一载矣》，集本"未成远""恋君酒美不湎钱"二句，稿本作"不成远""为君酒美须臾焉"等等。此稿本钤有"胶西王逸庵家藏书画印""闷海十二年游人"二篆印,辗转流入周叔弢先生处,周先生赠予天津馆。

四、清抄本《俞渐川集》,系清俞汝言所撰诗文集。汝言字右吉,嘉兴人,生于明万历四十二年(1614),卒于清康熙十八年(1679)。他一生坎坷,在明末仕途未捷,入清遂弃举子业,绝了做官从政的路,颇有遗民思想,专事典籍收藏整理,授徒讲学,著述立言。一生著述颇多,却因家贫无力刊刻,多散佚不存。四库馆臣根据他的手稿本,将其《春秋评议》《春秋四传评议》收录在《四库全书·经部·春秋类》,《提要》称他的著述"简汰精审,多得经意","立义正大,持论简明。一卷之书,篇帙无几,而言言皆治《春秋》者之药石,亦可谓深得经意者矣",可见极为推崇的。其引朱彝尊《经义考》中缪泳之言,谓俞氏"尝撰有《宰相列卿年表》,其诗古文曰《渐川集》,今皆未见"。显然,这部《俞渐川集》乃四库馆臣未见之书,其流传罕秘可知。该书为俞氏同宗后人俞城之师竹斋据稿本传抄的,全书四卷,诗文诸体具备,篇幅各占其半。前有曹溶、文德翼、魏禧三序,皆备称俞之为人为学。该书除了反映俞氏生平外,还收录他所作的《儒论》三篇及《西汉官秩序》《明世家考序》《西平县志》小序十二篇,使我们借以得知其亡佚著述之大概;记载了他与清初一些遗民、学者如屈大均、顾炎武、朱彝尊等人的交往和学术探讨;还有大量浙江尤其是嘉兴籍文人武士的寿序、小传、补道牌、行状以及纪事诗,其中抗清殉节为多,这些传记性资料,或为其他史籍不载,或较后之记载详尽,是研究明清之际,江南社会政治、经济、军事、文化的重要资料。原藏嘉兴忻虞卿,清末为天津馆收得。

五、《(同治)涡阳县志》,是志于同治八年(1869)奉宪檄纂修,历经三任知县,至十一年成稿而未曾付梓。书六卷,下析子目六十五。体例较当、内容翔实。按,涡阳乃同治三年清军残酷镇压捻军起义以后,由颖州知府英翰(也是镇压捻军元凶)会同督抚奏请清廷拨亳县、宿州、阜阳、蒙城四境之地新设,取北魏时旧称及在涡水之北而命名,目的是加强对其地的统治、防止这里"刁悍顽民"之东山再起。本志是该县首创志,据立县不及十年。故其舆地、人物、艺文、杂类等旧事,属于今涡阳境地者,皆从上述四地旧志摘之,不足与论,唯武备、人物、艺文志所载咸同间新近人事,及与继太平军之后震撼半个中国的捻军起义相关。盖涡阳县乃捻军起义之发祥地,其首领张洛行、张宗禹等皆为县人。如《武备志·兵事》详载咸丰三年正月至同治二年二月捻军起义和失败之经过。《人物志》中的《忠节》《武功》《艺文志》人物行状纪略，多载有镇压捻军的帮凶，如英翰、牛斐然、牛师韩等人的血腥行径，反衬捻军英勇斗争。且本志纂修上距捻军起义斗争不过十来年，不乏当事人存世者，所以史实应当比较接近历史真实，因此该书对于研究捻军起义者最为难得的资料，然而向以此孤本存传，世人不得一见。颇具影响的《中国近代史资料丛刻·捻军》第二册《各地活动》中录的是《（民国）涡阳县志》，而民国志始纂于1919年，成于1920年，初印于1924年。虽其以同治志为粉本，然删节改订变化较大，且上据事情发生已经六七十年之外，以资料贵乎原始论，自然民国志所载远不及同治志可靠。如捻军雉河集会盟时间问题，史学界历来颇有歧说，作为全国高校文科教学参考书的《中国历史大事编年》第五卷《清·近代》（张习孔、田珏主编，1997年北京出版社第二版）在"咸丰五年七月"条下列"雉河集会盟。是月（一说八月。引者注：或说说年秋）各地捻党首领在雉河集（今安徽涡阳）会盟，推张乐行为盟主，组成捻军，旗分五色"。而《（同治）涡阳县志·武备志·兵事》载："咸丰六年正月，张烙刑伪称盟主分五旗。"并细记载其经过："众匪欲尊烙刑为首，与烙刑谋士郑景华、李士铦谋之，二人均系蒙城岁贡。郑、李云：'欲尊为首，胥奉约束。'乃择吉日，先安置烙刑于韩家楼，众匪齐赴请烙刑登坛。烙刑故作谦让，方乘肩舆至雉河集山西会馆，宰杀牛马，祭吉（告）天地。郑、李一为赞礼、一读祝文，伪尊烙刑为盟主。郑、李又献计云：'旗号，三军耳目，须分五色正镶，俾各领之以便认识，方有纪律。'于是以韩奇峰为蓝旗首、侯士伟为红旗首、宫得（树）为白旗首、苏天福为黑旗首、张烙刑自领黄旗……"虽然主"咸丰五年七月"说者，有都察院左都察御史、署户部尚书、宗室文彩等奏折为据，那毕竟是二手乃至三手资料。从地方志的"地近而覈，时近而真"的记载特点看，此足可澄清史学界这一团迷雾。又，该志向著录为"稿本"（见《中国地方志联合目录》），今审其书既无印鉴可凭，也无改动修补签条，字迹虽不工整，却无涂鸦之处，而杨雨霖志序有云："始遵奉所条款，先于亳、蒙、阜、宿旧志内其他舆志之山川等条、选举士之进志等条、人物志名贤等条，以及艺文、杂类，或地或人属于涡阳者，莫不拨人，以立根基"，其中明显为"选举志之进士等条"，而抄胥者不识原稿致误（且颇多错别字），据此是书当为抄本，然而不论是稿是抄，因别无他本，其史料价值不减。

为了确保本书的学术价值，特聘著名学者任继愈先生、傅璇琮先生、周绍良先生担任本书学术顾问，任继愈先生还拨冗为本书题写了书名，在此一并致谢！

编纂大部头善本古籍丛书，对我们来说这是首次，缺乏编纂经验，限于水平，在编印诸多方面一定存在欠妥之处，尚祈方家不吝赐教。

（载《天津图书馆孤本秘籍丛书》，1999年全国图书馆文献缩微复制中心出版）

《清代科举人物家传资料汇编》出版说明

《清代科举人物家传资料汇编》是一部从清代刊印的朱卷中摘录清代科举人物家族背景资料而编成的大型资料书。旨在为学人从事清史研究提供大量原始的清代人物传记资料，免去躬亲翻检之劳。

朱卷分两种：一是举子的试卷弥封后由誊录生用朱笔重新誊写的卷子，其目的是使考官无法辨认应考生的字迹以防止作弊；一是考取功名者将自己的试卷按照规定版式刻印成一册，刷印数百上千份，分送师长亲友，这是清代特有的一种风气，这种刻印的试卷虽系墨印，亦称为朱卷。本书收录的朱卷是后者。朱卷通常包含三部分内容：其一为考生履历，备录本人简历、本族谱系（含母系、妻系）及师承传授（如受业师、问业师、受知师）；其二是科份页，载有本科科份、中式名次、考官姓氏官阶与批语、该房原荐批语；其三为考生的文章（所谓"八股文"），有全刊者，也有选刊得意之作者。就朱卷的履历而言，其比官刻的登科录、乡试录、会试录以及同年齿录等所载资料要详细得多，犹如一部家谱的缩写。而作为考生的档案，其记录的世系情况在某种程度上比家谱要真实确切。此外，大量举人、贡生甚至某些进士史传不登，即有所载，也鲜有母系、妻系及师承传授的记述。因而，朱卷的履历是值得重视、颇为有用的传记资料。

20世纪80年代末期，上海图书馆曾将所藏八千余种朱卷汇编为《清代朱卷集成》，交付台湾成文出版有限公司影印出版。该书收录丰富，具有很高的历史文献价值，填补了清代科举研究方面的一项空白，足资参证。不过，如果用作查阅清代科举人物家传资料的工具书，尚存不足之处：一是该书为台湾出版，大陆流传未广；二是部头过大，达四百二十册之多，不便翻检；三是该书所收仅为一家藏品，未及他馆所藏，故失收存世品种尚多，即使已收录者，还存在一些家传资料残缺的情况（书中标示"履历缺"者便是）。

《清代科举人物家传资料汇编》所收资料以上海图书馆馆藏原刊朱卷为主（对其

中一些"履历缺"者据他本进行了替换、补充，对无法补充者则予以剔除），加上国内数家大型图书馆等藏品，以原件可辨认且有可采之处者为择录标准，每种朱卷仅取其履历、家族资料部分（指前半部分，即所谓的"三代履历"），而删其应试文字部分（指后半部分，即所谓的"八股文"），摘编成书。本书收录清代科举人物约计一万人，包括中举本人及其家族主要成员在内合计约数十万人的传记资料。从这一点来看，本书还可以充当万种家谱来使用。

本书收录的清代科举人物家传资料，均据清刻朱卷原件影印，以中举本人为条目单独进行编辑，约600页为一册，分册装订，每册单起页码。全套书后编有《人名四角号码索引》为主索引，另配有《索引人名首字笔画检字》和《索引人名首字拼音检字》两个副索引，为方便检索，单独装订一册。

需要说明的是，清刻朱卷分布极为广泛，收藏情况复杂，囿于实际条件，目前还不可能全部收齐。同时，包括《清代朱卷集成》在内的一些朱卷，缺失个人家传资料部分；有些朱卷虽然有个人家传资料部分，但由于年代久远，已经残缺或难以辨认。鉴于本书的收录宗旨，这些材料此次也未予收录。弥补这些缺憾，还有待今后做长期艰苦的努力。

本书资料收录工作由上海图书馆、天津图书馆共同担纲，由国内多家大型图书馆等收藏单位、个人协作完成，特别是得到了国家清史编纂委员会的指导和资助，在此一并表示感谢。

限于水平，本书还存在不少缺漏和不足之处，敬请读者批评指正。

（载《清代科举人物家传资料汇编》，2006年学苑出版社出版）

《天津地区图书馆编印旧版古籍书目汇编》编印说明

一、编纂宗旨

编纂《天津地区图书馆编印旧版古籍书目汇编》，旨将天津地区多家图书馆早年编印的馆藏古籍书目通过征集、整理，汇成一帙，使这些容易散佚的旧版古籍书目得以妥善保存和有效利用。

二、收录范围

1. 收录天津辖区各级图书馆早年编印的部分馆藏旧版古籍书目。

主要包括：天津图书馆、南开大学图书馆及天津师范大学图书馆等馆早年编印的馆藏旧版古籍书目。

2. 兼收属于天津辖区私人藏书家的部分旧版藏书目录。

主要包括：天津图书馆编印的《周叔弢先生捐献藏书书目》、南开大学木斋图书馆编印的《天津延古堂李氏旧藏书目》（李大纶等藏书）、奴兼山编印的《奴兼山藏书目录》、任振采编印的《天春园方志目》、国立北平图书馆编印的《梁氏饮冰室藏书目录》（梁启超藏书）及徐世昌编印的《书髓楼藏书目》等。

3. 兼收属于天津辖区馆藏专题及综合文献目录。

主要包括：《天津图书馆藏明清小说目录》《天津图书馆藏活字本目录》《天津地方史资料联合目录》《天津市中医图书联合目录》《河北省地方志提要·天津卷》等。

4. 不收天津辖区各级图书馆早年编印的馆藏旧版报刊目录。

三、价值及功用

1.《汇编》具有一定文献价值。《汇编》收录了30余种馆藏旧版古籍书目，可以据此了解各个不同时期馆藏古籍藏书情况，为进一步拓展业务，开展征集、购藏原版古籍工作，提供了参考依据。其具有历史文献价值。

2.《汇编》把这些容易散佚的旧版古籍书目汇编起来，达到妥善保存的目的，并以新的面貌出现，化身百千，流通于世，为学者利用。

3.《汇编》收录的是早年编印的几家图书馆的馆藏古籍书目，我们可以把它看作是那个时期的馆藏古籍普查登记目录。目前，由天津地区各馆参加编纂的馆藏古籍普查登记目录，已经陆续出版，这是反映现阶段各馆收藏古籍情况的书目。通过比对早年和目前两个不同时期编纂的古籍普查登记目录，可以了解和搞清馆藏古籍的增减、递藏及流通情况，具有十分重要的实证价值。

（载《天津地区图书馆编印旧版古籍书目汇编》，天津图书馆历史文献部编，2015年国家图书馆出版社出版）

《天津地区馆藏国家珍贵古籍图录》出版说明

我国古代文献典籍是中华民族在数千年历史发展过程中创造的重要文明成果，蕴含着中华民族特有的精神价值、思维方式和想象力、创造力，是中华文明绵延数千年，一脉相承的历史见证，也是人类文明的瑰宝。从最古的甲骨刻辞、青铜器铭文、石刻文算起，到简帛书和写、印在纸上的书籍，中华古籍文献历时三千多年，其历史之悠久，数量之繁多，内容之丰富，世所罕见。古籍具有不可再生性，保护好这些古籍，对促进文化传承、联结民族感情、弘扬民族精神、维护国家统一及社会稳定具有重要作用。同时，加强古籍保护工作，也是建设社会主义先进文化，贯彻落实科学发展观和构建社会主义和谐社会的客观要求，也是贯彻执行文化大发展大繁荣的具体行动。

2007年1月国务院办公厅颁发《关于进一步加强古籍保护工作的意见》（国办发〔2007〕6号，以下简称《意见》），针对中华文化的重要载体——古籍，提出的主要目标是全面、科学、规范地开展古籍保护工作。对全国公共图书馆、博物馆和教育、宗教、民族、文物等系统的古籍收藏和保护状况进行全面普查，建立中华古籍联合目录和古籍数字资源库；实现古籍分级保护，建立《国家珍贵古籍名录》；完成一批古籍书库的标准化建设，命名"全国古籍重点保护单位"；加强古籍修复工作，培养一批具有较高水平的古籍保护专业人员。通过努力，逐步形成完善的古籍保护工作体系，使我国古籍得到全面保护。

几年来，广大古籍工作者在《意见》精神鼓舞下，以前所未有的工作热情，忘我工作。古籍保护工作已经在全国各古籍收藏单位全面铺开——古籍保护工作体系的完善、古籍普查登记、《国家珍贵古籍名录》、全国古籍重点保护单位的申报评审公布、《馆藏古籍普查登记目录》及《中华古籍总目》"分省卷"的编制、库房的改造、在职人员培训、学历教育的促进、标准规范的建立、实验研究的开展、数字化的推进、珍贵古籍的影印出版等，各项工作逐项落实，目标陆续实现。

全国古籍保护工作由全国古籍保护工作联席会议统筹规划，由文化部领导实施。国家图书馆设立的中国国家古籍保护中心负责日常古籍保护工作，成立专家委员会，聘任有关专家负责《国家珍贵古籍名录》和"全国重点古籍保护单位"的评审工作。由各省、自治区、直辖市成立的各省级古籍保护分中心，负责本地古籍保护和评审上报工作。

2008年3月1日，第一批《国家珍贵古籍名录》2392部，"全国古籍重点保护单位"51家由国务院批准颁布。天津地区有5个藏书单位收藏的17部古籍入选首批《名录》。其中，天津图书馆成为首批全国古籍重点保护单位。7月28日，文化部在京隆重召开第一批《国家珍贵古籍名录》颁证暨第一批全国古籍重点保护单位授牌仪式，中共中央政治局委员、国务委员刘延东同志出席仪式并做重要讲话，充分肯定了古籍保护工作取得的成绩，对不断推动古籍保护工作全面、有序、健康、持续发展提出了明确要求。

2009年6月9日，第二批《国家珍贵古籍名录》4478部，"全国古籍重点保护单位"62家由国务院批准颁布。其中，天津地区有4个藏书单位收藏的61部古籍入选《名录》。南开大学图书馆成为二批全国古籍重点保护单位。2009年6月11日，时任中共中央政治局委员、国务委员的刘延东同志出席文化遗产与古籍保护的电视电话会议，会上为第二批《国家珍贵古籍名录》收藏单位的代表及第二批"全国古籍重点保护单位"代表颁发证书和标牌，并作重要讲话。要求各级政府加大投入，共同推进这项伟大的事业。

2010年6月11日，第三批《国家珍贵古籍名录》2989部，"全国古籍重点保护单位"37家由国务院批准颁布。其中，天津地区有5个藏书单位收藏的225部古籍入选该批《名录》。2010年12月20日全国古籍保护工作会议暨第三批国家珍贵古籍名录颁证及第三批全国重点古籍保护单位颁牌仪式在北京举行。文化部等部门领导为入选第三批《国家珍贵古籍名录》及"全国古籍重点保护单位"收藏单位的代表颁证颁牌。

截至目前，全国三批共有9859部善本古籍入选《国家珍贵古籍名录》、150家藏书机构入选"全国古籍重点保护单位"。

天津地区共有7个藏书单位参加了三次申报工作，共有303部善本古籍入选《国家珍贵古籍名录》、2家藏书机构入选"国家古籍重点保护单位"。详见下表：

天津地区入选《国家珍贵古籍名录》和"全国古籍重点保护单位"的单位和数量一览表

单位 \ 数目 \ 批次	第一批	第二批	第三批	合计
1. 天津图书馆	9 种	35 种	156 种	200 种
	1 个单位			1 个单位
2. 天津博物馆	5 种	15 种	46 种	66 种
3. 南开大学图书馆	1 种	9 种	18 种	28 种
		1 个单位		1 个单位
4. 天津师范大学图书馆			4 种	4 种
5. 天津中医药大学图书馆		2 种	1 种	3 种
6. 天津医学科学技术信息研究所	1 种			1 种
7. 天津医学高等专科学校图书馆	1 种			1 种
合计:	17 种	61 种	225 种	303 种
	1 个单位	1 个单位		2 个单位

　　第一、二、三批《国家珍贵古籍名录》和"全国古籍重点保护单位"的公布，在中国历史上尚属首次，在世界上也绝无仅有，充分彰显了党和政府对古籍保护工作的高度重视。为纪念这一具有重要历史意义的工作，传承、弘扬中华民族优秀传统文化，提高全社会古籍保护意识，国家古籍保护中心分批编印《国家珍贵古籍名录图录》。

　　为了扩大《国家珍贵古籍名录图录》的影响，为了满足天津地区各级图书馆参加《名录》申报工作的员工日常业务和研究工作的需要，为了便于一般读者购阅，兹仿《国家珍贵古籍名录图录》体例，将天津地区图书馆入选三批《名录》中的珍贵古籍汇编成册，以飨学人。

凡例

　　一、收录：本书所收古籍，主要是天津地区图书馆所藏的，入选经国务院审批颁布的，第一、二、三批《国家珍贵古籍名录》中的善本古籍。

二、编排：按照第一、二、三批《国家珍贵古籍名录》组配的固定序号编排。

三、著录：依据入选古籍的序号、书名、卷数、著者、版本及收藏单位等项依次著录。

四、选图：以第一、二、三批《国家珍贵古籍名录》所选定的图像为准，每种古籍选图1至2帧不等。

凡一书有多家入选，而选定的图像为天津地区图书馆藏书者，则其他各家图书馆仅在著录项中列名，以便参考。

凡一书有多家入选，而选定的图像为他馆藏书者，则天津地区图书馆仅在著录项中列名，以便参考。

五、拍摄：本书一般采用原件拍摄。暂无图像者，本次出版只存目录，图片暂缺。

（载《天津地区馆藏珍贵古籍图录》，2012年国家图书馆出版社出版）

关于编印《中国馆藏珍贵古籍丛书》的建议

一、基本设想、目的、意义

近年，国务院办公厅和文化部办公厅下达文件，要求在全国范围内开展古籍普查工作，对国家现存古籍情况进行摸底，目的是加强对现存古籍的保护工作。古籍保护工作从两个方面做起：一是再生性保护，一是原生性保护。原生性保护主要体现在对破损古籍进行修复，改善保存环境；再生性保护主要体现在遴选善本古籍进行影印出版。

现在依靠国家的力量所做的再生性保护工作是编印出版《中华再造善本丛书》。宋元版编印工作已经完成，二期工程是精选一少部分明清版善本古籍。对《中华再造善本丛书》而言，限于多种原因，尚有一部分宋元版和大部分明清版善本古籍没有收入进去。依靠国家的力量做主要工作，而依靠集体力量可以弥补其不足，这也正是我们提出编印《中国馆藏珍贵古籍丛书》所考虑的地方。

以"中国图书馆学会古籍整理出版与修复专业委员会"名义编印出版这套丛书，前无先例，是一个创举。本委员会将不辱使命，趁此良机，干出一番事业。本丛书之成，实现了世传珍贵古籍的再生性保护、实现了各馆珍贵古籍的资源共享、实现了馆际合作、体现了互利互惠精神、拓展了业务范围、增进了同人友谊，体现了本委员会存在的价值，获得一定社会和经济效益，凡此等等，不一而足。

我们提出编印的《中国馆藏珍贵古籍丛书》，是继《中华再造善本丛书》之后编印出版的又一大型古籍丛书，可以把它看作《中华再造善本丛书》之续作；对《中华再造善本丛书》未及收入的世传一、二珍贵古籍中的少部分宋元版古籍和大部分明清版古籍进行再生性保护——影印出版，依靠的是各个图书馆这种集体力量。编印出版《中国馆藏珍贵古籍丛书》，拟收数千种珍贵古籍，以收藏馆为单位，量力而行，分批出版，化零为整，在各馆同人的共同努力下，一套《中国馆藏珍贵古籍丛书》将会在不远的将来展现在世人面前。其功用和影响不逊于当今的《中华再造善本丛书》和清代的《四库全书》。这项工作是落实国家古籍保护工作的具体举措，使珍贵古籍化身千百，达到了古籍的再生性保护这个目的。对于各馆现存一、二珍贵古籍进行科学保护、有效管理和合理利用都将具有十分重要的意义。

二、书名

1. 总丛书名：《中国馆藏珍贵古籍丛书》，按照分编（或称分辑）出版的先后顺序，称为"之一""之二""之三"等，依次类推；例如《中国馆藏珍贵古籍丛书》之一。

2. 分丛书名：以收藏馆的名义取名，称《某某馆藏珍贵古籍丛书》。一馆一编（或称一辑），例如《天津图书馆藏珍贵古籍丛书》。

三、编印出版形式

1. 以收藏馆为编辑单位进行选编，将选用的底本进行扫描，提供出版光盘。

2. 以出版社为出版单位予以出版，向提供底本的图书馆支付底本费，并提供样书。

四、收录范围

按照《古籍定级标准》，属于一、二级珍贵古籍者。凡属于以下三种情况者，不再收录：

1. 已经收入《中华再造善本丛书》者。

2. 依据《中国古籍善本书目》著录，现存传本数量超过 4 部以上者（限 3 部以内）。

3. 已经收入前一编《某某馆藏珍贵古籍丛书》者。

五、成立两级编委会

为了有效推行本项目，拟成立两级编委会。

1. 总丛书《中国馆藏珍贵古籍丛书》编委会

拟以本委员会——"中国图书馆学会古籍整理出版与修复专业委员会"的名义成立编委会。设主编、副主编、编委及学术顾问等职。

主编：由本委员会主任委员、副主任委员担任（若干名）。

副主编：由本委员会委员担任（若干名）。

编委：由本丛书参与馆的馆长、主管馆长和古籍部主任担任（若干名）。

学术顾问：由图书馆古籍界资深专家担任（一名）。

2. 分丛书《某某馆藏珍贵古籍丛书》编委会

拟以《某某馆藏珍贵古籍丛书》的名义成立编委会。设主编、副主编、编委等职。

主编：由本馆馆长担任。

副主编：由本馆主管馆长担任。

编委：古籍部主任及参编人员担任。

六、编选步骤

以馆为单位，先编《某某馆藏珍贵古籍丛书》遴选书目。为了控制"初编"整体规模，总页数最多限制在16000以下（成书8000页，精装10册，上下双栏），即此页数以下者可以，超过此页数者不可以。次将遴选书目上交总丛书编委会核查，提出修订意见，最后商定《某某馆藏珍贵古籍丛书》入选书目及出版顺序。

七、出版步骤

以总丛书委员会的名义，委托一家古籍出版社担任出版工作。按照总丛书编委会提出的统一要求（指装帧设计等）分编（或分辑）进行出版。

八、销售形式

1. 参与本丛书项目馆，成为本丛书自然认购单位。建议分编（或分辑）陆续购藏，最后形成一套完整丛书。
2. 出版社公开发行。

九、本项目运作的可行性探讨

1. 编委会：选定一个成员馆，负责日常各项具体工作，主要以查重为主，初步审核各馆上报书目，最后交由主编定夺，不存在问题。
2. 编辑：以馆为单位，选录馆藏一、二级珍贵古籍，按照要求进行扫描，不存在问题。
3. 出版：由专业古籍出版社负责出版，按照一般标准支付底本费，不存在问题。
4. 印刷：由专业古籍出版社负责联系指定印刷厂，印制成书，不存在问题。
5. 销售：分层次进行销售，参与合作馆按一定折扣认购，出版社公开发行，不存在问题。
6. 赢利：参与馆可获底本费，参与人可出成果，出版社可获利润，是个"多赢项目"，不存在问题。
7. 时间：这是一个长期项目，伴随着国家古籍保护工作相辅而行。限在"十一五"计划之内完成。条件成熟馆可以先进行，成熟一个出版一个，反之可后行，不存在问题。
8. 条件：凡中国境内具备上述基本条件、对此有兴趣的各级各系统图书馆都可以参加，不存在问题。
9. 结论：有经费馆和无经费馆都可以为之，有经验馆和无经验馆都可以为之，不存在问题，更没有风险。

十、本项目上马的可行性探讨

1. 学会方面：这是以本专业委员会名义开展的一次实质性馆际合作项目。本学会具体负责各馆拟订书目的核准及确认，指定出版先后顺序，解答编印出版等一般业务咨询，是《中国馆藏珍贵古籍丛书》的组织者。以本委员会名义从事的这个项目，将会得到各个参与馆、出版社的认可。本丛书编委会成员分工合作，各司其职，推动本项目顺利进行。

2. 图书馆方面：以馆为单位，出版《某某馆藏珍贵古籍丛书》，从馆史角度看，此举具有里程碑意义。本馆可以"获得双效"，参与者可以"名利双得"，从这一点看，各个参与馆会积极配合。

3. 出版社方面：这是一个大型古籍出版项目，既可以申报国家专项资助，又可以利用自己经费滚动推进，是一个利好项目，将会全力为之。

4. 馆际方面：使用本馆购书费，分批购藏兄弟馆编印出版的《某某馆藏珍贵古籍丛书》，使他馆善本古籍成为本馆藏品，增加了馆藏，是一次文献整合机会。

5. 社会方面：将各馆收藏的世传一、二级珍贵古籍分批出版，为读者提供更多珍贵古籍影印本，便于开展学术研究，是一个功在当代，利泽后人的善举。

6. 国家方面：这是一个依靠社会集体力量和智慧出版的一套大型古籍善本丛书，是利用各馆财力搞起来的古籍再生性保护工作，弥补国家投资之不足，符合国务院和文化部办公厅有关文件精神，会得到上级领导首肯，乐观其成。

7. 结论：本丛书是一个依靠各方通力合作的项目，重在开一个好头：统一认识，步调一致，群策群力，落实到位，抓紧时间落实，力求在天津会议时看到出版成果。

（载《2008年图书馆古籍界论文集》，2009年国家图书馆出版社出版）

《中国古籍珍本丛刊·天津图书馆卷》前言

一

2007年，国务院办公厅和文化部办公厅下发文件，要求在全国范围内开展古籍保护工作，对国家现存古籍情况进行普查摸底，目的是进一步加强对现存古籍的保护。古籍保护工作从两个方面做起：一是原生性保护，二是再生性保护。原生性保护主要体现在对破损古籍进行修复和改善保存环境方面，再生性保护主要体现在遴选善本古籍进行影印出版方面。

《中国古籍珍本丛刊》是国家图书馆出版社重点推出的大型系列丛书。它以全国主要图书馆收藏的珍贵古籍为遴选对象，精心编印而成。前无先例，是一个创举。本《丛刊》的编辑出版，可以实现各馆珍贵古籍的资源分享，可以实现馆际合作，可以体现互利互惠精神，可以拓展业务范围。

《天津图书馆卷》（以下简称《天图卷》）是将天津图书馆收藏的一批珍贵古籍按照一定标准经过遴选而编辑成的一套综合性古籍丛书。《天图卷》是《中国古籍珍本丛刊》中的第一部子丛书，从这个角度看，本书的编印具有一定示范作用。通过《天图卷》的编印，可以积累实践经验，取长补短，把以后将要陆续编印的兄弟馆藏《古籍珍本丛刊》的品质不断提升。

二

本书以天津图书馆藏"珍本古籍"为收录范围，凡馆藏具有比较重要历史文物、学术资料和艺术鉴赏价值之珍本古籍均在收录范围之内。考虑编印的规模不宜过大，所以，我们再设定一定标准进行遴选，凡馆藏珍本古籍属于以下四种情况之一者，不予收录：

1. 依据《中国古籍善本书目》著录，现存传本数量超过三部者（不含三部）。

例如：天津图书馆收入《中国古籍善本书目》者有2200余部古籍，我们从现存传本三部范围内再遴选若干部，编入本书。

2. 已经收入《中华再造善本》正续编者。

例如：馆藏宋刻本《棠湖诗稿》，已经收入《中华再造善本》，本书不再收录。目前，国家图书馆和国家图书馆出版社正在编印《中华再造善本》续编，拟收本馆藏清道光十二年（1832）泥活字印本《校补金石例四种》、明景泰（1450～1457）刻本《寰宇通志》、明万历十六年（1588）刻本《龙溪王先生全集》等。这些珍本古籍亦不收录。

3. 不论版本同否，已经收入近年各类影印本古籍丛书者。

凡已刊载《续修四库全书》和《四库全书存目丛书》等"四库系列"丛书，《丛书集成》及其《续编》《北京图书馆古籍珍本丛刊》等大型古籍丛书，以及《中国少数民族古籍集成（汉文版）》《中国医学大成》《中华山水志丛刊》等各类专题丛书者，均不收录。

例如：《性理群书辑览》七十卷，《闽刻珍本丛刊》已收，人民出版社、鹭江出版社2009年出版；《道园学古录》，《藏外道书》已收，巴蜀书社1992年出版。本书均不再收录。

4. 馆藏部帙较大的珍本古籍，具有特殊价值，不再编入本书，宜单独印行。

例如：明刻本《鱼鳞册》（一批）、清广州活字本《通典》200卷、《通志》200卷及《文献通考》348卷、"三通"3种748卷等。

《天图卷》收录馆藏珍贵古籍共计179种，本书收录的善本古籍具有以下四个方面的特点：

其一是收录史部珍本古籍较多，共计58部，占本书179部总数的32%。包括：《休邑黄氏思本图》，明黄显仁等编，明洪武二十二年（1389）刻本；《三朝圣谕录》三卷，明杨士奇辑录，明正统（1436～1449）刻本；《启祯野乘》八卷，清邹漪纂，清康熙十八年（1679）刻本；《人物通考》152卷，清陶炜辑，稿本；《少司空主一徐公奏议》九卷，明徐恪撰，明邵宝编校，明俞意、黎复性重校，明嘉靖（1522～1566）刻本；《济胜一览》，明侯应琛撰，明万历四十六年（1618）刻本；《钦定方舆路程考略》，清汪士铉等撰，清康熙（1662～1722）内府刻本；等等。

其二是收录集部珍本古籍较多，共计 69 部，占本书 179 部总数的 39%。包括：《杜律二注》四卷，明章美中辑，明嘉靖二十六年（1547）熊凤仪刻本；《桃溪净稿文集》39 卷《诗集》45 卷，明谢铎撰，明嘉靖（1522～1566）刻本；《康斋先生文集》12 卷《附录》一卷，明吴与弼撰，明正德十年（1515）刻本；《隋堂摘稿》六卷，明许应元撰，明嘉靖（1522～1566）刻本；《白沙先生诗教解》15 卷，明陈宪章撰，明林时嘉编校，明嘉靖（1522～1566）刻本；《燕市集》二卷，明王穉登撰，明隆庆四年（1570）靖江县朱宅快阁刻本；《绣像双娟缘》八卷，清嘉庆二十二年（1817）东雅轩刻本；《再来缘乐府》12 出，清悟园主人撰，稿本；《红楼梦填词》24 出，清褚龙祥撰，清希葛斋钞本；《精订纲鉴廿一史通俗衍义》26 卷 44 回，清吕抚辑，清雍正至乾隆（1723～1795）泥活字印本；等等。

其三是收录明刻本较多，收录 65 部明版书，占本书 179 部总数的 36%。包括：《三朝圣谕录》三卷，明杨士奇辑录，明正统（1436～1449）刻本；《圣谕讲解录》，明张福臻撰，明天启二年（1622）刻蓝印本；《大藏一览集》十卷，明陈实编，明洪武十六年（1383）刻宣德隆庆递修本；《阳明先生文粹》十一卷，明王守仁撰，明嘉靖三十六年（1557）大梁书院刻本；《三吴水利图考》四卷《苏松常镇水利图》一卷，明吕光洵撰，明嘉靖四十年（1561）刻本；《为善阴骘》十卷，明成祖朱棣撰，明永乐十七年（1419）刻本；《虚斋蔡先生文集》五卷，明蔡清撰，明正德十六年（1521）葛志贞刻本；《康斋先生文集》十二卷《附录》一卷，明吴与弼撰，明正德十年（1515）刻本；《玉机微义》五十卷，明徐彦纯撰，明刘纯续增，明正统四年（1439）陕西陈有戒刻本；等等。

其四稿本较多，收录 73 部，占本书 179 部总数的 41%。包括：《十八指挥考》一卷，清陈景沛撰；《人物通考》152 卷，清陶炜辑；《便农占镜》三卷，竹塘居士纂辑；《节义录》二卷，明谢杲撰；《（咸丰）重修沧州志稿》，清东友筠、叶圭绶等纂；《关雅》六卷，清石林风辑；《香髓阁小令》，清崇恩撰；《王文敏公经进稿》不分卷，清王懿荣撰；《新编虎螭镜全传》32 回、《新编赐筓楼全传》32 回，题味闲主人撰；等等。

三

本书以传本稀见、学术价值高的馆藏珍本为主，兹仅择其中的"丛部"数种为例试作介绍。

《一瓻笔存》，清管庭芬辑，清道光（1821～1850）稿本。收书112种（今存106种）。

管庭芬（1797～1880），字培兰，一字芷湘，号淳溪病叟，浙江海宁人。诸生，少耽典籍，尤熟谙乡邦文献掌故，尝佐钱泰吉辑《海昌备志》，馆蒋氏别下斋最久，所刊丛书大半由其校订。其诗文有法度，兼工书法，平生著述甚夥，家贫无力付梓，唯《天竺山志》十二卷，经曹金籀删定后刊行于世，余皆以稿本见存。传见《（民国）海宁州志稿》。是书为管氏从人借钞，积久成帙。所谓"借书一瓻，还书一瓻"，故命书名如此。全书以经、史、子、集四部为编，收录经部书十八种，多采自《经余必读》《书隐丛说》等；史部十八种，多采自明清单刻本；子部四十八种，多采自明清丛书及笔记杂著；集部二十八种，除采自刻本外，多录自墨迹本、传抄本。如史部中《黔山纪游》，系从墨迹录出。子部中《鲍壁人传》，系于一败纸中得而录之。集部中《卖艺文》，系从吕留良墨迹录出，尤为珍贵，后管氏又将其收入所辑《花近楼丛书》中。该文记录吕留良、黄宗炎、朱彝尊、黄子锡、高斗魁等人于清初时，贫困潦倒，被迫以出卖字画、篆刻技艺为生的史实。民国间钱振锽以活字摆印的《吕晚村文集》，只录其序文，而失五人鬻艺之品类及价格，此则完整保存。于此可见，明遗民们不肯俯首清政府而生活无着，尽管含辛茹苦，也不愿失去民族气节。

《销夏录旧》五种，清管庭芬辑，稿本。

是书为管氏避太平天国兵事，寓居斜川时，就行箧中所携散帙，重缮其副而成。其《全唐诗录补遗》乃就徐倬所编《全唐诗录》补遗，录其未收唐诗一百五十余首。《全唐诗逸》，乃从《知不足斋丛书》本录出，其中摘句混有宋元人之作，前人已有定论。《彭孝介杂著》系管氏辗转从作者后裔处所得手稿抄录。作者乃明末清初之遗民，其著述多散佚不传。此存三卷，且附同里徐盛全所撰传文。《悔少集》乃笺注厉鹗的《游仙诗》，凡百首。《重订曲海总目》系管氏据所购得的旧本，重行编次校录而成。

《鸠坞随手录》，清张祥河撰，清道光（1821～1850）稿本。收录九种。

张祥河（1785～1862），字诗舲，一字元卿，江苏华亭（今上海市松江）人，嘉庆二十五年（1820）进士，由内阁中书累官河南按察使、广西布政使、陕西巡抚、工部尚书等职。工诗词，善画山水花卉。著有《小重山房初稿》《诗舲诗录》等，传见《清史稿》。是书为张氏自撰诗文及其所辑他人诗文的汇编。其《饮水诗集》《词集》乃据康熙中张纯修所刻本抄录，原本亦系选本，与《国朝诗别裁》所载纳兰性德之作互有出入。《会典简明日录》系辑自《清会典》中有关内阁、六部、都院沿革，并加增损而成，意在取其便览。《骖鸾录》系宋范成大乾道间由吴入粤西的日录，以配自撰《续骖鸾录》，即为记道光二十四年（1844）张氏由汴入粤西的日录。《骖鸾吟稿》为张氏赴粤西途中诗作。《桂胜集》为其广西任上所作山川风俗之诗词文。《粤西笔述》为广西任上仿《日下旧闻》例，摘录方志中关于山川风物资料成编。《诗舲诗续》《词续》乃补道光初原刊《小重山房初稿》中诗词部分，主要为道光十九年至二十五年（1839～1845）初之作。

《小石山房坠简拾遗》，清顾湘编，清道光（1821～1850）钞本。收录六种。

顾湘，事略见《小石山房丛书》提要。是书为道光二十年（1840）顾氏偕其子崇福、康福，于家藏丛残篇什中掇拾成编。顾序云："会闻洋氛不靖，番舶有窥伺福山之警，忧愤毕集，恨吾辈腐儒不能结缨赴难，斤斤于咀文嚼字，奚为每一怆怀，又不觉拔剑起舞，掷笔浩叹，南望中原，雪涕如缃，悲夫悲夫。"可见其虽埋头故纸，仍不忘国家之忧，其情可慨。其《偃曝谈余》见于陈继儒《宝颜堂秘笈》。《溪山余话》见于陆深《俨山外集》和《宝颜堂秘笈》续集。《吴郡丹青志》见于王穉登《王百谷全集》、《广百川学海》壬集和《宝颜堂秘笈》续集，末有道光四年（1824）顾湘跋，推崇王氏风雅绝伦。《画记》亦见于《广百川学海》壬集和《宝颜堂秘笈》续集，末有道光四年顾湘跋，称作者得画家三昧，然后方得有此作。以上四种，疑皆钞自《宝颜堂秘笈》，今习见耳。唯《香国史》和《北邙踏青词》，传世仅见，胡文楷《历代妇女著作考》未著录。道光十五年（1835）顾湘跋《香国史》云，绛云楼火后，"牧斋（钱谦益）携柳夫人徙居红豆庄，地多名葩异卉，春时繁英斗艳，香霏霏盈几席间，夫人咏百花诗，纂《香国史》，与牧翁相赓唱"。又云"旧为张鹿樵（大镛）观察藏本，环林邵君（恩多）知余有刻书之役，风雪中携此见示"。是书内容取名花十二种，类十二种女子，各举一人。如："兰花（名媛）"，举国香；"秋海棠（怨女）"，举杜秋娘；"梅花（少寡）"，举素娘；"菊花（病女）"，举黄金英；"荷花（剑侠）"，举何菡萏；"凤仙（女冠）"，举高飞云；"蔷薇（名妓）"，举佛见笑。《北邙踏青词》录词九阕，王士禄曾编入《然脂集》，未刊行，是词唯赖此以传。道光五年（1825）顾湘跋云："（孙）永芳字佩芬，河南洛阳籍，工辞藻，清才秀慧，不亚于杨容华、张玉孃、叶小鸾诸人。王西樵先生辑《古今闺阁然脂集》，特为编入，集未刊行，稿本少见。太仓季松耘（锡畴）师饷余断帙一册，强半毁脱，此词尚完好可认，亟为钞录。"

注：此处少《文坛清鉴集四种》一段文字。

《四朝子史杂钞》，明佚名辑，明蓝丝栏白棉纸钞本，存十三种。

是书原无总书名、总目录，传至清南海孔继勋时，以"岳雪楼"之名重编总目录。又以所录为晋、唐、宋、明四朝子史杂著，故题称《四朝子史杂钞》，其中《楚汉余谈》唯见《明史·艺文志》载录而不见传本，作者以取楚汉相争时十件事情，以论此兴彼亡之故。其余十一种均为古代子史中有代表性重要著述，且流传颇广，然长期以来或以其真伪（如《古今注》），或以其撰人（如《西京杂记》），或以其卷帙（如《江南别录》《挥麈后录》《泊宅编》《龙川别志》），或以其版本（《唐语林》）诸问题，一直使人们坠入云雾之中。此钞本大约成于明嘉靖晚期，可为上述诸书的校勘考订提供依据和线索。如《古今注》系据长洲顾氏家藏宋本为底本，分音乐、鸟兽、鱼虫、草木、杂注五篇，与后之通行本分八篇（增以舆服、都道、问答、释义）迥殊。《唐语林》四库馆臣据《永乐大典》辑为八卷，而舍内府藏嘉靖初齐之鸾刻本不取，今嘉靖本不存，而此书乃据嘉靖二年（1523）桐城齐之鸾刻本钞出。《龙川别志》四库录入只二卷，此为八卷，与《百川书刻》《续通志》著录合。

（载《中国古籍珍本丛刊·天津图书馆卷》，2013年国家图书馆出版社出版）

《天津日本图书馆馆史资料汇编》编例

天津日本图书馆是20世纪初由居津日人中的"智者"倡议，在中国天津地区设立的一所主要供日本人利用的带有公共性质的图书馆。初名"清国天津日本图书馆"，其后几经易名，又称天津日本图书馆、日本图书馆、天津共益会图书馆。该馆创始于清代光绪三十一年（日本明治三十八年，1905年）八月，馆舍设在当时的"天津日本俱乐部"内。1913年8月该馆与日本民团事务所及公会堂在天津日租界大和公园内一同兴建楼舍，一楼用作该馆馆舍。1935年6月该馆复在大和公园的另一隅建成了一座独立式图书馆。1945年8月日本战败后，该馆随即关闭。这所图书馆自创建到关闭经历了四十个年头。

《天津日本图书馆馆史资料汇编》是一部收录有关原天津日本图书馆馆史方面资料的专著。我们编印这个资料集旨在为研究图书馆学的同仁及研究探讨中日关系问题的读者提供参考资料。同时作为接收原天津日本图书馆全部藏书的天津图书馆，我们把编印这个集子视为己任，以期在促进中日两国图书馆界及两国人民的文化交流方面做出一点贡献。

本书收录的馆史资料主要取自在津日人编印的几种居留民团报告书。最早的一份报告书是清代光绪三十四年（1908）编印的，亦即在居留民团成立后的第二年编定的。最晚的一份是1944年居留民团编印的，亦即在日本战败前一年。其间除1922年阙如外，我们所见的历年编印的报告书中都载有馆史资料。翔备的馆史资料为我们了解这所图书馆的情况提供了重要的文献依据。

本书所载史料的内容十分丰富，涉及该馆各个方面，举凡历史沿革、藏书来源、书刊编目、书刊借阅、读者成分、行政管理、财产状况及社区服务等无所不包，尤其是历年藏书及书刊借阅等内容，大都以统计表形式刊载，巨细无遗。

本书为编年体，以时为经，以事为纬。将所录资料按时间先后进行编排，同年中的资料再按一定顺序进行组织。正文前附《资料名称及出处一览表》，起统编资料及阅读检索作用。

清代末叶，受西学东渐影响，各省纷纷倡建有别于传统藏书楼的公共图书馆。1905年湖南省率先建成第一所省立图书馆，随后各省纷纷建馆。作为天津图书馆前身的直隶省立图书馆，建馆的时间为1908年，晚于天津日本图书馆三年。从建馆时间看，天津日本图书馆恰与我国近代出现得最早的省立图书馆同时建成，又是天津地区出现得最早的一座公共图书馆，而且还是日本在华所建各类型图书馆中建馆时间最早的一个。本书比较系统地网罗了有关这所图书馆的馆史资料，据此可以考察该馆从创始、发展，到衰败关闭全过程，尤其是在书刊的捐赠及业务管理等方面颇有可借鉴之处，在图书馆学研究方面无疑具有参考价值。

天津日本图书馆的出现，是日本侵华的产物。这所由日本人经营的图书馆，尽管其服务对象主要是居津日本人，但是，由于其馆务活动是在中国大陆进行的，所以不免要与中国有关机构和个人进行接触交往。从史料记载看，上至中央政府，下至一般士人，其都曾与之有过交往。其中也包括各级图书馆在内。我们知道，继天津日本图书馆之后，日本曾在上海、北京等地兴建了几座规模较大的图书馆，由于种种原因，这些图书馆在不同时期先后关闭，其藏书也大都散失。而这所天津日本图书馆的藏书几乎被完整地保存了下来，成为天津日本图书馆藏书的一个组成部分。这所天津日本图书馆遗留下的藏书已经成为考察该馆藏书情况，以及近代中日关系问题的重要证物。这些数量可观的日本旧版图书为研究日本近代出版业的发展情况提供了难得的第一手资料。有关这方面的内容，本书均有记载，故此有着重要的参考价值。

诚然，当我们评价这所图书馆历史作用的时候，也清楚地看到了它的另一个方面。天津日本图书馆在长达四十年的馆务活动中，曾为侵华日军等提供了大量书刊资料及重要的情报信息，这无疑是在为侵华日军呐喊助威，扮演了不光彩角色。这些方面史料也有披露，是不可否认的事实。

本书从着手收集资料，到脱稿成书，历时一年。本书在编辑过程中曾得到中日有关专家的指点，听取了他们提出的宝贵意见。本馆袁彤同志参加了本书前期编辑工作，做了大量具体工作。在此一并表示感谢。

限于水平，囿于见闻，加之时间仓促，本书在取材、编排及资料加工等方面不免存在欠妥之处，敬请指教。

（载《天津日本图书馆馆史资料汇编》，1996年天津社会科学院出版社出版）

《天津图书馆藏稀见日本文献》序

中日甲午战争后日本迫使清政府签订了不平等的《马关条约》。1895年清政府派李鸿章在日本马关签订的这个《马关条约》，确定在天津设立日本租界，经过勘查和交涉，直至1900年才建立管理机构，1903年后开始经营日租界。

坐落在日租界的天津日本图书馆创建于清代光绪三十一年（1905）八月，是供在天津居住的日本人使用的公共图书馆。1945年日本投降，日租界被中国政府收回，该图书馆则被平津敌伪产业处理局移交给市教育局，天津解放后成为天津图书馆藏书的组成部分。由于诸多原因，天津日本图书馆的藏书自1945年后的五十年内原封不动地保存着，一直没有进行编目整理和对外公开借阅。

这是日本在中国建立最早、延续时间最长图书馆的藏书，且保存完整。1991年天津图书馆新馆建成，这批原天津日本图书馆的藏书一并搬入新馆。为整理利用这批藏书带来了转机，天津图书馆开始着手进行整理，国内外从事中日关系史的专家学者也给予大力支持和帮助。1995年和2001年天津图书馆先后两次与日本万国博览会纪念协会合作，双方投入专项资金，彻底整理原"天津日本图书馆"旧藏的四万余种近6万册旧版日文图书。一期合作项目包括"日本文库"藏书整理及编制出版书本目录。我们编辑出版了一套《天津图书馆日本文库书目资料丛编》三种，包括《天津图书馆馆藏旧版日文书目》《天津图书馆藏和刻本汉籍书目》《天津日本图书馆馆史资料汇编》。执行项目期间，我们把原"天津日本图书馆"的藏书，定名为"天津图书馆日本文库"藏书。二期合作项目包括"天津日本文库"藏书书目资料建设，其成果分别在天津图书馆网站和日本国立情报学研究所（简称NII）网站上发布。经过两期合作项目，完成了"天津日本文库"藏书基础整理和书目数字化建设工作。全部藏书对外开放，供广大读者使用。

一、天津日本图书馆介绍

天津日本图书馆创建于清代光绪三十一年（1905）八月，馆舍设在天津日本俱乐部内，馆名为"清国天津日本图书馆"。建馆时间比天津图书馆的前身——直隶图书馆尚早两年，为天津地区最早的图书馆。

1913年8月，天津日本图书馆与日本民团事务所、公会堂在天津日租界大和公园内一同兴建新楼舍，并于翌年建成。这是一栋两层楼共用建筑，楼上是事务所和公会堂，楼下为图书馆。1914年10月28日图书馆从俱乐部搬入新馆。同年11月8日正式对外开馆，馆名易为"天津日本图书馆"。

1928年秋，日本的"纪念事业特别委员会"和"行政委员会"根据日本各界对该馆工作的意见和馆内实际情况，拟筹建一所独立式图书馆，把原馆舍划归民团事务所。1934年1月，由日人冈本久雄提议，设立了图书馆新馆建设基金。同年7月复在大和公园内另一隅，动工兴建图书馆，于翌年（1935）6月1日建成，同时举行了开馆仪式。1937年"七七事变"后，居津日侨人数迅速增加，至1939年统计，高达40179人，几乎比1936年高出3倍。随着居津日人的不断增加，日本儿童人数也相应地在不断增加。由于天津日本图书馆原设的儿童阅览室过于狭小，所以此时更显得拥挤不堪。

为了解决这一问题，居留民团决定将儿童读物从该馆中分离出来，以建一所专供儿童利用的图书馆。1939年初在日租界宫岛街原日本幼稚园内建成了天津日本儿童图书馆，同年2月11日正式开馆，接待儿童读者。其后又两易馆址：1942年3月，迁至淡路国民学校内；1943年3月，搬入天津日本教育博物馆楼上一室。1945年日本投降，该馆与天津日本图书馆一并关闭。

天津日本图书馆自建立以后，在行政开支、购书经费，以及各类馆务工作方面都得到了居留民团和共益会等日本驻津机构的支持，所以工作开展得比较顺利。根据工作需要，建立了各项规章制度，设置了较为齐全的业务行政部门，组成了一支专业的馆员队伍，推动了各项工作的开展。

该馆历年制定的各项规章制度，现在知道的有二十余种，对图书馆的性质、业务范围、服务内容、收费标准等都作了具体规定。其中制定时间最早的，是1911年1月28日修订颁行的《日本图书馆规则》，最晚的为1943年1月29日颁行的《天津日本图书馆处务细则》。

业务行政部门的设置，根据工作需要，历年都进行了调整，到后期才渐趋完备。如1943年设二部十一系，即司书部，部下置司书系（掌管书刊采访工作）、目录系（目录组织）、藏书系（藏书组织）、阅览出纳系（书刊借阅）、制本系（书刊修复）、巡回文库系（流动借阅）；书记部，部下设企划系（制订工作计划）、庶务系（后勤保障）、会计用度系（财务管理）、注文受入系（账票管理）、统计系（统计工作）。完善的业务行政部门的建立，为展开书刊服务工作提供了组织上的保障。

从事各类馆务工作的人员，根据职位高低一般分为评议员、常置委员、主任及事务员等职，工作需要有时还聘"临时雇员"（由日本人担任）和所谓的"佣人"（由华人担任）。据载华人在该馆做行政管理工作的只有崔瑨淳一人，他在1938年担任一年的评议员职务，而后辞职。建馆初期，《日本图书馆规则》第七条规定，评议员由20人担任，常置委员3名，其他人员若干，不同时期工作人员的数量也不一样，工作效率比较高。

该馆藏书，主要通过采购和捐赠二个管道获得。采购是收集书刊的主要方式之一，约占入藏书刊总数的一半左右。捐赠是获得书刊的又一个重要管道。据统计，历年向该馆捐书者总数达470余家，其中个人为232人，团体为242个。捐书数量少则一二册，多则百册以上。捐赠次数以一两次者居多，个别多达十余次。捐赠者以日本人为多，也有少数中国人。捐赠书刊的团体从行业上分计有新闻机构、高等院校、商业会所、公司洋行、出版社、医院、教会、日本军署及官厅，还有像台湾总督府、京城朝鲜总督府、东京众议院、商务印书馆、中华书局、中国国民党中央执行委员会等机构。图书馆界有十余家向该馆捐赠过书刊，国内的计有北平国立图书馆、上海图书馆协会、大连图书馆、湖北省立图书馆、吴市立图书馆、河北第一图书馆、高邮县立图书馆、浙江省立图书馆、北京燕京大学图书馆，日本国的计有东京骏河台图书馆、千叶县立图书馆、金泽石川县立图书馆、山口县立图书馆、大阪市立图书馆、长崎县立图书馆和东京日比谷图书馆等。

该馆藏书情况，从历年图书增长考察，可划分三个不同阶段。从建馆到1924年为第一阶段，此间是藏书基础建设时期，特点是藏书增长幅度不大，一般年增长200册左右。从1925年至1930年为第二个阶段，此间为藏书建设发展时期，特点是藏书数量迅速增加，仅五年时间，藏书总数由1924年的6000余册，增至12000余册。从1931年到1944年为第三个阶段，是藏书全盛时期，特点是不仅年限增长速度快，而且递增幅度大，除1931年因"九一八事变"突发，馆务略受影响，新增图书不足千册外，其余各年增加数量均在千册以上，有的高达万余册。到该馆关闭时，藏书总数为75000余册，其中日文书57025册，西文书1018册，中文书17579册。1947年行政院河北平津区敌伪产业处理局接管了这批日本图书馆的旧藏，并转拨天津图书馆收藏，成为天津图书馆藏书的一个组成部分。

天津日本图书馆除做日常读者借阅作外，在不同时期还开展一些与图书馆业务有关的工作，如1939年5月举办了"河北省方志展览会"，陈列志书450余册，接待读者700余人；1940年5月举办"山东方志展览会并讲演会"，有读者800人参加；同年十一月举办"天津读书会"等。又于1941年8月建成巡回文库，用车载书来往于一定场所，为特定读者提供书刊服务，等同于现在的流动图书馆。文库的建立旨在为读者利用书刊提供便利，1941年7月15日在居留民团第五十九次临时民会上通过了《巡回文库阅览资料征收条例》议案，21日开始筹集资金，经过策划，最后定下了第一、第二巡回区的十二个场所作为文库停留地点，自8月1日起开始工作。这个巡回文库存世的时间较短，至1911年停止工作。

二、天津图书馆"日本文库"对外宣传及交流活动

本项目的立项和实施，引起中日文化交流界专家学者关注。立项期间，我们曾得到日本著名社会活动家、著名学者梅棹忠夫先生关注和支持；我们聘请杭州大学日本文化研究所王勇所长和王宝平教授，以及天津南开大学武安龙教授为本项目的学术顾问，给予具体业务指导。在项目落实阶段，北京日本学研究中心日方主任竹内实教授和中方主任徐一平教授曾两次组团专程到馆参观、指导。竹内实教授还在日本杂志上介绍日本文库有关情况。特别是日本国会图书馆分馆东洋文库的资深教授山根幸夫先生在参观指导整理工作后，在《东洋文库书报》撰写了《关于天津日本图书馆》一文，介绍其特点，认为"天津日本图书馆"馆藏中有些稀见图书在中国和日本最权威的国会图书馆也难以寻觅，期望引起研究中日关系学者的兴趣，前来利用。更为难得的是，年过八旬的山根先生根据天津图书馆编辑的《天津图书馆馆藏旧版日文书目》亲笔编写了《天津图书馆日本文库藏近代中国·日中关系图书分类目录》在日本正式出版。日本文库开放以后，研究中日关系的专家学者纷至沓来，充分利用这些珍贵资料开展研究。如日本大阪产业大学桂川光正教授多次利用

日本文库资料，不仅撰写论著，还撰文向日本的研究者介绍。

自从1995年天津图书馆与日本万国博览会纪念协会进行合作，联合开发整理日本文库藏书以来，到2005年的这十年间，我们接待了来自中国主要日本学研究机构和日本二十多所大学的教授、学者。现按来宾到馆签名先后顺序，照录如下，以记交流实况：

变死藏为活藏　杭州大学日本文化研究所　王勇　一九九五年六月二十四日

开发宝藏造福学人　杭大日研所　王宝平　九五．七．九

日本东洋文库　山根幸夫
筑波大学　佐藤文俊
国士馆大学　奥山宪夫
冈崎国际短大　渡昌弘
中央大学　荷见守义
东北大学　桥本英一
南开大学留学生　山岸芳州
南开大学　武安隆
南开大学　南炳文　九五．八．七

图书馆情报大学　藤野幸雄
东京大学　高野彰　九五．八．十六

五十年后，我又踏上了中国土地，感慨万千。祝愿伟大的中国取得更大进步！
一九九五年九月二十六日　日本广岛佐佐木本晃

华东师范大学中文系　邱岭
山东大学东语系　高文汉
西南政法大学民族法所　徐晓光　九五．十．十六

国际日本文化研究中心　名誉教授中西进　中日友好

宫城学院女子大学　犬饲公之

成城大学　山田直巳

联合国教科文组织驻京办事处　吉田治郎兵卫　九五．十．二十

东京大学名誉教授　户川芳郎　九五．十二．一六

祝愿日中文化的交流发展　北京日本学研究中心　飞田立史
一九九五．十二．一六

讲谈社　佐藤洋一　一九九六年四月二十七日

东京大学大学院博士生、原立教大学助手　光田刚
回顾天津历史，愿今后取得更大发展　九六．五．一四

一九九六年六月廿二日　北京日本学研究中心参观团
日方主任　一桥大学　本山英雄　右家族　靖子（本山靖子）
客员教授　东京都立大学　宫村治雄
右　广岛大学　竹村信治
右　福井大学　小川荣一
右　早稻田大学　正冈宽司
右　筑波大学　池内辉雄
主任助理东京大学　代田智明
客员教授　东京大学　河望元昭
名古屋大学大学院国际开发研究科博士生　川濑千春　一九九六年十二月九日

笹川日中友好基金　洼田新一
财团法人日本科学协会　梶原义明
日本财团　日下田文世
岛根县立国际短期大学　贵志俊彦　一九九八．一．四

文化部第二次图书馆评估小组纪念　一九九八.十一.一　杜克、沈迎风、张小平、郑传红、潘胜利

广岛文教女子大学　南开大学外国语学院　田口律男　一九九八年十一月三日

南开大学日本研究中心　刘雨珍　九八.十一.三

北京日本学研究中心　九八.十一.十五　村野浩一、中山茂、平野荣久、小林□□、和田守、高见泽磨、横山广子、平井和之

一九九九.八.二〇日　天津地域史研究会　渡边惇、リンダ.グロ.ブ、贵志俊彦、高见泽磨、片冈一忠、清水贤一郎、川岛真、桂川光正、吉泽诚一郎、浜口允子

日本秋田大学教授、文学博士　石川三佐男、凭高眺远　公历二〇〇〇年六月二十二日

天津社会科学院　赵沛霖
庆应义塾大学大学院　天津师范大学访学　平井彻　庚辰夏日

书中日月长　二〇〇〇年八月拜观　台湾中兴大学　林景渊

留作纪念　老天津小组　二〇〇一年五月十八日　近藤久义、若松晃、奥井齐、西村正邦、奥井信子、明田川常子、金原きみ、若松雅子、曲海樱、曲海滨

二〇〇一年六月二十二日　北京日本学研究中心　主任教授　洼添庆文
同主任　徐一平
副主任　西野由希子
图书部副主任　苗华建
客座研究员　周浩

国立情报学研究所　成果普及课长　北村明久
同　コンテンツ课コンテンツ形成管理系长　米沢诚
广报调查课　国际事业系长　樱井美智雄

二〇〇一年八月二十七日　新潟大学留学生センター　柴田千夫、足立祐子
龙谷大学　小岛胜、陈谦臣、野世英水、白须净真

二〇〇一年十一月六日　日本国立情报学研究所　宫泽彰、京藤贯
北京日本学研究中心　洼添庆文
日本国际交流基金会　铃木玲
北京日本学研究中心　周浩

二〇〇二年九月二日
和光大学　山村睦夫
文化センター.アリラン　幸野保典
早稻田大学　宫本正明
中央编译局　冯雷

六十一年后我再次来到中国，见到旧日本图书馆收藏的资料，倍受感动。诚祝天津图书馆不断发展！　八十二岁　田村武长野县　小景郡□丸子町　二〇〇三．十．二十二

二〇〇五年五月二十五日　立教大学文学部教授　藤井淑祯
北京日本学研究中心客座教授　王成

中国社会科学院日本研究所　蒋立峰、张义素
世界史研究所　汤重南　二〇〇五年八月十八日

三、天津图书馆"日本文库"藏书的开发利用

原天津日本图书馆旧藏的近 6 万余册旧版日文图书数量大、种类多、价值高。依据日本万国博览会纪念协会派来的日本文献学专家抽样调查，认为在这宗藏书当中，有近 30% 属于在日本难以见到的稀见图书。现仅举一例，进行说明。

天津日本居留民团为我们留下了一批记述天津日本留民团情况的详细资料，包括天津日本留民团编印的年度事务报告书、居留民会议记录、居留民临时会议记录及纪念册等。我们将这些资料汇编成一部《天津日本租界居留民团资料》，正式出版发行，受到学术界欢迎。

《天津日本租界居留民团资料》汇总了日本文库珍藏的天津日租界行政管理机构——居留民团的年度事务报告书、居留民会议记录、居留民临时会议记录及纪念册等，起止年代为 1908 年至 1945 年，中间略有失缺，年度事务报告书缺十一个年度，会议记录缺三个年度，据初步考察 1915、1921 和 1922 年皆没有编写事务报告书和会议记录，因此总共仅缺少 8 册。难得的是，2004 年有关研究者在日本多方寻觅，又查到了 3 册，现已归入其中，使其基本完善。居留民团年度事务报告书和居留民会议记录均为铅印本，每年 1 册。居留民会议记录则是当年历次会议的详细记录，涉及广泛，具有连续性和诸多的细节，十分生动。《天津日本租界居留民团资料》还汇集了日租界不同时期的法规制度、行政管理条例、税收规则、预算决算书，以及附属在居留民团的天津公益会相关资料和档案等。这些原本散存的资料，经过专家的编辑整理，从制度层面则更加丰富和深入，也使得该资料汇编更为完整和系统。天津图书馆有关人员集以上资料之大成，经过编辑整理后由广西师范大学出版社影印出版，洋洋数百万字汇编为精装十一册。

之所以称其具有唯一性，是因为经过图书馆和专家多年在中国和日本查找，天津图书馆保存的天津日租界居留民团的年度事务报告书、居留民会议记录和居留民临时会议记录等，无论是中国或者日本的国家和地方档案馆，还是日本国会图书馆、中国国家图书馆，以及地方和各大学图书馆都没有收藏，更谈不上系统性。迄今为止，仅从日本外交史料馆藏档案的"在支帝国专管居留地关于杂件—天津之部"和"支那国内事情关系杂件"中艰难地查阅到十余册事务报告书，估计是当时天津居留民团上报给日本外务省的文件。因此，天津图书馆日本文库藏的以上资料，从系统、完整和数量上都可以说是世界仅存，有很高的收藏价值。

目前，学术界十分注重中日关系史的研究，从政治、经济、社会和文化等视角研究日本对华侵略政策制定的背景、演变和实施，研究各个时期日本在华的活动。然而，对日租界和在华日侨的研究仍然十分薄弱，其主要原因之一，就是缺少系统完整的档案资料，尤其是日租界管理机构和反映在华日侨思想、言行的原始资料。天津图书馆日本文库的前身是日租界的公共图书馆，其主要对象是在天津的日本人，图书来源除了购置外，还有机关、团体和个人的捐赠。当时的天津，始终是日本对华侵略的基地，日租界与其他城市相比较，面积最大，人口最多，管理机构最完备，基础设施最健全，在这里居住的日本人身份繁杂，既有中国政府顾问、军事教官、外交官员、军事情报人员、军人、商社银行和企业代表、工人职员、律师报人，也有娱乐服务业的裁缝、厨师、艺妓、佣人等，从事着各种各样的活动。所以该馆的藏书中有相当数量是针对中国的，包括日本人在中国的游记、调查，中国的经济和物产等各方面的介绍，以及如何与中国人打交道，等等，反映了日本人在海外的工作和生活等各个层面。

值得重视的是《天津日本租界居留民团资料》为中外学者研究中日关系史，特别是为研究在华日本租界和日侨做出了颇具开拓性的贡献。在日租界，居留民会议类似于议会，其委员由居住在这里的居民选举产生，每年召开多次会议研究和议决对日租界的管理，制定各种法规和制度，必要时还要召开临时会议，议决需要及时解决的问题。历年的居留民会议记录详细系统地记录了每次开会的会议议程、各位委员发言内容、讨论情况和议决内容。而居留民会议的委员以日侨为主，他们将租界视为本土，尤其是在天津从事经济活动的日侨，具有相当的移民意识，一旦遇到有关触及日本国家、侨民荣誉和利益的事件，都会积极行动起来，采取较为强烈的举动；他们无论从自身利益考虑，还是从日本国家的立场，也积极参与租界的管理。因此，研究和分析历次会议的全部过程，可以展现日侨在不同时期针对不同问题的真实态度，了解各项决议形成过程，系统分析他们的政治见解、经济活动、思想和生活。居留民团是日租界的行政管理机构，是居留民会议形成决议的执行机关，设立了庶务部、财务部、学务部、土木部、卫生部等，即日租界的"政府"。天津居留民团年度事务报告书，是每年的年度总结，并上报日本外务省。早期的事务报告书是根据其行政管理部门的职责，分门别类地对当年工作的总结，并附有收支统计总表、日本人负担统计表、在此居住日本人人口和职业的统计等。20世纪20年代以后的事务报告书，除了保持原来的附录部分外，内容逐年增加，对历年居留民团做出的决定都有较为详细的叙述，如日租界与英法租界巡捕、税收等方面的比较，天津事变经过和处理，历次抵制日货运动的对应，日侨的示威活动，地价的统计，公共设施的建设，公营事业的契约，预防传染病和灾害赈济，等等，也就是说所有行政管理事务都有记录，成为研究日租界问题权威性珍贵文献。

天津图书馆十分重视馆藏"日本文库"藏书的基础整理、文献开发和宣传工作。早年与日本万圆博览会的合作，为以后开展各项工作打下了基础。编纂出版的《天津图书馆日本文库书目资料汇编》三种七册和影印出版的《天津日本居留民团资料》，均为学术界开展学术研究提供了重要检索手段和原始资料。

最近，我们与台湾经学文化事业有限公司合作，深度系统开发日本文库藏珍贵稀见学术著作，拟分集编辑出版。我们有理由相信，这部系列丛书出版发行后，会受到中日学术界的普遍欢迎。

（载《天津图书馆藏稀见日本文献》，2012年台湾文听阁公司出版）

卷四 古籍的公私藏书

谈天津图书馆庋藏的古籍线装书

天津图书馆庋藏的古籍线装书主要是由原天津直隶图书馆、天津市立图书馆和天津日本图书馆的旧藏合并而成。

天津直隶图书馆是天津图书馆的前身,俗称"省馆",创建于1907年11月,翌年5月告竣,馆址在天津河北公园。当时馆藏图书仅1342种,是由学部侍郎严修(范孙)捐献的。不久严修又捐书1200余部,约计5万多卷。继严修之后一些满汉官吏,诸如两江总督午桥、两广总督张坚白、云贵总督锡清弼、浙江巡抚增子固、山东巡抚袁海观及吉林巡抚陈简侯等纷纷捐赠数量不等的图书。其间直隶督署将旧储的1万多卷书籍拨交该馆。提学使傅增湘请款购书12万余卷。至此除一般东西文图书外,收藏古籍线装书合计20万卷。

1914年9月天津直隶图书馆附设"通俗图书馆"。四年后又与其分立。1928年天津直隶图书馆易名"河北省立第一图书馆"。1935年5月通俗图书馆复并入该馆。1937年7月更名"天津特别市市立第二图书馆",抗战胜利后复称"河北省立图书馆"。

1937年"七七事变"后,省馆旧址河北公园被侵华日军占据,1939年又逢津门水灾,所藏古籍因遭兵、水两厄,损失不小。在这当中曾两度迁移馆址:先迁西关外联兴里230号,后移南开鼓楼东大街164号。第二次迁馆工作结束后即清点藏书,除外文书外,存中文书11746种,97218册,其中以古籍线装书为主。

天津市立图书馆,俗称"市馆"。1930年筹建,翌年5月建成并开馆,馆址在南市杨家花园附近。是馆曾两易馆名:一名天津市立第一图书馆,一称天津特别市市立第一图书馆。藏书至1934年统计有36100余册,其中仅存为数不多的明版书和清刊殿版书。除此以外,别无善本。1939年的津门水灾,是馆也难逃厄运,馆舍被淹,图书损失高达1万余册。

天津日本图书馆,俗称"日本馆",1905年8月创建。它是日本侵华时在中国大陆所建数十所图书馆中建馆时间最早的一个，由天津日本居留民团和天津共益会先后掌管。截至1945年8月日本投降，该馆共藏书7万5千多册，其中有中文书约1万余册，大部分是古籍线装书，所藏680种中国地方志及百余种"和刻本"构成特藏。

1949年3月14日天津市军事管制委员会文化部决定将省馆和市馆合并为一，定名为天津图书馆。日本馆的藏书也由市教育局接收并全部移交给天津图书馆。这样奠定了天津图书馆的藏书基础。其后经过四十余年的努力，通过采购、征集、拨交、捐赠等多种渠道获得了一大批数量可观的线装古籍。尤其是接收了著名藏书家周叔弢和任振采等先生捐赠的一批颇有价值的善本古籍，极大地丰富了馆藏，有些已成为镇库之宝。目前天津图书馆收藏一般古籍线装书37320部，善本古籍8300余部，其中收入《中国古籍善本书目》的善本有2377种，绝大部分是明版书，除此以外尚存历代刊印的地方志书5000余部。

天津图书馆庋藏的线装古籍，概而言之，包括以下几个部分。

1. 地方志：入藏的5000余部地方志，约合3600种，占全国现存地方志总数（8200种）的二分之一弱。其中大部分书是宜兴任振采先生捐献的。数量大、品种多、质量高构成其藏书特点。还存有数量可观的珍本秘籍。明景泰七年刊刻的彭畴等修《寰宇通志》一百十九卷，系一统志的前身，流传颇稀。明天顺五年刊刻的李贤等修《大明一统志》九十卷，各家书目鲜见著录。清揆叙等修《钦定皇舆全览》三十五卷及清汪士铉等修《钦定方舆路程考略》不分卷，两书均为康熙内府开化纸初印本，尽管都是残本，唯因传本罕觏，任振采先生颇为珍爱，并与另一残帙原抄本《康熙大清一统志》合而名其斋曰"三残书屋"。为了使馆藏方志数量、品种不断增加，我馆克服经费困难，尽量选购新编方志和国内、港台编印的大宗地方志丛刊，进一步丰富了馆藏。近年我馆还编印了《天津图书馆藏稀见方志丛刊》，陆续将馆藏明万历间刻本《徐州志》《邹志》《沃史》等八种稀见方志刊行于世。

2. 明清小说：收藏明清两朝印本及抄本小说400余种，约900部。其中大部分藏品是周绍良先生转让的。稀见本如清雍正间正气堂活字印本《精订纲鉴廿一史通俗演义》二十六卷四十四回、清集成堂刊本《今古传奇》十四卷、清抄本《风流悟》八卷、清课花书屋刻本《快心编》十六卷三十二回、清东堂刊本《希夷梦》四十卷、清抄本《明月台》十二回、清乾隆间写刻本《跻云楼》十四回、清道光间藏德堂刻本《闺孝烈传》十二卷四十六回等。为了发掘馆藏，满足广大读者需要，近年我馆陆续将以上几种小说交付上海古籍出版社、辽沈书社及黄山书社出版。

3. 明清人文集：历年我馆比较重视对明清人文集的搜访购藏工作。目前庋藏了数量可观的明清人文集，构成本馆藏书的一个特点。其中有些为罕觏善本。姚绶手抄的明胡奎撰《胡斗南诗》四卷，赵万里先生审定为一级藏品。姚绶系明正统间名书家，此其手迹，极为珍贵。再如明万历二十五年张氏刊杨慎辑的《绝句辨体》八卷、明万历十年闵氏刊刻的明闵一范编《吴兴两尚书诗集》十五卷、明万历刊刻的明俞安期辑杨鼎祚增补《诗隽类函》一百五十卷、明刻凌湛初撰《申椒馆敝帚集》四卷、清康熙间刻清施鸿撰《澄景堂宦游小集》五卷、清王振纲撰稿本《天香别墅诗稿》不分卷、清顺治间刊刻的清郝壁撰《郝兰石集》二十卷、清抄吕楠撰《泾野子集》不分卷、清吴其浚撰稿本《吴瀹斋诗稿》一卷、清抄纪逵宜撰《梦笔山房茧翁集》八卷，以及清抄桂馥辑《本朝廿二家诗》不分卷、清抄元王偕撰《荻溪集》二卷、明徐渭撰稿本《天池杂稿》不分卷、清师竹斋抄俞汝言撰《俞渐川集》四卷、明万历三十七年萧以裕刊刻的宋苏轼撰《寓惠录》四卷、明崇祯刊刻的宋文天祥撰明郑鄭评点的《宋丞相文山先生别集》六卷等。

4. 明清宝卷：1988年我馆在整理大库藏书时发现了一批稀世宝卷，共计92种，其中明清两朝刻印的宝卷有66种（详见谢忠岳《天津图书馆藏善本宝卷叙录》，载《民间宗教研究》1990年第3期），大多为稀世珍本，如明天启间圆顿教祖师张某演述、其弟子李某记录整理的1940年铅印本《古佛天真考证龙华宝经》四卷、清抄本《销释木人开山宝卷》四卷、1940年铅印本《销释接续莲宗宝卷》四卷、明刻本《普度新声救苦宝卷》不分卷、明刻本《销释圆觉宝卷》二卷、明刻本《销释圆通宝卷》不分卷、明刻本《下生叹世宝卷》不分卷、清陆重仁刻本《钦颁护道榜文》不分卷及明刻本《佛说弘阳慈悲明心救苦宝忏》等鲜见书目载录。这种作为明清时代白莲教派各种民间秘密宗教特有的经卷，不仅在民间文学、民俗学上有其特殊价值，而且为深入开展民间宗教研究提供了极为重要的史料。为了弘扬祖国传统文化，满足学术界的需求，我馆与天津社会科学院合作选录馆藏稀见明版宝卷三十种，拟以《明代中华宝卷三十种》之名，悉照原书尺寸大小，于近期由天津社会科学院出版社影印出版。

5. 活字印本：活字印本古籍在我国古籍书中虽不占主流，然我们从古代印刷术、书史等方面审视，它确有着特殊的意义，因而具有重要价值。我馆所藏各类活字本古籍达700多种，其中400种是著名藏书家周叔弢先生捐献的。丰富的活字印本构成我馆藏书的一个特点。除其中的大部分为清末民初一般木活字印本外，数量不多的泥、铜活字本成为馆藏珍品。如清代道光十二年苏州李瑶泥活字印本《校补金石例四种》十七卷、道光二十七年泾县翟金生泥活字印本《仙屏书屋初集》十六卷后录二卷、明华氏会通馆铜活字印本《宋诸臣奏议》一百五十卷、清康熙间吹藜阁活字印本《文苑英华律赋选》四卷等。另外，清代雍正年间正气堂活字印本《精订纲鉴廿一史通俗演义》内载一篇《印字物件》，比较系统地介绍了制造泥活字印书的工艺过程（详见白莉蓉《清吕抚活字泥版印书工艺》，载《文献》1992年第2期），为探讨古代活字印刷技术提供了新的珍贵文献。

6.其他善本：除上举有特色的馆藏线装古籍外，我馆还珍藏一些宋椠元刊、名抄佳刻善本。略如南宋临安陈氏书籍铺刊刻的宋岳珂撰《棠湖诗稿》一卷、元代建安余氏勤有堂刻本《分类补注李太白诗》二十五卷、唐抄本《唐人写经册》（残页）。清代康熙间开化纸彩绘精写本《治河全书》二十四卷，大开本包角精装，系清张鹏翮在总结治河经验基础上写成的，为进呈原本。卷首绘有长卷，文中附有彩图，精美绝伦，堪称神品，若从艺术角度审视，不失为一幅稀世艺术珍品。天津古籍出版社编审许幼姗先生尤其看重此书，甚至将此书与《水经》并称，云"古有《水经》，清有《治河》"，指出了此书的学术价值。明抄本《万历起居注》五十册，未见诸家书目著录，为研究明史极其重要的史料，早年北京大学出版社印本所据之底本，即从此出。清代康有为手书原稿本《大同书》半部，与上海博物馆所藏半部合璧，由江苏古籍出版社影印出版，并荣获首次古籍评奖"特等奖"。明朱丝栏抄本《百家词》，与天津古籍出版社合作影印出版，获首次古籍评奖"三等奖"。五六十年代，我馆派专员在江南一带及北方部分地区访购线装古籍，收获颇丰。八千卷楼丁氏、莫郘亭及汲古阁毛氏等名家旧藏有些已成为津图插架之物；而载有黄丕烈、陆心源、叶德辉、罗振玉、康有为等名家批校题识的善本也有一些成为本馆庋藏珍品的一个重要组成部分。两种明季刊印的比较完整的巨帙《大藏经》也是在这个时期获得的。

（载中华书局《书品》1994年第1期）

天津图书馆收藏的历史文献及其开发

天津图书馆收藏的历史文献主要包括1911年辛亥革命以前历代刊印或抄写而成的古籍，民国年间出版的图书、报纸和期刊，以及日本昭和年间及其以前出版的图书。这三大部分历史文献主要是由原天津直隶图书馆、天津市立图书馆和天津日本图书馆的旧藏合并而成。

天津直隶图书馆是天津图书馆的前身，简称"省馆"，创建于1907年11月，翌年5月告竣，馆址在天津河北公园。当时馆藏图书仅1342种，是由学部侍郎严修（范孙）捐献的。而后严修又捐书1200余部，约计50000多卷。继严修之后一些满汉官吏也纷纷捐赠数量不等的图书，其间直隶督署将收藏的10000多卷书籍拨交该馆。提学使傅增湘请款购书120000余卷。至此除一般东西文图书外，收藏古籍线装书合计200000卷。1928年天津直隶图书馆易名"河北省立第一图书馆"。1937年7月更名"天津特别市市立第二图书馆"，抗战胜利后复称"河北省立图书馆"。1937年"七七事变"后，省馆旧址河北公园被侵华日军占据，1939年又逢津门水灾，所藏古籍因遭兵、水两厄，损失不小。在这当中曾两度迁移馆址：先迁西关外联兴里230号，后移南开鼓楼东大街164号。第二次迁馆工作结束后即清点藏书，除外文书外，收藏中文书11764种，97218册，其中以古籍线装书为主。

天津市立图书馆，简称"市馆"。1930年筹建，翌年5月建成并开馆，馆址在南市杨家花园附近。该馆曾两易馆名：一名天津市立第一图书馆，一称天津特别市市立第一图书馆。藏书至1934年统计有36100余册，其中仅存为数不多的明版书和清刊殿版书。除此以外，别无善本。1939年的津门水灾，该馆也难逃厄运，馆舍被淹，图书损失高达10000余册。

天津日本图书馆，简称"日本馆"，1905年8月创建。它是日本侵华时在中国大陆所建各类型图书馆中建馆时间最早的一个。天津日本居留民团和天津共益会先后掌管馆务。截至1945年8月日本投降，该馆共藏书75000多册，其中有中文书约一万余余册，大部分是古籍线装书，所藏680种中国地方志及百余种"和刻本"构成特藏。

这三个馆的藏书便奠定了天津图书馆的藏书基础。中华人民共和国成后经过四十余年的努力，通过采购、征集、拨交、捐赠等多种渠道获得了一大批数量可观的历史文献。尤其是接收了著名藏书家周叔弢和任振采等先生捐赠的一批颇有价值的善本古籍，极大地丰富了馆藏，有些已经成为镇库之宝。目前天津图书馆收藏一般古籍线装书37000余部，善本古籍8300余部，其中收入《中国古籍善本书目》的善本有2377种，除此以外尚存历代刊印的地方志书5000余部，民国间出版物100000余册及数万册旧版日文图书。

天津图书馆收藏的具有特色的藏品，概而言之，包括以下几个部分。

1. 地方志：入藏的5000余部地方志，约合3600种，占全国现存地方志总数（8200种）的二分之一弱。其中大部分书是宜兴任振采先生捐献的。数量大、品种多、质量高构成藏书特点。其中存有数量可观的珍本秘籍。明景泰七年刊刻的彭畤等修《寰宇通志》一百十九卷，系一统志的前身，流传颇稀。明天顺五年刊刻的李贤等修《大明一统志》九十卷，各家书目鲜见著录。清揆叙等修《钦定皇舆全览》三十五卷及清汪士铉等修《钦定方舆路程考略》不分卷，两书均为康熙内府开化纸试印本。尽管都是残本，唯因传本罕见，任振采先生颇为珍爱，并与另一残帙原抄本《康熙大清一统志》合而名其斋曰"三残书屋"。为了使馆藏方志数量、品种不断增加，我馆克服经费困难，尽量选购新编方志和国内、港台编印的大宗地方志丛刊进一步丰富了馆藏。

2. 明清小说：收藏明清两代印本及抄本小说400余种，约900部。其中大部分藏品是周绍良先生转让的。稀见本如清雍正间正气堂活字泥版印本《精订纲鉴廿一史通俗演义》二十六卷四十四回、清集成堂刊本《今古传奇》十四卷、清抄本《风流悟》八卷、清课花书屋刻本《快心编》十六卷三十二回、清东堂刊本《希夷梦》四十卷、清抄本《明月台》十二回、清乾隆间写刻本《跻云楼》十四回、清道光间藏德堂刻本《闺孝烈传》十二卷四十六回等。

3. 明清人文集：历年我馆比较重视对明清人文集的搜访购藏工作。目前收藏了数量可观的明清人文集，构成本馆藏书的一个特点。其中有些为稀见善本。姚绶手抄的明胡奎撰《胡斗南诗》四卷，已故版本学家赵万里先生审定为一级藏品。姚绶系明正统间名书家，此其手迹，极为珍贵。再如明万历二十五年张氏刊杨慎辑的《绝句辨体》八卷、明万历十年闵氏刊刻的明闵一范编《吴兴两尚书诗集》十五卷、明万历刊刻的明俞安期辑杨鼎祚增补《诗隽类函》一百五十卷、明刻凌湛初撰《申椒馆敝帚集》四卷、清康熙间刻清施鸿撰《澄景堂宦游小集》五卷、清王振纲撰稿本《天香别墅诗稿》不分卷、清顺治间刊刻的清郝壁撰《郝兰石集》二十卷、清抄吕楠撰《即子集》不分卷、清吴其浚撰稿本《吴瀹斋诗稿》一卷、清抄纪遑宜撰《梦笔山房茧翁集》八卷，以及清抄桂馥辑《本朝廿二家诗》不分卷、清抄元王偕撰《荻溪集》二卷、明徐渭撰稿本《天池杂稿》不分卷、清师竹斋抄俞汝言撰《俞渐川集》四卷、明万历三十七年萧以裕刊刻的宋苏轼撰《寓惠录》四卷、明崇祯刊刻的宋文天祥撰明郑鄾评点的《宋丞相文山先生别集》六卷等。

4. 明清宝卷：1988年我馆在整理藏书时发现一批稀世宝卷，共计92种，其中明清两代刻印的宝卷66种（详见谢忠岳《天津图书馆藏善本宝卷叙录》，载《世界宗教研究》1990年第3期），大多为稀世珍本，如清抄本《销释木人开山宝卷》四卷、明刻本《普度新声救苦宝卷》不分卷、明刻本《下生叹世宝卷》不分卷及明刻本《佛说弘阳慈悲明心救苦宝忏》等鲜见书目载录。这种作为明清时代白莲教派各种民间秘密宗教特有的经卷，不仅在民间文学、民俗学上有其特殊价值，而且为深入开展民间宗教研究提供了极为重要的史料。

5. 活字印本：活字印本古籍在我国古籍书中虽不占主流，然我们从古代印刷术、书史等方面审视，它确有着特殊的意义，因而具有重要价值。我馆所藏各类活字本古籍700多种，其中400种是周叔弢先生捐献的。丰富的活字印本构成我馆藏书的一个特点。除其中的大部分为清末民初一般木活字印本外，数量不多的泥、铜活字本成为馆藏珍品。如清代道光十二年苏州李瑶泥活字印本《校补金石例四种》十七卷、道光二十七年泾县翟金生泥活字印本《仙屏书屋初集》十六卷后录二卷、明华氏会通馆铜活字印本《宋诸臣奏议》一百五十卷、清康熙间吹藜阁铜活字印本《文苑英华律赋选》四卷等。另外，清代雍正年间正气堂活字泥版印本《精订纲鉴廿一史通俗演义》内载一篇《印字物件》，比较系统地介绍了制造活字泥版印书的工艺过程（详见白莉蓉《清吕抚活字泥版印书工艺》，载《文献》1992年第2期），为探讨古代活字印刷技术提供了新的珍贵文献。

6. 其他善本：除了上举有特色的馆藏线装古籍外，我馆还珍藏一些宋椠元刊、名抄佳刻善本。略如南宋临安陈氏书籍铺刊刻的宋岳珂撰《棠湖诗稿》一卷、元代建安余氏勤有堂刻本《分类补注李太白诗》二十五卷、唐写本《唐人写经册》（残页）。清代康熙间开化纸彩绘精写本《治河全书》二十四卷，大开本包角精装，系清张鹏翮在总结治理黄河经验基础上写成的，为进呈原本。卷首绘有长卷，文中附有彩图，精美绝伦，堪称神品，若从艺术角度审视，不失为一幅稀世艺术珍品。明抄本《万历起居注》五十册，未见诸家书目著录，为研究明史极其重要的史料。而八千卷楼丁氏、邵亭莫氏及汲古阁毛氏等名家旧藏，有些已经成为津图插架之物；载有黄丕烈、陆心源、叶德辉、罗振玉、康有为等名家批校题识的善本也有一些成为本馆藏品的一个重要组成部分。两种明季刊印的比较完整的巨帙《大藏经》也是稀世珍本。

7. 民国间出版物及旧版日文图书：我馆收藏民国年间出版的图书78000余册，其中包括数百册新版善本，既有数量可观的解放区出版的印刷品，又有十分稀见的像周恩来《警厅拘留记》这样颇具史料价值的革命文献。收藏期刊3700余种，其中包括一些不见其他图书馆收藏的独家藏品。收藏报纸176余种，虽然数量不多，但由于入藏了比较齐全的《益世报》《大公报》《庸报》等中国近代著名报纸而使藏品具有自己的特色。

我馆收藏的日本大正前后出版的旧版日文图书主要源于原天津日本图书馆的旧藏。这批图书数量大，计有50000余册；类目多，涉及各个学科；质量高，既有明治前后雕印的古刊本，又有成书于这个时期的抄稿本，既有较为稀见的一般读物，又有部帙繁富的大型工具书。丰富的旧版日文图书构成我馆外文图书的一个特藏。

1980年国家有关部门根据周总理生前指示，组织全国收藏善本古籍的图书馆，联合编纂《中国古籍善本书目》。我馆作为成员馆之一，也参加了这个书目的编纂工作。与此同时，我们以此为契机，着手对馆藏善本古籍、一般古籍及中华人民共和国成立前出版的书刊资料进行了大规模的基础性整理及藏品检查工作。经过十多年的努力，至1991年新馆建成之前，我们完成了这项藏书基本建设工作，同时完善了历史文献目录体系。良好的藏书基础和完备的检索手段，为开展读者服务工作和进行文献开发工作提供了必要的条件。

几年来，我们在努力做好藏书的基本建设工作及读者服务工作的同时，逐步加大了历史文献开发的力度，在妥善保护历史文献的前提下，根据社会各界的不同需求，有计划地进行了馆藏历史文献的开发工作。文献开发主要采取与各级出版社及有关方面合作出版的形式，将有价值的藏品推向社会，取得了一定的经济效益和社会效益。

现将近年我馆陆续开发和目前正在开发的文献扼要作一介绍。

《天津图书馆藏稀见地方志丛刊》是我馆与天津古籍出版社合作项目。这是一种不定期出版的专题丛书。自1984年至1991年先后出版了原系宜兴任氏天春园镇库之宝的海内孤帙《万历徐州志》及孟子故居的传世最早最完整的《万历邹志》等稀见珍本地方志共计八种。

《天津图书馆藏善本古籍丛刊》是我馆与天津古籍出版社第二个合作出版项目。这是一种不定期出版的综合性丛书。从1985年至1990年先后出版了影写宋书棚本《李丞相诗集》、明嘉靖刻本《密勿稿》、明崇祯刻本《河纪》及清稿本《火戏略》等五种善本古籍。其中影印明抄本《百家词》，在"全国首次古籍评奖"中荣获三等奖。

《天津图书馆日本文库书目资料丛编》是我馆与日本万国博览会纪念协会合作项目。同时又是与天津社会科学院出版社的第一个合作项目。自1995年4月立项，到1996年4月历时一年完成。这是一种专题丛书，包括详细著录馆藏全部旧版日文图书的《天津图书馆馆藏旧版日文书目》、扼要评介馆藏全部"和刻本"汉籍的《天津图书馆藏日本刻汉籍书目》和比较系统汇录了原天津日本图书馆馆史文献的《天津日本图书馆馆史资料汇编》三种。

《北洋海军史料汇编》《按辽疏稿》《全祖望校水经注稿本合编》是我馆与中华全国文献缩微中心合作出版项目。这三种馆藏善本古籍均已收入该中心编印的《中国公共图书馆古籍文献珍本汇刊》中。已经出版了前一种，后两种正在印刷当中，年内将在国内外公开发行。其中由清代著名学者赵一清抄录的全祖望校《水经注》尽管尚未面世，然而由于此书秘藏经年而且具有很高的文献价值已经引起了有关专家学者的注意。图书馆界老前辈顾廷龙先生及著名学者、郦学专家陈桥驿先生对此书之出版予以高度评价。我们相信此书出版后将在学术界产生一定影响。

除此之外，近年我馆还与上海古籍出版社、黄山书社、辽沈书社、辽宁古籍出版社及百花文艺出版社等出版单位合作，先后出版了馆藏古典小说十余种。1985年我馆与江苏古籍出版社、上海博物馆合作影印出版了馆藏珍本《康有为大同书手稿》。此书在"全国首次古籍评奖"中荣获特等奖。

目前我馆正在积极参加国家三个重点古籍整理项目的编纂出版工作。力求为《续修四库全书》《中国古籍总目》《四库全书存目丛书》提供更多的文献资料，使本馆藏书化身千百,满足社会需要。

(载天津《图书馆工作与研究》1996年第4期)

天津馆藏珍本徽学文献叙录

一、关于徽学和徽学文献

徽学,既是一个历史名称,又是一个现代名称。说它是历史名称,因为"文公(朱熹)为徽学正传"(清赵吉士《寄园寄所寄》卷十一《泛叶寄·故老杂记溉》),可见是南宋朱熹开创的,内容限以哲学范畴内的理学。又以徽州(北宋末改称的)在两晋和唐初称新安郡,故元明时代,直称为新安理学;说它是现代名称,那是因为它是20世纪80年代兴起,内容却远远突破理学范围,而以历史上徽州府属六邑为范围的综合性地方历史文化。然而这种突破,至少是从20世纪初开始的。作为一个以地域命名的学科,徽学既不同于历史上的洛闽之学、浙东学派、永嘉学派、关学、泰州学派、桐城派、阳湖派之类,那些是限于哲学、考据学、文学某一学科为内容,也不同于20世纪初开始的敦煌学,它虽则也是包括哲学、文学、艺术、戏曲、宗教等多方面的综合性学科,但是以敦煌石窟及其收藏品为对象的。徽学作为一个综合性的地域历史文化,其内容之丰富,影响之深远,在全国范围内是绝无仅有的。

那么什么是徽学文献呢?从实质上说,它是一种地方文献,即以文字为载体的综合性的地方记录,包括哲学、自然的、社会的多方面地方文献。然而它又以独有的地域特色而区别于其他地方文献。我们以为徽学文献应该主要包括以下几个方面:

(1) 地方志。即徽州历代各类府、县村镇志,以及山水志、寺庙志、书院志、园林志等。

(2) 地方史料。即关于徽州地区的历史、地理、政治、经济、文化、教育、艺术、民族、语言、文学、人物、风俗、建筑、自然资源、名胜古迹等方面的记录。不论其著者地域、出版地域和文种、著述形式的差异。

(3) 地方人著述。即历代徽州人著述,不论是内容与地方有关否,也不论其出版是否在本地区。其中应包括旅居境外而仍自称原籍的徽州人著述，乃至客居（或定居）本地并对本地某一方面有突出影响的境外人的著述。

(4) 地方出版物。即徽州历代雕版和其他形式出版的图书、图画、期刊、报纸等印刷品，其中应包括由徽州历代雕版名工在外地刻印的印刷品。

(5) 谱牒。即徽州历代各类族谱（或曰家谱、宗谱、世谱等）、支谱、统宗谱、思本图、族规等。

(6) 文书。即徽州历代各类契约（如土地、人身等）、票据、鱼鳞册、析产标书、阄书、乡规、乡约等。

徽州文献存世数量之多、门类之广、历史时代之长，在全国为最。它不仅是考察和研究徽州历史问题的凭据，而且对今日研究和开发其自然资源、文化资源、人文资源，发展本地区优势，发掘地区特色，编写地方史志，进行爱国爱乡教育，总之对于今日徽州的社会主义物质文明和精神文明建设，都具有十分重要的意义。

二、珍本徽学文献叙录

徽州由于它地处山丛这一特定的地理环境，历史上除元末农民战争和太平天国时期，遭受大的战争破坏外，其他战乱或者未曾波及，或者波及不大，故而留下的徽学文献十分丰富；然而同样由于诸多的历史和社会原因，其散落情况却又十分严重。以契约为例，其数不下十万件，就国内而言，除徽州本地外，安徽、北京、浙江、江苏、天津等地的图书馆、档案馆、研究机构，均有数量不等的收藏，其中中科院历史所一家，其量多达万件，至于散落国外者更难以统计。因此收集和介绍徽学文献，是一项十分庞杂而艰巨的任务，是徽学研究的一个重要课题。兹不揣浅陋，特将天津图书馆所藏珍本徽学文献，择要作一介绍，以飨同好，以求同声。

1. 休邑黄氏思本图一卷

（明）黄显仁等纂

明洪武二十二年（1389）刻本

一册

是书封页签题《芝山黄氏志墓山水图册》。纂者黄显仁字扬远，观仁字明远、义仁字德远，俱鄱阳学博。首有洪武二十二年黟县儒学训导程昆（字汝器，休宁理学家）序，云："黄君显仁、观仁、义仁，深有见于此，于宗枝，图其世系焉；于坟墓，绘其冈垄焉；于祀田、于地业，纪其亩眇方位焉。且于图之下，而著其共业、分业之异，恐其传久之谬，因为寿梓，垂久之规。"全书分为四部分：一宗枝图。录自黄敬，止于黄显仁兄弟。黄敬于南宋建炎元年（1127）由休宁之西涌徙居市东门芝山，为芝山黄氏之始祖。二坟墓图。计十图，各图均记其所在都保字号、面积、四至、土名、朝向、见业人、管理人、守坟人。三田亩图。凡十三处，各标字号、面积、四至、土名、见业人、管理人、佃人。四芝山黄氏义规。文云："至东晋，九十世积公亦以孝行，寻擢新安太守，后座于官，子孙遂家于歙之黄墩，此吾氏自江夏挝新安之由始也。黄墩迁于祁之左田，乃百八世昌门县尉仪公也。后复迁之休之西涌，乃百九世谦益公也。由西涌迁【市东芝】（原缺）山，百二十世敬公也。""吾先人素生追远之道。若无宗枝图系，则传派差，传派差则昭穆无序矣；若无膳田恒产，则奉祀无资，奉祀无资则废矣。故清其源流，序其世次，免后人妄祖他人祖也；于各坟图其形势，书其各氏，免后人妄拜他人之墓也；于田地记其亩步，明其四至，免他妄侵吾人之产也。患其业散难摄，于各产之中必注三人同业之意，□□□下子孙。不敢私为变易也。产近各居，必注其□□□理之便，使分任有归，人事易举也。恐□□□可伪为，由是刻之于梓，以垂久远之规，各执一纸，以备子孙传后之照，因名曰思本图。"末署立义规人亲笔画押。

2. 黄文宪分家书卷

（明）黄文宪撰

明成化十五年（1479）写本

一册

此系休宁睦亲里高源黄文宪手定分家书。黄氏自云："予于去腊（成化十四年冬）忽婴风症，祸疾频仍，若不预为规画，恐□□子孙心生异议，于是将产土除已拟售尔兄弟者不入阄口；其余产土遂一肥瘠品答，编为文、行、忠、信四阄，以拈得为口，其各处产土不能分者，并系众存，所有花利租苗，汝兄弟轮流收贮，以备每年差役及祭扫等费。""予因去腊忽惹手足痴风，不能举笔，乃浼亲人金尚忠代书遗言，一样四本，以示子孙，刻黄氏文宪印记，用毕当即毁之，子孙务宜遵守。"结果长孙万友兄弟（长子已逝）、次子景荣、三子景功、四子景高，分别拈得文、行、忠、信四阄，各得田租叁百叁拾肆石且半、地租豆壹石贰斗，而山则别为六号、六号、七号、十号。其每字号注明原购置年代、卖主、数量、租量、土名、佃户姓名，钤有"黄氏文宪记"朱文长印。

3. 明万历郑真锡兄弟析产标书一卷

明万历写本

一册

此册系奇峰郑氏真锡（公安）、帝锡（公赐）、敷锡（公佑）三兄弟与长兄（应锡）之子可继、可位等，于万历元年、十年、十一年、十五年、二十一年数次析产标书。前有序，略叙其祖、父两辈创业之艰及长兄抚育情义。析产中除山场永远留存，以供祭祀及支解户役使用外，其余基屋、园塘、田地，均品搭阄分。有同门叔辈及兄弟具证，一并画押。文约一式四本，以"天、地、人、和"为编，此册为和字簿，系郑敷锡收存的。

4. 休宁戴氏族谱十五卷

（明）戴尧天纂

明崇祯五年（1632）刻本

十册，九行二十二字，白口，四单，有图。

戴尧天字仪陶，休宁隆阜人，明崇祯四年（1631）进士，未服官，省亲归里，纂辑此书。书前录宋隆兴元年（1163）洪迈，开庆元年（1259）戴仲杞、辛弃疾，明洪武二十一年（1388）戴玭，宣德十年（1435）陈循，正统五年（1440）戴章甫等所撰旧谱序，以及宣德元年潘文奎《浮梁戴氏族谱序》《浮梁源流志》，故于戴氏来龙去脉、清晰可考。谱称，戴姓实出商之微子，七传有谱戴公者，遂以为姓，居殷亳之谯国，迁袁之宜春，汉冲帝时荆公迁越，晋永嘉初济公迁金陵，梁末悖公迁歙之黄墩，五代末安公迁休宁隆阜，是为隆阜始祖。该谱遵欧阳修谱例，卷一为文和图，包括诰、敕、牒、传、记、开源表、源流、行实、登仕录、懿行录、遗像图、宗荣图、分支图考、隆阜村居图（歙县黄一凤绘、黄寿先刻）。卷五至十五为世系图。记一世安公至二十九世（包括分支）。末有崇祯五年其侄戴一美序及佚名序（残）。

5. 程氏人物志八卷

（清）程之康纂揖

清康熙四十三年（1704）程氏延庆堂刻本

十册，八行二十一字，小字双行二十字，左右双边，版心下镌延庆堂，刻工及字数。

程之康字晋侯，新安婺溪源人。是书乃采辑各省郡邑志书，参以各宗之祖遗刊谱及古今各家书史，纂辑成编。录各地程姓之显著人物，全书以八卦分卷。卷一舆图，乃程姓之各地居地。卷二封邑、配享、庙食、名宦祠、家庙、阙里、书院、坊表、丘墓、公爵、侯爵、伯爵、子男爵、太师、少傅、太保、少保、别驾、参军。卷三历朝首选进士、举人、贡士。卷四登仕。卷五至八列传。是书原藏杭州王氏九峰旧庐，民国三十六年（1947）程传裕（字伊耕）得之，程祖庆（字敬堂）据以铅印千部，书前有王祖成、程传裕、程祖庆手跋三通，叙得书印书之经过甚详。《皖人书录》据铅印本著录作者"清程传裕撰"系误。

6. 元明清三代地契

原写本

十二册

原编目著录书名《元明清三代地契》，实际包括山、田、地、园、租佃、阄分、立嗣各类契约，其各册内容如下：

第一册元代契约五张。为元贞二年（1296）卖田契、延祐二年（1315）卖山契、泰定五年（1328）谢氏兄弟互易基地约、天历二年（1329）立嗣约各一张。又一张为"□□十一年"卖山契，署年已失，然契中规定"面议中统价贰拾五贯"，故可知为元代契。

第二册洪武、建文、永乐三朝地契二十七张。分别为洪武十、建文三、永乐十四，均为卖山、田、地契。其中洪武、永乐朝各有一张附税课局税牌。洪武二年（1369）祁门双溪庵僧法明卖山契约一张，为不常见之类型。

第三册宣德、正统、景泰、天顺朝契约二十三张。分别为宣德六、正统七、景泰五、天顺五，多为卖山、田、地契。其中宣德三年（1428）卖山契，以棉布作价。宣德元年（1426）祁门李仲政为买田契。

第四册成化、弘治、正德朝契约十八张。分别为成化六、弘治六、正德六。均为卖山、田、地契。其中正德十三年（1518）卖地契附"直隶徽州府税牌"。

第五册嘉靖朝契约三十九张。其中李三保于嘉靖四十年（1561）、四十二年两次卖田契，吴昊于嘉靖十五、四十二年卖山契，谢阿李因夫谢庄在外经商久未归，家中无从措办，于嘉靖三十五年、四十年两次卖山、田契。

第六、七册隆庆、万历朝契约五十六张。分别为隆庆十二，万历四十四。其中万历四十四年（1616）祁门饶政兴等十甲排年催粮议约，规定"每年各甲供编粮，各甲议一贤能为首，催办该户编粮于五月中自行交官壹半，仍一半于九月中完足当年。合于十日前登门严催,如顽恃不纳,听当年同管该户催首人一同预哇,锁拘赴县追究,庶毋偏累一人。自议之后,各甲永相遵守,如违前议者,并罚白银三两公用"。反映了当时地方催办钱粮的措施。

第八册明清官刊契尾三十一张。分别为明嘉靖五、隆庆五、万历十三、天启七、清雍正一,均为填写好的卖山、田、地契税牌,而原契约不存。

第九册明清两代租佃文约九张。分别为明崇祯一、清康熙二、嘉庆四、咸丰一、光绪一。

第十册明代家产阄分约据十一张。分别为成化二、嘉靖三、万历四、天启二。

第十一册万历、泰昌、天启、崇祯朝契约二十七张。分别为万历一、泰昌一、天启四、崇祯二十一。均为卖山、田、地契。其中有崇祯十三、十四、十五年统一印制的官契并附契尾的六张。

第十二册清代契约十张。起顺治、迄宣统,各朝一张,均为统一印制官契并附契尾。

以上于明代除洪熙朝（只一年）外,历朝契约皆备,且绝大部分为钤有官印的赤契,其地所属以祁门、休宁、歙县为多。

7. 明清休宁县契约抄存

誊清抄本

一册

收录休宁大户买卖田地、房屋、池塘等契约合计五百余件。其中明代契约三十余种,清代康熙契约两件,余俱为清顺治年间所立契约。在契约中所署买卖交易人中,以李姓居多。每件契约行文格式悉同原契,文后署立契时间及立契人姓名、中间人、代笔人及佃人名氏画押。其中"佃人名氏"一项在明代契约中不常见。

契约每半叶抄录一件,每行二十四字。楷书,册纸相同,非契约原件,当系后人誊清本。每件契约均钤"对同"朱文长方小印,或一方、或数方不等,说明誊录后悉与原件校勘过,文字内容可信。

8. 明清两代各种会约文约七十七张

写本

八册

第一册明清两代军功委札迁文件八张。

第二册明清两代州县官吏行政文约十二张。内容有开垦荒山准帖、放卖杉木文牍、山场勘明遵守文约、保护官绅祖坟告示、袒护绅董独占水利而禁止农民用水告示、谕令佃户交租告示。涉及府又祁门、休宁、黟县等处，最早为明成化十八年，最晚为清同治三年。

第三册清代借字会约十七张。包括出替约（立替会约）、会标、借约。其中有同治九年借约规定行息三分。

第四册清末有关宪政文件六张。内容为光绪三十四年至宣统三年间府和祁门县有关监察选举投票、筹设简易识字学塾，以户捐、田捐充新政费用、筹办团防等文件。

第五册明清两代诉讼牌标参单八张。有府拘犯信牌、休宁县拘避役逃犯票、歙县查处控案牌票、休宁县游某涉讼参单。最早为隆庆二年，最晚为乾隆二十九年。

第六册明清两代残存奴隶制度文约十七张，主要为人身买卖文约。

第七册清代商业经营合同文约七张。包括租赁店屋文约、合营油榨业合同、合营店业合同等。最早乾隆五十九年，最晚光绪三十四年。

第八册清代保甲编制漕粮催征文约九张。有歙县饬催漕项两牌，休宁都图地方甲长腰牌、征收钱粮急公牌示等。最早为顺治八年，最晚为光绪十三年。

9. 明清两代各种票照七十六张

四册

第一册五张，包括路引、护照、火票等。其中有明代歙县都图图，府发紫阳、古紫阳书院生童领卷花红印单。

第二册十三张，为清代捐监执照、封典牌照。揭示光绪年间由俊秀捐监生填收银三十二两四钱，折收二十两二分；官捐六品顶戴填收银二百一十八两四钱，折收一百二十三两七钱六分；官捐五品衔填收银六百八十九两一钱，折收三百九十两四钱。

第三册明清两契税票照四十二张。为祁门、休宁、歙县属，最早为明永乐二年，最晚为清同治三年。

第四册明清两代纳粮票照七张，为祁门、休宁、歙县属。最早为明崇祯十五年，最晚为清道光二十三年。

10. 明清鱼鳞册十九种二十六册

清初歙县二十八都一图二种五册：始行字2845号，终行字4120号；始行字1010号，终行字4580号。

绩溪县二种二册：始堂字 595 号，终棠字 1234 号；始听字 11 号，终听字 618 号。年代不详休宁县六种八册：始巨字 135 号，终巨字 988 号；始巨字 1001 号，终 2000 号；始率字 3821 号，终率字 5120 号；始王字 49 号，终王字 1400 号；始女字 1 号，终女字 3160 号；始洁字 721 号，终洁字 3836 号。以上均年代不详。又万历二十九年休宁二十九都七图一册，始欲字 1 号，终欲字 2227 号，其首载县署公文告示两则。

明万历九年不明属县者三种四册：始墨字 1117 号，终墨字 2184 号；始墨字 2205 号，终墨字 3240 号；始陶字 61 号，终陶字 2376 号；始罪字 1 号，终罪字 1376 号。

清顺治不明属县者一种一册：始五字 9 号，终五字 5032 号。

年代及属县均不明者五种六册：千字文编号分别为方、在、伐、习、商。

上述鱼鳞册大体由统一版式印行填写（然不尽同），列土名、具业、都、图、甲、四至、分庄、计税、佃人诸项。部分署有都正、图正、排年、量画，计算人姓名，加钤官印。

（载《首届国际徽学学术讨论会文集》，1996年黄山书社出版）

天津图书馆所藏梁启超遗墨

梁任公启超先生学问好，书法也好。其书博采百家而不拘一格。天津图书馆辗转获得数种，珍而藏之。

《大唐三藏圣教序》，一册线装。用印有"饮冰室书课"字样的朱格纸缮书。钤"徐良珍藏""三水徐良""逍遥斋主"三印。末题"癸亥重阳前一日清华园所临第二通毕，任公"，下钤"启超"白文方印。此碑又名《圣教序》。咸亨三年弘福寺僧怀仁集晋王羲之字，刻石立碑。存今西安碑林，以历代捶拓，碑面已有损伤。拓本传世较多。1972年整理碑林《石台孝经》石碑时，于碑缝发现南宋《圣教序》整幅拓本。这是梁启超于1923年农历九月初八日在清华大学临写此碑的第二本，旧藏徐良处，为梁启超后期所临作品，笔法浑重，颇具右军神韵。

《月仪》，一册折装。末题"《月仪》都二十纸，丁卯十月初三至初六日摹记"，下钤"梁启超"白文方印。《月仪》为传世名帖之一。内容是每月致友人问候的书札。相传为晋索靖章草书，曾刻入宋元祐《秘阁续帖》《鼎帖》及明万历金坛王氏《郁冈斋帖》中。梁启超于1927年农历十月初三至初六用时4天临写此帖，草书行文，运笔自如。这是梁启超晚年颇具功力的一部作品。

《梁任公墨宝》，一册折装，收录《大唐三藏圣教序》及《范式碑》等9种书法作品。书后有闽县陈承修于1930年5月写的题识，略云："先生曾谓二王诸帖传摹失真，若遇佳刻旧拓，锋芒毕具，与此石初无二致，其言最可玩味。此册首临即怀仁《圣教序》，参用方笔，亦缘先生藏有善本，屡以见示，与秃颖见长者迥乎不侔。篆隶虽不多见，要亦不俗，信乎善书者之无所不能也。"此册所临诸帖虽为片断，然诸体咸备，对研究、鉴赏其博采诸家之书法风格有一定参考价值。

《梁任公书法真迹》，一册线装。用印有"饮冰室"三字的绿格纸缮写。钤"启超"白文方印、"任公寿"朱文方印。是册收录梁启超所书《论语》《老子》《大乘起信论》《阮嗣宗诗》4种作品，均为片断，并非全文。此系梁启超书法真迹，笔法浑厚，颇具汉魏遗风，是研究其书法成就的重要作品。

《梁启超致罗瘿公书札》，一册毛装。用自制笺纸写成。书札七通，均为短文，言写诗书联等事。瘿公为罗惇曧晚号，广东顺德人，生于北京。戏曲家。早年肄业广雅书院，继入万木草堂。从康有为游，与梁启超、陈千秋并称高弟。辛亥革命后任北京总统府秘书等职。袁世凯称帝，拒不受禄。自此纵情诗酒，流连戏园，与梅兰芳、王瑶卿等熟识。从书札所讲内容推知，盖写于罗氏纵情诗酒之时。从中既可了解梁、罗交往之谊，又可鉴赏梁氏书法风格，颇具价值。

《张迁碑》，存三个版本。其一，一册线装。末题"十二年十一月四日临于北海松坡图书馆。图书馆以是日行落礼，任公记"，下钤"启超"白文方印。其二，一册折装。末题"十二年十一月十六日临于北海松坡图书馆"，下钤"新会梁氏"白文方印。书后有闽县陈承修题跋。其三，一册线装。末题"十二年十二月末日在北海临"，下钤"新会梁氏"白文方印。函套书签题"饮冰师临张迁碑，徐良"。

是碑为东汉碑刻。中平三年立，为其故吏韦萌等称述张迁任谷城长时政绩而立。明代出土，都穆《金薤琳琅》始著录。今在山东东平县。梁启超在松坡图书馆所临三本，字迹神韵悉同，惟字幅高广稍有微异。闽县陈承修于1930年5月题写一篇跋文，披露一些详情，兹录下，文曰："往年梁新会先生尝为松坡图书馆鬻字，日临汉碑数幅，积成两巨箧，余心欲乞取而未敢启齿。先生不以余为鄙陋，每有所作，多以相示。今观此册临《张迁碑》一通，神味渊永，良可爱玩。先生之文章、政事世有定评，即此游情翰墨亦复丝毫不苟，惜天不假年，不能使先生多所成就。余以俗事羁缠，所得与先生谈艺之日甚短。去年重至津沽，距先生之殁且周岁矣，摩挲遗墨，能不怆然！"

（载《梁启超与饮冰室》，2002年5月天津古籍出版社出版）

卢靖与直隶省图书馆

卢靖（1856～1948），湖北沔阳人，字勉之，改字木斋，室名慎始基斋。清光绪十一年（1885）中举，任天津武备学堂算学总教习；光绪三十二年（1906）任直隶提学使，先后创办直隶、保定、奉天图书馆。1927年捐款兴建南开大学图书馆，被命名为木斋图书馆。其后，又在北平自设木斋图书馆。生平致力于公益事业，喜好数学，著有《万象一元演式》《微积溯源补草》等，又与乃弟卢弼合著《四库湖北先正遗书提要》；刻有《湖北先正遗书》《沔阳丛书》等；辑有《慎始基斋丛书》。

清朝自鸦片战争以后，国门洞开，西学东渐。受西方近代图书馆的影响，各省纷纷倡建有别于私家藏书楼的公共图书馆。清光绪三十四年（1908）十月，卢靖在署直隶学司任内。鉴于津邑为南北交通，人文荟萃之区，民众约百万户，急应设立图书馆以飨学者。于是委任张公秀儒、储公毓轩筹备，他自己慷慨解囊，捐银五千两，构筑直隶省图书馆，并采购图书、置办桌椅等，经营擘画。翌年五月，依限告成。附设于学务公所，建成了北方第一座具有公共性质的图书馆。这个直隶省图书馆，便是今日天津图书馆的前身。

筹建图书馆时，先由邑绅严修（范孙）先生捐献私人藏书一千二百余部，共五万余卷。在范孙先生的影响下，南北满汉官吏，如两江总督端方、两广总督张鸣岐、云贵总督锡良、浙江巡抚增韫、山东巡抚袁树勋、吉林巡抚陈昭常等纷纷捐书若干。直隶督署又调拨旧藏一万余卷。由此奠定了直隶省图书馆的藏书基础。

清宣统二年（1910），直隶总督陈夔龙，向当朝皇帝呈上奏文，为卢靖捐建直隶省图书馆请奖，奏文曰：卢靖建馆，"殊于教育前途，不无裨益。兹据士绅恳请，由提学使转详奏奖前来。臣查该前署提学司卢靖，本爱国之公忠，为树人之至计，当筹款维艰之际，首先报效实银至五千两之多，成此美举，洵属热心学务……仰恳天恩，俯准援案，赏给二品顶戴，以昭激劝，出自鸿施"云云。卢靖捐建直隶省图书馆之举，得到了上下官民首肯，这是难能可贵的。

（载《城市快报》2004年7月8日《名家十日谈》专栏）

《棠湖诗稿》提要

《棠湖诗稿》一卷，宋岳珂撰。宋临安府棚北大街陈宅书籍铺刻本。钱骏祥过录钱仪吉跋并自跋。邓邦述跋，傅增湘跋。框高17.3厘米，宽13厘米。每半叶十行，行十八字，白口，左右双边。卷末镌"临安府棚北大街陈宅书籍铺印行"二行刊记。

岳珂（1183～1234）字肃之，号亦斋，晚号倦翁。祖籍相州汤阴（今属河南）人，宋代著名抗金将领岳飞之孙，出飞之三子霖。宁宗朝权发遣嘉兴军府，兼管内劝农事。仕至户部侍郎、淮东总领制置使。痛恨秦桧谋杀其祖岳飞，以淮西十五御札、朝廷命令等汇编成册，凡岳飞出师应援前后皆可考。嘉定间写成《吁天辩诬集》五卷、《天定录》二卷以献。著有《九经三传沿革例》《宝真斋法书赞》《愧郯录》《桯史》《玉楮集》等。事迹具《宋史》本传。此书收宫词百首，皆咏北宋之事，旨在追思北宋东京文物典章之繁盛及圣君贤相之懿范；面对当时南宋偏安的半壁江山，寄托丧国哀思，以此来规劝当朝统治者效法北宋的文治武功，以振兴国家。

此书自宋付梓以后至明朝为止，不见书目著录。从清初始见书目著录，计有宋本、毛氏影宋抄本及姚刻本等。清初毛扆编《汲古阁珍藏秘本书目》最先载之，即此宋本。《衍石斋记事稿》卷四著录，题清乾隆时编修官钱福胙得一宋本，其子仪吉道光辛巳题跋言之。《尧圃藏书题识》卷八著录，题清嘉庆时黄丕烈家藏毛抄本，复见友人家藏一部宋本。《善本书室藏书志》卷三十著录，题清丁丙藏一旧抄本，并云："宋刻每半叶十行，行十八字。旧藏汲古阁毛氏，曾影抄以传，今在吴门姚彦士方伯家。"《书林清话》卷二著录，题"姚觐元刻宋岳珂《棠湖诗稿》"。《铁琴铜剑楼藏宋元本书目》集目著录，题清常熟瞿氏藏影抄宋本，并云："卷首有汲古阁及毛晋私印、子晋、毛扆之印，斧季诸朱记。"刘声木《续补汇刻书目》卷二十七著录民国排印《续十家宫词》本，其中题"《北宋宫词》"者是。

此书今有以下主要传本：天津图书馆藏宋刻本、中国国家图书馆藏清初毛氏汲古阁影宋抄本和清影宋抄本（载邓邦述跋）二部、日本静嘉堂文库藏有鲍廷博手校本（与《断肠集》《吴允文集》合抄。见《皕宋楼藏书志》卷九十、《静嘉堂秘籍志》卷三十八）、清吴骞辑刊《拜经楼丛书》本、清光绪二十年吴县朱氏校经堂刊《重校拜经楼丛书十种》本、清光绪九年归安姚觐元辑刻《咫进斋丛书》本、《丛书集成初编》据咫进斋丛书排印本、清抄《南宋群贤小集补遗》本、民国八年嘉兴钱氏影印宋本等。

《四库全书总目》卷一百七十四集部别集类存目一著录此书，用的本子是"浙江鲍士恭家藏本"，云："其本为鲍氏知不足斋所刊，宋以来公私书目悉不著录，不知其所自来。""疑鹗及符曾等七人尝合作《南宋杂事诗》，而其《北宋杂事诗》则未及成书，或遗稿偶存，好事者嫁名于珂耶。"由于这部书自宋以来公私书目悉不著录，秘传于世，当馆臣见到鲍氏知不足斋刊本后，产生怀疑而"不知其所自来"，所以得出了此书为"好事者嫁名于珂"的错误结论。余嘉锡先生虽就此曾予辩证，然也因未睹宋版原刻，致使考订未尽周备。

南宋临安业书者，以陈起、陈思父子为最著，以刻唐宋人诗文小集为最多，其父子刻书多在书后题写刊记，所刻之书见于诸家藏书志中。而所题刊记又有所不同：单称陈道人、陈宅书籍铺、经籍铺者指陈起；称陈解元书籍铺、经籍铺者指陈思。此本题"陈宅书籍铺"，由陈起刊印行世。此本钤"毛晋私印"朱文方印、"子晋"朱文方印、"汲古主人"朱文方印、"毛扆之印"朱文方印、"斧季"朱文方印、"宋本"朱文椭圆印、"甲"朱文方印、"书香千载"朱文方印、"毛晋之印"朱文方印、"毛氏子晋"朱文方印及"周暹"白文小方印、"叔弢"朱文小方印。这部琴川毛氏汲古阁旧藏的宋版原刻，七百年来一线单传，成为世间仅存孤帙。傅增湘跋称"古色异色，精美无匹"，弥足珍贵。此本后由我国著名藏书家周叔弢先生在天津古籍书店购得，旋归天津图书馆珍藏。这个宋刻本的存世对纠正四库馆臣的错误认识，考订是书的版本源流，均具有重要价值。

（载《中华再造善本总目提要》，2013年7月国家图书馆出版社出版）

《续修四库全书》子部西学提要

1.《天方性理》五卷首一卷 （清）刘智撰

刘智生平见前《天方典礼择要解》提要：

《天方性理》一名《纂译天方性理》《天方性理图传》，乃明道之书，系采集四十种伊斯兰教传世经书，择其理同而意合者编纂而成。据卷首《例言》知，是书有本经、有图、有传。本经五章列于卷首，单独一卷。图传六十篇分五卷次于后。盖因经立图，因图立传。全书首言大世界理象显著之序，天地人物各具之功能，及其变化生生之故；次言小世界身性显著之序，身心性命所藏之用，及其圣凡善恶之由；末言综合大小世界分合之妙，理浑化之精义，而归竟于一真。此书秉大公之教，不涉异端之流，是研习伊斯兰教之重要经书。所录经文后皆注明出处，亦颇便查检。清康熙时丁氏作序时称此书"可谓前无古人后无来者"，盖非虚言。

2.《摩尼光佛教法仪略》一卷（残） （唐）拂多诞译

摩尼教是世界性宗教，3世纪时在巴比伦兴起。创始人摩尼，生于巴比伦北部玛第奴，精通天文，善绘画且习幻术。此教主要吸收犹太教、基督教等教义，亦采纳不少琐罗亚斯德教成分，传至东方后又染有佛教色彩。主要教义是二宗三际论，有戒律和寺院体制。摩尼在世时，其教一度在波斯自由传播，后因波斯旧有宗教攻击迫害，摩尼被处极刑。摩尼死后，从3世纪到15世纪，该教在欧亚旧大陆得到广泛传播。其文献有叙利亚文、中古波斯文、帕提亚文、粟特文、汉文、回鹘文、希腊文、拉丁文、科普特文等十余种文字。

开元年间，唐玄宗扶持道教，压抑佛教与摩尼教，下诏令摩尼教驻京传教师拂多诞（其生平事迹不详）奏明情况，《摩尼光佛教法仪略》即其奏稿。摩尼教来华传播时间不长，且无王权支援及受众基础，开元二十年（732）七月，唐玄宗诏称摩尼法属邪见，禁断摩尼教。

此书是摩尼教汉文文献，出自敦煌，现存两截残卷。其前部分今藏英国国家图书馆（编号为 S.3969），后半部分今藏法国国家图书馆（编号为 P.3884）。经过法国汉学家伯希和的比对，这两个写卷可以缀合在一起。本书据以影印的，是此书的后半部分。其首题"摩尼光佛教法仪略一卷"，其下题"开元十九年六月八日大德拂多诞奉诏集贤院译"，书中全面介绍摩尼教历史、教主摩尼、典籍、教团组织、寺院制度以及基本教义，实为有关摩尼教之解释性文件，亦为研究摩尼教之重要文献。

本书据《敦煌遗书》本影印。

3.《大秦景教三威蒙度赞》一卷　　（唐）释景净译

《大秦景教三威蒙度赞》一名《景教三威蒙度赞》。经卷冠名"大秦"，实即"大秦寺"之省称。寺位于陕西省周至县，内有景教塔一座，为景教首次传入中国之见证。景教即天主教。

三威指圣父阿罗、圣子弥施阿和圣灵净风王，三位一体。此经卷为唐人写本，出自甘肃敦煌鸣沙山石室中，为敦煌藏经洞故物。1908年被法国汉学家伯希和发现并盗回巴黎，今藏法国巴黎图书馆（编号为 P.3847）。此书是景教徒敬拜时颂念的《荣福经》《赞美经》，635年阿罗本传入中国，760年由唐代僧人景净翻译成汉文。今有英译本。此卷是研究西方天主教传入中土之重要文献，也是该教传入中土之重要证物。（见伯希和撰《敦煌藏经洞访书记》）

4.《天演论》二卷　　（英）赫胥黎著　严复译

汤玛斯·赫胥黎（Thomas Henry Huxley,1825～1895），英国著名生物学家。博学多才，支持达尔文进化论，发表《人类在自然界的位置》《动物分类学导论》《进化论与伦理学》等科学论文一百五十余篇，所论包括动物学、古生物学、地质学、人类学和植物学等。《天演论》是其代表作。

5.《名学》不分卷 （英）穆勒撰 严复译

《名学》原名《逻辑学体系》，包括《引论》及《论名学必以分析语言为始事》《论名》《论可名之物》《论词》《论词之义蕴》《论申词》《论类别事物之理法兼释五旌》《论界说》八篇。中国古代称逻辑学为名学，严氏采用旧称以名书。其《引论》称："名学者，所以讨论人类心知，以之求诚之学，将可以赅心德之用，而亦不悖于古，不戾于俗矣。"又称其书旨在推知，即据已知以推未知。

6.《泰西新史揽要》二十四卷 （英）马恳西撰 （英）李提摩太译 （清）蔡尔康述

蔡尔康（1851～？），字芝绂，上海人。清同治七年（1868）秀才。光绪初入《申报》馆工作，主编《民报》，九年（1883）任《字林沪报》主笔。十九年（1893）参与筹建《新闻报》，并任主编。二十年（1894）接替沈毓桂为《万国公报》华文主笔，与林乐知合作翻译多部西学著作，被誉为"几合美华而为一人"。

7.《佐治刍言》一卷 （英）傅兰雅译 （清）应祖锡述

应祖锡（1855～1927），字韩卿。光绪十四年（1888）举人。随清使任驻西班牙二等参赞，回国后任江苏南通知州等。民国后改任句容县知事，后于本宅创办毓秀女校，以兴女学。著有《增广尚友录统编》二十二卷、《洋务经济通考》十六卷及《西班牙日记》三卷等。

8.《原富》八卷 （英）斯密亚丹撰 严复译

此书今通译《国富论》，严译名《原富》，其所据底本为经济学家罗哲斯校阅之新版本，较别本为善。

9.《群己权界论》二卷 （英）穆勒撰 严复译

此书今通译《论自由》，严译名《群己权界论》，凡二卷五篇。首篇为《引论》，篇二为《释思想言论自由》，篇三为《释行己自由明特操为民德之本》，篇四为《论国群小己权限之分界》，篇五为《论自由大义之施行》。穆勒此书专论自由，探讨"何者必宜自由，何者不可自由"之道理（见《译凡例》）。其书正文眉端有批语文字，疑出严氏之手。

10.《谈天》十八卷卷首一卷附表一卷 （英）侯失勒撰 （英）伟烈亚力译 （清）李善兰删述 （清）徐建寅续述

徐建寅（1845～1901），字仲虎，江苏无锡人。父寿，为中国近代化学先驱。清咸丰十一年（1861）随父供职安庆军械所，光绪元年（1875）任山东机器局总办，五年（1879）出使德、英、法等国，进行技术考察，十五年（1889）维新变法时任农工商督办，后任福建船政局马尾造船厂提调、湖北省营务总办、保安火药局、汉阳钢药厂督办。二十七年（1901）在钢药厂与员工试制无烟药时失事殉职。著译有《造船全书》《兵学新书》《欧游杂录》等四十余种。

11.《冶金录》三卷 （美）阿发满撰 （英）傅兰雅译 （清）赵元益述

《冶金录》为冶金学著作，凡三卷。卷上为范模造法，包括范模材料、用诸物成模法、做细巧花纹之模及模具种类等。

（载《续修四库全书提要·新学提要》，2016年上海古籍出版社出版）

周叔弢藏书题识

周叔弢，名暹，安徽建德人。自1914年来津兴办实业。先生嗜书成癖，手不释卷，凡遇宋、元佳椠，名家抄藏，不惜倾其财力而购之，遂以其藏书数量之富，精品之多，成为饮誉海内的藏书大家。1952年，叔弢先生将平生搜求的宋、元，明版及抄、校善本一举捐赠北京图书馆，成为北京图书馆"镇库之宝"与"奠基石"。在这部分书里，53种书中有周先生做的题识，凡67则，已由冀淑英同志辑成《弢翁藏书题识》一文，编入《自庄严堪善本书目》（1985年天津古籍出版社版）。除这部分珍贵的善本书外，周先生还将所藏之清代活字本及清版印本，分别于1955年、1972年两次捐献给天津人民图书馆。这部分书中，有16种周先生亲笔做了题识，凡31则。笔者在整理馆藏书过程中，随手将这部分题识抄录下来，稍加编排，辑成此篇，供研究者参考。为便于读者阅读，笔者对文中个别地方略作了注释。

《寒山子诗集》一卷，《丰干拾得诗》一卷。1924年建德周氏影刊宋本。

此书原本楮墨精雅，其刊印时地无可考，以字体审之，当是南宋初杭州雕本。余于丁巳十一月与宋绍兴本《诸史提要》同得于天津。《诸史提要》康熙时殿本从抄本出，佚撰者名，且多增改，惜当时未取宋本校之。施以《诸史提要》，从傅沅叔丈易钱，刻《圆觉经疏抄》。因念《寒山子诗》世无善本，遂用西法摄影，付北京文楷斋模刻。原书首页为汲古阁毛氏补抄，末页抄补较后，毛氏影宋抄本固无末页也。顷取江阴缪氏影日本内府本对勘一过，日本内府宋本《寒山诗》缺七首，又缺"我法"二句、"道子"四句、"蓬扉"四句。《拾得诗》缺五首，诗中注语皆删削，不及此本之善，若字句异同则互有短长耳。缪本有长跋，叙《寒山诗》本子甚详，其言多本岛田翰。后书版归乌程张氏，乃妄增一跋，词意仍袭缪氏，才悟其非，遂即用缪跋而易己名。后之人不同见三本，将不知刻书者为谁何矣！校毕特记其因革于此，亦书林之逸话也。庚午十月弢翁记于自庄严堪。

辛未二月，用高丽本校勘一过，高丽本刊刻当在绍定己丑东皋寺本之后，其甲戌玉峰跋则无可考。《寒山诗》已分五言于七言之外，然诗中序次与此本正同，所据仍为旧本；惟"拾遗"二首，高丽本收于《拾得诗》后，且多"闲自访高僧"一首，为大异耳。弢翁记。

徐忠、章椿、施冒三人见绍兴本《史记》，章椿又见北京本《外台秘要方》。

书中各印识：吴迪生印泥未几变黑，顷见海源阁藏书。杨敞夫各印亦如是，想举为吴氏所欺也。甲戌十二日记，老弢。

诸印变色者，以双养（氧）水涂之，顿复旧观，为之大快。杨氏诸印亦如是。乙酉二月初二日弢翁。

（按：周叔弢先生藏书印章有数方，以上题识见三方。其中第一则题识后钤"周朿子"朱文方印，此印周老极少用，仅见此帙。第二则钤"自庄严堪"白文方印。第三则钤"宝在堂"白文方印，此印亦鲜见。1914年周叔弢先生从青岛移居天津之后，曾以廉价买到清代皇家书库"天禄琳琅"旧藏的《寒山子诗集》，这是先生收藏宋本之始，为此，先生还取了个斋名叫"拾寒堂"，以作纪念。）

《新序》十卷，明万历间程荣刊汉魏丛书本。

庚午三月，周海源阁旧藏宋本对勘一过。弢翁。

（按：题识后钤"叔弢手校"朱文方印。周先生藏程氏所刊此书有二部，均具题识，其一赠北京图书馆，《弢翁藏书题识》已录，其一赠天津图书馆。二题识文异，彼详此略。）

《孟东野集》十卷，《附录》一卷，明汲古阁刻本。

余于己巳正月从李少微兄借宋小字本《孟东野诗集》，校明弘治本一过。去岁十一月又用此本临校，只竟六卷。□年无俚，遂复校四卷，明本异同亦著于下方，点画之差不校。宋本为黄荛圃旧藏，前年从海源阁散出，版刻精雅，缺笔至慎字止。黄氏第一跋无"嘉庆十有四年仲春"八字，《楹书隅录》乃不可信如此。壬申正月初八日校讫记，弢翁。

《后山居士诗集》六卷。《逸诗》五卷，《诗余》一行，清雍正间活字印本。

顷见此书残本，存《诗集》卷一至五，无总目及吴序，亦无诗集目录一卷，另有后山先生诗集目次二页。胡氏识语九行在目次后，今录于此。两本孰先孰后无从臆测矣。1962年10月弢翁记于天津。

《昌黎先生全集》四十卷，《外集》十卷，《遗文》一卷，清初葛氏永怀堂刊乾隆六年（1741）补刻本。

甲寅冬，公拓为我录方望溪先生评点。叔弢识。

己卯五月，岑君训己用蓝笔录吴至父先生圈点一过。叔弢识。

（按：此帙书衣题签下墨书"叔弢读本"四字，其下又钤"叔弢"朱文方印。首序大题下钤"建德周氏珍藏"朱文方印。）

《春秋左传杜注》三十卷，《卷首》一卷，清光绪九年（1883）江南书局刻本。

五色评本《左传》，弟遐题。此适孙氏五妹读本也。妹慧而好学，殁于庚戌。其从姊罕乞得此本，周用作遗念。异于此中时得，恍然见吾姊也。噫，此书圈识皆吾姊手录，惟自卷二十二以后乃倩人录者，故精粗迥别。

《大乘百法明门论本地分中略录名数解》一卷，又外三种。1916 年金陵刻经处刻本。

丁巳除夕，用宋藏本校。叔弢。

（按：见于《大乘广五蕴论》书后。）

戊午正月三日，用宋藏本校。叔弢。

（按：见于《大乘广五蕴论》书后。尚钤"周暹"椭圆朱文印一方。）

《丧服郑氏学》十六卷，1918 年吴兴刘氏刊求恕斋丛书本。

一良治《仪礼》甚勤，以此书授之。弢翁庚午九月。

南浔刘氏刻书甚夥，惟每种只印数十部，流传益稀，此书立庵求之数年不得。一良勿以近刻而忽之。

《贵池先哲遗书》三种，1920 年贵池刘氏世珩辑刊本。

甲子二月，用季沧苇本校讫。叔弢。

（按：见于《伍乔诗》一卷末。）

壬子二月，用季沧苇抄本校此本，比抄本多诗九首。叔弢。

（按：见于《张处士诗集》五卷末。）

甲子二月，以季沧苇抄本校，补诗一首。叔弢。（按：见于《张乔诗》一卷末。）

《乐章集》三卷，《续添曲子》一卷，附《校记》一卷，1922 年归安朱氏刊强村丛书本。

甲子正月廿六日校讫。叔弢。

（按：见于《续添曲子》卷末。）

庚午正月初三日，用赵校本对勘一过，叔弢。

（按：见于《续添曲子》左栏外。）

庚午二月，从沅叔三丈借劳氏手抄毛校本对勘一过。弢翁记。

（按：见于《续添曲子》眉端。）

明黑格抄本每半页九行，每行十五字。版心下方有"紫芝漫抄"楷书四字，毛斧季用朱笔校过，当即毛氏跋语中所称孙氏抄本也。丁丑十月，命儿子一良用蓝笔对勘一过，因记之。弢翁。

（按：见《校记》朱孝藏跋末。）

《三论宗纲要》一卷，1925年上海商务印书馆铅印本。

佛弟子周叔弢诵习之书。

（按：周先生信奉佛教，不但聚佛经，而且研读、校勘并雕印佛书。）

《居贞草堂汉晋石影》一卷，1929年秋浦周氏天津影印本。

己巳十一月，四弟新印此册成，取置案头，以供展玩。弢翁记。

《至德周氏居贞草堂藏器》一卷，1935年影印本。

乙亥八月，四弟寄赠。弢翁记。

（按：居贞草堂主人周进，喜储拓石器物，亦沽上习墨之士，与兄周叔弢先生有文字缘。至德即建德。）

《邓析子》一卷，又外二种，民国间上海涵芬楼影印本。

丙寅二月十八日，周明本校。弢。

（按：见《邓析子》卷末。）

丙寅十二月，用正统道藏本校一过。叔弢。

（按：见《尹文子》卷末。）

戊辰正月，得季沧苇抄本，每页廿二行，每行廿二字。因命儿子一良与此本对勘，正讹补脱甚夥。《提要》谓季氏抄自钱遵王，而《读书敏求记》载宋刻廿卷，当是误倒其文，是季抄本从宋本出，宜其精善是也。初十日弢翁记。

（按：见《沈下贤文集》卷末。）

《元氏长庆集》六十卷，民国间上海涵芬楼影印四部丛刊本。

丙寅春得钱蒙叟手校明弘治杨氏抄本《元氏长庆集》，与此对勘一过，多所是正，并补卷十第五、六两页，集外诗十首。其用朱笔者，于当字下注一"朱"字以别之。自卷廿七"赋"以后，校正渐稀，益多误字，过而存之，亦校书之成法也。钱、杨两跋并录于书之前后，以志源流。四月廿三日弢翁。

（按：周先生题识所云补抄"集外诗十首"，是用三张大幅格纸二楷缮写，附夹书内，洵为难得之遗墨。）

《棠湖诗稿》一卷，民国间影印宋刻本。

此书原刻极精美，余求之不得。章甫以影印本见贻，"慰情聊胜无了"。1963年春节得此书原本于中国书店，大喜过望，缘记岁月于此册。1963年2月7日记。

（按：此条后钤"自庄严堪"白文隶字方印。）

宋本陈之案头逾月，人民图书馆坚欲得之，余不应与馆争，去书之日，心意彷徨，若有所失也。3月21日暹翁。

（按：此条末钤"弢翁珍玩"朱文篆字方印。又：正文卷端右栏外下角钤"周暹"白文篆字小方印，此印与前一方"周暹"椭圆朱文印有别。）

（载《天津文史资料选辑》第52辑，1990年天津人民出版社出版）

《弢翁藏书题识》续辑

东至周叔弢先生是我国现代著名藏书家。先生藏书数量之富，精品之多，堪称海内藏书巨擘，在其藏书中，周老对自己特别喜爱的书，有一些亲笔作了题识。这些题识虽数量不多，然对于了解周老一生的藏书活动、治学态度及爱国奉献精神，是十分难得的第一手材料。周老于1952年将平生搜求的宋、元、明、抄、校善本一举捐赠北京图书馆。周老对其中的五十三种书作了题识，凡六十七则，已由北图的冀淑英同志辑成《弢翁藏书题识》，先刊载于《文献》杂志，后编入《自庄严堪善本书目》（1985年天津古籍出版社出版）中。除这部分珍本外，周老又将所藏的清代活字本、清版印本及部分的版书于1955年、1972年两次捐给天津图书馆，其中有周老题识的书十七种，凡三十三则。兹将这部分题识辑成续编，以期完周老之文。

一、《寒山子诗集》一卷，附《丰干拾得诗》一卷，一九二四年建德周氏影刊宋杭州本

1.此书原本楮墨精雅，其刊印时地无可考，以字体审之，当是南宋初杭州雕本。余于丁巳十一月与宋绍兴本《诸史提要》同得于天津，《诸史提要》康熙时殿本从抄本出，佚撰者名，且多增改，惜当时未取宋本校之。施以《诸史提要》从傅沅叔丈易钱，刻《圆觉经疏抄》，因念《寒山子诗》世无善本，遂用西法摄影，付北京文楷斋模刻。原书首页为汲古阁毛氏补抄，末页抄补较后，毛氏影宋抄本固无末页也，顷取江阴缪氏影日本内府本对勘一过，日本内府宋本《寒山诗》缺七首，又缺"我法"二句，"道子"四句，"蓬扉"四句；《拾得诗》缺五首，诗中注语皆删削，不及此本之善，若字句异同则互有短长耳。缪氏有长跋，叙《寒山诗》本子甚详，其言多本岛田翰。后书版归乌程张氏，乃妄增一跋，词意仍袭缪氏，才悟其作，遂即用缪跋而易己名。后之人不同见三本，将不知刻书者为谁何矣！校毕特

记其因革于此，亦书女子逸话也。庚午十月弢翁记于自庄严堪。

2. 辛未二月，用高丽本校勘一过，高丽本刊刻当在绍定己丑东皋寺本之后，其甲戌玉峰跋则无可考。《寒山诗》已分五言于七言之外，然诗中序次与此本正同，所据仍为旧本，惟"拾遗"二首高丽本收于《拾得诗》后，且多"闲自访高僧"一首，为大异耳。弢翁记。

3. 徐忠、章椿、施昌三人见绍兴本《史记》，章椿又见北宋本《外台秘要方》。

4. 书中各印识，吴迪生印泥未几变黑，顷见海源阁藏书，杨敬夫各印亦如是，想举为吴氏所欺也。甲戌十二月记老弢。

5. 诸印变色者，以双养（氧）水涂之，顿复旧观，为之大快。杨氏渚印亦如是。乙酉二月初二日弢翁。

按：寒山子、丰干、拾得，皆贞观中台州僧，是将乃台州刺史间丘胤令寺僧道翘所搜辑。原本半页十一行，行十八字。白口，左右双边。下口署刻工姓名徐忠、李椿、章椿、陈亨、董源、施昌，均为宋季杭州地区良工。周先生影刊是书，款式俱同旧式。影刊本封分署"影宋本寒山子诗""甲子十二月建德周氏新刊"。刊刻绝精，大版蓝印，为影刊宋本之上品。于《诗集》四十八页末朱笔补写"寒山诗终杭州钱塘门里车桥南大街郭宅口铺印行"一行。正文中周老用朱、墨二笔校勘，又行格眉间标以朱墨相间数字。首有问丘胤"寒山子诗集序"。是书中见周老藏书印五：题识【□钤】"周呆子"朱文方印。题识与未钤"宝在堂"白文方印，在周老藏书印中，此二印鲜见。题识工未钤"自庄严堪"白文方印。又于《诗集》卷终下钤"周暹"白文小方印。正文卷端栏外右下角钤"周叔弢校读书"朱文长方印。

二、《尔雅》三卷，晋郭璞注，明景泰七年（1456）刻本

6. 戊辰二月，用元大德本对勘一过。弢翁。

7.《尔雅》元刊本，为常熟瞿氏旧藏。其中佳字，《藏书志》已详之。其中胜于吴元恭本者，如《释天·旌旗篇》继旐曰"斾"不作"旆"；《释地》江南曰"扬州"不作"扬"，此本亦作"扬"；《释草》菼雀弁不作"菼"，此本亦作"菼"；又蒌绕蕵芜，注，今远志也，不作"志"；《释木》庵无实枣，不作"晢"，此本亦作"晢"；又黄蔿，注，树实繁茂，庵蒿不作"晢"；《释鱼》贝居陆贆，贝中肉如科斗，"中"不作"斗"，此本亦作"中"，与瞿氏淑藏南宋初刻本俱合，洵

为单径注之善本也。弢翁又记。

三、《新序》十卷，汉刘向撰，明万历程荣刊汉魏丛书本

8. 庚午三月，用海源阁旧藏宋本对勘一过，弢翁。

按：题识末钤"叔弢手校"朱文方印。周老藏此书程氏刻有二，均具题识，其一赠北图，冀淑英同志所辑题识已收，其一赠津图，即此。二题识文异，彼详此略。

四、《孟东野集》十卷附录一卷，唐孟郊撰，明汲古阁刻本

9. 余于己巳正月从李少微兄借宋小字本《孟东野诗集》，校明弘治本一过。去岁十一月又用此本临校，只竟六卷。口年无俚，遂复校四卷。明本异同亦著于下方，点画之差不校。宋本为黄荛圃旧藏，前年从海源阁散出，版刻精雅，缺笔至慎字止。黄氏第一跋无"嘉庆十有四年仲春"八字，《楹书隅录》乃不可信如此。壬申正月初八日校讫记，弢翁。

按：题识末钤"叔弢手校"朱文方印。

五、《后山居士诗集》六卷逸诗五卷诗余一卷，宋陈师道撰、宋魏衍编、清陈唐重订，清雍正年活字印本

10. 顷见此书残本，存《诗集》卷一—五，无总目及吴序，亦无诗集目录一卷，另有后山先生诗集目次二页。胡氏识语九行在目次后，今录于此。两本孰先孰后无从臆测矣。一九六二年十月弢翁记于天津。

六、《昌黎先生全集》四十卷外集十卷遗文一卷，唐韩愈撰，清初葛氏永怀堂刻乾隆六年（1741）补刊本

11. 甲寅冬，公拓为我录方望溪先生评点。叔弢识。

12. 己卯五月，岑君训已用蓝笔录吴至父先生圈点一过。叔弢记。

按：书衣题签下墨书"叔弢读本"四字。其下钤"叔弢"朱文方印。又首序大

题下钤"建德周氏珍藏"朱文方印。

七、《春秋左传杜注》三十卷卷首一卷，清姚培谦撰，清光绪九年（1883）江南书局刻本

13. 五色评本左传，弟暹题。此适孙氏五姊读本也。姐慧而好学，殁于庚戌。余从姐聋乞得此本，用作遗念。异于此中时得，悦然见吾姐也。噫。此书圈识皆吾姐手录，惟自卷二十二以后乃倩人录者，故精粗迥别。

八、《大乘百法明门论本地分中略录名数解》一卷又外三种，一九一六年金陵刻经处刻本

14. 丁巳除夕，用宋藏本校。叔弢。

15. 戊午正月三日，用宋藏本校。叔弢。

按：题识14见《大乘五蕴论》书后，15见《大乘广五蕴论》书后。又题识后钤"周暹"椭圆朱文印，此姓名与上所题白文方印有别。

九、《丧服郑氏学》十六卷，张锡恭撰，一九一八年吴兴刘氏刻求恕斋丛书本

16. 一良治《仪礼》甚勘，以此书授之。弢翁庚午九月。

17. 南浔刘氏刻书甚夥，惟每种只印数十部，流传益稀。此书立庵求之数年不得。一良勿以为近刻而忽之。

十、《贵池先哲遗书》三种八卷，刘世珩辑，一九二〇年贵池刘氏辑刊本

18. 甲子二月，用季沧苇抄本校讫。叔弢。

19. 壬子二月，用季沧苇抄本校此本，此抄本多诗九首。叔弢。

20. 甲子二月，以季沧苇抄本校，补诗一首。叔弢。

按：题识18，见南唐伍乔撰《伍乔诗》一卷书末。题识19，见唐张祜撰《张处士诗集》五卷书末。题识20，见唐张乔撰《张乔诗》一卷书末。

十一、《乐章集》三卷《续添曲子》一卷附校记一卷，宋柳永撰，校记，民国朱祖谋撰，一九二二年归安朱氏刊疆村丛书本

21. 甲子正月廿十六日校讫。叔弢。

22. 庚午正月初三日，用赵校本对勘一过。叔弢。

23. 庚午二月，从沅叔三丈借劳氏手抄毛校本对勘一过。弢翁记。

24. 明黑格抄本，每半页九行，每行十五字。版心下方有"紫芝漫抄"楷书四字。毛斧季用朱笔校过，当即毛氏跋语中所称孙氏抄本也。丁丑十月，命儿子一良用蓝笔对勘一过，因记之。弢翁。

按：题识21，见《续添曲子》卷末，该卷末左栏外为题识22，眉间为题识23。题识24，见《校记》朱孝臧跋末。又书中尚夹签条一纸，为周老校勘时所题，兹录下：张本缺：巫山一段云赵校本缺：八六子、过涧歇近、轮台子、早梅芳、瑞鹧鸪、法曲第二、一寸金、如鱼水满江红、临江仙、长寿乐。明抄本缺：一寸金、轮台子、如鱼水、满江红、木兰花、长寿乐、倾杯乐。

十二、《三论宗纲要》一卷，日本前田慧云撰，朱元善译，一九二五年上海商务印书馆铅印本

25. 佛弟子周叔弢诵习之书。

十三、《居贞益堂汉晋石影》不分卷，周进辑，一九二九年秋浦周氏天津影印本

26. 己巳十一月，四弟新印此册成，取置案头，以供展玩。弢翁记。

十四、《邓析子》一卷又外二种，民国间上海涵芬楼影印本

27. 丙寅二月十八日，用明本校。弢。
28. 丙寅十二月，用正统道藏本校一过。叔弢。
29. 戊辰正月，得季沧苇抄本，每页廿二行，每行廿二字。因命儿子一良与此本对勘，正讹补脱甚夥。《提要》谓季氏本抄自钱遵王，而《读书敏求记》载宋刻廿卷，当是误倒其文，是季抄本从宋本出，宜其精善是也。初十日弢翁记。

按：题识27，见《邓析子》卷下终一行。题识28，见于《尹文子》卷末。题识29，见于《沈下贤文集》卷末。

十五、《元氏长庆集》六十卷，唐元稹撰，民国间影印四部丛刊本

30. 丙寅春，得钱蒙叟手校明弘治杨氏抄本《元氏长庆集》，与此对勘一过，多所是正，并补卷十第五、六两页，集外诗十首。其用朱笔者，于当字下注一"朱"字以别之。自卷廿七"赋"以后，校正渐稀，益多误字，过而存之，亦校书之成法也。钱、杨两跋并录于书之前后，以志源流云。四月廿三日弢翁。

按：所补《集外诗》十首，周老用三张大纸工笔缮写，附夹于书内，洵为难得之遗墨。

十六、《至德周氏居贞草堂藏器》一卷，周进辑，一九三五年印本

31. 乙亥八月，四弟寄赠。弢翁记。

十七、《棠湖诗稿》一卷，宋岳珂撰，民国间影印宋本

32. 此书原刻极精美，余求之不得。章甫以影印本见贻，"慰情聊胜无"了。一九六三年春节得此书原本于中国书店，大喜过望，缘记岁月于此册。一九六三年二月七日记。
33. 宋本陈之案头逾月，人民图书馆坚欲得之，余不应与馆争，去书之日，心意彷徨，若有所失也。三月廿一日弢翁。

按：二题识均见是书衬页。题识33末，钤"弢翁珍玩"朱文篆字方印，亦稀见，除此印外，尚有诸印已俱见上，此略而不录。先生所云"人民图书馆"，即今天津图书馆。宋刊原本今庋藏是馆。

（载安徽《图书馆工作》1989年第4期）

周叔弢先生与佛教典籍

谈及名重海内的我国著名藏书家周叔弢先生对佛教典籍的偏爱，人们自然要想到周先生为自己的藏书斋所起的"自庄严堪"这一名号①，以及周先生喜获宋椠《景德传灯录》后为自己的第七子所起的"景良"这一名字②。除此以外，周先生在收藏、持诵、印行佛经，以及施财刊经等方面的一些情况则鲜有人道及。兹仅就笔者所知，略述一二，只言片语，虽不能概述周先生在佛学方面的造诣和成就，然我们从一件藏品，一段故事中可以窥视周先生学识之渊博，意趣之高雅，为人之善良。时值周先生诞辰一百周年，我们仅从一个侧面追忆一下周先生的藏书生活，以为纪念。

周先生的藏书，素以精善著称，"不侈宏富之名，而特以精严自励"③。对所采四部之书，每以"五好"④为标准，达标者采录，否则弃之。不过周先生对佛教经书或似另有尺度，那些宋元旧椠，明清佳刻者勿论，清末民初间普通佛教单经印本大都在周先生的网罗范围之内。诸如天津刻经处、北京刻经处、金陵刻经处、扬州刻经处及古杭昭庆寺等雕印的佛经，周先生储有数量可观的藏品。这些通行印本，单从刊年及书品上看，与其他各类印本别无异样，但是倘若作进一步的考察，那么就会发现这些普通的单经印本有些是很稀见的。如《父子合集经》一帙，此经凡二十卷，宋释日称撰。是经中土久佚，故宋、元、明、清《大藏》均失载，不知何时流入东瀛，在日本一线单传。1920年北京刻经处依日本《弘教藏》及《续藏》本参互考订，将是经刊布于世，学者宝之。又如《百论疏》一经，凡十六卷，隋释吉藏疏。此经中土久已散佚，1913年北京刻经处从日本《续藏经》中抄出刊布行世。这些中土久佚，历千百年后重归故土的佛经，其价值自不待言。在周先生的藏书中，之所以入藏数量可观的普遍单行佛经，这与周先生对佛学的精研不无关系。

周先生喜诵佛经，在佛学上有很深的造诣。先哲傅增湘曾有"叔弢三兄精研大乘"之评说⑤。周先生逸情高致，暇时以诵习佛教经书为娱。曾自号佛弟子、净业学人。有时在读完一部佛经后还饶有兴趣地随手题上几个字，这些题记为我们了解周先生昔日研习佛典之事，提供了十分难得的第一手资料。譬如唐释实叉难陀奉制译的《大乘起信论会译》一经，周先生题"自庄严堪主人持诵"一行⑥，又如日本前田慧云撰、朱元善译的《三论宗纲要》一经，周先生读罢墨书"佛弟子周叔弢诵习之书"十字⑦。由此可见，古今中外的佛教经书和研究专著都在周先生的收藏范围之内，同时又都是周先生研习之书。足见周先生在佛教经典上用力之大，用功之勤。

周先生收藏佛经，就如同自己收藏其他各类书籍一样，不单单是为了藏而藏，自己精研佛经，也如同遍观四部印本一样，除了满足自己的求知欲外，更重要的是让自己倾财购置的古书最大限度地发挥作用，有功于社会，为人民造福。这是周先生藏书的最终目的。

刊印古书，使其化身千百，广传后世，这是周先生藏书活动中的一个方面。周先生曾自行刊印过一些珍善本图书，其中就有佛教经书，而且雠校刊印俱精。诸如1918年周先生用唐写本校印的《佛说阿弥陀经》及同年据元刊本影印的《庐山复教集》等是。

此元刊本元释果满编的《庐山复教集》，原为傅增湘藏园旧藏。此帙后来为何归周先生了呢？这当中尚有一段书林趣事。傅氏曾详述及，云：

丁巳（1917）冬十一月，闻魏经腴言，广市赏奇斋宝华堂合购宋元本书若干种，往探之不可得见，其来路殆不可诘也。既而展转得见宋本《青山集》《周昙咏史诗》《扬子法言》《昌黎外集》等，以及明本书共八种，宝沈庵为谐价，至除夕不得当而罢。会春初偶还津门，晤周叔弢世兄，谈及新获秘本数部，有宋本《诸史提要》《寒山子诗》，其见而未收者，则《青山集》诸帙亦在焉。各书中如《扬子法言》《昌黎外集》《周昙咏史诗》《寒山子集》等书皆有御览之宝及天禄琳琅、天禄继鉴各印。至《青山集》《诸史提要》虽无印记，审其装订标题，决为当时宫廷陈列之本，未经收入天禄目中者也。戊午（1918）冬十一月，叔弢忽以书来，言夫人妙颜示疾，愿以最心爱之书易资以流传经典，于是以《诸史提要》议归于我，余亦以元本《庐山复教集》赠之。⑧

周先生割宋椠易资刊经，以祈夫人去病康复，那么效果怎样呢？当时知情人之一的傅增湘先生有证词说："今中闺安隐，福因圆满，善缘感应，良非偶然。"⑨从此例可见周先生对自己夫人的关怀和对佛祖的虔诚，传为书林佳话。

据载，周先生当时是以两部宋版书易经刊布佛书的。另一部是《庄子口义》。前面已经提及，《诸史提要》一帙已议归傅氏，成为藏园藏品，而《庄子口义》一帙不晓得归藏哪家。有人或许要问，周先生易资所刊的究竟是哪一部经书呢？对这一问题尚未有人述及。一个偶然机会，笔者翻检到1927年天津刻经处刊印的唐释宗密撰的《圆觉经大疏释义抄》二十六卷，此帙卷末有则刊记，为我们解答了这个疑问。刊记全文录下：

安徽建德县净业学人周暹，同妻许和之于壬戌年（1922）谨施宋刊《庄子口义》《诸史提要》两书易财，命工刊造《圆觉经大疏义抄》全部，所集功德上报四恩，下资三有，普愿有情共成正觉。民国丁卯年（1927）孟春月天津刻经处谨题。

有趣的是，这则刊记既为我们解答了问题，同时又给我们留下了几个疑点，诸如周与傅达成割书易资事是在1918年，而施财时间则迟至1922年，前后相隔四年。这是一个疑点，又施财至付梓时间又相隔五年，这又是一个疑点，此事始末竟相去长达八年之久。或许1918年周先生施财所刊之经并不是这部《圆觉经》，而是另一部，只是现在尚未知晓罢了。这次刊经也仅仅是因袭了上次施财刊经的名义。或许还有别的原因，这有待知情者作一解答或考证之。

施财刊经，是周先生藏书活动中的一个方面。那么周先生究竟刊行过多少部佛经，这个问题一时还说不清楚。从目前掌握的传本看，周先生施财刊经采取两种形式：一是自己一人施财，一是与他人联合施财。兹复举两例为证。

1924年周先生自己施财刊行佚名注的《般若波罗蜜多心经》一卷。承雕者是天津刻经处。此经卷末附刊记，内载施财数目、本经字数、雕版费用及版刻年代等内容，兹照录如次：

秋浦周暹施资大洋二十二元九角二分，敬刻此经。连圈计字五千四百五十七个，又书签一条，计支刻资洋三角一分二厘。民国十三年（1924）十月，天津刻经处谨识。

1939年正月，为石埭陈一甫先生暨德配李夫人七旬双庆佳日，周先生与周明泰、周明焯、周学辉、袁克轸、袁克桓、吴希曾、龚心湛及刘俊卿等三十人联合施财刊布释谛闲法师撰写的《省庵劝发菩提心文讲义录要》一卷，印行一千册，以祝二老"仁寿无量"。

石埭陈一甫与周先生素有交往，1942年周先生因衣食计，不得不将珍藏的一百零九种明版书易财，而接收这部分书的，就是陈一甫。

就目前所知，周先生施刊刊经主要是委托天津刻经处一家。当时各地设置的刻经处，其刊经费用，主要采取善男信女捐资的形式获得。天津刻经处也然。每刊布一经，都要在经末写上一段题记，略述施财者姓氏称号、施财动机、刊经名称、本经字数、刊经费用、版刻年代及承雕者几项，尤其是施财者多为当时社会名流，这就为我们提供了一些有一定参考价值的资料。除刻经处外，各地还纷纷成立了相应的发行佛经印本的机构——佛经流通处。当时天津佛经流通处就设在东南城角南马路草厂庵前面的清修禅院内，天津流通分处设在法租界四号路门牌九十七号。周先生寓居津门，与天津刻经处同属一阜，往来方便，故与其有联系。

周先生信奉佛教，喜诵内典，这与先生自身修养、社会时尚以及家族影响是有一定关系的。仅就周氏家族影响而言，就能说明这一点。周先生的先辈从何时起信仰佛教，现在一时还说不清楚，不过周先生的叔辈及同辈人中有些人信奉佛教，有些人研究佛学，且影响很大，卓有成就当为事实。周先生的四叔周学熙，致力于北洋新政，创设银号，开办公司，素有"北方实业巨头"之誉。从业之暇，留意佛事，亲戚朋友为投其好，每逢喜庆诞日，即施布"善书"以祝延福寿。如1924年启新洋灰滦州矿务公司同人捐资刊印《妙法莲华经观世音菩萨普门品》一卷，印施达二千本；1934年徐文霨、蔡邦佩及周松年等六人捐资由天津刻经处刊布《佛说优婆塞五戒相经笺要》和《新集受三归五戒八戒法式》两经；1936蔡邦佩、陈惟庚及陈惟壬等三十九人施资一千数百元刊印《大明释教汇目义门》四十一卷；等等。周先生的堂兄弟周叔迦先生对佛学研究至深，且卓有成就，为世公认，这里就不再赘述了。

总之，周叔弢先生一贯坚持藏书致用的原则，对佛教经籍的收藏也是如此。周先生读佛书，从深奥博大的佛学渊海中汲取精髓，领悟到了人生真谛。先生心胸宽广，与人为善，大公无私，为国分忧，这些崇高的品质，与先生遍观四部书籍是有直接关系的。而那些企慕风流之辈，视自己的藏书为私物，秘不示人，令子子孙孙永宝者，与周先生高大形象相比，简直就是天壤之差。最后引先哲傅增湘先生对周老的一段评语为本文的结尾："若吾叔弢者，既如任昉之多藏异本，复兼子才之善思误书。墨庄艺圃之中，英绝领袖者，非子而谁属耶。"⑩

注释：

①这一斋名据周珏良先生讲是《楞严经》"佛庄严，我自庄严"之意。文见《自庄严堪藏书综述》，载《图书馆工作与研究》1989年第3期。

②详见《自庄严堪善本书目》"景德传灯录"条。

③傅增湘：《题周叔弢勘书图》，载《藏园群书题记》附录二。

④详见周珏良《自庄严堪藏书综述》，同上。
⑤傅增湘：《庐山复教集》跋，1918年周氏影印本书后。
⑥题记见1921年北京刻经处刻本书衣。
⑦题记见1925年上海商务印馆铅印本书衣。
⑧傅增湘：《藏园群书经眼录》卷六，史部四，519～521页"诸史提要"条。
⑨同⑤。
⑩同③。

（载《图书馆工作与研究》1991年第4期）

周叔弢施财刊经

周叔弢是我国现代著名藏书家，以藏书之富、精品之多而饮誉海内，成为私家藏书之巨擘。先生癖好文史，专意聚书，又酷爱佛典，不但诵习佛经，而且还亲自雕印过佛经。1927年周叔弢施财，由天津刻经处承雕了唐释宗密所撰《圆觉经大疏义抄》（二十六卷），卷末刊记云：

安徽建德县净业学人周暹同妻许和之，于壬戌年谨施宋刊《庄子口义》《诸子提要》两书，易财命工刊《圆觉经大疏义抄》全部，所集功德，上报四恩，下资三有，普愿有情，共成正觉。民国丁卯年孟春月天津刻经处谨题。

此施宋刊二帙易钱刊经，为众人所不晓，亦当为周叔弢先生藏书活动中之一段佳话。

（载《天津文史资料选辑》第52辑，1990年天津人民出版社出版）

周叔弢先生藏书活动系年要录

——为纪念弢翁逝世十周年而作

周叔弢（1891～1984），名暹，以字行，号弢翁，室名自庄严堪。我国著名政治家、实业家、收藏家。（事迹具《东至县志·周叔弢传》）本文侧重藏书一端，以时为经，以事为纬，汇录弢翁在访书、购书、藏书、校书、读书、刻书、鬻书及捐书等活动中的重要史实，以彰弢翁在保护祖国文化典籍方面做出的杰出贡献。

1912年（民国元年）壬子，二十二岁。

二月，取季沧苇抄本校《唐张处士诗集》。

1914年（民国三年）甲寅，二十四岁。

九月，与德国人尉礼贤合译的德国康德撰《人心能力论》一书，由上海商务印书馆出版。

1916年（民国五年）丙辰，二十六岁。

七月，傅沅叔先生赠《方言》。

1917年（民国六年）丁巳，二十七岁。

十一月，得郁氏宜稼堂旧藏万玉堂本《太玄经解赞》。

在天津收得南宋初年杭州刻本《寒山子》及宋绍兴刻本《诸史提要》。

是年，在江都方无隅家收得黄荛圃校元本《韩诗外传》。

1918年（民国七年）戊午，二十八岁。

九月，影印从方无隅处借来的唐人写本《佛说阿弥陀经》一百卷。

秋，在津门收得黄氏士礼居影宋旧抄本《荀子》。

1919年（民国八年）己未，二十九岁。

四月六日，以银七两购得明吴门寒松堂刻本《花间集》，旋赠方无隅。

接收上海博古斋柳蓉村所赠的贝简香、唐鹪安手校本《吴地记》。

1920年（民国九年）庚申，三十岁。

季春，与周明泰、孙多焌施银一百五十元，印行《大乘百法明门论本事分中略录名数开宗义记》，由金陵刻经处董理其事。

六月，先生三十初度，大方先生以珍藏的明程龙湖刻本《邵康节先生前定锁地钤》相赠。

1921年（民国十年）辛酉，三十一岁。

三月，在大方先生处收得王氏郁冈斋抄本《麈史》及王氏手校本《云麓漫抄》。

1922年（民国十一年）壬戌，三十二岁。

除夕，在自庄严堪跋所藏黄荛圃校元本《韩诗外传》。

1924年（民国十三年）甲子，三十四岁。

二月，用季沧苇抄本校民国间刻本《张乔诗》及《伍乔诗》等。

三月，用季沧苇抄本校民国间刻本《唐风集》，并补诗八首。

影刻元本《庐山复教集》。封面刊记曰："甲子三月建德周氏新刊。"

十月，施大洋二十二元九角二分，刊印《般若波罗蜜多心经》，由天津刻经处董理其事。

十一月，校刻《屈原赋注》。封面刊记曰："甲子十一月建德周氏校刊。"

十二月，影刻珍藏的宋本《寒山子诗集》。封面刊记曰："景宋本寒山子诗·甲子十二月建德周氏新刊。"

1925年（民国十四年）乙丑，三十五岁。

十二月，在江都方氏处收得明正德袁表刻本《皮子文薮》。

1926年（民国十五年）丙寅，三十六岁。

正月，因夫人许氏过世，为营斋奠，斥卖藏书，多归梁氏。

二月七日，取宋本与《四部丛刊》本《唐贾浪仙长江集》对勘一过。此为弢翁拟校勘《四部丛刊》之嚆矢。

春，收得钱蒙叟手校明弘治杨氏抄本《元氏长庆集》。

四月二十三日，取近得杨氏抄本《元氏长庆集》与《四部丛刊》本对勘一过。

八月初五日，在傅沅叔先生家纵观所藏宋元本书，尤留意其中的宋本《文中子》。

十二月，取正统《道藏》本与《四部丛刊》本《尹文子》对校。

1927年（民国十六年）丁卯，三十七岁。

孟春月，天津刻经处印行由弢翁与妻许氏早年施资付梓的《圆觉经大疏义抄》一书。

四月，接收徐积余赠送的影刻毛氏影抄宋本《永嘉四灵诗》。

秋，从书贾李文杰处以重值收得影元精抄本《牧莱脞语》。

十月，上海涵芬楼借所藏宋本《孝经》影印，是为《四部丛刊》本。封面刊记曰："丁卯十月建德周氏以所藏宋刊本属上海涵芬楼缩印。"

是月，在天津幸睹杨氏海源阁散出宋本多种。

1928年（民国十七年）戊辰，三十八岁。

正月初十日，收得季沧苇抄本《沈下贤文集》，命子一良与《四部丛刊》本对勘一过，正讹补脱甚夥。

廿三日，在北京文禄堂以重值收得宋本《景德传灯录》，与旧藏宋宝祐本《五灯会元》颜曰"双绝"。

二月，取元大德本《尔雅》与明景泰七年刊本对勘一过。

十月，影刻宋相台岳氏本《孝经》。封面刊记曰："景宋相台岳氏本孝经·戊辰十月建德周氏新刊。"

1929年（民国十八年）己巳，三十九岁。

正月初四日，从李少微处借得杨氏海源阁旧藏宋刻小字本《孟东野集》，并据以校对《四部丛刊》本，历四日而毕。

本月，收得宋椠《杜诗》，审是诸家书目未见著录的海内孤本。

二月初二日，取宋本《岑嘉州集》，与吴佩伯校明刻本对勘一过，补正吴校者甚夥。

九月，从大方处借得清道光石氏古香林刻本《九僧诗》，并影刻之。

是月，收得毛奏叔手校元本《韩诗外传》，与黄氏士礼居旧藏本对勘。

十月，收得黄荛圃校叶石君本《南迁录》。

1930年（民国十九年）庚午，四十岁。

二月，傅沅叔请叟翁代校《汉魏丛书》本《新序》，因取宋本对勘一过，良多是正。

春，从文友堂处收得元岳氏荆溪家塾刻本《春秋年表》和《名号归一图》。

八月，影印宋书棚本《宫词》。封面刊记曰："庚午八月建德周氏印二百部。"

是月，斥卖善本书数百种以偿债。

秋，从藻玉堂处收得元岳氏荆溪家塾刻本《春秋经传集解》卷十二、十四、廿七至卅，计六卷。

十月，详跋用西法摄影，付北京文楷斋刊刻珍藏宋本《寒山子诗集》的原委。

收得杨氏海源阁散失宋本《南华真经》。弢翁自云："1931年（辛未）以前从文在堂魏子敏处买来，此是收得海源阁书第一部。"

从敬夫处收得杨氏海源阁散出宋本《新序》。弢翁自云："1931年（辛未）以前，吕文甫介绍从杨敬夫处收得，此是从敬夫直接收得之书第一部。"

收得杨氏海源阁旧藏善本《王摩诘集》。

1931年（民国二十年）辛未，四十一岁。

二月，取高丽本与影刊宋本《寒山子诗集》对勘一过。

十月，收得黄氏士礼居旧藏毛氏影宋抄本《九僧诗》，取之与清道光本对勘一过。

冬，从肄文堂收得元岳氏荆溪家塾刻本《春秋经传集解》卷二至十一、十四至廿六，计廿三卷。

岁暮，北平文德堂主人韩左泉持宋蜀刻本《后山诗注》降价求售，因向友人借贷，收得此本。

弢翁按云："大约在1929（年）至1931（年）之间，从敬夫处收得杨氏海源阁旧藏古籍十七种。"

1932年（民国二十一年）壬申，四十二岁。

正月初八日，校明毛氏汲古阁刻本《孟东野集》十卷讫。

十月，影印抄本《邵阳魏先生遗集》五种。封面刊记曰："壬申十月建德周氏影印。"

1933年（民国二十二年）癸酉，四十三岁。

正月十八日，借傅沅叔手校残宋本《谢宣城集》二卷传录一过。

二月，以日金一千元购得宋本《东观余论》，并云："余乃惜此故纸，不使沦于异域。"

十月，藏书家韩某藏书在上海散出后，弢翁收得抄校本凡三十种。

十一月，从藻玉堂王子霖处收得杨氏海源阁旧藏宋本《陶诗》。

1934年（民国二十三年）甲戌，四十四岁。

春，从敬夫处收得杨氏海源阁旧藏宋本《庄子全解》。

八月，从敬夫处收得杨氏海源阁旧藏宋刊孤本《周礼》、宋版《山海经》及元本《东坡词》。

冬，从敬夫处收得杨氏海源阁旧藏元本《稼轩词》。

十二月，收得杨氏海源阁散出元本《梅花字字香》、元本《梅花百咏》及明本《长安志》。

1935年（民国二十四年）乙亥，四十五岁。

三月，收得杨氏海源阁旧藏宋本《名贤文粹》和宋本《花间集》。

夏，敬夫忽以宋鹤林于氏刊本《春秋经传集解》残本二十三卷相示，因为之"惊喜过望"，遂以重值收之。

十一月十七日，收得杨氏海源阁散出善本《三礼图》。

1936年（民国二十五年）丙子，四十六岁。

二月，以四十五元收得影宋抄本《曹子建集》。以一百元从傅沅叔处收得影宋本《周易正义》。

三月，以四百元从文禄堂收得影宋抄本《张司业集》。以一百六十元收得明抄本《玉楮集》。

四月，以二百四十元从文禄堂收得明洪武本《傅与砺文集》。

五月，以一千元从张庚楼处收得杨氏海源阁散失宋本《唐求诗》，以四百元收得抄本《江月松风集》。

六月，以五百六十元从文求堂收得宋本《文殊指南图赞》。

七月，刊印嘉兴沈涛撰《十经斋遗集》。封面刊记曰："丙子岁七月建德周氏刊。"

八月，以二百元从藻玉堂收得抄本《唐人诗集》。以一百卅元从文禄堂收得宋本《法华经》。以一百八十元从邃雅斋收得毛氏汲古阁旧藏黑格抄本《稽神录》。

九月，以三百元从文禄堂收得汲古阁旧藏沈竹东手抄本《古器款识》。

十月，以七十元从文禄堂收得明成化本《翠屏集》。敬夫赠杨氏海源阁旧藏明活字本《开元天宝遗事》。

十二月，以二百元收得宋兴国军本《左传》。以三百元收得抄本《姜白石诗词》。以一百四十元收得张立人手抄本《滏水文集》。以一百六十元收得宋小字本《山堂考索》。

弢翁自云："今年财力不足以收书，然仍费五千七百余元，结习之深真不易解除也。所收书中亦自有可喜者，但给值稍昂耳。"

1937年（民国二十六年）丁丑，四十七岁。

正月，以四百元从文禄堂收得周香严校宋本《孟东野集》。

二月，以二百四十元收得艺芸书舍旧藏宋宾王手校本《龟巢集》。以一百七十五元收得毛奏叔校宋本《丁卯集》。以一百七十元收得明弘治本《戴石屏集》。

四月，以七百元收得毛子晋、季沧苇递藏宋书棚本《河岳英灵集》。以六十六元从文求堂收得日本影宋本《论语注疏》。

六月六日，傅沅叔出所藏清刻本《宝刻丛编》请弢翁校勘，因取仅藏的宋抄本第一卷校读一过，增补良多。

十一月廿九日，病起，手校宋漫堂抄本《西渡诗集》一过。

十二月，以五百元从傅沅叔处收得黄荛圃跋明抄本《席上辅谈》，以二百元收得孙岷自跋明抄本《宾退录》，以三百元收得陈西畇校宋本《邵氏闻见录》。

小除夕，敬夫拟以宋监本《毛诗》相售，因力弱不能收。

弢翁按云："今年本无力收书，入秋以后世事丕变，衣食且有匮乏之虞，更不暇及此。然一年所得书中亦有可喜者，宋本《河岳英灵集》更无意中得之。岁暮复以宋本王注《苏诗》从沅丈易三书，亦颇快意。独小除夕敬夫拟以宋监本《毛诗》五册见归，以无钱谢之，殊可叹也。"

1938年（民国二十七年）戊寅，四十八岁。

正月初九日，手录何义门校本《宾退录》。

二月，以四百元从傅沅叔处收得顾千里校宋本《嘉祐集》。以八十元从邃雅斋收得唐鹪安校本《吴郡图经续记》。

六月，将珍藏的明抄本《文苑英华》让给傅沅叔。

九月，见到杨氏海源阁散出善本《周易本义》，但"只饱眼福而已"，终未能收得。

冬，宏雅堂主人携从上海购得的古书相示，弢翁仅购得卢抱经手校本《刘随州集》。

十二月，北平藻玉堂书估王子霖携明成化二十三年严春刻本《唐甫里先生文集》二十卷两次来津求售，遂以一百六十元"勉力购而藏之"。

廿七日，张庚楼在北平修文堂以七十元代弢翁购得明抄本《范德机诗集》。以十六元收得明正德本《徐文清公家传》。

大除夕，检出"罕秘之籍"的明正德六年徐兴刻本《毅斋诗集别录》展读，"良足快意"。

弢翁按云："今年立志不买书，所见之书，以海源阁宋本《周易本义》、金晦明轩本《节本通鉴》为最佳。岁暮移新居，乃收书数种，亦颇不恶，聊以慰情耳。"

1939年（民国二十八年）己卯，四十九岁。

正月下浣，与同仁施财印行《省庵劝发菩提心文讲义要录》，以祝陈一甫与妻李氏七旬双庆。

是月，以二百五十元从王欣夫处收得嘉靖崔深跋明抄本《书苑菁华》。以五十元从修文堂收得野竹斋本《西京杂记》，以七十元收得张绍仁校本《洛阳伽蓝记》。接收傅沅叔相赠的《藏园群书题记续集》。

二月，以一千三百元从敬夫处收得杨氏海源阁旧藏金张氏晦明轩本《通鉴节要》，以七百元收得杨氏海源阁旧藏宋本《监本毛诗》。以七十五元从藻玉堂收得明弘治本《名贤小字录》。

三月，以二十二元收得明抄本《白文公年谱》。

十一月十三日，从邃雅斋收得杨氏海源阁散失善本《蜕庵集》和《闻见后录》二书，由张庚楼作价，始成交易。此系举债收得，只好售出北京自来水股票以偿债。

十二月四日，审定傅沅叔所藏手校明抄本《陆鲁望集》与何校本之异同。

是月，以六百元从斐云处收得宋本《衍约说》。

弢翁自云："今年本无力收书，乃春初遇陆鉴《毛诗》，岁暮遇《衍约说》《蜕庵集》，不得不售股票收之，孰得孰失，正不易言耳。"

1940年（民国二十九年）庚辰，五十岁。

春，收到北平书友王搢青邮寄的黄荛圃《毛诗》手跋二通，为所藏宋刻残本《毛诗》失佚者，亟命工补缀，装之首册。

五月，取陆氏皕宋楼旧藏宋本《金壶记》与是书的清抄本比勘一过，是正甚多，并云："信乎宋本之可贵，人或无讥余之佞宋矣。"

八月，以一百七十元从文禄堂收得影宋黄唐本《周礼》，以一百二十元收得影宋黄唐刻蓝印本《礼记》。以九十元收得明刻本《集古印谱》。

九月，以一千五百元从斐云处收得杨氏海源阁旧藏宋本《博雅》。

十二月，以五百元从斐云处收得杨氏海源阁旧藏黄荛圃校本《糖霜谱》等三种。以四百元收得张绍仁校北宋本《汉书》。以一百廿五元从景文处收得印谱七种。

是年，弢翁自编拓印《弢翁续得印一集》。封面刊记曰："庚辰年弢翁手拓壹拾部。"

弢翁按云："今年收书只三种而价极昂，可云运蹇矣。"

1941年（民国三十年）辛巳，五十一岁。

五月，以三百元从修绠堂收得述古堂抄本《历代纪年历》。

六月，以二百二十元从斐云处收得宋本《二百家名贤文粹》。

七月，以二百四十元从宏雅斋收得明正统本《宛陵集》。

十二月，以三百元从文禄堂收得明初本《师山先生文集》，以二百元收得曹彬侯手抄本《思庵文粹》。

弢翁按云："今年收书极少，而书画古印所耗且逾半数，惜哉！见宋蜀本《庄子》、大字本李注《法言》、余仁仲本《礼记》，为财力所限，皆不能得，《礼记》更交臂失之，古缘不厚，无可如何耳。"

1942年（民国三十一年）壬午，五十二岁。

元旦，弢翁手订编成《自庄严堪善本书目》。

初九日，跋访求杨氏海源阁散出五十种善本之原委。

三月，因衣食计，将所藏百余种明版书售给陈一甫。

春中旬，王富晋自沪返京，途经津门，携宋余仁仲万卷堂刊本《礼记》相示，因以明版书百余种与陈一甫所易之资购藏此宋本。

六月，以二百六十元从友仁处收得明本《梅溪先生文集》。

八月，以一百二十元从藻玉堂收得董刻蓝印本《周礼注疏》。

十二月，在渠氏观书时见到了十七年前让给渠氏的明正德袁表刻本《唐皮日休文薮》，"如睹故人"，遂以三百四十五元赎回。

是年，弢翁手订编成《自庄严堪明版书目》，收明版书109种，即售予陈一甫者，故又名《壬午鬻书记》。

弢翁按云："卖书买书，其情可悯。幸《礼记》为我所得，差堪自慰，衣食不足非所计及矣。古印亦多佳品，虽费当弗校也。岁暮复得《皮子文薮》，为十八年前易钱营奠之书，回首前尘，曷胜凄怆。"

1943年（民国三十二年）癸未，五十三岁。

正月，以三百元从禄文堂收得明天顺本《揭文安文粹》。以七百元从渠氏处收得黄荛圃跋抄本《沧浪吟卷》。

二月下旬，以三百元之费赎回去年售给陈一甫的明版书《齐乘》。

三月，以五十元从蕢英处收得知不足斋旧藏抄本《所安遗集》。以八十五元从茹香处收得李文藻校本《齐乘》。

四月，以三百元从森玉收得明抄本《环溪诗话》，以三百元收得日本五山本《三教出兴颂注》，以一百元收得洪武本《说苑》。

五月，以五百五十元从友仁处收得元本《孔子家语句解》。以三百元从宏雅斋收得《玄览斋丛书》。

八月，以六百五十元从茹香处收得唐人写经五卷。

十二月，以七百元收得文休承手抄本《甫田集》。

叕翁按云："今年财力益窘，古书无铭心绝品，惟四弟《瓦量》幸不流入他人手，差足自慰耳。"

1944年（民国三十三年）甲申，五十四岁。

三月，以一百六十元收得黄氏士礼居旧藏明本《黄杨集》。

四月，接收李典臣赠海源阁旧藏本《心赋注》、叶文庄跋明景泰本《高太史大全集》、徐兴公跋明洪武本《傅与砺诗集》、元徐氏一山书堂本《礼部韵略》。

十月十七日，赵元方自北京携明活字本《杜审言集》二卷相示，因取校一过，以为"佳处每与宋书棚本合，盖源出宋刻，故为书林所珍视"。

十一月，以一万四千五百元从来熏阁处收得毛氏汲古阁旧藏宋本《赵清献公集》。

叕翁按云："今年举债，以重值收柯氏藏印及《赵清献集》，复贬价售启新股票以偿之，得计欤？失计欤？见宋湖颍本《论语集说》、元雪窗本《尔雅》而不能得，元本《礼部韵略》得而复失，皆憾事也。小除夕，谢刚主兄介徐氏子以宋岳刻本《左传》卷第一求售，此正余本所逸，索价奇昂，未卜能珠还剑合否耳？"

1945年（民国三十四年）乙酉，五十五岁。

六月，以二万八千元收得明兰雪堂活字本《春秋繁露》。以二万元从翁氏处收得元建安蔡氏本《玉篇》和元余氏双桂书堂本《广韵》。

叕翁按云："今年只收书二种，可叹之至。衣食尚有不足之虞，即有好书，力岂能胜哉！"

1946年（民国三十五年）丙戌，五十六岁。

四月，以十万元从宏雅斋收得黄氏士礼居旧藏叶石君跋丛书堂抄本《广川书跋》，以五万元收得士礼居旧藏明抄本《广川画跋》。

五月，以十二万元从宏雅斋收得宋书棚本《韦苏州集》。

十一月，以二百万元从刘氏处收得唐人写经二卷。

十二月，以黄金一两易得元岳氏荆溪家塾刻本《春秋经传集解》首卷。访求此卷，前后历经十六年，至此珠还剑合。

弢翁按云："今年收书四种，而《左传》卷一来归，尤可欣慰。唯以《永乐大典》二册易钱收铜器、泥坯、汉印、唐经，为得为失，未可知耳。"

1947年（民国三十六年）丁亥，五十七岁。

春，举珍藏抚州本《左传》二卷、宋汀州本《群经音辨》二卷归之故宫。此二帙存卷恰为故宫藏品所佚者，得此即成足本。

八月，以二十五万元收得《稽庵古印笺》。

1948年（民国三十七年）戊子，五十八岁。

二月，以三千六百万元从藻玉堂收得杨氏海源阁旧藏元雪窗书院本《尔雅》。

十月，以金十六两五钱收得宋本《清波杂志》。以金二两五钱收得毛氏汲古阁抄本《瑟谱》。

弢翁按云："法币改金元，黄金不能私藏。余手中仅存二十余两，遂用以换书与印，得乎？失乎？未可知也。"

1949年，五十九岁。

七月，举珍藏的海内孤本宋版《经典释文》第七卷一册捐赠国家。此册与故宫藏品相配，遂成完帙。此举受到人民政府的奖励。由主任委员董必武，副主任委员张奚若、钱俊瑞颁发的《褒奖状》云："周叔弢先生以海内孤本宋刊《经典释文》第七卷一册无条件捐献人民政府，与故宫博物院所藏之廿三册适成完整之一部。化私藏为公有，裨益人民，殊堪嘉许，特予褒奖，以资表扬。"

1951年，六十一岁。

八月廿日，付函北京图书馆，拟捐献珍藏的《永乐大典》一册。信函文云："顷阅报载，贵馆展览《永乐大典》，内列十一册，为苏联列宁格勒大学东方学系图书馆所移赠。此种真挚友好及伟大国际主义精神具体表现，实从古未有之盛事，传播书林，永留佳话。仆旧藏《永乐大典》一册（杭字韵，卷七〇二至七〇三）谨愿捐献贵馆，不敢妄希附伟大友邦之骥尾，以传珠还合浦，化私为公，此亦中国人民应尽之天责也。"

九月七日，向北京图书馆捐赠《永乐大典》一册。此举受到人民政府的奖励。由中央人民政府文化部文物局局长郑振铎、副局长王冶秋颁发的《褒奖状》云："周叔弢先生将所藏《永乐大典》一册捐赠北京图书馆，化私为公，足资矜式，特此褒扬。"

1952年，六十二岁。

九月，向天津市文化局捐献字画七件。该局旋将赠品拨天津市艺术博物馆。

是月，向北京图书馆捐献历代古籍善本凡2672册。

1954年，六十四岁。

二月十六日，向国家捐赠古籍善本715种。此举受到中央人民政府的奖励。获文化部部长沈雁冰颁发"褒奖状"。

八月二十七日，向南开大学捐书3521册。南开大学特函申谢。函云："承赠中外图书、小册子共3521册（计西文及小册子1470册，中日文书461册，西文杂志1225册，中文杂志1365册），及报刊，使我校图书馆藏书得到补充，对于我校师生在教学与研究方面颇多帮助，除即日整理编目备览外，特函申谢。"

九月十五日，向北京大学历史系捐赠金石拓片及书画等共计162种。北京大学致函申谢。函云："承蒙台端捐赠我校历史系金石拓片、书画等共计一六二种，当妥为保藏，永供参考。雅意隆情，实深感激，特此申谢。"

同月，向北京图书馆捐献元明清抄本、刻本古籍凡32种。

十月二十六日，向天津医学院捐献医书多种。天津医学院致函申谢。

1955年，六十五岁。

三月三日，向文化部捐献瓦当等文物28件。

四月，向天津市文化局捐献曹雪芹祖父曹寅字轴一件。该局后将此轴转交天津市艺术博物馆。

向天津图书馆捐赠清版古籍22000余册。

1956年，六十六岁。

向北京图书馆捐献《秦襄毅公年谱》一部。

1957年，六十七岁。

五月，将旧藏元延祐刊本《东坡乐府》付古典文学出版社影印出版。

八月九日，详跋历代活字印书源流于《开元天宝遗事》活字印本之上。

1958年，六十八岁。

四月二十八日，向北京图书馆捐献乔勤恪公手书诗稿《鹤俦诗存》九册。

1959年，六十九岁。

五月十二日，向北京图书馆捐献《簠斋书札》四册。

1961年，七十一岁。

十二月二十九日，向天津市艺术博物馆捐献元玉牌一件。

是年，向天津市艺术博物馆捐献宋人《盥水观花图》一件。

1962年，七十二岁。

十月二十九日，向天津市艺术博物馆捐献袁尚之字扇面一件。

1963年，七十三岁。

二月二十一日，向天津市艺术博物馆捐献汪士慎刻草书臂阁一件和张廷济刻山水臂阁一件。

春节，在中国书店收得宋刻本《棠湖诗稿》。

三月廿一日，将新获宋版《棠湖诗稿》让给天津图书馆。

是年，向扬州文物管理委员会捐献《韩江雅集》十二卷。该会特函致谢。函云："屈荷关心扬州诗画，充实我馆资料，惠赠《韩江雅集》十二卷，版本精良，的系原刻初印，展读之余，可以想见当日玲珑山馆之盛况，此为扬州地方重要文献之一，当敬谨珍藏。"

1966年，七十六岁。

新春，张重威出示清代精刻本《新安二江先生集》十卷，弢翁因论清刻之美。

1972年，八十二岁。

向天津图书馆捐献各类古籍9100余册。

1973年，八十三岁。

六月，天津图书馆编印《周叔弢先生捐献藏书书目》，择录弢翁捐献的古籍线装书凡1827种，8572册。

1979年，八十九岁。

十二月，天津市文化局编印《周叔弢张叔诚先生捐献文物图书展览目录》，收录弢翁捐献的部分古籍善本166种，包括宋椠元刊和名抄名校本。

1981年，九十一岁。

三月八日，向天津市艺术博物馆捐献敦煌写经及字画凡294件，另有秦汉古玺、旧墨等文物合计1262件。天津市人民政府颁发奖状，文云："周叔弢先生将多年辛勤收集的珍贵文物、图书自愿献交国家，这种爱国热忱是值得表彰的，特发此状，以资奖励。"

1982年，九十二岁。

十月，立下遗嘱："我平生无他长，只是不说假话，临终之时定能心地坦然，无愧于中。我死之后,千万不要发讣告,千万不要开追悼会,千万不要留骨灰盒,提之沧海,以饱鱼虾,毋为子孙累。存款五年定期壹万元,国库券壹万五千元,全数本息上交国家,在'四化'大海中添一滴水。一九八二年十月弢翁至嘱。"

1984年,九十四岁。

二月十四日,弢翁逝世。

主要参考资料:
①弢翁在捐给天津图书馆古籍书中所写的题记资料。
②冀叔英编《自庄严堪善本书目·弢翁题识》。
③弢翁手稿《弢翁历年收书目录》。
④弢翁手稿《壬午鬻书记》。

(载《文献》1994年第14期)

弢翁购藏敦煌遗书散记

> 万劫纷来讫可休，此心安稳复何求。
>
> 点金有术翻惆怅，要向仙人借指头。

这是方尔谦在自己收藏的敦煌遗书上题写的一首诗。诗后自注云："旧说有乞儿，闻仙人能点石成金，往求之。仙果指一石，立变金，与乞儿。乞者弗去，仙问何为？曰：'金易尽，不如割指头与我，随意点石，用之不竭也。'"方氏在敦煌遗书上写出这样一首诗何意？是喻指李盛铎等人打劫敦煌遗书之贪婪？抑或悔恨自己参与行窃国宝之过错？不得臆断，搁置俟考。这件题了诗的敦煌遗书及其后来被爱国藏书家周叔弢先生（自号弢翁）收去这件事，在敦煌痛史中恐怕知道的人不多。

方尔谦为扬州名士，善作联，喜藏泉。泉束腰间，随时与人摩挲，昂首高谈，狂态逼人。时与人交易，从不谐价，出手阔绰，人称"大方"，遂取"大方"为号。寓居津门，与时贤弢翁交善，过从甚密，无言不谈。他参与劫掠敦煌遗书事也不加掩饰地向弢翁表白一番。他说的是行话："唐人写经是抄书，不是临帖，如过去穷书生代人抄书院卷子，不欲过好，不得过丑。"这种依字体识别敦煌卷子优劣的办法，可谓是一条经验之谈。说者无意，听者有心。弢翁后来以重值把大方手中的一批敦煌遗书接收了过来，终使国宝留在了国内。当时李盛铎却把劫得的大部分敦煌遗书卖到了日本，另一小部分被书估弄去。为了尽快收回这些散出的宝物，弢翁奔走厂甸，与书估接洽，在来熏阁、中国书店等处收获颇丰。笔者曾见唐朝写本《咸亨二年沙州胡萨坊口户牒》，即是李氏旧藏，钤有李氏"德化李氏凡将阁珍藏"及"木斋真藏"二方朱文方印，又有弢翁"周暹"白文小方印，是弢翁收得李氏书的明证。弢翁钤盖的这方印章，长宽各1.1厘米，出自镌刻家童大年之手，仅用于自藏甲级善本及偏爱之书，足见弢翁重视此本。除自己访求外，弢翁还发动子侄代为寻觅，甚至建议子侄把属于他们旧藏的宝物让出来，如从侄震良那里得到了唐朝写厚白麻纸本《维摩诘所说经》和《大般涅槃经后分》，从侄绍良处得到唐朝写薄潢棉纸本《维摩诘所说经》，外甥孙鼎赠《敦煌石室秘籍留真新编》一书。子景良以重值代购《故旧帖》《户口单》《社转帖》《信稿》等，弢翁见后觉得这批东西可疑，就请赵万里审定，认为确是赝品，弢翁毫不犹豫地付之一炬，说："这种东西不能留在世上骗人。"这些访书逸闻不胜枚举。

笔者因编《弢翁藏书年谱》，有幸在弢翁哲嗣处得睹弢翁《日记》及寄家书，偶一过目，即得数条购藏敦煌遗书之记载，兹择录如下，以窥大概。

1962年10月5日《日记》："去（子）珏良家，阅彼代购写经一卷，首尾完美，字体甚古，大约在隋以前。此次所得共计八卷，除其中二卷外，字体都精。另有显德五年款一卷，字殊不佳。"

1962年10月6日《日记》："看昨日新收唐人写经八卷。其中四种经之后皆有愿文，亦不多见。另有一卷是武周时写本，有武后新字，惜首缺不完。伯希和亦有《四分律藏》一卷，是武周写本，当是同时所写。另《佛为心王菩萨说投陀经》一种，首尾完好，斯坦因、伯希和只存上卷注本。此恐是孤本。"

1963年寄家书："伯鼎（名震良，周达长子）前在京得大业写经，大字宽行，每行十四字，异于常品。我在津得大业写经，乃小字，首尾完具，有轴有签题，良可爱玩。我藏敦煌经卷百余轴，有年款者并此而四：曰天保（北齐），曰开皇（隋），曰至德（唐）。以字而论，开皇卷为最精也。敦煌经卷为英法劫盗以去，国内则以北京图书馆所藏为最富，几及万卷。若私家所有，以意度之，不过四五百卷耳。今年我二人各得隋经一卷，亦不平常。"

1963年寄家书："我现在工作、读书之外，经常到古玩铺、古书铺一走。我不买字画，但时时买到敦煌所藏隋唐人写经。有时书法精美，亦可怡情养性。"

弢翁购藏敦煌卷子量多质精，数量多达二百五十多卷，堪称私家藏卷巨擘。精品颇富，有六朝写卷《大戒尼羯磨文》，目前所知敦煌戒律写卷最早的为十六国时，本卷亦早期精品。又有一种与上卷时代相近的北齐写卷《羯磨》，此卷有北齐天保九年题款，更为难得。隋朝写卷《禅数杂事》，开皇十三年写成，此经内容不见历代《大藏经》中，为藏外佛经，弥足珍贵。隋代写卷《金刚般若波罗蜜经》，字体古朴有力，颇具北魏古风，每行仅十三至十五字，在写经亦属少见。隋大业四年写卷《大般涅槃经》卷第十七、隋大业九年写本《金刚般若波罗蜜经》、唐开元二十年写本《大般涅槃经》、后周显德五年写本《佛说无常经》，等等。除此以外，唐写卷子本《文选》卷第二十四，为日本金泽文库旧藏，列为日本国宝，后被弢翁收得。北宋治平四年写卷子本《摩诃般若波罗蜜经》卷第三十四,为清宫宝藏,都成为自庄严堪插架之物。

  弢翁作为藏书大家,名重海内外,素喜宋元版古籍,兴趣并不在此,那么为何斥巨资访求敦煌遗书呢?忧国之情使然!中华人民共和国成立后,弢翁实现了早年购藏古书、文物的夙愿——陆续无偿捐献国家。1981年弢翁向天津市艺术博物馆捐献历代文物1262件,其中敦煌遗书256件。1996年6月上海古籍出版社出版了《天津市艺术博物馆藏敦煌文献》一书,该馆馆长云希正先生在《序言》中对弢翁捐献敦煌经卷予以高度评价,他说:"天津市艺术博物馆珍藏的敦煌遗书享誉海内外,迄今为止入藏数量达350件,在国内除北京图书馆外,居省、市级收藏单位的前列。这主要应归功于已故爱国文物收藏家周叔弢先生生前的鼎力相助和无私捐赠。1981年周叔弢先生将以毕生精力搜藏的敦煌遗书256件,悉数捐献本馆。这批文献不但量多质精,而且保存完好,极大地充实了本馆的敦煌遗书特藏。"

  赠书后,陈邦怀题赞诗一首,诗曰:

爱国同人周叔弢,鉴藏明察到秋毫。不甘独乐归公有,众誉弢翁风格高。建国之初尝献书,一廛善本尽珍储。而今再献皆文物,压倒当年士礼居。玺印累累存史料,古文奇字更希奇。愿钤万本流传远,古为今用贵及时。唐人写经美无度,俯视唐碑八百通。更有双双文选注,千秋秘籍未俄空。

(载《藏书家》,2001年6月齐鲁出版社出版)

弢翁与活字本古书

周叔弢先生（晚年自号弢翁）是天津著名藏书家，藏书名重海内外，宋元版书和敦煌卷子是藏书精华。中华人民共和国成立后，弢翁陆续将这些藏品无偿举献国家，成为国家图书馆和天津市艺术博物馆的"镇馆之宝"。弢翁晚年开始搜集活字本书，用以"怡情养性"，无意间又获丰收，访得铜、泥、木活字400余种。捐献天津图书馆后，这些活字本古籍又构成该馆的一大特藏。

弢翁藏书继承了明清以来传统路子，注重宋元版及名抄名校本，看重的主要是传本稀少和校勘精审这两点。但他并不受前人的囿囹，往往自辟途径。在中华人民共和国成立初期将所藏宋元善本举献国家后，于"1961年3月25日……忽发收集清代活字本之兴"（见《弢翁日记》）。从此开始着手搜集活字本书，一发而不可收。没用几年，网罗天下铜、泥、木活字本400种，不谓不富。其中不乏悬格极高者。

叶德辉在《书林清话》卷八"宋以来活字板"条下，将经眼的活字本名品作了登录，除其所谈的今无传本的宋元活字板外，在"明以来，活字板盛行"文后，列举了"建业张氏印《开元天宝遗事》"一书。此书为黄氏旧藏，后经杨氏海源残阁散出，归弢翁收藏。有黄丕烈跋，云："古书自宋元板刻而外，其最可信者，莫如铜板活字，盖所据皆旧本，刻也在先也。诸书中，有会通馆、兰雪堂、锡山安氏馆等名目，皆活字本也。此建业张氏本，仅见于是书。余收之，与《西京杂记》并储，汉唐遗迹略具一二矣，荛夫。"其后，叶氏列举的明蜀府嘉靖辛丑二十年印苏辙《栾城集》五十卷，嘉道以来民间活字印本，如吴门汪昌序嘉庆丙寅十一年印《太平御览》一千卷、璜川吴志忠嘉庆辛未十六年印《洛阳伽蓝记》五卷，以及京师琉璃厂半松居士印《南略》十八卷、《北略》二十四卷等书，弢翁均有收藏。

叶书不载而弢翁收藏的名品甚夥，今略举其要者：清康熙年间吹藜阁铜活字本《文苑英华律赋选》四卷，雍正年间内府印铜活字本《古今图书集成》（零本），清侯官林氏福田书海铜活字本《铜板音论》和《诗本音》；道光年间泥活字本《校补金石例四种》《仙屏书屋初集》《修业堂初集》；木活字本有康熙六十年娄东施氏活字印本《吴都文粹》，嘉庆十年周氏易安书屋活字印本《假年录》五种，璜川吴志忠嘉庆辛未十六年印《河朔访古记》三卷和《兼明书》五卷，等等。

除此以外，弢翁还有一些活字印本值得一提，如元宋禧《庸庵集》十四卷，嘉庆十三年余姚宋氏活字印本，有清徐时栋抄配并题识；宋陈师道《后山居士诗集》六卷、《逸诗》五卷、《诗余》一卷，雍正活字印本，有弢翁录胡然批并跋；清顾炎武原本、徐乾学纂《一统志案说》十六卷，道光七年清芬阁活字印本，有佚名批校；《畿辅安澜志》五十六卷，嘉庆年间武英殿聚珍版印本等。最近见载，上海古籍出版社拟出版一部稀见的活字本书。此书是1931年陶社活字印本《江上诗抄》175卷。弢翁藏有此本，纸白墨莹，初刻初印，书品宽大，装成40巨册。据云此本世传甚稀，弢翁早得一部，慧眼独具，连同其他活字本书一并捐献天津图书馆。

（载《收藏家》2004年第9辑，2004年8月齐鲁出版社出版）

周叔弢先生与敦煌遗书

周叔弢（1891～1984），原名扬，后改名暹，字叔弢，以字行，晚年自号弢翁。安徽建德（今东至）人。著名民族实业家、民主爱国人士和古籍文物收藏家。他的祖父周馥，字玉山，早年在本乡设馆教书，后入李鸿章幕长达三十余年，协李拓展洋务运动，在天津创办新政，当时被誉为外交上不可多得的人才。曾任四川和直隶布政使、山东巡抚、两江及两广总督，清史有传。著述颇丰，后人编印成《周悫慎公全集》，其中《负暄闲语》记载周馥教育其子孙如何读书做人的语录。他的父亲周学海一生淡泊名利，唯好读书。因体弱于三十岁后立志学医，精研医学，颇有成就，编撰《周氏医学丛书》传世。周叔弢出生在这样一个官宦书香之家，受到了传统教育和影响，从小养成了读书、爱书习惯，稍长由购读廉价的石印书开始，逐步走上了长达半个多世纪的藏书道路。其中敦煌遗书构成了周叔弢先生所藏古书的重要组成部分。

一、周叔弢先生访求敦煌遗书散记

"万劫纷来讫可休，此心安稳复何求。点金有术翻惆怅，要向仙人借指头。"这是方尔谦在自己收藏的敦煌遗书护封夹板上用墨笔题写的一首诗。诗后自注云："旧说有乞儿，闻仙人能点石成金，往求之。仙果指一石，立变金，与乞儿。乞者弗去，仙问何为？曰：'金易尽，不如割指头与我，随意点石，用之不竭也。'"方氏在敦煌遗书上写出这样一首诗何意？暂不臆断，搁置俟考。这里要说的是这件题了方尔谦诗的敦煌遗书后来即被弢翁收去，成为弢翁从方尔谦那里转得敦煌遗书中的一种。（今藏天津图书馆）

方尔谦为扬州名士，善作联，喜藏泉。古币常束腰间，随时与人摩挲，昂首高谈，狂态逼人。时与人交易，从不谐价，出手阔绰，人称"大方"，遂取"大方"

为号。寓居津门，与时贤弢翁交善，过从甚密，无言不谈。而有关敦煌遗书的寻觅购求则是彼此感兴趣的话头。大方说："唐人写经是抄书，不是临帖，如过去穷书生代人抄书院卷子，不欲过好，不得过丑。"这话说得极是。特别是他参与劫获敦煌遗书事也不加掩饰地向弢翁表白一番。说者无意，听者有心。后来弢翁遂以重值从大方手中接收了一些敦煌遗书，终于留住了这些国宝。

当时与方尔谦在敦煌遗书方面过从更密的李盛铎则把手中掌握的大部分敦煌遗书卖到了日本，另一小部分则被书估弄去。为了尽快收回这些散出的宝物，弢翁奔走厂甸，与书估接洽，在来熏阁、中国书店等处时常有弢翁身影。弢翁经过寻觅，终于有了收获，辗转购得一些。如唐写本《咸亨二年沙州胡萨坊口户牒》，即是李氏旧藏，卷中钤有"德化李氏凡将阁珍藏"及"木斋真藏"二方朱文方印，又有弢翁"周暹"白文小方印，此是弢翁收得李氏书的明证。弢翁钤盖的这方印章，长宽各1.1厘米，出自镌刻家童大年之手，仅用于自藏甲级善本及偏爱之书，足见弢翁珍视此本。弢翁收得李氏旧藏还有《世祖偈子诗》《社司转帖》《信札》等，除此之外，弢翁子景良曾以重值为弢翁代购了李氏旧藏的赝品数种，弢翁见后觉得这批东西可疑，就请赵万里先生再次审定，当确认是赝品后，弢翁说"这种东西不能留在世上骗人"，便毫不犹豫地将其付之一炬。

除自己购求外，弢翁还从亲朋那里得到馈赠，也曾发动子侄代为寻觅，甚至建议子侄把属于他们旧藏的宝物让出来。许以栗在赠给弢翁的敦煌遗书卷末，撰写了两条题识，谈赠书原委，第一条题识云："1963年此唐人所写《千佛明经之残卷》，纸越千年，完好如新。笔意亦朴茂不俗，自是当时经生之善书者所作，至堪珍贵。最初发现于有清中叶敦煌莫高窟，流传甚广。民初游厂肆，偶获五卷，其后有西北行，拟再搜求，竟不可得。近数年分贻同好，剩此片楮，敬以归之叔弢太姑丈，永充供养，愿祝福寿无量云。一九六三年十一月中旬许以栗记于首都双修馆，时年七十有七。"第二条题识云："纸本越千年居然墨色鲜，唐人遗迹在笔意足深研，诸佛名经卷，书坛结胜缘香花，常供养功德自无边。佛历二千九百九十年春，许以栗敬题。"（并见《天津市艺术博物馆藏敦煌文献》第2册，1996年上海古籍出版社）

如从侄震良那里得到了唐朝写厚白麻纸本《维摩诘所说经》卷中和唐朝写厚潢麻纸本《大般涅槃经后分》卷下（上举二经并钤"周伯鼎鉴藏印"朱文方印），从侄绍良处得到唐朝写薄潢棉纸本《维摩诘所说经》卷中（卷首天头钤"蠹斋"朱文方印），外甥孙鼎赠《敦煌石室秘籍留真新编》一书。

除此之外，弢翁还得到了沽上湛氏藏品两种：一是唐写潢经纸本《维摩诘所说经菩萨行品》卷十（钤"沽上湛氏墨缘堂珍藏"和"湛延年得敦煌石室宝藏"二印，弢翁钤"弢翁珍玩"印），一是唐写本《妙法莲华经》卷十八（钤"湛延年得敦煌石室秘宝"朱文方印）。还曾得到水竹村人徐世昌旧藏隋朝写卷《佛说佛名经》卷第一（卷尾下端钤"水竹村藏"朱文方印）一种。

笔者因编《弢翁藏书年谱》，有幸在弢翁哲嗣处得睹弢翁《日记》手稿及弢翁寄家人书，粗阅一过，即得数条弢翁购藏敦煌遗书之记述，兹择录如下，以窥大概。

1962年10月5日《日记》："去（次子）珏良家，阅彼代购写经一卷，首尾完美，字体甚古，大约在隋以前。此次所得共计八卷，除其中二卷外，字体都精。另有显德五年款一卷，字殊不佳。"

1962年10月6日《日记》："看昨日新收唐人写经八卷。其中四种经之后皆有愿文，亦不多见。另有一卷是武周时写本，有武后新字，惜首缺不完。伯希和亦有《四分律藏》一卷，是武周写本，当是同时所写。另《佛为心王菩萨说投陀经》一种，首尾完好，斯坦因、伯希和只存上卷注本。此恐是孤本。"

1963年寄家书："伯鼎（名震良，长兄周达之长子）前在京得大业写经，大字宽行，每行十四字，异于常品。我在津得大业写经，乃小字，首尾完具，有轴有签题，良可爱玩。我藏敦煌经卷百余轴，有年款者并此而四：曰天保（北齐），曰开皇（隋），曰至德（唐）。①以字而论，开皇卷为最精也。敦煌经卷为英法劫盗以去，国内则以北京图书馆所藏为最富，几及万卷。若私家所有，以意度之，不过四五百卷耳。今年我二人各得隋经一卷，亦不平常。"

1963年寄家书："我现在工作、读书之外，经常到古玩铺、古书铺一走。我不买字画，但时时买到敦煌所藏隋唐人写经。有时书法精美，亦可怡情养性。"

以上所记是弢翁购藏敦煌卷子的片段。由于弢翁《日记》稿本的大部分毁于日本进津时，今仅存其中的一小部分；而弢翁当时与赵万里先生关于访求敦煌卷子内容的往来书信的大部分则毁于"文革"时期，所以我们今天不能详细了解弢翁购藏敦煌卷子的情况，留下一个遗憾。

二、周叔弢先生所藏敦煌遗书

弢翁购藏的敦煌卷子量多质精。数量多达256卷，堪称私家藏卷巨擘。

从版本来看，据笔者统计，六朝写卷有4种、隋朝写卷有9种、隋末唐初写卷有1种、初唐写卷有3种、盛唐写卷有3种、唐朝写卷有125种、晚唐写卷有15种、晚唐五代写卷有20种、五代写卷有33种、五代宋初写卷有2种、北宋写卷有1种、不明版本有39种、日本写卷有1种。②

从内容来看，尤以佛教为主，各部类经卷几乎都有收藏。除此以外，还包括道教、文学、文书、字书等类书。

精品颇富，有六朝写卷《大戒尼羯磨文》，目前所知敦煌戒律写卷最早的为十六国时，本卷是早期精品。又有一种与上卷时代相近的北齐写卷《羯磨》，此卷有北齐天保九年题款，更是难得。隋朝写卷《禅数杂事》，为开皇十三年写成的，此经内容不见历代《大藏经》中，为藏外佛经，弥足珍贵。隋代写卷《金刚般若波罗蜜经》，字体古朴有力，颇具北魏古风，每行仅13~15字写经亦属少见。隋大业四年写卷《大般涅槃经》卷第十七、隋大业九年写本《金刚般若波罗蜜经》、唐开元二年写本《大般涅槃经》、后周显德五年写本《佛说无常经》，等等。除此以外，唐写卷子本《文选》卷第二十四，为日本金泽文库旧藏，列为日本国宝，后被弢翁收得。北宋治平四年写卷子本《摩诃般若波罗蜜经》卷第三十四，为清宫宝藏，成为自庄严堪插架之物。

弢翁作为藏书大家，名重海内外，素喜宋元版古籍，兴趣本不在敦煌遗书，那么为何斥巨资访求敦煌遗书呢？忧国之情使然！尤其是看到大批敦煌遗书流向海外，大批敦煌遗书遭受厄运，焉能坐视不管！中华人民共和国成立后，弢翁实现了早年购藏古书、文物的夙愿——无偿捐献国家。1981年向天津市艺术博物馆捐献历代文物1262件，其中敦煌遗书256件，成为该馆镇馆之宝。1996年6月上海古籍出版社出版《天津市艺术博物馆藏敦煌文献》一书，该馆馆长云希正先生在《序言》中对弢翁捐献敦煌经卷予以高度评价，他说："天津市艺术博物馆珍藏的敦煌遗书享誉海内外，迄今为止入藏数量达350件，在国内除北京图书馆外，居省、市级收藏单位的前列。这主要应归功于已故爱国文物收藏家周叔弢先生生前的鼎力相助和无私捐赠。1981年周叔弢先生将以毕生精力搜藏的敦煌遗书256件，悉数捐献本馆。这批文献不但量多质精，而且保存完好，极大地充实了本馆的敦煌遗书特藏。"

周叔弢先生所藏敦煌遗书的价值是多方面的。在佛教文献研究方面、在敦煌地方历史和文化研究方面、在中国书法艺术研究方面以及在中国书籍发展研究方面等，无疑具有重要价值。

周叔弢先生在访求、保护、典藏和捐献敦煌遗书方面做出了杰出贡献,他在敦煌痛史中用心血谱写了极具价值的篇章。

注释:

①弢翁藏有年款敦煌经卷共有13种,笔者依据《天津市艺术博物馆藏敦煌文献》(1996年上海古籍出版社出版)书后《年表》重新编录如下:

北齐天保九年(558)《羯摩》一卷尾题后题记:"天保九年九月廿五日,比丘法慧敬造《羯摩》供养,愿愿从心。"(弢翁《日记》所及者,池田温先生疑伪)

隋开皇十三年(593)《禅数杂事》下尾题后题记:"开皇十三年十二月十八日,经生郑书。用纸十八张。校经东阿育王寺僧辩开。教事学士郑。王府行参军学士丘世秀。"(弢翁《日记》所及者)

隋大业四年(608)《大般涅槃经》卷第十七尾题后题记:"大业四年二月十五日,比丘慧休知五众之易迁、晓二字难遇,谨割衣资,敬造此经一部。愿乘兹胜福,三业清净,四实圆明,戒慧日增,惑累消灭。现在尊卑,恒招福庆;七世久远,永绝尘劳。普被含生,遍沾有识。同发菩提,趣萨婆若。"

隋大业九年(613)《金刚般若波罗蜜经》卷尾题记:"大业九年四月廿六日,抄写讫。"

唐咸亨二年:(671)《咸亨二年沙州胡萨坊口户牒》牒文后署:"咸亨二年十月日,沙州胡萨坊口户长胡文达牒。"

唐开元二年(714)《大般若波罗蜜多经》卷第三百一十一经文与尾题间空行处后人添写:"大唐开元二年仲夏天中节摩诘王维敬识。"(伪)

唐开元九年至十一年(721~723)《大般涅槃经》卷第十七卷尾题记:"清信佛弟子尹嘉礼受持。开九、开十、开十一年各一遍。"

唐开元二十年(732)《大般涅槃经后分》卷下卷尾题记:"开元二十年,魏州馆陶县上柱国子钊文武敬造。为法界众生,普愿早成佛。"

唐至德二载(757)《般若波罗蜜多心经》卷尾题记:"至德二载十一月十三日摄豆卢军仓曹参军宣节副尉守左卫西河郡六壁府别将长孙颜妻清河路氏,为亡远忌敬写《观音》《多心经》同一卷。"(此卷未钤弢翁藏书印,盖为弢翁旧藏并《日记》所及者)

后梁贞明六年(920)《贤劫千佛名》一卷卷尾题记:"敬写《大佛名经》贰佰

捌拾捌卷。唯愿城隍安泰，百姓康宁。府主尚书曹公，己躬永寿，继绍长年。合宅枝罗，常然庆吉。于时大梁贞明陆年岁次庚辰伍月拾伍日写记。"

后周显德五年（958）《佛说无常经》卷中题记："显德五年岁次戊午三月一日夜，家母阿婆马氏身故。至七日，是开七斋。夫检校尚书工部员外郎翟奉达忆念，敬写《无常经》一卷，敬画《宝髻如来佛》一铺，每七至三年周，每斋写经一卷追福。愿阿娘影神游，往生好处，勿落三涂炭。永充供养。"（弢翁《日记》所及者）

宋治平四年（1067）《摩般若波罗蜜经》卷第三十四卷尾题记："皇宋治平四年岁次丁未闰三月初六日起首写，勾当写大藏经，并建经楼。首座沙门子珍。"

元至正癸卯（1363）《摩般若波罗蜜经》卷第三十四卷尾题跋："大元至正癸卯六月二十九日，顾阿英再阅于碧梧翠竹堂。"

②弢翁旧藏并捐献天津市艺术博物馆敦煌遗书共有256种，笔者依据《天津市艺术博物馆藏敦煌文献》（1996年上海古籍出版社出版）和《周叔弢先生捐献天津市艺术博物馆文物目录》（油印本）按写卷年代先后初作整理，开列如下：

六朝写卷有4种：《羯摩》一卷、《大般涅槃经梵行品》第八之五、《大方广佛华严经》卷第六十、《大戒尼羯摩文》。

隋朝写卷有9种：《摩般若波罗蜜经法上品》第八十九、《大般涅槃经梵行品》第八之五、《金刚般若波罗蜜经》、《大般涅槃经》卷第十七、《大智度经》卷第十二及第九十五、《佛说佛名经》卷第一及第九、《禅数杂事》下。

隋末唐初写卷有1种：《大般涅槃经叶菩萨品》第十二之四。

初唐写卷有3种：《妙法莲华经》卷第五（潢楮纸）、卷第五（白楮纸）、《佛说无量寿观经》。

盛唐写卷有3种：《大般涅槃经》卷第廿五、《妙法莲华经》卷第七、《大般涅槃经陈如品》余之三。

唐朝写卷有125种：《金刚般若波罗蜜经》（厚潢楮纸高25.5cm 宽23cm）、《妙法莲华经授记品》第六（潢楮纸高25.5cm 宽48cm）、《金刚般若波罗蜜经》（厚潢楮纸高25.6cm 宽49.5cm）、《妙法莲华经》卷第六（厚潢楮纸高25.8cm 宽50.5cm）、《金刚般若波罗蜜经》（潢写经纸高25cm 宽35.5cm）、《首楞严经》卷第三（厚潢楮纸高25.6cm 宽51cm）、《妙法莲华经譬喻品》第三（后白麻纸高24.6cm 宽235cm）、《妙法莲华经授记品》第六（潢楮纸高25.5cm 宽20cm）、《金刚般若波罗蜜经》（潢麻纸高25cm 宽566.5cm），等等。

晚唐写卷有 15 种。
晚唐五代写卷有 20 种。
五代写卷有 33 种。
五代宋初写卷有 2 种。
北宋写卷有 1 种。
不明版本有 39 种。
日本写卷有 1 种。

（载《敦煌学·日本学——石冢晴通教授退职纪念论文集》，2005年12月上海辞书出版社出版）

弢翁藏书资料掇拾

藏书家周叔弢先生（号弢翁）注重藏书实践，不轻易在书上题款，更少刻意撰述，所以有关弢翁藏书活动内容的资料传世很少。《弢翁藏书年谱》出版以后，笔者有意进行增补，四处访求，偶有所得。今择录数条，以飨同好。

一、弢翁珍藏天禄旧物数种，在清光绪十年长沙王氏刻本《钦定天禄琳琅书目》中，弢翁题识云："《前编》之书已毁于火，《续编》之书犹在人间。余藏《寒山子诗》《孝经》《汉官仪》《韩昌黎诗》，皆天禄旧物，虽一鳞片甲，亦足自豪也。"

二、弢翁曾得方尔谦转让唐人写经装裱册页若干本。其中一册有尔谦题识三则。其二略云："……叔弢自青岛来，以美浓纸为赠，因言唐人写经字体，遂拈笔为此，或不甚远，尚未自然耳。"其三略云："踏莎行，用叔弢韵……行年五十，语意都如孺子，叔驭当信余能过活也。"

三、弢翁曾得徐氏传是楼宋刊、影写《孝经》两本。民国间上海涵芬楼影印本《孝经》中有弢翁题识，言及此事云："壬戌（1922）十月给一良。乙丑（1925）十二月，得传是楼所藏宋刊本对阅一过，无一字差。盖宋本刻画精好，故影写时无脱误，唯小圈间有失写处。刻工姓名曰寿昌、曰翁，凡二人。此本不录卷末木记，为宋本所无，盖从他经移附此后，若不见宋本原书，无以正此失矣。弢志。/附宋本藏印：晋府书画之印、乾隆御览之宝、天禄继鉴、昆山徐氏家藏、乾学之印、健庵、昆陵唐良士藏书、晋昌秘籍笈记、季振宜印、沧苇、子祈、季口印、李国寿印、陈定书印。以上在第一页。/唐、于辰。以上在第三页。/天禄琳琅、乾隆御览之宝、敬德堂图书印、子子孙孙永宝用、陈氏世宝、唐辰、良士。以上在末页。/此景抄本，现藏张庚楼十二丈处。丁卯（1927）正月，庚楼以此本归余，遂与宋本为延津之合，其分散盖三百年矣。"按：弢翁给周一良的是民国间上海涵芬楼影印本。徐氏传是楼旧藏两本：一宋刊本，一影写相台本。宋本归弢翁。影写本先藏江阴缪氏，经张庚楼递藏后归弢翁。故弢翁得传是楼两本后，以"延津之合"喻之。

四、黄裳先生在所著《来燕榭读书记》一书中，记述钤有弢翁自庄严堪印记的董授经影如隐堂本《洛阳伽蓝记》、弢翁影宋本《鱼玄机诗》（见19页）及弢翁刻本《屈原赋注》（见261页）等三书。

五、张元济编印《四部丛刊》时，曾与傅增湘讨论向弢翁借书事，并见《张元济傅增湘论书尺牍》。其中159页载一条资料："《孝经》改用周氏宋刊本。"160页载："《寒山子诗》，周叔弢翻宋本颇精。原用高丽刊本。商借新刻本似亦可也。"174页载："正统本《前汉》，叔弢有之，最为初印。"

六、《片玉词》郑叔问校本，弢翁题识："郑叔问详校本，乙丑（1925）五月，倩式如四兄移录。原本则假之沅叔三丈（傅增湘）也。"

七、弢翁用印讲究，"曾在周叔弢处"印何时废弃不用，"周暹"印何时启用？弢翁在明嘉靖二十七年黄姬水刻本《两汉纪》一则题识中讲清楚了，他说："余所得善本书，每钤'曾在周叔弢处'六字朱文印，盖收书只以遮眼，本无世藏之心，非好为旷达之语以欺人也。今此印剜毙，不堪复用，遂改'周暹'二字白文小印。自此书始，后皆从之。丙寅（1926）夏。"

八、利用刻工鉴定古书版本，利用善本进行校勘，访求散卷零帙，是弢翁藏书的重要活动内容。在清嘉庆二十一年南昌陈煦依文选楼藏本校刊本《孟子注疏解经》中弢翁题识云："丙寅（1926）十一月，得宋刊《孟子注疏解经》残本，存卷十三上下，卷十四上下，共四卷。每页十六行，行大十六字，小廿二字。字体方整，与世所传三山黄唐本《礼记正义》相类，更从刻工姓名证之，知为同时所刻。取校此本，其增损已改处可补阮氏《校勘记》所未及者极夥。至经文'君子不可以虚拘'句多'以'字，则益见宋刊之可贵矣。袁寒云丈曾得卷三、四上下，共四卷，今不知散失落何人手，幸得遇而续校之，是私心之所甚愿也。"

九、弢翁继承传统，曾翻刻、影印自己所藏善本古籍，分赠友朋，以为乐事。民国十六年弢翁影印相台岳氏刻本《孝经》。弢翁撰写题识云："丁卯（1927）正月，影印宋（元）刻《孝经》三百部。此高丽旧纸，凡八部，一赠大方（方尔谦），一赠次武妹婿（李涛），一给四弟（周进），此册检付一良（弢翁长子），其宝藏之。"

十、劳健与弢翁过从甚密，从以下三条劳健题识中可见一斑。宋刻本《景德传灯录》，劳健题识云："戊辰（1928）二月初一日，余来天津，适叔弢新得子，作汤饼之会,酒后出此书示余于自庄严堪。字画精美,墨彩夺人,洵宋刻之极佳者,因为叔弢录跋语于卷后余纸,他日景良长成,叔弢以此书而诏之,当念及吾二人今日把卷相对之乐,又仿佛自闻其呱呱之啼也。笃文劳健。……是日,并出此书元本及宝祐本《五灯会元》同观。"

十一、《毛诗》,宋刻本。劳健题识云:"癸酉(1933)四月,叔弢出示新得宋本《毛诗》二十卷,士礼居旧藏。荛圃跋尾久已失去。据江建霞所编《黄氏年谱》,原跋一纸曾在赵静涵家,今更不知流落何所。叔弢因属余依江氏辑本传写一通,以明此书流传之原委。陈仲鱼本复归海源阁,仅存卷一至十一。近日杨氏遗书颇有散佚,叔弢□收得,以补此书原缺之卷,岂非快事!桐乡劳健笃文识于自庄严堪。"按:劳健跋接写所录黄跋之后。

十二、《东观余论》,宋刻本。劳健题识云:"叔弢购此书归,曾写一跋于旧函。顷易制新椟成,适余来天津,属为移录卷端。书中有番阳章甫印。考章甫,字冠之,号易足居士,番阳人。徙居真州,少从张于湖游,豪放不羁。所著有《自鸣集》,见《文渊阁书目》,不传于世,《四库》著录乃《永乐大典》辑本,中有与陆放翁、韩无咎、吕伯恭唱和之作,其往还者固多当时知名之士。又书中'简易斋'朱记,疑亦章氏印也。癸酉(1933)浴佛日桐乡劳健附识。"按:劳健此跋接写弢翁题识之后。

十三、1934年间张元济几次致弢翁书,内容见载《张元济书札》。主要谈编印《四部丛刊续编》,借用宋刊本《两汉会要》及询问陈清华(澄中)近得韩氏《荀子》及《梦溪笔谈》等事。还特别向弢翁说到"杨氏遗书津门又发现七十余种,尊处如曾抄录存目,可否惠借一阅?其廿一种之宋刻为何书?并祈示及"。关于津门发现杨氏遗书事,笔者检天津《大公报》1931年5月19日有"海源阁善本有已卖与日人说"一条报道,全文录下:"全部以四十万押于某银行,并传大部已由津邮寄大连。鲁教厅派王献唐来津调查。十八日上午十时四十分发济南专电:山东图书馆长王献唐得津友函,杨氏由潘复介绍,将海源阁藏书宋元善本,全部以四十万押于某银行,近大部已由津邮寄大连。名为抵押,实已卖出,买者为日人,即将正式成交。鲁教厅决予严厉警告,在各报声明,此书关系中国文献,山东有优先收买权,在接洽间,任何人不得买卖。又派王献唐赴津调查,王定巧(十八日)北上。"

十四、《簠斋古印集》钤印本,弢翁题识:"此书编次无法,且多赝品,然非陈氏之旧。古钵赝品尤夥。"

十五、《佛说佛名经》唐人写本,许以栗题识:"此唐人所写《千佛名经》之残卷,纸越千年,完好如新,笔意亦朴茂不俗,自是当时经生之善书者所作,至堪珍贵。最初发现于敦煌之莫高窟,流传甚广,民初游厂肆,偶获五卷。其后有西北行,拟再搜求,竟不可得。近数年分贻同好,剩此片楮,敬以归之叔弢太姑丈,永充供养,愿祝福寿无量云。一九六三年十一月中旬,许以栗记于首都双修馆,时年七十有七。……纸本越千年,居然墨色鲜。唐人遗迹在,笔意足深研。诸佛名经卷,书坛待结缘。香花常供养,功德自无边。佛历二千九百九十年春许以栗敬题。"按:此唐人写经原本,今藏天津艺术博物馆,并收入1996年上海古籍出版社《天津市艺术博物馆藏敦煌文献》第二册,编号为"津艺064",题名"佛说佛名经"。

十六、1979年8月,时年八十有九高龄的周叔弢先生,与李一氓同志结有书缘,品赏活字本书。弢翁题识云:"清代木活字本,始于乾隆年武英殿聚珍版,继之者不下千余家。辛亥革命以后,西泠印社最为有名,字仿赵宋,宣纸徽墨,光彩夺目,超越前人。一氓同志出示此书,卷二手抄补足,卷首摹词人小照,益为此书增色。拜读数过,欢喜无量,谨志岁月于后云。一九七九年八月周叔弢时年八十有九。"按:题识见载民国间西泠印社活字本《东海渔歌》,此书为李一氓旧藏,后捐献四川省图书馆。

十七、顾廷龙撰《自庄严堪勘书图跋》,见载于芸香阁丛书本《顾廷龙文集》244页,有"五世丈周叔弢先生藏书之富,夙与李氏木犀轩、傅氏双鉴楼鼎峙海内,而凌驾二氏,无愧后劲"赞语。此文与傅增湘《题周叔弢勘书图》堪称"双绝"。

(载2006年11月《藏书家》第11辑,齐鲁出版社出版)

弢翁标注《钱遵王读书敏求记校证》

《钱遵王读书敏求记校证》四卷，清钱曾撰，清管庭芬校正，民国章钰补辑。民国十五年长洲章氏刻本。钱曾书成以后，秘藏箧中，不经示人，遂有朱彝尊设计录副之逸闻。自此而后，被世人所重，抄校翻刻本递出。管、章二氏，网罗众本，递相仇校，即精且审，堪称钱《记》善本。《四库全书总目》卷八七史部目录类存目著录钱氏《读书敏求记》，云："曾字遵王，自号也是翁，常熟人。家富图籍，多蓄旧笈。此书皆载其最佳之本。手所题识，仿佛欧阳修《集古录》之意。……其述授受之源流、究缮刻之同异，见闻既博，辨别尤精。但以版本而论，亦可谓之赏鉴家矣。"近代著名藏书家周叔弢先生（晚年自号弢翁）尤重此目，藏书之暇，以自庄严堪所储名抄佳刻，以及知见之古书善本予以标注（本文简称"弢注"），选用的底本就是清管庭芬校正（本文简称"芬案"），民国时章钰补辑（本文简称"钰案"）并刻之本。弢翁标注本，今藏天津图书馆。本文将书眉处由弢翁标注的文字按照原书序次逐条摘录下来，凡一百二十九条。个别处笔者加简短说明，以"李按"标出。我们从中可以获知钱《记》著录书之优劣，可以获知弢翁标注书之深意，可以获知他家藏书之异趣，所谓"斯亦披沙拣金，往往见宝"者是也。

卷一经部

《周易》十卷，北宋刻本。弢注："此书天禄琳琅后编著录。宋本已景印。"
《卫元嵩元包经传》四卷。弢注："余收明本。"
《张行成元包数总义》二卷。弢注："余收明本。"

李按：《自庄严堪善本书目》（周叔弢藏书目录，冀淑英编，1985年天津古籍出版社出版，下同。见第46页）子部术数类著录此书，题："《元包经传》五卷，唐苏源明、李江注。《元包数总义》二卷，宋张行成撰。明刻本，刘都题款，四册。"

《古三坟书》三卷。弢注："宋本在袁寒云丈处。"

《时澜增定东来书说》三十五卷。弢注："严氏（修能）手抄本已景印。"

《毛诗郑氏笺》二十卷，南宋刻本。弢注："余得纂图互注本，极精。瞿藏宋本已景印。"

李按：《自庄严堪善本书目》（第10、11页）经部诗类著录宋刻纂图互注本《毛诗》两部，其一题："《监本纂图重言重意互注点校毛诗》二十卷，图谱一卷，汉毛亨传，郑玄笺，唐陆德明释文，宋刻本（卷五至七黄丕烈倩人影宋抄补并跋），劳健、弢翁跋八册。十行十八字，小字双行二十四字，细黑口，四周双边，耳记篇名。"

其二题："《监本纂图重言重意互注点校毛诗》二十卷，图谱一卷，汉毛亨传，郑玄笺，唐陆德明释文，宋刻本，五册。存十二卷（一至十一、图谱），十行十八字，小字双行二十四字，细黑口，双边，耳记篇名。海源阁旧藏，《楹书隅录》卷一著录。"

附弢翁题跋如下（见第一部宋版《毛诗》上）：

宋刻《监本纂图重言重意互注点校毛诗》，士礼居旧藏，原有黄荛圃手跋，不知何时佚去。江建霞氏曾见原跋于赵静涵家，并云此书已不可得。余初得此书时，见有求古居印，又七卷六叶三行"浮"字改"淫"字，遂定此为士礼居故物，乃乞笃文道兄依《荛圃藏书题识》补录黄氏跋语，以志其源流。今年春正月北平书友王搢青忽邮寄黄氏《毛诗》手跋两通，蠹痕宛然，正此书所佚者，其徒乔景熹新得之苏州，当从赵氏散出。合浦珠还，为之大喜过望，亟命工补缀，装之首册，虽索值奇昂，亦不遑谐价矣。庚辰（1940）正月二十日至德周暹记于自庄严堪。

附劳健《毛诗》题跋如下（见第一部宋版《毛诗》上）：

癸酉（1933）四月，叔弢出示新得宋本《毛诗》二十卷，士礼居旧藏。荛圃跋尾久已失去。据江建霞所编《黄氏年谱》，原跋一纸曾在赵静涵家，今更不知流落何所。叔弢因属余依江氏辑本传写一通，以明此书流传之原委。陈仲鱼本复归海源阁，仅存卷一至十一。近日杨氏遗书颇有散佚，叔弢□收得，以补此书原缺之卷，岂非快事！桐乡劳健笃文识于自庄严堪。

附弢翁题跋如下（见第二部宋版《毛诗》上）：

海源阁本，丁丑（1937）小除夕杨君敬夫曾拟归我。当时卒岁之资尚筹措未足，焉有余钱收书，乃婉词谢之。越岁己卯（1939）二月，始得与金本《通鉴节要》同收之。细审杨本，与余本实非一刻。杨本《图谱》版心作《诗谱》。误字（二卷一叶八行"匪席"误"匪石"，卷十七叶八行"市朱"误"市宋"，）余本皆改正。宋讳缺笔杨本较谨严，余本或依杨本翻雕也。惜杨本四周余纸短狭，比之余本宽阔相差远甚。黄氏既未以小字宋本配入而抄补之，余亦仍黄氏旧贯而不改装，特附记得书之艰苦于此云。彀翁又记《毛诗要义》四十卷南宋刻本彀注："丁氏宋本余乙丑年见之，索值昂未收。有钱天树、莫友芝跋。闻归刘晦之丈。"

《春秋经传集解》三十卷，南宋刻本。彀注："余收宋（元）相台岳氏本。近日又收鹤林于氏本，乃人间孤本，尤罕秘也。"

李按：《自庄严堪善本书目》（第13、14页）经部春秋类著录此本，题："《春秋经传集解》三十卷，晋杜预撰，唐陆德明释文。《春秋名号归一图》二卷，蜀冯继先撰。《年表》一卷，元岳氏荆溪家塾刻本（卷十九至二十配明刻本）。彀翁跋。三十二册。八行十七字，小字双行同，细黑口，四周双边，耳记某公某年。卷后有'相台岳氏刻梓荆溪家塾'或'相台岳氏刻梓家塾'牌记。前人谓相台岳氏群经为宋时岳珂家刻本，近人张政烺先生考订，相台本群经乃元初义兴岳氏据宋末廖莹中世彩堂校刻九经本校正重刻，与岳珂无涉。相台本群经除此书外，仅存《周易》《论语》《孟子》《孝经》及《周礼》残帙，孝经与此本并为彀翁所藏。"

李又按：《自庄严堪善本书目》（第14页）经部孝经类著录《孝经》，题："《孝经》一卷，唐玄宗李隆基注，陆德明音，元相台岳氏荆溪家塾刻本，一册。八行十七字，小字双行同，细黑口，四周双边。明代晋府旧藏。入清递经季振宜、徐乾学收藏，后归内府，《天禄琳琅书目后编》卷三著录。"

《春秋公羊经传何休解诂》十二卷、《释文》一卷，此北宋椠本之精绝者，彀注："宋余氏本已景印。"

《韦昭注国语》二十一卷。彀注："余收陆敕先校宋本。"

李按：《自庄严堪善本书目》（第27页）史部杂史类著录此本，题："《国语解》二十一卷，吴韦昭撰，宋宋庠补音。明刻本。陆贻典（字敕先）、叶万、章钰校并跋。沈岩校，唐翰题跋。九册。"

李又按：《自庄严堪善本书目》（第27页）史部杂史类又著录一部，题："《国语解》二十一卷，吴韦昭撰，宋宋庠补音。明万历十三年吴汝纪刻本。吴翌凤校并跋。四册。"

《何晏论语集解》十卷。弢注："余收景宋抄本,乃从纂图互注本出。"

李按:《自庄严堪善本书目》(第14页)经部四书类未载此本,而著录另一本,题:"《论语集》不分卷,宋尹焞撰,明祁氏淡生堂抄本。韩应陛跋。二册。"

《孟子注疏》十四卷,是丛书堂录本。弢注："余见此书未收,为南浔张氏所得。"

《陆德明经典释文》三十卷。弢注："宋本藏天禄琳琅,闻犹在人间。沅丈曾见之。"

《刘敞七经小传》三卷。钰案："天禄后目载有北宋本。"弢注："北宋本已景印,实南宋本。"

《文公家礼》十卷。弢注："海源宋本,余曾见之。"

《龚端礼五服图解》一卷。弢注："余见此书未收,今归广东莫氏。"

《说文解字》三十卷、《标目》一卷。弢注："余收残本数卷。仪顾堂本已景印,实南宋光宗以后刻本,刻工姓名可证。海源本余曾见之,纸印甚精,当是元印,在陆本之上。丙子三月,海源阁本余议价已成,因手中窘迫,遂作缘归陈澄中。世彩堂韩文亦归澄中。"

李按:《自庄严堪善本书目》(第17页)经部小学类著录此本,题:"《说文解字》十五卷,汉许慎撰。宋刻元修本。二册。存三卷:四下至五下、七。十行十六至十八字不等,小字双行约二十九字,白口,左右双边。内阁大库旧藏。"

李又按:《自庄严堪善本书目》(第17页)经部小学类又著录《说文》数本:汉许慎《说文》两本,其一清嘉庆九年孙氏五松书屋刻平津馆丛书本。吴育校并临惠栋批校。二册。其二清光绪元年洪氏刻本。高鸿裁临许瀚校跋。清段玉裁撰《说文解字注》十五卷,清抄本。从段注说文初稿传录。龚丽正、王萱铃跋。七册。清王筠撰《说文解字句读》十五卷,清研经读史之榭(广字旁)稿本。张穆订注,十五册。

《徐锴说文解字系传》四十卷。钰案："劳权云系影宋本。"弢注："此书已景印。"

《郭忠恕汗简》七卷。钰案："劳权云恬裕斋屠守居士手校本三卷。"弢注："此书已景印。"

《龙龛手鉴》四卷。弢注："沅丈所藏宋本已景印。余收钱遵王藏景宋抄本。瞿本亦景印。"

李按：《自庄严堪善本书目》（第20页）经部小学类著录此本，题："《龙龛手鉴》四卷，辽释行均撰。明景宋抄本。三册。十行，无格。有虞山钱曾遵王藏书一印。"

《丁度集韵》十卷殁注："余收陈仲鱼校宋本。"

李按：《自庄严堪善本书目》（第21页）经部小学类著录此本，题："《集韵》十卷，宋丁度等撰。清康熙四十五年曹寅扬州使院刻本。五册。陈鳣（字仲鱼）临段玉裁校跋。"

《礼部韵略》五卷。是书嘉定六年四月望镂板于云间洞天。钰案："浙江采集遗书总录载海宁陈氏影写本即从云间洞天本出。"殁注："海源阁藏宋本，字大悦目，纸墨精美。余收景宋抄本，亦从云间洞天本出。"

李按：《自庄严堪善本书目》（第21页）经部小学类著录此本，题："《附释文互注礼部韵略》五卷，《韵略条式》一卷，清初景宋抄本。成瓘、殁翁跋。四册。卷五后有'嘉定六年四月望镂版于云间洞天'牌记。"

李又按：《自庄严堪善本书目》（第22页）经部小学类又著录一本，题："《附释文互注礼部韵略》五卷，清康熙四十五年曹寅扬州使院刻本。陈鳣（字仲鱼）校并录周锡瓒跋。五册。陈鳣朱笔校宋绍定庚寅（三年）藏书阁刻本。"

附殁翁跋如下：

此景宋抄本《礼部韵略》，卷末有："嘉定六年四月望镂版于云间洞天"十四字，余前数年得之北平文禄堂书店。宋刻原本自《读书敏求记》著录以后，久未见传本。尝取瞿氏藏宋绍定藏书阁重刻本比勘，行款匡格无不相同，唯景定宋本无嘉定十三年、十六年及宝庆元年诸牒文；十四泰韵不添入"会"字；五置韵内"智"字下，无"新制一作知"五字；三十七号韵内"导"字下，无"新制一作道"五字，此皆绍定本所增也。今年春，闻北平书估王富晋从维扬故家收得宋云间洞天本《礼部韵略》，当时以为或是景宋本所从出，急驰书索阅。久之乃携来，书凡五册，元《韵略条式》一卷，递藏文衡山、季沧苇、徐健庵家，纸墨精美，固宋刻上驷，然实非云间洞天本，仍是绍定本也。十四泰增"会"字，"智""导"二字均有新制云云，"巡""驯"二字皆黑地白文，与宝庆元年牌子亦属补刻者所伪为。更细检刻工姓名，亦与瞿本相合，尤为明证。惟下平第一叶刻工，瞿本作"缪恭"，新见宋本作"李□"，为小异。此景宋本又止下平第十五一叶有刻工姓名，不见云间洞天宋刻原本，恐无以解此惑矣。癸未（1943）五月殁翁识《毛晃增修礼部韵略》

五卷叕注："绍定本已景印。"

《司马温公切韵指掌图》一卷叕注："宋本闻归晦之丈，有'嘉庆御览之宝'印。"

《金石录》三十卷钰案："明叶文庄写本首尾二纸自书，见义门先生集。"叕注："余收谢行甫手抄景宋本，有叶林宗手跋。吴有堂手校精抄本、陈香泉手校本。"

李按：《自庄严堪善本书目》（第36页）史部金石类著录《金石录》三本：

其一题："宋赵明诚撰。明崇祯五年谢恒（字行甫）抄本。叶奕（字林宗）、沈颢、叕翁跋。冯□、叶万题款。三册。"

其二题："宋赵明诚撰。清初抄本。王士禛跋。陈奕禧（号香泉）批校并跋。三册。"

其三题："宋赵明诚撰。清抄本。顾霖校跋并录钱谷、陆贻典题识。吴志忠（字有堂）校跋并录叶国华、何焯、顾广圻三册题识。三册。乾隆五年顾霖校陆贻典抄校本，道光丁亥（七年）吴志忠墨笔校叶文庄家抄本。"

附叕翁跋如下：

丙寅（1926）八月初五日，在沅丈家纵观所藏宋、元本书，有宋刻《文中子》，亦叶林宗得之谢行甫家，是亦好古之士，乃名字不彰，可慨也。

《郑夹漈衍极》五卷。钰案："（黄丕烈）又云甲子夏又得周砚农手抄本，从孙道明本出。"叕注："周氏抄本，甲戌归余。"

李按：《自庄严堪善本书目》（第47页）子部艺术类著录此本，题："《衍极》五卷，元郑构撰，刘有定释。清康熙二年周荣起抄本。周荣起（号砚农）、吴翌凤跋。黄丕烈校并跋。一册。十二行二十三字。嘉庆庚辰（二十五年）黄丕烈校传抄弘治刻本。海源阁旧藏，《楹书隅录续编》卷三著录。"

《雪庵字要》一卷。钰案："邓邦述云此书今藏群碧楼，有荛圃题跋，曾藏百宋一廛也。"叕注："此本已景印。"

《郭璞注尔雅》三卷。钰案："述古目注'宋板影抄'四字。"叕注："瞿氏藏宋本已景印。故宫景印南宋监本极佳。"

《博雅》十卷。钰案："黄丕烈云此本予得东城顾五痴家。此书近刻以毕效钦本为最善，以此本校之，更多是正。影宋抄本故多佳处也。"叕注："庚辰秋，以重值收顾校景宋本，黄跋，海源阁藏书。"

李按：《自庄严堪善本书目》经部小学类未载此本。

《方言》十三卷。旧藏宋刻本《方言》，牧翁为予题跋。纸墨绝佳，后归之季沧苇。癹注："宋本藏江安傅氏，已精印行世。牧翁跋惜已割去。"

卷二 史部

《史记》一百三十卷。予昔藏宋刻《史记》有四，而开元本亦其一也。今此本乃集诸宋版共成一书，小大长短，各种咸备。李沂公取丝桐之精者，杂缀为一琴，谓之"百衲"。予亦戏名此为《百衲本史记》，以同人一笑焉。癹注："刘燕庵《百衲宋本史记》今在余家。海源藏宋干道本，又小字建本，毛子晋手校者亦精。"

李按：《自庄严堪善本书目》（23 页）史部纪传类著录《百衲宋本史记》，题："《史记》一百三十卷，汉司马迁撰，刘宋裴骃集解，唐司马贞索隐。宋乾道七年蔡梦弼东塾刻本（卷七至九、一百二十四至一百三十配宋淳熙三年张杅桐川郡斋刻八年耿秉重修本，余九十四卷配其他两宋刻本）。此书系四部宋刻本配成：一、乾道七年蔡梦弼东塾刻本。十二行二十二字。存卷十六至十八、二十二、三十四至三十八、六十一、八十一至八十九、一百十七至一百二十三，共二十六卷。二、宋刻本。十四行二十四五字。存卷一至六、十九至二十一、二十三至二十六、三十一至三十三、三十九至六十、七十一至八十、九十至一百十六，共七十五卷。三、宋淳熙三年张杅桐川郡斋刻八年耿秉重修本，十二行二十四五字。存卷七至九、一百二十四至一百三十卷，共十卷。四、宋刻本。十行十九字（间有二十三字）。存卷十至十五、二十七至三十、六十二至七十，共十九卷。"

《王偁东都事略》一百三十卷。宋刻仅见此本，先君最所宝爱。钰案："此记宋本后归丰顺丁氏。"癹注："宋本在日本。丰顺丁氏藏本，余乙丑年曾见之，实国初复本，但纸印精美耳。"

《资治通鉴》二百九十四卷。癹注："余见绍兴本未收。沅丈所藏百衲本已景印。"

《通鉴博论》三卷。癹注："余收宋牧仲家抄本二卷。"

李按：《自庄严堪善本书目》（39 页）史部史评类著录此本，题："《通鉴博论》三卷，明朱权撰。清抄本。宋筠校。"

《吴越备史》四卷。钰案："鲍廷博云《吴越备史》述古堂抄本在吴门江帆处。予曾见之，吴枚庵借录一本。"癹注："吴抄本已景印。"

《钓矶立谈》一卷。叟注："余收王乃昭手抄本。何仲子校补本，黄荛圃跋。"

李按：《自庄严堪善本书目》（28页）史部杂史类著录此本，题："《钓矶立谈》一卷，清康熙元年王乃昭抄本。王乃昭、叟翁跋。一册。"

附叟翁题跋如下：

王乃昭名慎德，乐饥翁、懒髯野叟皆其别字也，与钱牧翁同时，善书法，喜抄书。金孝章《春草闲房集》有《赠乐饥翁诗》一首，读之可想见其风度云。顷见李木老所藏王氏手抄《月屋漫稿》，题康熙癸丑年六十六岁。此书盖五十五岁时所抄也。癸酉（1933）十月记。

癸酉（1933）正月初二日收得，交文禄堂重装讫，因题其耑。十五日叟翁。

《封氏闻见记》十卷。屠守居士从吴岫本录于空居阁。叟注："余收旧抄本，吴有堂校。"

李按：《自庄严堪善本书目》（51页）子部杂家类著录此本，题："《封氏闻见记》十卷，唐封寅撰。清抄本，吴志忠（字有堂）校并跋、周星诒跋、翁绶琪批注并跋。二册。"

《苏天爵国朝名臣事略》十五卷。钰案："黄氏士礼居见张蓉镜影元刻本跋。"叟注："余收张蓉镜景元精抄本。"

李按：《自庄严堪善本书目》（30页）史部传记类著录此本，题："《国朝名臣事略》十五卷，元苏天爵撰。清影元抄本。六册。"

《历代纪年历》七卷。叟注："辛巳四月见此书未收，闰三月复收之。锡人顾道淳著，精抄本。"

《五代会要》三十卷。钰案："劳权云竹垞本抄自古林曹氏，康熙甲戌春商丘宋氏借旧抄本勘对无异。"叟注："商丘宋氏旧抄本在余家。"

李按：《自庄严堪善本书目》（35页）史部政书类著录此本，题："《五代会要》三十卷，宋王溥撰。清抄本。三册。"

《大金集礼》四十卷。此书诸家目录具不载，藏书家亦无有蓄之者，尚是金人抄本，抚卷有诸夏之亡之慨。叟注："余收精抄本，相传为汲古阁所写。"

李按：《自庄严堪善本书目》（35页）史部政书类著录此本，题："《大金集礼》四十卷，清抄本，二十册。存三十八卷：一至二十五、二十七至三十二、三十四至四十。"

《文房四谱》五卷。叟注："余藏童子鸣刻袖珍本。"

李按：《自庄严堪善本书目》（49页）子部谱录类著录此本，题："《文房四谱》四卷，宋苏易简撰。明龙山童氏刻本。袁克文跋，姚朋图题款。一册。"

《陆友墨史》三卷。发注："余藏拜经楼抄本。"

李按：《自庄严堪善本书目》未载此本。

《糖霜谱》一卷芬案："入述古堂目。"钰案："黄丕烈云丁卯夏得此书旧抄本，校扬州局本，有佳处。"发注："黄氏藏明抄本今归余。王晦叔后序一首各本所无。黄本即述古堂旧藏。"

李按：《自庄严堪善本书目》（49页）子部谱录类著录此本，题："《糖霜谱》一卷，宋王灼撰。清康熙四十五年曹寅扬州使院刻楝亭十二种本。黄丕烈校跋并录赵琦美题识。与《都城纪胜》《钓矶立谈》合一册。嘉庆丁卯（十二年）黄丕烈朱笔校述古堂藏赵琦美校旧抄本。此书后归海源阁，《楹书隅录》未收。"

《祠山事要指掌集》八卷。发注："北平图书馆藏十卷本，是明盛希年撰，宣德癸丑刊。"

《东家杂记》二卷。发注："余收汲古阁精抄本，从宋抚州本出。席玉照手跋。此书为沅丈旧藏，不知何时流入日本书市，余以重值收回。"又注："此书宋抚州本缺一叶，余以他宋本补之。"

李按：《自庄严堪善本书目》（30页）史部传记类著录此本，题："《东家杂记》二卷，宋孔传撰。清初毛氏汲古阁影宋抄本。席鉴、劳健跋。二册。"

李又按：《自庄严堪善本书目》（30页）史部传记类又著录另一本，题："《东家杂记》二卷，宋孔传撰。《孔圣生年月日考异》一卷，宋赵去疾撰。清影宋抄本。一册。"

《绍兴十八年同年小录》发注："余藏翁覃溪手校本。"

李按：《自庄严堪善本书目》（31页）史部传记类著录此本，题："《绍兴十八年同年小录》一卷，清抄本。翁方纲、丁锦鸿校注。吴孝显校。二册。"

《宝祐四年登科录》一卷。发注："余藏翁校本。"

李按：《自庄严堪善本书目》（31页）史部传记类著录此本，题："《宝祐四年登科录》一卷，清抄本。翁方纲、丁锦鸿校注。吴孝显校。二册。"

《郦道元注水经》四十卷。发注："余收明抄本。又收明本钱功甫抄补一之三卷。"

李按：《自庄严堪善本书目》（34页）史部地理类著录此本，题："《水经注》四十卷，北魏郦道元撰。明抄本。沈廷芳、韩应陛校并跋。十二册。"

李又按：《自庄严堪善本书目》（34页）史部地理类著录另外两本，其一题："《水经》三卷，题汉桑钦撰。明正德十三年盛夔刻本。一册。"其二题："《水经注》四十卷，北魏郦道元撰。明嘉靖十三年黄省曾刻本。钱允治（功甫）抄补卷一至三校并跋。黄丕烈跋。韩应陛校跋并录冯梦祯题识。十二册。十二行二十字，白口，左右双边。卷一至三及他卷缺页具天启二年钱允治据史辰伯本抄配，又朱笔校，亦允治手笔。韩应陛紫笔校冯梦祯校本。"

《葛洪西京杂记》二卷。羧注："余收野竹斋本。"

李按：《自庄严堪善本书目》（58页）子部小说家类著录此本，题："《西京杂记》六卷，题晋葛洪撰。明沈氏野竹斋刻本。莫棠跋。一册。"

《杨衒之洛阳伽蓝记》五卷。芬案："张氏藏书续志云《伽蓝记》以如隐堂本为最善。"羧注："如隐堂本已景印。"

《高丽图经四》十卷。芬案："述古自注'宋板'二字，入宋板书目。"羧注："宋本藏故宫，壬申印行。"

《巩珍西洋番国志》一卷。羧注："余藏知圣道斋抄本。"

李按：《自庄严堪善本书目》（35页）史部地理类著录此本，题："《西洋番国志》一卷，明巩珍撰。清彭氏知圣道斋抄本。彭元瑞校。一册。"

《汪焕章岛夷志》一卷。羧注："余藏知圣道斋抄本。"

李按：《自庄严堪善本书目》（35页）史部地理类著录此本，题："《汪焕章岛夷志》一卷，元汪大渊撰。清彭氏知圣道斋抄本。彭元瑞校。一册。"

卷三子部

《孔丛子》七卷。羧注："余收明巾箱本。"

李按：《自庄严堪善本书目》（42页）子部儒家类著录此本，题："《孔丛子》七卷，宋宋咸注。明刻本。七册。"

《荀子》二十卷。淳熙八年六月吴郡钱佃得元丰国子监本。予又藏吕夏卿重校本，从宋刻摩写者，字大悦目，与此可称双璧矣。芬案："黄丕烈云钱佃宋刻本，丙寅年见之，后归予家。"

又案："张氏藏书志云《荀子》二十卷，影宋吕夏卿大字本。"羧注："钱佃本藏海源阁杨氏，余曾见之，纸印皆精。黄荛圃有精抄本，余从王文敏家得之。又得顾千里校吕、钱两本。吕夏卿本近从松江韩氏散出，归陈澄中。海源本归大连图书馆。"

李按：《自庄严堪善本书目》（42页）子部儒家类著录此本，题："《荀子》二十卷，唐杨倞注。明刻六子书本。顾广圻（千里）校并跋。六册。己丑（乾隆三十四年）顾广圻墨笔校宋淳熙八年钱佃本，又朱笔校影抄宋吕夏卿本，卷末序录顾广圻抄。"

李又按：《自庄严堪善本书目》（41页）子部儒家类著录另一本，题："《荀子》二十卷，唐杨倞注，宋钱佃考异。清抄本。张允亮校，癹翁跋。六册。十行十八字，从宋淳熙八年江西计台刻本录出。张允亮据缪荃孙刻本《考异》校。"

附癹翁题跋三则如下：

钱佃刻《荀子》廿卷，士礼居景宋旧抄，戊午（1918）秋得于天津。淳熙原刻世久失传本，缪小山太史据瞿氏铁琴铜剑楼藏抄本《考异》一卷付梓，以为出于宋刻，不知原书具载《荀子》及杨氏注全文，《考异》则附于每卷之末。不得此本，乌足以纠缪氏之谬乎。叔癹书中夹签，精楷校字，初不知出谁氏手。今日庾楼十二丈来访，谈及此书，出以示之，乃知为其乙卯年（1915）以缪刻所参校者。此书为王文敏公旧物（王文敏公收藏印记皆掩去），其孙为庾丈之甥，曾以此书置庾丈处经年，今日始知此书之归余也。甲子（1924）正月初三日记。癹丁卯（1927）十月，得观海源阁藏宋本书于天津，钱氏原本精美绝伦，惜匆匆未能一对勘，继闻此书为大连图书馆收去矣。叔癹《李轨注法言》十三卷、《音义》一卷癹注："海源宋本归南宫邢氏。顷见宋白麻纸印本，商邱宋氏藏书，惜无力收之。此本亦归邢氏。"

《颜氏家训》七卷。癹注："余收何义门校宋本。"

李按：《自庄严堪善本书目》（51页）子部杂家类著录此本，题："《颜氏家训》二卷，北齐颜之推撰。明万历程荣刻汉魏丛书本。何焯（义门）校并跋。一册。康熙乙酉（四十四年）何焯朱笔校汲古阁藏淳熙间沈揆刻本。"

《河上公注老子》二卷。芬案："述古目注'宋本'二字，作一卷，又入宋板书目，作二卷。"钰案："黄丕烈云得叶文庄公藏宋本。"癹注："宋本已景印。故宫宋本亦景印。故宫宋本牌子如下：'麻沙刘通判宅刻梓于仰高堂。'"

《严君平道德指归论》七卷至十三卷。癹注："余得黄校本，即从钱本出。"

李按：《自庄严堪善本书目》（66页）子部道家类著录此本，题："《道德指归论》六卷,题汉严遵撰。明刻秘册汇函本。黄丕烈校跋并钱谦益题识,张绍仁校并跋。二册。嘉庆甲戌(十九年)黄丕烈朱笔校钱谦益跋本,并录钱氏题识;道光癸未(三年)又以墨笔据道藏本校。张绍仁朱笔校道藏本。此书书名校改作'道德真经指归'。海源阁旧藏,《楹书隅录续编》卷三著录。"

《郭象注庄子》十卷。芬案:"述古目注'宋本'二字,入宋板书目。"钰案:"何焯云项子京家有宋板《庄子》。"殁注:"余收宋本二部:一南宋本,不附释文;一南宋末坊本,题分章标题,全载释文。"

李按:《自庄严堪善本书目》(66、67页)子部道家类著录两本:

一题:"《南华真经》十卷,晋郭象注。宋刻本。十册。十行十五字,小字双行三十字,白口,左右双边,版心下有刻工名,与《建康实录》多同。眉端有宋人朱墨笔批校。有功甫借观、开卷一乐、宋本、汪印士钟等印。后归杨氏海源阁,《楹书隅录》卷三著录。"

一题:"《分章标题南华真经》十卷,晋郭象注,唐陆德明音义。宋刻本。劳健题款。四册。十三行二十三字,小字双行二十八字,白口,左右双边,耳记篇名。有毛晋印、甲、宋本、粤人吴荣光印、荷屋所得古刻善本等印。"

李又按:《庄子》一书自唐天宝元年始又名《南华真经》。殁翁因得这两部宋本《南华真经》,故名藏书室曰"双南华馆",并请刘希淹镌刻"双南华馆"藏书印一方。

《徐灵府注文子》十二卷。此是太原祝氏依宋板摹写者,亦稀有之本也。殁注:"宋本已景印。"

《墨子》十五卷。殁注:"余收明陆氏本。"

李按:《自庄严堪善本书目》未载此本。

《淮南子鸿烈解》二十一卷。殁注:"宋本藏海源阁杨氏。丁卯冬余曾见之,纸印不精。宋本归大连图书馆。余得传录本,作亦二十一卷。"

李按:《自庄严堪善本书目》未载此本。

《高诱注战国策》三十三卷。予初购此书于绛云楼,乃剡川姚宏校定宋椠本。得之如获拱璧,即以传示同人,共相缮写。芬案:"简庄征君云此盖牧翁以二十千得之梁溪安氏者。"殁注:"余收景宋抄本,从梁溪安氏出,传是楼藏书。"

李按:《自庄严堪善本书目》(27页)史部杂史类著录此本,题:"《战国策注》三十三卷,汉高诱撰,宋姚宏校正。清初景宋抄本。四册。"

《世说新语》三卷。宋刻《世说》三卷，刘辰翁批点刊行，元板分为八卷。殴注："日本景印宋本，附叙录。三卷为中土所无。"

《茅亭客话》十卷。元祐癸酉西平清真子石京为后序，募工镂版，以广其传。此则太庙前尹家书籍铺刊行本也。芬案："蒋凤藻云在沪曾得吴枚庵手录宋本跋，云借自荛圃家，意即此本自出与。"钰案："黄丕烈癸亥秋予得宋刻本。"殴注："余藏吴嘉泰景宋抄本，从黄荛圃宋本出，此即蒋氏旧藏，盖误记为枚庵耳。"

李按：《自庄严堪善本书目》（58页）子部小说家类著录此本，题："《茅亭客话》十卷，宋黄休复撰。清嘉庆二十年吴成之抄本。吴嘉泰校并跋。傅增湘跋。一册。"

《邵氏闻见录》二十卷。殴注："余收陈仲遵校宋抄本。"

李按：《自庄严堪善本书目》（56页）子部杂家类著录此本，题："《河南邵氏闻见录》二十卷，宋邵伯温撰。清抄本。陈墫校并跋。四册。"

《邵氏闻见后录》二十卷。钰案："士礼居藏两旧本。"殴注："余收黄荛圃校本。"

李按：《自庄严堪善本书目》（56页）子部杂家类著录此本，题："《河南邵氏闻见后录》三十卷，宋邵博撰。清抄本。黄丕烈校并跋。沈钦韩校注并跋。一册。十五行三十字，无格。

"黄丕烈墨笔校曹秋岳家藏旧抄本及津逮秘书本。卷首附张讱庵致黄丕烈手札一通。此本后归海源阁，《楹书隅录续编》卷三著录。"

《罗璧识遗》四卷。方山吴岫题此书云："考据精，论断审。"殴注："余收吴方山抄本，汲古旧藏。"

李按：《自庄严堪善本书目》未载此本。

《徐度却扫编》三卷。是册原书为王百谷家藏宋刻，后归牧翁，亦付之绛云一烬中矣。存此摹本，犹有中郎虎贲之想。殴注："余收张讱厂传黄氏抄宋本。"

李按：《自庄严堪善本书目》（52页）子部杂家类著录此本，题："《却扫编》三卷，宋徐度撰。明崇祯毛氏汲古阁刻津逮秘书本。张绍仁（号讱庵）跋并临黄丕烈校跋。一册。"

《张世南游宦纪闻》十卷。影宋本旧抄。乃停云馆藏书，有衡山先生图记。钰案："黄丕烈云得影宋抄本。每卷尾有唐伯虎题字，又有玉兰堂竹坞图记，未知果为衡山先生故物否也。"殴注："余有景抄本，从黄本出。黄氏所得，疑非述古旧物。"

李按：《自庄严堪善本书目》未载此本。

《学斋占毕》四卷。钰案："黄丕烈藏宋残本，有跋，已刻入荛圃藏书题识。"癸注："余有黄氏手校明抄本。"

李按：《自庄严堪善本书目》（55页）子部杂家类著录此本，题："《学斋占毕》四卷，宋史绳祖撰。明吴氏丛书堂抄本。黄丕烈校并跋。一册。存二卷：一至二。"

《张舜民画墁录》一卷。癸注："余收明抄本，胡心耘手校。"

李按：《自庄严堪善本书目》（56页）子部杂家类著录此本，题："《张舜民画墁录》一卷，宋张舜民撰。明十洲抄本。胡珽校。癸翁跋。一册。"

附癸翁题跋如下：

甲戌（1934）冬，文禄堂主人王晋卿从苏州购此书至，只重其为明抄，未知校出谁氏手。余审是胡氏手迹，因以重价收之。黑纸书衣，金云庄家旧装皆如是，韩渌卿尝闻之黄氏滂喜园火友朱某者，此藏书家之故实，不可不记。书中爱闲居士、桐轩主人藏书印二印，疑是金氏图记，俟再考之。甲戌（1934）十二月癸翁志。

《砚北杂志》一卷。项氏曾刊行是书，此乃其原本耳。……谷阳不知何人。癸注："谷阳是周伯琦。余藏项氏刊本，有天南遁叟题识。"

李按：《自庄严堪善本书目》未载此本。

《履斋示儿编》二十三卷。钰案："陆心源有顾千里校宋胡楷刻本。"又案："此宋本为刘氏学礼堂刊，见思适斋集。又佳趣堂目有宋板一目。"癸注："顾校本归余。宋本、元初本在海源阁，今归陈澄中。"

李按：《自庄严堪善本书目》（56页）子部杂家类著录此本，题："《履斋示儿编》二十三卷，宋孙奕撰。清抄本。顾广圻（千里）校并跋。四册。十行二十字，无格。顾广圻朱墨笔校宋本（十行十九字）及知不足斋丛书本。"

《贾思勰齐民要术》十卷。嘉靖甲申刻此书于湖湘。癸注："陈子准手校。瞿氏藏本壬申秋归余。"

李按：《自庄严堪善本书目》（56页）子部杂家类著录此本，题："《齐民要术》十卷，《杂说》一卷，北魏贾思勰撰。明刻本。陈揆校并跋。四册。存九卷：一至六、九至十、《杂说》。"

《神机制敌太白阴经》十卷。芬案："蒋凤藻云曾见旧抄足本十卷，以恶劣未购。通行本皆八卷。孙渊如先生曾以群书校定十卷本，求之多年，迄未一遇。"弢注："余见孙渊如手校本，未收。"

《许洞虎钤经》二十卷。弢注："余收嘉靖本，近以明抄本校之，补正甚多。"

李按：《自庄严堪善本书目》（43页）子部兵家类著录此本，题："《虎钤经》二十卷，唐许洞撰。明刻本。弢翁校并跋。二册。"

附弢翁题跋二则如下：

《虎钤经》明蓝格抄本，每半叶十行，每行廿一至廿五字，纸背皆明人笺启，间有万历纪年。旧藏马仲安、吴枚庵、汪阆源家，旋由姚氏归京师图书馆。今年余从北平图书馆借来，对勘一过，补正极夥。此本刻印亦颇清朗，乃令人有刻如不刻之叹，惜哉。癸酉（1933）四月廿日弢翁记。

余校此书甫毕，即为沅叔三丈借去传写，越岁乙亥（1935）十一月十八日乃归还。今日天下事益亟矣，纸上谈兵，空言何补，未尝不叹夫书生之迂见也。噫！十二月朔。

《伤寒明理论》四卷。钰案："黄丕烈云此书曾得一精抄本，不知是影宋本否？后归艺芸精舍。"弢注："余收校宋本。"

李按：《自庄严堪善本书目》（43页）子部兵家类著录此本，题："《伤寒明理论》三卷，《方论》一卷，金成无己撰。明葛澄刻本。何煌校跋并录毛表题识。二册。十行二十字，白口，左右双边。此书怡府旧藏，有安乐堂藏书记、明善堂览书画印记等印。何煌朱笔校汲古阁校宋建安庆有书堂刻本。并录毛正庵（毛表）题识。"

《端必瓦成就同生要》一卷。弢注："述古堂抄本，十行十八字，己巳二月余得之文禄堂。"

李按：《自庄严堪善本书目》未载此本。

《朱存理铁网珊瑚》十四卷。钰案："《朱性父珊瑚木难》手稿，翁方纲跋谓四册，未分卷次，与《（四库）提要》之作八卷者异，见复初斋文集。"弢注："四册不分卷，《珊瑚木难》朱氏手稿本，在余家。"

李按：《自庄严堪善本书目》（46页）子部艺术类著录此本，题："《珊瑚木难》不分卷，明朱存理辑，稿本。王广、翁方纲、杨继震跋，顾渚题诗并跋，又录文征明、文震孟、吕一经等诗翰。四册。"

《画鉴》一卷。钰案："劳权云此系抄本，向藏知不足斋，后归朱述之司马。"

殁注："沈氏野竹斋抄本，甲戌归余。"

李按：《自庄严堪善本书目》（48页）子部艺术类著录此本，题："《画鉴》一卷，元汤垕撰。明沈氏野竹斋抄本。沈与文校，史臣纪、顾玄纬、姚咨、冯彦渊跋，黄丕烈校并跋。一册。九行十七字，黑格，白口，左右双边。版心下镌'野竹斋校刻'。辛未（嘉庆十六年）黄丕烈墨笔签校蒋氏赐书楼藏旧抄本。有沈与文印、姑苏山人、方山、姑苏吴岫、上党冯彦渊收藏记等印。历经名家收藏，后归海源阁，《楹书隅录续编》卷三著录。"

《宋伯仁梅花喜神谱》二卷。殁注："宋本已景印。"

卷四集部

《陶渊明文集》十卷。殁注："宋本汤注陶诗归余。北宋本乃绍兴本陶集亦归余，即汲古书目所著录者。"

李按：《自庄严堪善本书目》（68、69页）集部汉魏六朝别集类著录此两本：

一题："陶渊明文集十卷，晋陶潜撰。宋刻递修本。金俊明、孙延题签，汪骏昌跋。二册。

"十行十六字，白口，左右双边。题签是元人笔。《楹书隅录》卷四著录。"

一题："《陶靖节先生诗注》四卷，《补注》一卷，晋陶潜撰。宋汤汉注。宋刻本。周春、顾自修、黄丕烈跋，孙延题签。二册。七行十五字，白口，左右双边。《楹书隅录》卷四著录。"

附殁翁《陶靖节先生诗注》题跋如下：

宋本汤注《陶诗》，海源阁旧藏1，数年前散出，为北平藻玉堂书估所得。庚午岁（1930）三月，余以重值收之。顷取此本2对勘一过，亦无多异同。吴氏所据乃抄本，其始末详见宋本顾自修跋语中，兹不复赘云。乙亥（1935）四月殁翁记。（按：见目录后）

乙亥（1935）四月初六日校。（按：见卷二后）

乙亥（1935）四月初七日校。（按：见补注后）

李又按：宋本汤注《陶诗》，《士礼居藏书题跋记》卷五著录。原为黄丕烈"陶陶室"故物，后归杨氏海源阁。黄丕烈称是书"乃世间所稀有，宋刻之最精者也"。殁翁所云"顷取此本"指清拜经楼重刻宋本。殁翁曾自题："1933（癸酉十一月）

宋本汤注《陶诗》藻玉堂王子霖。"可见宋本汤注《陶诗》，得自藻玉堂王子霖。

李又按：《自庄严堪善本书目》（69页）集部汉魏六朝别集类又著录《陶集》三本：

其一题："《笺注陶渊明文集》十卷，晋陶潜撰，宋汤汉等笺注。《总论》一卷。宋李公焕辑。元刻本（卷三至四通卷抄配）。邵渊耀、宋康济跋，傅增湘题款。四册。九行十六字，黑口，左右双边。"

其二题："《陶靖节集》十卷，晋陶潜撰，宋汤汉等笺注。《总论》一卷。明嘉靖二十五年蒋孝刻本。四册。"

其三题："《陶靖节集》十卷，晋陶潜撰，宋汤汉等笺注。《总论》一卷。明万历四年周敬松刻本。吴骞批。四册。"

《东皋子集》三卷。弢注："余得抄本五卷，从蜀本出，比孙本多文数篇，诗数首。"

李按：《自庄严堪善本书目》未载此本。

《王右丞文集》十卷。此刻是麻沙宋板。集中《送梓州李使君》诗，亦如牧翁所跋，作"山中一半雨，树杪万重泉"。知此本之佳也。弢注："余得宋蜀本，乃海源旧藏。"

李按：《自庄严堪善本书目》（70页）集部唐五代别集类著录此本，题："唐王维撰。北宋蜀刻小字本。袁褧题款，顾广圻跋。六册。十一行二十字，白口，左右双边。卷五后有款云袁褧观。明代为袁褧、项墨林递藏，后归汪士钟，再后与《骆宾王文集》同入海源阁，《楹书隅录》卷四著录。有袁氏尚之、项墨林鉴赏章、子京、汪士钟印、海源阁等印。"

附弢翁《王右丞集笺注》（此书二十八卷，清赵殿成注，清刻初印本）题跋如下：

庚午（1930）小除夕，冒雪访大方先生，出示赵注《王右丞集》，初印精美，因以厚价收之。今年余颇佞于宋版书。秋八月，斥卖善本书凡数百种以偿债，其中颇有胜于此者。今见此本，仍不能无动于衷，结习难除，固如是乎。赵君之注颇翔实，惜未得宋本校勘，又移易旧次，以体相从，非善例也，他日有暇，当取余所藏宋蜀本详校之。弢翁记于自庄严堪。

《陆宣公翰苑集》二十二卷。钰案："陆心源有元至大辛亥壬子中重刊本，序次卷数与此均同，见仪顾堂续跋。"弢注："余收明复元本。陆氏所藏，当是真元本。"

李按：《自庄严堪善本书目》（73页）集部唐五代别集类著录一本，题："《唐陆宣公集》二十二卷，唐陆贽撰。明刻本。六册。"

《吕和叔文集》十卷。殁注："瞿氏藏本已景印。"

《权文公诗集》十卷。殁注："宋蜀本今有十余卷在澄中处。"

《刘宾客文集》三十卷、《外集》十卷。是集缮写精妙，雠勘无讹。尝以汲古旧抄校之，行次差殊，远逊此本多矣。殁注："今有内府藏真赏斋宋本及日本博物馆藏宋本，精印行世。抄本举不足重矣。余得明卧云山房依宋抄本，以刻工姓名考之，是绍兴时另一刻本，当与宋本同珍。"

李按：《自庄严堪善本书目》（74页）集部唐五代别集类著录一本，题："《刘宾客文集》三十卷，《刘梦得外集》十卷，唐刘禹锡撰。明范氏卧云山房照宋抄本。十二册。"

《元氏长庆集》六十卷。乱后，牧翁得北宋刻微之全集于南城废殿，向所缺误，一一完好，遂校之于此本。殁注："丙寅春夏之交，此书（指钱谦益校宋本）归余。"

李按：《自庄严堪善本书目》（74页）集部唐五代别集类著录一本，题："《元氏长庆集》六十卷，《集外诗》一卷，唐元稹撰。明抄本。八册。十三行二十三字，无格。顺治五年（1648）钱谦益朱墨笔校宋刻残本。"

《白氏文集》七十一卷、《年谱》一卷。芬案："《张氏藏书志》云宋绍兴刊本，玉兰堂藏书。中遇'构'字注'犯御名'，'桓'字注'渊圣御名'，盖绍兴三年以前刊本。"殁注："宋本自瞿氏归一伧父，惜哉！今归北平图书馆。"

《李文公集》十八卷。芬案："入述古目，作李翱集。"殁注："余得述古堂抄本，板心有'述古堂'三字，季氏藏书。"

李按：《自庄严堪善本书目》（74页）集部唐五代别集类著录一本，题："《李文公集》十八卷，唐李翱撰。清初钱氏述古堂抄本。殁翁跋。四册。十三行二十字，白口，左右双边。版心下镌'述古堂'。有季振宜藏书、沈艺印、十峰父、结一庐书画印等印。"

附殁翁题跋如下：

《李文公集》十八卷，虞山钱氏述古堂抄本，递藏泰兴季氏、松江沈氏、仁和朱氏，近从临清徐氏散出。余初见此书时，尚是旧装一册，与《结一庐书目》合，旋为书估改装四册，古意遂漓矣。余尝谓书之精神在纸光墨采中，非级渝敝，不可轻付装潢，况世之能手如钱半岩者又不可多得耶。庚午（1930）除夕展阅因记。弢翁。

《皇甫持正集》十卷。是集予从闽本抄录。弢注："今有宋蜀本精印者。"

《樊川文集》二十卷、《外集》一卷。牧之集旧人从宋本摹写者，（与）新刻校之，无大异。此翻宋雕之佳也。弢注："余收明复宋本。"

李按：《自庄严堪善本书目》未载此本。

《沈下贤文集》十二卷。弢注："余得季沧苇抄本，比时本为佳。"

李按：《自庄严堪善本书目》未载此本。

附弢翁《沈下贤文集》题跋如下：

戊辰（1928）正月，得季沧苇抄本，每叶二十二行，每行二十二字，因命儿子一良与此本对勘，正讹补脱甚夥。《提要》谓季氏本抄自钱遵王，而《读书敏求记》载宋刻廿卷，当是误倒其文，是季抄本从宋本出，宜其精善是也。初十日弢翁记。

李又按：《自庄严堪善本书目》（74页）集部唐五代别集类著录一本，题："《沈下贤文集》十二卷，唐沈亚之撰。明抄本。二册。"

《笠泽丛书》二卷。弢注："余得冯氏抄本，吴枚庵跋。又顾千里校本。"

李按：《自庄严堪善本书目》（75、76页）集部唐五代别集类著录此两本。

一题："《重刊校正笠泽丛书》四卷，《补遗》一卷，唐陆龟蒙撰。明末冯舒家抄本。冯舒、吴志忠校，吴翌凤（号枚庵）跋。一册。"

一题："《笠泽丛书》九卷，唐陆龟蒙撰。《附考》一卷，清许莲撰。清嘉庆二十四年许氏古韵阁刻本。顾广圻（千里）校录何煌题识。二册。"

附弢翁《笠泽丛书》题跋二则如下：

己卯（1939）十一月，沅叔三丈寄示此册，嘱为补校，因取旧藏顾千里校本对勘一过。顾氏所据为何仲子校本，与沅丈所见何义门校本正是一家眷属。沅丈别有手校明抄八卷本，题《陆鲁望集》，其异字与何校多同，或同出一源也。十二月四日至德周暹谨记。

李按：此则题识见影印清顾氏碧筠草堂刻本，题《重刊校正笠泽丛书》四卷，《补遗》一卷，《续补遗》一卷，唐陆龟蒙撰。

是书刊刻加意精求，而刷印未广。近有维扬贾人翻版射利，字画恶劣，风神顿失，恐博雅君子误认为碧筠草堂原本，先此奉白，续有《丛书考异》一卷嗣出。赵元方兄藏顾刻初印本，有此题记五行，他本均失去，今借赵本移录，以记藏书故实。赵本目录首叶下方有"中吴顾梿手校重刊"八字朱文长方印，亦为他本所无。扬州陆氏本增入《小名录序》一篇，德愿跋文中"清朝"二字不提行，殊失元本面目也。癹翁记于天津，时年七十有三。

李又按：此则题识见清顾氏碧筠草堂刻本。《重刊校正笠泽丛书》四卷，《补遗诗》一卷，唐陆龟蒙撰。

《吴兴昼上人集》十卷。癹注："余藏绣佛斋抄本，作皎然集。卢抱经校本作杼山集。钱氏手抄本藏德化李氏。"

李按：《自庄严堪善本书目》未载此本。

《雪窦祖英集》二卷。钰案："（瞿目有）《祖英集》二卷，系宋宁宗后刊本。"癹注："瞿本已景印。"

《王黄州小畜集》三十卷。芬案："《张氏藏书志》云《小畜集》三十卷，宋刊配旧抄本。宋王禹偁撰有自序及绍兴丁卯沈虞卿镂版序，后附纸墨工价及校正监造衔名八行。"癹注："此书已景印。"

《河南尹先生文集》二十七卷。钰案："周星诒云黄复翁校宋本，予得之带经堂。"癹注："此书余得首末二册，其余不可踪迹矣。"又注："余得抄本三部：一梁蕉林藏，一毛古愚藏，一李南涧校。"

李按：《自庄严堪善本书目》（78 页）集部宋别集类著录此四本：

一题："《河南先生文集》二十七卷，宋尹洙撰，《附录》一卷。明抄本。黄丕烈、周星诒校并跋。二册。存六卷：一至三、二十五至二十七。九行十七字，蓝格，白口，四周单边。黄丕烈朱笔校吴翌凤（号枚庵）藏抄本，墨笔校钱大昕藏抄本。同治丁卯（六年）周星诒据读画斋本及新、旧五代史校卷二十六、二十七。"

一题："《河南先生文集》二十七卷，宋尹洙撰，《附录》一卷。明抄本。八册。九至二十字，蓝格，白口，左右双边。有梁印清标、蕉林藏书、秋碧等印。"

一题："《河南先生文集》二十七卷，宋尹洙撰，《附录》一卷。明抄本。二册。十行二十字，无格。有西河、毛古愚藏、西河毛氏藏书之印、冰香楼等印。"

一题："《河南先生文集》二十七卷，宋尹洙撰，《附录》一卷。清抄本。李文藻批校并抄补。

附录

补一卷。清李文藻辑，稿本。四册。九行十七字，无格。序目、卷一至七（第一册）李文藻抄配。乙酉（乾隆三十年）李文藻朱笔据《宋文鉴》《宋史》等书校，绿笔移录王士禛批校及跋。"

《王翰友石山人稿》一卷。芬案："见也是园目。"癹注："余收味书轩抄本，录也是翁跋。"李按：《自庄严堪善本书目》（90页）集部元别集类著录此本，题："《友石山人遗稿》一卷，元王翰撰。清味书轩抄本。一册。"

《钱考功诗集》十卷。仲文诗佳本绝少。癹注："余收叶石君校抄本。"

李按：《自庄严堪善本书目》（72页）集部唐五代别集类著录此本，题："《钱起诗集》不分卷，唐钱起撰。清顺治六年张秀抄本。叶万（石君）校补并跋。与《韩君平诗集》合一册。十行十八字。卷后题：'己丑年正月清远堂主人道谷命童子张秀抄竟南窗记。'叶万朱笔校十卷本，又据《唐诗纪事》《极玄集》《文苑英华》《万首唐人绝句》校补。此本海源阁所藏，与《韩君平诗集》合装一册，《楹书隅录续编》卷四合并著录。"

《李贺歌诗编》四卷、《集外诗》一卷。宋京师本无后序。此鲍钦止家本也。临安府棚前北睦亲坊南陈宅经籍铺印行。癹注："宋宣城本、蜀本、金刊本，今皆精印行世。"

《吴正予笺注李长吉歌诗》四卷、《诗外集》一卷。此书是元人旧抄。癹注："宋宣城本、蜀本、金本，近皆景印。金本无外集。"

《李商隐诗集》三卷。芬案："张氏爱日精庐藏有二本：一称《李义山集》，旧抄校本，后有崇祯甲戌护净居士冯氏跋；一称《李商隐集》，毛板校宋本，后有丙戌三月太邱陈鸿手跋。"癹注："护净居士乃冯己苍。"

《温庭筠诗集》七卷、《别集》一卷。芬案："《张氏藏书志》云《温庭筠诗集》七卷、《别集》一卷，毛板校宋本，前有题识云从冯定远携钱子健校本对过，末有南浦题识云假钱遵王抄宋本重勘。"癹注："余收毛氏校宋本。"又注："此书已景印。"

李按：《自庄严堪善本书目》（75页）集部唐五代别集类著录此本，题："《金荃集》七卷、《别集》一卷，唐温庭筠撰。明末毛氏汲古阁刻五唐人诗集本。毛文光校并跋。一册。康熙庚子（五十九年）毛文光黄墨笔校季父（省庵）校宋本。"

《李群玉诗集》三卷、《诗后集》五卷。燹注："余收黄校叶林宗手抄本。"又注："宋本已景印。"

李按:《自庄严堪善本书目》（75页）集部唐五代别集类著录此本，题："《李群玉诗集》三卷，《后集》五卷，唐李群玉撰，明崇祯三年叶奕（林宗）抄本。叶奕、黄丕烈校并跋。一册。十行十八字，无格。崇祯三年叶奕据安愚道人抄本录出。道光四年黄丕烈墨笔校宋陈解元书籍铺刻本，又校冯氏空居阁藏抄本。后归海源阁，《楹书隅录》续编卷四著录。有朴学斋、士礼居、宋存书室等印。"

《寒山拾得诗》一卷。此从宋刻摹写，考南、北藏俱未收。钰案："天禄目所载《寒山诗》一卷三百十三首，附丰干诗两首，拾得诗五十六首，之宋本亦复有互异处。"燹注："天禄所载《寒山诗》，现在余家，燹。"

李按:《自庄严堪善本书目》（70页）集部唐五代别集类著录此本，题："《寒山子诗集》一卷，唐释寒山子撰，《丰干拾得诗》一卷，唐释丰干、释拾得撰。宋刻本。一册。十一行十八字，白口，左右双边。毛氏汲古阁旧藏，首尾二页毛氏抄配。清入内府，《天禄琳琅书目》后编卷六著录。有汲古主人、子晋、毛晋私印、天禄琳琅、天禄继鉴等印。"

附燹翁《寒山子诗》题跋数则如下：

此书原本楮墨精雅，其刊印时地无可考，以字体审之，当是南宋初杭州雕本。余于丁巳（1917）十一月与宋绍兴本《诸史提要》同得之天津。（《诸史提要》康熙时殿本从抄本出，佚撰者名，且多增改，惜当时未取宋本校之。）旋以《诸史提要》从傅沅叔丈易钱，刻《圆觉经疏抄》。因念《寒山子诗》世无善本，遂用西法摄影，付北京文楷斋模刻。原书首叶为汲古阁毛氏补抄，末叶抄补较后，毛氏景宋抄本固无末叶也。项取江阴缪氏景日本内府本对勘一过，日本内府宋本《寒山诗》缺七首，又缺"我法"二句，"道子"四句，"蓬扉"四句；《拾得诗》缺五首，诗中注语皆删削，不及此本之善，若字句异同则互有短长耳。缪氏有长跋，叙《寒山诗》本子甚详，其言多本岛田翰。后书版归乌程张氏，乃妄增一跋，词意仍袭缪氏，继悟其非，遂即用缪跋而易己名。后之人不同见三本，将不知刻书者为谁何矣。校毕特记其因革于此，亦书林之逸话也。庚午（1930）十月燹翁记于自庄严堪。辛未（1931）二月，用高丽本校勘一过。高丽本刊刻当在绍定己丑东皋寺本之后，其甲戌玉峰跋则无可考。《寒山诗》已分五言于七言之外，然诗中序次与此本正同，所据仍为旧本，惟"拾遗"二首高丽本收于《拾得诗》后，且多"闲自访高僧"一首，为大异耳。弢翁记。徐忠、章椿、施昌三人见绍兴本《史记》，章椿又见北宋本《外台秘要方》。

书中各印试吴迪生印泥未几变黑，顷见海源阁藏书，杨敬夫各印亦如是，想举为吴氏所欺也。甲戌（1934）十二月记。老弢诸印变色者，以双氧水涂之，顿复旧观，为之大快，杨氏诸印亦如是。

乙酉（1945）二月初二日弢翁。

李按：此则题识见1924年建德周氏影刻宋本《寒山子诗》。

附弢翁《钦定天禄琳琅书目》题跋如下：

《前编》之书已毁于火，《续编》之书犹在人间。余藏《寒山子诗》《孝经》《汉官仪》《韩昌黎诗》，皆天禄旧物，虽一鳞片甲，亦足自豪也。

李按：此书《前编》十卷、《续编》二十卷，清于敏中、彭元瑞等奉敕撰，清光绪十年长沙王氏刻本。此书今藏天津图书馆。

《陈后山诗注》十二卷弢注："余收宋蜀本，存卷三下至卷六下，计七卷，当是最初刻本。"

李按：《自庄严堪善本书目》（81页）集部宋别集类著录此本，题："《后山诗注》六卷，宋陈师道撰，任渊注。宋蜀刻本。弢翁跋。七册。存四卷：三下至六。十三行二十四字，白口，左右双边。"

李又按：《自庄严堪善本书目》（81页）集部宋别集类著录另外两本：

一题："《后山诗注》十二卷，宋陈师道撰，任渊注。明弘治十年袁宏刻本。六册。"

一题："《后山诗注》十二卷，宋陈师道撰，任渊注。明嘉靖十年辽藩朱宠瀼梅南书屋刻本。六册。"

附弢翁《后山诗注》题跋二则如下：

辛未（1931）十月中旬，因葬妙颜夫人至北京，偶过文德堂书坊，闻新获《后山诗注》宋椠残本七册，为沅叔三丈假去。翌日造藏园请观，纸光墨采，焕耀眼目。字体古劲中有透逸之致，与余所藏《王摩诘集》尤近，是蜀小字本之最精者。当时因文德主人韩左泉索值奇昂，未敢问鼎。岁暮，韩以书来，谓可贬价，北平图书馆曾许国币七百圆，余乃从人借贷，倍其数偿之，同辈甚诧其痴而讥其大费。余则以为人生几何，异书难遇，《后山诗注》又余所酷嗜，箧中旧藏任注只明弘治杨一清第二刻本、嘉靖梅南书屋本、季菘耘校瞿氏藏宋本，若宋刻则世所罕见；黄荛翁搜访二十余年，仅得一卷，已称胜逾百朋，爱日精庐抄补前三卷本，有刘辰翁序，其雕印或在宋元之间，比之此本固当远逊。且以弘治本与此本校，其详略多异，聚珍本复与弘治本不同。《后山诗注》盖具三源，今其二皆有流衍，独此南宋初蜀中刻本久佚于世，恐遂为人间孤本，真当景星卿云视之，奚暇为财物计耶！此本都六卷，每卷厘为上下，今存卷三下至卷六下，沅丈据瞿氏书影，以瞿氏宋本分二十卷，与此本不同，此本独存任氏旧式。按季氏校本跋，瞿本实分六卷，卷各为上下；莞翁本卷首及末俱已剜去，取明本核之，始知为第六卷，是书影"卷六"二字乃黄氏所填写，故余颇疑任注之分十二卷，盖自弘治本始，他本因袭其误而不知改，臆测之词，苦无佐证也。除夕无聊，展玩因记。弢翁。

壬申（1932）十一月十四日，李木斋先生招饮，出示藏书，见《陈后山诗注》，字体峭秀，是宋建本之精者，行款与士礼居藏本正同，而非一刻，分卷却是十二。余前跋疑自弘治本始，其言殊无依据，惟李本每卷第几之字似有剜改之迹，此则不可解耳。叔弢记。

《萨天锡雁门集》八卷。弢注："余收毛破崖、沈宝砚校本。"

李按：《自庄严堪善本书目》（88页）集部元别集类著录此本，题："《萨天锡诗集》三卷，《集外诗》一卷，元萨都剌（天锡）撰。明末毛氏汲古阁刻元人十集本。毛绥万（破崖）校并跋，沈岩（宝砚）校并录何焯题识。一册。"

《范德机诗集》七卷。弢注："余收金亦陶手抄本。"又注："又收旧抄本，有何心友跋。"

李按：《自庄严堪善本书目》（87页）集部元别集类著录此本，题："《范德机诗》十卷，元范梈撰。清康熙三十年金侃（亦陶）抄本。一册。"

李又按：《自庄严堪善本书目》同页又著录一本，题："《范德机诗集》七卷，元范梈撰。明抄本。何大成校并补目，何煌、弢翁跋。一册。"

附弢翁《范德机诗集》题跋如下：

戊寅（1938）十二月廿七日，庚楼十二丈从北平修文堂为我购得，旧抄精雅，何氏两跋尤足珍贵。修文堂近自上海收书甚夥，余新得明成化本《甫里先生集》，亦此一单之书，皆江南烬余也，念之慨然。时小雪初霁，庭院沉阴，尘世扰扰中，得此片刻闲，良不恶也。小除夕记。弢翁。

《张光弼诗集》二卷。弢注："余收金亦陶手抄本，从毛氏本出。"

李按：《自庄严堪善本书目》（91页）集部元别集类著录此本，题："《张光弼诗集》二卷，元张昱撰。清康熙十八年金侃（亦陶）抄本。金侃跋。一册。"

《李善注文选》六十卷。《善注》有张伯颜重刻元板，不及宋本远甚。予所藏乃宋刻佳者。羖注："余得天圣本，存十九卷，当是《文选李善注》传世之最古者。后又收得四卷。宋建本已景印。近收明州本四卷。"

李按：《自庄严堪善本书目》（97、98页）集部总集类著录三本：

一题："《文选》六十卷，梁萧统辑，唐李善注。北宋刻递修本。劳健跋。十四册。存二十一卷：十七至十九、三十至三十一、三十六至三十八、四十六至四十七、四十九至五十八、六十。十行十七字，小字双行二十五或二十六字，白口，左右双边。版心下镌：'李善注文选第××。'内阁大库藏，卷中'通'字缺末笔。"

一题："《文选》六十卷，梁萧统辑，唐李善、吕延济、刘良、张铣、吕向、李周翰注。宋绍兴明州刻递修本。四册。存四卷：二十至二十一、二十七至二十八。十行二十一、二十二字不等，小字双行三十或三十一字，白口，左右双边。南宋初年明州刻本。绍兴二十八年赵善继知明州时重修。宋讳缺笔至构字。《天禄琳琅书目》续编卷七著录，即此本。潘氏宝礼堂所藏卷数，与此为一帙。"

一题："《六臣注文选》六十卷，梁萧统辑，唐李善、吕延济、刘良、张铣、吕向、李周翰注。宋刻本。一册。存一卷：五。十行十八字，小字双行二十一或二十三字，细黑口，左右双边。有耳。"

《古文苑》九卷。羖注："余收景宋抄，无锡蔡氏藏。又收钱遵王藏景宋抄本。顷见天禄琳琅藏宋本，白麻纸，极精。"

李按：《自庄严堪善本书目》（99页）集部总集类著录两本：

一题："《古文苑》九卷，清初景宋抄本。一册。"

一题："《古文苑》九卷，清景宋抄本。一册。"

《才调集》十卷。予藏《才调集》三：一是陈解元书棚宋椠本，一是钱复真家藏旧抄本，一是影写陈解元书棚本。羖注："述古堂景宋抄本已景印，有毛氏宋本甲印。"

《中兴间气集》二卷，此本从宋刻摹写，字句绝佳，即如朱湾咏三诗……后人不解诗义，翻疑"三"为讹字，妄改题曰《咏玉》，凡元板至明刻本皆然。羖注："余有冯已苍校赵玄度抄本，顷收汲古阁景抄本，宋本甲印。"

李按：《自庄严堪善本书目》（99、100页）集部总集类著录两本：

一题："《唐中兴间气集》二卷，唐高仲武辑。清初毛氏汲古阁景抄本，一册。

十行十八字，白口，左右双边。有毛晋私印、汲古主人、汪印士钟等印。"

一题："《兴间气集》二卷，唐高仲武辑。明刻本，冯舒（已苍）、黄丕烈校并跋、劳健跋。与《箧中集》《搜玉小集》合一册。"

《窦氏联珠集》一卷。此乃影宋旧抄也。弢注："宋本及何氏校宋本，余皆见之，并传写一通。"

《唐僧弘秀集》十六卷。此系元人抄本，旧藏杨君谦家，予获之于孙岷自。弢注："宋本十卷全，余将为传刻，是书棚本。"

李按：《自庄严堪善本书目》（100页）集部总集类著录一本，题："《唐僧弘秀集》十卷，宋李龏辑。明末毛氏汲古阁刻本。弢翁。一册。九行十九字，白口，左右双边。弢翁朱笔签校宋陈解元宅书籍铺刻本。"

《古今岁时杂咏》四十六卷、《目录》二卷。此等书除宋刻缮写外，别无刊本流布，将来芜没无传，甚可惜耳。弢注："余得明抄本，是从宋本出。"

李按：《自庄严堪善本书目》（99页）集部总集类著录此本，题："《新刊古今岁时杂咏》四十六卷，宋蒲积中辑。明抄本。九册。"

《郭豫亨梅花字字香》二卷。书刊于至正辛亥，字画劲秀，亦如梅之老干虬枝，亚影疏窗，殊可爱也。芬案："蒋杨孙买书进王府。"钰案："杨孙为蒋文肃，廷锡字。"弢注："余收元本，乃安乐堂故物，或即蒋杨孙所买进。"

李按：《自庄严堪善本书目》（87页）集部元别集类著录此本，题："《梅花字字香》二卷，元郭豫亨撰。元至大刻本。杨绍和跋。一册。七行十四字，白口，左右双边。《楹书隅录》卷五著录。"

《刘勰文心雕龙》十卷。此书至正乙未刻于嘉禾，弘治甲子刻于关门，嘉靖庚子刻于新安、辛卯刻于建安、癸卯又刻于新安，万历己酉刻于南昌。至《隐秀》一篇，均之缺如也。钱功甫得阮华山宋椠本抄补，始为完书。弢注："余有弘治本。今日董绶经丈从巴黎博物馆影照唐人写本残卷，极佳。杨凤缮写本，即弘治本。"

李按：《自庄严堪善本书目》（102页）集部诗文评类著录，题："《文心雕龙》十卷，梁刘勰撰。明弘治十七年冯允中刻本。四册。"

《梅磵诗话》三卷弢注："余收明抄本，汲古阁旧藏。"

李按：《自庄严堪善本书目》（102页）集部诗文评类著录，题："《梅磵诗话》三卷，宋韦居安撰。明嘉靖二十七年葛会抄本。袁表、韩应陛跋。顾飞卿批并跋。一册。"

《沧浪吟集》二卷。弢注："黄氏藏抄本，癸未正月归余，题作沧浪先生吟卷。"

李按：《自庄严堪善本书目》（85页）集部宋别集类著录，题："《沧浪先生吟卷》二卷，宋严羽撰。明抄本。黄丕烈跋。二册。"

《花间集》十卷。绍兴十八年济阳晁谦之刊正，题于后。镂版精好，楮墨绝佳，宋椠本之最难得者也。钰案："聊城杨氏海源阁有淳熙十四年鄂州使库刻本。"弢注："杨氏本归余。"

李按：《自庄严堪善本书目》（107页）集部诗余类著录此本，题："《花间集》十卷，后蜀赵崇祚辑。宋刻递修公文纸印本。杨保彝题款。二册。十行十七或十八字不等，白口，左右双边。纸背淳熙十一年、十二年鄂州公文，有'进义副尉本州指使监公使库范，鄂州司户参军戴'字样。"

李又按：《自庄严堪善本书目》（108页）集部诗余类著录两本：

一题："《花间集》十卷，后蜀赵崇祚辑。明正德十六年陆元大刻本。一册。"

一题："《花间集》十卷，后蜀赵崇祚辑。《补》二卷，明温博辑。《音释》二卷，明茅一桢撰。明万历八年茅氏凌霞山房刻本。四册。"

《东坡乐府》一卷。刻于延祐庚申。钰案："黄氏又有元刊本，见题跋记，今藏海源阁。"弢注："杨氏本归余。"

李按：《自庄严堪善本书目》（106页）集部诗余类著录此本，题："《东坡乐府》二卷，宋苏轼撰。元延祐七年叶曾南阜书堂刻本。黄丕烈跋。二册。十行十八字，白口，左右双边。《楹书隅录》卷五著录。"

《周礼郑氏注》十二卷，建安余仁仲校刊本。弢注："余收婺州市门巷唐宅本。"

李按：《自庄严堪善本书目》（11页）经部礼类著录此本，题："《周礼注》十二卷，汉郑玄注。宋婺州市门巷唐宅刻本。十三行二十五字，小字双行三十五字。白口，左右双边。卷三后有'婺州市门巷唐宅刊'牌记，卷四、十二后有'婺州唐奉议宅'牌记。海源阁旧藏，《楹书隅录》卷一著录，为杨氏四经四史之斋宋本四经之一。"

李又按：《自庄严堪善本书目》（11、12页）经部礼类又著录两本：

一题："《周礼注》十二卷，汉郑玄注。明刻本。十二册。八行十七字，小字双行同。白口，四周双边。"

一题："《周礼注》十二卷，汉郑玄注，唐陆德明释文。元刻本。傅增湘跋。四册。存四卷：三至六。八行十七字，小字双行同。细黑口，左右双边，耳记篇名。"

《礼记郑氏注》二十卷。建安余仁仲校刊本。弢注："余以重值收余氏刊本，为六七年来未有之大举，壬午三月。"

李按：《自庄严堪善本书目》（12页）经部礼类著录此本，题："《礼记注》二十卷，汉郑玄撰，唐陆德明音义。宋余仁仲万卷堂家塾刻本。弢翁跋。三册。十一行十九字，小字双行二十七八字。细黑口，左右双边，耳记篇名。各卷后有'余氏刊于万卷堂''余仁仲刊于家塾''仁仲比校讫'等各一行。"

附弢翁《礼记注》题跋如下：

宋余仁仲万卷堂刊《礼记》二十卷，递藏金元玉、安桂坡、张文通家，丙子（1936）夏从元和陆氏散归上海来青阁书店，悬值奇昂，无敢问鼎者。辛巳（1941）秋王君欣夫自沪来告，此书已贬价，为沪币二万五六千金，问有意收之否？余急驰电欣夫，许以二万金，未几得报则先为某估以一万二千金买去，此中消息，固不难知，中心益怏怏不能平，而自叹古缘之悭也。旋询知此书为王富晋所得，函招之，久不至。越岁壬午（1942）春王某自沪返北京，过天津始携以见示，字画流美，纸墨精良，洵宋刻之上驷，索价之高，更逾于来青阁。余时绌于为生，方斥去明版书百数十部，尽归陈一甫丈，既得钱乃不遑复计衣食，急持与王某成议，唯恐弗及。值当沪币约五万金。昔人割庄易《汉书》之举，或尚不足以方余癖；而支硎山人"钱物可得，书不可得，虽费当费校"之言，实可谓先获我心。余氏所刊《礼记》，《天禄琳琅》亦著录一部，为汲古阁旧藏，有宋本、甲印，今不知流落何所。此书旧装精雅，无明以后收藏印记，或亦久贡天府，储为副本，晚近颁赐臣工，始归陆氏。此固臆测之言，了无佐证，若询之陆氏子孙，当不难得其究竟也。壬午（1942）三月二十四日雨后记。弢翁。

（载《藏书家》2008年6月第14辑，齐鲁出版社出版）

藏书家周叔弢先生二三事

2012年5月份,时值周叔弢先生向国家图书馆捐献古籍善本六十周年之际,国家图书馆举办了"书香人淡自庄严——周叔弢先生自庄严堪善本古籍展"。国图办展旨在表彰周叔弢先生对祖国传统文化所做出的重大贡献。此次展出的近百种善本古籍,从版刻时代看,有宋本三十七种,金元本十五种,明本二十一种,清本十三种,以及民国影印本六种等;从递藏源流看,有内府旧藏、天禄遗珍,以及黄丕烈、海源阁旧藏等。琅嬛缥帙,蔚为壮观。此次展览,受到观众热烈欢迎。作为此次展览协办单位的一位工作人员,自己有幸典守周叔弢先生捐献天津图书馆的一般普通古籍。终日与书为伍,对书和捐书人有着特别感情。今就自己所闻,条述周叔弢先生藏书点滴旧话,与大家分享。

周叔弢先生是一位古籍保护工作的先行者

周叔弢先生十分重视对传世古籍的保护工作。针对自己的藏书而言,聘请古籍修复师,为自己的藏书进行修复。若发现新收的古籍有断线、破纸及污渍等情况,就会马上进行保护性修复处理。针对全国的藏书而言,他对全国公私藏书保管情况十分关注,为了解决古籍保护缺少专业修复人才这个实际问题,他建议在全国范围内举办培训班,培养古籍修复专业人才。1959年,在全国人民代表大会上,作为人大委员,周叔弢先生与徐森玉先生联名提案,建议开办"古籍装修技术班",培训亟需人才。提案获得大会通过,很快付诸实施。由北京图书馆和中国书店各办一班,每期两年。办了两届,到该办第三届时,因"文革"而中止。

时隔半个世纪,到了2007年,国家文化部在全国进行了一次调查,发现在全国各级收藏古籍单位,能够上手进行古籍修复的这种特殊技艺人才总数不足百人,修复技艺亟待传承和发展。

针对传世古籍存在的这种实际问题,为了尽快扭转这种局面,由国家文化部领导,由国家图书馆和国家古籍保护中心负责,投入了大量人力物力财力,在全国范围内组织举办了多期"古籍修复技术培训班",培养了一大批古籍修复专业人才,为妥善保护传世古籍,提供了人才保障。

对原版古籍进行修复,我们称之为"原生性古籍保护工作"。这项工作,周叔弢先生等前辈努力在先,在国家文化部主导下,这项工作卓有成效。与此同时,对原版古籍进行影印、影刻出版,使之化身千百,流传于世,我们称之为"再生性古籍保护工作"。这项再生性古籍保护工作,周叔弢先生生前也曾下了很大的功夫。

周叔弢先生为了使自己珍藏的善本古籍流传于世,他用珂罗版、木刻版印成的书有十几种。其中主要有以下几种:

影印宋代书棚本《鱼玄机诗》。此书黄丕烈旧藏,民国初年,成为袁克文《后百宋一廛》中的精品,曾由袁妻刘梅真亲自影抄一部。此书有一个时期,袁把它抵押在周季木处。因是珍品,弢翁与袁克文为莫逆之交,就由弢翁个人出资,从周季木处把书借来,送到天津一家技术高明的日人开的山本照相馆,每页拍照,制成玻璃底版,然后寄到日本东京都小林写真制版所精印,纸张印刷都十分讲究。印数不多,外间流传极少。这是弢翁"自庄严堪"影印的第一部书。近年,北京图书馆出版社又据这部宋代书棚本,再次影印,读者竞相购藏。

影刻宋本《寒山子诗》。此书弢翁收藏。1924年甲子弢翁委托董康在上海用木版影刻印制,纸墨具精。其中有几部是用开花纸刷印的,而且有包背装、线装、毛装等多种装帧形式;另外还曾影印此书。

影印宋本《孝经》。此书弢翁收藏。1927年弢翁用珂罗版影印。书中原有的乾隆玺印和收藏印也都用红色套印。弢翁曾用不同纸张,其中有最珍贵的乾隆高丽纸,后又用木版影刻印行。

影印宋本《宣和宫词》(附三家宫词)。弢翁在1930年用珂罗版印过二百部,其中用明朝纸印的有四部。

影印的书还有《庐山复教集》、《寒云所藏宋本提要》(袁寒云手迹),木版刻印的有《屈原赋注》《九僧诗》《十经斋集》,等等。

1918年,弢翁曾借方地山所藏唐人写本《阿弥陀经》,用宣纸和皮纸共刻印一百部。这是我国较早复制敦煌写本之例。近几年,上海古籍出版社相继将流散到英、法、俄等域外的敦煌遗书,以及国内天津艺博、浙江图书馆等各家珍藏的唐人写本影印出版,为学人研究"敦煌痛史"提供了珍贵文献。弢翁无论是收藏,还是出版敦煌遗书，在古籍保护工作方面都先行一步，走在了前面，他的远见卓识，令世人钦佩。

周叔弢先生是一位古籍定级工作的实践者

传世的汉文古籍数量庞大，内容涉及经、史、子、集四部，是我国古代传统文化的一种重要载体。历来人们如何看待这宗传统的文化遗产？如何对其进行定级区分？明代胡应麟提出古籍的价值存在"等差"的概念（见《少室山房笔丛》甲部《经籍会通》卷四）；明代藏书家毛晋对自己汲古阁所藏的宋元版书中的甲选善本钤盖"甲"字印，以示珍重。

周叔弢先生对自己收藏的古籍进行分级管理。凡达到自己制定的"五好标准"的藏书，均视为珍贵善本，并钤盖"周暹"白文小方印，以示珍爱之意；反之，均视为一般普通古籍，分别钤盖"自庄严堪""寒在堂"及"叔弢手校"等印，留在手头，供日常翻检研究之用。钤盖不同印章，分橱进行收藏，实际上起到了分级保管作用。周叔弢先生在向国家无偿捐献藏书时，将不同级别的古籍，捐献不同级别的藏书单位，用周叔弢先生的话讲，这叫"书得其所"。

周叔弢先生将达到自己制定的"五好标准"的善本藏书，捐献给国家图书馆，基本包括在周叔弢先生的《自庄严堪善本书目》中。笔者依据《自庄严堪善本书目》，从藏书版本的类别方面进行统计，包括宋椠元刊，名抄佳刻726种（一说715种）。其中宋版书64种（包括宋刻本63种，宋抄本1种），金代版本2种，元版书45种（包括元刻本44种，元抄本1种），蒙古版本1种，明版书286种（包括明抄本88种，明刻本188种，明稿本2种，明代铜活字本8种），清版书322种（包括清抄本266种，清刻本41种，清稿本14种，清代活字本1种），高丽版本4种（包括高丽刻本3种，高丽抄本1种），日本版本2种（包括日本刻本1种，日本活字本1种）。另外，体现弢翁藏书质量的地方，还在于所藏书中，有大量名家批校和题跋。据不完全统计，明版书中至少有111种有名家批校或题跋，占所藏全部明版书的39%；清版书中至少有191种有名家批校或题跋，占所藏全部清版书的59%。这些批校或题跋者在明清两代著名学者和藏书家中均具代表性。

周叔弢先生将没有达到"五好标准"的普通古籍藏书，捐献给天津图书馆，主要包括活字本古籍、一般普通古籍和近代影印本古籍，总数二万余册。为了纪念此次捐书盛举，天津图书馆还曾特别编印了《周叔弢先生捐献古籍书目》。

1983年，93岁高龄的周叔弢先生在寄家书中还提到了影印古籍善本划分等级事，他说："我曾和徐森玉、赵万里向人民代表大会提议成立委员会，选印古善本书（宋、元、明本）。刻印佳，内容好为甲等；刻印精，内容较差或不完整为乙等。规划中《古逸丛书三编》，皆我们所谓甲等书。"

当时进行的编印《古逸丛书三编》和编纂《中国古籍善本书目》，都对古籍的等级进行了考虑。顾廷龙先生在主编《中国古籍善本书目》时，提出了确定古籍善本的"九项条件"；李致忠先生对历代前贤古籍善本论说进行了归纳和总结，创造性地提出了确定古籍价值的"三性原则"，即历史文物性、学术资料性和艺术代表性（见《"善本"浅论》）。"三性原则"成为制定国家文化部行业标准《古籍定级标准》的主要理论依据。

周叔弢先生是一位古籍纸张研究的开拓者

在古籍用纸研究方面，周叔弢先生曾十分留意和研究自己所藏历代古籍的用纸情况，对古籍用纸十分精通，也十分注意其异同。他在批校多种古籍目录和撰写题跋时，往往将自己对古籍用纸情况的鉴别结果写出来，诸如开化纸、高丽纸、明代纸、白棉纸、黄竹纸，等等。这就为后人留下十分重要的研究线索。周叔弢先生曾经有一个计划，就是利用地方志用纸，鉴别各地刊印的古籍。他经常到天津图书馆翻阅地方志，仔细研究各地用纸的不同。曾对天津图书馆古籍员工说，等我有时间，要研究地方志用纸。地方志用纸，因有地域上的不同，其用纸也有不同。这个课题至今没有第二人提出来。丰富的地方志传本，为地方志用纸研究提供第一手重要依据。这是一个十分重要的研究课题。但是周叔弢先生生前没有留出太多时间进行思考和研究，最终没有实现，留下了一个遗愿。

多年以来，图书馆界同仁一直也在关注和探索古籍用纸问题，但仍然停留在初期阶段，没有取得研究成果。

最近，这个局面被打破。国家图书馆和天津图书馆两家合作，利用国家古籍保护专项经费，利用周叔弢先生旧藏的一批敦煌遗书残片和数十种宋元版古籍散叶，利用国家图书馆近年购进的一批高质量古籍纸张检测设备，主要由国家图书馆和天津图书馆有关专家和业务骨干参加，开展"古籍用纸"等项目的系统研究工作。项目具体内容包括：古书用纸研究、古书修复技艺研究和古书版本鉴赏研究。其研究成果，形成三部专著：《古书用纸图谱》《古书修复技艺》《古书版本鉴赏》。这个项目的立项、启动和实施工作十分顺利,其研究成果将在明年取得。我们在传统手工研究的基础上,利用科学仪器,来实现我们的研究计划,同时也将传承和实现周叔弢先生对古籍纸张研究的一个未竟事业和遗愿。

(载《中国社会科学报》"学林"栏目,2012年8月13日)

我看弢翁批校书

作为名重海内外的藏书大家，周叔弢先生（晚号弢翁）继承了历代藏书家的优良传统，除留心访求传世的善本古籍外，还对已入藏的古籍进行批校。弢翁比对各本文字之异同，判断各本刊印之优劣，从而鉴定其版本之善恶，为该书是否达到了自己所设定的藏书"五好标准"提供了直接依据。

我看弢翁批校书，有其优越的条件。弢翁批校书多用一般通行本。这些书后来弢翁大多捐赠天津图书馆。自己司职天津图书馆，典守这些珍藏，看书便利；自己在整理弢翁批校书时，可以对弢翁的批校书进行纵横比较、初步归类。仔细研读弢翁批校书，从字里行间流露出的信息，不难发现，弢翁深谙批校古书之方法；自己经常浏览翻阅弢翁批校书，偶尔会发现个中的细微之处，而这些正是弢翁批校书的闪光之点，特色所在；自己在比对一书版本异同时，还可以仔细阅读弢翁撰写的真迹题跋，得其校勘原委，知悉书之来龙去脉。这对全面了解弢翁批校书或有所助益。

1. 我看弢翁批校书，有其便利条件。

我们知道，弢翁是我国现代著名藏书家，以收藏宏富、采择精严而名重天下。早在1942年弢翁就立下了藏书遗嘱，告诉家人，等天下太平了，就将全部藏书捐献国家。在全国解放初期，1952年弢翁自己实现诺言，将数十年来精心收藏的善本古籍七百一十五种一举捐赠国家级图书馆——原北京图书馆（今国家图书馆）。嗣后，弢翁相继将数万册明清古籍和西文书刊分赠"省级图书馆"——天津图书馆和高校图书馆——南开大学图书馆。不同等级的古籍，入藏不同级别的书库，使其发挥不同的作用，用弢翁的话说，这叫"书得其所"。这种化私为公的精神，永具现实意义。弢翁将自庄严堪藏品转入公库后，极大地丰富了公立图书馆的收藏，也使百年来聚散不定的珍贵古籍重新聚合，并得到了妥善保管。

弢翁在数十年藏书活动中，涉及访书、购买、藏书、读书、研究、整理、编目及批校等诸多方面，因这些藏书活动，都是在公余之暇进行的，没有刻意对某一方面进行专门著述，所以也就没有给后人留下系统的藏书文献资料。现在，我们对弢翁进行研究，主要依靠弢翁捐献的这些古籍传本。

弢翁捐献的这些善本古籍，是一宗十分厚重的文化遗产，在弘扬祖国传统文化、开展学术研究、为读者阅读服务等方面，发挥了重要作用。为了更好地揭示、宣传这些善本古籍，褒扬弢翁对国家做出的重要贡献，多年以来，国家图书馆和天津图书馆同仁，以及弢翁哲嗣等，在弢翁研究方面不断取得新成果，主要包括《自庄严堪善本书目》（冀淑英编）、《弢翁捐书目录》（天津图书馆编）、《弢翁藏书年谱》（李国庆编）、《自庄严堪善本书影》（周一良主编，周景良、程有庆副主编）、《书香人淡自庄严——周叔弢自庄严堪善本古籍展图录》（国家图书馆、国家古籍保护中心编）、《丁亥观书杂记》（周景良编）、《周叔弢古书经眼录》（周景良编）、《周叔弢批注楹书隅录》（周景良编）、《周叔弢批校本古籍丛书》（李国庆主编）等。随着我们对弢翁捐献善本古籍整理工作的不断加强，对弢翁藏书活动的研究不断深入，将会相继取得新成果。

弢翁捐献天津图书馆的，是他自己日常翻阅、把玩和研究的明清版古籍。除了二百多种清代以来摆印的活字本古籍外，尚有相当数量的集古印谱、影刻影印宋元善本古籍，以及泥金写本内典、刊印精工的一般四部典籍等。作为弢翁专藏，这些书集中庋藏一处，甚便翻检。经过弢翁批校的古籍，是这部分古籍中的精品，具有特殊价值，需要引起我们的关注和认真研究。

2. 我看弢翁批校书，可归为批校本、批注本、借校本及过录本四个类型。

批校本，即一般意义上的批校本。弢翁批校古籍，其所用底本大多是自己案头经常翻阅的通行本古籍，按照版本刊印时代划分，大致包括明本、清代前三朝本、清代嘉庆以后本及民国时期本子。如明本《尔雅》，清代前三朝本《杜审言诗》《皇甫冉诗》《栲栳山人诗集》等，清代嘉庆以后本《陶靖节先生诗》《白石道人歌曲》《张乔诗》等，民国时期影印本《孟东野诗集》《元氏长庆集》《唐贾浪仙长江集》等。而弢翁取校用书，则多是自己收藏的那些宋椠元刊善本。用这种方法校勘古籍的结果是：在通行本古籍的上面，留下了善本古籍的异同信息；持一本而知诸本版刻情况；作为叔弢批校本，其身价也随着提高了一大截。

叔弢除了自己校书外，还时常命长子一良校书。例如：民国间刻强村丛书本《乐章集》，书中校字用墨笔和蓝笔。其中墨笔是叔弢校字，蓝笔则是一良校字。凡一良校书，叔弢都要题写数语，以记其事。此本题："十月命儿子一良用蓝笔对勘一过，因记之，叔弢。"这类例子不在少数。笔者认为，叔弢这样做，一来节省自己的宝贵时间，二来培养后人传承家学。笔者认为，叔弢更看重的是后者。一良先生后来成为著名历史学家，与叔弢有意传承家学有因果关系。

早年，叔弢曾计划通校《四部丛刊》。其在校本《唐贾浪仙长江集》中撰写了一则题跋，云："丙寅（1926）二月，从沅叔三丈借毛斧季手校汲古阁本传录。汲古本尚载《苏绛贾公墓铭》《唐宣宗墨制唐书本传》《韩文公诗》《绍兴二年王远后序》，另纸录之。此本佳字与宋本合者且七八。校书虽志在正误，然所用之本不可太劣，宜以通行易得为尚，故余拟校《四部丛刊》，当以此书为嚆矢也。初七日叔弢记。"此书十卷，唐贾岛撰。民国影印《四部丛刊》本。《四部丛刊》是一部量大质高的影印本古籍丛书，多依宋元版影印。叔弢时年36岁，年轻力壮，有此计划，令人感佩。唯校此书，甚是艰辛，终因工程浩大而未果。

批注本，即对一书的正文内容题写说明性文字。例如：《簠斋藏古玉印谱》，此书为民国十九年神州国光社石印本，叔弢在书中正文印章中用墨笔添加了自己对这方古印了解情况的批语，包括此印材质、售价等内容。本书收录的其他印谱和书目类古籍均属批注本，包括《双虞壶斋印存》《黄荛圃先生年谱》《汲古阁珍藏秘本书目》《铁华馆藏集部善本书目》《海源阁宋元秘本书目》《四部丛刊目录》等。在叔弢的批注本中，最有代表性的是叔弢批注《楹书隅录》。依据王绍曾先生所作的专题研究得知："叔弢见到的海源阁遗书较任何一个藏书家为多。《楹书隅录》《楹书隅录续编》，共计著录宋元秘本二百六十八种，其中宋本八十五、金元本三十九、明本一十三、校本一百零七、抄本二十四。叔弢未见者仅宋本七、金元本一十六、明本三、校本四十、抄本十一，共计七十七种。其余一百九十一种，全部寓目，而且作了精细的批注。此外，在《楹书隅录》和《续编》之外，见到宋本六种、元本一种。合计过目者达一百九十八种。"（见王绍曾《目录版本校勘学论集·周叔弢与海源阁遗书》，2005年上海古籍出版社出版）

借校本，即借他人藏善本用来校书。作为志同道合的藏书家，叔弢与傅增湘过从尤密，时常相互借书，用以校勘自己的藏书。殺翁从傅增湘处借得明天一阁抄本《封氏闻见记》，用清乾隆二十一年雅雨堂刻本作为底本校勘一过。殺翁又从傅氏那里借得毛扆校北宋本《李义山集》，用民国影印明毛氏本作为底本校勘一通。

过录本，即过录他人批校文字的本子。《匡谬正俗》，何义门校本。此书有周叔弢题识，讲明了过录何本，云："丙寅九月，叔弢临校一过。顷见一抄本，亦传录何氏校语，略有异同，因补校之。"《字鉴》，何小山校本。此书有周叔弢题识，云："何小山校本，余得之松江韩氏，顷用朱笔传录一过。"《群经音辨》，民国中影印张氏泽存堂五种本。此书有周叔弢题识，云："甲子四月，朱笔录臧在东校语。"殺翁又从傅氏那里借得傅氏手校残宋本《谢宣城诗集》，用清拜经楼重刻宋本作为底本传写一通。

3. 我看殺翁批校书，可据以知悉殺翁深谙批校古籍之法。

其在批校古籍时，运用了对校（两本相对，比勘异同，或称死校）、理校（无本可依，据理推断，或称活校）、本校（仅以本书为据，联系上下文句，推定正误）及他校（取他书校本书，判定是非）诸法，信息量大，为开展校勘学研究提供了丰富的第一手原始文献，具有很高的文献价值。试举例如下：

对校例。《乐章集》上有"雪梅香"条，其正文有"危楼独立"句。殺翁据赵清常校本在地脚处批语云："'立'下有'一作倚'三字。"殺翁通过两本对校，指出了赵清常校本与底本之不同处。殺翁曾言及自己对于"对校"（死校）的认识。他借用傅增湘藏明天一阁抄本《封氏闻见记》，校勘自己收藏的此书清乾隆二十一年雅雨堂刻本，云："抄本殊草草，然石经、制科、诠曹、尊号、露布、烧尾、图画各条凡增数百字，与莫邵亭所藏传录宋抄本正同，旧本之可贵固如是。其讹夺处亦依校之，是死校古书之成法，人或以此讥之，余亦不能辩也。"

理校例。《乐章集》卷中，有"婆罗门令"条。眉端殺翁批语云："此阕汲古阁本另编前有'双调'二字。斧季亦标'五十八'三字，调上又标（编者按：此四字为双行小字）。疑误标于宫调。"殺翁据以推断，得出了"疑误标于宫调"的结论。

本校例。《乐章集》续有"夜半乐"条，其正文有"蹙影红阴"句。殺翁眉端批语云："按：'蹙影红阴'费解。前《抛球乐》词，有'绿影红阴'句。疑此

'影'上脱'绿'字。又前'冻云暗淡'阕,此句本四字,则'躞'字即'绿'字之误。"

他校例。《乐章集》卷中,有"定风坡"条。弢翁在眉端批语云:"《敬斋古今黈》引此句,以为赵献可词。'是'作'事',与前调宋本'事事阑珊'合,然'是事'即'事事',犹'是处''即处'二意本合。"弢翁依据他书《敬斋古今黈》来校此句。

4. 我看弢翁批校书,盖具以下特点:

特点一:选取一般常见的通行本作为底本,利用自己收藏的宋元善本作为校本,进行校勘。

例如:弢翁将清嘉庆元年刻拜经楼丛书本《陶靖节先生诗》作为底本,把以重值收得的、聊城杨氏海源阁旧藏的宋本汤注《陶诗》作为校本,进行校勘。对勘一过后认为,两本"亦无多异同"。

特点二:校语和行文规范。

仅以《乐章集》(民国间归安朱氏刊彊村丛书本)卷端首页为例。弢翁在卷端首页正文下端,钤盖"周叔弢校读书"朱文长方印,用以表示自己是本书的校书人。

首先,开列校本。弢翁在卷端首页开列了本书所采用的四个校本,即:劳巽卿抄毛校本、明抄本、陆敕先校本及赵清常校本。其中,前三个校本题于天头,赵清常校本题于地脚。其意"校文将分别题于天头和地脚处,各出校字,互不混淆"。

其次,题写各本的批校文字。底本卷端首页正文凡十一行。弢翁在各行所对应的天头和地脚处,分别题写其他几个校本的异同文字。

底本各行正文与校字之相关文字如下:

第一行、第二行:"《乐章集》上卷,崇安柳三变耆卿"。

第四行:"黄莺儿"。

第五行:"春谁主"。

第七行:"无据"。

第八行:"踪迹"。

第十行:"玉女摇仙佩"。

弢翁在天头对应底本正文各行之出校文字如下:

第一行、第二行：弢翁批校两条：

"劳抄'柳三变耆卿撰'"；

"明抄本题'《乐章集》卷上，柳三变耆卿撰'"。

第四行：弢翁批校"劳抄：'题'低二格"。笔者按：弢翁在"黄莺儿"三字之上点了一个朱点。

第五行：弢翁批校题"'春谁主'，陆敕先校同"。

第七行：弢翁批校"明抄本'无据'二字属上"。笔者按：底本于"无据"二字之上，空一字。

第八行：弢翁批校"'迹'上，陆敕先有'浪'字，斧季云'宋本无'"。

第十行：弢翁批校两条：

"'佩'，劳抄'珮'"；

"陆校：题云'佳人'"。

弢翁在地脚对应底本正文各行之出校文字如下：

第七行：弢翁批校"'趁'下，有'趁一作遂'四字"。笔者按：底本正文中，有一"趁"字。

第八行：弢翁批校"'迹'上有'浪'字。'秾'作'浓'。毛本同"。笔者按："毛本同"三字，周校用双行小字表示，目的是在地脚处标示其他校本文字时，要与赵清常校语加以区别。

第十行：弢翁批校两条：

"题下有'佳人'二字"；

"'佩'作'珮'，毛本同"。笔者按："毛本同"三字，弢翁批校也用双行小字表示，目的同上。行文上下一致，这是非常规范的一个细节。

特点三：校字工整。弢翁批校文字缮写十分工整。笔者曾见弢翁批校之前，先用稿纸写好校字，再用工笔誊写底本上。傅增湘先生称赞弢翁校书时说："治事之隙，不辍丹铅。常观手校群书，皆字画端谨，朱墨鲜妍，颇具义门风格，绝不效荛圃之火枣糕、赤练蛇见訾于后世也。"（见傅增湘书《周叔弢勘书图序》）本书收录的这些周叔弢批校本，足证傅增湘先生所言之不诬。

5. 我看戮翁批校书，更看其题跋真迹，凡经戮翁批校或题跋之书均提升其文献、文物和艺术价值。

批校本是否有可贵之处，主要体现在以下几个方面：批校者是否为名家，依据的校本是否为善本，是否通校了全书。笔者所见戮翁批校古籍，均为足本，全部符合这三个条件。批校者是现代著名藏书大家戮翁，名重于世；戮翁校书使用的校本绝大多数是自己珍藏的宋椠元刊，属于一级善本；每一部书均为足本，都经戮翁通校，字里行间，天头地脚，无不朱批满纸，字画端庄秀劲，给人以美的享受。

我们依据这些校本可以得知，戮翁在藏书过程中，用了很多时间，投入了很大精力对所藏之书进行校勘。我们据戮翁校本可以得知戮翁批校了哪些古籍，为何批校这些古籍，使用何本校书，采用了哪些校勘方法等。可以获知戮翁所批校书之精审和伪劣之处，据以判定其价值之所在。这些批校本古籍，是戮翁为我们留下的一笔十分珍贵的颇有价值文献。

（载《古籍整理出版情况简报》第二卷2014年第7期，全国古籍整理出版领导小组编委会编）

叶昌炽《藏书纪事诗》的第一部续补著作

——《清藏书纪事诗补遗》

《清藏书纪事诗补遗》十七卷，刘声木编，稿本。

刘声木，字十枝。安徽庐江人。生于清光绪四年（1878），卒于1959年，享年81岁。少年始志于学，稍长成为学者。精金石，善鉴赏，尤嗜古籍文献。覃思著述，喜好收藏。藏书甚富，辟直介堂、苌楚斋以藏之，将藏书编入《直介堂书目》和《苌楚斋书目》。著有《苌楚斋随笔》二十笔（中华书局已出版前五笔）、《桐城文学渊源考》、《碑传集作者纪略》、《御批通鉴辑览五季纪事本末》、《俗字汇》、《寰宇访碑录校勘记》和《国朝鉴藏书画记》等。著作等身，然著述多未刊行。其手稿的大部分今藏天津图书馆，其中包括这部《清藏书纪事诗补遗》。

《清藏书纪事诗补遗》凡十七卷，十四册。用印有"十友轩所著书"字样的自制稿纸缮录。（《十友轩所著书》是刘声木编写的个人著作丛书，收录七十八种。）每半叶8行，行25字。收录范围主要包括有清一代的藏书家。取材范围主要包括清人诗文别集。是书将藏书家列为条目，一人一条。每条顶格行文，回行低一格。著录内容包括姓名、字号、籍贯、科第、官职、藏书和所采资料出处。各册收录情况如下：

第一册 216 条　　第二册 239 条　　第三册 85 条
第四册 334 条　　第五册 116 条　　第六册 29 条
第七册 23 条　　　第八册 28 条　　　第九册 31 条
第十册 41 条　　　第十一册 48 条　　第十二册 48 条
第十三册 50 条　　第十四册 35 条　　共计 1323 条

这是一部未定稿。从编写动机来看，最初编者只是在为编《续补碑传集》搜集资料时，附带将所载有关藏书资料也一并录出，拟想待资料初具规模后，编写一部有关藏书家方面的书。后来见到了叶昌炽《藏书纪事诗》，才考虑编写这样一部书。从卷端题名来看，前后更名三次：最初抄录时先题"藏书纪事诗拾遗"；编者觉得自己所录资料多是依据清人诗文别集，所录藏书家多是清人，所以用墨笔画掉了这个书名，复在该书名右边，用小字改题为"国朝清藏书纪事诗补遗"；编者又觉得"国朝"和"清"字意相同，最后用墨笔画掉了"国朝"两字，定名"清藏书纪事诗补遗"。从条目来看，收录1323条，其中有相同一位藏书家先后收录二条、三条、四条不等者，也即同一藏书家前后重复出现。去其重者，实际收录1150余人。从采录资料来看，前后简繁不一。从第一册到第五册，采录有关藏书家的资料较为简单，只包括姓名、字号、籍贯、科第、官职、藏书和所采资料出处。从第六册到第十四册，采录藏书家资料的范围扩大，内容比较丰富，除上述各项外，还收录了藏书家逸闻旧事等内容。

这是叶昌炽《藏书纪事诗》第一部续补著作。我们知道，叶书刊行后，先后出现了几部续补作品，主要有1935年伦明在《正风》半月刊连载发表的《辛亥以来藏书纪事诗》，其后又有吴则虞编的《续藏书纪事诗》和王謇编的《续补藏书纪事诗》。刘声木的这部续作写成于清末民初，在成书时间上早于伦、吴、王三家。倘若我们从不同角度进行考察，两书实有同工异曲之妙。从编写时间来看，此书与叶书几乎同时着手编写，编写时间均在清末。只是叶书创例付梓在前，刘书续编未刊在后。叶昌炽刻意编纂《藏书纪事诗》，而刘声木则是在编纂《续补碑传集》时，将自己感兴趣的藏书家人名、篇名等资料随手摘录。当刘声木后来见到叶昌炽书时，对照两书内容和体例，颇感已不如人，欲补不能，无奈地发出了"悔之无及"的感叹。从编写体例来看，叶昌炽《藏书纪事诗》，先录一首七言诗，次据史籍及笔记详录有关藏书家资料。刘声木则依自己编写的《国朝金石学录》体例（甚至包括行文格式均同），只摘录有关藏书家的几项资料。当刘声木后来见到叶昌炽书时，觉得自己作诗缺少资料，颇难执笔，"幸叶氏原有一例，可合数人事迹为一诗。每首仅二十有八字，自不难追随其后"，而自己便不再"搜索枯肠"，因此刘书无诗。从编写主旨来看，叶昌炽编《藏书纪事诗》意在集录五代至清朝重要的藏书家资料。刘声木旨在网罗有清一代藏书家资料。后来刘见叶书时，才产生赓续想法，于是将自己的这部书定名为"补遗"，以示续补叶书之意。

这是一部颇有价值的书。叶昌炽《藏书纪事诗》，开创了有诗有叙，综述藏书家渊源历史的独特体例，可视为我国第一部藏书家通代史书。刘声木《清藏书纪事诗补遗》，集有清一代藏书家史料，可视为我国第一部藏书家断代史书。刘声木《补遗》，收录清代藏书家1150余人，其规模与叶书相类，空前绝后，足补相关著述之不足。刘声木《补遗》收录的清代藏书家绝大部分不见叶昌炽《藏书纪事诗》，而见于叶书者只有104人，仅及刘声木《补遗》所录清代藏书家人数的十分之一弱。至伦明《辛亥以来藏书纪事诗》、吴则虞《续藏书纪事诗》及王謇《续补藏书纪事诗》等书其情形也大体如此。刘声木《补遗》揭示有关清代藏书家藏书史料十分丰富，包括藏书目录方面的，如龙氏《经德堂藏书目录序》、王氏《赐书楼藏书目录小引》、亢氏《随安庐书目》、黄氏《怡善堂书目引》、庄氏《映雪楼书目》、蒋氏《传书堂善本书目》及卢氏《抱经堂书目》等；有记述藏书内容方面的，如郑氏《思复堂藏书记后》、陈氏《经正书院藏书记》及严氏《岷山别墅藏书记》等；有藏书图形方面的，如陆氏《陆蒙香曝书图跋》、丁氏《八千卷书庐图》及缪氏《东仓书库图记》等；刘声木《补遗》征引文献甚多，尤以清代人诗文别集和总集为主，间及丛书、笔记、年谱等，所引内容多为藏书家个人传略，颇有可采者。凡此种种，足资参征。

这又是一部需要花时间进行整理的书。待整理的部分大致包括：1.统一体例。本书编写体例前后不一，前者按项摘录，内容过于简单；后者渐仿叶书，征引有关文献，内容较为丰富。需要对前者增补有关文献，以求体例前后统一。2.明确范围。据《凡例》知，本书应以收录清代藏书家为限，实则不然。书中间录明代、民国，以及日本、西方藏书家。故需将非清代藏书家一并删掉。3.填补空项。由于是随手摘录，藏书家的名号、科第和官职等项有些空缺未写，需要逐一填补。4.删去重复。由于是随手摘录，同一位藏书家有的前后重复出现，一两次者居多，少数达到四五次，需要删去重复，并将有关资料合并。5.增补内容。由于是随手摘录，有相当数量的条目，只写藏书家姓名和所采资料出处，并没有具体内容，需要按这个线索，将有关内容补上。6.订正讹误。由于是随手摘录，书中各类错误都有不少，需要逐一订正。

刘声木编的这部《清藏书纪事诗补遗》，尽管存在一些不足之处，但是倘若我们从整体观之，不难看出这确是一部难得一遇的好书。瑕不掩瑜，此书整理出版后，相信会受到读者欢迎。

附：刘声木《清藏书纪事诗补遗》凡例（按：括号内文字是笔者加的）

一、长洲叶氏此书有二本：一刊于《灵鹣阁丛书》中，书只六卷，所录人数较少。一刊于宣统庚戌（二年，1910年），书增一卷，人数亦较多。然一卷至三卷皆前代，至卷四起始为昭代人。卷四录118人，卷五录104人，卷六录87人，卷七录12人，附录38人。以昭代崇尚文教，而藏书家仅有321人，其有遗漏，自不待言。

一、藏书多至数十万卷，以愚所知者言之，三百年来见于记载者，海内仅有十余家。曾云藏书贵精不贵多，实非通论。然精本有精本用处，通行本有通行本用处，未易并较。果皆以宋椠元抄为言，则海内仅此数百种，皆所谓流传有绪者。此家出售，彼家收买，循环不已，未能越此范围。如此则天下好古文士，如观藏书，只得观其所藏精本。子孙或自己早为出售不可。若是则藏书家能有几人哉。

一、藏书至十万卷左右，已属甚难。不特财力有所不易，即人力亦有所不易。是以藏至数万卷者，不能不谓之藏书家也。即藏至数千卷者，亦不能不谓之藏书家也。设有藏精本数百卷者，必共惊为大家矣。学问有大小之分，岂藏书遂无大小之分哉。今必定例曰若者为藏书，若者非是，则未免狭隘，且果属何人能定此例乎。

一、愚初编《国朝金石学录》，续编此书，以为同一义例，只须摘取关于藏书各节者录之，无取烦冗。继细绎叶氏原书，始知甚误。盖不录逸事余话及其枝节，不为其作诗，即无资料可言，悔之无及。然已录者，其原书已宛如扑风，难以踪迹。盖抄录者，已逾一世，采辑者，复数百家。书非一人所有，且不知其存亡，遑论重为辑录乎。

一、愚编《续补碑传集》，泛滥诸家文集，见有藏书家序记碑传文等录之，以为材料既富，必能编成此书。遂将其中篇名、人名逐一摘录，并将书籍号数复记于上，未遑抄录，欲待他日抄补。熟知事与愿违。《碑传集》终以篇帙既多，非一人所能任，遂中道废阻。早知如此，不如随得随抄，先成此著述。着手易为者，终难勉为，甚矣，贫之为累也。此等文集，曾多为苌楚斋所藏，已见书目，今亦碍难寻出自抄矣。撰述之难成如此，诚可慨也。

一、书籍最为不祥之物。是以易始，亦最易散也。果如日本人岛田翰所言：藏书者，家为不祥之家，人为不祥之人。较之金石、字画为尤甚。子孙、妇女皆视此以为无用之物，且因其占地甚广，殊多妨碍，是以去之唯恐不速，售之唯恐不尽，不待变矣。亦有及身而散出者，岂尽皆不肖子孙与无知妇女乎！

一、愚初疑编中有时漏落诸人，作诗缺少资料，颇难执笔。幸叶氏原有一例，可合数人事迹为一诗。每首又仅二十有八字，自不难追随其后，不待搜索枯肠也。

一、此编所录亦至（一）千（一）百（五）拾有（八）人。其中煊赫者盖寡，藏书小家为多，皆数千卷至数万卷者。然藏书至数十万卷，为叶氏所无者，亦有（数）家。记载中恒有仅言其藏书甚富，而无确数，其类于此者甚多，后人未能明其数目，谅其多寡，而未必有宋椠元抄，然确为藏书家固无疑义矣。

一、愚生平撰述，先定宗旨体例，即古人所谓发凡起例，嗣后再从事抄录。抄录既富，始议编撰。因非一蹴所能成，亦缺一不能成书。盖无宗旨，即不能抄撮，不能编撰；则抄撮亦为无用，即如俗所谓胸有炉锤，腹有针线者是矣。

（载《藏书家》第八辑，2003年，齐鲁书社出版）

卷五 古籍的研究一得

潮州歌册版刻二题

潮州歌，或称潮州歌文，也有人称为潮州俗曲，是流行于广东省旧潮州府属九县和邻近一带潮州语区域地方的一种古老相传的民间说唱文学。由于种种原因，潮州歌一直未被文学研究者和文学史家所重视，古籍文献研究人员对传世的潮州歌印本也多不屑一顾，因而少见述及，各家官私书目中也颇难获见一二，致使这类印本沉睡大库之中，无人知晓。

最近笔者在整理天津图书馆普通线装书时从中检出潮州歌印本123种，126部，粗加翻阅稍加排比，拟作二题，试对潮州歌印本的局部作一简述，以存广州古代刊书之资料。

一、潮州歌册版刻述略

传世的潮州歌印本，均是雕版印刷品。其书品外形与一般清季坊刻小说开本大致相类，书品较小，刊版不精，印面不洁，印纸粗劣，这是它们彼此相似的一面；而潮州歌又有其独特的一面，即在书皮、版式、刊行者题名等方面与清季坊刻小说略有不同。

潮州歌印本的书皮是用土黄色纸做的，比正文用纸稍厚。书皮上不贴书签，书名是印在书皮上的，有的书皮上还印有造型别致的图案，这便构成了潮州歌印本与其他四部刊本相异的外在特征。从笔者见到的潮州歌印本来看，共有四种形式的书皮。

第一种，莲花边式书皮。于书皮的左上侧印有长方形墨围，边框四周饰以莲花图案，内题书名。书名之前冠以"古板"二字，书名之后双行题写"潮州义安路·李万利出版"十字。从所题刊记来看，带有这种莲花图案的潮州歌册当是李万利刊印的。

第二种，碑牌式书皮。于书衣左上侧印有长方形双边墨围，形似碑版，内分三格，上一格题"古板"二字，中间一格题"书名"，下格题"潮州市·李万利·春记藏板"三行十字刊记，据此推知带有这种碑牌图案的潮州歌册也均是李万利出版的。

第三种，双雁图案式书皮。于书皮的右侧印带有双雁的图案，图案之上题"潮州李春记书坊"七字。从第二种书皮所题"潮州市·李万利·春记藏板"刊记可证，李春记即指李万利，故带有这种图案的潮州歌印本也当是李万利刊印的。

第四种，喇叭吊钱式书皮。于书皮的左上侧印有长方形墨围，在其边框内外不规则地饰以喇叭和吊钱等图案，内题书名。书名之前冠以"新造"二字。从卷端大题下所署藏家知，带有这种图案的潮州歌印本多是王氏所刊。

潮州歌印本的版式与一般刊本不同之处在于藏板者姓名堂号署在卷端大题之下。每卷末署书名及卷数，书口自上而下依次题名略称、卷、页数以节省纸张；天头地脚均无空白处，字小行密，堪称典型坊刻本，不过正文内容尚可卒读，印纸是浅黄色的竹纸。印版字体与清版小说一样多用俗体、简体等字，如学写作孛、钱写作伐等。均为小开本，书品长一般在18~20厘米之间，个别的也有长至26厘米的，如《灵芝记蝴蝶引》即是，宽一般在10~11厘米之间，低于10厘米或高于11厘米的极罕。

从书皮和卷端所署出版者与藏板者来看，这种印本大部分是潮州李万利家刊行的，除李氏外，尚有吴家瑞文堂、王某、财利堂、瑞经堂及友文堂等数家，或为刊行者，或仅为藏板者，其署名用字不拘，也构成了潮州歌版刻的一个特点。如李万利家，卷端署"潮城大街四进士亭脚李万利号藏板"（见《玉针记》六卷）、署"潮城四进士亭脚李万利堂藏板"（见《玉钏缘谢玉辉平金番》三十三卷），署"潮安府前街铁巷口李万利藏板"（见《梨花征西》十四卷），署"城府前街铁巷口李万利老铺藏板"（见《玉沙蚨》三卷），署"潮城府前街铁巷口万利老铺藏板"（见《崔凤子》十五卷），署"潮城府前街铁巷口李万利老店藏板"（见《刘成美下截曹翠娥》十六卷），署"潮安府前街铁巷口老万利藏板"（见《双如意》六卷），署"潮安府前街老万利藏板"（见《麒麟图》十七卷），署"城府前街李万利藏板"（见《乾隆君游山东》五卷），署"潮安义安路李万利号出板"（见《秦凤兰忠义亭》十卷），署"李万利藏板"（见《锦香亭绫帕记》四卷）、署"李万利春记藏板"（见《玉钏环续再生缘》三十卷）；如吴氏一家，卷端署"府前街吴家瑞文堂藏板"（见《绿牡丹》二十八卷）、署"潮城府前街吴家瑞文堂藏板"（见《铁扇记下棚》五卷）、署"潮州城府前街吴瑞堂藏板"（见《杨文广平南蛮十八洞》三十八卷）、署"潮州府前街瑞文堂藏板"（见《雌雄宝盏》十九卷）、署"潮安府前街瑞文堂藏板"（见《水蛙记》二卷）、署"潮州瑞文堂藏板"（见《冯长春全歌》四卷）。上举吴家潮州歌，其卷端虽署瑞文堂，然其书皮均是莲花边式的印有"潮州义安路·李万利出板"的刊记，借此可证吴家仅是藏板者，所藏之板出自李万利家。

二、天津图书馆藏潮州歌书录

天津图书馆收藏的潮州歌印本，均是清末至民国年间刊行的。不知何时辗转入藏本馆，兹将本馆所藏潮州歌印本逐一录下，以便读者研读。

1. 二岁夫全歌九卷　二册
2. 十二寡妇征西三卷　一册
3. 八宝金钟八卷　二册
4. 广东案警富新书十六卷　四册
5. 三合奇三卷　一册
6. 三国刘皇叔取东川全歌八卷　二册
7. 三国刘皇叔招亲全歌四卷　一册
8. 万花楼玉鸳鸯十二卷　六册
9. 上海杀子报三卷　一册
10. 小红袍黄元豹全歌四卷　一册
11. 小英雄扫北四卷　一册
12. 六奇阵二棚十八卷　四册
13. 五虎平西珍珠旗二十七卷　八册
14. 五虎平南十六卷　四册
15. 五虎征北大破群仙阵六卷　二册
16. 五星图八卷　二册
17. 木廷仙双玉鱼十卷　十册
18. 双太子下棚禹龙山八卷　二册

19. 双凤叉四卷　二册
20. 双玉凤十五卷　四册
21. 双玉鱼佩六卷　二册
22. 双玉镯二十六卷　五册
23. 双白燕二十二卷　七册
24. 双如意六卷　一册
25. 双状元英台子十卷　二册
26. 双金龙六卷　二册
27. 双退婚下柴荆亭八卷　一册
28. 双错误奇中奇歌三卷　一册
29. 双鹦鹉五十卷　十册
30. 水蛙记二卷　一册
31. 汉刘秀歌十二卷　四册
32. 反唐十九卷　六册
33. 冯长春全歌四卷　一册
34. 玉如意下棚六卷　二册
35. 玉沙三卷　一册
36. 玉花瓶全歌二卷　一册
37. 玉针记六卷　二册
38. 玉环记六卷　二册
39. 玉钏环续再生缘初二三集三十卷　六册
40. 玉钏缘十卷　五册
41. 玉钏缘谢玉辉平金番三十三卷　六册
42. 玉鸳鸯十二卷　二册
43. 玉鸳鸯珍珠衫记六卷　二册
44. 玉楼春十四卷　三册
45. 玉盒仙琴金宝扇八卷　二册
46. 玉麒麟双状元五卷　二册
47. 正德君游江南六卷　二册
48. 本朝一世报五卷　一册

49. 龙井渡头残瓦记四卷　一册

50. 龙图公阴阳判六卷　三册

51. 四美图九卷　三册

52. 白狗精二卷　一册

53. 白绫像四卷　二册

54. 刘元双生贵子三卷　一册

55. 刘成美下截曹翠娥十六卷　三册

56. 刘成美忠节全歌二十卷　四册

57. 刘明珠穿珠衫二十一卷　四册

58. 再合鸳鸯二卷　一册

59. 竹叉记十二卷　四册

60. 宋帝十卷　二册

61. 宋朝明珠记五卷　一册

62. 宋朝卖油郎全歌五卷　一册

63. 孝顺孟日红割股救姑四卷　一册

64. 杜三娘三卷　一册

65. 李九我相爷全歌三卷　一册

66. 李春凤十八卷　三册

67. 庞卓花十一卷　二册

68. 灵芝记蝴蝶引八卷　二册

69. 张翌鹏王秀珍男贞女烈香毯记二卷　一册

70. 伯皆子香罗帕记四卷　二册

71. 纸容记九卷　二册

72. 狄元平东包公出世十二卷　三册

73. 狄元平东包公出世十二卷　三册

74. 杨文广平南蛮十八洞三十八卷　六册

75. 忠义节七卷　三册

76. 金钗罗帕记三卷　一册

77. 金狗精八卷　二册

78. 金燕媒十二卷　四册

79. 珊瑚宝十卷　三册
80. 赵匡胤下南唐收余鸿十八卷　四册
81. 柳世清双噩鱼全歌十卷　二册
82. 柳知府全歌五卷　一册
83. 柳树春八美图十八卷　三册
84. 背解红罗二十八卷　五册
85. 饶安案八卷　二册
86. 海门案五卷　一册
87. 粉妆楼五十三卷　九册
88. 秦世美六卷　一册
89. 秦凤兰忠义亭十卷　四册
90. 秦国和十卷　二册
91. 秦雪梅上集八卷　五册
92. 临江楼二集十卷　四册
93. 铁扇记下棚五卷　二册
94. 翁万达全歌十一卷　二册
95. 黄双孝琼花记六卷　二册
96. 乾隆君游山东五卷　一册
97. 乾隆游石莲寺全歌十三卷　二册
98. 乾隆游江南十卷　二册
99. 萧光祖下棚宝鱼兰十二卷　三册
100. 梅良玉下棚两度星十四卷　三册
101. 挽面案歌六卷　一册
102. 崔鸣凤子全歌十五卷　三册
103. 崔鸣凤荐佛衣六卷　一册
104. 梨花征西十四卷下集十四卷　四册
105. 移花接木竹箭误五卷　二册
106. 绿牡丹二十八卷　五册
107. 温凉宝盏五卷　二册
108. 琼花图歌四卷　二册

109. 赐绿袍八卷　三册
110. 新中华革命军缘记全歌九卷　二册
111. 蒋兴哥重会珍珠衫四卷　一册
112. 辟邪枕五卷　二册
113. 锦香亭绫帕记四卷　二册
114. 锦鸳鸯全歌二卷　一册
115. 滴水记三卷　一册
116. 雌雄宝盏十九卷　四册
117. 蜘蛛记二卷　一册
118. 潘葛子六卷　二册
119. 薛仁贵征东二十四卷　四册
120. 龙镜下棚红书剑十卷　二册
121. 龙镜韩廷美三十三卷　十册
122. 麒麟图十七卷　五册

潮州歌册尽管在世上流传的时间不算长，但是由于其在版刻和内容上具有独特之处，所以我们可以从中国古代的版刻、戏曲、文学、民俗及文字等各个方面对其进行深入研究，从而充分地加以揭示，客观认识这种历史文献，为今后挖掘、整理、利用潮州歌册奠定基础。

（载广东《图书馆论坛》1991年第2期）

新见明末还源教宝卷"六部六册"叙录

——附《宝卷泥金手绘图册》

"宝卷是至今尚未被充分发掘、整理、研究的一大宗民间文献，是继敦煌文献之后，研究宋元以来中国宗教（特别是民间宗教）、民间信仰、农民战争、俗文化、民间语文等多方面课题的重要文献。六七百年来，宝卷是在特殊的民俗文化背景中产生、流传、演化、及至逐渐消亡。"（车锡伦语，见《中国宝卷总目》卷首前言）现存最早的宝卷是明代刊印的。清代藏书家对此多未留意，民国以来藏书家开始注意其特殊价值，争先收藏，其后这些宝卷大都陆续转入公库，成为研究中国古代农民战争和宗教思想等方面不可或缺的珍贵史料。尤其是现今流传于民间的明代宝卷十分罕见，我国著名宝卷研究专家李世瑜先生以"寥若晨星"喻之。（引李世瑜《宝卷综录》语）

明朝末年，乾纲不振，阉宦专权，民不聊生，民间宗教得以兴焉。最盛者是白莲教，其支派纷多，各有其祖：红阳教，飘高祖；无为教，四维祖；黄天教，普静祖；悟明教，悟明祖；顿悟教，顿悟祖；金蝉教，金蝉祖；凡此等等，不胜枚举。还源教便是这些白莲教支派中的一支，其祖曰"还源"。①白莲教中的各个教派，又均有各自诵习的经卷——宝卷。如红阳教的经卷共有五部，世称"弘（红）阳五部经"；无为教的经卷共有五部，其中第三部为二册，余为一册，因名"五部六册"。还源教的经卷，共有六部，每部一册，世曰"六部六册"，计有：《销释悟性还源宝卷》《销释开心结果宝卷》《销释下生叹世宝卷》《销释明证地狱宝卷》《销释科意正宗宝卷》和《销释归家报恩宝卷》。

据载，"六部六册"始刊于明朝万历十九年（1591），重刻于崇祯十三年（1640）。入清以后两个本子一直隐晦不显，未见踪迹。迨至清末民初，始见两书的传抄、翻刻本行世。万历本和崇祯本，俱因历时既久，递经明清官府查禁和兵燹水火毁坏等人为与自然"双厄"，时至今日，传本寥若晨星，殆无整套完帙。据有关宝卷书目记载，"六部六册"中仅有几个零本传世。②学界同人无不以未睹全套足本而惋惜，成为我国古代民间宗教史上的一件憾事。

现据最近发现的民间藏明崇祯本足帙——"六部六册"，作叙录如下：

一、《销释悟性还源宝卷》

一册一函，经折装。函套和折面用大明缂丝织锦装饰。书品高35厘米，宽12.8厘米。版框高27.3厘米，宽12.8厘米。共160.5开（左右两页为一开）。每半开四行，行8、10、15字不等。字大疏朗，纸白墨黑。卷首载图（共有两开半）：中间半开为菩萨坐像，其前跪拜一信徒；左右各一开，各有26位信徒像。次载二龙戏珠莲花牌记三个：其一内题"皇图永固，帝道遐昌；佛日增辉，法轮常转"。其二内题"皇帝万岁万万岁"。其三牌记中间眉端抬头题"御制"二字，其内接题"圣皇永安康，诸佛降道场；还源传下教，万古永名阳（扬）；金轮来往转，拥护主人公；佛光常照曜，天下定太平"。函套、折面及卷端书名并题《销释悟性还源宝卷》。最后一页为佛陀像。倒数第二页有一莲花牌记，内无文字。正文卷末有刊记，题"《还源》《开心》《叹世》《地狱》《正宗》《报恩》宝卷共六部"。

"六部六册"正文内容主要由品分、举香赞、开经偈、白文、十言韵文及曲名等六部分组成。其所用曲名"全与昆腔班戏文相似"，而所用数量各不相同。[③]《还源》为第一部，居"六部六册"之首。文中使用的曲名计有：傍妆台、侧郎儿、大埋伏、海底沉、混源歌、金字经、哭五更、片断歌、清江引、耍孩儿、皂罗袍及驻云飞等共十二个。

全书凡一卷，分为二十四品，计：《接当人归家品》第一、《柱杖圣宝品》第二、《青龙拿珠品》第三、《正道显光品》第四、《从新留经品》第五、《对合同品》第六、《通行无为品》第七、《不动不摇品》第八、《度众生显性品》第九、《灵山证菩提品》第十、《盘古不坏经品》第十一、《留三教经品》第十二、《见当人留经品》第十三、《不来下生品》第十四、《五朝还源品》第十五、《找当人品》第十六、《古人怕死奔山品》第十七、《出昆仑显性品》第十八、《还源显性品》第十九、《到家中品》第二十、《了当人品》第二十一、《参透本性品》第二十二、《收圆结果品》第二十三、《游遍恒沙圆满品》第二十四。

清朝道光年间，出现了一部品评"六部六册"等经卷的书，这就是黄育楩著的

《破邪详辩》。当时作者黄育楩任钜鹿县知县和沧州知州期间，为配合朝廷镇压白莲教，将当地民间并寺庙所藏的明末白莲教经卷六十八种，"摘出各经各品妖言"，又将清代北方各地白莲教所"提出无数妖言，其妄谬有更甚于邪经者""择其主意所在之处，详为辩驳"，写成了《破邪详辩》一书，广为刊印散发。排在是书前七种的宝卷中，第一种为《古佛天真考证龙华宝卷》，第二至第七种即是本文介绍的还源教宝卷"六部六册"。

《破邪详辩》在评第一部第一册《销释悟性还源宝卷》时说："邪教犯案，仙衣既不能庇身，真经亦不能救死。船犹未上，而先受桎梏之灾；板虽已刊，而终为柴薪之用。施舍多者获罪重，而人财已两空矣；信服久者取祸深，而子孙无遗类矣。邪经之害甚于焚溺，犹曰度世，又将谁欺？《还源宝卷》不可信也。"

二、《销释开心结果宝卷》

一册一函，经折装。函套和折面用大明缂丝织锦装饰。字大疏朗，纸白墨黑。书品高38厘米，宽13厘米。版框高27.5厘米，宽13厘米。共167开。卷端、折面及函套书签并题书名"销释开心结果宝卷"。行格字数、卷首卷末载图及莲花牌记俱同前经。

本经曲名包括步步娇、挂真儿、浪淘沙、山坡羊、挂金锁等凡十五个，其中的傍妆台、侧郎儿、海底沉、金字经、哭五更、片断歌、清江引、耍孩儿、皂罗袍及驻云飞等十个曲名，俱与前经同。

全书凡一卷，析为二十四品，计：《无相菩萨开心品》第一、《真菩萨养生品》第二、《摩诃菩萨显性品》第三、《涅槃菩萨龙虎交斗品》第四、《坐莲心菩萨得相逢品》第五、《团圆菩萨收尽品》第六、《十步功菩萨显光品》第七、《二意相合一心菩萨品》第八、《三教菩萨中状元品》第九、《流传菩萨无毁坏品》第十、《三教菩萨一光变化品》第十一、《接送菩萨当来度生品》第十二、《跟找菩萨问性品》第十三、《家去菩萨找婴儿品》第十四、《定南针菩萨品》第十五、《不吃饮食菩萨过秋冬品》第十六、《思想经书菩萨品》第十七、《出九宫菩萨开花品》第十八、《无毁无坏菩萨品》第十九、《早修菩萨寻出路品》第二十、《度众生菩萨品》第二十一、《叹旁门浊言众生品》第二十二、《度尽王位菩萨品》第二十三、《证菩提祖师圆满品》第二十四。

《破邪详辩》评第二部第二册《销释开心结果宝卷》云："还源何人？捏造妖

言，妄称经卷，煽惑愚民，相率入教，遂致安常处顺之民转为身丧家亡之民。还源之罪擢发难数，而自谓有功，何其妄也。《开心宝卷》不可信也。"

三、《销释下生叹世宝卷》

一册一函，经折装。函套和折面用大明缂丝织锦装饰。字大疏朗，纸白墨黑。书品高38.1厘米，宽13厘米。版框高27.5厘米，宽13厘米。共160开。卷端、折面及函套书签并题书名"销释下生叹世宝卷"。行格字数、卷首卷末载图及莲花牌记俱同前经。

本经曲名包括寄生草、一封书等十五个，其中的侧郎儿、挂金锁、挂真儿、海底沉、金字经、哭五更、浪淘沙、片断歌、清江引、山羊坡、耍孩儿、皂罗袍及驻云飞等十三个曲名，俱与前经同。

全书凡一卷，析为二十四品，计：《争名夺利愚人无下场品》第一、《见本性收补天边月品》第二、《明真解祖吊闲人品》第三、《见性解脱接当人品》第四、《扫心解脱归山品》第五、《脱壳解显化众生品》第六、《长远解脱休要忘恩品》第七、《归家解脱叹众生品》第八、《归空解脱转动法轮品》第九、《吾叹众生不顾自性单讲人品》第十、《周朝佛显圆光品》第十一、《讲说本性出苦品》第十二、《还源造法船度众生品》第十三、《性命双修出九宫品》第十四、《遍庄严见本性品》第十五、《供养三宝布施早修品》第十六、《躲离沉沦早明心品》第十七、《劝化众生即早回心品》第十八、《五更禅定出九宫品》第十九、《拈花度众生出苦品》第二十、《还源显修行品》第二十一、《神天护经无毁坏品》第二十二、《显性度众生品》第二十三、《宝卷圆满归空品》第二十四。

《破邪详辩》评第三部第三册《销释下生叹世宝卷》云："贪花恋酒，诚为有罪。然为官者必清慎勤以理庶政、明庶狱，而总以兴利除害为要务。现在邪教传教，殃及无辜，即大害也。严禁邪教，务绝根株，即除害也；邪教除而与民共享太平之福，即兴利也。兴利除害，即为良员。而犹以拜明人、怕阎君为词者，妄谬之言既不可信。此外十四品言天宫、言地狱、言用功之序、言度世之心，皆与前经多所雷同，《叹世宝卷》不可信也。"

四、《销释明证地狱宝卷》

一册一函，经折装。函套和折面用大明缂丝织锦装饰。字大疏朗，纸白墨黑。

书品高 38 厘米，宽 12.8 厘米。版框高 27.9 厘米，宽 12.8 厘米。共 161 开。卷首载图与其他五经不同，其图题名曰"地狱相"，凡五幅图，依次包括：七信徒相、坐式菩萨及麒麟相、七信徒相（头饰与前图有别）、童僧相、地狱门前诸鬼怪相。卷端、折面及函套书签并题书名《销释明证地狱宝卷》。唯行格字数、卷首所载三个莲花牌记、最后一页韦驮像与其前一页莲花牌记悉与前经同。

本经曲名包括挂针（真）儿、挂金锁、浪淘沙及驻云飞等共计四个。

全书凡一卷，析为二十四品，计：《还源祖找本性游地狱品》第一、《祖叹黑暗地狱不见日月品》第二、《叹无边地狱好苦品》第三、《观漆河女人好苦品》第四、《观看酆都城中罪人好苦品》第五、《叹铁床地狱罪人好苦品》第六、《祖叹剜眼割舌地狱好苦品》第七、《看刀山地狱十分难禁品》第八、《叹寒冰地狱苦难禁品》第九、《祖叹抽肠地狱好苦品》第十、《叹火池地狱最苦难禁品》第十一、《磨研地狱十分好苦品》第十二、《叹铁汁地狱好苦品》第十三、《祖叹黑风剁手地狱品》第十四、《叹柱死城中罪人好苦品》第十五、《见剐脸地狱女人好苦品》第十六、《祖叹油锅地狱好苦品》第十七、《祖叹打烂地狱十分苦品》第十八、《吾叹吊脊地狱好苦品》第十九、《还源游地狱接家书品》第二十、《还源出狱度众生品》第二十一、《为众生不肯回头品》第二十二、《参拜正法出苦品》第二十三、《无毁无坏祖师品》第二十四。

《破邪详辩》评第四部第四册《销释明证地狱宝卷》云："邪教惑人，别无良方，恐人不习教，则以阎君地狱极力惊骇而已；劝人必信教，则以佛祖灵山多方引诱而已。岂知不习教者安居乐业，虽未登灵山而已多快境；唯习教者犯案到官，犹未入地狱而先受严刑。孰吉孰凶，何去何从，稍有识者，必能辩之。《地狱宝卷》不可信也。"

五、《销释科意正宗宝卷》

一册一函，经折装。函套和折面用大明缂丝织锦装饰。字大疏朗，纸白墨黑。书品高 38.2 厘米，宽 12.8 厘米。版框高 28.4 厘米，宽 12.8 厘米。共 162 开。卷端、折面及函套书签并题书名"销释科意正宗宝卷"。行格字数、卷首卷末载图及莲花牌记等俱同前经。

本经曲名包括先天歌、正宗歌等共十四个，其中步步娇、侧郎儿、挂真儿、海底沉、金字经、山坡羊、傍妆台、清江引、耍孩儿、一封书、皂罗袍及驻云飞等十二个曲名与前经同。

全书凡一卷，析为二十四品，计：《了凡身题目脱苦品》第一、《气眼显光开花品》第二、《右眼发亮退浮云品》第三、《月州城里化贤人品》第四、《慧眼遥观下山度生品》第五、《天眼开通见性品》第六、《净土脱心通了凡身品》第七、《无由灯从空显化品》第八、《续命通无毁坏品》第九、《找还源归家传法品》第十、《牟尼找钥匙开玄门品》第十一、《五气朝元见当人品》第十二、《老祖开示赴莲池品》第十三、《不见天显性品》第十四、《无相莲华显修行品》第十五、《出玄门游三界品》第十六、《唐僧取经度众生品》第十七、《将凡比古人早修行品》第十八、《八卦交宫接当人品》第十九、《早超生免除灾业品》第二十、《找儿孙归家去品》第二十一、《看宝塔威风品》第二十二、《接男女归家不下生品》第二十三、《认祖还家接续传灯品》第二十四。

《破邪详辩》评第五部第五册《销释科意正宗宝卷》云："脱心通是见性之意，而于义理之性、气质之性未能晓其分毫也。神警通是悟理之言，而于理之至费、理之至隐未能窥其形似也。续命通是禅定之法，而未至续命，先至戕命，能知命者必不如此昏昏也。归家通即出神之效，而未至归家，先之破家，能保家者必不如此愦愦也。三昧通默转元机，而斩绞徒流终不能转。现在通预知诸法，而吉凶祸福全未能知。至于先境、意境、真境浮衍成词，姑置勿道。唯谓假境是胡咮乱说，哄诱迷人，即是自说自家，譬之贼人骂贼，以明己之非贼，而众已知其为贼。种种谬说，既不可信。以下十二品，言坐禅、言当人、言家乡、言造经、言归家看灯、言永不下生接续传灯，皆与前经多所重复。邪经既系虚捏，而腹内空空，已捏尽矣。《科意正宗》不可信也。"

六、《销释归家报恩宝卷》

一册一函，经折装。函套和折面用大明缂丝织锦装饰。字大疏朗，纸白墨黑。书品高38.1厘米，宽12.7厘米。版框高28厘米，宽12.7厘米。共165开。卷端、折面及函套书签并题书名"销释归家报恩宝卷"。行格字数、卷首载图、卷首卷末所载莲花牌记、最后一页韦驮像与其前一页莲花牌记俱同前经。正文卷末有刊记，题"万历十九年十月吉日刊造宝卷六册，崇祯十三年吉日诱引法门康道泊领各会善信陈善人重刊"。

全书凡一卷，分为二十四品，计：《戳碎酆都城菩萨救母品》第一、《一身菩萨不离一性品》第二、《真性腾空菩萨从修品》第三、《腾空菩萨显性品》第四、《出沉沦菩萨纵横品》第五、《三身菩萨显光品》第六、《一心菩萨显羊车品》第七、《点金菩萨显圣品》第八、《三身菩萨使车品》第九、《功满菩萨卖宝品》第十、《留经菩萨吃果子品》第十一、《法船菩萨普度众生品》第十二、《高名菩萨孝母品》第十三、《奔山菩萨修行品》第十四、《分讲菩萨问道品》第十五、《出九宫菩萨见当人品》第十六、《性命菩萨不见在身品》第十七、《三性菩萨问佛品》第十八、《性空菩萨常转品》第十九、《照样修行菩萨品》第二十、《圣意菩萨对合同品》第二十一、《找寻菩萨叹世品》第二十二、《清净菩萨坐莲心品》第二十三、《主人菩萨参禅品》第二十四。

本经曲名包括挂真儿、挂金锁、金字经、海底沉、混源歌、浪淘沙、哭五更、傍妆台、清江引、耍孩儿、皂罗袍及驻云飞等共计十二个，并与前经同。

《破邪详辩》评第六部第六册《销释归家报恩宝卷》云："真性自无伪为，而邪教终无实意，是邪教失其真性也。法性必多戒严，而邪教徒多放荡，是邪教违乎法性也。佛性超乎色相，而邪教过于贪图，是邪教背乎佛性也。三性具无，犹以三车诱人，既不可信。以下十五品，借行孝之名，发习邪之意，雷同之论，已屡辩矣。《报恩宝卷》不可信也。"

"六部六册"的价值是多方面的，试述四点如下：

一、"六部六册"颇具文献价值

一般认为，中国明清民间宗教经卷——宝卷，是至今尚未被充分发掘、整理、研究的一大宗民间文献，是研究历史上白莲教教义、民间信仰、明末清初农民起义和战争、民俗文化和民间文学等方面课题的重要文献。六七百年来，宝卷是在特殊的民俗文化背景中产生、流传、演化，及至逐渐消亡的，成为中国历史上一个特殊现象。

在明代宝卷中，每以一个教派经卷完整无缺地全套传世为重。据悉近年国内发现无为教（白莲教之一派）全套经卷"五部六册"（即：《苦功悟道卷》一卷一册、《叹世无为卷》一卷一册、《破邪显证钥匙卷》二卷二册、《正信除疑无修证自在卷》一卷一册和《巍巍不动太山深根结果卷》一卷一册）传世，引起学术界关注，后被国家图书馆以重值购藏。（见车锡伦《〈破邪详辩〉所载明清民间宗教宝卷的

存佚》一文，载《民间宗教研究》)

这六部明代宝卷为还源教经卷，与上述无为教"五部六册"一样，也是完整无缺地全套传世，学术界称之为"六部六册"。至今为止，尚无有关还源教经卷"六部六册"完整无缺地全套传世的报道。更无有关海内外公私收藏者收藏"六部六册"的记载。

"六部六册"完整记述了明末白莲教支派还源教的教义内容，是至今仅存的一套完整的明末白莲教支派还源教的经典作品，是研究明末白莲教支派还源教真实情况的最直接的第一手珍贵文献。

二、"六部六册"颇具史料价值

《破邪详辩》著录当时官府严厉查禁的明清宝卷 68 部，前七部依次为：

第一部：《古佛天真考证龙华宝卷》

第二部：《销释悟性还原宝卷》

第三部：《开心结果宝卷》

第四部：《下生叹世宝卷》

第五部：《明证地狱宝卷》

第六部：《科意正宗宝卷》

第七部：《归家报恩宝卷》

除第一部《古佛天真考证龙华宝卷》为大乘圆顿教经卷，且为单刻者外，第二部至第七部具为还源教经卷。清官黄育楩将这"六部六册"明代宝卷列于《破邪详辩》卷首开篇，并一一进行考辨，史籍有征；其所记还源祖身世、还源教施教手段，以及还源教与白莲教其他各支教异同等方面，展卷即明，可补史籍之缺。

三、"六部六册"颇具版本价值

现存最早的宝卷是明代刊印的。清代藏书家对这类世传经卷多不屑一顾，民国以来的藏书家开始认识其特殊价值，争先收藏。其后这些宝卷又都相继转入公库，成为研究中国古代民间宗教等方面问题的不可或缺的一宗文献。现今流传于民间的这套"六部六册"，版刻情况清楚：

第一部：《销释悟性还原宝卷》明崇祯十三年陈善人刻本

第二部：《开心结果宝卷》明崇祯十三年陈善人刻本

第三部：《下生叹世宝卷》明崇祯十三年陈善人刻本
第四部：《明证地狱宝卷》明崇祯十三年陈善人刻本
第五部：《科意正宗宝卷》明崇祯十三年陈善人刻本
第六部：《归家报恩宝卷》明崇祯十三年陈善人刻本

其中，第一部《还原宝卷》卷末有题记："《还原》《开心》《叹世》《地狱》《正宗》《报恩》宝卷共六部。"第六部《报恩宝卷》卷末有刊记："万历十九年十月吉日刊造宝卷六册，崇祯十三年三月吉日诱引法门康道泊领各会善信陈善人重刊。"据传本考察，有刊记的明版宝卷甚少，而这套"六部六册"前有题名，后有刊记，并为陈善人同时刊印，首尾俱全，自成一套，秘传360余年后，至今保存完好，更是难得。其"六部六册"中的《开心》和《地狱》两种不见有关宝卷书目著录，确是孤本；其余四种也仅各有一家收藏，可视为秘籍。这套"六部六册"既展现了其原刻风貌，又可据以订正后出翻刻、传抄本之讹误。

四、"六部六册"颇具文物价值

据有关书目文献记载，民国以来宝卷收藏大家如郑振铎、傅惜华及杜颖陶等也仅见过"六部六册"中的一、二部；而如胡适、向达、赵景深、恽楚材、谭正璧、胡士莹、吴晓铃、周绍良及李世瑜等诸位先贤、前辈学人更无缘见之。这些宝卷收藏大家均未曾获观全套完帙"六部六册"，遑论得而藏之。在当时明版宝卷并不难觅的条件下，诸位大家未曾获观，足以说明"六部六册"隐晦不显，深藏未露久矣。由此断之，这套明版宝卷"六部六册"是当今世间硕果仅存之物，弥足珍贵，"六部六册"纸白墨黑，字体遒劲，刊印俱精。书品宽大，大明缂丝函套，泥金题名。俱与《破邪详辩》所言相合。④当系权宦有力者太监所为。⑤作为与明末农民起义事件有关的白莲教支派——还源教，其所诵习的经卷"六部六册"完整一套存世，确是一宗十分难得的历史文物。

附《宝卷泥金手绘图册》

此册系明代泥金手绘本。一册。大明缂丝封面，经折装，蓝地泥金手绘。共计八幅，每幅高41.5厘米，宽13厘米。第一幅为二龙戏珠莲花座图，内题"皇帝万岁万万岁"一行。后七幅分为上下双栏。上栏通为二龙戏珠图，下栏为七幅人物画。

中间一幅为菩萨像。其左侧有三幅图像，依次为佛僧三人图像、孔子及童子二人图像、一位守门神韦驮图像；其右侧也有三幅图像，依次为佛僧三人图像、老子及童子二人图像、一位守门神韦驮图像。

此册的价值主要体现在以下五个方面：

1.《宝卷泥金手绘图册》，推想是当时善男信女诵习宝卷时的供奉之物。未见史籍记载，更未有论及此事者。可补史籍之缺，是追忆明季民间宗教一项活动之证物。颇具史料价值。

2.《宝卷泥金手绘图册》，是近代以来我国著名宝卷收藏家均未曾过眼之书，海内外官私书库也未曾收藏过同类作品。此书以孤帙一线单传，当有神物护持，是明代宝卷作品中至今为止仅见的一件泥金写本。颇具版本价值。

3.《宝卷泥金手绘图册》，构图奇特，运笔流畅，线条清晰。容佛、儒、道三教代表人物为一体，人物特征鲜明，活里活现，是人间难见之物。明代一般泥金作品已十分稀见，更何况明代宝卷。颇具艺术价值。

4.《宝卷泥金手绘图册》，八幅合计长达 104 厘米。展卷自有惊人之处，泥金纯厚，金光闪耀。递经明、清、民国三代，至今保存完好。颇具文物价值。

5.《宝卷泥金手绘图册》，所绘龙图逼真，泥金用料考究，绘画水平高超，非有力者不能为之，是一件稀有之物。颇具收藏价值。

"六部六册"与《宝卷泥金手绘图册》，是"三同之物"，即同时、同地、同材料。

一曰同时。从版式、字体及绘图等风格考查，确为明代作品。

二曰同地。从其刊印规模等方面考查，从相类作品等方面印证，当一并出自宫中。

三曰同材料。从函套和书面所用大明缂丝颜色与材质来看，从函套、书面题字与图绘所用泥金颜色与材质来看，完全一样，别无异处。

结论："六部六册"与《宝卷泥金手绘图册》是一套完整的明代出版物。"六部六册"在传世宝卷中已属难得一遇，而《宝卷泥金手绘图册》更是得到了神物护持的人间宝物。二者并行于世，堪称双璧，为百年不遇的惊人秘籍。

注释：

① 《破邪详辩》1982 年中华书局版 7 页 "古佛天真考证龙华宝卷" 条："红阳

教，飘高祖；还源教，还源祖；收源教，收源祖。"

②万历本：《开心》傅惜华收藏，见车锡伦《中国宝卷总目》325页（以下简称"车目"）。

《地狱》上海图书馆收藏，见"车目"326页。

《报恩》傅惜华收藏，见"车目"320页。

崇祯本：《还源》中国社会科学院文学研究所收藏，见"车目"327页。

《叹世》天津图书馆收藏（首尾残），见"车目"293页。

《正宗》中国艺术研究院戏曲研究所收藏，见"车目"325页。

《报恩》中国社会科学院文学研究所收藏，见"车目"320页。

③《破邪详辩》（版本同上）卷三第59页："尝观民间演戏，有昆腔班戏，多用《清江引》《驻云飞》《黄莺儿》《白莲词》等种种曲名，今邪经亦用此等曲名，按拍合板，便于歌唱，全与昆腔班戏文相似。"

④《破邪详辩序》（版本同上）云："旋于民间抄出邪教经卷，并前任所储库者，共二十种，系刊板大字，印造成帙，经皮卷套，锦缎装饰，经之首尾绘就佛像，一切款式亦与真正佛经相似。查其年限，系在万历、崇祯等年。"

⑤《破邪详辩》（版本同上）7页"古佛天真考证龙华宝卷"条："刊印邪经，又系明末太监。太监之害，明末最烈，又刊邪经，以害后世，心毒极也。"

（载《世界宗教研究》2005年第4期）

《稀见旧版曲艺曲本丛刊·潮州歌册卷》序

明清时期，在我国南方广东潮汕地区和福建西南部一带出现一种极具地方特色的出版物——潮州歌册。由于这种图书流传范围较小，刊印数量不多，传至今日已难得一见，人们对它的认识也不充分，有些相关问题尚不清楚，处于探讨阶段。此次北京图书馆出版社经多方搜求，认真勘核，将一批稀见版潮州歌册整理影印出版，无疑将有效地保存这一文化遗产，也将极大地促进潮州歌册的深入研究。有关潮州歌的起源、歌册刊布情况、研究价值等已有专家专文阐述，本文不再赘言，在此仅就所见潮州歌册版刻特点作一简略介绍。

潮州歌册是一种雕版印制的小开本线装书，其版刻特征虽与坊刻小说等有相似之处，然更有不同的地方。其版刻特点主要体现在以下几端：

一、多题异书名

潮州歌册在卷端处题写正书名，另在书衣（书皮）及书口处题写异书名。如：正书名为《三国刘皇叔招亲下全歌》，其异书名为《取西川全歌》；正书名为《玉花瓶全歌》，其异书名为《大红袍全歌》；正书名为《李九我相爷全歌》，其异书名为《金针记》；等等。

二、书名多有冠词

今见潮州歌册书名多题冠词。最常见者是"新造"二字，几乎达到百分之九十以上，除此以外，间有"新刻""新刊""新选""新撰"及"新编"等。大抵在这些版本之前已有更早的版本刊行。

三、多不署著者

在传世的潮州歌册中多不题著者姓名，只有极少数作品有著者题名，如：凤城逸士柯丐庭造《八宝金钟下全歌》十卷、《三国刘皇叔招亲下全歌》十三卷、《刘成美忠节全歌》二十卷、《柳世清双鳄鱼全歌》十卷、陈××改撰《李旦仔》八卷及李万利造《桃花过渡歌》。

四、书衣多印制图案

潮州歌册书衣印有花纹图案，初步归纳，有四种形式：

其一，莲花图案。于书衣左上侧印有长方形墨围，其边框四周饰以莲花图案，内题书名。书名之后双行题写"潮州义安路李万利出版"十字。据此推知，带有这种莲花图案的潮州歌册当是李万利刊印的。

其二，碑牌图案。于书衣左上侧印有长方形双边墨围，形似碑牌，由上至下分为三格，上格题"古板"二字，中格题书名，下格题"潮州市李万利春记藏板"。据此推知，带有这种碑牌图案的潮州歌册也是李万利刊印的。

其三，双雁图案。于书衣右侧印有双雁图案，图案之上题"潮州李春记书坊"。据此推知，带有这种双雁图案的潮州歌册当是李万利刊印的。

其四，喇叭吊钱图案。于书衣左上侧印有长方形墨围，在其边框内外不规则饰以喇叭和吊钱图案，内题书名。书名之前冠以"新造"二字。从卷端大题下所署藏板者可知，带有这种图案的潮州歌册当是王某刊印的。

五、多有刊者题名

潮州歌册多有刊者题名，一般写在卷端书名之下。同一刊印者的题名在不同书中也往往有所不同。如：刊者李万利，在《玉针记》署"潮城大街四进士亭脚李万利号藏板"，在《玉钏缘谢玉辉平金番》署"潮城四进士亭脚李万利堂藏板"，在《梨花征西》署"潮安府前街铁巷口李万利藏板"，在《崔凤子》署"潮城府前街铁巷口万利老铺藏板"，《刘成美下截曹翠娥》署"潮城府前街铁巷口李万利老店藏板"，在《双如意》署"潮安府前街铁巷口老万利藏板"，在《麒麟图》署"潮安府前街老万利藏板"，在《乾隆君游山东》署"城府前街李万利藏板"，在《秦凤兰忠义亭》署"潮安义安路李万利号出版"，在《锦香亭绫帕记》署"李万利藏板"，再如其他各家题名，也各有异处。吴氏一家，署"府前街吴家瑞文堂藏板"（见《绿牡丹》）、署"潮城府前街吴家瑞文堂藏板"（见《铁扇记下棚》）、署"潮州城府前街吴瑞文藏板"（见《杨文广平南蛮十八洞》）、署"潮州府前街瑞文堂藏板"（见《雌雄宝盏》）、署"潮安府前街瑞文堂藏板"（见《水蛙记》）、署"潮州瑞文堂藏板"（见《冯长春全歌》）；此外，财利堂、瑞经堂及友文堂等的刻本也有类似情形。

六、出版者与藏板者多并列题名

出版者与藏板者多并列题名，这在潮州歌册中十分常见。如：《金狗精》于封面题"潮州市李万利春记藏板"，于卷端题"友芝堂梓行"；《隋唐演义全歌》于封面题"潮州义安路李万利出版"，于卷端题"潮州府前街瑞文堂藏板"。前者李万利是藏板者，后者李万利是出版者。由于各家同在一个地区，同时或先后从事潮州歌册的刊印活动，所以各家相互之间有一定经营方面的联系，这是潮州歌册中普遍存在的情况。如卷端书名下题吴家瑞文堂藏板之书，其书衣多印莲花图案，据上文分析，有这样图案的作品当是李万利刊印的。这样一来就出现了问题：是李万利只负责雕版，而印行版权归吴家瑞文堂所有？还是李万利负责雕版印卖，后来将版权转让给了吴家瑞文堂？还有一些潮州歌册，于书名下题写的藏板者有被挖去的痕迹，如《挽面案歌》共六卷，其中卷一、二、四、五的书名下所题写的藏板者均被挖去，且有痕迹，而于其中的卷三完整保存了"潮城府前街老万利藏板"这一藏板者的题名，卷六书名下的题名却又为"潮城府内财利堂藏板"。这是否存在版权转让问题？诸如此类情况有待进一步考察。

七、书品均为小开本

潮州歌册书品均是长方形小开本，更无版框、书口、天头和地脚，小字密行，一刻到底。书品一般高在18～20厘米之间，宽一般在10～11厘米之间，极少有超出这个尺寸者。这显然是为了节省雕版使用的梨木、枣木等木料，节省印刷使用的纸张和油墨,以及节省刻字所用的工时。

总之,潮州歌册作为一种典型的民间坊刻本,其特点是鲜明的,研究及认识价值也是独特的,值得学界重视和关注。

李国庆

2002年8月于津门

(载《国家图书馆出版社古籍影印图书序跋精选》,2009年9月国家图书馆出版社出版)

明末还源教宝卷"各经各品妖言"增订

清朝道光年间，担任钜鹿县知县和沧州知州的黄育楩，为了配合朝廷镇压流行于民间的白莲教，从当地百姓家中并寺庙里查获明末刻印的白莲教经卷共计六十八种，逐一翻阅，摘出"各经各品妖言"，又将清代北方各地白莲教所"提出无数妖言，其妄谬有更甚于邪经者""择其主意所在之处，详为辩驳"，写成了《破邪详辩》一书，广为刊印散发。这是一部品评民间宗教经卷——宝卷的专著。作为白莲教一个支派的还源教的宝卷全套"六部六册"一并网罗在内，并将其排在是书的前面，即第二至第七种便是。

黄育楩是一位清朝官吏，在批阅案头公牍之暇，深入民间，查访白莲教经卷，并"详为辩驳"。由于作者是利用不太充裕的公余时间搞"详辩"，也由于作者所见的宝卷版本或有不同，所以在他摘出"各经各品妖言"时，难免会出现引文不全者、省略未录者及异文讹字等情况。

为了揭示明末还源教宝卷"各经各品妖言"的本来面目，让人们更准确把握"各经各品妖言"的本质内容，笔者不揣固陋，试依最近发见的明末还源教宝卷全套"六部六册"，取校《破邪详辩》所录的还源教"六部六册"，发现一些问题，归纳以下几点：

1.《破邪详辩》在引"各经各品妖言"时，有的仅间断摘引该经要语，并不全录，人或以为是该经原文，凡属此类者，今予增之，文中题一"增"字者是。

2.《破邪详辩》并不全引"各经各品妖言"，有的省略不录，人们不知该经该品妖言若何，凡属此类者，今并补之，文中题一"补"字者是。

3.《破邪详辩》在引"各经各品妖言"时，偶尔出现异文讹字，凡属此类者，予以订正，文中题一"订"字者是。

4.上举各项间而有之者，一并增订之，文中题"增订""补订"者是。

限于水平，本文讹误之处，敬请大家指正。

一、《销释悟性还源宝卷》二十四品

《破邪详辩》："《接当人归家品》有云：'还源系永平府滦州东胜卫人。万历十六年，真性归家，撇下凡胎假相（象），到家乡紫阳殿化乐宫。古佛赐以八件圣宝。八大菩萨罗汉圣僧，又领八万四千威仪，到于东土，逢恶恶度，逢善善度。'"

增：《接当人归家品》第一《举香赞》曰："祖云：盖闻还源者，乃是归根也。要论归根，家住永平府滦州东胜卫人也。昏迷自性不得惺（醒）悟，迷失深厚，犹豫一十八载，不惺（醒）分文，再不想生来死去之路。古旧圆光，只有灵山古佛慧眼，遥观暗想，还原（源）自性，到于东土一十八春，不见回还。就叫圆真普眼菩萨，你往东土，跟找光明，一遭听说，拜谢圣意，下的灵山来。至村中双林树下落脚，盘膝打坐，夜至三更，作（做）一个南柯景梦，摄光显化，还源悟惺，我佛差你临凡，度脱众生，焉能一十八年斋戒不闭，几时回还，连警三遭，醒来却是一梦。自己昧知，到于第明。早晨，沐手焚香，拜谢天地，斋戒闭了，闷闷昏昏，逐日犹豫，不知来踪去路，直到万历十一年正月十五日，正当午时，一阵昏迷，倒在尘埃，分文不醒。只见一僧人，身披经衣，手托钵盂，来到宅门，高叫那子，焉能不参禅，如何盹睡！还源梦中答应：'怎么参禅？'僧曰：'听吾指点。'上前，从顶门往下，从脚跟往上，指点一遍，佯（扬）长去了。

"祖云省（醒）来，面朝正南端坐，只见真性出窍入窍，金色世界，化乐天宫，光明不断，瑞气腾腾；又见满宅之中，香烟缭绕，心中欢喜，吾那时就要归山。寻思一会，想起父母年老，无有依靠，家中修罢，父母不依，聚下妻儿贾氏，闷闷昏昏，直到万历十六年九月二十七日黄昏戌时，入一三昧禅定，当人发现，顿断灵气去了。三日醒回，寻思一会，心如刀绞，几时顿断，恩爱沉沦，何时抛却，自己昧知。只（直）到十月初三日，满斗焚香，拜谢天地，辞谢父母，又辞诸亲故友，拜罢，径奔盘山佯（扬）长去了。每路心中烦恼，游到净业庵中，不惜身命，昼夜苦坐。坐到十一月初一日，禅定几死，真性归家，撇下凡胎假相（象），一包脓血之身，在于地下。

"祖云赞叹，有我本性在内，争南占北，一时无我，肉似泥胎，骨如气棒。又说家乡古佛，一见真性接着，接到菩提树下，高一千由旬，正当五百由旬，真性而坐，巍巍不动，只听天乐迎空，笙琴细响。又见罗汉圣僧，都来参禅，拜罢，各照尊次坐下。还源曰：'这是那里？'古僧言说：'这是家乡紫阳殿化乐宫，今日你还家，接待当人。'古佛又问还源：'焉能不在东土，来家何故？'尊言：'东土众生，极是难度。信正的少，信邪的广多。'古佛又说：'你还去东土，度脱众生，我与你八件圣宝，八大菩萨罗汉圣僧，又领八万四千威意（仪），到于东土，逢恶恶度，逢善善度。你那里传教说法，我这里光明自照。'听曰拜谢古佛，只见圆光辊辊，来入本窍。忽的一声，坐在方寸，二目睁开，只见那光明不断，醒来浑身冰冷，四（肢）稍（觉）酸麻，心中烦恼。无人将养，多亏贤公康道，诱引法门，搬回将养。直至十二月十五日，正当二更，面朝正面端坐，只见西南摄白云，祥光十道，穿墙而过，遘吾摄照，心如明镜。法似苍海，无有遮拦。才留下一部《还源宝卷》，与后代照样所修。"

《破邪详辩》："《对合同品》有云：'殿前帘下，出一钩金圣宝。珠帘卷起，里坐黄金宝相。'"

增：《对合同品》第六："殿前帘下，出一钩金圣宝。珠帘卷起，玄门开放。钩起圣童，里坐黄金宝相。"

《破邪详辩》："《不动不摇品》有云：'修行之人，若得起障圣宝，收来放去，任意纵横十万余里，当时回宫。'"

增：《不动不摇品》第八："修行之人，若得这宝，万里巡文，能显多般，不见其形，收来放去，任意纵横十万余里，当时回宫。"

《破邪详辩》："《度众生显性品》有云：'耳为通天圣宝，眼为观音慧宝，鼻为发香之宝，口为檀香玉宝，手为钩金用宝，心为温柔真宝，脚为千里云宝，还有一宝，暗藏其中，名为牟尼真宝。'"

增：《度众生显性品》第九："耳为通天圣宝，眼为观音慧宝，鼻为发香之宝，口为檀香玉宝，手为钩金用宝，心为温柔真宝，脚为千里云宝，还有一宝，暗藏居中，此宝千圣不言，万祖不说，出在那里，长在无影山前，九莲台下。若人见，他能躲。十帝阎君，要显圣，破世界，要无不见其形，此物名为牟尼真宝。"

《破邪详辩》："《灵山证菩提品》有云：'吾劝你众位贤愚，休要家胡言乱语，放着生死你不理，身安不修，得病可急，阎君勾去谁替你。'"

增：《灵山证菩提品》第十："吾劝你众位贤愚，休要家胡言乱语，放着生死你不理，胡言杂语，无其数。身安不修，得病可急，阎君勾去谁替你。"

《破邪详辩》："《见当人留经》以下共四品，总言坐功运气，参透真诀，即得见当人，不入地狱，不遭劫数之意。"

补："以下共四品"，指第十三、十四、十五、十六，其各品题名及其妖言如下：

《见当人留经品》第十三："重辩重证几人通，后人宣念细追寻。宝卷包含天和地，一句了然见当人。"

《不来下生品》第十四："千变万化找原人，十番轮转又下生。这遭明心亲见性，永劫不来续长生。"

《五朝还源品》第十五："五气朝，三华聚，白莲出沉；白藕池，出舍利，显化男女。"

《找当人品》第十六："宝卷兴流到如今，单找龙华一会人。有惺经中寻出路，句句言言找当人。"

《破邪详辩》："《古人怕死》《归山》二品所言皆系怕死之意。"

补订：《破邪详辩》所云"二品"，盖指第十七、第十八。

然其所云《古人怕死》和《归山》二品，实为《古人怕死奔山品》第十七品之误。亦即误一品为二品。此处《破邪详辩》在此漏掉了《出昆仑显性品》第十八。

《古人怕死奔山品》第十七妖言："想起生死，两泪纷纷。前朝后代人，个个怕死，早奔山中。善男信女，即早回心，前朝后代，不如你我身。"

《出昆仑显性品》第十八妖言："五更禅定好修行，发冷发热见当人。立雪齐腰真性显，圆光辊辊出昆仑。"

《破邪详辩》："《还源显性》以下共六品，或夸耀仙衣，或赞扬真经，或度上法船，或劝刊印板，或诱人施舍资财，或望人信服经卷。"

补：《破邪详辩》云"以下共六品"，指第十九至第二十四。其各品题名和妖言如下：

《还源显性品》第十九妖言："显性明心混沌分，这件仙衣到如今。还源说法身披上，人人不惺外边寻。"

《到家中品》第二十妖言："智慧男女用心听，各自守分伴修行。刹那一时功圆满，显性明心到家中。"

《了当人品》第二十一妖言："一字还源最上乘，三字不差了三心。四字合成无四字，半句偈里了当人。"

《参透本性品》第二十二妖言："原人早到看真经，识的祖意往里寻。忽然参出一步道，圆光滚出三界中。"

《收圆结果品》第二十三妖言："留下宝卷在尘世，度尽众生早回程。今番得道成正果，永劫不来伴世尊。"

《游遍恒沙圆满品》第二十四妖言："宝卷圆满去归空，兴流天下到如今。无毁无坏传留世，游遍恒沙度众生。"

二、《销释开心结果宝卷》二十四品

《破邪详辩》："《真菩萨养性》以下共五品，总言还源在无影山，令徒弟真圆性等七人各自归山修行。迨后还源、圆光归去，留下柬贴一张。真圆性往无影山，见柬有云：若得师徒重相见，灵山会上去寻找。真圆性即往各处，约众门徒同上灵山相伴师尊，永不下生。"

补："以下共五品"，指第二至第六品。

《真菩萨养性品》第二妖言："师开言，嘱咐你，大地男女。各自人，领祖意，普度众生。"

《摩诃菩萨显性品》第三妖言："一句真言古弥陀，识的玄妙婆。有分寻着还源法，自然显性见摩诃。"

《涅槃菩萨龙虎交斗品》第四妖言："眼看天花古圣山，三性同来找根源。山中境界无其数，龙虎交斗入涅槃。"

《坐莲心菩萨得相逢品》第五妖言："七真同来共一心，去找师傅本来人。若要识的尊师面，父子相逢坐莲心。"

《团圆菩萨收尽品》第六妖言："好个无为巧机关，变化许多众人天。常来转化伴佛祖，今番收尽永团圆。"

《破邪详辩》："《十步功菩萨显光》以下共六品，总言十步功夫自海底捞明，以至透出昆仑，即直上天宫，相伴无生，永不下世。"

补："以下共六品"，指第七至第十二品，其各品题名及妖言如下：

《十步功菩萨显光品》第七妖言："扫退魔尘去行动，当人发现上昆仑。霹雳一声圆光现，多亏还源十步功。"

《二意相合一心菩萨品》第八妖言："行善行恶听祖因，二意相合除灾星。性命一片归家去，三人一心躲沉沦。"

《三教菩萨中状元品》第九妖言："三教如来法中王，接引当人还故乡。文才道果一个理，讲开经书中状元。"

《流传菩萨无毁坏品》第十妖言："真性变化广无边，接引男女度贤良。还源造下开心卷，无毁无坏法流传。"

《三教菩萨一光变化品》第十一妖言："见性明心古佛同，圣人那讨两般心。三教贤良都一样，一光变化大地人。"

《接送菩萨当来度品》第十二妖言："真性发现古光明，常来盘绕太虚空。回光不住来往照，接送当来主人公。"

《破邪详辩》："《三教菩萨》以下共五品，总是劝人遵信邪经之意。"

订补：《破邪详辩》所题"《三教菩萨》"，实为《跟找菩萨问性品》之误。"以下共五品"当指第十三至第十七品，其各品题名及妖言如下：

《跟找菩萨问性品》第十三妖言："一步工夫几人通，断绝呼吸月在空。里外不见圆光影，那里跟找本来人。"

《家去菩萨找婴儿品》第十四妖言："昆仑顶上一禅师，上下盘还找婴儿。登上迈岭找儿女，甚年何日同家去。"

《定南针菩萨品》第十五妖言："上乘之客早追寻，休要错过祖师功。趁着身安找本性，还源说与定南针。"

《不吃饮食菩萨过秋冬品》第十六妖言："昆仑顶上有一人，在不下山办修行。逐朝相伴古佛体，不吃饮食过秋冬。"

《思想经书菩萨品》第十七妖言："三教经书从头讲，谈玄说法度有缘。修行之人要苦行，功圆果满见青天。"

《破邪详辩》："《出九宫菩萨开花》以下共三品，总言家乡圣景有许多乐境。"

补："以下共三品"，指第十八至第二十品，其各品题名及妖言如下：

《出九宫菩萨开花品》第十八妖言："捉住猿猴定太平，栓在无相大树中。要想猿猴撒了去，树开仙花出九宫。"

《无毁无坏菩萨品》第十九妖言："经中许多好修行，用意宜看谨追寻。包裹天地还源法，无毁无坏到如今。"

《早修菩萨寻出路品》第二十妖言："上等贤良早回心，作紧追找本来人。趁着身安寻出路，休等阎罗鬼来寻。"

《破邪详辩》："《度尽王位菩萨品》有云：'流传在世不计载，度尽王位众国臣。'"

订：按照《破邪详辩》正文顺序，《度尽王位菩萨品》当排在第二十一，误也。本书第二十一品为《度众生菩萨品》，第二十三才是《度尽王位菩萨品》。

《破邪详辩》："《无毁无坏菩萨》以下共三品，总言经卷造成，有莫大功德之意。"

订补：《破邪详辩》将《无毁无坏菩萨》排在品第二十二，此误，应排在品第十九。

"以下共三品"，指品第二十二至第二十四。其各品题名及妖言如下：

《叹旁门浊言众生品》第二十二妖言："旁门浊言推无才，不信正法被尘埋。地狱尽是信邪汉，不遇老祖难出来。"

《度尽王位菩萨品》第二十三妖言："古佛三藏还源经，今番从显度众生。传留在世不计载，度尽王位众国臣。"

《证菩提祖师圆满品》第二十四妖言："天地盖载两分离，日月二轮走东西。作恶作善同家去，忏断业根证菩提。"

三、《销释下生叹世宝卷》二十四品

《破邪详辩》："邪教有《下生叹世宝卷》，分二十四品。《争名夺利》以下共九品，有《坚固解脱》《明针解脱》《见性解脱》《扫心解脱》《脱壳解脱》《长远解脱》《归家解脱》《归空解脱》，总言圆光炼就，透出昆仑之意。"

订补：《破邪详辩》题"《下生叹世宝卷》"，本书题"《销释下生叹世宝卷》"。"以下共九品"，指第一至第九，其各品题名及其妖言如下：

《争名夺利愚人无下场品》第一妖言云："上乘男女早回心，休在东土恋凡情。忽然一时闫君唤，争名夺利一场空。"

《破邪详辩》题"《坚固解脱》"，指品第二。本书品第二题《见本性收补天边月品》，两者题名有别。

《见本性收补天边月品》第二妖言："观者天边射云宫，一轮明月在内成。若人收取天边月，还得还源一步功。"

《破邪详辩》题"《明针解脱》"，指品第三。本书品第三题《明真解祖吊闲人品》，两者题名有别。

《明真解祖吊闲人品》第三妖言："金针拈住要用心，浑身穿透见当人。解脱圆明归家去，无云劫外吊贤人。"

《见性解脱接当人品》第四妖言："当人出窍离凡身，稳坐藕花千叶心。白光不断池中显，接送当来主人公。"

《扫心解脱归山品》第五妖言："明心见性不贪尘，不恋家缘就起身。参透虚花归山去，存身养性办修行。"

《脱壳解显化众生品》第六妖言："显性离身好修行，出定阳升观一针。黄龙笃志夸巧会，其中妙意显功能。"

《长远解脱休要忘恩品》第七妖言："长远贤良伴修行，领祖大意重十分。若是轻慢不当重，背祖忘恩不翻身。"

《归家解脱叹众生品》第八妖言："圣意解脱度贤人，愚浊男女那知闻。吾今妙意归家去，可叹愚夫不回心。"

《归空解脱转动法轮品》第九妖言："若是上乘智慧人，信授还源到家中。识的玄门一步道，转动法轮显光明。"

《破邪详辩》题"《拈花度众生品》有云……"

订：《破邪详辩》所载《拈花度众生品》并未标明品第几。若依顺序，当指品第十。而本书品第十为《吾叹众生不顾自性单讲人品》，其后第二十才是此品，题名作"《拈花度众生出苦品》"。

《破邪详辩》题"此外十四品，言天宫，言地狱，言用功之序，言度世之信，皆与前经多所雷同"。

订补："此外十四品"，当指品第十一至第二十四。由于《拈花度众生出苦品》第二十妖言《破邪详辩》已照录无误，所以将其去掉，增以《吾叹众生不顾自性单讲人品》第十，增减各一，其数正合十四。其各品题名及其妖言如下：

《吾叹众生不顾自性单讲人品》第十妖言："合会贤良侧耳听，湘子出家撒林英。古人不贪财和色，还源智慧只当尘。"

《周朝佛显圆光品》第十一妖言："古人修下后代传，翻来覆去几千年。周朝圆光常发现，大地众生不肯修。"

《讲说本性出苦品》第十二妖言："各祖门下众道人，千谈万论那里成。但离本性别外显，就是旁门作业根。"

《还源造法船度众生品》第十三妖言："世尊驾定大法船，摇槁举罩度有缘。醒悟上船归家去，相伴还源坐金莲。"

《性命双修出九宫品》第十四妖言："说与先天一步功，因有宝珠放光明。伸手指与天边月，性命双修见本人。"

《遍庄严见本性品》第十五妖言："家中一朵无相莲，若要开放占满天。遍劫（结）花朵无其数，三昧禅机遍庄严。"

《供养三宝布施早修品》第十六妖言："今生修下种善根，转来脱化倍倍增。状元修就朝中走，从在佛前拜世尊。"

《躲离沉沦早明心品》第十七妖言："智慧男女早回心，长斋戒酒拜世尊。祖师传与一步道，躲离尘世早明心。"

《劝化众生即早回心品》第十八妖言："眼看阳光往下翻，越的黑了不见天。光阴催逼快如箭，放着榜样不肯参。"

《五更禅定出九宫品》第十九妖言："月下观见主人公，性命相连太虚空。二意相合超三界，三性圆明出九宫。"

《还源显修行品》第二十一妖言："说与还源一步功，若人识的伴清风。玄中妙法出三界，目下成功显修行。"

《神天护经无毁坏品》第二十二妖言："宝卷留下不非轻，上造诸佛众神明。若人毁谤西来意，神天观见不饶人。"

《显性度众生品》第二十三妖言："还源一步好修行，劈破七十二旁门。真诀一点当人现，出窍显性留下经。"

《宝卷圆满归空品》第二十四妖言："圆光发现在悬空，来往周转护真经。无毁无坏传流世，度尽阎浮世上人。"

四、《销释明证地狱宝卷》二十四品

《破邪详辩》题"《还源游地狱品》有云：'还源遇灵山古佛，赐一无名柱杖，上指三十三天，下戳幽明地狱，能救一切众生。'"

增：《还源游地狱品》，其题名全称曰《还源祖找本性游地狱品》第一。其内容云："我是灵山古佛，因见你（按：指还源祖）虔心不退，因此才来度你。往前所走，我与你引路前行。站立多时，古佛又说，吾有一件圣宝，唤做无名柱杖，上指三十三天，下戳九冥地府，取来与你，能救一切众生。"

《破邪详辩》题"《黑暗地狱品》"。

增：《黑暗地狱品》，其题名全称曰《祖叹黑暗地狱不见日月品》第二。两本内容相同。

《破邪详辩》题"《无边地狱品》有云：'他在阳间，横行放荡，骂天骂地，因此打在无边地狱。'"

增：《无边地狱品》，其题名全称曰《叹无边地狱好苦品》第三。其内容云："他在阳间，横行放挡（荡），指天骂地，因此打在无边剁手地狱。"

《破邪详辩》题"《漆河女人品》有云：'女人生男产女，不净之衣冲撞神灵。因此死后打在漆河之中。'"

增：《漆河女人品》，其题名全称曰《观漆河女人好苦品》第四。其内容云："女人他在阳间，生男产女，不净之衣冲撞神灵。因此打漆河之中。"

《破邪详辩》题"《酆都城好苦品》有云：'他在阳间，不信正法，毁骂经教，因此打在酆都城中。'"

增：《酆都城好苦品》，其题名全称曰《观看酆都城中罪人好苦品》第五。其内容云:"他在阳间,不信正法,行吃行开,毁骂经教,因此打在酆都城中。"

《破邪详辩》题"《铁床地狱品》有云:'他在阳间,不行善事,念经不起,撞钟不动,因此打在铁床,用火熬煎。'"

增:《铁床地狱品》,其题名全称曰《叹铁床地狱罪人好苦品》第六。其内容云:"他在阳间,不行善事,闻经不听,死贪尘垢,毁骂经教。念经不起,撞钟不动。因此打在火(铁)床。"

《破邪详辩》题"《刨心割舌品》有云:'男人在阳世,单将刁心暗害好人,无事说有,好事说破,因此刨心。女人在阳世,东家说好,西家说歹,陷害良人,因此割舌。'"

增:《刨心割舌品》,其题名全称曰《祖叹剜眼割舌地狱好苦品》第七。其内容云:"男人他在阳间,单将刁心,暗计杂事,攛谩好人,暗割官吏。无事说有,好事说破,暗攛刁帖,因此刨心剁手。世尊又问:'女人割舌,作何罪业?''他在阳间,不念弥陀,东家说好,西家说歹,陷害良人,返被自作,因此割舌。'"

《破邪详辩》题"《刀山地狱品》有云:'他在阳间,酗酒吃肉,杀牲害命,因此打在刀山地狱。'"

增:《刀山地狱品》,其题名全称曰《看刀山地狱十分难禁品》第八。其内容云:"他在阳间,不行善事,酗酒吃肉,杀害牲灵,因此打在刀山地狱。"

《破邪详辩》题"《寒冰地狱品》有云:'他在阳间,粗行恶事,路途之中,邀劫他人,衣服剥去,因此打在寒冰地狱。'"

增:《寒冰地狱品》,其题名全称曰《叹寒冰地狱苦难禁品》第九。其内容云:"他在阳间,粗行恶事,路途之中,邀劫他人,衣服剥去,单顾自己,不官(管)他贫,陷害好人儿女,强良之汉,因此打在寒冰地狱。"

《破邪详辩》题"《抽肠地狱品》有云:'他在阳间,养蚕抽丝,妄剪绫罗,因此打在抽肠地狱。'"

增:《抽肠地狱品》,其题名全称曰《祖叹抽肠地狱好苦品》第十。其内容云:

"他在阳间，养蚕抽丝，妄剪绫罗，因此打在那刨（抽）肠地狱。"

《破邪详辩》题"《火池地狱品》"。

增：《火池地狱品》，其题名全称曰《叹火池地狱罪苦难禁品》第十一。其内容相同。

《破邪详辩》题"《磨研地狱品》有云：'他在阳间，设计诓骗，抄揽杂事，因此打在磨研地狱。'"

增：《磨研地狱品》，其题名全称曰《磨研地狱十分好苦品》第十二。其内容云："他在阳间，不行正事，设智诓骗，绰揽杂事，调戏良人、豪富之家，越讫天理，神明照鉴，命尽不容，因此打在磨研地狱。"

《破邪详辩》题"《铁汁地狱品》有云：'他在阳间，两头白面，调唆词讼，好人说死，恶人说活，神天不容，因此铁汁灌口。'"

增：《铁汁地狱品》，其题名全称曰《叹铁汁地狱好苦品》第十三。其内容云："他在阳间，不行正事，两头白面，教调词讼，又与官吏过言。好人说死，恶人说活，神天不容，因此铜（铁）汁灌口。"

《破邪详辩》题"《黑风剁手地狱品》有云：'女人在阳间，与人收生，回家不净之手，佛前供茶献水，又将不净血衣，去河中淘洗，被下稍男女用水合面烧茶，佛前供献，臭秽恶气难当，因此打在黑风剁手地狱。'"

增：《黑风剁手地狱品》，其题名全称曰《祖叹黑风剁手地狱品》第十四。其内容云："他在阳间，与人收生过日，有那倒肠所生，有那横生不顺之子，收生之人，又将恶心所使，肠上插针，陷害好人儿女，来家不净之手，佛前供茶献水，冲撞神明。又将不净血衣，拿去河中淘洗，遍河秽水流动，被有下稍男女，各人担去来家，用水合面烧茶，佛前供献，臭秽恶气难当。……上天奏与玉皇得知，玉皇伸文，与我佛得知，因此打在黑（风）剁手地狱。"

《破邪详辩》题"《柱死城好苦品》有云：'他在阳间，称佛呼祖，哄诱迷人，贪图财物，因此打在柱死城中。'"

增：《柱死城好苦品》，其题名全称曰《叹柱死城中罪人好苦品》第十五。其内容云："他在阳间，称佛呼祖，哄送迷人，贪图财物，久（酒）后命尽，打在柱死城中。"

《破邪详辩》题"《剐脸地狱品》有云：'女人在阳世，不行正事，张狂模样，妄搽脂粉，哄送好人儿男性命陷害，因此打在剐脸地狱。'"

增：《剐脸地狱品》，其题名全称曰《见剐脸地狱女人好苦品》第十六。其内容云："他在阳间，不行正事，张狂模样，妄搽胭粉，又将油来梳头，哄送好人儿男，性命陷害，因此打在剐脸地狱。"

《破邪详辩》题"《油锅地狱品》有云：他在阳间，烧鸡烧鹅，煎炒虫鸟百命之物，因此打在油锅地狱。"

增：《油锅地狱品》，其题名全称曰《祖叹油锅地狱好苦品》第十七。其内容云："他在阳间，饮酒吃肉，烧鸡烧鹅，火蜕虫鸟，煎炒百命之物，因此打在油锅地狱。"

《破邪详辩》题"《打烂地狱品》有云：'他在阳间，专生巧计，欺骗良人，奸骗幼女，因此堕在打烂地狱。'"

增：《打烂地狱品》，其题名全称曰《祖叹打烂地狱十分苦品》第十八。其内容云："他在阳间，不行善事，专生巧计，欺骗良人，盗卖官事，奸骗幼女，毁僧谤佛，拆寺毁像，因此命尽，堕在打烂地狱。"

《破邪详辩》题"《吊脊地狱品》有云：'他在阳间，大斗小秤，欺哄平人，因此打在吊脊地狱。'"

增：《吊脊地狱品》，其题名全称曰《吾叹吊脊地狱好苦品》第十九。其内容云："他在阳间，不行善事，大斗小秤，欺送谩人，单顾自己，不论他贫，因此打在吊脊抽筋地狱。"

《破邪详辩》题"《地狱接家书品》有云：'古佛家书传还源，有十八道金牌挂在十八狱，六部真言贴在六司，满狱罪人尽皆超生。'"

增：《地狱接家书品》，其题名全称曰《还源游地狱接家书品》第二十。其内容云："今日游了七日七夜。十八层地狱，尽从游过。满狱男女尽都超生去了。古佛牒文到此，请我回家。吾今还家，留下一十八道金牌，六部真号。十八道金牌，挂在十八狱。六部真号，贴在六司。多谢扰你。"

《破邪详辩》题"《出狱度众生》以下共四品，或言阎君地狱，或言佛祖灵山"。

补："以下共四品"，指第二十一至第二十四品。其各品题名及妖言如下：

《还源出狱度众生》第二十一妖言："还源一步好功程，在凡在圣都有名。十八地狱都游过，出窍显性度众生。"

《为众生不肯回头品》第二十二妖言："留下宝卷为儿孙，上山只为吾修行。今番舍身游地狱，只为天下造业人。"

《参拜正法出苦品》第二十三妖言："修行之人要正行，莫怪还源苦叮咛。拜师须要参真祖，仗佛威光出苦沦。"

《无毁无坏祖师品》第二十四妖言："真经宝卷以（已）完成，无毁无坏到如今。兴流天下度男女，有凡有圣地狱经。"

五、《销释科意正宗宝卷》二十四品

《破邪详辩》题"《了凡身脱苦品》总言功夫练就，了脱凡身之义"。

增：《了凡身脱苦品》，其题名全称曰《了凡身题目脱苦品》第一。其内容云："正宗者，单正人人本来面目。""个个还源，这为正宗之意。"

《破邪详辩》题"《气眼显光品》有云：'气眼者，接续后天一气也。'"

增订：《气眼显光品》，其题名全称曰《气眼显光开花品》第二。其内容云："气眼是五气皆清，气脉搬运，父母蕴身，蕴身透开，接续后天一气。"

《破邪详辩》题"《肉眼发亮品》有云：'散退浮云见当人。'"

增：《肉眼发亮品》，其题名全称曰《肉眼发亮退浮云品》第三。其内容云："退散浮云见当人。"

《破邪详辩》题"《月州城里会贤人品》有云：'法眼开摄诸法，经藏不看，自然皆知。'"

增订：《月州城里会贤人品》，其题名全称曰《月州城里化贤人品》第四。其内容云："法眼摄开诸法，经藏不看，自然皆知。"

《破邪详辩》题"《天眼开通品》有云：'天眼是天门开放，当人出窍，游到九九八十一层天上，三万五千由旬。'"

增订：《天眼开通品》，其题名全称曰《天眼开通见性品》第六。其内容云："天眼者，是天门开放，当人出窍。打破昆仑，人死气断，当人出现，常游三界。游到九九八十一层天上，三万五千由旬。"

《破邪详辩》题"《净土脱心通》有云：'以下共六品，有脱心通、神警通、续命通、归家通、三昧通、现在通以及先境、意境、真境、假境。噫，脱心通是见性之意，而于义理之性、气质之性未能喻其分毫也。神警通是悟理之言，而于理之至费、理之至隐未能窥其形似也。续命通是禅定之法，而未至续命，先至戕命，能知命者，必不如此昏昏也。归家通即出神之效，而未至归家，先至破家，能保家者必不如斯愦愦也。三昧通默转元机，而斩绞徒流终不能转。现在通预知诸法，而吉凶祸福全未能知。至于先境、意境、真境浮衍成词，姑置勿道。惟谓假境是胡啋乱说，哄诱迷人，即是自说自家，譬之贼人骂人，以明己之非贼，而众已知其为贼。种种谬说，既不可信。'"

增订：脱心通，其题名全称曰《净土脱心通了凡身品》第七。其内容云："脱心通者，是见性之意。……脱心通，若人得了，显性明真，永劫坚牢，这为脱心通之意也。"

神警通，其题名全称曰《无由灯从空显化品》第八。其内容云："神警通者，是悟理之言。得了神警通，后证法门之意也。"

续命通，其题名全称曰《续命通无毁坏品》第九。其内容云："续命通，是禅定之法。……修行之人，若有醒悟，入吾还源会下，开示分明，性命续上，打成一片，永远长存，这才是续命通之意也。"

归家通，其题名全称曰《找还源归家传法品》第十。其内容云："归家通者，是觉悟、菩提之理，两般之意。"

三昧通，其题名全称曰《牟尼找钥匙开玄门品》第十一。其内容云："三昧者，是禅机之法，惺的功案。默传玄机，当人发现。……三昧者是三性各成，六门紧闭。……三昧通者，是三三如九，成就圆明，能通八万四千毛孔，这才是三昧通之意。"

现在通，其题名全称曰《五气朝元见当人品》第十二。其内容云："现在通者，识的就是未来通。现在者，能知诸法，能通诸性，又知诸般教相。"

六、《销释归家报恩宝卷》二十四品

《破邪详辩》题"《戳碎酆都城救母品》有云：'吾今日，还家去，无有可报。留一部报恩卷，答报双亲。'"

订：《戳碎酆都城救母品》，其题名全称曰《戳碎酆都城菩萨救母品》第一。

《破邪详辩》题"《一身菩萨不离一性品》有云：'当人功满，真性发现，才得报答父母深恩。现在父母，过去、未来三世父母，都得超生。'"

增订：《一身菩萨不离一性品》第二有云："当人功满，真性发现，超出三界，成其佛子。才得报答父母深恩。见在父母，过去、未来三世父母，都得超生。"

《破邪详辩》题"《真性腾空菩萨从修》以下共三品，纵言人分三身，有清净法身、圆满报身、千班亿化身"。

增订：《真性腾空菩萨从修》以下共三品，指《真性腾空菩萨从修品》第三、《腾空菩萨显性品》第四、《出沉沦菩萨纵横品》第五。

《破邪详辩》题"《三身菩萨显光品》有云：'四智者，东为妙光查智，西为左同右智，南为平等性智，北为收揽显智。'"

增：《三身菩萨显光品》第六，其内容云："四智者，四家赞成，地水火光，又明四句妙偈。又分四智：东为妙光查智，西为左同右智，南为平等性智，北为收揽显智。"

《破邪详辩》题"《一心菩萨显羊车》有云：'以下共三品，总言真性是羊车，法性是鹿车，佛性是牛车。'"

　　增：三品指《一心菩萨显羊车品》第七、《点金菩萨显圣品》第八和《三身菩萨使车品》第九。其《一心菩萨显羊车品》第七内容云："三车者，也不离三性。真性是羊车，法性是鹿车，佛性是牛车。"

（载《2008年全国图书馆古籍工作会议论文集》，2009年国家图书馆出版社出版）

《杂字类函》自序
——蒙学读物杂字及其版本知见录

一、杂字说略

何谓杂字？顾名思义，就是把各类字词汇集在一起而编成的书。从行文内容看它是字书，从编纂体例看它是类书。杂字是自古以来在中国民间广泛流传的一类蒙学读物。经过长期发展演变，由原来的单一胪列字词，而逐渐变成了由数个字词相连成句、可以诵读的一种形式。无论属于哪种形式，在一种杂字书中，所用字词一般不重复，以达到识字的目的。笔者从所见明清以来传本获知，杂字具有以下显著特征：书题杂字，作者佚名，按类编排，句式多样，内容丰富，开本小薄。

杂字起源很早。依据文献记载，早在汉魏时，就出现了以杂字题名的书，如汉郭显卿的《杂字指》，魏张揖的《杂字》、周成的《杂字解诂》等，今均有辑本。《隋书·经籍志》还著录了邹里的《要用杂字》、李少通的《杂字要》等。敦煌遗书中有《诸杂字》（见《敦煌杂录》下辑）等。可见杂字书早在隋唐以前就已经开始流行。《宋史》列传第二百四十四有这样的记载："元昊（按：即李元昊，西夏国君）自制蕃书，命野利仁荣演绎之，成十二卷，字形体方整，类八分，而画颇重复。教国人纪事用蕃书，而译《孝经》《尔雅》《四言杂字》为蕃语。"西夏创造了文字之后，首先翻译《四言杂字》，与《孝经》《尔雅》并列，可见这本杂字书在当时的重要性。南宋诗人陆游作七言绝句《秋日郊居》曰："儿童冬学闹比邻，据案愚儒却自珍。授罢村书闭门睡，终年不着面看人。"诗下双行注文："农家十月乃遣子入学，谓之冬学。所读《杂字》《百家姓》之类，谓之村书。"可见当时《杂字》与《百家姓》之类的蒙学读物并行于世。随着雕版印刷业的兴盛，明清时期这种杂字读物在民间更得以广泛流传。民国时期接续余韵，甚至在解放区的革命文献中还能看到它的踪影。从起源时间和流传情况看，笔者认为，《杂字》是中国古代产生时间最早、流传范围最广的蒙学读物之一。

早期的杂字均属于字词单列式杂字，间或释义；后来发展成字词相连成句的形式。三言或多言杂字应该是在字词单列式杂字的基础上，为了便于诵读，易于识字，经过不断演变而逐渐形成的。我们依据早期的辑本和后来的传本便可以了解这种情况。魏张揖的《杂字》仅辑得七条，周成的《杂字解诂》仅辑得十四条。检阅可知，这些书的内容都是解释字词的音义，如张书第一条："诂者古今之异语也。"周书第一条："啸，吹声也。"据《敦煌遗书总目索引新编》著录知，在敦煌遗书中，有不下十种杂字。其中S.5513，题《杂字》："窄纸幅，残卷，大抵以偏旁相同者相隶属"；S.5690，题《杂字》："共三行，约十七字，比较冷僻"；S.5712，题《杂字》："仅九行，不满百字兼有注音，如羼注以善，曁注以既。"这是早期杂字的特点。从文献记载和流传情况判断，大概隋唐以前的杂字可以归入此类，即单一胪列字词或解释字词的音义。自宋代以后，杂字书的内容丰富起来，形式也趋多样化，除单一胪列字词或解释字词的音义外，还把常用的字词进行组合相连，逐渐演变成了这种既有一定句式、又有一定内容的可读性蒙学读物。

杂字的主要功用是识字，而且书中所载都是属于日常生活中经常用到的字词。那些村塾秀才或市井中人把日常使用的字词进行分类编写成句，用来教人。这类杂字受到欢迎的原因是它既便于熟记，又可以从中学到所用文字和各类知识。广泛流行的南朝梁代周兴嗣编的《千字文》、相传为北宋时佚名编的《百家姓》和相传为南宋王应麟编的《三字经》，实际上也是具有一定句式、又有一定内容的启蒙读物。《三字经》"人之初，性本善"，是三字一句；《百家姓》"赵钱孙李，周吴郑王"和《千字文》"天地玄黄，宇宙洪荒"均是四字一句。仅从这方面进行比较，其与杂字没有太大区别。笔者认为，"三、百、千"所具有的优点的地方，也正是其不足之处：《三字经》宣扬儒家伦理道德，重在进行说教，无趣味内容；《百家姓》列举百家姓氏，集常见的408个单姓和30个复姓，加在一起有430多个字，只言姓氏，与诸事无涉；《千字文》是有关自然、社会、历史、教育等方面的知识内容，也只是以教人认识一千个汉字为目的。字数偏少，不能满足人们的日常生活实际需要。与之相比，杂字这种读物，形式多样，杂字收字容量大，内容丰富，在一定程度上弥补了"三、百、千"自身存在的不足，这或许就是杂字在民间得以长期、广泛流传而不衰亡的主要原因吧。

杂字形式多样。杂字书写形式多样，据笔者经眼的传本得知，有字词式杂字、三言杂字、四言杂字、四三言句式杂字、四八言句式杂字、五言杂字、五四言杂字、五七言杂字、六言杂字、七言杂字、十言杂字、十三言杂字、词句对应杂字和民族语言杂字等。

杂字收字容量大。据笔者经眼的传本统计，杂字收字容量一般都在千字以上。如《庄农杂字》2400字，《六言杂字》2700字，《幼学杂字》有2800字，《山西杂字》3500字，而蒲松龄撰写的《日用俗字》（七言杂字）多达11000字。

杂字内容丰富，有属于综合性的、有属于专题性的。一书包括了多个门类，是所谓的综合性杂字，一册在手，可知天下事；一书只讲一个门类，或只讲字（词）义，或只讲农业，或只讲经商，或只讲日常生活，是所谓的专题性杂字，一册在手，可以满足需要。

由于杂字自身具备了这些特长，显得特别实用，受到了下层百姓的欢迎。然而，这种启蒙读物自古以来，不受官方重视，更不被读书人认可。如专门搞普及教育的清季学人张之洞在其"为告语生童而设"的《书目答问》一书中，在称赞《仪礼韵言》时就曾说过这样的话：是书"岂不胜于读村书杂字、《百家姓》万万耶！"这本《仪礼韵言》是对上层子弟传授仪礼用的书，而"村书杂字"则是下层百姓用来识字的读物。站的角度不同，认识自然存在区别。教育家张志公先生曾谈到杂字的作用，他说：由于杂字具有通俗、实用和地方色彩等特点，"杂字书居然能跟几乎是官定的'三、百、千'相抗衡，在不被读书人认可的情况下，在社会上广泛流传。在实际上，也确是靠了这一路土教材，才真正解决了中下层社会人家的子弟只用短时间学会识字，以应付日用需要的问题。任何一种编得好些的杂字书，大致都能用一次（顶多两次）冬学的时间学完；学会那些字，记记账，写写信，看看通俗小说和唱本，的确可以对付对付了"（见张志公著《传统语文教育初探》，1962年上海教育出版社）。来新夏教授对杂字这种蒙学读物曾提出自己的认识，他说："与正规教育之路并行的幼（蒙）学教育，还有一条业余教育之路。它的读者不限年龄，不拘身份，男女老幼都可以选择这条识字途径。这种所谓幼学教育不是从年龄立意，而是指扫盲性质的启蒙教育。这是一条非正规的业余教育之路。它的主要读物就是因地制宜、因事制宜，以不同句式编排的各种'杂字'。"（见《中华幼学文库·杂字·来新夏前言》，来新夏主编，1995年南开大学出版社）

历来人们很少关注这种蒙学读物，甚至不知杂字为何物。究其原因，主要是杂字属于民间读物，没有得到官方认可，没有升到正统地位，形如野花，始终处于自生自灭状态。学者李丽中、高维国认为："由于历代统治者对杂字的偏见和鄙视，给今天的杂字搜集工作带来极大困难，已往的杂字书编写者多不著姓名和撰写年代，官方编辑出版的书志、书目上又绝少收录，以至许多珍贵的杂字读本在长期流传中散失，有的虽找到残本但无法对证。杂字搜集工作进展缓慢直接影响了对杂字这一文化现象的研究。"（见《中华幼学文库·杂字·李丽中、高维国前言》，来新夏主编，1995年南开大学出版社）

就笔者历年访求杂字实践获知，上述观点是正确的。早期的杂字现在只能看到少数几种辑本，宋元版杂字现在已经没有了踪迹，明版杂字已成凤毛麟角，清版杂字十分少见，民国版杂字偶或见之。作为历代私家的藏书楼对这类读物根本不屑一顾，遑论珍藏！作为公藏的图书馆对这类读物一般不去特意购藏，偶有零星收藏，也多是在不经意间得到的。在一般书店售书目录中甚至找不到有关它的题名。这些随时都有可能佚亡的蒙学读物，在我国历代蒙学教育中曾经发挥过重要作用，这是一宗急需关注的重要历史文献，它记载着曾经使用过的（有些现在仍在使用）字词、俗语、俚语和警句，真实反映下层民众的生活方式和人生态度，在语言学、教育学、民俗学和社会学等领域都具有重要价值。

二、所见杂字书目

笔者将经眼见到的杂字进行梳理统计，包括14类83种172个版本，其中包括：

第一类：字词式杂字9种15个版本；

第二类：三言杂字2种8个版本；

第三类：四言杂字38种74个版本；

第四类：四三言句式杂字1种1个版本；

第五类：四八言句式杂字1种1个版本；

第六类：五言杂字8种21个版本；

第七类：五四言杂字1种2个版本；

第八类：五七言杂字1种1个版本；

第九类：六言杂字4种12个版本；

第十类：七言杂字8种21个版本；

第十一类：十言杂字2种6个版本；

第十二类：十三言杂字4种6个版本；

第十三类：词句对应杂字 1 种 1 个版本；

第十四类：民族语言杂字 3 种 3 个版本。

下面就对以上开列的杂字分类进行简要介绍。先分类，次分种，种下列版本。大致以每一部杂字为著录条目，著录事项主要包括书名、撰者（一般题"佚名撰"）、版本、杂字正文的首句和末句，以及必要的简短说明。见诸公藏者，注明藏家名称；见诸私家者，不予题名。

第一类：字词式杂字

这类杂字一般按类收集相关字词。主要包括两种形式：一是单列字词，字词后面没有释义；二是既列字词，又在字词的后面添加释义。字词式杂字的作用类似我们现在使用的字（词）典。今见 9 种 15 个版本。

第一种今见 1 个版本。

《新刻增校切用正音乡谈杂字大全》（一名《乡谈正音杂字》《乡谈正音什字》），佚名撰，明末刻本。前三词"天光、天暗、寒天"，末数词"几遭、无教、越多、簇成、暂且、临近"。乡谈指地方俗语，正音指标准用语。如：乡谈与正音的对应词：天光——天亮、天暗——天黑、寒天——冷天。美国哈佛大学哈佛燕京图书馆藏，收入《美国哈佛大学哈佛燕京图书馆藏中文善本汇刊》，2003 年广西师范大学出版社出版。

第二种今见 2 个版本。

1.《五刻徽郡释义经书士民便用通考杂字》（一名《通考杂字》），佚名撰，明崇祯刻本，首尾残。存二卷：一、二。每半叶 10 行，四周单边。上下双栏。上栏为知识性内容，下栏是杂字。杂字正文分病症类、人事类、俗语类、婚姻类及虫类等。病症类前三词"针灸、膏肓、荣卫"，虫类后三词"蟪蛄、蜜蜂、螺蛳"。天津图书馆藏，收入《中国古籍善本书目》子部类书。

2.《重增释义徽郡世事通考元龙杂字》（一名《万全世事元龙通考杂字》），佚名，清文萃堂刻本。每半叶 13 行，左右双边。正文首三词"乾坤、宇宙、太极"，末三词不清。先列词，后有释义。分 70 类。北京师范大学图书馆藏。

第三种今见 1 个版本。

《新刻增订释义经书便用通考杂字》二卷外一卷（一名《世事通考全书》《增补通考全书》《敦义堂二刻增补便用杂字世事通考全书》《敦义堂新刻分类元龙便

用世事通考全书》），清徐三省辑，清黄惟贤增订，清康熙间仇村黄惟贤刻本。正文分天文、地理、时令、人物等68类。首三词"乾坤、宇宙、太极"，末为"诸译国名、江湖风暴、治骨鲠神符"。字词后面添加释义。国家图书馆藏。收入《中国古籍善本书目》子部类书。

第四种今见1个版本。

《益幼杂字》不分卷，清文奎阁书庄撰，清金陵状元境文奎阁书庄刻本。首三词"籼（xiān）米、晚米、糯（nuò）米"；末三词"陕西、云南、河南"。正文分类52类。

第五种今见1个版本。

《元龙杂字》，佚名撰，清梅继培校，清道光十三年抄本。分天文类、地理类、时令类、职官类、人事类等41类。正文云"周天三百六十五度，四分度之一，二十八宿，半在天上，半在地下"；末四词"浑食虫、蜡蜂、蛴螬虫、牛蟾虫"。有梅继培校跋及半农识语。人民大学图书馆藏。

第六种今见1个版本。

《新镌智灯杂字》二卷（一名《新增绘图智灯杂字》《绘图智灯杂字》《智灯杂字》），佚名撰，清宣统元年上海广益书局石印本。正文首三词"□□、霉天、□□"，末三词"五字对、六字对、七字对"。分43类。上图下文。北京师范大学图书馆藏。

第七种今见2个版本。首三词"生瓜、茄子、落苏"，末三词"夯槌、砟刀、六尺杆"。正文分38类。

1.《绘图日用杂字》，佚名撰，无年月北京老二酉堂石印本。上图下文。北京师范大学图书馆藏。

2.《最新改良绘图日用杂字》不分卷（一名《绘图日用杂字》《绘图中西日用杂字》），佚名撰，无年月上海昌文书局石印本。书后附四体英文字母，故又名《绘图中西日用杂字》。版面分成上、下两部分，上部分为插图，下部分为文字（以下简称"上图下文"）。

第八种今见5个版本。首数字（词）"乾、坤、日、月、雷、雨、风、云"相同，末字（词）稍异。

1.《新增幼学杂字》（一名《幼学杂字》《对像杂字》），佚名，清光绪二十三年文成堂刻本。"冰、雹、雪、散"和末数字（词）"壁虎、蜗牛、蚯蚓"，图文对照。

2.《改良绘图幼学杂字》（一名《绘图幼学杂字》）》，佚名撰，无年月上海广益书局石印本。末三字（词）"蚯蚓、蝌蚪、蜉蝣"。图文对照。

3.《改良绘图幼学杂字》（一名《绘图幼学杂字》《幼学杂字》），佚名撰，无年月。久敬斋石印本。末三字（词）"蚯蚓、蝌蚪、蜉蝣"。书后有久敬斋石印启示。图文对照。

4.《最新绘图幼学杂字》（一名《绘图增订幼学杂字》《幼学杂字》），佚名撰，民国八年铸记书局石印本。末三字（词）"蜥蜴、蝗虫、金虫"。图文对照。

5.《最新绘图幼学杂字》（一名《绘图幼学杂字》），佚名撰，无年月鸿文书局石印本。末三字（词）"衣鱼、石蚕、赤蜂"。图文对照。

第九种今见1个版本。

《新刊较正方言应用杂字》（一名《方言应用杂字》），清张国潘较正，清刻本。首句"天、星、日、月、斗、宿、参、辰"，末句"遽、忽、应、用、庶、免、蒐、寻"。正文分25类。

第二类：三言杂字

杂字正文每句三字，故名。今见2种8个版本。

第一种，今见7个版本。正文首四句"说杂字，头一宗，治酒席，请宾朋"，末四句"哭啼啼，似可怜，过新春，又一年"。

1.《大字三言杂字》，佚名撰，无年月刻本。

2.《绘图三言杂字》，佚名撰，无年月北京文成堂石印本。上图下文。

3.《绘图三言杂字》（一名《三言杂字》《绘图重校三言杂字》），佚名撰，阎敏之书，无年月北京老二酉堂石印本。上图下文。

4.《新出改良绘图大三言杂字》（一名《绘图大三言全集》《绘图三言杂字》《绘图大三言杂字》），佚名撰，无年月北平泰山堂书局石印本。上图下文。

5.《新出改良绘图大三言杂字》（一名《绘图大三言全集》《绘图三言杂字》《绘图大三言杂字》《三言杂字》），孙虚生撰，民国二十五年安东诚文信书局石印本。书后有版权页，为杂字书中所少见者，是本书一个特点。上图下文。

6.《新出改良绘图大三言杂字》（一名《绘图大三言全集》），佚名撰，无年月石印本。上图下文。

7.《新出改良绘图大三言杂字》（一名《绘图三言杂字》《绘图大三言杂字》），佚名撰，无年月锦章图书局石印本。上图下文。

第二种今见 1 个版本。

《新出改良绘图续三言》（一名《绘图续三言杂字》《三言杂字》），佚名撰，无年月石印本。首句四句"贺新正，才立春。常鲜纸，贴满门"，末几句"今虽续，犹不全。二十四，节气完。望才子，再补添"。上图下文。

第三类：四言杂字

杂字正文每句四字，故名。四言杂字是笔者所见各种杂字当中传本最多的一类。今见 38 种 74 个版本，

第一种今见 1 个版本。

《新刊正音注解日诵总类大全杂字》四卷，明吴心盘撰，清抄本。正文首句"天云风雨，皓月青天"和末句"星辰斗宿，冰雹闪电"。故宫博物院藏。收入《中国古籍善本书目》子部类书。

第二种今见 1 个版本。

《杂字类考》二卷，清丁公恕撰，清乾隆五十二年经元堂刻本。首四句题"天覆万物，日月代明。星辰次列，宿度绕行"；末四句题"草稿改窜，叙跋批评。抄誊剞劂，印拓传行"。本书共分 85 类。其中上卷分天类、地类、帝王、文官、武职等 46 类；下卷分族戚、师弟、朋友、子弟、女流等 39 类。有自序。北京大学图书馆藏。

第三种，今见 3 个版本。首二句题"东西南北，春夏秋冬"，末二句题"防备终身，自思自想"。

1.《总魁杂字》，佚名撰，民国八年抄本。

2.《新抄总魁四言杂》，佚名撰，民国二十七年抄本。

3.《总魁杂字》，佚名撰，民国抄本。

第四种，今见 14 个版本。首二句是"天地三光，上下四方"，末二句是"山人谚语，贤者再添"，有个别的版本末句稍有不同。

1.《正讹四言杂字》（一名《通用四言杂字》《四言杂字》《大四言》），佚名撰，清同治七年完县义兴堂刻本。

2.《四言杂字》（一名《正讹四言杂字》《大字四言》），佚名撰，民国元年

京都泰山堂刻本。

3.《四言杂字》（一名《正讹四言杂字》《大字四言》），佚名撰，民国元年京都泰山堂刻本。

4.《四言杂字》（一名《正讹四言杂字》），佚名撰，民国间北京泰山堂排印本。

5.《四言杂字》（一名《大字四言》《绘图启蒙四言杂字》《正讹四言杂字》），佚名撰，无年月北平泰山堂书局石印本。上图下文。

6.《四言杂字》，佚名撰，民国十九年马先生抄本。

7.《四言杂字》，佚名撰，无年月抄本。

8.《四言杂字》，佚名撰，无年月抄本。

9.《绘图四言杂字》（一名《正讹四言杂字》），佚名撰，民国间上海学古堂石印本。上图下文。

10.《绘图四言杂字》（一名《正讹四言杂字》），佚名撰，民国间北京老二酉堂石印本。上图下文。书后署"阎敏之书"。

11.《新刻增补四言杂字》（一名《四言杂字》《训蒙必读杂字》），佚名撰，无年月三义堂刻本。

12.《四言杂字》，佚名撰，无年月抄本。

13.《四言杂字》，佚名撰，民国二十二年抄本。

14.《四言杂字》，佚名撰，民国三十四年抄本。

第五种，今见3个版本。首四句"天地日月，风雨阴晴。雷霆震电，南北西东"，末四句"儒者见笑，童稚喜传。必须杂字，且应眼前"。

1.《必须杂字》，佚名撰，清同治二年聚原堂刻本。

2.《必须杂字》，佚名撰，民国间彰德聚元堂石印本。上图下文。

3.《必须杂字》，佚名撰，民国三十四年抄本。

第六种，今见1个版本。

《杂字本》，佚名撰，民国二十四年抄本。首二句"四言杂字，□□□□"，末二句"若不用心，忘（枉）费纸钱"。

第七种，今见3个版本。首二句"天地分形，唯人最灵"，末二句"三十九类，群玉殊（珠）终"。

1.《群珠杂字》（一名《群玉杂字》），佚名撰，民国十年天津立元书局刻本。

2.《群珠杂字》（一名《群玉杂字》），佚名撰，无年月文魁堂刻本。

3.《群珠杂字》（一名《绘图群玉杂字》），佚名撰，无年月石印本。末句"仅举数色，群玉殊终，以备常行，三十九类"，与前两个版本不同。上图下文。

第八种，今见4个版本。首二句"天地日月，宇宙乾坤"，末二句"不堪别用，记账而已"。

1.《新编四言杂字》（一名《新刻四言杂字》《四言杂字》），清曲文炳撰，清文富堂刻本。首有曲文炳于清乾隆五十三年自序，十分珍贵。

2.《音注四言商农秘书》（一名《铜版音注四言杂字》《音注四言杂字》），清曲文炳撰，王凤梧校，无年月青岛成和堂书局石印本。标注音字。

3.《改良增广商农秘书》（一名《四言杂字》），清曲文炳撰，王凤梧校订，无年月石印本。杂字旁有注音字。标注音字。

4.《改良增广四言杂字》（一名《四言杂字》），清曲文炳撰，王凤梧校订，无年月石印本。杂字旁有注音字。标注音字。

卷端均印"东武曲文炳焕章甫著"。这是杂字书中明确题署著者的十分少见的例子。

第九种，今见1个版本。

《便用杂字》，佚名撰，无年月抄本。首二句"天池六安，苦丁徽尖"，末二句"勤学读诵，劳（牢）记心中"。

第十种，今见1个版本。

《四言杂字》，复兴书局编，民国二十七吴桥复兴书局石印本。首二句"人生在世，事有多端"，末二句"教人知道，惹人笑谈"。书后有版权页。

第十一种，今见9个版本。首二句"人生在世，先入学堂"，末二句"一篇一篇，细细参详"。

1.《绘图庄农杂字》（一名《庄农杂字》），刘润圃撰，民国二十九年义诚印刷所石印本。书后有版权页，题"编纂人刘润圃"。据康德年号知，此书是溥仪伪满洲国时期的出版物。上图下文。

2.《绘图庄农杂字》（一名《庄农杂字》），佚名撰，民国间上海大成书局石印本。上图下文。

3.《庄农杂字》，佚名撰，民国间石印本。上图下文。

4.《绘图庄农杂字》（一名《庄农杂字》），佚名撰，民国间石印本。上图下文。

5.《绘图俗言杂字》（一名《大字绘图俗农杂字》《绘图俗农杂字》），孙虚生撰，民国三十二年安东德兴印书馆石印本。书后有版权页，题"著作人孙虚生"。作者与第一本不同。上图下文。

6.《改良绘图农庄杂字》（一名《绘图农庄杂字》《农庄杂字》），佚名撰，无年月上海锦章书局石印本。上图下文。

7.《改良绘图农庄杂字》，佚名撰，无年月石印本。上图下文。

8.《绘图庄农杂字》，佚名撰，无年月上海昌文书局石印本。上图下文。

9.《改良绘图庄农杂字》（一名《绘图大字庄农杂字》《庄农杂字》），佚名撰，无年月大陆书局石印本。上图下文。

第十二种，今见4个版本。首二句"石斗升合，分寸丈尺"，末二句"发尔愚蒙，庶用有焉"。

1.《绘图订正四言杂字》（一名《订正四言杂字》），佚名撰，民国五年上海铸记书局石印本。上图下文。

2.《改良绘图四言杂字》（一名《绘图四言杂字》），佚名撰，民国间上海刘德记书局石印本。上图下文。

3.《改良绘图四言杂字》（一名《绘图四言杂字》），佚名撰，民国间锦章图书局石印本。上图下文。

4.《绘图改良四言杂字》（一名《绘图四言杂字》《四言杂字》），佚名撰，无年月上海广益书局石印本。上图下文。

第十三种，今见1个版本。

《使用杂字》（一名《校正无讹新刻使用杂字》），佚名撰，清光绪十六年刻本。首二句"新官到任，衙门差役"，末二句"申猴酉鸡，戌狗亥猪"。

第十四种，今见1个版本。

《使用杂字》（一名《刊刻使用杂字》），佚名撰，清绛州永兴堂刻本。首二句"铺内什物，秤尺斗斛"，末二句"世间可乐，第一问善"。北京师范大学图书馆藏。

第十五种，今见1个版本。

《杂字》，佚名撰，清光绪二十七年抄本。首二句"天文节令，地理宫室"，末二句"山栀山药，黄连黄芩"。

第十六种，今见 1 个版本。

《三千杂字》，佚名撰，无年月抄本。首二句"天地上下，时日月年"，末二句"按谱挨读，勿厌琐屑"。

第十七种，今见 1 个版本。

《绘图童蒙四言杂字》（一名《绘图童蒙四言》），佚名撰，无年月石庄文德书局石印本。首二句"读书习字，务要心勤"，末二句"以训诸子，皆宜钦尊"。上图下文。

第十八种，今见 1 个版本。

《绘图便用杂字》，佚名撰，无年月石印本。首二句"杂货铺店，油蜡纸草"，末二句"赠送远行，饯仪程仪"。上图下文。天津师范大学图书馆藏。

第十九种，今见 2 个版本。首二句"天云风雨，霹雳雷霆"，末二句"香薷白芷，姜蚕续断"。

1.《叶韵四言杂字》（一名《时尚四言》），佚名撰，民国十六年天津立元书局刻本。

2.《叶韵四言杂字》（一名《时尚四言》），佚名撰，民国三十五年锌版印本。天津师范大学图书馆藏。

第二十种，今见 1 个版本。

《杂字连珠》，佚名撰，清安顺同文堂刻本。首二句"教子良方，油盐柴米"，末二句"香料齐整，越吃越香"。包括《便益杂字》《辨真字眼》《应用杂字》及《居家便用》《家常要务》《酬世须知》《家礼合宜》及《天下全图》等共 8 类，其中前 3 类是杂字，后 5 类是讲常识性内容，非杂字。国家图书馆藏。

第二十一种，今见 1 个版本。

《新刻易见杂字农业》（一名《农业杂字》），（明）佚名撰，清婺邑王青云阁刻本。包括农业、种子、作山、园坦、百工、器用、衣冠、行商、坐贾及技业等十部分。每一部分又细分小类。首二句"人生百艺，无如务耕"，末二句"下棋赌博，废（费）事劳心"。国家图书馆藏。

第二十二种，今见 1 个版本。

《四言便读》二卷，（清）佚名撰，清咸丰二年刻本。首四句"自舆纯孝，武穆精忠。尧眉八彩，舜目重瞳"，末四句"布重一诺，金慎三缄。古人万亿，不尽斯呕"。国家图书馆藏。

第二十三种，今见1个版本。

《大清杂字》，（清）佚名撰，清上海茂记书庄石印本。首四句"大清世界，一统河山。万邦宾服，四海奠安"，末四句"百物皆备，万事具全。诵读不忘，举笔不难"。国家图书馆藏。

第二十四种，今见1个版本。

《眼前杂字》，佚名撰，无年月抄本。首二句"半百千万，两钱分厘"，末二句"熨斗烙铁，杂字终篇"。

第二十五种，今见1个版本。

《新镌眉公先生四言便读群珠杂字》（一名《群珠杂字》），佚名撰，清李光明家刻本。首二句"鸿蒙混沌，太极分张"，末二句"民安物阜，□□□□"。

第二十六种，今见1个版本。

《珠玑杂字》，佚名撰，清屯溪大盛堂刻本。首二句"今具支用，账目分明"，末二句"编集杂字，训诲童蒙"。

第二十七种，今见1个版本。

《买卖杂字》，佚名撰，无年月抄本。首二句"买卖之家，账目要清"，末二句"稻草□穰，谷粮麦秸"。

第二十八种，今见1个版本。

《四言杂字》，佚名撰，无年月抄本。首二句"圣朝治世，文运克昌"，末二句"富贵荣华，辈辈也强"。

第二十九种，今见1个版本。

《所谓杂字》，佚名撰，无年月抄本。首二句"所谓杂字，日用寻常"，末二句"今日念完，明天从（重）温"。

第三十种，今见1个版本。

《新刻万全杂字》（一名《绘图万全杂字》），佚名撰，无年月京都文成堂石印本。首二句"天地寒暑，冷热温凉"，末二句"山人谚语，贤者再添"。上图下文。

第三十一种，今见2个版本。首二句"油盐酱醋，蒸酒烧黄"，末二句"以此应事，尚有何难"。

1.《应事杂字》（一名《绘图应事杂字》《绘图应用杂字》），佚名撰，无年月上海广益书局石印本。上图下文。

2.《应事杂字》（一名《绘图应事杂字》《绘图普通应事杂字》），佚名撰，无年月上海昌文书局石印本。上图下文。

第三十二种，今见1个版本。

（书名残，）佚名撰，无年月抄本。首末句残。

第三十三种，今见2个版本。首四句"捷径杂字，家用袖珍。零工簿据，登载分明"，末四句"病痛药草，昆虫花木。簿据少用，何须多学"。

1.《捷径杂字》，佚名撰，民国间长沙守城书局影印清同治十年刻本。上图下文。

2.《捷径杂字》，佚名撰，1996年湖南岳麓书社排印本。

第三十四种，今见1个版本。

《民国杂字》，佚名撰，民国年间印本。首二句"中华民国，先学文明"，末二句"才子购去，看了更欢"。

第三十五种，今见1个版本。

《山西杂字》，佚名撰，民国年间石印本。正文首二句"人生世间，耕读当先"，末二句"常读熟记，上账不难"。

第三十六种，今见2个版本。首二句"上学识字，先认姓名"，末二句"革命思想，永世不忘"。书中有"毛主席像"和"左权将军像"。

1.《绘图老百姓日用杂字》（一名《老百姓日用杂字》《日用杂字》），辛安亭撰，无年月朝华书店排印本。上图下文。

2.《老百姓日用杂字》，辛安亭撰，无年月太岳新华书店排印本。上图下文。

第三十七种，今见1个版本：

《包举杂字》，佚名撰，1996年湖南岳麓书社排印本。首四句"天地古今，阴阳始终。岁时日月，春夏秋冬"，末四句"不假脂粉，口碑赞扬。福禄寿喜，历数绵长"。

第三十八种，今见1个版本。

《农村实用杂字》，本社撰，1982年湖南教育出版社排印本。首四句"农村杂字，内容浅显。讲究实用，门类齐全"，末四句"五谷丰登，六畜兴旺。丰衣足食，国富民强"。于正文个别字的右侧标以注音字，这是沿用了传统的注音方法。上图下文。

第四类：四三言句式杂字

四三言句式杂字指在杂字正文中，每一句四个字的四言句式和每一句三个字的三言句式交替出现，故名。这是一种比较特殊的句式。

今见 1 种 1 个版本。

《新锲鳌头备用杂字元龟》（又称《鳌头杂字》《杂字元龟》），明佚名撰，明万历二十二年刻本。全文分 20 门类。每一门类前部分为四言，后部分为三言。首句"春饼分团，油堆圆子……酱琼脂，□岁团"，末句"宗族眷属，长幼尊卑……五行人，相伴婆"。

第五类：四八言句式杂字

四八言句式杂字指杂字正文，共分前后两大部分。前一部分是四言杂字，后一部分是八言杂字，故名。这是一种比较特殊的句式。

今见 1 种 1 个版本。

《魁本四言相对》（一名《魁本四言对相》《四言对相》），清佚名撰，清绿慎堂刻本。

四言杂字首四句"天云雷雨，日月斗星。江山水石，路井墙城"，末二句"跛跎高矮，肥瘦方圆"。

八言杂字首二句"剃刀摘镊灯檠（音晴）交椅，罘罳（音伏思，意屏风）凉伞水盆轿子"，末二句"羊牢猪圈石菊山茶，牡丹蓉粪升筲帚□"。国家图书馆藏。

第六类：五言杂字

杂字正文每句五字，故名。今见 8 种 21 个版本。

第一种，今见 5 个版本。首二句"童蒙读杂字，用心细参详"，末二句"君子休讥笑，语句不成章"。分述如下：

1.《五言杂字》，佚名撰，无年月文成堂刻本。首末句同上。封面印"启蒙便读文成堂梓行"。

2.《五言杂字》，佚名撰，无年月书农堂刻本。在末句后，有好事者用墨笔添补二句"细悟此书语，言淡意深长"。

3.《五言杂字》，佚名撰，无年月京都泰山堂刻本。

4.《五言杂字》，佚名撰，无年月泰山堂书局石印本。上图下文。

5.《五言杂字》，佚名撰，无年月石印本。上图下文。

第二种，今见1个版本。

《新编五言杂字》，佚名撰，无年月抄本。首二句"新编五字书，抄写用心读"，末二句"抄写用心念，时刻计（记）在心"。

第三种，今见1个版本。

《五言庄农必读》（一名《五言庄农》），佚名撰，民国七年京都宝文堂刻本。首二句"起春动工忙，雇人有商量"，末二句"国民同欢乐，四海庆升平"。

第四种，今见2个版本。首四句题"人生天地间，农庄最为先。要记日用账，先念九九篇"，末二句"尚有文明话，乐看在后边"。

1.《新编改良日用杂字》（一名《改良日用杂字》），佚名撰，民国年间山东长山文义堂刻本。

2.《改良日用杂字》（一名《改良杂字》），佚名撰，无年月刻本。

第五种，今见7个版本。首四句题"人生天地间，农庄最为先。要记日用账，先把杂字观"，末二句"专心记此字，落笔不犯难"。

1.《居家必须日用杂字》，佚名撰，无年月上海世界书局石印本。标注音字。

2.《改良绘图日用杂字》，佚名撰，无年月石印本。上图下文。

3.《改良绘图日用杂字》，佚名撰，无年月成和堂书局石印本。上图下文。

4.《改良绘图日用杂字》，佚名撰，民国十一年烟台益盛堂排印本。

5.《日用杂字》，佚名撰，无年月刻本。

6.《日用杂字》，佚名撰，无年月刻本。

7.《日用杂字》，佚名撰，无年月抄本。

第六种，今见1个版本。

《五言杂字》，佚名撰，民国三十四年抄本。首二句题"村庄农夫忙，终岁不敢康"，末二句"紫荆树好看，烟花的栽竿"。

第七种，今见3个版本。首二句题"劝民为善良，教训子孙贤"，末二句稍有不同。

1.《绘图订正五言杂字》，佚名撰，民国五年铸记书局石印本。末二句"知过必改去，家庭多吉庆"。上图下文。

2.《绘图五言杂字》（一名《新集五字孝经》），佚名撰，无年月抄本。最后二句"知过须必改，方保家无忧"。上图下文。

3.《绘图五言杂字》（一名《新集五字孝经》），佚名撰，无年月抄本。最后二句"知过要必改，方保家缘计"。

第八种，今见1个版本。

《必须五言杂字》，佚名撰，民国二十八年北京老二酉堂排印本。首二句题"正月初一日，新年头一天"，末二句"谷黍渐吐穗，高粱过房檐"。

第七类：五四言杂字

五四言杂字指杂字正文，分前后两大部分，前部分是五言杂字，后部分是四言杂字，故名。今见1种2个版本。

前部分五言杂字，首二句"天地君亲师，深恩报不完"，末二句"是书皆有益，一字值千金"。

后部分四言杂字，首二句"太极分剖，宇宙一统"，末二句"应急字演，察访的当"。

1.《校正日用杂字》（一名《日用杂字》），佚名撰，无年月文明斋石印本。
2.《日用杂字》，佚名撰，民国三十一年抄本。

第八类：五七言杂字

五七言杂字指杂字正文，分前后两大部分，前部分是五言杂字，后部分是七言杂字，故名。今见1种1个版本。

《日用行时杂字》，佚名撰，民国三十年成都博文堂刻本。分稚弊、幼学、伦常、家常、庄家、饭店等21类。其中前三类是五言杂字，自家常以后18类是七言杂字。

五言杂字首四句"童蒙性易骄，家长把心操。树小击时易，枝大擢则劳"，末四句"以上这些字，皆有精义藏。必须都晓得，不枉进学堂"。

七言杂字首四句"油盐柴米酱醋茶，妆拾齐备好当家。嫩姜蘸酱真个好，老蒜泡醋果无差"，末二句"丧道此行不高贵，冠婚丧祭颇有名"。

第九类：六言杂字

杂字正文每句六字，故名。今见4种12个版本。

第一种，今见1个版本。

《建新杂字》，佚名撰，清道光二十八年聚文刻本。首二句"乾坤初开混沌，分别天地阴阳"，末二句"丁忧除服满阕，余哀犹尚留连"。分天文、地理、人物、时令等24类，是综合性内容。生僻字旁标有注音字。北京师范大学图书馆藏。

第二种，今见8个版本。首二句"自古人生在世，具秉五行阴阳"，末二句"鸡报晓雁传秋，三字对六言终"。

1.《六言杂字》，佚名撰，清光绪三十年京都聚珍堂刻本。

2.《六言杂字》，佚名撰，清刻本。

3.《六言杂字》，佚名撰，无年月北平泰山堂排印本。

4.《六言杂字》，佚名撰，无年月北京文成堂排印本。

5.《六言杂字》，佚名撰，无年月北平益昌书局石印本。

6.《新刻校正通用六言杂字》，佚名撰，清刻本。首句同上，末句止于"中秋月九日霜"。

7.《新刻校正通用六言杂字》（一名《大字精印便蒙六言》），佚名撰，民国二十六年排印本。首句同上，末句止于"中秋月九日霜"。

8.《新刻校正通用六言杂字》（一名《便蒙六言杂字》《绘图便蒙六言杂字》），佚名撰，无年月北京锦章图书局石印本。首句同上，末句止于"中秋月九日霜"。又从正文"凌云志捧日心"开始，到"中秋月九日霜"为止，变成三言杂字，即"凌云志，捧日心……中秋月，九日霜"。上图下文。

第三种，今见1个版本。

《时行课幼大全杂字》（一名《时行大全杂字》），（清）尊安子撰，清文生堂刻本。首四句"凡人生于世上，须知四大五常。覆载资乎天地，生育出于爹娘"，末四句"生意般般顺遂，手艺行行高人。叮咛千急行善，皇天不负善人"。分天地伦常、山珍货物、茶食果品等23类。国家图书馆藏。

第四种，今见2个版本。首二句"勤俭富贵之本，懒惰贪贱之苗"，末二句"攒成六言要语，最宜诵读参详"。

1.《绘图改良六言杂字》（一名《绘图六言杂字》），佚名撰，无年月上海普通书局石印本。上图下文。天津师范大学图书馆藏。

2.《绘图订正六言杂字》（一名《订正六言杂字》），佚名撰，民国五年上海铸记书局石印本。上图下文。

第十类：七言杂字

杂字正文每句七字，故名。今见 8 种 21 个版本。

第一种，今见 3 个版本。首二句"日用五谷稷上苍，芝麻荞麦黍稻粱"，末二句"支使收欠问若干，按账除算自得知"。

1.《庄农杂字》，佚名撰，清光绪二十五年墨林堂刻本。于正文后有刊记："光绪二十五年岁次著雍赤奋若相月上浣吉日于保阳莲池书院藻咏楼之南窗下牟圻书墨林堂锓字。"

2.《日用庄农七言杂字》，佚名撰，清刻本。

3.《绘图日用七言杂字》（一名《绘图七言杂字》），佚名撰，无年月北京老二酉堂石印本。上图下文。

第二种，今见 1 个版本。

《日用俗字》，清蒲松龄编，1986 年上海古籍出版社排印蒲松龄集本。首二句"爷娘生来叫做人，发辫□髋与囟门"，末四句"诸门俗字多遗漏，难在全掀《正字通》。古言蛙鸣如擂鼓，今闻蝉叫似弹筝"。首载自序，末刊题跋。自序言及"旧有《庄农杂字》，村童多诵之"等内容。是一部集思想性、艺术性、创造性为一体的高水准的杂字作品。

第三种，今见 4 个版本。首二句"谷子高粱共穈黍，稷秒稙晚粮细糠"，末二句"麻脸人儿其形俏，一个眼的心难防"。

1.《精选杂字》（一名《新刊精选杂字》），佚名撰，清光绪九年泊镇善成堂刻本。

2.《士农工商买卖杂字》（一名《农商买卖杂字》《买卖杂字》），佚名撰，民国二十八年天津义华书帖庄石印本。

3.《士农工商买卖杂字》（一名《买卖杂字》），佚名撰，无年月石印本。上图下文。

4.《绘图买卖杂字》（一名《买卖杂字》），佚名撰，无年月石印本。上图下文。

第四种，今见 1 个版本。

《百句杂字》，杨凌云撰，清光绪二十七年杨凌云抄本。首二句"天下一百二十行，惟有庄农最为强"，末四句"书中杂字识不尽，编成百句细参详。若问拙辞谁氏创，字表凌云本姓杨"。

第五种，今见 6 个版本。首二句"圣人留下好文章，教训读书年少郎"，末二句"若肯熟读并牢记，夺尊显贵在人前"。

1.《校正七言杂字》（一名《万事通考七言杂字》《七言杂字》），佚名撰，无年月蔚州德兴堂刻本。

2.《校正七言杂字》（一名《万事通考七言杂字》《七言杂字》），佚名撰，无年月京都文成堂刻本。

3.《校正七言杂字》（一名《七言杂字》），佚名撰，无年月京都泰山堂刻本。首末句同上。卷端题名下印"京都泰山堂发兑"。

4.《新集七言杂字》（一名《七言杂字》），佚名撰，无年月完县义兴堂刻本。

5.《新集训蒙必读七言杂字》（一名《重校训蒙必读七言杂字》《绘图七言杂字》），佚名撰，无年月北京老二酉堂石印本。上图下文。

6.《新集训蒙必读七言杂字》（一名《新校训蒙必读七言杂字》《绘图七言杂字》《七言杂字》），佚名撰，无年月北平泰山堂石印本。上图下文。

第六种，今见 3 个版本。首二句"木耳香菌合竹笋，鹿筋海带燕窝汤"，末二句"其中或有差误处，高明先生请削删"。

1.《最新订正绘图七言杂字》（一名《订正七言杂字》《绘图订正七言杂字》），佚名撰，民国五年上海铸记书局石印本。上图下文。

2.《最新改良绘图七言杂字》（一名《绘图七言杂字》），佚名撰，无年月上海天宝书局石印本。上图下文。

3.《绘图七言杂字蒙学教科书》（一名《绘图七言杂字》），佚名撰，无年月上海天宝书局石印本。正文字句稍有改动，首二句"耳子香菇兼合笋，鹿筋海带燕窝汤"，末二句"其中或有差误处，高明先生并海涵"。上图下文。

第七种，今见 2 个版本。

1.《七言杂字》，佚名撰，清光绪三十一年古绛宝善堂刻本。首二句"家中有事来亲朋，提上篮儿街上行"，末二句"说的尽是俗语话，但当用时字不差"。首载识语，末有刊记。北京师范大学图书馆藏。

2.《最新出版绘图七言杂字》（一名《最新绘图七言杂字》《绘图七言杂字》），佚名撰，无年月上海昌文书局石印本。首二句"家中有事来亲朋，提上篮儿街上行"，末二句"说的尽是俗语话，但当用时字不差"。上图下文。

第八种，今见 1 个版本。

《应用杂字》，佚名撰，清抄本。首二句"立家锅囊最为先，盆瓮碗盏具要全"，末二句"若论庄户务农业，应用杂字一概全"。

第十一类：十言杂字

杂字正文每句十字，故名。以三三四句式来表示，故也叫"三三四句式"。今见2种6个版本。

第一种，今见5个版本。正文首句"有天地，分阴阳，日月星辰"，末句"和欢乐，多福寿，阖家安康"。

1.《拾字各言杂字》（一名《拾字各言》），佚名撰，清光绪十二年衡邑三义堂刻本。

2.《绘图拾字格言》（一名《拾字格言》），佚名撰，无年月北京泰山堂书帖庄石印本。上图下文。

3.《新刻拾字各言杂字》（一名《拾字各言》），佚名撰，无年月泰山堂刻本。

4.《拾字各言杂字》（一名《拾字各言》），佚名撰，无年月石印本。

5.《十言杂字》，佚名撰，抄本。正文字句或有颠倒，如首句作"有天地，分阴阳，星辰日月"。

第二种，今见1个版本。

《拾字文》（一名《拾字文本》），佚名撰，无年月抄本。正文首句"劝谕尔，众百姓，当堂听讲"，末句"怎奈得，是君命，道阻且长"。

第十二类：十三言杂字

杂字正文每句十三字，故名。又以不同的句式来表示。包括"三三七句式""三三七和七三三混合句式"及"六七句式"三种类型。今见4种6个版本。

第一种，今见1个版本。以三三七句式来表示，故也叫"三三七句式"。

《新刻要紧杂字》（一名《万全要紧杂字》《要紧杂字》），佚名撰，清光绪三十年古绛克明斋刻本。首句"杂字多，写不遍，先将要紧仔细看"，末句"休聒耳，闲扯谈，五经四书用心念"。封面左上角墨笔题"价钱贰十文"。这是仅见的清版杂字书价。

第二种，今见3个版本。以三三七句式来表示。首二句"直隶省，天津卫，都督衙门保卫队；官钱局，商务会，交通银行现洋兑"，末二句"这天津，真可陈，提笔琢磨费精神；说到此，杂字终，赏识一笑望诸公"。

1.《天津地理买卖杂字》（一名《天津地理名家买卖杂字》《天津杂字》），刘浚哲撰，民国九年天津增文书局刻本。

正文中有"刘浚哲，号慕尧，读罢经书兴气豪；刘浚哲，字唐臣，天津迤南沧州人；作杂字，有原因，天津地理日日新"等句。据此知，刘浚哲应当是本书的作者。

2.《天津地理买卖杂字》，刘浚哲、张廷书撰，民国十八年天津聚文山房排印本。

书中有"刘浚哲，号慕尧，读罢经书兴气豪；张廷书，字奉臣，天津西南冀县人；作杂字，有原因，天津地理日日新"等句。在这个版本中新增一位张廷书。张廷书是继刘浚哲之后本书的第二作者。

3.《天津地理买卖杂字》（一名《天津杂字》），张景珊、孙满常撰，民国二十六年排印本。

此本正文字句稍有改动。如首二句改为："河北省，天津卫，公安局所保卫队；官银号，商务会，准备银行国币兑"。正文中，上列两本的"刘浚哲"和"刘浚哲、张廷书"的题名不见了，在同句中取而代之的则是"张景珊，忠厚善，冀县城西傅水店；孙满常，字惠民，天津西南枣强人；作杂字，有原因，天津地理日日新"句。显然，此书的作者又易主了，改为张景珊和孙满常。

第三种，今见1个版本。前一部分是以三三七句式来表示，后一部分是以七三三句式来表示。

《十三言杂字》，佚名撰，无年月抄本。首二句"为士学，非等闲，八岁小学入书馆；念《大学》，读《中庸》，《论语》《孟子》要熟玩"，末二句"砂仁朱砂换骨丹，点舌丹，如意丹；元葫艸草抱龙丸，农人用，商贾用"。最后添上一句是"流与人间万古传"。

第四种，今见1个版本。正文以六七句式来表示。

《士农工商》，佚名撰，无年月抄本。首二句"自盘古凿混沌，开天辟地太极首；有三皇治世间，始画八卦安星斗"，末二句"染线带合衣裳，青红兰录紫苏黄；梭布染绸缎浆，高竿悬挂伍色扬"。

第十三类：词句对应杂字

词句对应杂字指在杂字正文中，词句虽字数不等，但都一一对应，故名。今见

1种1个版本。

《新镌便蒙群珠杂字》，佚名撰，屯溪开益斋刻本。正文缺两页，分天文、地理和人物等二十余类。每类所收词句用对应（或曰杂言交错）的形式排列。如"雪珠曰霰，甘雨曰霖"，"勤俭治家，须要顶天立地；公平处世，切莫利己害人"。

第十四类：民族语言杂字

民族语言杂字指在杂字正文中有汉语字词和少数民族文字相互对应的杂字。今见3种3个版本。

1.《高昌馆杂字》，佚名撰，清初同文堂抄本。正文中有汉语字词和回鹘族字词相互对应，可以当作汉语和回鹘语词典使用。国家图书馆藏。又有1988年书目文献出版社影印《北京图书馆古籍珍本丛刊》本。

2.《回回馆杂字》，佚名撰，清初同文堂抄本。正文中有汉语字词和回族字词相互对应，可以当作汉语和回族语词典使用。国家图书馆藏。又有1988年书目文献出版社影印《北京图书馆古籍珍本丛刊》本。

3.《蒙古杂字》，佚名撰，清刻本。图文对照。正文中有汉语字词和蒙古族字词相互对应，可以当作汉语和蒙古语词典使用。北京师范大学图书馆藏。

三、所知杂字书目

兹录杂字研究成果三种，包括张志公的《传统语文教育初探》、来新夏主编的《杂字》和李国庆点校整理的《杂字俗读》，照录其所载的杂字书目，姑以"所知杂字书目"视之。

每一种杂字的后面，笔者以按语的形式说明其存佚情况，凡笔者未见者，标"未见"；凡笔者见过者，标"已见"，亦即著录于上文某类者；凡笔者疑似者，标"参见"。

（一）《传统语文教育初探》，张志公著，1962年上海教育出版社出版。

全书共分四个部分：集中识字，进一步的识字教育，读写基础训练，进一步的阅读训练和作文训练。在"集中识字"这部分中有"杂字"一节，对杂字书进行了比较全面的论述。

书后附《蒙学书目稿·杂字》，列出作者知见的杂字书目31种，计：

1.《杂字指》一卷，撰（注）者郭显卿，见《隋志》著录。按：已见，今有清马国翰辑本《玉函山房辑佚书》。

2.《杂字解诂》，撰（注）者周氏，见《隋志》著录。按：已见，今有清马国翰辑本《玉函山房辑佚书》。

3.《要用杂字》，撰（注）者邹里，见《隋志》著录。按：未见。

4.《杂字要》，撰（注）者李少通，见《隋志》著录。按：未见。

5.《俗语难字》，撰（注）者李少通，见《旧唐志》著录。按：未见。

6.《俗语难字》，撰（注）者王劭，见《隋志》著录。按：未见。

7.《杂字书》，撰（注）者僧正度，见《旧唐志》著录。按：未见。

8.《古今杂字书》，无撰（注）者，见《日录》著录。按：未见。

9.《诸杂字》，无撰（注）者，见《敦煌杂录》下辑著录。按：已见，《敦煌杂录》下辑著录本。

10.《俗务要名林》，无撰（注）者，见《敦煌掇琐》著录。按：未见。

11.《四言杂字》，译者李元昊，见《宋史·夏国传》著录。按：未见。

12.《杂字元龟》，无撰（注）者，明万历二十二年刊。按：已见。

13.《杂字韵宝》，撰（注）者杨慎，见《千目》著录。按：未见。

14.《对相识字》，无撰（注）者，见《□目》著录。按：未见。

15.《群珠杂字》，撰（注）者陈继儒，李光明庄刊。按：参见。

16.《世事通考杂字》，撰（注）者王相，清雍正间金陵聚文堂刊。按：未见。

17.《日用杂字》，撰（注）者蒲松龄，见《蒲松龄集》。按：已见。

18.《益幼杂字》，无撰（注）者，李光明庄刊。按：参见。

19.《幼学杂字》，无撰（注）者，李光明庄刊。按：参见。

20.《杂字连珠》，无撰（注）者，清坊刻本。按：参见。

21.《四言杂字》，无撰（注）者，清屯溪开益堂刻本。按：已见。

22.《六言杂字》，无撰（注）者，清坊刻本。按：参见。

23.《大方六言》，无撰（注）者，清坊刻本。按：未见。

24.《山西杂字必读》，无撰（注）者，同治元年东昌善成堂刊。按：未见。

25.《农庄日用杂字》，无撰（注）者，上海大成书局石印。按：参见。

26.《方言插注杂字》，无撰（注）者，抄本。按：未见。

27.《魁本四言对相》，无撰（注）者，清坊刻本。按：已见。

28.《中西家常日用杂字》，无撰（注）者，光绪三十三年石印。按：未见。

29.《满汉合书》，无撰（注）者，见《万宝全书》卷六。按：未见。

30.《三四言杂字》，无撰（注）者，见《北京学古堂书目》。按：未见。

31.《五七言杂字》，无撰（注）者，见《北京学古堂书目》。按：参见。

（二）《杂字》，来新夏主编，1995年南开大学出版社出版。

全书收录杂字4种，对杂字正文进行点校。4种杂字计：

1.《新锲鳌头备用杂字元龟》，明万历二十二年刊本。按：已见。

2.《新镌便蒙群珠杂字》，屯溪开益堂梓行。按：已见。

3.《日用俗字》，见《蒲松龄集》。按：已见。

4.《天津地理买卖杂字》，天津聚文山房发行。按：已见。

书后附《杂字系列书目》，分为二个部分：

第一部分已见书目，共计13种：

1.《新锲鳌头备用杂字元龟》（又称《鳌头杂字》或《杂字元龟》），明佚名撰。张志公家藏，明万历二十二年刊本。按：已见。

2.《新镌便蒙群珠杂字》，佚名撰。屯溪开益堂梓行。张志公家藏。按：已见。

3.《新增万宝元龙杂字》（又称《新刻增订释义经书便用通考杂字》）二卷外一卷，清徐三省编辑、戴启达增订。张志公家藏状元阁爵印订本和文渊堂梓本。天津师范大学图书馆藏集义堂梓本。按：参见。

4.《世事通考全书》（增订）二册一函，佚名撰。北京大学图书馆藏同治八年秣陵扰经堂刊本。按：未见。

5.《对相杂字》（又称《新增幼学杂字》），清佚名撰。天津师范大学图书馆藏状元阁爵记鉴定本。按：参见。

6.《日用俗字》，清蒲松龄撰。见《蒲松龄集》。按：已见。

7.《改良绘图庄农杂字》，佚名撰。天津师范大学图书馆藏上海锦章书局印本。按：已见。

8.《庄农日用杂字》（又称《绘图庄家杂字》），佚名撰。上海大成书局石印本。张忠公藏有亲笔抄本。按：参见。

9.《时尚四言》（又称《叶韵四言杂字》），佚名撰。丙戌春出版。天津师范大学图书馆藏。按：已见。

10.《绘图便用杂字》，佚名撰。天津师范大学图书馆藏。按：参见。

11.《绘图改良六言杂字》，佚名撰。上海普通书局印行，天津师范大学图书馆藏。按：已见。

12.《天津地理买卖杂字》，佚名撰。天津聚文山房发行。王慰曾收藏该杂字三种版本：1920年版、1929年版、沦陷版。1920年版名为《天津地理名家买卖杂字》。按：已见。

13.《士农工商买卖杂字》，佚名撰。石印本，天津义华书庄发行。王慰曾收藏1939年新刊本。按：已见。

第二部分知而未见书目，共计39种：

据张志公《传统语文教育初探》：

1.《杂字连珠》，佚名撰。有清坊刻本。按：参见。

2.《四言杂字》，佚名撰。有清屯溪开益堂刊本。按：已见。

3.《大方六言》，佚名撰。有清坊刻本。按：未见。

4.《山西杂字必读》，佚名撰。有同治元年东昌善成堂刊本。按：参见。

5.《方言插注杂字》，佚名撰。抄本。按：未见。

6.《中西家常日用杂字》，佚名撰。有光绪三十三年石印本。按：未见。

7.《三四言杂字》，佚名撰。据《北京学古堂书目》。按：未见。

8.《五七言杂字》，佚名撰。据《北京学古堂书目》。按：参见。

据常镜海《中国私塾蒙童所用课本之研究》：

1.《四言对象》，佚名撰。绿慎堂版。按：已见。

2.《三字文》，佚名撰。老二酉堂石印本。按：未见。

3.《大清杂字》，佚名撰。会文堂石印本。按：参见。

4.《分类七字蒙求鼓词》，佚名撰。石印本。按：未见。

5.《益幼杂字》（二字句），佚名撰。老二酉堂石印本。按：参见。

6.《三言杂字》，佚名撰。广益书局石印本。按：参见。

7.《三字杂字》，佚名撰。按：未见。

8.《续三字杂字》，佚名撰。锦章书局本。按：已见。

9.《四言杂字》，佚名撰。锦章书局石印本。按：已见。

10.《必须杂字》（四言句），佚名撰。老二酉堂石印本。按：已见。

11.《庄农杂字》（四言句），佚名撰。老二酉堂本。按：参见。

12.《便蒙家用必读》（分类四言句），佚名撰。老二酉堂铅印本。按：未见。

13.《国民必读》（四言句），佚名撰。版本不详。按：未见。

14.《五言杂字》（一名《五字孝经》），佚名撰。广益书局石印本。按：参见。

15.《便蒙六言杂字》（一名《通用六言杂字》），佚名撰。锦章书局本。按：已见。

16.《七言杂字》（一名《训蒙必读七言杂字》），佚名撰。锦章书局石印本。按：参见。

17.《创业杂字》（七言句），佚名撰。老二酉堂石印本。按：未见。

18.《十字名言杂字》（三三四句式），佚名撰。老二酉堂铅印本。按：参见。

19.《杂字撮要》，佚名撰。版本不详。按：未见。

20.《分类七字蒙求鼓词》，佚名撰。石印本。按：未见。

据葛承训《清季绘图识字课本》：

1.《最新绘图四言杂字》，佚名撰。按：未见。

2.《最新绘图六言杂字》，佚名撰。按：未见。

3.《最新改良绘图七言杂字》，佚名撰。按：已见。

据岳麓书社《捷径杂字》和《包举杂字》的《前言》：

1.《捷径杂字》，佚名撰。按：已见。

2.《包举杂字》，佚名撰。按：已见。

3.《农村杂字》，佚名撰。按：未见。

4.《新刻七言杂字》，佚名撰。按：未见。

5.《绘图求真杂字》，佚名撰。按：未见。

6.《绘图中西日用杂字》，佚名撰。按：已见。

7.《世事通考杂字》，清王相撰。有雍正年间金陵聚文堂刊本。按：未见。

据徐梓、王雪梅《蒙学辑要》：

《增广改良四言杂字》，东武曲文炳焕章甫撰，王凤梧瑞庭校订。首都图书馆藏本。按：已见。

（三）《杂字俗读》，李国庆点校，1998年齐鲁书社出版。

全书收录杂字作品 8 种，于每种杂字书前撰写内容提要，对杂字正文进行点校注释。分为正编和附录两部分。正编5种，计：

1.《幼学杂字》。按：已见。

2.《四言杂字》（一名《山西杂字》）。按：已见。

3.《庄农杂字》（一名《庄农杂字》）。按：已见。

4.《六言杂字》。按：已见。

5.《日用俗字》。按：已见。

附录3种，计：

1.《中华改良杂字》。按：已见。

2.《民国杂字》。按：已见。

3.《便用杂字》。按：已见。

《杂字类函》拟收明、清及民国时期刊印和抄写的不同版本杂字157种，按杂字行文句式将其进行类分归并，仿明俞安期所辑唐代类书之汇编——《唐类函》及清张英在俞书的基础上增补元、明事类文章而成的类书——《渊鉴类函》例，取名"杂字类函"，取将各类杂字汇集一处之意。若从每一书的正文内容来看，《杂字类函》是字书；若从每一书的编纂体例看，《杂字类函》是类书；若从所收诸杂字书的编排体例看，《杂字类函》是丛书。字书、类书、丛书，这是《杂字类函》自身所具有的独特之处，其功用和价值也在这里。这种自古以来在我国民间广泛流传的蒙学读物，在漫长岁月中，犹如田间野花，自生自灭；在经历了自然和人为多重厄难之后，在完成了自身历史使命之后，即将退出历史舞台。然而，杂字的个性是坚韧的，杂字的精髓是醇香的，杂字的内涵是永恒的。《杂字类函》将散落各隅之杂字裒辑一帙，旨在续其余韵，今后学人，若能从中披沙拣金，稍有所得，祈将是功归于杂字，编者将不胜欣慰之至！

在多年访求杂字期间，曾经得到了南开大学教授来新夏先生、天津文史馆员王绍曾先生、齐鲁书社编审周晶先生、山东大学教授杜泽逊先生、著名藏书家诗经斋主田国福先生、学苑出版社副社长徐建军先生，以及北京师范大学图书馆杨健先生、故宫博物院图书馆翁连溪先生等师友及业内同人的鼎立襄助，时值本书即将出版之际，在此一并表示感谢！

（载《杂字类函》卷首，2010年北京学苑出版社影印本）

杂字研究

何为杂字？顾名思义，杂字就是把各类有一定关联的字词汇集在一起而编成的书，它是自古以来在我国民间广泛流传的一种普及性的蒙学读物。杂字具有通俗性、实用性和地方性等特点。从杂字所载主要是字词来看，它是字书，应该列入经部小学类；而从杂字正文的分类组织来看，它是类书，应该列入子部类书类。仅从传统的四部分类角度来看待这种杂字，不难发现，这是一种十分独特的、教人识字和普及文化知识的蒙学读物。

自古以来人们很少关注这种蒙学读物，多不屑一顾，甚或不知杂字为何物。究其原因，主要是杂字属于民间蒙学读物，没有得到官方认可，没有升到正统地位，不被读书人所认可。如专门搞普及教育的清季学人张之洞在其"为告语生童而设"的《书目答问》一书中，在称赞《仪礼韵言》时就曾说过这样的话：此书"岂不胜于读《村书杂字》《百家姓》万万耶！"

杂字研究专家李丽中、高维国先生认为："由于历代统治者对杂字的偏见和鄙视，给今天的杂字搜集工作带来极大困难，已往的杂字书编写者多不著姓名和撰写年代，官方编辑出版的书志、书目上又绝少收录，以至许多珍贵的杂字读本在长期流传中散失，有的虽找到残本但无法对证。杂字搜集工作进展缓慢直接影响了对杂字这一文化现象的研究。"（见《中华幼学文库·杂字》，李丽中、高维国前言。此书来新夏先生主编，1995年南开大学出版社出版）

由笔者历年访求杂字的实践获知，上述观点是正确的。笔者近年留意对传世杂字的访求和研究工作，曾经见到的明、清、民国及中华人民共和国成立以后编印的各类杂字共计161种。早期的杂字现在只能看到少数几种辑本，宋、元版杂字现在已经没有了踪迹，明版杂字已成凤毛麟角，清代和民国版杂字已不多见，中华人民共和国成立以后尚续余音，最后终于退出了历史舞台。

历代传统的私人藏书家，认为这类读物不能登大雅之堂，所以，在历代私家藏书目录中几乎没有著录；作为公藏的图书馆对这类读物一般不去特意购藏，偶有零星几种收藏，也属于不经意间随其他四部典籍一并流入书库的；在一般书店的售书目录中甚至找不到有关它的题名。这些随时都有可能佚亡的蒙学读物，确实在我国历代民间教育中曾经发挥过重要作用，这是一宗急需关注和利用的重要文献，它记载着曾经使用过的（有些现在仍在使用）字词、俗语、俚语和警句，真实反映了下层民众的生活方式和人生态度。杂字读物在语言学、文字学、教育学、民俗学、社会学和文献学等领域都具有独特的研究价值。

本文拟以笔者掌握的161种杂字为例，从以下几个方面对杂字进行综合考察和研究，剖析和揭示这种不被世人注意的、具有民间特性的蒙学读物，旨在引起和提高人们对这种普及性读物的注意和认识，从而达到保护、弘扬和利用之目的。

一、杂字的版式结构

杂字的版式结构与一般四部古籍总体一样，由版框、界栏、书口、鱼尾等构成。由于杂字多由书肆刊印，为了节省成本，又要多加内容，以便售卖，往往在版式设计、开本大小、用纸及杂字题名等方面刻意做些功夫。版式一般设计成上下双栏。上栏一般刊印知识性资料，如百家姓氏、尺牍行文及插图等；下栏刊印杂字正文。石印本的版式，往往是上图下文形式。

下面列举一个杂字的标准版式例子：

《杂字述要》，清恒保和编，清同治四年富文堂刻本。线装39叶。卷首载《目录》，分天文、地理、人品等16类。首句"四言杂字，首叙天文。烟霞日月，雷电风云"，末句"硇砂砒石，用需酌量"。封面镌"同治四年仲夏新刊杂字述要富文堂珍藏"。卷端题"恒保和先生著"。上下双栏。上栏为音释，下栏为正文。音释是对正文难读难认字进行标音和注释。末有总跋，云："是书急就，语俗难工。上遵字典，下顺时风。四言组织，百事贯通。果能翻阅，应用无穷。"

此书版式结构设计标准：封面题字为三段式，卷首有目录，卷端有题名（包括书名和编者题名），上下两节版，后有跋文（四言），卷末有题名。开本稍大，品相完好，刊刻精工。这是一部质量较高的杂字作品。

杂字书籍具有显著特征：书名一般题写"杂字"，多存在同书异名和同名异书情况，编者一般不题写姓名，正文分类，开本小而薄。

书名题写"杂字"情况。书名题写"杂字",自古皆然。但也有少数例外,书名不题"杂字",而实际是"杂字"者,如:清曲文炳撰的《新编四言杂字》,清文富堂刻本。除这个版本外,笔者还见到该杂字的另外三个版本,分别题:《音注四言商农秘书》(无年月青岛成和堂书局石印本)、《改良增广商农秘书》(无年月石印本)和《改良增广四言杂字》(无年月石印本)。此书有四个版本,其中有两个没有题写"杂字"。又如抄本《新编冬烘读本》,清光绪二十三年抄本《且顾眼前》,以上这两个本子,实际都是四言杂字。

杂字的同书异名情况。杂字的同书异名,指相同一部杂字而有多个不一样的书名。一书多题异名,是杂字十分常见的一种现象。一般一书有二个或三个题名,个别的有多达十个左右的,例如:清乾隆味经堂刻本《通考杂字》二卷,此书的书名有多种题法:上卷卷端题《金陵味经堂新刻增订释义经书便用通考杂字》,上卷卷末题《通考全书》;下卷卷端题《味经堂增订释义经书便用通考杂字》,下卷卷末无题名;外卷卷端题《味经堂重订增订释义经书四民便用杂字通考全书》,外卷卷末题《增补杂字世事通考全书》;目录后题《味经堂新刻分类元龙便用世事通考全书》;上书口题《增补通考全书》;书签题《集义堂新增元龙通考杂字》;封面题《新增万宝元龙杂字》。

杂字的同名异书情况。杂字的同名异书,指书名相同但不是一部书。同名异书是杂字十分常见的一种现象。例如:《四言杂字》《六言杂字》《农庄杂字》《日用杂字》《使用杂字》《群珠杂字》《万全杂字》等,均属此例。上举这些杂字的题名,是人们比较喜欢使用的,随手题写,没有考虑避重问题,以致同名,传本较多,但内容完全不一样。所以,遇到这些题名的杂字,首先要看看内容句式,考虑是否存在同名异书问题。

编者一般不题写姓名情况。杂字的编者,一般不题写自己的姓名。究其原因,大致有二:杂字属于民间普及读物,由乡村秀才和市井文人以急就章形式编写而成,用以施教,没有传世打算,故不署名,此其一;杂字不属于四部典籍,不入著作之林,名家学人,偶尔即兴,创作杂字,也不愿署名,以免被人讥讽,此其二。这是就一般情况而言的。但是,也有特殊情况,就是有一些杂字,题写著者姓名。例如:《新镌才子杂字》二卷附《补遗杂字》,卷端题"吴国伦编、张补山增释";《新刻增订释义经书便用通考杂字》二卷外一卷,卷端题"徐三省辑,黄惟贤增订";《日用俗字》,卷端题"蒲松龄编"。这些均是名人编写杂字的例子,只是数量太少而已。

杂字正文的分类情况。杂字正文的字词、词组和文句，一般按类编排。杂字正文分类，是杂字体例的一个特点。杂字的分类，以及类目设置数量，并不一致，大多根据内容情况来定，并不严谨，也没有规律可循。例如：上海教育出版社编印的《农村常用杂字》，全书分农业生产、生活及单位名称等10类。每类之下，列字、词和词组。金铁宽编的《农村杂字》，全书分农具、计量及口头常说的词等40类。清徐三省编辑《通考杂字》二卷《外卷》一卷，此书为三层版：下层为正文，上层为知识性附录，顶层为注释性文字。上卷下层分天文、地理及妇道21类；上卷上层分历代帝王总记、天下省属衙门及礼部题定帽顶等4类；下卷下层分释道、木料及治骨鲠神符等49类；下卷上层分千家诗酒令、书柬活套及京省水陆路程等4类；外卷下层分算法、课占及文约等5类；外卷上层分上戴天下土产、历代仙术及明初功臣等6类。

杂字的开本情况。杂字读本，一般由书坊刊印。书坊为了降低成本，往往将杂字刻印成小开本，以节约木板和印纸，这也是坊刻本的版本特色之一。这与其他坊刻本的通俗读物是一样的。

二、杂字的起源发展

杂字起源很早。依据文献记载，早在汉魏时，就出现了以杂字题名的书，如汉郭显卿的《杂字指》，魏张揖的《杂字》、周成的《杂字解诂》等，今均有辑本。《隋书·经籍志》还著录了邹里的《要用杂字》、李少通的《杂字要》等。敦煌遗书中有《诸杂字》（见《敦煌杂录》下辑）等。可见杂字书早在隋唐以前就已经开始流行。《宋史》列传第二百四十四有这样的记载："元昊（按：即李元昊，西夏国君）自制蕃书，命野利仁荣演绎之，成十二卷，字形体方整，类八分，而画颇重复。教国人纪事用蕃书，而译《孝经》《尔雅》《四言杂字》为蕃语。"西夏创造了文字之后，首先翻译《四言杂字》，与《孝经》《尔雅》并列，可见这本杂字书在当时的重要性。南宋诗人陆游作七言绝句《秋日郊居》曰："儿童冬学闹比邻，据案愚儒却自珍。授罢村书闭门睡，终年不着面看人。"诗下双行注文："农家十月乃遣子入学，谓之冬学。所读《杂字》《百家姓》之类，谓之村书。"可见当时《杂字》与《百家姓》之类的蒙学读物并行于世。随着雕版印刷业的兴盛，宋、元、明、清时期这种杂字读物在民间得以广泛流传。因宋、元时期去今久远，加上兵燹水火等自然和人为原因，那个时期编印的杂字可能没有一种流传下来。今天能够见到的最早的杂字是明、清时期的作品。民国时期接续余韵，流传较广，传本不少，现在偶尔还能从古旧书店或私人家中遇到。甚至在解放区的革命文献中还能看到它的踪影。中华人民共和国成立初期，为了扫盲和普及文化知识，在全国范围内又兴起一股编印杂字热潮，一直持续到20世纪80年代末期，杂字才宣告退出历史舞台。从起源时间和流传情况看，笔者认为，杂字应该是我国古代产生时间最早、流传范围最广的一种民间蒙学读物。

明代编印的杂字，世传极少，笔者仅见5种。其中，明代刻本4种，清代刻本1种。具体为：

《新锲鳌头备用杂字元龟》（又称《鳌头杂字》《杂字元龟》），明佚名撰，明万历二十二年刻本。全文分20门类。每一门类前部分为四言，后部分为三言。首句"春饼分团，油堆圆子……酱琼脂，□岁团"，末句"宗族眷属，长幼尊卑……五行人，相伴婆"。见《中华幼学文库·杂字》（来新夏先生主编，1995年南开大学出版社出版）。

《五刻徽郡释义经书士民便用通考杂字》（一名《通考杂字》），佚名撰，明崇祯刻本首尾残。存二卷：一、二。每半叶10行，四周单边。上下双栏。上栏为知识性内容，下栏是杂字。杂字正文分病症类、人事类、俗语类、婚姻类及虫类等。病症类前三词"针灸、膏肓、荣卫"，虫类后三词"蟾蜍、蜜蜂、螺蛳"。天津图书馆藏，收入《中国古籍善本书目》子部类书。

《新刻增校切用正音乡谈杂字大全》（一名《乡谈正音杂字》《乡谈正音什字》），佚名撰，明末刻本。前三词"天光、天暗、寒天"，末数词"几遭、无教、越多、簇成、暂且、临近"。乡谈指地方俗语，正音指标准用语。如：乡谈与正音的对应词：天光——天亮、天暗——天黑、寒天——冷天。美国哈佛大学哈佛燕京图书馆藏，收入《美国哈佛大学哈佛燕京图书馆藏中文善本汇刊》，2003年广西师范大学出版社出版。

《增补类编音释四民切用便读杂字》四卷，明余一夔编明代书林詹钟瑞刻本。133页。卷首有残序。正文前有目录，先分卷，次分类。卷一分天文、地理等10类；卷二分商贾、善恶等8类；卷三分身体、疾病等20类；卷四分货物、书目等12类。卷端题："遂邑宋林和廷余一夔编集，叔继峰余焦、素行余煌校正，弟运乾余一治同订，书林凤翔詹钟瑞绣梓。"首句"混沌鸿蒙既判，乾坤宇宙才分"，末句"南烛枝叶，刘寄奴草"。每句右侧为释文，每字之下为注音字。

北京师范大学图书馆藏书《新镌才子杂字》二卷附《补遗杂字》，明吴国伦编，清张补山增释，清黄凤诺校刊，清光绪四年中兴堂刻本。线装57叶。首载无名氏序。次列目录：卷一收天文二首、地舆二首及数目一首等，卷二收花木菜果五首、世情二十二首及富川地名二首等。首句"天覆地，云类霞，冰霜凛冽，日月光华，电鞭雷鼓响，风搅雨丝斜，浩荡乾坤真莫测，迷茫宇宙实无涯，喜见长空，灿烂星珠布弹，愁观远汉纷纭雪，片飞花"，末句"黄颡口，盐阜头，阳辛牌市，港口率洲，戎湖浊子塞，天井望夫洲，燕子口边杨柳坝，谢公墩上富川楼，沫口麂潭，白沙滩上栈冞，富池港口，黄土潭内钓钩"。

有清一代近三百年，其间编印的杂字，应该不在少数。笔者经眼者约有近百种。其中颇有精品。例如：

清蒲松龄编《日用俗字》，今有1986年上海古籍出版社排印蒲松龄集本。此书首载自序，末刊题跋。自序言及"旧有《庄农杂字》，村童多诵之"等内容。是一部集思想性、艺术性、创造性为一体的高水准的杂字作品。

清丁公恕撰《杂字类考》二卷，清乾隆五十二年经元堂刻本，线装共计237页。首载作者自序，言依据通行字书编纂《杂字类考》事。上卷分天类、地类、帝王等46类，上卷分族戚、师弟、朋友等39类，合计85类。正文先列一行字词，次行开始逐词进行解释。首句"天覆万物日月代明星辰次列宿度绕行"，末句"草稿改窜叙跋批评抄誊剞劂印拓传行"。

清恒保和编《杂字述要》，清同治四年富文堂刻本，线装39叶。卷首载《目录》，分天文、地理、人品等16类。首句"四言杂字，首叙天文"，末句"硇砂砒石，用需酌量"。封面镌"同治四年仲夏新刊杂字述要富文堂珍藏"。卷端题"恒保和先生著"。两节版。上为音释，下文正文。音释是对正文难读难认字进行标音和注释。末有总跋，云："是书急就，语俗难工。上遵字典，下顺时风。四言组织，百事贯通。果能翻阅，应用无穷。"

《杂字类考》和《杂字述要》，均为大开本，书品完整，刊刻精工，用语精到，是质量较高杂字作品的代表作。

清康熙时期刊印的杂字，笔者见到一部：清康熙间仇村黄惟贤刻本《新刻增订释义经书便用通考杂字》二卷。此书尚有清乾隆味经堂刻本传世。这是笔者仅见的一部清康熙间刻本。因由徽州仇村黄姓刻工黄惟贤董理刊版事，从这一点来看，它又是一部稀见的徽派刻工作品。

清乾隆时期刊印的杂字，笔者见到三部，除上举二部外，尚有清乾隆十年三益堂刻本《湘乡杂字》。

清道光时期刊印的杂字，笔者只见到二部：清道光六年通州抡秀堂刻本《新刊较正方言应用杂字》和清道光二十八年聚文刻本《建新杂字》。

清同治时期刊印的杂字，笔者见到四部：清同治二年聚原堂刻本《必须杂字》清同治七年完县义兴堂刻本《正讹四言杂字》、清同治十二年仁名堂记文刻本《增补六字经》和清同治十三年抄本《五言杂字》。

清光绪时期刊印的杂字，笔者只见到17部，如：清光绪九年泊镇善成堂刻本《精选杂字》、十二年衡邑三义堂刻本《拾字各言杂字》及三十二年荣盛堂刻本《世间杂字》等。

清宣统时期刊印的杂字，笔者只见到2部：清宣统元年上海广益书局石印本《新镌智灯杂字》及三年文明社刻本《四言杂字》。

其中，清雍正、嘉庆、咸丰三朝刊印的杂字，笔者没有见到。

民国时期编印的杂字，因时间去今较近，加之大多数杂字采用西方机器石印和铅印技术印刷，所以传本明显多于清代。今仅举其中有出版时间者：

民国元年巴川成文堂刻本《四言杂字》，三年刻本《捷径杂字》、详隆书局刻本《新增分类杂字》，五年上海铸记书局石印本《绘图订正四言杂字》、上海铸记书局石印本《最新订正绘图七言杂字》、京都宝文堂刻本《五言庄农必读》，八年抄本《总魁杂字》，九年慎言堂刻本《六言杂字》、广邑韩文余堂刻本《新刻五言杂字》、天津增文书局刻本《天津地理买卖杂字》，十年天津立元书局刻本，十六年天津立元书局刻本《叶韵四言杂字》，二十四年上海醒民书局石印本《新刻训蒙五言杂字》、顺庆博古斋刻本《新刊无价宝礼仪杂字》，二十七年吴桥复兴书局石印本《四言杂字》、上海锦文书局铅印本《新刻校正通用六言杂字》，二十八年天津义华书帖庄石印本《士农工商买卖杂字》、北京老二酉堂排印本《必须五言杂字》、天津诚文信德记书局铅印本《三言杂字》，三十年抄本《四言杂字》，三十四年石印本《必须杂字》以及民国年间山东长山文义堂刻本《新编改良日用杂字》、北京老二酉堂石印本《绘图七言杂字》、民国广经阁刻本《七十二行杂字书》、北京老二酉堂石印本《绘图日用杂字》、浙绍奎照楼石印本《新辑绘图洋务日用杂字》、王曙光抄本《乡音杂字》、北京文成堂石印本《绘图三言杂字》、北平泰山堂石印本《新集训蒙必读七言杂字》及康德七年义诚印刷所石印本《绘图庄农杂字》。

中华人民共和国成立初期，为了扫除文盲和普及文化知识的需要，文教工作者，在前代杂字的基础上，结合当时工农业生产实际需要，创作出具有时代精神的新版杂字，在全国范围内广泛流传，每一种杂字的印数多在十万册上下，其在扫盲方面，发挥了重要作用。

20世纪50年代编印的杂字，主要有：

《新编绘图庄农杂字》，东北人民政府教育部编，1950年新华书店东北总分店铅印本，印数：1–100000。

《农民应用杂字》，沧一编，1951年武汉通俗出版社铅印本。有版权页，1951年8月初版，定价：1.20元。

《农民杂字》，佚名编，1951年中南人民出版社铅印本。有版权页，1951年3月第1版第1次印刷，定价：1.00元。

《口语杂字》，张雪庵编，1956年山东人民出版社铅印本。全书收录了不易写出的字，按照拼音顺序排列。有版权页，字数23000字，印数：53001–64000。定价0.11元。平装，32开本。

《农村日用杂字》，辛安亭编。1957年北京出版社铅印本，平装30页。首载《编者的话》，简介编书情况。

《绘图老百姓日用杂字》，辛安亭撰，50年代朝华书店铅印本。

60年代编印的杂字，主要有：

《农民杂字四字经》，益群编，1963年上海教育出版社铅印工农通俗文库本。有版权页，1963年12月第1版第1次印刷。定价：0.10元。印数：1–15000。

《新编农村实用杂字》，湖南人民出版社编，1963年湖南人民出版社铅印本。

《新编四言杂字》，佚名编，1963年江西教育出版社铅印本。首有《说明》，云："本书编写时，参考了湖南人民出版社出版的《新编四言杂字》。"

《农村杂字》，人民教育出版社编，1964年人民教育出版社铅印本。有版权页，1964年10月第1版第1次印刷，印数：1–1000000，定价：0.08元。

《农村常用杂字》，上海教育出版社编，1965年上海教育出版社铅印工农通俗文库本。有版权页，印数：1–30000，定价0.15元。平装，32开本。

《农村杂字》，金铁宽编，1966年北京出版社铅印本。有版权页，印数：1–10000，定价0.14元。

70年代，因"文化大革命"，杂字编印，处于停滞状态。笔者没有见到一种，或许就是这个原因。

80年代编印的杂字，主要有：

《农村四言杂字》，四川人民出版社编，1981年四川人民出版社铅印农村学文化读物本。有版权页，1980年9月第1版第1次印刷，印数：1–70000。说明：此书有两次印刷版。1981年9月第2次印刷，印数：70001–230000。

《农村常用杂字》，浙江人民出版社编，1982年浙江人民出版社铅印农村学文化小丛书本。有版权页，印数：1–36000，定价0.14元。平装，袖珍本。

《农村实用杂字》，本社撰，1982年湖南教育出版社排印本。于正文个别字的右侧标以注音字，这是沿用了传统的注音方法。

《农村实用杂字》，湖南人民出版社编，1982年湖南人民出版社铅印本。有版权页，1982年2月第1版第1次印刷，印数：1–160700。

《农村实用杂字》，湖南教育出版社编，1982年湖南教育出版社铅印本。有版权页，1982年2月第1版，1983年6月第4次印刷，印数：248701–298700。说明：这种与上一种是同一个版。所不同者有二个方面：其一，此种是第4次印刷，其二，此种出版社改成湖南教育出版社。

《新编绘图庄农杂字》，朱起编，1983年辽宁少儿出版社铅印本，平装62页。有版权页，定价：0.20元，印数：1–25000。正文字下有的注音。

《农村杂字》，莱茵编，1985年黑龙江教育出版社铅印本。有版权页，1985年6月第1版第1次印刷，印数：1–13040，定价：0.56元。

从80年代末期开始，我国实行了改革开放政策，各项事业得到突飞猛进发展。教育体制改革，获得成功。尤其是恢复高考制度以后，杂字这种普及读物，远远不能满足需要，取而代之的是与高考有关的教辅读物。在这种背景下，历代流传下来的这种杂字读物，正式宣告退出历史舞台。

三、杂字的行文句式

经过长期发展演变，杂字由原来的单一胪列字词，逐渐演变成由数个字词相连成句、可以诵读的、能够表达思想的一种民间读物。

早期的杂字均属于字词单列，间或释义；后来发展成字词相连成句的形式。三言或多言杂字应该是在字词单列式杂字的基础上，为了便于诵读，易于识字，经过不断演变而逐渐形成的。我们依据早期的辑本和后来的传本便可以了解这种情况。魏张揖的《杂字》仅辑得七条，周成的《杂字解诂》仅辑得十四条。检阅可知，这些书的内容都是解释字词的音义，如张书第一条："诂者古今之异语也。"周书第一条："啸，吹声也。"据《敦煌遗书总目索引新编》著录知，在敦煌遗书中，有不下十种杂字。其中S.5513，题《杂字》："窄纸幅，残卷，大抵以偏旁相同者相隶属。"S.5690，题《杂字》："共三行，约十七字，比较冷僻。"S.5712，题《杂字》："仅九行，不满百字兼有注音，如羼注以善，暨注以既。"这是早期杂字的特点。从文献记载和流传情况判断，大概隋唐以前的杂字可以归入这类，即单一胪列字词或解释字词的音义。自宋代以后，杂字书的内容丰富起来，形式也趋多样化，除单一胪列字词或解释字词的音义外，还把常用的字词进行组合相连，逐渐演变成了这种既有一定句式、又有一定内容的可读性读物。

笔者经眼的传世杂字，其行文句式多有不同，经过统计归纳，主要包括以下几种句式：

1. 字词式杂字

这类杂字一般按类收录相关字词。主要包括两种形式：一是单列字词，字词后面没有释义；二是既列字词，又在字词的后面添加释义。字词式杂字的作用类似我们现在使用的字（词）典。例如：

《绘图日用杂字》，首三词"生瓜、茄子、落苏"，末三词"夯槌、砟刀、六尺杆"。

《益幼杂字》，首三词"籼（xiān）米、晚米、糯（nuò）米"，末三词"陕西、云南、河南"。

《杂字辨真》，首句"麟、铃、凌、龙"，末句"木、流、肢、绸"。

2. 三言杂字

杂字正文每句三字，故名。三言杂字传世极少，笔者只见 4 种 10 个版本。

《日用杂字书》，首四句"坊都甲，村庄营，堂阁寺，楼院庭"，末四句"学子账，书诸绅，莫草写，要誊真"。

《新出改良绘图续三言》，首四句"贺新正，才立春。常鲜纸，贴满门"，末六句"今虽续，犹不全。二十四，节气完。望才子，再补添"。

《大字三言杂字》，正文首四句"说杂字，头一宗，治酒席，请宾朋"，末句"哭啼啼，似可怜，过新春，又一年"。这种三言杂字，今见 7 个版本，是三言杂字传本最多的一种。

3. 四言杂字

杂字正文每句四字，故名。四言杂字是笔者所见各种杂字当中传本最多的一类。今见 40 多种 80 多个版本。例如：

《必须杂字》，首四句"天地日月，风雨阴晴。雷霆震电，南北西东"，末四句"儒者见笑，童稚喜传。必须杂字，且应眼前"。

《便用杂字》，首四句"数起壹贰，叁肆伍陆，柒捌玖拾，百千万亿"，末四句"丙辰丁巳，戊午己未，庚申辛酉，壬戌癸亥"。

《叶韵四言杂字》，首二句"天云风雨，霹雳雷霆"，末二句"香蒿白芷，姜蚕续断"。

4. 五言杂字

杂字正文每句五字，故名。传本不多，笔者仅见 10 余种。如：

《编改良日用杂字》，首四句题"人生天地间，农庄最为先。要记日用账，先念九九篇"，末二句"尚有文明话，乐看在后边"。

《五言杂字》，正文分蒙求诫曰、论语诫曰、九经诫曰等类。首四句"初开置天地，置立九经书。上界置天子，下界置农夫"，末四句"将钱教子书，世上永流传。通训教今古，流传世间人"。

《五言杂字》，首二句题"村庄农夫忙，终岁不敢康"，末二句"紫荆树好看，烟花的栽竿"。

5. 六言杂字

杂字正文每句六字，故名。传本不多，仅见10余种。

《新建杂字》，首二句"乾坤初开混沌，分判天地阴阳"，末二句"丁忧除服满阕，余哀犹尚留连"。

《言杂字》，首二句"盘古初分天地，老君置立乾坤"，末二句"此书莫将轻贱，思量价值千金"。

《绘图改良六言杂字》，首二句"勤俭富贵之本，懒惰贪贱之苗"，末二句"攒成六言要语，最宜诵读参详"。

6. 七言杂字

杂字正文每句七字，故名。传本极少，仅见3种。

《百句杂字》，首二句"天下一百二十行，惟有庄农最为强"，末四句"书中杂字识不尽，编成百句细参详。若问拙辞谁氏创，字表凌云本姓杨"。

《创业杂字》，首句"立家锅榠最为先，瓮盆碗盏具要全"，末句"诸烦事务皆顺利，含哺鼓腹乐尧天"。

《精选杂字》，首句"谷子高粱共糜黍，稷秫稙晚粮细糠"，末句"麻脸人儿其形俏，一个眼的心难防"。

7. 特殊句式杂字

特殊句式，指一句中由几个句式组成，有别于以上所举的一般句式，故名。这类杂字句式不常使用，属于比较特殊的一个类型。传本极少，多为一线单传的孤本。

（1）四三言交替句式

指在杂字正文中，由四言和三言两种句式组成。这两种不同的句式，交替出现，故名。

《新锲鳌头备用杂字元龟》（又称《鳌头杂字》、《杂字元龟》），明佚名撰，明万历二十二年刻本。全文分20门类。每一门类前部分为四言，后部分为三言。首句"春饼分团，油堆圆子……酱琼脂，□岁团"，末句"宗族眷属，长幼尊卑……五行人，相伴婆"。

（2）四言与三言前后句式

指在杂字正文中，由四言和三言两种句式组成。这两种不同的句式，前后出现。前部分是四言句式，后部分是三言句式，故名。

《童蒙杂字》佚名编抄本。

四言：首四句"童蒙杂字，日进之功，入馆读书，纸笔墨砚"，末四句"图骗栽误，着尽担忧，佳讯销案，挽和息呈"。

三言：首四句"小蒙童，你来到，抄着手，听我教"，末四句"早发愤，用心到，莫待时，恐自老"。

（3）五言与四言前后句式

在杂字正文中，由五言和四言两种句式组成。这两种不同的句式，前后出现。前部分是五言句式，后部分是四言句式，故名。今仅见1种2个版本。

《校正日用杂字》，今有民国文明斋石印本和民国三十一年抄本。

前部分为五言杂字，首二句"天地君亲师，深恩报不完"，末二句"是书皆有益，一字值千金"。

后部分为四言杂字，首二句"太极分剖，宇宙一统"，末二句"应急字演，察访的当"。

（4）三三四言句式杂字

杂字正文，用三三四言句式来表示，故名。传本很少，笔者仅见如下3种：

《拾字各言杂字》，首句"有天地，分阴阳，日月星辰"，末句"和欢乐，多福寿，阖家安康"。

《拾字文》，正文首句"劝谕尔，众百姓，当堂听讲"，末句"怎奈得，是君命，道阻且长"。

《十字四言杂字》，首二句"宇宙间，明亮亮，天地三光。磨鲍子，想的是，上下四方"，末二句"这几句，村粗话，山人谚语。谁看的，还嫌少，贤者再添"。

（5）三三七言句式杂字

杂字正文，用三三七言句式来表示，故名。传本少见。如：

《新刊无价宝礼仪杂字》，首句"粤盘古，馄饨分，肇时才有天地人"，末句

"切莫嫌，浅与粗，一见胜读十年书"。

《天津地理买卖杂字》，首二句"直隶省，天津卫，都督衙门保卫队；官钱局，商务会，交通银行现洋兑"，末二句"这天津，真可陈，提笔琢磨费精神；说到此，杂字终，赏识一笑望诸公"。

（6）三三七言和七三三言混合句式

杂字正文，用三三七言句式和七三三言句式混合使用，故名。传本少见。如：

《十三言杂字》，首二句"为学士，非等闲，八岁小学入书馆；念大学，读中庸，论语孟子要熟玩"，末二句"砂仁朱砂换骨丹，点舌丹，如意丹；元葫艸草抱龙丸，农人用，商贾用"。最后添上一句是"流与人间万古传"。

（7）五言与七言前后句式

指在杂字正文中，由五言和七言两种句式组成。这两种不同的句式，前后出现。前部分是五言句式，后部分是七言句式。故名。传本少见。如：

《日用时行杂字》，佚名编，顺庆文林堂刻本。

五言杂字首二句"蒙童性易骄，家长把心操"，末四句"以上这些字，皆有精义藏。必须都晓得，不枉进学堂"。

七言杂字首二句"油盐柴米酱醋茶，收拾齐备好当家"，末二句"莫道此行不高费，冠婚丧祭颇有名"。

（8）六七言交替句式

指在杂字正文中，由六言和七言两种句式组成。这两种不同的句式，交替出现，故名。传本少见。如：

《士农工商》，首二句"自盘古凿混沌，开天辟地太极首；有三皇治世间，始画八卦安星斗"，末二句"染线带合衣裳，青红兰录紫苏黄；梭布染绸缎浆，高竿悬挂伍色扬"。

（9）词句对应式杂字

在杂字正文中，词句字数虽然不等，但都一一对应，故名。今见1种1个版本。

《新镌便蒙群珠杂字》，佚名撰，屯溪开益斋刻本。正文缺两页，分天文、地理和人物等二十余类。每类所收词句用对应（或曰杂言交错）的形式排列。如"雪珠曰霰，甘雨曰霖""勤俭治家，须要顶天立地；公平处世，切莫利己害人"。

(10) 四言、词句及六言前后句式

指在杂字正文中，由四言、词句和六言等三种句式组成。这三种不同的句式，前后出现。依次是四言、词句和六言句式，故名。传本少见。如：

《四言对相》，佚名编，丁丑年文渊堂刻本。

四言：首四句"天云雷雨，日月斗星，江山水石，路井墙城"，末四句"士农工商，儒释道人，跛跎高矮，肥瘦方圆"。

词句：首句"剃刀、摘镊、灯檠、校椅"，末句"筅帚、攉桶、粪斗、苔帚"。

六言：首二句"天地风云雷雨，乾坤日月阴阳"，末二句"庶使后生小子，不差鲁鱼之形"。

(11) 七言、三三七言前后句式

指在杂字正文中，由七言和三三七言两种句式组成。这两种不同的句式，前后出现。依次是七言、三三七言句式，故名。如：

《礼仪杂字》，清光绪二十五年中江文渊堂刻本。

七言：首二句"闲来无事谈古今，士农工商总要勤"，末二句"诸般人类难尽诉，再谈上古与你闻"。

三三七言：首句"轩辕皇，制衣服，绫罗缎疋谁不欲"，末句"倘若是，时常写，不怕人家求求你"。

(12) 七言、六言及字词前后句式

指在杂字正文中，由七言、六言和字词三种句式组成。这三种不同的句式，前后出现。依次是七言、四言和字句，故名。如：

《新刻七言杂字》，佚名编，义元堂刻本。

七言：首二句"杂字当认难成文，只将物件顺口吟"，残存末二句"恶贯盈满做尽了，退方煞榫靠别人"。

六言：首二句"砍斫毁折搬运，雇倩拖拽抬杠"，末二句"□舛时乖运蹇，疾病治疗难痊"。

字词:"胁肋腿胲脾肺,姑嫜妯娌舅甥。"

（13）诗词句式杂字

杂字正文用诗词句式来表示,故名。仅见1种。如:

《新镌才子杂字》二卷附《补遗杂字》,明吴国伦编,清张补山增释。清黄凤诺校刊,清光绪四年中兴堂刻本。

首载无名氏序。次列目录:卷一收天文二首、地舆二首及数目一首等;卷二收花木菜果五首、世情二十二首及富川地名二首等。

首几句:"天覆地,云类霞。冰霜凛冽,日月光华。电鞭雷鼓响,风搅雨丝斜。浩荡乾坤真莫测,迷茫宇宙实无涯。喜见长空,灿烂星珠布弹;愁观远汉,纷纭雪片飞花。"

末几句:"黄颡口,盐阜头。阳辛牌市,港口率洲。戎湖浊子塞,天井望夫洲。燕子口边杨柳坝,谢公墩上富川楼。沫口麂潭,白沙滩上栈寨;富池港口,黄土潭内钓钩。"

8. 异文合璧杂字

由少数民族文字和汉字合编而成的杂字,故名。汉字与民族文字一一对应,相当于汉字与民族文字的字典。传本极少,仅见4种。包括:《新刻校正买卖蒙古同文杂字》《蒙古杂字》《高昌馆杂字》及《回回馆杂字》。

四、杂字的主要功用

杂字的主要功用是用来教人识字和普及文化知识。

杂字的编写者,大多是那些家塾先生。这些家塾先生,或为乡村秀才,或为市井文人,他们把人们日常使用的字词进行分类归纳,然后相连成句,编写杂字读本,用来教人。这类杂字受到欢迎的原因是从中可以学到日常用字和基本文化知识,又省时省力,不受约束,便于熟记。

广泛流行的南朝梁代周兴嗣编的《千字文》、相传为北宋时佚名编的《百家姓》和相传为南宋王应麟编的《三字经》,实际上也是具有一定句式,又有一定内容的启蒙读物。《三字经》"人之初,性本善",是三字一句;《百家姓》"赵钱孙李，周吴郑王"和《千字文》"天地玄黄，宇宙洪荒"均是四字一句。仅从这方面进行比较，其与杂字没有太大区别。笔者认为，"三、百、千"所具优点的地方，也正是其不足之处：《三字经》旨在宣扬儒家伦理道德，重在说教；《百家姓》集中百家姓氏，收录常见的408个单姓和30个复姓，加在一起也仅有430多个字；《千字文》的内容有关于自然、社会、历史、教育等各方面的知识，也只是以教人认识1000个汉字为目的。内容比较单一，字数偏少，不能满足人们日常生活的实际需要。

杂字这种读物，通俗易懂，形式多样，种类众多，内容丰富。不受场所限制，在炕头、地头、门口席地而坐，便可学习，便于教授。这是人们喜闻乐见的一种学习方式，这是人们颇感兴趣的一种普及读物。故此，杂字极大地弥补了"三、百、千"自身存在的不足。这或许就是杂字在民间长期、广泛流传的主要原因。

教人识字，是杂字的功用之一。那么，教哪些人呢？主要是儿童，应该还包括部分青少年和成年人。这些人群的数量，应该是庞大的，也是无法统计的。我们从杂字的题名，就可以看出来，其阅读对象是哪类人群。如：《新增幼学杂字》及《童蒙杂字》，是以幼童为对象编写的杂字。《六言杂字》，末句："我今编为杂字，随事敷演成文。告尔蒙童方便，用心习熟施行。"《四言杂字》，末句："杂字急用，且应眼前，童蒙勤学，可以相传。"《万物图形杂字》，正文后题："以上日用时行杂字，幼学小子宜当时时熟玩，自然明其字理，以勉临用之时写别字。"《插注杂字》，有"杜塾毕近歌"，略云："杂字何为述，缘因幼稚编。四千二百字，通成廿五篇。天文并人事，地理及山川。本念童蒙诵，焉当君子观。"这些杂字都是给儿童编的。

《农民杂字》，载《出版者的话》："中南区农村文教工作正在展开，需要识字课本。兹根据1950年7月东北新华书店出版的（东北人民政府教育部编）《庄农杂字》（见后面的33号）改编了这本《农民杂字》，以供需要。中南人民出版社编辑部1951年1月。"这是为农民编的杂字。《绘图老百姓日用杂字》，首二句"上学识字，先认姓名"，末二句"革命思想，永世不忘"。这是给一般老百姓编的杂字。《绘图买卖杂字》，这是以商人为对象编的杂字；《新镌才子杂字》，这是以读书人为对象编的杂字。

普及文化知识，是杂字的功用之二。

普及天文知识，如：《时令杂字》首四句"乾天坤地，日月星辰。风雷雨露，电雹阴晴"，末四句"油盐酱醋，公道而行。时习抄写，见识分巧"。

普及地理知识，如：《天津地理买卖杂字》及《湘乡杂字》等是。

普及农业知识，如：《农村杂字》首四句"农村杂字，便利乡民。认清读熟，千变万能"，末四句"雨顺风调，物阜民康。杂字读完，便利异常"。

普及语言知识，如：《俗语杂字》，首四句"出门拜节，迎春打春。阳歌社火，搭起灯棚"，末四句"俗语杂字，一部而终。若要忘了，揭开就明"。《新刻增校切用正音乡谈杂字大全》，谈指地方俗语，正音指标准用语。如：乡谈与正音的对应词：天光——天亮、天暗——天黑、寒天——冷天。《口语杂字》，全书收录了不易写出的字，按照拼音顺序排列。音下列字、词。

普及创业知识，如：《创业杂字》，首二句"立家锅樑最为先，瓮盆碗盏具要全"，末二句"诸烦事务皆顺利，含哺鼓腹乐尧天"。

普及礼仪知识，如：《礼仪杂字》。

笔者认为，弥补四部典籍之不足，是杂字的又一个功用。以徐三省编辑的《通考杂字》为例。该书卷首序言云："一物不知，儒者所耻。彼夫海志山经稗官野乘，荒忽奇怪，可喜可愕，为耳目所不经见，虽博物者，犹难言之，然犹曰六合之外，存而不论也。至若巷议街谈，谶微琐屑，为童蒙所必晓，日用所必须者，乃一旦举以相咨，而茫无以应，则樵夫牧竖皆得傲其所长。是麟篆百函，反不及兔园一册，而三家村之学，究反胜于万卷书之宿儒也。吾尝观《世事通考》一编，上自天文地理，下至草木虫鱼星卜医药，无所不备。携之箧笥，亦足为游艺者之资焉。顾其中犹有缺略者，则缙绅之品秩未全，而冠带之朝仪未载也夫。""麟篆百函"指的是四部典籍；而"兔园一册"则指的就是杂字。

由于杂字是给不同人群编的，各有其阅读对象，普及一般基础知识，人们经过学习，获得收获。由此来看，这些杂字显得特别实用，所以受到了下层百姓普遍的欢迎。教育家张志公先生曾谈到杂字的功用，他说：由于杂字具有通俗、实用和地方色彩等特点，"杂字书居然能跟几乎是官定的'三、百、千'相抗衡，在不被读书人认可的情况下，在社会上广泛流传。在实际上，也确是靠了这一路土教材，才真正解决了中下层社会人家的子弟只用短时间学会识字，以应付日用需要的问题。任何一种编得好些的杂字书，大致都能用一次（顶多两次）冬学的时间学完；学会那些字，记记帐，写写信，看看通俗小说和唱本，的确可以对付对付了"（见张志公著《传统语文教育初探》，1962年上海教育出版社出版）。来新夏教授对杂字这种蒙学读物曾提出自己的认识，他说："与正规教育之路并行的幼（蒙）学教育，还有一条业余教育之路。它的读者不限年龄，不拘身份，男女老幼都可以选择这条识字途径。这种所谓幼学教育不是从年龄立意，而是指扫盲性质的启蒙教育。这是一条非正规的业余教育之路。它的主要读物就是因地制宜、因事制宜，以不同句式编排的各种杂字。"（见《中华幼学文库·杂字·来新夏前言》，来新夏主编，1995年南开大学出版社出版）

五、杂字的主要内容

杂字的内容十分丰富，若从内容所涉及的学科范围来分，主要包括综合性杂字和专题性杂字两大部分。一书内容涉及四部，设置多个门类，这就是所谓的综合性杂字；一书内容只包含一个学科，虽设置多个类目，但不出本学科范围，这就是所谓的专题性杂字。

无论是综合性杂字，抑或专题性杂字，在依据内容进行分类时，其类目的设置，多寡不一，没有统一的标准。往往是根据本书所收内容多少，涉及范围大小，进行分类。

综合性杂字是传世杂字的主要部分。内容多而杂，几乎涵盖了主要学科，是其特点。例如：

《杂字类考》二卷，清丁公恕撰，清乾隆五十二年经元堂刻本。此书上卷分天类、地类、帝王等46个类，下卷分族戚、师弟、朋友等39个类，二卷合计多达85类。

《增补类编音释四民切用便读杂字》四卷，明余一夔编，明代书林詹锺瑞刻本。正文前有目录，先分卷，次分类。卷一分天文、地理等10类，卷二分商贾、善恶等8类，卷三分身体、疾病等20类，卷四分货物、书目等12类。全书共分50个类。

专题性杂字是传世杂字的次要部分。内容少而精，只涉及一个门类，是其特点。例如：

《买卖杂字》，首二句"买卖之家，账目要清"，末二句"稻草□穰，谷粮麦秸"。这是为商人编的杂字。全书内容，围绕经商来说。

《天津地理买卖杂字》，首二句"直隶省，天津卫，都督衙门保卫队；官钱局，商务会，交通银行现洋兑"，末二句"这天津，真可陈，提笔琢磨费精神；说到此，杂字终，赏识一笑望诸公"。这是以天津地方历史为题而编的杂字，全书内容，围绕天津地方历史来说。

《口语杂字》，首句"叭、扒、笆斗、疤癞"，末句"迂摸、哕、熨、甭路"。原书内容提要说："我们在日常生活中，常遇见一些口语中常说，而一时不容易写出的字。如小孩的尿布，口语中说'□子'，角落说'旮旯'。这些字，常常不容易写出，因而阻碍了我们的学习。这本书专门收集了这一类的字，各字都按音序排列起来，并加上注音、注解和用法举例，既容易查找，也容易看懂。可作为学校教师和自学青年的学习工具用书。"这是以口语为题材而编的杂字，全书内容，围绕口语来说。

杂字的内容十分丰富，还体现在其字词文句当中所表达出的思想性方面。杂字内容，多秉承儒家传统，宣扬正统的儒家思想，提倡以仁为中心的礼、义、忠、恕、孝、悌、中庸等道德观念。重视伦理教育，倡导遵纪守法、弃恶扬善、勤俭持家、家庭和睦等健康观念。在社会意义方面，杂字具备了十分积极的一面。从这一点看，杂字还具有现实意义。这也是一般百姓对杂字喜闻乐读的一个原因。

例如：《六言杂字》正文一段云：
晨昏答报天地，孝敬父母膝前。
当权须要积德，莫贪无义银钱。
有恩须当酬报，受害莫要结冤。
再休倚强压弱，再休越理欺官。
再休嫉贫妒富，再休恨地怨天。
有无安分守己，勤俭本等为先。
凡事存心忍耐，谦和尽让从宽。

六、杂字的传世版本

杂字的版本与一般古籍的版本基本相同，大致可以按照版本类型划分，包括稿本、抄本、刻本及石印本等；可以按照版本时代划分，包括明本、清本及民国本等；可以按照版本地区划分，包括北京本、上海本及天津本等。

由于杂字是民间普及读物，具有自生自灭的特性，所以，传世不多。据笔者掌握的161种杂字统计，一种杂字有多个版本的，共有29种，占161种总数的18%；

一种杂字只有一个版本的，共计132种，占161种总数的82%。根据这个统计，可以认为，传世的杂字，绝大多数是一线单传的孤本秘籍。

稿本杂字十分稀见，笔者仅见1种，就是《俗语杂字》，姚元之编，稿本。

在杂字传本中，抄本占一定比例。一般情况是抄本只传抄一部，所以传世抄本，多为孤本。笔者见到的抄本如：清光绪二十四年抄本《日用杂字书》、民国抄本《杂字辨真》、清光绪二十三年抄本《且顾眼前》、无年月抄本《便用杂字》、民国八年抄本《总魁杂字》、清同治十三年抄本《五言杂字》，等等，都是孤本。

刻本杂字与抄本杂字一样，占有一定比例。明代刻本是传世杂字中年代最早的，同时也是传世最少的一类，笔者仅见4种。清代和民国刻本稍显多了一些。

用西方石印和铅印技术印制杂字，因速度快、质量高、价格廉，传世数量明显多于前朝，受到百姓欢迎。如：民国间彰德聚元堂石印本《必须杂字》、民国浙绍奎照楼石印本《新辑绘图洋务日用杂字》、民国五年上海铸记书局石印本《绘图订正四言杂字》、伪满洲国康德三年辽甯安东诚文信书局石印本《绘图改良四言杂字》，以及无年月太岳新华书店铅印本《老百姓日用杂字》、民国二十八年天津诚文信德记书局铅印本《三言杂字》等。

丛书本均为中华人民共和国成立后印本。如：1963年上海教育出版社铅印工农通俗文库本《农民杂字四字经》、1965年上海教育出版社铅印工农通俗文库本《农村常用杂字》、1982年浙江人民出版社铅印农村学文化小丛书本《农村常用杂字》、1989年岳麓书社铅印传统蒙学丛书本《捷径杂字》、1981年四川人民出版社铅印农村学文化读物本《农村四言杂字》、1985年黑龙江教育出版社铅印传统蒙学丛书本《农村杂字》。

北京地区最早的杂字，是清道光六年通州抡秀堂刻本《新刊较正方言应用杂字》，其后，有清光绪三十年京都聚珍堂刻本《六言杂字》，民国时期北京老二西堂石印本较多，有《绘图日用杂字》《必须五言杂字》《绘图日用七言杂字》等。民国时期北京泰山堂印了不少杂字，如民国元年京都泰山堂刻本《四言杂字》、民国石印本《绘图拾字格言》等。此外，还有民国七年京都宝文堂刻本《五言庄农必读》、无年月京都文成堂刻本《校正七言杂字》、无年月北京文成堂石印本《绘图三言杂字》、无年月北京锦章图书局石印本《新刻校正通用六言杂字》、1957年北京出版社铅印本《农村日用杂字》、1966年北京出版社铅印本《农村杂字》等。

上海地区写印的杂字，从传本来看，时间较晚，多属于清宣统以后版本，如：

清宣统元年上海广益书局石印本《新镌智灯杂字》、民国五年上海铸记书局石印本《绘图订正四言杂字》、1965年上海教育出版社铅印工农通俗文库本《农村常用杂字》等。有时一种杂字，在上海分别有几家翻印，如《七言杂字》，首二句"木耳香菌合竹笋，鹿筋海带燕窝汤"，末二句"其中或有差误处，高明先生请削删"。今有民国五年上海铸记书局石印本、无年月上海天宝书局石印本、无年月上海普通书局石印本。

天津地区写印的杂字，从传本来看，时间更晚，多是民国时期版本，如民国十年天津立元书局刻本《群珠杂字》、民国十六年天津立元书局刻本《叶韵四言杂字》、民国二十八年天津诚文信德记书局铅印本《三言杂字》、民国二十八年天津义华书帖庄石印本《士农工商买卖杂字》、民国天津五洲书局石印本《绘图便蒙四言杂字》。天津杂字，也存在一种杂字书，被几个书局不断翻版的情况。如：《天津地理买卖杂字》（一名《天津地理名家买卖杂字》《天津杂字》），刘浚哲撰，民国九年天津增文书局刻本。首二句"直隶省，天津卫，都督衙门保卫队；官钱局，商务会，交通银行现洋兑"，末二句"这天津，真可陈，提笔琢磨费精神；说到此，杂字终，赏识一笑望诸公"。正文中有"刘浚哲，号慕尧，读罢经书兴气豪；刘浚哲，字唐臣，天津迤南沧州人；作杂字，有原因，天津地理日日新"等句。据此知，刘浚哲应当是本书的作者。

这部杂字，在九年以后，就是民国十八年，由天津聚文山房排版印行。作者改为刘浚哲、张廷书。书中有"刘浚哲，号慕尧，读罢经书兴气豪；张廷书，字奉臣，天津西南冀县人；作杂字，有原因，天津地理日日新"等句。在这个版本中新增一位张廷书。张廷书是继刘浚哲之后成为本书的第二作者。

这部杂字，在民国二十六年也进行了排印印行。作者却改成了张景珊、孙满常。正文的字句也稍有改动。如首二句改为："河北省，天津卫，公安局所保卫队；官银号，商务会，准备银行国币兑"。正文中，上列两本的"刘浚哲"和"刘浚哲、张廷书"的题名不见了，在同句中取而代之的则是"张景珊，忠厚善，冀县城西傅水店；孙满常，字惠民，天津西南枣强人；作杂字，有原因，天津地理日日新"句。显然，此书的作者又易主了，改成了张景珊和孙满常。

其他地区写印的杂字，也有一些传本。如：金陵地区的杂字，有清乾隆金陵味经堂刻本《金陵味经堂新刻增订释义经书便用通考杂字》、清末金陵李光明庄刻本《新增幼学杂字》、清金陵状元境文奎阁书庄刻本《益幼杂字》、清李光明家刻本

《新镌眉公先生四言便读群珠杂字》。古绛地区,有清光绪二十四年古绛全和斋刻本《万全杂字》、清光绪三十年古绛克明斋刻本《新刻要紧杂字》、清光绪三十一年古绛宝善堂刻本《七言杂字》、清绛州永兴堂刻本《使用杂字》。泊镇地区的杂字,如:清光绪三十一年泊镇树德堂刻本《贤孝杂字》、清光绪九年泊镇善成堂刻本《精选杂字》。安徽地区的杂字,如:清康熙间仇村黄惟贤刻本《新刻增订释义经书便用通考杂字》、清代安徽屯溪茹古堂刻本《新镌便蒙群珠杂字》、民国安徽富文堂刻本《珠玑杂字》。山东地区的杂字,如:民国年间山东长山文义堂刻本《新编改良日用杂字》、无年月青岛成和堂书局石印本《音注四言商农秘书》、德州市文教局铅印本《农业杂字》、1956年山东人民出版社铅印本《口语杂字》。

一种杂字的版本多与少,反映出这种杂字在世上的流传情况。据笔者掌握的情况看,有一种《四言杂字》,传世的版本最多,达到16个版本。这种《四言杂字》的首二句是"天地三光,上下四方",末二句是"山人谚语,贤者再添",尽管16个版本中有个别的版本末句稍有不同,但是都属于这个版本系统。这16个版本为:清同治七年完县义兴堂刻本、民国元年京都泰山堂刻本、民国元年京都泰山堂刻本(另一个刻本)、民国间北京泰山堂排印本、无年月北平泰山堂书局石印本、民国间上海学古堂石印本、民国间北京老二酉堂石印本、民国天津五洲书局石印本、无年月三义堂刻本、民国书林同仁堂刻本、民国十九年马先生抄本、民国二十二年抄本、民国三十四年抄本、无年月抄本、无年月抄本(另一个抄本)、无年月抄本(另一个抄本)。其中,北京的泰山堂一家,共有四个版本,用雕版刻了二次,用铅排和石印各印行了一次,说明当时这种杂字受到读者欢迎。

七、杂字的研究价值

杂字在语言学、文字学、教育学和文献学等领域均具有重要研究价值。

1. 杂字在语言学领域的研究价值

杂字用字词组成文句,除通常使用的一般语言外,有的还刻意收集难读难写的字。尤其是刻意收集的地方俗语,这在语言学方面具有十分重要的研究价值。例如:《五刻徽郡释义经书士民便用通考杂字》,明崇祯刻本。正文分类就有"俗语类",保存了明代安徽地方俗语资料。《新刻五言杂字》,佚名编,民国九年广邑韩文余堂刻本，线装，28页。正文分杂物、种田、蔬菜、俗语等类。有"俗语"专类。《日用俗字》，清蒲松龄编，1986年上海古籍出版社排印蒲松龄集本。正文中末四句云"诸门俗字多遗漏，难在全掀《正字通》。古言蛙鸣如擂鼓，今闻蝉叫似弹筝"。对俗字进行了梳理和总结，将其视为是一部"俗字词典"，不无道理。《新刻增校切用正音乡谈杂字大全》，明末刻本。书名用"正音"和"乡谈"两个词。其中，乡谈指地方俗语，正音指标准用语。如：乡谈与正音的对应词：天光——天亮、天暗——天黑、寒天——冷天。这是研究标准用语与地方俗语的文献。《乡音杂字》佚名撰，民国王曙光抄本，88页。首载目录，题："平生上、平生下、上声、去声、入声、相同字、相似字、辩二字似字。"正文依声列字，每个字之后为释文。所列字词，均为乡音俗语。

2. 杂字在文字学领域的研究价值

杂字是教人识字的蒙学读物，其主要功用是教人识字，围绕字的形音义开讲。从这一点看，杂字实际上与字典词典相类，是文字学研究不可或缺的重要字源宝库。

例如：《口语杂字》，张雪庵编，1956年山东人民出版社铅印本。全书收录了不易写出的字，按照拼音顺序排列。音下列字、词。首句"叭、扒、笆斗、疤瘌"，末句"迁摸、啰、熨、甬路"。原书载有内容提要，是这样说的："我们在日常生活中，常遇见一些口语中常说，而一时不容易写出的字。如小孩的尿布，口语中说'□子'，角落说'旮旯'。这些字，常常不容易写出，因而阻碍了我们的写话学习。这本书专门收集了这一类的字，各字都按音序排列起来，并加上注音、注解和用法举例，既容易查找，也容易看懂。可作为学校教师和自学青年的学习工具用书。"

《农村常用杂字》，上海教育出版社编，1965年上海教育出版社铅印工农通俗文库本。全书分农业生产、生活及单位名称等10类。每类之下，列字、词和词组。首句"整地、耕地（犁田）、耖（chào）地"，末句"公园、花园、动物园"。

《农村常用杂字》，浙江人民出版社编，1982年浙江人民出版社铅印农村学文化小丛书本。全书分农作物名称、记工记账杂字、单位职务称呼及百家姓等类16类。每类之下，列字、词和词组。首句"水稻、籼（xiān）稻、粳（jīng）稻、糯（nuò）稻"，末句"百家姓终"。

《农村杂字》，金铁宽编，1966年北京出版社铅印本。全书分农具、计量及口头常说的词等40类。每类之下，列字、词。每一个字都作了说明或注释，并标音。

首句"惧（jù）、耙（bà）、筢（pá）"，末句"囫囵（húlún）、跶拉（tālā）、眍䁖（kōulōu）"。

3. 杂字在教育学领域的研究价值

杂字是一种民间教育文献。无论是教人识字，抑或普及文化知识，每一部杂字，都具有教科书性质。杂字主要在民间流传，千百年来，与官方主持倡导的正统教育读本"三、百、千"，一直并行于世，其在扫盲和业余教育中发挥了巨大作用，功不可没。

杂字一般在正文的字里行间中，言及编纂旨意，据此推知，其编杂字，是以教育人为目的的。例如：《必须杂字》末二句"儒者见笑，童稚喜传"。《杜塾九订方言插注杂字》书后有题识："蒙将数字，刻镂于心。务惜如宝，莫弃如风。试听古谚，一字千金。富唯润屋，德可荣身。虽未至善，渐渍从新。权为小补，辍矣而终。"附有"杜塾毕近歌"，略云："杂字何为述，缘因幼稚编。四千二百字，通成廿五篇。天文并人事，地理及山川。本念童蒙诵，焉当君子观。"《新刻训蒙五言杂字》，首句"汇集诸杂字，劝汝初学生，日时勤读写，字画要认真"，末句"略举三四件，触类可推明，今集为一本，后贤宜勉旃"。

4. 杂字在文献学领域的研究价值

杂字只占传世古籍的很小一部分，几乎到了忽略不计的程度。由于杂字是在民间流传的一种蒙学读物，具有自生自灭的自然属性，故此，其或生或佚，已属正常情况。传本在彼时著录，而在此时已经亡佚，是一种现实存在。依据彼时的著录，考察此时存佚情况，对我们了解、研究杂字颇有助益。据以考察杂字存佚情况的前人著录成果，我们知道有如下两种：一是张志公先生的《传统语文教育初探》，二是来新夏先生主编的《杂字》。笔者认为，正是杂字具有的这种自然属性，对其进行了解和研究，保护和利用，显得尤为必要。这是处于消亡地步的、亟须进行抢救的、具有特殊价值的一种专题文献。

八、杂字的待访书目

待访杂字是指笔者知而未见，有待访求的杂字。这部分杂字，主要见载于各家著录书目中。各家著录书目，主要包括：

1. 张志公著《传统语文教育初探》，1962年上海教育出版社出版。以下简称"张目"。

2. 来新夏主编《杂字》，1995年南开大学出版社出版。以下简称"来目"。

在以上两种书目著录中，凡笔者见到的杂字，视为知见部分，不再赘录。凡笔者没有见到的杂字，视为未见部分，归为有待访求的杂字。现将待访杂字的目录开列如下。杂字之后，标注出处，以便查检。

1.《杂字韵宝》，撰（注）者杨慎，见《千目》著录。见"张目"。

2.《对相识字》，无撰（注）者，见《□目》著录。见"张目"。

3.《杂字连珠》，无撰（注）者，清坊刻本。见"张目"。

4.《大方六言》，无撰（注）者，清坊刻本。见"张目"。

5.《山西杂字必读》，无撰（注）者，同治元年东昌善成堂刊。见"张目"。

6.《满汉合书》，无撰（注）者，见《万宝全书》卷六。见"张目"。

7.《三字文》，佚名撰，老二酉堂石印本。见"来目"。

8.《大清杂字》，佚名撰，会文堂石印本。见"来目"。

9.《分类七字蒙求鼓词》，佚名撰，石印本。见"来目"。

10.《三字杂字》，佚名撰。见"来目"。

11.《续三字杂字》，佚名撰，锦章书局本。见"来目"。

12.《便蒙家用必读》（分类四言句），佚名撰，老二酉堂铅印本。见"来目"。

13.《国民必读》（四言句），佚名撰，版本不详。见"来目"。

14.《杂字撮要》，佚名撰，版本不详。见"来目"。

15.《分类七字蒙求鼓词》，佚名撰，石印本。见"来目"。

16.《最新绘图四言杂字》，佚名撰。见"来目"。

17.《最新绘图六言杂字》，佚名撰。见"来目"。

18.《农村杂字》，佚名撰。见"来目"。

19.《新刻七言杂字》，佚名撰。见"来目"。

20.《世事通考杂字》，清王相撰，有雍正年间金陵聚文堂刊本。见"来目"。

（载南京图书馆《新世纪图书馆》2012年第9期）

燕山版《型世言》脱文衍文俯拾

《型世言》是法国国家科学研究中心（C·N·R·S）研究员陈庆浩先生在搜集中国域外汉文小说资料时发现的一部明代短篇小说集子。这是继冯梦龙的《三言》和凌濛初的《二拍》全本面世后一个比较重要的发现。明版《型世言》四十回，凡十卷，现存汉城大学奎章阁，孙楷弟、大塚秀高等诸家书目及其他古籍目录皆未见著录。此书在朝鲜，有乐善斋谚文翻译本，现仅存卷之三、四、五、六共四册，庋藏汉城韩国精神文化研究院。

《型世言》作者陆人龙，字君翼，浙江钱塘人。生卒年不详。明末杭州著名出版家峥霄馆主人陆云龙（字雨侯，号翠娱阁主人）之弟。除《型世言》外，又著有《新镌出像通俗演义辽海丹忠录》八卷四十回。

关于《型世言》的基本情况，它与《幻影》《三刻拍案惊奇》以及（别本）《二刻拍案惊奇》的关系等问题，陈庆浩先生已在是书影印本前附"导言"中做了深入研究，这部稀世珍本小说在我国古代文学史上的价值是不言而喻的。有鉴于此，经陈庆浩先生多方努力，在1992年11月由台湾"中央研究院"中国文哲研究所把它作为《"中央研究院"中国文哲研究所珍本古籍丛刊》之一种刊行于世，这便是我们现在见到的原刊影印本。

北京燕山出版社在这个原刊影印本面世后仅9个月，即1993年8月，就利用这个影印本搞出了一个点校本。然而就是这个点校本的出版着实令人不安。本来用较短时间将这个稀世珍本小说校点出版，让读者一饱眼福，无疑是一件大好事，况且这又是在中国大陆出版的第一个本子。好事就应尽力办好，应认真对待祖国传统文化，对历史和读者负责，然而出人意料的是经过这次"校点"印行的书却成了讹字满纸的劣等版本，这便是令人不安的原因。

笔者用原刊影印本与这个点校本粗加对勘一遍，俯拾错讹脱衍文字竟达数百处以上。略如第一回，影印本第53页"臣死忠，子死孝"，点校本第2页作"教"；

影印本第53页"又有这一班好人，如方文学孝孺"，点校本第2页也作"教"，这类属于音近而误。第十一回，影印本第527页"诉旧恨淫女还乡"，点校本第156页作"订"。第二十一回，影印本第937页"将尸首沉在塘中"，点校本第285页作"道"；影印本第939页"瞒官作弊"，点校本第285页作"瞄"。这类属于形近致误。又第941页"眉蹙湘山雨后，身轻重柳风来"，点校本第286页在"蹙"和"湘"二字中间添加一"足"字，这类属于名副其实的蛇足。而脱文处更是俯拾即得，不胜枚举。甚至我们从本不该有问题的简短的书皮题字中也可找出非常明显的错误来。略如"《型世言》刊刻于明代崇祯四年辛未五年前后，原本半页九行，行二十二字"。行文时居然在"四年"后加了干支"辛未"，那么"五年"后当加干支"壬申"，起码文字通顺；原刊本行二十字，此作"二十二字"，当系大误。至于"校点后记"中所谓"径加改正"的"俗伪字"和标点错误，更是无暇顾及。

这个点校本自始至终（全书最末二字也有误，例略）布满讹脱字，仅后十回就有脱文37处，衍文8处。这犹如一位姿性纯美的少女，被一位下海不久的、技术不甚高明的或是江湖上的美容师将全身施以斑斑墨点，令人啼笑皆非。幸而少女健在，欲还纯美容貌，有待称职美容师操觚。近知中华书局版《型世言》已经问世，因未睹此书，不敢妄加品评。

（载《中国图书评论》1994年第5期）

《文字音韵训诂知见书目》述评

【摘要】本文是一篇书评文章。对湖南省图书馆研究馆员阳海清先生编纂、湖北人民出版社出版的《文字音韵训诂知见书目》进行评说。主要内容包括作者编纂是书的经过及其治学精神，本书的特色及其功用。认为该书是汉魏以来我国古代小学类著作集大成者、它填补了学科研究中的一个空白，是一部颇有价值的专业工具书。

1996年在天津召开的一次《中国古籍总目》编纂工作会议上，我获知阳海清先生正在编写一部大书的消息。利用会议间歇时间，我陪阳先生到天津图书馆历史文献部查阅馆藏经部小学类书，边查边聊。业内人士都知道，作为饱学之士，阳先生搞的都是规模大且专深的研究项目，而且相继问世。这就应了"艺高人胆大"这句俗话。作为同行晚辈，我十分敬佩这一点。在向阳先生讨教治学问题时，阳先生说："治学实无秘诀可言，一是要肯于吃苦，二是要占山为王。"时隔数年，这句话仍环绕耳边。

我以为，"占山为王"这句话颇含深义。中华文明源远流长。历代流传下来的典籍数量之多，每以浩如烟海喻之。以个人之力，焉能读遍。倘若择其一端，皓首穷经，才有几分可能。如是者，即可称名专家，或喻山王。在学术领域，既有高不可攀的陡峭山峰，又有低矮易上的蜿蜒山丘。山不在高，有仙则名；学不在深，有用则成。量力而行，选定一题，脚踏实地，登上山顶，便是成功者。这或许就是阳先生此言的本意。

在浩瀚典籍中，丛书一类，规模庞大，犹如一座陡峭山峰，可望而不可即。先是学界前辈顾廷龙先生，统率全国图书馆界同人，奋力登上山巅，编成《中国丛书综录》。继之者，阳海清先生。他以一人之力，历经三十个寒暑，终于攀上了另一座山峰，而成《中国丛书广录》。"为了它，东访西查，左稽右核，确已殚精竭力"，阳先生如是说。事隔三年，阳先生又有惊人之举，率领高足，攀上又一座学术高峰——就是这部《文字音韵训诂知见书目》（2003年湖北人民出版社出版）。

文字、音韵、训诂在传统四库分类中隶属经部的小学三类。小学名之为小，实之为大。自东西两汉，到清朝末年，历代学人在这个领域辛勤耕耘，为我们留下了一笔十分丰富的文化遗产。尤其是自汉学开山许（慎）郑（玄）始，小学成果递出。迨至清乾嘉学者，更达巅峰，力改宋明理学空泛文风，而崇尚实学，文字、音韵、训诂、考据之学盛行，汉学又成显学。当是时，出现许多朴学大师，他们无不以小学功底深厚名世。小学几成清学代名词，更被视为研治诸学之基础。晚清张之洞在《书目答问》一书中说："由小学入经学，其经学可信；由经学入史学，其史学可信。"并得出了"小学类各书，为读一切经史子集之钤键"这样一个结论。

清代中期以后，西学东渐，传统文化受到冲击。肯坐冷板凳研治小学者日少，致使小学这门"显学"，变成了晦学。改革开放以后，随着经济快速发展，学界浮躁风劲吹，学人按捺不住寂寞，研治小学，几成空论，有分量的小学成果不多。不过，当今确有善理苍雅者。阳先生慧眼独具，清理历朝小学著述，终于结出硕果，向世人贡献出了这部总结历代小学成就的专著。

此书刚一印行，我便觅得一部。书品极精，装帧高雅，文字学家顾廷龙先生端楷题名，更使本书生辉。展卷墨香扑鼻，赏心悦目；捧读不忍释卷，解馋解渴。备置案头，曾阅数过。静心品味，如下几点尤值得称道。

一、收录宏富

本书主要收录1911年以前有关文字、音韵、训诂等小学类著作，共计4813种，12067部。这是至今为止问世的内容最为齐备的一部小学书目。编者穷数年之功，躬亲遍捡公私之藏，旁及爬梳载籍所录。更有进者，兼收并蓄，摘录内容涉及小学而不为传统书目"小学类"所涵盖的文献。

二、以类相从

是书以传统经部小学类文字、音韵、训诂之属作为主体，将合编之书设"总类"置于卷首，又录历代研究群籍音义之书而增设音义类殿于书后。总类、文字、音韵、训诂和音义五类构成本书五大组成部分。特别是增设音义类，实际上已经突破传统小学设类框架，是个创新，尤值得称道。五大类名下，又各细分若干小类，以类相从，各有所归，各有所属。

三、著录详备

每一部书，列为一个条目。每条详细著录书序号、书名、著者、版本及附注（收藏单位）等几项。举凡书名异题之择取、卷数未明之定夺、著者时代之确定、写刻版本之甄别、批校题跋之著录，以及藏书单位之揭示等，无不一一详载，著录事项足称完备。

清儒朱彝尊在《经义考》中，把本书所录诸书区分为有、佚、未见三类。为寻某书者，提供线索。本书略同此例，详著各书出处，一目了然。传统书目不仅应达到"部居类归"这样一个要求，更应追求"辩章学术，考镜源流"这样一种境界。本书力求通过详备著录，起到"辩章学术"功用，又通过缜密序列，以达"考镜源流"目的。本书实际上已经达到了这种境界，从这个视角来看，本书不仅仅是一部经部小学类专题书目，同时它又是一部高水平的学术著作。

四、便于检索

本书首载《编例》，分项说明，颇得要领。次列目录，于总类、文字、音韵、训诂、音义五大部类下详列字目，层层细分，有的达到四级小类，各录其书。从内容入手，按类检索，颇为方便。书后附有书名和著者四角号码索引，一检即得。

编写本书，旨在汇录两汉以来我国历代流传下来的小学类古籍，用以系统考查先人在这方面所取得的成就。使研究人员从繁重的前期翻检劳动中解脱出来，充分利用宝贵时间，汲取并消化前人已取得的成果，精研小学这门传统学问。本书提供一书多个版本，为研究人员遴选本子提供信息。本书提供一书多个藏家，兼具联合目录作用，为研究人员选用各家藏书提供线索。本书还提供了所录一位著者的多部著作，为研究人员提供该著者的相关文献。这些也正是本书实用价值之所在。

综观这部 120 余万字的煌煌巨帙，字里行间流露出著者和责编为编校此书所付出的心血。其用力之勤、功力之深，良足称道。该书是汉魏以来我国古代小学著作集大成者，它填补了学科研究中的一个空白，是一部颇有价值的专业工具书。这部厚重的专著，以其独具的特色和价值，业已跻身著作之林，当垂久远。

（载《图书馆工作与研究》2003年第5期）

《北京师范大学图书馆藏古籍珍品鉴赏·定级图录》序

为了适应现代化生活，人们在衣、食、住、行等各个方面都表现出了快节奏，简便易行，成为时尚。文化生活也不例外，读图时代的到来，使人们的阅读兴趣随之发生变化。对古籍的阅读，除了专事整理、研究、校勘功夫外，一般不再刻意去咬文嚼字、精读典籍，而把目光转向了书影，或随便翻翻或慢慢欣赏，都会产生一种惬意的感觉，从中获取收益和满足。

这本《图录》的编制，适时而出。《图录》以鉴赏和定级为名，收录馆藏历代古籍凡103种。鉴赏为经线，自上而下，定级为纬线，横贯全书。按照鉴赏类型，分为宋元古椠、明清佳刻、特殊印本、稿抄校本四个部分；依据定级标准，分为一级甲等、一级乙等、一级丙等、二级甲等、二级乙等和二级丙等。《图录》悬格甚高，馆藏古籍仅收一二级品，而三四级古籍概不收录。《图录》从鉴赏和定级两个视角，以图版和提要两种形式，充分展览和揭示馆藏，同时也体现出了编者的设计旨趣，所谓鉴赏与定级两相宜是也。

鉴赏古籍，不出二途：一是目验原书，一是翻看书影。对于一般读者而言，借阅原版古籍，展卷把玩，目验刀法风格，嗅闻墨香异味，几近一种奢望；而翻看书影倒是实在可行。我们知道，早期编印的古籍书影，因印刷技术所限，书影质量低下，书影图版与原书面目往往颇存差异。早年王献堂先生影印自己珍藏的黄丕烈批校本《穆天子传》，就属此例。幸好后来顾廷龙先生慧眼独具，对这部影印本与原书的差异之处，进行了点评，辨别真相，疑窦冰释。随着现代化照相、扫描和印刷技术的提高，古籍书影的印制，达到了相当高的水准，有些精致的影印本，几达乱真程度。天津图书馆近年推出的南宋临安府陈宅书籍铺刻本《棠湖诗稿》的珂罗版影印本，应归此例。幸而此本在卷末有影印牌记，予以说明，避免了真伪相混。现在出版的影印本古籍，都具有古籍书影的作用。尤其是大部头的影印本古籍丛书，其书影作用益加彰显。《中华再造善本》，几将传世的宋元版古籍网罗殆尽，遂成宋元版古籍书影之集大成者。然而，这些影印本古籍，由于出版旨趣与编制《图录》不尽相同，所以将其充作古籍图录，还是有些美中不足。

这本《图录》，在鉴赏方面沿袭了《中国版刻图录》创设的图文并茂的传统编制方法，选录图版考究，说明文字精审。或赏图观文，或看文鉴图，虽视角不同，但均有助益。这本《图录》用彩版影印，接近原本，视觉效果好。著录事项，完备无缺，文字表述，专业得法。尤其是编者从古书版本鉴赏角度，说明此版特点，使《图录》起到了鉴赏古籍的作用，是一部有较高水平的古籍《图录》作品。

略如《图录》中的"特殊印本"，选录了非一般的古籍传本，主要包括铜活字印本、活字泥版印本、泥活字印本、木活字印本、套印本、钤印本、蓝印本及公文纸印本等，均是古书印本中之重要代表者。其中，清康熙二十五年吹藜阁铜活字印本《文苑英华律赋选》，为清代最早的铜活字印本。清雍正间吕氏正气堂活字泥版印本《精订纲鉴廿一史通俗衍义》，为现存最早的活字泥版印本。清乾隆五十七年程氏萃文书屋活字印本《红楼梦》，为该书的一个重要版本。明凌濛初刻朱墨套印本《琵琶记》，首载插图二十幅，倩王文衡绘图、郑圣卿镌图，镌刻精工，成为凌刻插图本之冠。清乾隆五十三年木活字摆印武英殿聚珍版丛书本《钦定诗经乐谱全书》，为朱墨套印，此书采用活字与套印两种技法刷印，尤为难得。明代天启钤印本《皇明印史》，"上自开国六王，上公彻侯，以至名臣将相，文学布衣，各邡一印"，王士禛《池北偶谈》称其："印风借鉴何震，行刀犀利稳健。童香溪、许默公皆出其门，推其为如皋派鼻祖。"明万历三十七年刻蓝印本《阙里志》及明嘉靖十四年徽藩崇古书院刻公文纸印本《锦绣万花谷》，均属难得之物。

《图录》在展示古书图版的同时，还为读者提供了思索专业问题的空间。如清康熙二十五年吹藜阁铜活字印本《文苑英华律赋选》，虽然业内定为清代最早的铜活字印本，但是，有学者认为此书版本存在疑点，是否需要进一步考订？清雍正间吕氏正气堂活字泥板印本《精订纲鉴廿一史通俗衍义》，为现存最早的活字泥版印本。对其印制工艺，也有不同解读，是否需要进一步讨论？凡此等等，都是值得深入研究的版本问题。

对古籍定级，古已有之。历史上，官私藏书家对自己收藏的传世古籍分门别类进行整理、保管与利用，区别对待，分橱收藏，其实这些行为都有把自己所藏的古籍进行分级划等的成分。这种意识后来逐渐明晰起来，有的藏书家对此曾进行尝试，或用钤印表示，或进行探讨，提出自己的见解。

明代藏书家毛晋，给自己汲古阁的藏书钤盖"宋本""元本"和"甲"字印。《东湖丛记》："毛氏于宋元刊本之精者，以'宋本''元本'椭圆式印别之，又以'甲'字印钤于首。"王咸画《汲古阁图》，题毛晋藏书"次以甲乙，分以四库"。世传的南宋临安陈宅书籍铺刻本《棠湖诗稿》卷端，除钤有毛晋汲古阁的各式藏书印外，还钤盖"宋本"椭圆印和"甲"字方印，用以表示《棠湖诗稿》乃"宋本"之"甲"等之意。

明代文献学家胡应麟对古籍分级划等提出了自己的见解。他在所著《少室山房笔丛》甲部《经籍会通》卷四中说："凡书之直之等差，视其本、视其刻、视其纸、视其装、视其刷、视其缓急、视其有无。本视其抄刻，抄视其讹正，刻视其精粗，纸视其美恶，装视其工拙，印视其初终，缓急视其时，又视其用，远近视其代，又视其方。合此七者，参互而错综之，天下之书之直之等定矣。"这个表述，已经把古书定级划等问题讲得十分明白了。

现代藏书家周叔弢先生谈及编印《古逸丛书三编》时，明确提出了古籍分等观点。他说："我和徐森玉、赵万里向人民代表大会提议成立委员会，选印古籍善本书（宋、元、明本）。刻印佳，内容好为甲等；刻印精，内容较差，或不完整为乙等。"

以上三家，从不同的角度表达了对古籍定级划等的见解，都有一定道理，只是未能具体化、条理化而已。2006年8月5日，国家文化部发布了《古籍定级标准》，成为古籍定级的一个依据。几年过去了，这个《标准》以设计合理、操作性强，经受住了实践检验，只是其中的有些条款，还需进行修改和调整。

本《图录》，在定级方面，参考2006年版《古籍定级标准》，主要依据国家古籍保护中心近期组织古籍专家进行修订，成为最新修订版的《古籍定级标准》，或从历史文物，或从学术资料，或从版刻艺术角度，对所选馆藏古籍进行定级。这是最新修订版《古籍定级标准》最先应用的一个实例。所定级别等次，均有依据。

略如《图录》"宋元古椠"部分。其中的宋版书：《经律异相》和《大般若波罗蜜多经》，属于北宋版大藏经零种。《临川先生文集》和《西山先生真文忠公读书记》，均属南宋刻元明递修本。若按照2006年版《古籍定级标准》进行定级，这四种宋版书应定为"一级乙等"。本《图录》依据最新修订版《古籍定级标准》，则确定为"一级甲等"。其中的元版书：《大般若波罗蜜多经》，元杭州路余杭县南山大普宁寺刻普宁藏本，为元版大藏经零种。《范文正公年谱》，元天历三年至元统三年间褒贤世家家塾岁寒堂刻重修本。此为《范文正公集》附刻之一部分。《资治通鉴》，元至元间刻本，存卷九十一至九十七。《大学衍义》，元刻明修本。残存卷一至二十二。这四种元版书，均属于零种性质，该馆旧定为"一级丙等"。本《图录》则依据最新修订版《古籍定级标准》，确定为"一级乙等"。以上所举诸例，本《图录》依据最新修订版《古籍定级标准》，均上升一个等次，从而提高了馆藏善本书的地位，提升了馆藏善本书的价值，同时在利用《古籍定级标准》，确定馆藏级别等次方面，起到了率先垂范的作用。

为传世的古籍确定级别等次，既是一个颇有研究空间的学术问题，同时又是一个操作性极强的实践问题。随着古籍普查工作在全国范围内的全面展开，随着《中华古籍总目》编制工作在全国范围内的全面推进，全国各级图书馆馆藏古籍家底逐步摸清，现存古籍数量和完残程度亦将逐步揭晓，《古籍定级标准》各项条款也将在理论和实践中不断进行探讨和检验，使之不断完善，一个分级保管和利用的科学保护体系会在不远的将来建立起来，这是古籍界同仁翘首期待的时刻，为此而做的各种尝试都有帮助。

今《图录》即付手民，编者命予为序，爰将鉴赏与定级两点，略题数语，弁之简端，是为序。

（2011年国家图书馆出版社出版）

《书目答问汇补》
——一部汇录诸家补正成果的目录学力作

来新夏先生的目录学力作《书目答问汇补》（以下简称《汇补》），2011年4月由中华书局出版。来新夏教授是我国当代著名历史学家、文献学家和图书馆学家。青年读书时，他在文献大家余嘉锡先生的指导下研读《书目答问》。来先生传承师学，从那时开始，研治斯目，已历半个世纪之久。今来老登寿耄耋，其历史学、文献学及图书馆学专著，随着岁月的演进而递相出版问世，著作等身。来才雄学赡，德高望重，能以历史学家视角，以文献学家笔法，看待并整理《书目答问》，洵与常人异趣。来老历数十年之功，访求当世诸家批校稿本及清季以来刊印之本，遵照各家成果取得之先后，于同一条目之下，一一胪列，复加按语，始成《书目答问汇补》一书。《汇补》所称之"汇"，乃汇录之意；所称之"补"，乃补正之意，亦即汇录诸家对张之洞《书目答问》的补正成果为一帙，故以"汇补"为名。范希曾作《书目答问补正》（以下简称《补正》）时，其前出诸本，希曾多没有见到，故没有采录；其后出诸本，希曾更不知晓，自然也没有采录。今在来老所著《汇补》中一并采录。在收录范围方面，《汇补》广于《补正》。这是《汇补》所具有的学术价值的一个方面。《汇补》共收录了十三家补正成果，多为民国时期和当代名家，尤为难得。包括王秉恩贵阳刻本、江人度笺补本、叶德辉斠补本、伦明批校本、孙人和批校本、范希曾补正本、蒙文通按语、刘明阳批校本、韦力批校稿本、赵祖铭校勘记、邵瑞彭批校本、高熙曾批校本及张振佩批校本，堪称是一部结集性的书目成果。

各家补正成果

《汇补》所收的十三家补正成果各有特点：

其一，王秉恩贵阳刻本。秉恩这次整理，订正了《书目答问》初刻本讹误二百余处。

其二，江人度笺补本。人度作《书目答问笺补》，于清光绪三十年刊行。他在刊书跋语中说："因取南皮师是书，疏通证明，间亦搜补书目。"他说的"疏通证明"，是指对原刊本中的起分类作用的"勾乙"符号（⌐）进行必要说明和相应处理。一般做法是在一小类书之后，标出符号⌐，再用"以上某某类"进行强调说明；所谓"搜补书目"，就是补充原本缺漏之书。除一般四部书籍外，间采近人救时之作。编例与范本相近。

其三，叶德辉斠补本。叶德辉以撰我国第一部古籍版本学专著——《书林清话》名世。他为《书目答问》作斠补，有他个人的见识。他费三十年之力，多次批校《答问》，所批校之本今传世者不下十余部，所补之书，尤以经眼明版居多，成为《斠补》一大特色。《斠补》民国二十一年刊载于《苏州图书馆馆刊》。该馆还曾以铅字排印发行。

其四，伦明批校本。伦明依据光绪二年四川修订重刻本，先将叶德辉斠补文字过录其上，次加自己的批语。一本之中，他过录的叶校与自己的校语不分，成为伦明校本的一种特殊情况。《汇补》依据北大藏伦明批校稿本，将叶校与伦校逐一区分，为《汇补》增色不少。

其五，孙人和批校本。人和在伦明《书目答问》批校稿本基础上，又做了一次通校。其实在这个本子上，还有一位无名氏批校文字，这就成为汇有叶、伦、孙及无名氏四人批校文字的稿本。可以认为，这实际上是一部未整理的《书目答问》的"汇补"本。拘于成见，张之洞在《书目答问》中，沿袭《四库总目》之例，也对词曲小说予以摒弃，故此类作品多所漏略，人和"择其最要者，分别补录焉"，这一点成为人和校本的一个特色。

其六，范希曾补正本。所谓"补"者，乃补《答问》问世后"五十年间新著新雕未及收入"者；所谓"正"者，乃订正《答问》存在的"小小讹失"。希曾补录了《答问》所缺之书凡一千二百种左右。纠正了《答问》漏略或讹误的书名、卷数、作者姓氏、刻书年代等近百处。希曾继承传统著述之成例，在部分书下附加按语。按语的内容，或揭示一书之内容，或品评一书价值之高下，或鉴别一书版刻之真赝与异同，或指出《答问》讹误之所在，凡此数等均给学人以启示。希曾《补正》初欲附张氏《答问》之骥尾，而后遂成一家之言，《补正》成为《答问》的一个最通行版本。

其七，蒙文通按语。民国二十年范希曾《书目答问补正》付印，蒙文通在该书上加了一些按语，以"蒙按"二字标出。后印本便将"蒙按"收入书中，成为《补正》唯一采纳者。蒙文通对范希曾所作补正，作了进一步的说明，实是补正之补正。

其八，刘明阳批校本。明阳批校本，载有他写的题跋，其考订精审，见解独到，品评是非，实有点睛之效果。

其九，韦力批校稿本。韦力先生乃一位谦和儒商。从商之余，唯嗜藏书。1981年始对古籍发生兴趣，至今已逾廿载。经过辛勤耕耘，收获颇丰，遂成商界精英、私藏巨擘。韦力先生通批全书，以雄冠私藏之富，予以增补。所增版本之多，实有超迈前贤者。此为韦氏批校本之一大特色。

其十，赵祖铭校勘记。清光绪二十三年，湖北沔阳人卢靖将《书目答问》刊入慎始基斋丛书，民国12年汇印之。祖铭通校全书，成校勘记，凡六十七条，多有发现。其对《答问》原载"学海堂本"记载的错误更改较多，尚有出于贵阳本之外者。

其十一，邵瑞彭批校本。瑞彭手批南京国学图书馆初印本《书目答问》。批校本原藏天津古籍书店王振永先生家。来老早年曾向振永先生借录一过。今校本不知流落何所矣。邵瑞彭与蒙文通交往甚密，商榷学术，两人曾在一起论及范氏补正《书目答问》事。今两人所补并纳汇补，亦《答问》之逸闻也。

其十二，高熙曾批校本。高熙曾对《答问》素有研究，曾通批全书。对补正斯目有自己的观点，来老早年曾借录一过，将校文汇补于本书。稿本今也不知流落何所矣。熙曾之外舅乃孙人和先生。人和批校在先，熙曾批校在后。今两人所补并入汇补，《答问》之逸闻又添一则。

其十三，张振珮批校本。振珮批校本二册，今藏自家中。振珮先生哲嗣新民先生介绍此本云"盖曩昔公讲授中国历史文化，多向青年学子推荐《书目答问》，以作研制国学之入门书籍，又因王秉恩贵阳刻本改正原刻处颇多，兼有范希曾补正未及者，故颇欲从新整理付刊"。此后，新民先生承其家学，续作辑补，始成《书目答问斠记》。附载吕幼樵《书目答问校补》书后。此校以《答问》诸版本为范围，比核校勘，巨细咸备，指出彼此之异同，尤具特色。看校语，犹睹众本；读条目，方见功力。张氏校本，别开生面，独具一格。《汇补》得此校本，予以增补，足为学人参稽。

《书目答问汇补》之价值

笔者认为，《书目答问汇补》除了具备张之洞《书目答问》所具有的价值和功用外，更进一步提升了其所具有的价值和功用。

早在清光绪元年，张之洞在四川学政任内，为诸生撰《輶轩语》和《书目答问》二书，于光绪二年写定问世。《答问》是为回答诸生来问"应读何书，书以何本为善"而撰，《答问》是一部推荐性国学目录，读者可以根据个人的水平和需要在使用中予以选择，不受时代的影响。当今，国学重新受到重视，《汇补》几乎对收录的每一部都有多家进行点评，因此其在向文史爱好者提供国学基本用书、普及国学知识、弘扬传统文化等方面，将发挥不可替代的重要作用。

《答问》收书两千二百种，这些书经过精心选录，绝大部分是历史上流传下来的重要书籍。有了这样一部举要性的书目，对一般大众读者是比较方便的。而《汇补》更增补了一些重要典籍，使这部举要性质的目录书，更加完备，读者从中选择的余地更大更多。

有清一代的学术研究，以考据学为中心。考据的范围由经学到史学、诸子及文学。乾隆时这种风气已经大开，《四库总目》之所以有较高的学术价值，是因为主要的撰述者就是所谓集一代之选的当时著名的考据学家。嘉庆以后，考据学更为缜密，学术研究专著愈衍愈多。《答问》能够将反映清代学术研究成果的著作收录进来。清代学者章学诚说，研究目录学的目的，在于"辨章学术，考镜源流，即类求书，因书究学"，《答问》做到了这一点。《汇补》则更进一步，将清代学术成果进行了增补、品评和总结。

在体例上，《答问》在分类上不因袭前人书目体制，对《四库总目》的分类也敢于修正，它在经、史、子、集四部之外，首次增加了"丛书"部，由四部分类变成五部分类。在各个小类之中使用"勾乙"（"乚"号）当作类分子目的标志，使人看起来门径秩然而不琐碎。各类多由创建，使读者可以由浅入深，渐识途径。推动了传统目录学发展。后出的大型古籍书目，多沿用五部分类法，足以说明其法科学与实用。《汇补》在此基础上，增加了书影和索引，做到一检即得，免去了读者躬亲翻阅之劳。

当今时代，古籍收藏逐步升温，爱书之人，也逐渐认可了《答问》的作用。而《汇补》为书友提供了更加丰富的素材，尤其是各家点睛之笔，藏书爱好者可以从中拣选自己认为有用之物，访求藏之。

（载2011年9月19日《藏书报》第二版）

《书目答问汇补》后记

清光绪元年,南皮张之洞时任四川学政,"诸生好学者来问应读何书,书以何本为善。……因录此以告初学"。这是张之洞编印《书目答问》之初衷,尤以"训士"为目的。"此编为告诸生童而设,非是著述,海内通人见者,幸补正之"(具引张之洞《书目答问略例》语)。这既是张之洞说的谦辞,又属实情。由此引出了诸贤递相校补《书目答问》之功业。

清光绪二年,《书目答问》始刊行于世。因需求者众,当年又有修订重刻本问世。就是这部草草编录刊布的指导生童读书门径的一部举要书目,其刊行以后不久,便风行海内,士林书林奉为枕中鸿宝,几于家置一部,出现了洛阳纸贵之盛况。这部书目,确实起到了普及国学知识的作用。让张之洞没有想到的是,不仅仅如此,这部书目的功过得失,业已成为目录学研究的一个重要课题。它在文献整理、国学研治,以及传统文化建设等方面发挥着越来越大的作用。

初刻本虽以楷书上版但刻手颇草率,于是当年便有再刻之本出现。初刻与再刻本间有增省出入不同者。于是嗣后又有笺补本、斠补本及补正本等校勘成果递相刊印行世。更有进者,学人、藏家,在访书、藏书、典藏及读书时,每以《书目答问》为底本,信手增补书目、批校异同、订正讹误,成为新出批校本。对这些以《书目答问》为研究对象而产生出来的刊本、校本进行综合比勘梳理,是一项具有重要意义和价值的学术研究工作。

来新夏教授是我国当代著名历史学家、文献学家和图书馆学家。青年读书时,在文献大家余嘉锡先生的指导下研读《书目答问》。来先生传承师学,从那时开始,研治斯目,已历半个世纪之久。今来老登寿耄耋,其历史学、文献学及图书馆学专著,随着岁月的演进而递相出版问世,著作等身。来老才雄学赡,德高望重,能以历史学家视角,以文献学家笔法,看待并整理《书目答问》,洵与常人异趣。来老历数十年之功,访求当世诸家批校稿本及清季以来刊印之本,遵照各家成果取得之先后，于同一条目之下，一一胪列，复加按语，始成《书目答问汇补》一书。来老以其最新学术成果，以其扛鼎之作奉献社会，实现了作为一代前辈学人的朴素夙愿，令人感佩。

《书目答问汇补》所录各家批校稿本、世行之各种刊本，以经眼者为取舍范围，所汇之书，限众本之代表者。所采之本各具特色，兹试叙如次：

王秉恩贵阳刻本。秉恩对《书目答问》进行订正，于清光绪五年在贵阳刊行，成为订正《书目答问》的最早一部专著，具有初创之功。秉恩乃之洞门人。早年张之洞督粤时，开广雅书局刻书，秉恩充提调。他在《书目答问》刊书跋中说："秉恩乃即定本敬为校勘，始知定本为门人分录，辗转移写，不无差异，有卷第颠倒者，有版本脱落者，有名氏舛讹者，有定本后书已刊行，或别刻重翻，卷第缺略，因可增补者，谨就愚管所及，一一校补比竣。"秉恩这次整理，订正《书目答问》初刻本讹误二百余处。此次订正成果，范希曾做《补正》时，没有见到贵阳本，所以没有吸收此次订正成果。来老《汇补》，则以贵阳本为底本，充分采纳了此次订正成果。这既是王秉恩重刻本的一大特色，同时也是《汇补》的一个特色。

江人度笺补本。人度作《书目答问笺补》，于清光绪三十年刊行，成为系统研究《书目答问》最早的一部专著。他在刊书跋中说："自刘班七略以来，即有目录之学。目录者何？即读书之门径也。张南皮师《书目答问》尤门径之精者也。得其门，则有从入之途；失其门，不免望洋之叹。欲窥奥美而傍徨门外，虽毕生研究，仍毕生茫昧矣。……因取南皮师是书，疏通证明，间亦搜补书目，借以开示来学，而明其津梁所在，虽目以卧佛之疲，不敢谢也。"该书所称的"疏通证明和搜补书目"，即是其特点所在。所谓"疏通证明"，就是对原刊本中的起分类作用的"勾乙"符号（⌐）进行必要说明和相应处理。他在是书《凡例》中说："内有钩乙处，一类之中，各为子类，义例最为精密。翻刻者多削去，失其旨矣。犹之阮刻注疏，凡有异同，以圈识之。翻本不载，同一粗率。今一仍其旧，并于钩乙处疏明之，愈觉清析。"在一类之末，用"以上某某类"进一步加以说明之；所谓"搜补书目"，就是补充原本缺漏之书。除一般四部书籍外，间采近人救时之作，他在是书《凡例》中说："近来西书华人多译刻者，颇足辟精理而扩闻见，故续录之。"他对教科书有个人观点，他在是书《凡例》中说："教科书尚无定本，近出各书，颇觉丛杂，未能划一，尚待后贤补录。"在《笺补》书中，实际上并没有增补教科书。故此，后人提出的《笺补》"大部分是新刊教科书"的说法无疑是没有根据的，是错误的。

叶德辉斠补本。德辉作《书目答问斠补》，序于民国八年，盖为成书之年。民国二十一年择斠补条目，刊载于苏州图书馆馆刊。该馆还曾以铅字排印发行。叶德辉以撰我国第一部古籍版本学专著——《书林清话》名世。他为《书目答问》作斠补，有他个人的见识，他说："此目江阴缪艺风先生代南皮相国文襄公撰。讹误脱漏随处有之，故一再抽换。改刻后印本与前本往往出入异同。余无事则随手校正不下十余部矣。新年无俗客相扰，晴窗静坐，为杨寿祺兄过录一本。以缪、张之博洽，何处不如鄙人？可知目录板片之学，谈非容易矣。"（引叶德辉批校题识）德辉依所储三世之藏，涉猎厂肆之异本，费三十年之力气，多次批校《答问》，所批校之本今传世者不下十余部，成为用时最多，作功最勤，传世校本最多者。其所补之书，尤以经眼明版居多，成为《斠补》一大特色。

伦明批校本。伦明通校《书目答问》，成为传世不多的批校本之一。伦明以广东东莞驻防旗籍人寓居北方，藏书极富，广储乾隆以后刊行之书，拟续修四库全书。民国八年（己未）夏，伦明依据光绪二年四川修订重刻本，始将叶德辉斠补文字过录其上。他"时时检览，偶有所见，亦注其下，未有识别，竟致混淆"。一本之中，叶校与伦校不分，因此成为伦明校本中存在的一个有待解决的问题。民国十四年（乙丑）伦明始晤叶德辉于都门，过录德辉校本的这个话题，拉近了两人的距离。两人叙谈甚欢，相见恨晚。定约互相抄借未藏之书。离别数月，叶氏遂遭身祸，了结了这段书缘。伦明以续修四库之藏，校补《书目答问》，多有发明。今依据北大藏伦明批校本，将叶校与伦校一一区分，将两者一并汇入，为《汇补》增色多矣。

孙人和批校本。人和利用伦明《书目答问》批校本，又做了一次通校。其实在这个本子上，还有一位无名氏批校文字，这就成为汇有叶、伦、孙及无名氏四人批校文字的本子。可以认为，这实际上这是一部未整理的《书目答问》的汇补本。人和批校是书的时间，或许在民国十九年七月七日之前。批校完成后，人和作题记云：书目"朱笔为叶焕彬、伦哲如，所校用墨笔者，又系一人。伦君原本固如是也。今悉遵之。光绪以后之书亦多增入。盖伦君所为如欲便于士林，似不必遵文襄例也。增补之处，未能精审，有书在甲类，而误补于乙类者；有人名、书名、卷数讹误者，今拟详细校补，识以蓝笔。其为续刻、增改者，更加墨圈，俾免混淆"。拘于成见，并沿袭《四库总目》之例，张之洞在《书目答问》中，也对词曲小说予以摒弃，故此类作品多所漏略，对此人和"择其最要者，分别补录焉"，遂为人和校本的一个特色。

范希曾补正本。希曾，字耒研，江苏淮阴人，民国十六年就职于南京国学图书馆，民国十九年去世，年仅三十一岁。希曾酷嗜版本目录之学，几达忘我程度，积劳成疾，致使英年早逝，人世间失去了一位读书种子。希曾所谓"补正"者，补《答问》问世后"五十年间新著新雕未及收入"者；正《答问》存在的"小小讹失"。自成体例，始创"补正"体，在学界影响至大。《补正》补录《答问》所缺之书凡一千二百种左右，其中稿本多达一百四五十种。此类稿本既未刊刻，往往不为外界所知，《补正》为之详加著录，并尽量提供有关线索，对治学者来说，无疑具有重要的参考价值。纠正了《答问》漏略或讹误的书名、卷数、作者姓氏、刻书年代等近百处。希曾继承传统著述之成例，在部分书下附加按语。按语的内容，或揭示一书之内容，或品评一书价值之高下，或鉴别一书版刻之真赝与异同，或指出《答问》讹误之所在，凡此类等均给学人以启示。希曾补正，初欲附张氏《答问》之骥尾，而后遂成一家之言，《补正》成为《答问》通行之本。

刘明阳批校本。这个批校本，载有明阳题跋数则，道出其藏书及批校《答问》之大略情形。他说："二十余年来几无日不寄兴趣于故纸堆中，故奇书秘册，往往遇之，若明清旧椠，更成过江之鲫，惜当时不暇为经眼录耳。此书补正颇称完备，辛勤可念。唯书海无涯，焉能一人尽窥！爰再就余个人所见，补其未备，然仍不能望其毫无漏略也，研理楼主刘明阳记，时戊寅（1938）秋八月也。"他在一九五零年一则题跋中说：曾对《答问》"略加浏览，尚有须补正者多处，唯年来久不执笔，意兴殊懒，阳春如身体精神稍为复原，再为添注，俾再加详"。他又说："书内所谓余曾有或曾藏之书，十余年来因易米，多已不存。自我得之，自我散之，亦不甚惜也，壬辰（一九五二年）中秋日。""书者公物，本重流通，古今藏家，无久聚不散之理，又记。"明阳是津门著名藏书家，他以数十年之力，访求、收藏古籍，并精研版本之学。经眼明清旧椠之多，如其所言犹如过江之鲫，且多奇书秘册。"文革"期间，藏书被抄，寄存天津图书馆。后落实政策，书还刘家。书还之事，我今历历在目。明阳所藏善本，后转让国家图书馆。其考订精审，见解独到，品评是非，冰释疑窦，实有点睛之效。例如，在"笠泽丛书"一条下，明阳批"陆本、顾本两本行格同，显明区别，只在卷末'清朝'两字抬不抬"。

韦力批校稿本。韦力先生乃一位谦和儒商。从商之余，唯嗜藏书。1981年始对古籍发生兴趣，至今已逾廿载。经过辛勤耕耘，收获颇丰，遂成商界精英、私藏巨擘。尝自云："其中甘苦，如鱼饮水，冷暖自知。"至今所拥有古籍已逾百架，四部咸备，唐、五代、宋、辽、金等前代之藏亦有可称道者，明版已逾八百部，批校本、抄校本、活字本各有数架。曾用宋代藏书家许棐语"嗜书好货均为一贪"（见许棐《梅屋书目序》，清钱泰吉《曝书杂记》卷中引）入印。筑芷兰室，环室皆书也，坐拥书城。先藏前贤遗书于其中，次读世人未见之本，进而发凡起例著述其中。时而在书楼藏书间漫步，致足乐也，几达"妙处难与君说"之境界。因书缘，其与来老结为忘年之交；也因书缘，我俩缔结莫逆之友。韦力先生，以雄冠私藏之富，通校全书。所增版本之多，实有超迈前贤者。此为韦氏批校本，今并入《汇补》。亦汇补本之一大特色。

他如赵、蒙、邵、李、高、张、吕及佚名、某氏等诸家，或通校全书，或过录他校，或比勘异同，或品评优劣，或定其价值，虽视角不同，却也各有侧重，为汇补增色者多矣。

赵祖铭校勘记。清光绪二十三年，湖北沔阳人卢靖将书目答问刊入慎始基斋丛书，民国十二年汇印之。祖铭字式如，乐亭人。其通校全书，成校勘记，凡六十七条，多有发现。这是一个较好的校刊本。其对《答问》原载"学海堂本"记载的错误更改较多，尚有出于贵阳本之外者。这个校勘成果，范希曾作补正时，没有见到，故没有采录。今汇补本全部采纳，为本书增色。

蒙文通按语。曾与邵次公谈论范希曾作《书目答问补正》，于民国二十年付印。蒙文通在书中加了一些按语，在书中以"蒙按"二字标出。其对范希曾补正，作了进一步的说明，实是补正之补正。"蒙按"仅限于四部中之经部，未能通校其后各部，盖随手批注，例未尽善，致存遗憾。

邵瑞彭批校本。瑞彭字次公，浙江淳安人。民国后期任众议院议员等职。后任北京师范大学、河南大学教授。晚年寓居开封。工词，兼长经史。有《书目长编》《一切经音义校勘记》等。瑞彭批校本所据之底本乃南京国学图书馆排印《书目答问》。批校本旧藏原天津古籍书店王振永先生家。来老早年曾向振永先生借录一过。今校本不知流落何所矣。邵瑞彭与蒙文通交往甚密，商榷学术，两人曾在一起论及范氏补正《答问》事。今两人所补内容，并纳汇补中，亦答问之逸闻也。

高熙曾批校本。熙曾对《答问》素有研究，曾通批全书。对补正有自己的观点，曾云："补正者，补其未见之本、未睹之书，而正其版本作者之误也。于学者则甚便，若以张公之意绳之，则未能尽合焉，然亦有所不得已也。"来老早年曾借录一过，将校文纳入汇补书中。稿本今也不知流落何所矣。熙曾之外舅乃孙人和先生。人和批校在先，熙曾批校在后。今两人所补并入汇补，又添一则答问之逸闻也。

张振珮批校本。振珮批校本二册，今藏家中。振珮先生哲嗣新民先生介绍此本云"朱笔细字，旁批侧注遍布眉间行里。手泽所存，倍加珍护。盖曩昔公讲授中国历史文化，多向青年学子推荐《书目答问》，以作研制国学之入门书籍，又因王秉恩贵阳刻本改正原刻处颇多，兼有范希曾补正未及者，故颇欲从新整理付刊。此即其退休家居时预作之批校。唯前期工作虽大体就绪，而先君子精力已尽殚于注释史通，无暇排示定稿也"。此后，新民先生承其家学，续作辑补，始成《书目答问斠记》。附载吕幼樵《书目答问校补》书后。此校以《答问》诸版本为范围，比核校勘，巨细咸备，指出诸本彼此之异同，尤具特色，"比勘诸本，功力颇深"。看校语，犹睹众本；读条目，方见功力。张氏校本，别开生面，独具一格。今幸得此校语，增入汇补，足为学人参稽。

李笠评语。笠，字雁晴。浙江瑞安人。历任广东大学、中州大学、厦门大学及武汉大学教授。有《国学用书概要》等。其所撰三订国学用书提要，揭示典籍内容。

吕思勉评语。思勉，字诚之，江苏武进人。历史学家。历任光华大学、安徽大学、华东师大教授。著作等身。有《中国通史》等。其所撰《经子解题》，对所收典籍，点评精到。对初学，指点谜津；对学者，开阔视野。是书颇有可称道者。

来老早年曾摘录李、吕二书有关评语，置于汇补相关条目之下，充作条目释文。

尚有两本。一是佚名批校本。用墨笔。校语因多与叶德辉校语相同，又与伦明过录叶德辉校语相近，故本书将其置于叶后伦前，以便稽考。此本来氏收藏。一是某氏批校本。用墨笔行书。因与伦明、孙人和共用上列同一校本，故置于伦、孙之后。

另外，尚有一些过录本，我们得而未录，如国家图书馆藏的罗淳曼先生过录本等；还有一些重要批校本，因见已晚，我们得而未录，如王伯祥先生的手校本；限于各种原因，尚有一些重要批校本，我们求而未获，如侯云圻、胡玉缙、陈乃乾及吕贞白等先生的手校本。我们认为，可能还有一些批校本虽存而未显，有待今后继续访求。在不远将来的某个时候，若能得到以上开列的部分批校本，为汇补再作汇补，将是一件功德善事。或者，这仅仅是一种愿望，短期之内无法实现，我们将跂而望之，以俟来学。

此次汇补，我们主要做了如下工作：

一、梳理旧稿。初阅来老批校《书目答问》旧稿时，甚感兴趣。但见毛笔行楷，蝇头细字，上下勾画，左右移写，密布于字里行间与天头地脚处，几无隙地，形如乱麻，如入迷宫；而当静心细读时，不难发现，书写自守规范，字字清晰，复按箭头所指，则文通理顺，朗朗上口。旧稿校文系录自叶德辉、刘明阳、高熙曾、李笠和吕思勉五家校本。我们将校语逐条析出，打成文本，复置于《答问》原处。

二、更换底本。来老旧稿，原以民国二十年南京国学图书馆排印本作为底本。我们认为，清光绪五年贵阳所刻，因改正清光绪二年刻本多处误字而成较善之本，故决定不用这个南京国学本，改用贵阳本作为汇补之底本。

三、增补诸家校刊本。按照计划，我们拟在旧稿基础上，再增补数家校刊本。于是，我们四处访求，寻觅各种校刊本，果有新获。经过比较筛选，最后确定新增校刊本凡八家，计：江人度刊笺补本、伦明、孙人和、赵学铭、张振珮、韦力、佚名及某氏校本。

四、将各家校语及按语，依次置于相关条目之后。

五、编制四种附录。为了充分解读这部《书目答问》，从各个角度对其进行揭示，我们特编制了四种附录。

其一，《书目答问》版本图释。先作释文，后附书影。收录我们经眼的世传版本凡四十九种，对这些版本逐一作了介绍，同时选择其中具有代表者性的版本配以五十三幅书影，附于其后。每个版本，标明藏家，以便检阅。

其二，《书目答问》刊印序跋。选录《书目答问》部分刊本中原载之序跋资料，包括潘霨、王秉恩、李元度、舒龙甲、江人度、叶德辉、柳诒徵、范希曾等八人所撰十一种序跋资料，全文刊载。文后标明出处，以便查核。

其三，《书目答问》题识。选录《书目答问》部分刊本中所载的由后人撰写的题识资料，包括陈彰、叶德辉、秦更年、伦明、孙人和、王伯祥、王秉恩、潘景郑、罗淳曼、高熙曾、来新夏、刘明阳、邵瑞彭及袁行云等十四家凡三十余则题识。文后标明出处，以便参稽。

其四，《书目答问》索引表三种。这是来新夏先生于半个世纪前之旧作，从不同角度编制索引。既便利用，又存文献。

六、编制综合索引。对汇补所载主要书名、人名进行检索。

从梳理旧稿开始，到四处访求校本，以及对汇补内容文字进行校对、订正、查检、复核，如是者数次，稿出者数过。斯役始于2005年，至2009年蒇事，历时五年。今天是个值得纪念的日子，《书目答问汇补》杀青，奉来老之命整理斯稿，屈指数来已历五个寒暑。

　　来老以数十年之力，将自己的学术研究成果倾注斯编，又慧眼独具，网罗众本，遴选诸家，吸纳前贤及当代学人研究成果，以百川汇海之势，成此《汇补》，遂成《书目答问》之集大成者，是继清代江人度《书目答问笺补》、民国范希曾《书目答问补正》之后取得的又一重要学术研究成果。

　　本书在编制体例、遴选众本等方面具有凸显之特点。其在继承传统文化，传承国学精华、推进学术研究，以及在古典文献学、古典目录学、古籍版本学等方面具有重要价值。

　　在本书汇补期间，我们曾经得到了图书馆界同仁大力支持，来老已在卷前序中具名致谢，借此再致谢忱！

　　自己司职津图，终日与古书为伍，尽典守之职。追忆往昔，不知从何时开始，作为来老书童，往返于馆校之间。在古籍版本研治方面，时时得到来老点拨，颇受启发，始入治学之门径。犹感庆幸者，自己承来老不弃，命以整理汇补书稿为学业，终获耳提面命之机缘。期间，来老学术研究成果递相问世，自己有幸先得见赐。举其要者如古典目录学、三学集、来新夏教授学术研讨会纪念集、且去填词、学不厌集、邃谷师友、清代目录提要、期间清人笔记随录、古籍整理讲义、邃谷文录、书文化的传承、来新夏说北洋、八零后，近日又得一部新出大作——中国图书事业史。所赐大作实有目不暇接，苦读不尽之感觉。其间还曾得到来老贤配焦静宜老师文史专著《星点集》。续接大作，均拜读再三，获益至多。来老素奉教长之职，以提携晚辈为己任，受惠学子，无以数计，遂为学界美谈。自己作为受惠者，蒙来老嘉许，命于著者项署名，忝入汇补者列，诚惶诚恐，无以言状。

　　今汇补即付枣梨，爰将整理颠末，急就数语，充为后记。

时二零零九年六月十九日，记于津门子牙河南岸之听蛙鸣室

（载国家图书馆古籍馆编《文津学志》第五辑，2012年8月国家图书馆出版社出版）

《津门书肆记》序

曹式哲先生整理新发现的雷梦辰手稿《津门书肆二记》后，王振良先生建议交《藏书家》连载发表，引起了藏友关注。其间振良先生又提出建议，请式哲先生网罗雷先生其他遗文并有关评介文章，汇成一帙，结集出版，并命我写序。式哲先生乃以年余之力，黾勉从事，编成是书，题名《津门书肆记》，持稿到馆，说明撰序之意。我疾阅书稿，不忍释卷。是稿主要记述津门书肆内容，静心阅读，如听雷梦辰先生讲述津门书肆史；书中兼记津门藏书家事迹，因其中几位藏家的旧藏善本我经眼过，所以观其文字，倍感亲切，犹睹故人。

我的朋友藏书家韦力先生说过"收藏品位最高者莫过于藏书"。此话颇有深意。我以为此话可以从成为一位藏书家需要具备的三个条件进行诠释：一是具备书源市场。古书属于纸质文献，不便保留。凡遇兵燹水火，百不一存。传本日少，得者不易。二是具备识书眼力。古书内容浩博，经、史、子、集四部，无所不包。各部精髓，版刻特色，晓者不易。三是具备购书财力。孤本秘籍罕觏，偶露峥嵘，身价不菲。非家有余钱者不能接手，取者不易。天津过去的藏书家，大多具备这三个条件。

天津建城很晚，不过六百多年，此前的藏书无从谈起。近代国家发生的重大事件多与天津有关，时有"近代百年看天津"的说法，此言甚是，而藏书亦然。近代天津，门户洞开，西方列强用长枪大炮打入天津，英、法、美、德、日、俄、意、奥、比等九国划出了自己的租界地，天津被迫开放成为商埠，天津政治、经济、文化乃至城市空间有了很大发展。又由于它"当河海之要冲，为畿辅之门户"，在政治上具有特殊地位。因此，一些有钱有势人士，诸如富商巨贾、政客名流、遗老阔少等纷纷云集津门，而大量古籍也以不同渠道，源源不断流进天津。天津市场书源不断，那些具有过人眼力、囊有余钱的藏家如鱼得水，各显其能，购藏善本，由此造就了一批在全国赫赫有名的藏书大家。

在《津门书肆记》中，有《近代天津私人藏书述略》一文，是作者在从事古书业四十余年间随笔辑录下来的50多位藏书家事迹。笔者感到，虽然每位藏家的身份经历和藏书风格不同，但他们访求善本的执着精神完全一样，无不令人感佩。笔者对这些藏书家都十分敬仰，对其中一些藏书家还怀有一种特殊情感，个中原因就是曾经翻阅过、奉读过，抑或整理过他们的旧藏善本。

周叔弢先生，20世纪70年代末期到天津图书馆，给年轻馆员讲授古籍版本知识。当时我刚入馆不久，没有资格听课，但我亲眼见过周老先生，他"貌婉而神清，才敏而志定，淡声色，薄滋味，寡气矜，畏荣进，怡然淡然，若与世无竞者"（引藏书家傅增湘语，见《周君叔弢勘书图序》）。自己庆幸的是，后来工作岗位是典守弢翁捐书，大饱眼福，还利用弢翁在自己的藏书中亲笔撰写的批校题跋，编了一部《弢翁藏书年谱》，弢翁访书经历、藏书标准，为书友藏家在书肆地摊中检寻所爱古书提供了借鉴，受益者当不在少数。来新夏老先生更誉《年谱》为一种"创体"。

任凤苞先生在民国时期收藏明清方志不遗余力，辟天春园书楼珍藏明清方志三千多种，遂为私家藏志之巨擘，其藏志量大质精，与当时国立图书馆相伯仲。在天津解放前夕，曾遭日人觊觎，为避免"皕宋之厄"，在周叔弢先生游说下，任先生毅然决定举献市政府，成为现在天津图书馆特色藏书重镇之一。自己对这位藏书为学者使用、无私举献政府的重量级藏书家，非常敬佩，总在考虑为其做些事情。2009年10月在我馆同仁共同努力下，择馆藏任氏藏志之精华，编成《任氏天春园珍藏善本方志丛书》，是为永久纪念。

严修是筹建直隶省图书馆（现天津图书馆的前身）时积极捐书人之一，曾先后三次捐献自己的大量藏书。其手稿几乎全部入藏天津图书馆。近年我们曾编印《严修手稿》，为学界深入研究这位近代教育家、书法家、藏书家的事迹提供了第一手珍贵历史文献。今年我在参加全市古籍普查工作时，在一位藏书家手里，意外发现了严修诗文稿本。这册手稿，端楷缮写，颇为精致，藏家秘不示人，而我有幸见之，眼福匪浅。

张之洞在清光绪末年，以四川学政身份执掌该省教育，当时"诸生好学者来问应读何书，书以何本为善"，因编《书目答问》。因其开列书目，俱为易得通行之本，且浅显易懂，受到学人重视，几乎家置一部，一时洛阳纸贵。此书产生如此效果，与之洞熟悉古籍善本有着因果关系。来新夏教授积数十年之力，写成《书目答问汇补》,我有幸与韦力先生用六年时间参与斯稿整理之役。是书遂成藏家访书时不可或缺之专业工具书。

学界誉之为"甲骨文发现之父"的王襄先生和王懿荣先生,都在雷梦辰先生的笔下出现。王襄先生研究甲骨文富有成果,撰有多部专著,悉数入藏天津图书馆。我曾与其哲嗣王翁儒、王巨儒先生合作,整理遴选这些珍贵遗稿,编成《王襄著作选集》,为世人深入开展对甲骨文研究提供了珍贵文献。天津图书馆藏有王懿荣先生编撰的《福山王氏家藏稿》《王文敏公经进稿》及《王懿荣书札》等多部稿本,其中《海岱人文册目》一稿,数年前被山东大学编入了《山东文献集成》,广传于世。

张重威先生的藏书,现有二万余册,密藏在上海闹市某小区民宅中。我曾在2008年夏,应其哲嗣张家璩先生之请登楼观书。明清典籍,赫然在前。唯因张家和馆方想法未偕,转让之事也只好暂时搁置。不过我不想这样放弃,我将伺机而动,力谋图之,将梦想变成现实,争取让书回到津门故里。

金钺先生藏书之外,兼善刻书。其在北京文楷斋所刻之木版原物,现入藏天津图书馆。金钺刻书的原始档案资料,尽数由李世瑜先生收藏。李世瑜先生是我见过的天津藏书家之一。学有专长,研究宝卷,成果显著,一部《宝卷综录》,奠定了其在民间宗教研究领域的领先地位。天津图书馆珍藏的一批价值极高的明末清初雕版印制的宝卷,就是先生早年配合市政府从北郊(今北辰区)宜兴埠一个庙中收缴上来的,这批早期宝卷遂成天津图书馆特色藏书之一。李世瑜先生生前,曾将自己珍藏的金钺刻书原始档案转让天津图书馆,为我们了解金钺刻书情况提供了文献依据。

2010年7月,应振良先生之约,我忝居评委之列,参与"天津市十大藏书家"评选活动。其间走门串户,查看原书。这次藏书家评选标准之一,就是藏书达到一万册平装书。从数量上衡量,不能说不多,但这与雷先生所记述的津门藏家"藏书数量过万册"的线装古籍相较,实有天壤之距。今非昔比,这确是事实。由此观之,藏书难,藏善本古籍书更难。

为了普及藏书知识,为藏友搭建交流平台,1998年山东齐鲁书社创办了《藏书家》,广受藏友欢迎。我与此书稍有因缘。在1997年底1998年初,书社谋划创刊前准备工作。执行主编周晶先生让我向藏界前辈顾廷龙先生索求题签和题词。此时我正在北京参与由顾老主持的《续修四库全书》编纂工作。顾老时年95岁,耄耋高龄,不辞所求,欣然应允,墨笔题名"藏书家",题词"网罗放失,传之其人。藏书家创刊之喜。九五老人顾廷龙题"。近来该社由事业单位转企业之后，为了整合出版社出版资源，谋求更大发展，寻觅合作伙伴。经相关友好人士共同努力，遂以天津图书馆、北京三希堂名义，与齐鲁书社达成三方合作协议。我与振良担当《藏书家》执行主编，具体负责组稿、初审等工作。斯事为传递天津作为藏书家重镇之余续，做了些许努力。

最近，我受我国著名古籍版本目录学家李致忠先生邀请，参加《中华民间珍藏善本再造》项目的前期策划和筹备工作。这套丛书将与专收公藏的已经出版的《中华再造善本》成为姊妹篇，其影响不言而喻。在马年伊始召开的全国知名藏书家小型座谈会上，藏家踊跃发言，支持编纂这部丛书。有的藏家从更高层面，看待编纂这样一部大书，认为这是对我国改革开放三十年来古籍拍卖成果的一次大检阅，对民间藏书的一次大揭示。古籍中记述的先哲思想，可以通过这部丛书放射光芒，为弘扬传统文化、推进人类文明、社会进步和学术发展，提供精神滋养。

梦辰先生是津门书业名家，《津门书肆记》乃其遗作，书稿厚重，内容丰富，涉及书肆、藏书及文人逸事等诸多方面。此书之成，为业界同人提供了一份难得的珍贵文献，它填补了书业史、藏书史及文献学上的一项空白，我乐观其成，爰就津门藏书家的点滴逸闻、近年为天津几位重要藏书家旧藏古籍所做事情的片段，以及参评"天津市十大藏书家"活动的肤浅感受等草就小文，弁于卷首，是为序。

（载雷梦辰著、曹式哲整理《津门书肆记》卷首，2014年8月天津古籍出版社出版）

台湾行有感

此次有机会到宝岛台湾走了一趟。从办理出境手续，到与台胞近距离接触，以及参观学习，都是躬亲为之，身临其境，有不少发现和收获，更有一些感触。回来后条理记忆，写成短文，与同道分享。赴台基本素材：

1. 赴台时间：2012 年 5 月 17 日至 24 日，凡 8 天。
2. 主要内容：参加古籍保护与流传学术研讨会、观光。
3. 学者人数：共计 6 人，其中北京 2 人、天津 2 人、内蒙古 2 人。

一、办理赴台出境手续

赴台之前，先办出境手续。办理赴台出境手续，因地区不同而难易程度有别。

据悉，北京 2 人，先到北京市台办办理因公出境手续，因出示的台湾《邀请函》中没有明确写清楚每天上、下午的活动安排细节，故此，北京市台办视这份《邀请函》不合格，不予受理。北京 2 人与他们理论了半天，没有结果。出于无奈，只好另想办法。因北京市是首批赴台"自由行"城市之一，所以他们改成从旅行社办理"自由行"观光旅游手续，递交相关材料后，很快办妥。

内蒙古 2 人，因呼和浩特市不在国家公布的第一批和第二批赴台"自由行"城市之列，只好提前几天，先飞到新加坡，再从该地飞往台湾。

天津 2 人，我居其一。我们各自办理因公出境手续。同行的一位是大学老师，由学校有关部门负责办理，经过几个必须程序，十分顺利，拿到了中华人民共和国公安部出入境管理局签发的《大陆居民往来台湾通行证》。我因是事业单位员工，手续需要自己根据有关部门的规定递交材料，等待上级有关机关领导批复和转交。手续主要包括两大环节：其一，初审环节，依次为：自己撰写申请→所在单位初审→局级单位批复→天津市台办批复。这个环节好似演员上台演出之前的彩排，若发现问题，导演需要及时更改。我在这个环节，出现的问题是台湾邀请方没有在《邀请函》中写明"一切费用由台湾方面支付"一句，只好请对方修改文字，重发《邀请函》。这个初审环节的问题解决后，开始进入正式审批环节。正式审批环节，相当于演员正式登台亮相演出。先是重复前一个环节过程，即自己撰写申请→所在单位以红头文件形式提出正式申请→局级领导批复→国家文化部→国务院台办，而后国务院台办下转→国家文化部下转→局级单位，局级单位再以红头文件形式提出正式申请→天津市台办批复，而后天津市台办转交→申请人持批复文件→市出入境管理局→缴纳70元手续费后，拿到了一张《通行证》领取单据，上面印有提醒文字：1周后领取。由于1周后取证的时间规定在16日。而17日自己就要动身赴台，此时还没有购买机票。而购买机票，必须提供《通行证》编号，这是购票手续。时间紧迫，只好向市出入境管理局提出"加急"办证申请，经科长特批同意，宽容半天，提前在15日下午取证。到了15日下午，自己排队领取了《通行证》。取证后，开始购买飞机票。联系二家购票处，均告无票。第三个购票处，答复有票，并送票上门。至此，办完了赴台全部手续。翌日飞往台湾。

办证时间，前后经历了2个半月。办证时间不可以说不长，难度不可以说不大，付出的精力不可以说不少。我曾在数年前得到台湾故宫方面邀请，在办理手续时，因李登辉抛出的"一边一国"言论，无疑增加了办证难度，结果未能成行。在大陆有句老话大概是说：谁倒霉就让他去装修房子。我这里又增加一句：谁倒霉就让他去办理因公赴台手续！两岸交流，理应越多越好，而手续越简越好，这是大家期待的。

二、台湾人友好善良

台湾人友好善良，这是台湾行的最大感受。

在飞往台湾的三个小时途中，我随手翻阅插在前面网袋中的几本期刊杂志。其中有一篇介绍王品集团董事长戴胜益经营之道的文章。戴胜益在管理上处处体现人性化，如：女性员工每月生理期可以自行休假，不必上交医院证明；员工填写的最初入职表，视为最后一张入职表，因为这里没有跳槽问题；鼓励员工献计献策，凡积累6年业绩的员工，都有另行开店当店长的机会。戴胜益用很高的道德标准要求自己，他说："人的德才，好比火车的二条铁轨并行。若只剩一条铁轨，不是火车的速度减慢一半,而是寸步难行;若一个人没有道德,不是可以勉强干事,而是一事无成。"戴胜益经营的这个餐饮业,以信誉赢得食客,生意红火。最近有关部门曾在台湾大学生中进行一次择业问卷调查,戴胜益经营的这个王品集团,击败当今各种热门职业而一举夺冠,名列榜首。看罢感慨良多,事在人为,把一个餐饮业做到了这个份儿上,是戴胜益的德才发挥了重要作用。

21日上午,没有安排要紧事,于是大家去了附近一家露天大众泳池,放松一下。里面都是中老年人。在热水池内,一位中年妇女主动与我们交谈,她笑着问:"你们是大包吧?"我不解地反问:"您说的大包是什么意思?"她笑得更开心,说:"你们管我们叫台胞。你们是大陆客,我们管你们叫大陆同胞,简称'大包'!"在游泳池旁,一位上了年纪的老大爷,主动与我搭讪,说:"大陆搞得不错,我乐意去那里旅游,我都去过大陆N次了。"话语间,带有几分得意。我们住的宾馆,一位服务员看到我们出去逛街,向我们大声说:"你们要多买东西呀!"到了台湾,没有一点生疏的感觉。

林庆彰先生是海内外著名经学研究专家。此次赴台,我们得到了林先生的鼎力帮助。从申请在"中央研究院"内办会,到住宿安排;从会议议程,到探讨各种古籍保护和传播议题,林先生无不亲自策划,精心安排。19日下午林先生特意安排我们一行到他家里做客,为我们接风。林先生的家,在上林园小区内,是一座四层楼连体建筑。院内、院外和楼顶平台栽植各种花草树木,花花绿绿,品种至多,不可悉数。听朋友讲,先生研究《诗经》,深谙诗中花木,先生钟爱草木,盖与研诗有关。院角一棵大树,足有二层楼高,绿叶红花,分外夺目好看。进院后,左侧辟一水池,用碗口大卵石砌于四周,池内有水草,养了数尾日本锦鲤,上下游动,仔细观赏不难发现池水有深度且富有氧气。鱼之灵动,在于水质。屋内贴有一联"庆云敷彩,彰德今芬",是陈维德为先生题写的。这是对林先生为人品德和住处环境的真实写照。进屋内除了到处是书籍外,别有发现:在茶几下,卧着一只毛亮干净的米黄色狗。它不叫不动,看其眼神,是欢迎我们来家做客的。林先生看我们对这只狗感兴趣,就为我们讲了这只狗的一段故事。他说:这只狗,曾是四胞胎之一,四只小狗刚刚出生,就被狗主人丢弃在了车站,大概是希望好心人领养。孩子发现后,报告家人。林先生考虑饲养能力,答应抱养一只。在家人精心护理下,它很快长大,名叫糖糖,含甜蜜之意。一次糖糖在外面玩耍,被重物砸在背上,脊椎几乎断裂,造成严重瘫痪。家人急忙将其送至兽医院求治。住了几个星期后,它的病情不见好转。医生无奈地通知,没有办法治好,建议对狗实施"安乐死"。家人一致反对。林先生又请了针灸大夫,对糖糖恢复健康,仍抱一线希望。经过长时间的针灸治疗,奇迹发生了——糖糖站立起来了。由于数月瘫痪,糖糖身上长满了褥疮。林先生和家人轮番为糖糖抹药擦洗。糖糖逐渐恢复了健康,只是走路略带颠簸,显然留下了一点儿后遗症。糖糖今年11岁了,相当我们人类77岁,也是一位年迈老者了。我们相信糖糖这位"老者",在林先生家可以无忧无虑地安度甜蜜的晚年。这个故事对我们大家触动很大。林先生一家五口人,夫妻生有二男一女。妻子小先生16岁,年轻貌美,善良贤惠。林先生一家人热爱生活,热爱花草,保护动物,是一个真正充满着大爱的家庭,让人羡慕!我们从林先生一家的小事,看到了善良淳朴的台湾人的一面。

三、大师等着你去对话

24日返回天津,转天上班。打开邮件,见上海复旦大学一位老师发来邮件,说:"各位同道,周日礼物,各请收纳。"邮件的内容是转发一篇网友谈论胡适、钱穆和林语堂三位大师的文章,题目是《大师等着你去对话》。这位老师发邮件的时间是5月19日,正好是我们在台北由主办方计划陪同我们参观三位大师故居的时间,所以对这篇文章尤感兴趣。

文章说:因为两岸的分隔,大陆与台湾人心目中的"大师级人物"可能有所不同,成为大师的条件也有所不同。以我的看法,两岸中国人配称得上大师的应该是在学术上极有声望及成就的人,应该说或许是在国际上都可以有一定的地位。大师级的人物必须有极高的品位,这里所言的品位大约应该是在道德上、良知上以及真理的追求上,其言行举止都可作为人们的规范。这些大师都有一定质和量的著作,这些著作也都长久地影响着后世。大师的专业也应该是在多方面的,并不局限于单一的学术专长。在台湾我们比较熟悉的是胡适、钱穆与林语堂,这三位都达到了我前面所述及的条件。当然也有人自称为大师的,或者被少数人尊称的大师们,但是这些多少都带点夸张或者自我宣传的意味。1949年后也有许多两岸的中国人获得诺贝尔奖,但是这些人中有些多少在人格品位上有问题,且过于专业于一项,就很难冠以"大师"了。

19日上午会议结束,下午我们专程到台北东吴大学,参观了钱穆的故居。钱穆的故居在东吴大学校园内，西式两层小洋楼，里面各层摆放一些陈设，墙壁挂有介绍文字。客厅正中间，有钱穆半身铜像。我们走进站好，行礼三鞠躬。各室面积不大，陈设简朴。另辟了一间小咖啡厅。这座西式两层小洋楼名叫素书楼。钱穆在《怀念我的母亲》一文中讲到是楼命名的一段不寻常的缘由："我母亲的一辈子，可用《论语》上'贫而乐'三字来形容。但是我最难忘怀的，是辛亥年那一年的夏季，我十七岁，得了伤寒病，误用了药，几乎不救。我母亲朝夕不离我身旁，晚上在我床上和衣陪眠，前后七个星期，幸而我终于痊愈了。我之再得重生，这是我一生中对母亲养护之恩最难忘怀的一件事。现在我的外双溪住宅，取名素书楼，就是纪念当年在七房桥五世同堂第二大厅素书堂我母亲养护我病的那番恩情。"这篇短文，发表于1986年4月，钱穆先生应《联合报》副刊"母亲节特辑"约稿而写，先生时年92岁。

楼外西侧是一簇高大竹林，楼外前面是一大片草坪。沿路外行约20米，是道口，立一圆形卵石，镌刻隶书"钱穆故居"四字。并有大树若干，根深错节，树叶茂密。景致甚好。

据介绍，1990年6月1日，钱穆不满当时身为"立法委员"的陈水扁与台北市议员周伯伦指控他霸占政府建筑物，以九十六岁高龄之身毅然搬离故居素书楼，同年8月30日逝于杭州南路寓所。

钱穆只有小学程度，是自学自通的国学大师，然著作等身。钱穆居北平八年，先后授课于北京、清华、燕京、北师大等名校，抗战军兴，辗转任教于西南联大、武汉、华西、齐鲁、四川、江南等大学。1950年在香港创办新亚书院，曾获得香港大学、耶鲁大学荣誉博士学位，为"中央研究院"院士。当年北大讲坛上最叫座者乃胡适和钱穆二人，钱穆曾称"大凡余在当时北大上课，几如登辩论场"。

是日晚上，林庆彰先生在欣叶酒店，请我们吃台湾料理。而后回到台北南港区"中央研究院"住处。因为下午时间紧，当天参观胡适纪念馆的计划没有完成。我们只好在"中央研究院"参观我们感兴趣的机构。如傅斯年图书馆、胡适纪念馆等。我们站在胡适纪念馆的外面，向里仰望，在有胡适纪念馆牌子的旁边留影纪念。没有参观胡适纪念馆，留下了一个遗憾。

据介绍，胡适纪念馆建筑面积不大，但也规划有展览空间及保留原来的卧室、书房等。一般游客都会在参观时顺便购买胡适先生书写的小诗，文笔绝美，一组六张。胡适的墓园就在院区边缘的胡适公园内，大师夫妇长眠于此，附近还伴有董作宾的墓园。胡适父为胡铁花，曾在清代时到台东当过直隶州知州，当时胡适方幼，1893年亦随母前往，至今台东市区仍有铁花路以兹纪念。胡适安徽老家故居位于绩溪县上庄村内。

胡适兴趣广泛，著述丰富，在文学、哲学、史学、考据学、教育学、伦理学、红学等诸多领域都有深入的研究。1927年在哥伦比亚大学获得哲学博士，一生中还获得过三十五个荣誉博士。当过北京大学校长、驻美大使、"中央研究院"长，小诗、小品也写得好，书法也有一定程度的韵味。早年在北京推动白话文，著作有十六大本。

在史地研究方面，最值得称道的是胡适对《水经注》的研究。胡适过去研究《水经注》时，曾向天津图书馆借阅馆藏一个善本，借书当中还发生了一段故事。1947年4月，胡适在重病卧床的傅增湘那里，得知天津图书馆藏有清代全祖望五校稿本《水经注》，随即委托北大唐兰教授到馆借书。经时任馆长井守文同意，将该书借走。4月底，胡适致信井守文，称"全氏五校《水经注》尤其可贵"，希望"多借一些时候，我当作一番校雠的功夫，并写一篇考证的短文"。1948年8月16日，时局紧迫，井守文致信胡适，催还图书。同月21日胡适回信称该书"确系全谢山五校真本，已是天地间仅存之孤本了，拟写一长跋，请允许再留一二个月"。后来局势更加紧张，井守文派人到京，从胡适那里把书取回。不久胡适即飞离北平。借书过程，有档案记录。敝馆与胡适结此一段书缘。

23日下午3点半，我们参观了林语堂的故居。林语堂的故居在台北阳明山上，早期大师自己设计的西班牙式四合院建筑，目前公开开放展览，卧室、有不为斋，以及书房也都还保留并陈列原有的家具、书籍及介绍林语堂的生平与著作发明等。据介绍，1947年林语堂发明了一部中文打字机，名叫"明快中文打字机"，是在美国纽约发明成功的。另有一座小房间设计成小会议室。林语堂选择一个古"凤"字，雕刻在桌椅背上，这是他对夫人的怀念。大师的墓园就在花园里临坡的一面，眺望台北平原，视野极佳。厦门鼓浪屿也有林语堂故居，为早期林语堂结婚所在地。

林语堂的书房正面有一联，由谭叔题写，云："文如秋水波涛静，品似春山蕴藉深。"这是林语堂文风和品行的真实写照。左侧几排书柜中陈列的图书，是林语堂经过分类的，排列整齐；书房右侧几排书柜中陈列的图书，是林语堂未经过分类的，排列错落有致。据讲解员介绍，当时林语堂对自己的藏书是否分类，自有一套理论："藏书分类，排列整齐，这是科学；藏书不分类，排列零乱，这是艺术。"

这里有林语堂历年出版的原著及其各国翻译本。包括从最早的1929年《开明英文读本》，到最晚的1978年《语堂文集》，大约有四十余部。

书房外对面，开辟林语堂资料室，藏书不少，对外开放。有一位长者，负责借阅工作。书房外墙跟下，栽树养花，树下辟有一池，池内有了几条肥大日本锦鲤，颜色不一，或红或花或青。我蹲在池边看鱼赏花，好不惬意！

林语堂是闽南才子，在西方也有一定的知名度。早年在哈佛大学得到比较文学硕士，德国莱比锡大学语言学博士，曾任北京大学英文系主任、厦门大学文学院院长、联合国教科文组织美术与文学主任、国际笔会副会长等职。林语堂学贯中西，对东西方文化均有通透的领悟与独到的见解。他一生笔耕不辍，著作等身，留下了数量颇丰且涉猎颇广的中英文著作，包括小说、散文、文学批评、文化评论、人物传记，以及辞典、英语教材、翻译作品等。林语堂另编有《开明英文读本》《开明英文文法》等教材。林语堂父亲是一位基督教牧师，大师本人详尽探索中西方哲学思想后，于晚年才真正成为一名基督徒，其哲学探索历程记载于《信仰之旅》一书。1940年和1950年，大师两度获得诺贝尔文学奖的提名。

上面讲的三位大师，在1949年后都陆续到了台湾。三位大师在台的故居都在台北市内。还有网友曾建议：要是你想让自己的心灵沾染到一点形而上的气质，你该排个时间去看看的。

（载台湾《国文天地》2013年第29卷第7期）

我随来老编大书

何为大书？用力超常、部帙超常、价值超常，三者咸备而编成之书也。

不知从何开始，自己作为书童，往来于馆校之间，为来老送书上门，耳濡目染，从来老那里窥视一点儿治学门径。尤其是近年以来，来老让我直接参与，编纂了几部大书，于是获得了向来老讨教的最佳时机。在几部大书相继问世后，来老怀揣无愧之心，驾鹤仙去。自己现凭记忆，整理斯文，纪念来老，并与同道共享。

一、编纂《清代经世文全编》

2005年新年伊始，一天早上，来老打来电话，让我过去。来到府上，来老指着一捆捆用报纸裹着的文件包对我说："这是我早年干的活，里面全是经世文。"我听罢，似懂非懂。来老接着解释说："经世文是当朝人议论政事得失的单篇文章。从清初开始，就有好事者将单篇经世文经过挑选编纂成集，多名《清代经世文编》，是单篇经世文的文章总集。"来老继而又说："今天请你过来，商量一件事：我想向国家新编清史委员会申报一个项目，就是《清代经世文选编》。以这些旧稿为基础，再从其他传世的《经世文编》中精选出若干篇，汇总起来，编纂点校一部《清代经世文选编》，这也是我多年以来的一个想法。想请你协助我落实一下这个事。"

我听后，既高兴，又茫然，真不知如何落实。在后来的谈话中，来老进一步谈了自己的大致想法：如何申报项目，如何着手筹备，如何组建项目组，如何开展工作，等等。我这才明白，来老早已运筹帷幄，胸有成竹。接下来的工作，就是按照来老的设计，一步一步干就可以了。

在编纂《选编》过程中，有个难点，就是网罗传世的清代各个时期编印的《清代经世文编》。来老说："《选编》看似简单，其实不然。需要网罗众本，把清代各个时期编印的《清代经世文编》找齐，从中遴选名家名篇，这样的《选编》才能有代表性。"我凭借多年与图书馆同行打交道形成的人脉关系，几经努力，几乎全部搞到，包括清陆耀辑《切问斋文钞》三十卷、贺长龄辑《皇朝经世文编》一百二十卷、张鹏飞辑《皇朝经世文编补》一百二十卷、饶玉成辑《皇朝经世文续编》一百二十卷、三画堂主人辑《皇朝经世文新增时务洋务续编》四十八卷、陈忠倚辑《皇朝经世文三编》八十卷、麦仲华辑《皇朝经世文新编》三十二卷、求自强斋主人辑《皇朝经济文编》一百二十八卷、宜今室主人辑《皇朝经济文新编》六十二卷、邵之棠辑《皇朝经世文统编》一百零七卷、何良栋辑《皇朝经世文四编》五十二卷、求是斋辑《皇朝经世文编五集》三十二卷、甘韩辑《皇朝经世文新编续集》二十一卷、王延熙、王树敏辑《皇朝道咸同光奏议》六十四卷、于宝轩辑《皇朝蓄艾文编》八十卷等二十二种。在这些《经世文编》中，有的是来老自己的藏书，有的来自北师大、吉林馆、浙江馆、南开大学馆及天津馆等多家藏书，为完成本项目奠定了基础。

在南开大学地方文献研究室里，有两架藏书都是《经世文编》的底本复印件。来老编纂《选编》的多年夙愿已经实现。这个《选编》项目，始于2006年初，到2009年12月31日结项，历时四年完成定稿。选录清代经世文作品1100余篇，精装6册，200万字。顺利通过专家组鉴定，认为《清代经世文选编》在编辑、点校等方面，达到了国家清史编纂委员会制定的《文献整理工作通则》规定的质量标准。并认为，这个《选编》的学术价值主要体现在以下几个方面：本书是清史研究领域的一项新成果，是研究清史问题的重要参考书，填补了清史研究领域的一项空白，为读者提供了一部了解清代各界人士撰写的"议论政事得失情况"的清史文献传集，具有史鉴作用，颇具实用价值，可供当代施政者参考。

在完成《选编》这个项目后，来老提议将这些二十余种《清代经世文编》合而印之，题名《清代经世文全编》，2010年12月付学苑出版社正式出版，共172册（正文168册，目录2册，索引2册）。在《全编》出版《前言》中，来老说道："《全编》之成，既蒙各藏者惠借底本，又承学苑出版社不惜斥资付印，终为学林增一参考用书。欣观厥成，不胜欢悦，稍叙其事，并向有关方面致谢！"

二、编纂《清代科举人物家传资料汇编》

编纂《清代科举人物家传资料汇编》，与国家新编《清史》，有直接关系。

2002年8月，国家批准建议纂修《清史》报告，11月成立由十四部委组成之领导小组，12月12日成立清史编纂委员会，清史编纂工程于焉肇始。编史之始，即整理出版《文献丛刊》《档案丛刊》，二者广收各种史料，均为清史编纂工程之重要组成部分。可供修撰清史之用，提高著作质量；可抢救、保护、开发清代文化资源，继承和弘扬历史文化遗产。

2005年末，文津书店总经理董光和先生专程来津，拟拜见来新夏先生，为其编印之方志丛书索序。作为董光和先生的多年书友，我陪同其到来老府上。在说完正事之后的闲谈当中，言及清史《文献丛刊》事。我向来老请教："能否对近年由台湾出版的《朱卷集成》进行重编，每种只择取文前履历部分，削掉文中八股文部分，形成简编，收入《文献丛刊》？"来老说："这个想法可以，不过要是申报清史项目，还需进行充分论证，同时还需征求有关方面的意见。"来老的这个指导性意见，对我们来说十分重要。接下来的工作，就是围绕来老的这个意见办的。

一是联系收藏朱卷文献大户——上海图书馆。陈先行先生是我多年的同行，在互通馆藏文献方面，有成熟路径和经验。在得知我们的想法和要求后，陈先行先生答应："全力支持！"就这样解决了主要朱卷文献的来源问题。二是联系出版社——学苑出版社。徐建军副社长是我多年的合作伙伴、同行，在交流选题和论证方面，观点和想法往往一致或接近，交流不存在障碍。在得知我们的想法和要求后，徐建军副社长答应："积极配合！"就这样解决了出版问题。三是联系项目单位——清史编纂委员会。在学苑出版社和有关人士游说下，很快收到准确消息："可以考虑立项！"就这样基本解决了项目申报问题。

在落实了上述三个方面工作后，自己和董光和先生再次来到南开大学，拜见来老并作简要汇报，同时恳请来老担任本书主编。来老说："担任主编，虽有不劳而获之嫌。既然大家这么看重我，又是这么一个好选题，我也只好答应。"来老深思一会儿，说道："这个项目的上马，意在为新编清史提供文献，所以质量第一，万不可大意，更不可粗制滥造。我提出几点想法，供你们参考：一是要取原本进行复印，不能直接使用台湾出版的《朱卷集成》；二是台湾出版的《朱卷集成》，只限上海一馆所藏，且当中存在缺漏等不足，尚有些馆可以进补一些；三是要排成单版，不搞上下双栏。"

在来老直接指导下，经过有关各方的努力，本书收入清史《文献丛刊》项目，用上海馆所藏底本进行复印，同时增补天津馆等几家馆藏，较之台湾出版的《朱卷集成》有所增益。本书前后历时两年，于2006年12月由学苑出版社正式出版，共101册（正文100册，索引1册）。

三、编纂《书目答问汇补》

2006年初，为了提高业务理论水平，我参加了由天津师范大学设立的历时二年的"古典文献研究生班"系统专业学习。当时，来新夏先生主讲《古籍文献整理》课程。一天，在讲完了张之洞撰《书目答问》一书后，在课间休息时，来老取出一部线装本《书目答问》，让大家看。我取阅之后，向来老建议："此书需要修复和配置函套，交学生来办吧！"来老笑允，再三叮嘱，千万看好。并补充说道："此书经历不一般，一是属于查抄退陪之物，二是在余师指导下的研读成果。"

我得到原本后窃喜：既可看到来老墨笔真迹，又可为来老做件实事。此书经过部门员工妙手修复之后，一部配有函套、修复齐整的稿本《书目答问》，被呈给来老。我问来老道："您老的这部批校本为何不整理？"来老答道："此稿整理，谈何容易！我人老目花，早年用蝇头小楷写的字已经看不清楚。这部书稿还有不足，需要寻找一些资料。精力不及，整理无期。"流露出了无可奈何的语气。我接着说道："学生能否试试，协助您整理这个书稿？"来老说："可以的，若能这样就好了。"

这是我利用进修机会，承担的比较大的一个研究项目。其间无数次来到来老家，聆听来老指导。来老说："整理这个稿本，需要做几个工作：一是访求当世诸家的批校稿本；二是收集清季以来刊印众本；三是遵照各家成果取得之先后，于同一条目之下，一一胪列，复加按语，始成《书目答问汇补》。"来老说："《汇补》所称之'汇'，乃汇录之意；所称之'补'，乃补正之意，亦即汇录诸家对张之洞《书目答问》的补正成果为一帙，故以'汇补'为名。"《汇补》在收录范围方面，重在收录各家批校本，突出"各家批校成果"，这一点有别于范希曾作的《书目答问补正》。这是《汇补》所具有的学术价值的一个方面。

在来老的指导下，我开始斯稿整理之役，前后历时八年而蒇事。《汇补》共收录了十三家批校成果，多为清末民国时期和当代名家，包括王秉恩贵阳刻本、江人度笺补本、叶德辉斠补本、伦明批校本、孙人和批校本、范希曾补正本、蒙文通按语、刘明阳批校本、韦力批校稿本、赵祖铭校勘记、邵瑞彭批校本、高熙曾批校本及张振佩批校本，可以称为一部结集性的批校本成果。这部来老自称"扛鼎之作"的《书目答问汇补》，于2011年4月由中华书局出版，书局为此书专门召开了"首发式"。此书荣获"2011年古籍一等奖"。

四、编纂《萧山丛书》

2011年7月的一天，我蹬自行车到南开大学来老府上。来老说想了解一下国家图书馆藏清鲁燮光编的《萧山丛书》情况。我打电话给国家图书馆同行，请帮助调阅一下此书。很快得到答复："关于我馆藏善本《萧山丛书》，我查看了一下，情况如下：《萧山丛书》十一种十六卷，9册，共580拍，清鲁燮光编，鲁氏壶隐居藏本。除第六册《固陵杂录》抄的字不太清晰外，其余八册抄得都比较好，只是用纸较薄——透字，没有页码。该书的馆藏号是：10837。"

经过几次交流，后来得到了国家图书馆藏的这部抄本《萧山丛书》，为着手编辑新辑《萧山丛书》打下文献基础。嗣后，来老与萧山政府有关方面进行实际协商，历经了立项、审批、筹划经费、拟定体例、确定第一辑入选书目等具体工作，确定了分辑编纂刊行。自2013年始，分年出版，每年一辑十册，共成一函。影印出版，每种之前加冠一篇前言。在《萧山丛书》卷首，来老撰写总序，内容包括四个部分。来老在讲述了丛书起源和地方丛书之后，引出了要重点谈的鲁燮光所编《萧山丛书》和新编《萧山丛书》。文曰：

萧山之有丛书，始于鲁燮光所编《萧山丛书》。燮光生平，据民国二十四年本《萧山县志稿》卷十九所载，有云：

鲁燮光字瑶仙，晚号卓叟，原籍山阴，其先世自清初来萧山，居西河下。燮光以廪贡生选授慈溪训导，俸满，保升知县，历署山西和顺等县令。光绪时，晋省存饥，办赈颇力，巡抚李秉衡大器之。性好学，手不释卷，初选辑《永兴集》一百数十卷，遭乱残缺。晚年著《萧山儒学志》八卷、《湘湖水利志》四卷、《西河志》一卷，均未刻。在山西著有《山右访碑录》一卷。重游泮水，寿九十余。

今萧山区志办复考知其生卒年为清嘉庆二十二年（1817）生，宣统二年卒（1910），享年九十三岁。若与丛书所收各书中跋语及边识相校，与鲁氏生卒，大致不差。萧邑地情各书于此多失载。

《萧山丛书》有刻有抄，均以其壶隐居藏本乌丝阑纸存录，共收书十一种，除王思任尺牍选本为明人外，其余十种，均为清人撰著，而鲁燮光所著达八种。原稿存国家图书馆，我所见为萧山区志办扫描本。所收各书均为萧人，于研究乡邦文献，颇有裨助。其各书序跋批语，多有可取之处。惜仅有一辑，入民国后中断。

自鲁编丛书后，垂百余年，萧山无丛书。新编《萧山丛书》创意于数年前，后经萧山区志办与南开大学地方文献研究室交流磋商，于2011年定议合作，历经立项、审批、筹划经费、拟定体例、确定第一辑入选书目等，确定分辑编纂刊行。自2013年始，分年出版，每年一辑十册，共成一函。所收各书为免次生错讹，悉加影印，分邀专人各撰前言一篇，稍尽导读之任。

新编《萧山丛书》第一辑，收书十余种，遍及四部。撰者除《读易隅通》为明、清之际来集之并刊刻于明崇祯十七年（1644）外，其余均为清人清刻抄本。撰者多为萧籍著名学者，如毛奇龄兄弟、王绍兰父子、汪辉祖父子、任辰旦及鲁燮光等。

由于各书篇幅不一，有合数种为一册者，以求各册厚薄相当，而不以时代为序也。

萧山为历史古邑，人文荟萃，乡邦文献充盈，《萧山丛书》第一辑，选目入书，颇费周章。整理编次，又多所考虑。2013年，选编工作始蒇事，所选多名人名著，版本亦尽量选优。书成差强人意，初生之物，其形必丑。《萧山丛书》虽非初生，但中断百余年，不免疏漏，今后各辑，责任更显繁重。至祈乡老贤达，学者名流多所指正，尤望惠予评说，挖掘幽隐，提供选目。在事诸君，殚精竭虑，并此致谢。

在2014年春节后，来老看到了由学苑出版社印制的新辑《萧山丛书》初稿。令人十分遗憾的是来老没有看到正式出版物。而令人稍显欣慰的是，来老谋划在前，我等晚辈将继续完善之。新辑《萧山丛书》第一辑，在近期即将出版。第二辑将在2014年底正式出版。同时编制出了拟入《萧山丛书》的底本目录，收录明清以来古籍多达二百余种。这部《萧山丛书》的相继问世出版，将以最好的方式告慰这位萧山贤达来新夏先生。

（载《藏书家》第19辑，2015年2月齐鲁出版社出版）

深切怀念来新夏先生

3月31日,我到吉林开会。大约下午4点半左右,刚刚到达长春进驻宾馆,手机响起,是南开大学徐建华教授打来的,接通后听到的竟然是来老仙逝的噩耗,心情许久不能平静。来老的音容笑貌、他在桌前不停地敲打键盘的身影、不用拐杖在卧室和书房间出出进进的身影、他躺在医院重症病房时的情形,一幕幕在我眼前晃动流转。翌日下午乘车返津,转天早餐6点半赴北仓公墓与来老告别,祈求来老一路走好。

作为来老的追随者,多年以来,自己三天两头到来老家,如果几天不去,就会感到若有所失。给来老打电话,经常听到的一句话就是"是国庆吧,你有空来家一趟",甚感亲切。现在这句话被永久地定格在脑海里,留在了记忆中。

时下人们说的"90后",是指那些刚刚20出头的年轻人。1923年出生的来新夏先生,却称自己是"80后"。一次我到来老家,来老手里拿着一本书递过来说:"这是80后的一位年轻人写的书,提提意见吧!"我接过书,先是一愣,看书名题"80后,来新夏著",再看下页,墨笔题"国庆老弟存念",我俩不由得哈哈大笑起来,真是太有意思了!这是2008年9月北方文艺出版社推出的《老橡树文丛》中的一种。此书命名,既有创意,又有深意。按照年龄,来老和我应该是祖孙辈关系,接触既久,竟成了忘年之交,称兄道弟也成了很自然的事了。每次到来老家,老人家总是面带微笑,眼神中充满着自信、快慰和幸福。

来老幼承家教,稍长进入教会学校学习,1946年于北平辅仁大学专攻历史,年未及冠,便捉笔为文。我曾利用计算机,从数据库中为来老检索出早年在报端发表的若干篇文章。来老不到而立之年,就登上了大学讲坛。经过了六十年的辛勤耕耘,硕果累累,桃李满天下。来老却谦虚地说:"著述二十余种,论文近百篇,大多爬梳抄纂之作,聊充铺路石子。"来老在南开大学从事教学和研究工作长达半个世纪,在教学上的成就和学术上的建树,使其成一代国学巨匠。来老说:"我于前一世纪八九十年代,意料之外地荣任南开大学教务委员、图书馆馆长、出版社社长兼总编辑、图书馆学系主任等实职工作。作吏十年,似烟若云。"除了校务委员外,其余几个实职工作,来老任的都是一把手,没有当过二把手。究其原因,运作技巧高、协调能力强、身体状况好及工作成果多使然。"文革"时,来老受到过冲击,下过乡,钻过"牛棚",书稿被焚烧过,身心受到创伤,肉体受过折磨,对此,来老却说:"于世无忤,与人格格,胸满暗箭疤痕,背有插刀创伤。无怨无悔,还我坦荡。"来老字号"邃谷",想也有"虚怀若谷"之意。

来老说,在"文革"中,"自己利用晚间耕余,整理恢复被焚抄之《近三百年人物年谱知见录》和《林则徐年谱》二书,还新撰了《目录学发微》一书。成书三种,不亦快哉!"来老说:"人当退休之年,我方出山问世。岁登古稀,休致回家。"来老的确迎来了人生的第二个黄金时期。衰年变法,寄情随笔,来老说:"这叫借他人酒杯,浇自己块垒。阅世读书,得小集七种,又不亦快哉。"小集七种指笔记体著作,计有《冷眼热心》《路与书》《依然集》《邃谷谈往》《枫林唱晚》《一苇争流》及《来新夏书话》。来老所撰的学术著作,计有:《清人笔记随录》《近三百年人物年谱知见录》《古典目录学》《中国近代史述丛》《中国古代图书事业史》《中国近代图书事业史》《中国地方志》及《书目答问汇补》等三十余种。来老整理的古籍计有:《史记选注》《阅世编》《清嘉录》等多种。来老撰写的随笔集计有:《出枥集》《学不厌集》及《且去填词》等二十余种。来老主持编辑的大书计有:《清代经世文全编》《清代科举人物家传资料汇编》等。来老以精品文为社会做出了贡献,更不亦快哉!若把来老编纂的所有书进行叠加,盖有数倍等身之高,岂不壮哉!

师徒交往,历代古籍成了自己和来老交往的纽带。自己司职天津图书馆,终日与馆藏历代典籍为伍,这对从内心喜爱古籍的人来说,不能不说是一种幸遇和天赐机缘。天津图书馆与南开大学,位居南北,中间隔了一条复康路。作为来老的书童,自己经常来往于馆校之间,送书上门,频登来老府上,多获耳提面命机缘,历时既久,获取了问学钥匙。从传统师承关系看,自己虽不属本门高徒,但有时获得的礼遇却胜过之。比如,自己时常接到来老电话,尤其是来老出差回津之后,我去看望,来老不是送萧山萝卜干等故乡土特产,就是送带来的礼品书。时间久了,遂成常态化,就这样,一般不会空手,多少总会有些收获。这个时候的来老,面带喜色,看得出来,这是一种助人为乐精神的具体体现,慈父般的做法,爱心多多。

来老把自己整理出版的《书目答问汇补》一书，称为"扛鼎之作"。2005年我和藏书家韦力先生曾一起协助来老整理此书。这原是一个用墨笔蝇头小楷写的满纸批校文字的稿本。寒来暑往，一年很快过去了。我家住在子牙河畔南岸，小区故名"在水一方"。每年春夏之交的4月天，对岸芦苇丛中，会忽地传出过冬休眠醒来的青蛙叫声。每到此时，我都会在整理的稿本上写上"始听蛙鸣声"五字。一天，我到来老家，来老指着这五个字，慢慢地说："国庆老弟，你还有这般闲情逸致！"时间过得飞快，从整理斯稿算起，到2012年由中华书局出版，历时八载。其间我向来老学到的精读原文、版本鉴定、编辑校勘及付梓出版等全套工序和技能，使我终身受益！

自己有幸参加了来老承担的"清代经世文"整理项目。来老继主编《清代经世文选编》之后，又编辑《清代经世文全编》。二者都是经世文著述的汇集，实现了来老年轻时就有的一个志趣和愿望。因为这宗文献，对治理国家，可以起到借鉴作用，颇具现实意义和价值。

来老赠书，我都抽空阅读。一年中到来老家取书数次，真有苦读不尽的感觉！我读来老主编的"中华幼学文库"中的《杂字》一种，当时感到书名很陌生。何为"杂字"？来老在此书序言中说："与正规教育之路并行的幼学教育，还有一条业余教育之路。它的读者不限年龄，不拘身份，男女老幼都可以选择这条识字途径。这种所谓幼学教育不是从年龄立意，而是指扫盲性质的启蒙教育。这是一条非正规的业余教育之路。它的主要读物就是因地制宜、因事制宜，以不同句式编排的各种《杂字》。《杂字》虽然在正规教育中也作为不准备走仕途者的一种读本，但历来没有受到应有的重视。"来老的精辟论述，深深打动了我。好像时时提醒我，你要留意《杂字》。多年以来，我无时不在关注《杂字》。近在身边书摊及公私单位藏书，远在美国哈佛大学图书馆架上珍藏，寻找着这些《杂字》。经过十多年的征访，自己得到了170多种《杂字》，汇编成一部《杂字类函》，2009年由学苑出版社正式出版。

来老年逾九旬，他曾说："八宝之路尚遥，电脑敲打不辍，只要早晨起床，依然天天向上。"听听来老说的话，这位慈祥的老人，多么像早春八九点钟的太阳，温暖人心；多么像朝气蓬勃的年轻人，让人热爱生活；多么可爱的表述，让人尊敬佩服。我曾在来老九十华诞时，让朋友代写了一幅隶书对联，文曰："九秩曾留千载寿，十年更进百龄觞。"来老过九望百，自己作为来老的一位追随者，多么期待在来老百年华诞时，再献一联："蓬莱盘进长生果，玳瑁筵开百岁觞！"这个愿望终成遗憾，但他为社会留下了一笔正能量的精神产品。

来老精神永存。

（载于2014年4月28日《藏书报》）

万般风雨从头过　一片痴心守琳琅

——抗战前后天津地区藏书浩劫与抢救纪实

【摘要】 本文记述了天津地区古籍在抗战时期遭受劫掠及保护史实。包括南开大学图书馆被日军炸毁，市立第二图书馆被日军侵占，藏书家任凤苞先生保护大量珍贵明清地方志，以及原天津图书馆旧址举行的日本投降签降仪式，央视报道天津图书馆新获捐赠的日军投降仪式照片情况，较全面展现了抗战时期天津地区公私藏古籍遭受劫掠及图书馆界同仁全力保护古籍的概况。

【关键词】 抗日战争、天津图书馆、南开大学图书馆、古籍、方志、任凤苞

在长达十四年的抗日战争期间，日寇肆虐蹂躏，作为华北重镇的天津，无论政治、经济还是文化，都遭受到了毁灭性的破坏。高等学府如南开大学，被夷为平地；文化场所如市图书馆，被强行侵占。其间珍贵古籍，或被日寇炸毁，或被日寇焚烧，或被日寇掠夺。图书馆界同仁和民间爱国人士奋力抢救，竭力固守，终于等到了日寇仓皇溃败、缴械投降的这一历史时刻。

一、南开大学图书馆——见证浩劫

南开大学建成于1919年，是中国第一所私立大学。这座以"抗日拥共"为己任的高等学府，在日本帝国主义罔顾国际法和国际公约的悍然轰炸下，几成一片废墟。

抗日战争期间，日本侵略者有意识地以大学等文化教育场所为破坏对象，轰炸南开大学蓄谋已久。1937年"七七事变"后，天津成为全国国防最前线，日本特务和汉奸更加肆无忌惮地活动。在日军进攻天津前夕，曾有汉奸冒充新闻记者图谋绑架南开大学学生会成员，引来留校学生群起自卫。不久，南开大学商学院三年级一名学生遭到秘密绑架并被杀害。此后，日本军部强迫天津警察局命令"南大全体学生立即离校，否则，日人将自由行动"。这表明，日本侵略者正在有计划地对南开

大学展开罪恶行动。

爱泼斯坦所著《人民之战》一书记载,在轰炸南开大学前日军召开的新闻发布会上,日军上尉毫不避讳地宣布了他们轰炸南开大学的计划,理由是南开学生"抗日拥共"。1937年7月29日凌晨,侵华日军悍然对南开大学实施轰炸,日本侵略者以猛烈炮火轰炸各教学楼和师生宿舍,并派出飞行第六大队以"九二式50千瓦弹"轮番轰炸。日本史学家石岛纪之文在其所著《中国抗日战争史》中说,日机连续轰炸天津4个小时,"其轰炸的目标集中在南开大学",这一点也得到了日军的承认。7月29日、30日,"中央通讯社"从天津发出报道:"日机对南开大学显系有计划残酷的破坏文化机关,秀山堂、芝琴楼全被毁,木斋图书馆亦有一部分炸毁。""两日来,日机在津投弹惨炸各处,而全城视线尤注视于八里台南开大学之烟火。缘日方因29日之轰炸,仅及二三处大楼。为全部毁灭计,乃于30日下午3时许,日方派骑兵百余名,汽车数辆,满载煤油,到处放火,秀山堂、思源堂(以上为二大厦,均系该校之课堂)、图书馆、教授宿舍及邻近民房,尽在火烟之中,烟头十余处,红黑相接,黑白相间,烟云蔽天。翘首观火者,皆嗟叹不已。"

此后,日军便占领了南开大学并长期驻扎于此。在南大校史馆藏的老照片里,被炸前秀山堂、芝琴楼、木斋图书馆等南大老建筑各具特色、端庄秀美,被炸后只剩下一片断壁残垣,这些照片触目惊心,揭示了日本侵略者的累累恶行。

《大公报》在当年10月18日社论中直击日军暴行:"南开学校之被毁,是中国文化教育机关在暴日侵华战中最初最大的牺牲,是日本居心摧毁中国教育、仇视中国文化最近显之证据,就教育界论,痛心极了。"

南开大学遭受日军轰炸时,校长张伯苓正在南京公干,悲痛之余,他对记者说:"敌人此次轰炸南开,被毁者为南开之物质,而南开之精神,将因此挫折而愈益奋励。"南开人是这样说的,也是这样做的。其后的八年间,众多的南开学子投入到抗日救国行动中去,有人甚至为国捐躯。抗战胜利后,时任天津市长的杜建时(也是南开校友)对张伯苓说:平津二市被立案的汉奸之中,没有一个南开毕业生。张伯苓笑答:这比接受任何勋章都让他高兴。

这场劫难,使南开大学损失惨重,教学楼、图书馆、学生宿舍、工厂、实验室等设施损失殆尽,其中包括古籍等中文图书10万册、西文图书4.5万册及珍贵成套期刊,理工科大部仪器设备,全部教学及办公用具等。以战前价值计算,损失约合法币663万元,是全国高校全部战争损失的十分之一。时任南开大学理学院院长、新中国成立后长期担任南开大学校长的杨石先当时在马场道一所五层小楼上亲眼看到，轰炸间歇，几辆小的坦克及汽车从日本兵营开入校内，他们把图书馆余下的书都搬走之后，就用煤油烧了图书馆。据黄颖《日本帝国主义对我国图书馆事业破坏与掠夺——为抗日战争胜利五十周年而作》所统计，"损失最为惨重的当属南开大学，日本侵略者的炮火把南开大学炸成了残垣断壁，成为一片废墟。1937年由卢靖（木斋）先生捐资兴建，刚刚建成十年的木斋图书馆被炮火所毁，所有存书除当时抢救出三万册外，其余或毁于炮火，或被日寇运走，迄今犹未能完全查明"。

《天津市图书馆志》记载："1937年7月，木斋图书馆遭日本侵略军轰炸，损失惨重，只有约3万册书刊先期运出，由海路经香港运抵海防，因交通关系200箱运到昆明，一部分滞留海防，后遭沦陷又被日军劫往东京。"

二、天津特别市立第二图书馆——见证屈辱

天津图书馆创立于1908年，原名"直隶图书馆"，后名"天津市市立图书馆"。清光绪三十三年十月（1907年11月）直隶提学使卢靖（木斋）以"保存国粹，宣传文化，辅助学校教育，增长社会知识"为宗旨，筹建了这座中国长江以北最早的近代图书馆。1937年"七七事变"后，时任馆长杨鸿绶预感图书馆必遭荼毒，提前将珍贵图书30余箱转移寄存至盐业银行，使得这批珍贵图书得以保全。

1937年7月23日，天津市立图书馆遭敌机轰炸，炸毁馆舍5间，损失古籍等珍贵图书5万余册。天津沦陷后，馆舍被日军强占，后更名为天津特别市立第二图书馆。日本侵略者始终把镇压抗日言行作为加强其殖民统治的重要内容。为了加强言论控制和新闻检查，在日本特务机关的谋划下，"新闻管理所"的职权划归了伪警察局。

1939年10月，伪警察局公布了《查禁反动图书刊物暂行办法》，该办法规定了"反动"图书刊物的范围："有妨害邦交之言论或记事者；宣传共党理论或思想者；恶意抨击时政者；以不实记载，有引起社会骚动之虞及人民心理之不安者；言论足以刺激或挑拨民众感情者。"有犯此规者一概查禁。日伪还对市图书馆和各民众教育馆的书籍报刊进行了极为严格的审查。

早在1938年3月，市图书馆、民众教育馆被日伪搜查出的所谓"违碍日军"的书刊六千八百余种就已全部被焚烧。1939年初，日军强令限期三日内将图书迁出。

被迁出的图书勉强安置于西关外联兴里一处破旧民宅中，后又迁至鼓楼东大街164号租赁的民宅。7月天津即遭水灾，馆藏书籍险遭倾覆。

三、爱国之士保护古籍的义举——见证希望

在公立图书馆风雨飘摇的岁月里，私人藏书家同样面对着艰辛曲折的现实。国难当头，大批藏书散入民间，或毁于战火。当时在天津有一批爱国之士，尽自己微薄之力，解救处于危难之际的古籍，任凤苞先生就是其中的代表。

任凤苞（1876～1953），字振采，江苏宜兴人。银行家、藏书家。早年在北洋政府任职，是交通系重要人物。1928年迁居天津，投资于银行业，先后任金城银行董事、中南银行董事、盐业银行董事长、四行储蓄会与四行信托部执行委员等。

任氏家学有自，"少小粗解文字，即好聚书"。最初无所择，既而病其泛，则约之于乙部，又约之于地理，又约之于地理中之方志。他认为"方志一门为国史初基，典章制度之恢闳，风俗士宜之纤悉，于是备焉"，因此最终选择方志作为收藏重点。

为搜求孤本秘籍，任氏常年奔波于京津古旧书肆。他以20两黄金代价，淘得明景泰刻本《寰宇通志》，传为书林佳话。他还出高价购得三部残本方志：原抄本《康熙大清一统志》、清殿版《方舆路程考略》和《皇舆全览》，原来这些都是孤本。任氏为此还刻有"三残书屋"朱文方印，分别钤于三书，成为天春园的一组特藏。张国淦在《天春园方志目序》中，写出了任氏藏书的苦乐："乃瘁心力以专致者三十年，闻有异椠珍籍，虽在穷远，必百方购致之而后快。若明弘治《八闽通志》，嘉靖《南畿志》，隆庆《云南通志》，万历《镇江府志》《徐州志》，海内号为孤本者，天春皆囊而有之。"

任凤苞积三十年之功，搜集有一统志、省通志、府志、厅志、州志、县志、乡镇志、乡土志等，总量达2500多种，与当时的北平图书馆差足伯仲，成为私家藏志巨擘。任氏藏志均贮于天春园。这所楼始建于1911年，1921年进行了改建，为砖木结构，外檐水泥饰面，局部红砖清水墙。入口处为拱形门洞，上设三角雨厦。关于"天春园"的命名，据说取自唐人施肩吾《下第春游》诗句："天遣春风领春色，不教分付与愁人。"

王謇《续补藏书纪事诗》咏任氏曰："南北第一天春园，山经地志不胜繁。贡

诸中秘道山去，老仆有识冰玉魂。"王謇专门解释说，任氏"专收集方志，以数十年之精力，所积孤本甚多，为南北第一"。王謇还讲了件趣事：任氏有老仆为司典籍，于方志版本颇能辨别，每至书肆娓娓而谈，闻者多目为学者。这也该算是近朱者赤吧。

任氏藏书从未秘而不宣，而是经常借给各地图书馆、省志局与方志学家进行交流，并且还允许传抄甚至翻印。著名方志学者瞿宣颖、张国淦和朱士嘉等，研究上都曾得益于任氏藏书。大理李元阳著《万历云南通志》，20世纪30年代发现于北平，当时书贾索价甚昂，最后归于任氏。云南省主席龙云，为此委藏书家方树梅来津，晒蓝一部带归，交由通志馆排印发行。

20世纪30年代中，美国人扬言愿出重金悉数收购天春园藏志，遭任先生严词拒绝。日寇占领天津时，其势更炽烈嚣张，对于任先生藏志觊觎已久，妄想把它据为己有。任先生不为财帛所动，亦无惧胁迫威逼，在艰难困境中，无奈只好把全部藏志存放在中南银行三楼银库内，直至抗战胜利。

天春园所藏的2500种明清原版方志，1952年11月全部捐献给天津市人民图书馆（今天津图书馆）。在任氏所编的《天春园方志目》的卷首，有一则墨笔题识，简单记录了日本觊觎这批方志及聚献政府的故实，文曰："天春园所藏方志，在日军据津时觊觎甚久，旋将全书移庋中南三楼，卒获保全勿失。五二年秋，举以献诸政府，藏于天津市人民图书馆。"

任氏天春园藏志以数量大、质量精享誉海内外，同时也引起海内外人士关注。旧中国国势衰弱，社会动乱，战火频仍，要想保存好这份珍贵的文化遗产实属不易，任凤苞先生做到了。

四、天津市市立图书馆——见证黎明

天津图书馆旧址为原法租界工部局公议大楼、美国海军陆战队第三军团司令部大楼。

1945年8月14日，日本天皇向全国广播了接受波茨坦公告、实行无条件投降的诏书。15日日本政府正式宣布日本无条件投降。9月2日上午9时，在停泊于东京湾的美国战列舰密苏里号上举行向同盟国投降的签降仪式。日本新任外相重光葵代表日本天皇和政府、陆军参谋长梅津美治郎代表帝国大本营在投降书上签字。1945

年10月25日，中国政府在台湾举行受降仪式，这成为抗日战争取得完全胜利的重要标志。

在天津举行的日本向同盟国投降签降仪式，是在原天津图书馆旧址举行的。

1945年抗战胜利后，天津士绅倡议建立一座规模宏大的图书馆。此倡议得到当时天津市市长杜建时的支持，于1947年5月成立天津图书馆筹备委员会，同年11月成立天津图书馆董事会、监事会，推选杜建时为董事长，徐端甫为副董事长，张伯苓为常务监事，聘任时子周为馆长，陶履中为副馆长。馆址设在旧法租界工部局公议大楼（就是举行日本投降仪式的地方），于1948年4月30日局部开放。

天津解放后，1949年3月与原河北省立天津图书馆合并，改称天津市第二图书馆；1952年1月，经天津市人民政府决定，将天津市第一、第二图书馆合并，名为天津市人民图书馆。1982年市政府将天津市人民图书馆改名为天津图书馆。

2015年3月29日，中央电视台新闻直播间报道的一条消息：《天津：八张照片再现日本签受降书过程》使天津图书馆又一次成为众人瞩目的焦点。八张照片的收藏者王毅先生于3月26日专程从上海赶到天津，将他去年从北京购得的八张珍贵照片捐赠给天津图书馆。照片所拍摄的日军投降场所，正是原法租界公议局大楼，也就是后来成为天津市人民图书馆的那个具有重要历史意义的地方。

中国人民艰苦卓绝的、可歌可泣的抗日战争，给世人留下了难以磨灭的历史记忆。日寇的滔天罪行，被永久钉在了历史耻辱柱上！几代图书馆人和藏书家固守典籍的功业，值得追忆，她见证着不朽的正义力量。

（载《中国图书馆抗战时期古籍保护纪实》，2015年12月国家图书馆出版社出版）

藏园题跋匡正一例

傅增湘《藏园群书经眼录》卷一，10页"周易注疏十三卷"条云："宋刊本，半页八行……有陈鳣跋……此与袁抱存克文藏《礼记》、张香涛之洞藏《书经》、李木斋盛铎藏《周礼》同，皆绍熙黄唐刻本也。"此跋有误。上述四经，即传世"八行注疏本"，因刊地又称"越州本"。其中仅《礼记》原载黄唐刊书跋："本司旧刊《易》《书》《周礼》。""绍熙辛亥仲冬，唐备员司庚遂取《毛诗》《礼记》疏义，如前三经编汇，精加雠正，用锓诸木。"末署"壬子秋八月三山黄唐谨识"。据此知：

1. 三山黄唐仅董刊《毛诗》及《礼记》，二经版刻年代为光宗绍熙二年至三年（1191至1192）。今《毛诗》久佚不传，《礼记》原本今存，现有1927年潘宗周影刊本行世。

2. 《易》《书》《周礼》三经为"本司旧刊"。"本司"指两浙东路茶盐司，黄唐于是司曾官朝请郎提举两浙东路茶盐常平公事。"旧刊"当在黄唐绍熙刊刻二经以前。据三经所载陈锡、梁文及毛昌等二百余名刻工证之，三经印版当刊于高宗绍兴年间，与黄刊二经不能并提。

（载《文献》1991年第3期）

厉鹗题识匡谬一例

明刻本《史记》，残存卷九十二至一百十六，凡二十五卷。于《西南夷列传》五十八末有厉鹗墨笔题识二行，文录下：

南宋罗纹纸《史记》残本，得于扬州故家中，可宝也。乾隆二年四月望后一日，樊榭山民厉鹗识。（下钤"厉鹗私印"白文方印）

按：此残本半叶十行十八字，小字双行二十三字，白口，左右双边。书口下有刻工李潮、陆先、六（陆）宗华、张敖及周永日等题名。取此残帙与传世明嘉靖六年（1527）震泽王延喆恩褒四世之堂翻刻宋本《史记》进行比较，结论是其行款、刻工姓名俱同，且版框高广俱合，当为同版印本无疑。王刻《史记》"工始嘉靖乙酉（四年）腊月，迄工于丁亥（六年）之三月"。所载刻工又曾合作刊刻他书，今择两例，以为佐证：李潮与张敖于嘉靖三年为徐氏刻《唐文粹》（北京图书馆藏），李潮、陆宗华和周永日于嘉靖九年为南京国子监刻《史记》（天津图书馆藏）。

厉鹗见此佚去序跋刊记的残本，又未辨刻工活动年代，仅凭见识，遂臆断为"南宋"本，也说明王氏翻刻宋版之精工，几达乱真程度。

（载《文献》1992年第4期）

梁启超题识一则

明朱丝栏抄本《百家词》汇录唐宋名贤百余家之词集，凡四十册。第二十九册《静春词》（吴郡袁易撰）书后载梁启超墨笔题识一则：

从子廷灿既录此词副本，乃为手校一过，无别本可对雠，故于原抄显然讹误，可确指定本字者，辄以意改正，余或存疑，或缺如也。校毕命廷灿移录于眉端。戊辰七夕后二日梁启超。

按：明抄本《百家词》，天津图书馆藏。江苏常熟人吴纳（1368～1454）辑于明正统六年（1441）。其时去宋未远，易求得唐宋名贤词集之善本，不少孤本赖此以传。如曾慥所辑《东坡集》及《补遗》，海内仅存此帙；又王廷珪、卢祖皋、李昂英等诸家词集，亦以此本为最早。然此本手抄出自多人之手而未经雠校，脱讹不免，至有误收明人词者。尽管如此，仍不失为一部难得之秘籍。

是书传世仅有二种版本，此外尚有20世纪30年代商务印书馆铅印本，因遭兵燹，传世者亦为稀见。现天津图书馆与天津古籍出版社已合作出版此书。

（载《文献》1990年第1期）

雕版题记一例

明嘉靖间乔世定小丘山房刻本《千金要方》，九十三卷，十一行二十四字。卷末附雕版题记：

共一千二百七十六张，双面板六百七块，丹面板六十二块，千贴板一块，共板六百七十块。咸宁县刊字匠胥文堂、胥廷季，刷印匠段朝奉。

按：这则题记资料十分珍贵，为明代刊本中仅见之例。内载是书页数、版片数、两名刻工及一名刷印工的姓名和籍贯。

其中，"张"指印页，即以每一面印版为单位进行刷印，每刷印一次，即出一页，无论印多少张，内容完全相同。这里是以一面印版刷印一页计算的，全书共一千二百七十六页。"双面板"指一块木板正反两面都刻字。未刻字者曰"板"，刻字者曰"版"，此当作"版"，非"板"。"丹面板"指一块木板只在一面刻字，另一面不刻字。"丹"是"单"字的别署。"千贴板"指刷印书签的印版。计算正文印页时，此版不计，故题"一千二百七十六张"。

（载《文献》1993年第2期）

子弟书一种

傅惜华《子弟书总目》第171页载有《藏舟》三回本及五回本的几种本子，但未载稿本。

天津图书馆藏有《藏舟》五回，稿本，作者无考。书皮题"藏舟子弟书草稿"，卷端无大题。半叶八行，行数不等，无格。正文十二叶，黄竹纸。正文始"一棹烟波是妾家"，终"邬飞霞金针刺梁万古传"。朱批满纸，圈划增删处比比皆是。

另有一传抄《藏舟》五回本，与此稿本比校，内容全同，惟抄本正文尽与稿本删改后所写文字相同。

（载《文献》1993年第2期）

《中国善本书提要》辩证一则

王重民《中国善本书提要》（史部·传记类）127页"女范编三卷　三册　国会　明万历间刻本"条云：

是书亦名《古今女范》，上起周、秦，下至万历间邹元标妻事。每传一图，殊精绝。所记刻工如黄伯符、黄应瑞等，均有名艺林，为黄氏刻工之尤卓绝者。

按：此将黄伯符和黄应瑞并列提及，视若两人，当误。据《黄氏宗普》106页载：应瑞为徽州黄氏第二十六世孙，字伯符，生于明代万历戊寅（六年，1578年），卒于崇祯壬午（十五年，1642年），享年64岁。父铉，子一中，胞弟应泰、应祥、应地，是为黄氏三代传承雕版良工。据传本考知，应瑞参加刻的书，计有11种，其中万历间刻了10种，崇祯时刻了1种，可见其刻书活动主要在万历朝。刊年最晚的崇祯本《堪舆类纂人天共宝》，也许是他的最后一部作品。

（载《文献》1993年第2期）

《大清一统史略》题识

《大清一统史略》十一卷,日人佐藤楚材编,清光绪二十八年(1902)世界译书局石印本。首册衬页有墨笔题识五行,文录下:

吾国国史,国内未之见及。东夷作此,以补其缺。然而,彼邦之注意我国,于斯可见,文化侵略由来渐矣,望国人见是书而景悟焉。铁民偶笔,丁巳七夕。

按:是书封面及书内有吴复曾的印章和签名,铁民盖其号也。清朝国史初成于乾隆八年,至乾隆二十八年特诏重修,是为《大清一统志》五百卷,《四库总目》卷六八著录。铁民未见此书,故发感慨如是。此本今藏安徽大学图书馆。

(载《文献》1994年第3期)

和刻本《毕注墨子》题识

《毕注墨子》十六卷，清毕沅校注，日本天保六年（1835）灵岩山馆刻本，五册。书后有蜀人康氏墨笔题识，今录下：

日本天保六年翻刻中华经训堂《毕注墨子》十六卷，此书为遵义黎莼斋氏所藏。黎氏晚清才智之士，珍藏倭刻古籍颇多，与莫子偲、郑子尹齐名，同学西南名手，留寓于蜀以卒。光复后门户之阶级既去，而前清官吏资格亦因之消灭，黎氏子郁郁不得志，遂将所遗书籍出售于市，用易钞票，藉作升斗之资。呜呼！士至于此，可以慨矣。因出银二十元，与黎氏选刻《续古文辞类纂》并《拙尊园稿》同时购归，以志兴亡之感焉。中华民国二年同庆日，蜀人康千里识。

按：黎庶昌（1837～1897）字莼斋，贵州遵义人。曾两使日本，影刻流布于彼土之唐宋旧籍，成《古逸丛书》，皆中国久佚之本。此书系黎氏旧藏，今归天津师范大学图书馆。据调查，北京大学图书馆、辽宁图书馆、四川大学图书馆、广东中山图书馆、四川省图书馆、湖北省图书馆及南京图书馆均收藏此本。

（载《文献》1994年第3期）

太平天国田凭一件

田凭是太平天国为贯彻《天朝田亩制度》发给农民的一种土地证书。从现存实物看，是太平天国晚期在江苏、浙江一带发行的，是研究太平天国运动的珍贵史料。天津图书馆收藏的一件田凭，就是早年在江浙地区收集的。兹将原文依照旧式列下：

　　　　　　　　　田　　凭

听　　　王　　　陈　　　为

发给田凭以安恒业而利民生事今据石门县

　　军后营旅帅统下花户李长人有自置

　　田四亩肆分式分座落十四都八图

　　地方每年遵照

天朝定制完纳粲不得违悮所有自份田产并无假

　　冒隐匿等弊给凭之后如有争讼霸占一切情事准该花户禀请究治为此给

　　凭永存执须至田凭者

天父天兄天王太平天国壬戌拾贰年　月　日给

文凡十一行。以地方棉纸刻版刷印，文下有"-"者，用墨笔填写。纸幅高29.5厘米，宽25.5厘米。钤有双龙纹朱文长方大印，文"天父天兄天王太平天国殿前忠诚士□作□拾肆天将廖□□"，因版面不洁，实难辨认。

（载《文献》1991年第2期）

《三字经文献集成》序

《三字经》是中国古代传统的、官方指定的启蒙教材。在传世历代典籍中,《三字经》是最浅显易懂的读本之一,是我国不可多得的宝贵文化遗产。

《三字经》取材范围很广,内容包括中国传统文化中的文学、教育、历史、天文、地理,以及伦理道德、一些民间传说等。遣词造句,考究生动,而又言简意赅。其核心思想包括"仁、义、诚、敬、孝"等。背诵《三字经》的同时,普及了基本文化常识,熟悉了历史故事,以及为人处世的一些道理。

《三字经》自南宋成书以来,至今已有七百多年历史。据悉,这部《三字经》小册子,全文只有700多字,因其文通字顺、易记上口等特点,遂与《百家姓》《千字文》并称为中国古代传统蒙学的三大读物,合称"三百千"。

《三字经》流传很广,古今中外,都有不同版本。包括明清刊本及中文、少数民族文字和外文译本等。1990年新加坡出版的英文新译本更是被联合国教科文组织选入"儿童道德丛书",在世界范围推广。2008年4月25日我国新修订了《三字经》,增加修改49处,由人民教育出版社出版,旨在全国中小学范围进行推广。从2009年春节到同年5月,央视百家讲坛播出了《钱文忠解读三字经》系列节目,在社会上产生积极影响。

笔者认为,《三字经》众多的传世版本,大致可以析为三大版本系统。

一是按照《三字经》原本的翻刻本时代早晚和版刻风格来区分。依据世人需要,坊间书肆对原本进行翻刻。这些翻刻本从时间看或早或晚,从版刻风格看或优或劣。

二是按照《三字经》原本的内容增删和文字异同来区分。当朝代更新换代后,人们往往把前朝的历史补写进去。当流传一段时间后,私塾先生或市井文人等好事者根据施教需要,或将一些内容增补进去,或将一些文句进行润色,或逐句进行解读。

三是按照《三字经》的行文模式进行再次创作，形成与原本《三字经》内容完全不同的新编《三字经》作品。我们姑且称之为衍生《三字经》。

笔者认为，这部《三字经文献集成》，具有显著特点、里程碑意义和重要文献价值。这部《三字经文献集成》具有显著特点，主要体现在收录范围广、品种多、数量大，几乎涵盖了《三字经》三大版本系统。这部《三字经文献集成》具有里程碑意义，主要指本丛书网罗了传世的各个类型的《三字经》作品，化零散为结集。对前人创作的《三字经》作品，进行了一次网罗和遴选，以新的面貌展示给我们。这部《集成》，堪称前无古人后无来者，具有总结意义。这部《三字经文献集成》的重要文献价值，主要指其收录了不同类型的《三字经》作品，而每一种作品，都是本专业所涉内容的凝炼和总结，举凡教育、历史、天文、地理、工业、农业、医学、西学、宗教、妇女，等等，其在普及专业知识、总结专业成果等方面均具有重要文献价值。

韩宝林先生从公职岗位退休以后，老有所乐，唯嗜藏书。几年前，以耄耋之岁，以藏书之富，荣登"津门十大藏书家"之列。我与先生同居津门，素向先生讨教藏书之事，有幸结为忘年之交。今先生以自己多年藏书之成果，纂成《三字经文献集成》，化私藏为公有，为传承祖国的传统文化做出了自己的一份贡献。作为晚辈后生，对此肃然起敬。谨奉先生之命，简述原委，是为序。

（载《三字经文献集成》卷首，2017年国家图书馆出版社出版）

编纂《京津冀地方文献全编》的可能性探讨

一、《京津冀地方文献全编》释名

所谓地方文献，一般是指记录某一地方知识的一切载体，它包括一个地方的历史、地理、政治、经济、军事、文化、风俗、特产、人物及名胜古迹等，它是了解与研究地方状况的重要文献依据。这是地方文献的狭义概念。

我们这里所说的京津冀地方文献，是个广义概念，大概包含以下几个层面的意思：

一是记本地事的书，该书编著者的籍贯不限。主要包括记录京津冀地方知识的文献载体，这些载体主要是指1949年中华人民共和国成立以前出现的抄写、刊印的历史文献。

二是本地人写的书，该书记述的内容不限，可以包括经、史、子、集四部。要把该书编著者的籍贯限定在京津冀三地。

三是在本地写印的书，强调该书的创作、出版，限定在京津冀三地。该书编著者的籍贯不限，该书记述的内容不限。

我们把以上三个方面的书，全部找到，进行分编，适时出版，使之化身千百，永传于世，为社会各界利用，发挥其应有的价值。

二、《京津冀地方文献全编》价值

我们这里所说的地方文献《全编》，其价值盖有以下几个方面：

一是记本地事的书，书中记述了京津冀地方知识和历史。以地方志文献为代表，记述一方之史。所谓"国有史、地有志、家有谱"是也。我们想要了解京津冀三地中某一个地方的详细情况，这些文献就有了利用价值。

二是本地人写的书,据此可以考察本地历代曾经出现了哪些学者,这些学者究竟写了哪些书,这些书的传本究竟藏在哪里。可以进一步考察,这些书在我国传统文化建设方面,尤其是在各个学术领域所占有的学术地位如何。

三是在本地写印的书,反映本地历代曾经出现了哪些坊间书肆、私营书斋及官刻机构,这些不同性质的单位在不同时期曾经印制了哪些图书。我们据此可以考察当地的出版业发展情况,诸如当地的造纸、印刷及出版业经营情况,从一个侧面考察当地经济、文化等发展水平。

以上三点,在总结地方典籍、挖掘地方文化、搞乡间休闲游、搞特色文化品牌等方面,无疑具有重要价值,也为我们留下了具有潜在的、巨大的想象和发展空间。

我们利用现在先进的方法和手段,去征集那些经过历代积淀而流传下来的有限的珍贵资源,搞定这部《全编》,应该不是痴人说梦,而是作为一位古籍人实实在在的一个梦想,是我们这代古籍人的责任担当。搞成这部《全编》,我想也只是时间早晚问题。

三、编纂《京津冀地方文献全编》具备的三大优势

一是天时优势。2007年国务院办公厅下发《关于进一步加强古籍保护工作的意见》,拉开了全国古籍保护工作的序幕。今年,中共中央办公厅、国务院办公厅先后印发了《关于实施中华优秀传统文化传承发展工程的意见》和《国家"十三五"时期文化发展改革规划纲要》,并发出通知,要求各地区各部门结合实际认真贯彻落实。近几年开展的京津冀协调发展,以及雄安新区建设,等等,这些政策的出台,传递一个重要信息,就是保护好、传承好、利用好传统文化,是时代需求、社会需要、政府支持。在这样一个大背景下,开展《全编》的编印工作,具有天时优势。

二是地利优势。京津冀三个地区相临相交,地域一体、文化一脉,有着深厚的历史渊源。可以用地缘相接多元汇聚、慷慨燕赵文化一脉、北疆重镇争雄天下、辽金建都推进一体、畿辅之域协同发展、风气初开互需互补等六个方面进行探讨和挖掘,其年代跨度从新石器时代至清末民初时期。京津冀三个地区互为交错,不可取舍。京津冀地区藏有丰富的地方文献资源:国家、省级、科研及高校等各级图书馆的藏书,量大质精,足资采用。京津冀互为补充,市场巨大。编纂出版一个地方的文献集成,已有先例,如《山东文献集成》《广州大典》等,而编纂出版三个地方

的文献集成——《京津冀地方文献全编》，则无先例，属于创举。因为这个地区独特，故此我们还可以借用"前无古人、后无来者"进行比喻。我们具备地利优势。

三是人和优势。京津冀三地，人杰地灵，自古以来，涌现出大批名家及名著。略如汉代河间献王刘德修学好古，实事求是，从民间得善书，必为好写与之，留其真，加金帛赐以招之，遂为我国古典文献学的鼻祖。清代纪晓岚是直隶献县（今河北沧州市）人。清乾隆时奉敕担任《四库全书》总纂修官，网罗历代典籍，始成空前绝后的一部皇皇巨著。当下，京津冀三地云集一大批从事古籍文献专业人员，图书馆界、出版界和科研机构，人员交流密切，业已形成良好合作关系，业已形成"编印发藏一条龙"格局。在诸如选题策划、编印出版、数字化加工及收藏利用等方面，都有专家级人才储备。我们具备人和优势。

四、编纂《京津冀地方文献全编》预期取得的四大成果

我们编纂《全编》，总的思路是设一个大主题，其下面分成四个系列分主题。化整为零，陆续推出。预期可以取得以下四个系列方面的成果。

1. 数字古籍系列。将京津冀地方文献全部数字化，取得"京津冀地方文献资源数据库"这样一个成果。古籍文献数字化，是古籍原生性保护和再生性保护的一个重要手段。其优点是可以海量存储，便于检索。这个系列可以做大做强，无限增容，使之成为京津冀地方文献的基础和总书库。

2. 影印古籍系列。从现存的海量文献中，尤其是从上举的"京津冀地方文献资源数据库"中，根据社会需要，进行遴选。分类、分专题、分辑影印原版文献而形成一系列新编古籍丛书成果。目前正在编印或正在策划进行的新编丛书，例如《雄安新区历史文献丛编》《天津文献集成》及《直隶方志丛刊》等都属于这个系列。

3. 点校古籍系列。从传世文献中，尤其是从上举的"影印新编古籍丛书成果"中，进行精选，经整理、点校后出版而形成一系列古籍整理成果。其优点在于便于获得重要底本，便于操作，便于取得成果。例如正在整理点校待出版的杨继盛（明代著名谏臣，直隶容城人）著作《杨忠愍文集》及《龙泉诗友汇编》等，都属于这个系列。

4. 研究古籍系列。策划选题，依据原始文献，重新编纂而形成一系列古籍研究成果。这个系列，既可以出成果，又可以锻炼科研队伍，培养年轻文献学领域的接

班人。可以把网罗京津冀三个地方的地方文献作为研究选题，分别进行普查、整理、编目，形成大而全的具有一定权威性的工具书。例如：即将出版的《天津艺文志》、正在着手编制的《畿辅书目》，以及具有丰厚地方文献存藏的首都图书馆地方文献，成为编制《北京艺文志》的文献基础，其成果的取得，可以用"指日可待"来形容。也可以从其他视角切入立题，例如，在传世的海量文献中，拣选本地人的序跋作品。一部具体的古籍，其前序和后跋，往往请当时学者撰写。这些学者撰写序跋后，往往留下自己的带有时间、官职及籍贯的衔名，将这些冠有京津冀籍贯的学者撰写的序跋进行逐一钩稽，可以形成很重要的研究成果。凡此种种，都属于这个系列。

五、《京津冀地方文献全编》项目的实施草案

1. 成立《京津冀地方文献全编》工委会、编委会及编纂办公室。

工委会由一个国营出版社，或者一个民营出版公司组建，组织有此意向的同道中人参加。人不在多而在精。

编委会由一个省级中心图书馆组建，另外两个省级中心图书馆屈居亚席。组织本地区藏有京津冀地方文献的各级图书馆同人参加。

编纂办公室人选由工委会和编委会推荐产生，常设主任一名，副手若干名。

2. 由工委会所在出版单位出面向国家有关机构申报出版专项基金。

3. 由京津冀三个省级古籍保护中心向当地政府申请出版专项资金。

4. 京津冀地方出版社优先承担属于本项目的各个子项目的编纂出版工作。

5. 遵循"边策划、边实施、边总结、边收获"原则、遵循"化整为零、以点连片"的思路。在可控范围内，积极推进，开展本项目的编纂出版工作。

（载《藏书报》2017年7月17日）

典范之作　荆楚首功
——评《现存湖北著作总录》

2017年5月4日，应湖北省图书馆汤旭岩馆长之约，与张志清先生等图书馆同人一起到该馆参加湖北省政府主持的湖北地方文献编纂出版项目《荆楚文库》专家论证会。会上见到汤旭岩馆长、贺定安书记、阳海清先生、王皓先生和范志毅主任，倍感亲切。原因很简单：长年共事，志同道合，做的事、说的话都与古籍有关。会上，大家除了热议这部正在着手编制的大型古籍丛书《荆楚文库》外，谈到最多的就是2016年8月国家图书馆出版社出版的《现存湖北著作总录》。

在编辑部主持《荆楚文库》项目日常编印工作的周百义主任说："《荆楚文库书目》中有多达90%的典籍直接采自《现存湖北著作总录》。"章开沅教授赞扬《现存湖北著作总录》在摸清全省家底、揭示历史文献上堪称"荆楚第一功"。国家图书馆副馆长、国家古籍保护中心副主任张志清研究馆员表示："这是湖北省古籍保护工作的重要成果，也是全国古籍保护事业令人瞩目的一项巨大成就。"

会后，范志毅主任寄赠《现存湖北著作总录》样书一套三册。书架上又增一部心仪之书，爱不释手，浏览数过。兹试从编者、编例及价值三个方面作一评说，挂一漏万，敬听大家指教。

一、评编者

在古籍界，凡从事古籍整理、编目及研究者，不知阳海清先生者盖属少数。我曾戏言，在图书馆古籍界，凡不知阳海清先生者宜划归不称职之列。阳老编纂出版的《中国丛书广录》及《中国古籍总目·丛书部》，是继顾廷龙先生主持编纂出版的《中国丛书综录》之后产生的以丛书为收录范围的专题古籍大型工具书。这几部大型工具书，是馆员整理馆藏古籍时放在手头、经常查检用的、确定著录正确与否的重要标准。

阳先生还先后主持编纂出版了《文字音韵训诂知见书目》《中南、西南地区省、市图书馆馆藏古籍稿本提要》及《湖北长江经济带文献信息开发丛书》等重要古籍工具书和古籍专题丛书。阳先生常年与古书为伍，目验原本，盖以百万册计。其深谙古籍目录版本之学，尤其是在古籍编目一端，更是驾轻就熟。当今馆藏古籍编目，呈现老、中、青三代梯队，老者当以阳海清先生为代表，从目录成果、编目水平及年龄资历三个方面来看，无有出其右者，故云阳海清先生为当代古籍编目第一人也不为过。

汤旭岩馆长说："今日编纂古籍类工具书，费力多，见效慢，能为者多不屑为之，无力者则徒为兴叹。阳海清先生却以衰病之躯，依然挺身而出，自觉承担起《现存湖北著作总录》的编纂工作。个人觉得，阳先生之所以迎难而上，主要有两个优势：其一，自身之学养优势；其二，自身之游历优势。除此之外，依我之见，阳先生如此努力，尚有两种非凡的精神动力。其一，执着的学术追求；其二，强烈的感恩之心。"

对历代湖北著作进行一次总的整理，纂成一部《现存湖北著作总录》，是阳先生多年的夙愿，并为之做了五十年的努力，从未松懈。阳海清先生在本书序中说出了发自肺腑的一段话。他说："我之所以乐此不疲，年逾古稀仍不言弃，主要源于责任感和报恩心两股精神动力。我长期在湖北省图书馆从事古籍编目与整理，深感湖北文化底蕴之深厚和乡邦先贤著述之浩瀚，编纂一部完善的湖北著作书目的任务，便历史性地落到了我们这一代人的身上，作为省图书馆的古籍编目人员更是首当其冲、责无旁贷。再者，我出生于湖南农民家庭，十八岁到武汉大学中文系求学，毕业后一直在湖北省馆工作，读的湖北书，吃的湖北饭，干的湖北活，总得对湖北有所回报，这种报恩之心至老弥笃。结合自身工作，自然会坚守这一课题。自觉责任感和常怀感恩心，为我提供了恒久不灭的动力。此外，湖南湘乡人那种'吃得苦、耐得烦、霸得蛮'的个性也在这份坚持中发挥了重要作用。"言语不多，确是心声，透溢着一位和蔼可亲、令人敬仰的长者风范。

笔者经过多年考察，认为几部大型古籍工具书从湖北馆这里相继问世，不是偶然的，应该是必然的。多年以来，该馆有一支老、中、青三代组成的编目团队，其思想统一、目标明确、分工到位、团结合作、埋头苦干、周而复始地从事着古籍编目这项琐碎繁重工作。学术权威阳海清先生谋划选题在先，宛如一位将帅，对项目的上马，做到胸有成竹；文化名家汤旭岩馆长亲自上阵，指派骨干参与斯役，做到了保障有力；古籍专家范志毅主任，一马当先，带领士卒，冲锋陷阵。我认为，这是一种利用本馆固有的专家、文献及员工资源，把日常业务工作与学术课题研究合理科学地整合在一起，干项目、成大事的工作模式。长期以来，在湖北馆已经得到了实施，有实例、有经验、有成果。笔者认为，这是湖北馆创立的工作模式，可以称之为"湖北馆模式"，值得在业界推广。

二、评编例

笔者认为，这个《编例》学术水平高、专业性强、便于操作，颇有可圈可点、可采可鉴之处，可以当作编制地方文献书目的一个模板，推广使用。本书目《编例》凡十六条，其中，凡属于需要点评者，以"李按"形式出现；凡属于一般传统著录方法者，则省略不录。

（一）本目录为知见性版本书目，收录历代湖北籍人（含集体）以传统撰述方式、用文言文写成的书籍及历代记述湖北的典籍（单篇短什拟予另编）。

李按：这一条，提出了本目录的性质是知见性版本书目，以版本立目，这一点与《中国古籍善本书目》相同。本书收录的时间下限，定在1949年9月。主要收录范围两大部分：既包括文献著录（"知道"的部分），又包括目验传本（"见到"的部分）。全书共收著作款目11859条，其中包括经部1113条、史部4140条、子部2982条、集部3546条、丛部78条。本书还将并列书名与丛书子目全部析出，据此统计，则其所收在1.3万条以上。

（二）款目之著录包括书名、著者、版本、附注、收藏单位诸项。凡源自其他书目或相关文献之款目，除作必要的正误补阙外，未敢妄改，一仍其旧。

李按：这一条，列出了款目著录事项。对文献著录的款目，或作正误补阙，或一仍其旧。这是一种实事求是的处理方法，不作硬性和约束性规定，张弛有度。

（三）书名项包括书名、卷数。异书名括注于正书名之后。丛书著录种数或总卷数。

（四）著者项包括著者时代、著者姓名、著作方式。著者时代以卒年为准。若原著所题著者姓名为字、号者，转换为正名；若著者更名，或括注原名，或在附注项说明。著作方式，原则上依原书所题，若未见原书则照录他目。托名之作，前加"题"字。

凡湖北籍著者，于其姓名前标注籍贯；若古今地名有异，括注今名；若古今地名不详，或依原书所题，或略而不著。

著者若有迁徙情况，按以下原则认定：凡著者本人由外省徙鄂定居并在鄂繁衍子孙者，实为该族系在鄂之始祖，应视为浙北人，并在附注项指示其原籍；若其先辈已由湖北迁居外省，即所谓"祖籍湖北"者，不收；若著者本人生于湖北而后徙居他省者，照收。妇女作者，无论闺字或婚嫁者皆予收录，并尽量于附注项分别标出其父、夫之名；僧人著者，俗籍湖北者收录，并揭示其法号、俗名和原籍。

著者时代和著者姓名无考者以□□标示。

籍里有歧见者，称其为湖北人虽是一家之言，唯其人其书当有涉鄂处，故仍录存，聊备参酌，加中括号以别之。

相传之先秦著者系从"大荆楚"着眼，不泥于后世之行政区划，旨在上溯荆楚文化学术之本原。

李按：在湖北籍著者姓名之前，标注籍贯，这一条十分重要，旨在彰显"湖北籍著者"。这是本书目的一个亮点，也是能够体现本书目含金量的部分，这一点与《贩书偶记》相同。上举的其他著录方法，难度大，耗时多，但颇便使用。凡采用馆宜根据本馆编目者的水平有选择地采用与取舍。

（五）版本项一般包括刊印时间、地点、刊印者及刊印方式。若其中有不可考或一时未能全者，则暂付阙如。

（六）附注项除对书名、著者、版本三项作为必要的帮助外，于该书之内容、形式特点，流布、存佚状况，及和其他版本乃至相关文献之联系与区别亦附带言及。名类附注文字，有话则长，无话则短，甚或省而不注，不拘一格。

李按：这一条，看似简单，实则很难。既体现编目人员之功力，又颇存点石成金之妙处。我检阅数例，验证此言不诬。

（七）稽核项为读者提供查核参考依据，诸如该书残缺情况、有选择地标注款目信息所自等。

（八）除《四库全书》本外，概依版本立目。若一书有多个抄本的情况，则分别揭示。为方便编制索引，每条款目给一个五位数序号。序号前缀1、2、3、4、5分别代表"经""史""子""集""丛"五部。

（九）参照《四库全书总目》《中国丛书综录》《中国古籍善本书目》《中国古籍总目》，结合本目录收书实际情况，制定分类表。全书依经、史、子、集、丛五部序列，类、属之设置视实情而定。

李按：这种类目设计，源于上举几部经典书目。同时，遵循依书设类原则，又有所更易和创新，颇有可称道之处。例如史部地理类，设四级类和五级类，均是编者自设类目，细分至穷尽，简便易行。这一点属于创设，足可称道。

（十）汇编丛书归诸丛部，类编丛书各入其类。无论汇编丛书和类编丛书均详列子目，包括其书名、著者，部分还加注版本；凡其责任者属湖北籍，或其内容与湖北有关，则析出立目，归居各类。

李按：将属于跨各部的汇编丛书，归入丛部；把属于跨各类的类编丛书，各入其类。其法最佳。此与目前着手编制的《中华古籍总目》，在处理汇编和类编丛书方法上正和。又"凡其责任者属湖北籍，或其内容与湖北有关，则析出立目，归居各类"，此法最善，能够从各类丛书子目中，把属于湖北地方文献的典籍全部析出。这样做，既弥补了单行本之缺，又对本书目有所增益。这是编制地方文献书目的一种值得推广的科学方法。

（十一）一书有多个版本，原则上依其刊印时间先后序列。

（十二）同一类、属标目下同一作者之著作，在不悖分类原则的前提下，集中依时顺排，俾便查检。

（十三）在内容或体制上存在赓续关系之书，无论其版刻时间相隔远近，依次顺排于祖本之后，以明学术源流。

李按：以上三条，充分体现了清代章学诚提出的"辨章学术，考镜源流"的学术思想。用分类排序，将诸书各入其类，来体现"辨章学术"；用款目组织，厘清诸书先后关系，来体现"考镜源流"。其法在本书目中运用自如，随处可见，足以显示出编者高超的编目技巧和学识水平。

（十四）藏书单位简称列于版本项后，并于书末附《藏书单位名称繁简对照表》，俾便读者循目访书。若一书之收藏单位甚多，则有选择地标注，原则上各个大区标示一二。若其藏书有残缺，则于其简称右上角加×，必要时在稽核项标注其残缺情况。近年出版之整理本，一般不标注藏书单位。

李按：《现存湖北著作总录》设藏书单位一项，十分必要，最能体现本书目之功用，指明该书"现存"在哪个藏书单位，达到"循目访书"的目的。

（十五）后附《书名索引》和《著者索引》。丛书和丛编中之非湖北籍责任者和内容上与湖北无关之书，亦在索引中显示。

李按：编者将《现存湖北著作总录》著录的书名和著者，全部进行检索，甚便使用。笔者思忖除了编制以上两个基本索引外，倘若再以著者的"籍贯"为检索点，编制一个《著者籍贯索引》，是否更能彰显本书目之功用？我们据此，可以从《现存湖北著作总录》中将著录"籍贯"者全部析出，再把相同籍贯著者的著作集中一起，编制一个个《现存湖北某县市著作目录》。湖北省某县市学者可以据此掌握本地历代著者著作情况，在此基础上进行深入挖掘、研究与利用。

（十六）后附《湖北历代著作人物总表》，依现行行政区划序列。古今地名对照不详或具体籍里不明者集中混排殿后。

李按：这个附录，含金量高。可以认为是对本书目著录的湖北历代著作人物的一个总结。编制这个《总表》，为本书目画上了一个句号，堪称圆满。

三、评价值

1. 总结湖北典籍成果，揭示湖北人文之盛。

我们知道，湖北地处长江中游，以"楚辞"为代表的楚文化历史悠久，源远流长，在中华五千年的文化史中有着极其重要的地位。我国最早的抒情长诗《离骚》、我国第一部记载区域节日风俗的典籍《荆楚岁时记》、世界上最早的茶学专著《茶经》、我国药物学的集大成者《本草纲目》，等等，都是湖北人的杰作。

翻阅《现存湖北著作总录》，在经、史、子、集、丛的各个部类之下，依次胪列本类著作，丰富之极，琳琅满目。这部《现存湖北著作总录》，把现存湖北著作做了一次穷尽式搜集、整理与总结，把历代湖北典籍集成一帙，网罗殆尽。充分揭示了历代湖北人文之盛，具有权威性和里程碑意义。

2. 弥补前贤编制的地方文献书目之不足，成为再生性古籍保护之依据。

历代湖北学人，出于对家国的热爱和对乡贤的景仰，素有整理乡邦文献之传统。如《湖北先贤诗佩》《湖北诗征传略》及《湖北文征》等，由于受时代局限，大多存在一些不足之处：或收罗罔全，或著录非准，或序列欠精。这部《现存湖北著作总录》的问世，弥补了前辈同类文献书目之不足，实现了阳海清先生多年夙愿。还可据此在影印出版等再生性古籍保护工作方面发挥重要作用。

3. 为湖北省科研项目提供文献支持，减免学人躬亲寻觅文献之劳。

为了落实国家颁布的进一步弘扬传统文化的精神，省委省政府及省文化厅抢抓发展机遇，谋求湖北省及所辖公共图书馆事业的科学发展、跨越发展，与湖北省图书馆经过充分酝酿和精心策划，着手编纂《荆楚文库》和《长江文库》等大套丛书。这部《现存湖北著作总录》的问世，为顺利实施这些科研项目，提供了基础文献保障。

4. 深度挖掘湖北乡村蕴藏的传统文化资源，为发展乡村旅游业，促进乡村经济增长，提高农民综合素质，提供文献支持。

我们依据这部《现存湖北著作总录》编例得知，凡属于湖北籍的著者，都一一标出了籍贯。属于哪个地方人士，一目了然。这就为我们提供一个线索，告诉我们在历史上本地曾经出现了哪些有分量人物，这些人物的著作属于哪些个类型，书中记述的内容现在有无实用价值等，按图索骥，囊中取物，试做一些相关工作。

（载《藏书报》2018年1月10日）

说说传世的明版书

明版书，顾名思义，就是在明代刊印、抄写的图书。明版书与历代典籍一样，都是以使用为目的的，或拿来阅读，或用作搞学问。一般读书人都有急着找书的经历，也都有书到用时方恨少的感觉。读书人的习惯，就是见到自己需要的书，或者自己感兴趣的书，就会买下来，放到案头，随时取用。这样一来，久而久之，自己的书会越来越多。

曩者，人们形容历代刊印古籍数量多时，每以"浩如烟海"来喻之。自古以来，我国历代刊印的古籍，颜遭水火、兵燹等自然、人为的灾难，幸免厄运而流传至今者，百不及一。这些古籍的数量，呈递减趋势，这是符合自然规律的。在传世古籍中，清版数量最多、明版次之，而宋元版最少，寥若晨星。今见明版书，从时间上讲犹民国时见宋元版书。民国时的大藏书家，如周叔弢、傅增湘及李盛铎等，当时他们在访书中偶尔遇到宋元版书，只要囊中有钱，自己喜欢，就会果断出手，先得为快。1917年周叔弢先生以廉价得到宋版书《寒山子诗集》，大喜过望，因刻"寒在堂"印章以记之。周叔弢先生自庄严堪所藏数十部宋元版书，大都是在民国年间购得的。仅从时间和价位上考量，当下民间收藏明版书，为时不晚，因偶尔能够遇见且价位不算太高故也。

就一般情况而言，在传世的历代文物、字画等藏品中，纸质古籍，最难保存，亦难鉴定。藏友购藏明版书，需要具备三个方面的条件：眼光，能够鉴别版本优劣；财力，偶遇兽本即能出手；市场，拍卖或民间提供货源。这三个条件缺一不可。

明代刻本，指在有明一代，即始于明洪武元年（1368）终于崇祯十七年（1644）前后共计276年间雕版印制出来的古籍。不同时期，刻书风格各具特色，互有不同。大致来说，自洪武至正德，为明刻前期。是时去元不远，刻书风格犹承元版风气，多是黑口赵字。例如：《书集传》六卷，明正统十二年（1447）内府刻本，八行十四字黑口四周双边。嘉靖以降为明刻中期。黑口本渐少，多为白口，刊刻字体多为方体字。《易学四同》八卷《别录》四卷，（明）季本撰、郁文校，明嘉靖四十年（1561）刻本，六册，十行二十一字白口四周单边。万历至崇祯，为明刻末期。白口，刊刻字体多为横轻直重的匠体字。例如：《喻林》一百二十卷，明徐元太编，明万历四十三年（1615）刻本，二十四册，十行二十字，小字双行同，白口。

明代刻书，与历代刻书样，若以主持刻书者的身份来划分，可以分为官刻、私刻和坊刻三个类型，其所刻诸书，归入三大版刻系统。

我们知道，有明一代，是雕版印刷业承上启下时期。经过宋元两个阶段发展，到了明代，受经济发展和社会文化需要影响，雕版印刷得到了空前发展，几达至臻纯熟程度。官私坊各竞所能，编制写印四部典籍。内府及国子监等官方机构，编写大部头类书、刊刻专题丛书。私家和坊肆不断追求雕版技艺创新，出现了诸如套印、饾版及拱花等雕版印本。呈现出五彩斑斓画面。

由官署主持编写刊印的共统称为官刻。例如：明内府写本《永乐大典》、明永乐二十一年（1423）孝孙晋王泥金写本《金刚般若波罗蜜经》、明德藩最乐轩刻本《前汉书》等。由宫廷内府和各地藩王组织刻印的书，在雕版使用的板材、印制用的纸墨等材料，以及承担写样、镌版等任务的工匠，大都不惜成本，择善而从，故其刻书多为精品。再如：《大明会典》一百八十卷，（明）徐溥等纂修，明正德六年（1511）司礼监刻木，一百册，十行二十字黑口四周双边。刊刻精美。卷端钤"广运之宝"朱文大方印。钤盖的这方印，说明这个本子原在宫里，后来散出。明代内内刻本钤印，除此之外，尚有"钦文之玺""厚载之记""表章经史之室"等朱文大方印。凡书上钤有这类印章者，均可视为宫内之物。在民间藏友得者珍之。

除此以外，属于官刻本者，如经厂本，其版本特点明显，多为大黑口、白纸，赵体字、大开本。字大如钱，很好辨别。南北国子监刻本，其中，南京和北京国子监刻本分别雕造的《大藏经》最为著名。目前，民间尚有一些《大藏经》零本流传，这些散出的零本，可以购藏，权当样本看待。

由私家出资编写并董理刊刻的书称为私刻。例如：明崇祯十年（1637）自刻本《天工开物》、明洪熙元年（1425）欧阳齐刻本《欧阳修撰集》、南明隆武二年（1646）熊之璋刻本《重刊熊勿轩先生文集》等。私家刻本，与官刻有相似之处，就是不惜重资，购入印制材料、延请名匠雕版。其所刻之书，精品为多。因为私刻由作者自己或后人后门人负责刊印，一般在卷端署名项，或卷前牌记，卷末题跋中留下痕迹。例如：《南沙先生文集》八卷，（明）熊过撰，（明）杨述中、孙之益校，明泰昌元年（1620）熊胤衡刻本，四册，九行十九字白口四周单边。此书卷端题"曾孙熊胤衡重梓"，据此得知，此书由熊过的曾孙负责刊印。

由坊肆（今名书店）出资编写并董理刊刻的书称为坊刻。一般认为，坊肆刻书，每以射利为目的。在印制材料等各个环节，都会精打细算，目的是降低成本，使利润最大化。故此坊刻本，精品不多，更有作伪之本传世，其价值不高。但也多有特例，像闵凌两家所刻套印本及毛氏汲古阁刻书等，多有精品，其在古代雕版史上占有一席之地。尤其是毛氏汲古阁刻书，当时就已盛传"三百六十行生意不如鬻书于毛晋"的说法。汲古阁是明末清初我国坊肆刻书的最大名家，多蓄善本，多延良工，多出印本，故其刻书传世亦多，归为名家刻书之列，价位不高，得书较易。再如：坊刻本《唐会元精选批点唐宋名贤策论文粹》八卷，（明）唐顺之编，明嘉靖二十八年（1549）书林胡氏刻本，八册，十行二十字白口左右双边。亦坊刻本之佳者。

我们知道，明版书与其他传世的历代古籍一样，都具有三个方面的价值。历史文物价值侧重以版本产生的时代为衡量尺度，学术资料价值侧重以古籍反映的内容为衡量尺度，艺术鉴赏价值侧重以版本具有的特征为衡量尺度。

这三个方面的价值，与一本书的产生所需要的三个要素有着直接的关系：书稿、纸张和雕版刷印（或抄写）。其中，书稿的内容如何，决定了该书文献价值的高低；雕版印刷和使用纸张的年代远近，决定了该书文物价值的高低；文字雕刻、持版刷印（或抄写）和装订成册的技艺如何，决定了该书艺术价值的高低。

明代的抄本或写本，其价值，要视其传抄所依据的底本情况，以及该底本是否存世来确定。凡以明代以前的宋元版作为底本进行传抄的，这个传抄本的价值就高。凡以此前的元明版书作为底本进行传抄的，而这个底本已经亡佚不存于世的，这个传抄本的价值就高。例如：

《五代名画补遗》一卷，（宋）刘道醇撰，明末毛氏汲古阁影宋抄本，一册，十行二十字白口左右双边。其所据宋刻底本，今虽传世，但已不全，成为残帙。幸好，今天有这部毛抄存世，可以反观宋版之本来面目。从这个角度看，这部毛抄的价值，直追宋刻或云仅下原版一等。

《斗南老人诗集》四卷，（明）胡奎撰，（明）周冕编次，明姚绶写本，四册，十行字数不等无格。姚绶（1422~1492），字公绶，号谷庵，自号仙痴，晚好云东逸史，嘉善人。天顺八年甲申进士，授监察御史。成化初为永宁郡守，解官归，筑室曰丹丘,啸咏其中,人称丹丘先生。工诗文,著有《焚庵集选》十卷。善书画,此帙当视为明代书法家姚绶的书法作品。卷末有项元汴跋,钤项元汴藏书印,原为明代大藏书家项元汴旧藏,嗣后辗转入藏天津图书馆。由项元汴钤盖的"神品"一印,足以说明这部书的分量。

《万历起居注》不分卷附校勘记,明蓝格抄本,五十三册,十行二十字无格,存万历元年至十二、十四至三十二、三十四至三十八、四十一、四十三。此书仅一线单传,成为孤本。此书系研究明史不可或缺文献。

《唐宋名贤百家词》一百三十一卷,(明)吴讷编,明抄本,四十册,十二行二十字白口四周单边。此书编辑时所依据的一些底本,现在已经寻觅不到了,端赖是书以传。成为研究唐宋名贤词的重要文献。

雕版印制时使用的材料和技艺,主要包括用纸、用墨和技法。刷印用纸。仅就明代印书用纸而言,嘉靖以前多用白绵纸,万历以后多用黄竹纸。一书在刊刻印制过程中,若使用了特殊纸张印制,诸如公文纸、罗纹纸等,那么这个本子就稀见珍贵。刷印用墨,使用了朱墨或蓝墨,经刷印而成的朱印本或蓝印本。特殊技法,诸如套版、饾版、拱花,以及用不同材质制成的铜活字、木活字印制的本子等。例如:

《三经评注》六卷,(明)闵齐伋辑,明万历闵齐伋刻三色套印本,四册,八行十八字白口左右双边。此乃闵齐伋刻套印本之代表作品之一。

《世说新语》八卷,(南宋)刘义庆撰,明凌瀛初刻四色套印本,八册,八行十八字白口四周双边。此乃凌瀛初刻套印本之代表作品之一。

《会通馆校正宋诸臣奏议》一百五十卷,(宋)赵妆愚辑,明弘治华燧会通馆铜活字印本,一册,九行十七字黑口四周双边。

《太平御览》一千卷,(宋)李昉等撰,明游氏活字印本,一册,十一行二十二字白口四周单边。此乃明代木活字印本的代表作品之一。

一部古籍在世上流传过程中,往往会形成的一些历史记录,主要指由藏书家或学者所为,在书上留下了字迹和印记等记录,诸如批校,题跋、钤印等。明版书亦然,例如:

《道园学古录》五十卷,(元)虞集撰。明景泰七年(1456)郑达刻本,十册十行二十三字黑口四周单边。卷末有清张金吾跋。

《穆天子传》六卷,(晋)郭璞注,(明)程荣校,明万历程荣刻汉魏丛书本,一册,九行二十字白口左右双边。黄丕烈批校并题跋。此本朱批满纸,题跋多条,堪称黄丕烈批校本之代表作。民国时王献唐偶遇购得，辟"顾黄书寮"藏之，后归藏书家周叔弢先生。

  当然，本文所及，只可看作是传世明版书的一个侧面，不能以偏盖全。叶德辉《书林清话》，载有明版专论。其中：卷五有"明时诸藩府刻书之盛、明人刻书之精品及明人私刻坊作刻书"三节专论，条叙明人刻书之佳者；卷七有"明时官刻只准翻刻不准另刻、明时书帕本之谬、明人不知刻书、明南监罚款修版之谬、明人刻书改换名目之谬、明人刻书添改脱误、明许宗鲁刻书用说文体、明刻书用古体字之陋、明时刻书工价之廉、明人刻书载写书生姓名、明人装订书之式、明毛晋汲古阁刻书、明毛晋刻六十家词以后继刻者"；卷八有"明锡山华氏活字版、明华坚之世家、明安国之世家、明以来刻本之稀见"；卷十有"明王刻史记之逸闻、明以来之抄本"。这些专论，既全面，又具体。既足资参稽，又增见闻。对我们藏友来说，颇有助益。

（载《收藏家》2018年第6期）

古籍清话

卷六 古籍的四库遗韵

金梁《四库全书纂修考跋》及相关内容考释

【摘要】 本文以新发现的一组史料为据,对金梁所撰《四库全书纂修考跋》及相关内容中涉及的问题逐一进行讨论。

【关键词】 金梁 《四库全书纂修考跋》 四库学

《四库全书纂修考》是近代出现的研究《四库全书》的一部专著。作者金梁在此书脱稿后于1924年又发表了《四库全书纂修考跋》一文(以下简称《跋文》)①,简述编纂宗旨,提出影印之议,言及续修等问题,可谓言简而意赅。《跋文》略云:

己未(民国八年·1919年)冬,徐东海师属编文华、武英二殿陈列古物目录,梁请先印《四库全书》,并拟《续修四库书目》。……又以《全书》舛误至多,且卷帙分割亦与原本多有异同,当作校勘记,各附卷末,以为考订。……陈援庵(垣)遂往图书馆检查《全书》,撰为《书目考异》,凡卷册、叶数一一注明,又关于敕修《四库》之记载亦摘录甚详。梁借录一过,略加整比,间有增补,题曰《四库全书纂修考》,望与《全书》早日同刊,流传海内外,使中原文物照耀全球,此世界文化所关,亦吾国之光也。

这篇《跋文》发表后,在当时学术界产生了一定影响,遂成为金梁参与《四库全书》问题讨论的文献依据。在后出的四库学论著中,凡述及金梁参与《四库全书》问题讨论的内容,均依据这篇《跋文》,笔者未见尚有征引《跋文》以外文献的。

《跋文》除字面述及内容外,尚含一些相关内容。那么金梁在《跋文》及相关内容中主要谈到哪些问题?这些问题的具体内容是什么?金梁在四库学研究方面有何见解?这无疑成为四库学研究中的重要课题。笔者近来陆续发现几篇属于《跋文》以外的有关史料,可以对上述问题进行诠释。兹不揣固陋,草成此文,不妥之处,请方家指正。

一、关于金梁首次提出影印《四库全书》问题

史料：《上徐菊师请印〈四库全书〉办法书》②，兹将全文录下：

窃闻欧美各国藏书楼有请印发《四库全书》之议，中西文化预兆大同，此诚盛事。我师振导国学，天下（有志之士）必乐成美举。鄙意此事但提倡，有人筹办非难。不揣冒昧，妄拟办法四条，附呈一览：

(1) 总计：《全书》三万六千册，册约五十页，用石印照原本缩小二分之一，以先印百部计，每册约需工料银二角，全部合七千余元，百部共七十余万元。拟分十年印齐，每年仅需七万余元。

(2) 筹本：先发预约，每部应以万元核收，通告中外各大藏书楼预约订购，先交半价，作为印本，或分十年摊交亦可，但收书价不待另筹款项。预约百部如不足用，增印照此拟算。

(3) 付刊：《四库》原本以存文渊阁一部为精，应请作为底本备用付刊，摄照上石，断不污损原书。唯备用办法应详细商订，或即用图书馆所存文津阁本尤便。

(4) 分印：《全书》分十年印齐，年计三千六百册，月计三百册，一处力难承印，应择数家分印，只是务求其精良，装饰尤宜于华美。先印样本，分赠中西。

以上仅系筹印大略，应先设筹办处，通电中外，以期周知，然后预约付印，分别通行。此事为中外所注目，草创规模，勿过简陋。政府如不愿办，即归私家筹办亦可。

是否有当，伏维裁示。

这是金梁向当任总统徐世昌（号菊人，又号东海。金称其为徐菊师，盖与其关系密切故也）提出影印《四库全书》建议的全文，书后未署年款。《跋文》有己未冬"梁请先印《四库全书》"一语，据此推知，他当时请示印书的内容正是上文，时间在1919年冬。这是自清乾隆《四库全书》问世以来学人第一次以书面形式提出影印《四库全书》的建议。其后影印之议递出，均因故未果，直至20世纪80年代中期，才由台湾"商务印书馆"和上海古籍出版社相继将影印动议付诸实施。

金梁在这篇上书中提出的建议至少有两点是有价值的和可行的。其提出"用石印照原本缩小二分之一"的建议与后来上海古籍出版社缩版影印《四库》的思路基本一致，只是影印技术有所不同，前者用石印，后者用胶印，实有异曲同工之妙。其"《四库》原本以存文渊阁一部为精"的观点极是。七阁旧藏，今幸存四部。其

中首先告竣的文渊阁一部，因当时朝臣倾力最大而成善之本；后出的文溯、文津二部稍逊前者；劫余文澜一部，虽由丁氏抄补，然更显美中不足。后来台湾"商务印书馆"影印《四库》所选底本正是文渊阁一部。

金梁提出影印《四库全书》的建议不是凭空想象出来的，而是特定时代背景下的产物。1918年冬，叶恭绰奉当局命赴欧美考察，兼参加在法国举行的巴黎和会。叶氏作为中国代表团成员，在西方鼎力宣传中国传统文化，尤对代表中国传统文化的《四库全书》予以重点介绍。当时正值第一次世界大战结束，西方有志之士目睹了欧洲物质文明给世界造成的灾害，颇欲引入东方文明，以补救之，故此叶氏的宣传引起了法国社会的广泛重视。叶氏及时将西方反响电告徐世昌总统，徐即向国务会议通报。翌年，叶氏从欧美归国，谓西方重视东方文化，颇称《四库》，亦请印行流布。金梁上书徐世昌后的转年，即1920年5月，法国总理班乐卫来华，建议退还庚子赔款。徐世昌当时是渔翁得利，坐在总统宝座上也想在文化方面有所建树，便因势利导，同意筹办此事，并拟用庚子赔款，影印《四库全书》。命朱启钤督办斯事，还与商务印书馆商定了影印计划，后终因费用过昂，斯事遂止。

注释：

①该文见载二处：1.《东方杂志》二十一卷九号，1924年出版。2.金梁著《瓜圃丛刊叙录》，1924年出版。

②此文收入金梁稿本《金氏旧稿》中。《金氏旧稿》，今藏天津图书馆。笔者在这部手稿中，又另见《筹印〈四库全书〉办法四条》一文，与上文所谈四条办法内容完全一样，只是文字略有异同。大概这篇文字是金梁写成的第一稿，上文为第二稿，最后誊清上书徐世昌为第三稿。笔者复检《北洋军阀史料》（天津市历史博物馆藏，1992年天津古籍出版社出版）"徐世昌卷"，不知何故未载此文，其中缘由俟考。

二、关于金梁《四库全书纂修考》问题

《跋文》有一段记述作者金梁编纂《四库全书纂修考》的文字，曰："……陈援庵（垣）遂往图书馆检查《全书》，撰为《书目考异》，凡卷册、叶数一一注明，又关于敕修《四库》之记载亦摘录甚详。梁借录一过，略加整比，间有增补，题曰

《四库全书纂修考》,望与《全书》早日同刊,流传海内外……"这段文字主要讲了三个方面的内容:一是陈垣在图书馆查阅《四库全书》,编成《书目考异》;二是金梁借录《书目考异》,写成《四库全书纂修考》;三是作者希望这本《四库全书纂修考》能和影印本《四库全书》同时刊布,流传于世。据载,陈垣去的是京师图书馆,检查的是文津阁《四库全书》,写成的是《四库书目考异》,时间在民国九年(1920 年),也就是金梁向徐世昌总统提出影印《四库全书》建议的转年。①金梁这部《四库全书纂修考》写成后,并没有像他所希望的那样,与影印本《四库全书》同行于世;而是与影印《四库全书》事相类,事废半途,未能付梓。学人但知世存此书,却无缘见之,甚或发出了"无由得窥"的感叹。②那么这部《四库全书纂修考》的内容是什么?如何品评这部书?这是本文讨论的内容。

此书为稿本,③共计 112 页,约 5 万余字。用《黑龙江通志》专用红方格稿纸写成。上书口镌印"黑龙江通志"五字。④首页题"四库全书纂修考"书名,首尾无序跋,展卷即见正文。全书包括七个部分内容。为了节省篇幅,在此不录全文,仅简介各个部分主要内容。

第一部分是"上谕"。收录清乾隆三十八年二月初六日至五十五年六月初一日上谕十九篇,另补收清光绪七年十月十六日上谕一篇,合计二十篇。

第二部分是"记"。收录清乾隆皇帝撰写的"北四阁"文,即文渊阁记、文源阁记、文津阁记和文溯阁记。

第三部分是"诗"。收录清乾隆皇帝题咏《四库全书》诗数十首。

第四部分是"职名"。照录《四库全书》卷首附列的参编人员的职官和姓名。

第五部分是"凡例"。照录《四库全书》卷首附列的《凡例》二十则。

第六部分是"七阁"。择录《日下旧闻考》《盛京通志》《杭州府志》及《承德府志》等史籍所载有关文渊、文源、文溯、文津、文澜、文汇及文宗等七阁资料,另附武英殿和摛藻堂两个皇家藏书处所的资料。

第七部分是"附录"。摘录《燕都游览志》《野获编》《南京詹事府志》《青谿暇笔》《郁冈斋笔麈》及《明成祖实录》等书所载有关文渊阁、皇史宬及《永乐大典》等资料。

此书七部分内容如上所述。是书前无序文,后无跋尾,也无编例,没有交代编书主旨。我们从上述内容看,大概作者力求通过有关记述《四库全书》的史料来反映《四库全书》的编纂原委。从这一点来看,此书也确实收录了一些《四库》专题资料及野史、笔记所载相关文献。这是此书可取的地方。另一方面，此书确实存在一些不足之处。品评是书之不足，持平而论，主要包括以下几个方面：

1. 名不符实。此书题名《四库全书纂修考》，从书名上看，颇似一部研究《四库全书》的专著，但通阅全书，从中既看不到描述编纂《四库全书》之经过大略及内容梗概，更看不到其所要"考"出的若干问题，也就谈不上提出自己有关四库学方面的学术观点了。由此观之，此书实际上是一部分类选录有关《四库全书》方面的资料汇编。由于此书所录有关《四库全书》资料过少，确切讲此书充其量是一部《四库》资料选集。

2. 抄袭他人成果。《跋文》讲明先是陈垣辑录有关《四库全书》资料而成《四库书目考异》，后是"梁借录一过"，写就此书。这是典型的拿来主义的一个实例。

3. 体例欠佳，遗漏颇多。《跋文》又有"略加整比"一句，是说将借录过来的《四库》资料只粗加排比，并未从体例上仔细斟酌，这是实情。此书依次选录上谕、记及诗等七部分资料，前后并无内在联系，编纂体例无可取之处。而且各部分所录资料遗珠甚夥。例如：其一"上谕"，只收录上谕十九篇，至少遗漏了清乾隆三十七年正月初四日、三十八年五月十四日及四十六年十一月初六日等上谕十余篇；其二"记"，只录清乾隆所题"北四阁"记，漏缺了有关"南三阁"记的相关资料；其三"诗"，只录清乾隆皇帝题咏《四库全书》诗50首左右，而实际乾隆题《四库全书》诗多达107首⑤，此书漏掉了大部分；其四"职名"，只是照录《四库全书》卷首所载衔名，并无其他新的内容；其五"凡例"，只是照录《四库全书》卷首凡例内容，别无新意；其六"七阁"，因征引史籍所载相关资料太少，故遗漏甚多；其七"附录"，只录文渊阁资料，其余六阁资料缺如。

注释：

①郭伯恭著《四库全书纂修考》，1937年商务印书馆出版。此书与金梁书实为同名异书。金书先出，并未付梓。郭书后过，已经出版；郭书在246页写道："民国九年（1920年）……徐总统允许影印。……派陈垣往京师图书馆，就文津阁书实地调查架函册叶确数，以为入手办法。遂与商务印书馆商议影印计划。"又于卷首自序（郭氏）云："民国九年政府有影印是书之议，陈援庵（垣）先生特检阅文津，撰《四库书目考异》四十卷，凡卷册、叶数一一注明，又关于敕修《四库》之记载亦摘录甚详。金息侯（梁）先生借录一过，略加整比，间有增补，题曰《四库

全书纂修考》，惜未付梓，无由得窥。"

②见①。

③金梁手稿本《四库全书纂修考》，今藏天津图书馆。

④金梁当时正在拟定《黑龙江通志纲要》（此书于1925年印行），故借用此纸。

⑤章采烈《论乾隆御制〈四库全书〉诗的史料价值》，载《故宫博物院院刊》1995年第1期。

三、关于金梁请还文溯阁《四库全书》问题

上文提及金梁建议影印文渊阁《四库全书》事，此外他还关注移藏于京师宫廷内的原属于盛京故宫的那套文溯阁《四库全书》，并向当局提议归还此书，这是金梁有关四库学方面的重要论述。

笔者从金梁手稿中发现一篇草稿——《上徐菊师书请还文溯阁〈四库全书〉》①，谈的就是这个问题，兹将全文录下：

窃谓有清隆盛之时，拨乱修文，大收篇籍，建藏书之策，置写校之馆，集逸搜亡，九流咸备。而《四库全书》实集其大成，为书共三万六千册，四部星分，万卷绮错，名山石室之纪，玉箱金板之文，不独私储中秘，抑且公之四方。京师则文渊、文源，江南则文宗、文汇，浙江文澜，热河文津，而盛京文溯，构置尤先，七阁并存，公诸广布，润色鸿业，嘉惠士林，诚盛事也。

考当日之多储副本，分寄各省，既使大邑通都，咸沾文化；穷乡僻壤，共睹异书。亦以善本贵编购求非易，环宝为害，多藏厚亡。或罹于兵戈聚焚，则灭泯无继；或厄于虫湿年久，则残蚀堪虞。与其积滞一方，不如分藏各省，所以普阐文教，保存国粹，垂诸无穷，靡有失坠，其用意之至深且远，讵可及哉！迨后文源久毁于圆明，文澜本补于丁氏，文宗、文汇同付一焚。京师文渊而外，唯文津、文溯巍然尚存。乃民国初年②将热河、盛京故宫法物捆载至京，陈列广廷，供人观览，此书遂亦在罗致之中。

伏思书与物异。物以资考古家之研究，不妨荟萃于上都；书乃广邦人士之见闻，自应遍布于寰宇，矧京师既有文渊旧藏，又增文津移置，胜帙充盈，灿然毕备，叠床架屋，虽多奚为？徒使故乡宝籍荡无或存，旧日琅环鞠为茂草。在京有漫羡之忧，在奉有杨虚之患，一举两失，实为非宜。伏念我大总统，昔岁建礼东省，

振导文治，户诵家弦，至今未沫。际兹神崩乐坏、书缺简脱之秋，尚乞我师下饬所行，将盛京文溯阁原储《四库全书》仍行发还，俾归其旧藏，福我桑梓。文献亡而漫继，连城缺而漫究，曷胜感戴屏营之至。③

此书未署年款。其文字内容十分清楚，是请求当任总统下令将移藏宫廷内的文溯阁《四库全书》发还盛京事。那么金梁是在什么情况下提出这一请求的？此书写于哪年？时任总统是谁？笔者又从金梁手稿中见一条资料，与此事有关，兹将全文录下，以为释疑之助。文曰：

窃闻北京大学函致国务院，略称清室将宫内保藏古董宝物暗售外商，函请拟出国务会议，彻查并速由民国悉数收回陈列等语。伏思大内所藏珍宝，皆我列圣先后搜集，非前代所遗。乾嘉年并敕编《西清古鉴》《宁寿鉴古》《石渠宝籍》等书，传布京外，足见列朝天下为公，并不视为私有。今唯有请旨建设博览馆，将殿阁旧藏宝物移入陈列，纵人观览，庶可以永保守而免觊觎。

查盛京故宫旧藏宝物，梁于宣统三年（1911）筹款拟折，请由前东三省督臣锡文诚良奏设博物馆。嗣奉朱批，著毋庸谈，辛亥以后遂悉数移京，归古物陈列所，时有所失，前鉴不远，应速请旨，即日派内廷大臣迅行筹备。现既有人指摘，难免即来干涉，切勿再迟，倘虑筹办需款，梁顾约集同人报效，以补万一。伏望我师速为代奏，迟恐质问书到，将何辞以对？临书不胜迫切待命之至。④

此文无标题。宫中欲售文溯阁《四库》而遭北大教授反对之事，郭伯恭在《四库全书纂修考》（185页）有这样一段记述："民国十一年（1922）清室曾以经济困难，欲将文溯阁书盗售于日，价已议定为一百二十万元，值北京大学教授沈兼士等于是年四月二十二日致函教部，竭力反对，其事遂寝。"这条记载又为我们提供了一个佐证。

上文所录第二条史料有"现既有人指摘，难免即来干涉，切勿再迟"一语，其中"现"字，指的是北大致函国务院的这一年，即1922年，当时在任总统是徐世昌。文末有"伏望我师速为代奏"一语，是请徐世昌以民国总统名义向清宫末代皇帝溥仪上奏此事。上文所录第一条史料有"伏念我大总统，昔岁建礼东省"一语，所指正是早年曾经担任东北三省总督的徐世昌。

通过以上分析得知，金梁是在宫中欲将文溯阁《四库全书》议价售给日本人，而遭到北大教授反对的情况下，提出将宫中收藏的文溯阁《四库全书》归还原主这个建议的，此札是金梁于1922年写给当任总统徐世昌的。金梁的这个建议尽管当时未能奏效，但它在一定程度上对此书后来归还原主产生了积极影响。三年后，即民国十四年（1925）奉天教育人士拟办图书馆，呈请当局索要此书。同年八月五日由教育部和内务部将宫廷保和殿庋藏的文溯阁《四库全书》清理核对完毕，交给奉天教育会会长冯子安查收，起运返奉。⑤至此，这部文溯阁《四库全书》由北京故宫返回故里，实现了金梁等人夙愿。因金梁先有请还文溯阁《四库全书》之议，故其功不可没矣。

注释：
①篇名为笔者所加。
②时在1914年。
③文载金梁手稿《金氏旧稿》，此书今藏天津图书馆。
④同③。
⑤详见《文渊阁〈四库全书〉运奉记》，载《图书馆学季刊》一卷一期，民国十五年（1926）出版。

四、关于金梁再次提出影印《四库全书》问题

1919年冬，金梁提出影印《四库全书》建议，此事已见诸《跋文》。五年后，即他发表《四库全书纂修考跋》的1924年，他再次提出了影印《四库全书》建议。

金梁再次提出影印《四库》建议，见载他写的一篇上末代皇帝溥仪奏疏，题曰《奏为遵拟裁减根本办法》，①兹将全文录下：

仰祈圣鉴事：臣前蒙皇上面询裁减根本办法，当曾略陈大要，兹复遵拟办法三条，以备采择：

一曰统一事权。今日之弊，大抵由事权不一，上下隔膜，闻圣意先设办事处，统一事权，最为扼要。拟请明谕，早日设立，赐用殿阁，亲临督率，风声所树，上下肃然。

一曰分负责任。此次裁改，实非得已。闻亲贵中亦有责难，此由不知为难详情，遂多不负责任之言。拟请皇上召集御前会议，责令同议办法，同负责任。主位各宫，亦由皇上婉言请酌，自定节省办法，既免小人播弄，可省无数枝节。

一曰先去阻力。阻力横生，各争私利，借款已成，竟归停顿，库书将运，复来

干涉。此确有人从中作祟，意在使我皇上一事不能办，以自快其私，小人无忌，岂可再容！或不动声色，毅然罢斥；或姑予调用，免着痕迹。内奸既去，然后可用御外侮。

以上为裁减根本办法。至于非理干涉，亦当设法抵制。《四库全书》既为人阻，不能运出，此徒示彼政府之狭隘，实无损我皇上之威信。彼能阻书外运，不能阻我自印。拟即先用照相，徐议印行，分年筹款，预约出版，愈足见皇上倡导文化之苦心。又古物、古籍既议设博览馆，亦请特旨派员，速自筹备，不可再缓，又落人后，反为他人借口。是否有当，伏乞皇上圣鉴训示，谨奏。

这折奏文的第三条办法及文后一段文字提到宫中《四库》外运受阻及影印建议内容。金梁进呈这篇奏文的时间是1924年。当时宫中出现了什么情况？当时为什么由他执笔题写这篇奏文？他再次提出影印《四库》建议的背景是什么？其结果若何？这是本文将要讨论的内容。

这里先谈一下金梁的生平传略，将有助于我们对此事的了解。

金梁（1878～1962）字息侯，又字锡侯，号希侯，又号小肃、东庐、东华旧史。满洲正白旗人，世为杭州八旗驻防，故一作杭县（杭州）人。苏完瓜尔佳氏。曾于盛京东陵辟地种瓜，用故园取作自号曰瓜圃老人，曾编丛书，取名曰《瓜圃丛刊》，皆又含瓜尔佳之意。瓜尔佳是满洲八大家之一。清顺治二年浙江设八旗驻防，其先祖始调杭州。其父凤瑞，续娶钱氏，为金梁生母，钱氏生子女各二人，金梁为次子。清光绪庚子辛丑（光绪二十六年至二十七年）恩正并科举人，甲辰（光绪三十年）科进士。历官钦点内阁中书、保知府道员、北京大学堂提调、北京警察厅总办、民政部参议、政务处委员、奉天旗务处总办、奉天新民府知府、奉天政务厅厅长、奉天洮昌道道尹及镶红旗蒙古副都统等。②

1911年辛亥革命后，溥仪这位清朝末代皇帝退位，根据民国政府对清室的优待条件，不废宣统帝号，暂居宫禁。民国十三年（1924）正月二十八日，溥仪下旨任命金梁为内务府大臣，加恩赏戴头品顶戴。同年三月二十四日，谕旨着派金梁清理热河皇产事宜。③金梁此时身显权重，处办宫内大小事务。溥仪在危难之际敕命金梁充任近臣，看重的便是金梁的满族出身和渊博学识。

1924年宫廷内外矛盾加深。作为内务府大臣，金梁办事果断，头脑清楚，性格直爽，善于进谏，有时甚至一日呈上三本奏疏。他尽心去办那些自己认为应该办的事情，诸如举荐贤才，筹建皇室博览馆，建立学校，开设工厂，开列宫内收支细目及清理热河皇产等，为溥仪解了不少忧，帮了不少忙。然而也正因为如此，金梁屡遭众臣侧目，于是疑忌蔓生，有人诬以慢藏海盗，谓他别有用心，更有人暗中咬牙切齿，斥他胆大妄为，金梁凡有动议，皆被视为罪案，施政受阻。④金梁作为内务府大臣，受命治办宫中事务，面对这种局面，于是上疏溥仪，提出了以上三条具体措施。

奏文中所云"库书将运，复来干涉"及拟自行影印之议，实与上海商务印书馆有直接关系。金梁担任内务府大臣的这一年，正值上海商务印书馆开业三十周年，该馆遂有影印《四库全书》之动议，以为纪念。是年二月，该馆特派高梦旦作为馆方代表筹办向清室内务府商借文渊阁《四库全书》及运往上海等事宜。金梁作为内务府大臣非常重视此事。经过双方协商，议定领印办法十二条。该馆随即将商定结果上报国务院，并请求路局予以保护，减免收路费等。国务院转行交通部，经教育部批准，斯事即成，并备妥运书专车。同年四月五日，该馆派员到清宫文渊阁开始查点《四库全书》，随点随即装箱。五日至七日用了三天时间，已经装妥三分之一，按计划将如期启运。就在这个节骨眼儿上，发生了曹琨辟人李彦青索贿六万元未遂案。总统府因发一函，借故制止，事废半途。⑤

金梁眼见影印《四库》事告吹，心甚不快，于是在上溥仪奏疏中提出了"彼能阻书外运，不能阻我自印。拟即先用照相，徐议印行，分年筹款，预约出版"的想法。影印《四库全书》表面上看是清宫与商务印书馆两家事，其实不然。斯事体大，举世关注，受到当局制约，也受时局影响。金梁这次提出影印《四库》的建议，与首次建议内容有很大不同。此次是被动所为，只可看成是对当局横加干涉做法的一种抗议，是于胸愤懑的一种发泄。金梁似乎早就看到了这一步棋，当时他给宫中重臣郑孝胥写的一封信中便发出了"库书印否无足轻重，非理干涉本意中事"⑥的感叹，字里行间流露出了对此事无可奈何的消极心态。由此看出当时他提出影印《四库》，实际上并不想真的去做，自知力量不济，于事无补，结果第二次影印之议又成一次空谈。

金梁迫于清室内外的双重压力，最后只好弃官归里。年末民国政府废除了皇帝称号，将皇室迁出故宫。至此金梁与溥仪了结了俩人的这段雅缘。

注释：

①金梁手稿《金息侯甲子奏疏》，今藏天津图书馆。

②金梁《瓜圃丛刊叙录》1924年铅印本，又无名氏撰《金文忠公年谱甲编》民国年间油印本。

③溥仪谕旨三种，分别用宣纸工笔写成，夹附《金息侯甲子奏疏》中，从字体审之，当由金梁本人缮录而成。

④万松老人《金息侯甲子奏疏书后》，见载《金息侯甲子奏疏》。

⑤郭伯恭《四库全书纂修考》247页，1937年商务印书馆铅印本。

⑥金梁《与郑太夷书》，见载《金息侯甲子奏疏》。

五、关于金梁续修《四库全书》问题

关于这个问题，金梁在《跋文》中有"……并拟《续修四库书目》。……又以《全书》舛误至多，且卷帙分割亦与原本多有异同，当作校勘记，各附卷末，以为考订"的记述。这是他首次提出了有关续修《四库全书》问题，且已拟出了续修《四库全书》的书目，同时还提出了校勘问题。九年后，也就是1928年，金梁再次提出了续修问题，并且为我们留下了《四库全书目录续编序》①等遗作。兹将《四库全书目录续编序》全文照录如下：

《四库全书》经、史、子、集，分类纂修，集中国学术之大成，实东方文化之先导，为世界所共宝，不待言已。曩者，曾议设馆影印，敦聘硕学，共启鸿文；延揽专家，同襄盛业。原拟校印、续修同时并举。盖以库书创始，美犹有憾，搜求未遍，忌讳过深，秉笔诸儒，弃取亦刻，漏略不免，宜亟补苴；而且乾隆距今，时已丽载，坊盛枣梨，家富珠璧，理研愈密，智启渐新，焕乎中兴，蔚为后劲，不有赓续，曷备大全？加以鱼豕之讹，古籍多有，校雠之学，时贤益精，广参众本，旁证异文，另成札记，附于书后，庶称完美。凡此三事，相辅而行。通电既发，闻者欣然，声气应求，谬承嘉赞，期月已可，三年有成，海内外同人无不企予望之。会以边衅忽起，防务交涉，兼顾不遑，斯事遂搁。

当创办伊始，金息侯先生梁实总其成。及是闲暇，乃议先其所易，续修书目。爰属伦君哲如明，遍历南北，征访藏书，慨自数十年来迭更世变，新旧蜕代，兵火摧残，零缣断简，海舶随飞。宿学耆儒，晨星待尽，及今不为，后更难继。所幸搜罗匝岁，数逾万种，既倍旧辑，遂成斯目，拟即刊行。期与海内宏达，共相商榷，订其谬误，补其漏遗，俾臻完备。

兹值车书一统，政学同新，投戈讲艺，偿我宿愿。终当搜书岩壁，具币儒林，校理旧文，发扬邦粹，以践初议，三章之约。凡此区区，不过荜路蓝缕而已，是为序。

这篇《序》，金梁主要谈了六个方面的内容：

一是影印、续修、校雠三事并举。即围绕《四库全书》同时做成三件事。每一件事之办理尚属不易，何况三事并举！原来这是拟以奉天地方政府之力，在张学良等人领衔下筹办的事情。②先此，金梁于1919年在《跋文》中已经言及影印、续修和校勘三事，惟未直言并举，盖当时条件尚未具备故也。

二是通电全国。③即将上列三事发出电报，通告全国，征求意见。

三是谈此事未成原因。是由于"边衅忽起，防务交涉，兼顾不遑，斯事遂搁"。

四是表明自己（金梁）的作用是董理斯事，"实总其成"。

五是谈伦明④的角色是征访藏书，获至万余种，并编成《四库全书目录续编》，"拟即刊行"。

六是金梁为伦明这部《四库全书目录续编》作序，"期与海内宏达，共相商榷，订其谬误，补其漏遗，俾臻完备"。

我们知道，清乾隆时纂修的这部《四库全书》，因忌讳过深、搜求未遍及后出之书日多等情由，致使该书并非全书，故此代有学人呼吁续修之。清嘉道间浙江学政阮元将《四库全书》未收书173种撰成《四库未收书目提要》五卷，被视为续修之始。迨至清末，先是翰林院编修王懿荣于清光绪十五年六月十六日上疏《恳恩特饬续修〈四库全书〉》，明言续修事。继而，光绪三十四年翰林院检讨间章梫以《拟请增辑〈四库全书〉折》上奏，再提续修之议。其后，民国十四年商务印书馆有承印《四库全书》之约，国会议员邵瑞彭乃发表《征求续编〈四库全书〉意见启》，当时响应者颇众，至此几次续修之议，均因故而未果。此次金梁与伦明等人重提续修之议。伦明于民国十六年一月发表了《续修〈四库全书〉刍议》一文，见解独到，并有《四库全书目录续编》之作。金梁分别于民国八年和民国十七年先后两次言及续修事。从这篇序文来看，此次续修已经完成了前期访书工作，这是续修工作的基础。在当时条件下完成这项工作绝非易事。金梁等人为了续修做了实际工作，较之以前诸位贤达只在口头呼吁，未见行动，实有很大的不同。除续修而外，金梁同时提出了耗时费力的校雠建议，这在当时北洋军阀混战情况下，是难以开展的工作。金梁所提续修等三事并举之议终无结果，亦情理之事。

此序与金梁其他大部分手稿一样，是用印有"奉天通志稿"的稿纸写成的，是金梁亲笔手写的，此序出自金梁之手谅无疑问。序末次行原曾署名，后用墨笔涂掉，盖拟托某位要人（张学良等人）挂衔，似尚未拿定主意，故先删去，以俟来日敲定补上之意。

注释：

①此序收入金梁《金氏旧稿》，今藏天津图书馆。
②此事详情拟在后续文中讨论，这里从略。
③电报全文拟在后续文中载录，这里从略。
④伦明，近代广东东莞人。字喆儒，一字哲如。人称破伦，因常着破衣至书铺寻觅秘籍，故有此戏称。因有志于续修《四库全书》，颜其室名曰续书楼，故其藏书亦侧重于续修《四库》方向。藏书家，版本学者。久寓北京，1918年后历任北京大学、北京师范大学、燕京大学、辅仁大学教授。卒后书归北平图书馆。著有《续四库全书提要》《辛亥以来藏书纪事诗》《渔洋山人著述考》等。

六、关于金梁《四库全书目录续编凡例》问题

1928年金梁再次提出了续修《四库全书》问题，并为我们留下了《四库全书目录续编序》《四库全书目录续编凡例》及《四库全书目录续编分类目录》等三篇遗作。①上期讨论了《续编序》，本文讨论《续编凡例》，下期拟议《续编分类目录》。

兹将《四库全书目录续编凡例》全文录下：

一《四库全书》成于乾隆四十八年，所收止三千四百余种，存目亦仅六千七百余种。有书在其前，为当时所漏收者应补；有书在其后，为当时所未及见者应续。是书统名"续编"，实兼二义。

一《四库总目》漏讹过多，姑举一二端，如惠栋之《古文尚书考》，见于《提要》所引，而著录无其书；卢象升之《文集》《奏议》，同刻于乾隆初年，《提要》亦言之，而《奏议》独任其缺；陆机、陆云兄弟所著称《二俊集》，顾收陆云而遗陆机。此皆极不可解者，是目力矫其弊，凡《总目》所漏略，必搜补之。

一《全书》成于乾隆年，继此正值吾国学术全盛之期，如考据、校勘、辑集逸

佚，以及天算、史地、金石、目录之学，无不后来居上。又如孤本之偶存海外，及深锢私家者，往往缺而获全，晦而复显，是目所续，务求其全。

一光绪中叶，编修王懿荣尝奏请续修《全书》，其后内外多故，此议遂竟搁置。修书事固重大，若续目则轻而易举。今续修是目，实为将来续修《全书》之预备，凡所采录，皆本斯旨，与通行汇刻书目任意抄集者不同也。

一是目既曰续编，凡《总目》、存目已著录者，自不应重收。惟为预备续修《全书》，有《总目》虽已录而后出之本，实较前为善；又存目本未录书，亦多散佚，是编不能不择要兼收，以备采择。俟将来合编全目，再归划一，当为识者所共鉴。

一各处书目，如省、府、州、县艺文志，及他所纪载，往往有本无其书，姑留其目者，或虽有书而早亡佚。是编为续修《全书》预备，事在征实，故必注明某书为某图书馆或私人所有，以便他时搜集。惟通行者不注。又所收以东莞伦氏明藏书为多，亦未及全注。

一近世著书滥，刻书尤滥。是编别择甚严。惟留修书时讨论余地，仍稍从宽。其有刻本与抄本不同，或刻本互有不同，亦兼收之。

一学术异派，如经学之有古今文，有汉宋，兼存并蓄，不敢偏执。至怪异如李卓吾、何心隐辈，亦属自成一派。惟空疏者在所必斥。至集部所收，似过多，然已十汰其九。盖暗修之士无闻于时，其坚苦卓绝，多有足传者，亦以寓显微阐幽之意耳。

一各藏书家每贵古远而忽近今。各图书馆又重普通而遗精秘。故求全责备，在书尤难。是目调查征访，兼收并蓄，仍愧见闻有限，搜采未周，除海内外大图书馆，仍派人访览外，其私家藏弃，苦难遍及。有其书为兹编所漏而认为不可少者，请将书目开示，以便加入。

一《四库》原书，例类间未尽善。是编以续补为名，当仍旧贯，间或少有变通。如经部增附纬书一类，史部政书类增条约之属，目录类金石增石经考释题跋、文字、图象之属。其余次序先后，亦或未尽划一，从容改定，俟之他日。

一释、道两藏二氏之书，俱已自成汇目。今仍《总目》之例，惟录诸家之书为二氏外者，不录经典，并附于子部末，概用旧例。

一著者学历，原书内容，应有简括说明，另撰提要，方在草拟之中，将继此刊布之。

这是金梁专为伦明《四库全书目录续编》撰写的《凡例》。其收录范围大致以

《四库全书》和《四库全书总目》未收者为限，广搜博采，先编成这个《目录续编》（或称作续修《书目》），"为将来续修《全书》之预备"。换句话说，就是先着手编成这个书目长篇，这是第一步；然后从书目中择要选书，再续修《全书》，这是第二步。这个分两步走的主导思想是稳妥、可取的。

笔者将这个《目录续编》凡例与目前正在由上海古籍出版社陆续出版的《续修四库全书》凡例所载各项相关内容依次进行对比，发现两者颇存相同之处，实有异曲同工之妙，兹表述如次：

《目录续编》凡例	《续修四库全书》凡例
有书在其（指《四库全书》）前，为当时所漏收者，应补	《四库全书》失收（遗漏、摒弃、禁毁）而确有学术价值者
有书在其后，为当时所未及见者，应续	《四库全书》未及收入的乾嘉以来著述之重要者
孤本之偶存海外，及深锢私家者，往往缺而获全，晦而复显，是目所续，务求其全	新从域外访回之汉籍，而合于本书选录条件者
有《总目》虽已录，而后出之本实较前为善	《四库全书》已收，而版本残劣，有善本足可替代者
存目本未录书，亦多散佚，是编不能不择要兼收，以备采择	《四库全书》列入"存目"，而确有学术价值者
是编为续修《全书》预备，事在征实，故必注明某书为某图书馆，或私人所有，以便他时搜集	本书在所收各书之前，悉冠以书牌，版本及底本现存藏所
《四库》原书，例类间未尽善，是编以续补为名，当仍旧贯，间少有变通，如经部增附纬书一类	本书仿照《四库全书》，以经、史、子、集四部分类编录。凡部类分合有所增损时，则参考《中国古籍善本书目》《中国古籍总目》处理
释、道两藏，不录经典，附于子部末，概用旧例	佛教典籍，仅取中土著述之精者
著者学历，原书内容，应有简括说明，另撰提要，方在草拟之中，将继此刊布之	本书遵循《四库全书》成例，为入选各书一一撰写提要，另册出版发行

通过比较，足见两者相同地方。当然两者也有不同之处，如《续修四库全书》凡例有"《四库全书》所不收的戏曲、小说，取其有重要文学价值者"，"新出土的简帛类古籍，而卷帙成编者"两项内容，这在《目录续编》凡例中都只字未提，盖其因袭《四库全书》之成例故也。这可视为该凡例不足之处。

通过以上分析，我们不难看出，金梁在续修《四库全书》准备工作阶段，也就是拟定凡例时曾下过一番功夫。这篇《凡例》，是他有关四库学方面研究成果之一，可以认为，《凡例》是继清乾隆《四库全书》问世以来出现的，内容相当充实的，颇有学术价值的一篇四库学文献。

注释：

① 三篇遗作，均收入金梁《金氏旧稿》，今藏天津图书馆。

七、关于金梁《四库全书目录续编分类目录》问题

《四库全书目录续编分类目录》①是金梁草成的一篇古籍分类目录，也是他关于续修《四库全书》问题的研究成果之一。据《跋文》知，金梁曾早在1919年便拟，笔者臆断，这个书目当是分类书目。可惜我们不知这个书目的下落，也就不知其分类及收书情况。此次公布的这个分类目录，或许从中能够看出《续修四库书目》几分模样。兹将《四库全书目录续编分类目录》全文录下：

经部一

  易类　三百六十五部

经部二

  书类　一百四十五部　附录八部

经部三

  诗类　二百三十四部　附录二部

经部四

  礼类一　周礼之属七十八部

  礼类二　仪礼之属九十部

  礼类三　礼记之属八十部　附录三十部

  礼类四　三礼总义及通礼之属七十四部

  礼类五　杂礼书之属十四部

经部五

  春秋类　一百七十七部　附录二部

经部六

  孝经类　五十九部

经部七

五经总义类　九十五部

经部八

　　四书类　一百二十九部

经部九

　　乐类　十七部

经部十

　　小学类一　训诂之属七十五部

　　小学类二　字书之属一百三十六部

　　小学类三　韵书之属三十九部

经部十一

　　纬书类　七十部

　　　右经部共一千九百四十八部②

史部一

　　正史类　一百七十七部

史部二

　　编年类　一百二十六部

史部三

　　纪事本末类　九十一部

史部四

　　别史类　八十一部

史部五

　　杂史类　三百六部

史部六

　　诏令奏议类一　十一部

　　诏令奏议类二　一百十一部

史部七

　　传记类一　圣贤之属二十三部

　　传记类二　名人之属二百五十一部

　　传记类三　总录之属一百五十五部

　　传记类四　杂录之属五十八部

传记类五　别录之属六部
史部八
　　史抄类　十六部
史部九
　　载记类　三十八部
史部十
　　时令类　十二部
史部十一
　　地理类一　宫殿之属八部
　　地理类二　总志之属五十五部
　　地理类三　都会郡县之属二百二十五部
　　地理类四　河渠之属一百二十二部
　　地理类五　边防之属三十二部
　　地理类六　山川之属一百部
　　地理类七　古迹之属八十五部
　　地理类八　杂记之属一百四十二部
　　地理类九　游记之属三十三部
　　地理类十　外纪之属七十三部
史部十二
　　职官类一　官制之属五十四部
　　职官类二　官箴之属七部
史部十三
　　政书类一　通制之属二十九部
　　政书类二　仪制之属八十部
　　政书类三　邦计之属三十四部
　　政书类四　军政之属十三部
　　政书类五　法令之属十一部
　　政书类六　考工之属十一部
　　政书类七　条约之属六部
史部十四

目录类一　　经籍之属一百六十部
　　目录类二　　金石之属六十六部
　　目录类三　　金石石经之属二十六部
　　目录类四　　金石考释题跋之属一百八十部
　　目录类五　　金石文字之属一百五十六部
　　目录类六　　金石图像之属二十部
史部十五
　　史评类　　七十八部
　　右史部共三千二百八十部③
子部一
　　儒家类　　一百八十六部
子部二
　　兵家类　　七十二部
子部三
　　法家类　　四十一部
子部四
　　农家类　　二十六部
子部五
　　医家类　　二百十一部
子部六
　　天算类一　　推步之属七十三部
　　天算类二　　算书之属一百三十五部
子部七
　　术数类一　　数学之属十三部
　　术数类二　　占候之属十七部
　　术数类三　　相宅相墓之属五十五部
　　术数类四　　占卜之属二十部
　　术数类五　　命书相书之属八部
　　术数类六　　阴阳五行之属二十一部
　　术数类七　　杂数之属七部

子部八
　　艺术类一　书画之属一百四十一部
　　艺术类二　琴谱之属四十部
　　艺术类三　篆刻之属六十部
　　艺术类四　杂技之属二十一部
子部九
　　谱录类一　器物之属九十三部
　　谱录类二　饮馔之属二十部
　　谱录类三　草木禽鱼之属五十六部
子部十
　　杂家类一　杂学之属九十部
　　杂家类二　杂考之属二百六十一部
　　杂家类三　杂说之属三百十一部
　　杂家类四　杂品之属十五部
　　杂家类五　杂纂之属四十一部
　　杂家类六　杂编之属十九部
子部十一
　　类书类　一百四部
子部十二
　　小说家类一　杂事之属七十五部
　　小说家类二　异闻之属三十五部
　　小说家类三　琐语之属五十七部
子部十三
　　释家类　二十五部
子部十四
　　道家类　一百三十部
　　　右子部共二千四百五十五部④
集部一
　　楚辞类　三十六部
集部二

别集类一　汉至唐一百七十部

　　别集类二　宋金元一百三部

　　别集类三　明四百六十部

　　别集类四　明末清初一百六十二部

　　别集类五　清甲四百二十八部

　　别集类六　清乙三百七十部

　　别集类七　清丙三百十一部

　　别集类八　清丁四百十部

　　别集类九　清戊四百七十五部

　　别集类十　清己三百九十七部　附录二十部

集部三

　　总集类　五百四十二部

集部四

　　诗文评类　一百八十一部

集部五

　　词曲类一　词别集一百九十九部

　　词曲类二　词总集九十二部

　　词曲类三　词评之属三十二部

　　词曲类四　曲之属一百二十七部

　　　右集部共四千七百四部⑤

　　　四部合一万二千四百十部⑥

　　此目仿《四库全书总目》之成例，以经、史、子、集四部提纲列目。经部分易类、书类、诗类等十一类，收书一千九百十九部；史部分正史类、编年类、纪事本末类等十五类，收书三千二百六十八部；子部分儒家类、兵家类、法家类等十四类，收书二千四百七十九部；集部分楚辞类、别集类、总集类等五类，收书四千五百十五部。四部合计收书一万二千一百八十一部。该目所设四十五个大类，大致与《四库全书总目》相同，各类之下又析分子目，条理分明。只是个别类名及子目除子部外，经、史、集三部或有变通者。

　　经部后附设"纬书类"。纬书是古书的一类，相对经书而言。汉人伪托孔子所作。有《易纬》《书纬》《诗纬》《礼纬》《乐纬》《春秋纬》《孝经纬》，对七经而言，称七纬。其书以儒家经义，附会人事吉凶祸福，预言治乱兴废，多有怪诞无稽之谈。南朝宋时开始禁止纬书流传。至隋炀帝遣使焚其书。唐时除《易纬》外，六纬俱佚。迨宋末《易纬》隐晦失传。清乾隆时从《永乐大典》中辑出，《总目》将易纬七书附于易类之后，并未专设"易纬类"。《贩书偶记》及其《续编》均设"易纬类"，收纬书只有四种。此目设类收录纬书多达七十部，已成相当规模。

史部政书类增设"条约之属"。1840年中英鸦片战争后，清政府与外国侵略者签署一系列不平等条约，为收其书，始设此类。

目录类下除设经籍和金石两个子目外，又从金石类中析分石经、考释题跋、文字及图像四个小类，类下各录其书，合计收书三百八十二部。依书设类，是可取的办法。

集部别集类收书与《总目》有较大不同。《总目》厚古薄今，自汉至元分为汉至五代、北宋建隆至靖康、南宋建炎至德祐及金元共四部分，收书685种，明清两代则分明洪武至崇祯、清初至乾隆两部分，收书只有282种；此目与之相反，薄古厚今，自汉至元分为汉至唐、宋金元两部分，收书273种，只占《总目》此类书的40%，而明清两代则细分为明、明末清初、清（甲～己）三部分，收书多达3033种，是《总目》此类书的10.8倍。

总之，此目是由《四库全书总目》分类演绎过来的一部正统分类目录，正如金梁自己在上文《凡例》中说的那样"是编以续补为名，当仍旧贯，间或少有变通"。此目在分类方面并没有突破，也少有发明。其突出的一点是收书多，达12181部，比《四库全书总目》著录的书稍多，是上海古籍出版社出版的《续修四库全书》收书4985种的2.4倍，真可谓广采博收。若以今本《续修四库全书》成书规模为标准，再依此目所录书付印，将多达3600册，可惜这只是一种设想，终未实现。

注释：

① 此文是金梁用印有"奉天通志稿"字样的红格稿纸缮录而成的，眉端及栏外间有增补文字，正文各类收书数量多有改动之处。收入《金氏旧稿》中，今藏天津图书馆。

② 此误，笔者合计为1919部。

③ 此误，笔者合计为3268部。

④ 此误，笔者合计为2479部。

⑤此误,笔者合计为4515部。
⑥此误,笔者合计为12181部。

(载《图书馆工作与研究》,2000年第6期、2001年第1~6期)

馆臣邹炳泰与《永乐大典》

馆臣中校办《永乐大典》者，人们皆知周永年、戴震等重臣用力最勤，成绩最丰，而一般馆臣的事迹唯因缺少有关资料的记述则不甚清楚，这在一定程度上影响了人们对这部《永乐大典》的全面了解。有鉴于此，本文试以一般馆臣邹炳泰在翰林院充任馆臣时所写的有关参与校办《永乐大典》的诗文作为依据，兼采其他有关记述，将其参与校办《永乐大典》的情况勾勒出一个轮廓，从一个侧面揭示、认识这部《永乐大典》。

一

邹炳泰（1741~1820），清江苏无锡人，字仲文，号晓屏。乾隆三十七年（1772）进士，选庶吉士，授编修，清廷开四库全书馆，充任纂修官。历官国子监祭酒，兵部、工部尚书，兼管顺天府尹事，吏部尚书协办大学士，农部侍郎。乾隆中援古制，疏请立国学辟雍。先后督山东、江西学政，后屡被贬降。嘉庆中因林清事变罢官。喜好古物，精通鉴别，收藏甚富。著有《午风堂集》行世。事迹俱《清史稿》卷351。

《午风堂集》收《诗集》6卷，《丛谈》8卷。清嘉庆五年（1800）精刻本。首载嘉庆二年邹氏《自序》、四年王昶《序》及五年杨芳灿《序》。

《诗集》收炳泰所作各体诗凡360余首，炳泰身居清职，与友朋交游，览山水美景，所作诗多和雅之音。王昶《序》称其诗与明之高青邱、清之王亭体格相近，并云："乾隆三十六年，方召求遗书，搜《大典》，金匮玉版之陈充溢栋宇，以先生充纂修，读人间未见之书，标新领异，含英咀华，……是发之于诗，蔚然为一代大宗。"

《丛谈》之作，炳泰在《自序》中作了介绍，他说："余官翰林，清斋坐诵，究心掌故，旁及文章艺术，日有所得，辄行记录，积十余年来，厘成八卷。"学人评其书："莫不原原本本，辩论详赡，同时纪昀称置之宋人说部堪与对垒。……王昶称其考据似王深宁，宏富似洪容斋，皆非虚誉。……允备名山掌故，在清代杂家记载中，典雅有则，与王士祯《居易录》等书先后媲美，而考证辨析缜密且将过之。"①

二

乾隆敕纂《四库全书》，炳泰应召入四库馆，充任馆臣，参与纂修《四库全书》之役，至全书告成，始终参与斯事，故其所写诗文多记《四库全书》事，其中记述有关《永乐大典》的资料尤为重要。炳泰"身在班联，言之详尽，可为证史之助"②。

兹将《午风堂集》及其他记载炳泰校办《永乐大典》之资料逐条摘录出来，共得19条。③依次列下：

1. 编辑《永乐大典》初启局，纪晓岚先生邀集绿意轩，筹定事例。同与者刘书台云房、葛灵蹊、林香海诸前辈。

秘馆新雠未见书，释经人到郑公庐。

谁矜名里希通德，不数群编列遂初。

石磴茶香清暑后，阁阴梧韵晚凉余。

几人此地传佳话，文献他年一问渠。（见《诗集》卷三，7页）

按：刘书台云房指馆臣刘权之，林香海指馆臣林澍蕃，葛灵蹊名俟考。炳泰受总纂官纪昀之邀，并与刘、葛、林等诸前辈"筹定事例"，这说明两个事实：一是炳泰从一开始就参与了校办《大典》之役，二是炳泰当时在馆臣中有一定地位。

2. 右建中靖国吏部侍郎邹忠公浩，字志完。《同安帖》真迹一卷，嘉定甲申予摄维扬郡，有公之孙自毗陵来，讼于府，携公纶，告手泽求直于有司，因是得。据案拭目，字劲以端，迹清以厉意，公之心与笔法吻合。是年十月，有靳君雯者，携他帖数十，售于京口，皆予箧中已具，独得公一纸，以备其缺。赞曰：……此帖虽未睹真迹，见《永乐大典》，敬录之，以示子孙。（见《丛谈》卷一，1页）

按：此书《四库全书总目》没有著录，未入《四库》。炳泰私录是书，以示子孙，姑视为校办《大典》的副产品。

3. 宋吴兴陈振孙《直斋书录解题》列经史子集中，分五十三类，视晁公武《读书志》议论较为精核。马氏《经籍考》多援之而作。其书久佚，《永乐大典》载之，余校纂成编，列入《四库》。曾以聚珍版印行，购者珍如星凤。（见《丛谈》卷一，24页）

按：此书《四库全书总目》卷85，史部目录类一，730页著录。二十二卷题"永乐大典本"云："此书久佚，仅《永乐大典》尚载其完帙。唯当时编辑潦草，讹脱宏多，又卷帙割裂，全失其旧。谨详加校订，定为二十二卷。"这部解题书目梓行后，在世上广为流传，并不断被翻刻重印，从序、跋、题识等介绍是书情况的文字上看，人们但知其为《永乐大典》本，而不晓得是书由炳泰辑得。

4. 叶梦得《石林燕语》皆关当时掌故，于官制科目言之尤详。陈振孙谓其书成于宣和五年，其论馆伴契丹一条及论宰相一条，俱系建炎时事，振孙盖据自序首四字言之耳。汪应辰尝作《石林燕语辨》，而成都宇文绍奕亦作《考异》，以纠之，见《永乐大典》中，如马周御史里行一条，引宋人《唐书》，以驳《唐人六典》，颇类刘炫之规杜预，吴缜之纠欧阳修。然详确者实足订石林之误。余为史官时，以绍奕《考异》附梦得各条之下，列入《四库》，于史学大有裨益。（见《丛谈》卷一，26页）

按：此书《四库全书总目》卷121，子部杂家类五，1040页著录。《石林燕语》十卷《考异》一卷题"永乐大典本"云："汪应辰尝作《石林燕语辨》，而成都宇文绍奕亦作《考异》，以纠之。应辰之书，陈振孙已称未见，盖宋末传本即稀，仅《儒学警悟》间引数条，与绍奕《考异》同散见《永乐大典》中，然寥寥无几，难以成编。唯绍奕之书尚可裒集，谨搜采考校，各附梦得书本条下。得梦得之书而梗概具存，得绍奕之书而考证益密，二书相辅而行，于史学弥为有裨益矣。"

5. 翰林院所储《永乐大典》二万二千八百七卷，一万一千九十五册，目录六十卷。汇集古书，分韵散编，体例未善，卷册亦岁久缺失。乾隆癸巳二月，上命大学士刘统勋等将《大典》内散篇纂集成书，总纂则纪编修昀、陆刑部锡熊，纂修三十人。余时为庶常，亦膺是选。日于原心亭校纂。（见《丛谈》卷二，5页）

按：《永乐大典》全书正文22877卷，凡例和目录60卷，共22937卷，装成11095册。炳泰所记正文卷数比实际卷数少70卷。这一点似乎可以作两方面解释：其一如其所记，因"岁久缺失"。但是据载当时军机大臣查点《永乐大典》时就已发现少了多达两千多册[④]，这与炳泰所记不合；其二误写误刻。笔者以为当是如此。

6.《永乐大典》内载唐时《馨鉴图》一，失名，王勃为之序。（见《丛谈》卷二，12页）

按：此书《四库全书总目》没有著录，未入《四库》。此书与上举第2条《同安帖》一样，是炳泰私录之书，为其校办《大典》的副产品之一。

7.《永乐大典》载《易纬》八种：《乾坤凿度》二卷、《周易乾凿度》二卷、《易纬稽览图》二卷、《易纬辨终备》一卷、《易纬通卦验》二卷、《易纬乾元序制记》一卷、《易纬是类谋》一卷、《易纬坤灵图》一卷。《坤灵图》残缺不完，仅存论乾大畜无妄卦词及史注所引日月联璧数语而已。《易通卦验》余所纂也，曾以聚珍版印行，今是本绝难得矣。（见《丛谈》卷二，17页）

按：此八种书《四库全书总目》卷6，经部易类六，46页、47页著录。并题"永乐大典本"云："七经纬皆佚于唐，存者独易，逮宋末而尽失其传。今《永乐大典》所载，多宋以后诸儒所未见。"又各有提要，今略不录。

在这八种书中，炳泰仅辑录了《易纬通卦验》一种。《四库总目提要》云：此书"马端临《经籍考》及《宋史·艺文志》俱载其名。黄震《日抄》谓其书大率为卦气发。朱彝尊《经义考》则以为久佚。今载于《说郛》者，皆从类书中凑合而成，不逮十之二三，盖是书之失传久矣"。

8.明初所收图籍多系古本，故《永乐大典》内编集诸书与今本迥别。子书人间尤少善本，脱漏讹舛历久滋甚，后人未见古本，复以意强为注解，遂至艰涩难通。及观大典本，乃知古书无不文从字顺。余与同年庄编修亭叔校正《庄子》《盐铁论》二书，方见真面目。书局事冗，未暇取诸子一一参校，至今耿然。（见《丛谈》卷三，5页）

按：《庄子》《盐铁论》二书并见《四库全书总目》，但未言及取校《永乐大典》事。炳泰记述的这条内容是说在明代初年，世上流传的图籍多是宋元古本，永乐时敕纂《永乐大典》，是书所收图籍除当朝著述外，多为宋元古本。因今本尤少善本，且存脱漏讹舛之处，故取校古本时发现古今本迥别有异。由此可见，《永乐大典》的价值之一即是保存了大量宋元古本，为辑录佚书提供了条件。

9.刘辰翁会孟于选诗，及李、杜、苏、黄诸家，《世说新语》等皆有批点。杨升庵诋须溪不知诗，目为开剪截罗手段，继则云士林服其赏鉴之精，而不知其节义之高，与伯夷、陶潜何异。盖宋亡后须溪竟不出仕，元人张孟浩赠须溪诗"首阳饿夫甘一死"云云，其高节固可概见。须溪所评古书意取标新致伤，纤刻固有之。至其博识特见，毅然自立。即升庵于其评《史记》诸书亦不能不以好古之士归之。子将孙著《养吾集》与《须溪集》并抄入《四库》，皆余所纂也。（见《丛谈》卷三，9页）

按：《须溪集》，《四库全书总目》卷165，集部别集类十八，1409页著录。撰十卷，题"永乐大典本"，云：是书"明人见者甚罕，既诸书亦多不载其卷数。……盖其散失已久，……今检《永乐大典》所录，记、序、杂著、诗余尚多，谨采辑哀次，厘为十卷"。

《养吾集》，《四库全书总目》卷166，集部别集类十九，1431页著录。题"《养吾斋集》三十二卷，永乐大典本。元刘将孙撰。将孙字尚友，庐陵人。辰翁之子。……原集本四十卷，而自明以来罕见藏。……盖亡佚久矣。今据《永乐大典》所载，辑为三十二卷"。

宋末刘辰翁《须溪集》与其子元初刘将孙《养吾集》二书，亡佚历久，明人已经很少见到，炳泰从《大典》中录出，始显于世，确为刘氏父子书之功臣。

10.唐苏鹗《演义》于典制名物具有考证，与崔豹《古今注》、马缟《中华古今注》多相出入。此书可证豹书之伪，缟书之抄袭。陈振孙谓其考究书传，订正名物，可与李涪《刊误》、李济翁《资暇集》、邱光庭《兼明书》并驱。余从《永乐大典》中录得十卷，藏之。鹗字德祥，武功人，光启中进士。（见《丛谈》卷三，10页）

按：此书《四库全书总目》卷118，子部杂家类二，1016页著录。题是书："二卷，永乐大典本，……此书久佚，今始据《永乐大典》所引裒集成编。……原书十卷，今掇拾放佚，所得仅此。古书亡失，愈远愈稀，……是固不以多寡论矣。"炳泰从《大典》中录出此书后"藏之"，或想与上列第二条《同安帖》一样，充为自己的副产品之一，后因故一改初衷，将是书拿出，归入《四库》，诚善举是也。

11.《永乐大典》内抄录《京口耆旧传》九卷，不著撰人姓氏，所载京口人物，始于宋初，迄于端平、嘉熙间。体例全仿正史，不类小说、杂记。其事迹于正史时有异同，足资考证。（见《丛谈》卷三，15页）

按：此书《四库全书总目》卷57，史部传记类一，521页著录。题"永乐大典本"云："其书采京口名贤事迹各为之传。始于宋初，迄于端平、嘉熙间。……足以订宋史记录之误。……今据《永乐大典》所载，裒合成编，厘为九卷。"

12. 宋邓御夫隐居不仕，作《农历》二百卷，较《齐民要术》为详。济守王子韶上之于朝，其书不传。元世祖时，司农司撰《农桑辑要》七卷，颁之于民。有至元十年王磐序，见《永乐大典》中。其书分典训、耕垦、播种、栽桑、养蚕、瓜菜、果实、竹木、药草、孳畜等目，末附以岁用杂事。博采经史及诸子杂家，盖以试验之法，考核详赡而一一切于实用。今所传王氏《农书》，殆不足云。（见《丛谈》卷五，2页）

按：此书《四库全书总目》卷102，子部农家类，852页著录。题"永乐大典本"云："焦《国史经籍志》、钱曾《读书敏求记》皆作七卷，《永乐大典》所载仅有二卷，盖编纂者所合并，非有所缺佚。《永乐大典》有载有至顺三年印行万部官牒。"

13. 渔洋山人谓潘邠老"满城风雨近重阳"诗句至今艺苑流传，为重阳口实。谢无逸、谢幼槃同时有诗，因录幼槃二绝。无逸诗久佚，阮亭固未之见也。余从《永乐大典》纂辑谢无逸《溪堂集》二卷，始见此诗。（见《丛谈》卷七，5页）

按：《丛谈》卷七，17页同载此书，云："世间久无传本，故宋文选、宋诗抄、宋诗存诸本皆不录。厉鹗《宋诗纪事》所录亦止十余首。余为史官时从《永乐大典》中裒录，诗文尚得百余首，厘为六卷，列入《四库》。"

又按：此书《四库全书总目》卷155，集部别集类八，1338页著录。题"永乐大典本"云：是书十卷"宋谢逸撰。逸字无逸，临川人。……逸集已久佚无传，故王士祯跋《竹友集》以未见逸集为歉。近时厉鹗撰《宋诗纪事》搜罗极广，所采逸诗亦止十余首。今从《永乐大典》所载，裒集缀辑，尚得诗文数百首。……谨订正讹舛，厘为十卷"。

以上三条记载，均言宋谢逸《溪堂集》一书，所不同的是出现了二卷、六卷和十卷三个不同卷数，个中原因俟后再考。

14. 茗饮盛于唐，南唐始立茶官，北苑所由名也。至宋而建茶，遂名天下。壑源沙溪以外，北苑独称官焙为漕司，岁贡所自出。宋熊蕃有《北苑贡茶录》一卷，所述皆建安茶园采焙入贡法式。淳熙中其子校书郎克始锓诸木，凡为图三十有八，附以采茶诗十章，福建转运使主管帐司赵汝砺复作《别录》一卷，以补其未备。所言水数、赢缩、火候、淹亟、纲次、先后、品味、多寡尤极综晰。此录久佚，从《永乐大典》内纂辑成书，余录有副本。（见《丛谈》卷七，8页）

按：此书《四库全书总目》卷115，子部谱录类，989页著录。题："宣和北苑贡茶录一卷，附北苑别录一卷，永乐大典本。此二书于当时任土作贡之制言之最详。"

15. 杨东里集载《唐才子传》，西域辛文房著，十卷，总二百九十七人，皆有诗名当时。其见于《唐书》者百人。《池北偶谈》惜其书之无传。《永乐大典》载此书尚存二百七十八人，辑成八卷，视计有功《唐诗纪事》以诗系人较见详备，传后论断亦往往切中利病。余录得一本，藏之。（见《丛谈》卷七，15 页）

按：此书《四库全书总目》卷 58，史部传记类二，523 页著录。题："唐才子传八卷，永乐大典本。元辛文房撰。……考杨士奇《东里集》，有是书跋，是明初尚有完帙，故《永乐大典》目录于传字韵内载其全书。今传字一韵适佚，世间遂无传本。然幸其各韵之内尚杂引其文，今随条摭拾，裒集编次，共得二百四十三人，又附传者四十四人，共二百八十七人，谨依次订正，厘为八卷。"

16. 《丹阳集》卷八内"太"讹"夫"，分校邹炳泰记过二次。（见《纂修四库全书档案》1511 页"四库全书馆进呈《永乐大典》内指出错误并总裁等记过次数清单"条）

按：此书《四库全书总目》卷 156，集部别集类九，1346 页著录。题"永乐大典本"，云：是书"自明以来，传本遂绝，今据《永乐大典》所载，以类裒集，……共成二十四卷"。

17. 《续资治通鉴长编》"瑭"字讹写，分校邹炳泰记过一次；"连"讹"运"分校邹炳泰记过一次；"跸"讹"□"，分校邹炳泰记过三次；"□"讹"□"，分校邹炳泰记过二次。……以上分校邹炳泰记过七次。（见《纂修四库全书档案》1560 页"办理四库全书处进呈《永乐大典》各书错字并总裁等记过清单"条）

按：此书《四库全书总目》卷 47，史部编年类，423 页著录。题"永乐大典本"，云："本朝康熙初，昆山徐乾学始获其本于泰兴季氏，凡一七五卷。尝具疏进之于朝，副帙流传，无不珍为秘乘。然所载仅至英宗治平而止，神宗以后仍属阙如。检《永乐大典》宋字韵中，备录斯编。……徐氏所缺而朱彝尊以为失传者，今皆粲然具存，首尾完善，实从来海内所未有"。

18. 《秘书监志》。谨案：次书元王士点、商企翁同撰。原本久佚，编修今升祭酒邹炳泰从《永乐大典》辑出。今架上未收。（见《纂修四库全书档案》2274 页"左都御史纪昀奏文渊阁书籍校勘完竣并附遗漏抵换各书清单"条）

按：此书《四库全书总目》卷 79，史部职官类，684 页著录。题是书"十一卷，编修汪如藻家藏本",未题"永乐大典本",与上文有别。

19.《学易集》分纂官邹炳泰。(见《武英殿聚珍版丛书》)

按：此书《四库全书总目》卷155，集部别集类八，1336页著录。题是书："八卷，永乐大典本。宋刘跂撰。……其集原本二十卷，陈振孙《书录解题》谓最初李相之得于跂甥蔡瞻明。绍兴中洪迈传于长乐官舍。后施元之刻版行世。……今元之旧刻，久无传本，唯《永乐大典》载跂诗文颇多，虽未免有所脱佚，而掇拾排次尚可得十之六七。……重加编次，厘为八卷。"

三

炳泰参与校办《永乐大典》之役，我们根据以上记述，至少可以得出如下结论：

1.炳泰自始至终参与了《永乐大典》辑佚工作。四库馆校办《永乐大典》辑佚之初，炳泰应总纂官纪昀之邀，并与刘、葛、林等馆臣一道商议辑佚办法。(见上列第1条)我们从中可以看出炳泰在四库馆臣中的地位和作用，同时也可以看到炳泰与纪昀个人之间较为密切的关系。炳泰与纪昀日常交往逸事，《丛谈》尚有一些记载，今仅录一例，以示一斑："纪晓岚先生案头见一镇纸，细视之，上下通缺，若藕挺中破状，与图所载正合，乃藕心钱也。古色可爱，宗伯即以相赠。"(见《丛谈》卷八，9页)

2.炳泰是辑录佚书的功臣之一。他从《永乐大典》中辑出佚书共计17种。其中又分为三种类型：

一是《四库全书总目》著录，并标出"永乐大典本"者，计有：《直斋书录解题》(见第3条)、《石林燕语》并《考异》(见第4条)、《易纬通卦验》二卷(见第7条)、《养吾集》(见第9条)、《须溪集》(见第9条)、《苏氏演义》(见第10条)、《京口耆旧传》(见第11条)、《农桑辑要》(见第12条)、《溪堂集》(见第13条)、《北苑贡茶录》(见第14条)、《唐才子传》(见第15条)、《丹阳集》(见第16条)、《续资治通鉴长编》(见第17条)及《学易集》(见第19条)，凡14种。

二是《四库全书总目》著录，没有标出"永乐大典本"者，计有《秘书监志》(见第18条)，凡1种。

三是《四库全书总目》没有著录，也没有收入《四库全书》，只是炳泰私录而藏之者，有《同安帖》（见第2条）和《罄鉴图》（见第6条），凡2种。

3.邹炳泰著《午风堂集》，为我们留下了一些用于考察当时朝廷校办《永乐大典》情况的第一手文献资料。据第5条，我们知道了当时翰林院所藏《永乐大典》的存佚情况，乾隆皇帝命馆臣校办《永乐大典》的时间、地点及人数，以及炳泰当时的身份等内容。在第12条，他着重介绍了《农桑辑要》一书，认为是书"考核详赡而一一切于实用"。尤其是第8条，他特别肯定了《永乐大典》之善。他说："及观大典本，乃知古书无不文从字顺。余与同年庄编修亭叔校正《庄子》《盐铁论》二书，方见真面目。"还发出了"书局事冗，未暇取诸子一一参校，至今耿然"的感叹。

注释：

①②《续修四库全书总目提要（稿本）》，1996年齐鲁书社出版，见第10册251页。

③司马朝军先生《四库全书总目研究》列出6条，得出了邹炳泰"至少辑了8种大典本"结论，这是正确的。本文在此基础上列出19条，将炳泰辑书增至17种，聊充对朝军先生大著的补充。

④见《纂修四库全书档案》，1997年上海古籍出版社版出版，第56页。

（载《永乐大典国际学术论文集》，2004年5月北京图书馆出版社出版）

《纪晓岚删定四库全书总目》出版说明

　　《四库全书总目》（以下简称《总目》）是清乾隆时编纂《四库全书》过程中产生的一部提要目录。因撰写《总目》是伴随编纂《四库全书》而行，所以，当纪晓岚增撤及修改《四库全书》收入书时，《总目》也同时留下了对该书变动的有关记录。所以，《总目》提要与《四库全书》丛书有着密不可分的连带关系。

　　这部《总目》提要的纂写，分为馆臣撰写提要与总纂官润色删改提要前后两个阶段。先由诸馆臣分别承担《总目》某书提要的撰写任务，然后由总纂官纪晓岚负责对《总目》进行润色删改。我们把经过了纪晓岚亲自润色删改的《总目》书稿，称为《总目》稿本。

　　《总目》稿本传世不多，今仅知有上海图书馆藏本，存一百二十三卷；天津图书馆藏本，存七十卷；国家图书馆藏本，存六十三卷；中国历史博物馆藏本，存十三卷。天津图书馆收藏的七十卷，是目前所知收藏《总目》稿本数量较多的单位，位居上海图书馆之后的第二家，多于国家图书馆和中国历史博物馆的收藏。残存的七十卷，占《总目》二百卷的三分之一强。

　　这部《总目》批校残稿，是四库学研究的一宗珍贵文献。它保存了较多纪晓岚删改润色的笔迹，对寻觅纪晓岚删改提要之踪迹，对研究《总目》提要的撰写情况，对研究《四库全书》的编纂过程以及纪晓岚的学术思想，都具有重要学术价值。因此，我们将此部《总目》稿本进行整理，厘为九册，名为《纪晓岚删定〈四库全书总目〉稿本》影印出版，公之于世，为四库学研究提供原始文献，相信会受到学界朋友欢迎。

　　此次整理《总目》稿本并影印出版，得到了国家图书馆出版社郭又陵社长、徐蜀总编辑、贾贵荣副总编辑、殷梦霞主任等同仁鼎力支持，本书责编孙彦老师严把质量关，精益求精，具有忘我的敬业精神。为了方便读者查检，还编制了书名索引和著者索引,遂使本书得以顺利出版,在此一并表示感谢!

（载2011年国家图书馆出版社影印本《纪晓岚删定四库全书总目》）

纪晓岚删定《四库全书总目》寻踪

——以天津图书馆珍藏纪晓岚删定《四库全书总目》残存稿本为例证

纪晓岚（昀）删定《四库全书总目》（以下简称《总目》）事，学人皆知。清朱珪在为纪晓岚撰写墓志铭时做了这样的定评："公馆书局，笔削考核，一手删定为《全书总目》，裒然巨观。"（引朱珪撰《知足斋文集》卷五《纪文达公墓志铭》）纪晓岚自己曾云："余于癸巳受诏校书，殚十年之力，始勒为《总目》二百卷，进程乙览。"（引纪昀《纪文达公遗集》卷八《诗序补义序》）斯役始于癸巳，即清乾隆三十八年（1773），至癸卯，即清乾隆四十八年（1783）蒇事。纪晓岚费十年之力，删定《总目》二百卷。其用时之长，用功之勤，成果之重，可谓空前绝后。然而，纪晓岚删定《总目》的细节是怎样的？这无疑是"四库学"研究中有待深入探讨的一个重要课题。本文试就这个问题进行初探和回答，抛砖引玉，以就教于方家。

笔者撰写这篇专论所依据的原始文献是天津图书馆珍藏的纪晓岚用墨笔亲自删定的《总目》残存稿本。这部残存稿本，每半叶9行，行21字，四周双边。朱丝栏，单鱼尾。上书口镌"钦定四库全书总目"，单鱼尾下依次为部类名称及卷次、叶码。版框尺寸：21.7厘米×15.5厘米。是书凡200卷，这部残存稿本，共计71卷，计卷3、6～8、10～14、16、23、24、26～28、37、44、48～51、53～55、74、75、77、118～124、130～139、148、149、151、152、160～164、168、171、178、180～185、188～196，其余卷缺，凡129卷。这部《总目》残存稿本，有两个明显特点：其一，书页裁割贴补。正文中有些书页（或整页、或半页、或多行、或一行）被晓岚用裁刀割掉，再将补写好的书页贴到空缺处；其二，正文校改删削。提要正文，用墨笔批校、删削处甚多，或用墨笔在原文上进行删改，或在眉端题写批语。天津图书馆藏《总目》稿本三部，此居其一，有墨笔删改批校，观笔迹出自纪晓岚之手。另外两部，均无删改批校。其一朱丝栏，钤盖"文溯阁宝"朱文大方印；其二朱丝栏，未钤印。关于这三部《总目》授受流传及版本异同情况，拟作专文讨论。

本文以这部《总目》残存稿本中纪晓岚删改内容为讨论范围，以实例为证，拟从著录、避讳、润饰三个方面，条分缕析，以期追寻纪晓岚删定《总目》之踪迹，以还纪晓岚删定《总目》之本来面貌。举例时，先列该例在稿本《总目》之卷数、部类、书名及版本，次列稿本提要引文，次加笔者按语。

一、著录方面

四库馆臣在对《总目》所收书籍的基本事项完成著录后，晓岚对其中每一条目的书名、卷数、撰者（含部分小传内容）、版本、分类、一书位置及其版式等重新进行校对，发现问题进行删改、增补和调整。

1. 书名问题

原稿所载诸书，有少数书名存在问题，或脱字或衍字或误字，晓岚均一一改之。

《四库全书总目》卷二十八　经部二十八　春秋类三　《春秋阙疑》四十五卷，浙江鲍士恭家藏本。

李按：稿本书名原作"《春秋阙疑》"，后晓岚用墨笔在"春秋"与"阙疑"之间增添"经传"二字，而成"《春秋经传阙疑》"。复在眉端题写："脱'经传'二字，据原书增。"此因著录而增补书名脱字之例。

《四库全书总目》卷五十五　史部十一　诏令奏议类　《杨文忠公三录》七卷，浙江孙仰曾家藏本。

李按：稿本书名原作"《杨文忠公三录》"，书名衍一"公"字，后晓岚将"公"字删掉，改为"《杨文忠三录》"。此因著录而删掉书名衍字之例。

《四库全书总目》卷一百三十四　子部四十四　杂家类存目十一　《学海类篇》无卷数，编修程晋芳家藏本。

李按：稿本书名原作"《学海类篇》"，因明曹溶所编之书名为《学海类编》，故晓岚改为"《学海类编》"。"篇"与"编"形似，因此致误，浙、粤本未改，仍误作"篇"。

2. 卷数问题

原稿所载诸书，有少数书名卷数存在问题，与所据底本有异，著录的卷数或多或少或有误，晓岚均一一改之。

《四库全书总目》卷六　经部六　易类六　《大易通解》四卷附录一卷，直隶总督采进本。

李按：稿本原作"四卷"，后晓岚删之，依据底本改写成"十五卷"。此著录卷数少而晓岚增之例。

《四库全书总目》卷二十三　经部二十四　礼类存目二　《读礼记略记》无卷数，浙江巡抚采进本。

李按：稿本原作"无卷数"，后晓岚删之，依据底本改写成"四十九卷"，又在眉端题"四十九卷系大字正"。此原稿著录无卷数而晓岚增之例。

《四库全书总目》卷一百三十五　子部四十五　类书类一　《山堂考索》二百二卷，内廷藏本。

李按：稿本原作"二百二卷"，后晓岚用墨笔改为"前集六十六卷后集六十五卷续集五十六卷别集二十五卷"，并在眉端题"卷数照改本"五字。晓岚依据底本将总计卷数改成分写卷数，合计二百十二卷，同时改正了原稿著录卷数之误。

3. 撰者问题

原稿中，有少数撰者的小传存在问题。《总目》凡例云："至一人而著数书，分见于各部中者，其爵里唯见于第一部。后但云某人有某书，已著录，以省重复。"原稿中有些并不尽然，故为了体例统一，晓岚删改之。还有因晓岚的删改而致误的个别情况。

《四库全书总目》卷十六　经部十六　诗类二　《诗演义》十五卷，浙江范懋柱家天一阁藏本。

"元梁寅撰。寅字孟敬，新喻人，元末屡举不第，辟集庆路儒学训导。居二年，以亲老辞归。洪武初征天下名儒，考定礼乐，寅与焉。书成赐金币，将授官，以老病辞，退居石门。事迹具《明史·儒林传》。"

李按："寅"字后的这段文字，晓岚用墨笔删掉，改写为"寅有《周易参义》，已著录"。按照《总目》凡例规定，这表明在《周易参义》条下，已有梁寅小传。复检《周易参义》条下，确实载有梁寅小传。因此，《诗演义》所载梁寅小传，应当删掉。

《四库全书总目》卷一百三十九　子部四十九　类书类存目三　《古今记林》二十九卷，安徽巡抚采进本。

"国朝汪士汉撰。士汉字暗然，婺源人。其……"

李按：稿本原作"士汉字暗然，婺源人。其……"一句，晓岚删之，改写为"士汉有《秘书二十一种》，已著录"。这是晓岚按照《总目》体例要求进行修改，即同一作者的小传，只出现在《总目》所收其第一部书中，其后不再重复出现。亦即《总目》收录汪士汉的第一部书是《秘书二十一种》，并有作者小传。而《古今记林》在《秘书二十一种》之后，不能出现小传，所以晓岚删之。这是指一般情况而言的。

但是，也有例外，即《总目》收录同一著者的多部书时，其第一部书中没有载该著者的小传。本书就属于这样一个例子。检晓岚删改的《秘书二十一种》，可以看到，该书提要中确实没有载汪士汉的小传内容。而仅见于原稿的这部《古今记林》所记载的"士汉字暗然，婺源人"的小传内容，也被晓岚删掉了。

《四库全书总目》卷一百六十二　集部十五　别集类十五　《平斋文集》三十二卷，编修汪如藻家藏本。

"宋洪咨夔撰。咨夔字舜俞，于潜人。嘉泰二年进士。理宗朝累官刑部尚书，翰林学士，知制诰，加端明殿学士。谥忠文。事迹具《宋史》本传。"

李按：稿本原有"咨夔字舜俞，于潜人。……事迹具《宋史》本传"一段文字，后晓岚删之，改写为咨夔"有《春秋传》，已著录"。

检《总目》所载《春秋传》，凡三部：一是《春秋传》十五卷，作者宋刘敞；二是《春秋传》二十卷，作者宋叶梦得；三是《春秋传》三十卷，作者宋胡安国。

独缺宋洪咨夔撰《春秋传》。又检《总目》所载宋洪咨夔撰述，凡三部：一是《春秋说》三十卷；二是《平斋文集》三十二卷；三是《平斋词》一卷。亦独缺《春秋传》。很明显，晓岚所称的《春秋传》应该是《春秋说》之误。复检《春秋说》，载咨夔小传云：咨夔"字舜俞，于潜人。历官端明殿学士。事迹具《宋史》本传"。其所载的咨夔小传，比晓岚删掉的《平斋文集》所载的咨夔小传，简略了许多。此因著录而删改作者小传却出现错误例。

4. 版本问题

原稿中，有少数书的版本存在问题。故晓岚删改之。也有少数书，稿本与浙、粤本所题版本不一样。

《四库全书总目》卷一百二十三　子部三十三　杂家类七　《意林》五卷，浙江范懋柱家天一阁藏本。

李按：稿本原作"浙江范懋柱家天一阁藏本"，后被晓岚删掉，改为"江苏巡抚采进本"。又在眉端题"原注与提要不符"。

《四库全书总目》卷一百三十五　子部四十五　类书类一　《小字录》一卷，江苏巡抚采进本。

李按：浙、粤本题"两淮盐政采进本"。

5. 分类问题

原稿中，有少数书的分类存在问题，或由存目升为本类，或重新调整一书之分类，皆由晓岚删改之。

《四库全书总目》卷四十九　史部五　纪事本末类　《春秋左氏传事类始末》五卷，江苏巡抚采进本。

"旧列经部，未见其然。今与（袁）枢书同隶别史类，庶称其实焉。"

李按：稿本提要称是书隶"别史类"，后晓岚将"别"字删掉而成"史类"。此书原入经部，后改隶史部，并与创纪事本末体的袁枢《通鉴纪事本末》一书归入"纪事本末类"。

《四库全书总目》卷五十　史部六　别史类存目　《尚史》一百七卷，兵部侍郎纪昀家藏本。

李按：此条的位置，稿本在"卷五十，史部六，别史类存目"。是书之前，为清龙体刚撰《半窗史略》；是书之后，为清郭伦撰《晋记》。殿本和浙、粤本均将是书放在"卷五十，史部六，别史类"最后一条。盖稿本原入"别史类存目"，后经晓岚改订而升至"别史类"。此因著录而更改一书类别之例。

《四库全书总目》卷四十八　史部四　编年类存目　《姜氏秘史》一卷，浙江汪启淑家藏本。

李按：此条提要，原在稿本"卷四十八，史部四，编年类存目"，后晓岚将此条移至"卷五十三，史部九，杂史类存目二"。

6. 一书位置问题

原稿中，在同一部类中，有少数书所在的位置存在问题，需要进行前后调整，皆由晓岚调整之。为了把调整的顺序说得更清楚，晓岚有时还在本条提要的眉端题写说明文字，颇便操作。

《四库全书总目》卷四十九　史部五　纪事本末类　《亲征朔漠方略》四十八卷。

李按：稿本在是书之眉端，有晓岚注文，云："《钦定平定三逆方略》，补《朔漠方略》前。"眉端注文的意思是：将"《钦定平定三逆方略》"条，补在"《朔漠方略》"条之前。

《四库全书总目》卷四十九　史部五　纪事本末类　《钦定台湾纪略》七十卷。

李按：稿本在是书之眉端，晓岚题"此篇补在《石峰堡纪略》之后，《绥寇纪略》前"。此篇文字用另纸重新抄写，盖改动较大故也。

《四库全书总目》卷一百八十九　集部四十二　总集类四　《古乐苑》五十二卷，两淮马裕家藏本。

李按：稿本于是书之眉端，晓岚题"此条连一百八十九卷《四六法海》一篇写，并为一卷"。检《四六法海》卷末之眉端，题"将一百九十卷中前二十二页移接此篇之后，共为一卷，凡十四页"。据晓岚在眉端题语知，《古乐苑》原在《总目》卷一百九十卷中，后调至卷一百八十九《四六法海》卷末。

7. 版式问题

《总目》正文的行格字数有统一规定，即每半叶九行，行十九字。一般情况是，在每一行提要开始缮写时，其首字之上预留三个字的空格，以备遇到尊称时往上抬格之用。在原稿中，晓岚为了规范《总目》版式，著录时便对有关事项诸如抬字、缩字等进行统一要求和说明。

《四库全书总目》卷十二　经部十二　书类二　《书经衷论》四卷，江苏周厚堉家藏本。

"时英以翰林学士侍讲幄，故因事敷陈，颇类宋人讲义之体。"

李按：稿本在"讲幄"二字之眉端，晓岚用墨笔题曰"讲幄顶格不出格"七字。意即将"讲幄"二字顶在上栏线进行书写。这样，既不留三个字的空格，也不凸出上栏线。

《四库全书总目》卷一百八十四　集部三十七　别集类存目十一　《残本云川阁诗集》九卷，两江总督采进本。

"命供职内廷。"

李按：稿本于眉端，晓岚题"内廷一抬，另行"一句。在此条提要中，有"圣祖仁皇帝南巡，迎銮献诗，命供职内廷"等语，其中"圣祖仁皇帝""銮献诗""命供职"等三句均为尊称，因语涉皇上，均需抬高三字，即三句分别顶在上栏线书写（观稿本和其他各本，均如是）；而"内廷"，晓岚要求"一抬"，即比一般提要正文抬高一字，亦即其首字之上还留有二字空格。

《四库全书总目》卷一百九十　集部四十三　总集类五　《御定题画诗》一百二十卷。

"臣等窃以管蠡之见，窥测高深。"

李按：在稿本中，晓岚将"臣"圈掉，旁写一个小"臣"字。并于"臣"字之眉端，晓岚又题语云："臣字旁写"四字。此意就是说，把"臣"子写得比正文一般字体再小一号。

二、避讳方面

《四库全书总目》在完成对所收书籍的内容提要进行撰写后,纪晓岚对提要中的内容进行核查,包括李清、周亮工等这些被列入"违碍"范围的人物,以及书名、朝代等,发现存在违碍内容,对该提要进行笔削、删改、增补和调整。

1. 人名避讳

《四库全书总目》卷一百二十三　子部三十三　杂家类七　《说郛》一百二十卷,通行本。

"周亮工《书影》称,南曲老寇四家,有宗仪《说郛》全部,凡四巨橱,世所行者非完本","知亮工所记妄也"。

李按:在此条之眉端,晓岚题"已对过,第二十一页后七行,第二十二页前二行,周亮工两处"。其中,第二十一页后七行指"周亮工《书影》称,南曲老寇四家,有宗仪《说郛》全部,凡四巨橱,世所行者非完本"一段文字;第二十二页前二行指"知亮工所记妄也"一句。晓岚在这里,明确指出了"周亮工两处"的具体位置。可能是出于疏忽,在提要正文中,晓岚却没有留下用墨笔进行删削的痕迹。

《四库全书总目》卷一百三十三　子部四十　三杂家类存目十　《懿行编》八卷,浙江巡抚采进本。

"国朝李滢撰。滢字镜石,扬州兴化人,李清之徒弟也。"

李按:稿本中的"李清之徒弟也"六字,后晓岚删掉。在《总目》提要中,凡涉及"李清"文字,均属违碍内容,故需将涉及李清的文字从提要中删掉,这是晓岚要做的事情。

《四库全书总目》卷一百三十八　子部四十八　类书类存目二　《祝氏事偶》十五卷,浙江巡抚采进本。

"义相仿而例则各殊。后来李清之《诸史同异》、周亮工之《同书》,其体实权舆于此。然彦采摘疏略,既不能及李、周二书之精密,而每条后间缀评语,词意儇薄，弥为画蛇之足。"

李按："各殊"以后的这段文字提到了李清之和周亮工的名字及其著作。晓岚用墨笔进行了删削，改写成"大致与后来周亮工之《同书》，约略相似，而不能及周书之精密。每条后间缀评语，词意儇薄，弥为画蛇之足"。在这段稿本原文中，因为有李清和周亮工的名字，按照清廷禁毁标准，这是需要删削的。而改后的这段文字，仍留有"周亮工"的名字，这是不应该的。在后出的各本中，已经没有"周亮工"的名字，盖晓岚（或其他馆臣）又进行了修改，把"周亮工之《同书》"去掉，改写成了"陈禹谟之《骈志》"。

2. 书名避讳

《四库全书总目》卷二十八　经部二十八　春秋类三　《春秋钩元》四卷，浙江吴玉墀家藏本。

李按：稿本题作《春秋钩元》四卷。后晓岚改"元"为"玄"，唯"玄"字缺末笔。这是避康熙帝玄烨之名讳。

《四库全书总目》卷一百六十八　集部二十一　别集类二十一　《樵云独唱》六卷，浙江鲍士恭家藏本。

"曰《列朝诗集》""《列朝诗集》所载"。

李按：在提要正文中，稿本二次题名《列朝诗集》，后晓岚一并删之。盖因《列朝诗集》一书，乃钱谦益之作，语涉钱谦益，属于违碍范围。

《四库全书总目》卷一百七十一　集部二十四　别集类二十四　《怀星堂集》三十卷，江苏巡抚采进本。

"王世贞《艺苑卮言》以'乞儿唱莲花落'诋之。钱谦益《列朝诗集》乃谓其晚益自放，不计工拙，兴寄烂漫，时复斐然。所录《桃花坞歌》之类，殆于钉铰打油。朱彝尊《明诗综凡例》谓谦益无是非之心，是亦一端乎。"

李按："诋之"后，稿本原有的"钱谦益《列朝诗集》……是亦一端乎"一段文字，后晓岚用墨笔前后勾画，一笔删掉。

3. 朝代避讳

《四库全书总目》卷七十五　史部三十一　地理类存目四　《修攘通考》四卷，浙江巡抚采进本。

"《大明舆地图》。"

李按：于书名"明"字之前，稿本原有"大"字，后被晓岚删掉。此晓岚因避讳"大明"而删改书名例。

《四库全书总目》卷一百九十　集部四十三　总集类五　《钦定四书文》四十一卷。

"有明三百年间，自洪、永以迄化、治，风气初开，文多简朴。"

李按：稿本原作"有明三百年间"，后晓岚改为"有明二百余年间"。明朝始自洪武元年（1368），到崇祯十七年（1644）结束，历时二百七十六年。若将原稿"有明三百年间"，改为"有明二百七十余年间"较为公允，但晓岚没有这样改，而改成了"有明二百余年间"。此因避讳而将明朝在世时间少说数十年之例。

《四库全书总目》卷一百九十　集部四十三　总集类五　《明文海》四百八十二卷，两淮盐政采进本。

"又欲网罗三百年典章人物。"

李按：稿本原称明朝在世时间为"三百年"，这是犯忌的。所以，晓岚删掉"网罗三百年"，而改成"使一代"，成为"又欲使一代典章人物"。

4. 整篇提要避讳

乾隆五十二年（1787），清朝政府发现收入《四库全书》中的明李清《诸史同异录》一书有诋毁清朝统治的字句，于是又派人重新检查收入的书，就把李清的其他几种著作，像《南北史合著》等书，以及清周亮工《书影》等合计十一种书撤毁，并把这些书的提要也从《总目》中删除。（关于李清《南北史合注》等"四库撤毁书"问题，中华书局影印本《出版前言》有专门说明。）

在这十一种书中，有明李清《南北史合著》和清周亮工《书影》的提要，完整保存在稿本中，同时还留下了晓岚笔削痕迹。除此之外，稿本中还保留着其他这类提要。

《四库全书总目》卷五十　史部六　别史类　《南北史合注》一百九十一卷，两淮盐政采进本。

李按：稿本《南北史合注》条，其位置在元郝经《续后汉书》之后，《春秋别典》之前。在提要正文中，有两处留下了晓岚墨笔删改痕迹：一是卷数，稿本原作"一百五卷"，晓岚将"五"删掉，改为"九十一"，本书卷数确定为"一百九十一卷"。二是在介绍明李清传记时所题的"礼部尚书思诚之孙，大学士春芳之元（玄）孙"一句，后晓岚用墨笔删之。检中华书局影印本《四库撤毁书提要》，第一则《南北史合注》条，此句尚有，并未删掉。而卷数作"一百九十一卷"，已经改正。

《四库全书总目》卷一百二十二　子部三十二　杂家类六　《书影》十卷，兵部侍郎纪昀家藏本。

李按：《书影》一条在稿本《总目》的位置，列在《春明梦余录》之后。此条的作者是周亮工，在修《四库》时，其著作均遭朝廷查禁，《书影》也在其中。故晓岚将此书提要全文用墨笔前后勾画，一笔削掉。

《四库全书总目》卷四十八　史部四　编年类存目　《凤洲纲鉴》二十四卷，内府藏本。

李按：稿本在《昭代典则》之前，有《凤洲纲鉴》提要。晓岚将这条提要，用墨笔前后圈画，一笔删削，遂成佚文，这条提要只见于稿本，《总目》其他各本均未载录。观提要内容，语涉明朝史家陈仁锡，属于违碍内容，需要削掉。

《四库全书总目》卷三十七　经部三十七四　书类存目　《朱子四书语类》五十二卷，浙江巡抚采进本。

"国朝周在延编。在延，祥符人，周亮工之子也，后流寓于江宁。其书乃于《朱子语类》中专取《四书》诸卷刊行，别无增损，亦无所考订发明。"

李按：于"祥符人"之后，稿本原有"周亮工之子也"六字。此与殿本所题"后流寓于江宁"六字不同。值得注意的是，在稿本上并没有留下晓岚用墨笔删改的痕迹。文中出现周亮工名，这是属于犯忌的问题，应该予以解决，而实际情况是，晓岚因疏忽大意而漏掉未删。大概后来晓岚（或其他馆臣）在刊刻《总目》时才发现了这个问题，予以改动。晓岚漏删改《总目》时，偶尔会出现这类漏网之鱼。

三、润饰方面

《四库全书总目》在完成对所收书籍的内容提要进行撰写后,纪晓岚对提要中的行文字句进行润饰,润饰的范围包括字词、文句、一段内容及整篇提要等。发现存在错字或病句等,对其进行增补、删削、删改,甚至重写。可以说,对《总目》正文字词及行文句式加以润饰,咬文嚼字,是最费时间,也最见晓岚功力之地方。

1. 字词润饰,包括增补、删削、删改、改正等四个类型。

其一,增补字词。

《四库全书总目》卷十 经部十 易类存目四 《十家易象集说》九十卷,大学士于敏中家藏本。

"国朝吴鼎撰。是编采俞琰、龙仁夫、吴澄、胡一桂、明来知德、钱一本、唐鹤征、高攀龙、郝敬、何楷十家之说。"

李按:稿本在俞琰、龙仁夫名前,分别加冠朝代"宋"和"元"字。

《四库全书总目》卷二十三 经部二十三 礼类存目一 《五服集证》六卷,浙江吴玉墀家藏本。

"《明史》误以六字为一字耳。"

李按:于"《明史》"之后,稿本原无"盖"字,后晓岚增之。

《四库全书总目》卷一百八十 集部三十三 别集类存目七 《益斋存稿》一卷,两淮盐政采进本。

"明季游江湖间。"

李按:稿本原作"明季游江湖间",后晓岚增一"纵"字,而成"明季纵游江湖间"。"游江湖间"与"纵游江湖间",虽仅一字之差,但状况大不一样,颇具点睛之笔。

《四库全书总目》卷十 经部十 易类存目四 《大易理数观察》二卷,江西巡抚采进本。

"是编成于丁巳。"

李按：稿本原无"乾隆"二字，后晓岚增之，而成"是编成于乾隆丁巳"。这样，成书时间更具体准确。

《四库全书总目》卷三十七　经部三十七　四　书类存目　《论语孟子考异》二卷，浙江巡抚采进本。

"宋王应麟撰。"

李按：稿本于"宋王应麟撰"之前，晓岚添加"旧本题"三字而成"旧本题宋王应麟撰"。"旧本题"，含此书作者不确定之意。也就是说，此书一般认为是宋王应麟撰写的，但是，不确认此书作者就是王应麟。"旧本题"三字，成为后来著录古籍时表达这个含义的专用词语。

《四库全书总目》卷一百八十一　集部三十四　别集类存目八　《学园集》六卷续编一卷，浙江巡抚采进本。

"《诗话》，称起尝拟撰《明书》，绝笔于成化之设东厂。"

李按：书名《诗话》，稿本原无"静志居"三字，后晓岚增之，而成《静志居诗话》。这样书名才称完整。

其二，删削字词。

《四库全书总目》卷一百四十九　集部二　别集类二　《王子安集》十六卷，山东巡抚采进本。

"唐王勃撰。《唐书·文苑传》传称其文集三十卷。"

李按：稿本在"《唐书·文苑传》"之后，"称"字之前，原有的"传"字，从语感上尤显啰唆，后被晓岚删掉。

《四库全书总目》卷一百六十二　集部十五　别集类十五　《蒙斋集》十八卷，永乐大典本。

"并于《永乐大典》之中裒辑刊布。"

李按：在"中"字之前，稿本原有的"之"字，后被晓岚删掉。

《四库全书总目》卷一百八十二　集部三十五　别集类存目九　《浣亭诗略》二卷，福建巡抚采进本。

"其词有南宋人格意。"

李按："南宋"后，稿本原有的"人"字，后被晓岚删掉。

《四库全书总目》卷十　经部十　易类存目四　《易深》八卷，湖南巡抚采进本。

"不用卦变及启蒙变占之说。"

李按：稿本"及"字后的"启蒙"二字，后被晓岚删掉。

《四库全书总目》卷七十四　史部三十　地理类存目三　《陕西行都司志》十二卷，浙江巡抚采进本。

"抗疏劾守陵大珰廖斌不法，反被诬下诏狱。"

李按：稿本"劾"字前的"抗疏"二字，后被晓岚删掉。

《四库全书总目》卷一百七十八　集部三十一　别集类存目五　《纨绮集》一卷，安徽巡抚采进本。

"明张献翼撰。此编乃自录其早岁所作。"

李按：稿本在"乃"前的"此编"二字，后被晓岚删掉。

其三，删改字词。

《四库全书总目》卷八　经部八　易类存目二　《周易颂》二卷，江苏周厚堉家藏本。

"其体段颇仿焦氏《易林》。"

李按：稿本原作的"段"字，后被晓岚删掉，改写成"格"字。

《四库全书总目》卷十　经部十　易类存目　《四易学图说会通》八卷，江苏巡抚采进本。

"盖专为先天之学。"

李按：稿本原作的"为"字，后被晓岚删掉，改写成"讲"字。

《四库全书总目》卷一百三十　子部四十　杂家类存目七　《感应类从志》一卷，浙江巡抚采进本。

"汉、唐以来经籍、艺文诸志，皆所不载。"

李按：稿本原作的"汉"字，后被晓岚用墨笔圈掉，旁改"隋"字。

《四库全书总目》卷三　经部三　易类三　《周易窥余》十五卷，永乐大典本。

"博为搜罗。"

李按：稿本原作"博为搜罗"，后被晓岚删掉，改写成"博采诸家"。

《四库全书总目》卷五十三　史部十　杂史类存目三　《北楼日记》二卷，浙江巡抚采进本。

"以日系月。"

李按：稿本原作的"以日系月"，后被晓岚删掉，改写为"按日系事"。改前文义不通，改后文通字顺。

《四库全书总目》卷七十五　史部三十一　地理类存目四　《治河管见》四卷，两淮马裕家藏本。

"尤为猥杂。"

李按：稿本原作的"猥杂"二字，后被晓岚删掉，改写为"芜杂"。

其四，改正字词。

《四库全书总目》卷六　经部六　易类六　《乾坤凿度》二卷，永乐大典本。

"隋焚纤纬，无复全书，今行余世惟乾坤二《凿度》。"

李按：稿本原作的"纤"字，实误。后被晓岚删掉，改正为"谶"字。

《四库全书总目》卷十　经部十　易类存目四　《周易小疏》十四卷，两江总督采进本。

"中述《周易折衷》。"

李按：稿本原作的"衷"字，后被晓岚删掉，改写成"中"字。

《四库全书总目》卷十四　经部十四　书类存目二　《尚书引义》六卷，湖南巡抚采进本。

"论《尧典》。"

李按：稿本原作的"尧"字，后被晓岚删掉，改写成"舜"字。

2. 文句润饰，包括增补、删削及删改等三个类型。

其一，增补文句。

《四库全书总目》卷三十七　经部三十七　四书类存目　《大学新编》五卷，江西巡抚采进本。

李按：稿本原无"朱彝尊《经义考》作一卷，由未见其书，据传闻载之故也"一句，后晓岚用墨笔添加之。

《四库全书总目》卷一百三十五　子部四十五　类书类一　《全芳备祖》前集二十七卷后集三十一卷，编修励守谦家藏本。

李按：稿本原无"盖仿《艺文类聚》之体"一句，后晓岚增之。

《四库全书总目》卷一百六十二　集部十五　别集类十五　《蒙斋集》十八卷，永乐大典本。

李按：稿本原无"今取《永乐大典》所载者，以类排比，厘为一十八卷"一句，后晓岚增之。

其二，删削文句。

晓岚删削文句，一般是以《总目》"凡例"为依据进行的。但是，也存在个别现象，就是没有以《总目》"凡例"为依据，导致删削有误。

《四库全书总目》卷一百四十九　集部二　别集类二　《骆丞集》四卷，副都御史黄登贤家藏本。

"唐骆宾王撰。宾王事迹具《唐书·文苑传》，称中宗时诏求其文，得百余篇，命郗云卿编次之。"

李按：在"唐骆宾王撰"后，稿本原有的"宾王事迹具"五字，后被晓岚删掉。馆臣将《骆丞集》及此前的《王子安集》《盈川集》三书有关撰者小传内容的"某某事迹具"五字删掉，以示体例前后统一。

不过，在此书之后出现的《陈拾遗集》"子昂事迹具"、《张燕公集》"说事迹具"、《李北海集》"邕事迹具"等书有关撰者小传内容的"某某事迹具"五字均没有删掉。尤显体例前后不统一。此晓岚在润色文字时，没有完全照应体例前后统一问题之例。

《四库全书总目》卷一百八十四　集部三十七　别集类存目十一　《雪鸿堂文集》二卷，山东巡抚采进本。

"考古来父子兄弟有集者，皆各为标目，唯元洪岩虎有《轩渠集》，其子希文又名《续轩渠集》。然亦加'续'字，仍不相沿也。"

李按：在稿本中，这是此条提要的最后一段文字，后被晓岚用墨笔删掉，只留句末一个"也"字。

这段提要所强调的意思是说，考古来父子兄弟有集者，皆各为标目，而本书作者李钟峨，与其父、兄却不"各为标目"，均使用相同一个书名——《雪鸿堂文集》。检《总目》，卷182集部别集类存目九（1648页上）著录李蕃（钟峨父）《雪鸿堂文集》十八卷，卷184集部别集类存目十一（1667页下）著录李钟璧（钟峨兄）《雪鸿堂文集》四卷，卷184集部别集类存目十一（1669页下）著录李钟璧《雪鸿堂文集》二卷。此乃别集中趣事，实为特例，盖父子同谋，以扬本家"雪鸿堂"之名故也。

《四库全书总目》卷一百八十五　集部三十八　别集类存目十二　《花语山房

诗文小钞》一卷，江苏巡抚采进本。

"国朝顾成天撰。成天有《离骚解》，已著录。是集乃雍正庚戌、辛亥二年，成天侍直内廷时所作。"

李按：稿本原有的"成天有《离骚解》，已著录"一句，后晓岚删之。按照《总目》"凡例"规定，此句不应该删掉。

检《总目》，共收顾成天著作4部。第一部是卷148集部离骚类存目收录的《离骚解》一卷，同卷又收其《楚辞九歌解》一卷和《读骚别论》一卷。《总目》收录顾成天最后一部著作是《花语山房诗文小钞》。

据《总目》"凡例"知，顾成天的第一部书《离骚解》，应该有其爵里，检是书确有爵里无疑。其后接排的《楚辞九歌解》一卷和《读骚别论》一卷，按照《总目》"如二书在一卷之中或数页之内，易于省记者，则第二部但书其名"，检二书没有爵里，符合《凡例》规定。最后一部是《花语山房诗文小钞》，按照《总目》"后但云某人有某书，已著录。以省重复"规定，《花语山房诗文小钞》应该有"成天有《离骚解》，已著录"一句。稿本原有此句，符合《凡例》规定，但是，晓岚后来却将此句删掉，显然是违反了《凡例》的规定。

其三，删改文句。

《四库全书总目》卷十六　经部十六　诗类二　《诗传旁通》十五卷，山东巡抚采进本。

"胡炳文之言言附合。"

李按：稿本原作的"胡炳文之言言附合"一句，后被晓岚删改成"视胡炳文等之攀附高名，言言附合"。

《四库全书总目》卷三十七　经部三十七　四书类存目　《别本四书名物考》二十四卷，内府藏本。

"而别为附录乎？全书大率类此，不知何以付梓。"

李按：在"附录乎"之后，稿本原有的"全书大率类此，不知何以付梓"一句，后被晓岚用墨笔删掉，改写成"尤不可解也"。

《四库全书总目》卷三十七　经部三十七　四书类存目　《圣学心传》无卷数，山东巡抚采进本。

"且二书久传于世。"

李按：稿本原作的"久传于世"，后被晓岚用墨笔删掉，改写成"皆有刊本"。此为清人著述，相去不远，原用"久传于世"，似觉未安。晓岚据实改为"皆有刊本"，较为允当。

3. 一段内容润饰，包括增补、删削及删改等三个类型。

其一，增补一段内容。

《四库全书总目》卷四十四　经部四十四　小学类存目二　《韵统图说》无卷数，两江总督采进本。

李按：在此条提要中，稿本原无"一父之子，宜其音同；当其隔垣而语，相习者能别为某某，其必有不同者在矣。况乎古今之远，南北之遥，而欲同以一人之唇吻哉"一段文字，后晓岚增之。

《四库全书总目》卷四十八　史部四　编年类存目　《纲鉴正史约》三十六卷，内府藏本。

李按：在此条提要中，稿本原无"至'纲鉴'之名，于《纲目》《通鉴》各摘一字称之，又颠倒二书之世次，尤沿坊刻陋习也"一段文字，后晓岚用墨笔增之。

《四库全书总目》卷五十三　史部十　杂史类存目三　《平播始末》二卷，江西巡抚采进本。

"案：《永乐大典》有平话一门所收至夥，皆优人以前代轶事衍为俗语，而口说之"一段文字。

李按：在此条提要中，稿本原无"案：《永乐大典》有平话一门所收至夥，皆优人以前代轶事衍为俗语，而口说之"一段文字，后晓岚增之，并在眉端批语"此三十字双行小注平话下"。

其二，删削一段文字。

在稿本中，有些提要内容，或因不重要，或因冗长，或因存在病句，或因存在问题，晓岚用墨笔删之。经晓岚删掉的这些文字，除稿本外，一般不见《总目》其他版本，几成佚文。

《四库全书总目》卷十二　经部十二　书类二　《尚书埤传》十七卷，浙江巡抚采进本。

"旁引曲证，亦多可采。如治梁及岐，则取王应麟之说，而不用注疏'属在雍州'之解，于沂水则取金履祥之言。"

李按："如"后，稿本原有的"治梁及岐，则取王应麟之说，而不用注疏'属在雍州'之解"一段文字，后被晓岚用墨笔删掉。

《四库全书总目》卷十二　经部十二　书类二　《尚书地理今释》一卷，山东巡抚采进本。

"则据浑源曲阳之道里，正《汉志》上曲阳之误。'尖石碣石'，则据顾炎武《肇玉志》所载刘文炜说，正《汉志》右北平之误。"

李按："曲阳之误"后，稿本原有的"'尖石碣石'，则据顾炎武《肇玉志》所载刘文炜说，正《汉志》右北平之误"一段文字，后被晓岚删掉。

《四库全书总目》卷二十三　经部二十四　礼类存目二　《礼记章句》十卷，江苏巡抚采进本。

"盖与刘向《别录》之以全篇分类者大不同矣。昔唐元行冲作《类礼义疏》五十卷，书成奏上之。丞相张说驳曰：'今之《礼记》，历代传习，著为经教，不可刊削。'贞观中，魏征因孙炎所修，更加整比，兼为之注。先朝虽厚加赏赐，其书竟亦不行。今行冲等解征所注，勒成一家，然与先儒章句隔绝，若欲行用，窃恐未可如是，但赐绢二百疋，留其书内府，竟不得立于学官。启运是书，殆亦类是矣。"

李按："大不同矣"之后，稿本原有的"昔唐元行冲作《类礼义疏》五十卷……殆亦类是矣"七行一大段文字，后被晓岚用墨笔前后圈画，一笔删掉。

其三，删改一段文句。

《四库全书总目》卷二十六　经部二十六　春秋类一　《春秋辨疑》四卷，永乐大典本。

"宗经，颇不肯迁就传文，如讥杜预之借野史而疑尚书，从公谷之论输平，而驳左氏，辨子哀以明统制必归于王。辨伐沈救郑以明威福不可移于下。率皆持论正大，有足取者。"

李按：在此条提要中，稿本原有的"宗经……有足取者"一段文字，后晓岚用墨笔进行了较大删改，而成"主于以统制归天王，而深戒威福之移于下。虽多为权奸柄国而发，而持论正大，实有合尼山笔削之义。与胡安国之牵合时事、动乖经义者有殊；与孙复之名为尊王，而务为深文巧诋者，用心亦别"。

《四库全书总目》卷一百四十九　集部二　别集类二　《杜诗详注》二十五卷《附编》二卷，内府藏本。

"可资考证者为多，如诸将诗第一首：'早时金碗出人间'句，注家或引《汉武故事》'茂陵玉碗'，则与'金碗'不符；或引《搜神记》'卢充金碗'，则与汉朝陵墓不相应。兆鳌独据《杜诗博议》所引戴叔伦诗'汉陵帝子黄金碗，晋代仙人白玉棺'句，谓其事必出旧史，但故籍散佚，今不可见。如斯之类，亦往往为旧注所不及也。"

李按："多"字后，稿本原作的"如诸将诗第一首……亦往往为旧注所不及也"一段文字，后晓岚用墨笔删掉，改写成"亦未可竟废也"六字，可谓删繁就简。

《四库全书总目》卷一百六十四　集部十七　别集类十七　《蒙川遗稿》四卷，浙江鲍士恭家藏本。

"当国家板荡之时，琐尾相从，流离海上，卒之抱节以死，忠义之气，已足不朽。其诗亦淳古淡泊，多规枋陈子昂体。"

李按：稿本原作的"当国家板荡之时……多规枋陈子昂体"一段文字，后被晓岚改写成"当宋室板荡之时，琐尾流离，抱节以死，忠义已足不朽。其诗亦淳古淡泊"。

4. 一篇提要润饰，包括重写、删削二个类型。

其一，重写提要。

《四库全书总目》卷一百九十一　集部四十四　总集类存目一　《唐诗选》七卷，内府藏本。

"明李攀龙编。攀龙有《诗学事类》，已著录。其所选历代之诗。本名《诗删》。此乃摘其所选唐诗，别名之曰《唐诗选》。□汝询为之注，蒋一葵又为之直解，由是盛行乡塾间，即此本也。"

李按：对稿本的这条提要，晓岚用墨笔做了较大改动，曰："旧本题明李攀龙编，唐汝询注，蒋一葵直解。攀龙有《诗学事类》，汝询有《编蓬集》，一葵有《尧山堂外纪》，皆已著录。攀龙所选历代之诗，本名《诗删》，此乃摘其所选唐诗。汝询亦自有《唐诗解》，此乃割取其注。皆坊贾所为。疑蒋一葵之直解，亦托名矣。然至今盛行乡塾间，亦可异也。"对这条提要，晓岚几乎重写。

其二，删削提要。

《四库全书总目》卷一百六十四　集部十七　别集类十七　《菊山清隽集》一卷附《题画诗》一卷《锦钱集》一卷《杂文》一卷，江苏巡抚采进本。

李按：稿本于《雪矶丛稿》之后，原有《菊山清隽集》一条提要（文略）。后晓岚用墨笔前后圈画，一笔削去（文略）。观《总目》此条提要，晓岚对此书评价不高，此盖晓岚笔削之原因。

《四库全书总目》卷一百八十四　集部三十七　别集类存目十一　《问山诗集》十卷《文集》八卷《紫云词》一卷，两淮马欲家藏本。

李按：稿本于《酿川集》之后，《舟车初集》之前，原有《问山诗集》一条提要（文略）。后晓岚用墨笔前后圈画，一笔削去（文略）。

《四库全书总目》卷一百九十四　集部四十七　总集类存目四　《新安二布衣诗》八卷，浙江巡抚采进本。

李按：稿本于《载书图诗》后，《樵川二家诗》前，原有《新安二布衣诗》一条提要（文略）。后晓岚用墨笔前后圈画，一笔削去（文略）。

（载《文宗阁与中国藏书文化——全国有奖征文论文集》，2013年五洲传播出版社出版）

纪晓岚润饰《四库全书总目提要》举例

【摘要】 本文以天津图书馆珍藏的《四库全书总目提要》残存稿本作为依据，对纪晓岚润饰此目情况，从著录事项的增订、提要正文的润饰等几个方面举例进行说明。

【关键词】《四库全书总目提要》 纪昀（晓岚）

《四库全书总目提要》（以下简称《总目》）的编纂过程，大致来说，先由馆臣分纂草创而形成初稿，再由总纂官纪昀（晓岚）和陆锡熊综合平衡，修改补充，并在文字上加以润饰。纪晓岚在四库全书馆内供事最久，提要的整理加工，也以他的用力为多，因此，这部《总目》虽然以乾隆第六子永瑢领衔编纂，陆锡熊参与斯事，实际上却是纪晓岚总其成的。我们从润饰笔迹方面也能证明这一点。故此，本文以"纪晓岚润饰"称之，当无大碍。

那么，馆臣分纂提要的草创初稿的原始面目是怎样的，纪晓岚在草创初稿上面又是怎样进行润饰的？这既是世人感兴趣的话题，又是一个说不清的四库学有待深入研究的问题。到目前为止，有关专论甚少。[①]有鉴于此，本文试以天津图书馆珍藏的纪晓岚润饰《总目》残存稿本作为依据，对涉及这个问题的某些方面举例进行讨论，虽不免挂一漏万，不能窥其全豹，然尝鼎一脔，旨可知也。

一、著录事项的增订

著录事项包括一书的书名、卷数、撰者及版本等主要事项。在草创初稿《总目》中，主要著录事项偶或出现错误，纪晓岚润饰时予以增订。

1. 书名增订

增加附录书名项。例如：在草创初稿所题"《易学启蒙小传》一卷"之后，纪晓岚润饰时增加了"附《古经传》一卷"。

补足书名缺字。例如：草创初稿题"《春秋缺疑》"，纪晓岚润饰时增加了"经传"二字，将书名改成"《春秋经传缺疑》"，并在眉端批语："脱'经传'二字，据原书改。"再如：《日知录》，草创初稿有"炎武有《杜解补正》已著录"一句，纪晓岚润饰时在书名"杜解"之前增加了"左传"二字，而成《左传杜解补正》。

纠正书名用字。例如：《易纬稽览图》，在草创初稿"独陈振孙《书解录题》别出"句中，纪晓岚润饰时将书名"《书解录题》"，纠正为"《书录解题》"。

2. 卷数增订

依据原书，改正卷数。

例如：草创初稿题"《春秋纂言》十二卷，《总例》二卷"，纪晓岚润饰时将"《总例》二卷"改成"《总例》七卷"，并在眉端批语云"七讹二，据原书改"。

再如：草创初稿题"《周忠愍奏疏》五卷，《附录》三卷"，纪晓岚润饰时将五卷改成二卷，并将"《附录》三卷"删掉。

又如：草创初稿题"《墨庄漫录》四卷"，纪晓岚润饰时将"四"改"十"。

3. 撰者增订

改正撰者姓名、时代。例如：草创初稿题"《智品》十三卷，明徐玉衡撰"，纪晓岚润饰时改"徐"为"樊"。

再如：草创初稿题"《艺圃搜奇》十八卷，旧本题徐一夔编"，纪晓岚润饰时在姓名前加"明"，准确著录其为明代人。

又如：草创初稿题"《元城语录》，《行录》一卷，崔子钟所续编"，纪晓岚润饰时改为"明崔铣所续编"。

4. 版本增订

例如：草创初稿题"《意林》五卷，浙江范懋柱家天一阁藏本"，纪晓岚润饰时将版本"浙江范懋柱家天一阁藏本"删掉，改成"江苏巡抚采进本"，并在眉端批语云"原注与提要不符"。

二、提要正文润饰

这是纪晓岚润饰《总目》的主要方面，也是《总目》由纪晓岚总其成的见证。举凡增删批改，校正讹舛、润饰文句、笔削违碍等诸端，《总目》由一部草创初稿，经过纪晓岚在妙笔点勘润饰而终成定稿。

1. 删文

出于某种原由，诸如冗文、琐语、套语等类，纪晓岚润饰时将一字，或一句，或一段文字删掉，只删不增。

例如：《四书读》，在草创初稿中，有"去说经之道稍近也"一句，纪晓岚润饰时只将此句中的"稍"字括上，一笔删掉。

再如：《尚书体要》，在草创初稿中，有"肃润有《道南正学编》，成于康熙辛未年"一句，纪晓岚润饰时将此句前后括上，一笔删掉。

又如：《客问》，在草创初稿中，最后有"然亦无深识伟议也"一句，纪晓岚润饰时将此句一笔删掉。

又如：《禹贡谱》，在草创初稿中，有"条理简明……盖未可同日语也"六行文字，纪晓岚润饰时将此句前后括上，一笔删掉。

又如：《周礼说》，在草创初稿中，有"然明言某官某官移易为最允，某官移易为未协，已毅然断为当改矣，何缺疑之云乎"一段，纪晓岚润饰时将此句一笔删掉。

2. 增文

纪晓岚润饰时在草创初稿上面单纯进行增文，或增一字（词），或增一句（段），只增不删。

例如：《乐圃诗集》，在草创初稿中，有"板心题曰十子诗略，盖士祯尝选宋荦、王又旦、曹贞吉、叶封、田雯、谢重辉、丁炜、曹禾、汪懋麟、光敏"一句，纪晓岚润饰时除谢重辉和光敏二人以外，在其余八人姓名之前依次增加了籍贯。

再如：《绵津山人诗集》，在草创初稿最后，纪晓岚润饰时增加了"才力殆又亚于荜焉"一句。

3. 改文

纪晓岚润饰时直接在草创初稿上面进行改写，或改一字，或改一句，或改一段。

例如：《周易颂》，在草创初稿"其体段颇仿焦氏《易林》"句中，纪晓岚润饰时将"段"删掉，改为"格"。一字改易，实有画龙点睛之妙。

再如：《周易窥余》，在草创初稿"李鼎祚集解不主弼义，博为搜罗"句中，纪晓岚润饰时将"博为搜罗"删掉，改为"博采诸家"。

又如：《吴兴掌故集》，在草创初稿中，有"中间如金石不详存否，艺文仅摘诗文，且与著述强分为二，义例具为未协。其所载寓贤，如宋之胡仔即作《渔隐丛话》者而列入明代，尤为舛误。其他亦多就志书抄撮，不足以当掌故之名也"一段，纪晓岚润饰时将此段改为"考订多未详审，如所载寓贤，以作《渔隐丛话》之胡仔列入明代，尤为舛误也"。

又如：在杂家类杂编之属文后按语中，草创初稿有"至删掇群书，存其原第，始于梁庾仲容子抄，而马总意林以下继焉，亦杂编之类"一段，显得拗口。纪晓岚润饰时将此段改为"今虽离析其书，各著于录，而附存其目，以不没搜辑之功者，悉别为一门，谓之杂编"。改后朗朗上口，文辞达意。

删繁就简。例如：《易义随记》，在草创初稿中，有"是编乃宗瀚恭读《御纂周易折中》，意有所会，即标记于集说之旁，故各条下有或题曰注语类旁，注程传旁之语"一段，显得啰唆。纪晓岚润饰时将"于集说之旁……注程传旁之语"全部删掉，改为"之。多因集说而作"。言简而意赅。

诸如像《周忠愍奏疏》《东维子集》等书，其改动的地方更多。这些既保留了草创初稿原貌，又有纪晓岚润饰时留下笔迹的文献，颇具研究价值。

挖改。由于对草创初稿改动的地方过多，原稿面目全非，所以只好将草创初稿的稿纸剜掉，再把改写后的稿纸贴上去，或一句，或一段，或整篇挖改。

例如：《古洪范》，在草创初稿中，有"其自序以为洪范自三八政以下，紊乱无次，因授朱子《大学》，分经传之例"一句，其中从"洪范"至"之例"一段，是纪晓岚润饰时挖改后补写上去的。

整篇提要挖改。例如：《孝诗》，纪晓岚润饰时将草创初稿几乎全部挖改，用别纸重写，贴到书稿中。

又如：《四库全书总目》卷十四经部书类存目二第三十四页，有"右书类七十七部，四百三十卷，内十部无卷数，附录一部四卷，皆附存目"二行，是纪晓岚润饰时挖改后补写上去的。这样挖改的结果使草创提要原来的文字，已经不得而知了。像这种每一类后面的统计结果，纪晓岚润饰时大部分经过挖改，统计数字的不断变化，揭示出一个事实，那就是《总目》所收书在经常抽换，是造成《总目》提要与阁书提要互有异同的直接原因。

4. 订正

对草创初稿中出现的错误，纪晓岚润饰时予以订正。

例如：《乾坤凿度》，在草创初稿"上篇论四门四正，取象取物，以致卦爻蓍策之数"句中，纪晓岚润饰时将"致"删掉，改为"至"。

再如：《易经图释》，在草创初稿"以上下篇及十翼"句中，纪晓岚润饰时将"篇"删掉，改为"经"。

又如：《诗疑辨证》，草创初稿有"犹可为留心考证者焉"一句，纪晓岚润饰时将"为"删掉，改为"谓"。

又如：《吹剑录外集》，草创初稿有"无学道之名，有学道之实"一句，纪晓岚润饰时将前后两个"学道"一并改成书名"道学"。

又如：《读诗质疑》，草创初稿有"故楚灵王对申叔时自称盗有宠也"一句，纪晓岚润饰时将"叔时"删掉，旁改"无宇"二字，并在眉端夹黄签加按语云："盗有宠一语，乃楚灵王答申无宇也。原本误作'申叔时'，应改正。"

5. 调整各书次序

例如：《绥寇纪略》，纪晓岚润饰时在眉端批语"《钦定石峰堡纪略》补《绥寇纪略》前"。

再如：《钦定台湾纪略》，纪晓岚润饰时在眉端批语"此篇补在《石峰堡纪略》之后，《绥寇纪略》之前"。

又如：《鲍参军集》，纪晓岚润饰时在眉端批语"写于《谢宣城集》之后"。

又如：《谷音》，纪晓岚润饰时在书中夹黄签批语，云："《二妙集》《谷音》七页前九行，《河汾诸老诗集》九行后二行，《瀛奎律随》六行后一行，《梅花百咏》八行前八行，《天下同文集》十页后三行，《古赋辨体》。以上书目照所开次序挨写，幸勿错误！"

6. 规范格式字体

例如：《书经衷论》，在草创初稿中，有"时英方以翰林学士侍讲幄"一句，其中"讲幄"回行时，"讲"一字出上栏线外。纪晓岚润饰时在眉端批语"讲幄顶格不出格"。

再如：《读礼记略记》，在草创初稿中，书名之后题"无卷数"三字。纪晓岚润饰时在将"无卷数"三字删掉，改题"四十九卷"，并在眉端批语"四十九卷系大字正"。

又如：《春秋经解》，纪晓岚润饰时在眉端批语"照此本改刻四页即合缝。刻本不知谁所改，将一段履历割属二篇，而又颠倒之，天地之大，何所不有！"这样胡乱改的情形，显然是把总纂官纪晓岚给气坏了。

又如：《否泰录》，纪晓岚润饰时在"额森"之后增"案额森原作也先今改正"十字，并在眉端批语"此十字双行小注"。

7. 笔削违碍各书、删掉违碍内容

将草创初稿中收入的庸俗无价值的书，或属于违碍禁书，或书中载有违碍内容的地方，一笔削掉。

例如：《云栖诗集》《菊山清隽集》《问山诗集》三书，纪晓岚润饰时将书名连同提要正文全部括上，题"扣"或"扣除"字样，一笔删掉。

再如：《空同集》，纪晓岚润饰时将书中"周亮工《书影》载"六字括上，因周亮工《书影》为违碍书，故纪晓岚润饰时将此六字删掉。

又如：《怀星堂集》，在草创初稿中，有"钱谦益《列朝诗集》乃谓其晚益自放，不计工拙，兴寄烂漫，时复斐然，所录桃花坞歌之类，殆于钉铰打油，朱彝尊《明诗综》凡例谓谦益无是非之心，是亦一端乎"一段内容。因钱谦益《列朝诗集》为违碍书，故纪晓岚润饰时将此段内容删掉。

三、其他方面

无错不成书，《总目》也然。经过纪晓岚润饰以后，《总目》还留下不少错误。

从这部残存稿本中，可以信手检出几个例子。

属于漏校重要内容的例子。《羲经十一翼》，在草创初稿中，有核其名称，殊为僭妄，"周亮工《书影》盛推之，过矣"一句，纪晓岚润饰时没有在稿上留下删改笔迹，显然是漏校了此句。按照四库收书标准，此句属于违碍内容，应当删掉。

属于校补错的例子。《石林燕语》，草创初稿有"商濬《稗海》"一句，纪晓岚润饰时，在"商濬"二字中间增一"维"字，而成"商维濬"了，《稗海》一书的编者是商濬，没有问题。这显然属于画蛇添足，补错了。

注释：

①沈津：《校理〈四库全书总目提要〉残稿的一点新发现》，载自著《书韵悠悠一脉香》，2006年广西师范大学出版社出版。

（载《山东图书馆学刊》2008年第3期）

纪晓岚删改贬义文句举例

——以天津图书馆藏纪晓岚删定《四库全书总目》残存稿本为例

天津图书馆珍藏一部清乾隆时纪晓岚（昀）删定的《四库全书总目》（以下简称《总目》）残存稿本。笔者在校理《总目》时，发现晓岚在润饰提要文句时，对含有贬义文句的处理十分谨慎，咬文嚼字，尽力做到品评公允，语不伤人。晓岚做到这一点，难能可贵！

贬义文句指馆臣在撰写一书提要时使用的带有明显贬低含义的字词和语句，如"浅陋""谬陋""芜陋""弇陋""凡鄙""剽窃""庸妄""矜炫""颠舛""卤莽""猥杂""诞妄不经""亘古未闻"，等等。本文拟以天津图书馆珍藏的晓岚删定《总目》残存稿本为例，仅就"晓岚在删定《总目》时对贬义文句的处理"这个问题进行初步探讨。探讨这个问题，我们可以窥视晓岚删定《总目》之细节，可以了解晓岚品评作者及其著作的把握尺度，可以了解晓岚为人处事的态度，同时有助于我们从微观角度看待这部《总目》。

举例时，先列该例在稿本《总目》之卷数、部类、书名及版本，次列稿本提要引文，次加笔者按语。不妥之处，敬请方家赐教。

《总目》卷三十七　经部三十七　四书类存目　《别本四书名物考》二十四卷，内府藏本。

"明陈禹谟撰。……其最陋者，如标一目字为题，释《大学》'十目所视也'，而目字下注曰'附眼'。无论四书无'眼'字，且目之与眼，又何所分别，而别为附录乎？尤不可解也。"

李按：稿本题"最陋者"，语含贬义。后晓岚删"陋"字，改"异"字，写成"最异者"。"最异者"是实情，是具体阐释。

《总目》卷三十七　经部三十七　四书类存目　《大学古今通考》十二卷，浙江巡抚采进本。

"明刘斯源编。……至政和石刻出自,丰坊伪撰。其政和年号以宋为魏,贾逵姓名以汉为魏,谬陋百出,前人驳之悉矣。斯源犹珍重而信之耶?"

李按:稿本题"谬陋百出",此四字,颇含贬义,几乎与一无是处等同。后晓岚删之。

《总目》卷三十七 经部三十七 四书类存目 《四书则》无卷数,山西巡抚采进本。

"明桑拱阳撰。……先《大学》《中庸》,次《论语》《孟子》,各有《图说》《总论》,大旨为举业而作,故体裁颇陋。"

李按:稿本最后题"故体裁颇陋"五字。此句含有贬义。自宋以来,为举业而作之书,体例大多如此,有其可取之处。后晓岚删之。

《总目》卷四十四 经部四十四 小学类存目二 《书文音义便考私编》五卷附《难字直音》一卷,浙江巡抚采进本。

"明李登撰。……其部分既不合于古法,又不尽合于《洪武正韵》。如灰、皆既分,支、微、齐反不分;庚、青既分,江、阳反不分。而且真之兼侵,寒之兼覃,咸、先之兼盐,亘古以来未闻此事矣。"

李按:稿本题"亘古以来未闻此事矣",此句颇含贬义,且带有讽刺之意。后晓岚删之,改为"错乱无绪"。这样改动,是据实评事,言简意赅,尤为准确。

《总目》卷七十五 史部三十一 地理类存目四 《东吴水利考》十卷,浙江巡抚采进本。

"明王圻撰。……圻以吴人而考吴地水利,应无谬误。然谓钱塘江出宁波之赭山,不知宁波别有赭山,乃混而为一。又引《水经》'东至余姚县东入于海',不知姚江源出大菁山,迳宁波入海,并不与浙江通。圻不加辨正,疏舛颇甚,未为善矣。"

李按:稿本原作"圻不加辨正,疏舛颇甚,未为善矣"一句,含有贬义。"圻以吴人而考吴地水利,应无谬误",这只能说是一种主观愿望,实际情况往往难以做到。考证是非功过尤其如是。圻只是能算是考证不精而已。后晓岚删之,改写成

"均未免于疏舛"。原题"疏舛颇甚",意指此书质量低劣,改成"均未免于疏舛"后,从语气上平允了许多,客观指出了此书存在疏舛之处。

《总目》卷七十五　史部三十一　地理类存目四　《治河管见》四卷,两淮马裕家藏本。

"明潘凤梧撰。……书中多作歌括,立名诡激,而词意实凡鄙。后载聘启之类,尤为猥杂。"

李按:稿本题"凡鄙""猥杂",均含贬义。后晓岚一并删之,分别改写为"浅近"和"芜杂"。

《总目》卷七十五　史部三十一　地理类存目四　《千金堤志》八卷,浙江范懋柱家天一阁藏本。

"明谢廷谅……凡形胜、沿革、经画、人物各一卷,艺文四卷,则皆一时谀颂之词也。"

李按:稿本题"皆一时谀颂之词也",谀颂含阿谀奉承之意,是贬义词。后晓岚删"谀颂",改"颂美",写成"则皆一时颂美之词也"。语句平允,属于客观描述。

《总目》卷七十五　史部三十一　地理类存目四　《修攘通考》四卷,浙江巡抚采进本。

"明何镗编。……此编以伪苏轼《地理指掌图》与桂萼《大明舆地图》、许论《九边图》三书合而刊之,别立此名,更无一字之论著。恐镗之陋未必至是,或庸妄坊贾所托欤?"

李按:稿本题"庸妄"二字,颇含贬义。坊贾虽是书商,但不全是庸妄之辈。后晓岚删之。删掉"庸妄"这个定语,据实推定系坊贾所为,于理为安。

《总目》卷一百二十四　子部三十四　杂家类存目一　《瞿塘日录》十二卷,浙江朱彝尊家曝书亭藏本。

"明来知德撰。……七曰《孔子谨言工夫》,以《论语》四十条联贯其文,分为八段。……其诞妄不经可以想见矣。"

李按：稿本题"诞妄不经"四字，颇含贬义。后被晓岚删掉，改写成"大概"二字。这样处理，给人留有想象空间。见仁见智，不免有人欣赏这种编例。

《总目》卷一百三十二　子部四十二　杂家类存目九　《迪吉录》九卷，内府藏本。

"明颜茂猷撰。茂猷字壮其，又字仰子，平湖人。崇祯甲戌特赐进士。是编分官鉴、公鉴二门，所录皆因果之事，词颇近鄙。"

李按：稿本题"所录皆因果之事，词颇近鄙"，含有贬义。后晓岚删改为"皆杂录诸书因果之事"。据实阐述，不加鞭打。

《总目》卷一百三十三　子部四十三　杂家类存目十　《无事编》二卷，两淮盐政采进本。

"国朝项真撰。……是书摭拾成文，漫无风旨。杂引故实，皆仍其原文，今古不辨，甚至以乔知之为晋人，疏陋可知矣。"

李按：稿本题"疏陋可知矣"五字，含有贬义。后晓岚删之。

《总目》卷一百三十四　子部四十四　杂家类存目十一　《左传国语国策评苑》六十一卷，江苏巡抚采进本。

"明穆文熙编。……其曰'评苑'者，盖于简端杂采诸家之论，亦颇芜陋云。"

李按：稿本题"亦颇芜陋"四字，含有贬义。是书"杂采诸家之论"，充作"评苑"之语，实为古书体例之一种，馆臣用贬义语句来品评是书，尤显不公。后晓岚删掉。

《总目》卷一百三十八　子部四十八　类书类存目二　《故事选要》十四卷，浙江巡抚采进本。

"明王思义撰。……是书采择子、史故事，分类编次，凡十五门。割裂庞杂，漫无条理，多不注所出，动辄舛误。如雪门收绛雪丹事，已为不伦，又讹张云容为赵容云，则他可知矣。"

李按：稿本题"割裂庞杂，漫无条理"八字，含有贬义。采录诸书，分门别类，条分缕析，供人查阅，这是类书具有的共同特点。类书之间只是存在编纂体例优劣高下之别而已。此乃类书，具有这个特点，故晓岚将八字删之。

《总目》卷一百三十八　子部四十八　类书类存目二　《五经总类》四十卷，内府藏本。

"明张云鸾撰。……云鸾此书，不过为举业剽窃之用，本不为经义立言，亦无足深论。今退置类书类中，庶核其实焉。"

李按：稿本题"举业剽窃"。馆臣将举业和剽窃联系在一起，含有"举业者剽窃也"之贬义，于理未协。后晓岚删之。

《总目》卷一百七十八　集部三十一　别集类存目五　《华阳洞稿》二十二卷，两江总督采进本。

"明张祥鸢撰。……是编文十三卷，诗九卷。祥鸢多与嘉靖七子相往还，而诗能不涉其窠臼，然所造殊浅。"

李按：稿本题"殊浅"，含有贬义。后晓岚删之，改写为"则尚未深也"。馆臣使用"殊浅"，是贬义词，意为特别浮浅。晓岚改为"则尚未深也"，属于据实品评，指诗之意境，未达旨趣。

《总目》卷一百八十　集部三十三　别集类存目七　《逸园新诗》一卷《咏怀诗》一卷，陕西巡抚采进本。

"明耿志炜撰。……是编乃志炜归田后所作，诗多浮浅。至于《咏怀》诗一卷，追和步兵，且一一次其原韵，尤为攻所必不能胜矣。"

李按：稿本题"诗多浮浅"。后晓岚改为"于诗境未能深造"。改前文字直白且含"贬义"；改后文意含蓄，且属据实评价。此乃晓岚润饰文句得法之处。

《总目》卷一百八十　集部三十三　别集类存目七　《吾野诗集》五卷，福建巡抚采进本。

"明黄克晦撰。……此本乃康熙壬午其五世孙象潜摭家藏遗帙，哀而重锓，其编次颇多未善。如《小金山诗》本五言律诗二首，而联为一篇，列之五言古体之中，殊为卤莽。"

李按：稿本题"殊为卤莽"。稿本用"殊为"修饰"卤莽"，过于直白且含贬义；后晓岚改成"殊为失检"，品评既符合实情，又较为准确。

《总目》卷一百八十　集部三十三　别集类存目七　《云樵文集》八卷，江西巡抚采进本。

"明程士鲲撰。……是集杂文二百余篇，所纪物产珍异之类，体或同于稗官，其编次体例，亦糅杂无绪。"

李按：稿本题"亦糅杂无绪"，后晓岚删掉含有贬义的"糅杂"一词，换成"颇"字，而写成"亦颇无绪"。仅品评是书体例优劣而言，用"无绪"要比"糅杂"贴切。

《总目》卷一百八十　集部三十三　别集类存目七　《采菊杂咏》一卷，江西巡抚采进本。

"明马宏道撰。……今观其诗，肤浅殊甚，特明季山人，刻为投赞结社之具者耳。"

李按：稿本题"肤浅殊甚"，含有贬义。后晓岚删之，将此句改写成"乃明季山人，刻为投赞结社之具者也"。

《总目》卷一百八十　集部三十三　别集类存目七　《榴馆初函集选》十二卷，江西巡抚采进本。

"明杨思本撰。……至谓《西厢》一曲，实具一大公案，世误认为淫词，但观西厢二字，则知王实甫从声色场中、转大法轮云云。尤为颠舛。"

李按：稿本题"尤为颠舛"，含有贬义。后晓岚删之，改写成"尤不可为训"一句。

《总目》卷一百八十一　集部三十四　别集类存目八　《退庵集》二十一卷，江苏巡抚采进本。

"国朝李敬撰。……文集《自序》谓：按楚时审录尽心，至于甘澍大降。死囚为兵劫去，自请归狱。亦未免过自矜炫矣。"

李按：稿本题"亦未免过自矜炫矣"，含有贬义。后晓岚删掉含有贬义的"矜炫"二字，改写成"亦未免好自誉矣"。从语气上可以感到平缓了许多。

《总目》卷一百八十四　集部三十七　别集类存目十一　《赤嵌集》四卷,两淮马裕家藏本。

"国朝孙元衡撰。……多纪海外风土物产,颇逞才气;而未能尽轨于诗律,王士祯为之点定,谓其追踪建安,蹑迹长公,似乎太过也。"

李按:稿本题"似乎太过也",含有贬义。后晓岚删之,改写为"一时推许之词,未足为定评也"。原稿表述直白,晓岚删改后,用词婉转,他告诉世人,王士祯的这个评价只是应景之作,不必过于认真。

《总目》卷一百八十四　集部三十七　别集类存目十一　《约园诗钞》二卷,福建巡抚采进本。

"国朝郭雍撰。……诗不沿溯于古,而先求之偶俪之格,终无本之学也。"

李按:稿本题"终无本之学也",语含贬义。晓岚使用中性语改成"终不能探其本也"。"不能探其本",实际就是等同于"无本之学"。晓岚只是选用了另外一种表述方式,选词不同,意思相近,把想说的话讲出来。这是晓岚驾驭语言能力的一种技巧。

《总目》卷一百八十四　集部三十七　别集类存目十一　《钟水堂诗》三卷,山东巡抚采进本。

"国朝颜肇维撰。……是集乃其官浙东时所作,诗多学南宋诸家,而根底未遒。"

李按:稿本题"而根底未遒"五字,含有贬义,后晓岚删之。

《总目》卷一百九十一　集部四十四　总集类存目一　《昭明文选越裁》十一卷,内府藏本。

"国朝洪若皋编。……即以开卷一篇而论,班固《两都赋》,文本相承,乃删去《东都》一篇,遂使语无归宿,全乖本意。是于作赋之故,且蒙然未解,尚何文之能论乎?"

李按:稿本题"且蒙然未解,尚何文之能论乎?"含有贬义。后晓岚改为"且茫然未考矣"。

《总目》卷一百九十一　集部四十四　总集类存目一　《文选音义》八卷，安徽巡抚采进本。

"国朝余萧客撰。……至于凡注花草，必引王象晋《群芳谱》，益夲陋矣。"

李按：稿本题"益夲陋矣"，语含贬义。后晓岚删之，改写成"益不足据矣"。晓岚没有贬低，而是对其进行了客观评价，指出这种方法不足取。

《总目》卷一百九十三　集部四十六　总集类存目三　《尺牍隽言》十二卷，江西巡抚采进本。

"明陈臣忠编。……去取既乏鉴裁，评语亦皆浅陋，殊无可采。"

李按：稿本题"评语亦皆浅陋，殊无可采"，含有贬义。后晓岚删掉"浅陋"，改写成"评论亦无可采"一句。

《总目》卷一百九十三　集部四十六　总集类存目三　《古逸书》三十卷，原任工部侍郎李友棠家藏本。

"明潘基庆编。……是集杂采诸书，饾饤成集，名为逸书，而实皆习见。"

李按：稿本题"杂采诸书，饾饤成集"八字。饾饤者，剪贴拼凑之谓也，含有贬义。后晓岚删之。

《总目》卷一百九十三　集部四十六　总集类存目三　《唐诗选脉会通评林》六十卷，通行本。

"明周珽编。……大抵贪多务博，而其学不由于根底，冗杂特甚，疏舛亦多。其圈点则出陈继儒之手，尤不问而知其陋矣。"

李按：稿本题"而其学不由于根底""其圈点则出陈继儒之手，尤不问而知其陋矣"，语含贬义。后晓岚一并删之。

《总目》卷一百九十三　集部四十六　总集类存目三　《古诗解》二十四卷，江苏巡抚采进本。

"明唐汝谔撰。……乃强作解事，俱跻之苏、李以前，殊为失考。所注解抑可知矣。"

李按：稿本题"强作解事"四字，语含贬义。后晓岚删之。

《总目》卷一百九十三　集部四十六　总集类存目三　《古文正集二编》无卷数，两江总督采进本。

"旧本题葛鼐、葛鼎评辑。……每人各以小传冠集前。所录犹采自本集，差胜村书之稗贩。然去取皆漫无持择，其芜杂亦相去无几耳。"

李按：稿本题"其芜杂亦相去无几耳"，语含贬义。后晓岚删之。

《总目》卷一百九十三　集部四十六　总集类存目三　《史汉文统》十五卷，内府藏本。

"明童养正编。……凡《史记统》五卷，删节《史记》，殊为弇陋。《西汉文统》五卷，《东汉文统》五卷，分录两汉之文，而《汉书》则附于东汉中，又与《史记》例异。评点弇陋，盖坊贾射利之本也。"

李按：稿本题"殊为弇陋"，语含贬义。后晓岚删之，改写成"多所未安"四字。又题"评点弇陋，盖坊贾射利之本也"，也含贬义。后晓岚删之，改写成"相其评点，盖坊刻射利之本也"。坊刻质量，不及官刻私撰，这是公认的实际情况。不过，坊刻有其存在的客观条件：廉价、易得。在当时普及一般教育方面，坊刻起着官刻私撰所不能替代的作用。因此说，馆臣用"弇陋"品评坊刻，存在着有失公允的地方，故晓岚删之。

《总目》卷一百九十三　集部四十六　总集类存目三　《同时尚论录》十六卷，江苏巡抚采进本。

"明蔡士顺编。……以科目先后为序，始万历甲戌，终崇祯辛未。诠次颇错杂。"

李按：稿本题"诠次颇错杂"，语含贬义。以科目先后为序，编排众人文章，不失为是一种有效的排序方法。只是书中没有做到严格按照这个标准执行而已。后晓岚删之。

《总目》卷一百九十三　集部四十六　总集类存目三　《文字会宝》无卷数，江苏巡抚采进本。

"明朱文治撰。……是书取前代之文，浼善书者书之，人各一篇，裒而成集。……斯皆事在耳目之前，不烦稽考，而疏陋如此！……诚不知其何所取也。"

李按：稿本题"疏陋如此""诚不知其何所取也"，语含贬义。此书不足之处在于所选人物前后排序没有完全按照本书凡例"书家姓氏悉从文之朝代后先递为序次"的规定进行，出现前后移位，晓岚改用"颠倒如此"来说明。此书还存在"其字画亦传刻失真，既非总集，又非法帖"的问题，晓岚改用"更为两无所取也"来评价。

《总目》卷一百九十三　集部四十六　总集类存目三　《集古文英》八卷，江苏巡抚采进本。

"明顾祖武编。……是书特为场屋剽窃而作，其陋固不足责矣。"

李按：稿本题"是书特为场屋剽窃而作，其陋固不足责矣"，语含贬义。后晓岚删之，改写成"是书特为场屋而作，可无庸深论矣"。

《总目》卷一百九十三　集部四十六　总集类存目三　《古表选》十二卷，浙江巡抚采进本。

"明张一卿编。……凡本题事实及引用典故皆略为注释，而不著出典，殊不出《兔园册子》锢习。"

李按：《兔园册子》，也作《兔园策》。唐李恽（蒋王）命僚佐杜嗣先仿效应试科目的策问，制成问答题，引经史解释，编成此书。恽是太宗儿子，因取汉梁孝王的兔园为名，称为《兔园策》。唐代作为启蒙课本，因此受到士大夫的轻视。五代刘岳就拿"忘持《兔园策》来讥讽宰相冯道没有学问"。馆臣用《兔园册子》比喻此书，语含贬义，后晓岚删之。

《总目》卷一百九十三　集部四十六　总集类存目三　《唐诗广选》七卷，内府藏本。

"明凌宏宪编。……初，李攀龙撰《诗删》，王世贞序之。后坊间割其中所录唐诗刊行，别题曰《唐诗选》，已非于鳞之旧。宏宪又病其无评点，乃杂摭诸家之评，缀于简端，以朱墨版印之，改题曰广选。是重儓之中又为重儓矣。"

李按：稿本题"改题曰广选。是重儓之中又为重儓矣"，语含贬义。儓（音台），也称重台，乃婢之婢之谓也。用以比喻本书版本之劣，即从劣本出。后晓岚删之，改写成"改题此名。盖坊刻翻新之技耳"。原稿语含贬低讽刺之意，晓岚明确指出此书乃书肆改题书名翻版印行之本。

（载《四库文丛》第一卷，2013年5月上海交通大学出版社出版）

纪晓岚笔削周亮工题名举例

——以天津图书馆藏纪晓岚删定《四库全书总目》残存稿本为例

天津图书馆珍藏一部清乾隆时纪晓岚（昀）删定的《四库全书总目》（以下简称《总目》）残存稿本。笔者在校理《总目》时，发现晓岚在删定各书提要时，凡遇到周亮工、李清等人的名字，一般都要用墨笔画掉。

关于纪晓岚为什么要删掉周亮工、李清等人的名字这个问题，在1965年中华书局影印本《四库全书总目》"出版说明"中，有一则内容对此作了专门说明，云："乾隆五十二年（1787），清朝政府发现收入《四库全书》中的明李清《诸史同异录》一书有诋毁清朝统治的字句，于是又派人重新检查收入的书，就把李清的其他几种著作，像《南北史合注》《南唐书合订》《列代不知姓名录》，以及周亮工的《读画录》《书影》《闽小纪》《印人传》《同书》，吴其贞的《书画记》，潘柽章的《国史考异》等撤毁，并把这十一种书的提要也从《总目》中删除。但这十一种书虽然从《四库全书》中撤出，清朝宫殿中却仍然留有副本，书前的提要也依旧保存（《诸史同异录》和《同书》未见）。我们这次就从故宫博物院中把《南北史合注》等九份提要补录在《总目》的后面，题为'四库撤毁书提要'。"

天津图书馆珍藏的这部残存稿本，完整载录了明李清《南北史合注》和周亮工《书影》二篇提要。在康熙四十六年（1707）圣祖仁皇帝御定的《御定题画诗》一百二十卷中，言及吴其贞的名字。在残存稿本中未见潘柽章的名字和他的《国史考异》。

在被清廷查禁的这几个人当中，尤以周亮工的名字出现次数为最多。关于晓岚笔削周亮工提名问题，有二条值得注意：在《总目》残存稿本中，周亮工的名字或删或未删。删者，盖晓岚见之；未删者，盖晓岚当时未曾觅到，遂成漏网之鱼。凡晓岚用墨笔删掉的文字，晓岚又用相同字数的文字予以补写。究其原因，盖稿本行格字数固定，不能随意增减字数，又便于日后据以雕版之故。

本文拟以天津图书馆珍藏的这部纪晓岚删定《总目》残存稿本为例，仅就"晓岚在删定《总目》时对周亮工题名的处理"这个问题进行初步探讨。举例时，先列该例在稿本《总目》之卷数、部类、书名及版本，次列稿本提要引文，次加笔者按语。不妥之处，敬请方家赐教。

《四库全书总目》卷七　经部七　易类存目一　《羲经十一翼》二卷，浙江巡抚采进本。

"明傅文兆撰。……其称'十一翼'者，盖以孔子传《易》为'十翼'而己又翼孔子，故曰十一也。核其名称，殊为僭妄。周亮工《书影》盛推之，过矣。《明史·艺文志》载此书五卷，《经义考》亦注曰存。此本仅有《上古易》一卷，《观象篇》一卷，其《玩辞》《观变》《观占》三卷并阙。其近时始佚欤？"

李按：稿本于"妄"字后，《明史·艺文志》之前，题"周亮工《书影》盛推之，过矣"一句。此处载有周亮工名字，本应删掉，然在稿本上没有留下晓岚用墨笔抹去此句的痕迹，遂成漏网之鱼。在后来的殿本、浙本和粤本中均中已经不见了此句，盖在刊版时被馆臣发现，故删之。

《四库全书总目》卷一一九　子部二十九　杂家类三　《丹铅余录》十七卷《续录》十二卷《摘录》十三卷《总录》二十七卷，浙江范懋柱家天一阁藏本。

"明杨慎撰。……慎博览群书，喜为杂著。周亮工尝刊其书目，凡二百余种。其考证诸书异同者，则皆以'丹铅'为名。……是编出而诸录遂微，然周亮工《书影》称其讹字如落叶。"

李按：稿本题"周亮工尝刊其书目，凡"九字。按照一般做法，馆臣理应将此句删掉，而实际情况是在稿本中没有删掉此句。查检殿本、浙本和粤本均已经将此句删掉，改为"计其平生所叙录，不下"九字。

又稿本题"周亮工《书影》称其讹字如落叶"十二字。此句言及周亮工。同上道理，按照一般做法，馆臣也理应将此句删掉，实际情况却是没有删掉此句。查检殿本、浙本和粤本，均已经将此句删掉，改为"书帕之本，校雠草率，讹字如林"十二字。

《四库全书总目》卷一百二十　子部三十　杂家类四　《封氏闻见记》十卷，安徽巡抚采进本。

"唐封演撰。……而周亮工《书影》称，真卿取句首字不取句末字者，其说为杜撰欺人。并知《永乐大典》列篆隶诸体于字下，乃从此书窃取其式，而讳所自来。"

李按：稿本题"而周亮工《书影》称"七字。稿本中没有晓岚用墨笔删削痕迹。说明晓岚在校勘时确有疏漏的地方。此其疏漏之例。殿本没改，仍有此七字。浙、粤本改作"而后人不察有称"七字。

《四库全书总目》卷一百二十二　子部三十二　杂家类六　《书影》十卷，兵部侍郎纪昀家藏本。

"国朝周亮工撰。亮工有《闽小纪》，已著录。是编乃其官户部侍郎，缘事逮系时，追忆平生见闻而作……"

李按：《书影》一条在稿本《总目》的位置，列在《春明梦余录》之后。晓岚将此书提要全文用墨笔前后勾画，一笔削掉。在稿本中，留下了晓岚笔削此条提要之痕迹，其文献价值显得更加重要。

《四库全书总目》卷一百三十五　子部四十五　类书类一　《鸡肋》一卷，内府藏本。

"宋赵崇绚撰。……其曰《鸡肋》，殆偶然记录，成此一册，而又未能博采诸书，勒成完帙，故有取于食之无味、弃之可惜之意欤。明陈禹谟《骈志》，国朝周亮工之《同书》，其体例实源于此。类事家之有此，犹史家之有纪事本末。皆于古式之外，别创一格，而后来竟不能废者也。故录存之，著其所自始焉。"

李按：稿本作"国朝周亮工之《同书》"八字。此句仍保留在稿本提要中，没有留下馆臣改动的痕迹。后来在刊刻殿版、浙本和粤本时馆臣将此句删掉，改成"国朝方中德古事比"八字。

《四库全书总目》卷一百七十一　集部二十四　别集类二十四　《罗圭峰文集》三十卷，江苏巡抚采进本。

"明罗玘撰。……明制以翰林教习宦官，谓之内馆。据玘所作《白江墓碑》，盖尝充是任者，故集中诸文为宦官作者颇多。虽玘之风概可以共谅于后世，然其为微瑕，不止陶集之《闲情》。顾一一录之，周亮工《书影》称玘集一刻于盱眙，再刻于南国子监，又有武进孙氏本，今皆未见。"

李按：稿本题"周亮工《书影》称"六字，后晓岚删之。殿本同此。唯浙、粤本只删"周亮工"名，而改《书影》为"《因树屋书影》"，为小异耳。

《四库全书总目》卷一百七十一　集部二十四　别集类二十四　《空同集》六十六卷，陕西巡抚采进本。

"明李梦阳撰。……考明自洪武以来，运当开国，多昌明博大之音。成化以后，安享太平，多台阁雍容之制作。愈久愈弊，陈陈相因，遂至咿缓冗沓，千篇一律。梦阳振起痿痹，使天下复知有古书，不可谓之无功，而盛气矜心，矫枉过直。周亮工《书影》载其《黄河水绕汉官墙》一诗，以落句有'郭汾阳'字，涉用唐事，恐贻口实，遂删除其稿不入集中。"

李按：稿本题"周亮工《书影》载"六字，后馆臣用墨笔前后圈画，一笔删掉，殿本同此。浙、粤本改题"《因树屋书影》载"六字。

《四库全书总目》卷一百八十　集部三十三　别集类存目七　《妙远堂集》四十卷，两淮盐政采进本。

"明马之骏撰。之骏字仲良，新野人。万历庚戌进士，官户部主事。是集凡诗十四卷，文二十六卷。周亮工《书影》引张菉居之言曰：'新野马仲良同钟伯敬起家庚戌进士，自造新声，偕吴门王留亦房唱和，其诗抉镂性灵，鲜警秀异，足以移易一世。王、马之名，宜与钟、谭并，乃世惟□钟、谭，不及二□，则为良者，不幸而诗不播于天下，为风气所扫，抑幸而不列变中，得免世诋诃耶。'观亮工所记，即之骏之诗可知矣。"

李按："文二十六卷"后的一段提要文字凡119字。晓岚只对这段文字中出现的两处周亮工名进行了删削，其余文字未予改动。检殿本、浙本、粤本则全部进行了改动。各本改后的文字如下："万历季年，文体渐变，竟陵钟惺、谭元春倡尖新幽冷之派，以《诗归》一编，易天下之耳目。之骏与惺为同年，亦与王稚登之子留造作新声，务以鲜警秀异相倡和，均别派也。钟、谭之名最盛，后来受诟亦至深。之骏与留名不甚盛，故所作亦如花香草媚，不久自萎，谈艺者遂不复抨击。此集盖偶尔得存耳。"凡115字。

对比稿本和殿本、浙本、粤本改后提要，我们可以看出，"文二十六卷"以前，殿本、浙本、粤本与稿本完全一样；其后，殿本、浙本、粤本与稿本完全不一样。

殿本、浙本、粤本将这段文字几乎重写的原因，非常明显，就是因为几乎全部征引了周亮工《书影》中的内容。

《四库全书总目》卷一百八十一　集部三十四　别集类存目八　《青溪遗稿》二十八卷，浙江孙仰曾家藏本。

"国朝程正揆撰。……王士禛《序》，称其《江山卧游图》，散在人间者，有数百本，士禛亦藏其二；又有为周亮工《题正揆画》诗，盖当时亦重其笔墨也。"

李按：稿本题"为周亮工"四字，后晓岚删之。殿本、浙本和粤本均无此四字。

《四库全书总目》卷一百八十一　集部三十四　别集类存目八　《赖古堂诗集》四卷，江西巡抚采进本。

"国朝周亮工撰。亮工有《闽小纪》，已著录。亮工所著《书影》，载论诗诸条，皆极排七子。其《赖古堂印谱》，并有一私印曰：不读王、李、钟、谭之诗。故其诗多刻意为新语，而所作终不逮其所论。去王李诚远，去钟谭尺间耳。王士禛所称亮工诗'花开今十日，酒冷古重阳'之句，今载此集中，然是亮工述其友之作，非亮工诗，盖士禛误记也。"

李按：《总目》稿本于《古处堂集》四卷之后，原有《赖古堂诗集》一种，后晓岚用墨笔前后圈画，一笔削去。这条提要全文，除残存稿本外，其他殿本、浙本和粤本均不见载，遂成佚文。

《四库全书总目》卷一百八十二　集部三十五　别集类存目九　《陋轩诗》四卷，江苏巡抚采进本。

"国朝吴嘉纪撰。……周亮工为之刊版，王士禛亦亟称之。此本乃其友人方千云裒集重刻者也。其诗风骨颇遒，运思亦复劙刻，而生于明季，遭逢荒乱，不免多怨咽之音。"

李按：稿本题"周亮工为之刊版，王士禛亦亟称之"十四字。稿本中的这十四字没有留下晓岚删改痕迹，显然晓岚将此条漏掉了。检视殿本、浙本和粤本，均作"其诗颇为王士禛所称。后刊板散佚"，没有"周亮工"题名，显然是后来馆臣对此进行了删改。

《四库全书总目》卷一百九十三　集部四十六　总集类存目三　《唐诗解》五十卷，通行本。

"明唐汝询撰。……是书取高廷礼《唐诗正声》、李于麟《唐诗选》二书，稍为订正，附以己意，为之笺释。周亮工《书影》曰唐汝询五岁而瞽，默坐听诸兄占毕，而暗识之。"

李按：稿本题"周亮工《书影》曰唐"七字，后晓岚用墨笔前后勾画，一笔删掉。殿本同此。浙、粤本却改为"《书影》曰唐"四字。

《四库全书总目》卷一百九十四　集部四十七　总集类存目四　《三苏谈》十卷，兵部侍郎纪昀家藏本。

"国朝高阜撰。阜字康生，号萝栖，祥符人。与周亮工友善。此书以乌丝栏缮写，版心有'赖古堂'字。犹亮工家旧抄本也。所录凡苏洵文二卷，苏轼文六卷，苏辙文二卷。每篇为之反覆详论，故名曰《三苏谈》。"

李按：稿本题"与周亮工友善。此书以乌丝栏缮写，版心有'赖古堂'字。犹亮工家旧抄本也"一段文字。后晓岚将此段文字前后勾画，一笔削掉。在殿本、浙本和粤本中没有这段文字。

《四库全书总目》卷一百九十六　集部四十九　诗文评类二　《全闽诗话》十二卷，浙江巡抚采进本。

"国朝郑方坤编。……而郭璞《地谶》尚引周亮工《书影》之说，辨其出于依托，颇为谨严。唐以后则彬彬矣。凡六朝、唐、五代一卷，宋、元五卷，明三卷，国朝一卷，附无名氏及宫闺一卷，方外一卷，神仙鬼怪杂缀一卷。"

李按：稿本题"引周亮工《书影》之说"八字，后晓岚删之，改写成"以其全作七言律体"。殿本、浙本和粤本中均无此八字。

（载《版本目录学研究》，2010年12月国家图书馆出版社出版）

纪晓岚笔削四库提要佚文 7 篇

纪晓岚在统稿写本《四库全书总目》（以下简称《总目》）提要时，对一些有违碍内容，或有其他问题书的提要，用墨笔在该提要首尾处用"（　）"括之，并写"扣除"二字，一笔削掉。尔后武英殿在据此刊刻《总目》提要时，凡经纪晓岚笔削的提要，均舍弃不刻。因此，这些被舍弃不刻的提要便成了佚文。

纪晓岚亲笔批校的本子是《总目》的唯一稿本，也是武英殿据以刊刻《总目》的底本。换句话说，由于馆臣分纂的提要体例前后不一，行文风格有别，加之水平高下不等，所以，纪晓岚在润色统稿《总目》时，改动较大，正文或裁割、或调换、或增删、或批改，甚至出现整册丢失情况，《总目》最终没有完成一部誊清稿本。纪批稿本《总目》，今无足帙，仅有残稿存世。

天津图书馆辗转入藏纪批稿本 71 卷，凡 60 册，占纪批稿本《总目》200 卷的三分之一强。我们据此可以了解纪批《总目》大致情况，从四库学研究方面考察，这部纪批残稿具有重要的文献价值。

今将天图藏纪批残稿《总目》翻阅一过，将纪晓岚笔削"扣除"的 7 篇提要抄录如次，以飨同好。

1.《凤洲纲鉴》提要

《凤洲纲鉴》二十四卷，内府藏本，旧本题明王世贞撰。世贞字元美，太仓人。嘉靖丁未进士。官至南京刑部尚书，事迹具《明史·文苑传》。是编为明末闽人陈臣忠、浙人张睿卿重加纂辑，又采陈仁锡《通鉴》评，缀于其上。前列与图沿革，而世系次第、官制异同附焉，以易于检阅，故世多传之。然记载简略，未为善本。其名纲鉴者，盖于纲目、通鉴各摘取一字称之，殊为乖舛。疑原本即书肆所为，托名于世贞，后为贾人窜乱，盖如涂涂附耳。

按：见纪批残稿《总目》卷 48 史部 4 编年类存目第 16 页。

2.《书影》提要

《书影》十卷，兵部侍郎纪昀家藏本。国朝周亮工撰。亮工有《闽小纪》已著录。是编乃其官户部侍郎，缘事逮系时，追忆平生见闻而作。因囹圄之中，无可检阅，故取老人读书只存影子之语，以书影为名。其中如元祐党籍本止七十八人，余者皆出附益，本费衮《梁溪漫志》之说，而引陈玉瑱跋。姚友误用麻纱刻本，以釜为金，本方勺《泊宅编》之说，而朱国祯《涌幢小品》。米元章无李论见所作画史，而引汤垕《画鉴》。《邸报》字出孟启《本事诗》，而称始于蔡京，皆援引不得原本。又如子贡说社树事，明载今本《博物志》第八卷，而云今本不载。李贺诗序本杜牧作，而云风樯阵马诸语出自韩愈。温庭筠诗"玲珑骰子安红豆，入骨相思知不知"，而引为"入骨相思知也无"。沈约《四声》一卷，唐代已佚，其字数无从复考，而云约书一万一千百二十字。谢灵运《岱宗秀维岳》一篇，本所作乐府，今在集中，乃讹为登泰山诗，谓本集不载。以诗"简兮"作"东兮"，指为令官之名，乃丰坊伪诗说之语，而据为定论。日月交食本有定限，而力主有物食之说，皆考证未能精核。至于韩信之后为韦土官，本明张燧千百年眼之虚谈，而信为实事。陶宗仪《说郛》仅一百卷，孙作《沧螺集》中有宗仪小传可考。二人契友，必无舛误，乃云南曲老寇四家有《说郛》全部，凡四大橱，皆传闻不得其实。至扬雄仕于王莽，更无疑义，而杂摭浮词，曲为之辨。艾南英以乡曲之私，偏袒严嵩，强为辨白，而以恶王世贞之故，特存其说。何心隐巨奸大猾，诛死本当其罪，而力称其枉。王柏诗疑删改圣经，至为诞妄，而反以为是，尤为颠倒是非。然此十余条外，大抵记述典瞻，议论平允。遗闻旧事，颇足为文献之征。在近代说部之中，固犹为瑕不掩瑜者矣。

按：见纪批残稿《总目》卷122子部32杂家类6第31页。此文先见1965年中华书局版《总目》书后附录"四库撤毁书提要"中。

3.《云栖诗集》提要

《云栖诗集》一卷，浙江巡抚采进本，宋释永颐撰。永颐字山老，仁和唐栖寺僧，其始末无考。集中有和韩涧泉韵，题周晋仙楹诗、山乐坡寄野斋诗、悼赵紫芝诗，而与周伯弼唱和尤多。涧泉，韩淲号；野斋，周靖号；晋仙，周靖字；紫芝，赵师秀字；伯弼，周弼字。皆宁宗、理宗间人，则永颐在南宋中年也。

是集凡古近体诗110首，旧无刊版。雍正乙卯嘉定戴苑云得徐乾学传是楼抄本宋诗二十二家，其二十一家朱彝尊并已收入宋人小集，唯遗是集未载，故录出别行。其诗才力颇短，不出南宋江湖之格。按：其诗中游迹，不过居于临安，客于吴门，往来数百里中，未尝涉历名山大川，开拓其胸臆，故多为流连光景之词。大抵绝句胜古体，古体胜律诗，七言胜五言。然终无香火尘氛之气。观其身居都会，而所与唱和者，仅三五人，皆非朝贵，而将别故山寄伯弼诗，有寂士无丰赀，空田罄尘积，小臧别我去，晚瓢先挂壁，饥寒并一身，舍下无遗迹之句，则为僧且不免于冻饿，殆亦孤僻自守者，故格弱而韵仍不俗矣。

按：见纪批残稿《总目》卷163集部16别集类16第4页。

4.《菊山清隽集》提要

《菊山清隽集》一卷，附《题画诗》一卷，《锦钱集》一卷，《杂文》一卷，江苏巡抚采进本。宋郑震撰。震字苏起，连江人。淳祐间为和靖书院山长。著有《倦游稿》，已佚不传。是编为元仇远所选录，非其全也。其子思肖，字所南，以太学生应博学宏词科，会元兵南下，叩阍上书。宋亡，寄身僧舍以终。所著有《咸淳中兴二集》，今也不传。世传《井中心史》七卷，又明姚士粦之伪本。其著作存于今者，题画绝句百二十四首，《锦钱集》二十四首，《杂文》一卷，附《载震集》之后。锦钱云者，义取以锦为钱，虽美无用也。思肖诗，纵意所如，往往体同禅偈，不可以格律求之，然清风高节，接迹东篱，意境自然尘外，譬诸苍松古柏，虽蠹菌支离，不中绳墨，终不类有情芍药，无力蔷薇，徒以柔曼为姿也。

按：见纪批残稿《总目》卷164集部17别集类17第15页。

5.《赖古堂诗集》提要

《赖古堂诗集》四卷，江西巡抚采进本。国朝周亮工撰。亮工有《闽小纪》，已著录。亮工所著《书影》，载论诗诸条，皆极排七子。其《赖古堂印谱》，并有一私印曰：不读王、李、钟、谭之诗。故其诗多刻意为新语，而所作终不逮其所论。去王、李诚远，去钟、谭尺间耳。王士禛所称亮工诗"花开今十日，酒冷古重阳"之句，今载此集中，然是亮工述其友之作，非亮工诗，盖士禛误记也。

按：见纪批残稿《总目》卷181集部34别集类存目8第8页。

6.《问山诗集》提要

《问山诗集》十卷，文集八卷，紫云词一卷，两淮马欲家藏本，国朝丁炜撰。炜字澹汝，号雁水，晋江人。由漳平教授，官至湖北按察使。炜以长短句擅长，诗文亦清切典雅，不涉王、李、钟、谭之派，然酝酿未深，微伤于薄。

按：见纪批残稿《总目》卷184集部37别集类存目11第3页。

7.《新安二布衣诗》提要

《新安二布衣诗》八卷，浙江巡抚采进本。国朝王士祯编。二布衣者，一为吴兆，一为程嘉燧，皆休宁人，明末以诗名者也。其乡人汪洪度，取其遗集，请士祯论次，因各存四卷，合为此编。士祯之序，以兆诗出于谢朓，何逊嘉燧诗出于刘长卿、韩翃，颇为得其形似。至嘉燧歌行似苏轼，则失之皮相矣。盖明诗至万历间，以闽中曹学佺为眉目，而兆最为学佺赏识。秦淮斗草之作，艳称于时，谓为《石仓集》之流亚，尚不甚诬。嘉燧则依附钱谦益，曲相标榜，以窃时名。所作《松圆浪淘集》，朱彝尊以为才庸气弱，实非轻诋。士祯此选，取与兆并称，则未为定论矣。

按：见纪批残稿《总目》卷194集部47总集类存目4第14页。

附佚文外一种

《故太子太保吏部尚书赠特进荣禄大夫太保谥文恪耿公神道碑铭》，全文录下：

太子太保吏部尚书耿公，以弘治丙辰正月十九日卒于位。上闻讣悼惜辍，视朝一日，赐祭赙，如制仍命有司造坟，复遣吏部司务王溱护其丧归葬，恩至渥也。既卜地于河南永宁县长水镇紫盖山之麓，某年十一月十七日葬焉。今太子太保吏部尚书兼武英殿大学士洛阳刘公既铭之。其孤珣复持杨洗马廷俊之状泣拜，复请予制神道碑铭。予与公同年，又尝为同官，交好四十余年。不敢以不知公为辞，遂诺之。

公讳裕，字好问，姓耿氏。其先出真定之束鹿。有讳昉者，仕金，为平定军宣武指挥使，遂为平定人。高祖讳文元，国子伴读，迁大宁路推官。妣吕氏，中书左丞忠肃公思诚之姊。曾祖讳承。祖泛海而来。非由故贡道，宜却其物，亦从之畿内多自宫以求进者，纷然盈路，公上疏请治其罪，一时虽不能绝然，自是禁例甚严，无敢再犯者。至再掌铨曹，感上知遇，益竭心力，凡所举荐，必当其人旧缘。传奉贬谪有求复进用者，上疏极陈其弊，务抑绝之。弟祢任都督府知事，秩满当迁，公故缓之曰"吾家当如是"，其无所私如此。士大夫方庆公之复用，而公不幸一疾遂卒矣。内外咸痛惜之。公尝以关辅饥代祀岳镇，所过辄督有司赈恤，还朝上言十事，悉下所司议行，若事有系于天下者，会议于朝，必持正道，不阿徇人，意或举人才，从众论而用之。公退独居，不敢以物私馈者。至老不营产业，不治居第，自俸俭约，肃然如寒士。人以为有清惠公之风。公居清惠公丧哀毁逾，礼奉庶母，及待弟袆，礼意殊厚，与人交合易可亲，杯酒对客，谈笑间□（注：原文缺字，下同）不以名位自高。其学该博，凡前代人物与山川□迹，考求无遗。为文纯雅，所著有《青崖稿》《淡庵稿》□干卷，皆因号而名也。配郑氏，锦衣卫千户祥之，□赠夫人。继芮氏，河南卫千户清之。女封夫人，子男四，曰珣，国子生，曰环，任丘县丞，曰琪，曰□。自环而下，皆先卒。女二，长适乔泗，次适县庠生戴珏。孙男八人。女卒之后，上念之，特赠进光禄大夫太保，谥文恪，而官其孙铉为中书舍人。

云铭曰唯古建官六卿分职，伟矣。耿公其职不忒，公出贵族，勤苦自刻，躬取科名，范我而获，中外仕途，回翔偃息，唯帝念哉。考兹劳绩，国有政事，汝唯名德，公掌铨选，唯公且平吏，称其任。君仰其成，何以能然。信吾权衡，正色立朝，倏居镐京，分彼留务，孰挤以行，终召而还，上有圣明，能飞之初，典章群议，折以一言，自合绳矩，公为宗伯，建白不糜，正论独持，孰敢干纪。帝曰休哉，复汝冢宰，进退百官，再振风采，心力并劳。公不自爱，丙辰之春，天不憖遗。嗟嗟故老何夺去之。帝曰哀哉，孰可倚毗恤典累颁存乎。有司显允君子，今则逝矣。功在朝廷，名留国史。清惠文恪，世济厥美，树碑神道，过者来视，百世之泽，伊洛同逝，子孙护之，荫庇无已。

按：此为佚文。原载明徐溥撰《谦斋文录》卷四。明嘉靖徐氏刻本，天图收藏。这部明嘉靖徐氏刻本《谦斋文录》，正文用墨笔圈画校改处甚多，其中卷三缺两页，于眉端贴黄条，其上批字曰："缺两页，酌空出三十八行，写'安素轩难'。"

此书提要见《总目》卷170集部23别集类23第1489页。此书收入《四库全书》。今检影印文渊阁《四库全书》本《谦斋文录》，在卷三内前有两页空白页，其后接写《安素轩难》一文。据此可知，此与影印文渊阁《四库全书》本正合。其为《四库全书》所用底本无疑。所不同者，明嘉靖徐氏刻本有上录《神道碑铭》（此文首尾馆臣用墨笔画上括号，将全文括上意在删除），而影印文渊阁《四库全书》本则无之，显然此文已被馆臣删掉，遂成佚文。

（载《四库学研究论文集》，2005年甘肃省图书馆编印）

关于武英殿刊刻《四库全书总目》所依据的底本问题

——以天津图书馆藏清乾隆时纪晓岚删定《四库全书总目》残存稿本为例

天津图书馆珍藏一部清乾隆时纪晓岚删定的《四库全书总目》（以下简称《总目》）残存稿本。笔者在整理这部《总目》时，发现纪晓岚在批改提要文字时，使用了一些与刊刻有关的词语。笔者经过前后比较复核，认为这部"残存稿本"，有可能就是清乾隆时武英殿刊刻《四库全书总目》所依据的底本。兹仅举五例，试图证明这个结论。

关于武英殿刊刻《四库全书总目》事，在清宫档案中保存一份"原户部尚书曹文埴奏刊刻《四库全书总目》竣工刷印装潢呈览折"（引自《纂修四库全书档案》2374页）。这份奏折比较详细地记载了武英殿刊刻《四库全书总目》事，兹照录全文如下：

乾隆六十年十一月十六日。臣曹文埴谨奏，为刊刻《四库全书总目》竣工，敬谨刷印装潢，恭呈御览事。

窃臣于乾隆五十一年奏请刊刻《四库全书总目》，仰蒙俞允，并缮写式样，呈览在案。续因纪昀等奉旨查办四阁之书，其中提要有须更改之处，是以停工未刻。今经纪昀将底本校勘完竣，随加紧刊刻毕工。谨刷印装潢，陈设书二十部、备赏书八十部，每部计十六函，共一千六百函，恭呈御览。其版片八千二百七十八块，现交武英殿收贮。

再，纪昀曾知会臣于书刊成之日，刷印四部，分贮四阁，兹一并印就，请饬交武英殿总裁照式装潢，送四阁分贮。查是书便于翻阅，欲得之人自多，亦应听武英殿总裁照向办官书之例，集工刷印，发交京城各书坊领售，俾得家有其书，以仰副我皇上嘉惠艺林之至意。伏祈睿鉴。谨奏。

笔者认为，曹文埴在奏折中说的"今经纪昀将底本校勘完竣，随加紧刊刻毕工"这句话，是其要表达的核心内容。奏折里提到的"底本"，无疑是经纪昀校勘过的。我们换句话进行表述，是否也可以这样说，在现存《四库全书总目》稿本中，凡经纪昀校勘过的，有可能就是殿本《总目》的底本。天津图书馆收藏的这部《总目》稿本，经过了纪昀校勘，有可能就是殿本《总目》的底本。

例一：《四库全书总目》卷二十七经部二十七春秋类二《春秋经解》

《春秋经解》十二卷　永乐大典本

宋崔子方撰。子方，涪陵人，字彦直，号西畴居士。晁说之《集》又称其字伯直，盖有二字也。朱彝尊《经义考》称其尝知滁州，曾子开为作《茶仙亭记》。《经解》诸书，皆罢官后所作。考子方《宋史》无传，惟李心传《建炎以来系年要录》称其于绍圣间三上疏，乞置《春秋》博士，不报，乃隐居真州六合县，杜门著书者三十余年。陈振孙《书录解题》所载，大略相同。朱震《进书札子》亦称为"东川布衣"。彝尊之说不知何据。惟《永乐大典》引《仪真志》一条云："子方与苏、黄游，尝为知滁州曾子开作《茶仙亭记》，刻石醉翁亭侧。黄庭坚称为'六合佳士'。"殆彝尊误记是事，故云然欤？考子方著是书时，王安石之说方盛行，故不能表见于世，至南渡以后，其书始显。王应麟《玉海》载："建炎二年六月，江端友请下湖州，取崔子方所著《春秋传》藏秘书。绍兴六年八月，子方之孙若上之。"是时朱震为翰林学士，亦有札子上请。当时盖甚重其书矣。子方自序云："圣人欲以绳当世之是非，著来世之惩劝，故辞之难明者，著例以见之，例不可尽，故有日月之例，有变例。慎思精考，若网在纲。"又后序一篇，具述其疏解之宗旨，大抵推本经义，于三传多所纠正。如以"晋文围郑"，谓讨其不会翟泉；以"郤伯来奔"，为见迫于齐；以"齐侯灭莱"不书名，辨《礼记》诸侯灭同姓名之误。类皆诸家所未发。虽其中过泥日月之例，持论不无偏驳，而条其长义，实足自成一家。所撰凡《经解》《本例》《例要》三书，《通志堂经解》刊本仅有《本例》。今从《永乐大典》裒辑成编，各还其旧。自僖公十四年秋至三十二年，襄公十六年夏至三十一年，《永乐大典》并阙，则取黄震《日钞》所引及《本例》补之。其他《本例》所释，有引伸此书所未发，或与此书小有异同者，并节取附录，而卷裹书名，则并遵《宋史》。至子方原书，经文已不可见，今以所解参证，知大略皆从《左氏》，而亦间有从《公》《穀》者，故与胡安国《春秋传》或有异同。以非宏旨之所系，今亦各随原文录之焉。

这条提要，纪晓岚有三处改动：

其一，此条提要的最后一句是"故与胡安国《春秋传》或有异同"。稿本"同"字后原有"焉"字，后被纪晓岚删掉，改写成"以"字。在"以"字之后，纪晓岚用墨笔补写了"非宏旨之所系，今亦各随原文录之焉"一句。

其二，纪晓岚在此条提要最后一句的眉端，题写"出一行"三字。

其三，在此条提要最前面的眉端，纪晓岚用大字题："照此本改刻四页即合缝。"又用小字题："刻本不知谁所改，将一段履历割属二篇，而又颠倒之。天地之大，何所不有！"

我们对纪晓岚这三处改动的地方作如下分析。这条提要最后一个字是"焉"字，纪晓岚删之，即删掉了1个字。其后，纪晓岚增补了"以非宏旨之所系，今亦各随原文录之焉"16个字。这条提要纪晓岚增删文字的统计结果是：删1字，增16字。比原文内容增加了15个字。这部稿本的行款格式是：每半叶9行，每行21字。书名顶格，每行21字。而正文低2格，每行只有19字。纪晓岚增补了15字，实际上是多出了将近一行。因为这是纪晓岚后来补写的文字，誊写时需要再多占一行。所以，纪晓岚在此处的眉端，题写了"出一行"三个字。

此条提要最前面的眉端，纪晓岚用大字题"照此本改刻四页即合缝"一句。又用小字题写了"刻本不知谁所改，将一段履历割属二篇，而又颠倒之。天地之大，何所不有"一段牢骚话。其中，"照此本改刻四页即合缝"的意思，笔者认为是：依据这个改稿，把雕版重新雕刻四块，这样字数正好。在第三种《春秋例要》眉批中，纪晓岚题有"共成四页"，与此意同。这是纪晓岚针对《总目》收录宋崔子方所撰三种书的总页数说的话，亦即从第一种到第三种，共计四页。纪晓岚在前后各说一句这样的话，起到了前后呼应的作用，让以后负责雕版工作者知道这个意思。

例二：《四库全书总目》卷二十七经部二十七春秋类二《春秋本例》

《春秋本例》二十卷　内府藏本

宋崔子方撰。是书大旨，以为圣人之书，编年以为体，举时以为名，著日月以为例。而日月之例，又其本，故曰"本例"。凡一十六门，皆以日、月、时推之，而分著例、变例二则。州分部居，自成条理。考《公羊》《榖梁》二传，专以日、月为例，固有穿凿破碎之病。然经书"公子益师卒"，《左传》称"公不与小殓，故不书日"，则日、月为例，已在二传之前，疑其时去圣未远，必有所受，但予夺笔削，寓义宏深，日月特其中之一例。故二家所说，时亦有合。而推之以概全经，则支离辕辕，而不可以尽通。至于必不可通，于是乎委曲迁就，而变例生焉，此非以日月为例之过，而全以日月为例之过也。亦犹《易》有互体，未尝非取象之一义。故《系辞》称"杂物撰德，辨是与非，则非其中爻不备"。然使必卦卦以互体求象，则牵合穿凿，其说遂至于难通。王弼注《易》，一扫互体，啖助、赵匡说《春秋》，亦一扫诸例而空之，岂非有激而然乎？子方此书，陈振孙《书录解题》称"其学辨正三传之是非，而专以日月为例，则正蹈其失而不悟"，所论甚允。然依据旧传，虽嫌墨守，要犹愈于放言高论，逞私臆而乱圣经。说《春秋》者古来有此一家，今亦未能遽废焉。

这条提要，纪晓岚有二处改动：

其一：纪晓岚对提要正文进行了较多的改动。

其二：纪晓岚在正文改动的眉端，题"匀出一行"四字。

我们对纪晓岚这二处改动的地方作如下分析。这条提要，经过了纪晓岚增删，正文字数出现了明显变化，增加了"可以""乎""而""有""故《系辞》称'杂物撰德，辨是与非，则非其中爻不备'""然使""牵合""其说""至于难通。王弼注《易》，一扫互体，啖助、赵匡说《春秋》，亦"，凡50字；删掉了"甚耳啖助、赵匡""如王弼之弃象易言"，凡14字。统计增删字数的结果是这样的：纪晓岚删14字，增50字，比原稿多出了36字。这部稿本行格字数的标准是：每半叶9行，每行21字。由于正文每行均低2格，实为每行19字。多出的36字，应该是2行文字之合。

纪晓岚经过增改后，知道多出的字数，所以在眉端先题"匀出二行"。旋即把这个"二行"的"二"字，涂改成了"一"字，而成"匀出一行"。"一"字涂得很宽，是为确证。在此修改位置"匀出一行"，那么还有"一行"，应该放在哪里？

原来，本文的最后一行，只有"遽废焉"3个字。这样，在前面"匀出一行"之后，依次往后移位，推到最后，就与最后一行的文字合流了，实际上并没有多占一行。这是纪晓岚改"二"为"一"的直接原因。

例三：《四库全书总目》卷二十七经部二十七春秋类二《春秋例要》

《春秋例要》一卷　永乐大典本

宋崔子方撰。考《宋史·艺文志》载："子方《春秋经解》十二卷，《本例例要》二十卷。"以《本例》《例要》统为卷数，知子方所著原本，此书与《本例》合并为一矣。朱彝尊《经义考》称"《本例例要》二十卷并存"，亦未为分析。今通志堂所刊之《本例》，则析《目录》别为一卷，以足二十卷之数，而《例要》阙焉。盖传写者佚其《例要》一卷，后来遂误以《本例·目录》为《例要》，而不知其别有一篇。彝尊所见，当即此本，故误注为"并存"也。今考《永乐大典》，尚多载其原文，虽分析为数十百条，系于各字之下，而寻其端绪，尚可相属，较通志堂本所载《目录》，一字不同，灼然知通志堂本为不全之帙。谨编缀前后，略依《本例》次序，排纂成编，以还子方所著三书之旧焉。

这条提要，纪晓岚有三处修改的地方。

其一是正文，改动的地方较多。

其二是"勾画"。由于这条提要删改的地方太多，纪晓岚原拟撤掉此条，故用墨笔在书名之前和正文最后进行了一个"勾画"，又在版本项"永乐大典本"之下题"扣除"二字。

其三是眉端题字。纪晓岚用墨笔在眉端题"匀出一行，共成四页零二行。与刻板合缝，只消挖板心一卷，不必全刻矣"一句话。

笔者对这三处修改的地方，作如下解读：

其一是正文。纪晓岚增删的文字，笔者做了统计。其中纪晓岚增加了"载""以《本例》《例要》统为卷数""为一""二""亦未为分析""所""传写者佚其《例要》一卷，后来遂误以""当""故误注为""尚多""其原文""寻其端绪""通志堂本为不全之帙"；纪晓岚删掉了"而""行""误以""恐""为""其曰""亦误注""所""裒辑其文""为刊刻之误"。纪晓岚增删文字的统计结果是：增加55字，删掉21字，多出了34字。稿本的行款格式，正文每行实际是19字。这多出的34字，实际上应该是占一行又15字。

本提要正文的最后一行是"旧焉"2个字。这样余出的15字往后推移，到达正文最后一行，与"旧焉"2个字合流就可以了，并没有多占一行。实际上是多出了一行，故纪晓岚在眉端题"匀出一行"，就是这个意思。

其二是"勾画"。由于这条提要删改的地方太多，纪晓岚原拟撤掉此条，故用墨笔在书名之前和正文最后进行了一个"勾画"，又在版本项"永乐大典本"之下题"扣除"二字。按照纪晓岚删改惯例，凡经"勾画"者，均题"扣除"二字，必须删掉。后来纪晓岚又在书名前标出"△"符号，又将"扣除"二字用墨笔涂掉，示意此条予以保留。于是乎保住了这条提要。

其三是眉端题字。纪晓岚用墨笔在眉端题"匀出一行，共成四页零二行。与刻板合缝，只消挖板心一卷，不必全刻矣"一句话。这里提到了几个关键词："匀出一行"，我们在上文已经做了统计，即多出了一行；"共成四页零二行，与刻板合缝"，这句话与第一条眉批相吻合，指的是三书合计四页。这样增删文字，恰与"刻板"文字多少正合。"只消挖板心一卷，不必全刻矣"一句话是专指这四块雕版说的。亦即这四块雕版文字，包括了崔子方撰写的《春秋经传》《春秋本例》《春秋例要》三书。崔子方三书收录在《总目》卷二十七，春秋类二。对《总目》整个卷二十七来说，由于崔子方三书改动的地方很多，本卷前后其他提要没有这样改动的，所以，只要把崔子方三书的这四块雕版重新刻好就成了，需要做的只是把板心卷数进行挖改即可，不必把整个"卷二十七"全部重刻。

例四：《四库全书总目》卷一百三十五子部四十五类书类一《小名录》

《小名录》二卷　两江总督采进本

唐陆龟蒙撰。龟蒙有《耒耜经》，已著录。是书所载皆古人小名，始于秦，终于南北朝。赵希弁《郡斋读书后志》作三卷，此本仅二卷。希弁称其神仙玉女之名、妇人臧获之字亦无弃焉，此本亦但有妇人臧获之字，而无神仙玉女之名，又称其自秦至隋，而此本无隋人，殆非完书矣。所记颇为丛脞，如秦二世名胡亥、汉光武帝名秀之类，皆非小名。王戎称阿戎、王僧谦称阿谦，不过如吕蒙之称阿蒙、崔鸿之称阿鸿、王平子之称阿平，亦不过如米元章之称阿章，皆即其名字以示亲昵，均不当在小名之列。至于匡衡小名为鼎，出自《西京杂记》，颜师古注《汉书》，已深驳之。龟蒙仍祖其说，殊为不考。又此书本旨为记小名，因小名而引及事实，已为枝蔓。如谢朗、王恭、王修之类，至于叠出不已，于体例亦颇有乖。王楙《野客丛书》称《唐·艺文志》《崇文总目》皆有陆龟蒙《小名录》五卷，恨不得见之。楘博极群书，而其言如此。或原本散佚，后人以意补缀，托之龟蒙欤？然唐人著述，传世日稀。龟蒙此编，虽未能信其必真，亦无以断其必伪。相承已久，备古书之一种可矣。

这条提要，纪晓岚有二处修改：

其一，改动正文。稿本提要正文，原有"亦不过如"四字，后纪晓岚用墨笔删之。旋又在旁边补上了"亦不过如"四字。

其二，纪晓岚另在眉端，题写"三人皆本书所有，其米元章乃引作此例，故云'亦不过如'。今删此四字，是唐人书中乃载宋人矣。刻正本时，切记仍补此四字"一句。

我们对纪晓岚这二处改动的地方作如下分析。纪晓岚先删"亦不过如"四字，后又补上了"亦不过如"四字。进而又一再强调"刻正本时，切记仍补此四字"。这里说的"刻正本"，应该是明指依据这个稿本刊印武英殿本《四库全书总目》。

例五：《四库全书总目》卷一百三十五子部四十五类书类一《小字录》

《小字录》一卷　江苏巡抚采进本

宋陈思撰。思有《宝刻丛编》，已著录。是书因陆龟蒙《侍儿小名录》而稍加推广，集历代史传所载小字，以为一编。明沈宏正为刊行之。思病龟蒙之书丛杂无绪，故条分缕析，先列历代帝王，而自汉以后诸臣则案代胪载，较龟蒙书为有条理。然如北周晋公宇文护，小字萨保，见于本传，而此顾遗之，则亦不免于漏略。特以其搜罗旧籍，十得七八，亦足以备检寻。故录存之，为识小之一助焉。

这条提要，纪晓岚修改处较多，盖有四种类型：

其一，删掉文字；其二，增加文字；其三，修改文字；其四，眉端题字。

我们对纪晓岚这四种类型的改动作如下分析。

即纪晓岚增加了"是""明沈""为"，凡4字；

纪晓岚删掉了"补录六卷""补录明沈宏正撰""宏正字公路，松江人。思""又以思原本未备，续为增辑，与思书合"，凡35字。

纪晓岚修改了一句，由原稿"至宏正所编，虽校详悉，而征引又失之太繁。中间如辽金诸臣,所载小字,皆不知音译,踵谬沿讹,亦多不足依据。特以千人相续,搜罗旧籍,所陈十得七八,亦足以备检寻。故并录存之,为识小之一助焉"一句77字,缩短为"特以其搜罗旧籍,十得七八,亦足以备检寻。故录存之,为识小之一助焉"28字,减少了49字。

纪晓岚于稿本的眉端,题写"补录因所载金元人名不确,当日近已译改。已经扣除未写。提要依删本誊刻"一句。

这条提要,纪晓岚增删较多。特别是纪晓岚在眉端所题又因"所载金元人名不确","已经扣除未写",进而强调,要将这条已经"扣除未写"的提要,"依删本誊刻"。这句眉批,说的话再清楚不过了,就是要把这条已经"扣除未写"的提要,依据纪晓岚删改本,也就是这部稿本进行誊录刊刻。

结论:以上是我们举出的五个例子。在稿本《总目》中,凡经纪晓岚用墨笔删掉的文字,均不见于殿本《总目》;凡经纪晓岚用墨笔增加的文字,以及经纪晓岚用墨笔改写后的文字,均见于殿本《总目》。稿本《总目》具与殿本《总目》合。又,在稿本《总目》中,凡经纪晓岚用墨笔删掉、增加和改写的文字,一般均不见于浙本、粤本《总目》。纪晓岚批改文字,其核心内容是修改斯稿,以此为据,雕刻《总目》印版。亦即以这部稿本《总目》为依据,进行刊刻,使之成为刻本《总目》。清宫当时负责刊刻《总目》者,是武英殿。所以说,天津图书馆珍藏的这部稿本《总目》,应该是武英殿刊本《总目》所依据的底本。

(载《历史文献论坛》第一辑,2014年7月国家图书馆出版社出版)

与清宫《四库全书》有关的十四种典籍介绍

——以天津图书馆藏品为例

【摘要】 本文从版本特征和内容校改等几个方面,介绍天津图书馆收藏的与《四库全书》有关14种古籍,旨在为四库学研究者提供资料。包括:纪晓岚批校稿本《四库全书总目》、文溯阁本《四库全书总目》、纪晓岚缮写进呈本《四库全书简明目录》、文渊阁四库全书缮写稿本《公是集》、文津阁四库全书本(也称四库撤毁本)《闽小纪》、疑文澜阁四库全书本《青崖集》、四库全书底本《五代名画补遗》、四库全书底本《徐文靖公谦斋文录》、文澜阁抄配底本《北游漫稿》、四库全书缮写稿本《大清一统志》、四库全书进呈本《貂珰史鉴》、四库全书进呈本《续修严州府志》、四库全书进呈本《鲁诗世学》和清传抄四库全书本《灵棋经》。

【关键词】《四库全书》　天津图书馆　四库馆臣

一、《四库全书总目》二〇〇卷　纪晓岚批校稿本　残存六〇册、七一卷

每半叶9行,行21字,四周双边,朱丝栏。上书口题"钦定四库全书总目",鱼尾下题部类名和卷数,下书口题页码。版框高21.7厘米,宽15.5厘米。线装(白纸书衣)。个别册内夹有长形黄绫书签和方形封面目录题签。正文句读钤印朱圈。残存60册、71卷。存卷计:3、6～8、10～14、16、23、24、26～28、37、44、48～51、53～55、74、75、77、118～124、130～139、148、149、151、152、160～164、168、171、178、180～185、188～196,余卷缺,凡129卷。

这个津图藏本是一部《四库全书总目》残存稿本。正文中挖补、批校等处甚多,大致包括以下几个方面:第一方面,是改写提要内容。采取两种办法:其一是挖补法,需改写的内容或一句,或一段,或全篇,先将其用裁刀割掉,后将改写好的内容写在相同朱丝栏纸上,再贴到空缺处;其二是径改法,用墨笔在原文上进行

改写。第二方面，是改正提要讹字。采取两种办法：其一圈改法，用墨笔将讹字圈掉，旁注正字；其二眉批法，除将讹字圈掉外，另在眉端写上批语。第三方面，是调整提要次序。采取两种办法：其一径改法，用墨笔在原文上进行说明，指出此书需调到某处；其二签条法，用黄纸签条写明调整后提要的次序，命照式调整。第四方面，是笔削有问题提要。其一属于违碍书的提要，包括周亮工等人的著作提要；其二属于无价值书的提要。削去的提要共有7篇，计：

1.《凤洲纲鉴》提要

《凤洲纲鉴》二十四卷，内府藏本，旧本题明王世贞撰。见纪批残稿《总目》卷四八史部四编年类存目第25页。

2.《书影》提要

清周亮工撰。见纪批残稿《总目》卷一二三子部三三杂家类七第31页。此文先见1965年中华书局版《四库全书总目》（下同）书后附录"四库撤毁书提要"中。

3.《云栖诗集》提要

《云栖诗集》一卷，浙江巡抚采进本，宋释永颐撰。见纪批残稿《总目》卷一六三集部一六别集类一六第4页。

4.《菊山清隽集》提要

《菊山清隽集》一卷，附《题画诗》一卷，《锦钱集》一卷，《杂文》一卷，江苏巡抚采进本。宋郑震撰。见纪批残稿《总目》卷一六四集部一七别集类一七第15页。

5.《赖古堂诗集》提要

《赖古堂诗集》四卷，江西巡抚采进本。国朝周亮工撰。见纪批残稿《总目》卷一八一集部三四别集类存目八第8页。

6.《问山诗集》提要

《问山诗集》十卷，《文集》八卷，《紫云词》一卷，两淮马欲家藏本，国朝丁炜撰。见纪批残稿《总目》卷一八四集部三七别集类存目一一第3页。

7.《新安二布衣诗》提要

《新安二布衣诗》八卷，浙江巡抚采进本。国朝王士祯编。见纪批残稿《总目》卷一九四集部四七总集类存目四第14页。

以上7篇提要，均不见《四库全书总目》。据《纂修四库全书档案》知，当时乾隆皇帝命馆臣依据《四库全书总目》稿本，付诸梨枣，刊成刻本，分储北四阁。在本稿本纪晓岚批语中，明确提到此事。如卷二七"春秋经解"条，眉批"照此本改刻四页"。如卷一三五"小名录"条，眉批"刻正本时切记仍补此四字"。今北四阁中，仅存的文渊阁、文津阁和文溯阁本《四库全书》中，其《总目》均是刻本。这部残存稿本，由于书中有纪晓岚墨笔批语，从中可以得知《总目》编纂过程的详细情况，所以在四库学研究中具有重要价值。

2011年3月，国家图书馆出版社据此影印出版，题名《纪晓岚删定四库全书总目稿本》，精装9册。

二、《四库全书总目》二〇〇卷 文溯阁本 残存八八册、一四三卷

每半叶9行，行21字，白口，四周双边，红格。上书口题"钦定四库全书总目"，鱼尾下题部类名和卷数，下书口题页码。版框高22.3厘米，宽15.5厘米。线装（白纸书衣）。个别册书衣有长形黄纸书签和方形封面目录题签的粘贴撕掉痕迹。每册卷端钤"文溯阁宝"朱文大方印，每册卷末钤"乾隆御览之宝"朱文方印。存88册，143卷。存卷计：1~33、35、36、38～41、43～47、50～80、82～90、124～129、136、137、146～151、156～174、177～200。其余卷缺，凡57卷。

这个津图藏本是一部文溯阁《四库全书总目》的残存稿本。正文中偶有挖补处，无馆臣批校文字。此本需要说明的地方是改写提要内容。馆臣将需要改写的内容或一句，或一段，或全篇，先将其用裁刀割掉，后将改写好的内容写在相同朱丝栏纸上，再贴到空缺处。改写后的文字取校殿本《四库全书总目》，两本几乎完全一样。

这部文溯阁本《四库全书总目》残存本，由于书中偶有挖补处，我们从中可以看出《总目》在编纂过程的一些细节，在四库学研究中具有重要价值，又由于这是文溯阁本《四库全书总目》的硕果仅存残卷，弥足珍贵。

在津图藏本中，其卷八十八（第54册）是黄卷包背原装，虽仅存一册，但足以证明《四库全书总目》曾是完整一套，由于在编纂《四库全书》时，不断改动，致使《总目》也跟着改动，最终导致《四库全书总目》成为"未成稿"。传世的津图藏本可以说明这一点。

三、《四库全书简明目录》二○卷　纪晓岚缮写进呈本　残存六卷六册

每半叶9行，行16字，白口（无字），四周单边，有细栏格。巾箱本，书品高11.6厘米，宽8.7厘米；版框高8.6厘米，宽7.3厘米。线装。土黄封面，手绘云形图案书签，内题"钦定四库全书简明目录子部"，封面并有类名题签。黄绫包角。函套用料为朱底金黄龙形图案绫子，大红色别字。函套外由后人配一樟木小盒，盖镌"纪文达公敬书恭进子部全集"。

津图藏本为子部，凡六卷：卷九至十四。首册卷端题"钦定四库全书简明目录卷九子部一儒家类一"，末册卷端题"钦定四库全书简明目录卷十四子部十一类书类"。每册最后一行题"纂修官侍讲学士臣纪昀恭书"。每册卷端均钤"乾隆御览之宝"朱文椭圆印，每册卷末均钤"古稀天子"朱文圆印。正文端楷书，纸白墨黑，展卷自有惊人之处，堪称精美无双。

四、《公是集》五十四卷　文渊阁四库全书缮写稿本

宋刘敞撰　二十二册

每半叶8行，行21字，白口，四周双边，红格。上书口题"钦定四库全书"。眉端有馆臣签批。

《四库全书总目》卷一五三集部别集类六（1316页）著录，云：是书久佚，"唯《永乐大典》所载颇富，今裒辑排次，厘为五十四卷"。据此知，是书佚亡已久，清乾隆时馆臣从《永乐大典》书中辑出，世称永乐大典本。

津图藏本最为难得之处在于眉端保存当时四库馆臣批校签语。展卷可见批校无处不有。每条批校均工笔书写于黄纸条上，粘贴整齐。今取校是书的文渊阁《四库全书》本，校文具改，据此推知，津图藏本是文渊阁《四库全书》本正式抄录时所依据的本子，故名之曰文渊阁四库全书缮写稿本。

五、《闽小纪》四卷　文津阁四库全书本（也称四库撤毁本）

清周亮工撰　二册

每半叶 8 行，行 21 字，白口，四周双边，红格。卷端眉间钤"文津阁宝"朱文大方印，末钤"避暑山庄"朱文大方印。

《四库全书总目》书后附录《四库撤毁书提要》（1840 页）载是书云："亮工字元亮，号栎园，祥符人，明崇祯庚辰进士，授潍县知县，入国朝官至户部右侍郎，以事革职，终于江南督粮道。是编乃其官福建布政使时所作，多述其地物产民风、亦兼及遗闻琐事与诗话之类。叙述颇为雅令，时时参以议论，亦有名俊之风。多可以为助谈。……书中所记，不名一格，宜入之于杂家，而自始至末，皆谈闽事，究为方志之支流，故附地理类焉。"

清乾隆五十二年（1787），清朝政府发现收入《四库全书》中的明李清《诸史同异录》一书有诋毁清朝统治的字句，于是又派人重新检查收入的书，就把李清的其他几种著作，像《南北史合注》《南唐书合订》《列代不知姓名录》，以及周亮工的《读画录》《书影》《闽小纪》《印人传》《同书》，吴其贞的《书画记》，潘柽章的《国史考异》等撤毁，并把这十一种书的提要也从《四库全书总目》中撤出。所以，在《四库全书总目》正文中没有这十一种书的提要。中华书局整理出版《四库全书总目》时，从故宫博物院中把收藏的《南北史合注》等九份提要副本（缺《诸史同异录》和《同书》二种）作为附录补在《四库全书总目》后面，题为《四库撤毁书提要》。

据此知道，本馆所藏的这部《闽小记》，原是文津阁《四库全书》中的一本。馆臣从文津阁《四库全书》中将此书撤出。幸好此书未被销毁。此书装帧、开本尺寸与现在国家图书馆收藏的文津阁本《四库全书》完全一样，是一只离群孤雁。今称之为文津阁四库全书本，也称四库撤毁本。

六、《青崖集》五卷　疑文澜阁四库全书本

元魏初撰　二册

每半叶 8 行，行 21 字，白口，四周双边，红格。上书口题"钦定四库全书"，卷首钤"古稀天子之宝"朱文大方印，卷末有"乾隆御览之宝"朱大方印。

《四库全书总目》卷一六六集部别集类十九（1430 页）著录，云："初，字太初，号青崖。宏州顺圣人。……官至南台御使中丞。事迹具《元史·本传》。焦循《经籍志》载魏初《青崖集》十卷，《文渊阁书目》亦载魏太初《青崖文集》一

部七册,是明初原集尚存,其后乃渐就亡佚。今从《永乐大典》所载诗文,搜辑裒缀,厘为五卷,犹可见其崖略。"

津图藏本于卷首、卷末仅钤有乾隆皇帝的两方玺印,而无阁章。据印判断疑为南三阁故物。又此本曾遭水湿,书页有发霉破损痕迹。据载,杭州"文澜阁"既遭水患,又遭兵劫,阁书散逸甚多。而文汇、文宗二阁曾遭灭顶之灾,毁于战火。是书或为文澜阁劫后尚存之物,姑称之曰文澜阁四库全书本。

七、《五代名画补遗》一卷 四库全书底本

宋刘道醇撰 明毛氏汲古阁影宋钞本一册 经折装

每半叶11行,20字,白口,左右双栏。版心题"画补遗"。书中钤印甚多,主要有"宋本""甲""开卷一乐""汲古主人""毛晋私印""信天庐""蛾木斋""赵氏书印""希初眼福""槜李曹溶""心同太虚""大兴厉守谦藏书"以及"翰林院印"满汉朱文大方印等。叶德辉《书林清话》卷七:"毛氏于宋元刊本之精者,以宋本、元本椭圆式印别之,又以甲字印钤于首。其余藏印曰……开卷一乐、汲古主人。"明时毛晋汲古阁藏书、刻书有名天下,出善价广收珍本秘籍,当时流行"三百六十行生意,不如鬻书于毛晋"这样一句话,成为书林佳话。其刻书尤以影刊宋本为特色。所倩良工,技艺过人,所刻之书几达乱真程度,仅下宋本一等。此为毛晋影刊宋本之代表作。

书前有嘉祐四年颍川陈洵直序。全书类分人物、山水、走兽、花竹翎毛、屋木、塑作和雕木七门。收五代时画人24位。每人各叙小传,以述其绘事。

此书收入《四库全书》。《四库全书总目》卷一一二子部艺术类一(955页)著录,称刘道醇,宋大梁人,不知其任履。又云:"考晁公武《读书志》曰:《五代名画补遗》一卷,皇朝刘道醇纂。符嘉应撰序云:胡峤尝作《梁朝名画录》,因广之,故曰《补遗》。……此本为毛晋汲古阁影摹宋刻,楮墨精好,纤毫无缺。"

津图所藏此本,钤有明毛氏汲古阁诸印和"翰林院印"满汉朱文大方印,又与《四库全书总目》著录合,是四库所据之底本无疑,故称之曰四库全书底本。

特别值得注意的地方是,此本钤大兴厉守谦藏书印。厉守谦当时在朝中任翰林院编修,是四库馆臣之一,参与编纂《四库全书》。(在"乾隆四十七年七月十九日奉旨开列办理《四库全书》在事诸臣职名"中有厉守谦的衔名)津图所藏此本,

曾经厉守谦旧藏，据此推知，此本由厉氏携出宫中的可能性最大。

八、《徐文靖公谦斋文录》四卷　四库全书底本

明徐溥撰　明徐文相、徐文烱辑　明嘉靖刻本　四册

每半叶10行，行20字，白口，左右双边。首载朱希周序。钤"一六渊海"朱文方印。

《四库全书总目》卷一七〇集部别集类二三（1489页）著录，题《谦斋文录》四卷，云："溥字时用，宜兴人。景泰甲戌进士。官至华盖殿大学士。谥文靖。事迹具《明史》本传。……至其他作则颇多应俗之文，结体亦嫌平衍。……是文章不如气量，当时已有公评。"

津图藏本曾经馆臣墨笔圈画批改。其中，有改格式者，用"○"表示，如卷一卷端"廷试策一道"，馆臣于"廷"上加"○○○"，表示抄写时，须空三格；有改篇名者，如卷二"某再拜"，馆臣改为"简赵年兄都宪"；有改讹字者，如卷二"重修毗陵志后序"条，有"则有非国语瑕谨书者矣"句，馆臣将"谨"圈掉，改成"汉"字，并于眉端批语云"瑕《汉书》，讹谨字。按：《唐书·王勃传》，勃九岁得颜师古《汉书》读之，作指瑕，以摘其失。谨据改正"；有改内容者，如卷二"会试录序"，原文"自故夷狄乱华，类□偏安。唯元越天地之界限，以夷并华，殆将百□，其气化之衰日久。自□□以来□□也"，馆臣改为"自古赵宋南渡后，局于偏安，其间虽天地生才，未尝或息。然历数百□，欲求其朝廷雍熙人才，后先奔走，未有也"；有调次序者，如卷二末"送吴甥吉士男归诗引"条，馆臣从卷二目录中圈掉，改写在卷三目录第一篇；有删全文者，如卷四"故太子太保吏部尚书赠特进荣禄大夫太保文恪耿公神道碑铭"条，馆臣用红笔将全文括上，同眉批"此铭不必写"一句。依津图藏本取校是书的文渊阁《四库全书》影印本，悉同本书馆臣所改者。据此得知，本书是《四库全书》所依据的底本，故称之曰四库全书底本。

津图所藏此本，既未钤翰林院印，又未盖进呈书木记。大概津图藏本的这种情况，也属于一个类型。

九、《北游漫稿》三卷　文澜阁抄配底本

明郑若庸撰　汪良迪辑　明隆庆三年汪良迪刻本

每半叶9行，行18字，白口，左右双边，版心下镌"崔仲臣刊""臣""沈都刻"等刻工名。首钤"四库附存"朱文长方印，"嘉惠堂丁氏藏书之印"双龙戏珠朱文方印。

《四库全书总目》卷一七八集部别集类存目五（1605页）著录《北游漫稿》二卷，此为若庸诗稿。津图所藏此本，为若庸文稿，凡三卷，计卷上收序，卷中收记、碑、墓志铭、祭文，卷下收传、杂著，末附赠文。若庸实有诗稿二卷，文稿三卷，与辑刻者良迪在是书《后跋》中称将郑氏"诗歌杂文列为五卷，汇而刻之"正合。

今诗稿二卷，上海图书馆藏一抄本。文稿三卷，为津图独藏，为馆臣未曾寓目者，故《四库》未能收入，可见乾隆修《四库》时文稿三卷已流传稀少。亦未见《明史·艺文志》著录。此本乃以原刻孤本存世，洵为秘籍。

杭州文澜阁《四库》遭兵火劫掠后，嘉惠堂丁氏目睹其状，痛心不已。以自己珍藏的四部群书，又四处访求抄校刻本，据以补抄，竟然把文澜阁《四库》残缺本子补配完整。此本钤丁氏"四库附存"印，当是丁氏补抄文澜阁《四库》时所用的本子。故称之曰文澜阁抄配底本。

十、《大清一统志》五〇〇卷　四库全书缮写稿本　残存一册

每半叶10行，行21字，小字双行字同。黄格。上书口题"钦定四库全书"。版框高21.5厘米，宽15.4厘米。存一册，为凉州府志。卷端首行题"钦定四库全书"，次行题"大清一统志卷"，第三行题凉州府。钤"三残书屋"朱文方印、"任氏振采"朱文方印。二方印记均是著名方志收藏家任凤苞先生的藏书印，据印得知，此为任氏天春园故物。1952年任凤苞先生将此书捐赠天津图书馆。

内容包括分野、建置、形势、风俗、城池、学校、户口、田赋、山川、古迹、关隘、津梁石桥、陵墓、祠庙、寺观、名宦、流寓、烈女、仙释、土产。正文内容有四库馆臣墨笔圈画手迹，天头眉端有四库馆臣黄签批语，合计十余处。其中有衍文夺字者增删之，如"姑臧南山"条，有"山脉皆连亘，多互称故。杜佑《通典》白曰自张掖"文句。馆臣在天头眉端批云："亘字下失'名'字，典字下多'白'

字，应添改。"有重抄者删之，如"分水岭"条，有"岭在平番县西一百三十五里，岭峤有分水流，南为庄浪水，北为古浪水"一句。其文字与前文一样，属于重抄，馆臣把这段文字用"（）"括之，表示删掉。有讹字者改之，如"逆水"条，有"金虽不入湟河"句。馆臣将"金"字圈掉，旁改"今"字。

《大清一统志》之编纂，始于康熙皇帝，因卷帙繁重，久而未成。雍正朝继之，到了乾隆九年，次第告竣，凡 356 卷，刊刻行世，这是此书最早刻本。乾隆二十九年，奉敕重修此书，凡 500 卷。此本后入四库，充为四库本。今馆藏一册，即是四库本散出之零种。乾隆五十五年，大臣和珅等奉敕重修，凡 424 卷。道光时又有新修 560 卷一部。今观各本，互有异同，互为补充。今取校清乾隆九年最早刻本，悉同本册所改者，知是四库本所从出者。

十一、《貂珰史鉴》四卷 四库全书进呈本

明张世则撰 明刻本 存卷一 一册

每半叶九行，行 21 字，下黑口，四周双边。书中无馆臣校改处。

书衣钤朱文长方大木记四行："乾隆三十八年十一月浙江巡/抚三宝送到汪启淑家藏/貂珰史鉴一部/计书肆本。"木记尺寸：高 10 厘米，宽 6.2 厘米。

于卷前《凡例》首叶正中上栏处钤"翰林院印"满汉朱文大方印。印章尺寸：高 10.4 厘米，宽 10.4 厘米。

《四库全书总目》卷六二史部传记类存目四著录。是书仅列存目，而未收入《四库全书》。

检《浙江省第四次汪启淑家呈送书目》（计共 524 种）记载："《貂珰史鉴》四卷，明张世则辑，四本。"与本馆藏本正合。一般来讲，作为四库底本，需要具备三个条件：一是在书衣处钤朱文长方大木记四行，一是在卷端等书中钤"翰林院印"满汉朱文大方印，一是收入《四库全书》中。

津图藏本，《四库全书总目》著录仅列存目，而没有收入《四库全书》中，故称之为四库全书进呈本。

十二、《续修严州府志》 四库全书进呈本

首载《续修严州府志》序,其第一叶上栏处钤"翰林院印"满汉朱文大方印。

于书衣处钤朱文长方大木记四行:"乾隆三十八年十月两 / 淮盐政李质颖送到 / 万历严州府志壹部 / 计书叁拾贰本。"

津图藏本,《四库全书总目》未著录,没有收入《四库全书》中,故称之为四库全书进呈本。

十三、《鲁诗世学》三十二卷 四库全书进呈本

明丰坊撰 清沈修能抄本 六册

每半叶9行,行18字。

于卷前序首叶上栏处钤"翰林院印"满汉朱文大方印。

又于书衣处钤朱文长方大木记四行:"乾隆三十八年四月两淮 / 盐政李质颖送到马裕家 / 鲁诗世学壹部 / 计书六本。"

《四库全书总目》卷一七经部诗类存目一(139页)著录,题"两淮马裕家藏本",与津图藏本正合。又评是书云:"其书变乱经文,诋毁旧说,极为妄诞。"故将是书列入存目。

津图藏本,仅《四库全书总目》著录,而没有收入《四库全书》中,故称之为四库全书进呈本。

十四、《灵棋经》二卷 清传抄四库全书本

旧题汉东方溯撰 清樊献科批校

每半叶8行,行21字。首载是书的《钦定四库全书》提要一篇。于卷首刘基序后,有樊献科批校识语,云用明冯舜渔校本和自抄本两个本子合校这部清传抄四库全书本,发现互有异同,"余将付梓,乃以两本参酌,善而从焉"。

《四库全书总目》卷一〇九子部艺术类二(923页)著录。

津图所藏本,行款格式悉尊《四库全书》,是依据《四库全书》本抄出的,故称之曰清传抄四库全书本。又经樊献科批校,发现津图所藏本有不少讹误之处。这

既说明了钦定《四库全书》本存在讹误问题，又说明了传抄《四库全书》本更有讹误问题。

（载故宫博物院编《第一届清宫典籍国际研讨会论文集》，2014年5月故宫出版社出版）

谈各本《四库全书》卷前提要的出版价值

《四库全书》是我国古代规模最大、卷帙最多的一部综合性丛书。它沿用唐代四库的名称，以经、史、子、集为四部，共收录图书三千四百七十种（计：经部六百九十五部，史部五百六十三部，子部九百三十部，集部一千二百八十二部），保存了清代乾隆朝以前的重要典籍，是我国古籍思想文化遗产的重要组成部分。《四库全书》的纂修，经历了一个相当繁复的过程。从乾隆三十七年（1772）正月乾隆帝谕令各地征集遗书开始，于翌年二月设立四库全书馆，直至乾隆四十六年（1781）十二月第一部《四库全书》纂修缮写完毕，贮于紫禁城文渊阁，历时十年。其后，第二、三、四部《全书》相继于乾隆四十七、四十八、四十九年缮竣，分贮于盛京文溯阁、圆明园文源阁、承德避暑山庄文津阁。以上是为北四阁《全书》。乾隆四十七年（1782）七月，乾隆帝又谕令续缮《全书》三部，分贮于扬州大观堂文汇阁、镇江金山寺文宗阁、杭州圣因寺文澜阁，直至乾隆五十二年（1787）告竣，历时七年。以上是为南三阁《全书》。在七部《全书》完竣之后，根据乾隆帝的谕旨，又进行了全面覆校、审阅，期间时有"添改抽挖"等情况发生。

《四库全书总目》（本文简称："总目提要"）是伴随着《四库全书》的纂修而产生的，由总纂官纪昀等人主持完成。这部"总目提要"凡二百卷，对《四库全书》收录的和没有收录而仅存其目的历代古籍，合计一万零二百二十三种古籍，都撰写了内容提要，逐一进行介绍和评价，"凡六经传注之得失，诸史记载之异同，子、集之支分派别，罔不抉奥提纲，溯源彻委"（阮元《研经室三集·纪文达公集序》），在古典目录学领域取得了具有里程碑意义的研究成果。

"卷前提要"，指在《四库全书》中，于每一种书的前面所冠有的提要。人们对这种提要的称呼不一：除称"卷前提要"外，又名"原本提要"、或曰"阁书提要"。所谓"卷前提要"，强调"提要"所在一书的部位，即卷之前面；所谓"原本提要"，强调单本书所载的提要，即每一部书载有的提要；所谓"阁书提要"，强调各阁《四库全书》中载有的提要。三者名异而实同，都是针对"总目提要"说的。除了"总目提要"和"卷前提要"外，还有一种提要，学界称之为"原撰提要"。这是馆臣参加《四库全书》纂修时负责撰写的提要。

我们可以把以上三种类型的提要，按照其产生的时间先后，作一排序：初期出现的，是由馆臣撰写的"原撰提要"，中期是由誊录生抄写而成的、冠于阁本之前的"卷前提要"，后期是由总纂官纪昀等总其成，经文字润饰后形成的"总目提要"。这三种类型提要之间，有着密不可分的内在关系。搞清楚他们之间的关系，是四库学研究的重要课题。

最早发现"卷前提要"和"总目提要"存在异同问题的是陈垣先生。1920年陈垣先生勘查文津阁《四库全书》，最早发现"卷前提要"和通行本《四库全书总目》有互异之处。后与阚铎、陶湘、尹炎武诸学者共同发表《影印四库全书原本提要缘起》一文（载《中华图书馆协会会报》3卷3期，民国十六年），文中提出了将"卷前提要"单独抽出，进行影印，据此与"总目提要"进行比对，以满足学者研究需要的倡议，并提出了影印"卷前提要"有"七善"的见解。陈垣先生成为第一位倡议影印"卷前提要"的学者。这个建议后来因诸多原因未能付诸实施。

民国二十四年（1935），金毓黻先生将文溯阁本《四库全书》"卷前提要"，逐一抽出，用铅字排印，由辽海书社出版，成为第一部《四库全书》的"卷前提要"。这部"卷前提要"，一直以来成为研究四库学的重要基础文献。1999年辽宁省图书馆又将这部辽海书社出版的文溯阁本《四库全书》"卷前提要"交付中华全国图书馆文献缩微复制中心重新影印。书后还编制了包括书名和作者在内的"综合索引"，甚便检阅。主其事者王清原和韩锡铎先生寄赠一部，成为自己案头经常翻检之书。

2003年卢仁龙先生有影印出版文津阁本《四库全书》之举。与此同时，卢先生还将文津阁本《四库全书》的"卷前提要"逐一抽出，将原版排成上下双栏后，影印出版。此书是继金氏文溯阁本《四库全书》"卷前提要"之后，第二部《四库全书》"卷前提要"。作为学友，卢仁龙先生将一部刚刚出版的文溯阁本《四库全书》"卷前提要"出版物相赠。自己又得一部四库学重要的工具书。

近年来，台湾影印出版了文渊阁本《四库全书》，这就为抽出、整理、影印出版该书的"卷前提要"，提供了前提条件。2013年方应权先生有高仿影印线装文渊阁本《四库全书》之举。在征得方先生同意之后，笔者遂将文渊阁本《四库全书》

的"卷前提要",逐一抽出,仿文溯、文津两本"卷前提要"之版式,排成了上下双栏。此书是继金氏、卢氏影印出版《四库全书》"卷前提要"之后,第三部《四库全书》的"卷前提要"。

天津图书馆收藏一部内府写本《四库全书》的"卷前提要"。这是一部不同寻常的好书,原因有三:其一不见著录,其二无人言及,其三尚无研究成果。这部"卷前提要"在清宫经馆臣编纂后自成一书。每一篇开头,有"臣等谨案"四字;每一篇结尾,有校上年月及馆臣题名等署款。其具备"卷前提要"主要特征和书写形式。这部内府写本"卷前提要",为我们留下了诸多疑问:其为何独立成书?其与其他各阁"卷前提要"有何关系?其是否为其他各阁"卷前提要"的底本?这些都需要逐步找到答案。可惜,这部内府写本"卷前提要",不是足本,尚有部分残缺。这部清内府写本"卷前提要",与天津图书馆收藏的另外三部清内府写本"总目提要"(包括:1.清内府写本、盖有"文溯阁宝"朱文大印的"总目提要";2.清内府写本、无印章的"总目提要";3.清内府写本、经纪昀笔削的"总目提要"残稿)在缮写用纸、缮写字体、版式风格及开本尺寸等诸多方面,完全一样。这几部清内府写本"总目提要"均出自清宫无疑,成为天津图书馆珍藏的"四库"善本之重要组成部分。其中,经纪昀笔削的《四库全书总目》残稿,已于2012年由国家图书馆出版社影印出版。其余几部清内府写本"总目提要"也将陆续整理出版。

影印出版,是古籍再生性保护的重要举措。笔者认为,将几种重要的、相互之间存在关联的"卷前提要",合为一帙,影印出版的时机已经成熟,因此不揣固陋,在征得庋藏和辑印各方单位和同仁首肯和支持之后,将金毓黻编印之文溯阁本《四库全书》"卷前提要"、卢仁龙编印之文津阁本《四库全书》"卷前提要"、方应权编辑之文渊阁本《四库全书》"卷前提要",以及天图馆藏内府写本《四库全书》的"卷前提要",合四为一,题名《四库全书卷前提要四种》,书后附录两种:《武英殿聚珍版丛书》"卷前提要"和《四库全书荟要》"卷前提要",影印出版,旨在便于学人使用,推动"四库学"研究取得新成果。

影印出版这部《四库全书卷前提要四种》,有着重要的学术意义,其功用和价值不言而喻。陈垣先生早年就曾撰文进行了深入探讨,总结影印出版"卷前提要",其善有七。笔者援引陈垣先生的观点,作为依据,加以阐述,提出自己的粗浅看法,同时续添"三善",合计"十条",分述如次:

第一,影印出版"卷前提要",便于学人研读。

陈垣先生说："现行《四库全书总目》，本撷取各书提要而成。后经文达笔削以归一贯。其间排列次第与阁中所庋出入固多，而尤以提要原文相差太甚（原本提要与现行《总目》相对无有一篇无异同者。其通篇不同，各类皆有，与《总目》互校，异同详略亦不胜其列举也），盖文达《总目》原离本书而孤行，复与各类相呼应吻合，提要原文雅非所计。今者拟取原本《四库全书》经、史、子、集都三千四百七十部，抽取其原本各书提要，一一影印，排列次序，一依阁中所藏，学者手此一编，以读全书，不虞相紊，其善一也。"

笔者按：陈垣先生说现行的《四库全书总目》，本撷取各书提要而成。此言甚是。提要"分之则散弁诸编，合之则共为《总目》"（引《四库全书总目》卷首例言）。那么，"卷前提要"和"总目提要"之间的关系究竟是怎样的？两者相互借用或传承的细节如何？这是四库学研究的重要方面。

第二，影印出版"卷前提要"，便于了解馆臣撰写提要的风格特点。

陈垣先生说："有清学术之盛，当以乾隆时代为重心。其时，编纂诸儒，又极一时之选（戴东原主经部，邵南江主史部，周书昌主子部，纪文达主集部），各尽其长，探颐索隐，可以窥见专家批评之精神，亦可考览各人文章之个性，其善二也。"

针对陈垣先生的这句话，金毓黻先生作了考证，他说："往者，钱大昕氏谓自四库馆开，士大夫始重经史之学，言经学则推戴吉士震，言史学则推邵学士晋涵。（《潜研堂文集》）此不过谓戴精经，邵深于史，为人推重而已。至李慈铭氏乃云《四库总目》虽纪文达、陆耳山总其成，然经部属之戴东原，史部属之邵南江，子部属之周书昌，皆各集所长。文达虽名博览而于经史之学实疏，集部尤非当家，故颇漏略，乖错多，滋异议。（《越缦堂日记》）此影印缘起中，东原主经，南江主史，书昌主子，文达主集之说，所由出也。"

金毓黻先生又举例作了进一步考证，他说："东原所撰提要，如《仪礼集释》《仪礼释宫》《仪礼识误》《大戴礼记》《方言注》，固属于经部矣，然如《水经注》则属于史，《项氏家说》《孙氏算经》《五曹算经》《五经算术》《夏侯阳算经》《五曹算经》则属于子，是东原未尝专主于经部也。次考邵氏《四库全书提要分纂稿》，凡正史各提要，皆南江所撰。固居其大部矣。其中尚有七种不属于史。聚珍版之《融堂书解》提要，亦为南江所撰，则属于经，是南江亦不专主史部也。又聚珍版之《老子道德经注》，属于子部，《公是》《彭城》《浮溪》诸集，属于集部，其提要皆为书昌所撰，章实斋为书昌作传，亦只称其自《永乐大典》中辑出刘氏《公是》《公费》诸集十有余家，由是言之，书昌亦不专主子部明矣。至于纪氏专主集部，更无明证。且职居总纂，无所不赅，更不能专任一部，自限衡裁。盖当日分纂诸公，各就所长，分任期事。李氏所谓某部属某氏者，不过约略之辞，缘起据之，遽谓戴、邵、周、纪四氏分主四部，非定论也。"

笔者按：以上所举实例，均是金毓黻先生依据"卷前提要"发现的。倘若我们依据每篇"卷前提要"文后所列之衔名再进行考查，是否可以获知戴、邵、周、纪诸氏除了所主各部提要外，尚兼撰校其他部类提要之实例？这一点，也是四库学研究的一个方面。

第三，"卷前提要"和"总目提要"可以互校，知其异同。

陈垣先生说："现行《四库总目》，本为家弦户诵之书（《四库总目》卷口版心并无"提要"二字，承学之士未见原本提要，漫以其名假之），今再得此原本提要，取以对校，则文达笔削之权衡，与诸儒专精之所在，皆跃然纸上。辨章学术，推寻类列，其善三也。"

金毓黻先生也曾言："欲使散见各书之提要灿然具于一编，供学者之检阅，可与印本《总目》互证其得失。此又印行本书之旨趣也。"

笔者按：继陈垣先生发现文津阁本《四库全书》与通行本《四库全书总目》互有异同之后，学者杨家骆和任松如先生又进而发现"各阁所藏各书提要，每互异其词"（参见杨氏《四库大辞典》和任氏《四库全书答问》），但均未能作深入研究。本书为四种"卷前提要"之汇编，既可取以互校，又可持以对校《总目》，若此将有所发现，自在情理之中。此前限于条件，学者也只能举数例以证之，未能作综合考察。那么，四种"卷前提要"之内在关系如何？"卷前提要"与"总目提要"对校结果如何？这是四库学研究的一个重要方面。

第四，影印出版"卷前提要"，其篇幅适中，便于取阅。

陈垣先生说："从前《总目》，兼载存目，有目无书，卷帙浩繁，翻印不易。而《简明目录》仅明概略，源流不详。本书卷册，视《总目》才五分之三，媲《简明》溢二倍以上，本末赅备，繁简适中，其善四也。"

笔者按：本书集四种"卷前提要"为一帙，成为第一部"四库学"研究领域的专题丛书，填补了这个领域中的一项空白。本书对"卷前提要"，作了一次总结性汇编，可称是"前无先贤"；其对文史研究者将有助益，可称是"后启来者"。此书是一部不可替代之学术工具书。

第五，影印出版"卷前提要"，悉遵经、史、子、集四部顺序汇录出版，购阅两便。

陈垣先生说："影印次第，按照天然次序，分经、史、子、集，四次出售，并拟分部零售，学者各就专门肄业，随类而购，分时而治，其善五也。"

笔者按：本书在所收四种"卷前提要"中，内府写本一种，最为特殊。其编写次序，仍按经、史、子、集四部进行组织，甚便与其他三阁"卷前提要"进行比对与研治。

第六，影印出版"卷前提要"，保留了阁书原貌，无割并篇章、抄胥脱落等弊端。

陈垣先生说："外间石印《总目》，割并篇章，紊乱卷帙。此次影印原书，但略小其框，而不并其页，故册小而字大，可供点治，又便取携，更无排印讹误之虞，且乏抄胥脱落之弊，其善六也。"

笔者按：本书所收四种"卷前提要"，版式划一，均排成上下双栏，便于翻阅和比对。因属原版文献，故无脱讹之虞。

第七，影印出版"卷前提要"，其为《四库全书》之精华，错讹固少。

陈垣先生说："《四库总目》，天壤间乃仅七部，而提要者又附此七部以行。圆明园文源一部，早付劫灰，江苏两部（扬州文汇、镇江文宗）又毁于兵燹，浙江文澜，抄配仅完。禁中三阁（文溯一部，现庋奉天；都下仅有文渊、文津两部，一藏故宫博物院，一藏教育部图书馆），实为全书中之善本。而提要者又为全书之精华，真面庐山，讹误自少，其善七也。"

笔者按："卷前提要"，原附《四库全书》中以行，后人陆续从各阁原书中逐一抽出，汇编成书，成为研究"四库学"研究的基本文献。四库学之研究，重在新资料和新发现。内府写本一种，实为新资料，文献价值高。对本书而言，堪称锦上添花。对这部内府写本进行考察，了解其学术的价值如何？这应该是四库学研究的一个方面。

第八，影印出版"卷前提要"，还可与《武英殿聚珍版丛书》"卷前提要"和《四库全书荟要》"卷前提要"相互比对，或可发现新问题，并加以研治。

金毓黻先生在其所撰《影印文溯阁四库全书原本提要缘起》中提出原撰提要问题。他说："《武英殿聚珍版丛书》经始乾隆三十八年，是即《四库全书》中所谓'应刻'之也。其书多辑自《永乐大典》，每种之前，大抵冠以提要。考其校上年月,始于乾隆三十八年四月,亦多在四库本所著年月之前,此亦可谓最初撰拟之提要矣。第详校其字句,或同于原本提要,或同于《总目》。其异同之处甚少,绝不类邵氏初撰之稿。此盖于校印时又据原本提要及《总目》加以修改,唯其校上年月不复改易,若不详为考校,鲜有不以为初稿者。"

金毓黻先生又说:"兹考原本提要,每种之后只署总纂官纪昀、陆锡熊、孙士毅,总校官陆费墀四氏之姓名,格于通例故也。唯聚珍本提要,皆著分纂官姓名于总纂官之后,于是撰文者之姓名借此略可考见。"

笔者按:《殿版》和《荟要》"卷前提要",均是四库"卷前提要"的重要组成部分。其中,关于《荟要》"卷前提要"问题,陈垣和金毓黻先生不知何故均未言及,是否属于智者一失?抑或其他?有待了解。江庆柏先生近年对《四库全书荟要》所载"提要"进行了校点研究,整理成《四库全书荟要总目提要》,共收提要464种,于2009年由人民文学出版社出版。限于本书篇幅过大,以及排版困难等其他诸多原因,本书只选录了部分《殿版》和《荟要》的"卷前提要",作为本书附录,其也只能起到"聊胜于无"的作用。

第九,影印出版"卷前提要",经过比对,可以搞清各阁缺漏提要情况。

金毓黻先生说:"唯经部之郑敷文《书说》,子部之虞荔《鼎录》、赵璘《因话录》,集部之司空图《诗品》,具著录文澜阁(亦著录《简明目录》,唯文渊、文津两本尚待考察),而文溯阁本无之。又文溯阁本史部之《南巡盛典》《八旗通志》,子部之《性理大全》,皆缺提要。殆因抽换改缮而致遗漏。(乾隆五十七年、嘉庆十一年时将其三书抽换改缮,见《盛京旧档》)不知文渊、文津、文澜诸本是否皆缺,凡此皆未暇旁考。"

笔者按:这说明其当时没有条件取阅这两套大书以证之,而现在的条件已经具备,可以进行深入比对研究了。笔者利用本书所附"书名索引",搞清楚了金毓黻先生提出的疑问。检索结果如下:

经部之郑敷文《书说》,文溯、文渊和文津三阁均无;

子部之虞荔《鼎录》,文溯、文渊和文津三阁均有;

赵璘《因话录》,文溯、文渊和文津三阁均有;

集部之司空图《诗品》,文溯、文渊和文津三阁均有。

笔者利用本书所附"书名索引",既搞清楚了金毓黻提出的几个问题,同时也纠正了金毓黻先生所称以上四部书"具著录文澜阁,而文溯阁本无之"的错误说法。

又金毓黻先生说："文溯阁本史部之《南巡盛典》《八旗通志》子部之《性理大全》，皆缺提要。殆因抽换改缮而致遗漏（乾隆五十七年、嘉庆十一年时将此三书抽换改缮，见《盛京旧档》）。不知文渊、文津、文澜诸本是否皆缺？凡此皆未暇旁考。"笔者利用本"书名索引"，得知《八旗通志》和《性理大全》两书，文溯阁本和文渊、文津、文澜诸本皆缺提要。而《南巡盛典》一书，则文渊和文津二阁均有提要。这就回答了金毓黻先生"未暇旁考"的几个问题。

我们依据本"书名索引"，一般可以解决各阁之书有无提要问题：凡书名不见本"书名索引"者，就可判断其缺提要。

第十，影印出版"卷前提要"，可以推动"其他四库提要"整理和出版工作。

1. 文澜阁本"卷前提要"，有抽出、编排并影印出版之必要。

《四库全书》缮写七部，分藏南北七阁。因兵燹所致，今仅存四部，而文澜居其一。文澜一部，由于经过征集和抄配，存在原本提要和抄配提要之别，搞清楚两者之异同，以及文澜与其他三阁提要之同异关系，是四库学研究的一个方面。

2. "原撰提要"，有合而印之的必要。

金毓黻先生在其所撰《影印文溯阁四库全书原本提要缘起》中提出原撰提要问题。他说："当乾隆三十八年议纂《四库总目》之际，已有提要之撰集。分纂官邵晋涵有《四库全书提要分纂稿》二十七篇，刊入《绍兴先正遗书》（又易称《南江书录》，刊入《聚学轩丛书》），其文不唯大殊于《总目》，亦与原本提要多所异同。是即提要之初稿也。据此则曩所谓原本提要尚经一度之修改，而非原撰之旧明矣。闻大兴翁方纲亦有《四库提要书稿》一百五十册。现归吴兴刘氏嘉业堂。其文亦与原本提要及《总目》多所异同。自常例言之，修改之稿自胜于初稿。第后日修改之稿，既非出于原撰者之手，则其意趣精神自不必尽如原撰者之意，故邵翁诸氏宁取原稿而别藏之。后人亦谅其用力之勤，于其原稿或为之刊行，或为之保存，不敢轻易一字，依此例之初稿提要，既可以原本提要并行不悖，则原本提要应与印本《总目》抗颜并行，又不待言矣。"

笔者按：在当年担任《四库全书》纂修并分别撰写提要的纂修官中，只有寥寥数人的提要得以保存了下来，计有：

邵晋涵：《江南书录》一卷（一名《四库全书提要分纂稿》），载史部及其他各部书提要三十七篇，今有晋石厂丛书本、聚学轩丛书本、绍兴先正遗书备本。

姚鼐：《惜抱轩书录》四卷，收经、史、子、集各部书八十九篇，今有惜抱轩遗书本、龙眠丛书本。

余集：四库提要七篇，载《秋室学古录》卷一、二。是书今有清道光间刻本、《续修四库全书》影印本。

翁方纲：《四库提要稿》，收经、史、子、集各部书一千余篇。是书今有2000年上海科学技术文献出版社影印本，2005年吴格先生依据上海科学技术文献出版社影印本进行点校出版。

其中，邵晋涵、姚鼐、余集三家提要都是经过整理后的刊本，或直接收入本人文集中，或单独编成书录，与作者其他著述一并刊行。只有翁方纲《四库提要稿》，是一部抄本，今已有影印本和点校本。倘若我们将这几位纂修官所写的"原撰提要"进行汇编，影印出版，实有必要，这样既保其旧，又便研习。

3. 外书提要有收集、整理并合而印之的必要。

金毓黻先生在其所撰《影印文溯阁四库全书原本提要缘起》中提出外书提要问题。他说："现行之《总目》既与原本提要多所异同，而外间刊行之书所录提要亦不一致。如南昌李之鼎氏所刊之宋人集十九，著录于四库。如《都官》《崧庵》《北湖》《济南》《祖英》《勿斋》诸集，皆用原本提要，其他则录《总目》。此外，各丛书之采自四库者，大抵如是。盖诸氏刊书时，多半得自传抄，无法与库书对校，其无提要之本，则自《总目》移录，以弥其缺此，又可考而知者。"我们可以依据单行或丛书之传本，对其所载提要进行核查，辨明其提要所自出，或出"总目提要"，或出"卷前提要"，而后逐一辑出，经过整理，予以影印出版。这是四库学方面的一个课题，有必要完成之。

总之，将《四库全书》各阁"卷前提要"汇集出版，可对《四库》学研究起到推动作用。特别是过去很少有人知道的天津图书馆藏内府写本"卷前提要"，它背后承载的学术信息和"密码"，将会吸引广大《四库》学研究者去探索。

（载《四库文丛》第二卷，2014年8月上海交通大学出版社出版）

《四库全书》提要

（清）永瑢、纪昀等纂修

清乾隆内府写文渊阁本三千四百七十一种

清乾隆内府写文渊阁本三千五百九十种

清乾隆内府写文渊阁本三千五百三种

清乾隆内府写文渊阁本三千四百五十种（清、民国补抄二千七百九册）

1983年至1986年台湾"商务印书馆"影印文渊阁本三千四百七十一种

1987年上海古籍出版社缩印台湾"商务印书馆"影印本同上

《四库全书》是旧时代中国历史上规模最大的一部综合性丛书。是书编纂昉于清代乾隆三十七年（1772），递经十年蒇事。收录历代重要图书三千四百余种，八万余卷，另仅存名而未收书的所谓"存目"图书凡六千七百余种，九万三千余卷。将所收图书依据内容属性析分经、史、子、集四部，清乾隆帝以为四部之书具备，故名之曰《四库全书》。

是书辑自清代乾隆中叶，适值清王朝统治盛期，文化繁荣，汉学兴盛，大批学者遵循汉儒训诂方法研治古籍，辨章学术，考镜源流，亟需查阅群书。当时一些规模不等的各类型丛书相继刊行于世，学者周永年更有集合儒家诸书，编成舆释藏、道藏鼎足而三的《儒藏》建议。在此学术背景下，清乾隆打出"稽古右文"招牌，寓禁于征。在乾隆三十七年正月下令在全国十八省征书。翌年采纳安徽学政朱筠建议，从《永乐大典》中钩辑遗书，设四库馆，任命王公大臣为总裁监管，编纂《四库全书》。

从清乾隆三十七年开始，至四十七年（1782）为止，第一部文渊阁本《四库全书》编成。参与斯役的学者共有三百六十人，分任副总裁、总阅、总纂、总校、总勘、提调、分校、纂修、收掌、监造等职，董理编目。其间彭元瑞、庄存舆、谢墉、朱珪、纪昀、陆锡熊、李潢、任大椿、邵晋涵、周永年、戴震、姚鼐、翁方纲、朱筠、王太岳、陈际新、金榜、曾燠、洪梧、赵怀玉、王念孙等人都是学识渊博闳通，各有专长的一代之选，而尤以纪昀用力最大。他们各尽其责，因而保证了是书在选目、分类、辑补和撰写提要等方面的学术质量。

《四库全书》的纂修工作至清乾隆五十三年（1788）基本结束，历时十六年，缮写七部。先后倩缮写者共计三千八百余人。七部全书分别庋藏在文渊阁（北京）、文溯阁（沈阳）、文源阁（北京）、文津阁（承德），以上合称"内庭四阁"，又略称"北四阁"；文宗阁（镇江）、文汇阁（扬州）、文澜阁（杭州），以上并称"江浙三阁"，又省名"南三阁"。七阁藏本中，文源、文宗和文汇阁三部在清咸丰年间毁于战火；文渊阁一部由北京移存台湾至今；文溯阁一部先由沈阳移至北京，后移存甘肃省图书馆至今；文津阁一部由承德移存中国国家图书馆至今；文澜阁一部因遭兵燹多有散逸，后递经抄补，始成完帙，今藏浙江省图书馆。各阁藏本种卷数互有不同，内容也稍有歧异，尤以文澜、文津两本为著。

《四库全书》汇录了中国历代重要典籍，内容涉及社会科学、自然科学和哲学等各种门类，包容了哲学、政治、经济、历史、地理、水利、建筑、军事、艺术、天文、历法、算学、农业、医药、生物及文学等学术文化的各个学科，它博采兼容，是中国古代一座文献宝库。是书（以文渊阁本为据）部类及种卷数如下：

经部：易类一六九种一九〇七卷、书类五七种六八〇卷、诗类六三种九七一卷、礼类八三种二一八八卷、春秋类一一四种一八六六卷、孝经类一一种二三卷、五经总义类三二种七六八卷、四书类六二种七四九卷、乐类二二种四九六卷、小学类八四种九四二卷，以上合计六九七种一〇五九〇卷。

史部：正史类三八种三七四二卷、编年类三八种二〇六九卷、纪事本末类二二种一二六四卷、别史类二〇种一七三四卷、杂史类二二种二七四卷、诏令奏议类三九种一五五八卷、传记类六〇种一〇六七卷、史钞类三种四八卷、载记类二三种三九卷、时令类二种二九卷、地理类一五一种四八五六卷、职官类二一种三九一卷、政书类五七种三八三七卷、目录类四七种七〇四卷、史评类二四种四〇三卷，以上合计五六七种二二三六八卷。

子部：儒家类一一四种一六七一卷、兵家类二〇种一五五卷、法家类八种九四卷、农家类一〇种二〇二卷、医家类九六种一八四三卷、天文算法类五六种六三二卷、术数类五一种四七二卷、艺术类八一种一一一七卷、谱录类五六种三七〇卷、杂家类一九〇种二二一二卷、类书类六五种七〇二六卷、小说家类一二五种一三五七卷、释家类一三种三一三卷、道家类四四种四三四卷，以上合计九二九种一七九四八卷。

集部：楚辞类六种六七卷、别集类九六二种一八二六二卷、总集类一六六种九九九四卷、诗文评类六三种七三五卷、词曲类八一种四七三卷，以上合计一二七八种二九五三一卷。

以上四部共计三四七一种八○四三七卷。

《四库全书》在编纂方面具有一定的科学性、完整性和系统性。全书按传统的经、史、子、集四部分类，部下设四十四类，类下析分子目，分纲列目，井然有序。各部类悉以重要典籍为中心，编入相关著作。如经部以十三经为中心，辅以解经、考订、辨伪、名物等有关经学著作；史部以二十四史为主干，旁及编年、纪事本末、杂史及地理等不同体裁相关著作；子部则以儒家典籍冠于首，下列兵、法、农、医、杂等各家载籍，又以释道两家殿于后，纵横贯连，各具系统；集部先录最古之目楚辞，下置别集、总集、诗文评及词曲各类。各类书籍的编排大致依著者时代为序，条理清晰。每种书前冠提要一篇，品评得失，以供览者参稽。

除此而外，是书在辑佚、校勘、目录学等方面也颇有建树，对后世影响至巨。

编纂《四库全书》也有其缺失的一面。清乾隆帝出于私意，借修书之机，大肆销毁那些抵触清室的图书，凡五百三十八种，一万三千八百卷；与此同时，大兴文字狱，残害良知。除此而外，编修者站在封建正统思想立场上，且持门户偏见，如诋毁进步思想，轻视生产技术，蔑视小说戏曲等，遂使传统文化中的重要组成部分被排斥在全书之外。于儒学尊程朱而非议其他学派，有失客观公允。在具体整理上，有的不著录版本出处，版本描述过于简略，未考订版本源流，对作者评价有失实之处等。

在现存四阁藏本中，文渊阁本是进呈的第一部正本，编校精审，缮写工整，是现存册、卷数最多，保存完好的一部。从第二部文渊阁本开始，由于诸多原因，书中讹写舛脱处尚多，文澜阁本多系兵燹后钞补，均不如文渊阁本佳善。文渊阁本今又衍生出台湾影印本和上海古籍出版社缩印本，是为通行易见之本。

《摛藻堂四库全书荟要》

（清）于敏中、王际华辑

清乾隆三十八年（1773）写本四百六十八种

于敏中（1714～1780），字叔子，一字重棠，号耐圃。金坛人。清乾隆二年（1737）进士，授修撰。历官文华殿大学士，文渊阁领阁事。资性过人，廷谕多出其手。参修《四库全书》，任正总裁。传见《清史列传》卷二一。王际华（？～1776），字秋瑞，钱塘人。清乾隆十年（1745）进士，由编修历官户部尚书。参修《四库全书》，任正总裁。当时际华与馆臣邵晋涵、周永年、戴震及刘统勋等同典秘籍，有"五征君"之目。传见《国朝耆献类征》卷八八。清乾隆三十八年初敕令开馆纂修《四库全书》。当时六十三岁的高宗皇帝担心自己见不到部帙宏富的《四库全书》编就，便有先编小型《四库全书》之议，谕令"总裁于敏中、王际华专司其事"，统揽一切编纂事务。于四库馆外，另设荟要修书处，着手编纂此书。斯役始于乾隆三十八年（1773），至四十三年（1778）完成第一部，庋藏紫禁城御花园摛藻堂。翌年完成第二部，贮于圆明园长春园味腴书室。其中第二部书在清咸丰十年（1860）英法联军入侵北京时被焚毁。今仅存故宫博物院庋藏的摛藻堂本。因此书之编例悉仿《四库全书》，且择录拟编《四库全书》所用诸书之精要者，故名。《荟要》收书经部一七三种，三四〇八卷，二一七七册，三八四函；史部七〇种，六三四六卷，三四四五册，六四〇函；子部八一种，二四七九卷，二〇七七册，三八四函；集部一四九种，七六九三卷，三四四六册，五九二函。四部书总计四七三种，一九九二六卷，一一一四五册，二〇〇〇函。此书装潢、行款、缮写及排架等俱仿《四库全书》例。其价值主要体现在与《四库全书》有别的底本之选用，文字之校勘及提要之撰写等几个方面。《荟要》注重底本之选择，所用诸书，均为善本。主要包括内府刊本、内府藏本，各省采进本及呈进本。其与《四库全书》选用底本不同者有二百余种。《荟要》采用版本计有宋本、元本、明本、清本、钞本及永乐大典本等，唯不收所谓"通行本"。《荟要》所据底本之精者，如宋建安魏仲举编刊的《五百家注昌黎集》四十卷，元苏天爵刊本《石田集》十五卷及余谦刊刻《古今韵会举要》三十卷等，其他如张溥自刊本《汉魏六朝百三家集》一百二十四卷，张之象注刊本《盐铁论》等书均是该书最早的刊本。《荟要》校勘精审。设校对官及总校官等职专司斯役。规定各书誊录后，需经分校、复校及总校等手续。除采用底本外，仅供校勘用的历代版本有五百七部。每册写有校勘记，附于书后，既便核对，又便检索。《荟要》注重提要的撰写。所收各书，俱仿汉刘向、刘歆编目法，首冠提要一篇。由于《荟要》专供御览，故内容专精，文笔简练。其修纂时间及撰写提要日期早于《四库全书》，大都未经纪昀等人删削，保存了原提要旨意，颇具参考价值。

《四库全书》珍本初集

中央图书馆筹备处辑

1934年商务印书馆影印文渊阁藏《四库全书》本二百三十二种

此书系1934年商务印书馆受教育部中央图书馆筹备处委托,将故宫博物院所藏文渊阁本《四库全书》中的珍本部分汇印而成,因所收俱为《四库全书》中的珍本,故名。此书从拟议影印到成书,几经周折,前后历经十年。1924年商务印书馆为筹备开业三十周年纪念,呈请政府借印文渊阁《四库全书》,并拟具计书。书经政府批准,运沪影印,并已由该馆点装三分之一,旋接公府秘书处公函,阻止装运,事因中止。1925年,政府明令改将文津阁《四库全书》点校,由该馆影印。教育部与该馆签订合同。全书装点完毕,正拟谱拟专车起运,适战争发生,交通阻滞,延至1926年秋,该馆复请照约起运,事又中变,未果。1933年热河告警,北平震动,文渊阁《四库全书》既随古物南移,于是教育部复有选印《四库全书》珍本及委托该馆影印之议。同年6月17日,教育部委托中央图书馆筹备兴该馆签订《影印〈四库全书〉未刊珍本合同》,规定"将文渊阁《四库》未刊珍本缩成小六开本",限用江南毛边纸,印成一千五百部,每部九万叶,分订一千五百册,并限两年内将书出齐。1934年1月始印此书,翌年7月告竣,历时一年半。此书分类悉仿《四库全书》例,收录经、史、子、集四部书凡二三二种,四二二七卷。其中经部收宋人著作二六种,元人八种,明人一二种,清人一六种,共六二种,一〇三七卷;史部收宋人六种,元人二种,明人六种,清人五种,共一九种,五八九卷;子部收晋、唐、辽人各一种,宋人一五种,元人三种,明人四种,清人七种,不记朝代二种,共三四种,八一七卷;集部收唐人一种,宋人七三种,元人二七种,明人一六种,共一一七种,一七八四卷。全书合计:宋以前四种,宋一二〇种,元四〇种,明三八种,清二八种,不记朝代二种。自清乾隆年间至清代末期,七阁藏本几经战乱,毁残近半,幸存者中文渊阁本居其一。文渊阁本修成最早,写校俱精。择录其向未付梓或已绝版之书汇而印之,使珍本秘籍得以化身千百,流播于世。同时又可以使这部久藏中秘之珍籍成为通行易见之本,供学人研读。清末民初以来,学术界递有影印、续修《四库全书》之议,此书印就,积累了经验,无疑具有重要意义。

(载《中国古代著名丛书提要》,2015年3月广西师范大学出版社出版)

张学良将军向天津图书馆发来的一份电报

1928年为续修《四库全书》事，奉天地方政府特设文溯阁《四库全书》校印馆，举张学良将军为总裁，翟文选为副总裁，金梁为坐办，董理斯事。为了宣传此事，张将军向全国发出通电。电文录下：

社惟（窃谓）立国有史，传世在书，大而政教，精若艺术，共出一源，散见群籍。国之文野，史之长短，观匱书可考知也。

古代文明，发源五地，我国居一，其四俱亡。良以轩颉（顼）而陇（以降）代有作述，载籍极博，文献足征；保守之勤，整理之善，传读之便，亦足纪焉。近世学者，多重考古，潮流东注，眷此旧邦。长短之策，下行之文，流布海外，竞相珍贵。然而我有和璞，彼拾碱砆，瓶之磬（罄）矣，繄谁之耻？

曩在盛清，修书开馆，囊括古今，袲（鉴）别真伪，类为四库，度以七舣（阁）。惟我奉天，额曰文溯，换世阅变，灵光岿然，石渠天禄，逊此美富；所惜此处偏隅，书类孤本，虽蕴公心，难快众目。学良等为（援）发宏愿，拟垫私财，就兹巨编，影以新法，售取廉值，成限短期；更有进者，阁书创始，美犹有憾，搜求未遍，忌讳过深，秉笔诸儒，弃取亦刻，漏略不免，宜亟补苴。又况乾隆距今，时只（逾）百载，家富珠璧，均（坊）盛枣梨，或阐古义，或拓新知。冰水青蓝，后出更胜，不有赓续，曷集大成？加以鱼亥之讹，古籍多有，校雠之学，时庚（贤）益精，广参众本，旁稽番（异）文，别成札记，阕（附）于书后。凡此三事，急待并举。会当搜书岩壁，具币（巨擘）儒林，旧学商量，拾遗订坠，资借群力，发扬国光。

现值邦基奠固，治理清明，投戈讲艺，薄海同企。伏望钜公长德，硕彦鸿儒，登高齐呼，襄兹盛业，徐（往）哲来学，实共嘉赖，金玉是锡，瞻苛为劳。

张学良　杨宇霆　翟文通（选）删

以上文字是笔者据天津图书馆珍藏的电报原件所录。有些字疑误，为便卒读，于括号内加题正字。

电文开头有"各院长、各大学校长、各大图书馆"等文字，说清了此次发电的范围，天津图书馆自然名列其中。该馆收到这份电报的时间，据推断大概是在1928年12月末或1929年1月初。

张学良将军作为国民党爱国将领，戎马一生，尤其是1936年12月12日与杨虎城一起发动西安事变，成为中国近代史上风云人物。这件由张学良将军署名发出的电文，成为张学良将军参与传统文化建设的证物。天津图书馆珍藏的这份电文原件，几成硕果仅存之物，无疑具有十分珍贵的文物价值。

自清乾隆纂修《四库全书》以降，时贤或言续修，或议影印，或谈校勘，均因故未果。此专论影印、续修、校勘三事，并拟借奉天地方政府之力，将"三事并举"付诸行动。实为创见，在四库学史上绝无仅有，颇具文献价值。

（载天津《城市快报》2004年7月17日）

《四库全书》编纂对方志的禁毁

《四库全书》萃四千余年之文化,以成历代典籍之大观,伴随着其编纂产生了《四库全书总目》《四库全书荟要》《采进书目》《禁毁书目》等大量衍生文献。它的编纂凝聚了乾嘉时期众多学者的学识和智慧,通过对其研究有助于梳理之前学术发展脉络。乾隆为修纂《四库全书》从三十八年至三十九年七月将近两年时间大规模征访遗书后,古今重要著述大都已被采进四库馆中。随着访求遗书基本结束,为"杜遏邪言,以正人心而厚风俗"①,消灭"诋触本朝之语"。他为转变起初因搜访征集图书,各地督抚及藏书家"惧涉干碍"应者寥寥的局面,特意宣谕解释"至书中即有忌讳字面,并无妨碍,现降谕旨甚明。即使将来进到时,其中或有妄诞字句,不应留以贻惑后学者,亦不过将书毁弃",开始对"违碍悖逆"书籍"正当及此一番查办,尽行销毁","务令净尽根株,不得使有只字流传,以贻人心风俗之害"②。从乾隆三十九年八月颁发"查办违碍书籍"谕旨开始,四十年以后各省查檄违碍书籍活动的逐渐展开,至四十七年底大规模查禁结束,最后直至乾隆五十八年全部抽改、换缴活动基本结束。其间展开了旷日持久的禁书、毁书活动,据雷梦辰《清代各省禁书汇考》统计,从乾隆四十年到四十七年有两千六百二十一种书被禁毁,陈乃乾《索引式的禁书总录》收全毁书目二千四百五十三种、抽毁书目四百零二种、销毁书板五十种、销毁石刻目二十四种,黄爱平《四库全书纂修研究》统计全部禁毁书籍达三千一百多种,可见禁毁书目之大。

乾隆要求"古今来著作"当首先购觅"有阐明性学治法,关系世道人心者",其"有裨实用者,亦应备为甄择"。方志从其"存史、资政、教化"等功用来看,是"有裨实用"的。方志作为传统文献的重要组成部分,也在征访禁毁之列。

《四库全书》所收方志列于史部地理类,史部地理类子目类分为十,"宫殿疏"下按语"《太平御览》所引有汉宫殿疏,刘知几《史通》所引有晋宫阙名,皆自为纪载,不与地志相杂。今别立子目,冠于地理类之首",其余"总志""都会郡县""河防""边防""山川""古迹""杂记""游记""外纪"九个子目在馆臣认识里都属于方志范畴。这与我们今天常说的方志既有范畴大小的差异,如民国时期方志学家李泰棻认为"方志者,即地方之志",将地方志分为总志类、方志类、专志类,《中国方志大辞典》以主体与支流之分大致分为以行政区划为主流的方志、以自然人文为对象的专志和杂志三个类型,巴兆祥分之为全志(综合性记述的志书,即狭义上的方志,包括总志、通志……卫所志)、专志两大类。从上可知,我们今天习惯把基于行政区划为记载范围的"总志""都会郡县"作为志书的主体;也有对"志书"分类更细化的区别,如傅振伦《中国方志学通论》分方志为一统志、合志、乡土志、都邑志、杂志等十类,陈光贻将方志分为总志、通志、府志、州志、厅志、县志、关镇军志、道志等十四类。就《四库全书》而言,其中"都县郡县"属大体言之和我们今天所说的方志最为近似,也是古今志书的主体。

郡邑志乘不仅有艺文类目,其他如人物传记、古迹以及金石等部分也会涉及相关的文献。曾成为各省督抚搜访当地名人学者著述的重要依据。如湖北巡抚陈辉祖"兼就郡邑志乘,广为查购"、安徽巡抚裴宗锡"令各属将志书内艺苑一门,覆加详核,如载有传记、序述等类,即购觅全书专集"、陕甘总督勒尔谨"查取省郡志乘内所列艺文,并臣等访闻该省从前士林著望之人,指名购索"、闽浙总督钟音等"复查闽省通志所著著述颇多,虽历年久远,未必尽皆留存,而按籍稽考,或可十得二三,又经行司开单饬属查访"、湖南学政褚廷璋"各州县志人物传内摘取所著书名,饬各该州县官访购"、江西巡抚海成"将省志及各县志内所载历代名人著述,摘出书名,分发各府州县,指名购觅"、陕西学政杨嗣曾"地方官但须按照志乘,亲自稽查,雇工摹拓",等等,各地巡抚基本都有依照本地志书搜寻采进书籍。

上文所说湖北巡抚、安徽巡抚、陕甘总督、闽浙总督、湖南学政、江西巡抚、陕西学政等都曾将省郡志乘内所列艺文,摘取所著书名分发各府州县指名购觅。郡邑志乘在提供访求遗书的便利时,搜访要查禁人著作也成为其目的之一。如:

乾隆四十年十一月十一日盛京将军弘晌等接乾隆谕旨确查查函可,即查阅《盛京通志》,并将《盛京通志》"内所载函可事迹,逐一删除"③。

乾隆四十年十一月十六日两广总督李侍尧折"查《丹霞志》载,海螺岩有金堡埋骨之塔,刊刻铭志,亦应刨毁。现又飞饬委员查办,不使存留。至金堡当日蹈袭虚声,恐无识之徒,或有将伊诗文采入志乘,臣等已札司调集磨勘,如有记载之处,提板铲削,以清秽迹"④。

乾隆四十一年十一月大学士于敏中奉命查檄金堡著述，曾"于《韶州府志》内查有澹归和尚丹霞山事迹及所作诗词"⑤，奏请销毁。

乾隆四十三年闰六月查檄明袁继咸所著《六柳堂集》及板片，江西巡抚郝硕即根据袁氏原籍所隶府县，先查《南昌府志》发现"志内载有原任尚书孙嘉淦撰袁继咸《未优轩集》序文一篇，序内又有'安问三立祠、六柳堂、四山楼藏卷之为何如也'之句"；再查《宜春县志》，并见其中有"袁继咸作《经观》《史观》二书未就"的记载。便按此线索，责令该府县确查，并"将各府县志书发局委员分校，详细查核，凡有似此序文或但有成书名目及著作人姓名者，俱令开单指明，饬行本县著落根查呈缴，务期剔除厘净尽"⑥，等等。

郡邑志乘因其"往往于名胜、古迹缩入伊等诗文，而人物、艺文门内并载其生平事实及所著书目"⑦"妄矜著述，凡有撰辑之书，辄列名刊入府县志"，其本身也成了遭查禁的对象。此后，各地督抚纷纷奏祈校删志乘。如：

乾隆四十二年十月十八日，江西巡抚海成折"志乘一书，用以考古信今，垂示后世，所关甚巨。臣查应毁各书内，亦有江省人著作。其书既已流传，未必不散见于原籍志乘，自应悉予划削"⑧。

乾隆四十三年十二月十一日湖南巡抚李湖折"湖南士习浮夸，妄矜苦述，凡有撰辑之书，辄列名刊入府县志，以图示榜……检齐通省府州县志书内刊载本朝同历代所著书集名目，凡系从前未经呈缴者，俱汇单抄发该州县"⑨，选派委员悉心校阅，"有悖谬不法之处，即分别应毁应究"。

此时乾隆尚未遍谕各省督抚查核志乘，但各省都已开始纷纷删削志书。自乾隆四十四年十月二十九日安徽巡抚闵鹗元等亦皆奏请检查天下郡邑志乘，以防志乘载入应销各书名目及诗文。乾隆皇帝阅闵鹗元折后，乃于十一月二十四日晓谕各督抚将省志及府县志书悉心查核，"如有应禁诗文而志内尚复采录并及其人事实书目者，均详悉查明，概从芟节，不得草率从事，致有疏漏"⑩。各地督抚在接受谕旨后，便纷纷着手查办。如：

乾隆四十五年三月初六日陕甘总督勒尔谨折"臣伏查直省郡邑志书，原以传信，如有将钱谦益等所著诗文及生平事实混行列入，实于世道人心所关非浅。臣凛遵圣谕，随檄饬藩司将甘肃省志及各府州县志书概行调集省城，设局委员校勘，并委兰州道陈庭学总司其事。如有应禁诗文，志内尚复采录，并及其人事实书目者，由总理道员会同藩司汇送臣复核。应行铲削者，即将板片铲削，其已经刷印散布民间者,即将某部某页应行撤出销毁之处,恺切示知,令其呈缴,务期芟除净尽"⑪。

乾隆四十六年三月十五日湖北巡抚郑大进折"臣伏见各郡邑志乘,每载象纬物异占验,事多附会穿凿,前蒙谕旨,将各志书中应禁诗文及其人事实书目详查芟削。现据各属赍缴,交局员校办,臣并督饬详细查明,如星野灾祥等门内,除记事有关征考,仍听存留,并偶被偏灾恭纪赈恤殊恩理宜敬载外,其有语涉占验不经,虽前古陈编并从芟撤,以仰副圣主厘正群言、牖民维俗之至意"⑫。

乾隆四十六年九月二十五日湖南巡抚刘墉奏查缴应毁书籍折"《湖南省志》及府州县志书,悉经磨勘,凡应行芟节之处,俱逐條删削抽换另刊"⑬。于是各省相继查核本地志乘是否违碍,并对有违碍处作了禁删抽毁。

对于"字义触碍"书籍的查缴,黄爱平关于查缴管道分为两种:四库馆对原呈书籍的检查、地方督抚的大规模查缴。张春国老师据此分明人别集禁毁为"在馆明集之禁毁"和"未入馆明集之禁毁"。因为方志体例的特殊,其遭禁毁的情况与四库其他部类稍微有所不同。对典籍的销毁措施分为"改字(改易字句)、抽毁(削去禁毁字句)、全毁(全部销毁)"⑭。本文根据查缴销毁措施,从改毁和全毁两个角度论述。

一、方志的改毁

方志的改毁,即改字与抽毁。方志横排竖写、分门别类的编撰方式犹如类书,内容广博,司马光赞其为"博物之书",其纂修内容亦多取自它书。对"如类书之分门隶事,丛书之分部标目,志传之分人纪载,及各选本之胪列诸家"这类书,因其"俱与专系一人一事必须全毁者有异"。方志亦属于此类,各为门目,不相连属。而对其查禁"与专系一人一事必须全毁者有异,此等遇有违碍,亦只须酌量抽毁,毋庸因此概废其书"⑮。方志中所载内容如有强烈民族思想如关于夷夏之防及论忠奸、关于鼓舞起兵反夷复汉、非议辽金元三朝、关于故国之思及愤懑文辞,亦或诋毁清人如"丑诋外族、诋斥夷风俗、诋斥清兵清政"⑯,都是被统治者所不容的。因此对"触碍字样,固不可存,然只须删去数卷,或删去数篇,或改定字句,亦不必因一二卷帙,遂废全部"⑰。方志除要将"言辞触碍"内容抽毁之外,因方志禁毁起初便是查禁"大逆之人"诗文事迹,其主要还是查办如"钱谦益、吕留良、金堡、屈大均等除所自著之书俱应毁除外,若各书内有载入其议论,选及其诗词者,原系他人所采录，与伊等自著之书不同，应遵照原奉谕旨，将书内所引各条签明抽毁，于原板内铲除，仍各存其原书，以示平允"⑱。因此吴哲夫说"对当时各省郡邑志乘的检查，是以'罪大恶极，悖逆不赦'的著书人所作的诗文及载录其生平事迹者为主，而以其他忌讳之文词为次"⑲。

因"登载应销各书名目及悖妄著书人诗文者"遭所毁志书甚巨，实为方志之灾难。现在我们可以看到不少乾隆时刊刻的方志，有挖字、铲板、删改的现象。如《纂修四库全书档案·山东巡抚明兴奏汇缴尹嘉铨著应毁书籍情形折（附清单一）》："《郯城县志序文》板片二页。"方志序文因语涉违碍载入其他书籍也同样会遭到抽毁如《纂修四库全书档案·湖北巡抚姚成烈奏解第十一次查缴应禁各书并缮单呈览折》：吴士奇所撰《绿滋馆稿》"集内《桐梓县志叙》四页有偏谬语，应抽毁"，其所谓"偏谬语"据《叙》文知如"当元之季中国声名文物半杂于腥膻，我明扫除而更新之""其祀姑顺夷俗而羁縻之，而逆酋不天""王君用夏变夷，既驱椎发披毡悉还冠带"，以其有轻蔑元人之语而清人同为少数民族入主中原遭抽毁。不过方志改毁更多是志书本身内容违碍而遭抽毁，现存志书序跋、凡例、后代所修志书序跋及卷首对志乘违碍内容芟除多有叙述，如：

乾隆《同安县志》虽原刊本尚存，乃乾隆三十二年吴鏞修。四十六年曾经过删校，因众力难齐而未付之剞劂幸免于难。据嘉庆《同安县志》巴哈布序："今之所修，则乾隆丁亥，令尹赓南吴君间有择焉不精、文多违碍之处。方伯蘅圃杨公设局删校，臻于醇善，发县重梓而未成其事。"吴堂序："邑志不修久矣。自乾隆三十二年修于钱塘吴侯，四十六年方伯蘅圃杨公设局校核，命教谕陈君施、知县唐君燦、牛君世显、教授魏君瑚等互相删订，更加精密，檄有司付之剞劂。惟时邑侯集绅士捐资以成其事，因众力难齐而止。"删改本虽未能刊行，不知那些内容经过删校。但据乾隆三十二年《同安县志》内容推计，如志中载有明崇祯年间郑成功在同安活动的情况，应该难逃删改。

乾隆《通州志》四十八年顺天府尹金壇虞鸣球序"余以庚子夏有京兆之命，即檄所隶二十四州邑志乘备核"。是以纂修者高天凤序"爰于庚子夏陈请上官允举斯役，延吾乡金花洲孝廉先取旧志校雠而订正之"。

乾隆四十九年《弋阳县志》四十九年喜塔腊氏连柱序"适上宪复有修辑志乘之檄，余自壬寅莅信检阅郡邑志稿，次第厘正，缮呈鉴定"。

乾隆四十九年补四十四年《揭阳县志序》："今天子一统之盛，修四库之书，对志中有违碍禁例之事，进行厘订改易。"

道光十年《漳平县志》目录后"乾隆四十六年十二月，景泰陈君汇义奏檄重刻，不过就违碍之处校勘删除，无所增改，今从旧志目录增选举志为"。

江西为获褒美对于查毁典籍表现积极，到乾隆四十一年十一月两年间"据各属搜买以及民间缴呈应毁禁书，前后共有八千余部之多"[20]。对于查毁志乘，乾隆四十二年十月十八日江西巡抚海成即上折：

> 志乘一书，用以考古信今，垂示后世，所关甚巨。臣查应毁各书内，亦有江省人著作。其书既已流传，未必不散见于原籍志乘，自应悉予划削。因饬委办书局同知潘汝诚、杜一鸿等将通省志书详加校核，果有前项违碍诗文并载及钱谦益、屈大均、金堡等诗文者，除《江西通志》已抽出篇页板片咨缴军机处查销改正外，现令布政使通行各府州县，将志书再行细查，概为删正抽换，并不得留其姓名，仍将废页板片解省汇缴军机处销毁。臣思各省查出应毁之书，盈千累万，其著书人事迹以及违碍诗文，正恐各原籍志乘内亦不无滥载，伏乞皇上敕下各省，一体查校删正抽换，以垂永久，以正人心。[21]

在乾隆四十四年十一月二十四日《寄谕各省督抚将志乘所载应禁诗文及著者事实书目概行删节》谕旨尚未发出，江西已开始志乘的查禁两年有余。本文以江西志乘为例以作说明。如：

乾隆四十五年《德化县志》卷首载"德化县钦奉上谕事，乾隆四十五年正月初九日奉各宪札开，乾隆四十四年十二月五日承准，廷寄乾隆四十四年十一月十八日奉上谕，据闵鹗元奏各省郡邑志书……寄信前来等因。承准此合札，移行各衙门，一体钦遵。详悉查明，概众芟节，不得草率从事，致有疏漏。此札"。此志乃乾隆二十年"槐堂高公始创辑之……然距今二十余年未经续修。适己亥庚子冬春间，奉饬将郡邑各志种有违碍字句及应芟人诗文事实名目，悉行校勘芟除刊改"。沈锡三在续修时除"应增者各以类附，应芟者均遵馆臣勘定，不稍假借草率"。"以杜谬妄。所为裨世教以正人心者，皆圣天子锡福庶民至意也。"（郝硕序）而高植所纂《德化县志》虽"编纂最为严简，无他志假借之失，列传尤称乡确，远不遗、近不滥，得史氏法，可与康德涵《武功志》、陆清献《灵寿志》并称善本矣"（九江郡守董榕序），惜今已亡佚，今可见者沈锡三补刊本。

乾隆四十八年《浮梁县志》对于志乘查禁具体方法说明尤为详细，卷前序文有所提及（汪注序"迩者承奉宪檄，钦奉上谕整比旧志。既已查核删节归于简当"）。

序文后载有廷寄乾隆四十四年上谕、查核志乘凡议两条、修志引言、修志规条、兹录于下：

乾隆四十五年五月二十六日奉藩府宪，转奉巡抚部院郝（硕）札布政司知悉照得志书一项，现今钦奉上谕，著传谕各督抚将省志及府州县志书，悉心查核。其中如有应禁诗文而志内尚复采录，并及其人事实、书目者，均详悉查明。概从芟节，不得草率从事，致有疏漏。钦此钦遵。札同转饬委员遵照。据藩臬两司会衔禀报。据南昌府沈荣勋署广信府郑邦柱署、九江府徐联奎禀称，遵设局改修志书各条，公同条议胪陈。宪鉴，凡议八条录二：

一各府厅州县志书，先经提取到省，委员逐加磨看。凡有庙讳、御名未经敬避及一切违碍字样均据签出发回更改。尚有未经发回者，今既在省设局应将各书板一并提到省局分别携改。又现奉旨凡有钱谦益、屈大均等诗文应行删出，仍饬委员再加详核删削，俾无遗漏。

一志书内有甫经修竣之《吉安府志》毋庸调办。又有南昌、九江、赣州三府，靖江、安福二县现在设局纂修，应听其自行修竣刷印呈验，此时亦毋庸调办。又有崇仁、浮梁、星子、永丰、安义、上犹等县素无志书，应饬自行筹议补办外。其余各属应请概行调办，奉批除星子县外浮梁等县虽志板无存，原有志书自应一面令其设法搜寻旧志送局查办，一面补办新志改刻板片。

程廷济乾隆四十六年三月下浣"修志引言"：

钦奉上谕，省府州县志书悉加磨勘修改，节奉各宪檄催。并谕纂修志书之府州县应听各地方绅士人等损益筹办，官总其成。重申叠谕，不啻至再至三。余自莅事以来，亟思所以应功令而存掌故者。既与诸绅士悉心商榷，佥称阖邑敦劝捐输，自可循照旧例。□公议公办，而督劝稽核则余所有事也。兹已于二月二十八日开局备将旧志核勘修改，其有四十年内应行续纂入志各款，亦经出示限于三月内赴县呈明以凭查核。

《修志规条》：

一志内凡系庙讳、御名，俱宜恭避。其有违碍字样，均须加意检点，或应芟改或应铲削。其年号、人名字有相同者，俱遵部颁字式改正。

一现经销毁诸书名目及著书人名，务须详校，概行删削。

一本邑名宦名士著有书集序文，无论刻板抄本俱应开出，向各子孙处取出原书，详核有无干碍。

一诗文记载其字句文义，稍涉疑似闪烁之处，均宜严核删除。

一墓志、寿序、谱序例不入志，若祠堂、碑记上年奉宪严查志内倘有登载及存其名目者应削去，其各寺院、庵观、桥亭等碑文俱应斟酌登载。

一凡宋人之于辽金元，明人之于元，其记载事迹有用敌国之词、语句乖戾者，俱应改正。如有议论偏谬尤甚者，即行删削。

一各文集内奏疏札记……如有违碍字句即行删改……旧志既宜删节务归简当。

乾隆四十八年《浮梁县志十二卷》乃是对前志删改而成，查《联合目录》收录《浮梁县志》六种，其中乾隆四十八年之前有三种，分别为康熙十二年《浮梁县志》八卷首一卷、康熙二十一年《浮梁县志》九卷首一卷、乾隆七年《浮梁县志》二十卷，因各志馆藏分散，时间有限不便于作版本比对以作印证。

二、方志的全毁

方志的全毁，是指那些因违碍遭全部销毁的志乘。有因人而毁的，主要是指对那些"罪大恶极，悖逆不赦"如钱谦益、屈大均、金堡、王锡侯、徐述夔、卓长龄、戴昆、孔继汾、李清等皆被乾隆视为大逆大恶之人，在谕旨中屡屡提及。其"所自著之书俱应毁除"，由他们参修过的志书也在全毁之列。如乾隆四十二年，江西举人王锡侯删改因《康熙字典》另刻《字贯》，被同乡王泷南举呈案，"序文后凡例，竟有一篇将圣祖、世宗庙讳及朕御名字样悉行开列"，实大逆不法罪不容诛，"王锡侯身为举人，乃敢狂悖若此，必系久困潦倒，胸多牢骚，故吐露于笔墨。其平时所作诗文，尚不知作何讪谤！此等悖逆之徒，为天地所不容，故使其自行败露，不可不因此彻底严查，一并明正其罪。著海成即速亲身驰往该犯家内，详细搜查，将所有不法书籍字迹即行封固进呈"[22]，乾隆五十七年二月三十日全毁书籍清单：《唐诗试帖详解》一本。王锡侯所选，应全毁。这也波及其参修的《望都县新志》八卷。

也有因其书而废，如陈继儒因其纂有《建州考》，《抽毁书目》：《广百川学海》条下查《广百川学海》……其乙集内《建州考》……多指斥偏谬，应请抽毁。《军机处奏准全毁书目》：《陈眉公杂录二种》明陈继儒撰，一曰《建州考》，一曰《燕市杂诗》。因其述及清入关以前汉满关系以及清初史实对清统治者不利而遭禁，这也波及其所撰《崇祯松江府志》。因内容而废，如《纂修档案》乾隆四十八年九月应销毁书籍总档·续办第三次应毁书四种："《东安志》，一本。系明孟际

可撰。查此书内显涉忌讳，应毁。"㉓

但对志书的全毁也是有所变通的，"又或一人而数书者，彼此原不相妨；两书而同名者，前后亦多迥异。此等均须详核区分，不可彼此牵连，致乖平允。如此分别酌办，于辟邪之中，仍寓进退权衡之意，似于事理更为详慎"㉔。如杨循吉《吴县志》《宁海志》虽遭禁毁，但《总目》仍收有其《苏州府纂修识略》六卷、《吴中往哲记》一卷、《吴中故实记》、《七人联句诗记》一卷、《吴邑志》十六卷、《金山杂志》一卷等著作。

相对因"登载应销各书名目及悖妄著书人诗文者"遭删改者，因修志者个人政治原因或内容而被禁数量其实不大。现据《清代禁书汇考》《纂修档案》将被全毁方志列于下：

奏檄来源	著者	书名	版本
两江	（清）徐述夔	《栟茶场志》㉕	亡佚。按：《东台县栟茶市乡土志》序三"据杨大经《中十场志》作拼，今作栟，不知所自始也"。第一章："栟茶古称南沙，本隶泰州……场有盐课司司，后改大使专理盐务间及民事刑事"
江苏	（明）杨循吉	嘉靖《吴县志》	亡佚。按：康熙《吴县志》高晫序"县古无志，明嘉靖中山东濮州苏公知县事，始礼乡达南峰杨公载笔焉"
		《宁海志》㉖	亡佚。按：同治《宁海州志》王厚阶序："乃考州志焦杨二公所修，帙仅二卷。"《明史·艺文志》：杨循吉《宁海志》二卷、乾隆《江南通志·艺文志》载有：杨循吉《宁海志》二卷
	陈继儒	《（崇祯）松江新志》《（松江府志》方狱贡修，陈继儒等纂）	五十八卷本，明崇祯三年（1630）刻本；九十四卷本，明崇祯四年（1631）增刻本（存卷11~27，66~94）
浙江省	（清）尹嘉铨	《房山县志》	按：《中国地方志联合目录》有乾隆《房山县志》一卷，张世法撰，尹嘉铨题名"直隶房山县志一卷，乾隆四十一年（1776）写刻本"。有乾隆四十一年刻本
《纂修四库全书档案·应销毁书籍总档》	（明）孟际可	《东安志》	

其间也有在查禁违碍书籍背景下，因志乘内容获罪的。虽涉案志书最终并没遭到禁毁，但这种查禁对志书纂修也有消极影响。如《清代文字狱案》所载乾隆四十六年叶廷推《海澄县志》案，县人周铿声借查檄违碍书籍控告其担任《海澄县志》分纂时所载入碑传诗句词语狂悖。虽经福建巡抚上奏请旨，但最终乾隆批复都是平常诗文中的陈词套话算不得悖逆而了结，今其志尚存有乾隆二十七年（1762）刻本、民

国十五年（1926）重印本。乾隆四十七年高志清《沧浪县志》案，湖南巡抚以乡志"内摘出各种字句，指为狂悖"，将刊刻志书之高治清父子生监斥革，作序之教授翁垌解任质讯。乾隆以"吹毛求疵，谬加指摘"无庸查办晓谕，并传谕安徽巡抚、江西巡抚等毋庸查办，其志今不存。

方志在纂修四库中虽遭禁毁，但同时在一定程度也促进了方志发展。既促进了志书纂修，也有其格式为志书修纂所沿用。

如乾隆三十八年《柘城县志》何炟序："圣天子统一区宇，文教覃敷，命史臣纂修四库全书。俾万邦有所矜式。一时好古力学之士，莫不翕然向风，咸思仰赞盛化……今我皇上复有修书之诏。仰见圣□承悉以稽古右文为盛典。凡在臣庶□此休明者，可不知所报称乎。余奉奉命□豫□，欲遍访遗书以备乙夜之览。时以未及周知为惧，且大河南北幅员广阔，兴除因革之间凭臆，未尝冀惟良有司共相砥砺。庶几无旷职守，而于郡邑志未尝不惓惓加意焉。"

乾隆三十九年《番禺县志》广州府知府李天培序："前者大征天下郡国志书纂修大清一统志，现在四库全书复诏开馆亦征天下郡国书籍。而兹志适成，百余年旷典一旦胪举，司土者揽之既有以知政教源流，且足备藜阁之采择。"

乾隆四十一年《吉安府志》杨魁序："又圣天子在上加意典章，命各直省广罗散佚，博采遗书充四库所未备，将以光昭代同文之治，而风海内臣民也。矧江右为人文渊薮，吉安自唐、宋、元、明以迄我朝英贤辈出，尤为西江望郡，而志独因陋就简奚可乎。"

乾隆四十一年《长兴县志》宋成绥序："且夫圣天子右文崇古，旁稽博考，勒成四库全书。立千古文治之极轨则，虽山图海录尚将亟为采茸，用佐同文之盛。是志也，岂特一邑之光也。"

乾隆四十二年《溧水县志》章攀桂序："皇上稽古右文……癸巳复开四库馆，举凡通都大邑以及山陬海澨皆得以书奏御用，备西清东观之储。"凡例云："仰体上宪问俗勤民之至意，详请重修以备采择。"

乾隆四十二年《平谷县志》朱克序："纂一统志暨四库全书，典坟邱索，无以尚之。近奉旨考证日下旧闻，核实纂辑。使天下万世知皇都闳丽，信而有征。凡畿辅州县星罗棋布，无不各因志乘追寻往迹，遥溯前征以焕文治之光华。"

乾隆四十三年《富平县志》毕沅序："四库馆亦未竣事，他时关内诸郡次第成书，将仿古形方训俗之意，上之馆阁用备西清东观之储。"

乾隆四十四年《安肃县志》李策后序："思圣天子稽古右文，名山石室之藏，搜罗殆尽……稗官小说苟足以资考订而备采摭者，靡不收录，而况一邑之志。"

乾隆四十四年《西安府志》严长明序："是以今所编述虽难因实创，将上以佐朝廷四库之储藏，下以备西安一郡之文献，断不敢就简尚奢，贻讥芜漏。"

乾隆四十七年《安福县志》凡例："缮书行款，惟小序及按语低二格写……至双行小注，限于尺幅不能另提。遇单空一字，双空两字，此乃钦定四库全书定式，当恪遵之。"

乾隆四十八年《孟县志》孟南英序："开四库全书馆，广搜天下古今文书图籍。国史之征信于郡邑志者，尤在所先。行将以是编献之朝右，供采择焉。"

志书在《四库全书》编纂时虽为访购遗书起到过按图索骥的作用，同时也因此成为查禁违碍内容的得力工具。方志以其体例的特殊性，志书全书遭禁多是因人而禁，更多的是对所含内容的删改。虽然有志书内容遭到不少删改，这种铲削或删改并一直影响至乾隆后志书的编纂。如嘉庆二年《东莞县志》，其凡例云："向查办违碍书籍时，府县志皆奉文铲板，今于列传选举中删除净尽，遵功令也。"道光二年阮元修《广东通志·艺文略》凡全毁书均不收入。屈大均的全部著作不但不收，其列传也不收屈大均传等。但整体来看，《四库全书》的编纂对方志的编纂起到了积极作用。现存的各种地方志，乾隆本特多不能说与《四库全书》的纂修没有关系。

注释：

① 《纂修四库全书档案·寄谕各督抚查办违碍书籍即行具奏》，第177条。

② 陆锡熊撰：《宝奎堂集卷四·为总裁拟进销毁违碍书札子》，道光二十九年陆成沅刊本，第19页。

③ 《纂修四库全书档案·盛京将军弘晌等奏查出函可语录碑记字迹及支派承袭人折》，第305条。

④ 《纂修四库全书档案·两广总督李侍尧等奏遵旨查办〈皇明实纪〉〈遍行堂集〉并椎碎澹归碑石折》，第307条。

⑤ 《宫中档乾隆朝奏折》。

⑥ 北平故宫博物院文献馆编：《清代文字狱档》第八辑《袁继咸六柳堂集案》，

乾隆四十三年八月十五日江西巡抚郝硕奏折。

⑦《纂修四库全书档案·寄谕各省督抚将志乘所载应禁诗文及著者事实书目概行删节》，第660条。

⑧《纂修四库全书档案·江西巡抚海成奏续进备选及应毁各书并祈校删志乘折》，第437条。

⑨《纂修四库全书档案·湖南巡抚李湖奏查出〈国朝诗的〉等违碍书籍分别办理缘由折》，第572条。

⑩《纂修四库全书档案·寄谕各省督抚将志乘所载应禁诗文及著者事实书目概行删节》，第660条。

⑪《纂修四库全书档案·陕甘总督勒尔谨奏遵旨查核省志及府州县志书情形折》，第680条。

⑫《纂修四库全书档案·湖北巡抚郑大进奏遵旨查办〈天元玉历祥异赋〉情形折》，第770条。

⑬《纂修四库全书档案·湖南巡抚刘墉奏查缴应毁书籍折》，第806条。

⑭王彬主编：《清代禁书总述》，上海书店1991年版，第14页。

⑮陆锡熊撰：《宝奎堂集卷四·为总裁拟进销毁违碍书札子》，道光二十九年陆成沅刊本，第20页。

⑯吴哲夫著：《清代禁毁书目研究》，嘉新水泥公司基金会，1969年版，第214页。

⑰《纂修四库全书档案·谕内阁明人刘宗周等书集只须删改无庸销毁》，第352条。

⑱《查办违碍书籍条款》。

⑲吴哲夫著：《四库全书纂修之研究》，台北"故宫博物院"1990年版，第57页。

⑳《纂修四库全书档案·江西巡抚海成奏续获应毁书籍板片折》，第349条。

㉑《纂修四库全书档案·江西巡抚海成奏续进备选及应毁各书并祈校删志乘折》，第437条。

㉒《纂修四库全书档案·寄谕江西巡抚海成等速将王锡侯解京严审并搜查其家及流传各省书板》，第441条。

㉓《纂修四库全书档案·应销毁书籍总档》，第997条。

㉔陆锡熊撰：《宝奎堂集卷四·为总裁拟进销毁违碍书札子》，第20页。
㉕雷梦辰，《清代各省禁书汇考》，书目文献出版社1989年版，第85页。
㉖雷梦辰，《清代各省禁书汇考》，书目文献出版社1989年版，第149页。

（载岳麓书院邓洪波主编《中国四库学》第二集，2018年中华书局出版）

古籍清话

附录　古籍的域外故实

中国的雕版刻工在日本

14世纪中后期（元末明初），一批身怀技艺的中国雕版刻工东渡扶桑，在日本从事雕版印书工作。他们在传授雕版印刷技术、传播中华文明以及促进中日两国人民的民间交往等方面都做出了不朽的贡献，在古代中日两国文化交流史上写下了颇有价值的内容。故此，日本有些学者早年曾对此作过专题探讨，给中国雕版刻工以公允的评价。唯对某些问题或言犹未尽，或尚未述及，以致于不能更全面地对中国雕版刻工的事迹做出全面评价。鉴于此，笔者不揣固陋，仅就所知略陈一二，以就教于方家。

一、中国雕版刻工赴日本刻书的时代背景

"徐福行时书未焚，佚书百篇今犹存；令严不许传中国，举世无人识古文。"欧阳修的这首《日本刀歌》脍炙人口，道出了远在嬴秦时代中日两国文化交往中的一段佳话。时至唐宋，两国间的文化交流已臻鼎盛，在此期间中国古书大量传入日本。在此以后汉籍图书又从不同渠道不间断地流入了日本。不同时期传入日本的汉籍大都被记录在日人编撰的各类型书目中。据有关专家调查，中国明代及明代以前的汉籍散落于日本各地者，不少于7500种[①]。这些汉籍图书为当时如饥似渴地汲取中华文化的日本人民送去了取之不尽的精神给养。随着日本国政治、经济、文化等领域的不断发展，随着中日两国文化交流的不断深入，日本国民对汉籍的需求量也在相应地不断增大。为了满足社会的需要，在不断搜访汉籍的同时，日本还进行了对汉籍图书的大量翻刻，时约在14世纪中后期，正值日本五山文化（僧侣文化）发展的兴盛时期，此时的中国恰逢更朝换代的元末明初。

当时中土局势是：各地战争纷起，社会秩序极度混乱。在元军大举南下的过程中，凡遇图籍必缴之，凡见匠户必俘之。有关事例，史书多有记载：至元十三年

（1276）元军渡江南下，攻破临安，世祖"命焦友直括宋秘书省禁书图籍。伯颜入临安，遣郎中孟祺籍宋秘书省、国子监、国史院、学士院图书，由海道运至大都"，并按许衡的建议"遣使取杭州在官书籍版及江西诸郡书版，立兴文署以掌之"②。

本来蒙古族最初只有一些与畜牧业相结合的家庭手工业，专业性的"百工之事无一而有"。到铁木真西征时，俘获了一批工匠，利用这批工匠才逐步建立起一些制造兵器、军火及其他手工艺品的专门性质的手工业。由于工匠能创造财富，故元朝统治者在战争中特别注意俘获匠户。1236年灭金之后，刮中原民匠72万户。1279年灭宋之后，刮籍人匠42万户；1284年刮籍江南民为匠者30万户，选有手艺者十余万户；1287年再次刮籍江南诸路匠户。元朝统治者在大规模刮籍民匠的同时，还采取了诸如"唯匠得免"等保护工匠的一些措施，这就使得一些匠户生存了下来。作为匠户之一的以雕版印刷为业的工匠也受到了保护，继续从事刻书工作，这就构成了元朝刻书的技术基础。与此同时，尚有一些以刻书为职业的工匠仍然不肯为元朝统治者效力，他们或独自或结伙纷纷弃家，奔走异域。

由于当时中土连年战乱，民不聊生，日本国的雕版印刷业方兴未艾，急需大批雕版良工，在这样的背景下，为了躲避战乱，为了继续从事自己偏爱的职业，有相当数量的中国雕版良匠东渡到了日本。中国刻工帮助日本刻书之事，最早见载日人义堂的《空华日工集》。该集于应安三年（1370，明洪武三年）九月二十三日条曾十分明白地记述了两名中国雕版刻工来日本刻书事："唐人刮字工陈孟千、陈伯寿二人来，福州南台桥人也。丁未年（1367，日本贞治六年，元代至正二十七年）七月到岸。大元失国，今皇帝改国为大明。孟千有诗，起句云'吟毫玉兔月中毛'。"③就在这两位陈姓刻工抵日前后，一些姓名及人数不详的中国雕版工匠也来到日本。他们当中的大部分良匠都参加了"五山版"的雕印工作。

二、中国雕版良工与五山版

五山版是以京都的五山④为中心，以其他诸佛禅寺为雕版印书机构，由禅僧董理刊行的各类书籍的总称。"五山版"一词最早见载《典籍秦镜》。田中敞《图书学概论》云："至于五山版之名始于何时，殊难考证。据近藤守重《右文故事》：'虽有临川寺版、足利本之名目，初未闻有所谓五山版。至文化年间（1804～1816）田口明良著《典籍秦镜》，五山版之名显于世。'"

五山版雕印书籍的时间集中在镰仓末叶至室町后期之间，约计二百数十年，应永（1394～1427）前后为出版最盛时期。董理其事的五山僧侣大都是精晓汉文的学问僧，有些僧侣曾几次奉使中土，事毕携书而归，庋藏于五山诸佛寺中，藏书颇富，不乏隋唐旧籍和宋椠元版。由于五山版大都是据宋椠元版进行摹刻，所以其版式、字体酷似原刊，有的刊印俱精，几达乱真程度，这便构成了五山版的一大特色。

　　在五山雕印的书籍除大部分为佛经内典外，尚有一些四部汉籍。五山版现存传本十分可观，据有关资料记载约有300余种。五山版刊印俱精者有《新编排韵增广事类氏族大全》《古今韵会举要》《增修互注礼部韵略》《中州乐府》《新芳萨天锡杂诗抄选稿全集》《冷斋夜话》《杜工部集》和《山谷诗集》等，其中尤以影刻宋本《山谷诗集》和覆刻元本《杜工部集》为代表作品。

　　中国雕版良工曾受雇于五山，参加五山版的雕印工作。在传世的五山版诸如《北磵诗文集》《月江和尚语录》《宗镜录》《禅林类聚》《东坡诗》《玉篇》《韵府群玉》《佛海禅师语录》《冥枢会要》《新撰贞和集》《陆放翁诗集》等书中都载有中国雕版良工的题名。尤其是在个别的五山版书后还附有记述中国刻工参与刻书情况的刊记，这就为我们提供了十分珍贵的文献资料。例如《宗镜录》卷一百末有则刊记，文录如下："应安辛亥结制日，天龙东堂比丘春屋妙葩命工雕之，江南陈孟荣刊刀。"除陈孟荣外，是书下书口处尚有（陈）伯寿、（俞）良甫、陈尧，以及福、林、沈、元等中国刻工的署名。这就足以证明这些来自中土的雕版刻工曾同时受雇于五山之一的天龙寺，也就是说他们都曾参加过五山版书籍的镌刻工作。从这条刊记内容中仅署陈孟荣一人这点看，他在这组刻工中或许是位董事者，有一定威望。除天龙寺外，陈孟荣还曾为"准五山"之一的临川寺刊刻过《禅林类聚》。

　　在五山版中那些载有中土雕版良工姓名的书是由中国刻工雕刻的，这自然没有问题，而那些未署中国刻工姓名的书，我们仅从印版款式、字体刀法透出的风格来考察也可以做出判定：其中的大部分书也当出自中国雕版良工之手。

三、中国雕版刻工在日本刻书略目

　　中国雕版刻工在日本刻书情况，日本几家官私书目及相关著作间有记述。[5]兹仅就耳目所及，将中国刻工在日本刊印的书中载有刻工题名的部分，择其要者，依版刻年代录下，刊年不明者附在有刊年的相同刻工题名之后，以供参稽。

1. 日本正应二年（1289，元至元二十六年）刊《雪窦明觉大师语录》刻工：宁波徐汝舟、洪举。

2. 刊年不明《祖英集》刻工：洪举。

3. 贞治六年（1367，元至正二十七年）刊《禅林类聚》刻工：（陈）孟荣刊施。

4. 刊年不明《天童平石和尚语录》刻工：陈孟荣。

5. 刊年不明《昌黎先生联句集》刻工：陈孟桑。

6. 刊年不明《重新点校附音增注蒙求》刻工：陈孟荣。

7. 应安三年（1370，明洪武三年）刊《月江和尚语录》刻工：（俞）良甫、彦明。

8. 应安四年（1371，明洪武四年）刊《宗镜录》刻工：江南陈孟荣刊刀、（俞）良甫、（陈）伯寿、陈尧、福、元、林、沈。

9. 应安四年（1371，明洪武四年）至应安七年（1374，明洪武七年）刊《文选》刻工：俞良甫。

10. 应安五年（1372，明洪武五年）刊《碧山堂集》刻工：俞良甫。

11. 应安七年（1374，明洪武七年）刊《白云诗集》刻工：俞良甫。

12. 应安七年（1374，明洪武七年）刊《北磵诗文集》。其中《诗集》刻工：徐、贾、史、仲。《文集》刻工：（陈）孟才、（陈伯）寿、娄、仅、金、贾、仲、史。

13. 刊年不明《新撰贞和分类古今尊宿偈颂集》刻工：（陈孟）荣、（陈伯）寿、（陈孟）才、（彦）明。

14. 刊年不明《镡津文集》刻工：陈孟才。

15. 永和二年（1376，明洪武九年）刊《集千家注分类杜工部诗》刻工：陈孟荣等。

16. 刊年不明《大广益会玉篇》刻工：（陈）孟才、（陈孟）荣、彦明等。

17. 南北朝间刊《王状元集百家注分类东坡先生诗》刻工：大唐陈伯寿、（陈）孟才、（俞）良（甫）、彦明、长有、宋、永、中。

18. 刊年不明《陆放翁诗集》刻工：（陈）伯寿。

19. 刊年不明《大藏经纲目指南要录》刻工：陈伯寿。

20. 永德二年（1382，明洪武十五年）刊《佛海禅师语录》刻工：长有。

21. 刊年不明《韵府群玉》刻工：长有、彦明。

22. 至德元年（1384，明洪武十七年）刊《传法正宗记》刻工：俞良甫。

23. 嘉庆元年（1387，明洪武二十年）刊《冥枢会要》刻工：（俞）良（甫）、朱、翁、石。

24. 嘉庆元年（1387，明洪武二十年）刊《新刊五百家注音辨唐柳先生文集》刻工：俞良甫。

25. 刊年不明《简斋诗集》刻工：彦（明）、昭、琮、嗣、芳、□（杨姓省笔）忠。

26. 应永二年（1395，明洪武二十八年）刊《五百家注音辨昌黎先生文集》刻工：俞良甫。

27. 应永二年（1395，明洪武二十八年）刊《般若心经疏》刻工：俞良甫。

28. 刊年不明《春秋经传集解》刻工：俞良甫。

29. 刊年不明《无量寿禅师日用清规》刻工：俞良甫。

30. 刊年不明《法苑珠林》刻工：大唐江南。

31. 刊年不明《密庵和尚语录》刻工：天台周浩。

32. 永正十六年（1519，明正德十四年）刊《妙法莲华经》刻工：雕手盛继。

33. 弘化三年（1847，清道光二十七年）刊《麈余》刻工：章陆刊。

34. 明治二十年（1887，清光绪十三年）刊《通鉴纪事本末》刻工：扬州郑清写刻。

四、中国雕版良工俞良甫事迹述略

在赴日的中国刻工中，刻书最多，影响最大，成就最著者，当首推俞良甫。良甫，福建莆田县人，家居该县仁德里台谏坊。于元末明初从故土抵达日本，侨居京都附近嵯峨。曾受雇于五山，与其他中国刻工合作刻书，也曾出私财自行雕印汉籍善本。

据传本考知，俞工所刻的最早的一部书是与刻工彦明合刻的《月江和尚语录》，时在应安三年（1370，明洪武三年）。所刻最后一部有刊刻年代的书是应永二年（1395，明洪武二十八年）刊的《般若心经疏》。据此推算，良甫抵达日本的时间的下限可定在明代洪武三年。他在日本从事刻书工作的时间当不少于26年。他在这段时间内刻的书目，目前知道的凡13部。俞良甫凭私财刊印的书，在日本书志学上被誉称"俞良甫版"。由于良甫除独自雕印汉籍版外还曾与其他中国刻工同时受雇于五山，并在五山参与刻书工作，故此，俞良甫与其他刻工合作刊印的书当隶属于五山版系统。

这里尤其值得一书的是，俞良甫在刻完一书印版之后有时还亲笔题写一段刊记，内容是讲述自己的祖籍里居，自己在日本从事刻书工作的甘苦，以及刻书年月等。这些刊记资料为我们研究中国雕版印刷术的东传，以及中国雕版印刷工匠，特别是俞良甫本人在日本的刻书情况提供了极有价值的文献依据。这同时也是古代中日两国民间交往史上的一份难得的第一手珍贵文献。

俞良甫在刊记中曾自署"中华大唐俞良甫学士"和"大明国俞良甫"，由此考察，他不是单以一名普通的雕版艺人的身份在日本工作，他是以一位中华大唐使者的姿态活跃在日本出版界，同时向世人表明自己是一位具有爱国思想的学者。我们借此不难窥视他来日本刻书的原因和目的。

兹将俞良甫刊书题识录下，以备研读。

1.《月江和尚语录》（下集）卷末题识云：

"良甫自刊《月江语录》下集，通计板七片，纸大小字口三十张数。应安三年六月初旬谨题。"

按：此书凡4卷。良甫与彦明合刻。卷端题"月江和尚初住常州路碧云禅寺语录"，是为本书全名。次行署"平江路太平禅寺住持门人居简编"。有趣的是，这则题识文字俱为墨地白文，字体反写，行文自上而下，由左向右，这与汉字行文由右向左规式恰好相悖。大概良甫雕版时故意将写好的样纸正置（应当反置）木板之上，且用阴文（应用阳文）剞劂的缘故。

2.《文选》卷末题识云：

"《文选》之板世鲜流布，童蒙不便之。福建道兴化路莆田县仁德里人俞良甫，顷得大宋尤袤先生之书，于日本嵯峨自辛亥四月起刀，至今苦难始成矣。甲寅十月谨题。"

按：此书凡60卷。良甫镌刻《文选》印版历时四载，自以"苦难"二字言之，道出了雕版工作之艰辛。其目的只有一个，即将这部"世鲜流布"的汉籍文学名著精心雕印出来，使之在日本广泛流通，以便童蒙诵习。倘若良甫来日本刻书的目的仅仅是为了获利，那么凭良甫镌版技术，草草雕成是书印版当不会需要多长时间。况且用整整四年时间刻印一部书，这期间的生活费用是自己支付的，数目当然不小，而印卖一部书的收入大概不会享用四年。由此可见良甫做的是一宗亏本的生意。这从一个方面反映出良甫的自身素养和过人的精神境界。

3.《碧山堂集》卷末题识：

"应安五季八月初旬，中华大唐俞良甫学士谨题。"

按：从历代刊本刻工题款内容上看，刻工自署"学士"的例子是绝无仅有的，而由刻工自书题识更是未睹同例。从这一点看，良甫确实是一位受过良好教育的有识之士，也正是这个缘故，对身在异邦从事斯业才会有自己的见解和表现。

4.《传法正宗记》卷末题识云：

"福建道兴化路莆田县仁德里住人俞良甫，于日本嵯峨寓居，凭自己财物置板流行。岁次甲子孟夏四月日谨题。"

按：此书凡12卷。卷末尚有日本国相州灵山寺劝进沙门积沙弥寂慧等于弘安十年丁亥九月日所作题识。又于良甫题识之前载有北宋林之奇序。

5.《新刊五百家注音辨唐柳先生文集》卷末题识云：

"祖在唐山福州境界。福建行省兴化路莆田县仁德里台谏坊住人俞良甫，久住日本东京城阜（埠）近。几年劳鹿（碌），至今喜成矣。岁丁卯仲秋印题。"

按：此书凡45卷。部帙较富，故印版历经"几年"雕刻后方告竣工。良甫雕刻60卷《文选》费时四载，据此推算他刻这部书版大概需要三年左右的时间，可谓精雕细镂。良甫版名世的原因，此居其一。

6.《般若心经疏》卷末题识云：

"印施贤者大师《般若心经疏》，伏愿顿悟般若之妙心，朗开群生之慧目，功德遍三世，利济流十方，法界含灵，同圆种智者也。应永二年季春日雏汭释梵书拜书。大明国俞良甫刊行。"

7.《白云诗集》卷末题识云：

"应安七年甲寅岁仲阳日，西山兜率门人利生叟书，俞良甫学士书置。"

按：利生叟名后有一"书"字，表明此书版样文字是由他缮写的，也就是一般所称的"书工"。一部书版由一名书工与一名刻工合作写刻，这在明代刊本中是较为常见的。不过在良甫刊印的书中，甚至在传世的由中国刻工参加雕印的书中，有书工题名者仅见是例。另外，日本龙门文库庋藏了一部《陆放翁诗集》，只有后集的卷一至卷四，前集及后集的卷五至卷八系江户初期补写。在补写的卷八末有"陆放翁此善本，唐人良甫家有之"三行题款。这则题款揭示了中国刻工俞良甫在日本已经安家落户，家中藏有一些汉籍善本。这些汉籍善本很大可能是他来日时特意携带来的。

五、中国雕版刻工有关事例考述

中国雕版刻工赴日本刻书大概经过两种途径：一是日方聘请，一是私自东渡。目前知道的记述中国刻工赴日刻书事情的书唯有《空华日工集》，内容提及陈伯寿和陈孟千这两位刻工。笔者认为这两位陈姓刻工应日方聘请而去的可能性最大。根据是：《空华日工集》较详细地记录了这两位刻工的姓名、籍贯、抵日时间、中土政治简况及孟千亲自写的诗文等内容。这足以说明他俩是有来历的，与日方人士曾有一定关系。那些未见簿册登记的中国刻工除其中个别者也可能是应聘赴日的外，大部分中国雕版刻工当是私自东渡来到日本的。

在日本从事刻书工作的中国雕版刻工，根据传本及相关著作统计知有以下人员：徐汝舟、洪举、陈伯寿、陈孟才、陈孟荣、俞良甫、彦明、陈尧、□（杨姓略写）忠、江南、周浩、王荣、李褒、郑才、曹安、陈仲、邵文、孟永、陶秀、盛继、昭才、立甸、蔡行、钱良、长有、章陆、郑清、林、沈、娄、史、贾、金、宋、朱、翁、石、赵、张、福、元、仅、中、琮、嗣、芳、从、付、资、康、成、大、用、仍、和、八、丁、木、俊、祥、溢、信、希、庆、于、春。从历代刊本刻工题名款式上看，刻工自己在印版上题署姓名的一般规律是：在本书前面的某一版上先题署姓名全称，以后便简写一姓或一名；个别的不署姓名全称而仅题一姓或一名。那么在上举的中国刻工中，署姓名全称者当各为一名刻工，凡27名。题署一姓或一名的刻工除极少数可能属于某一名刻工的姓和名的分写以外，绝大部分当是一名刻工姓名的单题，上举属于单署的刻工凡39名。据此推知，在日本刻书的中国雕版刻工人数最保守讲也有60余名。

中国是雕版印刷术的发明国，雕版印刷业在中国的发展历时最久，参加斯业的刻工人数也最众。据笔者掌握的资料统计，宋代雕版刻工有名可考者，凡6000名，元代800名，明代5000名，清代1000名。这样中国历代雕版刻工的可考人数当不少于12000名。从刻工印版题名比例上看，宋版居多，元明版次之，清版最少。由于中国雕版刻工在日本进行的是传统的雕版工作，印版刻工题名大概也循旧例。若此，那么中国雕版刻工在日本工作的实际人数及所刻之书当超过目前知道的数字。

现存的五山版印本尚有300余种，也许印证了这个推测。

从历代刊本刻工题款内容上看，刻工将自己的姓名连同籍贯一并刻在印版上面是不多见的。在赴日的中国刻工中有的刻工就把姓名和籍贯并题在印版上面。目前知道的计有：宁波徐汝舟、江南陈孟荣、福建莆田县俞良甫、福唐蔡行、天台周浩、扬州郑清以及福州南台桥人陈伯寿和陈孟千。据此推知，元末明初以及后来抵达日本的中国雕版刻工大都是江南沿海一带人。在目前知道的5000名明代雕版刻工中，绝大部分是沿海一带人。从他们自署的籍贯考知，大都来自江苏、浙江、福建、安徽及江西等地区。内陆地区的刻工极为罕见。由此来看赴日的中国刻工其籍里多在江南沿海一带，与明季刻工情况相吻合。

目前知道的中国刻工在日本刻的最早的一部书是元代至元二十六年（1289）由徐汝舟和洪举合刻的《雪窦明觉大师语录》。所刻最晚一部书是清代光绪十三年（1887）由郑清雕刻的《通鉴纪事本末》。前后时间跨度近六百年，它贯穿了中国元、明、清三个朝代，这期间正值雕版印刷术在中国全面发展与普及时期。而中国刻工在日本从事刻书活动比较活跃，年代又比较集中的，则是以陈孟荣于元代至正二十七年（1367）刻的《禅林类聚》为始，下迄俞良甫明代洪武二十八年（1395）刻的《般若心经疏》，凡二十九年。这段时间为元末明初，正值中国改朝换代之时，而日本则正在大量翻刻汉籍，从这一点看与史实也相吻合。

在日本的中国刻工中，陈伯寿和陈孟千是小有名气的，原因之一就是他俩的名字见载《空华日工集》中。笔者以为其中的陈孟千当是陈孟才，根据有三点：从传本看，与陈孟千同时来日的陈伯寿所刻之书今知有六种之多，而陈孟千竟然未刻一种，此其一；从刻工合作情况看，陈孟千和陈伯寿同时来日，按常规推定他俩当是合作伙伴。今从传本刻工题名考察发现，陈伯寿未曾与陈孟千合作过，而是与题名陈孟才的刻工多次合作，如伯寿和孟才曾合刻《北磵诗文集》《贞和集》《东坡集》。这足证他俩的关系是十分密切的。像陈姓两名刻工合作的例子在明版书中是指不胜屈的，这说明了一种情况，就是雕刻印版是一项技术性很强的工作，为了赢得雇主的信赖，为了谋生，刻工之间一旦结成合作伙伴往往很难分手，况且孟千与伯寿是在远离故土的异邦工作。既然他俩携手东渡日本，也就没有在日本不再继续合作的道理，此其二；从笔形上看，陈孟千的"千"字与陈孟才的"才"字笔形相似，"千"当是"才"的误写，此其三。

刻工陈孟才和陈孟荣均为"孟"字辈，疑是同胞兄弟或同族同辈兄弟。这两位

"孟"字辈陈姓刻工与陈伯寿疑是同族亲戚关系。他们曾多次合作刻书，如孟才与孟荣合刻《玉篇》，孟荣与伯寿合刻《宗镜录》等。这里不妨举几个族姓刻工合作刻书的例子作为注脚。宋代刻工高安道、高安富、高安国、高安礼及高安宁是高姓"安"字辈刻工，曾合刻《吕氏家塾读诗记》；其中高安道和高安国又合刻《春秋经传集解》；高安道、安国和安富又合刻《春秋公羊经传集解》。而明代徽州虬村黄姓举族合作刻书的例子甚至可以举出几百个来。从东渡时间看，孟荣先一步抵达日本，这从传本的版刻年代可以找到证据。孟荣于元代至正二十七年（1367）独自承雕了《禅林类聚》，同年七月陈孟才和陈伯寿方同时到达日本。

六、日本籍雕版刻工题名款式

中国籍雕版刻工在日本从事刻书工作，有的人工作时间长达几十年。在那个环境中工作，身边自然会有不少喜爱斯业的彼国生徒跟着帮工，不管中国刻工有意还是无意向他们传授雕版印刷技术，这项属于中国劳动人民的专利发明不难被富于想象、勤于劳作的日本人民所掌握，于是雕版印刷技术在日本国土生根、开花、结果。时至今日，我们虽然未曾见过有关中国刻工向彼国生徒传授雕版印版技术的史籍记载，但是我们仅从传世和刻本的装订形制、版式特征及字体刀法这几个方面就可以看到中国雕版印刷术对日本的影响是至深的，日本版刻源出中土这是毋庸置疑的。如果我们再从和刻本版刻局部作进一步的考察，还可以发现一些佐证，这就是日本籍刻工题名款式。

兹将日本籍与中国籍刻工题名款式作一例释：

例序	国别	刻工题名款式	署名部位	书名及版本
例一	日本	大阿ゞ、ム	下书口	《月庵和尚假名法语》、应永年间（1394～1427）刻本
例一	中国	陈然、董明	下书口	《资治通目录》南宋绍兴二年（1132）两浙东路茶盐司刻本
例二	日本	剞劂江川仙太郎	书后	《十八史略读本》明治十六年（1883）嵩山堂刻本
例二	中国	剞劂刘廷宪	书后	《韵学集成》明万历间（1573～1620）刻本
例三	日本	江都渡边□朝仓佐平刀	书后	《韩魏公集》天保、弘化间（1830～1847）刻本
例三	中国	顺德冯裕祥写样冯朝珍雕版	书后	《通俗文》清嘉庆四年（1799）刻本

续表

例序	国别	刻工题名款式	署名部位	书名及版本
例四	日本	日本东京木村嘉平刻	书后栏外左下角	《古逸丛书》明治间遵义黎氏日本刻本
	中国	大明国俞良甫	书后题识	《般若心经疏》日本应永二年（1395）刻本

例一中的"大阿乡"和"厶"，是目前知道的日本早期雕版刻工。题名部位在下书口，这与中国传统的刻工题名款式是一致的。刻工题名于下书口，以宋元版书最为常见，明清印本中凡刻工人数众多者也用此式。在五山版印本中刻工题名多用此式。

例二于江川仙太郎题名之前冠以"刳劂"二字。刳劂者，曲刀也。刻工掌刀镌版，以"刳劂"二字冠于首，表示以雕版为业之意。此式在中土版刻中虽不属常见之式，然也有同例，如"刳劂氏黄惟敬"（明代徽州黄姓刻工，曾刻《齐云山志》）、"刳劂氏黄磷"（同前，曾刻《程氏墨苑》）。

例三书工渡边□与刻工朝仓佐平合作写刻一书印版，其署名款式在明清刻本中较为常见，而在宋元版中则十分罕见。其原因是：宋椠元刊多为精雕细镂，一书印版由众匠合力雕成，书工与刻工人数较众，每刻（书）完一版，随手在下书口处题署姓名。明清时雕版技术有了进一步发展，刻书工具得到进一步改进，故刻书速度加快，一书印版多由一书工和一刻工合作完成，待全书印版刊成后，即在书后题署姓名，据此推知，上举日本书工及刻工两位匠氏的写刻版技术是高超的。

例四"日本东京木村嘉平刻"这条署款见《古逸丛书》和《曾太傅毅勇侯国藩传略》两书。木村嘉平是日本明治年间一位颇有成绩的雕版良工。他与赴日本的清吏黎庶昌往来密切，上举两书就是黎请木村嘉平镌刻的。木村在题名署款时有意加上"日本"二字，这在目前所知日本刻工题名款式中是仅见之例。从这一点可以推知，他是一位有志于从事中日文化交流工作的曾受过一定教育的有识之士。他或许非常清楚，凭自己的镌刀将大量中土佚书在日本翻刻后即可回传中土的重要意义，故此题名，以示后人。这与赴日的中国雕版刻工俞良甫在姓名之前冠上"中华大唐"和"大明国"，以及陈伯寿题名冠以"大唐"二字的用意是完全相同的。只是后者意在将书传到异域，而前者意在把书传回故土，实有异曲同工之妙，堪称古代中日两国文化交流史上的一段书林清话。

木村嘉平所刻之书，除上举二书外，尚有《东京才人绝句》及《日本木刻图案画》等，这两部书是日人作品，署款题"木村嘉平刻"，这与上举二部中土典籍的题款形式有别。日本雕版刻工木村嘉平雕版技艺超人一等，所刻之书古朴苍劲，《古逸丛书》是他的代表作品。有关木村氏的刻书风格及对中日文化交流所做出的贡献等方面均值得我们做进一步的探讨。

总之，从上举四例可以看出，日本籍雕版刻工的题名款式与中国刻工的题名款式惟妙惟肖，这从一个方面证明日本版刻的产生与发展与中国的直接影响不无关系。

中国雕版刻工在日本经过辛勤工作，使得中华典籍在日本广为流布。而后复经日本雕版刻工的努力，使一些在中土久已散佚的隋唐旧籍和宋椠元刊得以在日本国土化身繁衍，并通过不同渠道西传故土——中国。据初步统计，目前中国大陆各大图书馆庋藏的和刻本古籍达2000余种，其中不乏珍本秘籍，略如宋释元肇撰的诗别集《淮海挐音》及宋高宗赵构的书法真迹《草书礼部韵宝》等，均不见国内诸家官私书目著录，实为中土久佚之书。由此可见日本借雕版印刷"匠氏"在保存汉籍图书、传播中华文化，以及促进中日文化交流等方面做出了一定贡献，他们的事迹与赴日的中国刻工的事迹，均值得我们赞颂。

注释：

①严绍璗：《中国传统文化在日本的命运》，载《文史知识》1986年第3期。

②清钱大昕：《补元史艺文志序》。

③木宫泰彦：《中日交通史》卷下，以及《日本古印刷文化史》《日本古刻书史》并引《空华日工集》。

④1338年至1342年京都定南禅寺、天龙寺、建仁寺、东福寺及万寿寺为"五山"。其后又定妙心寺、大德寺和临川寺为"准五山"。

⑤川濑一马《日本书志学之研究》《古活字版之研究》，和田维四郎《访书余录》，田中敞《图书学概论》，以及《足利学校秘本书目》《成篑堂善本书目》等。国内仅见傅增湘《藏园东游别录·日本帝室观书记》，张秀民《中国印刷术的发明及其影响》《中国印刷史》略有记述。

（载《中日汉籍交流史论》，1992年12月杭州大学出版社出版）

日本宫内省图书寮所藏宋版《大藏经》

宫内省图书寮是日本近代建立的皇家藏书机构，始建于明治十七年（1884）。二次大战后，图书寮成为国立国会图书馆下属的一个分馆，即今天的宫内厅书陵部。图书寮建立以后，着手网罗诸家藏品。自明治二十一年（1888）至大正五年（1916）曾先后收纳了壬生小口、古贺、德山毛利、伊势藤波及土御门等藏书家的捐书及旧藏本①。据《宫内省图书寮汉籍善本书目》（昭和六年版）统计，是寮庋藏宋、元、明、清刻本及抄本等汉籍善本共788部，其中有些善本为中土佚书②。在图书寮收藏的近800部汉籍善本中，部帙最富、刊年最早的本子，当首推宋版《大藏经》。

图书寮入藏的朱版《大藏经》是一部混合本，即由福州东禅寺版《万寿大藏》（刊年元丰三年至政和二年）、福州开元寺版《毗卢大藏》（政和三年至绍兴二十一年）及湖州版《思溪圆觉大藏》（北宋末年至绍兴二年）零本补配而成，久为国人关注。笔者不掩愚陋，仅据掌握的一点材料，为这部宋版混合本《大藏经》作一简要介绍，舛误之处尚祈阅者指正。

《宫内省图书寮汉籍善本书目》卷末附有《大藏经细目》，详细著录不同版本单经的经名、撰译者、刊年、题记及钤印等内容，这就为我们了解这部《大藏经》的情况提供了材料。据笔者统计，图书寮收藏的宋版《大藏经》以《毗卢藏》为主，另配入《万寿藏》和《思溪藏》部分零本。全藏千字文编号始"天"字，终"颇"字，共595函（其中覆、群、溪三字函缺逸，未配他经），6262卷（另附字音帖530卷），1450部，6238帖（折册）。其中《毗卢藏》417函，1235部，4587卷；《万寿藏》169函，206部，1599卷；《思溪藏》9函，9部，76卷。

这部宋椠《大藏经》中包括的三种本子，均半开6行，行17字。见于各版单经中的印章共有三方：东禅大藏、开元经局染黄纸、法华山寺。其中《万寿藏》多钤"东禅大藏"印，《毗卢藏》多钤"开元经局染黄纸"及"法华山寺"二印，《思溪藏》三印兼有。

关于这部混合本宋版《大藏经》流传及补配情况，由于资料缺乏，一时还搞不清楚。日本人尾崎康君等曾撰文，谈及宋版《大藏经》由中土传入日本的一些情况，可以参考。

日本尾崎康君在论用刻工鉴别版本时曾言及此。他说："对于鉴定北宋末南宋初最有效的是：福建东禅寺《万寿大藏》、福州开元寺《毗卢大藏》及湖州《思溪圆觉大藏》三大藏经。福建的二大藏经几乎每一帖都有刊记，并明白记载其刻工。此二藏虽未全部具备，但有相当数量在镰仓时代（1185年·南宋孝宗淳熙十二年至1333年·元顺帝至顺元年）时，每每以数部为单位被运往日本，书仍存世。"③

日本缘山知藏随天谈及《思溪藏》传入日本时间问题，他说："其宋本者，湖州路思溪法宝寺雕刻，南宋理宗嘉熙三年（公元1239年）版也……日本后宇多院建治元年（1275，南宋恭帝德祐元年）近州管山寺僧传晓入宋时将来，藏于其寺。"④

至于这二篇文中所称的宋版本藏经与宫内省图书寮所藏三大藏混合本有无一定关系，还有待进一步的考证。

两宋是我国雕版印刷术发展的全盛时期。尤其是雕造部帙宏富的《大藏经》，构成了我国雕版印刷史上的一大特色。然而，令人遗憾的是初期雕造的几部《大藏经》在遭受自然及人为诸厄难之后，有的几乎荡然不存，传者也仅是数量极有限的单经残卷，故日本保存的这部宋版《大藏经》显得尤为珍贵。最近获悉，日本医学博士、日中友协代表、90高龄的林伯辉先生和夫人疋田登喜子女士，将日本宫内省图书寮珍藏的福州版《毗卢藏》中的30卷影印本交给了中国佛教协会副会长释圆拙法师⑤。这就为我们了解和利用该寮皮藏的中土久佚的宋版《大藏经》带来了希望。但愿日后能在日中有关部门协调下，将图书寮收藏的宋版《大藏经》仿宋椠《碛砂藏》之举影印行世，为日中学人共同利用。

注释：

①详见日本草野正名：《图书馆的历史》276页"宫内厅书陵部及内阁文库"条，昭和五十八年日本学艺图书株式会社版。

②详见日本服部宇之吉《佚存书目》图书寮藏中国佚书部分，昭和八年版。

③《古籍鉴定与维护研习会专集》，1985年台湾中国图书馆协会版。

④见《缘山三大藏缘起》一文，载《缘山三大藏目录》卷首。

⑤《光明日报》1990年4月17日以"千载佚书《毗卢大藏经》失而复得"为

题，报道了这一消息。

（载《福建图书馆学刊》1992年第3期）

天津日本儿童图书馆简介

日本侵华期间曾在天津建立了一所儿童图书馆,这就是在日本居留民团编辑的《居留民团事务报告书》中所称的天津日本"儿童图书馆"。这是日本在中国境内设立的最早的一座儿童图书馆,也是天津地区较早的一座儿童图书馆。而有关这所儿童图书馆的一些情况,至今为止尚无专文述及,这不能不说是一件憾事。笔者最近收集到一些有关史料,拟就此文,谨向同仁作一简介,这对于从文化视角来研究日本侵华历史,探讨天津地区图书馆事业史的发展大概不无裨益。

一、历史背景

昔日,日本在华文化侵略涉及文化、教育、宗教、医院及新闻等各个方面。它通过广设教会学校、教会医院、新闻宗教机构及各类图书馆等文化媒体,使中国人接受奴化教育,借以扩大它们在华的影响力。因此,所谓使中国走向"文明"的文化事业,实际上是日本侵华战略的一个重要组成部分。

据史料载,日本侵华期间在中国境内共建四座规模较大的图书馆:1919年在上海建立的东亚研究会图书馆,1936年底由日本外务省对华文化事业部在北平建立的北平日本近代科学图书馆,1936年底由日本外务省对华文化事业部在上海四川路建立的上海日本近代科学图书馆,建馆时间最早的是设立于天津的天津日本图书馆。[①]

天津日本图书馆创建于清光绪三十一年(1905,日本明治三十八年)。当时的名称是"清国天津日本图书馆"。民国建元以降,遂略"清国"二字,易名"天津日本图书馆"。馆务由天津日本居留民团掌管。1930年(日本昭和五年)天津日本共益会接管图书馆以后又易名"天津共益会图书馆"。该馆既是日本在华建立的最早的一座图书馆,同时也是近代天津地区最早的一座图书馆。天津日本图书馆建立以后进行了一系列工作,有关情况史料记载颇详,其中之一就是根据儿童读者的需求，附设了这座儿童图书馆。②

二、儿童图书馆的设立

天津日本图书馆的读者包括在校的各年级学生。该馆的报纸阅览室也兼少年儿童阅览室使用。昭和十二年（1937）以来随着寓居津门的日本人的迅速增加，来图书馆看书的儿童人数也在逐渐增多。由于阅览室过于狭窄，显得十分拥挤，日本人戏称它是一间儿童"收容室"。为了解决这个问题，天津日本居留民团便决定另设一所儿童图书馆。昭和十四年（1939）初，选中了宫岛街天津日本人幼儿园的一间屋子作为馆舍，正式名为天津日本"儿童图书馆"。接着把藏在原天津日本图书馆内的全部儿童读物迁入新馆舍中，并于是年二月十一日正式开馆。

天津日本儿童图书馆后来因故又两易馆址：一在昭和十七年（1942）三月迁至淡路国民学校；一在昭和十八年（1943）三月末搬到天津日本教育博物馆楼上一室内，四月一日开馆，1945年以后这所日本儿童图书馆因战事关闭。从1939年建馆计算，仅有六年馆史。

三、儿童图书馆的有关规定

《天津日本图书馆馆则》（载于《昭和十四年事务报告书》64页）于第七章"儿童图书馆"条对儿童图书馆作了如下规定：

1.开馆时间平常从下午1时至6时。星期日从上午10时至下午6时。根据季节变化稍作调整。

2.岁首（自1月1日至3日）、阴历（元日）、纪元节（2月11日）、天津神社春祭（4月11日）、天长节（4月29日）、天津神社秋祭（10月11日）、曝书期（9月中约10天）、明治节（11月3日）及大晦日（除夕）等日子闭馆。

3.读者对象主要是小学、中学在校学生。

4.免费阅览。

四、读者阅览历年统计表

1. 昭和十四年（1939）统计表

①收藏杂志、报纸共计19种。

月份	一月	二月	三月	四月	五月	六月	七月	八月	九月	十月	十一月	十二月	合计
册数	6	6	21	22	47	40	21	35		81	11	49	339

②本年度图书增加统计表

月份	二月	三月	四月	五月	六月	七月	八月	九月	十月	十一月	十二月	合计
图书（册）	1024	1604	1204	1381	1513	2336	1969		589	1997	2045	15667
杂志（册）	200	106	115	126	268	170	134		72	158	167	1515
计（册）	1224	1710	1319	1507	1786	2506	2103		661	2155	2212	17182

③二月至十二月阅览统计表

一日平均	册数	69	57	49	50	62	84	106		62	80	76	70
	人数	59	54	45	45	57	81	103		57	76	71	65

④分年级阅览人员统计

	二月	三月	四月	五月	六月	七日	八月	九月	十月	十一月	十二月	合计
二年级	135	302	126	139	166	274	296		50	2511	360	2099
三年级	319	355	180	129	196	363	327		97	333	370	2669
四年级	190	311	298	402	294	390	330		179	607	655	3656
五年级	307	378	307	323	337	385	248		127	442	369	3223
六年级	105	194	207	222	334	558	637		150	364	264	3035
中学生	7	82	107	164	318	466	215		19	39	50	1467
合计	1063	1622	1225	1379	1645	2436	2053		622	2036	2068	16149

2. 昭和十五年（1940）统计表

①收藏杂志17种，报纸2种，共计19种。截至昭和十五年十二月末藏书总数1685册。

②本年度图书增加数统计表（单位：册）

月份	一月	二月	三月	四月	五月	六月	七月	八月	九月	十月	十一月	十二月	合计
购入	43	17	41	7	50	26	25	20	19	22	18	1	282

③本年度阅览图书统计表

		一月	二月	三月	四月	五月	六月	七月	八月	九月	十月	十一月	十二月	合计
开馆日数		27	27	29	27	31	29	31	31	28	28	28	28	344
图书数（册）		1332	1448	1840	1592	2091	1711	2020	1589	1307	1134	1258	1295	18617
杂志数（册）		109	137	150	132	97	129	109	123	90	94	90	123	1383
计（册）		1441	1585	1990	1724	2188	1840	2129	1712	1397	1228	1348	1418	20000
一日平均	册数	53	59	69	64	71	63	69	55	50	44	48	51	58
	人数	49	54	66	64	71	63	69	55	50	44	48	51	57

④分年级阅览人员统计表

	一月	二月	三月	四月	五月	六月	七月	八月	九月	十月	十一月	十二月	合计
二年级	193	255	315	114	181	160	226	161	124	64	57	157	2007
三年级	232	254	244	283	220	210	368	241	211	223	217	267	2970
四年级	475	503	504	389	352	308	316	313	405	420	484	343	4822
五年级	172	166	343	464	501	479	451	417	252	283	340	458	4326

续表

	一月	二月	三月	四月	五月	六月	七月	八月	九月	十月	十一月	十二月	合计
六年级	149	147	221	231	289	249	313	315	242	140	105	108	2505
中学生	92	128	290	243	645	438	449	265	163	98	145	85	3037
合计	1313	1453	1917	1724	2188	1840	2129	1712	1397	1228	1348	1418	19667

3. 昭和十六年（1941）统计表

①收藏图书数，截止昭和十六年十二月末藏书共计 1964 册。

②收藏杂志、报纸数，杂志 13 种、报纸 2 种，计 15 种。

③阅览人员数，昭和十六年（开馆 349 天）阅览人员共计 16106 人，每天平均 46 人。

④分年级阅览人员数

年级	二年级	三年级	四年级	五年级	六年级	中学生	合计
人数	627	2091	4049	4404	3647	1288	16106

4. 昭和十七年（1942）统计表

①收藏图书数 2312 册。

②收藏杂志、报纸数 14 种。

③阅览人员数 10630 人。

④一日平均人数 31 人。

5. 昭和十八年（1943）统计表

①收藏图书数 2519 册。

②收藏杂志、报纸数，报纸 3 种，杂志 11 种，合计 14 种。

③阅览人员数，开馆 332 天，共计 10689 人，每天平均 32 人。

④分年级阅览人员数

年级	三年级	四年级	五年级	六年级	中学生	会计
人数	2579	2180	1767	3398	765	10689

6. 昭和十九年（1944）统计表

①收藏图书数 3082 册。

②收藏杂志、报纸数，杂志 11 种，报纸 2 种，合计 13 种。

③阅览人数 9793 人，每天平均 29 人。

④分年级阅览人数

年级	三年级	四年级	五年级	六年级	中学生	合计
人数	2220	1923	1845	2950	855	9793

注释：

①见杜恂诚：《日本在旧中国的投资》，1986 年上海社会科学院出版。

②记载有关天津日本儿童图书馆情况的史料书据笔者所知计有以下七种：

《昭和十四年事务报告书》64 页、513 页、524 页、525 页。

《昭和十五年事务报告书》570 页、57l 页。

《昭和十六年事务报告书》104 页。

《昭和十七年行政概要》69 页。

《昭和十八年行政概要》69 页。

《昭和十八年事务报告书》79 页。

《昭和十九年事务报告书》163 页。

（载《儿童图书馆与中小学图书馆》1993 年 1 期）

跋佚存书《淮海挐音》

诗别集《淮海挐音》两卷,宋释元肇撰。日本服部宇之吉《佚存书目》载:此目专录中土已佚而东瀛尚存之书。元肇此书,我国久佚日本尚有传本流布,故以"佚存书"名之。日本今传之本,据上目载,仅有元禄□本和成篑堂丛书本两种,其中丛书本几经辗转,有一部入藏天津图书馆,今说肇集,即指此本。

此帙每半页十行,行十六字。白口,左右双边。单鱼尾。书口题"挐音上(下)"。封皮内题"神雒书林柳枝轩茨城方道藏板"一行。封面分三格,中间题"成篑堂丛书",左行"苏峰学人题",右行钤"此书□行五百部。第百拾四号"二行朱字。卷末有元禄乙亥年□记四行,前后钤"苏峰学人、苏峰审定、青山草堂、青山仙阁及沧洲书堂"等诸方印记。

正文字体仿欧,犹存宋椠遗韵。在字的四角,有的施以假名训点,为日本翻刻汉籍旧式。卷首载淳祐八年沧州道人程公许(希颖),八年东阁赵汝回,十二年汶阳周弼及宝祐元年东洲陆应龙、陆应凤等序文六篇。卷端首行六题"淮海挐音卷上(下)",次行署"通川释元肇圣徒",次行始按正文。此集共录各体诗三百八十三首。肇集付梓及流传情况,宋以来官私书目俱不载录。惟据此帙末附□记及卷首序文略知一二。此帙卷末附元禄翻刻宋椠题记,录下:

《淮海挐音》上下两册,世罕传之。予曾闻藏宋刻旧本于名山书库,而欲广行于世,数请而得之矣。

刻字楷正,足为清玩直贴寿梓,好雅君子幸赏鉴焉。元禄乙亥二年初吉,神京书林茨城方道谨识。据此记知,日本曾藏宋椠肇集。又据卷首东洲陆氏□书序知,肇集付梓,始自南宋理宗宝祐元年(1253),则日本所储宋椠,当即此本。宋椠原本,中土久佚,不知何时流入东瀛,在日本一线单传,肇集之未亡,端赖此刻以传。元禄本,即据此宋椠本翻刻,而成篑堂丛书本,则又据元禄本影印。惜《佚存书目》不载宋本,盖日本所藏宋椠肇集,亦已亡佚。

《成箦堂丛书》，日本大正二年（1913）德富猪一郎辑□。德富氏为日本近代著名藏书家，所储之书，多宋元旧椠，名抄佳刻。藏书之所，曰"成箦堂"，自署成箦堂主人，苏峰学人。上钤苏峰二印，即其常用之章。编有《成箦堂善本书目》尽录所藏佳品。然通检此目，未载肇集，盖不以元禄本为善故也。

元肇事迹，史籍鲜有记载。今从后人撰述中尚可窥知一二。清厉鹗、马日琯《宋诗纪事》卷九十三载："元肇字圣徒，号淮海，通州人。淳祐中住灵隐寺，后圆寂于径山。"此条所记与是书卷首诸序所载淳祐间肇与诸诗友交游事正合。据此又知元肇是以号名其集。

元肇诗之显世，是在南宋诗坛巨子叶适赠肇诗后（诗见《水心文集》卷八）。自此以后，元肇诗名大振，时人争相评说。东洲陆应龙："吾乡淮海师之诗，自水心先生赏鉴，江湖传诵久矣。"汶阳周弼："淮僧之中，今有肇焉，尤非他人之所能及也。"沧州道人程公许评肇诗"晴岚奇翠，谷泉递响"，盛赞之余，又发出了"独恨未识其人"之叹。（俱见卷首序文）

有宋一代，僧徒咏诗者不乏其人，而有集传世者则屈指可数。今日所见，主要有道璨、文珦、居简、道潜、惠洪、重显及契嵩等数人文集（以上俱见《四库全书总目》）。今肇集中土虽佚而未亡，又为宋代释家别集中增一佳作，可谓不幸中之天幸。

《淮海挐音》是元肇的诗别集，为其友陆氏选刻，而不是他的全集。所遗之诗，有的被选录宋人集子中方得以传世。如《宋诗纪事》卷九十三，载元肇诗数首，计有《虎丘》《惜松》《径山》《题雪窦锦镜亭》《径山天然图画》《菖蒲田》《无着禅师塔》七首，其中除《虎丘》和《径山天然图画》二首与《淮海挐音》重出外，其余五首俱为该集所遗之集外诗。

元肇遗诗究竟有多少首？今尚未搞清楚。不过随着《淮海挐音》的显世，其所遗诗文的钩辑，当指日可待。

（载《文史》1993年第36辑，中华书局出版）

天津日本图书馆

天津日本图书馆是日本侵华时在天津建立的一所主要供日人利用的公共图书馆。它的建立旨在为侵华日军、各类社团及居津日人提供书刊服务。它是日本在天津建立的一个十分重要的"情报资料中心",也是日本在华建立的数十所图书馆中建馆时间最早的一个。藏书75000余册,主要是汉文书刊,部分为日文和西文书刊。据笔者统计,约有240余个社团和230多个人先后向该馆捐赠书刊,捐者之多,堪称之最。接待读者人数仅昭和元年至十九年间(1926～1944)累计就高达928000人次,借阅图书达899000册次。是馆与侵华日军、各类社团、伪满政府及特务机构中的形形色色人物保持着密切的供求关系。其活动经费由日本侵华机构——天津居留民团拨发,并直接受其支配,在其授权下开展图书情报服务工作。因此说,该馆在日本侵华方面发挥了不可低估的作用。

这所名噪一时,颇有影响的图书馆在1945年8月日本投降以后寿终正寝。随着时间的流逝,这座有着四十年馆史的图书馆渐渐地被人遗忘了。时至今日尚未有专文对其进行探讨,如果我们从近代中日关系史这个角度看待这一史实,不能不说是一件憾事。笔者近来接触到一些十分稀见的有关天津日本图书馆的史料,主要包括日本居留民团编的《年度报告书》若干种,以及《天津日本图书馆图书分类目录》(今仅见第一辑和第三辑,其余未见)和有关论述,经过整理、归纳、分析、综合,草成斯文,以期在日本侵华这一特定历史背景下对该馆作一探讨,欠妥之处,尚祈识者指教。

一、概述

1. 历史背景和建馆经过

近代日本在明治维新之后,走上了富国强兵、对外扩张的军国主义道路,制定出征服朝鲜半岛、中国大陆、东南亚以至于整个世界的计划。甲午战争后，日本侵占了朝鲜、台湾，建成了侵入中国大陆的跳板。日俄战争后，又从俄国手里接管了"关东州"（即今大连地区），在中国大陆真正建立了稳固的据点。此后，从"关东州"政府里衍生出控制伪满洲国的"关东局"，"关东州"驻军扩充成关东军。日本还接收了中长铁路长春以南段的经营管理权，筹资成立了"南满铁道株式会社"（简称"满铁"）。它与日本军部、政界和财界有着十分密切的关系，号称为日本的"国策公司"。在华北地区，满铁于1918年就设立了北京公所，1924年伊藤武雄在该所内设立了研究所，从事调查工作。由于国民政府定都南京，1929年北京公所迁到上海成为上海事务所。1935年10月满铁在天津成立天津事务所。这样满铁势力逐步侵入华北、渗入华中。由于受到国内垄断财团的牵制，其活动主要通过驻地机构进行调查研究和收集情报。

1907年满铁成立之初，即在调查课图书系下设一图书室，1918年规模具备后，正式改建大连图书馆。本着随建站、随建图书馆的原则，满铁陆续在沿线港、站设立数十个图书馆和分馆。作为日本长期驻中国大陆的侵略、掠夺机关——满铁直属图书馆，大连馆曾建成日本在中国大陆的最大的书刊资料中心。在短短的三十八年中共收集了各种文字、各类型的书刊资料高达370000余册。

随着日本在华势力的不断扩大，相继在各地建立起规模较大的图书馆，如1919年上海日侨辩护士村上贞吉在上海建立的"东亚研究会图书馆"，1936年底日本外务省对华文化事业部在北平成立的"北平日本近代科学图书馆"，日本外务省对华文化事业部在上海四川路建成的"上海日本近代科学图书馆"。

1931年"九一八事变"后，日本加紧了对华北地区的调查活动，以天津为中心，建立调查特务机关，满铁天津事务所就是其主要调查机关之一，当时满铁认为"作为巩固、发展满洲国和大陆经济工作机关的满铁，其进一步的目标就是要将其活动重点由对满洲的经济政策，转为对中国的经济政策，所以迫切需要在满铁内设立对华经济开发和经济提携的活动部门"（南满铁道株式会社《南满铁道株式会社第3次10年史》，昭和十三年即1938年出版），在这样的背景下，于1935年10月2日满铁董事会决定成立满铁天津事务所。1937年8月中日战争全面爆发后，改称为华北事务局。该局于1938年1月同驻屯军司令部一起迁到北京。

当时作为日本在天津建立的"情报资料中心"的天津日本图书馆便与这个满铁天津事务所，以及许多日本侵华机构保持着十分密切的书刊供求关系。比如：支那驻屯军司令部、日本总领事馆、外务省通商局、天津昭和神圣会、东亚事情研究会、旅顺关东厅、满铁会社及满铁调查课等，均曾为天津日本图书馆捐赠书刊，天津日本图书馆则把这些机构列为重点服务对象，为其提供大量书刊资料。显而易见，该馆为日本帝国主义侵华发挥了重要作用。

天津日本图书馆是日本在华建立的数十座图书馆中建馆时间最早的，其建馆时间比"满铁"成立时间早两年。故此也可称它是日本侵华的马前卒。

天津日本图书馆创建于明治三十八年（1905，清光绪三十一年）八月。由当时居津的日人中的所谓"识者"倡建，不久便得到了具体落实。同年八月七日在天津日本俱乐部内召开了图书馆设立协议会，会议决定在天津日本俱乐部内设一专室充当图书馆，从此图书馆便宣告成立。参加协议会的人士均成为"会员组织"的当然成员，并设会长一名，评议员二十名，掌管馆务。当时的馆名叫"清国天津日本图书馆"。

明治三十一年（1898，清光绪二十四年）日本在天津设立日租界，后几经扩张，于1903年正式划定。明治四十年（1907，清光绪三十三年）九月一日日本在天津日租界成立了居留民团。民团是一个专管在津门居住的日人事情的所谓"自治行政机构"。作为重要文化机构的图书馆，其馆务、藏书及所属财产旋即由民团接管。图书馆馆务遂成为民团的一个业务分支，每年民团都要在预算内给图书馆拨发经费，从事各项馆务活动。居留民团在接管图书馆后的二十年里，即至大正十六年（1927）累计为该馆拨发经费台银37660余弗。

大正二年（1913）八月，天津日本图书馆和日本民团事务所、公会堂在天津日租界大和公园内一同兴建新楼舍，于翌年建成。这是一栋二层楼的共用建筑，楼上是民团事务所和公会堂，楼下是图书馆。大正三年（1914）十月二十八日图书馆搬入新馆，同年十一月八日对外开馆。馆名易为"天津日本图书馆"，略去原有的"清国"二字。

昭和五年（1930）七月一日，日本财团法人天津共益会成立，继而接管了原居留民团掌管的图书馆的一切馆务，一直持续到昭和十三年（1938）为止，这期间图书馆又称"天津共益会图书馆"，其后图书馆的馆务复由居留民团掌管。

早在昭和三年（1928）秋季，董理日本天皇大典纪念活动的"纪念事业特别委员会"和"行政委员会"根据日方各界对该馆工作的重视和馆况，拟筹建一所独立式图书馆，把旧馆舍划归民团事务所。昭和九年（1934）一月，由冈本久雄提议，设立了图书馆新馆建设基金，并于同年七月复在大和公园内另辟新区动工兴建图书馆。于翌年（1935）六月一日落成，同时举行了开馆仪式。这样从拟议到新馆建成，前后历经了七个寒暑。

1937年7月日本侵华战争全面爆发，天津日本图书馆于本月二十二日起闭馆，至年底止。翌年（1938）一月重新开馆。直到1945年8月15日本战败投降，这所带有殖民性质的图书馆也随即关闭。其藏书全部由天津图书馆接收。是馆前后递经四十个寒暑，经历了初创、发展、衰败三个不同时期，三定馆址，三易馆名，三更掌管者。

2. 本馆制定的规则、设置的业务部门和工作人员情况

天津日本图书馆建立以后，由于其行政开支、购书经费以及馆务活动等都受到居留民团等日本侵华机构的支配，所以图书馆情报工作开展得十分顺利。根据工作需要，该馆建立了各项规章制度，设置了较为齐全的业务行政部门，组织了一支精干的馆员队伍。这样便有力地促进了藏书建设和借阅工作的开展。

据笔者掌握的材料，天津日本图书馆历年制定的规章制度其数量当在二十个以上，其对图书馆的性质、业务范围、服务内容、收费标准等均作了具体规定。今所知最早者，是明治四十四年（1911）一月廿八日修订颁行的《日本图书馆规则》，最晚者为昭和十八年（1943）一月二十九日颁行的《天津日本图书馆处务细则》。（见参考资料1）

天津日本图书馆工作部门的设置历年有所不同，根据工作进一步展开，随即增加了相应的部门，部门设置渐趋完备。至图书馆发展后期，业务行政部门的设置业已齐全，如昭和十八年（1943）图书馆设二部十余系。其中司书部下置司书系（掌管书刊采访）、目录系（目录组织）、藏书系（藏书组织）、阅览出纳系（书刊借阅）、制本系（书刊修复）、巡回文库系（流动借阅），书记部下设企画系（制订工作计划）、庶务系（后勤保障）、会计用度系（财务管理）、注文受入系（账票管理）、统计系（统计工作）。

从事馆务工作的馆员根据职位高低一般分评议员、常置委员、主任及事务员等职。除此以外，根据工作需要有时还请"临时雇员"（由日人担任）和所谓的"佣人"（由华人担任）。建馆初期根据《日本图书馆规则》第七条的规定，评议员由20人担任，常置委员3名。自明治四十四年（1911）一月二十八日起对该《规则》

作了修改，规定每年评议员人数为 3 名，并组成行政委员会处理馆务。到了大正五年（1916）二月二十一日又对《规则》进行修改，规定评议员人数由原来的 3 名增至 5 名，昭和十三年（1938）以后评议员人数增至六名、八名、十名不等。自昭和四年（1929）起始雇华人做勤杂工作。华人在图书馆中作行政管理工作的仅有崔瑨淳一人。他在昭和十三年（1938）担任一年的评议员职务，于翌年辞职。（见参考资料 2）

3. 记载有关天津日本图书馆情况的史料书及其价值

天津日本图书馆自明治三十八年（1905）建馆，到 1945 年关闭这四十年当中，除了前三年和最后一年的情况未见记载或已失考外，从明治四十一年（1908）到昭和十九年（1944）间，居留民团几乎将图书馆的情况都连续作了记录，成为居留民团所编《民团年度报告》中的一部分内容，除此之外，尚有一些有关史料书共计 43 种。这就为我们留下了十分丰富、翔实的图书馆史料。这些史料对于研究天津日本图书馆的发展史、研究日本图书馆事业发展史、研究中国近代图书馆事业发展史，以及日本军国主义侵华都具有十分重要的价值。（见参考资料 3）

二、藏书

1. 藏书来源

天津日本图书馆的藏书主要通过采购和捐赠两个渠道获得。

采购是该馆收集图书的主要方式之一。每年由掌管部门——居留民团根据业务情况拨给一定数额的购书款支付购书费用。以这种方式获得的图书从数量上讲约为入藏总数的六成左右。每年采购、捐赠的图书数量有所不同，有的时候购买的图书数量还低于同期通过捐赠渠道获得的图书。如明治四十一年（1908）购书仅 20 种，而捐赠的书有 38 种；大正二年（1913）购书 15 种，而捐赠的书有 39 种；大正五年（1916）购书 72 册，而捐赠的书达 410 册；昭和七年（1932）购书 668 册，而捐赠的书则高达 1557 册。

捐赠是图书馆获取图书的又一个重要渠道。据初步统计，历年向该馆捐赠图书者达 470 余家，其中个人为 232 人，团体为 242 个。捐赠图书数量少则一二册，多则百册以上。捐赠图书次数以一二次者居多，个别多达十次左右。捐赠者以日人居多,也有为数极少的国人,如天津的王揖唐、北平的陈士林、上海的冯翰飞、南京的林澳咸及浙江的钦王善等。捐赠图书的团体中,从行业上看更是五花八门,无所不及,如图书馆界就有十余家,国内的计有北平国立图书馆、上海图书馆协会、大连图书馆、湖北省立图书馆、吴市立图书馆、河北第一图书馆、高邮县立图书馆、浙江省立图书馆、北京燕京大学图书馆;日本国的计有东京骏河台图书馆、千叶县立图书馆、金泽石川县立图书馆、山口县立图书馆、大阪市立图书馆、长崎县立图书馆和东京日比谷图书馆等。除此之外,各类新闻机构、大学院校、商业会所、公司洋行、出版社、医院、教会、日本军署及官厅都曾为该馆捐赠图书。如仅日本县厅就多达20余家,又有像台湾总督府、京城朝鲜总督府、东京众议院、商务印书馆、中华书局、中国国民党中央执行委员会等这样的重要机构。这个天津日本图书馆的自身影响之大、涉足领域之广借此足见一斑。

另外,一些社团和个人还向该馆捐款充作活动经费和购书款。略如大正四年(1915)六月小幡纪念文库(为纪念当时日本总领事小幡酉吉而由日人筹资建立的)向该馆捐银625弗和419册图书。昭和十五年(1940)四月上旬北京兴亚院华北文化事业协会肯定了本馆的所谓"使命和地位",赞助购书款15000元,该馆用这笔购书款购买图书共计1647册,其中尤以有关日本精神方面的书为主,另有部分史地和宗教类书。

2. 历年藏书情况

天津日本图书馆的藏书情况如果从历年图书增长方面考察可以划分为三个不同阶段。

从建馆到大正十三年(1924)为第一阶段,此间是藏书基础建设时期。其特点是藏书增长速度较为缓慢,除极个别年度藏书数量增长千册左右外,其余各年均在200册左右,有的更少,如明治四十四年(1911)和大正八年(1919)图书仅增加62册。甚至在大正四年(1915)竟然出现了藏书的负数增长,这一年比前一年减少图书达1663册。直到这一阶段末期才逐渐恢复到原来藏书数的水平上。究其原因,主要为居留日人偏少(如大正五年居津日人只有3633人)、自然灾害过多(如大正六年九月二十四日津门遭特大洪灾,日租界也受其害,当时天津日本图书馆也充作"救护事务所",从遭灾到十一月十五日馆务活动停止,闭馆时间长达近两个月)。

从大正十四年(1925)到昭和五年(1930)为第二个阶段,是藏书建设的发展时期。其特点是藏书数量快速增加，仅五年时间，藏书总数由大正十三年（1924）的 6000 余册，猛增到 12000 余册，是建馆后约二十年藏书总数的一倍，究其原因，主要为日本加紧侵华活动，居津日人增加（如昭和二年为 5237 人）。

从昭和六年（1931）至昭和十九年（1944）为第三个阶段，此间是藏书建设的全盛时期。其特点是每年图书增长不但速度快，而且递增幅度大。除昭和六年（1931），因"九一八事变"突发，馆务略受影响，新增图书为 965 册外，其余年份增加图书均在千册以上，有的新增图书数量高达万册以上，到是馆关闭，藏书总数达 75045 册。

该馆所藏图书以文史类居多，文史类书中又以有关中国政治、经济、文化及史地方面的书居多，这构成了馆藏图书的一大特点。这类书中除一般通俗性读物外，有相当数量的图书是专为研究中国情况而入藏的，略如《支那大未来记》《支那贸易案内》《清国对外国间条约》《大东合邦论》《支那经济资治概览图表》《直隶职业教育与地方物产》《移民调查报告书》等，除此以外，尚收藏中国地方志书多达 680 种，日人除关注中国时局外，还研究中国历史问题，诸如 711 册巨帙的《二十四史》等书也在入藏之例。这些书无疑为日本侵略者提供了大量有关中国问题的资料。（见参考资料 4）

三、借阅工作

1. 借阅手续及借阅券的种类

图书借阅是天津日本图书馆的主要工作之一，其他馆务，诸如藏书、后勤等都是为实现借阅而做的前期准备工作。本馆借阅分馆内阅览和馆外借书两个部分。馆内阅览的一般手续是：读者入馆后凭馆里发放的阅览券，领取阅览索书单，然后把索书单上的各个事项填好后交给出纳员。出纳员持单从书库中取书，交给读者。读者阅毕将书交还出纳员。阅览图书数量对一般读者一次限三册以内，对官吏、军人及研究人员来讲则不受册数限制。馆外借书的一般手续是读者把"馆外带出券"及填好的索书单一并交给出纳员，出纳员把书取出后交给读者，而把"馆外带出券"留在馆内，待读者还书时，把此券交还读者。"馆外带出券"的有效期为一年。外借图书册数一般一次一册，外借期限为二个半月。有些图书不外借，包括辞书、珍贵图书、新购图书及报刊等。

该馆发行的阅览券有两类：一是收费阅览券，二是免费阅览券。收费阅览券又分两种：一是"馆内阅览券"，其中"一次券"收费银五仙，"二十次券"收费银四十仙。二是"馆外带出券"，读者领取"带出券"需先交纳一定数额的保证金（押金）。此券收费标准根据读者成分来规定，一般读者收费银五弗，而学生则仅收银三弗。保证金仅起押金作用，读者可自由存取。免费阅览券又分三种：一是"优待券"，对本馆曾做出过功绩的人员或居留民团长认为有功者才有资格领取此券。持有此券者即可以免费借阅图书。二是"馆内特别阅览券"，一般读者只要按规定交纳了保证金，获得"馆外带出卷"后在"带出卷"有效期内同时可获得此券，凭此券就可在馆内免费阅览图书。三是"学生馆内阅览券"，读者对象是居留民团管辖的各个中学、中日学院及共立学校的学生。领券办法与一般读者领取"馆内特别阅览券"相同。

2. 历年借阅情况

从历年书刊借阅总的情况看，报刊借阅数量多于图书，馆内阅览人数多于馆外，借阅有关中国方面的书刊多于其他类书刊，读者人数也多于借阅其他类书刊的读者人数。总的来讲，开馆时间普遍较长，如以大正十四年（1925）为例，本年度开馆时间为360天，仅闭馆5天，几乎达到全年开馆程度，接待读者18466人次，其中阅览报刊的读者达12124人次，阅览图书的读者为6342人次。每月平均接待读者1538人次。从本年度藏书情况看，有关中国方面的图书数量已超过2400余册，占当时总藏书数8100册的三分之一弱，居馆藏各类书之首。在此之前，藏书均以文学类居多，现在文学类图书落后至第二位，这反映出研究中国问题的读者人数在迅速增加，又如昭和五年（1930）每月读者入馆者除一二月份为二千数百人次外，其余各月均为三千至五千人次。从读者成分上看除学生和儿童以外，尤以所谓"事务家"和"官吏军人"为多。（见参考资料5）

本馆开馆时间和闭馆情况历年虽稍有差异，但大致相同，每年开馆时间：
4月1日至9月末日——上午9时至晚上10时，计13个小时；
10月1日至3月末日——上午9时至晚上9时，计12个小时。
每年闭馆时间如下：岁首（1月1日至3日）、纪元节（2月11日）、天津神社春祭（4月11日）、天长节（4月29日）、天津神社秋祭（10月11日）、曝书期（9月中约10天时间）、明治节（11月3日）、大晦日（除夕）、馆内扫除日

（每月最后一天自 5 时起至关门）。

1931 年"九一八事变"爆发，日本加紧侵华活动，作为提供书刊资料的图书馆与侵略活动相呼应，千方百计延长开馆时间。

四、杂项

本馆的业务工作在日本侵华机构——天津居留民团的支配下，积极开展起来，与此同时，由于活动经费得到了保障，藏书数量不断增加，所以在不同时期还开展了一系列与图书馆业务有关的工作。如昭和十四年（1939）五月五日至七日举办了"河北省方志展览会"，陈列志书 450 余册，接待读者 700 余人；"天津诸学校合同博物采集行"活动；昭和十五年（1940）三月十日举办"日露战役资料展览会"，同年五月十一日举办"山东方志展览会并讲演会"，有读者 800 人参加；同年十一月十八日举办"天津读书会"；等等。其中建立"天津日本儿童图书馆""巡回文库"及积极开展日人在华所建图书馆之间的交往活动均产生一定影响。

1. 建立天津日本儿童图书馆

1937 年"七七事变"以后，居津的日本人数迅速增加，到昭和十四年（1939）居津日人已高达 40179 人，几乎比"七七事变"前一年（1936）居津日人数 11159 高出三倍。随着居津日人的迅速增加，日本儿童人数也相应地在迅速增加。到图书馆看书的儿童人数也在迅速增加，由于天津日本图书馆原辟儿童阅览室过于狭小，更显得拥挤不堪，当时日人戏称儿童阅览室是个"收容所"。为了解决这个问题，居留民团决定将儿童读物从图书馆中分离出去，另组建一所儿童图书馆，专供日本儿童利用。昭和十四年（1939）初在日租界宫岛街原日本幼儿园内建成天津日本儿童图书馆。同年二月十一日正式开馆，接待儿童读者。其后儿童图书馆又两易馆址：一在昭和十七年（1942）三月，迁至淡路国民学校内；一在昭和十八年（1943）三月，迁至天津日本教育博物馆楼上一室。至 1945 年日本投降，这所儿童图书馆与天津日本图书馆一并关闭，仅有六年馆史。（见参考资料 6）

2. 建立巡回文库

所谓"巡回文库"，就是用车载书来往于一定场所为特定读者进行书刊借阅服务工作，即等同于现在的流动图书馆。天津日本图书馆继创建儿童图书馆之后，又于昭和十六年（1941）八月建成巡回文库。文库的建立旨在为读者利用书刊提供方便。当时一些日人的住地远离图书馆，去图书馆看书有些不便，故此，居留民团决定组建这个巡回文库。昭和十六年（1941）七月十五日在第五十九次临时民会上通过了《巡回文库阅览资料征收条例》议案，七月二十一日开始筹集资金，经过策划，最后决定第一、第二巡回区的十二个场所作为文库停留所。自同年八月一日起开始工作，巡回文库的寿命更短，至昭和二十年（1945）停止工作，前后仅五年时间。昭和十九年（1944）停留场所增至十九个，其中包括驻津的"日本平川部队"，一年为其送书342册，接待日军官兵655人。（见参考资料7）

3. 馆际交往与日军支持

日本在华建立的数十座图书馆遍及各地，在当时的局势下，它们彼此配合、互相支持、互通信息、积极开展馆际交往活动，兹择录数例，以见一隅：

昭和十六年（1941）十一月，石门青年学校校长五十岚准士来天津日本图书馆视察，讨论石门居留民会拟建图书馆事，并请求津馆予以技术上的指导。

同年十二月，太原居留民团主事三井正俊来天津日本图书馆视察，详细了解津馆的业务及设施情况，并请求津馆在业务上和藏书方面予以支援，对此津馆以参考资料和相关的计划书等相赠。

除此以外，本馆尚与藏书宏富、规模较大的北京日本近代科学图书馆、上海日本近代科学图书馆，以及上海华中铁道图书馆等有业务交往关系。

由于天津日本图书馆在图书情报资料服务方面做得十分出色，所以得到了日本军方、政界的肯定和支持。昭和九年（1934）十月二十六日日本驻津军司令部有马善三郎来馆视察。同年十二月二十六日新任警察官六名来馆视察。昭和十七年（1942）十月，以天津防卫司令部参谋世良田中佐为委员长的"军管理图书整理委员会"成立，委员是堀越、臼井、今武、米川共四人。自翌年四月开始对个别藏书机构的藏书进行所谓的"清点整理"工作，并将"清理"的图书暂存在天津日本图书馆中。受清理的图书大致情况如下：昭和十八年（1943）三月八日从旧英国工部局图书馆中接管图书约计13000册；同年四月九日从天津日本俱乐部图书室中接管图书约计9000册；同年四月十七日从东方图书馆中接管图书约计22000册；同年七月九日从敌性仓库中接管图书计287册。以上共计44000余册。接着对各类图书进行调查，至昭和十八年（1943）末，调查图书约计 19000 册，其中驻津日军没收 365 册，驻军利用图书 57 册，被清理的洋书全部拨给了天津日本图书馆。

参考资料：

1. 天津日本图书馆规则简目

天津日本图书馆历年制定施行的规则主要有如下几种：

（1）《日本图书馆规则》明治四十四年一月二十八日修改颁行

（2）《日本图书馆规则》大正二年颁行

（3）《日本图书馆馆外借览规定》大正二年颁行

（4）《天津日本居留民团立日本图书馆规程》大正十五年颁行

（5）《天津日本图书馆事务章程》大正十五年七月一日实行

（6）《天津日本图书馆图书阅览细则》大正十五年七月一日实行

（7）《天津共益会图书馆处务规程》昭和七年二月二日通过

（8）《天津共益会图书馆馆则》昭和七年六月十七日通过

（9）《天津共益会图书馆馆则》昭和十二年五月一日实行

（10）《天津日本图书馆馆则》昭和十三年十一月二十五日通过

（11）《天津日本图书馆阅览心得》昭和十三年实行

（12）《天津日本图书馆阅览料征收条例》昭和十四年四月一日实行

（13）《天津日本图书馆馆则》昭和十四年四月二十一日实行

（14）《天津居留民团图书馆处务规程》昭和十四年四月二十一日实行

（15）《天津日本图书馆馆则》昭和十六年七月四日修改实行

（16）《天津日本图书馆巡回文库取披细则》昭和十六年七月四日制定

（17）《天津日本图书馆巡回文库阅览料征收条例》昭和十六年七月通过，同年八月二十四日颁行

（18）《天津日本图书馆馆则》昭和十八年一月二十九日修改实行

（19）《天津日本图书馆处务规程》昭和十八年一月二十九日颁行

（20）《天津日本图书馆处务细则》昭和十八年一月二十九日颁行

2. 天津日本图书馆历任馆员略表

任职日期	职称	人数	馆员名字
明治四十一年一月十一日	评议员	20	井上一男、阪西利八郎、西时雄、丰岛梅吉、冲田介次郎、小幡酉吉、渡边龙圣、米田俊德、中岛半次郎、村龟、内田兼吉、安川雄之助、山内四郎、牧野田彦松、藤井恒久、山口雄次、三浦喜传、皆川广量、平贺精次郎、铃木敬亲
同十五日	常置委员	3	中岛半次郎、小幡勇治、牧野田彦松
同四十二年一月二十八日	评议员	20	井上一男、今井嘉幸、西时雄、西村博、丰田吉、丰冈保平、小幡酉吉、小幡勇治、冲田介次郎、渡边龙圣、中岛半次郎、安川雄之助、牧野田彦松、松长三郎、小松村藏、三浦喜传、三轮辰次郎、新庄清一、平贺精次郎、铃木敬亲
同二十九日	常置委员	3	中岛半次郎、小幡勇治、牧野田彦松
明治四十三年一月十日	评议员	20	今井嘉幸、西村博、丰田吉、丰冈保平、小幡酉吉、小幡勇治、冲田介次郎、安川雄之助、安田安太、牧野田彦松、松长三郎、藤井恒久、福山义春、菊池季吉、三浦喜传、三轮辰次郎、平贺精次郎、菱田逸次、森本启太郎、铃木敬亲
同十二日	常置委员	3	小幡勇治（重任）、牧野田彦松（重任）、三轮辰次郎（新任）
明治四十四年二月十三日	评议员	3	小幡勇治、牧野田彦松、铃木传一郎
明治四十五年（大正元年）一月二十五日	评议员	3	牧野田彦松、斋藤良卫、铃木传一郎
大正二年	评议员	3	吉田东作、牧野田彦松、铃木传一郎
同三年一月二十四日	评议员	3	吉田东作、牧野田彦松、铃木传一郎
同五年二月二十一日	评议员	5	大木干一、吉田东作、牧野田彦松、福木顺三郎、铃木传一郎
同六年一月	评议员	5	石射猪太郎、大木干一、植松伊八、牧野田彦松、铃木传一郎
同七年三月	评议员	5	牧野田彦松、红松雄二、石川通、石射猪太郎、铃木传一郎
同九年一月	评议员	5	牧野田彦松、石田秀二、矢泽千太郎、江户千太郎、星野四郎
同十二年	专任评议员	1	矢泽千太郎
	代理者	1	星野四郎
	评议员	3	石川通、牧野田彦松、藤江真文
昭和二年	专任评议员	1	吉田新七郎（农学博士）
	评议员	4	石川通（辩护士）星野四郎（小学校长）矢泽千太郎（共立学校校长）藤江真文（中日学院教授）

续表

任职日期	职称	人数	馆员名字
	主任	1	名久井石磨（民团书记）
	事务员	1	峰谷贡
同三年四月八日	评议员	5	吉田新七郎、石川通、星野四郎、矢泽千太郎、藤江真文
	行政委员会长	1	臼井忠三（十二月五日改成田村俊次）
同四年	评议员	5	吉田新七郎、石川通、星野四郎、矢泽千太郎、藤江真文（四月二十四日吉田辞任，六月三日改太旧外世雄）
	佣人	1	刘林如（后改刘兆新）
同五年	评议员	5	太旧外世雄、石川通、星野四郎、矢泽千太郎、藤江真文
同六年	佣人	1	四月九日刘兆新解雇，后改郑文翰
昭和八年	主任书记	1	名久井石磨
	雇员	2	片冈宽一、臼井四郎
	佣人	2	刘兆新、陈焕文
	临时佣人	3	刘福田、陈振铎、范润田
同九年	评议员	2	藤江真文、矢泽千太郎
	主任（书记）	1	名久井石磨
	司书（雇员）	2	片冈宽一、臼井四郎
	助手（佣人）	3	刘兆新、陈焕文、高润生
同十三年	常任顾问（嘱托）	1	中野义照
	主任（书记）	1	臼井四郎
	评议员	6	植前香、野崎诚近、崔瑨淳、若菜佐、山城静德、篠原茂嘉登
同十四年	评议员	8	井上伊右卫门、饭野稻城、西田长康、西山庸平、长野动、野崎诚近、冈本久雄、丸山英一
同十五年	馆长嘱托	1	中野义照
	主任司书	1	臼井四郎
	书记讣	2	新村安男、月村博光
	雇员	1	田村武
	临时雇员	1	伊势屋仲子
同十六年	评议员	10	井上伊右卫门、饭野稻城、池端幸知、方若、野崎诚近、山崎两三郎、丸山英一、后藤禄郎、北岛与多朗、三角武雄

3. 有关天津日本图书馆情况的史料书

（1）《明治四十一年（1908）民团事务报告》天津居留民团编印

（2）《明治四十二年（1909）民团事务报告》天津居留民团编印

（3）《明治四十三年（1910）民团事务报告》天津居留民团编印

（4）《明治四十四年（1911）民团事务报告》天津居留民团编印

（5）《明治四十五年（1912，即大正元年）民团事务报告》天津居留民团编印

（6）《大正二年（1913）民团事务报告》天津居留民团编印

（7）《天津案内》日富成一二编、大正二年六月印行

（8）《大正三年（1914）民团事务报告》天津居留民团编印（缺四年，《天津日本图书馆图书分类目录》载）

（9）《大正五年（1916）民团事务报告书》天津居留民团编印

（10）《大正六年（1917）民团事务报告书》天津居留民团编印

（11）《天津民团十周年纪念志》天津居留民团编印

（12）《大正七年（1918）民团事务报告书》天津居留民团编印（缺八年，《天津日本图书馆图书分类目录》载）

（13）《大正九年（1920）民团事务报告书》天津居留民团编印（缺十、十一年，《天津日本图书馆图书分类目录》未载疑未编）

（14）《大正十二年（1923）民团事务报告书》天津居留民团编印（缺十三年，《天津日本图书馆图书分类目录》载）

（15）《大正十四年（1925）民团事务报告书》天津居留民团编印（缺十五年，《天津日本图书馆图书分类目录》载）

（16）《北支那案内天津要览》大正十五年（1926年，即昭和元年）编印

（17）《大正十六年（1927年，昭和二年）民团事务报告书》天津居留民团编印

（18）《昭和三年（1928）民团事务报告书》天津居留民团编印

（19）《昭和四年（1929）民团事务报告书》天津居留民团编印

（20）《昭和五年（1930年1～6月）民团事务报告书》天津居留民团编印

（21）《昭和五年（同年7～12月）共益会事务报告书》财团法人天津共益会编印

（22）《昭和六年（1931）共益会事务报告书》财团法人天津共益会编印

（23）《天津居留民团行政概况》天津民团昭和六年编印

（24）《昭和七年（1932）共益会事务报告书》财团法人天津共益会编印

（25）《昭和八年（1933）共益会事务报告书》财团法人天津共益会编印

（26）《昭和九年（1934）共益会事务报告书》财团法人天津共益会编印

（27）《财团法人天津共益会事业一览》财团法人天津共益会昭和九年编印

（28）《财团法人天津共益会规程类集》财团法人天津共益会昭和十年编印

（29）《财团法人天津共益会事业概况》财团法人天津共益会昭和十一年编印（缺十年、十二年，《天津日本图书馆图书分类目录》未载）

（30）《昭和十三年（1938）天津居留民团事务报告》天津居留民团编印

（31）《北支那天津事情》昭和十三年天津出版社印行

（32）《昭和十四年（1939）事务报告书》天津居留民团编印

（33）《昭和十四年天津邦人芳名录》昭和十五年日早川录锐编

（34）《昭和十五年（1940）事务报告书》天津居留民团编印

（35）《行政概要》天津居留民团昭和十五年编印

（36）《行政概要》天津居留民团昭和十六年编印

（37）《行政概要》天津居留民团昭和十八年编印

（38）《昭和十六年（1941）事务报告书》天津居留民团编印

（39）《昭和十八年（1943）事务报告书》天津居留民团编印

（40）《昭和十九年（1944）事务报告书》天津居留民团编印

（41）《昭和十九年第三十七次居留民会通常会议事速记录》天津居留民团编印

（42）《支那在留邦人人名录》第二十八版

（43）《天津日本图书馆图书分类目录》天津日本图书馆编印（存第一辑、第二辑）

4. 天津日本图书馆历年藏书略表

时间	藏书总数（册）	比前年增加数（册）
明治三十八至四十年	1053	
明治四十一年	1639	586
明治四十二年	2941	1302

续表1

时间	藏书总数（册）	比前年增加数（册）
明治四十三年	3234	293
明治四十四年	3296	62
明治四十五年大正元年	3568	272
大正二年	3647	79
大正三年	5803	2156
大正四年	4140	−1663
大正五年	4622	482
大正六年	4832	210
大正七年	4922	90
大正八年	4984	62
大正九年	5184	200
大正十年	5409	225
大正十一年	5657	248
大正十二年	5900	243
大正十三年	6650	750
大正十四年	8100	1450
大正十五年昭和元年	9007	907
昭和二年	10145	1138
昭和三年	10843	698
昭和四年	11748	905
昭和五年	12644	896
昭和六年	13609	965
昭和七年	15834	2225
昭和八年	17925	2091
昭和九年	20465	2540
昭和十年	23634	3169
昭和十一年	25644	2010
昭和十二年	26893	1249
昭和十三、十四年	暂缺	暂缺
昭和十五年	39314	12421

续表2

时间	藏书总数（册）	比前年增加数（册）
昭和十六年	48142	8828
昭和十七年	58809	10667
昭和十八年	68338	9529
昭和十九年	75045	6707

5. 昭和五年借阅统计详表

（1）开馆日数及图书馆阅览人数统计表

事项 \ 月份		一月	二月	三月	四月	五月	六月	七月	八月	九月	十月	十一月	十二月	合计
开馆天数		28	27	26	27	27	29	31	31	28	28	28	28	338
闭馆天数		3	2	5	3	4	1	/	/	2	3	2	3	28
读者人数		2458	2689	3743	3898	4998	4809	4993	5557	4988	4573	3953	3804	50463
图书阅览人数	馆内	1678	1874	2525	2532	3285	3061	3325	3474	3031	2642	2199	2240	31866
	馆外	98	96	70	98	136	155	166	273	295	335	369	287	2378
	小计	1776	1970	2595	2630	3421	3216	3491	3747	3326	2977	2568	2527	34244
阅览图书册数	馆内	2841	3127	4172	4344	5617	5616	5708	6795	6144	5430	4308	4092	58195
	馆外	106	100	84	115	162	173	187	304	326	365	408	310	2640
	小计	2948	3227	4256	4459	5779	5769	5895	7099	6470	5795	4716	4402	60835

（2）馆外阅览读者职业统计表

	一月	二月	三月	四月	五月	六月	七月	八月	九月	十月	十一月	十二月	合计
宗教家	/	/	1	/	1	1	2	1	/	2	/	1	9
官吏军人	42	60	54	59	70	61	42	68	76	76	64	43	715
教育家	9	8	6	8	8	9	6	17	14	23	10	9	127
记者	32	31	26	27	17	5	13	15	10	20	20	23	239
事务家	95	117	145	193	215	262	242	389	525	342	244	229	2998
科学家	/	/	1	/	2	/	/	/	1	/	2	1	7

续表

	一月	二月	三月	四月	五月	六月	七月	八月	九月	十月	十一月	十二月	合计
工艺家	15	25	10	26	31	12	24	19	19	20	22	36	259
实业家	37	37	30	47	49	52	57	83	101	100	58	24	675
其他	55	60	95	122	204	209	161	271	321	317	176	204	2195
妇女	13	14	40	54	62	77	76	118	110	94	35	25	718
外国人	/	/	/	/	27	12	24	44	21	21	11	16	176
学生	67	69	200	272	411	521	549	737	436	399	209	211	4081
儿童	1313	1453	1917	1724	2188	1840	2129	1712	1397	1228	1348	1418	19667
小计	1678	1874	2525	2532	3285	306l	3325	3474	3031	2642	2199	2240	31866

（3）馆外借阅读者人数统计表

	昭和十四年	昭和十五年	昭和十六年	昭和十七年	昭和十八年	昭和十九年
收藏杂志（种）	19	19	15	14	14	13
收藏图书（册）	339	1294	1949	2312	2519	3082
读者阅览（人次）	16149	19667	16106	10630	10689	9793

6. 昭和十九年巡回文库工作一览表

停留场所	单位人数	巡回次数	载书册数	借阅人数	备注
东亚海运	34	6	317	297	
华北交易统制总会天津支部	90	6	321	490	
北支石油协会天津支部	38	6	316	303	
华北运输天津站荷扱事务所	60	5	255	413	新增单位从4月份起送书
双喜纺织	126	12	634	1229	发两辆车
日本棉花	62	6	322	567	
福昌公司	45	6	315	389	
华北电业	95	6	313	524	
正华洋行	23	6	315	308	
天津艀船	80	5	255	597	新增单位自四月起送书
华北电业用度理务所	77	4	208	435	新增单位自五月起送书
三菱商事	143	3	150	334	新增单位自七月起送书
华北电业用度中央仓库	29	1	50	71	新增单位自十一月起送书

续表

停留场所	单位人数	巡回次数	载书册数	借阅人数	备注
天津市立日语专科学校	30	1	50	60	新增单位自十一月起送书
平川部队	/	6	342	655	
河北第一区	90	6	326	563	
春日国民学校	572	11	578	999	
三笠国民学校	523	12	628	1179	
吉野国民学校	508	10	526	1013	
合计	2625	118	6221	10426	

（载《第五届日本学中日青年学术研讨会论文集》，1993年12月北京日本学研究中心编印）

和刻本在我国的收藏情况述略

在我国古代浩若烟海的文献典籍中，有相当一部分于不同时期，通过各种渠道东传扶桑之国，在日本广为流传。其输入规模之大，数量之巨，在世界文明史上是绝无仅有的。编纂于日本宽平年间（889～897）的《日本国见在书目录》，收书1579部，16790卷，大致反映了隋唐时期我国古籍东传日本的情况。隋唐以降，两国文化交往不断加强，汉籍也不断东传，这一趋势，延至清季，康熙末年至咸丰中叶，中国商船先后载运汉籍6630种，56844部抵达日本港口，是为一例[①]。

中国各个时期刊印或抄写的书籍传入日本之后，便成为官私文库的插架之物。早年传入日本的唐人写本，被日本政府列为"日本国宝"和"重要文化财产"。平安时代末叶，宋版书开始东传。983年，日本僧人奝然带回宋太宗赠送的新造《大藏经》，便成为中国宋版书传入日本之滥觞。随后大量珍贵的宋元版书不间断地流入了日本。据载，收藏在宫内省图书寮、内阁文库、帝国图书馆及上杉伯爵家、三井男爵家、德富氏成簣堂等52所官私文库中的宋元版书多达722部[②]。除此以外，明清印本传入日本者，其数量之富，更是难以统计。这些中国古籍传入日本后，有一部分被日人当作底本进行翻刻重印，或影刊摹刻，几与原本无异；或加注释，或施训点，以便诵习。这些在日本刊印的本子，人们习惯称作"和刻本"[③]。

和刻汉籍是中国古代文献在日本流传的一种特殊形式，构成了中国古籍在域外传播与保存的一个重要系统，因而对和刻本进行研究，也就成了中日古代文化交流史上的一个重要课题。大体来讲，对和刻本之肇始、东传方式、翻刻流传、文献价值及其产生的影响等问题的探讨，是学者研究的重点方面，亦即侧重在日本的一面；而对和刻本之回归，尤其是在中土的分布情况，从宏观上做一番考察，则鲜有顾及者。这在一定程度上影响了对这一课题进行更深层次的研讨。据考察，大量的、颇有价值的和刻本自回归故土后，大都沉睡书库之中，无人问津，殊为可惜。有鉴于此，我们联合了全国图书馆界的同人进行了一次实地调查工作[④]，经过两年努力，基本摸清了和刻本在我国的分布情况，从而为充分利用和深入研究这些和刻本，提供了一个线索，填补了中日关系史上的一个空白。

据不完全统计，我国各图书馆庋藏和刻本的基本情况如下：

北京图书馆（新馆）184 种

（分馆）约 1500 种

首都图书馆 76 种

首都师范大学图书馆 28 种

中国科学院图书馆 278 种

中国民族图书馆 20 种

中国医科院图书馆 250 种

北京大学图书馆 1413 种

清华大学图书馆 126 种

中国人民大学图书馆 138 种

中央民族学院图书馆 84 种

北京师范大学图书馆 24 种

上海图书馆 800 种

复旦大学图书馆 141 种

华东师范大学图书馆 529 种

上海师范大学图书馆 88 种

上海辞书出版社图书馆 62 种

天津图书馆 145 种

南开大学图书馆 71 种

天津师范大学图书馆 25 种

山西大学图书馆 92 种

山西师范大学图书馆 58 种

辽宁省图书馆 918 种

大连图书馆 791 种

吉林省图书馆 139 种

黑龙江省图书馆 114 种

黑龙江大学图书馆 46 种

白求恩医科大学图书馆 147 种

陕西省图书馆 55 种

青海省图书馆 43 种

山东省图书馆 49 种

山东大学图书馆 192 种

青岛市图书馆 28 种

南京图书馆 516 种

南京大学图书馆 90 种

苏州市图书馆 32 种

苏州大学图书馆 31 种

浙江省图书馆 142 种

天一阁文物保管所 32 种

宁波市图书馆 20 种

安徽省图书馆 105 种

安徽大学图书馆 19 种

江西省图书馆 81 种

厦门大学图书馆 19 种

河南省图书馆 27 种

湖北省图书馆 165 种

武汉大学图书馆 24 种

湖南省图书馆 306 种

广东中山图书馆 99 种

中山大学图书馆 137 种

广西大学图书馆 46 种

广西桂林图书馆 54 种

四川省图书馆 202 种

四川大学图书馆 60 种

成都市图书馆 36 种

重庆市图书馆 81 种

北碚图书馆 22 种

贵州省图书馆 33 种

据以上胪列的藏书单位及所藏和刻本数量知，我国有近 60 个图书馆收藏和刻本，总数逾万，去掉相互重复部分，实存和刻本 3104 种，其中经部 554 种，史部 393 种，子部 1568 种，集部 589 种。日本历代刊印的和刻本数量很大，除中土外，日本收存了其中的一大部分。笔者曾翻检了反映日本国内收藏和刻本情况的书目——长泽规矩也所编《和刻本汉籍分类目录》，粗略统计的结果是：经部 920 种，史部 326 种，子部 985 种，集部 870 种，合计 3101 种。从中日两国收藏和刻本的数量看，现存和刻本的数量，当在 3000 种以上。由于中国一般没有计算规模较小的图书馆的藏品，也未包括台湾及港澳地区；日本方面没有把数量很大的医籍和释家类书统计进去，所以，中日两国实际收藏的和刻本数量要比现在知道的数字大许多。

我们根据收藏和刻本数量的多少，将国内图书馆依次划分为"中心收藏馆""主要收藏馆""一般收藏馆"三个类型。北图、北大、上海、华东师大、辽宁、大连和南京 7 个图书馆，藏品均逾 500 种，合计 6654 部，占收藏总量的 60%，我们称之为中心收藏馆。中科院、天津、浙江及湖北等 16 个图书馆，藏品均逾百种，合计 2727 部，占 25%，我们称之为主要收藏馆。其余 34 个图书馆，均入藏百种以下，合计 1655 部，占 15%，我们称之为一般收藏馆。

中心馆庋藏的和刻本数量大，品种多，版本精，质量高，是为特色。北图藏品甲冠诸家，珍本秘籍搜集馆中，其中载有名家校跋的本子最具特色，如载有杨守敬校跋的日本康治元年（1142，宋绍兴十二年）抄本《弥勒菩萨所问本愿经》一卷、日本古抄本《仪礼图》十七卷及和刻本《春秋经传集解》三十卷等。北大藏品是在李盛铎旧藏的基础上不断充实而成的，入藏善本之富，令各家不能望其项背，特别是早期刊本，颇有可称道之处。据统计，国内现存江户时代以前和刻本的数量在 30 种左右，而仅北大一家就入藏了三分之一，如镰仓初期刊本《成唯识论述记》（唐释窥基撰），有日本元久元年（1204，宋嘉泰四年）荣辨题记；乾元二年（1303，元大德七年）刻本《人天眼目集》一卷（宋释智昭撰）；贞和四年（1348，元至正八年）刊本《景德传灯录》（宋释道原撰），有室町时代画家土佐光信自钤的"光信"鼎形印记。该馆收藏的载有名手校跋的本子也不少，如日本天文二年（1533，明嘉靖十二年）刻本《论语》十卷，有杨守敬和李盛铎校跋。这些藏品弥足珍贵。

主要收藏馆和一般收藏馆的藏品也不乏镇库之物，有些品种可补中心馆之缺如。中国医科院图书馆，以收藏稀见抄稿本医籍而名于世，这些抄稿本大都载有日本藏书家钤盖的印记，据此可考是书的递藏源流。天津图书馆的藏品主要来自原天津日本图书馆的旧藏，藏品如明德四年（1396，明洪武二十九年）刻本《新编排韵增广事类氏族大全》十卷及中土佚书宋释元肇撰《淮海挐音》三卷等，都是稀世珍品。

纵观我国现存的和刻本，有一类应当特别引起注意，这就是早年在中国已经亡佚，而在日本一线单传的所谓"佚存书"。这类书较大图书馆都收藏了一些，为数不少，如北图藏昭和二年（1927）安神田氏佞古书屋铅印本《西游录》一卷，元耶律楚材撰，有王国维校语。北大藏宽永十八年（1641）田原仁左卫门翻刻本《韵镜》一卷，宋张麟之撰；元和七年（1621）铜活字印本《新雕皇朝类苑》七十八卷，宋江少虞辑；文化七年（1810）神谷克桢抄本《绍兴校定经史证类备急本草》十九卷，宋王继先撰。辽宁馆藏安政四年（1857）明伦堂活字印本《夷匪犯境录》三卷，《夷匪犯境见闻录》三卷，不著撰人；日本传抄本《五行大义》五卷，隋萧吉撰；宽永十二年（1635）中野小右卫门刻本《标题徐状元补注蒙求》三卷，唐李瀚撰。大连馆藏日本活字印本《臣轨》二卷，唐武则天撰；延宝三年（1675）纸屋平兵卫刻本《李峤杂咏》二卷，唐李峤撰。山东馆藏天明五年（1785）刻本《群书治要》五十卷，唐魏征等奉敕编。凡此种种，均为珍贵的善本古籍。笔者认为应该考虑将这部分"佚存书"收入《续修四库全书》中，以广其传。

总之，分藏在我国各个图书馆中的和刻本汉籍，以其独特的形式，成为中华古代文献典籍的重要组成部分，其特殊价值是不言而喻的，有待开发利用。

注释：

①大庭修《江户时代中国文化吸收之研究》第52页《书籍持度量船别表》。

②长泽规矩也《关东现存宋元版书目》及《关西现存宋元版书目》。

③笔者认为日本传抄本及活字印本亦应隶属于和刻本范畴。

④主其事者为杭州大学日本文化研究所，主编王宝平教授，成果是《中国馆藏和刻本汉籍书目》，1994年杭州大学出版社出版。

（载国家古籍整理出版规划小组《古籍整理出版情况简报》1994年第7期）

开启域外汉籍文献宝库的钥匙

——评《中国馆藏和刻本汉籍书目》

谈及域外汉籍，人们自然会联想到那些在不同时期，通过不同渠道从我国境内流散到国外的隋唐旧籍、敦煌卷子、宋椠元刊，以及明清印本等。而另一大宗域外汉籍，长期以来并未引起学人足够的关注，这就是在日本境内由日本人据中国古籍翻版刊印的图书——和刻本汉籍。近年杭州大学日本文化研究所在和刻本汉籍研究方面独树一帜，走在了同行的前面，取得了显著成绩，其中成果之一，即是《中国馆藏和刻本汉籍书目》。

该书由杭州大学日本文化研究所王宝平副教授任主编，辽宁图书馆韩锡铎研究员任副主编，聘请学术界前辈顾廷龙先生任中方顾问，聘请日本东京大学名誉教授卢川芳郎任日方顾问，联合全国68家图书馆同人参加，历时五载通力合作编成。此书列入国家教委人文、社会科学研究"八五"规划项目；列入日本国际交流基金课题并承出版资助，作为杭大日研所王勇教授主编的《日本文化研究丛书》之一种，1995年2月由杭州大学出版社出版。该书53万字，大32开。九二叟顾廷老题签，日本关西大学东西学术研究所所长大庭修先生及北京大学比较文学研究所严绍璗教授写序。序中从不同视角对此书的编纂出版及学术价值予以充分褒扬和肯定。严教授感慨地称："它的出版，既是我国学术史上值得庆幸的一件大事，也是中日文化关系史的研究中值得庆幸的一件大事。在这两大方面，它独具自己的特色和学术价值。"

收录范围广，涵盖面大，是其特色之一。本书收录和刻本汉籍的时限，断在日本明治年间，以前者收，其后不录。日本长泽规矩也先生费30年之力将日本境内庋藏的和刻本汉籍遍访一过，编成了《和刻本汉籍分类目录》（汲古书院，1976年）及《补正》（1980年），然此目不收医家及释家类书。这两类书在中国所藏和刻本中占的比重较大，故一并收录。这部书目几乎将中国境内大中型图书馆庋藏的和刻本汉籍网罗殆尽。与长泽目成为姊妹篇。

品种多，数量大，是其第二个特点。本书收录和刻本汉籍凡3063种。其中经部592种，史部352种，子部1516种，集部598种，丛部5种。略逊清季官修《四库全书》。本书基本将日本各个时期刊印的中国历代比较重要的著作囊括在内，大体反映了日本翻刻中国汉籍的概貌。

版本精，质量高，是其第三个特点。本书收录的和刻本，既有古抄本、古活字本及旧刊本，又有名家批校题跋及罕觏之中土佚书；既有影刻宋椠元本，又有在日本古刻书史上占有一席之地的代表佳作。日本宽永（1624～1643）以前的早期版本多达136种。据悉日本明治年间的版刻印本目前被日本各类文库划入善本之列。据此标准，那么本书所录均为善本无疑。本书所录各类批校题跋本达百余种，均出自杨守敬、罗振玉、俞樾、黎庶昌、李盛铎、王国维，以及日人荻生徂徕、冈白驹、森立之、丹波元简和内藤湖南等名家手笔。服部宇之吉编《佚存书目》所载中土佚书，有不少已在本书之内，显然已经回归故土。

著录事项完备，编书体例佳善，是其又一个特点。著录事项悉仿《中国地方志联合目录》，包括书名、著者、版本及藏书单位简称四项。其中最后一项非常重要，一书分藏几家，一目了然。而长泽目则缺此项，不便访求。编书体例悉遵中国古典目录传统，在分类上采用四部分类法，仿《中国古籍善本书目》，增置丛书部。部下设类，类下胪列相关著作。同类著作或按著者年代排，或按版刻时间排。

纵观本书的价值，大而言之，有以下几端：

文献学方面的价值。和刻本汉籍是中国古典文献在域外衍传的一个重要系统，也是中国古典文献不可或缺的重要组成部分。此书汇录了在不同时期，通过不同渠道传回中土的3000余种和刻本汉籍，是个集大成者，为我国第一部和刻本汉籍文献专著。此书将中国境内庋藏的和刻本汉籍哀集一帙，犹如建起了一座珍藏和刻本汉籍的文献宝库，正如严绍璗教授在序中所说的那样，它"向研究者展示了尚未开发的这一巨大的文献宝库"，将它无私地奉献给了学术界，供学人采掘。

目录学方面的价值。此书是一部专题联合目录。它与近年问世的《中国地方志联合目录》《中国古籍善本书目》等联合目录性质相同，唯因专录和刻本汉籍而又有与其不同的一面。严教授对此书在目录学方面的价值予以高度评价，认为"这是我国学术界第一部著录和刻本汉籍的大型的专题目录学著作"，"开创了我国专题目录学著作的一个新的领域"。它填补了我国目录学研究领域的一个空白。这部目录的编就问世，实际上向学人提供了一把打开这座和刻本汉籍文献宝库的钥匙，使学人免去访寻之苦，得要领而入。

版本学方面的价值。和刻本汉籍据中国古籍刊印而成，是从中国版刻这个母体中脱胎出来的，因而构成了中国古籍又一大版刻系统。由于和刻本这个子系统的存在，致使大量异本迭出。本书著录的和刻本，其版本数量多达数千种，为中国古籍版本学的研究增添了重要内容。

校勘学方面的价值。和刻本的产生，是以中国古籍传入日本为前提的。中国古籍传日后，日人持诵、收藏，继而翻刻刊印，以满足需求。以汉籍为底本进行翻版，或系摹刻，惟妙惟肖，几达乱真程度；或经日人校订后翻刻，形成新的善本；或书估射利，刊印了大量通行易见之本。如此大量和刻本汉籍的出现，足资校勘。

在中日古代文化关系史研究方面的价值。"日中两国间的文化交流绵亘二千年，其间对其作出巨大贡献的是人与书籍。"这是大庭修先生在本书序文中讲的一句话。他又强调指出书籍是"日中文化交流最具体的见证物"。本书则把这些充当中日古代文化交流见证物的和刻本录为一帙。其中尚有数量可观的和刻本在序跋及刊记中载有是书东渡原委、在扶桑收藏流布情况，以及翻版刊印等文字内容；又有一些和刻本载有中日名家亲自题写的校语和题识。本书收录的和刻本大部分经过了日人训点，这一通过变换汉文语序来翻译、理解汉文的"训点术"，是日本人民汲取中华文化的一个重要手段，同时也就成为中日文化渊源关系的资料。和刻本的版刻款式、刊刻字体及装订形式等无不带有中土遗风。凡此种种，本书从不同方面向学人提供了研究中日古代文化关系史的十分丰富且非常重要的资料。

总之，在中日古代文化关系史和我国学术史的研究中，这部书目具有自己的特色和价值。在学术研究领域，它独辟蹊径，卓然一家，功垂永远。另一方面，此书与其他大型联合目录一样，不可避免地存在着一些问题。略如，本书误收了一些日人著作，有些所谓的"准和刻本"也收了进来，在书中对和刻本的概念有待做出更准确的框定，遗漏了港台地区所藏的和刻本。但瑕不掩瑜，这部倾注了主编及参撰人员心血的大型专题联合目录的问世，在国学及中日文化交流史的研究中将会产生越来越大的作用与影响。

（载《中国图书评论》1995年第9期）

中日书缘三例

摄大乘论释　十卷　陈释真谛译　宋刻本　折装一册　"与"字号

每半面6行17字，版高25厘米，幅宽11.2厘米。版心刻工题名署"吴宥刁"三字。钤"三圣寺"朱文圆印、"东禅经局"朱文四字印及"净妙第一之乐"朱文方印。

卷首载元祐八年（1093）六月福州东禅等觉院住持契璋等募缘刊此大藏经印版刊记二则，据此知该经刊于北宋哲宗元祐八年，是宋刻东禅寺版大藏经零种，存卷六，凡一卷。此藏又名《崇宁万寿大藏》，开雕于北宋神宗元丰三年（1080），竣工于徽宗政和二年（1112），共595函，6434卷。

此经卷未有无名氏日文题识。书中所钤"三圣寺"，据此题识知乃日本名刹，创建于日僧圣一大师在世之时。世传《元亨释书》中有日本圣一大师于承元二年（1208，宋嘉定元年）来中国求法，并将宋版佛经带回日本的记载。据此推知，此经或许早在宋代就已传入日本。

辩正论　八卷　（唐）释法琳撰　宋刻本　折装七册　"明"字号

每半面6行17字，版高22.2厘米，幅宽11厘米。版心刻工题名署：郑昌、杨忠、邵保、甘正、王保、郭康、郑行、张仁、郭仲、吴兵、郑求、林泗、何生、丁保、陈生、史得、李杰、立受。

卷首载绍兴戊辰福州开元禅寺住持了一募缘雕造《大藏经》印版刊记一则，据此知此经刊于南宋高宗绍兴十八年（1148），是开元寺版《大藏经》零种。存前七卷，缺卷八。此藏一名《毗卢大藏》，自北宋徽宗政和二年（1112）开雕，至南宋高宗绍兴二十一年（1151）藏事。共567函，6117卷。

此经正文用朱笔标有日文假名训点，眉端有朱墨笔校字。卷末大题后有日本僧侣圆种朱笔题识四则，据此知，文中训点均出其手。又知其训点此经动机，是因经文中颇有难懂之语，"披览之徒，恐难晓悟，所以加点，以备初学"。用日语假名训点汉籍，日本古已有之，以此方式来汲取中华文明滋养。圆种训点此经始于日本弘安十年（1287，元至元二十四年）十月十六日，终于同年同月廿日，仅用五天时间。书后有丁巳（1917）无畏朱笔题识，披露此经流传情况，"经板壬子（1912）春友人从日本某寺获得，余以明拓《圭峰禅题碑》易之"。此经与上一种宋版佛经流布情况相似。

由此观之，两种福州宋版《大藏经》零种，由中土传入日本，在日本秘传数百年后，又以不同方式回归故土，其后辗转入藏天津图书馆，堪称中日古代文化交流史中耐人寻味的一段佳话。

南岳九真人传　一卷　（宋）廖佺撰　明刻本（序配抄本）

本书由前后两部分组成：前为《南岳九真人传》序文，明抄本；后为《南岳九真人传》正文，明刻本。

序文共7开半。每半开5行，行16字。红格。上下格高29厘米，宽13厘米。

序文标题下钤"高山寺"朱文长方印、"项墨林鉴赏章"白文方印、"唐白虎"朱文方印、"北京文物局藏书"朱文方印。

序文末钤"高山寺"朱文长方印、"项子京家珍藏"朱文长方印、"六如居士"朱文方印、"澹画"朱文扁方印。

正文共12开。每半开5行，行17字。黑格。上下格高27.6厘米，宽13厘米。无钤印。卷端题"奉议郎致仕骑都尉赐绯鱼袋廖佺撰"。

《南岳九真人传》一书，见《道藏·洞玄部谱录类》，今有明正统和影正统《道藏》本。明以来公私书目未见著录单行本。此明刻本，为笔者仅见的单行本，且经项、唐等名家收藏。序文标题下和序文末并钤"高山寺"朱文长方印，据此知，此本曾在日本名刹高山寺珍藏，不知何时回传中土。

（载2004年9月《日本学·敦煌学·汉文训读的新展开》，日本北海道大学大学院

文学研究科编）

中国图书馆所藏和刻本汉籍及其文献价值

中国是一个文明古国,有着悠久的历史和灿烂的民族文化。作为记述这一文明史的图籍——汉籍,浩若烟海,广布宇内,流播域外,在不同程度上影响着周边国家的文明进程。其中产生于日本的"和刻本汉籍"便是日本民族吸收中华文化的证物。和刻本汉籍是中国古代典籍在日本流传的一种特殊形式,构成了中国古籍在域外传播与保存的一个重要系统,是中国古籍不可或缺的一个重要组成部分。

中国古籍最早在何时传入日本?历代有多少汉籍传入日本?史不明书,至今仍是个未知数。然而,我们据中日史籍中的记载进行分析不难发现这样一个事实:在古代,有相当数量的汉籍,曾于不同时期,通过不同渠道传入扶桑之国,在那里广为流传。编纂于日本宽平年间(889～897)的《日本国见在书目录》,著录1579部书,凡16790卷,大致反映了隋唐时代汉籍东传日本的情况。两宋以降,中日文化交往不断加强,汉籍东传数量及规模空前,汉籍东传这一趋势延至清末。清季中晚期,国门洞开,汉籍输日更逾于前,除数量增加外,东传速度之快竟达到惊人程度,中国本土刊刻的汉籍,有的相距一两年,甚至当年即为日本翻刻。

中国历代抄写或刊印的书籍传入日本后,便成为官私文库的插架之物。早年流入日本的唐人写本,被列为"日本国宝"和"重要文化财产"。平安时代末叶,宋版书开始东传。986年,日僧奝然带回宋太宗赠送的新造蜀本《大藏经》五千卷,便成为宋椠输入日本之滥觞。尔后大量珍贵的宋版书不间断地传入日本。据载[①],收藏在宫内省图书寮、内阁文库、德富氏成篑堂及岩崎氏静嘉堂等52所官私文库中的宋版及部分元版书多达722部。除此以外,明清时代中国古籍输入日本者,其数量之富,更是难以统计。

这些中国古籍传入日本后,其中的一部分则被日人当作底本进行翻刻重印,元末明初甚至还有相当数量的中国雕版工匠东渡扶桑,在日本国土也参与斯役。这些以中国古籍为底本,在日本刊印的本子,学术界称之为"和刻本"。和刻本或加日人注释，或施日文训点，其影刊摹刻者，几与原底本无异。

汉籍输日若从秦士徐福东渡算起，已有2000多年的历史，其输入时间之长、规模之大、影响之深在世界文明史上是绝无仅有的。

据考察，大量的、颇有价值的和刻本汉籍，随着中日文化交流的开展，又于不同时期，通过不同渠道回归故土。先哲黎庶昌、杨守敬、孙楷弟、董康、傅增湘、叶德辉、缪荃孙、方功惠及李盛铎等对和刻本汉籍竭力搜求，成果甚丰，贡献至巨。然而，历年回归中土的和刻本汉籍大部分却一直沉睡书库之中，无人问津，殊为可叹。

1992年我们参加了中国各大图书馆的同人联合进行的一次实地调查工作②，经过四年努力，基本上摸清了和刻本汉籍在中国的分布情况。据统计，我国68个图书馆收藏的和刻本汉籍，总数多达5000余部。除去相互重复部分，实存和刻本汉籍3056种，其中经部593种，史部352种，子部1506种，集部600种，丛部5种。另外，台湾"中央图书馆"现存和刻本汉籍130部，就刊刻时代言，最早者刊于元代至正（1341～1367）年间，而以刊印于明清两朝者居多③，这与大陆收藏情况基本相同。

我们根据收藏和刻本汉籍数量的多少，将各馆划分为"中心收藏馆""主要收藏馆""一般收藏馆"三种类型。其中北大、辽宁、大连、上海及南京等5个图书馆，藏品均逾300种，合计2286部，占收藏总数的43%，我们称之为"中心收藏馆"。华东师大、北京及天津等10个图书馆，藏品在百种以上，合计1416部，占27%，我们称之为"主要收藏馆"。其余53个馆的藏品均在百种以下，合计1564部，占30%，我们称之为"一般收藏馆"。

中心收藏馆入藏的和刻本汉籍数量大、品种多、版本精、质量高，是为显著特点。北京大学图书馆藏品多来自李盛铎的旧藏。皮藏善本之富，令各家不能望其项背，其中尤以早期版刻称最。例如镰仓初期刊本《成唯识论述记》，有日本元久元年（1204，宋嘉泰四年）荣辨题记；乾元二年（1303，元大德七年）刊本《人天眼目集》一卷；贞和四年（1348，元至正八年）刊本《景德传灯录》，有室町时代画家土佐光信自铃的"光信"鼎形印记；等等。除此以外，该馆收藏的载有名家校跋的本子也不少，如天文二年（1533，明嘉靖十二年）刻本《论语》十卷，有杨守敬和李盛铎跋语。辽宁馆富有罗振玉的旧藏本，大连馆藏德治二年（1307，元大德十一年）刻本《大辩证广智三藏和尚表制集》，上海馆藏日本天平十一年（740，唐开元二十八年）写本《文殊师利问菩提论经》及延长四年（926，后唐同光四年）抄本《妙法莲华经》，等等。这些藏品，弥足珍贵。

主要收藏馆和一般收藏馆的藏品也不乏镇库之物。北京图书馆的藏品多为珍本秘籍，富有名家校跋藏本，例如载有杨守敬校跋的日本康治元年（1142，宋绍兴十二年）传抄本《弥勒菩萨所问本愿经》一卷、日本古抄本《仪礼图》十七卷及刻本《春秋经传集解》三十卷等。中国医科院图书馆以收藏稀见抄稿本医籍有名于世。这些本子大都载有日本藏书家钤盖的印记，据此可考是书的递藏源流。天津图书馆的藏品，主要来自原天津日本图书馆的旧藏，有些为稀世珍本，如明德四年（1396，明洪武二十九年）刻本《新编排韵增广类氏族大全》十卷及中土佚书宋释元肇撰的诗别集《淮海挐音》二卷，等等。

和刻本汉籍的价值与功用，大体而言，主要包括以下四个方面：

1. 保存了在中土早已失传的中国古籍

在东传日本的中国古籍中，有相当一部分在中土已经失传，这便是人们习称的"佚存书"。早年清末黎庶昌辑刻的《古逸丛书》、日人林衡辑刊的《佚存丛书》，以及收录在日人服部宇之吉编印的《佚存书目》中的佚存书，也只占其中的一部分。目前有数量可观的"佚存书"仍分藏在日本官私文库中，尚未回归故土，例如庆长年间刊本《草书韵会》五卷，金张天锡撰。此本据明洪武本覆刻，原本跋末有"洪武二十九年丙子日卒刊"一行刊记。南北朝刊本《历代帝王绍运图》一卷，宋诸葛深撰。有宋熙宁九年会稽进士虞云序。是书收录中国历代帝王至宋止。永和刊本《历代帝王编年互见之图》一卷，宋马仲虎编。内容系三皇至宋代帝王的传略、在世大事、在位年数及其年号等。弘毅馆刊本《皇明大儒王阳明先生出身靖乱录》三卷，明冯梦龙撰。室町时代刊本《唐朝四贤精诗》四卷，不著编者名氏。收录李白、杜甫、韩愈及柳宗元四家近体诗，等等。这类"佚存书"有待回归。

除此以外，一些"佚存书"已经西渐中土，分藏中国各大图书馆中，例如北京图书馆藏昭和二年（1927）神田氏铅印本《西游录》一卷，元耶律楚材撰。有王国维校语。北京大学图书馆藏宽永十八年（1641）田原仁左卫刻本《韵镜》一卷，宋张麟之撰；元和二年（1621）铜活字印本《新雕皇朝类苑》七十八卷，宋江少虞辑；文化七年（1810）神谷克桢抄本《绍兴校定经史证类备急本草》十九卷，宋王继先撰。辽宁省图书馆藏安政四年（1857）明伦堂活字印本《夷匪犯境录》三卷、《夷匪犯境见闻录》三卷，不著撰人；日人抄本《五行大义》五卷，隋萧吉撰；宽永十二年（1635）中野小右卫门刻本《标题徐状元补注蒙求》三卷，唐李瀚撰。大连图书馆藏日本活字印本《臣轨》二卷，唐武则天撰；延宝三年（1675）纸屋平兵卫刻《李峤杂咏》二卷，唐李峤撰。山东图书馆藏天明五年（1785）刻本《群书治要》五十卷，唐魏征等奉敕编等。

2. 在日本刊印的和刻本构成了中国古籍的又一个版刻系统

由中国古代官方、私家和坊肆刊印的各类图书，形成了中国古籍一大版刻系统。除此而外，在日本由官方、私家和坊肆据汉籍刊印的"和刻本"，则又构成了中国古籍在域外的一个版刻系统。这两个版刻系统既是独立的，同时又有着特殊的亲缘关系，和刻本系统是一个子系统，是从中国版刻这个母系统中脱胎而成的。由于这个子系统的存在，致使异本迭出，为古书版本学（日人称书志学）增添了重要内容。

和刻本的出现，是以中国古籍传入日本为前提的。和刻本大都以中土善本为底本进行翻刻，我们在和刻本的刊记或序跋中可以见到这方面资料。如元禄刊本《淮海挐音》，书后牌记：此书"世罕传之，予尝闻藏宋刻旧本于名山书库而欲广行于世，数请而得之矣。刻字楷正，足为清玩，直贴寿梓"云云。据此得知，该本从宋版出。据考此书宋版已经亡佚，该书帷赖此本以传。

今检和刻本出自中土刊本者数例列表如下：

书名	和刻本	中土刊本（底本）	藏家
重修人天眼目集一卷	乾元元年（1302）翻刻本	宋宝祐间（1253～1258）刻本	北京大学
易简方一卷	宽延元年（1748）翻刻本	宋四明杨氏纯德堂刻本	大连
备急千金要方三十卷	嘉永二年（1849）翻刻本	宋本	哈尔滨
圣济总录二卷	文化十三年（1816）活字印本	元大德间（1297～1307）刻本	上海辞书
黄帝明堂灸经	宽永二十年（1643）翻刻本	元至大间（1308～1311）刻本	白求恩医大
心易梅花数一卷	宽永十年（1633）翻刻本	明景泰五年（1454）刻本	大连
医书大全二十四卷	享禄元年（1528）翻刻本	明成化三年（1467）刻本	北大
韩文四十卷柳文四十三卷	天保十年（1839）翻刻本	明嘉靖十六年（1537）刻本	上海辞书
万病回春八卷	宽文八年（1668）翻刻本	明万历四十三年（1615）刻本	白求恩医大

3. 大量异本的出现足资校勘

在和刻本这一版刻系统中，包容了大量的异本，多与中土刊本有别。和刻本在付梓前或做校勘，或加注释，这在传本刊记中也有反映。如清黄六鸿撰《福惠全书》三十二卷，日人小烟行简于嘉永三年（1850）翻刻，其自序云："去年晚秋，橘黄之暇，出之笈中，研精厉思，尽加之训译，度数日而卒业。"（辽宁馆藏）又如《毛诗郑笺》二十卷，日本延享四年（1747）江都书肆刻本，目录后有东都井通熙刊记曰："《毛诗传笺》刊行已久，字亦讹舛，今特是正而刻之，以播于海内。"（湖南馆藏）又如《新定三礼冕服图》二十卷，日本宝历十一年（1761）东都书肆崇义堂刊本，书后有菊池武慎刊记曰："不佞得善本于同志之珍藏，乃喜而校订，俾书肆锓于梓云。"（天津馆藏）又如《说苑纂注》二十卷，日本宽政五年（1793）刻本，首载日人关嘉《提要》云："嘉尝续《说苑》，以为是书可谓五经之鼓吹也。窃憾无注解而多文义难晓者，欲作之注而令读者易通，因旁搜经史诸子所载校异同。"又说："初知《说苑》有注，因旁问诸于博物之士，更远购诸于四方，无有见而言之者，而我邦果无有注本……于是积以日月，纂注既成，乃告官，贷资以梓之。"（天津馆藏）

以上列举的这几条例子说明有些和刻本是精校细锓的，文字语句有的也与中土本稍异。除此而外，卷数也多有不同之处。如元禄刊本《庐山记》（宋陈舜俞撰）凡五卷，而《四库》著录本仅为三卷；元和铜活字印本《皇明类苑》（宋江少虞编）凡七十八卷，而《四库》著录本仅为六十三卷；宽政中龟田氏刊本《蒙求》（唐李瀚撰并注）凡三卷，而《四库》著录本仅有二卷。又如《帝范》一书，新旧《唐书》著录四卷，自宋以来国内流传即罕全书。晁氏《郡斋读书志》著录仅六篇，谓全书凡十二篇，今仅存六篇。陈氏《直斋书录解题》载一卷。《四库》自《永乐大典》中辑得十二篇。日本宽文八年（1668）翻刻此本，分上下卷，凡十二篇。书后有康平三年（1060，北宋嘉祐五年）江匡房点校记。此本太宗自称曰"余"，不同大典本作"朕"，又不避世、治诸字，显然出自唐本。杨守敬曾以此本校武英殿聚珍本，殿本讹文误字甚夥，并有校刊记。（载《日本访书志》卷五）又两本注文亦不同，和刻本注文佳胜，殿本则多曲解。今又有江户时代抄本，与宽文本同，甚具校勘价值。

4.是中日两国古代文化交流与融合的证物

和刻本汉籍在中日两国古代关系史上起到了独特的作用，有关事例，史不绝书，兹不赘述。

注释：

①长泽规矩也：《关东现存宋元版书目》《关西现存宋元版书目》，载《长泽规矩也著作集》。

②主其事者杭州大学日本研究所，笔者分别担任撰稿人和执行编委。成果是《中国馆藏和刻本汉籍书目》，1995年2月杭州大学出版社出版。

③刘兆祐：台湾《"中央图书馆"藏日本所刊善本图书》，载《中国域外汉籍国际学术会议论文集》。

（载《图书馆工作与研究》1999年第2期）

《古逸丛书》刻工系日人木村嘉平

《古逸丛书》是遵义黎庶昌于清光绪十年在日本东京使署刊行的。通检此书，从《春秋穀梁传》《庄子注疏》《广韵》等数种书的印页中见有"日本东京木村嘉平刻"的署款题名，除此以外，别无其他题名，据此推知，日本东京人木村嘉平当是镌刻《古逸丛书》印版的刻工。除此书外，木村嘉平还曾镌刻过黎庶昌撰写的《曾太傅毅勇侯国藩传略》一书的印版，颇有宋版风韵。

早在元明之际，福建刻工俞良甫东渡扶桑，寓居京都阜近嵯峨，传授镌版技艺并以私财刊刻《传法正宗记》《唐柳先生文集》《文选》等数种汉籍印版，在日本遂有"俞良甫版"之誉。时至清末，木村氏掌刀镌刻日本庋藏的中土佚书，影摹之俏，几近乱真。所刊之书，广传中土，影响至大，又为中日文化交往中的一段佳话。

（载《文献》1991年第3期）

岛田翰赠中土佚书

《草书礼部韵宝》五卷，宋高宗赵构书。日本延享四年（1747，清乾隆十二年）东都书林刻本。卷首序后有墨笔题识四行，文录下："右《草书韵宝》五卷，日本覆元刊本，彼国人岛田彦桢所赠也。彦桢名翰，覃思著述，东瀛甚重其人。此书不见收藏家著录，中国亡佚久矣，转赖海外翻刻以传，'礼失求野'，不其信欤。光绪丙午（三十二年，1906）闰四月廿八日东门菜佣识。"（下钤"丁"字圆印）

按：此书宋以来官私书目鲜见著录，或为佚于中国而存于日本的所谓"佚存书"之一种。秦汉以还，中国大量文献典籍曾在不同时期，通过不同渠道传入日本。复经日人训点加注，刊而行之，是为"和刻本"。中国门户既开，东传的汉籍又以这种新的姿态，纷纷西归故土，遂成为中日古代文化交流史上的特殊现象。岛田翰以著《古文旧书考》名世，此赠国人佚书，除聊充中日书缘之资外，又成为汉籍回归中土之一种定式，颇具文献价值。该书今藏天津图书馆。

（载《文献》1995年第3期）